河北农村统计年鉴

2016

河北省人民政府办公厅
河 北 省 统 计 局 编

图书在版编目（CIP）数据

河北农村统计年鉴. 2016/河北省人民政府办公厅，河北省统计局编.
—北京： 中国统计出版社，2016.10
ISBN 978-7-5037-7962-6
Ⅰ.①河… Ⅱ.①河…②河…
Ⅲ.①农业统计—统计资料—河北—2016—年鉴
Ⅳ.①F327.22-66

中国版本图书馆 CIP 数据核字（2016）第215176号

河北农村统计年鉴—2016

作 者/河北省人民政府办公厅 河北省统计局
责任编辑/佘竞雄 张春风
装帧设计/张春风
出版发行/中国统计出版社
地 址/北京市丰台区西三环南路甲6号
邮政编码/100073
电 话/邮购（010）63376909 书店（010）68783171
网 址/ http：www.zgtjcbs.com
印 刷/石家庄天荣印刷有限公司
经 销/新华书店
开 本/ 890mm×1240mm 1/16
字 数/1260千字
印 张/39
版 别/2016年10月第1版
版 次/2016年10月第1次印刷
定 价/260.00元

如有印装错误，由本社发行部负责调换。

编 辑 说 明

2015年是全面完成“十二五”规划的收官之年，是全面深化改革的关键之年。全省各地在省委、省政府正确领导下，以习近平总书记系列重要讲话精神为指导，认真贯彻中央、省委一号文件，落实中央、省农村工作会议精神，主动适应经济发展新常态，坚持为经济建设服务，为领导决策服务，为社会公众服务，全面反映2015年河北省农村经济社会在建设经济强省、美丽河北进程中取得的新成效以及在农业生产、农村发展和农民生活中发生的新变化。为更好地服务于经济建设、领导决策和公众需要，我们编辑了《河北农村统计年鉴-2016》。

《河北农村统计年鉴-2016》在保持历年《年鉴》基本框架的基础上，结合年度特点对《年鉴》部分内容、表式作了适当调整。一是反映现代农业园区建设取得的成绩和经验；二是反映全面深化农村改革创新方面取得的成绩和经验；三是反映强力推进扶贫开发，促进贫困地区脱贫致富的成绩和经验；四是反映美丽乡村建设取得的成绩和经验。

本《年鉴》统计资料表中符号说明：“…”表示数据不足本项最小单位，“空格”表示该项统计数据不详或无该项统计资料，“#”表示其中的主要项。同时，为反映石家庄市、保定市包含省直管县的情况以及两个省直管县经济发展情况，在“统计资料•各市情况”中，分列了石家庄市含省管县辛集市数据、保定市含省管县定州市数据，石家庄市不含省管县辛集市数据、保定市不含省管县定州市数据，并单列了定州市、辛集市两市数据。

为保证本《年鉴》按时、保质出版，省委、省政府有关领导高度重视，省直有关部门及各市、县给予了大力支持，全体编办人员为此付出了艰苦的努力，在此一并表示感谢！

在编辑过程中，我们力图精益求精，但仍难免有不妥之处，敬请广大读者提出宝贵意见。

《河北农村统计年鉴》编辑部

2016年9月

《河北农村统计年鉴——2016》编辑委员会名单

目　录

Ⅰ　特　载

Ⅱ　领导讲话

Ⅲ　社会经济发展报告

Ⅳ　经验选载

Ⅴ　农业法规　文件选载

Ⅵ　统计图

Ⅶ　统计资料

全省情况

Ⅷ 2015年河北农村工作大事记

Ⅸ 附 录

I 特 载

中共中央　国务院关于落实发展新理念加快农业现代化实现全面小康目标的若干意见

（2016年1月27日）

党的十八届五中全会通过的《中共中央关于制定国民经济和社会发展第十三个五年规划的建议》，对做好新时期农业农村工作作出了重要部署。各地区各部门要牢固树立和深入贯彻落实创新、协调、绿色、开放、共享的发展理念，大力推进农业现代化，确保亿万农民与全国人民一道迈入全面小康社会。

“十二五”时期，是农业农村发展的又一个黄金期。粮食连年高位增产，实现了农业综合生产能力质的飞跃；农民收入持续较快增长，扭转了城乡居民收入差距扩大的态势；农村基础设施和公共服务明显改善，提高了农民群众的民生保障水平；农村社会和谐稳定，夯实了党在农村的执政基础。实践证明，党的“三农”政策是完全正确的，亿万农民是衷心拥护的。

当前，我国农业农村发展环境发生重大变化，既面临诸多有利条件，又必须加快破解各种难题。一方面，加快补齐农业农村短板成为全党共识，为开创“三农”工作新局面汇聚强大推动力；新型城镇化加快推进，为以工促农、以城带乡带来持续牵引力；城乡居民消费结构加快升级，为拓展农业农村发展空间增添巨大带动力；新一轮科技革命和产业变革正在孕育兴起，为农业转型升级注入强劲驱动力；农村各项改革全面展开，为农业农村现代化提供不竭源动力。另一方面，在经济发展新常态背景下，如何促进农民收入稳定较快增长，加快缩小城乡差距，确保如期实现全面小康，是必须完成的历史任务；在资源环境约束趋紧背景下，如何加快转变农业发展方式，确保粮食等重要农产品有效供给，实现绿色发展和资源永续利用，是必须破解的现实难题；在受国际农产品市场影响加深背景下，如何统筹利用国际国内两个市场、两种资源，提升我国农业竞争力，赢得参与国际市场竞争的主动权，是必须应对的重大挑战。农业是全面建成小康社会、实现现代化的基础。我们一定要切实增强做好“三农”工作的责任感、使命感、紧迫感，任何时候都不能忽视农业、忘记农民、淡漠农村，在认识的高度、重视的程度、投入的力度上保持好势头，始终把解决好“三农”问题作为全党工作重中之重，坚持强农惠农富农政策不减弱，推进农村全面小康建设不松劲，加快发展现代农业，加快促进农民增收，加快建设社会主义新农村，不断巩固和发展农业农村好形势。

“十三五”时期推进农村改革发展，要高举中国特色社会主义伟大旗帜，全面贯彻党的十八大和十八届三中、四中、五中全会精神，以邓小平理论、“三个代表”重要思想、科学发展观为指导，深入贯彻习近平总书记系列重要讲话精神，坚持全面建成小康社会、全面深化改革、全面依法治国、全面从严治党的战略布局，把坚持农民主体地位、增进农民福祉作为农村一切工作的出发点和落脚点，用发展新理念破解“三农”新难题，厚植农业农村发展优势，加大创新驱动力度，推进农业供给侧结构性改革，加快转变农业发展方式，保持农业稳定发展和农民持续增收，走产出高效、产品安全、资源节约、环境友好的农业现代化道路，推动新型城镇化与新农村建设双轮驱动、互促共进，让广大农民平等参与现代化进程、共同分享现代化成果。

到2020年，现代农业建设取得明显进展，粮食产能进一步巩固提升，国家粮食安全和重要农产品供给得到有效保障，农产品供给体系的质量和效率显著提高；农民生活达到全面小康水平，农村居民人均收入比2010年翻一番，城乡居民收入差距继续缩小；我国现行标准下农村贫困人口实现脱贫，贫困县全部摘帽，解决区域性整体贫困；农民素质和农村社会文明程度显著提升，社会主义新农村建设水平进一步提高；农村基本经济制度、农业支持保护制度、农村社会治理制度、城乡发展一体化体制机制进一步完善。

一、持续夯实现代农业基础，提高农业质量效益和竞争力

大力推进农业现代化，必须着力强化物质装备和技术支撑，着力构建现代农业产业体系、生产体系、经营体系，实施藏粮于地、藏粮于技战略，推动粮经饲统筹、农林牧渔结合、种养加一体、一二三产业融合发展，让农业成为充满希望的朝阳产业。

1. 大规模推进高标准农田建设。加大投入力度，整合建设资金，创新投融资机制，加快建设步伐，到2020年确保建成8亿亩、力争建成10亿亩集中连片、旱涝保收、稳产高产、生态友好的高标准农田。整合完善建设规划，统一建设标准、统一监管考核、统一上图入库。提高建设标准，充实建设内容，完善配套设施。优化建设布局，优先在粮食主产区建设确保口粮安全的高标准农田。健全管护监督机制，明确管护责任主体。将高标准农田划为永久基本农田，实行特殊保护。将高标准农田建设情况纳入地方各级政府耕地保护责任目标考核内容。

2. 大规模推进农田水利建设。把农田水利作为农业基础设施建设的重点，到2020年农田有效灌溉面积达到10亿亩以上，农田灌溉水有效利用系数提高到0.55以上。加快重大水利工程建设。积极推进江河湖库水系连通工程建设，优化水资源空间格局，增加水环境容量。加快大中型灌区建设及续建配套与节水改造、大型灌排泵站更新改造。完善小型农田水利设施，加强农村河塘清淤整治、山丘区“五小水利”、田间渠系配套、雨水集蓄利用、牧区节水灌溉饲草料地建设。大力开展区域规模化高效节水灌溉行动，积极推广先进适用节水灌溉技术。继续实施中小河流治理和山洪、地质灾害防治。扩大开发性金融支持水利工程建设的规模和范围。稳步推进农业水价综合改革，实行农业用水总量控制和定额管理，合理确定农业水价，建立节水奖励和精准补贴机制，提高农业用水效率。完善用水权初始分配制度，培育水权交易市场。深化小型农田水利工程产权制度改革，创新运行管护机制。鼓励社会资本参与小型农田水利工程建设与管护。

3. 强化现代农业科技创新推广体系建设。农业科技创新能力总体上达到发展中国家领先水平，力争在农业重大基础理论、前沿核心技术方面取得一批达到世界先进水平的成果。统筹协调各类农业科技资源，建设现代农业产业科技创新中心，实施农业科技创新重点专项和工程，重点突破生物育种、农机装备、智能农业、生态环保等领域关键技术。强化现代农业产业技术体系建设。加强农业转基因技术研发和监管，在确保安全的基础上慎重推广。加快研发高端农机装备及关键核心零部件，提升主要农作物生产全程机械化水平，推进林业装备现代化。大力推进“互联网+”现代农业，应用物联网、云计算、大数据、移动互联等现代信息技术，推动农业全产业链改造升级。大力发展智慧气象和农业遥感技术应用。深化农业科技体制改革，完善成果转化激励机制，制定促进协同创新的人才流动政策。加强农业知识产权保护，严厉打击侵权行为。深入开展粮食绿色高产高效创建。健全适应现代农业发展要求的农业科技推广体系，对基层农技推广公益性与经营性服务机构提供精准支持，引导高等学校、科研院所开展农技服务。推行科技特派员制度，鼓励支持科技特派员深入一线创新创业。发挥农村专业技术协会的作用。鼓励发展农业高新技术企业。深化国家现代农业示范区、国家农业科技园区建设。

4. 加快推进现代种业发展。大力推进育繁推一体化，提升种业自主创新能力，保障国家种业安全。深入推进种业领域科研成果权益分配改革，探索成果权益分享、转移转化和科研人员分类管理机制。实施现代种业建设工程和种业自主创新重大工程。全面推进良种重大科研联合攻关，培育和推广适应机械化生产、优质高产多抗广适新品种，加快主要粮食作物新一轮品种更新换代。加快推进海南、甘肃、四川国家级育种制种基地和区域性良种繁育基地建设。强化企业育种创新主体地位，加快培育具有国际竞争力的现代种业企业。实施畜禽遗传改良计划，加快培育优异畜禽新品种。开展种质资源普查，加大保护利用力度。贯彻落实种子法，全面推进依法治种。加大种子打假护权力度。

5. 发挥多种形式农业适度规模经营引领作用。坚持以农户家庭经营为基础，支持新型农业经营主体和新型农业服务主体成为建设现代农业的骨干力量，充分发挥多种形式适度规模经营在农业机械和科技成果应用、绿色发展、市场开拓等方面的引领功能。完善财税、信贷保险、用地用电、项目支持等政策，加快形成培育新型农业经营主体的政策体系，进一步发挥财政资金引导作用，撬动规模化经营主体增加生产性投入。适应新型农业经营主体和服务主体发展需要，允许将集中连片整治后新增加的部分耕地，按规定用于完善农田配套设施。探索开展粮食生产规模经营主体营销贷款改革试点。积极培育家庭农场、专业大户、农民合作社、农业产业化龙头企业等新型农业经营主体。支持多种类型的新型农业服务主体开展代耕代种、

联耕联种、土地托管等专业化规模化服务。加强气象为农服务体系建设。实施农业社会化服务支撑工程，扩大政府购买农业公益性服务机制创新试点。加快发展农业生产性服务业。完善工商资本租赁农地准入、监管和风险防范机制。健全县乡农村经营管理体系，加强对土地流转和规模经营的管理服务。

6.加快培育新型职业农民。将职业农民培育纳入国家教育培训发展规划，基本形成职业农民教育培训体系，把职业农民培养成建设现代农业的主导力量。办好农业职业教育，将全日制农业中等职业教育纳入国家资助政策范围。依托高等教育、中等职业教育资源，鼓励农民通过“半农半读”等方式就地就近接受职业教育。开展新型农业经营主体带头人培育行动，通过5年努力使他们基本得到培训。加强涉农专业全日制学历教育，支持农业院校办好涉农专业，健全农业广播电视学校体系，定向培养职业农民。引导有志投身现代农业建设的农村青年、返乡农民工、农技推广人员、农村大中专毕业生和退役军人等加入职业农民队伍。优化财政支农资金使用，把一部分资金用于培养职业农民。总结各地经验，建立健全职业农民扶持制度，相关政策向符合条件的职业农民倾斜。鼓励有条件的地方探索职业农民养老保险办法。

7.优化农业生产结构和区域布局。树立大食物观，面向整个国土资源，全方位、多途径开发食物资源，满足日益多元化的食物消费需求。在确保谷物基本自给、口粮绝对安全的前提下，基本形成与市场需求相适应、与资源禀赋相匹配的现代农业生产结构和区域布局，提高农业综合效益。启动实施种植业结构调整规划，稳定水稻和小麦生产，适当调减非优势区玉米种植。支持粮食主产区建设粮食生产核心区。扩大粮改饲试点，加快建设现代饲草料产业体系。合理调整粮食统计口径。制定划定粮食生产功能区和大豆、棉花、油料、糖料蔗等重要农产品生产保护区的指导意见。积极推进马铃薯主食开发。加快现代畜牧业建设，根据环境容量调整区域养殖布局，优化畜禽养殖结构，发展草食畜牧业，形成规模化生产、集约化经营为主导的产业发展格局。启动实施种养结合循环农业示范工程，推动种养结合、农牧循环发展。加强渔政渔港建设。大力发展旱作农业、热作农业、优质特色杂粮、特色经济林、木本油料、竹藤花卉、林下经济。

8.统筹用好国际国内两个市场、两种资源。完善农业对外开放战略布局，统筹农产品进出口，加快形成农业对外贸易与国内农业发展相互促进的政策体系，实现补充国内市场需求、促进结构调整、保护国内产业和农民利益的有机统一。加大对农产品出口支持力度，巩固农产品出口传统优势，培育新的竞争优势，扩大特色和高附加值农产品出口。确保口粮绝对安全，利用国际资源和市场，优化国内农业结构，缓解资源环境压力。优化重要农产品进口的全球布局，推进进口来源多元化，加快形成互利共赢的稳定经贸关系。健全贸易救济和产业损害补偿机制。强化边境管理，深入开展综合治理，打击农产品走私。统筹制定和实施农业对外合作规划。加强与“一带一路”沿线国家和地区及周边国家和地区的农业投资、贸易、科技、动植物检疫合作。支持我国企业开展多种形式的跨国经营，加强农产品加工、储运、贸易等环节合作，培育具有国际竞争力的粮商和农业企业集团。

二、加强资源保护和生态修复，推动农业绿色发展

推动农业可持续发展，必须确立发展绿色农业就是保护生态的观念，加快形成资源利用高效、生态系统稳定、产地环境良好、产品质量安全的农业发展新格局。

9.加强农业资源保护和高效利用。基本建立农业资源有效保护、高效利用的政策和技术支撑体系，从根本上改变开发强度过大、利用方式粗放的状况。坚持最严格的耕地保护制度，坚守耕地红线，全面划定永久基本农田，大力实施农村土地整治，推进耕地数量、质量、生态“三位一体”保护。落实和完善耕地占补平衡制度，坚决防止占多补少、占优补劣、占水田补旱地，严禁毁林开垦。全面推进建设占用耕地耕作层剥离再利用。实行建设用地总量和强度双控行动，严格控制农村集体建设用地规模。完善耕地保护补偿机制。实施耕地质量保护与提升行动，加强耕地质量调查评价与监测，扩大东北黑土地保护利用试点规模。实施渤海粮仓科技示范工程，加大科技支撑力度，加快改造盐碱地。创建农业可持续发展试验示范区。划定农业空间和生态空间保护红线。落实最严格的水资源管理制度，强化水资源管理“三条红线”刚性约束，实行水资源消耗总量和强度双控行动。加强地下水监测，开展超采区综合治理。落实河湖水域岸线用途管制制度。加强自然保护区建设与管理，对重要生态系统和物种资源实行强制性保护。实施濒危野生动植物抢救性保护工程，建设救护繁育中心和基因库。强化野生动植物进出口管理，严厉打击象牙等濒危野生动植物及其制品非法交易。

10.加快农业环境突出问题治理。基本形成改善农业环境的政策法规制度和技术路径，确保农业生态环境恶化趋势总体得到遏制，治理明显见到成效。实施并完善农业环境突出问题治理总体规划。加大农业面源污染防治力度，实施化肥农药零增长行动，实施种养业废弃物资源化利用、无害化处理区域示范工程。积极推广高效生态循环农业模式。探索实行耕地轮作休耕制度试点，通过轮作、休耕、退耕、替代种植等多种方式，对地下水漏斗区、重

金属污染区、生态严重退化地区开展综合治理。实施全国水土保持规划。推进荒漠化、石漠化、水土流失综合治理。

11. 加强农业生态保护和修复。实施山水林田湖生态保护和修复工程，进行整体保护、系统修复、综合治理。到2020年森林覆盖率提高到23%以上，湿地面积不低于8亿亩。扩大新一轮退耕还林还草规模。扩大退牧还草工程实施范围。实施新一轮草原生态保护补助奖励政策，适当提高补奖标准。实施湿地保护与恢复工程，开展退耕还湿。建立沙化土地封禁保护制度。加强历史遗留工矿废弃和自然灾害损毁土地复垦利用。开展大规模国土绿化行动，增加森林面积和蓄积量。加强三北、长江、珠江、沿海防护林体系等林业重点工程建设。继续推进京津风沙源治理。完善天然林保护制度，全面停止天然林商业性采伐。完善海洋渔业资源总量管理制度，严格实行休渔禁渔制度，开展近海捕捞限额管理试点，按规划实行退养还滩。加快推进水生态修复工程建设。建立健全生态保护补偿机制，开展跨地区跨流域生态保护补偿试点。编制实施耕地、草原、河湖休养生息规划。

12. 实施食品安全战略。加快完善食品安全国家标准，到2020年农兽药残留限量指标基本与国际食品法典标准接轨。加强产地环境保护和源头治理，实行严格的农业投入品使用管理制度。推广高效低毒低残留农药，实施兽用抗菌药治理行动。创建优质农产品和食品品牌。继续推进农业标准化示范区、园艺作物标准园、标准化规模养殖场（小区）、水产健康养殖场建设。实施动植物保护能力提升工程。加快健全从农田到餐桌的农产品质量和食品安全监管体系，建立全程可追溯、互联共享的信息平台，加强标准体系建设，健全风险监测评估和检验检测体系。落实生产经营主体责任，严惩各类食品安全违法犯罪。实施食品安全创新工程。加强基层监管机构能力建设，培育职业化检查员，扩大抽检覆盖面，加强日常检查。加快推进病死畜禽无害化处理与养殖业保险联动机制建设。规范畜禽屠宰管理，加强人畜共患传染病防治。强化动植物疫情疫病监测防控和边境、口岸及主要物流通道检验检疫能力建设，严防外来有害物种入侵。深入开展食品安全城市和农产品质量安全县创建，开展农村食品安全治理行动。强化食品安全责任制，把保障农产品质量和食品安全作为衡量党政领导班子政绩的重要考核指标。

三、推进农村产业融合，促进农民收入持续较快增长

大力推进农民奔小康，必须充分发挥农村的独特优势，深度挖掘农业的多种功能，培育壮大农村新产业新业态，推动产业融合发展成为农民增收的重要支撑，让农村成为可以大有作为的广阔天地。

13. 推动农产品加工业转型升级。加强农产品加工技术创新，促进农产品初加工、精深加工及综合利用加工协调发展，提高农产品加工转化率和附加值，增强对农民增收的带动能力。加强规划和政策引导，促进主产区农产品加工业加快发展，支持粮食主产区发展粮食深加工，形成一批优势产业集群。开发拥有自主知识产权的技术装备，支持农产品加工设备改造提升，建设农产品加工技术集成基地。培育一批农产品精深加工领军企业和国内外知名品牌。强化环保、能耗、质量、安全等标准作用，促进农产品加工企业优胜劣汰。完善农产品产地初加工补助政策。研究制定促进农产品加工业发展的意见。

14. 加强农产品流通设施和市场建设。健全统一开放、布局合理、竞争有序的现代农产品市场体系，在搞活流通中促进农民增收。加快农产品批发市场升级改造，完善流通骨干网络，加强粮食等重要农产品仓储物流设施建设。完善跨区域农产品冷链物流体系，开展冷链标准化示范，实施特色农产品产区预冷工程。推动公益性农产品市场建设。支持农产品营销公共服务平台建设。开展降低农产品物流成本行动。促进农村电子商务加快发展，形成线上线下融合、农产品进城与农资和消费品下乡双向流通格局。加快实现行政村宽带全覆盖，创新电信普遍服务补偿机制，推进农村互联网提速降费。加强商贸流通、供销、邮政等系统物流服务网络和设施建设与衔接，加快完善县乡村物流体系。实施“快递下乡”工程。鼓励大型电商平台企业开展农村电商服务，支持地方和行业健全农村电商服务体系。建立健全适应农村电商发展的农产品质量分级、采后处理、包装配送等标准体系。深入开展电子商务进农村综合示范。加大信息进村入户试点力度。

15. 大力发展休闲农业和乡村旅游。依托农村绿水青山、田园风光、乡土文化等资源，大力发展休闲度假、旅游观光、养生养老、创意农业、农耕体验、乡村手工艺等，使之成为繁荣农村、富裕农民的新兴支柱产业。强化规划引导，采取以奖代补、先建后补、财政贴息、设立产业投资基金等方式扶持休闲农业与乡村旅游业发展，着力改善休闲旅游重点村进村道路、宽带、停车场、厕所、垃圾污水处理等基础服务设施。积极扶持农民发展休闲旅游业合作社。引导和支持社会资本开发农民参与度高、受益面广的休闲旅游项目。加强乡村生态环境和文化遗存保护，发展具有历史记忆、地域特点、民族风情的特色小镇，建设一村一品、一村一景、一村一韵的魅力村庄和宜游宜养的森林景区。依据各地具体条件，有规划地开发休闲农庄、乡村酒店、特色民宿、自驾露营、户外运动等乡村休闲度假产品。实施休闲农业和乡村旅游提升工程、振兴中国传统手工艺计划。开展农业文化遗产普查与保护。支持有条

件的地方通过盘活农村闲置房屋、集体建设用地、“四荒地”、可用林场和水面等资产资源发展休闲农业和乡村旅游。将休闲农业和乡村旅游项目建设用地纳入土地利用总体规划和年度计划合理安排。

16. 完善农业产业链与农民的利益联结机制。促进农业产加销紧密衔接、农村一二三产业深度融合，推进农业产业链整合和价值链提升，让农民共享产业融合发展的增值收益，培育农民增收新模式。支持供销合作社创办领办农民合作社，引领农民参与农村产业融合发展、分享产业链收益。创新发展订单农业，支持农业产业化龙头企业建设稳定的原料生产基地、为农户提供贷款担保和资助订单农户参加农业保险。鼓励发展股份合作，引导农户自愿以土地经营权等入股龙头企业和农民合作社，采取“保底收益+按股分红”等方式，让农户分享加工销售环节收益，建立健全风险防范机制。加强农民合作社示范社建设，支持合作社发展农产品加工流通和直供直销。通过政府与社会资本合作、贴息、设立基金等方式，带动社会资本投向农村新产业新业态。实施农村产业融合发展试点示范工程。财政支农资金使用要与建立农民分享产业链利益机制相联系。巩固和完善“合同帮农”机制，为农民和涉农企业提供法律咨询、合同示范文本、纠纷调处等服务。

四、推动城乡协调发展，提高新农村建设水平

加快补齐农业农村短板，必须坚持工业反哺农业、城市支持农村，促进城乡公共资源均衡配置、城乡要素平等交换，稳步提高城乡基本公共服务均等化水平。

17. 加快农村基础设施建设。把国家财政支持的基础设施建设重点放在农村，建好、管好、护好、运营好农村基础设施，实现城乡差距显著缩小。健全农村基础设施投入长效机制，促进城乡基础设施互联互通、共建共享。强化农村饮用水水源保护。实施农村饮水安全巩固提升工程。推动城镇供水设施向周边农村延伸。加快实施农村电网改造升级工程，开展农村“低电压”综合治理，发展绿色小水电。加快实现所有具备条件的乡镇和建制村通硬化路、通班车，推动一定人口规模的自然村通公路。创造条件推进城乡客运一体化。加快国有林区防火应急道路建设。将农村公路养护资金逐步纳入地方财政预算。发展农村规模化沼气。加大农村危房改造力度，统筹搞好农房抗震改造，通过贷款贴息、集中建设公租房等方式，加快解决农村困难家庭的住房安全问题。加强农村防灾减灾体系建设。研究出台创新农村基础设施投融资体制机制的政策意见。

18. 提高农村公共服务水平。把社会事业发展的重点放在农村和接纳农业转移人口较多的城镇，加快推动城镇公共服务向农村延伸。加快发展农村学前教育，坚持公办民办并举，扩大农村普惠性学前教育资源。建立城乡统一、重在农村的义务教育经费保障机制。全面改善贫困地区义务教育薄弱学校基本办学条件，改善农村学校寄宿条件，办好乡村小规模学校，推进学校标准化建设。加快普及高中阶段教育，逐步分类推进中等职业教育免除学杂费，率先从建档立卡的家庭经济困难学生实施普通高中免除学杂费，实现家庭经济困难学生资助全覆盖。深入实施农村贫困地区定向招生等专项计划，对民族自治县实现全覆盖。加强乡村教师队伍建设，拓展教师补充渠道，推动城镇优秀教师向乡村学校流动。办好农村特殊教育。整合城乡居民基本医疗保险制度，适当提高政府补助标准、个人缴费和受益水平。全面实施城乡居民大病保险制度。健全城乡医疗救助制度。完善城乡居民养老保险参保缴费激励约束机制，引导参保人员选择较高档次缴费。改进农村低保申请家庭经济状况核查机制，实现农村低保制度与扶贫开发政策有效衔接。建立健全农村留守儿童和妇女、老人关爱服务体系。建立健全农村困境儿童福利保障和未成年人社会保护制度。积极发展农村社会工作和志愿服务。切实维护农村妇女在财产分配、婚姻生育、政治参与等方面的合法权益，让女性获得公平的教育机会、就业机会、财产性收入、金融资源。加强农村养老服务体系、残疾人康复和供养托养设施建设。深化农村殡葬改革，依法管理、改进服务。推进农村基层综合公共服务资源优化整合。全面加强农村公共文化服务体系建设，继续实施文化惠民项目。在农村建设基层综合性文化服务中心，整合基层宣传文化、党员教育、科学普及、体育健身等设施，整合文化信息资源共享、农村电影放映、农家书屋等项目，发挥基层文化公共设施整体效应。

19. 开展农村人居环境整治行动和美丽宜居乡村建设。遵循乡村自身发展规律，体现农村特点，注重乡土味道，保留乡村风貌，努力建设农民幸福家园。科学编制县域乡村建设规划和村庄规划，提升民居设计水平，强化乡村建设规划许可管理。继续推进农村环境综合整治，完善以奖促治政策，扩大连片整治范围。实施农村生活垃圾治理5年专项行动。采取城镇管网延伸、集中处理和分散处理等多种方式，加快农村生活污水治理和改厕。全面启动村庄绿化工程，开展生态乡村建设，推广绿色建材，建设节能农房。开展农村宜居水环境建设，实施农村清洁河道行动，建设生态清洁型小流域。发挥好村级公益事业一事一议财政奖补资金作用，支持改善村内公共设施和人居环境。普遍建立村庄保洁制度。坚持城乡环境治理并重，逐步把农村环境整治支出纳入地方财政预算，中央财政给予差异化奖补，政策性金融机构提供长期低息贷款，探索政

府购买服务、专业公司一体化建设运营机制。加大传统村落、民居和历史文化名村名镇保护力度。开展生态文明示范村镇建设。鼓励各地因地制宜探索各具特色的美丽宜居乡村建设模式。

20. 推进农村劳动力转移就业创业和农民工市民化。健全农村劳动力转移就业服务体系，大力促进就地就近转移就业创业，稳定并扩大外出农民工规模，支持农民工返乡创业。大力发展特色县域经济和农村服务业，加快培育中小城市和特色小城镇，增强吸纳农业转移人口能力。加大对农村灵活就业、新就业形态的支持。鼓励各地设立农村妇女就业创业基金，加大妇女小额担保贷款实施力度，加强妇女技能培训，支持农村妇女发展家庭手工业。实施新生代农民工职业技能提升计划，开展农村贫困家庭子女、未升学初高中毕业生、农民工、退役军人免费接受职业培训行动。依法维护农民工合法劳动权益，完善城乡劳动者平等就业制度，建立健全农民工工资支付保障长效机制。进一步推进户籍制度改革，落实1亿左右农民工和其他常住人口在城镇定居落户的目标，保障进城落户农民工与城镇居民有同等权利和义务，加快提高户籍人口城镇化率。全面实施居住证制度，建立健全与居住年限等条件相挂钩的基本公共服务提供机制，努力实现基本公共服务常住人口全覆盖。落实和完善农民工随迁子女在当地参加中考、高考政策。将符合条件的农民工纳入城镇社会保障和城镇住房保障实施范围。健全财政转移支付同农业转移人口市民化挂钩机制，建立城镇建设用地增加规模同吸纳农业转移人口落户数量挂钩机制。维护进城落户农民土地承包权、宅基地使用权、集体收益分配权，支持引导其依法自愿有偿转让上述权益。

21. 实施脱贫攻坚工程。实施精准扶贫、精准脱贫，因人因地施策，分类扶持贫困家庭，坚决打赢脱贫攻坚战。通过产业扶持、转移就业、易地搬迁等措施解决5000万左右贫困人口脱贫；对完全或部分丧失劳动能力的2000多万贫困人口，全部纳入低保覆盖范围，实行社保政策兜底脱贫。实行脱贫工作责任制，进一步完善中央统筹、省（自治区、直辖市）负总责、市（地）县抓落实的工作机制。各级党委和政府要把脱贫攻坚作为重大政治任务扛在肩上，各部门要步调一致、协同作战、履职尽责，切实把民生项目、惠民政策最大限度向贫困地区倾斜。广泛动员社会各方面力量积极参与扶贫开发。实行最严格的脱贫攻坚考核督查问责。

五、深入推进农村改革，增强农村发展内生动力

破解“三农”难题，必须坚持不懈推进体制机制创新，着力破除城乡二元结构的体制障碍，激发亿万农民创新创业活力，释放农业农村发展新动能。

22. 改革完善粮食等重要农产品价格形成机制和收储制度。坚持市场化改革取向与保护农民利益并重，采取“分品种施策、渐进式推进”的办法，完善农产品市场调控制度。继续执行并完善稻谷、小麦最低收购价政策。深入推进新疆棉花、东北地区大豆目标价格改革试点。按照市场定价、价补分离的原则，积极稳妥推进玉米收储制度改革，在使玉米价格反映市场供求关系的同时，综合考虑农民合理收益、财政承受能力、产业链协调发展等因素，建立玉米生产者补贴制度。按照政策性职能和经营性职能分离的原则，改革完善中央储备粮管理体制。深化国有粮食企业改革，发展多元化市场购销主体。科学确定粮食等重要农产品国家储备规模，完善吞吐调节机制。

23. 健全农业农村投入持续增长机制。优先保障财政对农业农村的投入，坚持将农业农村作为国家固定资产投资的重点领域，确保力度不减弱、总量有增加。充分发挥财政政策导向功能和财政资金杠杆作用，鼓励和引导金融资本、工商资本更多投向农业农村。加大专项建设基金对扶贫、水利、农村产业融合、农产品批发市场等“三农”领域重点项目和工程支持力度。发挥规划引领作用，完善资金使用和项目管理办法，多层级深入推进涉农资金整合统筹，实施省级涉农资金管理改革和市县涉农资金整合试点，改进资金使用绩效考核办法。将种粮农民直接补贴、良种补贴、农资综合补贴合并为农业支持保护补贴，重点支持耕地地力保护和粮食产能提升。完善农机购置补贴政策。用3年左右时间建立健全全国农业信贷担保体系，2016年推动省级农业信贷担保机构正式建立并开始运营。加大对农产品主产区和重点生态功能区的转移支付力度。完善主产区利益补偿机制。逐步将农垦系统纳入国家农业支持和民生改善政策覆盖范围。研究出台完善农民收入增长支持政策体系的指导意见。

24. 推动金融资源更多向农村倾斜。加快构建多层次、广覆盖、可持续的农村金融服务体系，发展农村普惠金融，降低融资成本，全面激活农村金融服务链条。进一步改善存取款、支付等基本金融服务。稳定农村信用社县域法人地位，提高治理水平和服务能力。开展农村信用社省联社改革试点，逐步淡出行政管理，强化服务职能。鼓励国有和股份制金融机构拓展“三农”业务。深化中国农业银行三农金融事业部改革，加大“三农”金融产品创新和重点领域信贷投入力度。发挥国家开发银行优势和作用，加强服务“三农”融资模式创新。强化中国农业发展银行政策性职能，加大中长期“三农”信贷投放力度。支持中国邮政储蓄银行建立三农金融事业部，打造专业化为农服务体系。创新村镇银行设立模式，扩大覆盖面。引导互联网金

融、移动金融在农村规范发展。扩大在农民合作社内部开展信用合作试点的范围，健全风险防范化解机制，落实地方政府监管责任。开展农村金融综合改革试验，探索创新农村金融组织和服务。发展农村金融租赁业务。在风险可控前提下，稳妥有序推进农村承包土地的经营权和农民住房财产权抵押贷款试点。积极发展林权抵押贷款。创设农产品期货品种，开展农产品期权试点。支持涉农企业依托多层次资本市场融资，加大债券市场服务“三农”力度。全面推进农村信用体系建设。加快建立“三农”融资担保体系。完善中央与地方双层金融监管机制，切实防范农村金融风险。强化农村金融消费者风险教育和保护。完善“三农”贷款统计，突出农户贷款、新型农业经营主体贷款、扶贫贴息贷款等。

25.完善农业保险制度。把农业保险作为支持农业的重要手段，扩大农业保险覆盖面、增加保险品种、提高风险保障水平。积极开发适应新型农业经营主体需求的保险品种。探索开展重要农产品目标价格保险，以及收入保险、天气指数保险试点。支持地方发展特色优势农产品保险、渔业保险、设施农业保险。完善森林保险制度。探索建立农业补贴、涉农信贷、农产品期货和农业保险联动机制。积极探索农业保险保单质押贷款和农户信用保证保险。稳步扩大“保险+期货”试点。鼓励和支持保险资金开展支农融资业务创新试点。进一步完善农业保险大灾风险分散机制。

26.深化农村集体产权制度改革。到2020年基本完成土地等农村集体资源性资产确权登记颁证、经营性资产折股量化到本集体经济组织成员，健全非经营性资产集体统一运营管理机制。稳定农村土地承包关系，落实集体所有权，稳定农户承包权，放活土地经营权，完善“三权分置”办法，明确农村土地承包关系长久不变的具体规定。继续扩大农村承包地确权登记颁证整省推进试点。依法推进土地经营权有序流转，鼓励和引导农户自愿互换承包地块实现连片耕种。研究制定稳定和完善农村基本经营制度的指导意见。加快推进房地一体的农村集体建设用地和宅基地使用权确权登记颁证，所需工作经费纳入地方财政预算。推进农村土地征收、集体经营性建设用地入市、宅基地制度改革试点。完善宅基地权益保障和取得方式，探索农民住房保障新机制。总结农村集体经营性建设用地入市改革试点经验，适当提高农民集体和个人分享的增值收益，抓紧出台土地增值收益调节金征管办法。完善和拓展城乡建设用地增减挂钩试点，将指标交易收益用于改善农民生产生活条件。探索将通过土地整治增加的耕地作为占补平衡补充耕地的指标，按照谁投入、谁受益的原则返还指标交易收益。研究国家重大工程建设补充耕地由国家统筹的具体办法。加快编制村级土地利用规划。探索将财政资金投入农业农村形成的经营性资产，通过股权量化到户，让集体组织成员长期分享资产收益。制定促进农村集体产权制度改革的税收优惠政策。开展扶持村级集体经济发展试点。深入推进供销合作社综合改革，提升为农服务能力。完善集体林权制度，引导林权规范有序流转，鼓励发展家庭林场、股份合作林场。完善草原承包经营制度。

六、加强和改善党对“三农”工作领导

加快农业现代化和农民奔小康，必须坚持党总揽全局、协调各方的领导核心作用，改进农村工作体制机制和方式方法，不断强化政治和组织保障。

27.提高党领导农村工作水平。坚持把解决好“三农”问题作为全党工作重中之重不动摇，以更大的决心、下更大的气力加快补齐农业农村这块全面小康的短板。不断健全党委统一领导、党政齐抓共管、党委农村工作综合部门统筹协调、各部门各负其责的农村工作领导体制和工作机制。注重选派熟悉“三农”工作的干部进省市县党委和政府领导班子。各级党委和政府要把握好“三农”战略地位、农业农村发展新特点，顺应农民新期盼，关心群众诉求，解决突出问题，提高做好“三农”工作本领。巩固和拓展党的群众路线教育实践活动和“三严三实”专题教育成果。进一步减少和下放涉农行政审批事项。加强“三农”前瞻性、全局性、储备性政策研究，健全决策咨询机制。扎实推进农村各项改革，鼓励和允许不同地方实行差别化探索。对批准开展的农村改革试点，要不断总结可复制、可推广的经验，推动相关政策出台和法律法规立改废释。深入推进农村改革试验区工作。全面提升农村经济社会发展调查统计水平，扎实做好第三次全国农业普查。加快建立全球农业数据调查分析系统。加强农村法治建设，完善农村产权保护、农业市场规范运行、农业支持保护、农业资源环境等方面的法律法规。

28.加强农村基层党组织建设。始终坚持农村基层党组织领导核心地位不动摇，充分发挥农村基层党组织的战斗堡垒作用和党员的先锋模范作用，不断夯实党在农村基层执政的组织基础。严格落实各级党委抓农村基层党建工作责任制，发挥县级党委“一线指挥部”作用，实现整乡推进、整县提升。建立市县乡党委书记抓农村基层党建问题清单、任务清单、责任清单，坚持开展市县乡党委书记抓基层党建述职评议考核。选优配强乡镇领导班子尤其是党委书记，切实加强乡镇党委思想、作风、能力建设。选好用好管好农村基层党组织带头人，从严加强农村党员队伍建设，持续整顿软弱涣散村党组织，认真抓好选派“第一书记”工作。创新完善基层党组织设置，确保党的组织和党的工作全面覆盖、有效覆盖。健全以财政投入为主的

经费保障制度，落实村级组织运转经费和村干部报酬待遇。进一步加强和改进大学生村官工作。各级党委特别是县级党委要切实履行农村基层党风廉政建设的主体责任，纪委要履行好监督责任，将全面从严治党的要求落实到农村基层，对责任不落实和不履行监管职责的要严肃问责。着力转变基层干部作风，解决不作为、乱作为问题，加大对农民群众身边腐败问题的监督审查力度，重点查处土地征收、涉农资金、扶贫开发、“三资”管理等领域虚报冒领、截留私分、贪污挪用等侵犯农民群众权益的问题。加强农民负担监管工作。

29. 创新和完善乡村治理机制。加强乡镇服务型政府建设。研究提出深化经济发达镇行政管理体制改革指导意见。依法开展村民自治实践，探索村党组织领导的村民自治有效实现形式。深化农村社区建设试点工作，完善多元共治的农村社区治理结构。在有实际需要的地方开展以村民小组或自然村为基本单元的村民自治试点。建立健全务实管用的村务监督委员会或其他形式的村务监督机构。发挥好村规民约在乡村治理中的积极作用。深入开展涉农信访突出问题专项治理。加强农村法律服务和法律援助。推进县乡村三级综治中心建设，完善农村治安防控体系。开展农村不良风气专项治理，整治农村黄赌毒、非法宗教活动等突出问题。依法打击扰乱农村生产生活秩序、危害农民生命财产安全的犯罪活动。

30. 深化农村精神文明建设。深入开展中国特色社会主义和中国梦宣传教育，加强农村思想道德建设，大力培育和弘扬社会主义核心价值观，增强农民的国家意识、法治意识、社会责任意识，加强诚信教育，倡导契约精神、科学精神，提高农民文明素质和农村社会文明程度。深入开展文明村镇、“星级文明户”、“五好文明家庭”创建，培育文明乡风、优良家风、新乡贤文化。广泛宣传优秀基层干部、道德模范、身边好人等先进事迹。弘扬优秀传统文化，抓好移风易俗，树立健康文明新风尚。

让我们更加紧密地团结在以习近平同志为总书记的党中央周围，艰苦奋斗，真抓实干，攻坚克难，努力开创农业农村工作新局面，为夺取全面建成小康社会决胜阶段的伟大胜利作出更大贡献！

（中发〔2016〕1号）

中共河北省委　河北省人民政府
关于落实发展新理念加快农业现代化的实施意见

（2016年1月25日）

为贯彻落实党的十八届五中全会、中央农村工作会议和省委八届十二次全会精神，现结合我省实际，就农业农村工作提出如下意见。

一、以发展新理念为引领，推进农业现代化

党的十八届五中全会审议通过的《中共中央关于制定国民经济和社会发展第十三个五年规划的建议》提出的创新、协调、绿色、开放、共享的发展理念，是在深刻总结国内外发展经验教训、分析国内外发展大势基础上形成的，体现了“十三五”乃至更长时期我国的发展思路、发展方向、发展着力点，是关系发展全局的一场深刻变革。在全面建成小康社会的决胜阶段，必须坚持以五大发展理念引领农业现代化，更加注重拉长农业这条“四化同步”的短腿、补齐农村这块“全面小康”的短板，努力让农业强起来、农民富起来、农村美起来。

1. 以创新发展激发农业农村发展活力。要创新农业科技，鼓励科技人员投身农业农村发展，搭建科技成果孵化转化平台，以先进品种、先进技术和先进装备提升现代农业水平。要创新农业经营主体，加快发展法人农业，大力培育新型职业农民，提升农业的组织化和专业化水平。要创新农业经营体制，以“三权分置”为基础、以提高农业竞争力为导向、以发展多种形式适度规模经营为核心，充分释放规模经营和规模化服务的潜力。要创新农村产权制度，通过确权、赋能、搞活，激发农村发展活力。

2. 以协调发展补齐农业农村发展短板。要加快推进城乡发展一体化，切实维护农民群众各项合法权益，加快推进城乡居民基本权益平等化；大力提升农村基础设施建设和社会事业发展水平，加快推进城乡公共服务均等化；促进农民收入持续较快增长，加快推进城乡居民收入均衡化；建立城乡要素平等交换的体制机制，加快推进城乡要素配置合理化；推动城市产业向农村延伸链条、工商资本向“三农”投资，支持农业与二三产业融合，加快推进城乡产业发展融合化。

3. 以绿色发展引领农业农村发展方向。要认真实施农业可持续发展规划，加快形成资源利用高效、生态系统平

衡、产地环境良好、产品质量安全的农业发展新格局，把农业真正打造成为绿色产业。要大力发展生态高效循环农业，加快实施化肥农药零增长行动，加大农业面源污染治理力度，把农村真正打造成为绿色空间。要加快实施山水林田湖生态修复工程，大力开展植树造林，深入推进美丽乡村建设，显著改善农村生态环境和人居环境，为美丽河北建设增绿添彩。

4. 以开放发展拓展农业农村发展空间。抓住京津冀协同发展和北京携手张家口举办冬奥会的战略机遇，加快拓展农业农村开放的广度深度。大力实施“引进来”战略，搭建合作平台，优化发展环境，加快引进一批战略投资者，引进一批海外的新技术、新品种；大力实施“走出去”战略，加快建设外向型农业示范区，努力扩大特色优势农产品出口，培育一批具有国际竞争力的农业企业集团。

5. 以共享发展增进农民福祉。坚持多方发力，促进农民持续增收。要以整个国土资源开发促增收，大力实施山区综合开发工程和绿山富民科技工程，发展特色沟域经济，建设现代农业园区。要以全产业链开发促增收，加快农产品加工业转型升级，重点通过股份合作制建立利益联结机制，让农民分享全产业链、全价值链收益。要以农业多功能开发促增收，培育发展新产业新业态，大力发展休闲农业和乡村旅游，使之成为繁荣农村、富裕农民的新兴支撑产业。要以挖掘资产资源资金潜力促增收，深化农村改革，促进农村各类资源充分流转和有效利用，增加农民财产性收入。特别要加大脱贫攻坚力度，认真落实精准扶贫、精准脱贫方略，齐心协力打赢脱贫攻坚战，实现城乡同步全面建成小康社会。

“十三五”时期推进农村改革发展，要全面贯彻党的十八大和十八届三中、四中、五中全会精神，深入贯彻落实习近平总书记系列重要讲话精神和对河北工作的重要指示，以增进农民福祉为出发点和落脚点，以农民增收为核心，以结构调整为主线，以发展高端设施农业为重点，统筹推进现代农业发展、美丽乡村建设、脱贫攻坚、山区综合开发和乡村旅游，加快转变农业发展方式，走产出高效、产品安全、资源节约、环境友好的农业现代化道路，推动新型城镇化与新农村建设双轮驱动、互促共进，让广大农民平等参与现代化进程、共同分享现代化成果。

2016年，农业结构性改革取得实质性进展，高端设施农业发展加快，农业质量效益和竞争力有明显提升；农民收入实现较快增长，农村居民人均可支配收入较上年增长8%以上；脱贫攻坚深入实施，实现100万农村贫困人口稳定脱贫；100个重点片区、4000个重点村（其中贫困村不少于1000个）完成美丽乡村建设任务，农村民生得到显著改善；农村重点领域改革不断深化，农业农村发展活力进一步增强。

到2020年，现代农业建设取得明显进展，粮食综合生产能力得到有效保障，高端设施农业规模化、区域化发展，现代农业产业体系基本形成，农村产业融合发展水平明显提升；农民生活达到全面小康水平，农村居民人均可支配收入比2010年翻一番，城乡居民收入差距继续缩小；现行标准下农村贫困人口实现脱贫，贫困村全部出列，贫困县全部摘帽，解决区域性整体贫困；具备条件的农村基本建成美丽乡村，农民素质和农村社会文明程度显著提升；农村基本经济制度、农业支持保护制度、乡村治理机制、城乡发展一体化体制机制进一步完善。

二、大力推进农业供给侧结构性改革，加快发展现代农业

推进农业供给侧结构性改革，是适应和引领经济发展新常态、促进农业持续稳定发展的关键所在，必须以市场需求为导向，在调结构、强要素、转方式、促融合上下功夫，提高农业供给体系的质量和效益。

1. 大力推进农业结构调整。优化区域布局，根据区域优势和资源禀赋，加快打造环首都都市农业圈、山前平原高产农业区、山地高效特色农业区、坝上绿色生态产业区、黑龙港生态节水循环农业示范区、沿海高效渔业产业带。以农牧结合、农林结合、循环发展为导向，调整优化农业种植养殖结构，加快发展绿色农业。在继续抓好4000万亩粮食生产核心区、保障粮食综合生产能力的基础上，重点培育发展蔬菜、果品、苗木花卉、食用菌、中草药等优势产业。加快建设环首都25个种植面积20万亩以上的蔬菜大县和集中产区，蔬菜播种面积稳定在2000万亩，高端设施蔬菜到2017年新增500万亩。加快建设苹果、梨、核桃、红枣、板栗、葡萄等优势果品基地，2016年新增高标准果品生产基地200万亩。加快建设116个苗木花卉规模化基地，建设山区、坝上、环京津和冀中南食用菌产业聚集区，建设燕山、太行山、坝上高原地区大宗道地中草药和冀中南平原药食两用品种基地。围绕优势产业，优化品种结构，加快新一轮品种更新换代，进一步提高高端高效产品比重。加快现代畜牧业建设，扩大粮改饲试点，2016年粮经饲比例调整到62∶36∶2。加强农业品牌建设，叫响“冀康”品牌，努力增加主要农产品京津市场占有率。

2. 大力推进以高端设施农业为重点的现代农业园区建设。按照“品种高端、技术高端、装备高端、管理高端、产品高端”的要求，着力打造一批加工聚集型、沟域生态开发型、龙头企业带动型、股份合作型、合作社引领型、复合发展型现代农业园区，努力形成现代农业发展高地。2016年，重点抓好100个省级现代农业园区建设，带动高端设施农业发展；到2020年省级现代农业园区发展到200

个，带动市县建设现代农业园区1000个，基本形成高端设施农业规模化、区域化的发展格局。充分发挥农业产业发展资金作用，采取先建后补、以奖代补、贷款贴息等方式，支持园区基础设施建设和农业生产重大技术措施在园区推广示范。全面推动园区“综合信息服务平台建设”，重点推广“益农综合服务社”模式，支持每个园区建设一个融技术培训推广、科技信息服务、生产资料供应、电子商务及展示、展销等功能于一体的综合性服务中心，实现综合服务全覆盖。充分发挥园区聚集生产要素的优势，引导农户依法采取转包、出租、互换、转让、订单等形式流转承包土地的经营权，采取入股、托管、租赁等形式与龙头企业、合作社开展合作，发展多种形式的农业适度规模经营。允许县（市、区）政府按照国家政策要求，统筹整合下达到县（市、区）的涉农项目资金，集中投放现代农业园区。对在园区内发展现代农业和适度规模经营，符合《国土资源部农业部关于进一步支持设施农业健康发展的通知》规定的，其直接用于农产品生产的设施用地和附属设施用地，不需办理农用地转用审批手续，生产结束后由经营者负责复耕。允许将集中连片整治后新增加的部分耕地，按规定用于农田配套设施建设。大力实施农村产业融合发展试点示范工程，2016年每个县依托现代农业园区至少打造两个一二三产业融合发展的示范点。通过农村闲置宅基地整理、土地整治等新增的耕地和建设用地，优先用于农村产业融合发展。

3. 大力发展农产品加工业。大力发展牛奶、肉类、粮油、果品、蔬菜五大加工业，支持龙头企业组建产业联盟，创建一批原料保障、精深加工、科研研发、产品营销等相互配套、功能互补的示范园区。加大农产品加工园区基础设施建设支持力度，重点扶持30个大型农产品加工工业园，到2020年认定200个省级农产品加工园区。研究制定促进农产品加工业发展的意见，完善农产品产地初加工补助政策，扩大实施区域和品种范围，初加工用电享受农用电政策。在年度建设用地指标中单列一定比例，专门用于新型农业经营主体进行农产品加工、仓储物流、产地批发市场等辅助设施建设。鼓励农民通过合作与联合的方式发展农产品加工流通、直供直销、电子商务和农村服务业。2016年，支持700家以上产业化龙头企业壮大规模，实施100个亿元以上农业产业化项目，培育100个10亿元以上的农业产业化联合体，农产品加工与农业产值比值提高到1.5∶1，农业产业化经营率达到66.5%。到2020年农产品加工与农业产值比值提高到2.5∶1，农业产业化经营率达到70%以上。

4. 大力发展休闲农业和乡村旅游。依托农村绿水青山、田园风光、乡土文化等资源，推进农业与旅游、教育、文化、健康养老等产业深度融合，大力实施休闲农业和乡村旅游工程，加快发展休闲度假、旅游观光、养生养老、创意农业、农耕体验，重点建设一批特色小镇、魅力村庄和健康养生基地，打造一批休闲农业与乡村旅游示范县与示范点，推进景区与周边村庄一体规划、一体建设、一体管理。采取以奖代补、先建后补、财政贴息、产业投资基金等方式扶持休闲农业与乡村旅游业发展，支持休闲旅游重点村建设游客接待中心，改善进村道路、供电、供水、宽带、停车场、厕所、垃圾处理等基础服务设施。将休闲农业和乡村旅游项目建设用地，纳入土地利用总体规划和年度计划。支持有条件的地方通过盘活农村闲置房屋、集体建设用地、“四荒地”、可用林场和水面等资产资源发展休闲农业和乡村旅游。利用林地、水面、湿地、山地兴办的乡村旅游项目，可通过承包、租赁等形式取得使用权和经营权。对占用未利用地的建设项目，在符合规划的前提下，保障其建设项目的用地指标。在不改变农村集体土地所有权和农民宅基地使用权的前提下，允许农村居民与城镇居民合作建房、合作开展乡村旅游。鼓励有条件的地区发展智慧乡村游，提高在线营销能力。鼓励和支持农民以股份制、合伙制、合作制等形式组建乡村旅游服务经济实体，大力扶持农民发展休闲旅游业合作社，积极开展农宅合作社试点。结合发展休闲农业、乡村旅游，积极发展农村新型家庭手工业，培育乡村手工艺品和农村土特产品品牌。完善农家乐创业小额贷款扶持制度，把农家乐信贷担保纳入贷款担保与再担保体系。对京津周边地区高标准建设的自驾车、房车营地给予奖补。对获得省级以上休闲农业与乡村旅游五星级以上称号的企业、乡村旅游模范村、模范户、金牌农家乐给予资金奖励。2016年，培育发展500个旅游专业村，打造12个休闲农业和乡村旅游示范区。到2020年认定100个休闲农业和乡村旅游示范带，建成30条农业休闲旅游精品线路。

5. 大力发展外向型农业。加快实施外向型农产品生产示范区质量提升三年行动计划，到2017年建成100个外向型农产品生产示范区，其中国家级出口食品农产品质量安全示范区达到10个，出口农产品一次质量合格率达到99%以上。积极培育壮大农业“走出去”主体队伍，鼓励和支持省内农业企业抱团“走出去”。利用好国家外经贸发展资金和省级开放型经济发展专项资金，支持农产品出口企业增强以技术、品牌、质量、服务为核心的国际竞争新优势。培育壮大农产品出口主体，到2017年全省农产品出口实绩企业达到800家。优化农产品出口服务，培育更多检验检疫、海关、退税和外汇分类管理农产品高级别企业，设立出口农产品专用“绿色通道”，对国家级出口农产品质量安全示范区在简化备案注册程序、便利出口检验放行、协调政策经费支持等方面给予优惠与支持。发挥政策性出口信用保险作用，为企业开拓国际市场提供风险保障和融资便利。

6.大力发展现代农业市场主体。加大招商引资力度，加快构建合作平台，支持采取整区域推进、整片开发等形式谋划包装和发布项目，2016年每县引进至少两家大型企业集团在农业领域开展战略合作。鼓励兴办形式多样的农业公司，引导工商资本进入，重点发展一批“农业公司+农民合作社＋农产品加工基地”为主要形式的产加销一体化综合体。7366个贫困村和4000个美丽乡村建设重点村每个村都要力争发展一个股份合作体。通过政府和社会资本合作、贴息、政府引导基金等方式，带动社会资本投向农村新产业新业态。加强示范家庭农场建设，重点培育200家省级示范家庭农场。加强农民合作社示范社建设，扩大合作社直接承担财政项目规模和数量，引导发展农民合作社联合社。省级财政安排新型农业经营主体示范带动项目补助资金，鼓励市县对新型农业经营主体给予支持。支持符合条件的新型农业经营主体优先承担涉农项目，新增农业补贴向新型农业经营主体倾斜。农机购置补贴向从事规模化生产的农民合作社、家庭农场等经营主体倾斜。支持新型农业经营主体加快技术进步，在新型职业农民培育、农业技术推广、病虫害统防统治、肥料农药科学施用、社会化服务等项目实施上给予重点倾斜。支持多种类型的新型农业服务主体开展代耕代种、联耕联种、土地托管、统防统治等专业化规模化服务。积极发展土地合作社，引导鼓励农民以土地经营权入股、托管、租赁等方式开展土地合作。各市县根据自身财力情况对土地流转期限在5年以上、流转面积在100亩以上的新型农业经营主体给予奖补。农民合作社财政扶持项目对规模流转面积达到200亩以上的种植业农民合作社给予重点支持。农机深松项目优先由经营面积在500亩以上、成方连片从事粮食生产的新型农业经营主体承担。

7.大力培育新型职业农民。将职业农民培育纳入教育培训发展规划，构建职业农民教育培训体系，把职业农民培养成建设现代农业的主导力量。办好农民职业教育，将全日制农业中等职业教育纳入国家资助政策范围。创新农村职业教育办学模式，建立公益性农民职业教育培训制度，以实用技术技能培训方式开展送教下乡，依托高等教育、中等职业教育资源，鼓励农民通过“半农半读”等方式，就近就地接受职业教育。充分发挥农业广播学校系统的作用，搞好县乡村职称教育三级网络建设，定向培养培训职业农民。积极引导农村青年、返乡农民工、农技推广人员、农村大中专毕业生和退役军人等参加职业农民队伍，投身现代农业建设。启动新型经营主体带头人培育行动、现代青年农场主计划和万名青年职业农民创业工程，2016年培育职业农民2.6万人，到2020年使新型农业经营主体带头人都得到培训，人均每年培训时间不少于10天。建立健全职业农民扶持制度，统筹使用财政支农资金，支持新型职业农民培育。

8.大力加强农业科技创新推广和服务体系建设。依托京津冀农业科技协同创新中心、农业科技创新联盟等农业创新平台，加快推进环首都现代农业科技示范带建设，建设一批国家级和省级农业科技园区。继续支持11个省级农业产业技术体系创新团队建设，在全省主要优势产业逐步扩大覆盖范围。探索农业科研机构与新型农业经营主体合作集成熟化科技成果的有效途径，建立完善“一个主导产业、一位首席专家、一个示范基地、一套技术模式、一支服务团队”的农技推广机制。启动万名农业科技推广带头人培训行动，推进农业科技特派员农业科技创业行动，建立一批科技特派员创业基地。鼓励科技人员到农村合作社、农业企业任职兼职，完善知识产权入股、参与分红等激励机制。提升主要农作物生产全程机械化水平，推进林区装备现代化。实施“互联网+”现代农业行动计划，推广成熟可复制的农业物联网应用模式。推进良种重大科研联合攻关，培育和推广适应机械化生产、优质高产多抗广适新品种，实施畜禽遗传改良计划。培育发展一批育繁推一体化的现代种业集团，配套建设一批大型现代种子加工中心。深入推进种业领域科研成果权益分配改革，探索成果权益分享、转移转化和科研人员分类管理机制。大力发展智慧气象，完善专业化、融入式气象为农服务体系。加强农资配送、农机作业、工厂化育苗、病虫害统防统治、配方肥统配统施、设施维修等社会化服务，构建主体多元、形式多样、竞争充分的社会化服务新体系。实施农业社会化服务支撑工程，搭建以公益性服务为基础的综合性服务平台，促进公益性服务与市场化服务优势互补、成龙配套。加快健全农业公益性服务经费保障机制，鼓励推广政府购买农业公益性服务，对于政府主导、财政支持的农村公益性工程和项目，鼓励采取购买服务、政府和社会资本合作等方式，引导企业和社会组织参与建设和运营。

9.大力提升农产品质量安全水平。建立健全产地环境、农业投入品、生产过程、储藏运输等全链条、全产业监管机制。实施农业标准化推进行动，健全农业标准体系，积极推进园艺作物标准园、畜禽标准化示范场、水产健康养殖标准化示范场及农业综合标准化示范区建设。大力推进农业清洁生产，推广高效低毒低残留农药，推行高毒农药定点销售、实名购买制度，实施兽用抗菌药治理行动，到2020年农兽药残留限量指标基本与国际食品法典标准接轨。实行严格的农业投入品使用管理制度，依法加强对农业投入品的监管。加强农产品产地环境监测，强化产地安全管理。建立完善省市县联检联测机制，强化对蔬菜、肉类和水产品农兽药残留、违禁添加的风险监测、评估和质量安全检测。开展农产品质量安全追溯试点，实现无公害农产品、绿色食品、有机农产品和农产品地理标志“三品一标”全覆盖。构建农产品质量安全监管追溯信息体系，促进各类追溯平台互联互通和监管信息共享。支持病死畜禽无害化处理设施建设，探索病死畜禽无害化处理与养殖业保险联动机制。开展农产品质量安全县创建活动，2016年，农业标准化覆盖率达到45%，农产品质量安全县创建试点达到34个。到2020年农业标准化覆盖率达到70%，农产品质量安全县实现全覆盖。

三、加强农业农村基础设施建设，改善农民生产生活条件

推进农业现代化，必须坚守发展、生态、民生三条底线，补齐短板、强化支撑，按照全面小康的目标，大力推进农业农村基础设施建设，显著改善农民生产生活条件。

1.加强农田水利建设。把农田水利作为农业基础设施建设的重点，实施引黄入冀补淀、地下水超采综合治理、大中型水库建设、大中型灌区节水改造、抗旱应急水源、农村河塘清淤整治、山丘区“五小水利”、田间渠系配套等项目。开展区域规模高效节水灌溉行动，推广先进适用节水灌溉技术，建设一批从水源到田间的高效节水灌溉工程。2016年恢复改善灌溉面积40万亩，新增节水灌溉面积400万亩，其中高效节水灌溉面积280万亩。到2020年，新增节水灌溉面积1500万亩，其中高效节水灌溉面积1200万亩，有效灌溉面积稳定在6600万亩，灌溉水有效利用系数达到0.675。

2.加强高标准农田建设。加快实施高标准农田建设规划，大力实施耕地质量保护与提升行动，加快建设集中连片、旱涝保收、稳产高产、生态友好的高标准农田。优化建设布局，集中在山前平原建设确保口粮安全的高标准农田。统筹使用新增建设用地土地有偿使用费、农业综合开发资金、现代农业生产发展资金、农田水利设施建设补助资金、田间工程建设资金等涉农资金，集中力量开展土地平整、土地深松、农田水利、土壤改良、机耕道路、配套电网林网等建设。按照“谁受益、谁管护”的原则，明确管护责任主体。鼓励工商资本和城市企业按照土地利用规划，开展土地整治和高标准农田建设。土地整治形成的补充耕地指标，经当地政府与企业协商，可优先用于开发企业。探索建立有效机制，鼓励金融机构支持高标准农田建设和中低产田改造。稳步实施渤海粮仓和粮食丰产科技示范工程，提高粮食生产科技支撑能力。确保到2020年建成高标准农田4678万亩，全省粮食综合生产能力保持在670亿斤以上。

3.加强农产品流通设施建设。合理规划农产品市场流通网络布局，重点支持重要农产品集散地、优势农产品产地市场建设，加快构建辐射京津、覆盖城乡、产销衔接的农产品流通网络。加快农产品批发市场升级改造，加强粮食等重要农产品仓储物流设施建设。推进公益性农产品批发市场建设，支持农产品营销公共服务平台建设。完善跨区域农产品冷链体系，加快鲜活农产品连锁配送中心建设，实施特色农产品产区预冷工程。推动农村电子商务加快发展，形成线上线下融合、农产品进城与农资、消费品下乡双向流通新格局。实施“快递下乡”工程，加快完善县乡村物流体系。鼓励大型商务平台企业建设涉农电子商务平台，开展农村电商服务。深入开展电子商务进农村综合示范，加大信息进村入户试点力度，到2016年底实现县域农村电子商务体系全覆盖、农村电子商务双向流通渠道全覆盖、行政村电子商务应用全覆盖。支持农产品生产经营主体与批发市场、农贸市场、超市、宾馆饭店、校企食堂等直接对接，支持农业生产基地、农民合作社在城市社区建设直销网点。加强农产品市场监管，保障消费者合法权益。

4.加强农村道路建设。加快实现行政村通硬化路、通班车，推动一定人口规模的自然村通公路。2016年，安排投资100亿元，新改建农村公路1万公里。到2020年，总投资达到500亿元，共计新改建农村公路6万公里，实现每个行政村有一条畅通的出口路。加强贫困地区道路交通建设，加快太行山高速及国省干线公路建设，建成燕山东西、太行山区南北、黑龙港流域1500公里高速公路通道、1500公里国省干线通道、1500公里县域公路通道，建设改造贫困地区农村公路1.5万公里。进一步提高贫困地区公路建设补助标准，通村公路补助标准比“十二五”期间提高50%。积极推进城乡客运一体化。将农村公路养护资金逐步纳入当地财政预算。

5.加强农村人居环境建设。坚持把财政支持基础设施建设的重点放在农村，健全农村基础设施投入长效机制。加快城镇基础设施向农村延伸，促进城乡基础设施互联互通、共建共享，逐步缩小城乡差距。以美丽乡村建设为抓手，以改房、改水、改路、改厕、改厨“五改”为重点，大力实施民居改造、安全饮水、污水治理、道路硬化、村庄绿化等12个专项行动，全面提升农村基础设施建设水平。实施农村饮水安全巩固提升工程，坚持规划先行，推广联片供水，进一步提高农村自来水普及率、供水保障率、水质达标率。加快农村电网改造升级工程，2018年前全部完成贫困村升级改造。开展农村“低电压”综合治理，发展绿色小水电。继续推进广播电视村村通工程，加快实施宽带乡村工程，完善通信基础设施，到2017年80%的行政村通光纤，实现4G基站网络全覆盖。积极推广钢结构建筑、新材料建筑和绿色农房集成技术，加强农房抗震设计和技

术应用，大力建设达到当地抗震设防标准的农村民居。加快实施无害化厕所改造专项行动，2016年全省无害化卫生厕所普及率达到52%。继续推进农村环境综合整治，大力开展“三清一拆”和垃圾污水治理专项行动，普遍建立村级保洁制度，完善垃圾处理设施，强力推广以县域为单元、社会资本参与、市场化运作的垃圾处理模式和多元化污水处理模式，逐步把农村环境整治支出纳入地方财政预算。加强农村教育、医疗、养老等公共服务设施建设，加快构建农村基层公共服务平台。

6.加强生态建设。划定农业空间和生态空间保护红线，编制实施耕地、草原、河湖休养生息规划，继续实施山水林田湖生态保护和修复工程，开展整体保护、系统修复、综合治理。推进江河湖库水系联通、中小河流治理、山洪地质灾害防治等工程建设，优化水资源空间格局，增加水环境容量。到2020年，河湖水功能区水质达标率提高到75%以上，地下水超采区基本实现采补平衡，森林覆盖率达到35%，湿地保护率达到60%。积极争取扩大地下水超采综合治理试点范围。落实好新一轮退耕还林还草政策和新一轮草原生态保护补助奖励政策。落实最严格的水资源管理制度，实行水资源消耗总量和强度“双控”行动，到2020年农业用水总量控制在130亿立方米以内。大规模实施国土绿化行动，大力开展京津保生态过渡带、京津风沙源治理、三北防护林、太行山绿化、天然林保护、再造三个塞罕坝等重点工程建设，全面停止天然林商业性采伐。2016年完成造林绿化420万亩。到2020年完成造林绿化2100万亩，660万亩“三化”草原得到治理，治理水土流失面积1万平方公里，草原植被覆盖度达到71%以上。创建农业可持续发展试验示范区，启动种养结合循环农业示范工程，实施农业面源污染治理行动计划，到2018年化肥、农药使用量力争实现零增长，农作物秸秆、畜禽粪污和废弃地膜得到有效利用。积极推广高效生态循环农业模式，在坝上地区和地下漏斗区探索实施耕地轮作休耕制度试点。探索建立和健全生态保护补偿机制，积极争取跨地区跨流域生态保护补偿试点。实施农村清洁能源利用专项行动，大力发展规模化沼气和生物天然气工程，改善农村能源结构和使用方式。加大农村散煤燃烧治理力度，推广秸秆能源化利用、煤改气、煤改电、煤改太阳能、煤改地热等多种模式替代散煤，2016年推广高效清洁燃烧炉具300万台。

四、深入推进农村改革，增强农村发展内生动力

破解“三农”难题，必须找准农业农村发展的主要矛盾和关键环节，坚持不懈地推进体制机制创新，激发广大农民群众创新创业活力，释放农业农村发展新动能。

1.深化农村集体产权制度改革。加快土地等农村集体资源性资产确权登记颁证工作。搞好农村土地承包经营权国家整省确权试点，2016年完成确权3000万亩，2017年全省基本完成确权任务。积极推进房地一体的农村集体建设用地和宅基地使用权确权登记颁证。加快开展农村集体经营性资产折股量化工作，到2020年完成经营性资产折股量化到本集体经济组织成员。积极推进农村不动产统一登记制度改革，实现登记机构、登记簿册、登记依据、信息平台“四统一”，加快建立归属清晰、权责明确、保护严格、流转顺畅的不动产统一登记体系。鼓励各地采取多方参与的形式加快县级农村产权流转交易平台（中心）建设，推动要素资源在城乡和各类经营主体之间合理流动、优化配置。2016年全省半数以上县（市）建成比较规范的农村产权流转交易平台（中心），2017年实现县域全覆盖。

2.稳妥推进农村土地制度改革。坚守土地公有性质不改变、耕地红线不突破、农民利益不受损“三条底线”。依法推进土地经营权有序流转，鼓励引导农户自愿互换承包地块实现连片耕种。稳定土地流转关系，推广实物计租货币结算、租金动态调整等计价方式。各地可探索制订发布本行政区域内农用地基准地价，为农户土地入股或流转提供参考依据。完善工商资本租赁农地准入、监管和风险防范机制。强化土地流转服务，将土地流转纳入到基层公益服务项目。完善宅基地权益保障和取得方式，探索宅基地有偿退出的机制和办法，结合中心村建设加快空心村治理。完善和拓展城乡建设用地增减挂钩政策，省内46个集中连片特困地区县和国家扶贫开发工作重点县通过开展城乡建设用地增减挂钩，其增减挂钩指标在优先保障县域范围内农民安置和生产发展用地的前提下，可将部分节余指标在省域范围内挂钩使用。完善将通过土地整治增加的耕地作为占补平衡补充耕地指标的具体途径和办法，按照“谁投入、谁受益”的原则返还指标交易收益。积极稳妥推进定州土地征收制度改革试点，探索缩小土地征收范围，规范土地征收程序，完善对被征地农民合理、规范、多元保障机制。

3.积极推进农村金融改革。加快完善农村金融服务体系，不断创新适合新型农业经营主体的金融产品。鼓励国有和股份制金融机构拓展“三农”业务，推动地方法人金融机构设立三农金融事业部。围绕美丽乡村建设，建立和完善省市县三级投融资平台，按照统谈分贷、分级负责原则，分别承接银行中长期贷款，用于支持重点片区和重点村建设。围绕脱贫攻坚，引导和推动金融机构扩大资金投放，改善金融服务，降低融资成本，建立扶贫开发投融资体系，完善扶贫贷款财政贴息和风险补偿机制。围绕现代农业，用好农业产业化股权投资引导基金，撬动社会资本投入，积极支持符合条件的农业产业化龙头企业发展。推

广产业链金融模式，加大对农村产业融合发展的信贷支持。加快推进政府支持的农业信贷担保体系建设，2016年率先建成省级农业信贷担保机构并正式开始运营，加快建立市县级农业信贷担保机构，力争2017年基本建成覆盖全省的农业信贷担保体系框架。积极推进玉田国家级农村金融综合改革试点，探索创新农村金融组织和服务。推广阜平县县设金融服务中心、乡镇设金融服务部、村设金融服务室做法，解决金融进村“最后一公里”问题。深化全省农村信用社改革，加快推进县级联社组建农村商业银行步伐，增强服务“三农”和县域经济的能力。稳妥开展农村承包土地的经营权抵押贷款试点。积极争取国家农产品期权试点和农民合作社内部开展信用合作试点。继续在全省县域实施新型农业经营主体“主办行”制度，加大对新型农业经营主体信贷支持力度。扩大农业保险覆盖面，支持发展特色优势农产品保险、设施农业保险等。探索建立农业补贴、涉农信贷、农产品期货和农业保险的联动机制。

4. 大力发展农村股份合作经济。积极推行“政府+龙头企业+金融机构+科研机构+合作社+农户”的股份合作模式，实现资源变资本、资金变股金、农民变股东、自然人农业变法人农业，增加农民资产收益。引导鼓励农户自愿以土地经营权等入股龙头企业和农民合作社，采取“保底收益+按股分红”等方式，让农户分享加工销售环节收益。财政支农资金使用要与建立农户分享产业链利益机制相联系，探索将财政资金投入农业农村形成的经营性资产，通过股权量化到户，让集体组织成员长期分享资产收益。积极开展承德市双滦区赋予农户农村集体资产股权改革国家级试点。积极争取国家扶持村级集体经济发展试点。

5. 加快推进供销合作社等其他重点领域改革。大力推进供销合作社组织体系、服务体系、经营体系、合作金融体系和管理体制“五个创新”，使之成为服务农民生产生活的生力军和综合平台。深化以林权和国有林场为重点的林业改革，巩固和扩大主体改革成果，推进集体林权制度配套改革。稳步推进农业水价综合改革和农业水权制度改革，实行用水总量控制和定额管理，合理确定农业水价，建立节水奖励和精准补贴机制。完善用水权初始分配制度，探索培育水权交易市场。深化小型农田水利工程产权制度改革，鼓励社会资本参与小型水利工程建设与管护。积极争取国家社会资本参与重大水利工程建设运营项目试点。深化农垦改革，努力打造一二三产业融合发展的农垦现代企业集团。

6. 积极推进农村劳动力转移就业创业和农民工市民化。进一步提高农村劳动力转移就业服务能力，大力促进农民就地就近转移就业创业，稳定并扩大农村劳动力转移就业规模。实施农民工等人员返乡创业三年行动计划。加大对农村灵活就业、新就业形态的支持。实施新生代农民工职业技能提升计划，对农村贫困家庭子女、未升学初高中毕业生、农民工、退役军人开展免费职业培训。依法维护农民工合法劳动权益，维护城乡劳动者平等就业，建立健全农民工工资支付保障长效机制。加快提高户籍人口城镇化率，全面实施居住证制度，保障进城落户农民工与城镇居民有同等权利和义务，努力实现基本公共服务常住人口全覆盖。健全财政转移支付同农业转移人口市民化挂钩机制，建立城镇建设用地增加规模同吸纳农业转移人口落户数量挂钩机制。切实维护进城落户农民土地承包权、宅基地使用权、集体收益分配权，积极探索引导进城农民依法自愿有偿转让“三权”的有效途径和办法。

7. 推进“村改居”工作。推动具备条件的村庄依法撤销村民委员会，设立社区居民委员会，实行城市管理体制，并享受棚户区改造和城镇保障性住房相关支持政策。完善公安人口统计制度，将“村改居”后的户籍人口全部纳入城镇户籍人口统计。全面推进“全民参保登记计划”，及时将“村改居”居民纳入相应的城镇社会保障体系，享受相关政策。

五、加强和改善党对“三农”工作领导

加快农业现代化，必须切实提高党领导“三农”工作的水平，改进农村工作体制机制和方式方法，不断强化政治和组织保障。

1. 严格落实重中之重责任要求。坚持把解决好“三农”问题作为全党工作重中之重不动摇，不断健全党委统一领导、党政齐抓共管、党委农村工作综合部门统筹协调、各部门各负其责的农村工作领导体制和工作机制。各级党委政府要切实加强对农业农村工作的领导，党政一把手亲自抓，分管领导直接抓，市县领导要把主要精力放在农业和农村工作上，把重中之重要求体现在工作部署、资金投入和干部配备中。注重选派熟悉“三农”工作的干部进市县党委和政府领导班子。加强“三农”前瞻性、全局性、储备性政策研究，健全决策咨询机制。全面提升农村经济发展调查统计水平，扎实做好我省第三次全国农业普查工作。巩固和拓展“三严三实”专题教育和解放思想大讨论成果，激发广大干部做好“三农”工作的热情。

2. 统筹推进“五位一体”。落实发展新理念，必须明确具体抓手和工作路径，坚持现代农业发展、美丽乡村建设、脱贫攻坚、山区综合开发、乡村旅游等“五位一体”统筹推进。统筹领导力量，充分发挥各级农村工作领导小组作用，集中方方面面的力量，统筹组织推动。统筹规划布局，将“五位一体”主要目标、重大举措和重大项目纳入各地区“十三五”经济社会发展规划，研究制定“五位一体”发展总体规划，编制完善专项规划，落实到区域，

明确到项目，划分到年度，确保一体布局、分项实施、同步完成。统筹项目资金，紧紧围绕“五位一体”，以县域为基础平台，发挥省市融资平台的引领带动作用，整合农业、林业、水利、国土、交通、电力、教育、扶贫、卫生等各方面涉农力量，做到项目资金集中投放，配套政策重点支持。统筹目标管理，明确“五位一体”每年的建设项目和进度安排，明确工作责任目标和责任单位，强化督导考核，确保各项工作落实。

3. 加大农业农村支持力度。健全“三农”投入持续增长机制，优先保障财政对农业农村的投入，坚持将农业农村作为固定资产投资的重点领域，确保力度不减弱、总量有增加。各级党委政府要下力量研究利用市场机制保障农业农村投入的途径和办法，发挥财政政策导向功能和财政资金杠杆作用，鼓励和引导金融资本、工商资本更多投向农业农村。完善资金使用和项目管理，积极争取省级涉农资金管理改革和市县涉农资金整合试点，改进资金使用绩效考核办法。将种粮农民直接补贴、良种补贴、农资综合补贴合并为农业支持保护补贴，重点支持耕地地力保护和粮食适度规模经营。

4. 加强农村基层党组织建设。始终坚持农村基层党组织领导核心地位不动摇，充分发挥农村基层党组织的战斗堡垒作用和党员的先锋模范作用，不断夯实党在农村基层执政的组织基础。严格落实各级党委抓农村基层党建工作责任制，强化县级党委“一线指挥部”作用，实现整乡推进、整县提升。建立市县乡党委书记抓农村基层党建责任清单，全面开展市县乡党委书记抓基层党建工作述职评议考核。以农村基层服务型党组织建设为抓手，强化县乡村三级便民服务网络建设。深入推进乡镇党委书记、村党组织书记、农村致富带头人“三支队伍”建设，选派县以上机关优秀年轻干部、后备干部到贫困村、后进村任第一书记。继续实施“大学生村官”计划。健全以财政投入为主的经费保障制度，落实村级组织运转经费和村干部报酬待遇。着力解决基层干部不作为、乱作为问题，以查处土地征收、涉农资金、扶贫开发、“三资”管理等领域虚报冒领、截留私分、贪污挪用等问题为重点，加大对侵害农民群众权益问题的监督查处力度。

5. 开展农村基层干部培训。深化农村党员“双育工程”，省市县分别建立农村党员培训示范基地，整合面向农村的各类培训资源，举办示范班、特色班、重点班和专题班，加强对农村党员干部的党性教育和创业培训。实施农村党组织书记“万人示范培训”计划，确保所有村党组织书记每年参加集中培训不少于7天。提升农村基层干部专业和文化水平，依托广播电视大学、职业学院、技工院校、涉农院校等对农村基层干部开展培训，实行单列招生计划和注册入学制，鼓励基层干部通过成人教育等方式取得大专学历。

6. 创新和完善乡村治理机制。普遍推行村党组织、村民代表会议、村民委员会、经济合作组织“四位一体”的村级治理架构。加强乡镇服务型政府建设，乡镇普遍建立便民服务、生产服务、金融服务、群众工作“四个中心”。大力推进农村法治建设，坚持依法行政、依法管理，用法治思维和法治方式做好“三农”工作。深化行政执法体制改革，强化基层执法队伍，合理配置执法力量，加强执法能力建设，积极探索推进农林水领域内的综合执法。开展农村社区建设试点工作。健全依法维权和化解纠纷机制，拓宽农村社情民意表达渠道，发挥好村规民约在乡村治理中的积极作用。深入开展涉农信访突出问题专项治理。推进县乡村三级综治中心建设，完善农村治安防控体系。

7. 深化农村精神文明建设。深入开展中国特色社会主义、中国梦和社会主义核心价值观宣传教育，加强思想道德建设，提高农民文明素质和农村社会文明程度。结合文明村镇创建，大力推进农村环境美化和村民中心建设，绘制美丽乡村文化墙，深入开展“十星级文明农户”“五好文明家庭”“美丽庭院”“最美家庭”评树活动，选树一批好媳妇、好公婆、好妯娌。组织开展家风、乡风评议活动，培育文明乡风、优良家风、新乡贤文化。采取政府购买、项目补贴、定向资助等方式，支持社会各类文化组织和机构参与农村公共文化服务。深入推进全民健身事业在农村开展，促进农民群众的健康水平、精神面貌和生活质量同步提升。弘扬优秀传统文化，抓好移风易俗，树立健康文明新风尚。保护和传承具有地方特色的农耕文明，加强农村地区的文化遗产保护。广泛开展具有乡土特色的文化活动，推动文化与特色农业有机结合，提升农产品文化附加值。推进基层综合性文化服务中心建设，丰富农民文化生活、提高农民文化素养。

（冀发〔2016〕1号）

Ⅱ 领导讲话

把连片美丽乡村打造成新农村建设示范区

——赵勇同志在全省农村面貌改造提升行动重点片区建设动员会上的讲话

（2015年1月10日，根据录音整理）

这次会议是庆伟省长同意召开的。在省“两会”期间，利用晚上时间召开这个会议，目的是认真贯彻落实去年在固安召开的农村面貌改造提升现场观摩会议精神，进一步把美丽乡村建设各项部署落到实处。在固安会议上，庆伟省长作了重要讲话，总结了两年来全省美丽乡村建设经验，对2015年和今后一个时期美丽乡村建设工作进行了安排部署。会议明确提出，2015年要以片区打造为重点，把美丽乡村建设提高到一个新水平。今天这次会议就是按照固安会议精神，对如何打造今年的九个重点片区进行动员部署。下面，我讲三个问题。

一、为什么要连片打造美丽乡村

中央高度重视美丽乡村建设，习近平总书记作出重要批示，中央把美丽乡村建设第一次写进政治局工作报告。去年10月，国务院专门印发了《关于改善农村人居环境的指导意见》，对此作出安排部署。我省抓了两年，初步成效已经出来了，大家的思想认识也高度一致了。现在，无论是走高速公路还是乘高铁，都能够看到美丽乡村的景象，所到之处，老百姓没有不说好的。实践证明，这件事情符合中央要求、符合河北实际、符合老百姓愿望，我们没有理由不坚定不移地抓下去。为什么今年要集中连片打造呢?主要是基于以下考虑。

第一，连片打造有利于提高美丽乡村建设的整体水平。这两年，在美丽乡村建设方面，我们搞得总量不算小，但实事求是地讲，水平高的精品村还不多，按照一步到小康、中间不折腾的目标，一些村还有差距。再加上布局比较分散，有的地方一个改造过的村周边有不少“垃圾村”，这些村的老百姓心理不平衡，有的还引起上访。我们搞了一些新的技术、新的装备、新的材料，在各个市都有试点，都见到了好的成效，但是集大成的不多。固安搞了93个村，效果很好。但总体上来讲，运用新的理念搞美丽乡村建设的还比较分散。今年我们就是要下决心，连片打造、搞集成创新，这样就可以把这几年探索的新理念、新模式、新机制，在一个片区里集中展示出来，提高美丽乡村建设整体水平，在全省起到更好的示范带动作用。

第二，连片打造有利于放大美丽乡村建设的综合效益。开展农村面貌改造提升行动，最初主要是为了改变农村的脏乱差状况、改善农民生产生活条件，主要是考虑社会效益。从两年来的实践看，这件事情抓好了，会产生巨大的综合效益，连片打造会充分体现和放大这种综合效益。一是社会效益。这是民生工程，生产生活条件改善了，农村面貌发生巨大变化，人民群众都会有切身感受，这种效益不用多说。二是经济效益。在连片打造的区域里，可以大力发展现代农业、推动三产融合，取得巨大的经济效益，也只有这样，美丽乡村建设才可持续、才更有魅力。安徽的大浦新农村建设试验区，规划面积只有16平方公里，涉及3个村、6900多人，去年一年游客超过了100万人次，产生了巨大的经济效益。三是生态效益。一个村庄一个村庄地搞绿化是必要的，如果在一个片区里，村庄之间有绿带、有连廊，还有连片的森林，生态效益显现得会更充分。连片打造，就是要放大社会效益、经济效益和生态效益。九个片区今后的示范效应和放大效应，可能是我们今天想不到的。

第三，连片打造有利于推动农村社会结构的科学变迁。各位市委书记、市长可能都在思考这样一个问题，在城镇化的带动下，哪些村会消亡?哪些村会保留?农村社会结构到底怎么变迁?有些村该不该保留?有些村该不该打造美丽乡村?怎么来引导这种变化?我们看到，现在很多村变成了空心村，有的村空心户超过了百分之五十。连片打造就是要形成若干中心村，有的可以通过新建形成，有的可以通过多村联合改造形成。中心村做大了，农村社会结构就会变得合理了。现在，五六十岁的人不愿意离开农村，但是十年、二十年后农村的人口结构会有一个大的变化，社会结构也会发生大的变化。我们既要有历史的耐心，同时也要科学引导。内丘县连片打造文孝社区，六个村搞了一个中心村，建了超市、文化服务中心、医院、学校等公共服务设施，各村的人都可以享受，效果非常好。社会结构变迁需要引导，连片打造能够起到这样的效果。

第四，连片打造有利于资源的共建共享。这是我们在美丽乡村建设过程中感受非常明显的一点。连片打造，污水管道、自来水设施等就可以共建共享，不是只管一个村，而是辐射多个村。基础设施、文化设施都可以共享，包括道路，特别是通往主干道和高速公路出口的道路，都可以共建共享。这样，有利于优化资源配置、提高资源使用效益，把过去不好办、办不了的事情办好、办到位。如果只是孤零零地搞了一个村，每个村都修条路过去，都单独搞一套系统，不经济、不实惠、也不现实，造成资源浪费。

第五，连片打造有利于体制机制的创新。庆伟省长在今年的省政府工作报告里讲了，要大力推行ppp模式，就是政府与市场主体结合搞建设的模式。如果没有连片、没有市场承载力，比如单独请企业解决一个村的污水处理问题，没有企业会愿意干。如果有几十个村一起搞，大企业都会抢着干。我们正在搞的白洋淀片区招标，多家企业参与竞标，而且都是大企业，如果是一两个村搞的话，恐怕就没有这样的效果了。连片打造，有了规模，很多体制机制障碍也就突破了。

省委、省政府对九个重点片区建设高度重视、强力支持，庆伟省长亲自提出要求、作出安排。在财政资金比较紧张情况下，省本级先拿出3.5亿元，除白洋淀片区外，每个片区先给4000万元，作为规划和公共服务设施建设经费补助。片区的项目和去年一样，按项目经费支持，包括一事一议的项目、厕所改造项目、垃圾处理项目、饮水安全项目等，都跟着项目走，不包括在这4000万元里面。明年大气污染治理经费，省政府计划拿出更多资金，解决农村燃煤和厨房改造问题，也重点向九个片区倾斜。省直部门向中央部委争取来的经费、一般性转移支付，部门预算也要向九个片区倾斜，目的就是要集中力量把九个片区建设好。

二、把连片地区打造成社会主义新农村建设的示范区

我们要把连片地区打造成一个什么样子呢?经过反复研究，我们考虑，连片地区的打造要区别于单村建设的模式，不能搞“单打一”，不能仅仅是修修路、搞搞污水处理、清清垃圾、改改厕所，而是要借这一契机把这几个连片区域打造成全省新农村建设的示范区。今后，河北新农村建设要看样板，就看这九个片区。这件事情做好了，意义不同寻常。今年全省的很多改革任务、发展任务、试点任务，都要放在这九个片区。

第一，要打造成美丽乡村的示范区。庆伟省长在固安现场会上提出，连片地区首先要是美丽乡村的示范区，要把连片的美丽乡村打造成大景区。这次打造连片美丽乡村，要按照景区的标准来打造、来示范。一是明确新标准。新的标准就是在现有美丽乡村建设基础上，按照连片景区的标准进行规划、建设和管理。景区，就要有看的、有玩的，留得住人，有旅游承载能力，而不是仅仅满足于方便农民生活，一般化地改改厕、改改水。提高标准，不是说要砸很多钱，超越我省现阶段发展水平，把农村搞得跟城里一样。农村就是农村，不要超越农村的承受能力，而要搞有乡村特点的景区。现在，很多地方搞了农家乐，干干净净，有自己风格、有自己特色，有吃的玩的、有游客体验的地方，比如采摘、民俗、文化大舞台等，效果都很好。二是搞出新样式。省委、省政府已经下了决心，这九个片区新建的中心村、新建筑、危房改造和农民需要改造的民居，一律按照省住房城乡建设厅制定的新民居样式来建设，每户给予2万元补助。山区、平原、丘陵地区要各有各的特点。乡村楼房也要有乡村特点，原则上不能超过6层。省住房城乡建设厅专门制作了一个光盘，近期将发到每个乡村、每个片区，大家要好好看一看，抓好落实。三是推广新技术。九个片区要一律推广新技术。比如厕所改造要没有臭味，使用新技术，把弯管、水压、阀门等问题解决好。供暖、污水处理、民居建设改造等，都要推广新技术。四是使用新装备。全省已经组织了三次博览会，很多新装备已经过质量检测认证，很快就会发布。要加快新装备的推广应用步伐，比如推广既能烧秸秆又能烧煤的新型炉具，解决好秸秆供给不足的问题。五是用好新材料。要突出推广使用新型建筑材料，比如固安博览会上展示的新型建材建成的样板房，成本低、使用寿命长，效果非常好。要重点开发利用河北本地的新材料，把环保产业带起来，比如推广生土、泡沫混凝土等具有保温隔热效果的建筑材料。还可以用秸秆、粉煤灰做屋顶，使用寿命长，价格也便宜。其他也有很多既好看又省钱的新材料，也要注

重推广使用。六是营造新环境。要按照景区的标准开展植树造林，不仅房前屋后要栽树，一些服务设施周边特别是廊道两侧、公墓周围都要搞成片的林带，有墓的地方要用树围起来，不能有碍观瞻、影响景观。七是培养新农民。搞农家乐，搞旅游接待，都需要提高农民素质，九个片区都要大张旗鼓地培养新农民。前一段到承德进行扶贫工作现场办公，了解到一个村300多户大多是旅游接待户，游客80%来自北京，如果没有足够的素质是不行的。这要作为一项重要工作，放在重要位置来抓。八是建立新机制。按照景区来打造，就要探索一套管用的长效机制。否则，即使片区建好了，今天这儿厕所坏了，明天那儿污水冒了，也无法长期地有序运转下去，也引不来人、留不住人。

第二，要打造成“第六产业”的示范区。“第六产业”的概念是日本一个大学的教授提出来的，后来日本政府把它借用过来，核心是为了提高农村的比较效益和农业的附加值，不再把农业当成第一产业来看待，而是实现一二三产业融合发展，产生“1+2+3”或“1X2X3”等于6的效果，所以把它称为“第六产业”。日本搞了十几年的“第六产业”，形成了一整套发展思路，使日本农业跃上了一个大台阶。现在，发展“第六产业”已成为大的趋势，也是转变农业发展方式、发展现代农业的一个战略支点。要率先在这九个片区发展“第六产业”。一是建设一批高水平农业园区。按照工业园区的思路和模式谋划建设，由管委会统一规划、统一建基础设施、统一搞土地流转、统一招商、统一建公共平台，搞出一批高水准的发展“第六产业”的现代农业园区。二是引进一批龙头企业。既要有一产搞种植的，又要有二产搞加工的，还要有三产搞物流特别是冷链物流、搞旅游的，带动和促进一二三产业融合发展。三是推出一批休闲项目。依托优势产业，挖掘生态资源、优美景观、民俗文化等，把休闲农业、乡村旅游作为重点，发展一批乡村旅游项目，推进传统农产品向休闲商品转变、农业园区向休闲景区转变。有一批休闲的产业项目作支撑，才能把片区的“第六产业”带起来。

第三，要打造成全面深化农村改革的示范区。农村的改革正在紧锣密鼓推进，省委的决心是很大的。去年的省委一号文件，要求进行全面的农村改革。今年省委即将下发的一号文件，农村改革依然是重点。现在单独的、分散的改革项目在全省都已经展开，下一步要在九个片区系统推进农村改革。重点抓几件事：一是土地确权。今年全省确权的土地面积要达到50%左右，九个片区都要完成确权任务，在全省先行一步。二是在确权基础上加大土地流转。九个片区的土地，原则上都要流转，不流转，调结构就很难实现。当然，这要尊重群众意愿，把工作做细。三是组建宅基地合作社。针对空心户问题，把宅基地组织起来组成合作社，由合作社把这些空心户的宅基地统一打包后，与工商企业合作，由工商企业对房屋进行改造，发展乡村旅游业。这样不仅能有效破解农村空心化问题，同时也能为农民增收致富开辟一条新的途径。滦平县已经在这方面开始突破，效果很好。九个片区里要有这样的试点。全省面上推广的重点还是宅基地合作社，通过合作社把闲置的宅基地和房产盘活。四是融资改革。就是通过经营权抵押、林权抵押，促进合作商业银行、合作金融发展等一些新的金融改革，盘活资源，逐步建立政府引导、市场运作、农户参与的投融资机制。五是供销社改革。要把社会化服务体系搞起来，供销社不能包打天下，但要按照习近平总书记要求，搞成服务农民生产生活的综合平台。

第四，要打造成乡村治理的示范区。要依法治理乡村，积极探索乡村治理的新模式。九个片区要利用这次村“两委”换届的机会，把村党支部、村代会、村委会和合作社建立起来，实现“四位一体”的乡村治理模式，建立一套依法治理的机制。九个片区都跨了几个乡镇，包括乡镇的联合执法队和乡镇内部的机构设置，都要探索创新。省委、省政府鼓励九个片区探索实践，建设全省乡村治理的示范区。

三、怎样抓好连片美丽乡村建设

九个片区建设的有效施工期也就9个月左右，时间紧、任务重。这次动员会之后，大家要立即行动起来，强化责任、集中力量，强力打好重点片区建设这场硬仗。重点抓好六个方面。

第一，要抓规划。规划水平决定建设水平，连片打造美丽乡村必须把规划摆在首要位置。九个片区都要在4月底之前拿出一套成型的规划，确保开春后能及时投入施工。要确保规划高水准。每个片区都要请一流的、有乡村规划经验的设计单位，强化标准、突出特色，编制连片的规划，不能千篇一律。崇礼片区要以申办冬奥会为契机，按照冰雪世界、国际乡村的特色来打造；白洋淀片区要围绕建设京津冀生态涵养区，打造天蓝水清、苇绿荷红的“北国水乡”；北戴河片区要大力发展自助游、自驾游，打造避暑胜地、浪漫乡村；正定古城片区要突出古城文化特色，打造古城新姿、现代庄园；西柏坡片区要注意与革命圣地的格调、氛围相协调，不能贪大求洋、过于现代，着力打造革命圣地、红色乡村；滦平金山岭片区要结合弘扬长城文化和发展乡村旅游，打造长城脚下、休闲胜地；廊坊北三县片区和固安片区要整体高标准打造，建成京南高地、现代乡村；衡水湖片区要打好生态牌，打造湖光秀色、诗意乡村。各个片区都要按照自己的特色来规划。一是要有区域总体规划。要通盘考虑片区整体功能、特色，统筹规划村庄布局、村庄建设、连村道路、环村林带、公共设施、产业发展等，形成覆盖全域的总体规划。二是要有专项规划。分类搞好路网规划、水系规划、绿化规划、历史文化保护规划、旅游设施规划等。三是要有土地利用规划。土地全部流转以后，有的村要撤并搞中心村，有的村要就地改造，有的土地要搞现代农业，有的土地要建设旅游设施，这些都要有规划。四是要有控制性规划。要以全域规划为依据，确定土地使用性质、道路和工程管线控制性位置、建筑及用地的容量指标等。有了控制性规划以后再搞设计，没有规划没有设计就不能施工。

第二，要抓创新。要按照记得住乡愁的要求，用新理念、新技术、新融资方式、新运作模式，来破解农村面貌改造提升难题。一是管理要创新。比如，通过ppp模式来建设、管理垃圾处理、污水处理设施。旅游服务设施可以引进若干旅游企业来建设管理。二是技术要创新。要大力推广普及“四新”（新技术、新材料、新装备、新样式），积极开发更多先进适用的技术和产品，争取用上最经济、最环保、最节能的技术和产品。三是运作模式要创新。要树立市场思维，采取市场运作模式，把政府投入作为撬棒，发挥四两拨千斤的作用，积极开展第三方治理试点，实行公司化、市场化运作，鼓励社会资本投资。

第三，要抓实事。要从每个村实际出发，确定改造提升项目。从面上讲，要按照打造景区名片的要求，扎扎实实办好垃圾处理、厕所改造、村庄绿化、民居改造、污水处理、饮水安全、道路硬化、土地整理和公墓集中建设、村民中心建设、环境美化等实事，提升村庄建设和管理水平。要把这些事牢牢抓在手上，既要让外面的人看到农村环境真真切切的变化，又要让村里群众得到实实在在的实惠。

第四，要抓动员。群众的力量是无穷的。群众是农村面貌改造提升行动的参与者，也是受益者。一定要利用冬季把基层干部和群众都动员起来，特别是抓住春节外出务工人员返乡、在外经商办企业人员回家探亲的有利时机，广泛深入地做好宣传发动工作。要通过入户动员、送明白纸、组织外出考察，抓好民居改造、垃圾清运等实事，让群众真正看得见、感受得到，从心底里认为这是造福子孙后代的好事，自发地行动起来，积极支持、主动参与、出谋划策、投工投劳，充分发挥主体作用。

第五，要抓标准。把好事办好，关键是坚持高标准、严要求。要定好工作标准。省提升办要和省住房城乡建设厅、环境保护厅等有关部门抓紧制定出台建设标准指导意见，这次的标准不能等同于过去15件实事的标准，要比原来的标准更高，同时还要制定一些新的标准。要定好质量标准。要把质量放在第一，材料质量要高标准，施工质量要高标准，决不能简单在墙上刷点白灰，雨水一淋这儿掉一块那儿掉一块。要定好考核标准。从现在起就要明确考核标准，明确验收达到什么标准才算合格。

第六，要抓责任。九个片区承载的不仅仅是美丽乡村建设的问题，还承载了全省整个新农村建设、农业现代化、农村改革等重任，是一个大载体、大示范区。省委、省政府把这项工作作为今年的一件大事，各级都要负起责任、狠抓落实。要强化党政责任。党政领导同志要亲自上手、亲自抓，要有强有力的工作班子，设立领导小组，由领导同志牵头具体抓，规划都要由领导小组主要负责同志亲自审核把关后，报省领导小组审核。要强化部门责任。这项工作涉及农业、林业、水利、发展改革、财政等多个部门，省、市、县有关部门要各负其责、齐抓共管。要强化主体责任。县、乡是建设主体，县委书记、县长，乡镇党委书记、乡镇长负主体责任，县里负责规划的具体组织实施和招投标工作。要强化工作队责任。要优先从省直单位选派驻村工作队派往九个重点片区，把最难的村、打造亮点的村交给省直单位，不足部分由市、县（市、区）选派，确保每个村都有强有力的工作队。总结这两年经验，基层干部和老百姓一致反映工作队大管用了。各地要高度重视，选派基层工作经验丰富的同志担任驻村工作队队长，抽调年轻优秀干部到工作队去。

今年下半年，省委将在九个重点片区中选一个片区召开现场会。年底，省委、省政府将统一考核，考核标准将很快下发。总之，我们要共同努力，打造河北美丽乡村建设新版图，谱写河北美丽乡村建设新篇章。

沈小平同志在全省农村饮水安全工程建设推进电视电话会议上的讲话

（2015年1月14日）

刚才，曹振国同志传达了李克强总理、汪洋副总理的重要批示和陈雷部长在全国农村饮水安全视频会议上的讲话精神，苏银增同志通报了我省农村饮水安全工程建设中存在的问题，对下一步工作作了具体安排，我都赞同。下面，我再强调四点，概括地说就是“四个到位”。

一、思想认识要到位

从苏银增同志通报的情况看，我省农村饮水安全项目建设既有前期工作滞后的问题，也有工程进度缓慢的问题；既有配套资金不到位的问题，也有运行管护机制不健全的问题。我想，这些问题不是局部性的，而是带有普遍性的；不是某个时点孤立发生的，而是不同实施阶段有着因果关系的，确实值得我们深刻反思、吸取教训。如果这些问题不能得到及时有效解决，到"十二五"末完成农村饮水安全工程的目标就会落空，我们不仅无法向上交待，更无法向全省农村百姓交待。

对解决农村饮水不安全问题，我们必须着眼"三看"，即"看大、看重、看急"。看大，就是充分认识到，饮水安全事关群众福祉，是一项打基础、利长远的民生工程、民心工程。务必把它作为一件关系全局、造福一方的大事、实事来摆放、来落实。看重，就是对党中央作出的这项重大决策、国务院作出的庄严承诺、各级政府都立了军令状的重点工程，要切实放在心里，抓在手中，落到地上，按时保质保量完成，决不允许讲价钱、打折扣。看急，就是如期完成整改和建设任务，时间紧迫，群众急盼。各地各有关部门要切实增强责任感和紧迫感，以求真务实的态度、只争朝夕的精神、扎实苦干的作风，全力打好这场攻坚战。

二、问题整改要到位

这次，国家审计署审计了2个县，省水利厅抽查了26个县，水利部正在对16个县开展稽查，那些没有经过审计、稽查和抽查到的地方和项目，并不意味着就没有问题，有的可能问题更多、更严重。对问题的整改，苏银增同志已从具体措施、操作层面上明确提出了要求。我想，抓好整改务必要做到八个字，即"查清、找准、即改、长效"。查清，就是要对全省所有项目县、所有工程进行拉网式排查，纵向到底，横向到边，不留盲区，不落空白，摸清底数，查实问题，建立台账。找准，就是要深入分析问题产生的原因，找准症结所在，到底是主观因素，还是客观因素；是思想认识问题，还是工作机制问题；是措施不得力造成的，还是责任不落实导致的。各级要算各级的账，各部门要算各部门的账。这是坚持问题导向的根本所在。即改，就是要紧紧盯住问题，制定整改措施，边查边改，立行立改，不得推诿拖拉，不得糊弄搪塞。做到问题不见底不放过，原因不查清不放过，整改不彻底不放过，责任不追究不放过。长效，就是针对存在的问题和产生的原因，由此及彼，举一反三，在确保整改措施落到实处的同时，制定科学管用的长效机制，真正使农村饮水安全工程经得起审计稽查，经得起群众评议，经得起历史检验。

三、任务完成要到位

今年是"十二五"规划实施农村饮水安全工程的最后一年，在刚刚闭幕的省人代会上，张庆伟省长在政府工作报告中明确提出，年内再解决565万农村人口饮水不安全问题，确保全省所有农村居民都喝上干净水。完成既定的目标任务，各级各有关部门在工作中要突出"四抓"。一抓前期。近日，省里已将今年投资计划分解下达市、县，实施方案的审批权限也已下放到市级（报省备案）。各县要抓紧修改完善实施方案，及时上报；市级要提高效率，加快进度，1月底前全部完成批复。县级要本着特事特办的原则，改进评审方式，优化评审流程，在2月15日前全部完成财政评审；相关的中介代理机构（比如公共资源交易中心）对农村饮水安全项目招投标要即进即办，在3月15日前全部完成招标；各项前期和开工前的准备工作，能并联做的不要串联做，力促3月底前全部实现开工。二抓配套。省财政已将今年项目所需省本级配套资金6.22亿元列入预算。各设区市要认真测算项目所需配套资金，足额列入本级财政预算。不仅要配足今年的，也要补齐往年的缺口。三抓进度。要制定周密的施工计划，倒排工期，挂图作战，所有项目10月底前全部完工，11月份省里组织检查验收。要按照国家要求，实现"五个100%"，即工程完工100%，资金到位100%，管网入户100%，解决人数100%，水质达标100%。四抓质量。要切实把好方案审批、材料采购、施工队伍、实施标准、检查验收等关口，健全管护机制，加强水源保护和水质监测，确保工程建得好、用得久、长受益。

四、责任落实要到位

要切实做到"三严"。一要严明责任。农村饮水安全工作，要实行行政首长负责制，特别是县政府作为责任主体，主要领导要亲自抓，分管领导要具体抓。各级发展改革、财政、水利、国土资源、卫生计生等部门，要按照分工各司其职、各负其责，加强沟通协调，落实要素保障，合力加快推进。水利部门作为具体工作的牵头部门，要充分履职尽责，精心组织实施，及时协调解决工程建设中出现的问题。二要严格督查。要把农村饮水安全工作列为省政府重要督办事项，省政府督查室要组织省发展改革委、省财政厅、省水利厅等部门，按照时限节点，适时进行专项督查。会后，要对整改不到位、建设进度滞后的市、县重点督查，真督实查，以督促建，以查促改。三要严肃问责。对不尽责不作为导致问题久拖不决的，对编造数据弄虚作假或挪用截留专项资金的，对把关不严发生质量和安全问题的，要严肃追究相关单位和人员的责任。

张庆伟同志在全省农村工作会议上的讲话

（2015年2月9日）

这次会议是在今年省“两会”胜利闭幕后，省委、省政府决定召开的第一次全省性重要会议，主要是贯彻落实中央农村工作会议和省委八届九次全会、全省经济工作会、省“两会”精神，全面总结2014年我省农业农村工作，安排部署今年工作，巩固和发展全省农业农村工作的好形势。刚才，小平副省长宣读了《关于表彰河北省推进社会主义新农村建设先进县（市、区）的决定》，表彰了先进、振奋了精神、鼓舞了干劲。省直有关部门还要作表态发言，希望各级各部门更加重视“三农”工作、更好服务“三农”工作、更实抓好“三农”工作。

省委、省政府始终把“三农”工作摆在重中之重的位置来抓，农业农村保持了平稳发展的良好势头。2014年，全省粮食生产稳定发展，粮食总产达672亿斤。农民收入持续较快增长，农民人均纯收入首次突破1万元大关、达到10186元，农村居民收入增速连续5年快于城镇居民。统筹协调各级资金153.2亿元，围绕道路硬化、厕所改造、村庄绿化等15件实事，重点推进3227个村改造提升，农村面貌明显改善。农村重点领域改革加快推进，农村土地承包经营确权登记取得实质性进展，土地流转面积达1783.8万亩、占家庭承包经营面积的21.4%。新型经营主体快速发展，农民合作组织达8.29万家，入社成员553.8万户、占全省农户的35.7%。农村治理体系日益完善，矛盾纠纷化解机制逐步形成，特别是通过党的群众路线教育实践活动，基层党组织的凝聚力、战斗力进一步增强。农业农村工作的好形势，为全省经济平稳健康发展和社会和谐稳定创造了条件、提供了支撑、增添了底气。

当前，在经济发展进入新常态的大背景下，“三农”工作也步入了新阶段，农业农村外部环境条件和自身发展正在发生重大变化，农业资源环境约束趋紧，农业增效空间收窄，农民持续增收难度加大，新农村建设任务艰巨，“三农”工作面临前所未有的挑战。巩固和发展全省农业农村工作好势头，必须坚持稳粮增收、提质增效、创新驱动，在提高粮食生产能力上挖掘新潜力、在优化农业结构上开辟新途径、在转变农业发展方式上寻求新突破、在促进农民增收上获得新成效、在建设新农村上迈出新步伐。

关于今年的“三农”工作，省委一号文件已经有了总体安排和目标任务，提出了明确要求，赵勇副书记会议结束时还要讲具体意见。各地各部门要认真学习、准确把握、推进落实。这里，我主要就加快推进全省农业现代化问题讲些意见。

习近平总书记指出，中国要强，农业必须强；中国要富，农民必须富；中国要美，农村必须美。要坚定不移加快转变农业发展方式，走产出高效、产品安全、资源节约、环境友好的现代农业发展道路。李克强总理在今年的中央农村工作会议上强调，农业现代化是农业发展的根本方向，是国家现代化的基础和支撑。要加快推进农业现代化，从依靠拼资源消耗、拼农资投入、拼生态环境的粗放经营，尽快转到注重提高质量和效益的集约经营上来，尽快补齐农业现代化这个短板，实现‘四化’同步发展。这些重要论述指明了新时期“三农”工作的方向路径和战略任务，是做好农业农村工作的重要指针和基本遵循。我们要切实把思想和行动统一到中央的决策部署上来，紧紧围绕“强、富、美”的总目标，全方位、大力度加快推进农业现代化，为全面建成小康社会增添新动力、增创新优势。

一、要把稳定粮食生产作为加快农业现代化的战略基础

粮食是安天下之本。推进农业现代化的首要任务是解决粮食问题。只有粮食生产能力稳住了、粮食产量保住了，才能“手中有粮、心中不慌”“任凭风浪起、稳坐钓鱼台”。我省是国家粮食主产省之一，要始终绷紧粮食安全这根弦，落实好“米袋子”行政首长负责制，以粮食的稳产增产为国家粮食安全作贡献。

（一）提高耕地质量，稳粮于“地”。耕地是粮食生产的命根子。只有把耕地保护好、建设好，稳定粮食生产才有保障。随着新型工业化、城镇化的快速推进，工农争地、城乡争地等现象十分突出，保持粮食播种面积面临严峻形势。要执行最严格的耕地保护制度，认真贯彻耕地和基本农田保护法律法规，严格落实土地利用总体规划和土地利用年度计划，全面推行耕地面积目标考核责任制，特别是要认真做好永久性基本农田划定工作，实行最严格的

保护措施，牢牢守住耕地红线。要大力实施耕地质量保护与提升行动，围绕建设4000万亩粮食生产核心区，加快620个粮食生产作物万亩高产示范片建设，加大农业基础设施建设投入，积极推进“渤海粮仓科技示范工程”，通过土壤改良、培肥地力、耕地修复等措施开展中低产田改造，建设一批旱涝保收、稳产高产的高标准农田，以土地产出率的不断提高保证粮食稳产增产。

（二）强化科技支撑，稳粮于“技”。科技进步是提高粮食产能的最重要因素。近年来，我省粮食产量持续稳定增长，目前已处在一个高水平上，土地资源的支撑能力已绷得很紧，实现粮食稳定生产的根本出路在于科技。要加快科技与农业的深度融合，大力发展现代种业，积极推广我省的张杂谷、石小麦、承玉米等优良品种，搞好良种攻关，培育“育繁推一体化”的现代种业集团，提升良种的支撑能力。要重视发展节水农业。农业是用水大户，占我省全部用水量的70%多，但用水效率较低，地表水灌区灌溉水利用系数不足0.5。要积极推广节水增产高效技术，分类推进管道输水灌溉、喷灌、微灌工程建设，因地制宜推广水肥一体化、覆盖保墒、土壤深松等技术，促进农业节水节肥、增产增效。要深入开展黑龙港流域49个县地下水超采综合治理，实施退耕休耕生态补偿政策，让超采区土地“休养生息”。要大力推广应用农业先进适用技术，积极推广测土施肥、精量播种、精深加工等技术，强化农业气象预警，让农民在科技推广中受益。

（三）加大支持力度，稳粮于“策”。稳定粮食生产，关键要让农民种粮有利可图、让主产区抓粮有积极性。这方面，既要发挥市场机制作用，更要制定落实各项扶持政策，提高农民的种粮意愿。要落实各项惠民政策，坚持把农业农村作为财政支出的优先保障领域，继续增加财政对农业农村的投入，基础建设投资继续向农业农村倾斜。着重提高政策的精准性、指向性，新增粮食补贴向粮食主产县倾斜，向新型粮食生产经营主体倾斜。要加强补贴资金监管，杜绝“跑冒滴漏”现象，确保补贴资金及时足额发放。要完善农业保险制度，加大对主要粮食作物保险的保费补贴力度，粮食品种保险要逐步实现愿保尽保。扩大政策性农业保险覆盖面，逐步将全省特色优势农产品纳入政策性保险范围。要提高种粮比较收益，支持农民发展粮食深加工业，鼓励引导农业产业化龙头企业与粮食生产者建立紧密的利益联结关系，采取保底收购、股份分红、利润返还等方式，让粮食生产者增加收益。

（四）适度规模经营，稳粮于“体”。随着大量农村青壮劳动力外出就业，农业生产兼业化问题日益严重，依靠分散的农户、发展自给自足的粮食生产已难以为继，种粮大户、家庭农场、合作社、农业企业正逐步成为粮食生产的新型经营主体。要支持专业大户稳步扩大生产规模，增强经营的稳定性，实现家庭经营的规模化、产业化。要以“生产有规模、产品有品牌、经营有场地、设施有配套、管理有制度”为标准，组织开展示范家庭农场创建活动，引导农民通过土地流转发展家庭农场，提高经营管理水平。要大力推广以劳动联合和资本联合为主的农村股份合作制，探索“五位一体”股份合作制经营模式，通过政府、龙头企业、金融机构、合作社、农户相互合作和利益联结，共同搭建现代农业发展平台。

二、要把发展现代农业作为加快农业现代化的关键举措

推动传统农业向现代农业转变，是解决农业农村发展新问题、新挑战的唯一出路。我省是农业大省，但不是农业强省，农业发展质量不高、品牌不多、效益不好，影响和制约了农村经济的持续健康发展。必须下大力转变农业发展方式，用集约节约的理念经营农业、发展农业，坚定不移地走绿色、循环、可持续的发展路子。

（一）以集约高效为目标，支持发展园区农业。园区农业是现代农业模式创新的主要方向。近年来，我们在农业园区建设上进行了有益探索，威县的现代农业园区、武强的北大洼、平山的葫芦峪等都收到了很好成效。要在总结推广已有经验做法的基础上，按照统一编制规划、统一基础设施建设、统一项目摆放、统一提供服务的思路，科学有序推进园区农业发展。要发挥园区要素载体作用，扶持一批农业示范区和基地，抓好50个乳粉用奶牛场和肉牛养殖场建设，推进省级现代蔬菜产业园、部级蔬菜标准园创建和七大优势果品基地建设，实现土地、资金、技术、人才等资源的高效利用。要发挥园区科研平台作用，促进农业科技成果转化和应用，推广先进农业生产模式，示范带动农业整体科技水平的提升。各县要结合本地农业资源禀赋和优势产业，着力加大政策扶持力度，力争建设1-2个经营规模大、科技含量高、综合效益好的现代农业园区。

（二）以产业融合为依托，大力发展全产业链农业。推动三次产业协调联动，做到一产接二连三，实现融合发展，已成为新常态下现代农业发展的必然趋势。要大力推进农业产业化发展，把产业链、物流链等现代产业组织方式引入农业，形成生产、加工、流通、销售一体化产业链条。要抓好农产品转化加工，围绕肉类、粮油、果品、蔬菜、乳品等优势产业，大力发展精深加工业，提高农产品附加值。要抓好农产品流通，创新流通方式和流通业态，构建农产品流通骨干网络，完善农超对接、农校对接等直销方式，加快打造冷链物流体系。特别是要利用现代网络营销手段，推进电商与农户特色农产品结合，打造一批“淘宝村”。要抓好农产品质量安全，按照中央“四个最严”

要求，坚持“预防为主、源头治理、全程监管”，完善监管方式，强化监管手段，健全农产品安全体系，建立覆盖从田间到餐桌全过程监管制度，确保农产品和食品质量安全。

（三）以市场需求为导向，加快发展多业态农业。现代农业正由“生产导向”向“消费导向”转变，必须引导农民瞄准市场需求，寻找新的抓手和增长点，实现多业态发展。要大力发展休闲旅游农业，以农业生产、农民生活、农村面貌以及人文遗迹、民俗风情为“引爆点”，着力培育一批主题鲜明、特色突出的休闲农业示范村和示范片。要大力发展绿色有机农业，抓住人们对“舌尖上的安全”的新需求，增加市场紧缺和适销对路产品生产，建设一批无公害农产品、绿色食品和有机农产品基地，提高农产品的竞争力。要大力发展出口型农业，巩固发展对台农业合作，建设一批特色优势农产品出口基地，培育一批农产品直接出口的贸易企业，不断提高农业加工品出口比重。要大力发展品牌农业，树立品牌化生产经营理念，引入商业运作模式拓展农业，通过培育品牌、宣传品牌、推介品牌，提升农产品的附加值和知名度，争创一批驰名商标、名牌产品和地理标识，实现农业由“卖产品”向“卖品牌”转变。

（四）以协同发展为契机，积极发展生态农业。随着京津冀协同发展的深入推进，特别是“三个率先突破”的全面展开，京津冀生态建设合作力度不断加大，生态农业迎来了大发展、快发展的有利时机。要紧紧抓住这一难得机遇，大力发展绿色循环农业，着力打造环京津现代都市农业产业带，形成环绕京津的多功能农业圈。要充分发挥资源优势和市场优势，完善优势农产品布局规划，打好“蔬果牌”，扩大与京津农业合作领域和范围，通过产销联姻，建立我省农产品进入京津市场的便捷通道。要按照减量化、再利用、再循环的要求，探索创新农牧结合、粮经结合、农渔结合、农机农艺结合等新型高效生态农作模式，加强节能减排降耗和循环利用农业技术的推广应用，实现农业发展和资源、环境保护相协调。要加强京津冀生态共享共建，推进坝上生态产业带建设，实施新一轮退耕还林还草工程，推进水源保护林、京津风沙源治理等重大生态项目，为现代农业发展创造良好的生态环境。

三、要把深化农村改革作为加快农业现代化的动力之源

全面深化改革，必须把农村改革放在突出位置。我省农业农村工作已进入一个新阶段，面临着许多亟待破解的难题和瓶颈，必须以更大的决心和力度深化农村改革，突出重点、强化攻坚，使改革新红利转化为发展新动能。

（一）全面开展农村土地承包经营权确权登记。这是深化农村改革的重要基础，也是加快现代农业发展的迫切需要。这项工作我省已经开展3年了，但目前还是仅停留在试点阶段，各地进展也不平衡，这里既有农民积极性不高的问题，也有市县政府推进力度不大的问题。中央明确提出，今年要完成承包耕地总面积的50%，时间紧迫、任务繁重。要按照坚持正确方向、把握确权原则、坚持依法规范、充分依靠群众的要求，有序推进农村土地承包经营权确权登记，确保如期完成任务。开展农村土地承包经营权确权登记，县级政府是主体，要认真履行法定职责，严格按照国家要求，做好实测实绘、建档立卡等工作，条件具备的地区要率先开展整县推进。省直有关部门要抓紧制定工作方案，加大支持力度，强化政策引导。要充分调动农民的积极性和主动性，鼓励引导农民开展土地承包经营权确权登记，让农民群众吃下定心丸、真正得实惠。

（二）积极深化农村产权制度改革。农村产权制度改革涉及面广、情况复杂，既涉及集体利益、又关系农民权益，必须从实际出发，统筹谋划、区别对待，规范有序地抓好组织实施。对非经营性资产，要立足提高公共服务能力，建立健全集体统一运营的产权管理机制，确保资产高效利用。对经营性资产，要在明晰产权归属的基础上，引导资产主体采取多种形式进行股份制合作，确保资产保值增值。着力强化对土地经营权流转的指导和规范，完善扶持政策措施，鼓励农户采取多种方式有序流转承包地。要深入推进农村集体经济股份制改造试点，已经开展试点的11个村，要积极破解难题，加快工作进度；具备条件的村要积极开展试点工作，进一步规范农村集体经营性资产的出让、租赁和入股。要推进农村产权流转交易市场建设，加快打造县级平台，重点以农村土地承包经营权、林权流转服务平台为基础，规范流转交易程序，完善市场服务功能，保障农民和农村集体经济组织财产权益，年内6个试点县要投入运行、32个重点县基本具备交易条件。

（三）大力推进农村金融体系建设。随着我省农村发展形势的持续向好，农业金融需求越来越旺盛，但由于我省农村金融体系尚不健全，制约了现代农业加快发展。要综合运用财政税收、货币信贷、金融监管等支持政策，畅通农村金融服务的“主动脉”和“毛细血管”，推动金融资源继续向“三农”倾斜。要深入开展“金融下乡服务”活动，加大对金融机构涉农贷款的扶持力度，强化各类银行对农村信贷的目标管理，引导商业银行加大涉农信贷投入力度。要发展支农小微金融机构和新型农村合作金融，积极发展村镇银行、小额贷款公司，鼓励引导农民合作社规范开展信用合作。要发展政府支持的“三农”融资担保和再担保机构，完善银担合作机制，鼓励银行探索扩大用于担保的财产范围，拓展资产抵押渠道，扩大林权、农村

土地承包经营权抵押贷款，解决盘活农村资产的“最后一公里”问题。要加强农村金融监管，落实监管责任，改进监管方式和技术手段，健全完善内控监督机制，探索建立多元监管体系，为“三农”发展提供便捷、安全、高效的金融服务。

（四）加快推进供销社改革。我省是国家确定的首批供销合作社综合改革试点省，这既是一项政治任务，也是推进我省供销社系统加快发展的重大机遇，必须不折不扣地落实好，确保取得实效。要按照“改造自我、服务农民”的总体要求，坚持以密切与农民利益联结为核心，加快推进政事分开、社企分开，强化基层社和创新联合社运行机制，加快构建以信息化和现代物流技术为支撑的农村现代流通网络，提升为农服务能力。要坚持试点先行、整体推进，在重点抓好曲周县国家农村改革试验区的基础上，再选取滦平、威县、平山、灵寿、安平5个县积极开展试点，在农资购销、农产品销售、技术培训、合作金融等关键环节率先突破、示范带动。

（五）积极推进农业水价综合改革。我省是水资源严重匮乏的省份。近年来，我们制定了一系列节约用水的政策措施，最近又出台了《河北省水权确权登记办法》《河北省农业水价综合改革试点方案》，并选取53个水权确权试点单位积极推广，成为我国首个开展水资源使用权确权登记工作的省份。从目前看，试点县（市、区）的工作进展顺利，水资源使用权分配方案编制已全部启动。中央农村工作会议明确提出“哪个地方水价改革走得快，中央水利建设投资就往哪个地方倾斜”，这为深化农业水价改革提供了难得机遇。要进一步加大农业水价综合改革力度，特别是资源型缺水、地下水严重超采的地区要先行一步，探索建立农业灌溉用水总量控制定额管理制度和精准补贴办法，提高水资源利用效率。要完善水权确权制度，探索多种形式水权流转方式，在保证农民基本用水前提下，逐步建立多用水多花钱、少用水少花钱、不用水得补贴的机制。

四、要把城乡统筹发展作为加快农业现代化的重要引擎

农业现代化是新型城镇化的基础和保障，新型城镇化对农业现代化具有辐射带动作用，两者相辅相成、互促共进。李克强总理“新型城镇化与农业现代化是手拉手的关系，谁也离不开谁”的论述非常有针对性。要把农业现代化与新型城镇化结合起来，协调联动、互惠一体，形成现代化建设的双轮驱动。

（一）要在促协调上下功夫，积极推进以城带乡以工促农。城镇是现代生产要素的聚集高地，具有带动周边农村发展和农业生产的先天优势，只有发挥好城镇的辐射作用，引导公共资源配置向农村倾斜，吸引农村人口到城镇转移就业，才能为繁荣农村、富裕农民、发展农业创造有利条件。要认真落实新型城镇化发展规划（2014-2020年）和推进新型城镇化的实施意见，推动大中小城市和小城镇协调发展，不断完善城市功能，增强城市承载力和吸引力，有序推进农民市民化。要深化户籍制度改革，按照自愿、分类、有序原则，实施差别化落户政策，全面放开建制镇和小城市落户限制，除石家庄中心城区及首都周边县（市）外，全面放开大中城市落户限制，解决好农业转移人口在城镇落户问题。要实行城乡建设统一规划、产业布局统筹安排、基础设施互联互通，促进生产要素向农村流动、新商业模式向农村延伸、立体营销网络向农村覆盖，推动城乡要素平等交换和公共资源均衡配置。

（二）要在优环境上求突破，深入推进新农村建设。推进农业现代化，不仅要有现代的农业，还要有现代的农村。要按照“统筹规划、因地制宜、分类指导，充分尊重农民主体地位”的要求，积极稳妥推进新农村建设，推动“物的新农村”与“人的新农村”齐头并进。要以深化农村面貌改造提升行动为抓手，着力抓好3000个重点村的改造提升，集中力量打造崇礼、白洋淀、廊坊北三县、正定等九个片区，通过补充成片、扩展成片、新建成片，建设河北版美丽乡村。要积极推进中心村建设，启动实施“十县百点”工程，在全省选择确定10个县（市）开展中心村示范区建设，选择100个中心村建设示范点进行重点打造，建设一批符合全面小康要求的新型农村社区。要加强农村基础设施建设，扎实推进农村垃圾、污水处理和村庄绿化美化，改善农村居住环境。要加大“四新”推广应用力度，用安全适用的新技术、新材料、新装备、新样式解决农村面貌改造提升中的难题。要加强对农村教育、文化、医疗卫生、社保的支持，全面实施大病保险、加快农村薄弱学校改造和寄宿学校条件改善。今年，我省新农合医保补助标准要提高到360元，农村互助幸福院覆盖率达到65%，改造农村危房10万户，全部解决农村人口饮水安全问题。要下更大气力实施农村清洁能源开发利用工程，通过替代燃煤、清洁燃烧燃煤等方式，减少农村能源污染。

（三）要在精准性上强攻坚，加快推进农村扶贫开发。小康不小康，关键看老乡，关键在贫困的老乡能不能脱贫。近年来，我省把扶贫攻坚作为一项战略任务，不断加大政策扶持力度，扶贫工作取得扎实成效。但由于减贫难度边际递增，完成目标任务难度加大，需要付出更大努力。要坚决打好扶贫攻坚战，以扶贫开发重点县为主体，以连片特困地区为重点，在摸清贫困底数的基础上，全面实施科学精准扶贫，着力提高扶贫开发的针对性和实效性。要落实扶贫开发工作重点县脱贫出列的支持政策，确保10个片区外贫困县脱贫出列。要充分发挥当地资源禀赋和比较优

势，加快培育稳定脱贫产业，全面实施科技和金融、旅游、电子商务等扶贫开发工程，大力发展股份制合作经济和家庭手工业，培育壮大设施蔬菜、优质果品、特色养殖等富民产业。要持续推进扶贫帮困“春雨行动”，培育脱贫增收示范户10万户以上，确保100万贫困人口稳定脱贫。要创新扶贫开发工作机制，完善扶贫资金管理办法，变资金项目直接到户为资本到户、权益到户。要着力加大扶贫资金投入，引导社会资本参与扶贫开发，构建扶贫开发多元投入格局。今年，省财政将安排资金10.3亿元，重点用于专项扶贫、转移支付、提前出列扶贫县奖励。在土地政策上，扩大扶贫开发工作重点县耕地占补平衡指标调剂使用范围，鼓励扶贫开发工作重点县优先实施土地整理项目，上半年全省还将安排新增贫困地区建设项目用地指标5000亩，用于扶贫开发重点项目建设。有关市和重点县要在用足用好这些政策的基础上，加大扶持力度，多点支撑、务求实效。要向建档立卡的7366个贫困村，每村派驻3人以上的强有力的工作队，一定3年，做到不脱贫、不脱钩。

五、要把农村法治建设作为加快农业现代化的根本保证

习近平总书记在省部级领导干部培训班上指出，要把全面推进依法治国放在“四个全面”的战略布局中来把握，谋划工作要运用法治思维，处理问题要运用法治方式。农村是法治建设的重点领域，也是法治工作的薄弱环节。要按照党的十八届四中全会和习近平总书记在省部级领导干部培训班上的重要讲话精神，进一步加快农村法治化进程，努力夯实我省农村改革发展的法治基础。

第一，要尊法学法守法用法，不断提高依法治农水平。推进依法治国，领导干部是“关键少数”。推动农村法治建设，领导干部必须带好头。要带头学习涉及“三农”工作的法律法规，注重运用法治思维和法治方式干好工作、解决问题。要完善学法制度，采取法律宣讲、专题培训等多种方式，增强基层干部法律素质，做到严守法治原则、一切依法办事，提高发展农业、建设农村、服务农民的能力。要重点强化基层执法队伍建设，开展基层行政执法体制改革，探索推进综合执法模式，确保规范公正文明执法。

第二，要健全法律法规体系，强化农村工作法治保障。完善的法律法规是农村法治建设的前提。要搞好农村改革与立法工作的衔接，确保农村改革和各项工作都有法可依、有规可循。要加强对农业资源环境的法律保护，强化农村环境保护治理，提高农业资源利用效率。要完善农产品质量和食品安全法律法规，促进农产品质量安全检查督导和责任落实。要积极推进农村金融立法进程，加强农业知识产权保护，切实把农业农村各项工作纳入法治轨道。

第三，要创新乡村治理机制，加快建设文明和谐乡村。农村处于最基层，是社会的“终端”，乡村治理直接关系着社会和谐与稳定。要在全面推广“四个全覆盖”经验基础上，积极构建党组织、村民代表会和村委会、村合作经济组织、社会维稳组织“四位一体”的村级治理机制。要加强农村基层党组织建设，严格执行“四议两公开”制度，加快建立常设性、规范化的村民代表会议制度，积极完善村务监督委员会的制度设计，提升村务管理民主法治化水平。要认真组织抓好换届选举工作，选好管好用好带头人。要完善县乡村三级便民服务网络建设，多为群众办实事、办好事，通过服务贴近群众、引导群众、团结群众。

第四，要积极搞好宣传引导，切实提高农民法治意识。加强农民学法用法，既是新农村建设的重要内容，也是引导农民运用法律手段化解矛盾与纠纷的有效途径。要深入开展农村法治宣传教育，提高农民学法用法守法意识。要健全依法维权和化解纠纷机制，拓展农村社情民意表达渠道，引导农民合法维权、理性表达诉求。要统筹城乡法律服务资源，健全覆盖城乡的公共法律服务体系，加大对农民的法律扶助和司法救助。要深入开展善行河北、和谐乡村主题实践活动，推动法治建设与道德建设统筹推进。

做好新时期的“三农”工作，加快推进农业现代化，承载着千万农民的寄托与梦想。让我们更加紧密地团结在以习近平同志为总书记的党中央周围，认真学习贯彻习近平总书记系列重要讲话精神，坚决落实党中央、国务院和省委、省政府的安排部署，奋发有为、扎实工作，为建设全面小康的河北、富裕殷实的河北、山清水秀的河北作出新的更大贡献。

赵勇同志在全省农村工作会议上的讲话

（2015年2月10日，根据录音整理）

这次会议，标志着我省农业农村发展步入一个新的阶段。会上，我们认真学习了习近平总书记和李克强总理关于农业农村工作的一系列重要指示。会前，省委常委会进行了专题研究，就做好今年“三农”工作讲了重要意见，

强调要创造新业态、新机制、新模式，促进农业发展方式转变，加快农业现代化步伐。昨天下午，庆伟省长作了重要讲话，高度评价了去年的“三农”工作，对加快推进农业现代化作了全面部署。我们一定要深刻领会中央精神和庆伟省长的重要讲话精神，并全面抓好贯彻落实。会上，大家观看了各地推进农村创新驱动发展典型案例专题片，希望大家能从中学到有益经验，并找到使这些经验在本地创造性落实的对接点。刚才，10个省直部门负责同志作了很好的发言。小平省长讲了重要意见，希望大家认真抓好落实。通过这次会议，我们的思想认识更统一了，目标任务更明确了，着力点和突破口更聚焦了，下一步关键是抓好落实。下面，我就如何抓好落实，推动农业发展方式转变，讲3点意见。

一、抓好落实，就要紧紧扭住转变农业发展方式这条主线

习近平总书记在中央经济工作会议上把转变农业发展方式作为今年经济工作的主要任务之一，作了深刻的阐述。总书记指出，农业发展出路只有一个，就是坚定不移加快转变农业发展方式，从主要追求产量增长和拼资源、拼消耗的粗放经营，尽快转到数量质量效益并重、注重提高竞争力、注重农业技术创新、注重可持续的集约发展上来，走产出高效、产品安全、资源节约、环境友好的现代农业发展道路。去年11月份，总书记在福建考察时，曾就转变农业发展方式作了强调和论述。总书记的这些重要论述非常深刻，阐明了加快转变农业发展方式的极端重要性，为做好“三农”工作指明了方向，提供了基本遵循。今后一个时期，“三农”工作的核心任务就是加快转变农业发展方式，这既是重要的指导思想，又是“三农”工作的主线。抓好中央农村工作会议和我省这次会议精神的落实，就要紧紧围绕这条主线。

当前，中国经济发展进入新常态，我省“三农”工作也出现了与新常态相一致的阶段特征。第一，随着改革的不断深化和土地所有权、承包权、经营权“三权分离”的加快推进，沉睡了多年的农村资源开始活跃起来，截至去年底，我省农村土地流转已达到家庭承包耕地总面积的22.6%。第二，随着农业经营方式由分散经营走向合作经营、规模经营，新型农业经营主体大量涌现。据省工商局统计，去年农业市场主体比上一年增长43%。第三，随着居民消费进入个性化、多样化时代，农业生产正由生产导向向消费导向转变。现在农产品买卖很多是在网上进行，淘宝上有上千个农产品品种，农产品的供求关系正在深度调整。第四，随着新型城镇化和农业现代化的深入发展，城乡资源双向流动，农民进城和工商资本下乡成为鲜明的时代特征。很多工商资本调结构、转方式，选择的方向就是到农村去。第五，随着农业农村内部外部条件的变化，传统农业发展方式难以为继。一是资源支撑难以为继。我们生产1公斤小麦要用1吨水，全年农业耗水140亿立方，占全省用水总量的70%以上，地下水超采在50亿方左右，有的地方地下水开采深度到了1000米，水资源已很难支撑传统农业的发展。我省每年使用化肥331万吨，化肥中剩余养分通过径流、淋溶、吸附等进入土壤，使土壤酸化、板结，地力下降。二是环境支撑难以为继。农村燃煤每年4000万吨左右，已经成为空气污染的元凶。全省化学需氧量（COD）排放有43%来自农业，氮排放有50%来自农业，生态环境的“紧箍咒”越来越紧。三是“黄箱”支撑难以为继。按向WTO的承诺，目前主要农产品价格和对农业生产补贴的“黄箱”支持均已顶到了“天花板”，而成本“地板”大幅度上升，已经没有多少涨价空间。小麦最低收购价是每吨2360元，高出进口小麦到岸完税后价格343元；玉米批发价格每吨2160元左右，已经高出进口玉米到岸完税后价格360元。四是农业劳动力支撑难以为继。现在农村青壮年大多外出打工，农业从业人员严重老龄化，农业发展的“人荒”问题非常突出。五是农民收入支撑难以为继。现在农民收入主要靠打工，工资性的收入有很多局限性，如果不发展现代农业，增加农民收入难度很大，特别是贫困地区农民增收难度更大。

总之，我省传统农业发展方式已是“死路”一条，农业发展正进入一个“拐点”，这个“拐点”就是加快转变农业发展方式。转变农业发展方式涵盖农业发展各个领域、各个环节，是一场深刻的变革。转变农业发展方式，要实现6个方面的彻底转变。

一是必须加快由单纯在耕地上想办法向在整个国土资源上做文章转变。过去搞农业，总是瞄着1亿亩耕地，现在仅仅盯着耕地已经远远不够了，而要面向全省18.8万平方公里的国土资源。要把适合搞农业的国土都用起来，特别是要用好1.1亿亩可开发的山区。1.1亿亩山区的潜力有多大呢?大家昨天看了前南峪的专题片，这个普通的山村去年每亩地的收入是15000元。如果把全省山区全部开发出来，按照“第六产业”的路子发展起来，达到前南峪这个水平，去年就可以有1.5万亿的收入。可以说，河北沿海地区开发是一个增长极，燕山、太行山的开发又是一个增长极。转变农业发展方式，必须打开思路，把山水林田湖海资源全域规划、立体开发，形成农业综合开发的良好局面。

二是必须加快由单纯发展一产向发展一二三产融合的“第六产业”转变。“第六产业”的概念是日本的教授今村奈良臣于1996年提出的，背景是日本的农业发展面临一个瓶颈，很多人逃离农村，农田出现了荒芜。1998年日

高水平，很多科研院所都在寻求与河北的合作，有意向搬到河北来。只要搭建起科技与产业、人才与项目的平台，北京的人才就是我们的人才，就能为我所用，成为我们发展现代农业的人才和智力支撑。三是改革动力。京津冀协同发展作为国家战略，就要成为全面深化改革的试验区，包括“三农”方面的各项创新性的政策举措将在这里先行先试，比如基础设施互联互通、市场一体化等，这无疑会成为河北发展现代农业的有力引擎。四是资本动力。京津作为总部经济高地，集聚了大量的优势企业和工商资本，正在寻找理想的投资地。河北近水楼台先得月，发展现代农业不怕没资金，就怕没项目。现在京津的资本，特别是北京的资本向河北流动的态势非常猛。香河县54个造林公司中，有40多家来自北京。北京很多基金，也正在寻求与河北合作。我们一定要抓住这个千载难逢的好机遇，借力京津、对接京津、服务京津，寻求新突破，争创新优势。

昨天，庆伟省长对今年的“三农”工作作了全面部署。下面，我围绕转变农业发展方式，强调几项需要重点突破的工作。

（一）推进农业现代化要实现新突破。农业现代化是指传统农业向现代农业转变的过程，是转变农业发展方式的关键。其标志性特点有5个方面：一是技术装备和效率水平高，劳动生产率、土地产出率、资源利用率显著增长；二是组织化程度高，农业社会化服务体系、支持保护体系完备；三是市场发育成熟度高，农产品实现了专业化生产、商品化消费、品牌化营销；四是农业生产经营者素质高，掌握农业科技知识、现代化生产化技能和管理方法；五是可持续发展能力高，追求食品质量安全、生态平衡和环境保护的综合发展。从国外农业现代化的进程看，大体分为三个阶段：一是初级阶段，主要特征是发展农业机械化，广泛使用电力、良种、化肥、农药，推动规模经营；二是中期阶段，主要特征是进入了生态农业、精准农业、竞争农业为主的可持续发展阶段；三是后期阶段，主要特征是一二三产融合发展，农业尖端科技研发运用，跨国公司全球产业布局，在新能源、低碳经济领域培育新的经济增长点。按照这样的标准来衡量，我省农业发展实际上既有初期的特征，又有中期的特征，现在又要发挥后发优势，引导用后期的特征实现跨越式发展。一要创造新模式。树立抓农业园区就是抓现代农业的理念，用抓工业园区的思路抓农业园区。目前，我省真正意义上的现代农业园区还不多，许多园区只是一个空间的概念，不是真正意义上的园区。农业园区是要有公共平台的，要有统一的管理机构，成立园区管委会，对园区实行统一规划、统一指导土地流转、统一基础设施建设、统一项目把关布局、统一为入园企业提供服务。园区既可以政府主导，又可以市场运作，今年每个县都要新建1-2个高水平的现代农业示范园区，环京津各县和农村面貌改造提升9大片区内的县更要率先推进，多建几个园区，形成环京津现代农业产业带。有条件的要更进一步，学习山东省兰陵县经验，力争把园区建成国家农业公园。政府主导的园区可以由懂经济、熟悉农村工作的副县级领导干部任管委会主任。市场运作的也要有能人主导。二要打造新机制。这个机制，就是市场机制。我们要把园区搞起来、把结构调整好，核心推动力是市场主体。要下大力培育新型市场主体，大力推行股份合作制。现代农业是合作农业，只有把农村的劳动联合和资本联合有机统一起来，才能产生聚变的效果。要积极推进工商资本与农业资源的有机结合，支持农户以土地承包经营权、资金、大型农机具等入股合作社，合作社以资产或产品在龙头企业参股，形成“公司+合作社+农户”的利益联合体，实现优势互补、多方共赢。前不久到涞源、易县、涞水搞扶贫现场办公，所到之处都看到了充满活力的现代农业股份合作制企业，农民不仅有流转土地的收入，还能到企业去打工有一份工资性收入，这样就把贫困户的问题彻底解决了。三要培育新业态。要彻底摒弃传统农业只搞生产的业态观念，把“第六产业”当成一个创意产业，加快发展面向城市的生态农业、休闲农业、旅游农业、体验式农业等新兴业态，加快发展节水农业、循环农业、精准农业等集约高效农业，加快发展一二三产业相融合的“第六产业”。四川郫县打破一家一户的农家乐经营模式，向集约精细的乡村旅游社区、旅游城镇转型升级，2014年乡村旅游业收入达19亿元，仅此一项，农民人均增收900元以上。涞源县的白石山旅游区，一个家庭搞一个农家乐，一年最多的能收入70多万，少的也有二三十万，旅游旺季一床难求。这是一产与三产融合的典型。在一产与二产的融合上更有许多文章可做，在这方面我省与发达省份差距很大。从食品加工业看，我省规模企业仅有1198家，山东7100家，是我省的近6倍；我省食品工业产值1699.3亿元，山东7844.8亿元，河南4379.5亿元，分别是我省的4倍和2倍多；我省拥有全国性品牌32个，山东160余个，河南70余个，分别是我省的5倍和2倍。我们的耕地面积和山东差不多，山场面积比山东还要大，潜力这么大，没有理由不把食品加工业搞上去。要下大力培育一批像华龙面那样的产业聚集区，像露露那样的名牌产品，推动我省的食品工业迅速发展壮大起来。四要提供新支撑。现代农业的支撑点在科技、人才和服务。要把实施科教兴农战略落实到科技集成创新、引进消化、转化推广上，加快发展现代种业、节水农业等先进技术，构建起科技与市场紧密衔接的农业研发体系。要用好省里印发的“科技十条”，加快推进农业科技转化应用，通过科技成果转化收益分配改革等扶持措施，调动科技人员从事现代农业的积极性。在园区建设中，每个县都要打造一个农业科技示范园，依托高等院校进行新品种、新技术研发。要强化人才支撑，千方百计引进人才，每一个园区都要有人才和科技平台。要强化服务支撑，按照主体多元、形式多样、竞争充分的要求，加强社会化服务体系建设。据资料统计，在农业现代化程度很高的美国，一个普通农场主背后要有20余人提供社会化服务。五要开拓新市场。开拓新市场，一个是开拓京津高端市场，一个是开拓国际市场。要利用得天独厚的区位优势和资源优势，把河北的农产品打入京津市场，同时把京津的消费吸引到首都周边来。拿农业园区来说，不像景区，来一次看过了就不想来，休闲旅游是一种体验式消费，每一次来都是新的，农业旅游消费比其他景区的潜力要大得多。要大力发展出口型农业，利用好我省地理条件的多样性、气候条件的多样性、反季节产品的多样性，发挥好肉蛋奶禽莱位列全国前列的优势，引进培育一批出口型企业，建设一批出口生产基地，搞一整套出口的生产标准和检测体系，提高农业加工品出口比重。山东去年农产品出口额达到157亿美元，我省只有17.6亿美元，只是人家的九分之一。山东安丘一个县就有农业出口型企业430多个，出口额达20多亿美元，我们全省还不及人家的一个县。我省是钢铁大省，去年出口额只有98.2亿美元，如果我们能搞出四五个像安丘这样的农业出口大县，就等于再造一个河北钢铁。如果我省的农产品出口能达到山东的水平，折算成人民币就是900个亿，全省农民人均就可增收2000元。

（二）建设美丽乡村要实现新突破。美丽乡村建设是转方式的一个重要平台，把美丽乡村建设搞好了，农村环境改善了，对转方式来讲，就是创造了大环境。这几年抓农村面貌改造提升行动，亮点很多，成效明显。一是形成了高度共识。二是基本消灭了连茅圈。三是激活了美丽庭院这个细胞，老百姓更懂得珍惜环境。四是推广了新技术、新装备、新材料、新样式，建设具有现代意义的乡村迈出新步伐。五是工作由点到面推进，比如，涞水县243个村改造了205个。六是创造了很多新机制，如高邑县建立的垃圾处理机制，把所有的垃圾都由公司去收、去运、去管、去填埋，一劳永逸。这些做法和经验，都值得很好地总结和坚持。

今年总的指导思想是：按照全面建成小康社会要求，以提高农民兄弟幸福度为出发点，以集中连片建设美丽乡村为主攻方向，以推广新技术、新材料、新装备、新样式为突破口，以体制机制创新为保障，把美丽乡村建设提高到一个新水平。关于具体工作怎么抓，将在12日召开的改造提升动员会上进行全面部署，这里强调4点：一要连片打造。今年，省里重点抓9个片区，全省3000个村都要连片打造。为什么要连片打造美丽乡村?主要是因为这样做有利于把几年来探索的新理念、新模式、新机制，在一个片区集中展示出来，提高整体水平，发挥示范带动作用；有利于充分放大这项工作的社会效益、经济效益、生态效益，产生巨大的综合效应；有利于村庄的合理布局，推动农村社会结构的科学变迁；有利于区域资源的共建共享，把单独一个村不好办、办不好的事情办得好、办到位；有利于体制机制的创新，更好地把市场主体引进来，把政府引导与市场机制结合起来搞建设。连片打造以后就可以搞PPP的模式，企业要盈利，单独一个村没钱赚，就搞不了，连片打造后就可以引进来。内丘县作为国家扶贫开发工作重点县，搞美丽乡村连片打造，把6个村建成一个文孝社区，既节约了开支，又改进了服务，老百姓都说好。省委、省政府对片区建设高度重视、强力支持，省本级在财政资金十分紧张的情况下，拿出3.5亿元对片区规划和公共设施建设进行专项支持，我们一定要下大决心、加大力度，切实把连片地区打造成社会主义新农村建设的示范区。二要抓好规划。规划水平决定建设水平，尤其是连片打造美丽乡村，更要把规划摆在首要位置。要加快规划进度，利用冬春交替的时间，紧锣密鼓地做规划，每个片区最晚在4月底前都要拿出整套成型的规划，解冻之后就可以开工建设。要保证规划质量，每个片区都要请一流的、有乡村规划经验的设计单位进行规划，强化标准，严格评审，确保连片规划的高水平。省里的9个片区规划由省领导小组来审定，其他都要下管一级。规划要出特色，特别是要做好48个历史文化名村的旅游特色文化村规划，做好45个民族特色文化村的规划。9大片区规划也不能千篇一律，要各有各的特色，比如，崇礼片区要以申办冬奥会为契机，按照冰雪世界、国际乡村的特色来打造；白洋淀片区要围绕建设京津冀生态涵养区，打造天蓝水清、苇绿荷红的北国水乡。三要推广“四新”。紧紧围绕特色民居改造、村庄绿化美化、农村厕所改造、污水垃圾处理、清洁能源利用等改造提升难题，大力推广应用新技术、新材料、新装备、新样式，实现农村住房和环境建设的革命。去年我们集中举办了3次展销会，筛选出的“四新”企业达146家，新材料、新技术达几百种，为我们下一步提高建设水平提供了强大技术支撑。今年无论是中心村还是连片改造的村，15件实事都要用“四新”来提高标准，不能搞老一套。特别是100个中心村、3000个重点村的民居改造、危房改造都要用新材料、新技术、新样式，推广钢结构建筑，提高抗震水平，这样既安全又保温，还节省成本。四要办好实事。农村面貌改造提升的任务，重点还是15件实事。这15件实事是一个“菜单”，涉及到每个村，要从实际出发，尊重农民意愿，不搞强迫命令，已经办成的加以巩固，没有建成的加紧建设。要坚持建管并重，更多采取引入市场机制和第三方运营管理的办法，建立农村环境和基础设施管护长效机制。比如，白洋淀片区的45个村，所有的污水和垃圾处理都是用PPP的模式，值得学习借鉴。为解决财政资金不足的问题，要搭建市场化运作的平台，把政府投入作为撬棒，发挥“四两拨千斤”的作用，积极吸引工商企业、民间资本参与村庄建设。要严格标准，今年省里要出一个15件实事的标准，指导各地按照标准来规划，按照标准来指导，按照标准来验收。五要做强产业。要把每个片区本身做成一个产业，像白洋淀、南湖、衡水湖周边的这几十个村庄，做好了就是一个旅游目的地。片区内要同步推进新型农村社区、现代农业园区和乡村工业园区建设。3000个重点村都要把一二三产业融合起来，发展“第六产业”，都要通过园区经济、物流经济、服务经济等模式，培育壮大集体经济，增加农民收入。

（三）扶贫攻坚要实现新突破。今年，习近平总书记出京考察的第一站，就是到云南访贫问苦，强调决不能让困难地区和困难群众在小康路上掉队。总书记讲，现在距实现全面建成小康社会只有五六年时间了，时不我待，扶贫开发要增强紧迫感，真抓实干，不能光喊口号，决不能让困难地区和困难群众掉队。要以更加明确的目标、更加有力的举措、更加有效的行动，深入实施精准扶贫、精准脱贫，项目安排和资金使用都要提高精准度，扶到点上、根上，让贫困群众真正得到实惠。总书记的重要讲话，为我们下一步扶贫攻坚提供了重要指导。3年前，在涞水现场会上，我们提出了以3年为一个阶段来打扶贫开发攻坚战，现在这3年的任务基本完成，实现了每年100万人脱贫、10个县出列的目标。以这次会议为标志，我们要启动新一轮的3年扶贫开发攻坚战，总的思路是以群众稳定增收为工作主线，以精准扶贫为基本要求，以片区扶贫为重点，以产业扶贫为主攻方向，以责任机制为基本保障，确保更高标准、更高质量地全面完成3年扶贫任务。一是目标到年度。今年，我省的减贫目标继续定在100万人、10个片区外重点县脱贫出列，表面看和去年比数量没变化，但由于减贫难度边际递增，完成任务需要更加艰苦的努力。贫困地区要把目标任务细化到县、到乡、到村、到户、到时间节点，每项工作搞到什么程度，什么时间完成，都要具体化、定量化。二是规划到乡村。要按照转变现代农业发展方式的要求，编制新的扶贫规划。规划要做到每一个乡、每一个村，让每一个户都有增收的渠道，让每一个村都有脱贫致富的项目，让每一个乡都形成脱贫致富的产业，让每一个县都形成脱贫致富的几大支柱。要盯住园区做规划、盯住沟域经济做规划、盯住第六产业做规划，如何发展特色产业，如何改善农村生产生活条件，特别是饮水安全、厕所改造、垃圾处理、村庄绿化这四件事，都要由规划定下来。春节后，今年所有贫困村的党支部书记和村委会主任都要到前南峪进行参观学习。4月底前，乡、村扶贫规划编制工作都要完成。三是扶持到项目。总结这两年的经验，一大特点就是各项扶持措施，基本上都扶持到了项目上，这是扶贫转方式的一个重要内容。要围绕“八大工程”来做项目。实施特色产业扶贫工程，发展特色种植、养殖产业，推进家庭手工业、现代农业园区发展，推进山区综合开发，发展沟域经济。实施旅游扶贫工程，旅游景区周边、首都周边、设区市周边都要搞乡村旅游，打造精品线路、特色片区。实施电子商务扶贫工程，推动互联网进农入村，加快打造涉农扶贫电子商务平台，推出一批电子商务村。实施光伏扶贫工程，既要像平山、曲阳等6个县那样，利用荒山荒坡搞光伏发电，也要引导企业和农户对接，结合民居改造搞分布式光伏发电，使贫困群众在光伏发电项目中直接增收。实施科教扶贫工程，要以贫困村特色产业开发为重点，建设一批科技人才创业基地，同时，以未能继续升学的初高中毕业生为重点推进职业教育和职业技能培训全覆盖。贫困地区中学教育要向县城集中，小学要办寄宿制学校。实施搬迁扶贫工程，对缺乏基本生产生活条件地区的贫困户，要加大移民搬迁力度，把他们的生产生活安排好，确保搬迁一户，稳定脱贫一户。实施金融扶贫工程，抓投融资担保平台，用好支持贷款风险补偿政策，发挥财政贴息杠杆作用，发展农民互助金融。今年省农信社、省农行、省国开行都要增加资金支持，在这方面各个贫困县要提前谋划。实施社会扶贫工程，要把各方面的积极性充分调动起来，大力实施“春雨行动”，积极推动民营企业、社会组织和个人参与扶贫。这“八大工程”，要一个一个落实到具体项目，做到一个项目、一套人马、一抓到底。为了促进工程和项目落地，要放宽城乡建设用地增减挂钩节余指标调剂范围，新增建设用地指标要对贫困县倾斜，先拿出5000亩指标专门用于支持贫困县重点项目建设。各贫困县要抓紧谋划项目、做好组卷工作，省国土资源厅、省扶贫办要对项目精心把关，尽快下拨用地指标，切实发挥好政策效力。四是受益到穷人。要全面推进精准化、个性化帮扶，把减贫措施真正落实到贫困人口。对贫困群众，要实行“四个优先”：贫困户股权分红要优先，把扶贫资金变成股权投入到股份合作制企业，在企业收益分配上对贫困户予以保障。贫困村土地确权要优先，7900多个贫困村，今年要全部确权。土地流转要优先，在尊重群众意愿前提下，确权以后贫困村、贫困户的土地原则上都要流转，投入集约规模经营，并确保他们的土地收益。贫困群众就业要优先，建设现代农业园区、农产品加工企业等项目，原则上要安排每个贫困户有1人在里面就业，拿到工资收入。五是责任到人头。贫困县党委、政府是扶贫开发责任主体，要把主要精力和工作重点转移到扶贫攻坚上来。扶贫是贫困县的主业，不能当成副业，更不能拿着雪中送炭的钱干锦上添花的事。今年的扶贫攻坚任务要到各级党政一把手，到扶贫工作领导小组成员，到驻村工作队。要抓紧把驻村工作队派下去，每个贫困村派

3人以上的扶贫工作队。在这方面，省直机关已经带了头，一定3年，不脱贫，不脱沟。要改革扶贫考核机制，把减少了多少贫困人口、改善了多少贫困人口的生产生活条件，作为贫困县领导班子和领导干部综合考核评价的重要内容。

（四）深化农村改革要实现新突破。目前，农村改革正在紧锣密鼓推进，省委、省政府的决心很大。各地各部门要按照中央和省委的文件要求，制定改革方案，明确改革重点，安排改革试点，总结成熟经验，推动面上工作，努力形成方案管全面、重点到部门、试点在县级，上下联动、纵横衔接的改革推动格局。我这里重点强调以下十项改革。一是户籍制度改革。这关系到城乡一体化的发展，要全面落实、全面推进，就是要盖“两床被子”，不要因为农民进了城，享受了城里的待遇，就把他们在农村的土地承包权和宅基地使用权等权利取消了。关于这个问题，中央三令五申，这次中央农村工作会议也讲得非常明确，我们一定要严格落实。二是土地制度改革。今年定州市承担了全国的试点任务，一定要抓好探索创新工作。各地都要积极推进土地确权工作，所有贫困村、所有美丽乡村建设重点村都要优先确权并搞好规模流转。今年扶贫开发工作重点县城乡建设用地增减挂钩节余指标允许在省域范围内进行调剂，这会多出大量用地指标，大家一定要用足用好这项政策。三是产权制度改革。每个县都要以农村土地承包经营权、林权流转服务平台为基础，加快建立覆盖全县域的农村产权交易中心，通过规范的产权交易，实现工商资本和农村产权的有效对接。四是流通体制改革。重点是抓供销社改革，要推进政事分开、社企分开，特别是要依托电子商务把流通体系、冷链物流、冷链仓库建立起来，只有这样才有条件避免出现农产品过剩问题，才能打入高端市场，才能搞出口农业。五是金融体制改革。要鼓励开展抵押、担保，探索新的抵押物，比如农民住房财产权、承包经营权收益等，依法培育发展多种形式的新型农村金融机构，鼓励发展适合农村特点的各种微型金融服务。同时，要加强农村金融市场监管力度，有效防范金融风险。六是农业经营体制改革。要继续培育市场主体，发展家庭农场、农民合作社、农业公司等新型经营主体。七是农业水价综合改革。要建立激励约束机制，实现健全的水权制度保障。八是粮改饲改革。中央一号文件提出，将开展粮改饲和种养结合模式试点，就是粮食面积改种饲料，饲料就可以折算成粮食，这是国家的一个新的改革措施，我们一定要抓好落实。九是农业补贴制度改革。要创新涉农资金运行机制，充分发挥财政资金的引导和杠杆作用，有效整合财政农业农村投入。十是乡村治理改革。乡级要建好四个平台：建设行政服务平台，整合七站八所，方便群众办事；建设依托供销社的农业服务平台，为农民提供产前、产中、产后全程服务；建设综合执法平台，县级可成立综合执法局，向乡镇派驻综合执法队；建设规划建设管理平台，提升农村规划和建设水平。各地要按照各项改革的任务要求，抓好设计，抓好试点，抓好典型经验的推广。

（五）春季造林绿化要实现新突破。造林绿化既是生态建设的重点工程，又是转变农业发展方式的一个重要支点。考虑到年前年后时间紧张和压缩减少会议的要求，在这次会上我们将就植树造林工作一并进行动员部署。去年是绿色河北攻坚工程启动实施的第一年，我们开了一个好头，中央领导给予充分肯定。今年我们更要早谋划、早部署，抓紧落实下去。省委、省政府经过认真研究，今年植树造林的任务，还是420万亩，这个任务不变。我这里要强调的就是植树造林也要转方式。一要把造林绿化当作产业来做。植树造林不仅有巨大的生态效益，而且有可观的经济效益。现代农业可以园区化推进，植树造林也可以建现代林业园区、成产业、富农民。无论是在城市周边搞公园、搞成片森林，还是在公路沿线搞绿化林带，把它整合起来就成了一个林业园区。在这个方面，衡水、廊坊等地都有很好的实践经验。前南峪几年来把林业作为特色产业来打造，共种经济林12万株、果树30万株，仅果品一项年人均收入就达6800元，绿了荒山、富了农民。在推进造林绿化中，一定要有产业的观念、园区的思路，真正把它当作大事来抓。二要明确造林绿化重点任务。“两环两道”（环城绿化、环村林带、廊道、街道）和环京津成片森林建设，是今年的重点任务。要突出抓好环城林带〉推广石家庄的经验，在主城区、在县城周边，搞环城林带建设，可以是经济林，也可以是景观林，加速构建绿量充足、层次分明、结构合理、植物多样的环城绿化格局。每个设区市要建设宽度适宜的环城林带，在城市周边至少建设两个成规模的森林公园。县城也要建设环城林带，至少建设一个森林公园。要突出抓好环村林带，结合发展经济林、调整农业结构，村庄周边原则上要搞经济林、搞苗圃，按照适宜宽度标准打造，建设生态防护型、经济林基地型、用材林基地型、花卉苗木型、公园绿地型等不同类型的环村林带。农村面貌改造提升9个省级重点片区要发挥连片建设的聚合效应，在造林绿化方面率先突破，把单个村造“盆景”变成全域建“景区”。要突出抓好绿美廊道，今年的绿美廊道建设要达到4000公里以上，重点是京石高铁、津秦高铁、京港澳高速、京藏高速、京哈高速和101、307国省干道。秦皇岛涉暑路段、张家口涉及申办冬奥会路线、坝上草原特色旅游区等重点线路，要精心规划设计、精心组织实施，打造成与景区相映成趣、协调一致的精品干线。要突出抓好街道绿化，提升品位，按照生态城市的标准来打造。每个县城至少建成2条以上省级园林式街道，建成16公里以上绿道绿廊。要突出抓好环京津3个百万亩成片森林，用3年时间打造环京津300万亩成片森林，今年完成100万亩任务，主要建在主城区周边、县城周边、风景区周边。具体讲，就是要至少建成万亩以上城郊森林公园22个、重点片区万亩以上成片森林3处、特色大型生态经济兼用林基地32万亩、环白洋淀等周边生态景观林10.28万亩。农用地转生态用地要依法依规实施。三要创新造林绿化机制。要向市场要活力，向改革要动力。要大力培育壮大现代农业园区、股份合作造林公司、山区综合开发公司、农业公司等造林市场主体，采取“以山入股、以股投资”或“按户入股、按户出资”的形式联户经营。要用市场化的机制来搞造林绿化，积极开展造林绿化招投标，引进有实力、有经验的知名企业参与大规模植树造林。要进一步拓宽融资渠道，扩大林权抵押贷款规模，多方为造林企业和造林大户提供资金支持。要严格按照有关土地政策要求，依法依规流转土地，公开透明向市场发包。

三、抓好落实，就要加强和改进党对农村工作的领导

现在中央和省委的一号文件已经印发，农村改革发展的目标任务和政策措施都已经很明确了，水能不能活起来、鱼能不能跳起来，就看大家的态度和本事了。从实际情况看，一些领导干部抓农业农村工作存在3个误区：一是认为农业添不了秤，对GDP增长、财政收入增加作用有限，精力没有往这里放；二是认为农村不出事就行，关注点主要放在农村社会稳定上，对农村发展、民生改善用心不够；三是认为市场经济条件下，农民种什么、养什么、干什么，是他们自己的事，没必要管得太多，工作“大撒把”，搞无为而治。存在这些误区的深层次原因是，对新形势下“三农”工作认识不到位、素质能力支撑不够、领导方式方法有问题。必须清醒地看到，当前农业农村外部环境条件和自身发展都发生了重大变化，要求各级党委、政府在加快农业发展方式转变、推进农业现代化中发挥主导和推动作用，要求各级领导干部把加强能力建设摆在更加突出的位置来抓。具体来讲，要着重提高5个方面能力。

（一）提高学习能力。现在的农业农村工作，在很大程度上颠覆了许多旧观念、旧知识，知识恐慌、本领恐慌问题在“三农”领域表现得很突出。比如，一二三全产业链融合的“第六产业”，所有权、承包权、经营权“三权分离”的改革举措，劳动、土地、资本的股份合作制模式，以及投融资平台、ppp 合作模式，都是过去没听过、没见过、没干过的事，如果不学习，自己都搞不清楚，想以其昏昏使人昭昭，就无法把这些创新性的工作开展起来。各级理论学习中心组要把转变农业发展方式、推进农业现代化列入年度学习计划，进行专题学习。各级党校要就此组织开展专项培训，提升各级干部的素质能力。各级领导干部要向实践学习，拿出更多的时间深入基层、深入群众，特别是考察新业态、新技术、新机制、新主体，不断丰富和拓展自己的知识和能力。

（二）提高政策设计和制度创新能力。今年中央和省委一号文件都有很多含金量很高的政策，要把这些政策落到实处，各个地方都要善于搞政策设计和制度创新，制定可操作性的实施细则，把这些政策具体化。比如，中央提出提高粮食补贴政策的精准性，实际工作中怎么补、补给谁，如何与农民种粮面积挂钩，向规模经营主体倾斜，就需要提出具体的措施和办法。现在国家在城乡建设用地增减挂钩政策方面提出向贫困县倾斜，燕山、太行山片区贫困县指标可在全省范围内调剂，在实际工作中就涉及如何拆旧建新等方面的具体问题。再比如，建立地方产业发展信用担保平台，发展农村合作金融，中央和省里都有政策，但在操作过程中有难度、有风险，如何落实好这些政策，就需要完善有效的运行机制和风险防范机制作支撑。这些都是对我们政策设计和制度创新能力的现实考验，需要下一番苦功夫、长一些真本事。

（三）提高协调推动能力。有位多年做“三农”工作的同志讲，过去当领导只抓好农林水就行了，现在不行了，更多的精力放到了农口之外的部门，比如金融、国土、建设，甚至用不少精力抓工商企业。这说明，“三农”工作涉及领域大大拓宽了，协调推动的难度进一步加大了。要提高协调能力，善于与各部门打交道，善于与银行打交道，善于与市场打交道，找准农业内部部门之间、农业部门与非农部门之间、行政部门与社会力量之间的连接点、共振点，进一步形成工作合力。要提高推动能力，改进工作方法，不能再简单地向农民发号施令，而是更多地面向全社会、面向市场主体，综合运用市场的、经济的、法律的和行政的手段，为农业农村工作增添新的动力和活力。

（四）提高依法治农能力。做好新形势下的“三农”工作要讲法治，善于依法治农、依法强农、依法富农。首先，要完善农业方面的法规，善于把成熟的经验做法和政策举措上升到法律法规层面，一时不具备立法条件的，也要通过政府规章等形式予以规范。其次，要开展联合执法，针对食品安全、农资质量和污染治理，开展涉农联合执法和专项执法，打击各种违法活动，为农村改革发展营造一个好的法治环境。

（五）提高组织保障能力。各级党委、政府主要领导同志要管全局、抓大事，对发展现代农业、深化农村改革、建设美丽乡村等重点工作要亲自谋划、亲自部署、亲自检查。要进一步健全农村工作领导小组，各级农村工作领导小组都要由副书记来担任组长，党委、政府分管负责同志

担任副组长，及时了解情况，加强指导调度，研究解决问题。各相关部门要强化全局观念，相互配合、协调联动，共同推进农村改革发展。要进一步完善考核评价指标体系，对“三农”工作进行专项考核评价，并把考核结果作为干部奖惩和使用的重要依据，做得好的“戴红花”，做得不好的“打板子”，推动各级领导干部抓好工作落实。

最后，我强调一下加强农村基层党风廉政建设问题。中央巡视组尖锐地指出，河北“小官巨腐问题严重”，省委对此高度重视，采取了一系列措施加以解决。我们要在前一段工作的基础上，持续用力，强化措施，彻底把这一“毒瘤”切除。要针对群众反映强烈的突出问题，重点抓好土地开发整理、涉农专项资金使用、医保新农合等领域村官腐败案件的查处。要通报曝光一批典型案件，起到震慑作用。要健全完善制度，强化制度的刚性，真正用制度管权管事管人。

做好今年“三农”工作，意义重大、任务艰巨。让我们进一步解放思想、锐意进取，开拓创新、扎实工作，加快转变农业发展方式，推进农业现代化发展，朝着建设农业强省的目标迈进，为建设全面小康的河北、富裕殷实的河北、山清水秀的河北作出更大贡献。

沈小平同志在金融服务“三农”工作座谈会上的讲话

（2015年3月18日）

刚才，各位的发言既有概括性的总结，也有针对性的分析，还提出了不少可操作性的意见和建议，听后受益匪浅。这几年，我省金融服务“三农”体系不断完善[已初步形成了商业性金融、政策性金融、合作金融和其他金融组织（村镇银行、小额贷款公司等）功能互补、相互协作的农村金融组织体系]；产品不断丰富[创新推广较为成熟的农村金融产品和服务方式56种]；政策不断配套；成效不断显现（去年全省涉农贷款1.18万亿元，较上年增长15.8%，高于全部贷款增速近1个百分点，对促进农业增效、农民增收、农村发展发挥了关键支撑作用）。

当然，客观地分析，农村金融仍是整个金融体系中最薄弱的环节，也是制约农业农村发展的一个突出瓶颈。这其中，我概括了“三个并存”，它既是问题产生的主要原因，也是原因造成的最终结果。一个是商业银行避险逐利的天性与“三农”弱势弱质的弱性并存；一个是放贷机构严控追责与承贷主体信用不足并存；最后造成金融机构“难贷款”与农民兄弟“贷款难”并存。召开这次座谈会，就是要研究破解这些难题的路径、手段和办法。一会儿，赵勇书记还要做重要讲话，大家要认真领会，抓好落实。下面，我仅从操作层面谈点想法，概括地说，就是要做好加、减、乘、除法。

第一，做好加法，扩大供给。要重点抓好“一增一创”。“一增”就是增加机构（网点）。县域银行机构是做实农村金融服务的载体和平台，但从现实情况看，有的银行机构已在县域全覆盖，有的仍留着空白（农行全、工行空13个、建行30个、中行35个）。载体和平台缺失，服务就跟不上、就难到位。对各类银行金融机构（包括大型国有和股份制商行、城商行、农村合作金融机构等）怎么加快回归农村市场、怎样延伸网点和服务，怎样实现与农村金融的深度融合，金融监管部门都有明确要求，各银行金融机构应制定时间表、路线图，努力实现预期目标。“一创”就是要创新产品（服务）。要把握好三个层面：一是着眼“适销对路”，创新金融产品。要针对农村经营主体类型多、需求差别大的特点，细分市场，差异定位，在扩大农户小额贷款和农户联保贷款等成熟产品的同时，面向家庭农场、合作社等新型主体特别是现代农业园区集群企业研发专属产品；按照接二连三、融合发展的要求开发产业链产品，对接乡村旅游、农村电商等新型业态设计应需产品。同时，农村保险业在扩大传统险种覆盖面的基础上，支持因地制宜开展特色优势农产品保险、农村小额信贷保证保险，探索农产品目标价格、天气指数等新险种。二要注重“量体裁衣”，创新服务模式。全面推行“一次核定、随用随贷、余额控制、周转使用、动态调整”的农户信贷模式，大力推广面向千家万户的应用微贷技术、信贷工厂、新型经营主体“一对一”服务等模式。同时，还要不断创新支付业务。三要坚持“多措并举”，创新抵押（担保）方式。要着力解决有效抵押物范围窄、价值小问题，在法律允许、财产权益归属清晰的前提下，结合深化农村改革，鼓励开展农村承包土地经营权、林权抵押，稳妥推进农民住房财产权、宅基地使用权抵押；积极推广农机设备、存货、动产浮动抵押及仓单、保单、应收账款、商标、专利质押。同时，为有效解决涉农担保机构少，保金不足等难题，鼓励各地组建政府出资为主、开展涉农担保业务的融资性担保机构和再担保机构，支持有条件的地方设立合作性村级融资担保基金，搭建支农信贷的桥梁。

第二，做好减法，简续降本。要切实做到“一降一简”。“一降”就是降低门槛。去年底，银监会为鼓励农村商业银行更好服务“三农”，出台了《监管指引》，提出要实行差别化考核政策，原则上给予三农金融业务最高的绩效权重、最优的内部资金转移价格；实施不良贷款适度容忍和尽职免责政策等等。今年3月刚出台的《关于做好2015年农村金融服务工作的通知》要求，要探索实施涉农信贷投放与监管评级、市场准入“双挂钩”政策，适当提高对分支机构“三农”业务考核的分值权重；对涉农不良贷款给予更大的容忍度，对涉农贷款占比较高的县域法人机构实施弹性存贷比要求等等。这些差异化的政策规定，也是差异化的门槛设定，银行金融机构在实际操作中应充分体现。“一简”就是简化手续。说白了就是对农民、对基层的事不能搞太复杂，要尽可能化繁为简。一方面，金融机构要按要求尽量单列涉农信贷计划（据了解，工农中建交只有农行单列），能下放的贷款审批权限就下放，扩大县级金融机构信贷授权。另一方面，要推行通俗易懂的合同文本，采取灵活方式确定承贷主体，“宜企则企、宜社则社、宜场则场、宜户则户”；探索建立涉农贷款绿色通道，优化服务流程、简化审批程序、提高放贷效率，确保合理的信贷需求得到及时有效满足。

第三，要做好乘法，放大效应。要注意把握“一改一激”。“一改”就是改进财政资金支农方式。大家知道，在农业领域，财政和金融的协同性非常重要。财政支农资金通过金融杠杆能够发挥导向作用，实现乘数效应。在这方面，省里进行了一些探索，比如专项安排产业化发展贴息资金、金融扶贫贴息资金、环首都10个贫困县担保补助资金等等；市里也有一些成功经验，比如邯郸市“金财通”，通过财政增信保证金，用于支持产业化龙头企业贷款，放大效应10倍以上。下一步，要继续探索建立常态化涉农信贷贴息资金、涉农信贷担保资金等办法，并通过业务奖励、费用补贴等多种方式，引导和撬动金融资本支持农业，实现“四两拨千斤”。“一激”就是激活农村生产经营主体。一方面，政府及有关部门要当好银农“联姻”的“红娘”，通过洽谈会、对接会、媒体发布等多种方式，开展双向推介，既让经营主体掌握适宜的金融产品和信贷流程，也让金融机构了解他们实际需求和承贷条件，畅通银农对接渠道。另一方面，要联合组织筛选一批发展前景好、利益连接紧、信誉度较高的家庭农场、合作社和龙头企业，加大扶持力度，提升信用等级，逐步培育成金融机构的重要客户，充分发挥其在借钱生钱中的示范作用。

第四，要做好除法，分担风险。我和金融有缘份，多少年前就知道商业银行讲“三性”，即安全性、流动性和盈利性。要让金融机构放开手脚支持“三农”，就得有“三性”作保障，特别是要解决好风险这个后顾之忧。为此，要联手把握好“一足一兑”。“一足”就是金融机构要用足政策。近年来，国家陆续出台了一批鼓励金融支农的优惠政策，比如涉农贷款增量奖励、定向费用补贴、保险保费补贴、税收优惠等等；我省也在尝试设立产业化引导基金、实施财政专项贴息等办法。各金融机构要在加强自身风险管控的同时，用足用好这些优惠政策，有效分散和降低信贷风险。“一兑”就是政府部门要兑现承诺。对既定的各项优惠政策，财政、税务、农业等部门要认真落实，该出钱的要及时足额到位，该减免的要不打折扣兑现。另外，去年省政府关于金融服务“三农”的实施意见中提出，要“完善农村信贷损失补偿机制，鼓励各级财政出资建立涉农信贷风险补偿基金”，有关部门要拿出切实可行的操作办法，年内要有实质性进展和成效。

通过做好“四法”，金融机构要“努力实现涉农贷款增速高于全部贷款平均水平”、“县域银行业法人机构当地贷款余额要达到存款余额的60%以上，未达标的应该每年提升3至5个百分点”的量化目标，力促全省加快实现农业强、农民富、农村美的总体目标。

沈小平同志在全省春季农业生产暨森林草原防火工作电视电话会议上的讲话

（2015年3月27日）

3月20日，国务院在河南漯河召开了全国春季农业生产暨森林草原防火工作会议。为贯彻落实会议精神，安排部署我省春季农业生产和森林草原防火等工作，省政府决定召开这次会议。刚才，百刚、海洋同志分别就抓好麦田春管、春耕备耕和森林草原防火讲了意见，善允同志通报了近期的气象形势，三位厅局长的发言既有分析判断，又有措施建议，还有具体要求，我都赞成，各级各有关部门要结合实际认真抓好贯彻落实。下面，我分别就春管春耕和森林草原防火工作讲些意见。

一、关于春管春耕

现在春分已过，清明将至。 加之今年春节晚、“春脖子”短，农时偏紧、农忙集中。各地各有关部门一定要科学研判、主动作为，趋利避害、攻坚克难。工作中，要努力做到四个“实”：

（一）麦田春管要立足实际。全省冬小麦播种面积3450万亩，种植条件不一，具体情况各异。要因地制宜、因情施策，有针对性地实施各项春管措施。一是搞好技术指导。要继续组织专家和农技人员深入生产一线，在摸清苗情、墒情、病虫情的基础上，分类制定管理技术方案，通过各种形式和渠道，宣传普及到户到田，指导生产主体切实加强管理。二是科学运筹肥水。根据专家意见，要按照先三类、后二类、再一类的顺序，视小麦生长周期实施肥水管理，有效改善苗情。同时，要适时适地开展锄划镇压，实现保墒提墒、控旺转壮。三是综合防控病虫。要以红蜘蛛、吸浆虫、白粉病、麦蚜等病虫害为重点，加强监测预警，完善防控预案，及早发现、有效应对。要充分发挥社会化服务组织作用，大力推进专业化统防统治，对重发区域实施联防联控和群防群治。要备足用好“一喷三防”物化补贴，适时组织实施，确保喷防“全覆盖”。

（二）春耕春播要真抓实干。俗话说，“春天起得早，秋后吃得饱”，春耕春播是全年农业生产的重头，各地务必高度重视、精心安排，抓紧、抓早、抓实。要把握好“两稳两提”。“两稳”，一个是落实政策稳面积。今年，国家和我省将继续实施一系列支持农业生产、深化农村改革的政策措施。各地要结合实际细化方案、落实到位，以明确的政策信号、稳定的收入预期、良好的公共服务，调动生产主体积极性，稳住春播面积。一个是备足物资稳供应。要指导农资企业加强生产、流通和储备，搞好用电、用油调度，满足春耕春播需要。要充分利用新型农资营销网络，推进直供直销，降低流通成本。要深入开展打击假冒伪劣农资专项行动，让农民群众用上放心种、放心肥、放心药。“两提”，一个是优化结构提效益。要加强国内外农产品市场监测预警和分析研判，及时发布市场供求信息，正确引导生产主体调整种植结构，因地因需增加市场紧缺、适销对路的蔬菜、油料、中药材等农产品。政府可以通过购买服务等方式，由专业化机构来具体实施。一个是强化支撑提质量。要充分发挥农机主力军作用，搞好深松整地，加快耕播进度，力争一播全苗。要深入开展高产创建和绿色增产模式公关，因地制宜筛选一批优良品种和先进实用技术，集成配套，有效推广。

（三）水利建设要注重实效。各地各部门要抓住春季农田水利建设的有利时机，围绕提高防抗能力、服务春管春播，着力解决“最后一公里”问题，要抓好四件事。一是加快工程建设。要抓紧对现有蓄水工程特别是农村“五小”，进行清淤扩容、整修配套、除险加固，提升储水蓄水能力。要搞好中小河流、沟渠、管道清淤疏浚，提高引水输水能力。要加快检修维护机井、泵站等灌溉设施，增强用水保障能力。二是发展节水灌溉。要结合地下水超采综合治理，加快高效节水灌溉、大中型灌区续建配套与节水改造等项目建设，大力推广喷灌、微滴灌、水肥一体化等高效农田节水措施，扩大有效节水灌溉面积。三是科学调度水源。要加快水系水网综合整治和互联互通，强化协调联动，统筹管理水库河渠，增加引调水源，优先用足用好地表水；要坚持结构节水、管理节水、农艺节水并重，适度高效利用地下水。四是做好抗旱准备。要及时完善抗旱预案，全面落实抗旱措施。切实增强水源应急供给能力，解决好群众临时性饮水困难。同时，要扎实推进农村饮水安全工程建设，年内全部解决农村人口饮水不安全问题。

（四）气象服务要力求实用。针对春季天气多变、气象灾害多发的特点，适应农业转方式、调结构的要求，要在做好普适型气象服务的同时，积极提供个性化、多样化和专业化服务。要切实提高关键农时异常天气预报、气象灾害监测预警的准确率和覆盖率。要不断强化面向新型经营主体、农业全产业链的直通式气象服务。要科学开发利用气候资源，完善实施方案，一旦条件具备，适时开展人工影响天气作业。要坚持好部门会商联动机制，科学防灾，合力减灾。

二、关于森林草原防火

去年，全省各级各有关部门高度重视森林草原防火工作，不断加大投入力度，夯实基层基础，严格落实责任，健全长效机制，基本做到了防范科学主动，处置及时果断，实现了“三个确保”的目标。但我们必须清醒地看到，去冬以来我省气象干旱明显，当前，随着气温快速回升，大风天气不断增加，加之地表可燃物多、野外用火多，火险等级居高不下，春防到了紧要关头，形势十分严峻。今年3月份以来，全省森林草原火灾呈高发多发频发态势，仅21、22日两天，就发生了19起，这在以往是很少见的，暴露出有的地方、有的区域措施还没完全到位，责任尚未真正落实。各地各有关部门务必绷紧防火这根弦，坚决克服麻痹思想和侥幸心理，真正放在心里、抓在手中、落在地上，合力打好春防这场硬仗。这里我强调四点，概括地说，就是“四个立足，四个切实”。

（一）立足于“防”，切实加强火源管控。森林草原防火关键在防，防患未然必须把好三关：一是封山禁火关。在高火险期、高火险区，各地要及时发布封山公告或禁火令，严防火源火种进山入林。要深入开展春季打击野外违法用火专项行动，依法严惩不法用火行为。二是巡护检查关。各地基层防控力量要全员上岗到位，加强巡查值守。要落实“五增”措施，守牢重点部位，看好特殊人群，及时清理重点区域内的可燃物，最大限度降低火灾发生机率。三是宣传教育关。要运用多种渠道和方式，广泛宣传法律法规和用火常识，增强全社会防火意识，营造浓厚防控氛围。要狠抓火灾案件查处，公开曝光典型案例，做到查处一案、警示一片、教育一方。

（二）立足于“早”，切实强化应急处置。要着眼于扑大火、抢大险、救大灾，提早做好各项前期准备。一是抓紧完善预案。各地要结合实际，及时修订完善火灾应急处置预案，组织开展区域防火实战演练，增强针对性、操作性和有效性。二是密切监测火情。要时刻关注天气变化，综合利用卫星遥感、视频监控、航空巡护和人工瞭望等手段，全方位全天候监测，做到早发现、早报告、早处置。三是及时搞好备勤。要下大力抓好专业森林防火队伍，特别是以水灭火、应急机动队伍建设，备足备好物资装备，完善跨区增援机制，随时应对突发火灾。要加强与当地驻冀部队、武警官兵的应急响应，协同作战。防火期内，各级专业扑火队都要处于临战状态，一旦发生火情要快速反应、重兵出击、协调联动，打早打小打了。同时，要确保扑救安全。

（三）立足于“细”，切实搞好督导检查。各级政府要把森林草原防火列入重点督查内容。近日，省森防指已派出8个督导组，深入各地明察暗访。各地也要组织精干力量开展专项督查，重点查火源管控、查应急准备、查责任落实、查物资保障、查值班备勤、查火案追责。要在全省范围内继续开展火灾隐患排查整治专项行动，做到纵向到底、横向到边、不落死角、不留盲区，对查出的问题要限期整改，重大问题要挂牌督办，确保取得实效。

（四）立足于“严”，切实落实防控责任。要严格落实地方行政首长负责制，政府主要领导要亲自抓，分管领导要具体抓。要严格落实防指各成员单位的职责任务，部门间既各司其职，又密切配合，形成工作合力。要严格落实经营管理单位的主体责任，管好自己的山，守住自己的林，严防自己的火。要严格落实责任追究制度，对领导不重视、责任不落实、措施不到位、扑救不得力造成严重后果的，要加大问责力度，对失职渎职人员依法依纪严肃处理。

最后，我再强调一下造林绿化和地下水压采工作。春季是造林绿化的黄金季节，各地各有关部门要继续以实施绿色河北攻坚工程为抓手，加快推进工程造林、义务植树和部门绿化，加大投入力度，创新造护机制，加强质量管理，切实提高成活率和保存率。按地下水超采综合治理的时间安排，各试点市、县所有项目要在3月底前完工，4月份省对市县要进行核查并上报国家四部，5月份要接受国家考核。对此，省压采办要及时组织开展核查，并按要求上报有关情况。

当好农村全面小康的领头雁

——赵勇同志在全省农村干部“万人示范培训”首期班上的辅导讲话

（2015年4月10日，根据录音整理）

刚才，省委常委、组织部长梁田庚同志向大家介绍了省委下决心对全省30多万名基层干部集中培训的目的和意义。省委下这样的决心，是从河北绿色崛起的大局、从农村改革发展的大局、从加强基层服务型党组织建设的大局来考虑的。这次培训，以大地为课堂、以典型为老师，选了若干有典型意义的培训点，请了一些先进典型和直接做“三农”工作的同志来授课，就是让大家既能从参观中学到经验，又能从听课中取到“真经”，同时也给大家提供了一个相互交流的机会，让大家在相互学习借鉴中提高做“三农”工作的能力。

今天给大家讲第一课，感到特别高兴。俗话说，易领千军、难领一村。村党支部书记不好干，新形势下更面临着许多现实困难。一是威信难树。做得不好、行得不正，就得不到群众信任，威信就树不起来，说话就没人听。二是票子难挣。特别是贫困村党支部书记，带领老百姓脱贫致富的任务很重，工作难度很大。三是矛盾难解。村里的家长里短、征地拆迁、宅基地纠纷、土地流转等问题很多，解决起来不容易。四是班子难带。村干部的待遇不是很高，尤其在贫困村更加突出，班子成员各有各的想法，有的还有自己的生意，主要精力没放在村里。这些问题都需要我们积极想办法、下功夫解决。今天在座的村党支部书记，有的是刚刚换届上来的，也有很多人干了多年，有的甚至干了三十多年了。大家默默无闻，不为名不为利，一心为村里百姓服务，为农村发展付出了艰辛和汗水，很不容易。借这个机会，我代表省委，向在座的村党支部书记，表示亲切的慰问和衷心的感谢！

下面，我围绕如何加快农村改革发展、如何当好一个村党支部书记谈点认识和体会，与大家一起谈谈心、交流一下。

一、深刻认识“四个全面”战略布局对“三农”工作提出的新要求

不谋全局者，不足谋一域。不了解发展的大势，就做不好当前的工作。村党支部书记是做“三农”工作的，必须把握好“三农”工作发展的大形势、新要求，工作才能有的放矢、保持正确方向。习近平总书记站在党和国家长远发展的高度，提出了“四个全面”的战略布局，即全面建成小康社会、全面深化改革、全面依法治国、全面从严治党，形成了新形势下党中央治国理政的总体框架，也成为我国今后发展的一个总纲，党和国家的各项工作都要围绕“四个全面”来开展。在“四个全面”中，全面建成小康社会是战略目标，全面深化改革、全面依法治国、全面从严治党都是战略举措。站在这个战略布局的高度看待“三农”工作，就能认清“四个全面”对“三农”工作提出的新要求，把握今后的发展方向，明白我们要做什么、在哪些方面用力。

一是全面建成小康社会对“三农”工作提出了新要求。全面建成小康社会是党的十八大确立的奋斗目标，也是实现“两个一百年目标”的基础。习近平总书记强调，到2020年全面建成小康社会，“绝不能让一个少数民族、一个地区掉队，要让13亿中国人民共享全面小康的成果。”“到2020年宣布全面建成小康之日，希望广大贫困地区的群众同样喜笑颜开。”现在距离实现全面小康的目标只有五年多时间了，任务十分艰巨。怎样评价是否实现了全面建成小康社会?按照我省县级全面建成小社会监测指标体系，有经济发展、人民生活、民主法制、文体建设、资源环境五大类指标，具体包括25项具体项目，这25个项目都达到了要求才算全面建成了小康社会。具体到农村来讲，涉及的指标很多，主要指标有8项，包括人均GDP、城乡居民人均收入、恩格尔系数、城乡居民收入比、城乡居民人均住房面积、每千人拥有医师数、农村卫生厕所普及率、基本社会保障覆盖面。根据2013年统计结果，我省现在距离全面小康目标还有很大差距，贫困地区差距就更大。比如，人均国内生产总值的目标是超过5.7万元，2013年我们是3.68万元，差2万多元，到2020年需要每年增长3000元；城乡居民人均收入目标是超过2.5万元，2013年我们是1.4万元，差1.1万元，到2020年需要每年增长1400元；农村卫生厕所普及率目标是达到75%以上，2013年我们是56.7%，差18.3个百分点；城乡居民的收入差距要控制在两倍以内，现在是2.63倍；每千人拥有的医师数，我们还不到目标值的一半。这些问题，都需要在五年内解决。这届村“两委”班子，正好处在全面建成小康社会的攻坚阶段，这三年干得怎么样至关重要。大家要意识到自己肩上的责任，对照小康社会的各项指标找差距，下决心把发展搞上去，确保小康路上不掉队。

二是全面深化改革对“三农”工作提出了新要求。30多年前，以联产承包责任制为核心的农村改革，拉开了整个中国改革的大幕，为整个中国的发展提供了强大动力和活力。如果没有当年的农村改革，没有联产承包责任制，就没有后来的全面改革开放，也许到现在很多人还吃不饱饭。最近热播的电视剧《平凡的世界》让我感触很深，讲的是三十多年前农村改革的事情。我和在座的很多同志都亲身经历了那次农村改革的过程，都知道当时改革的艰难。现在，中央作出全面深化改革的战略部署，我感到农村改革仍然是突破口。农村改革关系到城市改革、工业改革等方方面面的改革，农村人口流动已经渗透到了社会的各个领域，农村的土地制度改革直接关系到城镇化、新型工业化进程。农村改革不是农村自己的事情，关系到全面深化改革能不能搞好，关系到能不能使我们国家更好地向前发展。刚才，一个村党支部书记说，土地问题是农村改革最大的困难，确实如此。承包地要确权、要流转，集体经营性建设用地要在试点基础上实现直接上市挂牌，宅基地要实现可抵押、可交易，需要改革来推动解决；一家一户的生产经营方式难以适应发展现代农业的要求，需要改革来推动解决；农村社会化服务体系不健全，在农产品销售、农资供应等很多方面存在着实际问题，需要改革来推动解决；农村大部分年轻人外出务工，剩下的都是老弱病残，谁来种地、怎样种地、谁来养活中国人的问题，需要改革来推动解决。不改革，就是死路一条。我们要横下一条心，全面深化农村改革，把农村放活、把“三块地”搞活、把农民手里的资源盘活，以农村改革来活跃改革全局。大家要充分认识到自己承担的责任，把农村改革这副千斤重担挑起来。

三是全面依法治国对“三农”工作提出了新要求。中国是人情社会，农村更是个人情社会，社会关系主要靠人情、亲情来维系，很多矛盾和问题都是靠人情关系来解决。这为农村治理现代化带来了不少问题。我们党已经下定决心，要把我国建设成为法治社会。在党的十八大有关战略部署的基础上，党的十八届四中全会专题对全面推进依法治国这一基本治国方略进行研究部署。建成法治社会，重点难点在基层，特别是农村。首先，广大群众缺乏法治意识，不少时候遇事不是找法，而是找朋友、托关系、跑门子或者上访。解决这个问题，就要不断增强群众尤其是农民群众的法治意识。其次，村干部素质参差不齐，有的不懂法、不用法、不守法，办事随心所欲，用高压手段管理村务，处理问题简单粗暴，动不动就采取强制手段，不考虑合不合法、合不合规。农民群众的上访案件中，很多问

题与村干部法制意识淡薄、不依法管理村务有直接关系。再次，在农村社会治理中还存在情法混乱、徇私枉法等现象，老百姓违法乱纪问题普遍存在。这些问题如果不解决，依法治国就没有稳固的基础。从这个意义上讲，落实依法治国方略、建设法治国家，村干部特别是村党支部书记的任务还相当艰巨，既要引导老百姓树立法治意识、懂得遇事找法，又要学会依法治村、依法决策、依法办事。这就要求村党支部书记素质要有一个质的飞跃。

四是全面从严治党对“三农”工作提出了新要求。党的十八大以来，习近平总书记以崇高的使命担当，大力度从严治党，制定并严格落实“八项规定”，开展党的群众路线教育实践活动，坚决反“四风”，严厉惩治腐败，目前已有近100个省部级以上领导干部受到查处，这在历史上是不多见的。当前，从严治党正在全面展开，层层传导压力，一直传导到基层、传导到村。但现在有的压力还没有真正传导下来，农村党的建设工作中还存在不少问题。比如，有的基层党组织软弱涣散，村干部缺少为民服务理念，想自己的事多、想老百姓的事少，工作有一搭没一搭，战斗力、号召力不强；有的党员不信马列信鬼神，在群众当中形象不好、威信不高，没有起到先锋模范作用；有的党内生活不健全，“三会一课”制度没有好好坚持，党员会议开不了几回，支部成员不能拿起批评和自我批评的武器，支部书记一个人说了算；更有甚者，一些基层干部违法乱纪、侵害群众利益，出现严重的贪污腐败问题，在群众中造成恶劣影响。去年中央巡视组到河北巡视时，群众来信来访中，有三分之一跟村干部有关。在我省整体信访量中，村民告村官的大致也是这个比例。每个村党支部书记都应当好好想一想，为什么老百姓反映村干部的问题如此之多。这些问题长时间得不到解决，就会影响党群、干群关系，影响党组织的形象和战斗力。为此，省委决定开展一次治理“小官贪腐”行动，由省纪委牵头，把群众反映的问题一一进行梳理，没有问题的要给予澄清，诬告的要为干部撑腰，确实存在腐败问题的要依法依纪严厉查处。最近我们查处了一批村官贪腐事件。比如，承德市高新区闫营子村党支部原书记张凤辉，2010年至2011年，借协助高新开发区征地之机，授意、指挥该村村民张某在村坝外地上抢种树苗、多占面积，骗取国家补偿资金488万元，个人从中分了360万元；以帮助村民张某、朱某获取坝外河滩地附着物补偿款为名，又索取、收受贿赂220万元。检察机关以受贿罪、贪污罪、挪用公款罪，判处了张凤辉有期徒刑16年。保定市在去年的打黑除恶过程中，抓捕了5个涉黑的村党支部书记，其中曲阳一名村党支部原书记贪污受贿上亿元，被处以极刑。这些都反映出基层党建工作中还存在很多问题。落实全面从严治党要求，要求村党支部书记不仅要做到自身净、自身硬，还要担负起管党治党的责任，把村里的党风搞好，把村党支部建成有凝聚力、战斗力、号召力的战斗堡垒。

每一名村党支部书记要对照“四个全面”对“三农”工作提出的新要求，对号入座、抓好落实。要意识到肩上沉甸甸的责任，把“家”当好，把老百姓的事情办好，真正成为农村全面小康的领头雁、成为老百姓可以依赖的贴心人。

二、牢牢扭住全面建成小康社会的重要抓手

我们这一代人的使命首先是要实现全面小康，这个没有退路。现在时间紧、任务重，不能再观望、再等待、再徘徊，必须以只争朝夕的精神来做好全面建成小康社会这篇文章。我在某县调研时，随机走访了一个村，看到村里两拨人在打牌，不少人在围观。这个村人均只有四分地，去年人均收入才2200元，村党支部书记脑子里一本糊涂账，没什么路子带领老百姓致富，很多青壮年靠打牌打发日子，很多人靠着墙根晒太阳，等着别人送小康。这样的问题，很多贫困村都存在。这种状况不转变，怎么脱贫奔小康?怎么加快建成全面小康社会?对于村党支部书记而言，首先要有昂扬的斗志，对于如何脱贫致富奔小康要做到心中有数。我感到，实现全面小康，要集中抓好五件事。

一是抓现代农业。中央提出要协同推进新型工业化、信息化、城镇化、农业现代化和绿色化。在“五化”之中，农业现代化是短腿，是最弱的一环。农业现代化，应该是以规模经营为基础、产业化为导向、科技为支撑的高效、集约农业。而一家一户的分散经营方式恰恰相反，搞的是缺乏科技含量的、粗放的、浪费资源的，甚至是污染的农业。当前，加快农业现代化面临着很好的机遇，关键看能不能紧紧地抓住、很好地利用。今天上午我看了沙河市三个2万亩左右的现代农业园区，通过与大学、与国外、与台湾合作，利用的都是山场，过去寸草不生的地方，现在变成了聚宝盆。前南峪也是靠发展现代农业，把过去的荒山变成了“花果山”，去年每亩地的收入达到了1.5万元。关于怎样发展现代农业，今天上午看了邢台的做法，我总结了六条：第一，要有一个好规划。刚才讲到的沙河的几个园区，都是按照产业项目来做的规划，有的是一个村自己搞，有的是五六个村联合搞，有的甚至还跨乡搞。发展现代农业，首要的是把规划做好，聘请专业人员来做，发展什么、怎样发展，一清二楚。第二，要有一套好机制。就是引进工商资本，实行土地流转，让农民既当股东又在园区打工，保证农民收入。第三，要有一条好路子。沙河市的三个园区搞的都不是单纯的种植业，而是“第六产业”。“第六产业”这个概念是从日本引进来的。上世纪90年代，日本农业发展遇到了瓶颈，很多人不愿意搞农业了。

日本的一个大学教授叫奈良臣，提出农业要提高效益才有人愿意干、才有人愿意投资，并提出了“第六产业”的概念。为什么叫“第六产业”呢?就是把一二三产在农村融合起来，“1+2+3”或“1×2×3”等于6，这是农业发展的方向。比如前南峪，既有林木、养殖场等一产，也有蜂蜜加工、板栗加工等二产，还有物流、电子商务、旅游等三产，这就是一二三产业的融合，就是“第六产业”。去年，他们仅旅游业门票收入就达到了800多万元，还带动了其他的收入1200多万元。第四，要有一个好支撑。就是科技支撑。如果总是搞老一套，没有科技支撑，没有好的技术，老百姓不可能脱贫致富。上午看的三家园区，其中有一个是跟以色列专家合作搞的。以色列2/3的国土是戈壁和荒漠，但他们在农业发展方面非常先进，是欧洲农产品的最大供应国。我们的条件比以色列好很多，没有理由发展不好，没有理由受穷。第五，要有一个好政策。政府要加大对现代农业的支持力度，结合现代农业发展需求，研究出台基础设施、土地指标、贷款融资等方面的支持政策，为城乡资源流动创造条件，吸引更多社会工商资本投入现代农业。第六，要有一个好环境。在座的都是燕山太行山地区贫困村来的党支部书记，村里的山场面积都很大，要重新谋划、重新审视，借鉴前南峪的经验做法，做好山水的文章，把生态环境建设好，把城市资源吸引过来，把现代农业发展起来。

就发展现代农业，我再强调几点。一要大力发展“第六产业”。要认真谋划怎样把村里的一产二产三产融合起来，搞好规划、选好项目之后，再去找投资商，引进工商资本。二要大力培育新型市场主体。要改变一家一户的经营方式，加快土地流转，引进工商资本，培育家庭农场，做大做强专业大户，用自己的项目把工商资本引进来。贫困村的山场开发、土地开发，要大胆调整结构，把一般的粮食作物种植面积减下来，什么赚钱就种什么，适合发展哪一类市场主体就发展哪一类市场主体。三要规划建设现代农业园区。可以一个村搞一个，也可以几个村联合搞一个，园区里面可以有若干个企业，特别要引进龙头企业。有了龙头企业，就把园区带起来了。我们正在全省大力发展现代农业园区，园区设立管委会，让政府工作人员来当管委会主任，帮助农民搞土地流转、搞基础设施建设、搞招商引资，让农民既在里面打工，又在里面当股东。四要大力推动农业创新。农业发展需要创新，满足于过去的农业发展方式没有出路。第一，要创新农产品销售模式。现在很多人购物都不到商场，而是通过手机、电脑在网上买东西，不出家门就可以买到自己需要的东西。要扩大农产品销路，电子商务是非常好的平台。石家庄塔元庄村搞了一个电子商务平台，把农产品卖到了全世界。每个贫困村都要按照这个路子，在网上卖本地的农产品，还要卖山水，请人们来旅游。一些不用的农具也可以在网上卖个好价钱。第二，要大力推动科技创新。解放思想、打开思路，依靠科技创新推动农业发展。即使是种苹果、核桃和板栗等果树，也要运用好新技术，尝试种植新品种，提高生产效益。第三，要创新农业生产方式。现在是发展现代农业的最好时机，很多矿老板、煤老板、钢老板企业发展遇到了困难，都转型搞农业了。要抓住这个机遇，把农民群众的思想统一起来，抓好村里的土地流转，吸引社会的工商资本来投资现代农业。

二是抓美丽乡村建设。一个村党支部书记跟我讲，美丽乡村建设不要都在路边搞，深山沟里的村庄生产生活条件都很困难，也需要有一个大的改变。省委、省政府今年下决心，给全省7366个贫困村都派了工作队。工作队驻村后要给大家办十件实事，其中很重要的一件事就是要按照全面小康的要求建设美丽乡村，确保到实现全面小康的时候，老百姓不仅收入明显提高，生产生活条件也有一个明显改善。省里提出建设美丽乡村要办好15件实事，具体到贫困地区、贫困村来讲，要重点抓好11件事。第一，抓好规划设计。每个村的美丽乡村建设都要有规划设计。省市县要支持，给一些规划设计费。乡镇要统筹把关，为每个村搞一个规划，包括村庄道路建设、绿化、垃圾污水处理、厕所改造等。这次培训班结束后要抓紧落实。第二，抓好垃圾处理。人穷不能志短。我们活的是一种精神、一种品位，再穷也得把环境搞得干干净净。要集中精力开展“四清”，即清垃圾、清路障、清庭院、清残垣断壁。在这个基础上，形成户清、村集、乡转运的垃圾处理机制。第三，抓好污水处理。现在已经有了成型的污水处理技术，安装一套污水处理装置，一个户只要一次性花费2000块钱。贫困村也要创造条件把污水处理搞起来，可以先搞一些试点，然后逐步推开。第四，抓好饮水安全。山区的水都是好水，但也都要经过检验，有条件的村要实现家家户户都喝上自来水。第五，抓好厕所改造。去年全省消灭了100多万个连茅圈，不能再让它死灰复燃，要让它在河北大地上永远绝迹，彻底改变千百年来的陋习。村里的旱厕都要改成卫生厕所、无臭厕所，这是保证老百姓健康的一个重要方面。第六，抓好民居改造。现在的民居大部分是平顶，外观不好看，需要加以改造。有人认为，住平顶房是传统，也有人讲，改成坡顶没办法晒东西。这两个观点都不成立。邢台的英谈、王硇村等很多古村落，房子都不是平顶的，这说明我们的先辈以前都习惯于住坡顶的房子。民居改造好了，本身就可以作为一种旅游景观，也可以起到保暖隔热的效果。改造民居要注重美观，可以建漂亮的门洞、做女儿墙、搞半坡屋顶，有条件的也可以搞全坡屋顶。山区的民居可以用生土建筑，一平方米只要500元，比用普通材料便宜一半。新建民居一定要用新的方式。乡镇规划办公室要加强监管，村“两委”要把新建民居和危房改造管起来，严格按照省里发的新民居建设图纸来做。民居改造要与农业园区建设结合起来，可以先搞一些示范户，然后逐步加以推广。这方面，村党支部书记要带头。第七，抓好清洁能源利用。前南峪的秸秆气化项目，就是利用山里的树枝、秸秆制成燃气，用管道送到每家每户做饭取暖，完全不烧煤炭。农村最大的污染是燃煤和农药化肥，要逐步用烧秸秆代替烧煤炭。有条件的可以推广秸秆气化，一般就是推广使用新炉具，用秸秆压块做燃料。现在，生产秸秆压块机器的厂家很多，可以几个村联合起来买一台移动式的压块机，让群众把树枝、秸秆收集起来压成生物煤块，用来代替燃煤，热效率高又没有污染。省里推出的炉具是两用的，既能烧秸秆也能烧型煤，每一台炉具省政府补贴700元。只要贫困村愿意搞，搞多少都支持。第八，抓好村庄绿化。山区村主要是种经济林，不适合种经济林的，可以种一些生态林。第九，抓好村民中心建设。村民中心可以一个村搞一个，也可以由几个比较近的村联合起来搞一个，为老百姓提供各种便利服务。内丘县文孝社区六个村联合建设了一个村民中心，功能全、花钱少、效果好，值得大家学习借鉴。第十，抓好资金筹措。美丽乡村建设很多是公益性投资，各级政府要拿一点资金，农民自己也要出一部分钱。搞产业项目，主要靠市场运作，政府有一些支持，更重要的是靠银行。最近，在金融服务“三农”座谈会上，省里的14家银行行长一致表示，支持现代农业和美丽乡村建设。只要有好项目，资金问题都可以解决。第十一，抓好管控机制。村里要有保洁员，村民每人每个月可以交一块钱的保洁费，这样就把长效机制建立起来了。

三是抓扶贫攻坚。抓好脱贫致富，是各位村党支部书记头等重要的任务。大家要下死决心，利用五年时间摆脱贫困，实现稳定脱贫。关于扶贫攻坚，我强调五件事。第一，要立下愚公志。习近平总书记在今年两会期间参加江西代表团审议时强调：“要立下愚公志，打好攻坚战。”我们要积极响应总书记的号召，像愚公移山一样，在脱贫上下定决心、坚定信心。现在，各级对扶贫攻坚都非常重视，党中央、国务院出台了一系列扶贫攻坚政策，省委、省政府采取了下派工作队、增加扶贫资金、实施“八大扶贫工程”等一系列举措，社会各界对扶贫工作也越来越关心，这是我们做好工作的动力。大家要痛下决心，拿出一股拼劲，拿出前南峪艰苦创业的精神，扎扎实实带领群众脱贫致富。第二，要算清一笔账。到2020年实现全面小康，贫困地区居民收入要实现翻一番。大家要算算现在村里还有多少个家庭达不到，为每个家庭制定一套完整的脱贫计划；要算算村里还有多少山场可以开发，开发出来土地流转收益是多少，农民在里面打工收入是多少，按照股份分红是多少。这笔账，你们要为老百姓算清楚，不能让他们认为把山场外包给别人，就是把祖宗留下来的家业丢了。要让他们转变思想、改变观念，用实际行动支持土地流转、支持发展现代农业。第三，要选准好路子。城有城的路子，村有村的路子。对于山区来讲，最好的路子就是引进工商资本，搞山区综合开发，发展沟域经济、农业园区、现代农业，让村民把土地流转出去当股东，到园区里面打工拿工资。除此以外，该移民的要移民，适合搞太阳能发电的搞太阳能发电，适合搞家庭手工业的搞家庭手工业，适合到外面打工的到外面做劳务。第四，要探索新方法。我们推广的新方法就是搞股份合作制，让每个贫困户都摆脱贫困，不能单打独斗。要把贫困户的土地流转过来，集中起来搞股份合作制。平山葫芦峪有个企业家叫刘海涛，在14个村开发了十万亩山场，把14个村的贫困户组织起来搞了35个家庭农场，贫困户的年收入达到了七八千块钱，这就是一个好的模式。如果仅靠贫困村自己开发山场，道路修不起，滴灌搞不了，必须有新的办法、新的思路。靠近城市特别是北京、天津的，要打好城市牌，用好京津这个大市场，大力发展蔬菜种植业、养殖业等特色产业，加快脱贫致富。第五，要责任到人头。村党支部书记要负起脱贫致富奔小康的责任，要与县（市、区）委、乡镇党委签脱贫致富的责任状，把责任压实。另外，扶贫工作队负起责任，不脱贫不脱钩。只有把责任落实好，才能把脱贫的事办好。

四是抓农村改革。农村需要改革的地方很多，今年全省重点推动十方面的改革。对贫困村，我强调三点。第一，要盘活“三块地”。对承包地，要搞“三权分离”，所有权归集体，永远不能变；承包权归农民，长久不能变；经营权要彻底放活，要市场化，这是改革的方向。土地改革的核心是土地确权，让农村土地和城市的土地一样，也有“产权证”。今年，全省承包土地确权要达到50%，贫困村要全部完成。确权之后，可以抵押贷款、转让，在集体经济组织中流通。宅基地，也有确权的问题。现在有的村空心户达到全村户数的50%，甚至更多。宅基地确权后，村里可以组织成立合作社将其盘活，通过租赁方式把空心户集中起来，找旅游公司合作，改造成乡村酒店，也可以把房子拆除复垦。集体经营性建设用地也要改革。省里正按照中央安排，在定州搞试点。试点成功之后，将在面上展开。第二，要搞活农业经营。就是在土地流转、搞农业园区的基础上，培育家庭农场、农业公司、股份合作制企业等新的经营主体。第三，要做活社会化服务体系。抓好供销社综合改革，把供销社改造成为服务农民的综合平台。具体来讲，就是在农民生产生活中需要的土地流转、产权交易、农资供应、农产品销售、农村科技培训、农民合作金融、农业保险等七个方面，供销社要统一起来提供服务，把这些服务集中到一个平台上，满足农民的需要。县级以下供销社要实体化，实行供销社、合作社联合社、新合作发展集团公司三个牌子一套人马。要把供销社改革与农民的利益紧密连在一起，让村里搞的合作社成为供销社的一部分，建立资本和利益的纽带，更方便地为农民提供服务。这项改革希望得到村党支部书记的支持。

五是抓乡村治理。乡村治理是个大课题、大事情，要积极探索，不能搞老一套。第一，要探索创新乡村治理新模式。大力推广肃宁县“四个覆盖”经验，推行村党支部、村代会和村委会、合作经济组织“四位一体”的治理结构。第二，要提高依法治村能力。在全面依法治国的背景下，对村党支部书记、村委会主任依法治理乡村能力的要求越来越高。今后，关于农村的法律法规会日趋完善，村内规划、环境整治等各项工作都要依法办理，违法就要受到追究、受到查处。第三，要壮大集体经济实力。要对现有的集体经济进行股份制改造，想方设法增加集体收入。省里最近推出发展集体经济的十种模式，大家要认真学习。在山区农业综合开发过程中，有集体山场的，要保证集体每年有股金、租金收入，把山场变成生财资本。第四，要增强基层服务能力。大力推行“三级平台、两个代办”，村里要建立便民服务站，搭建服务平台，变农民跑腿为村干部跑腿。

三、努力当好一名新时期的基层党组织书记

习近平总书记提出了5条好干部标准，即信念坚定、为民服务、勤政务实、敢于担当、清正廉洁。我想这5条标准对村干部也是适用的。村党支部书记这个岗位非常特殊，既是农民身份、不拿国家工资，又处于中国行政体制的神经末梢，责任重大、职责重要。支部书记不好当，当好更不容易。我省有一大批像郭成志、李长庚这样的优秀村党支部书记，想干事、能干事，深得群众拥戴。我想，在座的支部书记都是想为老百姓做事的，都是想留个好名声的。人的价值到底在哪里?生命的意义到底是什么?这是个哲学命题，又是每个人都在思考的问题。作为村党支部书记，生命的价值就在于做一些对百姓、对社会有益的事情，自己感到欣慰，百年之后还有人记得自己当时做过的一些事情，这样的人生就是有价值的人生。人活着，要活得有意义，活得有品位，活出精神来，特别是贫困地区的村党支部书记更要有一股精气神，再贫困也要有干事创业的劲头。希望每一个村党支部书记，都能成为受人民群众爱戴的优秀村党支部书记。我感到，当好一名新时期的党支部书记，至少应该具备“五个一”，即一个信念、一颗公心、一身本事、一份担当、一条底线。

一是要有一个信念。习近平总书记在索契接受俄罗斯电视台采访的时候讲到：“我的执政理念就是为人民服务，担当起该担当的责任。”简单的两句话，充分反映出总书记的信念和担当。总结党的十八大以来我们党治国理政的实践，我体会可以概括为六个字：治党、兴国、圆梦。从党的十八大以来查处的腐败案件看，已有包括周永康、令计划、徐才厚等近百名党的高级干部落马，令人触目惊心。再不从严治党，我们党就会失去群众的拥护，就有可能丧失执政地位。我们全面深化改革、转变发展方式，是为了兴国，就是为了把国家建设得更加强大。在此基础上，经过团结带领全国人民不懈奋斗，我们就能实现中华民族伟大复兴的中国梦。村党支部书记作为一名党员领导干部，都应该向习近平总书记学习，有一份坚定的信念。这个信念，就是跟着党走中国特色社会主义道路，就是全心全意为人民谋福利。没有这个“主心骨”，就会失去精神力量，就容易产生懈怠思想，就容易打退堂鼓。村“两委”三年一个任期，就容易产生短期行为。有的地方上届班子把集体资产变卖了，新一届又变着法子把集体的荒山荒地低价出租，个人在底下偷偷拿好处，这样搞下去，村子就会越来越穷。之所以出现这样的问题，就是因为一些村干部缺少一种基本的信念。习近平总书记讲，理想信念就是共产党人精神上的“钙”，没有理想信念，理想信念不坚定，精神上就会“缺钙”，就会得“软骨病”。没有信念，就很容易犯这样那样的错误，甚至走到党和人民的对立面。

最近，《人民日报》刊发了福建省东山县的老县委书记谷文昌的优秀事迹。20多年前，他带领全县军民与恶劣的自然环境作斗争，成功地治理了风沙灾害，绿化了全县400多座山头、3万多亩沙滩，在福建筑起了30多公里长的沿海“绿色长城”，从根本上改变了当地恶劣的自然环境和贫穷落后面貌。在病重弥留之际，他深情地讲：“我喜欢东山的土地，东山的人民。我在东山干了14年，有些事情还没有办好。死后，请把我的骨灰撒在东山，我要和东山的人民，东山的大树永远在一起！”谷文昌之所以得到东山人民的爱戴和怀念，就是因为他有一个为党和人民事业奋斗终生的信念。郭成志同志在前南峪干了30多年村党支部书记，硬是把一片荒山变成了今天的富山，他能做出这些成绩，就是怀着为老百姓造福、尽共产党员之责的信念。我们村“两委”的任期是有限的，但我们党执政是没有期限的。不变个大样，不改变面貌，我们是有责任的，我们的良心也会受到谴责的。每一个村党支部书记都应该有这样的认识、这样的信念。

二是要有一颗公心。村干部说是官就是个官，说不是官就是个苦力。但是村里面的事情，裁判权都交到了你们手上。能不能主持公道、把一碗水端平，能不能严格按政策办事、依法律办事、凭良心办事，能不能做到不考虑个人的利益、不考虑家族的利益、不考虑亲戚朋友的利益，

不仅关系个人名声，而且关系党的形象。只有怀着一颗公心，把这些问题解决好了，老百姓才会服气，你才会有威信，才会得到群众拥护，才是一个合格的党支部书记。明朝嘉靖年间，河北无极县知县郭允礼有一句名言，“民不服吾能，而服吾公”，就是说老百姓不是因为我有多大本事而佩服我，而是因为我做事公道才佩服我。公心就是一颗无私的心。只要没有私心，做什么事都会得到老百姓支持，都会让老百姓服气。

三是要有一身本事。当前，在“四个全面”的战略布局下，农村工作面临的挑战越来越多，对村党支部书记本领的要求也越来越高。这次培训，就是为了提高大家的本领。我感到，村党支部书记应该具备这样几种本事。第一，要有团结班子干事的本事。团结人是个大本事。一个人的能力是有限的，只有把村班子成员团结好，把全村群众团结好，发挥好主心骨的作用，才能够把村里事的干好。没有一个团结的、坚强有力的班子，一切都无从谈起。第二，要有做群众工作的本事。现在农村群众越级上访的很多，这说明村里面的工作不到位。我最近看了高邑县的一个村，建国六十多年来，没有一起上访的，没有一起刑事案件，没有一起治安案件。这六十多年只有三任村党支部书记，他们一任接着一任，都会做群众工作，特别是用传统文化做群众工作。村里面有一套村训，每家每户有一套家规，整个村子风清气正、气氛祥和。我们要善于用传统文化、用村规民约、用过细的思想政治工作等多种手段，把群众工作做好。第三，要有发展经济的本事。就是要会用改革的办法解决问题，用市场的手段来发展经济，会搞土地流转，会发展“第六产业”，会谋划新的项目，会跟工商企业招商引资，会跟民营企业老板打交道。第四，要有化解矛盾的本事。解决村里的矛盾和问题，有的靠群众工作，有的要靠法治手段。村党支部书记要善于用好各种手段，善于抓住主要矛盾、抓矛盾的主要方面，及时发现问题、化解矛盾。

四是要有一份担当。习近平总书记反复强调干部要有担当精神，就是因为现在敢担当的人少了，一些人认为多一事不如少一事，遇到矛盾绕道走，为官不为、怕这怕那。现在经济发展面临着下行压力，农村一些地方发展不快，贫困地区摆脱贫困的任务很艰巨。越是这种困难的时候，越需要干部有担当精神，不能一干事就前怕狼、后怕虎。担当是一种意识、一种品格，也是一种能力。焦裕禄同志有一句话说得好：“共产党员应该在群众最困难的时候，出现在群众的面前；在群众最需要帮助的时候，去关心群众、帮助群众。”这是对担当精神最好的诠释。只要是为了群众的利益，就要敢于承受压力、直面矛盾，在改革面前要大胆地闯，在发展面前要百折不挠，对待歪风邪气要敢于亮剑。每一个村党支部书记，都要成为勇于担当的榜样，并且要带领班子成员一起担当。一些地方坏人盛行、好人受气，黑恶势力、家族势力横行霸道，老百姓直不起腰，就是因为那里的干部缺少担当精神，甚至与恶人同流合污、共同欺压百姓。在战争年代，担当需要牺牲精神；在和平时期，担当同样需要做出付出。但只要想想肩上的责任，想想父老乡亲的期盼，我们就应该毫不犹豫地担当起来，以高度负责的担当精神干事创业。

五是要有一条底线。打铁还需自身硬。一些地方风气不好，村官腐败严重，就是因为没有守住底线，用起权来记着自己是干部，贪腐起来就忘了自己的身份，觉得法律管不到、不捞白不捞。秦皇岛的马超群，一个副县级干部，贪了1亿多元，拥有68套房子，最终被绳之以法，搞得身败名裂。大家做村党支部书记，祖祖辈辈生活在村里，以后还可能一代代生活下去，有个好的名声是最重要的。在这个问题上，希望大家算清四笔账：政治账，一旦搞贪腐，就会一败涂地，一切希望、一切理想都会化为泡影；自由账，落入法网、身陷囹圄，连最基本的自由都会成为一种奢望；名誉账，身败名裂、威信扫地，不仅个人背上骂名，子女也会背上沉重的包袱，在父老乡亲面前抬不起头来；亲情账，本想为子孙后代留点什么，结果却搞得妻离子散，对父母无法尽孝，对子女无法教养。我们支持村党支部书记先致富，但是要公私分明。省委、省政府对查处“小官贪腐”下了决心，最近还要查处一批村干部贪腐的问题。在这个问题上，大家要态度坚决，不要越雷池半步，真正守住道德的底线、法律的底线和纪律的底线。

今天利用开班的机会，给大家讲三个问题，就是让大家明白“三农”工作发展的大形势，以时不我待的精神带领群众奔小康，按照党的要求做一名优秀的党支部书记。希望我们的村党支部书记通过这次培训充满电、加满油，明确新的任务，回去以后大干一场，为彻底改变村庄贫困面貌，为加快全面小康步伐，为建设全面小康的河北、富裕殷实的河北、山清水秀的河北做出新的贡献。省委信任你们、支持你们，任何时候都关心你们，永远做你们的坚强后盾。

沈小平同志在全省涉农资金专项整治行动电视电话会议上的讲话

（2015年4月24日）

4月14日，国务院召开了全国涉农资金专项整治行动电视电话会议。为贯彻落实会议精神，安排部署我省专项整治行动，省政府决定召开这次会议。刚才，省财政厅、发改委、农业厅的负责同志结合部门职责，对专项行动的相关工作作了具体安排，各级各有关部门要认真抓好落实。张家口、邯郸、辛集市政府负责同志分别介绍了本地的做法和打算，各地要相互学习借鉴。借这个机会，我再讲三点意见。

一、统一思想，形成共识

省委、省政府高度重视“三农”工作。近年来，不断完善强农惠农富农政策，加大资金支持力度，财政用于“三农”的投入10年增长了约7倍，为加强农业基础设施建设、提高综合生产能力，改善农村公共服务水平提供了强有力的支撑。特别是在经济环境复杂多变、结构调整任务艰巨的背景下，我们能够克服自然灾害频发重发、农产品价格波动起伏等不利因素影响，实现粮食稳定生产、农民稳步增收、产业稳健发展，应该说，财政涉农资金投入功不可没。与此同时，在涉农资金规模快速增长、政策项目类别逐步拓宽、支持对象目标日益多元的格局中，各地各有关部门不断完善资金管理体制机制，着力提高使用效益，取得了明显成效。但我们也要清醒地看到，目前涉农资金使用和管理上，仍然存在不规范、不完善、不到位的地方，违规违纪违法行为还时有发生，个别领域和地方问题尤为突出，社会影响十分恶劣。开展这次涉农资金专项整治行动，就是要对发现的问题立行立改，果断处置、坚决杜绝。各地、各有关部门要充分认识开展专项行动的重要性、紧迫性，切实统一思想、形成共识，确保取得实实在在的效果。

第一，开展专项整治行动是维护农民利益的重要途径。我们都知道，涉农资金事关农民切身利益，事关百姓福祉，特别是救灾、扶贫、低保等资金更是老百姓的保命钱、救命钱，历来都是不允许踩的“红线”，不允许碰的“高压线”，一旦发生问题，不仅会侵蚀农民的利益，让老百姓戳脊梁骨，而且会损害党和政府的形象，影响公信力和执行力。开展专项整治行动，就是要确保把该有的实惠真正送到农民手中，把该给的钱真正装到农民“口袋”，把该分享的利益真正落到农民身上。

第二，开展专项整治行动是落实“三农”投入的重要举措。现阶段，“三农”仍处于“三弱”地位，农业农村发展离不开有效的资金支持。但在新常态下，经济增长由高速转向中高速，财政收入增速相应趋缓，“三农”投入很难保持过去年增20%以上的幅度。基于这样的预期，支持“三农”资金既要增加投入扩大增量，也要提高效益用好存量。开展专项整治行动，就是要把挤占的钱追回来，把挪用的钱退回来，把跑冒滴漏的道儿堵住、堵死。真正把投入落到实处，可以起到“以存扩增”、“以存扩总”的作用。

第三，开展专项整治行动是推进现代农业发展的重要保障。在多种资源要素中，资金不足已经成为制约现代农业发展的一个重要瓶颈。但与此同时，又有相当一部分涉农资金投向不准、乱用滥用、浪费严重，还有不少滞留缓拨、结存沉淀，长期在账上爬窝。开展专项整治行动，就是要坚持问题导向，有针对性地建立健全体制机制，确保把有限的资金用在“刀刃”上，最大限度地提高其强农、惠农、富农的政策效应，有效发挥其在加快农业现代化进程中的要素支撑作用。

二、统筹推进，务求实效

这次专项整治行动的实施方案已经印发。各地、各有关部门要迅速行动，抓好落实。具体工作中要做到“五有”。

一是组织要有力。专项整治行动涉及面广、层次多，必须齐抓共管，形成合力。省里已经成立了领导小组和办公室。市县政府要抓紧成立相应的组织机构，对专项行动负总责。要尽快制定工作方案，细化目标任务，健全工作机制，明确进度要求，落实责任人员。领导小组及办公室要加强对专项整治行动的指导协调，及时研究解决遇到的困难和问题。各成员单位既要各司其职、各负其责，又要密切配合、协调联动。

二是推进要有序。按照国务院统一部署，9月份完成专项整治行动，时间紧、任务重，各项工作必须有条不紊地抓紧进行。在操作层面，既要统筹推进，对整治检查的范围、对象、内容全覆盖，不落死角、不留盲区；又要突出重点，把社会关注度高、群众反映强烈、问题多发易发频发的领域和地方作为检查重点，集中力量，突破关口。

同时，要按方案要求把握好时间节点，4月底前要完成自查自纠，5月底前要完成省市重点检查，6月到7月15日接受国家重点检查，8月15日前要完成整改，9月15日前全面总结。要做到环环紧扣、强力推进，以阶段性目标的实现保最终任务的完成。

三是整改要有效。发现问题是“出发点”，解决问题是“落脚点”。确保专项整治行动取得实效，首先要“治痼疾”，就是先翻旧账，对过去历次检查中发现的、尚未整改到位的老问题，要立即整改，限期完成。其次要“瞧新病”，就是要聚焦当下，对这次专项整治行动中发现的新问题，要区别性质、分类处置，能马上改正的，立行立改；需逐步改正的，必须制定整改计划，明确整改责任人，限定整改时限。最后要“再体检”，就是要开展回头看，重点检查整改落实是否到位，严防流于形式，严禁弄虚作假。

四是惩治要有威。专项整治行动，既要堵塞漏洞、标本兼治，又要以儆效尤、惩防并举。对发现的问题，要严肃追究相关单位和人员的责任。违规违纪的，要给予党纪政纪处分；涉嫌犯罪的，要按照程序移交司法机关。要建立举报登记和查处督办制度，由专人负责，认真做好举报受理工作。要重点抓一批典型案例，做到震慑一批、警示一片、教育一方。

五是奖罚要有别。各地要建立专项整治行动工作简报制度，及时总结进度情况、经验做法，定期向上报送。要建立工作通报制度，对推进有力、成效明显的地区、单位和人员要给予表扬；对自查自纠中浮皮潦草、敷衍行事，摆摆架子、走走过场，在省部重点检查中发现问题的，要责令相关负责同志对上级领导小组做出解释，问题严重的要在全省范围内予以通报批评，并严肃追究相关责任。

三、着眼长远，完善机制

为有效解决涉农资金管理中存在的重分配、轻管理，重支出、轻绩效，重使用、轻监督的问题，要以此次专项整治行动为契机，建立健全涉农资金管理的长效机制，努力实现“三个转变”：

一要推进分配方式转变。坚持分类施策，对高标准农田建设、扶贫减困、生态资源保护等基础性、公益类政策资金，除中央和省有规定的，原则上按因素法分配，进一步增加县级统筹使用涉农资金的能力，强化县级管理责任；对农业产业化等产业发展类政策资金，原则上实行竞争性分配，“多中选好、好中选优”。同时，要探索建立体现绩效导向的涉农资金竞争性分配机制，把资金分配与使用管理情况挂起钩来，强化激励约束，充分调动相关主体的积极性。

二要推进使用方式转变。要简政放权，逐步下放涉农资金项目审批权限，探索涉农项目“省市宏观指导、县级自主实施”的管理模式；要在建好资金“防火墙”的基础上，减少管理环节，简化拨付流程，加快拨付进度，鼓励快用钱、用好钱。要创新支持方式，注重发挥市场机制作用，探索风险补偿、担保补助、贷款贴息、股权投资、政府购买服务等运作模式，撬动社会资金投入“三农”领域，放大扶持效应；要创新涉农资金整合方式，集中财力办大事。

三要推进监督方式转变。要着力构建政府监督、群众参与、社会协同、法制保障的综合监管格局，完善多层次、多方位、多形式的监督机制。要大力推进涉农资金信息公开，对设立目的、资金规模、扶持范围、扶持条件、分配依据、分配结果等，只要不涉及国家秘密，都要全面公开，自觉接受社会监督。要创造条件，让农民群众深度参与涉农项目建设全过程，把“局外人”变成“参与者”。一些有条件的涉农项目，可以引入第三方参与监督。在继续加强财政部门全过程监督的同时，要充分发挥人大、政协、纪检、监察、审计机关和新闻媒体的监督作用，确保资金安全、规范、高效运行。

带着感情和责任做好驻村扶贫工作
决不让一个贫困群众在小康路上掉队

——赵勇同志在全省驻村扶贫工作培训班开班式上的讲话

（2015年4月28日，根据录音整理）

省委、省政府十分重视扶贫工作队的作用，下这么大决心组织这次专题培训，主要是为了给工作队充电、加油，帮助大家更好地担负起扶贫攻坚的光荣使命。回顾向贫困村派驻工作队10年的实践，我们深深地感到，要把扶贫工作做深入做扎实、把各项扶贫措施落实到位，工作队至关重要。当前，我省扶贫工作已经进入朝着全面脱贫、全面小康目标迈进的攻坚时期，扶贫工作队的作用发挥得如何，关系全省扶贫工作目标实现，关系扶贫攻坚战成败。下面，围绕做好驻村扶贫工作、充分发挥驻村工作队的作用，我讲几点意见。

一、充分认识驻村扶贫工作的重要意义

习近平总书记提出的“四个全面”战略布局，是党和国家工作的总纲。我们做任何工作都要围绕“四个全面”战略布局展开。“四个全面”战略布局，概括起来讲就是一个战略目标、三大战略举措。一个战略目标是到2020年实现全面小康，三大战略举措是全面深化改革、全面依法治国、全面从严治党。实现全面建成小康社会的战略目标，重点难点都在农村。从一定意义上讲，农村能不能摆脱贫困，是能不能实现全面小康的关键，也是落实“四个全面”战略布局的关键。党的十八大以来，习近平总书记反复强调做好扶贫攻坚工作，在全面小康的道路上，绝不能让困难地区和困难群众掉队。在今年的全国“两会”上参加广西代表团和江西代表团讨论时，又重点强调了扶贫攻坚工作，指出，立下愚公志，打好攻坚战，心中常思百姓疾苦，脑中常谋富民之策。总书记对贫困地区和贫困群众的殷殷之情，给全党以极大的激励，给贫困地区以极大的鼓舞。

省委、省政府认真落实习近平总书记的重要指示精神和中央的战略布局，把扶贫攻坚作为重要的战略任务，以群众稳定增收为工作主线，以精准扶贫为基本要求，以片区扶贫为重点，以产业扶贫为主攻方向，以责任制为基本保障，扎实推进各项工作，全省扶贫攻坚不断取得新的进展。近年来，每年有100多万人摆脱贫困。在这个过程中，扶贫工作队功不可没。下一步，全省扶贫攻坚的思路就是五句话：一是目标到年度。按照到2020年不让一个贫困群众在小康路上掉队的目标，我省还有410万贫困人口，到2020年只剩下5年多时间，要按照每年100万人摆脱贫困的目标，把扶贫工作细化到每一个年度，分解到每一个地区、每一个村、每一个户。二是规划到乡村。每个村搞一个脱贫致富奔小康的规划，不是大而化之的，而是非常具体实在的，包括采取什么措施、发展什么产业、难题怎么解决，等等。三是扶持到项目。各级党委、政府，包括扶贫工作队，帮扶的着力点不再是帮助一家一户搞具体的、简单的生产项目，而是重点扶持股份合作制特色产业、集中连片家庭手工业、光伏扶贫、移民搬迁、农业园区、山区综合开发等项目，这样才有可持续的发展能力。四是受益到穷人。不再搞大水漫灌，一般性地给村里办几件实事，而是要真正让穷人受益，让贫困户收入有增加、生活有改善。五是责任到人头。把扶贫攻坚的责任落实到党政“一把手”，落实到分管领导，落实到每一个工作队员。各驻村扶贫工作队要牢牢把握省委、省政府的战略思路，按照这样的思路，充分认识驻村扶贫的重要意义。

第一，开展驻村扶贫是落实习近平总书记和省委、省政府精准扶贫要求的具体体现。习近平总书记在云南考察时提出，“要精准扶贫、精准脱贫”，讲得很明确、很有针对性。他还指出：“抓扶贫开发，既要整体联动、有共性的要求和措施，又要突出重点、加强对特困村和特困户的帮扶。”如果说精准扶贫是滴灌的话，驻村工作队就是滴灌的管道，可以把水精确地滴到贫困户家里。没有管道，滴灌实现不了。没有工作队，各项扶贫措施就容易飘，就很难落下去。我们派工作队驻村扶贫，就是要把中央和省委、省政府的工作举措一竿子插到底，让贫困群众加快脱贫致富步伐，得到更多实惠。

第二，开展驻村扶贫是强化扶贫实效的重要举措。现在，扶贫难度越来越大，剩下的都是“硬骨头”，容易脱贫的基本都脱贫了，剩下的410万贫困人口有256万在燕山、太行山的深山区，占全省贫困人口的63%。这些贫困人口多数文化水平较低、自身发展能力较弱、人均耕地少、生产生活条件差，且大多集中在一些特困村，解决难度很大。要取得实效，就需要一村一策、一户一法，让每个村有一套加快发展的措施、每个户有一个脱贫致富的办法。那么，谁来帮助规划?谁来盯着落实?光靠村党组织还不够，还需要驻村工作队的支持与帮助。工作队过去了，扶贫规划就会得到进一步完善，扶贫措施就会得到更好的落实，扶贫工作就会取得更好的效果。

第三，开展驻村扶贫是巩固党执政的群众基础的重要途径。从以往情况看，每次扶贫工作队撤回来的时候，工作队员们都感受到贫困群众依依不舍的惜别之情，都感受到老百姓对党和政府的感激之情。通过驻村扶贫，我们把党和政府的温暖送到贫困户的心坎上，进一步密切了党和群众的关系。可以说，驻村扶贫工作队是一条纽带，是联系群众的纽带，是凝聚人心的纽带，是巩固党的执政基础的纽带。贫困地区的群众感谢党、感谢政府，很多是通过对驻村扶贫工作队的感情体现出来的。从这个意义上讲，派驻村工作队不但具有经济上的意义、发展上的意义，而且具有十分重要的政治意义。

第四，开展驻村扶贫是锻炼干部、培养干部的重要途径。我们派的驻村工作队，相当一部分队员没有基层工作经历，相当一部分是重点培养的后备干部。把这些干部放到基层去了解省情、去增长本领、去干实事，这是在机关里感受不到、锻炼不到的。通过驻村帮扶，增强与群众的感情，学习做群众工作的本领，学习抓发展的本领，学习化解各种矛盾的本领，对干部是一个全面的历练，可以说一年的工作一辈子受益。很多驻村扶贫工作队员回来以后都是这样的感受。省委组织部对这项工作高度重视，就抽

什么样的人进入工作队、如何进行年度考核、如何从优秀工作队员中选拔优秀干部等，都非常关注，做了大量的工作。实践证明，这确实是一个锻炼干部、培养干部、发现干部的重要渠道。广大扶贫工作队员要深刻认识驻村扶贫的重大意义，深刻认识肩负的光荣使命，自觉担起这副沉甸甸的担子。

二、着力抓好驻村扶贫工作的重点任务

总结这几年基层建设年、农村面貌改造提升驻村工作队的经验，最关键的是下去以后沉得下来、干得精彩，扭住、办好几件实实在在的事。基层建设年驻村帮扶定的是每个村抓十件实事，农村面貌改造提升定的是每个村办十五件实事。扶贫工作队在村里也要扎扎实实抓几件实事。任务明确了，工作就有抓手了，就好考评了，老百姓也看得见、感受得到。实事怎么定?怎么落地?驻村扶贫重点是解决好四个问题。一是解决扶谁的问题。到底扶谁，现在非常明确了。通过建档立卡，全省有7366个贫困村，410万贫困人口，这些村、这些人脱贫了，扶贫攻坚任务就基本完成了。二是解决扶什么的问题。省里搞了特色产业扶贫、旅游扶贫、电子商务扶贫、光伏扶贫、科教扶贫、移民搬迁扶贫、金融扶贫、社会扶贫等八大工程。到底扶什么，具体到每一个村，要认真研究，结合省里部署，把每个村的情况搞清楚，把帮扶的内容弄明白，搞一个符合实际的好路子。三是解决怎么扶的问题。不能再靠过去的老办法，把政府那点扶贫款简单地分到几个家庭，种几棵树、养几只鸡、养几头猪就算完事。要用改革的办法、市场的办法，通过大力发展合作社、发展股份合作经济等措施，让贫困户找到致富门路，实现持续稳定脱贫。四是解决谁来扶的问题。主要靠各级党委、政府和工作队进行帮扶，还要广泛动员社会力量、社会资源投入到扶贫攻坚事业中来。

围绕解决这四个问题，省委、省政府给驻村扶贫工作队确定了十项具体的工作任务。

一是抓好土地确权。确权是下一步让土地活起来的重要制度安排，是农村改革的一项基础工程。省委、省政府要求，今年7366个贫困村农民的承包地要全部完成确权。承包地确权了，下一步才好流转，才能把承包经营的收益作为抵押来贷款，才能组建土地合作社，才能让农民以土地入股搞股份合作制。各工作队从现在就要着手，按照国家有关政策，按照省委、省政府下发的指导意见和操作规程，在农业部门指导下，抓紧开展工作，确保如期完成每家每户承包地的确权工作。确权以后还要颁证，保持长期不变。在确权过程中，一方面要把承包地的“四至”搞清楚，另一方面要公示，让村里的老百姓认同。要依法办事、按政策办事，把工作做深做细，不能因此引发上访、引发不稳定问题。

二是抓好土地流转。推进农业现代化，必须发展规模经营、集约经营，用现代科技和装备提高农业的比较效益。搞农业现代化，土地流转、规模经营是前提。推进农业现代化，是贫困地区摆脱贫困的重要途径。现在剩下的这些贫困户，很难单家独户既搞种植，又搞加工，还搞销售。那怎么办呢?就要通过土地流转，搞土地合作社，搞专业合作社，搞股份合作制，把他们组织起来，让他们既成为股东，又成为劳动者，这样收入就稳定了。因此，贫困地区的土地流转尤为重要，特别是在山区，人均都有20亩、30亩，有的甚至50亩山场，修路、搞滴灌都需要钱，不组织起来引进开发商搞大的投入是不可能开发的。全省山区可开发的大量荒坡地，为什么这么多年开发不了？主要是因为土地没有流转，没有引入市场机制，资源闲着用不起来。这就要求工作队员在做好群众工作的基础上，尽快让贫困村的土地、贫困户的土地流转起来、用起来、活起来，产生经济效益。

三是抓好市场主体培育发展。不少贫困村之所以贫困，主要是因为搞得不是以商品生产为主的市场经济，而是以自给自足为主的自然经济。搞市场经济，就要有市场主体。一个村里没有几个农业企业，商品生产是搞不起来的，市场经济是搞不起来的。要在每个村培育至少一两个市场主体，可以是种植业公司，可以是养殖业公司，也可以是专业合作社。总的讲，就是要通过股份合作制的方式，组建一个真正意义上的市场主体。这是一项硬任务，大家要下点苦功夫。汪洋副总理这次到河北视察，对河北发展农村股份合作制经济给予充分肯定。我们要进一步坚定发展股份合作制的信心，根据每个村的特点，把山场流转起来，把工商资本引进来，让农民以土地入股，扶贫资金也可以折成贫困户的股份，组成一个股份合作制企业来开发山场、开发经济沟，搞蔬菜种植、搞规模养殖。赤城县黎家堡村过去一直是个贫困村，搞了两个股份合作制企业，一两年就摆脱了贫困。一个是蔬菜股份合作制企业，村里的贫困户基本都在里面当股东，每年在这里打工10个月，可以挣到2万块钱，加上保底的租金和分红，就摆脱贫困了。一个是养猪股份合作制企业，引进一个养猪企业，村里拿土地入股，占了30%的股权，去年集体股份分了40多万元，村里人均收入达到8500元。

四是抓好特色产业发展。实现稳定脱贫，产业是关键。每个贫困村都有自己的优势，如果按照“一村一品”帮助贫困村搞一个特色产业，村里就有了稳定的收入来源。工作队走了，村里的发展也不会停，更不会返贫。这方面，扶贫工作队要广开视野，到外面去学习考察，结合村情，找出一条好的路子。特别是山区，要结合沟域经济开发，

推广邢台市前南峪村的经验，大力发展以农业为基础、一二三产融合的“第六产业”。一产就是搞特色的林果种植，林下种药材、蘑菇，搞特色养殖等；二产就是搞农产品深加工，搞核桃油以及其他干鲜果加工；三产就是搞乡村旅游、搞服务业。一年的时间，每个村都要搞一个特色产业，把发展的基础打起来。

五是抓好银行贷款落实。之所以向大家提出这个任务，就是要让驻村工作队员熟悉金融、熟悉现代经济。金融是现代经济的核心，不懂金融，就谈不上熟悉经济工作。作为驻村扶贫工作队员，既要学习金融的基本理论和知识，又要参与实际操作。工作队至少为村里协调一笔贷款，在协调的过程中学习怎么和银行打交道、怎么落实贷款。省里专门印发了《金融扶贫富民工程实施方案（试行）》，提出一系列金融扶贫政策。前不久，我们专门召集省里各大银行，就金融支持扶贫的问题召开了座谈会，各大银行都表示支持。钱是没有问题的，关键是怎样把钱拿到手。要把贷款的主体培育出来，搞一个股份合作制企业、工商注册的合作社，承贷主体的问题就解决了。之后搞一个可研报告，确定发展项目，让银行觉得应该支持、可以支持，并且风险较低。然后再研究如何争取贷款的周期长、利息低、能不能享受贴息政策等。庆伟省长表示，今年省里将加大扶贫贷款贴息力度。大家要认真研究《金融扶贫富民工程实施方案（试行）》，这个方案含金量很高、操作性很强。

六是抓好饮水达标。今年的目标是解决农村饮水安全问题实现全覆盖，确保全省所有农民饮水都安全达标，贫困村也不例外。没有解决的，要抓紧研究办法，打井解决也好，采取别的办法解决也好，不管采取什么办法、通过什么途径，最终要确保实现饮水安全达标。

七是抓好垃圾处理。很多贫困村的百姓心气不高、精神不振，一些贫困村到处是砖头瓦块、残垣断壁，危房破烂不堪，坑塘、窑坑里面都是垃圾，脏乱差问题严重。驻村工作队要按照国务院关于改善农村人居环境的要求，搞垃圾集中整治，这是一项硬任务。要在集中开展“四清”（清垃圾、清杂物、清残垣断壁和路障、清庭院）的基础上，建立垃圾处理长效机制，每50户左右配备一名垃圾保洁员。有条件的地方要实行“户清、村集、乡运、县处理”的垃圾处理模式。贫困村首先要解决户清、村集的问题，至少做到就地填埋，搞得干干净净。生活环境好了，老百姓的精神面貌就会随之改变，就会有一股积极进取的精气神，就会对改变现状、改善生活更有信心。

八是抓好村庄道路硬化。现在的贫困村，村里面的路以及与外面公路的连接线很多都还是土路，农产品运不出去，搞开发机械设备进不来。这个样子村里很难发展起来，必须解决道路硬化的问题。交通部门对这些重点村都有政策支持，扶贫资金也要给予重点支持。去年，驻兴隆县南天门乡大洼村工作队依靠派出单位省台办，争取400多万元资金，实施了3公里公路建设项目，解决了村里面千百年来行路难的问题，一下子把生产生活条件改善了。老百姓欢天喜地，放鞭炮祝贺。各工作队要把这件事放在心上，千方百计解决好。

九是抓好特困户帮扶。习近平总书记讲得非常明确，“抓扶贫开发，既要整体联动、有共性的要求和措施，又要突出重点、加强对特困村和特困户的帮扶”。每个驻村工作队除了做好面上的帮扶之外，还要做好两件具体事：一是把村里的特困户纳入到“春雨行动”，由党员、富裕户、机关干部联系，采取有针对性、管用的措施，做到帮扶全覆盖。二是工作队直接帮扶3-5个特困户，结成对子，不脱贫不脱钩。帮助过几户特困户后，就会清楚他们贫困的症结到底在哪里，应该采取什么措施帮助他们，就会更加有的放矢地开展工作，做到有什么问题就解决什么问题。

十是抓好村级组织建设。把村级组织建强了，就可以为村里留下一支不走的工作队。驻村工作队队长都要兼任村党支部第一书记，一年扶贫任务结束后，还要连续三年任村党支部第一书记，不脱贫不脱钩。要全面推广“四位一体”乡村治理模式，就是要有一个带村民发展的党支部、一个为村民说话的村民代表会议、一个为村民办事的村委会、一个帮村民致富的合作经济组织。现在，全省村“两委”换届工作已基本结束，剩下一些硬骨头，不少是贫困村。贫困村没有完成换届的，工作队要负起责任，帮助村里完成换届，把“四位一体”的治理结构建起来。

这十项任务是领导小组经过认真研究，并报请庆伟省长审定的，是省委、省政府的具体要求，各工作队要牢牢记住、抓好落实。

三、努力当好驻村扶贫工作队队长

扶贫工作队到底怎样搞，扶贫工作队队长怎样当，我们认真听了前几年驻村扶贫搞得好的同志的意见。从他们的经验看，当好驻村扶贫工作队长，概括起来就是要做到“五个一”。

一是担起一份责任。工作队下去不是做客人的，不是当甩手掌柜、指手画脚的，而是要跟村“两委”绑在一起，与村里群众干在一起。贫困户能不能脱贫，村子能不能改变面貌，作为兼任村党支部第一书记的工作队长要负主体责任。如果大家没有担起主体责任的意识，而是以一种挂职锻炼的心态看问题，这个队长当不好，扶贫工作也做不好。作为驻村扶贫工作队长，要把责任扛在肩上，大胆地抓，全身心投入，以舍我其谁、当仁不让的精神推动工作落实，不要顾虑重重、思前想后，不要怕得罪这个、怕得罪那个，话不敢讲，事不敢办。工作队长是第一书记、是第一责任人，只要为村里着想、为群众着想，就完全可以放下包袱，大胆开展工作。

二是坚定一个信心。习近平总书记讲，只要有信心，黄土变成金。面对贫困村、贫困户，特别是脱贫困难较大的山区，工作队的一些同志可能会产生疑问，短时间能脱贫吗?能找到一个好路子吗?如果有畏难情绪、没有信心、缩手缩脚，就会举步维艰。从前几年的经验看，一年时间，说长不长，说短也不短。农业生产周期也就一年时间，林果业进入盛产期需要5年，但完成种植过程一年没有问题。当前，开展扶贫工作的有利条件很多，中央高度重视，省委、省政府强力推进，京津冀协同发展机遇难得，股份合作制、山区综合开发、光伏扶贫、金融扶贫等积累了很多好的经验，全面小康的号角已经吹响，贫困地区的群众摆脱贫困的愿望越来越迫切。我们一定要看到有利条件，坚定必胜信心，用我们的信心来影响和带动贫困村的村干部和贫困群众，和他们一起信心满满地踏上全面小康的阳光大道。

三是找准一条路子。每个村有每个村的情况，每个村都应该有每个村的脱贫致富路子。大家要学习借鉴先进经验，找准发展路子。驻山区贫困村的工作队可以带着村“两委”班子、党员群众代表到前南峪村、黎家堡村等一些脱贫致富的典型那里去考察学习，让大家解放思想、开阔视野；也可以请一些专家谈谈他们的意见，请一些农村工作经验丰富的同志谈谈他们的看法，然后结合本村实际，找出一条好的发展路子来。

四是掌握一套方法。最基本的方法应该有这么五个方面：第一，思想引导的方法。把群众发动起来，让群众振奋起来，做到扶贫先扶志。我们经常看到这样的现象，一些贫困村的老百姓蹲在墙根晒太阳，等着别人送小康。人穷不能志短。不解决精神上的问题，很多措施是不能奏效的。要善于做群众工作，通过一家一户研究、组织实地参观、组织观看录像片、发放明白纸等多种方式，搞好思想引导，把群众内在的活力激发出来。第二，规划引领的方法。人都是向往美好生活的。有了实实在在的蓝图，老百姓就有奔头、有希望。每个村都要制定一个脱贫致富奔小康的规划，用规划来引导老百姓、激励老百姓。第三，示范带动的方法。不管是搞种植还是搞养殖，都要抓一些示范项目、抓一些示范户，特别是要动员党员干部带头。第四，市场推动的方法。扶贫工作本身就是经济活动，要用市场经济的办法培育农村市场主体、活跃农村市场。要充分发挥工作队社会关系广的优势，积极组织银行贷款、引进工商企业，特别是抓住一些矿产企业希望转产转型的机遇，用市场的办法把这些矿老板、煤老板、钢老板引入贫困地区，投资搞现代农业，推动扶贫开发工作。第五，整合资源的办法。每个工作队背后都有大量的资源。要整合利用好派出单位的资源、社会面的资源、村里能人的资源，解决好资金不足的问题，解决好龙头企业带动问题，解决好示范引领问题。

五是保持一股韧劲。扶贫工作是一项系统工程，不可能一蹴而就。一些事情也不是一下子就能成功、就能办好，有时可能会有挫折，有时甚至会有失败。但是，只要经过科学的论证，找准一条好的路子，以百折不挠的韧劲反复抓、抓反复，就没有什么克服不了的困难，就没有什么解决不了的问题。

驻村扶贫涉及方方面面，各级党委、政府，各派出单位，要高度重视、强化领导。各派出单位要把驻村帮扶工作当成加快全面建成小康社会的重要抓手、当成扶贫攻坚的最重要举措，真正选派优秀干部，给他们以强有力的支持。如果派下去的干部不胜任，要及时调整，在岗率不高的，要批评、要调整。要对工作队强化自身保障，包括工作经费、扶贫资金、贴息资金安排，包括给村里办实事，都要尽可能给予支持。要强化纪律约束，严格按照省委、省政府要求，落实好每个月驻村不少于20天这一硬指标。下一步，省委组织部、省扶贫办要加大明查暗访力度和通报力度。同时，各工作队在下面要认真落实八项规定精神，做到不侵害群众利益、不大吃大喝、不做违规违纪的事情。要强化宣传引导，广泛宣传扶贫工作队的好经验、好做法，宣传扶贫工作队员吃苦耐劳、艰苦创业的精神。省扶贫办要抓紧建好扶贫工作网站。扶贫工作队要利用好这个平台，介绍好经验、交流好做法。要强化督导考核，年终按照十件事实行刚性化、指标化考评，考评优秀的提拔重用，考评不合格的该批评的批评、该调整岗位的调整岗位，真正体现奖优罚劣，形成鲜明的用人导向。

总之，希望大家坚定信心、振奋精神，开拓创新、埋头苦干，把省委、省政府和全省人民托付的这件大事真正办好。

沈小平同志在全省防汛抗旱暨“三夏”生产工作电视电话会议上的讲话

（2015年5月29日）

刚才，银增、百刚、张宇、善允同志分别通报了防汛抗旱、“三夏”生产、夏粮收购和汛期气候趋势预测。四位厅局长的发言，任务明确，重点突出，措施可行，我都赞同。下面，我就防汛抗旱和“三夏”生产（包括夏粮收购）两方面工作讲些意见。

一、关于防汛抗旱

再过两天，我省就进入汛期。今年防汛抗旱工作总的要求是：坚持以人为本，把保障人民群众生命安全作为重中之重，坚持依法防控、科学防控、群防群控，确保大型和重点中型水库不垮坝，确保一般中型和小型水库标准内洪水不垮坝，确保主要河道堤防不决口，确保蓄滞洪区分洪滞洪不死人（一重、三防、四确保）。在实际工作中，要坚持以“严”为首，做到“五个强化”。

（一）严阵以待，切实强化防汛意识。近年来，我国气候异常性、突发性和不可预见性特征愈加凸显，极端天气事件频发重发。据各方面因素分析，今年面临的形势依然十分严峻。从气象条件看，受厄尔尼诺事件影响，全国气候状况总体偏差，南方已连续出现7次暴雨过程，雨势猛、雨量大，致灾性强，有11个省区市近800万人遭受了洪涝灾害。另据省气象部门预测，今年夏季我省降雨量总体偏少1-2成，但时空分布不均，局地出现洪涝灾害的可能性依然很大，有的地方还可能出现旱涝急转。从自然规律看，据史情分析，海河流域平均7－8年发生一次中等洪水，20年左右发生一次流域性大水。我省海河南系“96.8”洪水距今已经19年，永定河系已59年没来过大水。时间间隔越长，发生大洪水的几率越高。从工程体系看，还有144座小型水库（其中小Ⅰ型14座，小Ⅱ型130座）没有完成除险加固任务（正在进行49座，未开工95座，年底前全部完成），部分河道行洪能力达不到设计标准，许多堤防仍有险工险段；河道行洪区内有421个村庄26万人，蓄滞洪区近200万人缺乏安全避险设施；南水北调总干渠左岸有168处防洪排水不畅，城市防洪排涝能力普遍偏弱。从防汛力量看，一些地方抢险队伍缺乏实战经验，群防群控机制还不健全，加之多年没来大水，方方面面盼水心切，水患意识随之淡薄。为此，对今年防汛形势，必须保持清醒头脑，各级各有关部门要绷紧防大汛、抗大洪、抢大险、救大灾这根弦，切不可麻痹大意、心存侥幸，更不能盲目乐观、疲沓懈怠。

（二）严加防范，切实强化汛前准备。要未雨绸缪，主动应对，重点做好“四项准备”。一是工程准备。要在确保质量的前提下，加快病险水库除险加固、水毁工程修复和应急度汛工程建设进度，加大河道清障力度，抓紧对各类水库闸涵、交通设施、通信设备和电力线路等进行维护保养，及早制定、落实各类度汛措施，一旦发生汛情，确保工程安全、运行通畅。二是预案准备。要以易看易懂、科学管用为原则，从实战需要出发，细化实化各类防汛避险预案，切实增强针对性和可操作性。各相关单位和责任人要做到内容熟悉、程序清楚、运用得当、高效有序。三是队伍准备。7月1日前，16支省级以上专业抢险队（国家级4支、省级12支）要全部集结待命，开展培训演练，提高实战能力；同时，要加强与驻军和武警部队联系，强化群众性抗洪抢险队伍建设，联防联控，形成合力，确保关键时刻拉得出、顶得住、打得赢。四是物资准备。各级各有关部门要坚持防汛专储、部门代储、群众号料相结合，抓紧检仓查库，搞清底数，在保证品种、质量的前提下，按照市县防汛常备物资三年（到2016年）总量翻番的要求（目前，省级储备1亿元，市县储备1.17亿元），增加储备定额，确保抗洪抢险需要。

（三）严盯要害，切实强化重点防控。要紧紧扭住六个薄弱环节，一是小型水库。针对一些小库存在的无专职人员、无通信预警、无监测设施、无抢险道路的“四无”问题，各地要抓紧落实包库领导、值守人员、预警设施、抢护手段和群众转移等防控方案。病险小水库特别是“头顶”库要空库迎汛，确保下游群众生命安全。此外，山区一些年久失修的小塘坝也是隐患，切不可忽视。二是山洪灾害。要着力提升燕山、太行山等山洪灾害易发区的防灾减灾能力，强化监测预警，完善切实可行的防、抢、撤、救措施，把责任落实到岗、到人，严防群死群伤事件发生。三是蓄滞洪区。要完善落实群众安全转移方案，需要就地避险的，要能及时上到避水房、救生台和防洪堤；需要向外转移的，地点要明确、人数要核准、线路要畅通、行动要迅速、安置要有序。四是尾矿库。到去年底，虽然全省尾矿库已完成整治任务，但各地各有关部门仍不能掉以轻心。要加强巡查值守，及时发现隐患，果断采取措施，确保万无一失；对开矿、修路等弃渣弃土形成的阻水障碍，施工单位要在主汛期到来之前及时清除。五是南水北调总干渠。去年底，中线干线已正式通水，但由于防洪影响处理工程京石段正在实施，邯石段尚未开工，工程左岸排水不畅等防洪隐患突出，防汛任务十分艰巨。沿线市县政府要与工程管理单位紧密衔接，将其纳入地方防汛体系，统筹安排部署，制定应急预案，明确责任主体，落实抢险力量，确保区域内群众生命财产安全和南水北调工程安全。六是城市内涝。要加紧检修排水设施，疏通地下管网，提高防御能力。处在低洼地带的机关、学校、企事业单位和居民区，要及时采取自保措施。

（四）严密统筹，切实强化应急保障。要努力提升“三种能力”，一是监测预警能力。要加强暴雨洪水监测和预警设施建设，对雨情、水情、工情、险情等信息，要迅速收集整理、会商研判；要充分利用各种渠道早发布、早预警，提高准确率，增强预见性。二是指挥决策能力。要继续强化以行政首长为核心、以技术专家为支撑、以工程运用为基础、以异地会商为手段的决策指挥体系，确保指挥有力、协调有序、实施有效。三是洪水调度能力。坚持主动规避风险，科学组织协调，力争把灾害损失降到最小，同时最大限度地利用好雨洪资源。水库调度既要发挥拦洪、削峰、错峰作用，又要在确保安全的前提下尽量多蓄水；河道调度要根据实际行洪能力，确保主要堤防不决口，尽可能将洪水调往少水流域和干旱地区；蓄滞洪区调度要按照预案要求，控制淹没范围，合理引洪蓄洪，恢复洼淀湿地，补充地下水源。

（五）严明纪律，切实强化防汛责任。要注重“三个到位”。一是责任落实到位。在全面落实以行政首长负责制为核心的“五项责任制”的基础上，继续实行各级领导分包工作责任制，从汛前检查、维修加固到汛期调度、抗洪抢险、救灾安置等各环节都要一包到底。防指各成员单位要按照分工各司其职，各负其责，密切配合，协同作战。二是值班备勤到位。进入汛期，各级各有关部门要认真落实24小时防汛值班及领导带班制度，集中精力、履职尽责，确保上情下达、下情上知。省防办对各级防汛值班情况要进行抽查。三是遵章守纪到位。要牢固树立大局意识，严格执行上级调度指令，确保政令畅通。一旦发生重大汛情，要在第一时间向省防办报告，做到不错报、不漏报、不瞒报。对擅离职守、违抗命令、失职渎职，或因应对不及时、措施不落实、组织不得力而造成严重后果的，要依法依纪，严肃处理。

二、关于“三夏”生产

眼下，小满已过，芒种在即，“三夏”大忙的序幕即将拉开。各地各有关部门要把握时机、精心指导，环环紧扣、主动作为，努力做到“四抓”。

（一）全力以赴抓抢收。根据农业部门掌握的情况，今年我省麦收的时间与常年基本相同，大约从6月6日开始，由南向北陆续展开。俗话说，“九成熟，十成收；十成熟，一成丢”，确保小麦颗粒归仓，就要集中力量，抢收抢打。有关部门要切实抓好三件事。一是气象服务。“麦收有三怕：雹砸、雨淋、大风刮”。要加强冰雹、干热风、连阴雨等突发性、灾害性天气测报，第一时间发布预报预警信息，通过多种方式，及时传递到村、到户。二是农机调度。据统计，今年将有9万台农机投入夏收作业，各地要组织机手提前搞好维修保养，备足备好零配件；要完善跨区作业方案，及时发布收获进度和作业信息，科学调度、有序转场，力争成熟一片、收获一片；要充分发挥农机公司、专业合作社等服务组织优势，引导开展订单作业，提高社会化、专业化、组织化程度；要加强重点地区、重点路段交通疏导，确保跨区作业机具顺畅通行。三是油料供应。要合理调度资源，扩大柴油市场投放，增设临时加油站点，安排“田间流动加油车”，落实优先优惠加油政策，确保供油充足、用油便捷、油价稳定。

（二）不误农时抓夏种。俗话说，“夏种无巧，越早越好”。要抢时抢墒，增加适期播种面积，力争收一块、播一块、浇一块。要大力推广“收、还、播”（小麦机收、秸秆还田、玉米播种）一条龙作业方式，加快播种进度，提高播种质量，努力实现一播全苗。全省6月25日前基本完成夏播任务。要调整结构，着眼于变粮食、经济作物二元结构为粮食、经济作物、饲料作物三元结构，结合地下水超采综合治理和“渤海粮仓”工程的实施，引导农民因地制宜调整种植结构，扩大市场需求增多的豆类、薯类、青贮玉米、苜蓿等种植面积；要大力发展间作套种，提高复种指数，夏播面积保持在3600万亩以上。要注重科技，引导种植主体选用优质、多抗、丰产、高效的作物品种，有效推广玉米合理密植、贴茬播种、播施一体化等综合栽培措施，提高单产、增加收益。

（三）多措并举抓田管。秋粮要丰产，夏管是关键，要坚持“种子落地、管字上马”。在技术手段上，要充分发挥专家和农技人员的指导作用，帮助农民落实查苗补苗、施肥浇水等田间管理措施，推广测土配方施肥、水肥一体化等适用技术，确保苗齐、苗均、苗壮。在生产经营上，要充分发挥种粮大户、家庭农场、专业合作社等新型主体的带动作用，发展适度规模经营，提高集约化、标准化管理水平。在灾害防控上，要充分发挥机防专业队和植保合作组织的主导作用，密切监控灾害发生、发展情况，搞好专业化、社会化服务，适时开展联防联控、统防统治，努力提高防控效果。

（四）优质优惠抓收购。要加强政策宣传，完善收储措施，提升服务水平，切实做好夏粮收购的各项准备工作。一是落实收购政策。5月18日，国家发改委等六部门下发了《2015年小麦和稻谷最低收购价执行预案》（三等小麦每斤1.18元，与去年持平），各地要认真贯彻实施。我省虽然已经两年没有启动预案，但市场瞬息万变，有关部门要密切跟踪价格变化，提早做好启动准备。二是加强组织指导。支持国有粮食企业发挥主渠道作用，及时腾仓并库，挂牌敞开收购。要积极运用市场机制，鼓励、引导多元主体入市收购。农发行等金融机构要按国家有关要求，对夏粮收购提供信贷资金保障。三是维护市场秩序。各地各有关部门要强化收购资格审查，加大监督检查力度，督促收购企业严格执行质价政策，以质论价，优质优价，现款现结，杜绝压级压价、打白条等现象，切实维护农民利益，确保收储顺利进行。

把美丽乡村建设作为"三农"工作总抓手
构筑经济强省美丽河北新支点

——赵勇同志在连片美丽乡村建设现场观摩会上的讲话

（2015年10月16日，根据记录整理）

这次会议是学习贯彻习近平总书记关于统筹城乡发展和美丽乡村建设重要思想的重要举措，是贯彻省委中心组学习会和全省新型城镇化与城乡统筹示范区建设专题研讨班精神的具体步骤，目的是总结推广好的经验，把美丽乡村建设提高到一个新水平，让人民共享改革发展成果，为建设经济强省、美丽河北打下坚实基础。这次会议的召开，标志着我省美丽乡村建设进入一个新的阶段，翻开新的一页。

昨天，我们观摩了大厂回族自治县和安新县白洋淀两个美丽乡村片区建设情况，看到的是一处处美景、一张张笑脸，听到的是一声声赞扬，大家反映很有感触、很有收获，也更有信心和动力把美丽乡村建设好。刚才，6个单位介绍了很好的经验，他们的美丽乡村建设有特色、有亮点、有精品，给了我们很多启示。

一是"一把手"亲自上手是美丽乡村建设的关键。县委书记、县长亲自谋划、亲自协调、亲自调度，把美丽乡村建设作为"一把手"工程，财力优先保障，人力重点倾斜，保证了美丽乡村建设各项工作顺利进行。在"一把手"的带动下，各级干部真抓实干，涌现出一大批投身美丽乡村建设的先进典型。实践证明，只要"一把手"亲自上手、用心用力，就能调动起方方面面的智慧和力量，美丽乡村建设中的困难和问题就不愁解决，农村面貌就会在短时间内发生巨大变化。

二是一流规划是美丽乡村建设的重要前提。规划是龙头、是引领，大厂、安新两县的实践再次证明了这一点。大厂回族自治县按照"乡村风情、城市品位、京东绿谷、城乡一体"的定位，聘请高水平规划设计单位，做到了全县村庄规划编制全覆盖。白洋淀连片美丽乡村建设启动之初，安新县就着眼倾力打造"北国江南、梦里水乡"，将制定一流的规划放在首位，聘请国内乡村规划水平最高的设计单位，并请规划单位全程参与建设过程。实践证明，规划决定质量，规划决定品位，只有编制科学而具特色的规划，严格执行规划，美丽乡村建设才能有魅力、真出彩。

三是统筹推进是美丽乡村建设的基本路径。大厂回族自治县和安新县的做法是把美丽乡村建设与现代农业发展、园区建设和乡村旅游紧密结合起来，坚持统筹推进，不搞单打一。通过美丽乡村建设，大厂带起来一批高水平的农业园区，乡村旅游也搞得红红火火；白洋淀今年的游客量同比增长41%，旅游收入同比增长38%，预计明年还会有一个爆发式的增长。实践证明，只有坚持统筹推进，把建设美丽乡村与现代农业发展、生态环境治理、精神文明建设结合起来，美丽乡村建设才有长久的生命力。

四是市场机制是美丽乡村建设的活力源泉。美丽乡村建设需要大量资金投入，仅靠财政难以支撑，必须多方筹措资金，特别是坚持走市场化的路子，充分发挥市场机制的作用。大厂回族自治县建设现代农业园区、乡村酒店，完全都是市场化运作。安新县依托白洋淀投资有限公司搭建投融资平台，破解资金瓶颈，重点景区的改造、配套设施的改造全部是市场化运作，下一步搞旅游专业户、宅基地合作社也都是市场化运作。实践证明，只有运用市场思维和市场机制，发挥市场的作用，才能解决资金瓶颈、增强发展活力，推动美丽乡村建设持续发展。

五是驻村工作队是美丽乡村建设的重要力量。大家一致感到，省、市、县选派的工作队有着眼界宽、政策明、资源多、路子广的优势，他们带领当地干部群众真抓实干，协调解决各种问题，把关资金使用，帮助做好群众工作，在美丽乡村建设中发挥了重要作用。实践证明，驻村工作队是美丽乡村建设一支不可替代的力量，充分发挥他们的聪明才智，美丽乡村建设就能更好更快地推进。

六是发动群众是美丽乡村建设的坚强保障。群众是美丽乡村建设的受益者，也是美丽乡村的主要建设者。大厂回族自治县全力动用各种宣传工具，通过媒体、标语、组织参观、搞示范等方式发动群众，群众参与积极性高涨，美丽乡村建设由过去的“要群众建”变成了现在的“群众要建”。实践证明，群众的力量是巨大的，只要把群众发动起来，美丽乡村就一定能建设好。

大厂、安新两县的做法和经验既具有鲜明的个性特征，也是九大片区共同经验的集中体现。各地要从这两个县的实践中吸取丰富营养，着力提高美丽乡村建设水平，走出一条具有自身特色的路子。下面，我就落实省委中心组学习会和全省新型城镇化与城乡统筹示范区建设专题研讨班精神，把美丽乡村建设提高到一个新水平，讲几点意见。

一、从建设经济强省、美丽河北的战略高度提高认识，进一步增强建设美丽乡村的责任感和紧迫感

习近平总书记在浙江率先推进美丽乡村建设，为全国树立了样板，党的十八大以来，多次就美丽乡村建设作出重要指示，我们要反复学习，抓好落实。克志书记到河北以后，牢牢把握习近平总书记对河北工作的重要指示要求，牢牢把握河北发展的难得机遇，牢牢把握“十三五”面临的新形势，明确提出高举发展、团结、奋斗的旗帜，实施协同发展、转型发展、创新发展的主战略等一系列思路举措，对河北未来发展进行了新的谋划和布局。在新的谋划布局中，把美丽乡村建设作为建设经济强省、美丽河北的重大基础工程和重要战略抓手。克志书记在省委中心组学习会上提出，“美丽乡村建设要坚持因地制宜，把改善居住生活条件与发展现代农业、乡村旅游结合起来，做到环境美、产业美、精神美、生态美”。在新型城镇化与城乡统筹示范区建设专题研讨班上，他再次强调“从明年开始，要结合考核每年组织两次县域经济项目观摩会，重点看县城建设、产业园区、美丽乡村，重点看新的项目，排位靠后和新项目少的县要作出说明”，并要求“县委书记、县长每人要带头抓一个村，亲自上手，现场指导，一线推动，作好示范”。庆伟省长在专题研讨班上明确要求，“促进城乡统筹发展，不仅要把城镇打造好，更要把农村建漂亮”。美丽乡村建设在未来河北的整体谋划中是重头戏。大的思路都已经讲清了，大家的认识也统一了。这次观摩会请分管这项工作的同志来参加，就是要研究怎样以更大的决心、更实的措施抓落地的问题。从实际看，在各级干部中仍存在一些“活思想”，还有一些认识上的差距。对此，必须引起高度重视，必须认真加以解决。

第一，要解决好工作摆位不高的问题。有的地方“一把手”还没有真正上心上手，仅仅满足于打造几个省、市定的重点村，总体谋划不足，财政投入不够，花费精力不多，工作进展缓慢；有的地方满足于单项推进，没有把美丽乡村建设当作牵动“三农”工作的总抓手；有的地方还处在推一推动一动的状态，缺乏主动性和积极性。通过这次会议，要进一步端正态度、提高认识，不能把美丽乡村建设仅仅看成是对农民生产生活条件的改善，而要深刻认识到这是全面建成小康社会的重大举措，是实现农业农村现代化的战略选择，是加快新型城镇化和统筹城乡发展的基础工程，是京津冀协同发展的客观要求，也是打赢扶贫攻坚这场硬仗的重要抓手，切实摆上重要日程，当成关系全局的重点工作来抓。

第二，要解决好紧迫感不强的问题。现在经济下行压力大，一些地方财政比较困难，觉得解决农村的事情需要一个过程，可以不着急、慢慢来。实际上，这项任务既是一个长期的任务，也是一项紧迫的任务。面对经济下行，内需怎么拉动?怎么保增长?事实证明，抓美丽乡村建设、农业农村现代化、扶贫开发是稳增长、促发展的重要手段。道路、水利等基础设施和民居建设需要大量的投资，既消化过剩产能、扩大内需，又改善民生、优化经济结构，可以一举多得。从全面建成小康社会和实现扶贫攻坚任务的角度来讲，更应该增强紧迫感。现在到实现全面小康只有五年时间，我们没有退路，必须奋发作为，如期完成任务目标。

第三，要解决标准不高的问题。与贵州等省份比，我省一些地方在民居改造、绿化美化、产业发展等方面标准还比较低。究其原因，主要是一些干部存在着大而化之、应付差事的思想。比如，有的项目没有严格按照规划施工，遇到难题就改变规划、降低标准，存在规划施工“两张皮”的现象。有的项目建设质量粗糙，民居立面改造直接在砖墙上刷白灰，一下雨就变成“大花脸”，道路硬化只是简单建成水泥路，连绿化带都没有，等等。这些问题的存在，直接影响着美丽乡村建设水平。要深刻认识到，美丽乡村建设和老百姓的切身利益密切相关，如果建设标准低，就会把好事办砸，不仅影响美丽乡村建设的可持续性，还会造成严重浪费，让老百姓在背后指指点点。要坚持高标准，不断提高美丽乡村建设的质量和水平，让村庄发生实实在在的变化，让群众得到实实在在的实惠。

第四，要解决办法不多的问题。与贵州等省份比，我

省一些干部思想还不解放，遇到困难就一筹莫展、束手无策。有的谋划工作粗线条、推进工作不扎实，个别县委书记、县长和主管县领导当甩手掌柜，底数不清，思路不明，缺乏硬招。有的面对资金瓶颈无计可施，“给多少钱办多少事”，没有大的作为。有的发动群众不深入、不细致，片面强调群众工作难做、群众不支持不配合，而不去想怎么把群众工作做好。实际上，做群众工作是领导干部的一项基本功。昨天我们观看了话剧《大淀》，就是安新县成功做群众工作的一个案例，开始时有的群众不同意搞美丽乡村建设，经过深入细致的思想工作，老百姓由不情愿转为拍手称赞。现实中，这样的实例有很多。要深刻认识到，美丽乡村建设确实面临很多实际问题，但办法总比困难多，只要解放思想、开拓创新，就没有解决不了的问题。

第五，要解决统筹不够的问题。一些干部抓工作习惯于就事论事、单打一，认为美丽乡村建设就是让村庄看起来美观漂亮，满足于刷刷墙、种种树、清清垃圾，没有把美丽乡村建设和现代农业园区建设、现代农业发展、农民增收、扶贫攻坚、山区开发等结合起来，没有充分发挥美丽乡村建设的综合效益。要深刻认识到，美丽乡村建设是一项综合性工程，既要突出重点又要统筹推进，这样才能推动美丽乡村建设上水平、出特色，才能真正让农民群众强素质、得实惠。

这五个问题都是工作中应该引起特别重视的问题。大家一定要进一步提高认识，把思想统一到中央和省委、省政府的重大决策部署上来，以更大的决心、更强的力度、更高的标准、更实的举措，全面推进美丽乡村建设。

二、完善顶层设计，把美丽乡村建设作为农业农村现代化的总抓手

总结三年来的实践，对标贵州等地的好经验好做法，我们还需要对全省美丽乡村的顶层设计作进一步的完善。在全省新型城镇化与城乡统筹示范区建设专题研讨班上，我就美丽乡村建设作了一个专题报告，对今后几年的目标任务、重点工作、重大举措提出了明确要求。这个报告是和王刚、小平、郭华等同志共同商量的，也是经过克志书记和庆伟省长审定的，是省委、省政府的决策部署，是对今后几年我省美丽乡村建设的顶层设计。各级各有关部门在推进过程中要认真贯彻落实。

第一，要实行分类推进。对没有改造的37644个村庄，要按照保留村、撤并村、中心村、历史文化名村、贫困村五类，分类推进。一是对保留类，一村一策、就地改造。按照“修旧为主、建新为辅，保留乡村风情、改造提升品位”的要求来打造，不搞大拆大建，不搞“一刀切”。二是对撤并类村庄，整合资源、有序整治。对生态移民村、将要自然消亡的村、纳入城市规划的村和空心村四类村庄，采取不同的整治措施。三是对中心村类，增减挂钩、联村并建。“十三五”期间，我省每年要建设200个中心村。要抓好中心村的总体规划及特色专项规划，抓好土地复垦，抓好农村社区、现代农业园区“两区”联动，让老百姓真正住得进来、待得下去、生活得好。四是对历史文化名村类，保护优先、合理开发。坚持开发与保护、培育与传承相结合，把历史古迹和村庄环境融为一体，彰显文化特色。五是对贫困村类，重点倾斜、精准帮扶。重点是实施“五个一批”，做到“六个精准”。“五个一批”就是，通过扶持生产和就业发展一批，通过易地搬迁安置一批，通过生态保护脱贫一批，通过教育扶贫脱贫一批，通过低保政策兜底一批。“六个精准”就是，扶贫对象精准、项目安排精准、资金使用精准、措施到户精准、因村派人精准、脱贫成效精准。

第二，要实现“四化四美”。一是推进城乡等值化，做到环境美。开展“三清一拆”行动（清杂物、清残垣断壁和路障、清庭院，拆违章建筑），狠抓民居改造，着力保供水、治污水、抓节水，推进厕所改造，搞好道路建设，进行彻底的环境革命。二是推进农业现代化，做到产业美。着力打造四类专业村，即一批旅游专业村、一批特色种养专业村、一批特色工贸和家庭手工业专业村、一批电商专业村。三是推进社会治理和谐化，做到精神美。坚持物质文明、精神文明协调共建，倡导好家风，创新乡村治理机制，让社会主义核心价值观在广大农村落地生根、开花结果。四是推进生产生活绿色化，做到生态美。提高村庄绿化水平，抓好农村清洁能源开发利用，解决好垃圾处理，推动农村走生态文明之路。

第三，扎实推进十二个专项行动。要围绕“四化四美”目标，统筹规划、扎实推进，切实抓好重点项目改造提升，着力实施“十二个专项行动”。一是实施民居改造专项行动，由省住房城乡建设厅牵头负责；二是实施安全饮水专项行动，由省水利厅牵头负责；三是实施行政村街道硬化专项行动，由省交通运输厅牵头负责；四是实施无害化卫生厕所改造专项行动，由省卫生计生委牵头负责；五是实施“三清一拆”和垃圾治理专项行动，由省住房城乡建设厅牵头负责；六是实施污水治理专项行动，由省环境保护厅牵头负责；七是实施绿化专项行动，由省林业厅牵头负责；八是实施特色富民产业和农业现代化专项行动，由省农业厅牵头负责；九是实施电商服务网点建设专项行动，由省商务厅、省供销社牵头负责；十是实施清洁能源利用专项行动，由省农业厅、省发展改革委牵头负责；十一是实施乡村文化建设专项行动（含村民中心建设、农村教育设施建设等），由省文明办牵头负责；十二是实施基层组织建设专项行动，由省委组织部牵头负责。通过实施专项行动，推动美

丽乡村建设加速提质，打造河北美丽乡村的升级版。

第四，要创新十个方面的政策举措。包括完善组织领导机制、高水平制定和执行规划、创新技融资机制、实施科学有效的激励政策、整合民居改造政策、推广新材料新技术新装备、以股份合作制推动富民产业发展、建设美丽乡村云、配强基层领导班子、实施专项考核等。这十个方面，每个方面都要有实实在在的政策措施。

各地美丽乡村建设都要按省里的顶层设计来推动，把顶层设计落实到空间布局、规划、政策、措施上，落实到每个县、每个乡、每个村。

三、加大推进力度，扎扎实实做好今年美丽乡村建设收尾工作

最近，省美丽乡村办到九个重点片区进行了督查，总的看进展还是顺利的，大体上完成了70%多，有些片区完成了近80%，扫尾的任务还很重。这里特别强调，这次会议既是一次观摩会，也是一次调度会。很快就要入冬，时间很紧，大家回去以后，要搞一次“回头看”，用冲刺的状态抢工期、赶进度、保质量，把工作扎扎实实做好，确保完成全年目标任务。

第一，要提高标准。现场会后，大家都要进行“三个对标”，即对标省委、省政府提出的“四化四美”要求，对标大厂、安新两县白洋淀建设标准，对标贵州美丽乡村建设标准，进一步查找差距，提高本地美丽乡村规划建设质量和水平。

第二，要加快进度。目前，省定九个重点片区中，白洋淀、北戴河、廊坊北三县和固安四个片区进展很快，大体已接近尾声，其他五个片区进展相对缓慢。各市负责同志回去后，要抓紧向市委书记、市长汇报本地美丽乡村建设进度，特别是进展相对缓慢的五个片区要抓紧赶进度。主要领导、主管领导要到一线去，每周都要进行调度，对工作中存在的问题，该现场拍板的现场拍板，能现场解决的现场解决。

第三，要打造精品。抓重点片区的目的就是要起示范引领作用。要强化精品意识，推出一批精品村、精品线路、精品片区，使美丽乡村建设呈现出连线成片、精彩纷呈的局面。每个市、每个县、每个片区都要在达标村的基础上，高标准建设一批精品村，特别是民居上要出特色，产业上要形成可持续发展能力。

第四，要整合资金。要以县为平台整合涉农资金，重点支持美丽乡村建设。到年底，财政结余的资金，要拿出一部分来搞美丽乡村建设，省里还要拿出一部分资金来支持连片美丽乡村建设。各地都要抓紧整合、抓紧拨付结余资金，既要规范运作、防止资金滥用，又要简化程序、加快进度。

第五，要强化验收考核。年底要进行严格验收，验收情况要向全省通报。克志书记在邢台调研时反复强调，美丽乡村建设来不得半点马虎，要跟县委书记较真，搞得不到位的要通报、要批评。省美丽乡村办要总结经验，验收考核要实实在在、有严格标准。一方面要纳入各级领导班子的综合考核，另一方面要加大奖励力度。省委、省政府将授予100个村“美丽乡村”称号，并给予奖励。对按时完成任务、工作标准高、实绩特别突出的乡（镇）党委书记、乡（镇）长，对评选出的30个先进县，要给予奖励。驻村工作队干得好的，也要表彰奖励、提拔重用；干得不好的要有说法，要说明情况。

第六，要巩固提高。今年的重点片区明年要抓好巩固提高，尤其是进度慢的村，要按照“四化四美”要求，缺项的要补项，标准不够的要提高标准。今年派驻重点片区的市县工作队可以换人，但不要撤，要把巩固提高重点放在产业发展、新民居建设和长效管控机制上。

四、抓紧谋划启动明年工作，再掀美丽乡村建设的新高潮

克志书记强调，统筹城乡发展，实际就是“两手抓”，一手抓县城建设，一手抓美丽乡村。通过抓好这两件事，就能把城乡发展抓起来，把整个农业农村现代化带起来。各级各有关部门要早谋划、早动手。

第一，要明确主要任务。明年的主要任务概括起来就是“一二三四”。“一”，就是明年要在景区周边、城市周边、环首都周边重点打造100个片区。原则上每个设区市都要抓几个重点片区，每个县至少要有一个片区，省里直接抓10个左右。省、市都要搭建融资平台，重点支持片区建设。明年的重点片区要靠近景区、靠近城镇、靠近环首都，跟乡村旅游、山区开发等结合起来。“二”，就是要新建200个中心村。重点在平原地区撤并一些小的村庄，建设高标准的中心村，用增减挂钩的政策，搞土地流转，搞农业现代化，把中心村建设与农村社区、农业园区“两区联动”结合起来抓。“三”，就是按照美丽乡村规划打造300个旅游专业村。要把乡村旅游作为河北旅游的一大支柱。昨天看了白洋淀，一年时间里，一般农户收入在二三十万元左右，多一点的达到六十万元，不少人通过发展乡村旅游脱贫致富。据测算，乡村旅游大体能解决100-120万有劳动能力的群众脱贫。要下大力气抓这件事。“四”，就是全省覆盖4000个重点村。按照克志书记要求，到“十三五”末，有条件的地方基本都要建成美丽乡村。未来5年，每年要搞4000多个村。按照省委要求，省、市、县三级党委、人大、政府、政协在职干部每人每年都要包一个村，大概4000个村。同时，每个市建成1—2个美丽乡村全覆盖的县。

第二，要制定高水平规划。召开这次现场观摩会的原因，主要是考虑规划的时间要打时间差。安新的实践表明，建设的时间实际上只有5个月，所以规划要往前提。这次会议之后，大家要把片区、中心村尽快确定下来，抓紧启动规划，高水平地制定规划，明年3月底前完成规划设计。一方面按照五类村的划分，把全县的规划做细；另一方面把规划具体到每个片区、每个村，做出施工图。围绕民居的八大要素，省里搞了一个新的民居建设导则，各地要以更高的标准把规划做出特色。要尊重群众意愿、同群众商量，把规划单位的设想、施工单位的意见和群众的想法结合起来。省级重点片区的规划要报省美丽乡村建设领导小组审定，市级重点片区的规划要报市委、市政府审定，县级重点片区的规划要报县委、县政府审定。乡镇要成立规划委员会，乡镇党委书记当主任，切实把规划做好管好。

第三，要加大资金筹措力度。把美丽乡村建设提高到新水平，一个重点就是破解资金瓶颈。现在看来，大家决心很大、信心很足，只要把资金筹措起来，明年一定会有新的面貌。保定市政府的负责同志讲，财政再困难也要安排资金，保定的经验值得各地学习。一是政策上加大投入。大家回去要抓紧跟市委书记、市长汇报，原则上明年美丽乡村建设财政投入要在今年基础上增加20%以上。二是搭建融资平台。威县的美丽乡村融资平台已经在农发行拿到1.9亿元，保定市正在紧锣密鼓搭建市级融资平台，要推广他们的做法。省、市、县都要建融资平台。融资平台既是一个贷款平台，又是一个建设平台，基础设施建设、垃圾污水处理等很多项目都要由公司来运作。三是搞好市场开发。要向大厂学习，农业园区、污水垃圾设施等能够交给市场的全部交给市场运作。要借鉴贵州的经验，比如民居改造，除了政府奖补外，让农民拿一部分钱，大头还是农民自己拿。

第四，要用足用好政策。美丽乡村有很多含金量高的政策，要研究、要用好。一是保障房的政策。保障房政策要向县城周边、城镇延伸。小城镇、中心村居民转为城镇户籍，就可以享受保障性住房政策。二是移民搬迁的政策。对移民搬迁群众，都有财政专项资金补贴和国家免息贷款政策，明年还会有所提高。三是危房改造政策。新建住房有补助，维修住房也有补助。要统筹国家和省补助资金，加大对农村危房改造支持力度。四是节能建筑改造政策。原则上危房改造户都可申请。同时，省财政直管县节能建筑示范户也有一定补助。五是农村宅基地政策。在坚持土地性质、使用权不变的前提下，空心房或老百姓不用的合法宅基地，可以与他人共建共经营，房主收取租金，土地权属不变，这就会有很多资金流到农村去。六是土地增减挂钩政策。用好增减挂钩政策将为美丽乡村建设筹集大量资金。

第五，要配强三支队伍。要配强乡镇班子特别是“一把手”，配强村“两委”班子，配强驻村工作队。克志书记指出，下派3万名干部还不够，明年省、市、县要派更多的工作队，4000个重点村都要派工作队，7000多个贫困村也要派工作队，这11000个村必须保证。

第六，要推广新技术、新装备、新材料。通过政策激励、市场机制等手段，推广新技术、新装备、新材料。包括污水和垃圾处理设施在内的公共设施建设原则上都要使用新技术、新装备。要积极推广新材料，屋顶的材料建议采用陶瓷瓦，加上钢架子和施工费用，成本大概是150元/平方米，比彩钢瓦、树脂瓦都要便宜，并且效果非常好，能达到100年的使用寿命。门窗材料建议用仿木的钢门窗，成本大概是300元/平方米。立面建议采用水漆，墙体建议采用尾矿砂。省美丽乡村办牵头，近期要再搞一次推介和对接，让广大群众用上漂亮、实用、便宜的新装备、新材料。

第七，要创新运作机制。要推行PPP运作机制，对于垃圾处理、污染处理等项目，引进一两个企业统一运作，政府购买服务。要推行市场化运作机制，引进农业龙头企业投资，特别是推行政府+金融机构+龙头企业+合作社+农户“五位一体”股份合作制模式，解决一家一户不能解决的难题。要推行奖补机制，对新建民居、改造民居等，给予不同数额的奖补，不建不改的不给奖补，以此调动农民进行民居改造的积极性。

第八，要广泛发动群众。在做群众工作方面，安新、大厂两县都有很好的做法。昨天的话剧《大淀》讲的就是怎样做群众工作，这个话剧要到全省各地开展巡演。做群众工作就是要从群众愿望出发，及时回应群众的关切。要发动党员干部带头，抓一些典型示范，典型示范做好了，老百姓就会追着干、抢着干。

五、强化组织领导，确保美丽乡村建设任务落到实处

当前，我们正在深入开展“三严三实”专题教育和“解放思想、抢抓机遇、奋发作为、协同发展”大讨论活动。各级党委、政府要以“三严三实”的工作作风和踏石留印、抓铁有痕的工作劲头，采取超常的力度措施，全力抓好工作落实。

第一，要完善领导机制。各级党委、政府要真重视，“一把手”要真上手。市、县、乡都要成立美丽乡村建设领导小组，由“一把手”任组长，组织得力的干部担任副组长，组建强有力的办公室。省、市、县三级四大班子成员要按照克志书记要求，每人分包一个村，把这个村建成美丽乡村示范村。领导干部分包的村要建立台账，包村情况要在主流媒体公开，在美丽乡村网站公开，在当地民众

中公开。各级不要搞重复包村，市委书记包的村，县委书记、乡党委书记就不要再包了。

第二，要统筹协调推进。要把美丽乡村建设作为“三农”工作的二抓手，统筹协调推进各项工作。要与扶贫攻坚统筹，在贫困地区派强有力的工作队，把农民增收和改善生产生活条件结合起来。要与发展乡村旅游统筹，让美丽乡村的精品村、旅游专号村成为乡村旅游的重要载体。要与推进山区综合开发统筹，向燕山、太行山进军，努力把山区变成聚宝盆。

第三，要开展现场观摩。省委、省政府确定，每年要搞两次县域经济项目观摩会，把美丽乡村建设作为重点观摩内容。各地要提早着手、认真准备，精心打造过硬的美丽乡村连片示范区，确保在现场观摩时拿得出手、经得住看，能够赢得赞誉。

第四，要加强督促检查。各级党委、政府督查室和美丽乡村办都要抓督查，采取明查暗访、联合督导等多种方式，加强对各地落实规划、发动群众、资金筹措、项目进展等每一环节的督导检查。对于督导过程中发现的问题，要及时上报、及时督办、及时解决。

第五，要实施专项考核。省委考虑，对美丽乡村建设进行增比进位管理考核，实行一季一调度、半年一观摩、一年一考核，激励各地争一流、夺先进。要把专项考核纳入领导班子综合考核的指标体系，并适当增加权重。省美丽乡村办要会同省委组织部抓紧拿出一套具体可行的考核办法，明年正式实施。

今天这次会议主要是统一思想、明确任务、再鼓干劲、再掀高潮。各级各有关部门要以高度的责任感与时不我待的精神，全面推进美丽乡村建设，在美丽的田野上再谱新篇章，为建设经济强省、美丽河北打下一个坚实的基础。

沈小平同志在连片美丽乡村建设现场观摩会上的讲话

（2015年10月16日）

贯彻落实好这次会议精神，特别是赵勇副书记重要讲话精神，要把握好“四个点”。

一是节点。对今年的各项收尾任务，要一项项地梳理，按照赵勇副书记讲的“倒排工期、挂图作战”，在确保质量的前提下，按时间节点加快推进。

二是重点。省里作出了“顶层设计”，明确了“五种类型”和“四化四美”，涵盖面广、内容丰富，各地情况不同、千差万别，一定要高度重视发展现代农业，要和深化农村改革、扶贫开发、旅游产业发展和现代农业园区建设搞好统筹推进。千万不能把美丽乡村建设单纯搞成美丽房屋建设、美丽屋顶建设、美丽院墙建设。

三是难点。美丽乡村建设需要投入真金白银，钱从哪来，应该是个难点。在经济下行压力加大的情况下，光指着本级财政资金是不可能的，各地要注意充分利用政策，特别是赵勇副书记讲话中提出的“四项政策”，要深入研究向下延伸的路径和办法，既要用足，又不出“毛病”，这个需要我们认真地思考，发挥政策的效应。从根本上说，还是要充分发挥市场机制的作用，能市场化运作的就不要行政化“。只靠财政堆钱是堆不起的，也是不可持续的。

四是看点。赵勇副书记讲话中明确了，每年要召开两次美丽乡村建设现场观摩会，观摩首先是看，看什么?不是刷刷墙、立个牌、造点盆景。我们既要看外表，更要看内在，要看乡村变化的覆盖面，看老百姓的钱袋子，看内外美丽的持续度。

扎实推进精准扶贫精准脱贫　坚决打好扶贫攻坚这场硬仗

——赵勇同志在全省扶贫开发建档立卡“回头看”工作电视电话会议上的讲话

（2015年10月20日，根据记录整理）

这次会议是根据中央财经领导小组和国务院扶贫开发领导小组的要求，经克志书记、庆伟省长同意召开的。主要任务是按照精准扶贫、精准脱贫要求，对全省建档立卡“回头看”工作和精准扶贫工作进行安排部署。

大家都有一个共同的强烈感受，就是扶贫工作从来没有像今天这样在全党摆到如此高的位置，从来没有像今天这样在全社会引起如此高的关注。党的十八大以来，习近平总书记连续3年第一次国内考察都是到贫困地区，在25次国内考察中，有14次深入贫困地区，就推进扶贫开发发表了一系列重要讲话。10月16日，总书记出席2015减贫与发展高层论坛并发表了主旨演讲，向全世界阐述了中国扶贫攻坚的主张，向全世界宣示到2020年消除绝对贫困，不让一个贫困群众在全面小康路上掉队。总书记的重要讲话，既是向世界的宣示，更是对全党全社会的再次动员。克志书记来河北后，到各地调研时都强调扶贫攻坚，在省委中心组学习会和新型城镇化与城乡统筹示范区建设专题研讨班上系统论述了扶贫攻坚工作。10月17日，克志书记在全省2015年扶贫日“情暖燕赵•扶贫济困”活动电视电话会议上明确提出，要齐心协力打赢扶贫开发攻坚战，到2020年实现全省所有贫困人口脱贫、所有贫困县出列。总书记关于扶贫工作的重大战略思想和克志书记的明确要求都告诉我们，扶贫攻坚是一项政治任务，扶贫攻坚没有退路，要以倒计时冲刺的态度把握这项工作、做好这项工作。

习近平总书记强调：“扶贫开发推进到今天这样的程度，贵在精准，重在精准，成败之举在精准。精准扶贫，关键的关键是要把扶贫对象摸清摸准，把家底盘清，这是前提。”实施精准扶贫，打好扶贫开发攻坚战，首先要把扶贫对象搞精准。去年以来，我省对65个扶贫开发工作重点县开展了建档立卡工作，初步摸清了情况，弄清了致贫原因和脱贫需求。但是，从国务院扶贫办督查组反馈的问题和省扶贫办调研解剖的情况来看，建档立卡工作还存在一些突出问题。一是重视不够。很多地方县委书记、县长没有上心，更没有亲自上手。二是工作粗放。没有进行系统培训，要求不明确，抓得不具体，大而化之。三是弄虚作假。有的瞒报数字，凭主观臆断确定建档立卡贫困人口比例；有的暗箱操作，没有公开公示，谁是贫困户一个村的老百姓都不知道；有的在县城有房子，家里有汽车，也被定为贫困户。对这些情况，必须引起高度重视。如果建档立卡抓不好，精准扶贫就会成为一句空话，既影响省委、省政府对扶贫工作的总体判断，又会使扶贫工作无的放矢、影响扶贫工作大局。各级各有关部门要站在政治的、全局的高度，进一步提高认识，从建档立卡这个环节做起，真正把精准扶贫、精准脱贫落到实处。下面，我就做好“回头看”、推进精准扶贫讲几点意见。

一、做到实事求是，把扶贫对象搞精准

建档立卡“回头看”，必须坚持实事求是，认真查找建档立卡工作中存在的问题，真正把扶贫对象搞精准、搞明白。

一是要有一个科学的判断。建档立卡不精准的问题到底有多大?水分到底有多大?首先要有一个科学的判断。从目前情况看，有两个方面情况要做到科学判断。第一个科学判断是农民人均可支配收入不精准。前几天我陪克志书记到邢台调研，随机走访了一个村和几个农户，发现存在故意压低农民收入数字的问题。通过向国家农调队了解，一些地方农民人均可支配收入确实有水分，实际数字比上报的要高。特别是贫困地区，当地党委、政府为了保住贫困县帽子，故意压低农民收入数字，导致贫困面扩大。这里有3个问题要向大家讲清楚：一是到2020年所有的贫困县脱贫出列，贫困县的帽子全部摘掉；二是贫困县摘帽之后，对贫困县的支持政策不变，延续到2020年；三是省委、省政府研究决定，今后所有扶贫政策只对县、对项目，有什么项目就给什么政策，不再以贫困人口为基数。各地一定要本着实事求是的精神，把农民人均可支配收入搞清楚。省农调队抽样调查过程中，要与地方一同把数据搞实搞准。第二个科学判断是贫困发生率偏高。从抽查情况看，全省65个贫困县，有13个县贫困发生率超过了30%，有的县竟高达50.67%。7366个建档立卡的贫困村，有69个村贫困发生率100%，其中张家口51个、石家庄6个、沧州5个、衡水3个、保定3个、承德1个，排前三名的赤城县21个，康保县11个，阳原、涿鹿、平山各5个；贫困发生率高于80%的村有1409个，排前三名的平山县226个、曲阳县150个、灵寿县115个。从近期国务院扶贫办抽查和省扶贫办摸底情况来看，这里面有很大水分，山区贫困发生率偏高的村大体上水分在20%左右，平原地区的一些贫困村水分则更大。这次建档立卡“回头看”，要挤掉这些水分，把真正的贫困户摸出来、列出来，有针对性地采取精准扶贫措施，把人力、物力、财力向真正的贫困户聚焦，帮助他们加快脱贫。根据这次核查的情况，在去年基础上要挤掉20%左右的水分，减去今年脱贫的人口，就是建档立卡核定的真实贫困人口。当然，有的地方、有的村贫困发生率的确比较高，要坚持实事求是，是多少就是多少，决不能从一个极端走向另一个极端。

二是要有一套严格的方法。要严格按照“五步工作法”操作，不能拍脑门。在“回头看”工作中，县乡村和驻村工作队要齐动手。会后，各地要根据今天会议的安排部署和实施方案，对抽调的干部和工作队员进行专门培训。在具体操作中，要突出5个环节：第一个环节是收入核算。识别贫困户最核心的指标是农民人均可支配收入。要按照构成农民人均可支配收入的四部分，即工资性收入、生产经营性收入、财政转移性收入、财产性收入，一家一户核定，一项一项列出来、算准确。根据贫困线来核定贫困户，

是最关键的一条。贫困线不清楚，就会闹笑话。2010年国家核定的贫困标准基数是2300元，参照物价上涨指数，2014年全省是2800元，今年大体上是2900元左右。各地要按照这个数字来操作，看农民人均可支配收入超过2900元没有，是不是在贫困线以下。第二个环节是实地查验。在算好账、登记造册的基础上，乡镇干部要和驻村工作队、村代会代表、有关人士一起，逐户进行查看，综合考虑劳力、住房、教育、健康、消费等因素，坚持“五看、五不录、六优先”（看住房、看大件、看劳力、看产业、看负担，有机动车的不录、有新建住房的不录、有城镇商品房的不录、有公职人员的不录、有较大实体产业的不录，有重病人的优先、有重度残疾的优先、有在校学生的优先、无壮劳力的优先、住危房的优先、重灾户优先），在比较甄别中识真贫。这次核查发现，有的人家里有两台车，1台农用车、1台汽车，也被列为贫困户，这太不实事求是，太不严肃了。第三个环节是走访评议。村里谁家穷、谁家富，群众最清楚、最有发言权。“回头看”工作要坚持群众路线，深入走访群众，紧紧依靠群众。要坚持走访核贫，通过走访左邻右舍，与公安、工商、金融、住建等部门对接，逐户核实情况。要坚持民主议贫，特别是对群众有不同意见的问题，要通过召开村民代表大会，进行民主评议。第四个环节是公开公示。贫困户识别的结果要搞“两公示一公告”，识别的结果要在村内显著位置张贴，接受群众监督，各行政村、乡镇和县对逐级上报的贫困户情况，要在公示栏、网站进行公示公告，有条件的要在媒体公示，时间不少于5个工作日。第五个环节是核实审批。在做好上述4个环节基础上，经村党支部、村委会和工作队核实之后，报乡镇政府审核，再报县扶贫办复审，由县委、县政府分管领导核定。这里明确要求，对贫困户识别结果，村党支部书记、工作队长、乡镇党委书记、县委书记要逐级签字背书。

三是要有一个动态管理的机制。在“回头看”之后，要按照国家有关要求，把相关信息录入数字化系统。同时，要建立完善动态管理机制，及时准确反映扶贫成效，为精准配置扶贫资源提供依据。第一，要做到有进有出。按照国务院规定，每年搞一次动态调整，达到脱贫标准的要及时剔出去，因病因灾返贫的要及时纳进来，实现贫困人口的动态管理。第二，要做到及时更新。在每年核定的基础上，对建档立卡数据信息进行动态维护，及时更新扶贫对象，及时更新贫困情况，及时更新帮扶措施。贫困对象、帮扶措施、帮扶责任人等信息，都要能够在网上查得清清楚楚。第三，要做到共建共享。要建立大数据系统，与发改、财政、民政、国土、农业、水利、住建、统计等部门互联互通、共享共用。信息系统要直接到村，是个公开的网络，到底谁是贫困户可以一目了然，让全社会都能查询到。特别是要利用这些数据推动实施“互联网+扶贫”计划，以信息精准、数据精准推动精准扶贫、精准脱贫。这是一项基础性工作，是必须完成的硬任务。省市县要协调联动，确保今年底全部开通。

四是要有一个严明的纪律和责任。近日，国家审计署对广西马山县违规认定扶贫对象和虚假脱贫问题进行了通报，对相关责任人给予了撤职、免职处理。从核查情况看，有的是财政供养人员，有的名下有汽车或在县城有房产，有的为个体工商户或经营公司。这一事件严重影响了党和政府形象，也为我们敲响了警钟。各级各单位要以马山问题为戒，把搞好建档立卡“回头看”作为一项政治纪律和政治规矩。中央这次通报的几起案件，都强调要严守政治纪律和政治规矩。在建档立卡过程中，要严守政治纪律、政治规矩，决不能有丝毫含糊。如果不负责任、弄虚作假、暗箱操作、优亲厚友，就是违反政治纪律、违反工作纪律。“三严三实”专题教育，要从具体问题改起，从具体事情抓起。建档立卡“回头看”，就是践行“三严三实”的具体行动。12月底之前，省里要组织专项督查组，结合“三严三实”专题教育进行督查，对督查当中发现的问题要通报、要约谈，该追究责任的追究责任，该处理的处理，做得好的要通报表扬。

二、搞好顶层设计，把精准扶贫各项任务落到实处

现在扶贫攻坚已经进入倒计时，需要有战略思路、顶层设计和科学严谨的方法，不能再大呼隆，不能再搞“大水漫灌”。时间不等人，要出真招、下狠劲，针针见血、刀刀到位。10月17日，克志书记在全省2015年扶贫日“情暖燕赵•扶贫济困”活动电视电话会议上发表了重要讲话，对顶层设计作了明确阐述。我在前段时间省委中心组学习会议上也就这个问题作了阐述。省里的顶层设计已经非常清楚，概括起来就是实施“六个精准” “五个一批”“十大工程”“十项机制”。

“六个精准”，即扶贫对象精准，就是通过建档立卡，实事求是识别出贫困对象；项目安排精准，要精准到村、精准到户，每个贫困户都要有增收致富的项目；资金使用精准，通过股份合作制让贫困户、贫困人口受益，而不是把钱简单发到每户；到户措施精准，每个贫困户都要有人帮，有针对性的帮扶措施；因村派人精准，每个贫困村都要派第一书记，派驻村工作队；脱贫成效精准，按照贫困户、贫困村、贫困县的脱贫标准，对贫困退出进行科学核定。

“五个一批”，即通过扶持生产和就业发展一批，对有劳动能力的约300多万贫困人口，有针对性扶持种养加、

劳务、手工业等项目；通过易地搬迁安置一批，国家在“十三五”期间，将安排低息贷款支持贫困人口易地搬迁，移民搬迁到县城、小城镇，变为城镇户口，可以享受相关的保障房政策；通过生态保护脱贫一批，对自然资源丰富、生态环境好的贫困地区，在保护生态环境基础上，积极引进低消耗、少污染、高效益的绿色产业、新兴产业，发挥生态资源优势，大力发展休闲农业、健康养老产业、乡村旅游等生态经济，落实生态补偿政策，实现农民脱贫和生态环境保护双赢；通过教育扶贫脱贫一批，下决心搞好贫困地区教育，特别是基础教育和职业教育，帮助贫困家庭的孩子读书、成长、有一技之长，阻断代际贫困传递链；通过低保政策兜底一批，省委已经明确把低保线、贫困线并轨，实现“两线合一”，各地要抓紧研究并轨措施。同时，省委还根据我省实际实行医疗救助帮扶，对慢性病、大病患病群体建立专门的救助资金，通过商业保险或社会保险，帮助他们获得大额补助，避免因病返贫。

“十大工程”，即特色产业扶贫工程、文化扶贫工程、旅游扶贫工程、移民搬迁扶贫工程、家庭手工业扶贫工程、新能源扶贫工程、就业扶贫工程、基础设施扶贫工程、金融扶贫工程、社会扶贫工程。

“十项机制”，即“互联网+扶贫”机制、股份合作机制、金融扶贫机制、财政资金放大机制、土地整治机制、产权交易抵押机制、对口帮扶机制、整村扶贫机制、生态扶贫机制、考核奖惩机制。

再有两个月将进入“十三五”时期，时间不等人。各地要按照省里的顶层设计，抓紧细化本地“十三五”扶贫规划和明年的工作计划。

一是要把领导干部包点搞扎实。省里将专门下发联系群众的实施意见，明确省市县乡领导干部扶贫责任，实行“省领导包县驻镇联村、市领导包乡驻村联户、县领导包村、乡干部包户”。要尽快从建档立卡数据库中为每个领导干部确定一个扶贫联系点，迅速把各级领导干部包县、包乡、包村这套制度建起来、落实好。各级领导干部要切实负起责任，把自己的联系点搞成率先脱贫的示范点。

二是要把扶贫工作队搞精干。要充分发挥扶贫工作队的重要作用。目前，我省扶贫工作队参差不齐，特别是县里派驻的工作队在岗率太低，有的扶贫工作队不负责任。对能力不强、热情不高、工作不力、不负责任的干部，该调的调，该换的换，对忙闲不均的要作出适当调整。今天重申，全省7366个贫困村都要派第一书记、派驻村工作队。省委组织部要抓紧下发方案，各地要抽调得力干部，在做好培训基础上，确保年底前派驻到村。

三是要把对口扶贫搞深入。首先，要把中央和国家部委、央企对口帮扶32个县搞实在。中央和国家部委、央企的扶贫支持，都是宝贵的资源。有的县没有很好利用这些资源，这其中有责任心的问题，也有方法上的问题。一些部委的同志反映，有的县委书记一年也不与包村的部委领导见个面，这太不应该了。各地要主动对接，县委书记要主动向国家部委汇报、争取支持。其次，北京、天津对口帮扶计划要抓紧启动。北京对口帮扶环首都贫困县，天津对口帮扶滦河源头的贫困县，将拿出财政资金帮扶河北，中央领导非常关注，国务院扶贫办正在协调，要把这项工作盯紧盯死。第三，省直单位的帮扶要再强化，一定5年不变，不脱贫不脱钩；市县对口帮扶要及时作出调整。同时，要推邯郸经验，发动广大干部开展帮扶，切实做到所有贫困户都有人帮。邯郸市共抽调了2.9万名干部，直接帮扶2.9万个贫困户，效果很好。

四是要把产业扶贫搞精准。产业扶贫是扶贫的根本出路。对河北来头，现在产业扶贫思路很清楚，市场也很大，关键是把产业扶持的项目搞精准，落实到村、到户。山区要结合山区综合开发，充分利用山场搞好林果业，发展板栗、核桃、苹果等水果产业，发展药材、食用菌等特色产业。平原地区要大力调整产业结构，发展蔬菜、苗木、园艺、花卉、特色养殖业、家庭手工业、加工业等产业。在这里特别强调，产业扶贫要以股份合作制为抓手，比如山场开发，一家一户根本搞不了，必须用股份合作制搞规模经营，把贫困户拉进来当股东，这样才能真正解决问题、实现稳定脱贫。

五是要把金融支撑服务搞到位。贫困对象搞准了、扶贫项目有了，关键是解决好资金问题。要推广阜平县经验，积极推进县乡村三级金融服务网络建设。要在县级成立金融服务中心，把保险公司、担保公司、农发行、农行和农村信用社等金融机构整合到这个平台上，在乡级依托财政所成立金融工部，在村级成立由村党支部书记或村委会主任负责的金融工作室。项目贷款、农民贷款等，都由这个服务机构操办，既方便群众，也让银行放心。要积极引导金融机构加大对扶贫开发的支持力度，特别是要积极与农发行对接，切实用好农发行620亿元扶贫开发贷款，实行统贷统支，财政资金贴息。省里正在抓紧建立省扶贫开发创业引导基金和省扶贫开发投资公司。贫困县要由政府主导成立扶贫项目股份公司，作为承贷主体和项目实施主体。

六是要把电商扶贫搞红火。要把实施“互联网+”行动计划作为重大机遇，尽快启动“阿里•河北”扶贫计划，在贫困县优先开通淘宝特色中国县级馆，培育发展“淘宝村”，实现2016年贫困村“一村一网店”目标，让群众足不出村就能在互联网上购物、卖农产品。目前，阿里巴巴集团已在我省部分县开展这项业务，在县里建了物流站、村里建了网店，效果很好。比如，阜平县投资300万元，开通了淘宝特色中国县级馆，包装销售185种农产品，把农产品卖到了全国各地，农产品附加值实现了翻番。

三、实行统筹推进，形成打好扶贫攻坚战的强大合力

扶贫攻坚是一项系统工程，全省上下都要行动起来，举全省之力打好攻坚战。总的考虑就是要把扶贫攻坚和美丽乡村建设、农业现代化、山区综合开发、乡村旅游结合起来，“五位一体”统筹推进。这是省委、省政府的一个重大战略部署，既是工作思路，也是工作路径。如何做到“五位一体”，形成强大合力，重点是抓好“三个统筹”。

一是要在领导力量上统筹。各市县要对5项工作进行统筹领导、统筹组织。县委、县政府对扶贫工作负有主体责任，县委书记、县长要亲自谋划、亲自推动。省市县乡要层层签订责任状。保定市委书记、市长和各县县委书记、县长签订了未来3到5年的扶贫攻坚责任状，各地要认真学习借鉴。

二是要在资金政策上统筹。要围绕这5项工作，打捆使用资金，统筹安排项目。山区综合开发要优先安排扶贫项目、资金，美丽乡村建设要优先帮助贫困人口脱贫，乡村旅游要优先帮助贫困户搞农家乐。要把涉农资金和信贷资金打捆使用，统一支持扶贫开发项目，帮助贫困群众加快脱贫致富步伐。财政资金既要打捆又要放大，县委书记、县长要认真研究金融政策，提高财政资金放大比例，放大财政资金使用效益。

三是要在考核评价上统筹。省委已经明确，对贫困县主要考核扶贫成效，不再考核经济增长指标。从明年开始，贫困县脱贫成效情况要占整个考核的70%左右。在推进美丽乡村建设过程中，布点要结合景区向深度贫困地区倾斜，结合美丽乡村建设改善贫困群众生产生活条件；在推进乡村旅游时，要优先考虑景区周边的贫困村、贫困户；在推进山区综合开发时，要优先把贫困户纳入股份合作制企业；在发展农业园区和现代农业时，要优先流转贫困户的土地。在考核评价过程中，要把这5项工作统筹起来，找准结合点，这样就会事半功倍，形成强大合力。

中央11月份将召开扶贫工作会议，随后省委、省政府将召开全省扶贫工作会议，对“十三五”时期以及明年的扶贫开发工作作出安排部署。各地要提前谋划、积极主动地开展工作，紧锣密鼓地把该做的事情做起来，确保1年见到新成效，5年实现彻底脱贫。

把山区打造成绿水青山金山银山

——赵勇同志在全省山区综合开发现场会议上的讲话

（2015年11月16日，根据记录整理）

省委八届十二次全会刚刚闭幕，我们就召开这次全省山区综合开发现场会，目的是认真贯彻党的十八届五中全会精神，全面落实省委八届十二次全会和省委中心组学习会议、全省新型城镇化与城乡统筹示范区建设专题研讨班精神，以新的发展理念引领新的发展实践，全面打响山区综合开发攻坚战，把山区打造成绿水青山、金山银山，打造成河北又好又快发展的新引擎。省委、省政府对这次会议高度重视，克志书记、庆伟省长专门作出重要批示，深刻阐述了山区开发的重点，指明了方向，提出了要求。我们一定要认真学习领会，抓好贯彻落实。

党的十八届五中全会通过了《中共中央关于制定国民经济和社会发展第十三个五年规划的建议》，明确了今后五年我国经济社会发展的指导思想、战略目标、战略任务和战略举措，提出了坚持创新、协调、绿色、开放、共享新的发展理念。中央全会决议和习近平总书记重要讲话是全面建成小康社会的宣言书，是落实“四个全面”战略布局的路线图，是用新理念引领新发展的引航标，具有里程碑意义。省委八届十二次全会围绕贯彻党的十八届五中全会精神、落实中央“四个全面”的战略布局，坚持五大发展理念，把协同发展、转型升级、又好又快作为工作主基调，鲜明地提出了“三二一”的奋斗目标（“三个高于”，即经济保持中高速，增长速度高于全国平均水平；发展迈入中高端，质量效益提升幅度高于周边地区；环境治理大见效，空气质量改善程度明显高于以往，污染严重的城市力争退出全国空气质量后10位。“两个翻番”，即生产总值比2010年翻一番以上，城乡居民人均可支配收入比2010年翻一番以上。“一个全面建成”，即到2020年如期全面建成小康社会）和“六个发展”（即坚持创新发展、转型发展、协调发展、绿色发展、开放发展、共享发展的新理念）“八个新突破”（即推动城市经济发展实现新突破、推动产业结构调整实现新突破、推动基础设施建设实现新突破、推动全面改革开放实现新突破、推动创新驱动发展实现新突

破、推动县域经济发展实现新突破、推动生态文明建设实现新突破、推动民生工作和扶贫开发实现新突破）的战略举措，对河北未来发展作出了顶层设计，描绘了河北未来五年发展的宏伟蓝图，鼓舞人心，催人奋进。省委全会在对经济社会发展作出全面部署的同时，明确提出：实施山区综合开发工程，抓好沟域经济，发展现代山地特色高效农业，打造现代农业、扶贫开发、乡村旅游、生态建设综合发展示范带。这充分体现了省委、省政府对山区综合开发的高度重视，充分体现了山区综合开发的战略性和全局性意义。各级各部门要深刻领会省委、省政府的重大决策，把山区综合开发作为一项战略任务来抓。

今天上午，我们观摩了邢台市山区综合开发的情况，尽管已是初冬，但一路走来，我们看到一条条潜力巨大的经济沟、一个个蓬勃发展的现代农业园区、一座座独具魅力的山村、一片片欣欣向荣的景象，这些都生动地说明，山区综合开发前景无比广阔、未来无限美好。大家纷纷表示，开阔了视野，学到了真经，很受震撼，很受鼓舞，很受启发，向山区进军的信心进一步增强，回去之后要抓紧行动、大干一场。总结邢台山区综合开发的经验，主要有七条：一是领导高度重视。各级党委、政府都把山区开发放在突出位置，成立了由党委副书记牵头的领导小组，党政主要负责同志亲自谋划、亲自协调、亲自调度，为山区综合开发提供了强有力的组织保障。二是坚持规划先行。邢台市不仅编制了全市山区生态经济示范区规划，还编制了邢台县将军墓镇板栗生态经济示范区、沙河市红石沟生态经济示范区、临城县凤凰岭生态经济示范区等10个生态经济示范区专项规划，邢台县、沙河市等4个山区县分别谋划制定了山区发展规划，规划建设了48个现代农业园区，构建了山区综合开发的总体框架，描绘了山区综合开发的宏伟蓝图。三是发展和生态并重。坚持生态优先，把植树造林、生态修复与特色资源开发、特色产业培育有机结合起来，立足资源优势，培育发展特色种植、优质果品、休闲旅游、观光农业等特色产业，有力地促进了群众脱贫致富，走出了一条生态产业化、产业生态化的山区开发之路。四是多渠道筹集资金。市县都把山区开发作为财政投入重点，2014年以来共投资5000万元改善山区基础设施条件，同时争取上级扶持资金1.59亿元，通过山区开发投融资平台融资1.5亿元，引进工商资本15亿元，为山区开发提供了强有力的资金支撑。五是创新开发模式。重点探索实施了政府主导型、企业大户开发型、股份合作型、统分结合型等四种模式，吸引工商企业特别是资源型企业转型投入山区综合开发，以股份合作制为主要形式发展现代农业园区，集聚要素、集聚产业，实现了规模化、融合化发展，“第六产业”初现端倪。六是重视科技支撑。积极引进高科技成果，与国内外高科技人才开展合作，瞄准农产品高端市场，积极推广先进实用技术，不断提高山区开发科技含量，全面实行“郝式造林法”，解决了实质干旱山区造林不见林的难题，使造林成活率达到95%以上，多方培育、引进新品种，富岗苹果、绿岭核桃、浆水板栗等成为全国知名品牌。七是统筹协调推进。山区综合开发不是搞单打一，而是与现代农业发展、扶贫开发、美丽乡村建设、生态建设和旅游产业发展作为一个整体，统筹谋划、协调推进，形成了山区综合开发的强大合力。他们的经验可看、可学、可复制，各地要结合本地实际，认真学习借鉴。

当前，全面推进山区综合开发条件已经成熟。一是人们越来越关注现代农业发展，工商资本转型现代农业的热情空前高涨；二是京津冀协同发展开拓了新的市场空间，要求我们提供空前强大的生态资源、旅游资源、农产品供给；三是经过探索与实践，我们已经有了一批可复制、可推广的成熟典型，进一步理清了山区综合开发的路径和办法；四是山区到2020年必须脱贫，全省70%贫困人口分布在山区，倒逼我们打好山区综合开发攻坚战。全面推进山区综合开发，不得不为，又大有可为，我们必须甩开膀子、大干一场。

下面，就贯彻省委八届十二次全会精神和克志书记、庆伟省长重要批示精神，推进山区综合开发工作，我讲四点意见：

一、从建设经济强省、美丽河北的高度，充分认识山区综合开发的重大战略意义

坚持协同发展、转型升级、又好又快的工作主基调，全面建成小康社会，关键是拓展发展新空间、培育发展新动力、开辟发展新路径。加快山区综合开发，对于破解发展难题、增强发展动力、厚植发展优势、解决贫困问题，都有着重要的战略意义。

第一，山区综合开发可以提供新的投资空间。在经济新常态下，应对经济下行压力加大的挑战，要求投资、消费、出口“三驾马车”协调发力。在当前形势下，投资力度只能加大不能减弱。关键是投资哪里来、投到哪里去？多年来，我们的投资重点一直集中在大中城市和沿海、平原区域，山区长期投资不足，基础设施、产业发展、生态环境和公共服务等相对滞后、欠账严重，投资潜力巨大。从葫芦峪等地山区开发的实践来看，开发一亩山地累计投资大约需要5万元左右，全省未开发利用山地约5000万亩，如果将其中三分之二的近期可开发利用山地开发出来，仅此一项就需要投资1.5万亿元。从山区基础设施建设来看，仅全长680公里的太行山高速公路，投资就需要800多亿元，加上山区路网建设，全省公路交通总投资大约需要

3000亿元左右。据初步测算，山区美丽乡村建设与旅游业发展大约需要5000多亿元，整个山区综合开发的投资空间高达2至3万亿元。如果这些投资落实了，全省经济发展将呈现出一个崭新的局面。

第二，山区综合开发可以提供新的产业空间。在转型发展中，我们要大力压减钢铁、水泥、玻璃等传统产业的过剩产能，更要大力培育发展绿色低碳、具有广阔市场前景的新兴产业，特别是现代农业和服务业。我省山区资源丰富、开发利用前景广阔，用好山地特色资源，可以兴起一大批绿色产业。从现代农业看，全省25度以下山坡与丘陵接壤地区土地面积有2290万亩，目前还有51.4%的土地种植玉米、小麦、高粱等传统低效作物，调整农业结构的空间很大。如果全部种上特色优质林果，加上发展林下经济，每年可以增收2000亿元。从绿色能源产业看，全省山区适合发展光伏太阳能的面积达240万亩，如果能开发出一半来，光伏发电总量能达到3000万千瓦，产值达5000亿元的山区光伏产业完全可以形成一个大产业。如果有建设条件的山区农户都发展屋顶分布式光伏发电，每户可增收3000多元。从休闲旅游产业看，我省的山区很多适合发展旅游业，燕山、太行山区内的县区与旅游资源富集县区的重合度高达80%。这一区域共有447处生态旅游资源、50处森林公园、13处地质公园、14处风景名胜区、19处森林生态和野生动物等自然保护区。全省认定的48个历史文化名村名镇有35个在山区。在京津冀协同发展深入推进的大背景下，搞好山区综合开发，把一座座山打造成漂亮的花果山，把一个个村建设成宜居宜游的美丽乡村，必将推动我省旅游产业实现跨越发展。

第三，山区综合开发可以提供新的消费空间。推进山区综合开发，将释放出大量新的消费需求，对城市消费的拓展和农村消费的扩大都将产生很大的促进作用。从城市消费看，随着经济发展和消费的升级，人们对休闲旅游、绿色有机食品的需求越来越强烈。比如，休闲旅游消费，全国去年旅游接待达36亿人次，旅游业总收入达3.25万亿元。乡村旅游更是异军突起，成为活跃农村经济、促进农民增收的重要力量。2014年全国农村旅游接待12亿人次，收入达3200亿元，带动3900万农民就业。北京市休闲农业一年就接待3800万人次。河北山区发展休闲旅游业，有着得天独厚的资源优势、区位优势，只要搞出特色、抓出精品、打出品牌，必然是京津城市人群休闲旅游、健康养生的首选之地。如果利用好山地资源推出一批规模化、专业化的绿色生态农业基地，大量生产优质有机农产品，就会迅速抢占京津高端市场，取得非常可观的经济效益。从农民消费看，山区综合开发将有效地促进山区农民收入和消费水平的提高。全省山区2000万农村人口，如果按人均年增收500元计算，“十三五”时期将累计增收1500亿元，消费收入比按50%计算，将增加直接消费750亿元，成为经济发展强大的内生动力。

第四，山区综合开发可以提供新的生态空间。按照中央关于河北在京津冀协同发展中“三区一基地”的功能定位，我省西部和北部山区是构建京津冀生态环境支撑区的主战场。燕山、太行山区生态环境破坏严重，森林覆盖率只有34.8%，其中太行山区只有25.9%，裸石山场面积占26%，断流河段占95%，水土流失面积占41%，生态修复任务艰巨而紧迫。据统计，我省山区宜生态林面积2300万亩，宜经济林面积1000万亩，按照到2020年燕山、太行山区森林覆盖率达到43%的要求，我省五年内需要完成1480万亩山地绿化的任务。加快山区综合开发，大力实施山区生态环境修复工程，才能实现青山常在、绿水长流、蓝天永驻，才能更好地推进京津冀协同发展，向中央交上一份满意的答卷。

第五，山区综合开发可以提供新的资源空间。长期以来，资源要素的瓶颈是制约我省经济社会发展的突出矛盾。当前，市县层面反映最突出的是用地问题。由于用地指标不足，占补平衡问题解决不了，一大批市场前景好、带动力强的好项目难以落地。推进新型工业化和新型城镇化，加快建设经济强省、美丽河北，要求我们必须破解土地资源要素的瓶颈制约，开辟新的资源空间。从河北来看，拓展资源空间的最大潜力在山区。我省山区有着丰富的土地资源，通过开发整理可以造地的面积约为356万亩，这是一笔巨大的财富。通过开垦山区后备耕地资源，既可以发展有机无公害农业，又可以满足耕地占补平衡要求，破解多年来困扰发展的土地瓶颈问题。在这个过程中，按照每亩指标收益5万元计算，可以为贫困山区增加1700多亿元占补平衡指标收益，为山区打好扶贫开发攻坚战提供有力支持。还要看到，随着平原地区发展空间日益受限，城镇上山、企业上山、学校上山成为一种趋势，山区综合开发为此打下了良好基础。在未来的发展中，我们可以先行探索、有序推进，规划建设一批山水相间、绿树掩映、景色秀美、人与自然和谐共存的特色城镇、园林企业和学校，极大地优化发展格局、改善地域风貌。

可以说，实施山区综合开发，是落实省委八届十二次全会协同发展、转型升级、又好又快工作主基调的必然选择，既事关河北全面建成小康社会全局，又事关京津冀协同发展大局；既有利于破解当前困难问题，又有利于为长远发展提供强劲动力。各级各有关部门一定要深化对山区综合开发的认识，强化向山区要空间、向山区要资源、向山区要产业、向山区要生态的理念，把这项工作摆在更加突出的重要位置，以更宽的视野、更大的决心、更强的力度、更实的措施，全力打好山区综合开发攻坚战。

二、以新的发展理念为引领，集中打造山区综合开发“五带”新格局

实施山区综合开发，必须全面贯彻党的十八届五中全会提出的创新、协调、绿色、开放、共享新的发展理念。从创新上讲，就是要强化科技支撑，以改革为动力，集先进适用技术之大成，大力发展高端高效绿色产业。从协调上讲，就是坚持城乡一体、均衡配置资源要素，推动城乡、区域协调发展。从绿色上讲，就是要守住生态这条底线，不以破坏生态为代价推进发展，既要金山银山，更要绿水青山。从开放上讲，就是要大力引进战略投资者，引进工商资本，拓展对内对外开放新空间，破解山区开发的资源要素瓶颈。从共享上讲，就是不断增加农民收入，切实解决贫困人口脱贫问题，让山区群众共享发展成果。山区综合开发总的要求是：以创新、协调、绿色、开放、共享的发展新理念为引领，同步推进特色农业产业区、乡村旅游聚集区、美丽乡村片区、生态涵养功能区、扶贫开发示范区建设，大力发展特而优的沟域经济，着力打造富而美的燕山、太行山区。到2017年，全省建成一批具有规模效应的省级示范沟或示范区，山区基础设施、产业发展、生态环境得到明显改善，农民收入有大幅提升；到2020年，把山区打造成一个新的增长极，山区农民收入明显提高，贫困人口全部脱贫，具备条件的农村基本建成美丽乡村，使山区成为令人神往的聚宝盆。围绕上述要求，要集中抓好“五带”建设。

第一，加快建设特色农业产业带。农业是山区开发之本，要调整农业种植结构，降低玉米、小麦等传统作物种植比例，发展特色林果业，特别是核桃、苹果、大枣、板栗等山区特色优质林果业，培育旱作小杂粮、中药材、食用菌、畜牧特种养殖等特色产业。一是建设一批现代农业园区。推进规模经营，引进先进要素，促进产业融合，打造一批产业特色鲜明、机制灵活高效、经济效益明显的现代农业园区，让现代农业园区在燕山、太行山区星罗棋布，成为山区的新风景。二是发展一批特色产业经济沟。从本地实际出发，打造一批产业特色鲜明、辐射带动能力强、综合效益明显的特色经济沟，让这些经济沟成为带动山区开发的金链子。三是发展壮大一批龙头企业。鼓励支持规模企业和工商资本投资现代农业，大力发展一二三产融合的“第六产业”，推动传统农业与休闲旅游、食品加工、物流仓储等产业有机结合，延伸产业链、价值链，形成一批有规模、有效益、辐射带动能力强的现代农业企业。四是培育一批有机产品品牌。统一规划、深入推进特色有机农产品知名品牌、驰名商标、著名商标、地理标志创建工作，做好有机农产品、绿色食品、功能食品认证，叫响“冀康”绿色农产品品牌，切实提高我省农产品市场竞争力。

第二，加快建设绿色能源产业带。绿色能源是山区开发之宝，要开发好利用好，使之真正成为山区开发的源头活水。一是建设一批光伏电站。利用山区荒山荒坡的特殊资源，谋划推进一批大型新能源开发项目，力争到2020年全省光伏发电装机规模突破1000万千瓦，达到1500万千瓦。曲阳县引进长江三峡、中电投、英利集团等企业，在西部山区荒山荒坡大力推进集中式光伏发电站建设，打造“沿太行山百里绿色能源产业带”，目前光伏发电实现并网达到220兆瓦，为县里提供了2亿元的财政收入，收到很好的综合效益。二是发展一批分布式光伏发电。实施光伏扶贫工程，制定支持政策和奖补措施，加快建设一大批分布式光伏发电系统，优先推进贫困村户用发展。从曲阳的情况看，每个大阳能屋顶可以给每户每年带来收入3000元左右。三是建设一批风电、地热等新能源项目。依托我省山区丰富的资源优势，鼓励和引导民间投资进入新能源领域，对风电、地热等能源进行规模化开发利用，让山区的更多绿色资源成为绿色产业。

第三，加快建设旅游休闲产业带。旅游是山区开发之翼，要着力挖掘潜力、拓展空间，为山区旅游插上腾飞的翅膀。一是搞好规划布局。围绕打造京津冀旅游休闲高地，加快编制燕山——太行山区旅游业发展总体规划，在此基础上制定生态旅游、中医药健康旅游等专项规划，优化旅游业发展布局，明确发展思路和推进举措，发展生态旅游、文化旅游，打造一批服务京津的健康养老、休闲养生基地，构建“一环（环京津）、两带（燕山、太行山旅游产业带和滨海旅游产业带）、多点”的旅游休闲养生产业空间布局。二是打造精品旅游景区。依托山区优势旅游资源，加快休闲度假旅游产品开发，加强营地、风景道及慢行系统建设，健全休闲旅游产业基础与公共服务体系，精心打造太行观光游、革命圣地红色游、历史文化名村游、生态农庄休闲游、田园风情乡村游等品牌，推出更多的精品旅游景区和旅游线路。三是大力发展乡村休闲养生旅游。充分发挥山区自然和人文资源优势，积极探索生态旅游、农家体验旅游与红色旅游等可持续发展模式，推出一批体现地方特色、文化特色的生态旅游精品示范区、休闲采摘基地和文化创意产业园区，把每个园区都打造成让人流连忘返的景区。四是引进战略投资者。以开放思维经营山区旅游业，加大招商引资力度，重点引进一批具有资金、人才、管理优势的旅游专业投资公司，提升山区旅游发展层次和水平，增强市场开发能力和业态创新能力。五是深化体制机制改革。旅游发展要树立大景区理念，建立景区管委会，把周边区域与景区统筹规划、同步建设、一体管理，彻底解决景区内外冰火两重天的问题，为旅游业发展创造良好的大环境。

第四，加快建设美丽乡村示范带。乡村是山区开发之根，要按照环境美、产业美、精神美、生态美“四美”要求，推进山区美丽乡村建设。一是建设一批与景区融为一体的连片美丽乡村。对美丽乡村特别是景区周边美丽乡村建设，进行统一规划、连片打造，全面推进道路、饮水、绿化建设和民居、厕所、垃圾和污水处理设施改造，让美丽乡村片区成为景区的重要组成部分和旅游的重要内容。2016年，每个山区县都要着力打造一个美丽乡村片区，到2020年符合条件的乡村基本建成美丽乡村。二是打造一批与现代农业园区融为一体的新型社区。坚持美丽乡村建设与移民搬迁、中心村建设统筹推进，通过新址规划、风貌设计和新型社区与农业园区“两区同建”，促进人口集中、产业集聚。“十三五”时期，全省需要移民搬迁的人口涉及33个山区县、1835个村、10.8万户、32.8万人。要及时清理搬迁撤并山区村庄遗留的废弃残垣，开展植树造林，做好生态恢复和特色产业发展工作。三是建设一批别具特色的历史文化名村。尽快编制历史文化名镇名村和传统村落保护开发规划，划定保护范围，明确保护利用措施，保持和延续传统格局和历史风貌，特别把民居改造作为重中之重，在保护好古民居的同时，发掘民间艺术、传统民俗、人文典故、地域风情等非物质文化遗产，建设一批具有深厚历史文化积淀和浓重人文气息的美丽乡村。四是建设一批独具魅力的风情小镇。坚持美丽乡村建设与景区建设统筹推进，依托核心景区，吸纳周边乡村，建设与景区风格一致、相得益彰，集旅游、休闲、文化创意、健康养生于一体的山水特色小镇。

第五，加快建设生态支撑带。生态是山区开发的底线，要坚持生态优先，走生态产业化、产业生态化的道路。一是全面实行封山育林。封山育林是用工少、成本低、见效快的育林方式。哪里封山育林搞得坚决、搞得彻底，哪里的植被就好，生物多样性、水源涵养和水土保持能力就强。要把封山育林作为一条铁律，以坚决的态度和过硬的措施做好各项工作，杜绝鞭子一响、羊群一过，树死草光的现象。二是大力建设生态林带。依托京津风沙源治理、三北防护林、太行山绿化、天然林保护等重点工程，全面实施荒山绿化工程，加快山区造林步伐。太行山明年要完成造林绿化200万亩，“十三五”时期森林覆盖率要提高8个百分点。三是大力建设经济林带。重点开发25度以下山坡和与平原接壤的丘陵区，大力发展林果、特色中药材、林下特色养殖等。要依托林果业发展农产品加工业，增加农产品附加值，形成生态资源保护——利用——增值——保护的良性循环，实现生态效益与经济效益、长远利益与当前利益的有机统一。四是大力发展苗木园艺花卉产业。充分利用山地资源，建设规模化、专业化的苗圃繁育基地，一方面促进山区的绿化美化和旅游观光产业发展，一方面满足城市绿化和居民生活美化需求，实现生态效益、经济效益和社会效益的有机统一。

这里我特别强调，“五带”建设是相辅相成、互为支撑、有机统一的整体。各地在推进“五带”建设中，要坚持一盘棋思想，强化系统设计理念和融合发展思维，从顶层设计到规划编制，从资金安排到项目建设，从政策衔接到力量整合，都要统筹考虑、协调推进。

三、创新体制机制，突破山区综合开发的瓶颈制约

早在上世纪八十年代，我省就提出了山海坝战略，30多年来各地在山区开发上进行了积极探索，付出了艰苦的努力，也取得了一定的成效，但尚未形成全面系统、高端开发的大格局。这其中有思想不够解放、视野不够开阔的因素，也有受发展阶段、物质基础等限制，时机不够成熟的问题，还有一个重要原因就是体制机制不活，受政策、制度约束过多。现在，中央强力推进全面深化改革，为我们打破了思想的束缚和体制机制的制约。要认真贯彻中央精神和省委、省政府决策部署，强化改革意识，创新体制机制，以改革新举措突破各种瓶颈，开创山区综合开发新局面。

第一，突破经营体制瓶颈。山场分散，一家一户单独经营，难以进行规模化深度开发，难以与市场对接。下一步，要着力在两个层面下功夫。一是搞好山场流转，推进山区开发规模经营。着力推进山场资源流转，健全完善县乡村三级服务和管理网络，将山场资源的流转服务纳入政府公益服务项目。要加快山区县农村产权交易中心建设，明年省级农村产权交易中心建设试点县重点要放在山区县。二是理顺利益关系，推行股份合作模式。着力推进股份合作制经济组织发展，特别是推行政府+龙头企业+科研机构+金融机构+合作社+农户“六位一体”的股份合作模式，让山区农户以土地、山场等资产资源入股当股东，努力实现“四变”，即让自然人变法人，实现自然人农业向法人农业的转变；让资源变资本，实现土地、林地、民居等资源向资产的转变；让资金变股金，实现个人资金或到户扶贫资金向经济体股金的转变；让农民变股民，实现农民由单纯的打工者向股东、职工多重身份的转变，可以从企业既拿租金、股金，又挣薪金。葫芦峪生态农业开发园区采取“公司+合作社+农户”模式，对荒山荒坡进行开发，通过农民入股、转让、租赁、置换等方式，将农民利益与园区利益拧成一股绳，实现了“不离家门创业、足不出户打工”。2014年，园区辐射带动4个贫困村脱贫出列，贫困户466户、1919人脱贫，人均纯收入达到6834元。葫芦峪的成功实践说明，股份合作制前景广阔，是山区开发的可

行之路、必由之路。

第二，突破投入瓶颈。山区开发投资强度大，仅靠财政投入只能是杯水车薪，必须采取市场化手段，引进金融资本、社会资本广泛参与。一是打捆使用涉农资金。要加大财政投入力度，完善财政支农奖补政策，以县为平台把涉农资金打捆使用，按照“统筹安排、集中投入、专款专用、形成合力”的原则，整合农业、林业、水利、国土、交通、电力、教育、扶贫、医疗等各类涉农项目资金，统一支持山区开发项目。要大力推广运用PPP模式，把山区县作为“银行+担保”“政银保”“银行+风险保障金”等多种财政金融支农模式推广的重点县，提高财政资金放大比例，放大财政资金使用效益。二是推进金融创新。要设立投融资平台公司、担保公司，建立金融服务中心，为战略投资者提供贴息贷款。要充分发挥股权引导基金的作用，通过市场化投资运作，支持和促进山区开发与发展。省政府已经拿出25亿元资金设立省级产业引导股权投资基金。各市要抓紧设立子基金，有条件的山区县都要成立金融服务中心，切实把金融手段和金融政策用活用好。三是引进战略投资者。山区综合开发，是一项庞大的系统工程。办好这件事情，需要一大批自我积累、滚动发展的艰苦创业者，也需要一大批实力雄厚、大刀阔斧推进的战略投资者。相比较而言，更缺乏的是大的战略投资者。我们必须以更开放的胸襟引进大集团、大公司投入山区开发。前不久，省政府与中国银泰集团签署了战略合作协议，共同推进太行山区开发。各山区县要抓紧联合银泰组建分公司，尽快梳理出土地整理项目、重点产业项目和风情小镇项目，抓紧搞好对接合作。同时，还可以通过推广联村开发、工商资本兴办、龙头企业带动、合作社参与等多种模式，与来自全国各地乃至世界各地的战略投资者加强合作，推动山区资源有序有效开发。

第三，突破土地瓶颈。与平原县不同，山区县缺的不是土地，而是政策。山区开发要在用足用好政策上下功夫。一是用足用好占补平衡政策。要优先支持山区土地综合整治项目立项，把山场面积大、地方积极性高的山区县作为耕地占补平衡项目实施的重点区域，加大技术支持，完善配套设施，提高造地质量，努力造出更多的高等级土地，做到造地快、验收快、兑现政策快。要抓紧建立省级指标调剂平台，积极探索补充耕地指标在省域范围内转让的市场化运作模式。二是用足用好增减挂钩政策。城乡建设用地增减挂钩潜力巨大。撤村并点、建设中心村和新型农村社区，将节余出大量建设用地指标。要用好扶贫开发政策，把增减挂钩指标向山区倾斜，做好增减挂钩指标在省域范围内调剂的有关工作。明年全省5000亩扶贫专项用地指标，要主要投放在国家和省扶贫攻坚重点地区的沟域经济发展项目上。三是用足用好农业设施用地政策。认真贯彻国土资源部和农业部联合下发的《关于支持设施农业健康发展的通知》精神，对沟域内农业设施用地，按农用地管理，不再办理农用地转批手续。

第四，突破交通瓶颈。要想富先修路。没有路，外面的生产要素进不来，山里的资源产品出不去，山区经济发展就无法迈出大步。下一步重点是要搞好山区交通三个“500公里”建设。一是加快太行山高速公路建设。太行山高速全长680公里，还需要新建480公里。省里要统筹安排、分段施工、加快进度，力争2018年建成开通，形成贯通太行山区、人流物流畅通的南北大通道。二是抓好贯通南北东西的通道建设。重点是500公里山区国省干道建设。各山区县要做好高速公路连接线规划，建设改造一批具有县域通道功能，连接乡镇、美丽乡村、产业园区、旅游景区、经济沟等节点的主干道。三是加强山区公路网建设。抓好500公里山区县乡公路建设，实施“村村通”“沟沟通”工程，推进农村公路向经济沟延伸，提高乡村公路通达率和硬化率，打通村与村通道，缩短沟与沟距离。到2020年，力争实现重点沟域外联通道和内部道路全面建成，县乡村及沟域经济发展区域、景区、产业园区的道路通达，山区路网结构和质量明显提升。要用好农村公路建设补助政策资金，鼓励企业或园区参与公路“沟沟通”工程。

第五，突破水利瓶颈。水是山区生态与活力之源，山区开发必须做好水的文章。一是新建一批水库。按照“规划引领、项目承载、服务沟域经济”的原则，加大水利基础设施建设，特别是建设一批水库，引导各类市场主体参与山区水利建设，最大限度地为山区综合开发提供用水保障。二是维修加固一批水库。在积极争取国家资金、加大财政投入的基础上，对建设年代久远、存在安全隐患的水库实行维修加固工程，包括整修泄洪洞、混凝土防渗墙处理，完善水库大坝安全监测系统、自动化测压管、水雨情遥测系统及信息自动化系统等。三是建设一批山塘。全省山区现有5687座塘坝，这些塘坝多建于上世纪六、七十年代，不同程度存在安全隐患。要重点抓好山塘蓄水工程清淤扩容、整修配套，增加蓄水能力，同时新建一批防洪能力、蓄水条件更强的山塘。四是搞好滴灌节水设施。这方面，既要增加政府投入，又要用好市场的力量，运用市场机制推进山区水利基础设施建设，发展节水灌溉工程，推广滴灌、管灌、微灌等先进灌溉技术。五是加强小流域综合治理。要利用生态补偿机制开展山区小流域综合治理，实施最严格的水资源保护措施，以小流域为单元，切实把地表径流拦蓄起来、利用起来。到2020年，要完成500多条小流域治理任务。

第六，突破信息瓶颈。互联网的快速发展，为山区农民打开一扇与世界互联互通的窗口，也为山区加快发展提供了一条信息高速路。一是加强山区信息通迅基础设施建设。大力实施宽带乡村工程，推进光纤、宽带向山区县乡村延伸。由省工业和信息化厅牵头，整合移动、联通、电信三家公司力量，确保今年实现山区行政村通宽带，2017年80%的山区行政村通光纤，实现4G 基站网络全覆盖。二是积极搭建电商平台。把实施“互联网+”行动计划作为重点，抓住我省与阿里巴巴签署“互联网+扶贫”行动计划的重大机遇，在山区县优先开通淘宝特色中国县级馆，培育发展“淘宝村”。阜平县投资300万元，开通了淘宝特色中国县级馆，包装销售185种农产品，把农产品卖到了全国各地，农产品附加值实现了翻番。要按照到2016年底每个山区县建一个“淘宝馆”“一村一网店”目标，积极推动建立县运营中心和农村服务站，设立特色农副产品、民俗文化产品、工业产品网上展示发布和分销平台。各山区县要依托村民中心、超市等营业场所，在所有行政村建立电商网络，搭建起农产品销售平台。

第七，突破科技人才瓶颈。山区开发要打造高端绿色、有机食品，关键是要有人才支撑。一是积极引进培养科技人才。要紧紧抓住建设环首都农业科技示范带、现代农业科技城的契机，加强与高校科研院所的合作，引导鼓励大学教授、专家到县里挂职，有条件的地方可以配科技副县长。要做好“大学生村官”和“三支一扶”计划，优先选派高校毕业生到山区县工作，确保每个山区乡镇有1-2名高校毕业生。河北农大教授李保国自1981年至今，30多年来，几乎踏遍了太行山、燕山每一个县，培育的“富岗苹果”获得全国驰名商标，发展到太行山和燕山11个县（市）369个村，带动7万多名村民走上致富路。在临城县凤凰岭荒坡秃岭上，探索出优质薄皮核桃绿色高效栽培技术体系，以“绿岭”为品牌的薄皮核桃已种植20万亩，年产值超过20亿元。各山区县都有一支农林、水畜基层技术推广队伍，他们是山区综合开发的重要技术力量，要把这支队伍建设好、使用好。二是建立山区综合开发科技服务体系。省里要依托省农科院，建立山区综合开发科技服务平台，各市县也要根据产业发展实际建立山区综合开发工程服务中心，通过这一平台加强与京津院校及专家的联系与合作，把更多的科技人才和科研团队引进来，让更多的山区科研实验基地、成果推广基地落下来。三是支持企业建立山区开发工程技术中心。支持科技人员创办领办山区科技型中小企业，省内高校、院所科技人员离岗到山区创业的，3年内可以保留其原有身份和职称，档案工资正常晋升，符合专业技术职务晋升条件的可正常申报晋升相应专业技术职务。

第八，突破集体经济瓶颈。山区村大多集体经济基础薄弱，很多村的集体经济是空白。破解这一瓶颈，消除“空壳村”，关键是用新理念谋划新思路，积极发展集体经济、增加集体收入。一是加快村集体经济股份合作制改革。引导山区村做好集体经济改制工作，支持村集体牵头成立股份合作制经济组织，把集体资产评估量化，按照一定比例合理分配给村民，让每个村民都成为集体经济的股份持有者、收益受益者，积极主动地出主意、想办法，推动集体经济发展。二是合理确定山地资源的集体股权。引进战略投资者，合作共同开发复垦矿产开采废弃地、荒山荒滩荒地等资源，通过集体资源入股、对外租赁或合作经营等方式，把资源变成产业，大力发展现代农业、乡村旅游等特色产业，真正把资源用好用活用出效益。引导群众将土地或房屋特别是空置房屋自愿流转，村集体通过集中流转、集体入股等形式，引进规模企业或专业公司进行集中打造、集中开发、集中经营，壮大集体经济。

四、强化组织领导，确保山区综合开发扎实推进

加快推动山区综合开发，是建设经济强省、美丽河北的重大举措，是全面建成小康社会的战略性任务。各级各部门要高度重视，进一步解放思想、创新举措，夙兴夜寐、激情工作，推动我省山区综合开发快速有序展开、取得扎实成效。

第一，加强组织领导。要把山区综合开发摆在农业农村工作的突出位置，进一步加强领导。省里已经明确，山区综合开发工作在省委、省政府农村工作领导小组领导下，由领导小组办公室牵头负责，从有关部门抽调精干力量组成专门办公室，具体负责这项工作。省发展改革委要加快对山区综合开发项目的立项、审批。省财政厅要加大对山区综合开发的财政投入，将涉农资金打捆切块到县。省国土资源厅要优先安排山区土地整治项目，加快土地验收，用足用好土地占补平衡、城乡建设用地增减挂钩和设施农业用地等政策。省农业厅要支持山区加快现代农业园区建设，农业项目、资金向山区倾斜。省交通运输厅要加快推进山区三个“500公里”建设。省水利厅要加快山区水利基础设施建设，大力发展节水灌溉工程，开展山区小流域综合治理。省旅游局要搞好山区旅游规划，指导、推进山区休闲旅游带建设。省林业厅要加大山区生态林、经济林建设，为山区发展林果业提供科技支撑。省科技厅要加大科技产品推广，搭建科技研发平台，多方提供新技术、新品种。省扶贫办要落实好扶贫开发各项政策，把扶贫资金、扶贫项目向贫困山区倾斜。各有关市县也要比照省里，抓紧建立相应工作机构，制定实施方案，明确目标任务，强化工作举措，加大组织推动力度。

第二，坚持规划引领。一是搞好总体规划。各有关市县要按照建设“五带”的总体要求，抓紧制定山区综合开发总体规划，涵盖统筹推进山区综合开发、美丽乡村建设、

现代农业发展、扶贫攻坚、乡村旅游建设的总体规划。明年上半年完成“十三五”山区综合开发总体规划和重点沟域开发的详细规划编制工作。在规划制定过程中，要打破行政村、乡镇界限，采取委托专业机构、组织专家咨询等方式高标准编制规划，确保增强沟域经济发展的科学性、前瞻性和协调性。二是搞好专项规划。山区综合开发总体规划做好以后，要抓紧制定专项规划，包括山区综合开发规划、美丽乡村规划、现代农业规划、扶贫攻坚规划、乡村旅游规划等，每一项重点工作都要有科学合理、对策性强的专项规划。三是搞好具体规划。重点是合理规划每条沟的发展方向和建设重点，做到目标明确、定位精准、一沟一策，突出综合开发主题，彰显区域特色，确保开发一条沟域、发展一方经济、美丽一方农村、致富一方百姓。要把总体规划、专项规划、具体规划统筹考虑，落实到一张图上，坚持一张蓝图干到底。

第三，统筹推进“五位一体”。即把山区综合开发和美丽乡村建设、现代农业发展、扶贫攻坚、乡村旅游结合起来，“五位一体”统筹推进。一是在领导力量上统筹。各山区县要对这五项工作进行统一领导、统一安排。县委书记、县长要亲自谋划、亲自推动。二是在项目资金政策上统筹。要打捆使用资金，统筹安排项目。扶贫开发项目、资金要优先向山区安排，美丽乡村建设要优先帮助山区贫困人口脱贫，乡村旅游要优先帮助贫困户搞农家乐，帮助贫困群众加快脱贫致富步伐。三是在工作推进上统筹。在推进美丽乡村建设过程中，布点要结合景区向山区倾斜，改善贫困群众生产生活条件；在推进乡村旅游时，要优先考虑山区生态旅游资源丰富的景区周边贫困村、贫困户；在推进山区综合开发时，要优先把贫困户纳入股份合作制企业；在发展农业园区和现代农业时，要优先流转贫困户的土地。

第四，深化农村改革。改革是山区开发的动力，要紧紧抓住深化农村改革不放松。要抓好农村土地、林权和房屋所有权确权登记颁证工作，省级确定的山区综合开发重点县和重点沟域，明年底要全部落实农村土地、林权的确权登记颁证工作。要积极推动农村产权流转交易综合平台建设，列入省市重点的山区综合开发重点县，每个县都要建成一个县级产权交易中心。要深化集体林权制度改革，按照所有权、承办权、经营权三权分置的原则，落实农民的林地承包权和林地经营权利人的经营自主权。要完善林权流转制度，按照谁造谁有、合造共有和谁投资谁受益的原则，鼓励造林大户、合作社、工商企业通过承包、租赁等方式参与山区综合开发和沟域经济发展。要引导各地积极开展供销社综合改革以及集体经营性建设用地入市、宅基地制度改革试点，探索政府生态权益入股、生态权益到人到户的资源开发方式，以改革的不断深化推进山区综合开发的不断深入。

第五，搞好招商引资。要打破传统的老套路，通过多种形式宣传、推介山区开发重点，组建专业招商团队，动员社会资本和大型工商企业参与山区综合开发，特别是注重引进战略合作者。省农办每年要搞一次专门的招商推介会，把山区综合开发建设规划包装成各类项目，以项目为载体加大招商引资力度，采取整区域、整片、整沟发布，独立景点、景区发布、二三产业项目单独发布等多种形式，做好重点开发项目的谋划包装和招商发布。要搭建山区综合开发项目招商平台，引导开发经营主体走出去，通过开展广泛多样的推介活动扩大影响，增强招商引资效果。

第六，强化目标管理。山区综合开发的目标，就是要实现“七个一”，即形成一个强有力的领导小组和办事机构，组建一个市场化运作的开发公司，引进一批有实力有责任感的战略投资者，发展一批具有规模效应的现代农业园区和特色经济沟，建设一批集中连片的美丽乡村，打造一批有吸引力的知名旅游景区，实现一批贫困户稳定脱贫。要把“七个一”目标、“五带”建设任务落实到沟域和山场，明确每年的建设项目和进度安排，明确工作责任目标和工作重点，逐条逐项地抓好落实。要围绕“七个一”搞好目标管理，把目标管理落实到省直部门，落实到市县乡各级。要根据开发项目、工作安排和时间节点，强化督导检查，做到每季一调度、半年一观摩、每年一评比。省山区综合开发联席会议成员单位要定期深入各有关市县进行督导检查，并对督导检查结果进行通报，对任务完成好、质量优的乡村干部实行年度专项奖。

打好山区综合开发攻坚战，事关河北发展全局，事关全面建成小康社会目标的顺利实现。我们一定要深入学习贯彻习近平总书记系列重要讲话和对河北的重要指示精神，全面贯彻党的十八届五中全会精神，深入落实省委八届十二次全会精神，进一步解放思想、真抓实干，不断开创山区综合开发工作新局面，为建设经济强省、美丽河北作出新的更大的贡献。

沈小平同志在全省山区综合开发现场会议结束时的讲话

（2015年11月16日）

要贯彻落实好会议精神，特别是赵勇副书记的讲话精神，在操作层面要注重把握“四力”：

一是定力。要守住山区综合开发中“绿水青山”的生态底线，按照赵勇副书记讲话中强调的“规划引领”的要求，以规划定方圆，以规划定尺度，防止跑马圈地、随意开发。

二是活力。山区综合开发是个战略性举措，没有创新不可能成功。所以，要按赵勇副书记讲话中强调的“创新体制机制，突破瓶颈制约”，在规划的引领下，充分发挥市场配置资源的基础性作用，并与农户建立紧密的利益联接机制，以活力实现政府要绿、企业得利、百姓受益的目标。

三是实力。实施战略性举措，就要选择真正有实力的战略合作伙伴，目光要远，立足要实，要有实的方案、实的投入、实的运营、实的效益。

四是合力。山区综合开发涉及面广、政策性强，有关部门要按赵勇副书记讲话的要求，整合力量、协调联动，特别是在深入研究、用足用好政策上出实招、聚合力。

沈小平同志在全省现代农业园区建设暨农业产业化工作会议上的讲话

（2015年11月18日）

昨天下午利用半天时间，我们实地观摩了邯郸县现代农业园区管委会、企美农业科技公司、新威农业生态观光园、优布劳啤酒饮料公司和美食林食品工业园。我想大家看后，对会议选在这里开的原因，都会有些同感和共识。概括起来，起码可以说出四点。一是园区架构基本形成。初步做到了“五有”，即布局有总体规划，管理有专门机构，运行有动力机制，生产有原料基地，经营有多元主体。在15.8平方公里的加工区内，聚集了46家龙头企业，配套发展了5家合作社、100多个种养大户。二是企业加快转型升级。龙头企业注重集成新的经营理念，引入资本、技术等先进生产要素。企美农业科技公司以美国康奈尔大学为技术依托，建立了符合欧美有机标准的生产体系，取得了欧、美、日、加有机认证。产品出口率达90%，主要销往欧美和东南亚地区，并投资在美国纽约设立分公司。优布劳公司是德国独资企业，总投资2.6亿欧元，公司注重研发和技术团队作用的发挥，已开发生产五大系列、十多个品种。三是产业融合不断加深。园区内农产品就地加工转化率达95%，农业休闲观光、仓储物流、电子商务等衍生产业产值占园区总产值的35%。美食林集团既有粮食、蔬菜种植基地，又有熟食、速冻食品等10类大众厨房主食加工，还有35家超市和500多家便利店。四是辐射带动效果显现。与邯郸县农产品加工园区建立产销关系的种养基地涉及13个县、30.6万农户。美食林集团年销售收入近40亿，带动7万多农户，在周边县建有订单基地2.2万亩。我总结的不一定全面、准确，相信大家都有回味和思考。刚才，3个市、3个县分别从不同侧面作了交流发言，他们的经验做法，各具特色，各有千秋。各地要互相学习借鉴。下面我讲三点意见：

一、形成共识，奠定基础

近年来，我省农业产业化经营加快发展，现代农业园区建设已经起步。2014年，全省农业产业化经营总量达到6666亿元，经营率达到64.2%，带动农户1100万户，户均来自产业化经营收入近万元。目前，全省千亩以上农业园区703个，包括刚刚授牌的39个省级园区。园区建设在聚集资源要素、推广先进技术、引领农村改革和促进产业融合等方面较好地发挥了示范作用。

但是，与转变农业发展方式、建设现代农业的要求相比，全省农业产业化经营和园区建设都存在一定差距。主要表现为“四不”：一是产业布局不优。园区建设缺乏规划统领，在自然区域内自发性生长，“摊大饼”式扩张，项目零碎摆放，空间随意分割，基础设施配套不完善，板块功能效应发挥不充分。60%的园区没有聘请专门机构编制科学的发展规划。二是经营主体不强。领军型的龙头企业少，年销售收入过百亿的仅5家，省级龙头企业平均固定资产1.2亿元；703个园区中，仅有省级龙头企业291家；60%的合作社资产在100万元以下，竞争实力普遍较弱。三是链条延伸不够。70%的园区以种养业起步，后续加工产业跟不上；龙头企业精深加工率仅为35%左右，自建基地或订单基地供应的原材料仅占43%；仓储物流、电子商务等社会化服务业发育滞后。四是利益联结不紧。龙头企业、合作社和农户之间多是随行就市的买卖关系，签订单合同的仅占37%；通过利润返还或收益分成联结农户的不到10%，股份合作的更是凤毛麟角，农民在三次产业融合中的增值利益得不到合理共享。

现代农业园区是产业化发展的重要载体，农业产业化是园区壮大的必由之路。两者相互促进、相得益彰。加快现代农业园区建设，提升产业化经营水平，是全省“十三五”发展理念中的应有之义。

第一，这是农业转型升级、提质增效的重要举措。从发达国家和先进省份的发展路径看，通过龙头引领带动，建设种养基地，实现规模经营、标准生产、精深加工，能够发挥品牌效应、提升整体竞争力。通过构建园区载体，整合资金、技术、人才、项目等要素资源，能够促进集约生产、集聚发展。通过延伸产业链条，推进农产品生产、加工、销售、流通、服务深度融合，能够转变农业经营方式，迈入产出高效、产品安全、资源节约、环境友好的现代农业发展道路。

第二，这是承接非首都功能疏解、加快农业协同发展的重要平台。只有加强园区基础设施建设，提升科技和劳动生产率水平，才能发挥河北农业资源禀赋优势，与京津携手共建“菜篮子”产品生产供应基地，疏解首都农业生产功能；只有科学配置资源要素，建立健全服务体系，才能促进项目在园区落地，承接京津产业化龙头企业转移；只有优化园区建设环境，拓展投资发展空间，才能吸纳像北京新发地这样的农副产品批发市场；只有搭好园区科研成果孵化转化平台，建立产学研结合机制，才能引来京津大专院校、科研院所等科教资源。

第三，这是促进农民增收、带动县域经济发展的重要途径。按照产业化的思路推进园区建设，引导龙头企业向园区集中，集约经营、集聚发展，有效降低固定成本，减少运行费用，可以实现企业增利；建立“园区+龙头企业+农民合作社”的利益联结机制，让千家万户既得土地租金，又挣打工薪金，还分股本红利，能够实现农民增收；因地制宜培育特色优势产业，构筑新的经济增长极，在加工增值中扩大税源，有利实现财政增长。

第四，这是加大扶贫开发力度、实施精准脱贫的重要抓手。全面建成小康社会，农村贫困人口脱贫是个突出短板。拉长这块板，就要紧紧抓住现代农业园区建设和产业化经营。怎么抓?一方面，帮助扶贫对象搞特色种养业，或在园区务工就业，通过扶持生产和就业发展一批；另一方面，完善园区配套功能，创造社区环境，让“一方水土养不起一方人”的，通过易地搬迁安置一批。同时，探索对贫困人口实行资产收益扶持制度，将扶贫资金和项目在园区或产业化龙头企业打捆入股，变项目资金到户为权益资本到户，解决千家万户靠自身力量想办而办不成的事。

二、明确任务，突出重点

要按照“一二三产业融合发展，园区建设和产业化经营协调联动”的总体思路，坚持以园区建设为载体，以产业化经营为主线，着力优化发展环境，增强园区功能夯实产业基础，延伸产业链条，提升整体竞争力。到2017年，省级现代农业园区达到100个，农业产业化经营总量达8800亿元，产业化经营率达68%。具体讲，要重点抓“四合一突破”：

（一）发展规划在园区结合。要把握四个环节，一是科学制定。要立足资源禀赋，围绕主导产业，着眼市场需求，深入谋划，充分论证，抓紧编制园区建设和产业化发展规划。既要明确目标任务、功能定位，更要注重发展重点和保障措施等。二是有效衔接。园区规划要依据不同的期段，合理设置起步区、核心区、规划区及辐射区，并与农业产业化发展规划相吻合，与土地利用、城镇建设、经济社会发展规划相配套。三是合理布局。要把握科研、生产、加工、储存、营销等不同功能定位，科学划定区域，优化空间板块，打造产加销游一体化的发展体系，形成功能明确、梯度有序的空间结构。四是夯实基础。要参照经济技术开发区的标准，建设园区公共服务设施，努力实现“多通一平”。完善灌排、道路、林网等农业基础设施，建设高标准农田，增强农业综合生产能力。要提升农机装备水平，完善质检和废弃物处理设施，建设电子商务平台，适应现代农业发展需要。

（二）经营主体在园区聚合。重点有三类，一是龙头企业。要围绕园区建设，培育壮大一批，改造提升一批，招商引进一批，形成以大带小、协力配套、错位发展、上下游互动的产业集群。支持处于行业领军地位的企业，以资本、技术、品牌为纽带，通过收购、参股及各种方式的要素和利益链接重组集团，变单体“独闯江湖”为集群“协同作战”。二是农民合作社。要围绕主导产业，依托园区内的产业化龙头企业、农民经纪人、种养大户，组建各种类型的专业合作社。通过不断加大扶持力度，促其实体化、规模化、规范化发展，提升经营和服务能力。要鼓励合作社按照自愿、平等、互利的原则组建联合社，切实增强市场竞争力。三是家庭农场。要围绕着“三权分置”，重点发展以家庭成员为主要劳动力、以农业为主要收入来源、从事专业化集约化农业生产的规模适度的农户家庭农场，使之成为发展现代农业的有生力量。

（三）生产要素在园区整合。主要是五大要素，一是土地。要在搞好农村土地确权登记颁证的基础上，坚持依法自愿有偿原则，引导其经营权在园区流转，发展适度规模经营，力求流转一片土地、建成一个基地、致富一批农户。要充分利用土地“占补平衡”和“增减挂钩”政策，有效解决园区建设用地问题，并从中分享应得利益。二是资金。要按照“渠道不乱、用途不变、各负其责、各记其功”的原则，整合涉农项目资金，统筹“打捆”使用，支持园区建设和产业化经营。省农业厅和产业化办公室要用足用好专项扶持资金，最大限度地发挥财政资金投入产出效应。要创新融资方式，多渠道破解资金“瓶颈”。要做好“加减乘除”法，争取更多的信贷资金和金融产品支持。三是技术。要强化科技成果转化应用，健全农业技术推广、动植物疫病防控、农产品质量监管等公共服务体系，解决好农技推广“最后一公里”问题。四是信息。要抓住我省与阿里巴巴、腾讯等知名互联网公司合作的机遇，加强农业信息化工程建设，完善综合信息服务平台，大力开展“互联网+农业”行动。五是人才。要有针对性地引进高水平科技人才，实施一批重大农业科研专项。要加大人力资源培训力度，多渠道培育新型职业农民，充分发挥他们的基础和主体性作用。

（四）三次产业在园区融合。要树立全产业链经营理念，实现一产为基、接二连三、融合发展。在空间和路径上，要“前拓、后延、左右联”。“前拓”，就是农业产业化集聚区特别是龙头企业要向一产拓展，配套建设规模化、标准化、专业化种养基地，发挥市场主体的辐射带动作用。“后延”，就是以种养业为主的农业园区，要向二三产业延伸，以拉长产业链、提升价值链，发挥园区的孕育衍生功能。“左右联”，就是围绕龙头企业经营和园区建设需要，配套发展包装、仓储、运输、电子商务等关联产业，发挥产业链的磁场效应。在产业融合发展过程中，要把握“两个突出”，一是突出特色产业，打造园区内核。要结合当地资源禀赋、产业基础、市场需求，按照高产、优质、高效、生态、安全的要求，优化品种，提升品质，创出品牌，培育发展特色产业。二是突出项目建设，构筑园区支撑。要加大开放力度，破解瓶颈制约，按照“谋划一批、储备一批、开工一批、投产一批”的要求，做深前期工作，加强协调调度，及时解决问题，确保项目早落地、早投产、早见效。

（五）机制创新在园区突破。一是服务管理机制。要借鉴经济技术开发区的管理模式，设立园区管委会，统筹协调规划、建设、运行等事务。要借鉴威县六个“一体”的管理机制，即园区一体管理、项目一体招商、土地一体流转、资源一体整合、智力一体引进、产业一体发展，优质服务，高效运转。二是利益联结机制。推进以股份为纽带的紧密型联结方式，支持农户和合作社以生产要素的所有权或经营权入股龙头企业，组建“收益共享、风险共担”的利益主体。鼓励农村变资源为股权、变资金为股金、变农民为股民，以股论“价”，按股分红，让千家万户更多分享二三产业增值收益。三是评价考核机制。要建立完善考评体系和退出机制，定期对园区建设和产业化经营情况进行督导检查，实施动态管理，对不达标的省级园区和龙头企业摘牌销号。

三、强化保障，全力推进

一是加强协调联动。各级政府要把园区建设和农业产业化经营放在“位”上，抓在手中，务实推进，务求实效。省农业厅和省农业产业化办公室要履行主体责任，充分发挥组织协调和服务指导作用。有关部门要各司其职，各负其责，密切协作，形成工作合力。

二是加大扶持力度。各级各有关部门要认真贯彻落实省政府支持农业产业化龙头企业发展的《实施意见》和省委办公厅、省政府办公厅加快现代农业园区发展的《意见》，结合实际制定实施科学管用的政策措施，多出真招实策，多拿真金白银。

三是营造良好环境。要充分利用多渠道、多方式，深入宣传园区建设和农业产业化经营在发展现代农业中的历史重任，努力营造多方支持、多元参与的浓厚氛围。要及时总结好的经验和做法，适时组织观摩交流，切实发挥典型示范和引领带动作用。

赵克志同志在全省扶贫开发工作会议上的讲话

（2015年12月27日）

“十三五”时期，我们面临一项非常艰巨但又必须完成的硬任务，就是举全省之力坚决打赢脱贫攻坚战。这次全省扶贫开发工作会议的主要任务是，深入学习贯彻习近平总书记关于扶贫开发的重大战略思想，全面落实党的十八届五中全会和中央扶贫开发工作会议精神，对当前和今后一个时期脱贫攻坚工作作出全面部署，进一步统一思想、坚定信心，顽强拼搏、苦干实干，举全省之力坚决打赢脱贫攻坚战。

11月27日至28日，中央召开扶贫开发工作会议，习近平总书记、李克强总理发表重要讲话，汪洋副总理作了总结讲话。习近平总书记的重要讲话，总揽全局、高屋建瓴，思想深刻、内涵丰富，深刻阐明了推进脱贫攻坚的重大意义，明确提出了新时期扶贫开发的大政方针、目标任务和关键举措，鲜明回答了扶持谁、谁来扶、怎么扶、如何退等重大问题，为我们做好新时期的扶贫开发工作指明了方向。李克强总理深入分析了脱贫攻坚面临的新形势新任务，对“十三五”时期的扶贫重点工作作出系统部署。汪洋副总理对抓好会议精神的贯彻落实工作提出明确要求。这次中央扶贫开发工作会议，规格很高、力度很大、措施很实，而且目标任务很明确，对于确保到2020年如期脱贫、全面建成小康社会，必将产生广泛而深远的影响。近日，习近平总书记、李克强总理就机关企事业单位做好定点扶贫工作又作出重要指不批示，中央召开专门会议进行推动落实。这些，都充分体现了中央对扶贫开发工作的高度重视，充分体现了中央消除贫困的坚定决心。全省各级党委、政府一定要把中央领导的重要讲话和指示精神，作为推动脱贫攻坚的强大思想武器，认真学习、深刻领会、全面贯彻，切实把思想和行动统一到中央的决策部署上来。

庆伟省长将就做好我省扶贫开发工作作全面部署。这里，我就学习贯彻中央扶贫开发工作会议特别是习近平总书记重要讲话精神，举全省之力打赢脱贫攻坚战，讲四点意见。

一、清醒认识形势，增强做好扶贫开发工作的责任感和紧迫感

新中国成立以来，我们党带领人民持续向贫困宣战，特别是改革开放以来，实施大规模扶贫开发行动，成功走出了一条中国特色扶贫开发道路，7亿多农村贫困人口成功脱贫，取得了足以载入人类社会发展史册的伟大成就，彰显了中国共产党领导和中国特色社会主义制度的优越性。河北是扶贫任务较重的省份，历届省委、省政府把扶贫开发工作放在突出位置来抓，组织各方面的力量集中攻坚，改革开放以来共有1963万贫困人口实现脱贫，贫困发生率由35%下降到8.8%，不仅有力地提高了贫困群众的生活水平，而且为全面建成小康社会打下了坚实基础。

河北扶贫开发成绩斐然，但任务依然艰巨繁重。目前，全省还有62个贫困县、7366个贫困村、310万贫困人口。全省11个设区市中9个都有扶贫任务，特别是环首都周边有28个贫困县、213万贫困人口，与国际化大都市形成强烈反差。我省贫困程度比较深的地方主要集中在深山区，基础设施薄弱，生存条件较差，社会事业滞后，脱贫难度很大，因病因灾返贫的几率较高。可以说，脱贫攻坚已经到了啃硬骨头、攻坚拔寨的冲刺阶段。

同时要看到，打赢脱贫攻坚战，我们在工作层面也存在不少矛盾和问题。习近平总书记讲话中指出的六个方面问题，包括精准扶贫体制机制还不健全、扶贫开发责任还没有完全落到实处、扶贫合力还没有形成、扶贫资金投入还不能满足需要、贫困地区和贫困人口主观能动性还有待提高、因地制宜分类指导还有待加强等，这些在我省都不同程度地存在，有的还很突出。比如，在精准扶贫机制方面，一些地方底数不清、情况不明，识别没有落实到人头，难以做到因人施策、因户施策；在扶贫开发责任方面，有的贫困县没有把主要精力放到扶贫开发上，没有把各种资源汇聚到帮助群众脱贫致富上；在脱贫攻坚合力方面，沟通衔接、力量配合、信息联通、工作引导等还存在薄弱环节，一些该用好的政策没有用到位；在扶贫资金投入方面，财政资金投入不足，使用效率有待提高，金融支持扶贫的潜力尚未充分发挥，利用市场化手段吸引社会资金参与扶贫做得还不够；在主观能动性方面，有的存在等靠要的倾向，部分干部群众的思想观念、精神状态与完成新时期脱贫攻坚任务不相适应；在精准扶贫方面，路径不够明确，一些地方还没有完全做到因地制宜、分类指导，在发挥自身优势、发展富民产业上缺少有效的思路和办法，等等。这些都需要采取有力措施加以解决。

做好“十三五”时期的扶贫开发工作，尽管存在不少

困难和挑战，但也面临着一系列重大机遇和有利条件。习近平总书记关于扶贫开发的重大战略思想，为我们提供了做好工作的强大思想武器；中央以前所未有的力度支持贫困地区发展，为我们啃下脱贫攻坚的硬骨头提供了有力保障；京津冀协同发展重大国家战略实施、北京携手张家口举办冬奥会等，为我们利用各方面资源加快贫困地区发展提供了难得契机；多年来积累下来的物质和技术基础，为我们如期完成脱贫任务提供了坚实支撑；一大批基础设施和生态建设工程的实施，为激发贫困地区发展的内生动力提供了重要条件。同时还要看到，推进扶贫开发也是贯彻省委提出的协同发展、转型升级、又好又快工作主基调的重大举措，这其中蕴含着巨大的有效投资需求和有效消费需求，蕴含着巨大的经济增长潜力和增长空间。抓住用好这些重大机遇和有利条件，我们就能推动扶贫开发工作和全省经济社会发展迈上新台阶。

2013年元旦前夕，习近平总书记冒着严寒，踏着冰雪，专程到我省阜平县的深山区看真贫、访真贫，亲切慰问贫困群众，就做好扶贫开发工作发表重要讲话，要求我们对各类困难群众要格外关注、格外关爱、格外关心，时刻把他们的安危冷暖放在心上，关心他们的疾苦，千方百计帮助他们排忧解难。最近，总书记在中央扶贫开发工作会议上讲："现在，我们国家发展起来了，大多数群众生活条件好了，但不能忘了农村还有不少穷乡亲。10月16日，我在2015减贫与发展高层论坛上说，25年前我在福建省宁德地区工作时，记住了古人的一句话，'善为国者，遇民如父母之爱子，兄之爱弟，闻其饥寒为之哀，见其劳苦为之悲。'这句话，广大党员、干部要牢记在心。"总书记还引用古人的话"国之兴也，视民如赤子；其亡也，以民为草芥"。总书记要求各级党委和政府必须坚定信心、勇于担当，把脱贫职责扛在肩上，把脱贫任务抓在手上，拿出"敢教日月换新天"的气概，鼓起"不破楼兰终不还"的劲头，攻坚克难，乘势前进。总书记至诚至切的爱民情怀，是鞭策我们做好工作的强大精神力量；总书记作出的重要指示，是指引我们推动脱贫攻坚的行动指南。

河北贫困地区多是革命老区，为中国革命胜利付出了巨大牺牲、作出了重要贡献。在战争年代，仅平山县为革命牺牲的有名有姓的烈士就达5000多人。无论从哪一方面讲，大家都要好好掂一掂做好脱贫攻坚工作的分量，好好掂一掂贫困群众在我们心中的位置，真正牢记总书记对我们语重心长的殷切嘱托，真正牢记老一辈无产阶级革命家念念不忘的终生夙愿，真正牢记贫困群众对美好生活的热切期盼，真正牢记共产党人义不容辞的政治责任，真正牢记为巩固党的执政基础增砖添瓦的神圣使命。我们经常讲，对党要绝对忠诚，对领袖要充满感情，对人民要无限热爱，这些都不能停留在口头上，要带着感情、带着责任，实实在在地体现到打赢脱贫攻坚战的具体行动上。

省委八届十二次全会，描绘了全面建成小康社会的宏伟蓝图。实现这个宏伟蓝图，最艰巨的任务是脱贫攻坚，最困难的群体是贫困人口。到2020年如期完成脱贫攻坚任务，我们是向中央郑重立下军令状的，也是向全省人民作出庄严承诺的，必须坚定信念、苦干实干，以必胜的信心、明确的思路、精准的举措、务实的作风，组织动员全省力量，众志成城打赢脱贫攻坚战。

二、把握目标要求，走出一条经济社会生态效益同步提升的扶贫新路

我省扶贫开发工作的指导思想是：全面落实党的十八大和十八届二中、三中、四中、五中全会精神，以邓小平理论、"三个代表"重要思想、科学发展观为指导，深入学习贯彻习近平总书记系列重要讲话精神，围绕"四个全面"战略布局，充分发挥政治优势和制度优势，坚持创新、协调、绿色、开放、共享的发展理念，全面落实精准扶贫、精准脱贫的基本方略，紧扣扶持谁、谁来扶、怎么扶、如何退这几个关键环节，突出倒计时、路线图、军令状、指挥棒这几个核心问题，坚持扶贫开发与经济社会发展相互促进，坚持扶贫开发与生态保护并重，以燕山——太行山集中连片特困地区、黑龙港流域集中连片特困地区、环首都扶贫攻坚示范区为主战场，以增加贫困群众收入为核心，以培育发展富民产业为主攻方向，以改革开放为动力，统筹现代农业发展、山区综合开发、美丽乡村建设和乡村旅游，走出一条经济效益、社会效益、生态效益同步提升的扶贫新路，举全省之力坚决打赢脱贫攻坚战。

根据中央要求，结合河北实际，我省脱贫攻坚的目标概括为"两步走""三确保""四提升"。"两步走"，就是力争到2018年基本解决全省面上的脱贫问题；再用两年时间即到2020年底前，集中力量解决剩余的少数贫困人口稳定脱贫问题，巩固提高全省脱贫攻坚成果。"三确保"，就是到2020年，确保现行标准下农村贫困人口实现脱贫，确保贫困村全部出列并基本达到美丽乡村建设标准，确保贫困县全部摘帽。"四提升"，就是贫困县的贫困人口生活水平明显提升，稳定实现不愁吃、不愁穿，贫困地区农民人均可支配收入增长幅度高于全省平均水平；综合经济实力明显提升，人均公共财政收入增长幅度高于全省平均水平；基本公共服务水平明显提升，主要领域指标接近全省平均水平，义务教育、基本医疗和住房安全有保障，基础设施条件显著改善；生态环境建设水平明显提升，水和大气污染治理取得显著成效，森林覆盖率高于全省平均水平。

实际工作中，要把握好六个方面的基本要求。

一是精准发力。就是做到“六个精准”，即：扶持对象精准，项目安排精准，资金使用精准，措施到户精准，因村派人精准，脱贫成效精准。做好新一轮扶贫开发工作，难在精准，贵在精准，重在精准，成败也在于精准。精准扶贫、精准脱贫，是中央确定的扶贫开发基本方略，是扶贫方式的重大转变。今后五年，我们要全面落实“六个精准”的要求，坚持对症下药、靶向治疗，着力解决工作中存在的底数不清、目标不准、举措不实、效果不佳等问题，推动扶贫方式由“大水漫灌”向“精确滴灌”转变。近期，各地要集中精力抓好建档立卡的完善工作，加快建设精准扶贫信息平台，真正摸清“真贫”之人，把准“真贫”之因，施以“真扶”之策，挂图作业，按图销号，做到一户一本台账、一户一个脱贫计划、一户一套帮扶措施。只有这样，才能使扶贫重点更聚焦、扶贫工作更有效。各县脱贫摘帽要有计划、有步骤，要坚持实事求是，不要一下子、大面积地退出，引起群众不满。

二是守好底线。就是守住经济社会发展和生态环境保护两条底线。我省贫困地区大多处在京津冀生态环境支撑区的核心地带。对于这些地区来讲，发展经济是当务之急，保护生态是长远大计，二者都极为重要、都不能偏废。既不能因为保护生态制约发展步伐、延缓脱贫进程，也不能摘掉了“穷帽子”、戴上了“黑帽子”。贫困地区生态条件相对较好，这是未来最稀缺、最宝贵的竞争力，利用得好就可以转化为最直接、最现实的生产力。要强化“绿水青山就是金山银山”的理念，把生态建设作为扶贫开发的生命线，既要加快发展，又要保护生态，积极探索贫困地区经济和生态协调发展之路，使推进扶贫开发的过程，成为促进可持续发展的过程，让贫困群众从共态建设与修复中得到更多实惠。

三是综合施策。就是按照贫困地区和贫困人口的具体情况，实施“五个一批”工程。在五年内打赢脱贫攻坚战，不仅要坚定决心，而且要思路对头，针对不同人群、不同区域、不同原因、不同类型的贫困状况，采取相应的脱贫措施，划定时间节点，分期分批推进。有关部门要认真研究，通过扶持生产和就业、易地搬迁、生态补偿、发展教育和社保政策兜底“五个一批”，对全省现有310万贫困人口的脱贫问题分别做出具体安排，并落实到各县各乡各村各户，决不让一个贫困人口掉队。易地搬迁脱贫，中央已作出专门部署，我们也要作为“当头炮”，在明年率先打响。习近平总书记在讲到易地搬迁问题时强调，要做好规划，合理确定搬迁规模，区分轻重缓急，明确搬迁目标任务和建设顺序，按规划、分年度、有计划组织实施；要根据当地资源条件和环境承载能力，科学确定安置点，尽量搬迁到县城和交通便利的乡镇及中心村，促进就近就地转移，可以转为市民的就转为市民。有关市县要根据中央和省里的要求，从实际出发，认真研究、科学合理确定搬迁点，省里将给予重点支持，确保搬得出、住得下、能就业、能致富。易地搬迁要与解决水库移民问题结合起来，加大政府投入，化解信访难题，切实维护好贫困群众利益。

四是分类指导。就是坚持从实际出发，因地制宜做好扶贫开发工作。推动贫困地区经济社会发展，首先要有一个好路子。推动发展是甩掉贫困帽子的根本途径，但具体到不同的贫困地区，自然条件、资源禀赋、经济基础各异，抓发展一定要立足实际，科学规划，因势利导，探索实施多样化的扶贫模式。我省燕山——太行山片区山场面积广阔、植被覆盖率较高，黑龙港流域片区地势平坦、农业基础条件较好，坝上地区地脉广阔、气候条件独特，在扶贫开发上完全可以确定不同路径，实行错位发展，形成亮点和特色。各地都要发挥自身优势，做到宜农则农、宜林则林、宜牧则牧、宜商则商、宜游则游，使贫困地区发展扎实地建立在充分发挥自身优势的基础之上。要把山区综合开发、现代高效农业发展、美丽乡村建设与发展旅游产业结合起来，精心规划，量力而行，由点到面，逐步推进，努力把“盆景”做成“风景”，使老百姓普遍受益。

五是统筹推进。就是统筹推进城乡发展、经济与社会事业发展。从现实情况看，我省贫困地区不但经济发展相对滞后，而且城乡之间差距明显，社会事业更是一块短板。有些县，县城建得漂亮，生活水平也不低，但农村特别是深山区和偏远农村，多少年面貌依旧，不少群众的日子还很艰难。一些地方抓发展、上项目的积极性很高，但提高公共服务水平的力量不够，贫困群众反映强烈的教育、就业、医疗、社保等问题依然突出。我们要消除贫困，建成全面小康，必须牢固树立协调发展、共享发展的新理念，把增加人民福祉作为扶贫开发的出发点和落脚点，集中力量加强薄弱环节，集中资源尽快补齐短板，着力解决好不平衡不协调的问题，让贫困群众有更多获得感。比如，我们可以大做水的文章，利用山区综合开发这个平台，把产业、水利、林业、美丽乡村建设统筹起来搞。

六是内外结合。就是处理好输血与造血的关系。搞好扶贫开发，内因是基础，外因是条件。只有内外结合、共同发力，才能标本兼治、斩断“穷根”。现在，我省一些贫困地区仍然存在等靠要的思想，干部群众思想观念和基本素质与打赢脱贫攻坚战的要求不相适应。这种状况不改变，扶持力度再大、资金投入再多，也难以从根本上解决贫困问题。我们要把扶贫与扶志结合起来，把输血与造血结合起来，引导贫困地区广大干部群众解放思想、坚定信心，自力更生、艰苦奋斗，不断增强内生动力，不断强化发展能力，靠自己的勤劳和智慧建设美好家园。

三、坚持攻坚克难，在扶贫开发重点领域实现新的更大突破

五年打赢脱贫攻坚战，时间紧，任务重，要求高，必须有超常规的举措，抓住主要矛盾，突出工作重点，找准薄弱环节，集中力量实施攻坚。要着力打好六大硬仗。

一是打好特色产业发展硬仗。发展富民产业，是解决贫困问题的根本途径。要建立脱贫产业体系，加大政策扶持力度，对有劳动能力的贫困人口，做到特色产业项目和就业创业服务全覆盖。要拓宽产业发展路子，立足自身资源禀赋，主动适应市场需求，推进贫困村“一村一品”产业发展，扶持建设一批贫困人口参与度高的集中连片现代农业示范基地和农业园区，重点发展高效林果业、特色养殖业、设施农业、乡村旅游业，推进现代高效农业规模化。支持贫困地区发展农产品加工业，加快一二三产业融合发展，让贫困户更多分享农业全产业链和价值链增值收益。要创新产业发展方式，加强贫困地区农民合作社和龙头企业培育，与贫困户建立紧密的利益连接机制。赤城县实行政府+龙头企业+金融机构+科研机构+合作社+农户的“六位一体”模式，有效整合政策、技术、金融、土地、人力等方面资源，让贫困群众参与到生产经营活动中来，脱贫效果比较明显，值得各地借鉴。要做大做强劳务经济，大力推进技能培训、就业中介、技能鉴定、就业服务等，支持贫困地区农民在本地或外出务工创业，推动劳务输出由体力型向技能型转变，由分散短期输出向常年稳定输出转变，大幅度提高贫困群众的工资性收入。积极搭建创业平台，支持农民工返乡创业，活跃贫困地区经济社会发展。

二是打好基础设施建设硬仗。我省贫困地区发展的最大瓶颈制约是基础设施落后，我们要把基础设施建设作为扶贫开发的重要保障，突出抓好路、水、电、网等基础建设。要着力解决好“路”的问题，加快建设太行山高速公路及国省干线公路，推动一定人口规模的自然村通公路，构建贫困地区“外通内联”的交通运输通道。特别是建设太行山高速公路，对于我省山区综合开发和集中连片地区脱贫攻坚具有重大拉动作用，而且事关京津冀协同发展大局，必须作为重大战略工程来抓，省交通运输厅和相关市县迅速行动，全力做好各自的工作，积极争取各方面支持，确保明年上半年全面开工，确保2018年底前全线通车。要着力解决好“水”的问题，建设一批重点水利工程，开展山区小流域综合治理，加强与贫困群众生产生活直接相关的小型农田水利工程建设，实施农村饮水安全巩固提升工程，确保贫困县农村群众全部吃上干净水。要着力解决好“电”的问题，加快推进贫困地区农网改造升级，全面提升供电能力和供电质量。要着力解决好“网”的问题，加快完善通信基础设施，推动贫困地区“互联网+”建设，实施电商扶贫工程，建立健全信息网络服务体系。

三是打好美丽乡村建设硬仗。统筹推进脱贫攻坚与美丽乡村建设，是我省扶贫开发的一个重要思路，也是被不少地方实践证明的有效经验。涞源县把美丽乡村建设与扶贫开发、发展乡村旅游结合起来，一年就大见成效。要按照环境美、产业美、精神美、生态美的要求，科学规划，精心设计，分期分批推进，每年要有不少于1000个贫困村纳入美丽乡村建设范围。要加快推进贫困地区农村危房改造，大力实施安全饮水、街道硬化、厕所改造、垃圾治理、污水治理、村庄绿化、文化建设等专项行动，促进贫困村建设和发展水平全面提升。要改进推进方式，坚持因地制宜，先易后难，连片推进，充分尊重群众意愿，不强推、不硬推。我省不少贫困村都是山区村，有的就处在旅游景区周围，现在的情况是大多数景区里面比较好、周边一团糟。实际上，这些村庄最有条件建设美丽乡村，只要按照“大景区+农家乐”的总体思路，加强谋划、科学引导，不用投入多少钱，就能使这些贫困村有机融入景区，实现面貌提升和脱贫增收的双重效果。要加强工作指导，坚持实事求是，不刮风、不攀比，不急于求成，也不千篇一律。特别是贫困地区美丽乡村建设还处于探索阶段，在实践中不可避免地会出现这样那样的问题，只要大家有信心、有责任，用发展的眼光、改革的办法看待问题、解决问题，就会越干越想干、越干越会干，把这项工作健康有序向前推进，让老百姓得到看得见、摸得着的实惠。

四是打好公共服务保障硬仗。打赢脱贫攻坚战，全面建成小康社会，不仅要让贫困群众的钱袋子鼓起来，还要让他们的生活品质好起来。要把教育扶贫作为阻断贫困代际传递的治本之策，下决心补齐贫困地区义务教育这块短板。健全学前教育资助制度，帮助农村贫困家庭幼儿接受学前教育，实施贫困地区农村义务教育阶段学生营养改善计划，推进山区贫困县义务教育阶段寄宿制学校标准化建设，对建档立卡贫困家庭的高中、中职、普通高校学生全部免除学杂费和住宿费、书本费。搞好职业教育培训，让贫困家庭的孩子掌握一技之长，达到一人就业全家脱贫的效果。加强贫困地区教师队伍建设，全面落实集中连片特困地区乡村教师生活补助政策。要把医疗扶贫作为防止因病致贫返贫的关键之举，加快完成贫困地区县乡村三级医疗卫生服务网络标准化建设，推动全省三级医院与贫困县县级医院一对一帮扶，不断提高贫困地区医疗服务能力。全面实施贫困地区重大公共卫生项目，加强传染病、地方病、慢性病防治工作，提升贫困群众健康水平。建立大病医疗保险，大幅提高报销金额，将贫困人口全部纳入重特大疾病救助范围，使大病医治得到有效保障。要把社保扶贫作为帮助贫困群众兜底的有效防线，对丧失劳动能力和

无劳动能力的低保、五保对象，要大力推进农村低保制度与扶贫开发政策有效衔接。从明年起，将低保线提高到扶贫线，实现“两线合一”，省市两级要把底托住。要推动城镇保障性住房政策向乡村延伸，使贫困地区更多符合条件的人群享受到政策优惠。

五是打好生态环境建设硬仗。我省贫困地区大多处在深山区，既是重要生态功能区，又是生态环境脆弱区，更要守好发展和生态两条底线。要结合生态环境保护和治理，探索生态脱贫新路，在推进生态环境保护中，同步实现脱贫致富奔小康。要加强生态功能区建设，加快建设燕山——太行山生态涵养区、坝上高原生态功能区和低平原生态修复区，加强风沙源和“三化”草原治理，推进水土流失综合治理，重点项目安排进一步向贫困地区倾斜。要大力实施生态移民扶贫工程，对全省不具备“就地扶贫”条件的贫困人口，下决心易地搬迁安置。这项工作要与推进新型城镇化统筹考虑，原则上要搬到城镇周边，与建设工业园区或农业园区相结合，确保搬得出、稳得住、能致富。要大力开展生态修复保护，合理调整贫困地区基本农田保有指标，加大新一轮退耕还林还草力度，积极争取贫困地区生态综合补偿试点，探索建立生态环境保护补偿机制。结合建立国家公园体制，创新生态资金使用方式，利用生态补偿和生态保护工程资金，使当地有劳动能力的部分贫困人口转为护林员等生态保护人员。

六是打好综合配套改革硬仗。脱贫攻坚必须坚持问题导向，以改革为动力，以构建科学的体制机制为突破口，充分调动各方面积极因素，用心、用情、用力开展工作。威县作为黑龙港流域综合改革试点，推进改革力度大、措施实，扶贫开发和经济发展都取得了显著成效。反观一些地区扶贫开发的成效不太明显，重要原因就是改革跟不上。在产权制度方面，要积极探索农村集体所有制经济的有效组织形式和经营方式，壮大贫困地区村级集体经济实力，水电、矿产等资源开发要赋予土地被占用村集体股权，让贫困人口分享资源开发收益。在土地制度方面，要坚持依法自愿有偿原则，引导农民以多种方式流转土地承包经营权，发展多种形式的适度规模经营，并利用城乡建设用地增减挂钩政策支持易地扶贫搬迁。在资产收益方面，要大力发展股份合作制经济，变项目、资金到户为资本、权益到户，实现资源变资本、资金变股金、农民变股东、自然人农业变法人农业，财政扶贫资金形成的项目资产，要折股量化到贫困村和贫困户。

需要强调的是，我们要格外关注革命老区和民族地区的脱贫攻坚。现在，我省一些革命老区、民族地区整体发展水平还比较低，突出表现为基础设施建设滞后、城镇化水平滞后、特色产业和新兴产业发展滞后、山区综合开发滞后、农村教育水平滞后。我们一定要站在全局和政治的高度，把革命老区和民族地区的贫困群众放在心上，摸清底数、精准施策，集中力量、加大投入，让他们尽快脱贫致富，同全省人民一道进入全面小康社会。

四、切实加强领导，组织动员各方面力量坚决打赢脱贫攻坚战

坚持党的领导，集中力量办大事，是我们最大的政治优势。各级党委和政府一定要切实把脱贫责任扛在肩上，把脱贫任务抓在手上，拿出啃硬骨头的姿态、拉开打攻坚战的架式，广泛发动起来，迅速行动起来，雷厉风行，只争朝夕，以铿锵有力的行军脚步，生龙活虎地展开各项工作。

第一，要强化领导责任。各级党政一把手要负总责、亲自抓，特别是贫困地区的党政主要负责同志，要真正负起主体责任，真正把脱贫攻坚作为头等大事，以强烈的历史担当，集中精力、集中力量、集中资源抓好扶贫开发。我省是全国22个与中央签订脱贫攻坚责任书的省份之一，我和庆伟同志签了字，这实际上是向中央立下了军令状。有关市县党政主要领导也要签字背书，逐级立下军令状，层层落实责任，层层传导压力。各级可以搞“双组长”制，党政一把手任组长，再设一个常务具体抓。要完善领导干部分包联系机制，从省级领导干部做起，每人指导一个县、联系一个镇、分包一个村，加强工作指导，亲自解决问题。各级特别是县乡党委、政府，要加强对中央扶贫政策的学习研究，统筹资源、精准发力，下大力抓好扶贫政策和项目的落地。要发挥好考核指挥棒的作用，对62个贫困县单独进行考核，突出扶贫实绩导向，提高扶贫开发权重，真正把扶贫工作成效与干部选拔任用、年度考核及奖惩精准挂钩，干得好的要予以重用，干不好的要有说法。各级扶贫开发机构要切实负起责任，发挥应有作用，真正成为党委、政府推进扶贫开发的有力助手。要鼓励条件成熟的贫困县及早出列，同时留出缓冲期，在一定时间内实行摘帽不摘政策。在推进脱贫攻坚过程中，做好统计工作十分重要，既要去掉水分，也要避免漏统。我们的脱贫摘帽要实事求是，对弄虚作假搞“数字脱贫”的要严肃追究责任。

第二，要加大扶持力度。扶贫开发投入力度，必须同打赢脱贫攻坚战相匹配。当前经济下行压力较大，财政收支矛盾比较突出，但再困难扶贫资金也不能减。我们宁可少上一些大项目，也要挤出资金确保扶贫所需。要下更大气力争取中央政策和资金支持。中央出台的“五个一批”工程，含金量高、针对性强，在资金配套、大型项目、新兴产业、人才教育等方面，对贫困地区给予了更多的倾斜。各地各部门要精细研究，多到中央部委汇报，争取更多支持，切实把政策争过来、用到位。比如，国家为支持易地扶贫搬迁，专门安排中央预算内投资、专项建设债券、政

策性金融债券、长期低息贷款6000亿元，我省争取的份额要与我们的工作任务和环首都脱贫攻坚的需要相匹配，争取得越多越好。对于国家开展的试点，我们也要尽全力去争取，不放过任何一次机会。从明年开始，省里要将各地各部门争取中央政策支持和试点情况纳入考核体系，并定期拿出来晒一晒、比一比、看一看，以此检验工作成效，省“两办”也要进行督查。要多渠道筹措扶贫资金，构建省市县三级扶贫开发投融资体系，鼓励和引导各类金融机构加大对扶贫开发的金融支持。对于国家农发行的扶贫开发贷款，要实行统贷统支，财政资金贴息，推动信贷资金落地。要积极推广 PPP 合作模式，吸引更多工商资本、社会资金参与扶贫开发，更好解决扶贫资金难题。要实施阳光化管理，保证扶贫资金公开公平、安全高效使用，特别对截留挪用、虚报冒领、挥霍浪费等行为，要坚决从严惩处。

第三，要加强基层组织。农村基层党组织是落实党的扶贫开发工作部署的重要基础，推进扶贫开发必须坚持重心下移、打牢基础。人是最活跃的因素。要充分调动各方面的积极性，统筹抓好乡镇党委书记、村党组织书记和农村致富带头人“三支队伍”建设，给他们交责任、压担子、放手使用。对做出显著成绩、得到群众公认的，要重奖重用，让他们政治上有荣誉、工作上有动力。向贫困村选派第一书记是推动扶贫开发的有效办法。要鼓励和选派思想好、作风正、能力强的省直部门优秀年轻干部和后备干部，到贫困村担任村党组织第一书记，真正在第一线砥砺品质、经受考验，学会做群众工作，增强带领群众脱贫致富的本领。第一书记是代表省直部门的，工作搞不上去，就是部门一把手的责任，必须高度重视做好工作，带动人往基层走、钱往基层投、政策往基层倾斜。要切实加强驻村工作队的力量，做到每个贫困村都有驻村工作队、每个贫困户都有帮扶责任人，不脱贫、不脱钩。

第四，要形成社会合力。广泛动员全社会力量，构建专项扶贫、行业扶贫、社会扶贫互为补充的大扶贫格局。各级各部门要树立一盘棋的思想，各司其职、各负其责，协调联动、密切配合，在政策、资金、项目、人才、技术等方面加大对贫困地区的支持力度。有结对帮扶任务的单位，要结合自身职能，利用优势资源，高标准做好工作，把帮扶村变成示范村。各民主党派、工商联和人民团体要进一步强化大局意识，发挥联系群众、服务群众的优势，开展主题鲜明、内容丰富的结对帮扶活动。要鼓励国有企业、民营企业通过投资兴业、招工就业、集中培训等多种形式，积极支持扶贫开发，更好履行社会责任。要抓住京津冀协同发展的有利契机，积极争取国家部委和京津两市的对口支援，用好对口帮扶政策，把千载难逢的重大机遇变为脱贫致富的现实红利。要积极动员驻冀部队、武警官兵通过军民共建推动脱贫攻坚。要大力弘扬中华民族扶贫济困的传统美德，广泛开展多种形式的志愿服务活动，引导社会各界人士积极奉献爱心，让贫困群众感受到社会主义大家庭的温暖。

长期困扰人民群众的贫困问题，将在我们这一代人终结，全面建成小康社会的宏伟蓝图，将在我们这一代人实现。这是无上的光荣，更是神圣的使命。让我们紧密团结在以习近平同志为总书记的党中央周围，坚定信心，苦干实干，坚决打赢脱贫攻坚战，确保全面建成小康社会，为谱写中华民族伟大复兴中国梦的河北篇章作出新的更大贡献。

张庆伟同志在全省扶贫开发工作会议上的讲话

（2015年12月27日）

刚才，克志书记从战略和全局高度，深刻阐释了脱贫攻坚的重大意义、总体要求、目标任务和重大举措，既有统揽全局的战略指导性，又有切中时弊的现实针对性。我们要深刻学习领会，抓好贯彻落实。省委、省政府出台了《关于坚决打赢脱贫攻坚战的决定》。大家要切实把思想和行动统一到中央和省委、省政府决策部署上来。下面，我讲五点意见。

一、要把脱贫攻坚与全面建成小康社会统筹起来，咬定目标不放松、尽快补齐发展“短板”

改革开放以来，历届省委、省政府坚持把消除贫困、改善民生、逐步实现共同富裕作为不懈追求，大规模实施扶贫开发，使1963万贫困人口摆脱了贫困，贫困地区面貌发生了巨大变化。党的十八大以来，我们认真贯彻落实习近平总书记关于扶贫开发工作的重要指示精神，大力实施精准扶贫，制定实施了一系列力度大、针对性强的重大举措，扶贫开发事业取得新进展。一是贫困人口大幅减少。“十二五”以来，全省平均每年减贫100万人左右，贫困县农民人均纯收入由2011年的4621元，提高到2014年的6839元，增长近50%。二是贫困地区基础设施明显改善。省以上对贫困地区累计投入3350亿元，年均增长10.2%。一批跨区县的交通、水利、能源等重大项目顺利推进，全部解决了2660万农村人口饮水安全问题，完成农村危房改造44万户，贫困地区农村公路总里程7.2万公里。三是基本公共服务保障水平持续提升。贫困地区办学条件明显改观，营养改善计划惠及52万学生，中职学生全部免除学费。农村低保和基本养老保险覆盖全部贫困地区。贫困人口免费就业服务全面实施。四是扶贫机制创新迈出重大步伐。全部完成贫困人口建档立卡。对国定贫困县实施了财政体制激励政策。省政府拿出专项土地指标支持贫困县项目建设，切出专门资金支持贫困县建立融资担保平台。干部驻村帮扶实现全覆盖，大扶贫格局初步形成。

在充分肯定成绩的同时，也要清醒看到，我省扶贫开发任务依然艰巨繁重。一是贫困人口基数大。目前，全省还有62个贫困县、7366个贫困村、310万贫困人口，其中45个是国定贫困县和片区县。二是全部脱贫难度大。剩下的贫困村都是难啃的“硬骨头”，大多分布在生态环境恶劣、自然资源匮乏的偏远地区，贫困程度深，减贫成本高，脱贫难度大。三是缩小差距压力大。全面建成小康社会的指标体系中，省监测各县的是25项指标，其中贫困县人均GDP、城乡居民收入、人均地方公共财政预算收入指数，分别低于全省平均水平9.3、6.7和5.4个百分点，教育、卫生、医疗等方面也有不小差距。到2020年实现全部脱贫目标，任务十分艰巨。

各地各部门一定要进一步增强紧迫感和使命感，坚决摒弃“就扶贫抓扶贫”的固化思维，更加自觉地把脱贫攻坚置于“四个全面”战略布局中来谋划，切实把思想和行动统一到中央扶贫开发工作会议和省委、省政府的决策部署上来，拿出硬招实招，大力度推进精准扶贫、精准脱贫，确保贫困地区与全省同步全面建成小康社会。

二、要把脱贫攻坚与重大基础设施建设统筹起来，加快推进不懈怠、着力破除瓶颈制约

我省燕山——太行山和黑龙港流域是脱贫攻坚的主战场，也是基础设施投入不足、欠账较多的地区。打好脱贫攻坚战，必须坚持问题导向，把脱贫攻坚同扩大有效供给结合起来，加快破解制约发展的基础设施瓶颈，拓宽发展路径、筑牢发展根基。

（一）坚持交通先行。交通是拉动贫困地区加速发展的重要引擎。要大力实施交通脱贫攻坚，加快实现贫困地区的“外通内联”。一要着力打通“主动脉”。突出抓好京张高铁、太行山高速等重大交通项目建设，提高国省干线建设等级，建成1500公里燕山、太行山地区、黑龙港流域高速通道，1500公里国省干线通道。二要加快改造“最后一公里”。以贫困地区通村、连村和村内道路为重点，建设改造农村公路15000公里。进一步提高公路建设补助标准，通村路补助标准提高50%。三要抓好农村客运“清零”行动。优化农村客运网络布局，科学安排运营线路班次，提高乡镇公交化运营率，力争到2018年全面解决偏远山区群众出行问题。

（二）加强水利建设。解决贫困地区缺水问题是一项迫在眉睫的任务，必须下大力气抓好。一方面，要加快重大水利工程建设。南水北调的水一定要用起来，现在的主要问题是配套水厂及管网建设滞后。要用好国家专项建设债券资金，通过PPP等模式撬动更多社会资本投入，完成配套工程，让群众早日喝上长江水。要加大地下水超采综合治理力度，去年以来中央和省里拿出150多亿专项资金，在黑龙港流域63个县开展地下水超采综合治理试点，取得了初步成效。要认真总结好的经验做法，深入抓好综合治理试点工作，确保到2020年基本实现地下水采补平衡。同时，引黄入冀补淀工程已经开工，要加快建设进度，早日缓解沿线农业灌溉和生态用水的矛盾。另一方面，要抓好中小水利工程建设。新建维修一批水库，新建一批防洪能力、蓄水条件强的山塘，解决好工程性缺水问题。灌区续建配套与节水改造，小型农田水利、“五小水利”工程等要向贫困村倾斜。

（三）完善电力设施。要加强贫困地区农村电网建设，2018年前全部完成升级改造，提升农网供电能力和供电质量，加快制定贫困村通动力电规划。张承地区发展风电、光伏发电具有得天独厚的优势。张北、尚义的风电已具备相当规模，平泉光伏+设施农业试点搞得也不错。目前，制约点在上网消纳上，省发展改革委和省电力公司要加快跑办张北——南昌1000千伏特高压工程，加快锡林郭勒盟——山东1000千伏特高压工程建设。省扶贫办要会同省有关部门，积极总结推广曲阳县的光伏扶贫等新能源扶贫模式，尽快把贫困地区的资源优势转化为经济优势。

（四）普及信息网络。贫困地区要借力“数字机遇”，缩小发展差距。国家将完善农村偏远地区电信普遍服务补偿机制，加大中央财政投入。我们要用好这项政策，加快实施宽带乡村工程，确保到2017年80%的贫困地区行政村通光纤，实现4G基站网络全覆盖。实施贫困村“一村一网店”工程，落实好与阿里巴巴签署的《“互联网+扶贫”合作备忘录》，对贫困村开设服务站，省财政给予每村6000元补助，力争明年底基本实现贫困村电商服务站全覆盖。加快物流配送体系建设，支持邮政、供销合作等系统在贫困乡村建立服务网点，解决农副产品销售难问题。

这里，强调一下革命老区、民族地区的脱贫攻坚问题。前不久，中央出台了《关于加大脱贫攻坚力度支持革命老区开发建设的指导意见》。省有关部门要抓紧研究制定支持民族地区脱贫攻坚的特殊政策，加快推进少数民族县重大基础设施项目和民生工程建设。重点解决好克志书记提出的革命

老区和民族地区“五个滞后”问题，优先布局一批交通、水利、能源等重大工程项目，优先安排实施新一轮退耕还林还草等重点生态工程，优先支持开展新型城镇化综合试点和产城融合示范区建设，优先促进教育文化卫生等社会事业发展。要主动对接中央企业定点帮扶贫困革命老区“百县万村”活动，争取项目、资金、技术、人才等支持。

三、要把脱贫攻坚与发展壮大县域经济统筹起来，找准路子不等靠、切实增强自我发展能力

贫困县脱贫摘帽，关键要靠内生动力，靠县域经济支撑。要通过推进新型工业化和城镇化，吸纳更多贫困人口进城就业、融入城镇，从根本上解决贫困问题；通过推进农业现代化和开放带动，大幅提高农业生产效率，增加农民收入。

第一，要大力发展富民强县产业。坚持因地制宜、分类推进，确保有劳动能力的贫困家庭户户都有增收项目、人人都有致富门路。一要打造特色产业。环首都地区，要用好京津冀协同发展机遇，依托环首都现代农业示范带建设，积极打造环京津蔬菜基地、奶源生产和肉类供应基地，主动承接京津高新成果孵化转化，加快发展有机农业、休闲旅游、冰雪体育、健康养老等绿色低碳产业。燕山——太行山地区，山场广阔、气候独特。要用好国家集中连片特困地区的扶持政策，结合山区综合开发，大力发展核桃、苹果、红枣、板栗等特色林果经济，培育一批加工企业，打造一批驰名商标和知名品牌。要进一步丰富和拓展林果业休闲观光功能和生态文化内涵，建设一批高标准观光采摘园。黑龙港地区，要结合地下水超采综合治理试点，加快调整农业种植结构，大力发展节水种养业和设施蔬菜。要依托饶阳设施蔬菜、平乡自行车等特色产业基础，推广新技术、引进新品种，完善供应链，向中高端、品牌化发展。坝上地区，张北、尚义、康保、沽源、丰宁、围场6县，地势平坦、光照充足、气候冷凉、风光优美，要积极发展旅游业、风电、光电和错季蔬菜等产业。二要强化龙头带动。发展富民产业一定要千方百计把贫困人口吸纳进来，让他们增收受益。赤城在扶贫产业发展中，探索了股份合作制的发展模式，带动5万贫困群众增收。临城实行龙头企业十农户的模式，大力发展薄皮核桃产业，带动1.2万户农民脱贫。这类好的经验做法，省扶贫办要认真总结推广。要继续大力推广政府+龙头企业+金融机构+科研机构+合作社十农户“六位一体”模式，加快扶持发展一批现代农业园区和农业产业化企业，积极培育农民合作社等新型经营主体，切实提高贫困群众的组织化程度。要按照企业带动、农户参与、政策扶持、电商营销的思路，加快发展家庭手工业，提高整体效益。三要探索共享机制。中央《关于打赢脱贫攻坚战的决定》首次提出要开展资产收益扶贫，这是扶贫开发机制的一大突破和创新。各地要结合实际，大胆探索，积极推进。对财政专项扶贫资金和其他涉农资金，投入设施农业、养殖、光伏等项目形成的资产，财政等部门要研究折股量化到贫困村和贫困户的具体办法。对贫困地区水电、矿产、旅游等资源的开发利用，要探索赋予土地被占用的村集体股权，分享资源开发收益。同时，要强化监督管理，明确资产运营方对财政资金形成资产的保值增值责任，建立健全收益分享机制，确保资产收益及时回馈持股贫困户。

第二，要加快新型城镇化进程。目前，我省贫困地区县域城镇化水平远低于其他地区。无论是实现脱贫攻坚目标，促进当地发展，还是推进区域协调、城乡统筹发展，都需要加快推进新型城镇化。一要加快县城和小城镇建设。加强规划引导，在建设好若干区域中心城市的同时，培育建设一批功能健全的中小城市和特色鲜明的小城镇，发挥好对全域的辐射带动作用。城镇要加快补短板，完善基础设施和公共服务，营造良好投资环境，吸引省内外客商投资兴业，增强就业和人口容纳能力；要加快户籍制度改革，落实好居住证制度，让符合条件的农业转移人口顺利落户，实现常住人口基本公共服务全覆盖。各级政府要加大对贫困地区新型城镇化的支持力度，省住房城乡建设厅要把贫困地区的城镇化作为一个重大专项来研究，出台专门支持政策。新型城镇化和农村转移人口政策要向贫困地区倾斜，在试点选择上优先考虑贫困县。二要加快易地扶贫搬迁。“十三五”期间，我省计划搬迁42万农村人口，这是一项极为复杂和艰巨的系统工程。有关各地各部门一定要高度重视，精心谋划，坚持群众自愿、积极稳妥原则，因地制宜选择搬迁安置方式和安置点，完善搬迁后续扶持政策，确保搬迁对象搬得出、稳得住、能致富。这里我强调两个问题：一个是“钱从哪里来”。资金是易地扶贫搬迁最大的难点，42万搬迁人口，按照平均每人6万元的搬迁成本测算，大约需要252亿元。解决这个问题，一方面靠争取中央预算内投资、专项债券规模、低息长期贷款支持，加大各级财政的投入力度，整合各类涉农资金，集中财力办大事；另一方面要靠市场化手段融资，用好危旧房改造、保障房建设、城乡建设用地增减挂钩等政策，创新投融资机制，撬动更多社会资本参与搬迁工程，最大限度减轻搬迁户的负担，让他们搬得起。另一个是“人往哪里搬”。要坚持相对集中安置，结合推进新型城镇化，积极引导群众向县城、小城镇、园区、景区周边有序转移，集中建设若干成规模的移民安置片区。要高度重视解决搬迁户的长远生计，实施移民社区和产业园区“两区同建”，同步抓好工业园区、农业园区、乡村旅游区等建设，同步建设完善配套设施，解决好就业、医疗、社保、子女入学

等问题，确保搬出一户、稳住一户、脱贫一户。三要因地制宜建好美丽乡村。推进新型城镇化，不可能吸纳所有贫困人口，除了那些自然条件极差必须易地搬迁的村之外，大多数贫困群众还要继续生活在农村。要根据地区特点，分类推进美丽乡村建设，省定的重点村指标要向贫困地区倾斜。要按照“四化四美”目标，抓好民居改造、安全饮水、街道硬化、改水改厕等专项行动，尽快改善农村群众生产生活条件。

第三，要支持生态地区加快发展。我省45个国定贫困县和片区县大多既是重要生态功能区，又是生态环境极度脆弱区。要树立绿水青山就是金山银山的理念，把生态建设与脱贫致富有机结合起来，努力探索生态扶贫的新路子。一要加大生态补偿力度。积极争取中央财政转移支付资金，加快跑办国家贫困地区生态综合补偿试点，加大燕山——太行山片区及张家口、承德生态环境支撑区转移支付力度，健全公益林补偿标准动态调整机制，组织开发碳汇造林项目，完善草原生态保护补助奖励政策。合理调整贫困地区基本农田保有指标，加大新一轮退耕还林还草力度。携手京津建立区域生态环境效益共享、建设保护成本共担机制，生态补偿资金重点向贫困地区倾斜。利用生态补偿和生态保护工程资金，使当地有劳动能力的部分贫困人口转为护林员等生态保护人员。二要鼓励参与重大生态工程。把贫困地区作为全省生态建设的重点予以支持，退耕还林、天然林保护、防护林建设、京津风沙源工程、坡耕地综合整治、退牧还草等重大生态工程，在国家和省政策范围内，在项目安排上进一步向贫困地区倾斜，投资比例不低于年度国家和省投资的40%。组织有劳动能力的贫困农民参与绿化造林生态工程建设，提高贫困人口参与度和受益水平。三要大力发展林下经济。推广林农间作、林药间作、林菌套种、林下养殖等多种模式，带动林果业和观光服务业发展，让贫困人口从经济效益、生态效益、景观效益中获取多重收益。鼓励林场与农村集体荒山所有人、承包荒山的个体户等合作开展造林绿化、种植经济林。四要发展壮大生态旅游。加快燕山、太行山旅游综合开发，打造两山休闲度假旅游带。我省现有104个国家和省级森林公园、34个自然保护区。要将这些区域和周边贫困村的规划、建设和管理统筹起来，打造一批各具特色的森林旅游景区、农业园区、林业园区。要依托森林生态资源，大力发展度假、疗养、保健、养老等森林康养产业，带动群众脱贫致富。

四、要把脱贫攻坚与保障和改善民生统筹起来，精准帮扶不漫灌、大幅提升公共服务水平

各级政府要在贫困群众的民生改善上倾注更多精力和财力，按照“六个精准”“五个一批”的要求，根据每个贫困户的实际情况，分类分批进行帮扶。

一要加强就业帮扶，拓宽农民增收渠道。继续实施好“雨露计划”，提高贫困劳动力技能水平，就近转移就业，支持更多贫困劳动力转移到二三产业就业、转移到城镇落户。对贫困地区初高中毕业生接受中、高等职业教育的，每年每人给予3000元助学补助。鼓励社会中介组织和企业在贫困地区开展劳务信息服务，疏通贫困劳动力务工渠道。利用农广校和职教中心培训新型职业农民，每个贫困村每年培养1-2名创业致富带头人，每个有劳动能力的贫困家庭至少有1人掌握1-2项实用技术。贫困县要建立返乡创业园，对入驻创业项目给予补贴扶持，提供创业贷款、创业指导等服务，促进尽快发展壮大。

二要抓好教育扶贫，阻断贫困代际传递。实行特惠教育政策，让农村贫困家庭学生都能接受公平有质量的教育。要优化贫困地区学校布局，推动初中向重点乡镇集中，高中和职业教育向县城或产业园区集中。重点支持山区县新建、改建、扩建义务教育阶段的寄宿制学校，利用3年左右的时间，使全省山区义务教育学校全部达到省定标准，改善贫困地区基本办学条件。要加大帮扶救助力度，就读于省内公办普通高中、中职学校、普通高校的建档立卡贫困家庭学生，享受免学费、免住宿费、免教科书费等政策。继续补助义务教育阶段农村贫困家庭寄宿生生活费。全面落实国家助学贷款政策，实现对贫困家庭高校学生全覆盖。要加强贫困地区教师队伍建设，特岗计划、国培计划向贫困地区基层倾斜，为贫困地区农村学校定向培养一专多能教师。组织省内优质教育资源与贫困地区薄弱学校开展结对帮扶，提高贫困地区教育教学水平。落实好集中连片特困地区乡村教师生活补助的相关政策，鼓励和支持他们扎根农村、安心工作。要高度关注留守儿童问题，进一步优化制度设计，给予这些孩子更多的特殊关爱，帮助他们健康地成长。

三要提高医保水平，减少因病致贫返贫。从目前建档立卡贫困户看，因病致贫的占20%左右。“十三五”期间，要大幅度提高医疗保障水平。实施基本医疗保险、大病保险、医疗救助三重医疗保障，解决好因病致贫返贫问题。大病保险等制度要对农村贫困人口实行政策倾斜，起付线在现有基础上降低50%，从2016年起，最高保障限额提高到30万元，以后逐年增加。要为贫困地区县乡医疗卫生机构定向免费培养医学类本专科学生，实施全科医生和专科医生特岗计划，改善边远乡村医疗卫生条件。要组织全省三级医院与贫困县医院开展“一对一”帮扶，通过远程医疗、合作办医等形式，提升医疗服务水平。

四要推进“两线合一”，政策兜底保障脱贫。本轮脱贫攻坚，是一场歼灭战，不能留“尾巴”。对全省无劳动能力的贫困人口，要通过提高保障水平全部兜底。推进农村低保线与扶贫线“两线合一”，实行省级财政为主、市

级财政配套、县级财政免担的办法，从2016年1月起把农村低保提高到扶贫标准，并根据物价上涨水平每年进行调整。唐山、廊坊等经济基础较好的地区，可以结合自身实际情况，进一步提高低保标准。民政部门要抓紧启动全省农村低保对象的核查工作，切实把符合条件的贫困群众全部纳入保障范围，做到村不漏户、户不漏人，实行动态管理、有进有出。省卫生计生委、省民政厅等部门要积极借鉴其他省区有益做法，引导社会力量参与农村养老机构建设管理，提高贫困地区社会保障水平。

五、要把脱贫攻坚与资源要素配置统筹起来，苦干实干不惜力、坚决打赢这场脱贫攻坚战

推进扶贫开发，政府主导是关键，也是社会主义优越性的体现。要通过政策引领、改革创新，让全省各类资源更多地向贫困地区倾斜，形成攻坚合力。

一要增加扶贫投入。现在各级财政收入增速明显放缓，但扶贫资金只增不减。2016年省级安排财政扶贫专项资金21.6亿元，比2015年翻一番，今后几年，还要结合脱贫攻坚实际需要进一步加大投入。市、县两级要严格落实1%以上公共财政预算收入专项用于扶贫的规定，环首都示范区各县2%。一般性转移支付资金、各类涉及民生的专项转移支付资金和预算内投资进一步向贫困地区和贫困人口倾斜。要加大涉农资金整合力度，把基础设施、产业发展、公共服务、素质能力建设等涉农项目和资金进行整合，由县一级打捆使用，集中投向贫困村和贫困户。要加大金融扶贫力度。目前全省192万建档立卡贫困户中，获得金融部门评级授信的只有8.3万户，占比仅为4.3%。金融对于脱贫攻坚的支撑作用远远没有发挥出来。要加快建立和完善省市县三级扶贫开发投融资主体，用农业扶贫开发创业投资引导基金设立扶贫开发股权投资基金。设立投资开发平台，统一承贷农发行、国开行中长期低息贷款，专门用于支持扶贫项目建设。每个贫困县通过财政资金引导、社会资本和金融资本参股等方式，设立资本金不少于1亿元的融资担保公司，重点开展扶贫担保业务。加快保定市全国政策性金融扶贫实验示范区建设，为全省探索一条金融扶贫的新路。要加强扶贫资金管理。有关部门要切实负起责任，对扶贫领域虚报冒领、截留私分、贪污挪用、挥霍浪费等违法违规问题，坚决从严惩处；审计部门要对扶贫资金使用情况进行专项审计。落实贫困县约束机制，严禁铺张浪费，厉行勤俭节约，严格控制“三公经费”，坚决刹住穷县“富衙”、“戴帽”炫富之风。

二要形成政策合力。省委、省政府制定了《关于坚决打赢脱贫攻坚战的决定》。这次会后，还将陆续出台贫困退出、教育脱贫、医疗保险和医疗救助、低保线与扶贫线“两线合一”等配套政策专件，形成脱贫攻坚的政策体系。行业部门要在政策制定、项目安排、资金投放等方面，进一步加大对贫困地区的倾斜和支持力度。要研究完善扶贫开发用地政策，新增建设用地计划指标优先保障扶贫开发用地需要，用地指标除按正常计划切块安排到县外，每年从新增指标中拿出1万亩，专项用于支持贫困县重点项目建设；支持贫困地区调整完善土地利用总体规划，将具备开发条件、未纳入规划的宜耕未利用地资源纳入整治范围，拓展开发空间。对燕山——太行山集中连片特困地区和国家扶贫开发工作重点县所需增减挂钩指标、工矿废弃地复垦利用计划予以保障，结余指标可在省域范围内挂钩使用。对耕地后备资源丰富的贫困地区优先安排耕地开垦项目，允许补充耕地指标在全省范围内有偿转让。

三要构建大扶贫格局。脱贫攻坚是一项系统工程，需要党政同抓、全社会参与。行业部门要发挥自身职能，政策优先向贫困地区倾斜，项目优先向贫困地区安排，资金优先向贫困地区投放，力量优先向贫困地区汇聚。目前，有32个中央和国家机关在我省开展定点帮扶。对口的省直部门和相关贫困县要加强对接沟通，搞好协调服务，提高帮扶成效。要健全京津对口帮扶我省贫困县的工作机制，推动尽快进入实质性帮扶阶段。当前，有能力有意愿参与扶贫的企业、组织和个人越来越多，但平台和机制不够健全，参与渠道不够畅通。要完善相关机制和平台，落实鼓励政策，更加广泛、更加有效地动员和凝聚方方面面力量，参与帮贫济困，助力脱贫攻坚，在全社会形成人人愿为、人人可为、人人能为的氛围。

四要强化目标考核。全面脱贫的目标，是必须完成的硬任务。省市县逐级签订责任书、立下“军令状”。要全面落实中央统筹、省负总责、市县抓落实的脱贫攻坚领导体制，完善领导干部分包联系机制，不脱贫不脱钩。要建立年度脱贫攻坚报告制度，有脱贫攻坚任务的9个设区市、62个贫困县每年要向省委省政府报告扶贫开发工作进展情况。要强化考核问责，在落实好贫困县脱贫攻坚考核办法的基础上，建立第三方评估机制，科学评估脱贫成效，坚决杜绝“假脱贫”“被脱贫”“数字脱贫”。脱贫成效明显的地方，要给予奖励和表彰；脱贫攻坚重视不够、措施不力、效果不好的要严肃问责。各地各部门都要以“三严三实”的作风，不断开创扶贫开发工作新局面。

如期实现脱贫目标，是贫困地区群众的殷切期盼，是我们必须担负起的历史使命。让我们紧密团结在以习近平同志为总书记的党中央周围，认真贯彻落实党中央、国务院和省委、省政府的决策部署，咬定目标真抓实干，同心合力攻坚克难，坚决打赢脱贫攻坚战，让全省人民共享发展成果、共圆小康梦想。

赵勇同志在全省扶贫开发工作会议上的讲话

（2015年12月28日，根据记录整理）

这次全省扶贫开发工作会议是一次具有历史意义的重要会议，既是打赢脱贫攻坚战的誓师大会，是用新理念新思路落实中央扶贫开发工作会议精神的培训会，又是全面建成小康社会的动员会。大家在讨论中普遍谈到，习近平总书记、李克强总理、汪洋副总理的重要讲话，为我们提供了根本遵循；赵克志书记、张庆伟省长的讲话，为我们提供了路线图、时间表。大家一致为，省委、省政府《关于坚决打赢脱贫攻坚战的决定》和十个专件，顶层设计非常好，政策含金量前所未有。大家普遍反映，通过这次会议增强了信心、理清了思路、明确了措施、强化了责任，回去后要大干一场，坚决保证2018年基本解决全省面上的脱贫问题，2020年底前实现全面脱贫、同步小康。

现在，目标任务、方针政策都非常明确了，关键是落实。下面，我围绕如何抓落实，再强调几点意见。

第一，带着感情抓落实

“十三五”期间，要做的事情很多，各项工作千头万绪，但是作为市委书记和市长、县委书记和县长，最该抓的头一件事就是补齐全面建成小康社会的“短板”。全面小康的“短板”在“三农”，“三农”的“短板”在扶贫，这件事没有退路。抓扶贫是一项需要投入感情的事业。只有感情到了，心才能到，工作才能真正到位。

要带着对领袖的感情抓扶贫。习近平总书记为全党树立了榜样。在梁家河插队，当党支部书记，他深深感受到什么是贫困、老百姓多么企盼摆脱贫困。在正定，他走遍了全县每一个村，有时晚上干脆住在贫困户家里。在宁德，他专门提出要摆脱意识贫困、思路贫困，以弱鸟先飞、滴水穿石的精神摆脱贫困。在今年10月举办的减贫与发展高层论坛上，他指出：“40多年来，我先后在中国县、市、省、中央工作，扶贫始终是我工作的一个重要内容，我花的精力最多。”党的十八大以来，截至上个月底，总书记在国内考察共26次，其中15次涉及扶贫开发工作，有7次是把扶贫开发作为主要内容。党的十八大后，习近平总书记考察扶贫工作的第一站就是河北。我们讲对党绝对忠诚，对领袖充满感情，要落实到具体行动上。我们如果不能率先打赢脱贫攻坚战，就对不住总书记、对不住党中央。

要带着对老百姓的感情抓扶贫。我们不要只看莺歌燕舞，而要经常到贫困地区走一走、看一看。这些年，尽管我们取得了不少成绩，但是贫困面还是不小。通过这次建档立卡，全省的贫困情况基本搞清楚了，贫困发生率在20%以上的总共有三个设区市，分别是承德25.7%、张家口22.3%、保定20.64%，就连省会石家庄还有19.56%的贫困人口、500多个贫困村。上个月，我到保定一个贫困户家里，总共四口人，一个70多岁的老太太，夫妻俩一个小儿麻痹症、一个智障，还有一个孩子读初中，全家就靠每月110元低保金生活，几乎没有其他收入。两周前，我陪国家部委一位领导到距离平乡县城2.5公里的一个村子慰问贫困户，有一户只有两个老人，一个67岁、一个63岁，老太太卧病在床三年了，俩老人就靠每人90元的低保金和两亩地的收入过日子。前年，我在阜平蹲点调研六天六夜，跑了全县13个乡镇、51个村，在贫困户家里没有看到几件像样的衣服，也没有几家有像样的被褥。当然，这三年已有很大发展。想到这些，就特别揪心。贫困群众的生活太苦了，我们欠老百姓的太多了，必须带着对群众的强烈感情和责任抓好扶贫工作。

各级各部门绝不能把扶贫当成“包袱”、当成负担，而要当成重大机遇。党中央、国务院对扶贫工作的重视程度前所未有，提供的政策支持和资金支持前所未有。打好脱贫攻坚战，就可以利用贴息贷款、免息贷款等国家政策，进一步优化贫困地区投资结构，为“十三五”发展赢得巨大的投资空间。今明两年，省农发行发放贷款总额是2800亿元。各地都要积极争取。借助京津的帮扶，把贫困地区富县与富民结合起来，培育绿色产业，推进一二三产业融合发展，就可以为“十三五”发展赢得巨大的产业空间。中央已经明确公益性项目全部取消县级配套，各级各单位借此机会，大大提高贫困地区基础设施投入补助标准，逐步取消县级配套，抓紧把贫困地区的水利、道路、交通等基础设施带起来，就可以为“十三五”发展赢得巨大的基础设施建设空间。贫困群众有了稳定收入，就会增加消费，买衣服、买被褥、买家用电器等商品，有效拉动消费增长，就可以为“十三五”发展赢得巨大的消费空间。机不可失，时不再来。2020年以后都脱贫了，国家这些扶持政策没有了，再干这些事情就会变得非常困难。我们既要带着感情抓扶贫，又要把扶贫工作当机遇，打好这张牌，用好这张牌，为全省经济社会发展提供助力。

第二，扭住关键抓落实

按照习近平总书记提出的“六个精准”“五个一批”，

我们对全省扶贫开发工作进行了具体化。省委、省政府的决定和克志书记、庆伟省长的讲话，概括起来就是“八八战略”。一个“八”是“八大专项行动”，即产业和就业脱贫行动、易地搬迁和危房改造脱贫行动、生态保护脱贫行动、教育脱贫行动、社保政策兜底脱贫行动、医疗保险和医疗救助脱贫行动、基础设施脱贫行动、“互联网+扶贫”行动。另一个“八”是“八项超常规举措”，即财政支持、金融支持、土地政策支持、贫困户收益落实到人头、定点扶贫、选派第一书记和驻村工作队、社会扶贫、考核指挥棒。把“八八战略”落实了，扶贫工作就抓到位了。各地要从实际出发，切实牵住牛鼻子。从我省看，关键是抓三个“牛鼻子”。

一是通过产业和就业扶贫，解决好160万有劳动能力贫困人口的脱贫问题。产业扶贫是我们的主攻方向。现在的问题主要是脱贫产业覆盖面还不够广，一些地方没有把贫困群众真正纳入到产业项目中来，真正的贫困户没有受益。回去之后，各地要切实解决这些问题，把产业项目精准落实到每个贫困户。要实行“一村一策”“一户一法”，让每个贫困户都有增收项目、都有脱贫门路。要通过发展特色农业解决80万贫困人口的脱贫问题，在平原地区重点发展蔬菜、养殖、农产品加工等，在山区要长短结合，兼顾贫困群众长远和近期收入，长线搞林果业等，短线搞食用菌、药材等，并引导贫困户以土地、林地、劳务等资源入股股份合作经济体，让他们获得稳定收入。要通过发展旅游产业解决20万贫困人口的脱贫问题，支持旅游资源丰富的贫困地区建景区、建景点，帮助贫困群众搞农家乐，到景区打工增加收入。要通过发展家庭手工业解决20万贫困人口的脱贫问题，鼓励贫困群众利用自家庭院加工制作手工产品，发挥政府部门在市场信息、产品推荐、设计研发、人员培训、产品销售方面的作用，有效增加贫困群众的非农收入。要通过发展光伏产业解决10万贫困人口的脱贫问题，优先支持贫困县发展光伏发电，在贫困村建设的，要引导项目主体一次性把占用山场的租金付给群众，鼓励贫困户发展屋顶电站和农业光伏项目。要通过发展农村电商解决10万贫困人口的脱贫问题，加强贫困地区宽带网络建设，加强贫困地区电商人才培训，支持贫困地区加大电商布点力度，把贫困户的产品更多地从网上卖出去。要通过就业和劳务输出解决20万贫困人口的脱贫问题，引导和支持用人企业在贫困地区建立劳务培训基地，开展定向培训，让贫困家庭劳动力至少掌握一门致富技能，靠工资性收入实现脱贫。这里特别强调，发展脱贫致富产业，一定要落实精准扶贫要求。每个贫困户都要有具体的、可落实的扶贫措施，确保把贫困户吸纳进来，让他们从中获益。

二是通过易地搬迁，解决好42万“一方水土养不起一方人”地区贫困人口的脱贫问题。克志书记在讲话中要求，把易地搬迁脱贫作为“当头炮”，在明年率先打响。各地都要把这项工作当作一件大事来抓。要搞好规划，在摸清底数的基础上，把哪些人搬出来、搬到哪里去具体化。要坚持整村推进，引导搬迁群众向县城、小城镇和园区、景区周边集中，建成若干个成规模的移民安置片区，方便他们就近创业就业。要管好用好资金，特别是用好国开行、农发行发放的长期贷款，建好省级投融资主体，承接好项目资金、贴息贷款。要整合用好有关政策，支持贫困县将城乡建设用地增减挂钩指标在省域范围内交易，把搬迁到城镇的贫困人口纳入城镇保障性住房保障范围。要统筹做好配套工作，抓好移民安置小区的配套设施建设，解决好搬迁户医疗、社保、子女就学等问题，确保他们衣食无忧、没有后顾之忧。要把易地搬迁脱贫与本地城镇化建设结合起来，为搬迁群众解决城镇户口，让他们享受城镇保障房政策，有效提高当地城镇化率。刚才，张家口市委介绍的经验很有操作性，各地要认真学习借鉴，确保贫困群众搬得出、稳得住、能致富。春节过后，省里将在涞源召开现场推进会。

三是通过社会保障兜底，解决好150万完全或部分丧失劳动能力贫困人口的脱贫问题。这部分贫困人口的脱贫问题只能靠财政拿钱。按照国家有关规定，一旦社会保障水平达到扶贫标准，就把贫困人口视为脱贫人口。现在的主要问题是一些该纳入低保的贫困人口没有纳进来，而且保障水平相对较低。随着生活水平的提高，扶贫和低保标准还要逐步提高。唐山、廊坊等经济条件较好的市要先走一步，对照全面小康指标确定扶贫标准。要坚持“两线合一”，把完全或部分丧失劳动能力的农村贫困人口全部纳入低保，从明年1月起把低保线提高到扶贫线，力争在两年内基本解决社保兜底问题。要建立动态管理机制，每年搞一次动态调整，让已经脱贫的退出来，把新返贫的纳进去，实现保障对象有进有出、精准无误。要下大力解决因病致贫返贫问题，建立统一的城乡居民基本医疗保险制度，加快实现大病保险全覆盖，降低医疗救助起付线，切实为贫困群众筑牢基本医疗保险、大病保险、医疗救助三重保障。

第三，超常举措抓落实

脱贫攻坚已经到了啃硬骨头、攻坚拔寨的冲刺阶段，采用常规思路和办法、按部就班推进难以完成任务，必须以超常举措来推进。在做好建档立卡“回头看”、摸清贫困底数的基础上，要重点在四个方面采取超常举措。

一是财政支持要加大。省委、省政府在脱贫攻坚财政资金投入上作出了表率。各市县财政再困难，扶贫资金也只能增、不能减。要积极调整和优化财政支出结构，切实把扶贫开发作为优先保障重点，确保扶贫投入只增不减，与脱贫攻坚任务相适应。要加大整合力度，围绕脱贫攻坚突出问题，以县为平台，推动专项扶贫资金、相关涉农资金和社会帮扶资金整合起来、打捆使用。要放大财政资金综合效应，以重点扶贫项目为依托，通过担保、风险补偿金等办法放大资金使用效率。

二是金融服务要到位。单靠财政资金，很多工作很难到位。现在金融创新的“大门”已经大开，金融服务体系日益完善。要抓住这个机遇，用好金融手段，切实把脱贫产业和致富产业搞起来。每个贫困县都要建立一个涵盖“三农”和扶贫的投融资平台，支持扶贫项目建设。要建立担保公司，中央拿出专项资金建立省级“三农”担保公司，正在紧锣密鼓地推进，各市县也要建立“三农”担保公司。要用好担保举措，像丰宁满族自治县，凭借省里提供的1.5亿元担保资金，担保融资7亿多元，撬动了大量的资金投入。对企业的贷款，要通过担保方式搞直接融资。对农户的贷款，要推广“双基联动”，实行农村基层党组织与基层金融机构干部双向兼职，实现信用评级、贷款发放和贷款管理等全过程联动，有效解决贫困群众贷款难题。省委农工部和省农信社近期将就此印发专门文件，各地要积极对接。要抓好贫困地区金融服务体系建设，大力推广阜平县经验，县里设立金融服务中心，乡镇依托财政所设立金融服务部，贫困村依托党支部、村委会设立金融服务站，打通金融服务“快车道”，破解扶贫龙头企业和贫困户资金紧张难题。

三是扶贫模式要创新。实践证明，股份合作制是充分利用农村资源、吸引聚集工商资本、调动企业和农民两个积极性的有效方式。不搞股份合作制，很多贫困户就没法纳进来，就无法解决贫困问题。要积极推行政府+龙头企业+金融机构+科研机构+合作社+农户“六位一体”股份合作模式，支持贫困村组建法人合作社和股份合作体，将项目和资金到户转为资本和权益到户。要通过推动“四变”，即让资源变资本、资金变股金、农民变股东、自然人农业变法人农业，实现农民身份的转变，使贫困户成为可以从企业拿租金、股金和薪金的“三金”农民。要下决心推动股份制企业创建与发展，每个贫困村至少成立一家股份合作制企业，发展种养业，广泛吸收贫困户当股东，让他们既有分红收益，又能打工挣钱。

四是驻村帮扶要加强。从督导和抽样调查的情况看，省直单位派出的扶贫工作队是过硬的，都能确保20天待在村里；市直单位的扶贫工作队有七八成做得是好的；县直单位的扶贫工作队则只有四五成能够坚持在村，有的甚至一次也没到村里去，这种情况必须彻底改善。省里出台了一系列政策措施，如果没有工作队盯到村里、指导和帮助村里抓落实，很难落到实处、取得实效。比如，股份制合作企业谁来操作、资金使用谁来监管、创新举措谁来贯彻，等等，这些都需要驻村工作队发挥作用。要确保贫困村第一书记和驻村工作队全覆盖。省委认真研究了派驻第一书记和驻村工作队的总体办法，组建了专门的办公室，负责第一书记和驻村工作队的日常管理。各级各有关部门要抓紧按照省委安排，选好到村任职的优秀后备干部，让他们在扶贫一线摔打锤炼。

第四，“五位一体”抓落实

扶贫是系统工程，既要富县又要富民，不能搞“单打一”。要把脱贫攻坚与山区综合开发、美丽乡村建设、现代农业发展、旅游产业发展结合起来，“五位一体”统筹推进。脱贫攻坚与美丽乡村建设相结合，主要是两句话：一句话是要建成的美丽乡村决不允许有超过4%的贫困群众，这是贫困村的退出标准。另一句话是全省7366个贫困村要逐步建成美丽乡村，各项工作要统筹考虑。脱贫攻坚与现代农业相结合，就是要通过调整贫困地区农业结构，大力发展设施农业，扶持建设集中连片现代农业示范基地和现代农业园区，让贫困户从农业全产业链和价值链增值分享更多收益。脱贫攻坚与山区综合开发相结合，就是要把山区作为脱贫攻坚的主战场，优先保障贫困县扶贫项目供地，积极引进战略投资者，大力推广平山葫芦峪模式，盘活贫困户山场等资源，发展特色产业，通过股份合作制让贫困户参与其中，获得综合收益。脱贫攻坚与旅游产业发展相结合，就是要充分利用贫困地区自然生态、民俗文化等资源优势，推进旅游景区与周边贫困村一体规划、一体建设、一体管理，优先把贫困村打造成乡村旅游专业村，优先帮助贫困户发展农家乐，让贫困户成为旅游业发展的参与者和受益者。

第五，提高能力抓落实

抓扶贫决不能弄虚作假、搞“数字扶贫”，要真刀真枪，用新理念、新思路来提高抓扶贫的能力。要提高顶层设计的能力。大家一致反映，省级的顶层设计搞得非常好。会后，各市、县都要结合本地实际，搞好顶层设计，按照“六个精准”“五个一批”和“八八战略”的要求，对扶持政策、产业项目怎么落实到乡、落实到村、落实到户，有一个科学详细的顶层设计。要提高整合政策的能力。中央和省里都出台了一系列含金量很高的政策，贫困县要把这些政策巧妙地整合起来，与省里对接、与中央部委对接，争取更大支持。只要政策整合好了，就不愁资金、不愁项目。要提高利用金融的能力。这次中央出台的政策中最重要的政策就是金融政策。如果没有利用金融的能力，不学金融、不懂金融，不善于运用金融手段，这些政策的效用就很难发挥到位。要提高撬动社会资本的能力。这次会议发出了动员令，要举全省之力打赢脱贫攻坚战。各级各单位都要动起来，通过“千企帮千村”、高校帮村、干部包户、社区联村等多种方式，切实把社会力量发动起来，共同参与脱贫攻坚。

第六，强化责任抓落实

打好脱贫攻坚战，说到底是责任心的问题。各级干部要按照“三严三实”的要求，强化责任担当，转变工作作风，发扬“白加黑”“五加二”的精神，夙兴夜寐，激情工作，用我们的辛苦指数换取贫困群众的幸福指数。要强化各级党政一把手的责任。各级党政主要领导要切实履行第一责任人的责任。62个重点县的县委书记、县长要亲力亲为，认真抓好精准识别、项目落地、资金筹措、人力调配、推进实施等工作。对脱贫攻坚的重点工作和重大项目，要亲自安排部署，带头督导落实，决不能当“甩手掌柜”。明年省里将对贫困县脱贫攻坚情况进行排队，其他工作干得再好，扶贫工作上不来，也只能往后排。要强化各级扶贫开发领导小组及扶贫机构的责任。按照克志书记要求，省委、省政府调整了省扶贫开发领导小组，实行省委书记、省长“双组长”制。有扶贫任务的9个设区市和62个重点县也要参照省里做法尽快调整，强化统筹协调、指导推动、检查考核等职能，把脱贫攻坚各项工作紧紧抓在手上。9个有扶贫任务的设区市都要有专门的扶贫办，把班子配强、把力量配足。62个贫困县的扶贫工作机构都要独立运作，配备专门力量，确保扶贫工作有人抓、有人管。要强化行业部门的责任。各级各部门都要把脱贫攻坚作为分内之责，坚持扶贫项目优先安排、扶贫资金优先保障、扶贫工作优先对接、扶贫措施优先落实，加强协调配合，形成工作合力，做到不脱贫、不脱钩。要强化驻村工作队和第一书记的责任。驻村工作队和第一书记要把心思放在扶贫上，身子扎到村里面，加强对基层组织的指导，帮助村里谋划发展思路，帮助群众制定致富措施，在推动一村一品、一户一业上充分发挥作用。要坚持一季度一调度、半年搞一次全省观摩、每年搞一次专项考核，确保责任落实到位。

到2020年还有五年时间，这在人类的历史长河中仅仅是短短一瞬间，而在实现中华民族伟大复兴中国梦的征程中，却是十分关键的重要节点。脱贫攻坚的历史责任落到了我们头上。让我们认真贯彻中央和省委决策部署，真抓实干、攻坚克难，努力向中央、向历史、向人民群众交上一份合格答卷。

全面贯彻实施农产品质量安全法
确保让人民群众吃上安全放心农产品

——王刚同志在省人大常委会农产品质量安全和农作物秸秆综合利用专题调研汇报座谈会上的讲话

（2015年1月16日）

今天，我们省人大常委会专题调研组来省农业厅，就贯彻实施《农产品质量安全法》和农作物秸秆综合利用情况进行专题调研，这是根据省人大常委会今年立法、监督工作安排，经省人大常委会领导批准开展的一次重要监督活动。

按照这次调研活动安排，刚才，朱立杰副厅长汇报了贯彻实施《农产品质量安全法》和开展秸秆综合利用的情况，参加调研的部分省人大常委会委员、省人大常委会农工委、教科文卫工委的同志和省农业厅有关处、室、局、站的同志进行座谈，大家交流了如何进一步贯彻实施好《食品安全法》、《农产品质量安全法》和做好秸秆综合利用工作情况，有针对性地提出了一些有价值的意见和建议，这对我们开展好食品安全、农产品质量安全立法和监督工作，做了必要的前期准备，打下了良好的基础。

下面，我就全面贯彻实施《农产品质量安全法》，确保让人民群众吃上安全放心的农产品，讲几点意见。

一、要进一步提高对做好食品和农产品质量安全工作重要性和必要性的认识

食品和农产品质量安全，直接关系到广大人民群众的身体健康和生命安全，关系到农业持续健康发展，关系到社会的和谐稳定。中央和省委对食品和农产品质量安全工作始终高度重视，先后作出了一系列重大决策部署。在2013年12月中央农村工作会议上，习近平总书记就农产品质量和食品安全问题专门作了重要讲话，他强调：食品安全关系群众身体健康，关系中华民族未来。农产品质量安全基础仍然比较脆弱，质量安全事件时有发生，成为我们的心头之痛。能不能在食品安全上给老百姓一个满意的交代，是对我们执政能力的重大考验。食品安全问题必须引起高度重视，下最大气力抓好。食品安全涉及的环节和因素很多，但源头在农产品，基础在农业。农产品生产是第

一车间，源头安全了，才能保证后面环节安全。抓食品安全，必须正本清源，首先把农产品质量抓好。确保农产品质量安全，既是食品安全的重要内容和基础保障，也是建设现代农业的重要任务。要把农产品质量安全作为转变农业发展方式、加快现代农业建设的关键环节，坚持源头治理、标本兼治，用最严谨的标准、最严格的监管、最严厉的处罚、最严肃的问责，确保广大人民群众“舌尖上的安全”。习近平总书记指出：食品安全，首先是“产”出来的。长期以来，为了提高产量、增加供给，很多地方大量使用化肥、农药、塑料薄膜，这虽然保证了农业发展，但也造成了日益严重的农业面源污染，加上工业和生活各种排污，给生产食品的环境造成了一定程度的破坏。食品安全，也是“管”出来的。面对生产经营主体量大面广、各类风险交织形势，靠人盯人监管，成本高，效果也不理想，必须完善监管制度，强化监管手段，形成覆盖从田间到餐桌全过程的监管制度。我们建立食品安全监管协调机制，设立相应管理机构，目的就是要解决多头分管、责任不清、职能交叉等问题。定职能、分地盘相对好办，但真正实现上下左右有效衔接，还要多下气力、多想办法。习近平总书记的重要讲话，为我们做好食品和农产品质量安全工作，确保让人民群众吃上安全放心的食品和农产品，指明了方向，提出了新的更高要求。我们要深入学习贯彻习近平总书记重要讲话精神，进一步提高对做好食品和农产品质量安全工作重要性和必要性的认识，切实增强确保让人民群众吃上安全放心食品和农产品的责任感、使命感。

今年是《农产品质量安全法》颁布实施九周年。省人大常委会组织开展食品和农产品质量安全专题调研活动，推动《食品安全法》、《农产品质量安全法》的贯彻实施，这对主动适应经济发展新常态，进一步转变农业发展方式，加快推进农业现代化，加强食品和农产品质量安全监管，提高我省农产品质量安全水平，促进农业和农村经济可持续发展，具有十分重要的意义。当前，我省农业发展形势很好。粮食产量实现“十一连增”，农民增收有望实现“十一连快”，农村改革步伐加快，农业农村发展势头良好，为经济社会稳中求进提供了支撑、增添了底气。但也要清醒地看到，农业和农村发展正面临前所未有的新挑战。农业资源偏紧和生态环境恶化的制约日益突出，农业面源污染、耕地质量下降、地下水超采等问题凸现；资源和市场对农业发展的约束加剧，消费者对农产品质量安全的要求越来越高。适应这种新形势、新变化、新要求，必须坚定不移地走科学发展、绿色崛起之路，坚持以人为本，把保障农产品质量安全、维护公众健康放在更加突出地位，实行数量与质量并重，大力发展高产、优质、高效、生态、安全农业。必须深入贯彻实施《食品安全法》、《农产品质量安全法》，切实增强全社会农产品质量安全意识和法治观念，加强食品和农产品质量安全监管，依法规范农产品生产、销售行为和市场秩序，加强源头治理和全程监控，推进农业标准化生产，落实市场准入制和责任追究制，提升我省农产品竞争力，提高农产品质量安全水平，保障人民群众农产品消费安全，维护人民群众的根本利益，为加快农业现代化提供有力支撑。

二、通报一下今年省人大常委会关于食品、农产品质量安全和秸秆综合利用相关立法、监督工作安排

省人大常委会对食品、农产品质量安全和农作物秸秆综合利用工作高度重视，将开展食品安全法、农产品质量安全法执法检查、制定农产品质量安全配套法规、促进秸秆综合利用决定列入了今年立法、监督工作安排。具体来说：

一是组织开展《食品安全法》执法检查。围绕加强对民生的监督，在去年开展食品安全专题询问的基础上，由省人大常委会领导同志带队，部分省人大常委会委员、省人大代表参加，今年将开展《食品安全法》执法检查，并对政府食品安全工作进行满意度测评，督促政府进一步改进和加强食品安全工作。

二是组织开展《农产品质量安全法》执法检查。认真贯彻落实中央和省委关于加强农产品质量安全工作的决策部署，围绕推动《农产品质量安全法》的贯彻实施，由省人大常委会领导同志带队，部分省人大常委会委员、省人大代表参加，对我省贯彻实施《农产品质量安全法》情况进行执法检查。

三是探索推进《农产品质量安全法》配套法规立法工作。认真贯彻落实党的十八届四中全会精神，充分发挥立法的引领、规范和促进作用和人大在立法工作中的主导作用，加强人大对立法的组织协调工作，探索委托第三方起草农产品质量安全配套法规草案，经反复调研、征求意见、修改完善、协调论证，待基本成熟后，适时提请省人大常委会审议。

四是制定《省人大常委会关于促进农作物秸秆综合利用的决定》。在去年开展农作物秸秆综合利用专题视察和这次专题调研基础上，学习借鉴兄弟省区市秸秆综合利用立法经验，健全完善扶持政策和投入机制，组织起草决定草案，经反复调研、征求意见、协调论证，待基本成熟后，提请省人大常委会审议。

三、关于加强农产品质量安全工作的建议

根据今天调研的情况，结合大家座谈中提出的意见，我就进一步加强农产品质量安全工作，提几点建议：

一是要抓好法制建设，切实增强全社会农产品质量安全意识和法治观念。要采取多种手段和形式，广泛深入宣传普及《农产品质量安全法》、《食品安全法》等相关法律法规，解决好有法不知道、知道不执行的问题，让全社会、农产品生产经营者，特别是广大农民了解掌握农产品质量安全相关法律知识，切实增强守法、执法的自觉性。要结合我省实际，制定好配套的地方性法规、行政规章、规范性文件，增强针对性、可操作性。

二是要抓好源头治理，依法规范农产品生产经营行为。农产品质量安全必须从源头抓起，粮食、蔬菜、水果等农产品要抓到田间地头，严格规范农药、化肥等投入品使用。肉蛋奶等产品要从饲料抓起，着力解决滥用饲料添加剂的问题。对生产的各个环节，都要按照法律要求，制定相应的管理制度，逐步建立起良好的操作规范。要规范农业投入品的使用和管理，严防使用禁用投入品，合理用药用肥，并做好生产记录；要规范农产品生产活动，按照标准化生产；要规范农产品包装，方便农产品质量安全可追溯；要教育生产经营者重质量、重安全、重自律、重信誉。只有把主要精力用在打基础、抓源头上，才会收到事半功倍的效果。

三是要抓标准化生产，健全完善农产品质量安全标准体系。首先要制定和修订农业标准。没有标准或标准不统一，就等于监管没有尺度，容易形成监管“真空”。据有关资料显示，现有农业方面国家标准1400多项，行业标准3400多项，还有大量的地方标准，基本做到了农产品质量安全监管和操作规范有标可依。但是，还存在着多头制定、标准交叉、科学性不强等问题。要加强农产品质量安全标准的制定和修订工作，进一步健全农产品质量安全标准体系。其次要坚决贯彻执行农业标准，不仅明确禁止生产、销售不符合国家规定的农产品质量安全标准的农产品；而且积极引导、推行农业标准化生产，鼓励生产优质农产品。

四是要抓质量安全监管，切实把好市场准入关。面对千家万户的分散生产，在生产环节的监管上难以做到全覆盖，因此，必须加强质量安全监管，把好市场准入关。首先要明确禁止进入市场销售的农产品范围，向生产者、经营者广为宣传。其次对进入批发市场、零售市场交易的农产品要严格抽检，查验生产记录和产地证明，发现问题要立即就地处理并追溯产地。要纠正有的批发市场为扩大销售额而放弃或放松查验的现象。要进一步健全农产品质量安全监管体制，明确相关部门监管职责，分工负责，各司其职，严格管理，切实加强对农产品全过程监管。要强化农产品生产经营企业质量安全主体责任，实行严格的农产品质量安全追溯制度、召回制度、市场准入和退出制度，确保让广大人民群众吃上安全放心的食品、农产品。

深化扶贫开发专题询问跟踪监督工作
推动扶贫开发审议意见整改落到实处

——王刚同志在省人大常委会扶贫开发专题询问审议意见整改落实跟踪监督问效活动督办座谈会上的讲话

（2015年5月12日）

今天召开的这次扶贫开发专题询问审议意见整改落实跟踪监督问效督办座谈会，是根据省人大常委会今年监督工作安排，经省人大常委会领导批准开展的一项重要监督活动。其主要任务是，围绕推动省人大常委会2014年扶贫开发专题询问审议意见的贯彻落实，运用开展专题调研、加强审议意见督办、听取审议政府专项工作报告等形式，加大连续监督、跟踪监督力度，进一步增强监督的刚性和实效，监督和支持政府及相关部门改进和加强扶贫开发工作，推动扶贫开发专题询问审议意见得到有效落实，更好地促进扶贫开发工作深入扎实开展。

按照开展扶贫开发专题询问审议意见整改情况跟踪监督实施方案的要求，刚才，广恩主任宣读了这次跟踪监督问效活动的实施方案；大家听取了省扶贫办、省发改委、省财政厅、省政府农工办、省政府金融办、省科技厅、省教育厅、省国土厅、省林业厅等9个部门负责同志《关于贯彻落实省人大常委会扶贫开发专题询问审议意见整改情况的汇报》，使大家对相关部门整改落实情况和成效有了初步了解，为下一步深化跟踪监督、继续推动整改落实工作开展打下了一个好的基础。

下面，借此机会，我就深化扶贫开发专题询问跟踪监督工作，推动扶贫开发审议意见整改落到实处，讲几点意见。

一、要充分认识加强扶贫开发专题询问审议意见整改落实跟踪监督的重要性和必要性

大家知道，消除贫困、改善民生、实现共同富裕，是全面建成小康社会进程中的重大历史任务。新一轮扶贫开发以来，我省各级政府坚持把扶贫攻坚作为战略任务来抓，科学规划，因地制宜，突出重点，加大力度，着力提高扶贫开发的精准性、有效性、持续性，扶贫开发工作取得明显成效。但也要清醒地看到，我省贫困人口多、扶贫任务重、脱贫难度大的问题依然突出，贫困群众脱贫的稳定性不够，因灾、因病、因子女上学返贫的现象比较普遍，成为制约贫困地区发展和贫困群众脱贫的重要因素。

深入推进扶贫开发工作，是关系保障和改善民生的一件大事。省人大常委会高度重视扶贫开发工作，去年把开展扶贫开发专题询问作为监督工作重点来抓，听取审议了省政府关于农村扶贫开发工作的报告和省人大农委关于农村扶贫开发工作的调研报告，并开展了专题询问。由于专题询问主题选得好，准备工作充分，精心组织实施，特别是询问人和应询人密切配合，专题询问取得很好效果，许多常委会委员和代表为此“点赞”。但我们也要充分认识到，询问不止于问，承诺贵在践行。开展专题询问只是手段，真正解决问题、推动工作才是目的。这就需要我们紧紧围绕中央关于推进人大制度与时俱进的新要求，积极探索，不断创新，特别是在增强监督实效方面，要将扶贫开发专题询问审议意见整改落实情况作为监督工作重点，综合运用连续监督、跟踪问效、下达催办函、限时落实、“回头监督”、重新办理、满意度测评等多种手段，开展“组合式”监督，紧抓不放、持续发力、一抓到底，确保跟踪监督问效事项收到实实在在成效。人大监督，既要敢于监督，又要善于监督，关键是看监督的实效性。实效性是监督的生命力之所在，切不可流于形式、走过场。监督就是要实实在在地解决问题、推动工作。只有不断增强监督的实效性，才能不断提高人大监督的权威性。

加强人大监督，是全面推进依法治国、建设社会主义法治国家的必然要求。人大监督要有实效，这既是一个老话题，也是一个新话题。张德江委员长指出，人大及其常委会监督“一府两院”的工作和实施有关法律情况，是人大制度的内在要求和制度安排，体现了国家一切权力属于人民的宪法原则。他强调，要依法加大监督力度，探索完善监督方式，积极回应社会关切，不断增强监督实效。作为监督者和被监督者，人大和政府的目标是一致的，只是分工不同，我们要认真落实中央和省委关于打好扶贫开发攻坚战的精神，共同推动，把全省人民关注的扶贫开发工作做好，让贫困群众跟全省人民一道进入全面小康社会。

二、当前扶贫开发专题询问审议意见整改落实初见成效

从刚才汇报的情况看，各部门对省人大常委会扶贫开发专题询问审议意见的整改落实工作是重视的，整改落实工作目标明确，思路清晰，措施得力，工作扎实，效果较好。一是在创新扶贫开发机制，切实做到扶真贫、真扶贫方面。建立实行了贫困县考核机制、精准扶贫机制、产业扶贫机制、财政扶贫资金管理机制、社会帮扶机制等。二是在财政扶贫投入方面。在省级公共预算收入几乎没增长情况下，仍把扶贫资金投入作为必保、先保项目，今年安排扶贫类资金10.8亿元，比上年增长8%。三是在推进“燕太片区”扶贫项目实施方面。加大统筹协调力度，积极争取中央有关项目资金支持，“燕太片区”重大项目实施取得积极进展，完成投资近1000亿元。四是在科技扶贫方面。加大科技成果转化、技术培训、科技特派员创业服务力度，贫困群众科技文化素质有较大提高。五是在教育扶贫方面。加大对贫困地区改善义务教育薄弱学校基本办学条件支持力度，已下达公用经费和校舍维修改造资金18.63亿元。六是在解决易地扶贫搬迁土地指标方面。今年已安排5000万亩扶贫专项用地指标，重点支持贫困县扶贫项目建设。七是在金融扶贫方面。加大金融扶贫力度，今年安排涉农和中小微企业新增贷款分别为484.42亿元、550.53亿元，重点投向贫困区域项目和实体经济。八是在扶持发展新型农业经营主体方面。加大政策支持、资金扶持和示范带动力度，全省农民合作社已发展到8.5万家。九是在加大生态补偿力度方面。目前已落实生态公益林2635.5万亩，国家已确定将我省4721.9万亩公益林纳入天然林保护工程试点范围。总的看，去年以来各部门整改落实工作成效明显，为下一步深化监督工作、推进扶贫开发目标的实现，打下了坚实的基础和保障。

三、要充分认识当前扶贫开发工作的形势和任务，进一步推动跟踪监督工作深入开展

在去年底中央农村工作会议和今年2月省委农村工作会议上，中央和省委在全面部署“三农”工作的同时，研究部署了农村扶贫开发工作，强调要继续向贫困宣战，加快推进农村扶贫开发，决不让贫困代代相传。习近平总书记多次讲到，“小康不小康，关键看老乡”。就是要持续推进民生改善，要以增进民生福祉为目的，加快经济社会事业发展，千方百计增加贫困群众收入，促进社会公平正义与和谐进步。现在距实现全面建成小康社会目标只有5年了，时间很紧，而扶贫任务很重。中央提出今年全国减

贫目标在1000万人以上，我省提出每年减贫100万人，完成这个任务需要付出更大努力。因此，必须以时不我待的责任感、紧迫感，加大扶贫力度，创新扶贫机制，加快推进扶贫开发工作。做好扶贫开发工作，支持困难群众脱贫致富，帮助他们排忧解难，是我们坚持党的根本宗旨的重要体现，也是各级政府的重大职责。要把减少扶贫对象作为首要任务，坚定信心，找准路子，加快转变扶贫开发方式，实施精准扶贫，切实把扶贫开发工作抓紧抓好、抓出成效。要心里始终装着困难群众，经常深入基层、深入实际、深入群众，一心一意为老百姓做事，多做雪中送炭的工作，多解决困难群众的问题，满腔热情地为困难群众办好事、办实事。对于贫困群众的心声，各级领导都要十分关注，要把增进人民福祉作为最大责任，切实抓好扶贫开发工作，多谋贫困群众之利，多解贫困群众之忧，千方百计让贫困群众过上美好生活。“立国之道，惟在富民”。奔小康的路上不能让一个人掉队。要坚持“三农”重中之重地位不动摇，加快转变农业发展方式，让农业更强、农民更富、农村更美。

从当前我省扶贫开发面临的任务来看，下一步要围绕扶贫开发工作的薄弱环节，扎实抓好扶贫开发审议意见整改落实工作。一是要深化精准扶贫。在已完成贫困村和贫困户建档立卡基础上，将各项帮扶措施与建档立卡成果对接起来，“一村一策、一户一案”，全面落实精确化、个性化帮扶，促进帮扶措施更多面向特定人口、具体人口，真正变“大水漫灌”为“滴灌”。要把减贫措施的精准实施与贫困人口的定点脱贫相对接，让“滴灌”见到成效。二是要加快集中连片特困地区的扶贫攻坚。推进片区开发与精准扶贫相结合，加快实施扶贫重点工程，提升贫困地区基础设施和公共服务水平，创造有利于“造血式”扶贫的大环境。三是要积极拓展经济发展新常态下扶贫开发新途径。因地制宜发展贫困地区特色种养业扶贫、旅游扶贫、电商扶贫、光伏扶贫等特色经济，帮助贫困群众找到稳定的致富门路。四是要注重增强贫困地区自我发展能力。扶贫开发要取得成效，最基本的还是要靠贫困地区和贫困群众自身努力。要进一步建立健全和落实贫困县考核机制、贫困县约束机制、贫困县退出机制、精准扶贫工作机制等，进一步细化实化各项措施，促进贫困县领导班子和领导干部把工作重点转到扶贫开发上来，把扶贫资金、项目投到贫困村、贫困户中去，切实做到“真扶贫、扶真贫”，不断加快贫困地区发展和贫困群众脱贫致富步伐。

强化农村金融机构服务“三农”职责
努力实现农村金融与“三农”共赢发展

——王刚同志在省人大常委会农村金融改革创新和服务“三农”专题视察活动汇报座谈会上的讲话

（2015年8月4日）

这次农村金融改革创新和服务“三农”专题视察活动，是根据省人大常委会今年工作部署，经省人大常委会领导批准开展的一次重要监督活动。其主要任务是，围绕推动中央和省委关于加快农村金融改革创新、强化农村金融机构服务“三农”职责、实现农村金融与“三农”共赢发展重大决策部署的贯彻落实，通过对省直涉农金融机构和各地农村金融改革创新、服务“三农”工作的视察，总结经验，查找问题，分析原因，研究对策，提出相应的意见建议，监督和支持政府及涉农金融机构解决当前“三农”融资难、担保难等问题，更好地推动农村金融服务“三农”工作开展，不断扩大农村金融服务覆盖面，提升农村金融服务“三农”水平，为加快我省农业现代化建设，促进农业和农村经济持续健康发展，提供有力的金融支持和保障。

按照开展专题视察活动实施方案要求，今天下午召开省人大常委会专题视察汇报座谈会，对组织开展专题视察活动进行安排部署。刚才，广恩主任宣读了这次专题视察活动的实施方案；省金融办、省财政厅、省农行的负责同志结合本部门职能，汇报了农村金融改革创新和服务“三农”情况；明天还要听取省农村信用社、省农发行的工作汇报。通过听取工作汇报，使大家对我省农村金融改革创新和服务“三农”情况有了初步了解，为搞好这次专题视察活动打下了好的基础。

下面，我就充分认识开展专题视察的重大意义，突出监督重点，加大对农村金融服务“三农”工作监督力度，争取专题视察活动取得扎实成效的问题，讲几点意见。

一、要充分认识组织开展农村金融改革创新和服务“三农”专题视察活动的重大意义

（一）开展专题视察是推动中央和省委重大决策部署更好贯彻落实的职责所在。农村金融是国家整个金融体系的重要组成部分，是支持服务“三农”发展的重要力量。近年来，中央和省委对加快农村金融改革创新和服务“三农”工作高度重视，先后作出了一系列重大决策部署。党的十八大报告强调：深化金融体制改革，健全促进宏观经济稳定、支持实体经济发展的现代金融体系。党的十八届三中全会决定明确要求：完善金融市场体系，推进政策性金融体制改革，保障金融机构农村存款主要用于农业农村。党的十八大以来中央三个一号文件对健全农业支持保护制度、改善农村金融服务，加快农村金融改革创新、强化金融机构服务“三农”职责、发展新型农村合作金融组织，综合运用财政税收、货币信贷、金融监管等政策措施，推动金融资源继续向“三农”倾斜等作出了重大部署。特别是在2013年底和2014年底中央农村工作会议上，习近平总书记、李克强总理都先后就健全金融支农制度、强化农村金融服务“三农”工作作了重要讲话，提出了明确要求。习近平总书记强调：要根据新形势新情况，研究如何使农业支持保护措施更有针对性、更有实效。要加大农业投入力度，财政再困难也要优先保证农业支出，开支再压缩也不能减少“三农”投入。要研究开辟新的投融资渠道，建立健全“三农”投入稳定增长的长效机制。农村金融仍然是老大难问题，解决这个问题关键是要在体制机制顶层设计上下功夫，鼓励开展农民合作金融试点，建立适合农业农村特点的金融体系。要在规范运行、严格监管、控制风险的前提下，允许承包土地的经营权向金融机构抵押融资，采取多种方式为农业发展开辟新的融资渠道。新型农民搞规模种养业，风险也加大了，农业保险一定要搞好，财政要支持农民参加保险。李克强总理强调：农业适度规模经营越发展、农业现代化水平越提高，对金融的需求就越强烈。今年我们通过定向降准、单列信贷计划等，加强了对“三农”的支持，还出台了关于金融服务“三农”发展的若干意见，制定了不少特别支持政策，要认真抓好落实。继续综合运用财政税收、货币信贷、金融监管等政策，推动金融资源向“三农”倾斜。其中发展融资担保是破解“三农”融资难、融资贵问题的重要手段和关键环节，要大力发展政府支持的“三农”融资担保和再担保机构，完善银担合作机制，扩大担保业务规模，有效降低融资成本。国有商业银行、政策性银行、农村信用社、邮政储蓄银行要履行支持农业的责任和义务，增加涉农贷款，畅通农村金融服务“主动脉”。要进一步放宽市场准入，发展村镇银行、小额贷款公司等小微金融机构，积极探索新型农村合作金融发展的有效途径，丰富农村金融服务“毛细血管”。农业保险要扩大政策性保险覆盖面，提高保费补贴标准，积极发展商业性、合作性农业保险，提升风险保障水平。省委、省政府连续三个一号文件也都对深化农村金融改革创新、强化“三农”金融服务，积极推进金融下乡、让农村金融活起来等作出了具体部署，提出了明确要求。贯彻落实中央和省委的决策部署，要求我们从人大常委会职能出发，加强对农村金融服务“三农”工作的监督，推进农村金融服务“三农”工作扎实开展。组织开展这次专题视察，是贯彻落实中央和省委关于加快农村金融改革创新、强化农村金融机构服务“三农”职责、实现农村金融与“三农”共赢发展重大决策部署的重要举措，也是人大工作围绕中心、服务大局，推动中央和省委重大决策部署贯彻落实的迫切需要，有利于监督政府及涉农金融部门加强和改进农村金融服务“三农”工作，为加快农业现代化建设、促进农业增效和农民增收提供有力金融支撑。

（二）开展专题视察是充分发挥农村金融重要作用，加快农业现代化建设、促进农业增效和农民增收的迫切需要。近年来，我省农村金融改革创新取得了很大进展，农村金融服务“三农”工作逐步展开，为农业和农村经济发展注入了很大活力。但应该清醒地看到，农村金融供应严重不足，贷款难、贷款贵、担保难的现象普遍存在；服务网点少、贷款门槛高、支付汇兑不便等问题比较突出；农村金融仍然是金融体系中的薄弱环节，农村金融的整体水平与“三农”发展的现实需要，与推进社会主义新农村建设的要求，还有很大差距。我省农村金融服务存在的问题，有农业弱质性、农村经济发展滞后、农民收入水平低等客观因素，也有我们长期以来城乡分割、农村金融制度改革创新不足以及农村金融政策不完善、不落实等原因。伴随农业现代化、市场化步伐加快，“三农”对金融服务的需求越来越迫切。从当前来看，随着深化农村改革和现代农业建设的推进，农村金融服务需求迅速升温，特别是近年来种养大户、家庭农场、农民合作社、农业产业化龙头企业等新型农业经营主体的快速发展，带来了巨大的金融服务需求。据统计，截至2015年6月底，全省家庭农场发展到10119家，农民合作社发展到88702家，农业龙头企业发展到6000多家，其中国家级龙头企业46家，省级龙头企业608家。现代农业规模经营在离不开金融支持的同时，也培育了农村金融服务的巨大市场。随着农村产权制度改革的推进，现代金融服务所需要的条件将更加完善，农业要素将在更大范围内流动，深化农村改革进程中资源价值的提升，也将带来巨额的金融市场需求。推进农村金融服务“三农”工作，不仅仅是农村金融机构的责任，更是农村

金融机构难得的发展机遇。这就要求各级政府和农村金融机构必须适应当前“三农”发展新形势新任务要求，深入贯彻落实中央和省委的重大决策部署，在推进农村金融改革创新中，树立民生金融、普惠金融、草根金融的理念，以服务“三农”、推进城乡一体化发展为宗旨，把政府惠民、便民政策与金融机构履行社会责任结合起来，发挥各类金融机构比较优势，找准农村实际金融需求与银行经营行为的结合点，探索服务“三农”、推进农业现代化、支持新农村建设的新路子，不断提升农村金融服务水平。开展专题视察，是履行人大监督职责，加大监督力度，推进农村金融服务“三农”工作开展的重要手段，有利于全面了解农村金融服务“三农”情况，总结成绩，查找问题，分析原因，提出相应意见建议，推动农村金融服务“三农”中存在问题的解决；有利于督促政府及涉农金融部门制定相关政策，加大金融服务“三农”力度，进一步调动广大农民的生产积极性，加快我省现代农业建设步伐，促进农业增效、农民增收和农村经济社会持续健康发展。

(三)开展专题视察是推动政府及涉农金融机构解决金融服务“三农”中存在的问题，不断提升金融服务水平的重要举措。深化农村金融改革创新，推进农村金融服务体系建设，为“三农”提供低成本、高效率、现代化的金融服务，是广大农民群众的热切期盼，是加快农业现代化建设的迫切需要。近年来，我省农村金融取得长足发展，初步形成了较完善的农村金融体系，服务覆盖面不断扩大，服务水平不断提高。但从初步调研情况看，农村金融服务还存在着不少障碍和问题。一是目前在广大农村尚未形成为“三农“提供普惠金融服务的完善金融体系，金融服务力量仍比较薄弱；二是农民了解金融知识少，接受金融服务知识、掌握服务技能、操作金融服务工具比较困难；三是农村分散的居住环境特别是交通落后、信息闭塞等因素影响，给推进普惠金融带来一定障碍；四是有的地方政府和金融部门对农民信用引导和培育缺位，农民信用意识淡薄，诚信意识不强，农村信用环境较差，给推进普惠金融带来一定阻力；五是农业生产受自然灾害影响较重，农产品价格市场波动较大，农业产业比较效益低，而政府财政投入不足，加上涉农金融机构推进农业信贷优惠、农业保险等措施的主动性不强，致使农业发展面临较大市场风险。这些问题，需要各级政府和涉农金融机构认真研究解决。开展专题视察，是进一步明确政府责任、强化金融部门职责、推动金融服务“三农”工作开展、确保农业现代化稳步推进的重要举措。要通过专题视察，加大监督力度，在全面了解情况、找准存在问题、深入分析原因的基础上，有针对性地提出意见和建议，监督和支持政府及涉农金融机构切实抓好金融服务“三农”工作，为保障和促进农业增效、农民增收和加快现代农业建设作出更大贡献。

二、突出监督重点，加大监督力度，提高专题视察实效

加强人大对“一府两院”的监督，是宪法和法律赋予人大的一项重要职权。今年省人大常委会将农村金融服务“三农”作为监督工作重点，是从我省“三农”发展大局出发，围绕加快农业现代化建设，着力解决当前“三农”存在的突出问题确定的。我们要综合运用听取专项工作报告、开展专题视察、加强审议意见督办、强化跟踪监督问效等手段，加大监督力度，增强监督实效。人大监督要取得实效，关键是要突出监督重点，抓住关键问题，把监督寓于支持之中，实实在在地解决问题、推动工作。

（一）要突出重点，抓住关键问题。农村金融改革创新和服务“三农”工作涉及面广，政策性、专业性、关联性强。我们要紧紧围绕中央和省委的决策部署、法律法规和相关政策贯彻实施中存在的突出问题进行视察。这次专题视察，明确了六个方面的视察重点：一是深化农村金融改革创新，强化农村金融机构服务“三农”职责，拓展农村金融服务覆盖面，探索新型农村合作金融发展有效途径等情况；二是加大对“三农”信贷投放，创新“三农”金融服务，推动金融资源向“三农”倾斜，金融服务向“三农”延伸，着力解决“三农”贷款难、贷款贵、担保难问题，确保农业信贷总量持续增加的情况；三是落实农村金融发展扶持政策，加强财税杠杆与金融政策有机配合，落实金融机构涉农贷款增量奖励、农户贷款税收优惠、小额担保贷款贴息等政策，实现金融机构农村存款主要用于农业农村，不断提高存贷比和涉农贷款比例的情况；四是加大对重点领域金融支持，创新农村金融产品，探索开展农村金融支持农业规模化、产业化、集约化经营试点，改善农村金融服务，满足种养大户、家庭农场、农民合作社、农业龙头企业的金融需求，加强对提高农业综合生产能力、农业科技进步、现代种业、设施农业、农产品精深加工等项目信贷支持的情况；五是开展“三农”贷款担保，推进承包土地经营权、林权、农民财产权抵押担保贷款试点，发展政府支持的“三农”融资担保和再担保机构，创新农村抵（质）押担保方式，建立农村信用担保体系的情况；六是健全政策性农业保险制度，完善农业保险保费补贴政策，加大农业保险保费补贴力度，扩大农业保险覆盖面，建立财政支持的农业保险大灾风险分散机制的情况。省视察组要围绕这六个方面问题，认真开展好专题视察活动，努力提高专题视察活动实效。

（二）要严格要求，坚持依法办事。视察组要严格按照监督法、我省监督法实施办法和专题视察实施方案的要

求开展工作，严格监督程序，把握工作要求。一是要认真进行视察。通过听取工作汇报、召开座谈会、实地视察、查阅相关资料，掌握真实情况。对专题视察中发现的重大问题，要及时转交有关部门核查处理，并限期汇报办理情况。二是要注意发现问题。开展专题视察的目的就是找问题，针对问题提出意见和建议，推动工作开展。要重点查找农村金融机构责任落实、深化农村金融改革创新、落实农村金融扶持政策、加大对“三农”信贷投放、加大对新型农业经营主体金融支持、财政促进金融支农、解决“三农”融资难融资贵问题、开展“三农”融资担保、落实政策性保险制度等方面存在的问题，特别是对违反法律法规和相关政策的行为，要责成当地人大认真调查核实，加大监督力度。三是要认真梳理总结视察成果。视察活动结束后，要认真综合梳理视察情况，开展综合分析研判，在充分肯定成绩、找准问题的基础上，有针对性地提出意见和建议，督促政府及涉农金融机构采取有力措施，进一步改进和加强农村金融服务“三农”工作。

（三）加强跟踪问效，建立长效机制。开展专题视察是推动工作开展的重要手段，发现问题是取得专题视察成效的前提。通过开展专题视察，分析问题产生的原因，提出解决问题的办法，建立起预防问题发生的长效机制，这是开展专题视察的目的。希望视察组认真组织好这次专题视察，通过视察，发现问题，分析原因，运用法治思维和法治方式，总结出规律性的东西，建立和完善农村金融改革创新和服务“三农”工作的长效机制。

三、精心组织实施，确保专题视察活动顺利开展

（一）要加强政策法律学习，努力提高监督水平。这次专题视察是省人大常委会今年组织开展的一项重要监督活动。视察内容涉及面广，政策性、专业性很强。这对视察组成员和工作人员素质提出了更高要求。希望大家认真学习贯彻习近平总书记重要讲话精神，学习中央和省委关于农村金融改革创新和服务“三农”工作的决策部署和有关文件，学习农业法和农村金融方面的法律法规，掌握农村金融改革创新和服务“三农”方面相关知识，切实提高依法履职能力，为搞好专题视察打下良好基础。

（二）要注意方式方法，务求实效。视察组除坚持必要的视察检查程序外，还要深入到有关地方政府、农村金融机构、新型农业经营企业、农村实地视察和走访，倾听群众意见，力求掌握客观真实的情况。视察中要切实做到真、实、严。“真”就是真查、真看，真实反映情况，真正发现问题、研究对策。“实”就是要真正深入基层、深入农村、深入农业、深入农民，不走过场、不搞形式主义。“严”就是要维护政策法律的严肃性，对发现的问题不回避，敢于核查，敢于监督，严格依法办事。

（三）要团结协作，密切配合。视察组人员要充分发挥自身优势，密切配合，搞好专题视察，做到有始有终。要服从安排，团结协作，相互配合，勤奋努力工作。省人大常委会农工委要加强协调和服务工作，精心组织实施，主动承担任务，及时沟通情况，形成整体合力，共同完成好专题视察任务。

（四）要贯彻八项规定，做到廉洁自律。在专题视察活动中，要认真贯彻落实中央和省委的八项规定，密切联系群众，坚决反对“四风”；要坚持轻车简从，不接受超标准接待，不给基层增加负担，不给群众添麻烦，切实转变作风，以良好的精神状态和工作作风，确保这次专题视察活动取得扎实成效。

大力推进记得住乡愁的美丽乡村建设
让农村成为农民安居乐业的美丽家园

——王刚同志在河北省人大常委会美丽乡村建设专题视察活动汇报座谈暨动员会上的讲话

（2015年9月16日）

这次美丽乡村建设专题视察活动，是推动中央和省委关于大力建设美丽乡村、全面推进农村人居环境整治、坚定不移推进社会主义新农村建设、全面建成小康社会重大决策部署贯彻落实的实际步骤；也是根据省人大常委会今年工作安排，在我省美丽乡村建设、农村面貌改造提升行动和现代农业发展进入新阶段开展的一次重要监督活动。其主要任务是，围绕贯彻落实中央和省委的重大决策部署，以强化规划引领、提升农村基础设施建设水平、加快农村一二三产业融合发展、推进城乡基本公共服务均等化、建设记得住乡愁的美丽乡村、让农村成为农民安居乐业的美丽家园为目标，全面了解美丽乡村建设情况，肯定成绩、总结经验，发现问题、研究对策，提出相应的意见

和建议，监督和支持政府着力解决当前美丽乡村建设中存在的突出问题，推动美丽乡村建设工作扎实开展，不断提升我省美丽乡村建设整体水平。

按照这次美丽乡村建设专题视察活动的安排，今天上午召开省人大常委会美丽乡村建设专题视察汇报座谈暨动员会，对组织开展美丽乡村建设专题视察活动进行安排部署。刚才，广恩主任宣读了这次专题视察活动的实施方案；省美丽乡村建设领导小组办公室、省发改委、省财政厅、省农业厅、省水利厅、省住建厅、省环保厅、省人社厅、省民政厅、省卫计委的负责同志结合本部门职能，汇报了开展美丽乡村建设工作情况，使大家对这次专题视察活动的安排和目前全省美丽乡村建设进展情况有了初步了解，为搞好专题视察活动打下了好的基础。

下面，我就搞好美丽乡村建设专题视察，突出视察工作重点，加大监督力度，争取专题视察取得扎实成效讲几点意见。

一、要统一思想，提高认识，充分发挥人大常委会在推进美丽乡村建设中的重要作用

（一）开展专题视察是贯彻落实中央和省委重大决策部署的职责所在。中国要美，农村必须美。大力建设美丽乡村，是改善农村人居环境、促进生态文明建设的重大举措，是加快城乡发展一体化、全面建成小康社会的生动实践。近年来，中央和省委对大力建设美丽乡村、全面改善农村人居环境工作高度重视，先后作出了一系列重大决策部署。在2013年底召开的中央农村工作会议上，习近平总书记深刻指出，“中国要强，农业必须强；中国要美，农村必须美；中国要富，农民必须富”。充分体现了党中央对“三农”工作的高度重视，也深刻指出了“三农”工作、美丽乡村建设的战略地位、战略任务和战略要求。去年底召开的中央农村工作会议明确指出，新农村建设要由“单项突进”向“综合发展”迈进、要由“千村一面”向“各美其美”迈进、要由“物的新农村”向“人的新农村”迈进，对美丽乡村建设提出了新的更高要求。近年来，省委、省政府把美丽乡村建设、实施农村面貌改造提升行动作为改善农村人居环境、全面建成小康社会的重大举措来抓，统筹规划，突出重点，协调推进，真抓实干，全省美丽乡村建设取得了明显进展。今年，省委、省政府又作出了以建设连片美丽乡村为重点，按照“保持田园风光、增加现代设施、绿化村落庭院、传承优秀文化”的要求，通过扩展成片，把连片美丽乡村打造成社会主义新农村建设示范区的决策部署。我们要把思想和行动统一到中央和省委的决策部署上来，认真落实省委中心组学习会精神，特别是省委书记赵克志在西柏坡调研时提出的美丽乡村建设“四美”要求，站在统筹城乡发展、深入推进新农村建设、全面建成小康社会的高度，深刻认识开展美丽乡村建设专题视察的重要性和必要性，不断增强推进美丽乡村建设的责任感和紧迫感，围绕中心、服务大局，通过专题视察，推动中央和省委重大决策部署的贯彻落实。

（二）开展专题视察是推动解决当前美丽乡村建设中存在的问题，促进美丽乡村建设深入扎实开展的客观需要。近年来，我省美丽乡村建设工作取得了很大进展，通过开展基层建设年和农村面貌改造提升行动，对全省1.6万个农村进行了蹲点帮扶，为农村办了一批惠民利民的实事，农村面貌发生了显著变化。农业和农村经济发展呈现新气象，一批富民产业初步形成；农村环境发生新改善，“脏、乱、差”的状况得到大大改观；农村服务保障实现新突破，基础设施和公共服务设施建设进一步加强；干部作风有了新转变，锻炼了能力，锤炼了作风，密切了党群干群关系。从全省情况看，我省有48606个行政村、5660万农村人口，相对快速发展的农村经济，农村社会发展明显滞后。在23项小康监测指标中，全省尚有12项低于全国平均水平。因此，要全面建成小康社会，农村是重点，也是难点。我们要深刻认识到，农村的全面小康，不仅包括农民收入水平的提高，还包括农民生活质量的提高、生活环境的改善、生活方式的转变。开展美丽乡村建设，不是简单地整治环境，而是重要的民生工程、发展工程、生态工程、党建工程。因此，按照“环境美、产业美、精神美、生态美”的要求，开展以转变农村传统生产、生活和治理方式为主要内容的美丽乡村建设，事关全面建成小康社会目标能否如期实现，事关党在农村的执政基础能否巩固加强。我省美丽乡村建设虽然取得了很大成绩，但仍存在着一些不容忽视的问题。这就要求我们通过视察，在总结好的做法的基础上，找出问题所在，研究对策建议，以此推动美丽乡村建设中存在问题的解决，加快我省美丽乡村建设步伐，让农民群众在美丽乡村建设中更好地享受改革发展成果。

（三）开展专题视察是监督支持各级政府加强美丽乡村建设工作，不断提升美丽乡村建设整体水平的重要举措。

小康不小康，关键看老乡。农民群众对美好生活的向往，就是我们的奋斗目标。如果农民群众还没有富裕起来，农村面貌总是破破烂烂的，怎么能说是建成了小康社会。我们要破解城乡二元结构，就要一手抓城乡一体化发展，一手抓美丽乡村建设。不这样去抓，就会进一步加剧城乡差距，难以实现城乡统筹发展。坚持规划引领，注重规划的科学性、前瞻性，是开展美丽乡村建设的重要前提。要按照生活宜居、环境优美、设施配套、产业发展的要求，在充分调研论证、广泛征求意见基础上，科学编制美丽乡村建设规划，积极探索符合客观规律和农民意愿的美丽乡

村建设路子，不搞千村一面，而要各美其美。实践表明，美丽乡村建设的中心任务是发展农村生产力，根本目的是提高农民生活水平。只有生产发展了、农民富裕了，美丽乡村建设才有物质基础，才能取得实实在在的成效，否则再美好的蓝图也无法实现。美丽乡村环境建设不限于村容村貌建设，更重要的是提高农村基础设施水平，在整治环境、节约使用资源、改善公共服务、方便农民生产生活等方面谋求综合发展。开展美丽乡村建设，产业支撑是基础。这就需要把美丽乡村建设与农村产业发展结合起来，宜工则工、宜农则农、宜商则商、宜游则游，大力发展生态高效农业、农产品深加工等产业，实现美丽乡村与经济发展协调统一。美丽乡村建设，既要充分体现农村的特点，注重乡土味道、保留乡村风貌，又要客观反映各地建设与发展的需求，把握实用、普适、兼容的原则。美丽乡村建设不能搞“去农村化”，照搬城镇模式，不能千篇一律、一个模式、一个格调。我省各地情况千差万别，每个地方都有自己的实际，每个农村都有自己的特点。这就决定了美丽乡村建设必须坚持科学规划、因地制宜、分类指导、统筹兼顾、突出特点的原则。农村各地发展差距很大，改善村容村貌工作必然是起点有差距、过程有快慢、水平有高低、方式有不同，必须坚持从实际出发，稳步推进，不能搞“一刀切”和模式化。不然，既没有了农村味道，也丢掉了地域差异、民族特色。我们要建设的是类型多样、特色鲜明、风貌各异、多姿多彩的美丽乡村，切不可脱离实际，违背农民意愿，盲目攀比。美丽乡村建设既要重视发展经济，也要加强政治文明、精神文明、生态文明以及和谐社会建设，使美丽乡村内外兼修，成为农民安居乐业的美好家园。也只有由“物的新农村”向“人的新农村”迈进，着力解决农民群众生产生活中最迫切的实际问题，符合农民意愿，带给农民实惠，美丽乡村建设才能得到农民拥护，扎实稳步推进。开展这次专题视察，是进一步明确政府责任，推动各级政府抓好美丽乡村建设工作，努力提高美丽乡村建设整体水平的重要举措。要通过专题视察，在全面了解情况、找准存在问题、深入分析原因的基础上，有针对性地提出意见和建议，监督和支持各级政府进一步加强和改进美丽乡村建设工作，为把我省连片美丽乡村打造成社会主义新农村建设示范区作出积极贡献。

二、突出视察重点，加大监督力度，提高专题视察实效

今年省人大常委会将美丽乡村建设作为监督工作重点，是从我省“三农”发展大局出发，围绕加快推进美丽乡村建设，着力解决当前美丽乡村建设中存在的突出问题确定的。我们要综合运用开展专题视察、听取专题视察报告、加强审议意见督办、强化跟踪监督问效等手段，加大监督力度，增强监督实效。人大监督要取得实效，关键是要突出监督重点，抓住关键问题，把监督寓于支持之中，实实在在地解决问题、推动工作。

（一）要突出重点，抓住关键问题进行监督。美丽乡村建设工作涉及面广，政策性、专业性、群众性强。我们要紧紧围绕中央和省委的决策部署、相关法律法规和政策贯彻实施中存在的突出问题进行视察。这次专题视察，明确了六个方面的重点：

一是贯彻落实中央和省委全面推进农村人居环境整治决策部署的情况，包括制定美丽乡村建设规划，改善农民居住条件，配套建设农村公共服务设施，推进山水林田路综合治理，农村环境和农村河塘综合整治，农村垃圾和污水处理，农村周边工业三废排放和生活垃圾监管治理等情况。

二是以美丽乡村片区建设为重点，推进实施农村面貌改造提升行动的情况，包括集中打造崇礼、白洋淀、廊坊北三县、滦平金山岭、正定古城、平山西柏坡、固安、北戴河、衡水湖等9个美丽乡村片区建设样板；抓好饮水安全、道路硬化、垃圾处理、污水处理、厕所改造、村庄绿化、民居改造、环境美化、产业支撑、传统文化保护等15件实事的情况。

三是强化产业支撑，加快农村一二三产业融合发展的情况，包括鼓励发展种养殖大户、家庭农场、农民合作社、农业产业化龙头企业等新型农业经营主体；扶持发展农业规模化、产业化经营，延长农业产业链，提高农业附加值；发展特色种养业、农产品加工业、农村服务业；扶持发展“一村一品”、“一乡一业”致富产业，带动农民就业致富；开发农业多种功能，扶持发展特色旅游、休闲观光、电商、物流等产业的情况。

四是加大对美丽乡村建设投入的情况，包括强化政府对改善农业农村发展条件的责任，建立美丽乡村建设财政投入稳定增长机制，持续增加美丽乡村建设的支出；引导和鼓励社会资本投向美丽乡村建设，在农村兴办各类服务事业；制定和落实财税、金融等支持美丽乡村建设相关政策的情况。

五是加强农村基础设施建设的情况，包括解决农村居民饮水安全问题，推进城镇供水向农村延伸；实施农村电网改造升级工程，保障农村生产生活用电；加快推进农村公路建设，实施“村村通”公路工程；加强农村危房改造；推进农村广播电视、通信、互联网等村村通工程情况。

六是保障和改善农村民生，完善农村社会保障体系的情况，包括完善落实新型农村合作医疗、新型农村养老保险、农村最低生活保障、农村居民大病保险、“五保户”集中供养、农村社会救助、农民工和失地农民社会保障等

制度的情况。

（二）要严格要求，坚持依法监督。视察组要严格按照监督法、我省监督法实施办法和专题视察实施方案的要求开展工作，严格监督程序，把握工作要求。一是要认真进行视察。通过听取工作汇报、召开座谈会、实地视察、查阅相关资料，掌握真实情况。对专题视察中发现的重大问题，要及时转交当地政府有关部门核查处理，限期汇报办理情况。二是要坚持问题导向。开展专题视察的目的就是发现问题、找准问题，针对问题提出意见和建议，推进美丽乡村建设。要重点查找美丽乡村建设工作开展、编制和实施建设规划、落实相关扶持政策、同步推动产业与乡村建设、建设项目和资金管理、建立健全长效机制等方面存在的问题，特别是对违反法律法规和相关政策的行为，要责成当地调查核实，加大监督力度。三是要认真梳理总结视察成果。视察活动结束后，要认真综合梳理视察情况，开展综合分析研判，在充分肯定成绩、找准存在问题的基础上，有针对性地提出意见和建议，督促政府及相关部门采取有力措施，进一步改进和加强美丽乡村建设工作。

（三）加强跟踪问效，建立长效机制。开展专题视察是推动工作开展的重要手段，发现问题是取得专题视察成效的前提。通过开展专题视察，分析问题产生的原因，提出解决问题的办法，建立起预防问题发生的长效机制，这是开展专题视察的目的。希望视察组认真组织好这次专题视察，通过视察，发现问题，分析原因，运用法治思维和法治方式，总结出规律性的东西，建立和完善美丽乡村建设工作开展的长效机制。

三、精心组织实施，确保专题视察活动顺利开展

（一）要加强政策法律学习，努力提高监督水平。这次专题视察是省人大常委会今年组织开展的一项重要监督活动。视察内容涉及面广，政策性、专业性很强。这对视察组成员和工作人员素质提出了更高要求。希望大家认真学习贯彻习近平总书记重要讲话精神，学习中央和省委关于大力建设美丽乡村、推进农村人居环境整治、深化新农村建设工作等决策部署和有关文件，学习农业法和美丽乡村建设方面的法律法规和相关政策，掌握推进美丽乡村建设方面的相关知识，切实提高依法履职能力，为搞好这次专题视察打下良好的基础。

（二）要注意方式方法，务求实效。视察组要按照法定的视察检查程序办事，同时还要注意方式方法，深入到有关地方政府、美丽乡村建设现场、部分美丽乡村片区、乡镇和农村实地视察和走访，倾听群众意见，力求掌握客观真实情况。视察中要切实做到真查、真看，真实反映情况，真正发现问题、研究对策。要坚持深入基层、深入农村、深入农民，不走过场、不搞形式主义。要坚持维护政策法律的严肃性，对发现的问题不回避，敢于查实查清，敢于监督，善于监督，严格依法办事。

（三）要团结协作，密切配合。视察组人员要充分发挥自身优势，密切配合，搞好这次专题视察，做到有始有终、善始善终。要服从安排，团结协作，相互配合，努力工作。省人大常委会农工委要加强协调和服务工作，精心组织实施，主动承担任务，及时沟通情况，形成整体合力，共同完成好专题视察任务。

（四）要严格遵守八项规定和工作纪律。在专题视察活动中，要认真贯彻落实中央和省委的八项规定，密切联系群众，坚决反对“四风”；要坚持轻车简从，勤俭节约，廉洁自律，不接受超标准接待，尽量减轻基层负担，维护好群众的利益，以良好的精神状态和工作作风，确保专题视察活动取得扎实成效。

Ⅲ 社会经济发展报告

综 合 篇

全省农村经济综述

2015年，全省农林牧渔业生产继续保持稳定发展，粮棉油生产结构调整不断深入，蔬菜生产总体平稳，林业和果品生产进展顺利，畜牧生产继续调整，渔业生产全面增长。

一、农林牧渔业生产基本情况

（一）农林牧渔业生产持续扩大，三大支柱产业比重提高到70%以上。

1.生产规模扩大。2015年，全省农林牧渔业总产值和增加值继续保持稳定增长，共计完成农林牧渔业总产值5978.9亿元，按可比价格计算比上年增长2.7%；实现农林牧渔业增加值3578.7亿元，按可比价格计算比上年增长2.7%。

2.生产结构优化。全省农、林、牧、渔各业生产比重有所变化，畜牧、蔬菜、果品三大支柱产业比重进一步提高。2015年农业产值比重为57.6%，与上年持平；林业产值比重为2.0%，渔业产值比重为3.4%，均比上年提高0.2个百分点。农林牧渔服务业比重为5.2%，比上年提高0.4个百分点。畜牧业产值比重为31.8%，比上年下降0.8个百分点。全省畜牧、蔬菜、果品三大支柱产业进一步发展，在全省农林牧渔业生产中的地位更加突出。三大产业共实现产值4242.7亿元，占全部农林牧渔业产值的比重达到71.0%，比上年提高1.1个百分点。

（二）农作物生产结构进一步调整。

1.粮食生产稳定。2015年，我省粮食生产以确保安全为目标，集中力量打造4000万亩粮食生产核心区，稳定面积、提高种植技术，加强田间管理，深入推进建设吨粮市、吨粮县，全力推进粮食生产稳定发展。加上2015年气候条件对粮食生产较为适宜，病虫害发生较轻，为粮食生产的稳定发展提供了保障。河北粮食总产量达到3363.8万吨（672.8亿斤），比上年增长0.1%。

2.油料作物生产稳定增长，品种结构继续调整。2015年，全省油料产量达到151.5万吨（30.3亿斤），比上年增长0.9%。从油料生产品种分析，花生、油菜籽等传统大类油料作物产量均出现不同程度下降。芝麻产量保持稳定，胡麻籽、葵花籽等小品种油料作物由于受到消费者欢迎，在市场需求的带动下，产量出现较快增长，分别比上年增长16.1%和20.5%。

3.棉花生产持续下降。2015年，全省棉花生产继续呈现下降趋势，种植面积和产量分别比上年下降12.6%和13.4%。

4.甜菜、中草药材产量快速增长。2015年，全省甜菜、中药材生产继续保持快速增长态势。甜菜种植面积达到17.1千公顷，比上年增长12.4%；产量达到89.2万吨，增长17.9%。中草药材播种面积达到62.1千公顷，增长30.5%；产量达到38.8万吨，增长36.3%。

5.蔬菜生产面积稳定，单产和总产量保持增长。2015年，全省蔬菜生产总体平稳，播种面积1242.1千公顷（1863.1万亩），同比增长0.4%；蔬菜总产量8243.7万吨，增长1.5%。从大类种植品种看，除白菜产量下降、瓜菜类、葱蒜类产量基本持平外，其他蔬菜品种产量均呈现增长态势。其中叶菜类产量增长2.3%，甘蓝类产量增长1.4%，根茎类产量增长2.3%，菜用豆类产量增长4.1%，茄果类产量增长1.1%，水生菜类产量增长37.9%，食用菌产量增长8.4%，其他蔬菜产量增长10.2%。从种植结构看，蔬菜生产以白菜类、茄果类、瓜菜类、叶菜类和葱蒜类为主，五类蔬菜种植面积达到908.4千公顷（1362.5万亩），占全部蔬菜播种面积的73.1%；产量达到6094.3万吨，占全部蔬菜产量的73.9%。

（三）造林绿化面积增加。

2015年，全省造林绿化保持稳定发展，造林结构进一步调整。全年完成造林绿化面积342.6千公顷（513.9万亩），比上年增长0.7%。其中，人工造林284.1千公顷（426.1万亩），增长3.5%。全年更新造林5.2千公顷，增长30.8%。四旁（零星）植树1.1亿株，减少5.6%。从造林用途结构变化看，经济林和特种用途林面积快速增长，用材林和防护林面积减少。其中，经济林面积增长42.9%，特种用途林面积增长2.1倍；用材林面积减少11.3%，防护林面积减少7.2%。

（四）果品生产出现较快增长。

2015年，我省果品生产情况好于常年，属于果品生产的“大年”。特别是随着近几年河北果品种植结构的调整，核桃、板栗等干果种植面积快速增长，并且已经进入丰产期，部分地区的大樱桃、安梨等特色果品生产也保持较快发展。这些因素都进一步促进了河北果品生产的较快发展。2015年全省园林水果产量达到1508.6万吨，比上年增长6.2%；食用坚果产量达到54.4万吨，比上年增长15.9%。年末果园面积1094.2千公顷，比上年减少2.2%。

（五）畜牧生产仍处于调整期。

1.生猪生产整体形势偏紧。2015年，全省河北生猪存出栏处于下行状态，全年累计出栏生猪3551.1万头，比去年下降2.4%。猪肉产量275.0万吨，下降2.2%。年末全省生猪存栏1865.7万头，同比下降2.6%。

2.肉牛生产形势较好。全年共计出栏牛325.4万头，比上年增长1.5%。牛肉产量53.2万吨，增长1.5%。年末存栏肉牛166.9万头，增长7.8%。

3.肉羊出栏增加，存栏不足。由于羊肉价格持续走低，养殖效益下降较快，导致肉羊出栏加快。2015年全省共计出栏肉羊2255.0万只，比上年增长3.0%。羊肉产量31.7万吨，增长4.1%。出于减少经济损失，规避市场风险的考虑，养殖户在加速肉羊出栏的同时，减少补栏数量，使得羊存栏出现下降，年末全省羊存栏1450.1万只，同比下降5.0%。

4.肉鸡生产下降，禽蛋生产增长。受禽肉市场价格下行、养殖效益下降的影响，2015年全省家禽养殖出现下降。全年共计出栏家禽5.8亿只，比上年下降2.0%。禽肉产量87.0万吨，下降1.4%。年末全省存栏肉鸡8071.0万只，同比减少4.3%。2015年禽蛋价格虽然出现波动，但总体价格仍处于较好水平，全年禽蛋产量保持增长，但第四季度蛋鸡存栏下降，导致全年存栏出现减少趋势。全省禽蛋总产量达到373.6万吨，同比增长3.0%。年末蛋鸡存栏2.6亿只，同比减少1.7%。

5.牛奶生产维持下降态势。受养殖效益和养殖模式改革等因素的影响，2015年全省奶牛补栏减少，存栏下降，全年牛奶产量473.1万吨，比去年下降3.0%。年末全省存栏奶牛182.2万只，同比下降8.0%。

（六）渔业生产全面增长。

2015年，沿海地区延长禁渔期，工厂化、规模化养殖比重不断提高等措施，使全省渔业生产实现稳定较快增长。全年水产品总产量达到129.3万吨，比上年增长2.3%。从生产品种看，海水产品和淡水产品全面增长。其中海水产品产量达到75.7万吨，增长3.5%；淡水产品产量达到53.6万吨，增长0.7%。从生产方式看，捕捞和养殖产量双双提高。其中，海水捕捞产量25.1万吨，比上年增长4.5%；淡水捕捞产量10.3万吨，增长1.0%；海水养殖产量50.6万吨，增长2.9%；淡水养殖产量43.3万吨，增长0.6%。（七）设施农业生产比重不断提高。

（七）设施农业快速发展

2015年，全省设施农业占地面积达到266.0千公顷（399.1万亩），比上年增长11.6%。设施蔬菜是设施农业生产的主要类型，种植面积达到403.7千公顷，占全部设施农业种植面积的84.6%，占全部蔬菜种植面积的32.5%。设施瓜果生产位居设施农业第二位，种植面积为54.5千公顷，占全部设施农业种植面积的11.4%，占全部瓜果种植面积的47.5%。

二、需要高度关注的几个问题

根据农林牧渔业生产形势，结合基层调研情况进行综合分析，2015年河北农林牧渔业生产形势出现以下几个方面的变化，预计将对后期农林牧渔业生产产生影响，应予以高度关注。

（一）市场价格波动的影响加剧

1.玉米价格出现较大幅度下降，预计将对明年的粮食生产产生影响。2015年秋季以来，全省玉米价格快速下降，部分地区下降幅度达到30%以上。主要原因是近几年玉米种植面积和产量持续增加，但工业原料玉米的需求量下降，饲粮用量也处于饱和状态，导致从2014年秋季开始玉米销售出现困难，2015年新粮上市后，玉米销售困难进一步加剧，促使价格进一步下行。此外，进口玉米价格也对国内玉米价格造成一定影响。预计2016年我省玉米种植面积将因价格下降受到影响，农民对玉米的种植管理和各种投入也会相应减少，有可能导致玉米产量的减少。

2.畜牧业生产价格波动频繁，对生产造成较大影响。2015年，肉蛋奶市场价格出现变动品种增加、变化周期缩短、波动频次增加、波动幅度加大的现象，对畜牧业生产的影响加剧，对肉蛋奶生产发展方向的影响更加显著。

从数据反映的趋势看，畜牧业各主要品种的生产变化特点明显：

一是生猪生产处于全面下行态势，存栏、出栏、猪肉产量均比上年减少，反映出2015年全省生猪生产受市场价格的影响，在养殖效益下降的情况下，整体生产处于收缩状态，预计2016年前期生猪生产的下行趋势将继续延续。

二是牛羊等草食性畜牧品种的饲养由增转降。2015年，由于牛羊肉价格均出现了较大幅度下降，使牛羊养殖效益降低，导致养殖户补栏积极性下降，同时为了较少饲养损失又加快出栏速度，加剧了牛羊饲养量的减少。预计年末存栏数量减少将对明年的牛羊生产产生影响，由于牛羊饲养周期较长，这种影响可能会延续到2016年下半年。

三是家禽生产出现下降。受市场价格影响，2015年全省家禽生产出现整体下降趋势，家禽存栏出栏和禽肉产量均比上年减少。由于目前肉禽规模化养殖的生产周期较短（约45天左右），在市场价格好转的情况下，家禽饲养恢复速度较快，因此对2016年的生产不会产生较长阶段的影响，家禽生产将继续随市场快速波动。

四是奶牛养殖进入调整期。2015年，全省奶牛存栏数量减少，牛奶产量下降。和其他畜牧业生产品种相比较，我省奶牛生产下降的主要原因比较特殊。由于牛奶销售主要以牛奶加工龙头企业和奶牛养殖企业通过合同订单方式进行，2015年我省生牛奶收购价格相对稳定，但因养殖成本上升，养殖比较效益下降，奶牛养殖企业人为控制产奶的牛群数量来降低成本，导致牛奶产量减少。另一方面原因是，近几年在奶类加工龙头企业的要求下，我省大部分奶牛养殖小区按照市场化原则，由奶站收购小区内各家农户的奶牛，改制成为规模较大的奶牛养殖场。由于规模变大后，原有的奶站管理水平跟不上，养殖环境较差，导致奶牛发病增多，奶质量有所下降，影响了养殖效益，再加上奶站资金周转普遍比较困难，因此奶站在淘汰老病奶牛后不再补栏，导致奶牛饲养规模缩减，奶牛存栏数量减少。这些情况表明，河北奶牛养殖业正处在生产结构调整提升期是造成存栏数量和牛奶产量减少的重要因素。

（二）雾霾天气对蔬菜生产的影响加剧

2015年10月份以来持续的雾霾天气，对我省蔬菜生产造成严重影响。调研情况显示，连续3天以上的雾霾天气对设施蔬菜就会产生明显影响。去年11月份我省中南部地区连续20多天雾霾天气发生导致这期间的设施蔬菜产量减产30-50%，蔬菜种植损失较大，对生产边际效益已经逐步递减的蔬菜种植业可谓雪上加霜。特别是在我省设施蔬菜种植已经有遭遇天花板迹象的形势下，雾霾天气对蔬菜生产影响因素的叠加效应将加剧对我省下一阶段蔬菜产业发展的影响，应采取有力措施，确保蔬菜产业稳定。

（三）资源环境和市场因素对农业生产结构调整提出新要求

目前，我省农林牧渔业生产的资源环境仍面临比较严峻的形势，生态环境保护和治理任务艰巨，资源环境约束进一步加剧，对农业可持续发展提出了严峻挑战。2015年我省小麦、玉米、棉花、大豆、禽蛋、肉类、牛奶、果品、蔬菜等主要农产品价格多呈下跌态势，对农民种植养殖收入影响极大。预计2016年农产品价格仍将维持低位运行态势，对农业生产的影响将会进一步显现。农林牧渔业生产通过“转方式、调结构”突破困境，提升农业生产的质量和效益的要求更加迫切。预计在地下水超采综合治理、调整农业种植结构、轮作休耕等农业生产宏观调控政策引导下，2016年全省农林牧渔业特别是种植业生产将进入新的发展阶段，生产规模可能会有所调减，质量效益有望得到提升。

三、建议

（一）抓好小麦生产管理，促进夏粮生产稳定

去年全省冬小麦播种以来，整体气候条件对小麦越冬比较有利，但也存在进入越冬期较早，主体麦田个体生长量偏小，晚播麦田群体不足等不利因素，加上小麦播种面积有所减少，要确保夏粮生产稳定，加强春季麦田管理是关键。去年底，农业部门已经对小麦越冬和春季管理进行了安排部署，目前需要继续加强调度，特别是春节后要抓紧落实各项支农惠农政策，加强小麦肥水施用，提高小麦返青期生长质量。要密切关注早春时节极端天气的影响，提前做好防治预案，确保夏粮生产稳定，为我省粮食生产安全奠定坚实基础。

（二）克服不利因素影响，深化蔬菜生产调整

去年11月份全省发生持续近一个月的雾霾，对蔬菜产量和生产效益产生较大影响。要密切关注极端天气对今年蔬菜生产影响的延续效应，通过加大政策和资金支持力度，有效化解生产困难，降低经营风险，增强蔬菜种植农户的生产信心。同时，要结合现代农业园区建设，加快蔬菜生产结构调整，引导推进蔬菜生产质量和结构的转化升级。要拉长我省蔬菜产业发展中的加工业短腿，着力延伸蔬菜生产的产业链条，建设一批蔬菜精深加工企业，培育做大优势品牌，提高蔬菜生产的市场竞争能力、盈利能力，保持蔬菜产业的稳定健康发展。

（三）加大扶持调控力度，扭转畜牧生产形势

受市场影响，去年我省畜牧业发展遇到了一些困难，也为今年畜牧产业的调整和发展提供了机遇。要紧紧围绕农业供给侧结构性改革，深入实施畜牧业生产调整。进一步做大做强畜牧龙头企业，特别要增强对畜产品加工企业的支持力度，通过提高畜产品加工质量，扩大品牌效应，提高市场占有能力，提高对畜禽养殖也的带动和保护能力，降低市场波动程度，促进产业稳定发展。

（河北省统计局农村处　刘海涛）

部 门 篇

农业生产

【概况】2015年，全省农业系统在省委、省政府正确领导下，认真贯彻落实习近平总书记系列重要讲话精神和省委、省政府关于农业农村工作部署，以深化改革为动力，认真落实强农惠农政策，科学谋划部署，强化农业基础建设，确保主要农产品有效供给和农业生产安全，主动适应经济发展新常态，紧紧抓住“稳粮增收调结构、提质增效转方式”工作主线，统筹推进，重点突破，全年粮食总产672.76亿斤，连续三年跨上670亿斤台阶。菜篮子产品全面增长，肉、蛋、奶和水产等主要农产品供给得到有力保障，农产品质量安全形势稳定，结构调整成效明显，农业产业化经营步伐加快，现代农业园区建设、农村土地承包经营权确权登记颁证、农垦改革、农业节水、农村燃煤污染治理等重点工作实现突破。全省农业农村经济保持了稳中有进的良好发展势头，成为经济社会发展的突出亮点，为全省经济社会发展提供了有力支撑。

【粮食生产】2015年，全省农业系统坚持抓好粮食生产不放松，加强科技指导服务，深入推进高产创建，积极开展增产模式攻关，大力推广优良品种和集成配套技术，科学开展防灾减灾，克服了严重干旱、粮价下跌等不利因素的影响，粮食生产再获丰收。据国家统计局发布，2015年河北省粮食总产量672.76亿斤，同比增加0.726亿斤，增0.1%，连续三年稳定在670亿斤以上。全年粮食播种面积9588.8万亩，同比增加90.8万亩，增加0.96%；平均亩产350.8公斤，同比减少3公斤，减0.85%。其中，夏粮实现稳定增产，单产、总产均创历史最高水平。夏粮播种面积3526.06万亩，同比减少21.4万亩；总产量290.04亿斤，同比增加1.24亿斤；平均亩产411.3公斤，同比增加4.2公斤，亩产连续2年跨过400公斤大关。秋粮由于受厄尔尼诺事件的影响，遭遇了严重的“卡脖旱”，局部地区受灾较重，造成单产下降。秋粮播种面积6062.69万亩，同比增加112.22万亩；总产量为382.72亿斤，同比减少0.516亿斤；平均亩产315.63公斤，同比减少6.39公斤。一是落实惠农政策。2015年全省落实粮食直补和农资综合补贴55.87亿元、良种补贴11.61亿元。9月11日，河北省启动小麦最低收购价预案，收购托市小麦11.82亿斤，增加农民收入2400余万元，保障了种粮预期收益。小麦、玉米政策性保险承保面积分别占播种面积的70%和90%，基本做到了应保尽保，遭灾农民的生产成本得到有效补偿，有效降低了农业生产性风险。二是加大扶持力度。省委省政府高度重视粮食生产，5月份省政府印发了《关于落实粮食安全省长责任制的实施意见》，明确了各级政府和有关部门的粮食安全责任，赵克志、张庆伟、赵勇、沈小平等省领导深入农业一线调研指导粮食生产。在落实好中央扶持资金的基础上，安排5.95亿元资金，推动小麦既节水又稳产增产。安排3亿元专项资金，推广农机深松面积1400万亩，累计推广面积4500万亩，大大提高了耕地蓄水保墒和抗旱防涝能力。三是强化技术指导。组织专家和技术人员分区域、分作物制定技术方案，指导农民因时因地因苗落实关键技术。省级发布小麦节水品种27个、玉米主导品种40个，向农民推介深松耕、精量半精量播种、种肥同播、测土配方施肥、播后镇压、水肥一体化、病虫综合防治等先进适用技术30项。高标准打造620个粮食作物万亩高产示范片，将优良品种和高产高效栽培技术进行组装配套，集中展示，带动农民推广应用。全省695片粮棉油糖高产创建示范片总实施面积达到724.7万亩。其中，粮食创建面积648.1万亩，花生创建面积15.4万亩。小麦示范片平均亩产570.8公斤，比项目县平均高115.1公斤；玉米示范片平均亩产689.4公斤，比项目县平均高214.9公斤；花生示范片平均亩产312.4公斤，比项目县平均高49公斤。同时，组织科研教学推广部门协作联动，开展粮食绿色增产模式攻关，研究探索节水节肥节药、高产高效低耗新技术，推动粮食生产绿色发展。通过多点试验示范，初步筛选出小麦春浇一水千斤绿色简化栽培技术模式、小麦微喷灌水肥一体化高效集成技术模式、夏玉米全程机械化生产技术模式、旱薄盐碱区玉米简化种植技术模式、冀中山前平原区玉米高产高效技术模式、冀西北寒旱区玉米抗旱种植技术模式等集成技术模式。四是积极应对各种灾害。夏粮生产针对吸浆虫、麦蚜、赤霉病等病虫害发生重、威胁大的实际，加强预测预报，及时发布病虫发生信息，依托社会化服务组织，开展专业化统防统治。认真落实小麦“一喷三防”关键举措，采购发放农药和叶面肥6591吨，补助1.6亿元，指导农民开展麦田喷防作业3548万亩次。秋粮生产针对降水少、旱情重的实际，组织专家指导农民群众及时开展抗旱浇水、科学管理，水浇地玉米一般浇水2-3次，最大限度地减轻干旱对秋粮生产的影响。五是培育新型主体，促进粮食适度规模经营。各地深入宣传贯彻省委办公厅省政府办公厅印发的《关于引导农村土地经营权有序流转发展农业适度规模经营的实施意见》和省农业厅印发的《关于促进家庭农场发展的意见》，陆续出台扶持农民合作社、家庭农场等新型农业经营主体发展和鼓励土地流转的政策措施，帮助新型经营主体解决制约发展的资金、场地、仓储等瓶颈问题。积极引导农民发展土地入股、土地托管等多种形式的适度规模经营。

【种植业】蔬菜产业，2015年以规模园区建设为抓手，以产销衔接为重点，严格质量监管，推动蔬菜产业稳步发展，生产规模基本稳定。受蔬菜价格连续两年偏低影响，全省蔬菜播种面积2035万亩，同比减少0.92%。11月份遭受25天的连阴雾霾和雪灾，蔬菜生产受到较大影响。两项因素叠加，全年蔬菜总产8852万吨，同比减少0.23%。但设施生产面积继续呈现增加趋势，全年达到1040万亩，同比增1.17%。蔬菜生产总体保持稳定。规模园区稳步发展。把发展规模园区作为转方式、调结构的重点，安排预算资金5000万元，支持建设100个现代蔬菜产业园建设。争取国家资金1900万元，开展标准化创建，并与建设“河北省供京津蔬菜示范园”相衔接，建成35个服务京津市场的蔬菜基地。在滦平县开工建设冬季设施蔬菜开发试点，安排补助资金1250万元，建设2500亩能够满足深冬生产的设施蔬菜基地。全省部级标准园总量达到160多个，省级现代产业园达到190个。市场开发不断深入。与北京市农产品物流协会、物美集团、华联超市、首农商业连锁和北京市农科院共同召开京冀蔬菜产销对接会。对广州、上海和哈尔滨市场进行专题调研，洽谈合作。与中国蔬菜协会共同主办第三届中国蔬菜产业大会。建立起年经销1万吨以上的经销商数据库，为应急销售和应急保障创造了条件。全省90家蔬菜专业合作社与北京市20多家超市建立稳定的产销合作关系，有8家合作社在北京建设社区直营店108个。全年产销顺畅，没有出现滞销和供应紧张情况。搞好防灾救灾工作。11月份发生全省性大范围的持续25天的阴雾（霾）雪天，设施蔬菜受灾134万亩，成灾83万亩，秧苗死亡3623万株。绝收面积7.3万亩，大棚骨架折断损毁1.85万亩。省政府紧急安排救灾资金5896万元，补助设施修复和购买种苗。省农业厅紧急下发指导意见，提出救灾措施和要求，通过河北电台、河北日报和河北电视台等媒体，多次发布抗灾和恢复生产。各地迅速组织修复设施和改种抢种，蔬菜生产不断转好，对2016年元旦和春节的市场供应起到重要保障作用。棉花产业，受棉价走低效益下降等多种不利因素影响，2015年河北省植棉面积大幅减少，总体情况是“三减”，即面积减，总产减，单产减。全省棉花播种538.5万亩，比上年减少77.46万亩，减12.6%，是2001年以来河北省棉花面积最低的一年；总产37.3万吨，比上年减少5.76万吨，减13.4%。从2014年起国家取消了棉花临时收储，在新疆实施目标价格补贴制度，目标价为19800元/吨，虽然对内地棉花也给予了2000元/吨的定额补贴，平均到每斤籽棉只有0.35元左右，力度较小，对调动棉农积极性作用有限。籽棉价格在3元/斤左右，最低时只有2.9元/斤，棉农植棉积极性受到严重挫伤，导致种植意愿下降，面积大幅缩减。2015年国家共安排河北省棉花高产创建示范片58片，重点安排在邯郸、邢台、衡水、沧州等主产棉区的24个县，涉及64个乡镇359个村93484个农户，面积592104亩，平均亩产101.16公斤，超额完成了100公斤的高产创建目标。2015年全省核实申报棉花良种补贴526万亩，比上年减少75万亩。组织科研、教学、生产、推广等有关方面专家论证筛选，确定了冀棉169等16个棉花品种为河北省2015年棉花良种补贴主导品种，并在河北农业信息网上及时向全社会公布。充分利用冬春农闲时节开展技术培训，全省共举办各类棉花培训1600场次，培训棉农84万人次，印发技术资料118万份。在有水浇条件的棉田，积极推广棉—瓜、棉—菜、棉—粮等间套高效种植模式，缓解粮棉、棉菜争地矛盾，努力提高棉田综合效益。重点抓了棉—麦两熟套种模式的推广，探索粮棉双丰收的新途径，实现棉花间套高效种植模式的新突破，曲周等县示范结果，小麦平均亩产量700—800斤，棉花也达到了600斤以上，实现了粮棉双丰收。2015年河北省继续承担了农业部棉花轻化栽培技术试点项目，试点安排在邱县、成安、威县、南宫、冀州。6月25-27日，农业部农村经济研究中心在保定市举办了2015年全国棉花生产形势分析暨棉花生产信息监测培训会议。会议对全国棉花生产信息监测先进单位和优秀信息员进行了表彰，河北省就棉花生产信息监测工作进行了典型发言，并被评为全国先进单位。中药材生产，2015年全省中药材种植面积93.2万亩，比2012年增加33.5万亩，增长55.6%；建成万亩以上的中药材生产大县35个、5万亩以上的大县13个、10万亩以上的大县3个，万亩以上大县中药材面积占全省的89.9%。面积前十位的县分别是巨鹿、安国、隆化、宽城、内丘县、青龙县、蠡县、灵寿、围场和丰宁。配合安国中药都建设，在安国建设规范化基地2.2万亩，设立冀中平原试验站试验示范八大祁药，山药、菊花、紫菀和川芎等四个品种获有机产品认证。省农业厅、省工信厅、发改委等有关部门联合制定《河北省中药产业发展规划（2015-2020年）》和《关于促进河北省中医药产业加快发展的实施方案》，明确了当前和今后一个时期内河北省中药材产业发展的指导思想、发展目标、主要任务和保障措施。2015年省财政继续列支5000万元扶持中药材种植示范园创建，新增1000万元支持滦平中药材核心示范区建设。组织省财政厅、卫计委和中医药管理局等部门联合制定《全省中药材种植示范园创建和燕山（滦平）中药材经济核心示范区建设工作的实施意见》和《示范园创建验收办法》，以大宗道地药材为重点，采取“龙头企业+合作组织+农户”的发展模式和“验收后奖补”扶持方式，筛选确定100个中药材种植园参加全省创建活动，平均每园奖补50万元。已累计建成千亩以上的示范园396个，面积占全省的15.8%。启动建设燕山（滦平）中药材经济核心示范区，成为中药材产业发展的样板。市县发展中药材积极性高涨，编制产业发展规划，出台扶持政策，蔚县、赤城等11个县专门成立中药材办公室。根据地理条件、品种分布和种植传统等因素，在研讨和争取专家意见基础上，将中药材重点发展区域划分为“两带三区”：燕山产业带、太行山产业带、坝上高原产区、冀南平原产区和冀中平原产区，包括张家口、承德、保定和邢台等8市28个县（市）。研究确定全省中药材主推品种63个，其中大宗道地品种32个，稀缺、濒危和特色品种31个。甜菜生产，2015年全省甜菜种植面积25.72万亩，同比增加2.77万亩，增长12.1%；产量89.18万吨，比上年增加13.56万吨；平均单产3400公斤/亩。甜菜收购价仍为每吨540元，其中张北县每吨收购价为570元。通过开展甜菜高产创建活动，推广先进配套栽培技术，提高了农民科学种田水平，促进了甜菜生产稳定发展。

【农业节水】在完成2014年试点任务的基础上，2015年地下水超采综合治理试点工作在石家庄、衡水、沧州、邢台、邯郸5个设区市的63个县（市、区）开展，总实施面积1222万亩，总投资18.76亿元，总节水量7.8亿立方米。其中，持续补助项目442万亩，包括调整种植模式76万亩、小麦节水稳产配套技术300万亩、保护性耕作技术35万亩、水肥一体化技术31万亩；新增农业节水项目759.31万亩，包括新增调整种植模式28.31万亩、旱作种植模式20.95万亩，推广冬小麦节水品种配套技术700万亩、水肥一体化31万亩。为强力推进河北省地下水压采工作，省政府成立了以省长张庆伟任组长，常务副省长杨崇勇、副省长沈小平为副组长，省政府办公厅、财政厅、水利厅、农业厅、林业厅等部门主要负责同志为成员的河北省地下水超采综合治理工作领导小组，统一组织指挥协调全省地下水压采工作。为进一步实施好农业节水项目，省农业厅成立了以厅长魏百刚为组长，主管副厅长段玲玲为副组长，有关处室主要负责同志为成员的河北省农业厅地下水超采综合治理工作领导小组和以中国工程院院士刘旭、康绍忠为顾问的河北省地下水超采综合治理工作专家指导组。8月7日省政府办公厅印发《关于印发河北省地下水超采综合治理试点方案（2015年度）的通知》，明确了2015年度的试点范围与目标任务，对压采项目的组织实施、投资标准、节水目标等提出了明确要求。为实现农业节水目标，省农业厅多次组织省内外专家对农业节水项目进行研究论证，完善细化相关项目实施方案，8月21日省农业厅与省财政厅联合制定了《关于印发2015年度河北省地下水超采综合治理试点调整农业种植结构和农艺节水相关项目实施方案的通知》，以及冬小麦节水稳产配套技术等5个配套技术方案，明确了六个农业节水项目的实施程序、节水目标和完成时限。为规范农业项目的组织管理，与省林业厅、省财政厅联合印发了《关于印发〈河北省2015年度地下水超采综合治理试点调整农业种植结构和农艺节水相关项目管理办法〉的通知》。9月28日省政府在威县召开2015年度地下水压采工作推进会议，及时掌握农业项目的进度，确保按时间节点完成任务。10月份省农业厅派出五个督导组，分赴有关市、县对地下水压采农业项目的进展情况进行督导检查，确保任务落实。为确保700万亩冬小麦节水稳产配套技术项目的顺利实施，邀请专家对2015年度小麦节水品种进行论证推介，共推介40个小麦节水品种供项目区农民选择使用。

【农业科技推广】农业科技推广工作取得新突破。一是构建农业创新新平台。积极推进现代产业技术体系创新团队建设，建立以产业链为纽带，以解决关键重大技术问题为重点，精心组织建设了11个现代农业产业技术体系创新团队，围绕主导和特色产业，制定年度任务，细化责任目标到岗，团队总体组织实施，配套建立了严格绩效管理激励约束机制，系统安排11个创新团队和首席年度考核，取得了一批技术创新和推广成果；积极组建了河北省农业科技创新联盟，建立以区域板块为平台、优势产业为重点的技术支持和技术服务体系，建立了冀北生态特色产业区、太行山综合经济区、冀东高效农业区、山前平原主粮区、黑龙岗结构调整区等省级创新联盟，组建专家技术团队，建立了匹配套的制度体系；积极探索科研院校开展重大农技推广服务试点。开展以主粮（玉米小麦）产业、北部生态特色产业为载体，以中国农大、中国农科院和河北农大为依托，探索在产业链上建设研发实验基地+区域示范基地+基层区域站+农户（农业企业）的链条式重大农业推广服务机制试点，组建了一批优秀专家技术团队开展推广服务。二是强化技术推广服务。建立以推广补助项目为抓手，以提升推广服务为目标，进一步强化农业技术推广服务。2015年重点围绕基层体系建设、队伍知识更新、服务能力提升和科研院校密切合作等。完善集成农技推广体系改革建设，高碑店市、威县等新录取大专以上技术人员350人，充实农业推广队伍承德市围绕创新机制，提升推广活力，遴选128人集中到河北科技师范学院研修半年，较快提升对服务能力，同时建设了一批区域站点设施；基层农技人员知识更新在12所院校培训基地完成3500人培训，并安排区域站长班，邀请科教司、宁夏、联想网上农场讲课，受到学员普遍欢迎，同时联合省委组织部举办了村级支部书记农村推广带头人1万人培训，拓宽了培训内容，收到了很好社会效果；积极创新推广手段，建设了网络书屋和推广云平台，分别注册3.96万1.83万用户，使用量624万人次，居全国第一和省级规模最大的互联网+农机推广平台，农业部到河北省调研基层农技推广和云平台工作，充分肯定河北省基层农技推广和推广云平台工作走在全国前列。三是培育新型职业农民。遴选确定了211个新型职业农民培育基地，在全省98个县开展了教育培训、认定管理和政策扶持“三位一体”，生产经营型、专业技能型、社会服务型“三类协同”推进的新型职业农民培育制度和规范化操作管理。培育新型职业农民2.6万人，生产经营型2万人，专业技能型6000人，认定扶持1万人。赵县新型职业农民李素敏被评为“全国十佳”农民、尚云婷等4名新型职业农民获“风鹏行动”项目奖励，平泉县新型职业农民金继民北团中央、农业部评为“全国青年致富带头人”，河北省获“全国农业职业大赛”组织奖，人民日报、光明日报、河北日报、河北电视台等媒体对河北省新型职业农民培育工作进行了专题重点报道。四是提升农业科教工作效能。围绕科技创新驱动和科技改革，组织专家编制了“十三五”科教发展规划。在全面总结、深入调研基础上，谋划确定了一批关系今后五年发展的重点课题，重大技术推广项目和重大政策措施。组织开展了农业技术推广奖励工作。评选出贡献奖100名、项目40个、合作奖10项。加强农业转基因安全管理。从抓源头、查市场入手，加强监督检查和科普宣传，加强监管长效机制建设，有效防止了转基因生物非法流入农业生产和流通环节，强化宣传提升公众对转基因生物的科学认知度，保证了河北省转基因生物研究与试验的健康发展。

【农产品市场】农产品市场及监测预警，对全省现有的271家田头市场，191家农产品批发市场和全省现有的农产品经纪人数量进行了摸底调查；按照《农业部定点市场管理办法》，加强定点市场日常管理工作（河北省农业部定点市场数量41家，总数继续保持全国第二位），通过河北农业信息网发布信息近4万条；尚义县大青沟蔬菜交易市场和平原县榆树林子果蔬批发市场2家田头市场成为农业部田头市场试点建设单位。全年累计向农业部报送统计、物价、成本收益等各类报表600余张，分析报告50余篇，河北省11个蔬菜生产大县蔬菜价格信息6000余条。对蔬菜、畜产品等近50个品种的田头市场价格、批发市场价格和集贸市场价格进行监测，以周（旬）、月、季和年为周期进行分析、发布。通过12316短信平台向全省农业系统相关工作人员发送《农产品市场行情监测简报》17期。积极开展农业电商发展，组织起草了《河北省推进农业电子商务发展行动计划》。积极与阿里巴巴、京东、慧聪、冀联等电商企业对接，与阿里巴巴合作举办了“全省农业电子商务培训暨阿里巴巴年货节”活动，会上与阿里签订了《河北省互联网+农业电子商务工作备忘录》。农业信息化工作，“12316三农热线综合服务平台”、“农产品质量安全视频会商平台”、“农产品市场监测预警平台”、“品牌农产品追溯管理和展示促销平台”建设进展顺利。继续利用现有12316三农热线进行综合服务。全年电话总接听量为2.5万多次，解答率90%，发送服务短信500多万条；开通了12316短信平台；每月向农业部报送12316服务典型案例，完成48条典型案例的报送工作。积极组织围场、丰南、玉田三个县编制信息进村入户项目建设方案，得到农业部批复同意。河北省华裕农业科技公司被认定为全国农业农村信息化示范基地物联网应用示范单位，围场县政府被认定为全国农业农村信息化示范基地综合示范单位，廊坊市农业局被认定为全国农业农村信息化示范基地管理创新示范单位。组织举办了京冀农业农村信息化工作对接交流活动，签署了《京冀农产品市场信息合作框架协议》。品牌营销推介工作，充分利用各类会展宣传推介河北省农产品品牌，为企业营造招投资平台。在第十三届中国国际农产品交易会上，河北省展团组织30多家农业企业56家采购商现场参展，获得大会组委会颁发的最佳组织奖，8个农产品金奖，4个区域公用品牌和4家“百社百品”合作社，达到了“展示成果、促进贸易”的预期目标。3月14日，由北京市昌平区政府主办的第三届北京农业嘉年华活动正式开幕，设立河北专题馆，同期举办了“京津冀现代农业协同发展座谈会”，北京市农委、天津市农委分别与河北农业厅签署了合作协议。承办完成了“5•18”中国•廊坊国际经济贸易洽谈会期间召开的农业产业洽谈会，组织了62家投资客商代表，70多家招商单位参加，发布项目金额1542亿元，现场签约340亿元。配合廊坊市政府承办第十九届中国（廊坊）农产品交易会的组织筹备、农民合作社成果展、省内农产品评优等工作，扩大了河北省优势农产品的知名度和影响力。中国廊坊农交会被农业部评为4星级农业展会。

【农产品质量安全】按照农业部、省政府统一部署，深入推进“农产品质量安全执法年”活动，坚持一手抓专项整治，坚决打击使用、添加各种违禁物质的违法犯罪行为；一手抓基础建设，努力提升农业标准化生产水平和农产品质量安全监管能力，农产品质量安全抽检合格率始终保持着较高水平，没有发生区域性、系统性重大农产品质量安全事件。一是开展专项整治，以非法添加禁用物质为重点，围绕农产品质量安全的关键环节，组织开展了农药及农药使用、瘦肉精、生鲜乳、兽用抗菌药、畜禽屠宰、水产品违法添加、农资打假等7个整治行动，全省出动执法人员32.87万人次，检查农资、农产品生产经营企业16.77万个次，行政立案517起，责令整改828起；健全农产品质检体系，建设市级质检中心10个、县级质检站135个，基层检测能力进一步增强。突出抓好疫病防控，严格落实动物强制免疫、疫情监测、检疫监管和应急管理，完成免疫9.2亿头份，做到应免尽免、不留死角。探索病死动物无害化处理新机制，在5个县开展部级试点。建设病虫害区域测报站46个，完成专业化统防统治7000万亩次，草原鼠虫害防治681万亩。没有发生区域性重大动植物疫情，没有发生等级以上草原火灾。二是加强检测能力建设，截至2015年底，国家发改委和农业部共批复河北省建设省级农产品综合质检中心1个、市级农产品综合质检中心11个、县级农产品综合质检站项目146个，总投资5.77亿元，其中中央投资3.8亿元；建设农业部农产品质量安全风险监测实验室1个，实验站6个，全省农产品质量安全检验检测体系逐步健全完善，大大提高了河北省基层农产品检测能力，并初步发挥作用。三是稳步推进农业标准化生产，新认证无公害农产品253个、绿色食品61个、地理标志登记保护农产品3个，拥有在有效期内的无公害农产品1512个，绿色食品1084个，有机农产品企业94家，农产品地理标志26件，共建设部省级“一园两场”1896个。四是大力开展宣传培训，全省统一举办了“放心农资下乡进村现场咨询活动”、“农产品质量安全主题日宣传活动”；对“三品一标”获证单位内检员、检查员及各级农产品质量安全监管人员进行了广泛的培训。

【农业农村改革】全力推进农村改革，取得阶段性成果。一是农村土地确权登记全面推进。在试点基础上，2015年全面推开。强化政策指导，制定了河北省确权登记颁证成果检查验收实施细则（试行）等多个配套文件，对各地普遍存在的24个政策性问题提出指导意见，指导各地规范操作。强化业务培训，共举办各级培训班2600余次，培训业务骨干18.8万人次，确保了工作质量。强化督导通报，建立约谈问责机制，坚持定期督导和月通报制度，保障工作进度。强化资金落实，中央、省、市、县四级累计投入资金15.5亿元，有效保证了确权登记颁证工作的顺利开展。到2015年底，全省有1790个乡镇32647个村开展工作，二次公示无异议面积5785万亩，占二调耕地总面积的58.8%，保质保量完成年度工作任务。二是农村土地经营权有序流转。深入宣传贯彻中办发〔2014〕61号文件精神，印发了《中共河北省委办公厅河北省人民政府办公厅关于引导农村土地经营权有序流转发展农业适度规模经营的实施意见》（冀办发〔2015〕31号），《河北省农业厅、中共河北省委农工部、河北省国土资源厅、河北省工商行政管理局关于加强工商资本租赁农地监管和风险防范的实施意见》。全省流转面积2324万亩，流转率达到27.7%，比上年提高5个百分点。初步形成了以流转为主，土地托管、股份合作、订单农业等多种形式并存的适度规模经营新格局。三是新型农业经营主体快速发展。印发了《关于促进家庭农场发展的意见》（冀农管发〔2015〕25号），开展示范家庭农场创建活动，评选出省级示范家庭农场200家，年底经工商部门登记注册的家庭农场达1.45万家，农民合作社达9.3万家，农业社会化服务组织达1.2万家，分别比上年增长86%、12%和20%。四是农村产权制度改革破冰试水。制定了《2015年全省农村集体经济股份合作制改革试点工作实施方案》，明确任务、措施。召开了全省农村集体经济股份合作制改革培训调度会，编印了《农村集体经济组织股份合作制改革试点工作资料汇编》，为试点县培训师资100余人，并对进一步扩大试点进行了安排部署。11个省级试点村全部完成了改革任务并顺利通过验收。全省共设立具有法人资格的新型农村集体经济组织66个、公司1个，经县级政府批准设立股份经济合作社5个。五是农民财产权益保护得到加强。对农民反映的突出问题开展了专项治理，查处违规涉农收费1660万元，减轻农民负担1560万元，减轻集体负担673万元。推进集体财务公开，加强“三资”监管，审计查出违纪金额1996万元。六是基层农经体系建设取得突破。在全国率先出台了《关于加强乡镇农经管理体系建设的实施意见》，明晰乡镇农经管理职责，充实乡镇专职队伍，改善基层工作条件，进一步增强了队伍的凝聚力和战斗力。

【现代农业园区】积极推动省委、省政府出台了《关于加快现代农业园区发展的意见》，提出到2017年全省建成命名100个左右省级现代农业园区，带动市县建成一批特色鲜明的现代农业园区。7月21日，省政府召开全省现代农业园区建设工作座谈会，统一思想认识，鼓励成立园区管委会，对园区进行统一规划、统一指导流转土地、统一基础设施建设、统一项目把关布局、统一为入园企业提供服务，推动园区提档升级。9月份，省政府评审认定了首批39家省级现代农业园区和十佳现代休闲农业园，激发了各地园区建设的积极性。11月17日，省政府召开全省现代农业园区建设暨农业产业化工作会议，对加快现代农业园区建设工作进行全面部署，推动各地加快现代农业园区建设步伐。

【农村新能源】2015年，省农业厅以推进大气污染防治和美丽乡村建设为重点，主要开展了三项工作：一是农村能源清洁开发利用工程。落实中央和省级大气污染防治补助资金8亿元，推广高效清洁燃烧炉具201.6万台。其中，各地补贴推广高效清洁燃烧炉具68万台（其中农业部门推广55万台），带动市场推广133.6万多台；示范推广其他燃煤替代模式13万户。4月1日和16日，全国人大常委会副委员长沈跃跃、国务院副总理汪洋分别到保定市、石家庄市调研时，对炉具节能减排效果和推广工作均给予了充分肯定。10月10日，农业部在石家庄召开全国农作物秸秆综合利用暨农机深松整地作业现场会，对河北省工作给予高度评价。通过工程实施，全年实现农村燃煤清洁燃烧400万吨，消减（替代）散煤86.9万吨，为全省大气污染防治和美丽乡村建设做出了积极贡献。二是农村沼气建设。争取国家规模化生物天然气试点工程2处，规模化大型沼气工程6处，中央投资共计12784万元，新建沼气发酵池容8.2万立方米，是全国工程数量、投资额最多的省份之一。三是秸秆综合利用。坚持疏堵结合、以用促禁，通过农机补贴、示范带动、加强创新、项目推动、重点突破和开展巡回督导等多种措施，全面推进秸秆“五料化”利用，形成了肥料化、饲料化利用为主，基料化利用稳步推进，能源化利用较快发展的秸秆综合利用格局，综合利用率达到95%，比20上年提高8.2个百分点。

【农业产业化】2015年，全省农业产业化经营总量达到6934亿元，农业产业化经营率达到65.6%，比上年增长1.4个百分点。规模以上农产品加工企业达到3190家，产值达8248亿元，农产品加工比值超过1.5：1。全省龙头企业带动农户超过1100万户，户均来自农业产业化经营的收入突破了10000元，农户通过参与农业产业化经营增收360亿元以上。一是抓项目。围绕引进京津资本、工商资本和域外投资这三个重点做文章，利用5.18、9.26等农展平台，推介60多个园区、300多个招商项目。建立完善了全省农业产业化项目库，将投资1000万元以上的农业产业化项目实行入库管理。谋划建设了农业项目招商平台，对接政府各大招商网平台，开展网上招商。梳理确定了100个亿元以上农业产业化项目。全年实际完成投资1480亿元，比上年增长13.8%，竣工亿元以上项目136个。二是壮龙头。培育产业航母，按照“扶优、扶强、扶大”的原则，筛选确定了50家农业产业化行业领军企业和全省农业产业化30强企业，进行重点打造支持。支持这些企业与上下游中小企业组成产业集群，共同发展壮大，打造产业集群。开展帮扶活动，针对经济下行压力加大和农产品价格波动加剧的形式，组织专门力量开展入企帮扶活动，帮助协调解决企业在经营中存在的困难和问题。组织对外向型企业的专项帮扶工作，协调解决农产品出口中存在的问题。开展科企对接。组织了两期科企对接活动，共组织200多家农产品加工企业参加对接活动，提升技术水平。品牌建设进一步得到发展，新增省级品牌40余个，其中新增驰名商标3个，总数达到44个。2015年省级以上重点龙头企业获得销售收入超过3000亿元，同比增长12%，实现利润220亿元，同比增长10%。三是强加工。制定了《农产品加工业推进方案》，启动实施了农产品加工业提升行动。利用国家农产品产地初加工政策，帮助农户和合作社新建了1582个产地初加工设施，通过减损、提质，增效可达30%以上。大力开展主食加工提升行动，新申报认定了2家全国主食加工示范企业，申报认定了两家主食加工“老字号”品牌。试点农副产品综合利用工作，列为了首批农副产品综合利用试点省，有1个县、2个园区和8家企业申报为试点单位，开展农产品综合利用试点工作。新创建了4个国家级农业产业化示范基地，使河北省国家级农业产业化示范基地达到12个。年产值超100亿元的农产品加工聚集区已达到10个。四是谋服务。进一步深化了与金融机构的联系，向邮储、农发行、农业银行等推介了一批重点项目。会同省金融办举办了大型对接活动，征集有融资需求的项目和企业共计276个，向40余家金融机构进行了重点推介。联合省农发行共同出台了《关于创新融资信贷模式 支持现代农业园区建设发展的意见》。制定了农业产业化股权引导基金管理办法和设立方案，引导社会资本投资农业。研究制定了农业产业化增信基金实施方案，探索通过增信方式帮助贷款融资。组织龙头企业参加了国家农业产业化重点龙头企业培训班，会同省委组织部组织了100家龙头企业家培训班，组织各市围绕金融、管理、政策等组织培训班次达10余次。组织龙头企业赴先后参加中国安徽农业产业化交易会、中国农产品交易会（河南）等大型展会、福建国家农交会等大型展会，帮助企业拓展销路，树立品牌。强化了统计调查体系，进一步完善信息系统建设，利用信息手段开展对重点企业、项目等的日常监测。组织力量对全省农产品加工业发展情况进行了摸底调研，形成了调研报告。围绕一二三产融合，深入开展了以股份联结为纽带发展农业产业化的调研活动。

【农业对外开放】农业开放发展取得新成效。省农业厅组成中东欧团和美国加拿大代表团，开展对外交流合作，取得一批成果，提高了综合利用国内国际两种资源、两个市场的能力。中东欧团出访德国、保加利亚、罗马尼亚等5国，推动了蔬菜、玫瑰、肉鸡等一批农业合作项目；美国加拿大代表团出访美国、加拿大，签署2个省州间农业联络机制备忘录，推动了5个重点项目的合作进程。与南非姆普马兰加省、美国印第安纳州签署农业合作备忘录，建立了合作交流机制。9月份，在华盛顿参加“中美农业创新战略对话”活动，并作典型发言，进一步推动了河北省与艾奥瓦等州的农业合作。为了加强对农产品出口和农业对外开放的统筹指导，与商务厅、出入境检验检疫局共同制定《关于加快推进农产品出口生产基地建设的意见》。据统计，全省农产品出口16.6亿美元，下降7.6%。

【农业法治】认真贯彻落实省政府和农业部依法行政工作总体部署，全省农业系统法治工作取得新进展。依法行政方面，进一步完善行政权力清单和运行流程图，并公示公开。制定修改完善权力运行流程图71份。积极落实减轻企业负担减免小微企业行政事业性收费项目工作。农业立法方面，以提高立法质量为核心，积极推进农业立法进程，《河北省草原条例》通过了省人大常委会一审，《关于促进农作物秸秆综合利用和禁止露天焚烧的决定》已由省人大常委会颁布实施。全面清理了涉及农业职能范围的13

部地方性法规、11件省政府规章、16件省政府规范性文件、17件农业厅规范性文件，废止了不适合当前社会发展要求的4部地方性法规和3个规范性文件，规范了农业行政行为和行政执法行为。严格履行规范性文件的制定程序和备案制度，由省农业厅起草经省政府批准颁布了《河北省人民政府办公厅关于深化种业体制改革提高创新能力的实施意见》等8件规范性文件。对《河北省草种检验员认定管理办法》等4个规范性文件进行了合法性初审并报省政府法制办进行合法性审查。农业综合执法方面，研究制定了《关于推进农业综合执法体制机制创新的工作方案》，进一步明确了2015年农业综合执法工作思路和重点。推动执法规范化建设。推荐18个农业综合执法规范化建设“示范单位”。秦皇岛市、石家庄市畜牧水产局、滦南县3个农业综合执法机构被农业部确定为“农业综合执法示范窗口”，农业综合执法规范化建设达标单位达到69%。委托农业部管理干部学院，举办了全省农业行政执法骨干培训班。全省市县两级农业综合执法机构的执法骨干182人参加了培训。农业普法方面，组织人员参加了省政府行政诉讼法培训班。完成了省政府常务会《农业法》会前学法讲稿，组织了《行政诉讼法》、《种子法》厅党组会会前学法活动。组织了“12.4”普法宣传活动，顺利通过了全省“六五”普法验收。农业行政审批服务方面，为进一步深化行政审批制度改革，加强对行政审批中介服务机构管理，对省政府部门行政审批中介服务工作进行了清理规范。对涉及到省农业厅的3项非行政许可审批事项进行了清理。全年共受理许可项目922项，办结许可项目892项，接待信访169人次，608人。

（河北省农业厅　刘　霞）

林业生产

【综述】2015年是“十二五”收官之年，全省林业系统认真贯彻落实全国林业厅局长会议精神和省委、省政府决策部署，紧紧围绕京津冀协同发展，开拓创新，扎实工作，大规模开展国土绿化行动，大力实施绿色河北攻坚工程，积极推进林果产业发展，加强林果产业化经营，强化森林资源管护，全面加强山水林田湖生态修复和建设，取得了显著成效。

“十二五”期间，全省造林绿化面积、干鲜果品产量以及林业产业总产值连续五年保持增长态势。2015年全省完成造林绿化面积34.3万公顷，完成年计划的122%，与上年同期相比增长0.7%。更新造林0.5万公顷。四旁（零星）植树1.1亿株。园林水果及食用干果产量总计1563.0万吨，与上年同期相比增长6%。木材产量80.4万立方米，人造板年产量达1670.4万立方米。全省林业产业总产值达1474.6亿元，与上年同期相比增长4%。

【造林绿化】“十二五”期间造林绿化力度进一步加大，造林质量合格率超过全国平均水平，重点工程、沙化土地治理、村庄绿化、绿美廊道建设均取得明显成效，造林绿化进入规模推进、速度和质量明显提升的新时期。全省完成造林绿化面积160.0万公顷，比“十一五”期间增加6%，其中：国家林业重点工程75.5万公顷，占全部造林任务的47%。

2015年，围绕省委、省政府确定的“每年造林绿化420万亩、森林覆盖率增加1个百分点”的目标，切实加大造林绿化力度。充分发挥10个人工造林大县和10个封山育林大县示范引领作用，高标准完成京津风沙源治理、三北防护林、太行山绿化、沿海防护林等重点工程造林。完成了太行山绿化调研，开展了《太行山绿化三年见成效实施方案》编制工作。新一轮退耕还林工程全面启动。认真落实京冀、津冀战略合作框架协议，加快推进京津冀协同发展区域成片造林，完成京津保平原生态过渡带造林、环北京成片造林、京津冀水源涵养林、坝上退化林分更新改造作业。积极推进美丽乡村建设，高标准完成白洋淀等9大片区和3006个省级重点村绿化（含环村林带），村庄绿化水平大幅提高。大力实施通道绿化景观提升工程，完成高速公路、铁路、县级以上干道和主要河渠等重要廊道绿化4700公里，景观树种达25%以上。

2015年全省完成造林绿化面积34.3万公顷，完成年计划的122%，与上年同期相比增长0.7%，其中：人工造林28.4万公顷，无林地和疏林地新封山育林面积5.9万公顷，分别完成年计划的126%、107%；造林林种中经济林、特种用途林较上年有不同程度的增长。经济林比重增长较大，与上年同期相比增长近6 个百分点，突出了政府要绿、群众要利，林业生产可持续发展的战略思想。

【工程建设】林业重点工程建设进一步推进。巩固退耕还林原有成果与实施新一轮退耕还林并举，创新管理和建设机制。京津风沙源工程按照“规模治理、打造精品”的思路，立足林业生态建设实际，本着“因地制宜、集中连片”的原则，大力开展村庄绿化、廊道绿化，深入推进生态脆弱区和聚集区绿化，进一步加大了集中连片、规模化治理力度。按照打造京津冀生态环境支撑区的定位，以三北防护林等国家重点工程为依托，全面推动京津保生态过渡带、白洋淀周边绿化等标志性生态建设工程，深入推进绿色河北攻坚。

全年林业重点工程共完成造林面积13.0万公顷，占全部造林生产任务的38%，与上年同期相比增长11.6%。其中：人工造林9.6万公顷，无林地和疏林地新封3.4万公顷。分工程来看，退耕还林工程（不含京津风沙源工程）完成造林面积1.7万公顷，京津风沙源治理工程完成造林面积4.1

万公顷，三北防护林工程3.9万公顷、沿海防护林工程1.8万公顷，太行山绿化工程1.5万公顷，分别占林业重点工程造林的13%、32%、30%、14%、11%。

【林果产业】林果产业发展步伐加快。坚持生态、经济和社会效益相统一，实现生态建设和经济发展统筹协调、相互促进。以10个果品特色县和十大果品龙头企业为抓手，加快苹果、梨、核桃、红枣、板栗、葡萄、观光采摘等七大优势果品生产基地建设，初步形成了七大果品基地为重点的现代果品业发展格局。启动了果品质量安全追溯系统建设，加大重点品种、重点区域、重点时段果品质量安全监测力度。开展了新建林下种植中药材示范基地建设，完成了林下经济专题调研。加大对省级花卉示范基地扶持力度，加快推进花卉产业园区建设。各类经济林产品产量稳定增长。干鲜果果品产量由“十一五”期间的5381万吨增加到“十二五”期间的6941万吨，增幅达到29%。其中：园林水果产量由“十一五”期间的5254万吨增加到“十二五”期间的6723万吨，实现五年果品产量连续增长。

2015年全年果品产量1563.0万吨，与上年同期相比增长6.5%，其中：园林水果1508.6万吨，食用坚果54.4万吨，分别占全部果品产量的97%、3%，与上年同期相比分别增长6.2%、15.9%。园林水果中苹果产量366.6万吨、梨产量506.0万吨、葡萄产量166.0万吨、红枣产量138.6万吨、桃产量193.1万吨，五大主要水果产量共计1370.3万吨，占园林水果总产量的91%。梨产量在园林水果中继续保持领先地位，全年梨产量506.0万吨，与上年同期相比增长6.9%，占园林水果产量的33.5%。食用坚果中核桃产量17.3万吨、板栗产量32.7万吨、两大坚果产量共计50.0万吨，占食用坚果的92.1%。

“十二五”期间，林木种苗、木本油料、森林旅游、野生动物繁育利用等林业产业快速发展。林业产业规模不断扩大，林业产业总产值连续五年保持增长趋势，全省林业产业总产值已由“十一五”期间的2870亿元，增长到“十二五”期间的5922亿元，林业产值实现翻番。林业三次产业的产值结构由“十一五”末期的54：42：4，调整为“十二五”末期的49：45：6，林业二、三产业所占比重逐年加大，林业产业结构进一步优化。2015年全省林业产业总产值达1474.6亿元，与上年同期相比增长4%，其中：第一产业产值720.3亿元，第二产业产值665.3亿万元，第三产业产值89.0亿元，与上年同期相比分别增长6%、1%、21%。廊坊、石家庄占全部林业总产值比重为32%，这一比重与上年同期相比基本持平。唐山、邢台、保定、张家口、承德林业产业总产值超过100亿元。

【资源保护】林业资源管理全面加强。坚持保护优先，推动资源培育、保护和开发利用的良性循环。突出森林重点火险区综合治理和重点区域主要危险性病虫害防控，森林火灾受害面积远低于0.3‰的控制目标，林业有害生物成灾率控制在0.18‰以下。开展了非法侵占林地清理排查、森林资源监督检查和“金网”“金盾”“金钺”“金剑”等专项行动，有效保护了森林资源安全。省政府颁布了《河北省湿地保护规划（2015-2030年)》和首批12块省级重要湿地名录，批准建立围场钓鱼台水库等19个省级湿地公园，总数达到49个。自然保护区建设进一步加强，野生动植物保护区由“十一五”末的27个增加到“十二五”末的33个，保护区面积由53.0万公顷增加到60.9万公顷，其中：国家级保护区9个，国家级保护区面积达到21.2万公顷。

【林业改革】林业改革不断深化。坚持以改革促发展，用体制机制创新调动社会各界发展林业的积极性。深入推进集体林权制度改革，全省明晰产权8296万亩，登记发证8244万亩，主体改革基本完成。积极开展林权流转、林权抵押贷款等配套改革，有效调动了林农的积极性和主动性。完成了我省国有林场试点改革任务，顺利通过国家验收。启动了赞皇县国家集体林业综合改革试验示范区建设。扎实推进集体林权制度配套改革。编写了《河北省森林保险理赔操作规程》，成立了森林保险理赔专家小组。全省森林参保面积1790万亩，收取保费4342万元，同比增长16%。推进行政审批制度改革，精简审批事项16项，取消了全部非行政许可事项，审批效率和服务质量显著提升。省人大、省政府出台完善了《河北省封山育林条例》等地方法规和政府规章，依法治林体系不断完善。坚持强保障、促发展，着力提升林业保障支撑能力。

（河北省林业厅　闫香妥）

畜牧业生产

【发展概况】2015年，河北省畜牧兽医系统认真贯彻落实省委、省政府和农业部安排部署，主动适应经济发展新常态，按照“促发展、强监管、保安全、护生态”的总体要求，大力调整畜牧业结构、积极转变畜牧业发展方式，加强疫病防控，狠抓产业监管，健全各项保障体系，现代畜牧业发展水平再上新台阶，主要畜产品产量与市场需求更加紧密，产业发展步伐更加稳健，畜牧业生产在平稳中调整，在调整中优化。全省肉、蛋、奶和饲料总产量分别达462、373.6、481和1330万吨，同比下降1.3%、增长3%、下降3%和增长2.3%，畜牧业产值达到1904.1亿元，占农林牧渔业的31.8%，同比下降1.7%。全年没有发生重大畜产品质量安全事件、区域性重大动物疫情、等级以上草原火灾和重大安全生产事故，顺利完成各项目标任务，重点工作有新突破。与“十一五”末相比，肉、蛋、奶和饲料总产量分别增长10.87%、10.17%、7.1%和22.5%，特别是畜牧业产值，增幅达到32.4%。猪、牛、羊、活家禽存栏分别达到1865.7万头、412.5万头、1450万只、3.78亿只，同比分别下降2.6%、增长2.5%、下降5%、下降2.3%，猪、牛、羊、活家禽出栏分别达到3551.1万头、325.4万头、2255万只、5.84亿只，同比分别下降2.4%、增长1.5%、增长3%和2%。

【推进奶业振兴】将促进全省奶业健康平稳发展作为工作重点之一，努力构建奶业利益联结长效机制。积极与蒙牛、伊利等大型乳品企业沟通协调，加强合作，与34家在河北有收购生鲜乳业务的乳品企业全部签订了《完善奶业利益联结长效机制合作备忘录》，内容涵盖奶源基地标准化建设、生鲜乳和乳品生产有计划同步发展等12个重点环节，印发《关于完善利益联结长效机制促进奶业持续健康发展的通知》，确定工作思路目标、工作重点和保障措施。全年建设生产乳粉用奶牛场73个，补贴资金8795.4万元，带动社会投资8900多万元，改造奶牛规模养殖场（小区）133个，建成君乐宝察北、高碑店、行唐、鹿泉、威县5个自有奶源基地。落实国家奶牛良种补贴资金3057万元，补贴冻精156.77万支；安排生产乳粉用高产奶牛胚胎移植资金1414万元，补贴高产奶牛雌性胚胎7000多枚。生鲜乳收购站视频监管，覆盖比例达到65%以上。针对乳企限收拒收生鲜乳和奶农“卖奶难”问题，连续召开5次协调会议、向相关乳品企业发函和通报情况，落实补贴资金2334.6万元，及时向省政府、农业部报送有关情况和采取的应对措施，提出稳定生鲜乳生产建议，农业部给予充分肯定并在全国推广。印发《关于开展金融支持奶牛青贮工作的通知》，对奶牛养殖场（区）融资给予担保、贴息等融资支持，提供贷款5442.9万元。

【转变畜牧业生产方式】大力推进标准化规模养殖，全省备案规模养殖场达到24842个，备案率63.54%；蛋鸡、生猪、肉鸡、肉牛、肉羊规模养殖比例分别达到66%、62%、70%、34.5%、67.5%，奶牛规模养殖连续5年保持100%；落实健康养殖、标准化规模养殖资金2亿多元。开展畜禽养殖标准化示范场“四级联创”活动，新创建部级示范场18家、省级示范场211家，全省部、省级示范场稳定在1000家。建成21个畜禽标准化规模养殖示范区，主导品种科学饲养管理水平明显提高。形成年产值超100亿元的畜牧链条经济1条、50亿元以上的4条，10亿元的16条，各市培育38条市级链条，实现产值分别达到615.2亿元和257.1亿元，同比分别增长2.5%和1.8%。龙头企业自身销售额近320亿元，增长3.3%；辐射带动的区域达到130个县（市、区），龙头企业自有养殖基地达到199个、带动养殖场7000个，辐射带动实现产值达到295.2亿元。印发《关于开展河北省2015年种养结合示范园区创建活动的通知》，创建种养结合示范园区100家，形成畜禽养殖标准化示范场与有一定作物种植规模相配套生产模式。印发《河北省促进金融支持畜牧业发展创新试点实施方案》，撬动资金58472.2万元，缓解产业融资难的问题。落实肉牛基础母牛扩群项目，共确定养殖大县10个，养殖大场18家，落实项目资金7100万元，增加了基础母牛数量，提高了全省肉牛标准化规模养殖水平。

【畜禽良种繁育体系建设】新培育生猪国家核心育种场2家、国家肉鸡国家肉牛核心育种场1家、良种扩繁推广基地1家；完成了国家畜禽遗传资源委员会对深县猪的品种认定、太行鸡的现场鉴定和“大午金凤”蛋鸡配套系新品种前期审定工作，辛集正农深县猪和赞皇天然太行鸡纳入国家畜禽遗传资源保种项目。全省种牛站达到3个、原种猪场11个，市级精液配送中心11个，县级改良站167个，标准化基层改良站983个，基本实现猪、牛、羊人工授精网络全覆盖。奶牛DHI测定10.3万头、测定种公猪728头；举办第10届、第11届种猪拍卖会，启动肉牛生产性能测定。制定出台《家畜遗传材料生产经营许可证审核发放管理办法》，配合农业部完成《家畜遗传材料生产许可办法》修订工作，注销企业115家，过期企业23家。

【草原保护与建设】印发《河北省2015年粮改饲试点、草牧业试验试点、生态保护补助奖励机制绩效评价奖励资金实施指导意见的通知（冀农财发〔2015〕48号）》，确定围场县、塞北管理区、行唐县3个县（区）为粮改饲试点县，落实中央财政资金14530万元，其中粮改饲试点县安排资金3000万元；在张北县、沽源县、康保县、尚义县、察北管理区、塞北管理区，承德市围场县、丰宁县、御道口牧场等9个半牧业县（管理区、牧场）实施草牧业试点工作。完成草地建设种草13.95万亩、圈舍建设25.85万平方米，完成任务60.6%、80%。连续16年未发生等级以上草原火灾，配合农业部举办草原防火演练，编制了《河北省草原防火“十三五”规划》。完成草原鼠、虫害防治460万亩，严重危害区域防治率达到100%，防效达到85%，爆发灾害得到及时控制。打造了张家口沽源县、黄骅市两个万亩苜蓿示范片区。

【畜禽养殖粪污治理】强化畜禽粪污治理，明确专人负责北戴河地区近岸海域畜禽养殖污染治理的指导服务和现场督导，完成了188个规模养殖场清洁工程主体改造任务。积极开展国家粪污治理试点，完成2014年农业部、财政部畜禽粪污利用试点玉田县和安平县项目。与种养结合示范园区创建活动相结合，组织引导各地充分吸纳并综合利用养殖场产生的粪便、污水，实现生态循环。制定《2015年畜禽粪污资源化利用试点项目申报指南》，确定承德谷丰农业发展有限公司、廊坊康达畜禽养殖有限公司等5个试点项目，落实项目资金2000万元。编制《河北省畜禽规模养殖污染防治技术手册》，培训技术人员130余人。编写《河北省畜禽养殖污染监测及评估体系建设项目可行性研究报告》，核算确定生猪规模养殖粪便污水排泄指数分别为1.81千克/头•天、2.34升/头•天。印发《关于进一步加强畜禽养殖污染防治工作的通知》，利用标准化、畜禽标准化养殖、生猪调出大县项目资金，完成1506个养殖场粪污处理设施建设。

【统计监测预警及信息服务】认真做好农业部确定的全省28个监测县畜产品和饲料价格与13个监测县的畜产品交易量周监测，为畜牧业生产提供科学依据；完成66个生猪等主要畜禽生产监测县430个监测村和1320个监测户、763个定点规模场、6个规模商品猪场、1600多个生鲜乳收购站月度监测，按时做好全省年度监测报表和省系统的畜禽生产月度报告、全省规模养殖场（区）备案统计季度监测及全省畜牧行业专业年报审核、汇总等相关工作。制定《河北省畜牧业统计监测工作省县考评管理办法》，有效促进各地统计监测工作开展。积极做好新增定点规模场监测统计、新增价格监测县与监测指标任务调查与推荐工作、2015年主要畜禽定点监测县“调村换户”等工作。全年撰写4篇《河北省畜牧业生产形势分析信息通报》，有效指导各地养殖场户搞好生产；利用“河北牧业”微信平台及时发布预警信息、政策法规等重大信息。完成全省15%定点监测县核查任务；对石家庄、邢台、承德、唐山、秦皇岛5个市10个主要畜禽定点监测县、畜产品与饲料价格定点监测县、畜产品交易量监测县及农业部定点生鲜乳收购站监测县进行了数据质量核查；加强人员培训，提高综合素质，举办培训班5期，全省全年培训统计人员208名。

【畜牧科研与技术推广】认真做好项目立项和先进适用技术的推广工作， 下达2015年畜牧兽医科技项目计划18项，组织制定《河北省畜牧技术推广工作实施方案》，重点推广先进实用技术30项，推介发布了6个畜牧业主导品种、15项主推技术，编制了技术指导手册。对河北科星药业有限公司申报的“转基因大肠杆菌载体活疫苗环境释放项目”进行了评审。组织申报2015年河北省农业技术推广奖（畜牧）贡献奖25人、项目奖14项、合作奖2项。印发《河北省畜牧兽医局关于印发省畜牧技术推广指导意见（2015-2017）》，根据各个地区及不同畜种养殖场户的技术需求，编写技术模块手册。将各项行业技术分解为实用、易懂的技术模块，实行各市认领与统一协调相结合的方式，对各模块自由选择、逐项嵌入，有效促进了各地先进适用技术的应用。

【京津冀畜牧产业协同发展】作为京津冀协作畜牧兽医主持省份，充分发挥组织协调作用，多次组织召开由京津冀三地畜牧兽医事业合作畜牧组全体成员及部分大型畜禽养殖、畜产品加工、市场营销等企业负责人参加的京津冀畜牧产业发展研讨会议，认真落实“京津冀协同发展框架协议”，研究制定了具体合作事项及推进措施。联合印发了《京津冀动物卫生风险评估分级管理办法（试行）》，明确了动物防疫监管对象的风险因素，统一了风险划分等级和评估程序，实施了风险监管的工作思路，提升了京津冀动物疫病防控水平。

【畜产品质量安全监管】全省136个县（不含区）全部建立了畜产品（农产品）安全监管股，493个乡镇成立了独立的监管机构，1473个乡镇由乡镇站负责畜产品质量安全监管工作。市级畜产品检测中心全部通过计量认证，有7个通过了畜产品质量安全检测机构考核，79个县开展了检测工作。石家庄、廊坊等6个市建立了综合执法支队，有80个县建立了综合执法大队。印发《关于进一步健全“瘦肉精”监管长效机制的通知》，完善了“瘦肉精”案件查办机制。转发《关于进一步加强畜禽屠宰检验检疫和畜禽产品进入市场或生产加工企业后监管工作的意见》，初步建立了生鲜肉市场准入与产地准出衔接机制。印发《关于规范畜产品质量安全抽检付款凭证的通知》。撰写了《“瘦肉精”监管工作检查和评估报告》，开展“瘦肉精”专项整治“百日会战”行动，共抽检生猪146281批次、肉牛26119批次、肉羊36836批次，检出不合格样品16批次，已全部进行了核查和溯源。印发《2015年河北省饲料兽药和畜产品质量安全监督抽检及监测计划》，组织生鲜乳和“瘦肉精”监测、节假日应急监测，组织开展了第四届检测技术人员大比武活动。对全省146起畜牧兽医类违法案件查处情况进行通报，完成6起案件线索的核查溯源工作，对深州市园林养猪厂销售的黑猪冒用无公害标识的问题进行了处理。新认定无公害产地82个，有32家企业获得了无公害畜产品认证证书，全省有效期内的无公害畜产品达到267个。举办无公害畜产品认证培训班，培训认证业务骨干220多人、养殖企业无公害内检员400余人，为推动工作开展奠定坚实基础。

【动物疫病免疫】始终坚持把防控重大动物疫病摆到重要位置，高度重视，认真对待，狠抓重点部位、薄弱环节和关键措施，有力有序有效地开展防控工作。免疫程序逐步规范，抗体监测全面开展，免疫质量显著提高。召开全省春秋季重大动物疫病防控视频会议，印发《河北省2015年重大动物疫病防控实施方案》、《2015年河北省主要动物疫病免疫工作方案》、《河北省动物疫病监测和流行病学调查计划》和《2015年重大动物疫病防控工作督导检查方案》，逐级对基层站防疫人员和村级防疫员开展了防控技术培训，对全省春秋防工作进行了交叉检查验收，被抽查县应免畜禽免疫密度、免疫建档率、免疫持证率、牲畜耳标佩戴率都达到了国家规定标准，强制免疫各病种免疫抗体合格率都达到了80%以上。

【动物疫病监测】着力建立健全省、市、县、乡、村五级疫情测报网络，扎实开展动物疫情预警预报工作，为及时有效防控动物疫情提供了科学依据。高致病性禽流感监测场点4540个，免疫抗体监测173531份，合格率94.47%；病原学监测（H5禽流感）6350份，全部阴性。口蹄疫监测场点5631个，免疫抗体监测179835份，合格率91.89%；病原学监测7962份，全部阴性。高致病性猪蓝耳病监测场点818个，免疫抗体监测19192份，合格率89.88%；病原学监测1667份，全部阴性。猪瘟监测场点3925个，免疫抗体监测116553份，合格率91.96%；病原学监测1717份，全部阴性。新城疫监测场点3616个，免疫抗体监测137522份，合格率95.09%；病原学监测1815份，全部阴性。分别于1月、6月份召开了省级动物疫情专家预警会议，形成预警报告。建立了京津冀动物疫情联合预警机制，制定《京津冀动物疫情联合预警组织章程》，召开首次京津冀动物疫情联合预警会议，形成了联合预警报告。对5个种猪场、4个种禽场开展了2次疫病净化监测，共监测高致病性禽流感免疫抗体759份，合格率100%；病原学监测759份，全部阴性。新城疫免疫抗体监测759份，合格率100%；病原学监测759份，全部阴性。禽白血病监测759份，AB 亚群阳性率25.82%，J 亚群阳性率3.69%。禽沙门氏菌病监测759份，病原学阳性率0.66%。高致病性猪蓝耳病免疫抗体监测812份，合格率97.54%；病原学监测共486份，全部阴性。猪瘟免疫抗体监测812份，合格率96.79%；病原学监测456份，全部阴性。积极组织开展兽医实验室考核验收工作，全省11个市级、153个县级兽医实验室通过了考核验收。

【动物卫生监督】切实加强对畜禽饲养、屠宰加工、经营、运输和储藏环节的监督管理，对病死畜禽要严格进行无害化处理，确保畜产品安全。强化综合能力培训，对11个设区市主管局长、动监所长和主管所长，以及193县（市、区）的动监所长全面开展官方兽医培训；组织编印了《动物卫生监督知识题库》，定期对全省官方兽医进行抽查考试。积极开展动物检疫电子出证工作，全年共电子出具各类检疫证明700多万份。全省共建立检疫申报点近2717个，在定点屠宰场全部建立了官方兽医办公室，全省产地检疫动物67107.41万头（只）、屠宰检疫动物33822.85万头（只）。对不同的监管场所进行动物疫病风险评估，将监管对象评定为 A 级、B 级、C 级三个等级，完成评估对象31382个，占监管象总数的95.26%，其中风险等级 A 级的有5465个、B 级10792个、C 级15071个。对 A 级动物防疫监管对象每60日监督检查不少于1次；对 B 级动物防疫监管对象每45日监督检查不少于1次；对 C 级动物防疫监管对象每30日监督检查不少于1次。

【畜禽屠宰监管】全省畜禽屠宰监管制度改革稳步推进，11个设区市畜禽屠宰机构职能、监管和执法人员全部划转到位，县级机构、人员划转工作有序进行。印发《河北省畜禽定点屠宰企业基本管理制度》，对畜禽定点屠宰企业制度建设、安全生产、企业管理等方面进行规范统一，督促定点屠宰企业严格按照技术规范要求，进行规范化、标准化生产。加强屠宰环节病害猪无害化处理监管工作，全省病害猪无害化处理共计9182502头。认真开展畜禽定点屠宰监管，全省各级畜禽定点屠宰管理部门共开展执法12258次，出动执法车辆13543车次，出动执法人员48421人次，捣毁私屠滥宰窝点34个，查处违法案件191起，清理关闭不合格屠宰企业2家，罚款474397元，有效规范了畜禽定点屠宰秩序，净化了屠宰环境，维护了公共卫生安全。

【应对衡水生猪屠宰检疫突发事件】3月18日晚，中央电视台《焦点访谈》以“关口开　危险来”为题报道衡水市深州、故城县生猪检疫监管工作存在突出问题后，省畜牧兽医局立即召开会议，进行安排部署，迅速派出工作组连夜赴衡水市深州市、故城县对新闻报道的情况进行核查，了解相关情况。印发通知要求各地在动物产地检疫、屠宰检疫、证章标志管理、监督检查、公路动物卫生监督和定点屠宰监管等方面，开展一次全面彻底自查和检查，发现问题及时纠正并认真整改，违反法律法规的依法进行处理。成立应急处置领导小组，设综合协调组、疫情监测组、现场调查组三个工作组，实行24小时值班，负责整个事件应对处置工作。派出2个技术专家组，赴深州、故城采集样品，开展动物疫情检测。召开全省动物检疫监管专项整治工作视频会议，决定在全省开展为期一个月的动物检疫监管专项整治活动，重点整治动物卫生监督执法过程中的不依法履职、不作为甚至乱作为现象。

【医政药政工作】全年全省共组织1659人参加2015年执业兽医资格考试，无泄密事件发生。组织开展了督导检查调研活动，共督导检查了26个动物诊疗单位，查处动物诊疗机构违法案件33件，取缔无证经营动物医院1家，动物诊所11家，对全省注册的882名执业兽医师和232名执业助理兽医师进行了监督检查。印发《2015年全省兽用抗菌药专项整治行动方案》，对违法生产、销售、违规使用兽用抗菌药物始终保持高压态势。印发《全省深化兽药产品标签和说明书规范行动方案》，规范了标签和说明书编写、印制等行为。组织查处假劣兽药，净化兽药市场，立案43件，结案43起，查处违法企业57个，其中生产企业23家，经营和使用单位34个，罚没款19.7万元。成功破获了河北东方牧业有限公司非法制售假疫苗案，涉案金额500余万元，挽回直接经济损失2.53亿元，7名主犯落网。印发《2015年度全省兽药质量及药物残留抽检工作计划》。对120家兽药生产企业核发了二维码密钥（用户名 ID 和初始密码）。印发《关于加强兽药生产企业安全管理工作的通知》和《全省兽药安全生产专项整治工作方案》，对全省药政管理者和所有兽药生产企业负责人进行消防知识培训，确保不发生重大安全事故。

【饲料产业发展】按照“整合数量、增加产量、提高质量”原则，努力解决好严格行政许可审批与发展的关系，动态性保持企业总数，继续实施企业整合重组、强强联合战略，走集团化、规模化道路。扶优限劣，扶大限小，鼓励和支持大中型饲料和兽药企业上规模、上水平，饲料产业保持健康平稳发展。年产10万吨以上饲料生产企业达到28家，宠物饲料总产量达到15万吨，占全国总产量的50%以上，省级以上有效期内名牌产品数量达到25个，秸秆青贮预计达到2200万吨（鲜重），比上年增长了200万吨。印发《2015年实施饲料质量安全管理规范指导意见》，确定河北兴达等25家企业为省级示范企业并授牌。筛选河北方田、河北大成、唐山三福等三家企业作为第一批国家级示范创建企业，申请农业部验收。审核发放饲料和饲料添加剂生产许可证116个。集中严厉打击无证生产饲料和饲料添加剂行为，出动执法人员6944人次，检查未获证饲料加工厂（点）数量304个，取缔非法加工厂点17个，其中捣毁数量2个，查处案件37起，移交公安5起，处罚金额24.85万元。完成了蛋粉、蛋黄粉、蛋壳粉、蛋清粉等产品的标准起草说明、申报材料要求、生产许可条件、现场审核表的起草和审核校对工作。3月17-19日，2015河北省饲料工业发展峰会在石家庄成功举办。省农业厅副厅长、省畜牧兽医局局长张强，顾传学副局长以及农业部、中国饲料工业协会、省工经联、北京市饲料工业协会等领导出席峰会，省内外700余家企业代表人参加了峰会。

（河北省畜牧兽医局　赵学风）

渔业生产

【概况】2015年，河北渔业坚持生态优先、以养为主、突出特色的方针，走“优质、高效、控量、增收”的发展道路，不断巩固发展“三大产业带”、“八大基地”的特色产业格局，全省渔业保持了平稳、健康、快速发展的良好局面，“优质、高效、平安、生态”的特色渔业发展日趋鲜明。全年水产品总产量达到129.31万吨，同比增长2.3%，渔业总产值达245.8亿元，同比增长4.65%，渔业增加值130.9亿元，比上年增1.77%，渔民人均纯收入12961.77元，同比增长8.7%。

【产业结构调整】海洋捕捞业，以渔船改造为抓手，发展新型专业化渔船，配套发展渔具、渔机、冷藏等相关产业，使之成为渔业产业结构调整和发展的战略重点之一。近远海、远洋渔业取得新的发展，远海生产渔船数量达1000艘以上。争取国家远洋渔船更新改造补助资金6000多万元，批准建造21艘远洋渔船，目前已建好16艘赴非洲塞拉利昂、毛利塔利亚海域的远洋渔船，实现了我省远洋渔业的新突破。强化渔政执法监督，严格执行近海渔船网具双控制度和伏季休渔制度，有效降低了近海捕捞强度。狠抓海上渔业生产秩序和渔事纠纷隐患排查、应急处置与调处工作，渔船编队生产水平提高，涉外渔船无恶性违规事件发生。

水产养殖业，全省海水养殖面积达到176万亩，淡水养殖面积117万亩，中国对虾、日本对虾、南美白对虾等多品种生态养殖的发展格局已经形成；中华鳖、虹鳟鱼等优质特色养殖规模进一步扩大。新创建农业部健康养殖示范场14个，总数达到131个，辐射带动养殖面积90万亩；唐山市曹妃甸区以优异成绩顺利通过农业部渔业健康养殖示范县验收，成为目前全国首批五个示范县之一。黄骅三疣梭子蟹原种场经农业部批准认定为我国现有唯一一家国家级三疣梭子蟹原种场。大力推进近岸海域环境综合整治工作，北戴河浅海养殖区累计压减扇贝养殖面积16万亩，引导和鼓励渔民进行岩礁和底播生态养殖、开展了扇贝标准化健康养殖，增值了羊栖菜、龙须菜等大型藻类，海域生态环境改善明显。

水产加工流通业，抢抓国际水产品市场回暖的有利时机，以秦皇岛为重点，加快推进水产加工龙头企业改造升级，协调有关部门简化对外注册评审程序，促进出口型企业迅速打开国外市场，水产品加工和出口能力显著增强。全省水海产品及其制品共实现出口3.62万吨，出口额3.71亿美元，出口额已位居全国第六位。特别是扇贝出口量居全国第一位，成为全省农业出口的领头羊。

【水产品质量安全】一是全力推进水产品质量安全监管工作。认真落实“四个最严”及“产出来”与“管出来”两手抓的要求，大力推进标准化生产，突出水产品生产源头监管和专项整治，坚决打击水产品非法添加禁用药物行为，全省水产品质量安全形势平稳，未发生等级以上水产品质量安全事故。全年组织省部级以上水产苗种和渔用投入品质量安全抽检33个，合格率为100%；组织产地水产品质量安全监督抽查150个，合格率为99.3%，与2014年持平；组织市场水产品质量安全例行监测200个，合格率95.5%，比2014年提高了3个百分点；组织开展海水贝类产品卫生监测和生产区域划型抽检140个，完成划型总面积为28461公顷，其中一类生产区面积28221公顷，占划型面积比例99.16%；二类生产区面积240公顷，占划型面积比例0.84%；无三类生产区。无公害“双认”工作稳步推进，新认定无公害水产品产地69个（含11个复查换证）、面积44.8万亩，全省共认定无公害水产品产地225处、面积124.4万亩；新认证无公害水产品76个，认证产量10.8万吨，全省共认证无公害水产品238个、总产量24.5万吨。唐山市申报的“黑沿子毛蚶”已顺利通过农业部地理标志登记评审，使我省渔业地标产品达到2个，无公害水产品的抽检合格率100%。

二是加强水产品质量安全执法工作。深入开展水产品禁用物质专项治理行动，全省各级渔政机构以企业“三项记录”制度的建立执行情况、渔药及饲料等投入品的使用情况为重点，组织对水产养殖场、苗种场进行执法检查，对发现违法问题的处理率达100%。水产养殖病害测报、重水生动物疫病专项监测和水产苗种产地检疫工作有序推进，为水产品质量安全提供了有力保障。

【渔业资源养护】一是加大渔业资源增殖放流工作力度。全省累计投入各类增殖放流资金2504万元，放流各类海淡水苗种39.78亿尾（粒）。对虾增殖效果明显，今年增殖对虾7.74亿尾，产量约3800吨，资源量较上年增加近两倍，投入产出比达到1：30以上。6月6日，以“增殖水生生物资源、促进生态文明建设”为主题，营造“关爱水生生物资源、保护水域生态环境”氛围，在沧州市黄骅市和保定市阜平县分别举办了渔业资源增殖放流活动，现场放流中国对虾、三疣梭子蟹、褐牙鲆、中华鳖苗种2200万尾，产生了良好的社会影响。

二是落实各项渔业资源管理措施。认真落实捕捞许可、伏季休渔、内陆大水面禁渔期（区）等资源养护和管理制度，扎实开展鲅鱼、鲈鱼苗、对虾亲虾、海蜇、毛虾以及水生野生动物保护等专项资源管理工作。

三是深入开展渔业水域生态环境保护工作。加大渔业水域生态环境保护力度，积极参加涉海工程环境影响评价评审，依法开展渔业资源生态补偿（赔偿）金收缴工作，进一步理顺了涉海工程环境影响评价工作，全年共参加评审论证涉海工程环境影响报告等64个，和项目单位签订补偿协议9份，补偿资金4546.23万元。

四是大力开展清理违规渔具专项行动。涉渔“三无”船舶和“绝户网”清理整治专项行动初见成效。对排查出的2500艘涉渔“三无”船舶进行集中管理，拆解124艘，封存各类违规渔具5.8万余米，滩涂陷阱类“绝户网”得到彻底清理。

五是海洋牧场示范区建设进展顺利。建设国家级海洋牧场示范区3处，新建海洋牧场3个，扩建海洋牧场面积10984亩。共计投入资金20303.58万元，其中财政资金1827.29万元；共计投放混凝土构建鱼礁11.59万空方，石块渔礁81.70万立方；扩建藻场面积500.5亩；底播增殖苗种（底播魁蚶、增殖海参等）约6750万单位。

【渔业科技与推广】一是渔业科技支撑能力进一步提升。围绕我省重点养殖品种、特色渔业发展要求，着力强化技术推广能力建设，加速科技成果转化，实施科研项目5项，推广计划2项。推介全省渔业主导品种4项、主推技术5项。

二是加强标准化示范区建设。组织创建省级渔业标准化示范区18个，示范区面积达到1.6万亩，工厂化养殖面积39.5万平米。全省已累计创建渔业标准化示范区78个。组织申报2015年渔业地方标准13项，审定2014年省渔业地方标准8项。

【水生野生动物保护】一是严格落实水生野生动物利用特许制度。加强水生野生动物利用监管，全年共办理特许许可事项26项，包括水生野生动物经营利用证件10项、水生野生动物驯养繁殖证件8项、水生野生动物特许运输证8项。

二是开展水生野生动物保护宣传活动。组织相关单位开展水生野生动物保护知识科普宣传周和“关爱水生生物，共建和谐家园”主题的科普宣传月活动。深入燕山大学开展了水生野生动物保护科普宣传校园行活动，采取悬挂展板、横幅，张贴宣传画，发放水生野生动物保护知识手册、宣传T恤、宣传气球等方式，宣传水生野生保护知识。

三是继续加强水生野生动物展馆管理。对水生野生动物重点驯养繁殖及经营利用场所进行实地审查并完成特许证件年度审验，办理新建水生野生动物展演场馆评估项目3个。四是积极救助水生野生保护动物。全年共救助幼年雌性斑海豹2头，经鸽子窝公园内的海豹救助中心和山海关欢乐海洋公园分别救治，现状况良好。五是认真履行CIETS 国际贸易公约，加强水生野生动物利用执法检查力度。全年开展了专项执法行动3次，检查水生野生动物驯养场馆7家，抽查红珊瑚经营企业2家。

【渔业法制建设】积极开展开展对海洋伏季休渔执法管理和违规网具专项整治行动的督查，推进海洋伏季休渔管理规范化、违规网具专项整治常态化。大力推进“平安渔业”建设，按照农业部和国家安监总局的要求部署，深入开展了“全国平安渔业示范县”、“文明渔港”和“全国休闲渔业示范基地”创建活动。沧州渤海新区管理委员会被评为2014-2015年度“全国平安渔业示范县”，涿鹿县丰达水产养殖有限公司和阜平县怡心园度假村有限公司被评为2015年度全国休闲渔业示范基地。

【渔业综合管理】一是争取并落实惠渔政策。完成2014年度5.81亿元渔业油价补助资金发放的渔船数据审核汇总。根据国家渔业油价补助政策调整方案，组织开展我省油补政策调整实施方案编制工作，起草我省油价补助政策调整2015-2019年和2015年的实施方案，初步确定将渔船更新改造、减船转产、渔船LNG改造、休闲渔业和渔政渔港基础设施改造提升做为2015年度渔业发展的重点支持方向。渔业政策性保险工作迈出新步伐，承保规模和保障额度逐步提高。2015年承保渔民36712人，同比增长2.4%，渔船2919艘，同比增长1.3%；渔民雇主责任险保障金额人均保额保持在20万元。承保远洋渔船12艘，互保总金额1.3亿元。各级财政对渔民保费补贴取得了新突破，省、市、县三级配套补贴制度逐步建立。水产养殖保险试点工作稳步推进，承保海参养殖池塘232亩、淡水鱼网箱20个，承保金额362.4万元。

二是加强渔业生产安全管理。各级船检港监、渔政管理机构围绕渔业安全管理，严格开展渔船检验和渔港监督工作，不断强化海上作业秩序和涉外渔业管理，积极组织抢险救助工作，使得渔损海难事故发生率进一步降低，渔民生命财产得到了有效保障。渔业安全设施和装备建设加强，渔业海上突发事件应急救助辅助管理系统投入使用。全省各级渔政机构共计出动检查人员10915人次，检查车1674辆次，出动渔政检查船舶791艘次，登临检查渔船111艘次，渔业生产秩序总体平稳。据统计，今年以来共发生涉渔水上事故险情29起，死亡失踪25人，未发生重、特大渔业船舶生产安全事故；参与组织救助30起，救起渔民125人，挽回经济损失近317万元,未发生重大渔民生命财产安全损失事故，未出现涉外渔船严重违规和越界捕捞行为。

三是积极组织开展水产养殖执法检查。开展多种形式的执法检查，全年累计组织质量安全监管和执法检查2000多次，出动监管和执法人员近7000人次，检查水产苗种、养殖企业、市场等2500多家（次），下达整改通知书173份，为消除区域性、行业性的问题隐患起到了积极作用。

【渔业宣传】全省各级渔业行政主管部门围绕现代渔业建设工作重点，加强政务信息采集与报送、新闻宣传报道，渔业信息宣传工作取得积极成效。全年在中国渔业报登载稿件46篇，在河北日报、河北经济日报等省级以上媒体刊物发表信息21篇，在“河北渔业”专题网站为市县渔业部门和水产企业发布行业信息353条、经济价值的企业信息126条，其中被农业部渔业渔政局网站和全国专业渔业网站采纳信息200多条。

【存在的问题】一是资源环境约束趋紧，渔业发展空间受到极大影响。受极端天气、水域污染、地方政府调控（水源地、特殊要求水域）和工程占海等各种因素影响，渔业发展空间逐步萎缩。

二是基础设施建设滞后，基层水产品检疫体系、推广体系改革推进难的问题及良繁体系、病害防治体系缺失和不足严重制约了渔业的进一步发展。

三是渔业产业化程度不高，规模型龙头企业少，对行业的引领带动作用发挥不明显，需要从政策、资金上加大集中扶助力度，充分发挥利用好龙头企业的集聚、带头作用。

四是渔业立法工作亟待加强。休闲渔业是新兴产业，没有上位法做依据，处于自发无序的发展状态，存在着许多亟需解决的问题，特别是以渔船为载体的休闲渔业，涉及海上安全问题，需要尽快立法规范。

（河北省农业厅　周永刚　刘丽艳）

农村居民收入与消费

2015年，面对新常态下经济运行中出现的新情况、新问题，河北省委、省政府把握平衡点，狠抓增长点，既稳增长又调结构，既力促农村经济健康发展，又着力改善民生，全年农村居民收入增长8.5%，扣除价格因素，实际增长7.9%，含金量提高。实际增速实现“三高于”，即高于 GDP，高于城镇，高于全国。同时，农民生活水平得到改善、消费结构更加优化、服务类消费走进农家，生活质量大幅提升。

【农村居民收入】2015年河北农村居人均可支配收入为11051元，同比名义增长8.5%，扣除价格因素实际增长7.9%。

（一）收入全面增长,工资性收入对增收贡献最大。

1.各项收入全面增长。2015年农村居民各项收入呈全面增长态势。其中，人均工资性收入为5812元，同比增长9.1%；人均经营净收入3685元，同比增长7.3%；人均财产净收入234元，同比增长14.6%；人均转移净收入1320元，同比增长8.3%。

2.工资性收入是拉动收入增长的主要因素。2015年人均工资性收入增加485元，对收入增加额的贡献率为56.1%，拉动收入增长4.8个百分点，依然是农民增收的第一支撑因素；经营净收入位居第二位，对收入增加额的贡献率为28.9%，拉动收入增长2.4个百分点；转移净收入、财产净收入对收入增长的贡献率分别为11.6%和3.5%，分别拉动收入增长1.0个百分点和0.3个百分点。

（二）农村居民收入增速高于城镇、高于全国、高于GDP。

1.农民收入增速连续6 年高于城镇，城乡差距逐年缩小。自2010年以来，城镇居民收入增速分别为10.5%、12.5%、12.3%、9.9%、8.6%和8.3%；农村居民收入增速分别为15.7%、19.5%、13.5%、12.6%、10.9%和8.5%。农村居民收入增速分别快于城镇5.2、7.0、1.2、2.7、2.3和0.2个百分点。2015年城乡居民人均可支配收入倍差为2.37∶1（以农村为1），较2010年缩小了0.30，城乡居民收入差距逐年缩小。

2.农民收入实际增速超全国及周边，收入含金量提高。2015年河北农村居民人均可支配收入扣除价格因素实际增长7.9%，比全国高0.4个百分点。比周边的山西、内蒙、辽宁、山东和河南分别高1.4、1.1、1.7、0.1和0.3个百分点，农民收入含金量提高，实际增速超过周边省份。

3.农民收入连续5年高于 GDP，保持稳步增长。2015年河北农村居民人均可支配收入同比增长8.5%，扣除价格因素实际增长7.9%，高于同期河北GDP增速。自2011年以来，河北农村居民收入实际增速连续5年跑赢了GDP增速，分别高0.9、1.1、0.7、2.5和1.1个百分点。农民收入增长实现与经济发展同步。

（三）农村居民内部收入差距扩大，低收入户增收较慢。2015年河北农村居民人均可支配收入五等分组情况为：20%的低收入组人均可支配收入为3142元，20%的中等偏下收入组为7474元，20%的中等收入组为10252元，20%的中等偏上收入组为13623元，20%的高收入组为23299元。20%的低收入组人均可支配收入同比增长6.9%，比全省低1.6个百分点；全省有60%的农户收入没有达到全省平均水平。

（四）河北农村居民收入位于全国中上游，与京津鲁差距拉大。

2015年河北农村居民人均可支配收入为11051元，比全国低371元，居第14位，位次较去年下降1位。与周边省份相比，低于北京、天津、山东和辽宁，分别低9518元、7431元、1880元和1006元；高于河南、内蒙和山西，分别高198元、275元和1597元。河北与北京、天津和山东收入水平差距继续拉大。

【农村居民消费特征】2015年，农村居民人均生活消费支出9023元，比上年增加775元，增长9.4%。

（一）农村居民生活消费支出首次突破9000元。

随着农村居民收入水平的提高，农村居民生活消费支出同步增加。十二五期间，农村居民生活消费支出一年一个新台阶，连续快速增长。2010年，农村居民生活消费支出突破4000元；2011年突破5000元，2012年突破6000元，2013年突破7000元，2014年突破8000元，2015年突破9000元。

（二）八类消费支出全面增长，医疗保健增长最快。

农村居民八类消费支出呈全面增长态势，其中医疗保健支出增长16.7%，位居第1位。教育文化娱乐支出增长14.7%，交通通信支出增长13.3%，居住支出增长8.4%，衣着支出增长7.5%，食品烟酒支出增长6.5%，生活用品及服务支出增长3.8%，其他用品和服务支出增长2.0%。

（三）吃住行支出增加，是拉动消费增长的主因。

农村居民食品烟酒、居住与交通通信支出5891元，占农村居民生活消费支出的65.3%。其中，食品烟酒支出对消费支出增长的贡献率为20.2%，拉动消费支出增长1.9个百分点；居住支出对消费支出增长的贡献率为20.1%，拉动消费支出增长1.9个百分点；交通通信支出对消费支出增长的贡献率为19.6%，拉动消费支出增长1.8个百分点；这三项支出成为拉动农村居民消费支出增长的三大主动力。

（四）消费水平稳步提高，增速快于收入。

2015年农村居民人均消费支出为9023元，增长9.4%，比农村居民可支配收入增速快0.9百分点。自2011年起，连续5年消费增速高于收入增速，分别高出3.0、0.4、1.7、0.9和0.9个百分点。

（五）农村消费支出增速快于城镇，城乡消费差距缩小。

2015年农村居民消费支出增速比城镇居民快0.9个百分点。从各项消费支出看，农村居民交通通信、医疗保健支出增速高于城镇，分别高15.8、1.7个百分点；食品烟酒、衣着、居住、生活用品及服务、教育文化娱乐、其他用品和服务支出增速慢于城镇，分别低1.5、0.9、1.7、5.1、2.8和7.7个百分点。2015年城乡居民消费比为1.95：1（农村消费支出为1），较去年同期缩小0.02，城乡消费差距缩小。

（六）发展享受型消费较快增长，生活质量提高。

2015年农村居民消费支出中发展和享受性消费即生活用品服务、交通通信、教育文化娱乐和医疗保健消费共计3617元，增长13.0%，比生存型消费支出增速快了5.6个百分点。2015年农村居民饮食服务消费增长11.7%，家庭服务消费人均增长19.0%，文化娱乐服务支出增长13.4%，服务类消费增速迅猛，饭店、美容院、健身房逐渐有了农民的身影，生活质量提高。

（七）人均消费支出低于全国，位于全国中上游水平。

农村居民人均消费支出9023元，比全国低200元，居第12位，位次与去年持平。与周边省份相比，低于北京、天津、内蒙，分别低6788元、5717元和1615元；高于辽宁、山东、河南和山西，分别高150元、275元、1135和1602元。

（国家统计局河北调查总队　张　坤）

农产品生产价格

2015年河北农产品生产者价格指数为97.50，同比下降2.50%。

【农产品生产价格“前稳后跌”】2015年农产品生产价格在经过上半年的平稳运行之后，三季度开始出现明显下跌，四季度跌幅继续扩大，全年河北主要农产品生产者价格累计低于上年。指数为97.50，同比下降了2.50%。

2005-2015年十年间，河北农产品生产者价格指数总体呈现波动运行态势，除2009年和2015年价格指数低于100之外，其它年份均高于100；2009年低于100的主要原因是受全球金融危机和甲型流感等因素影响，而2015年则是受整体经济下滑和产能高企的影响，无论是粮食产量还是畜牧出栏量均高于上年，加之国际农产品价格倒挂，进口量的增加也对农产品生产者价格造成一定压力，导致农产品价格出现下降趋势，价格指数降到近十年来的最低点。

【农、林、牧、渔业生产价格“三降一升”】分行业来看，农业、林业、畜牧业产品生产者价格降幅较大，回落明显，而渔业产品生产价格略有上涨。

（一）种植业产品生产者价格同比下降了2.74%

2015年种植业产品中，玉米、马铃薯、棉花、水果和坚果产品价格下降明显，同比降幅分别为4.78%、20.16%、9.94%、14.09%和18.32%。与此相反，种植业产品中仅有蔬菜价格有所回升，同比上涨了7.53%。从本年内价格走势来看，这些同比下降的品种中，玉米、水果价格同比降幅呈现季度间逐渐拉大，而薯类价格降幅在逐季收缩，棉花下降幅度较为稳定，在10%左右波动。

（二）林业产品生产者价格同比下降了5.47%

2015年河北林业产品主要出售品种为育种树苗类，其生产者价格指数为94.53，出售价格同比下降5.47%。主要出售期集中在二季度和四季度，出售范围集中在一些有林业资源的山区县。

（三）畜牧业产品生产者价格同比下降了2.67%

2015年畜牧业产品生产者价格除第一季度之外，二、三四季度均保持了的同比下降态势，全年畜产品价格比2014年下降了2.67%，价格走势由升转降。分产品来看，除活牲畜价格由于猪价拉动比上年上涨了2.54%之外，牛、羊、活家禽以及畜禽产品价格指数均呈下降态势，降幅分别为7.0%、20.94%、5.76%和8.83%。

（四）渔业产品生产者价格同比上涨了5.74%

2015年河北调查的渔业产品所出售类别只有淡水养殖产品，具体品种包括草鱼和鲤鱼。其中草鱼生产者价格比上年下降了7.42%，而鲤鱼生产者价格同比则上涨了10.09%。

【主要品种生产者价格变动情况】

（一）小麦运行平稳，玉米价格下降。小麦和玉米作为河北粮食的主要品种，在2015年中呈现出不同走势：其中小麦价格平稳运行，平均每公斤2.38元，与2014年持平；玉米价格明显下降，平均每公斤1.99元，同比下降了4.78%。从年内价格走势看，小麦价格前三季度持续小幅上涨，四季度有所回落，而玉米只有二季度小幅上涨，三季度开始跌落，第四季度降速加剧。

（二）马铃薯价格下降明显。2015年马铃薯价格下降明显，出售价格仅为每公斤0.99元，同比下降了20.16%。马铃薯价格自年初低开低走，全年一直处于低位运行状态。虽然二、三、四季度马铃薯出售价格仍延续了年初低位运行的走势，但累计同比下降幅度已由一季度的44.9%收缩至四季度的13.24%，全年累计降幅为20.16%。

（三）花生价格有所回升。2015年延续了2014年四季度的回升走势，全年累计出售价格为每公斤5.82元，同比上涨了9.81%，回升形势较好。从年内价格走势看，花生价格高开高走，二季度每公斤价格达到6.04元，三季度受生产旺季影响，价格回落到5.57元，但四季度再次上涨到5.87元，全年累计花生价格比2014年上涨了9.81%。

（四）棉花价格继续走低。2015年河北棉花价格延续了近年来的持续走低态势，出售价格下降到每公斤6.16元，同比下降了9.94%。从年内价格走势看，除二季度价格有所上涨之外，其余季度均呈下降态势，但降幅基本稳定保持在10%左右。

（五）蔬菜价格总体上涨。2015年蔬菜价格呈现同比上涨态势，蔬菜生产者价格指数为107.53，同比上涨了7.53%，和油料一样，是种植业产品中仅有的两种上涨类别。在蔬菜品种中全部呈现上涨态势，按上涨幅度从高到低排序依次为甘蓝类、根茎类、白菜类、瓜菜类、豆类、茄果类、葱蒜类和叶菜类蔬菜，涨幅分别为25.96%、9.42%、9.28%、8.64%、6.06%、5.91%、2.35%和1.64%。

（六）水果及坚果价格快速回落。2015年水果类生产者价格一改上年涨势，快速回落，全年水果类价格比上年下降了14.09%。其中下降幅度最大的是梨，同比下降了22.54%；其次是红枣，同比下降了17.23%；而苹果价格比上年上涨了13.40%；从年内价格走势看，一季度水果平均价格为5.32元，二季度为5.7元，三季度受水果大量上市的影响，价格跌落至每公斤2.78元，四季度虽有所上升，但价格仍在每公斤3.00元之内。坚果价格同比下降了18.32%，其中板栗下降了19.59%，核桃下降了16.34%。与上年上涨8.83%的态势，相差27.15个百分点。

据调查，2015年水果、坚果价格下降幅度较大的原因是：夏季光照时间长、积温高，春季雨水偏多，并且6、7月份干旱少雨适宜林果及坚果生长；二是上年基期价格奇高，导致同比下降幅度是2005年以来十年连续上涨后的首次回落

（七）活猪价格持续上涨。河北活猪出售价格自2014年二季度跌至谷底每公斤11.44元后，于第三季度开始逐步回升，到2015年河北活猪平均生产者价格已上涨到每公斤15.02元，同比上涨了11.73%，是畜产品中唯一呈现上涨的品种。

（八）活牛价格下降。2015年活牛生产者价格为23.37元/公斤，同比下降了7.00%；从年内价格走势看，活牛价格保持了去年四季度以来的波动下行走势，仅在二季度有小幅回调。

（九）活羊价格降幅明显。2015年活羊生产者价格为16.47元/公斤，同比下降了20.94%，是2011年以来活羊价格的最低点。

（十）禽、蛋价格同比降温。2015年活禽、禽蛋生产者价格同比分别下降了5.76%和9.81%。从年内价格走势看，禽、蛋价格于二季度开始止涨下跌，尤其下半年以后

禽蛋价格降速逐季加快。主要是因为2014年下半年禽、蛋价格出现大幅上涨，尤其“火箭蛋”的价格飙升形势直至今年二季度才开始平息，上年基期价格偏高是今年下半年禽蛋价格同比降幅较大的主要原因。

（国家统计局河北调查总队　马　力）

主要农产品中间消耗及效益

2015年河北主要农产品中间消耗调查数据结果及效益情况具体如下：

【2015年主要农产品中间消耗调查结果分析】全省主要农作物按亩纯收益大小排序依次为：棉花、马铃薯、小麦、大豆、玉米；畜禽产品中，按投资收益率大小排序依次是：肉牛、活羊、活猪、鸡蛋、牛奶、肉鸡。（注：本文数据不包括人工成本）

（一）在粮棉农作物中，棉花收益最高，玉米最低

调查的5种粮、棉作物，按每亩纯收益依次是：（1）棉花868.58元；（2）马铃薯524.28元；（3）小麦497.99元；（4）大豆471.0元；（5）玉米349.84元。

1.棉花。调查面积605.6亩，平均每亩中间消耗411.90元，比上年增加了11.7元，同比上涨2.92%。其中肥料、农药和种子所占总中间消耗的比重分别为35%、18.66%和12.20%。与上年相比，种子下降了10.56%；肥料和农药分别上涨了1.58%和10.52%。按2015年全省棉花平均亩产207.87公斤，平均出售价格6.16元/公斤计算，2015年种植每亩棉花的总收益为1280.48元，扣除生产投入等中间消耗后，种植每亩棉花的纯收益为868.58元。

2.马铃薯。调查面积5567.3亩，平均每亩中间消耗555.35元，比上年增加了29.79元，同比上涨了5.67%。其中肥料和种子分别占总中间消耗的比重为37.57%和37.17%。与上年相比，肥料和种子分别上涨了17.46%和2.56%。按2015年全省平均亩产1090.54公斤，平均出售价格0.99元/公斤计算，2015年种植每亩马铃薯的总收益为1079.63元，扣除生产投入等中间消耗后，种植每亩马铃薯的纯收益为524.28元。

3.小麦。调查面积5328.73亩，平均每亩中间消耗484.85元，比上年增加了12.03元，同比上涨了2.54%。其中肥料、种子、水电和外雇机械作业所占比重分别为36.22%、14.91%、11.61%和30.74%。与上年相比，肥料和水电分别下降了1.93%和14.92%；种子和外雇机械作业分别上涨了14%和5.62%。按2015年全省冬小麦平均亩产412.96公斤，平均出售价格2.38元/公斤计算，2015年种植每亩小麦的总收益为982.84元，扣除中间消耗后，每亩小麦的纯收益为497.99元。

4.大豆。调查面积51.61亩，平均每亩中间消耗165.8元，比上年减少了5.8元，同比下降了3.38%。其中，肥料、种子和生产服务支出所占比重分别为47.01%、26.09%和14.61%。与上年相比，生产服务支出下降了17.17%；肥料和种子分别上涨12.84%和22.34%。按2015年全省大豆平均亩产129.96公斤，平均出售价格4.90元/公斤计算，2015年种植每亩大豆的总收益为636.80元，扣除中间消耗后，种植每亩大豆的纯收益为471.0元。

5.玉米。调查面积7063.77亩，平均每亩中间消耗332.41元，比上年增加了23.95元，同比上涨7.76%。其中肥料、种子和外雇机械作业所占比重分别为38.70%、14.27%和24.53%。肥料和种子分别比上年上涨了7.65%和9.59%；外雇机械作业与上年相比下降了11.32%。按2015年全省玉米平均亩产342.84公斤，平均出售价格1.99元/公斤计算，2015年种植每亩玉米的总收益为682.25元，扣除中间消耗后，种植每亩玉米的纯收益为349.84元。

（二）畜禽养殖中，投资收益率肉牛排首位，肉鸡依然末位

调查畜禽品种6个，按投资收益率从高到低排序依次为：活牛（67.60%）、活羊（45.53%）、活猪（42.49%）、鸡蛋（41.47%）、牛奶（28.85%）、和肉鸡（7.77%）。

1.肉牛。调查35户2783头活牛。平均每头活牛中间消耗为5507.97元。主要消耗是购买饲料饲草和仔畜，分别占55.32%和42.02%。按平均每只活牛出售毛重为395公斤和平均售价23.37元/公斤计算，2015年饲养每只活牛的总收益为9231.15元。扣除中间消耗后，饲养每只活牛可获纯收益3723.18元，投资收益率（纯收益/单位中间消耗，下同）为67.60%。

2.活羊。调查35户1457只活羊。平均每只活羊中间消耗为345.19元。主要消耗是饲料饲草和用种，分别占85.25%和7.52%。按平均每只活羊出售毛重30.5公斤和平均售价16.47元/公斤计算，饲养每只活羊的总收益为502.34元。扣除中间消耗后，2015年饲养每只活羊可获纯收益157.16元，投资收益率为45.53%。

3.活猪。调查50户51609头生猪。平均每头生猪中间消耗为1201.83元。主要消耗是饲料饲草和购买仔猪，分别占81.74%和13.88%。按平均每头生猪出栏毛重114.01公斤和平均售价15.02元/公斤计算，2015年饲养每头活猪的总收益为1712.43元。扣除中间消耗，饲养每头活猪的纯收益为510.6元，投资收益率为42.49%。

4.鸡蛋。平均每公斤鸡蛋的中间消耗为5.98元。按平均出售价格8.46元/公斤计算，2015年每生产一公斤鸡蛋的纯收益为2.48元，投资收益率为41.47%。

5.牛奶。平均每公斤牛奶中间消耗2.53元。按平均出售价格3.26元/公斤计算，2015年每生产一公斤牛奶的纯收益为0.73元，投资收益率为28.85%。按每头奶牛年产鲜

奶3500-4000公斤计算，饲养一头奶牛可为农户增收2555元-2920元。

6.肉鸡。调查12户761135只。平均每只肉鸡中间消耗为21.05元。主要消耗是饲料，占总消耗的82.76%。2015年，平均每只肉鸡出栏毛重为2.39公斤和平均售价9.49元/公斤，由此计算，饲养一只肉鸡的总收益为22.68元。扣除中间消耗，饲养一只肉鸡的纯收益为1.64元，投资收益率为7.77%。

【2015年主要农产品收益变动差异分析】与2014年相比，所调查的主要农产品收益除活猪略呈上涨外其它品种均为下降。

（一）粮棉作物收益下降

由于2015年入汛以后到7月中旬，河北大部分地区降水偏少且区域分布不均，部分地区发生了严重的旱情，给秋季作物生产造成一定影响，至使秋季调查品种马铃薯、玉米、大豆和棉花产量同比下降，再加上2015年度这些品种生产价格均出现不同程度下降，亩均产量、生产价格下降幅度分别在0.78%到4.67%、2.97%到28.78%之间，因此，秋季作物纯收益普遍下跌，其中马铃薯平均每亩纯收益比上年减少了477.90元，下降47.69%；玉米每亩纯收益比上年减少了93.39元，下降21.07%；棉花和大豆亩均纯收益比上年分别减少了210.24元和45.86元，下降19.49%和8.87%。

夏收粮食品种小麦纯收益也出现小减少。因小麦生长期间适宜的气候条件，亩均产量比上年增长了5.83公斤，涨幅为1.43%，但由于化肥、种子等主要农资产品价格的走高，以及小麦出售价格的下降，使亩均纯收益比上年减少18.51元，下降了3.58%。

（二）畜禽产品投资收益率降多涨少

从单个品种的纯收益增减绝对量来看，除猪价上涨使得饲养一头活猪的纯收益同比增长了123.15元之外，其它畜产品纯收益均为下降态势，其中：每公斤鸡蛋比上年少收1.56元，降幅为38.66%；每只鸡纯收益比上年减少了4.46元，降幅为73.23%；生产每公斤牛奶比上年减少收益0.49元，降幅为40.33%；对于活牛和活羊，出售价格同比下降11.11%和32.75%，影响纯收益降幅较大。

从畜产品的投资收益率来看：活牛的投资收益率高居首位，为67.60%，需要说明的是，2015年肉牛养殖多为短期育肥（4-6个月），造成用种成本乃至整体中间消耗的增加较多，虽然饲养每头牛的投资收益率高居第一，但与上年相比下降明显，同比下降了58.15个百分点；其次是活羊，投资收益率为45.53%，与上年相比，下降幅度最大。主要原因是活羊养殖规模增加，低成本散养户减少，平均中耗上升，出售价格降幅高达32.75%，收益迅降；第三是活猪，投资收益率为42.49%，由于出售价格的上涨，使其纯收益增加，投资收益率上升，同比提高了7.76个百分点，是畜产品中收益率唯一上涨的品种；第四是鸡蛋，投资收益率为41.47%，同比下降了20.75个百分点；第五是牛奶，投资收益率受价格下降拉动降幅较大，投资收益率为28.85%，同比下降了21.46个百分点；第六是活鸡，投资收益率依然处于畜禽产品的最末一位。投资收益率为7.77%，同比下降21.84个百分点，原因主要是出售价格19.58%的降幅所至。

整体来看，农产品种养收益由中间消耗、生产量、出售价格三个因素所决定，而近年来农业生产形势良好、产量基本稳定，中间消耗的高低主要取决于主要农资产品的销售价格，因此，成本价格和产品生产价格的上下波动就成为了影响种养收益增减的敏感因素。2015年纯收益和投资收益率的下降，主要是由于生产价格大幅下跌所致，因此，如何合理调控农产品生产者价格，是当下促进农民增收亟待考虑的问题。

（国家统计局河北调查总队　赵　培）

居民消费价格

2015年，在经济下行压力加大、各类风险挑战增多的背景下，河北省委、省政府认真贯彻中央关于经济工作的决策部署，在经济结构不断优化，民生得到持续改善的同时，确保了河北价格总水平的稳定。全年居民消费价格总水平（CPI）上涨0.9%，涨幅比上年缩小0.8个百分点，是2010年以来六年间的最低值。分类别看，食品上涨0.8%，非食品上涨0.9%；消费品上涨0.8%，服务项目上涨1.0%。

【CPI运行情况及特征】

（一）涨幅温和，运行平稳

2015年，河北居民消费价格总水平同比上涨0.9%，涨幅比上年缩小0.8个百分点，是2010年以来六年间的最低值。

从月度同比指数看，呈前低后高走势，但总体平稳。上半年各月同比涨幅均在“1”以内，其中1月份受春节错月和成品油价格下降因素影响，同比仅涨0.2%，为全年最低点；下半年除10月份受节后需求减弱影响，鲜菜、鸡蛋、猪肉价格大幅走低，带动CPI同比涨幅下滑至0.6%，其余月份均在“1”以上。全年12个月份中，有9个月涨幅在1.1%以下，最高月度涨幅为1.7%。CPI涨幅温和、走势平稳。从月度环比指数看，扣除春节错月因素外，其他各月环比波幅维持在-0.8%-1.1%之间，呈小幅震荡态势。涨幅高点分布在伏天、寒冬两个时间段，恰是鲜菜的供应淡季，而低点则在节后。食品价格的季节性波动对CPI波动起到了至关重要的影响。

（二）八大类商品价格“6涨2降”，结构特征变化明显

2015年构成CPI的八大类商品和服务价格“6涨2降”，其中，食品、烟酒、衣着、家庭设备用品及维修服务、医疗保健及个人用品、娱乐教育文化用品及服务同比分别上涨0.8%、1.7%、3.1%、1.0%、2.7%、1.1%；交通和通信、居住价格同比分别下降1.7%、0.1%。

从内部结构看，结构变化特征明显：一是食品价格涨幅显著回落，对CPI拉升作用明显降低。2015年河北食品类价格同比上涨0.8%，较2013年和2014年涨幅分别回落5.1和1.5个百分点，拉动CPI上升0.26个百分点，对CPI的贡献率为30%，低于上年同期的43.6%和前年同期的62.8%；二是工业品价格持续低迷。受PPI持续负增长影响，部分工业品价格涨势乏力，2015年全省工业品价格上涨0.9%，涨幅比上年缩小了0.2个百分点；三是服务项目价格持续攀升。随着用工成本的持续上涨，部分服务项目价格一直涨势不减，2015年，河北服务项目价格继续小幅上行，同比上涨1.0%，已连续5年上涨。其中上涨幅度较大的有：理烫发、公房房租、家庭服务、学前教育、清洗、车辆修理服务费、注射费，分别上涨14.2%、7.2%、6.7%、5.3%、5.2%、4.9%和4.6%。

（三） 涨幅低于全国平均水平，排位较靠后

2015年河北CPI上涨0.9%，比全国平均水平低0.5个百分点。在31个省、市、区由高到低的排序中，位于第29位。同周边地区相比，低于北京（同比上涨1.8%，下同）、天津（1.7%）、辽宁（1.4%）、河南（1.3%）、山东（1.2%）、内蒙古（1.1%），高于山西（0.6%）。

分类别看：医疗保健和个人用品及衣着类分别比全国平均水平高0.7和0.4个百分点；交通和通信与全国水平持平；其他5大类商品（服务）均低于全国，其中食品与全国差距最大，比全国低1.5个百分点。

【影响CPI走势因素分析】

（一）宏观经济形势制约了价格上升

2015年世界经济增长动力仍然不足，通货紧缩风险加大，国际贸易从低速增长变为负增长，大宗商品价格持续低迷；我国经济继续处在“三期叠加”的关键阶段，内部需求疲弱。国际、国内经济形势从根本上抑制了物价上行。

（二）主要农产品供应充足确保了价格稳定

2015年，河北主要农产品价格出现整体稳定局面，农产品供应充足，是食品乃至CPI低位运行的重要原因。分商品看，对食品类价格走势影响较大的农产品中，除猪肉、鲜菜因基期价格偏低涨幅反弹外，粮食价格涨幅回落，蛋、奶、果、牛羊肉价格均下跌。

一是粮食价格涨幅回落。2015年河北因夏粮丰收实现全年粮食持续增产，9月底国家又取消了玉米临时收储政策，带动小麦价格跳水，加之全球范围内粮食供应宽松，国际粮价下降。2015年河北粮食价格同比上涨1.2%，涨幅比上年回落1.2个百分点，是2003年以来13年中涨幅最低的一年。“一粮带百价”，粮食价格稳定，是物价稳定的基础。

二是鲜蛋、鲜瓜果、液体乳及乳制品价格由升转降。鲜蛋价格全年同比平均下降12.5%，比上年回落近三成；鲜瓜果下降7.9%，比上年回落28.6个百分点；液体乳及乳制品下降3.5%，比上年回落15.3个百分点。三项合计拉动总指数约下降0.5个百分点。

三是牛羊肉价格持续下跌。连续五年上涨的牛、羊肉价格，受养殖规模不断扩大，产量逐年增长，市场饱和影响，从高位逐步回落，2015年同比分别下降1.4%和6.7%，比上年涨幅回落4.7和10.6个百分点，合计拉动总指数下降0.1个百分点。

四是猪肉、鲜菜因基期价格偏低涨幅反弹。猪肉价格在经历了新一轮“下跌周期”后，从2015年4月份开始出现恢复性上涨，连续上涨4个月后，价格趋于稳定，10月份开始再度转跌，全年平均猪肉价格上涨11.1%，拉动总指数上涨0.27个百分点；2015年河北没有出现影响鲜菜生产的极端恶劣天气，鲜菜价格总体平稳，但由于基期价格偏低，全年鲜菜价格同比依然上涨了9.2%，拉动总指数上涨0.32个百分点。

（三）“互联网+”在零售和电子商务等领域的发展降低了商品价格

随着移动支付、现代物流的进一步发展，“互联网+”在零售和电子商务等领域发展迅猛，人们衣、食、住、行各方面消费都更多地从“线下”转到“线上”，不仅小件日用品在网上买，大件电器乃至汽车也开始转向网络。由于网上商品和服务的成本相对比实体店低，竞争更具优势，对实体店带来一定的冲击，从而带动了整体商品价格的下降。

（国家统计局河北调查总队　郄兰霞）

民营经济

2015年，在持续复杂严峻的经济形势下，全省各级民营经济发展部门在省委、省政府正确领导下，认真贯彻落实党的“十八大”精神和中央深化改革各项重要政策，坚持稳中求进工作总基调，以提高经济发展质量和效益为中心，主动适应经济发展新常态，抢抓京津冀协同发展重大机遇，紧紧围绕提质增效、创新驱动、绿色崛起，加快产业调整步伐，大力开展全民创业，不断完善服务体系，全方位优化发展环境，努力推进民营经济健康有序发展。

【基本运行情况】2015年，全省民营经济单位个数达275.6万个，同比增加9.2万个，同比增长3.5%；其中民营法人企业35万个，同比增加3.5万个；期末从业人员

2132.4 万人，同比增长2.4%，约占全社会二三产业从业人员的76.8%；其中民营法人企业从业人员1071.6 万人，同比增长4.2%。

全省民营经济全年累计完成增加值20186.4亿元，同比增长7.3%，占全省 GDP 比重为67.7%，比上年提高0.1个百分点；上交税金2409.4亿元，同比下降11.2%，占全省全部财政收入的59.5%，比上年下降12.6个百分点，占全部税收的比重为72.4%，与上年基本持平；实现营业收入100597.2亿元，同比增长5.4%；完成固定资产投资17498.9亿元，同比增长10.6%，占全省全社会固定资产投资的59.4%，与上年基本持平；完成利润总额6890.9 亿元，同比增长4.4%。

在国内外经济形势严峻复杂和下行压力持续加大的情况下，民营经济总体保持了平稳向好的发展态势，为全省经济稳步发展提供了强力支撑。

【主要运行特点】

（一）重点骨干企业发挥支撑作用。规模以上工业企业和大企业（集团）等重点骨干企业是支撑民营经济发展的重要力量，虽然近年来，工业企业因调结构转型升级发展呈缓增长态势，但重点行业骨干企业的产业带动作用依然非常明显。2015年，全省规模以上民营工业企业13320个，同比增加713个，完成增加值8239.1亿元，营业收入33928.8亿元，上交税金868.6亿元，分别占全部民营工业企业的87.3%，69.5%和82.5%，分别占全部民营经济的40.8%，33.7%和36.1%。年营业收入10亿元以上民营大企业（集团）207个，总营业收入14452.5亿元，纳税554.2亿元，分别占全部民营经济的14.37%和23%。2015年度全省百强民营企业平均纳税额由2013年的38814万元提高到2015年的44959万元，增幅达15.8%，企业纳税规模呈快速增长。

重点骨干企业积极顺应市场需求和产业转移变化，行业结构进一步调整优化，为后续强势发展和带动产业壮大将发挥更大作用。规模以上工业41个行业中，31个增加值同比实现增长，其中，食品制造，家具制造业，金属制品，汽车制造，计算机、通信和其他电子设备制造等优势发展产业增幅超过10%；食品工业，家具制造，仪器仪表制造，电气机械及器材制造，通信设备、计算机及其他电子设备制造和废弃资源综合利用等利润总额同比增长超过10%；高耗能产业中仅石油加工、炼焦和核燃料加工增幅较大。207个民营大企业（集团）中，非高耗能行业企业106个，占比51.2%；其中电子信息、食品制造、生物医药和新能源等优势工业企业51个，现代服务业企业25个，装备制造业企业30个。2015年度百强民营企业中，战略新兴产业企业24个，其中企业较多是：电子信息5个，现代服务5个，生物医药4个；华夏幸福基业投资产业园区，东旭集团发展新一代信息技术，河北三河燕达实业大健康新医疗产业，河北翼辰实业集团开发新型建材，河北御捷车业创新能源汽车品牌，传统产业中河北普阳钢铁、河北津西钢铁的产品结构改造提升，冀南钢铁集团、河北新华联合冶金的产业重组升级对全省民营企业转型升级、创新发展具有重要的引领示范带动作用。

（二）转型升级投资成为主导方向。投资持续增长是拉动民营经济稳步发展的重要支撑，也是改善民营经济产业布局和结构调整的主要推动力。近年来，随着市场倒逼加重和产业转移政策支持加大，民营企业投资方向和结构逐步优化，传统产业投资加快转向科技创新、转型升级方向，战略新兴产业、现代服务业、文化产业等呈现快速增长，全省科技型中小企业数量达2.9万家，高新技术企业中民营企业占到90%以上。“十二五”期间，在民营投资优化的驱动下，全省民营经济产业结构更趋优化，第二产业所占比重逐年下降，2015年第二产业占比64.97%，比2010年下降6.89个百分点，其中工业占比60.24%，比2010年下降7.31个百分点，第三产业占比则由2010年的27.05%上升到33.28%。

2015年，全省民营法人企业累计固定资产投资17498.9亿元，同比增长10.6%；其中，投资亿元以上施工项目3478个，总投资达6741.4亿元，同比增长14.1%；投产项目11955个，占全部施工项目（181874个）的65.8%，同比增长5.1个百分点。全省高新技术产业投资同比增长17.9%，高出全社会固定资产投资7.3个百分点；其中，生物技术投资增长27.5%，电子信息投资增长39.5%，新能源投资增长35.3%，均高出全省民营经济固定资产投资增速15个百分点以上。民营企业实施工业技改项目5266项，总投资达13055亿元。全省钢铁行业投资占比从2010年的12.5%逐年下降到2015年的7%，投资结构的优化带动产业结构不断改善。长城汽车乘用车节能环保增压直喷汽油机产业化与示范应用，河北泰纳新材料科技氯化聚乙烯改性合成橡胶新材料开发与应用二期，中亨新材料公司年产900万平方米高效无机真空绝热板工业强基等项目获得国家专项资金支持。石家庄民营投资中先进制造业增势强劲、纺织行业向中高端转型、医药企业发展后劲明显；沧州依托河北序能生物技术有限公司建设以高端原料药及中间体、医药制剂及医药关联产业的生物医药产业集群，依托天瑞星、中能环科重点建设新能源和节能环保产业集群；在中捷高新区建设以智能数控设备、工业机器人、3D打印机以及精密仪器等为主的高端制造产业集群。全年全省京津冀产业对接签约150个重点项目，总投资超过4500亿元，将进一步带动民营企业转型升级投资增长。

（三）产业集聚推动县域经济发展。2015年，全省125个（7个县撤并入区）县域民营经济稳定增长，支持了县域经济平稳发展。全年合计完成增加值14364.5亿元，同比增加585.2亿元，总量占 GDP 的比重达74.4%，其中121个县（市）占比超过50%，清河县和迁安市等24个超过80%。全省各级深度落实工信部《关于进一步促进产业集群发展的指导意见》，大力实施集群示范工程，创建特色产业名县名镇，打造特色产业区域品牌，加大公共技术服务支持，开启智慧集群建设试点，县域重点产业集聚更为突出，发展质量和水平不断提升，成为民营经济发展的强劲动力。

2015年，全省306个（比上年减少了13个）重点县域产业集群完成增加值5361.6亿元，占县域GDP和民营经济比重分别为27.8%和37.3%；营业收入22396.4亿元，占县域民营经济的33.3%，同比增加0.4个百分点；上交税金370.1亿元，占县域民营经济的33.4%，同比增加1个百分点。125个县（市）中，38个县（市）产业集群增加值占本地 GDP 比重超过40%；其中，容城县、清河县和安平县等9个县（市）占本地GDP比重超过70%，比上年增加1个。98个产业集群填报主营产品收入占国内市场的比重，58个占比超过了10%，其中17个超过了30%，7个超过了50%；37个填报主营产品收入占国际市场的比重，13个占比超过10%，其中4个超过30%。

2015年，全省新确定平乡县自行车等5个产业集群为“河北省中小企业示范产业集群”，总数达到51个；组织11个产业集群申报智慧集群建设试点；对冀州市采暖铸造等8个产业集群组织发展规划论证；推荐宁晋电信电缆、辛集皮革、隆尧食品等3家产业集群申报工信部区域品牌建设试点示范；确定孟村县等9个县（市、区）为“河北省特色产业名县（市、区）”、安新县三台镇等7个镇为“河北省特色产业名镇”，获得“国字号”的“中国之都、之乡、名城、名县、基地”等区域品牌达106个，获得“省字号”的“名县、名镇、名产业、特色产业基地”等特色产业区域品牌达121个。

（四）政策支持促进小微企业成长。近年来，工商注册资本登记制度改革全面实施和“大众创业、万众创新”行动深入开展，极大地激发了全社会投资创业的热情，成为小微企业快速成长的主推动力。2015年，全省小微法人企业大幅增长，经营个数达31.6万个，比上年增加3.3万个，同比增长11.6%，小微企业个数占全省民营企业个数超过90%；从业人员733.3万人，同比增长6%，分别占全省民营企业和全社会二三产业人员的68.4%和26.4%，同比分别提高1.1和1.9个百分点。

全省各级部门全面吸纳和深入落实国家和地方扶持小微企业发展的一系列政策和措施，全面提升“扶助小微企业专项行动”质量，在政策宣传、融资、技术、减负和转型升级等全方位支持小微企业创新壮大。一是优化政策环境。出台《关于扶持小型微型企业健康发展的实施意见》，扶持政策体系更加完善；各级利用各种媒体加大宣传力度，营造发展氛围；通过“阳光理政”栏目解读扶持政策，帮助小微企业更好地理解和运用政策，着力打通政策落实“最后一公里”。二是完善公共服务。建设全省中小企业公共服务体系，新增省级示范平台20个，总数达127个；平台网络和服务成效显现，省平台和39个窗口平台联通，带动服务机构969个，累计服务小微企业31858家；推荐6家申报第一批国家小型微型企业创业示范基地；全省各类创业辅导基地达368个，入驻小微企业7600多家；“金色阳光法律服务行动”开展6场，服务小微企业近2万家。三是缓解融资难题。加强政银企保对接，与18家商业银行和2家保险公司签署总额7612.8亿元的扶持小微企业贷款战略合作协议，实际完成8226.7亿元；全系统开展小微企业银企保对接活动292次，推荐项目3860个，落实贷款1000亿元；设立河北省小额票据贴现分中心19家，为1086家小微企业办理小额票据贴现业务26354笔，贴现金额199.4亿元。四是增强人才支撑。实施中小企业人才队伍提高工程，组织名家讲坛活动12场次，培训企业管理者5000人；企业远程学堂为200个用户开通网络点播课程，培训10万多人次；开展网上百日招聘高校毕业生活动、高校毕业生人才招聘会、中高级专业技术人才招聘服务周等，为1000多家小微企业引智引才万余人。2015年，全省小微企业主要经济指标同比实现稳定增长，全年完成营业收入33118.9亿元，同比增长11.2%，比全省民营企业高4.3个百分点；上交税金897.4亿元，同比增长1.3%，占全部财政收入的22.1%；完成固定资产投资6572亿元，同比增长14.3%，比全省民营企业高3.8个百分点，占全社会固定资产投资的22.3%，同比提高0.4个百分点。

【存在的主要问题】当前，我省经济步入发展“新常态”，经济发展下行压力持续加大，“三期叠加”时期内市场的冰山、融资的高山和转型的火山禁锢了民营企业发展时空，“去产能”和“去杠杆”等政策短期负面影响大，惠企政策落实欠缺和服务体系建设滞后变向加重企业的生产经营困难。

（一）企业经营信心下降。从民营企业效益和投资来看，2015年，民营企业利润增幅同比下降1.5个百分点，固定资产投资增幅同比下降6.8个百分点，本年新增施工项目数同比下降，企业经营信心有所下降。一是经营管理模式制约。70%以上的民营企业仍热衷于家族式管理，“小富即满”保守思想严重，管理组织简单粗放，应对市场风险较差。二是市场不景气阻碍。多数民营中小企业自身资金和技术单薄，对市场的判断和把握发展时机能力偏弱，特别是完成“第一桶金”原始积累的中小企业，不愿或不敢向转型升级投资，或根本无从下手。三是发展资金受限束缚。民营企业盈利空间下降，账款拖欠问题凸显，流动资金循环减少，造成企业经营信心不足。四是人才短缺形成障碍。多数民营企业文化底蕴浅，招来的管理和技术人员难以真正融入企业，“高级人才难引进，中级工人难留住”成为民营企业现实写照，据调查中小企业中，中高层管理和科技人才任职时间不到3年。

（二）企业经营风险上升。一是税费负担重影响民营企业发展。一方面企业涉税费种类繁杂，税费占利润比例过高，多数传统产业企业税费年均增长速度高于利润增长，企业盈利空间逐年下降；而税费优惠因手续复杂、知晓率低使效应大打折扣。另一方面，存在转嫁收费趋向。有的地方职能部门将费用转嫁到指定中介服务机构收取，且收费偏高；原本由第三方承担的费用也转嫁至企业。二是经营成本增长压缩盈利空间。一方面是用工成本上涨快，民营经济劳动者报酬同比增长11.3%，分别高出营业收入和利润总额5.9和6.8个百分点，据调查工业企业一般工人工资普遍上涨20%左右，部分行业高级技工工资成倍上浮；另一方面交通运输、包装和配套服务等费用呈现较快增长，据调查年均增长约15%，占中小企业经营支出比重提升大，加重了企业资金困难。三是信贷支持下降威胁企业生存。由于“化解产能”、“淘汰落后”落实力度加大，房地产领域个别非法集资案件引起的区域性金融信用危机，导致民间投资资金撤离，银行加大风险防控力度，对“高限”行业企业采取抽贷、压贷措施，部分续贷承诺不兑现，致使涉及企业资金无法筹措，有的企业因贷款过桥，面临着资金链断裂的风险，面临停产边缘。

（三）政策措施供给不足。一是“玻璃门”、“弹簧门”、“旋转门”问题依然存在，名义上对民营企业实施“非禁即入”，但在现实操作中仍变相存在种种准入障碍，还存在“民企歧视”。二是行政审批依然较多，有些已经取消或调整的审批项目没有得到完全落实，审批行为不够规范，审批监督不够有力。部分地方行政服务大厅“一站式”服务不到位，审批上个别行政干预或行政许可互为前置，如国土与规划、国土与民政、环保与卫生等。三是诚信政府形象有待加强。一些政府为承揽招商引资，滥用权力或自身行为不规范，承诺事项无法兑现，影响民营企业投资积极性。四是惠企政策落实不到位。各地方惠企政策措施相对分散，信息共享不健全，宣传力度不够，民营企业对扶持政策的知晓度较低；一些政策措施在执行层面上不及时、不连续、不完善、不到位等问题较大，政策受益面和叠加效应深度有待进一步加大。

【推进民营经济发展的思路及主要举措】发展思路：深入贯彻党的十八大、十八届三中、四中、五中全会、中央经济工作会议和省委八届十二次会议、全省经济工作会议、省“两会”精神，紧紧抓住实施京津冀协同发展战略契机，坚持问题导向，以“优化营商环境、浓厚双创氛围”为主题，深入开展“扶助中小微企业”专项行动，重点围绕影响民营经济发展的环境、创新、人才、资金等要素保障，强服务、解难题、破瓶颈，提振企业家发展信心，释放民营经济发展活力，推动民营经济实现创新发展、转型发展、绿色发展、开放发展、共享发展。主要举措：

（一）着力统筹谋划全局。一是编制好民营经济“十三五”发展规划，全面推动全省民营经济科学持续健康发展。二是制订民营经济暨扶助中小微企业工作重点和任务分工，增强工作的前瞻性和创新性，激发企业创业创新活力。三是开展全省民营经济综合改革试点工作，督导试点地区制定好试点方案并抓紧实施，选择骨干民营企业开展建立现代企业制度试点工作，探索建立现代企业制度的有效途径和方法。

（二）着力优化发展环境。一是强化政策落实。委托第三方全面梳理、评估惠企政策落实情况和效果。配合省督查室开展政策落实情况督查，建立政策督查长效机制。二是发挥典型引领带动作用。加大民营经济宣传力度，召开全省民营经济大会，选树2015年民营经济先进市县、百强民营企业、优秀民营企业家和创业功臣，推广典型经验，弘扬创业精神，营造创业氛围，掀起民营经济发展热潮。

（三）着力提升“双创”实力。一是培育创新型企业。开展“互联网+”小微企业创业创新培育行动，实施中小企业信息化推进工程，加快建设省级中小企业创业示范基地，培育孵化小微企业，培育品牌试点示范企业和“质量标杆”企业，认定“专精特新”中小企业。二是壮大产业集群。实施产业集群示范和提升工程，重点培育支持产业关联度高、辐射带动作用大、创新能力强的龙头骨干企业，加大中小企业公共技术服务平台培育力度，提升平台支撑和辐射能力。三是实施品牌培育工程。重点支持“专精特新”中小企业、品牌培育试点示范企业、“质量标杆”企业、科技型中小企业申报省著名商标、省名牌产品和省中小企业名牌产品。积极培育产业集群区域品牌，创建特色产业名县、名镇，支持有条件的产业集群争创国际知名区域品牌。

（四）着力加强人才培养。一是加强人才培训基地建设。依托大中专院校和社会培训机构，加快推进省级民营经济人才培训基地建设，培育品牌培训项目和知名培训服务机构，提高民营企业人才培训水平。二是加大人才培养力度。继续实施“适用人才聚集”、“重点人才培养”和“全员素质提高”三大工程，组织省百名优秀民营企业家到高校培训，开展中小企业经营管理领军人才和高层经营管理者培训活动。扩大河北中小企业远程学堂覆盖面，引导企业强化自主培训。大力实施“民营企业家后备人才培养计划”，建立后备人才培养长效机制。继续举办中小企业高校毕业生人才招聘会和中高级专业人才招聘会。

（五）着力破解融资难题。一是推动担保政策落地。

深入贯彻落实省政府《关于促进融资性担保行业规范发展的意见》，健全和完善融资担保体系，加快融资性担保行业规范发展，切实缓解小微企业融资难题。尽快发挥省级再担保机构作用，创新建立网络金融服务小微企业新模式。二是建立银政企合作机制。深化与金融机构、担保机构合作，推动落实市、县小微企业贷款风险补偿金，开展“5221”政银担合作风险分担模式试点工作，加快构建新型银政担合作模式。三是开展银企保对接活动。继续组织开展银企对接活动，力争落实银行贷款7000亿元以上，全系统完成银企保对接活动250次，推荐项目3000个，落实贷款1000亿元。四是发挥中小企业发展基金作用。按照基金设立方案，依法设立省中小企业发展基金。建立中小企业项目库，积极筛选、储备一批项目，推介给各类基金、投资机构和金融机构等。

（六）着力强化公共服务。一是充分发挥专项资金引导作用。做好省级中小企业发展专项资金项目谋划、预算、执行等工作，引导中小微企业公共服务机构不断提升服务能力和质量。二是加强创业辅导基地建设。与现有的经济技术开发区、工业园区、大学生科技园等合作开发一批新的创业辅导基地，培育一批省部共建中小企业创业示范基地，对现有的省级备案创业基地实行动态管理。三是培育公共服务示范平台。继续组织开展省级中小企业公共服务示范平台认定及复核和国家级示范平台推荐工作，培育省级示范平台10个以上，争创国家级示范平台2-3个。四是用好平台网络。在实现互联互通的基础上，进一步完善和提高服务功能，着力打造服务品牌，聚集带通服务机构1000家以上。五是继续实施“订单式”服务。力争全年举办30场次以上，梳理“订单式”服务问题解决案例，为全省中小微企业提供借鉴。六是大力开展“中小企业发展名家讲坛”和“专家学者企业行”活动。搭建企业与专家技术交流平台，开展面对面咨询服务。七是进一步开拓市场。以京津冀产业协同发展、“一带一路”建设为契机，举办好京津冀产业转移、“5.18廊洽会”等大型活动，组织参加中小企业博览会、西部装备制造业博览会等国际或区域性会议，开展与中东欧等国家合作。

（河北省工业和信息化厅运行监测协调局　李延军）

农垦经济

【综述】2015年，河北垦区在省委、省政府和农业部的正确领导下，按照“四个方面”战略布局，主动适应经济发展新常态，紧紧围绕年初确定的工作思路和目标任务，转变工作作风，狠抓工作落实，大力推动各项工作开展，职工生活水平稳步提高，实现了年初确定的预期目标。“十二五”期间垦区实现了经济持续稳定增长，各项社会事业全面发展，各项经济社会指标完成了“十二五”计划，为“十三五”期间的起步打下了良好的基础。

综合经济实力显著增强，农垦经济增长速度加快，经济总量突破400亿。全年实现农垦生产总值455.65亿元，比上年增长6.44%；其中，第一产业增加值47.82亿元，增长11.78%；第二产业增加值235.09亿元，增长1.75%；第三产业增加值172.74亿元，增长11.99%。2015年人均 GDP净增加5260元，达到99705元，比上年增长5.57%。人均纯收入13495元，比上年增长4.77%。

2015年发挥自身优势，积极调整产业结构，特色主导产业对经济发展起到了龙头拉动作用。一、二、三产业增加值在农垦生产总值中的比重分别为10.49%、51.59%、37.91%，第一产业比重比上年下降了0.5个百分点，第二产业比重比上年下降了2.4个百分点，第三产业比重比上年上升了1.9个百分点。

【第一产业】2015年，切实贯彻落实惠农强农政策，加快农业科技推广，加强现代农业建设，农业综合生产能力平稳增强。全年实现农林牧渔业总产值88.98亿元，比上年下降1.98%。其中：种植业产值29.85亿元，增长5.07%；林业产值0.89亿元，下降5.32%；牧业产值32.94亿元，增长3.68%；渔业产值25.29亿元，增长19.24%；服务业产值8.93亿元，增长3.60%。

全年农作物总播种面积为100.74千公顷，比上年减少0.38千公顷，下降0.38%。其中：粮食作物播种面积78.24千公顷，增加5.73千公顷，增长7.9%，占农作物总播种面积的77.67%；棉花面积7.66千公顷，减少4.57千公顷，下降37.37%；油料面积1.26千公顷，减少0.34千公顷，下降21.25%；蔬菜、瓜类面积5.91千公顷，减少0. 7千公顷，下降10.59%。其他作物7.38千公顷，减少0.56千公顷，下降7.05%。

全年农作物总用种量15429吨，其中，杂交水稻5003吨，杂交玉米2619吨，棉花192吨。种子基地种子播种面积8457公顷，生产量合计13213吨；加工厂7个，加工生产能力15375吨；种子公司8个；年末从业人员372人，其中技术人员65人；种子质量检验室7个，种子检验人员20人。

粮食总产量稳步增长。全年粮食总产为41.58万吨，比上年增加2.28万吨，增长5.95%，主要是小麦和玉米产量增加。为国家提供商品粮36.55万吨，比上年增加1.49万吨，增长4.25%，商品率为87.90%，商品率比上年下降1.7个百分点。

畜牧业继续保持良好发展。2015年末大牲畜存栏20.28万头。奶牛数量达到18.47万头，增加1.92万头，比上年增长10.46%；牛奶总产量53.87万吨，增长1.90万吨，比上年增长3.66%。察北、沽源、大曹庄三个农场牛奶产量分别达到26.20万吨、13.31万吨和7.31万吨，占全垦区牛奶总产量的86.91%。

水产养殖业平稳发展。年末养殖面积17470公顷，比上年下降2.06%。养殖面积中淡水9422公顷，海水8048公顷。全年水产品总产量136907吨，比上年增加1947吨，增长1.44%。其中：淡水产品产量103107吨，增长1.19 %；海水产品产量33800吨，增长2.24%。对虾产量21142吨，比上年下降6.87%。

全年植树造林面积4.23千公顷，其中用材林0.02千公顷，经济林0.25千公顷，防护林3.94千公顷。年末林地面积79.53千公顷。

农业基础设施建设加强，农业生产机械化水平进一步提高。年末农业机械总动力119.43万千瓦，比上年增长8.13%。农用排灌动力机械13536台，15.15万千瓦，大中型农用拖拉机4749台，小型拖拉机23186台，播种机3291台，联合收获机806台，机动割晒机1090台，机动脱粒机6131台，农用运输车辆7649辆。水稻工厂化育秧设备79套，温室900万平方米，大棚559万平方米。实际机耕面积85.53千公顷，占年末耕地面积的比重达82.82%，当年机播面积87.05千公顷，占农作物总播种面积的比重达87.82%，机械收获面积65.85千公顷，占农作物总播种面积的69.85%。

现代农业示范引领作用有效发挥。以确保粮食等主要农产品供给为中心任务，在推动政策落实、强化科技应用，提升装备支撑上下功夫，农垦现代农业建设水平和示范带动能力进一步增强。一是示范区建设标准不断提高。重点实施粮食增产示范工程、经作增效示范工程、标准化养殖示范工程、循环农业示范工程、观光休闲农业示范等五大示范工程。组织创建10个种植示范区、10个养殖示范区，其中7个成为农业部示范区。二是强化示范带动能力建设。以种植业高产提升、畜牧业高产提升、现代农业示范区创建为抓手，积极开展新品种、新技术、新机具的集成推广应用和示范试验，促进农机农艺融合，良种良法配套，提升种养业整体水平。全年共实施种植业高产创建示范项目3个，面积2万亩。柏各庄农场万亩水稻示范片每亩单产达到715公斤；沽源牧场万亩马铃薯示范片每亩单产达到3083公斤，均高于高产目标。创建现代农业示范区10个，其中柏各庄农场、中捷农场、察北牧场列入全国农垦现代农业示范农场；柏各庄农场、沽源牧场列入全国现代农业示范园区。三是加强科技推广和体系建设。扎实推进农垦农产品质量安全追溯体系建设，组织申报了2016年追溯企业5家，并通过了农业部的审批。截止目前，河北垦区共有8家质量追溯企业。

围绕提高农工素质促进垦区经济发展，加强与科技院校的联系合作，开展新型职业农民培训和职业技能鉴定，为农垦系统现代农业建设提供人才支撑。此外，积极争取垦区开展农业技术远程培训试点工作。2015年 柏各庄、芦台等5个农场完成了卫星远端接收站及配套设施建设。

【第二产业】2015年第二产业实现增加值235.09亿元，比上年增长4.05%，增加值占农垦生产总值的51.59%，其中：工业增加值208.28亿元，比上年增长9.34%；建筑业增加值26.47亿元，比上年下降34.72%。

工业发展态势良好，发展速度较快。2015年工业企业总数为 1109个，其中国有工业企业及规模以上的非国有工业企业207，销售产值732.12亿元，比上年下降7.34%。乳制品产量达到62.89万吨，比上年增长1.19%，液体乳产量54.09万吨，比上年下降7.05%。

2015年实现工业总产值796.65亿元，比上年下降12.53%。国有工业总产值214.59亿元,下降2.39%；轻工业总产值524.13亿元，增长17.27%；规模以上工业企业总产值746.10亿元，下降9.87%。主要工业产品总产值为：农副食品加工业32.86亿元，增长11.16%；食品制造业83.45亿元（主要为乳制品制造业），增长0.79%；纺织业4.23亿元，增长21.20%；纺织服装、服饰业3.05亿元，下降15.04%；家俱制造业22.52亿元，增长20.23%；化学原料及化学制品制造业20亿元，增长6.78%；造纸及纸制品业8.27亿元，增长23.25%；黑色金属冶炼及压延加工业56.39元，下降2.22%；金属制品业18.57亿元，增长4.38%；交通运输设备制造业79.43亿元，增长98.47%；石油加工及炼焦业356.32亿元，下降18.42%。

建筑业稳步发展。建筑企业116个，年末从业人员7128人。全年实现增加值26.47亿元，下降34.72%，年末固定资产原值2.85亿元，全年施工房屋建筑面积158.02万平方米，房屋竣工面积98.21万平方米。

垦区危房改造工作顺利开展。2015年垦区危房改造5087户，涉及4个设区市，10个农（牧）场。开工项目建设进展顺利，各项工作正常开展，截至目前开工4787户，开工率100%。落实中央和省级配套资金1.67亿元，完成阶段性目标任务。

【运输业、批发零售贸易业、服务业及出口商品】交通运输业全年完成货运量56044万吨，客运1018万人次；年末单位个数5795个，从业人员19122人，运输工具10711台；营业总收入22.47亿元，比上年增长3.36%。

批发零售业、餐饮业、服务业年末单位个数12728个，固定资产原值30.13亿元，比上年增长2.76%，营业用房面积51.29万平方米，增长2.58%；营业总收入279.19亿元，比上年增长4.72%，其中批发零售业206.02亿元，比上年下降0.12%；餐饮业20.59亿元，比上年增长0.12%；服务业52.59亿元，比上年增长32.24%；批发零售业、餐饮业、服务业营业网点数15318个，年末从业人员4.77万人。

全年出口商品总金额16.45亿元，比上年增长6.75%。其中：农产品229万元，增长281.67%；水产品9275万元，增长15.02%；工业品155001万元，增长6.15%。

【固定资产投资】固定资产投资持续快速增长。固定资产投资对垦区经济增长的拉动力较强。2015年全垦区完成固定资产投资总额480.67亿元，比上年增加5.15亿元，增长1.08%。国有固定资产投资65亿元，比上年基本持平；非国有固定资产投资415.67亿元，比上年下降3.45%。

二、三产业投资额增加显著。第一产业投资64.67亿元，比上年增长75.92%；第二产业投资271.10亿元，比上年下降6.25%；第三产业投资144.90亿元，比上年下降3.14%。一、二、三产业在固定资产投资中比重为13.45：56.40：30.15。固定资产投资中，国家预算内资金3.05亿元，国内贷款59.42亿元，自筹资金404.42亿元，其他资金13.22亿元。当年新增固定资产234.66亿元。

当年新增生产能力主要有：喷灌面积2255公顷，造林1180公顷，大中型拖拉机83台，联合收割机14台，输电线路15公里，变电设备26台，住房6.3万平方米；公路72公里，机制纸及纸板580吨/年。

【科研、教育、卫生】2015年末全垦区拥有科研单位8个，其中省、地属科研单位1个，场属 7个；从业人员157人，其中科技人员108人。科研经费2160万元，其中国家拨款1595万元，省地局自筹481万元，企业自筹84万元。教育事业稳步发展。2015年末全垦区拥有学校101所，教职工4313人，其中教师3923人；在校学生48008人，当年毕业生10659人。其中：普通中等专业学校3所，成人中等专业学校1所，普通中学18所，职业中学2所，小学77所。医疗卫生事业继续加强。2015年末全垦区共有分场以上医疗单位124个，病床1812张，其中医院39个；从业人员1532人，其中医生792人。

【人口、职工、收入与社会保障】2015年末垦区总人口45.92万人，全年出生人口5128人，出生率为11.2‰；死亡人口3332人，死亡率为7‰；自然增长率为3.9‰。年末全垦区从业人员28.11万人。其中第一产业10.99万人，比上年减少0.81%；第二产业9.19万人，减少0.33%；第三产业7.92万人，增长0.13%。

职工生活水平进一步提高。2015年全垦区实现人均纯收入13495元，比上年增长4.77%。垦区危房改造工作自2011年开展以来，职工居住条件得到改善，年末职工实有住房面积1538万平方米，比上年增长6.78%，人均住房面积33.65平方米。

【农垦绿色、有机食品、无公害农产品】截止2015年末，我垦区认证了32个绿色、有机食品、无公害农产品，带动38062个农户。其中：种植业7个，含水稻4个、小麦1个、蔬菜2个；已认证的绿色食品 A 级面积2182公顷，产量19940吨；已认证的有机食品面积650公顷，产量5050吨；已认证的无公害农产品面积 6650公顷，产量75050吨。渔业3个，含淡水鱼1个、海水鱼1个、蟹1个；已认证的绿色食品 A 级面积2500公顷，产量2625吨；已认证的无公害农产品面积1775公顷，产量1343吨。畜牧业18个，其中生猪5个、肉牛养殖1个、奶牛养殖10个、羊养殖1个、蛋鸡1个、肉鸡1个；已认证有机食品数量2万头，产量146000吨；已认证的无公害农产品中，牛奶产量1231180吨。加工业4个，均为乳制品。

【非国有经济】非国有经济在河北农垦经济总量中起着决定性的作用。2015年，非国有经济全年实现农垦生产总值362.44亿元，比上年增长42.78%，占全社会经济总量的79.54%。其中第一产业增加值20.57亿元，增长28.40%；第二产业增加值175.87亿元，增长21.19%；第三产业增加值166亿元，增长79.05%。各产业在非国有经济农垦生产总值中所占比重分别为：5.68%、48.52%、45.80%。第三产业增长显著。

年末非国有经营单位21865个。其中集体经济108个，个体企业19322个，私营企业2410个，港澳台及外商企业25个。从业人员18.12万人，其中第一产业4.57万人，第二产业6.52万人，第三产业7.03万人。从业人员报酬总额41.60亿元，人均收入22964元，增长15.04%；全年共实现利税87.74亿元，减少8.78%。

【社会事业】社会事业建设取得新进展，城镇建设步伐加快，发展环境明显改善。以服务农垦职工群众和改善人居环境为目标，农垦的教育、文化、卫生等各项社会事业都有进一步发展。一是扶贫开发建设取得新的进展。“十二五”期间国家投入扶贫开发资金4380万元。贫困农牧场基础设施和生产条件得到改善，职工群众生活水平明显提高。二是2014年3月由省政府办公厅印发各设区市政府《河北省国有农场办社会职能改革试点实施方案》组织实施。改革试点范围为全省农垦系统的32个国有农（牧）场。将国有农场承担的义务教育、公共卫生和基本医疗服务、社区管理等职能，符合移交条件的移交给当地政府，由财政承担有关费用。对个别具有战略地位或远离城镇等客观条件不具备将办社会职能交由当地政府管理的国有农场，以及分离后管理成本更高的，可以不进行分离，财政给予适当补助。2013-2015年共落实国家奖补和省级配套资金7.346亿元。其中，中央3年来每年下达我省奖励资金1.082亿元，合计3.246亿元；省本级预算分别安排1亿元、1.5亿元、1.6亿元，合计4.1亿元。农场通过享受改革资金的支持，切实减轻了农场和农工的负担，有效地保障了农工的权益，释放了农场的发展活力，促进了国有农场经济发展水平，维护了农村社会的和谐稳定。三是社会保障体系进一步加强。部分经济发展较快，财政收入较多农场开始探索建立跟家完善的民生保障立体网络。农场创建了“基金”体系网络，大程度上提高百姓幸福指数。设置了重点救助、一般救助、定向救助、量力而行、不重复救助等五大救助原则，同时规定了重大疾病救助、一般疾病救助、爱心助学救助、特困家庭重大灾难救助、定向救助标准等五大救助标准，确保所有老百姓都能看得起病、上得起学、抵得起灾。

【其他】全垦区32个农（牧）场中，生产总值超过1亿元的有10个。这10个农牧场共有职工6.45万人，耕地81.27千公顷。2015年实现生产总值451.05亿元，占垦区生产总值的98.99%。其中农业增加值61.13亿元，工业增加值196.52亿元，利润总额22.6亿元，销售税金31.47亿元。生产总值列前三位的是中捷农场、柏各庄农场、南大港农场，生产总值分别为130.10亿元、101.87亿元、85亿元。

2015年末全垦区拥有大中型工业企业、龙头企业18家，全年完成总产值390.38亿元，销售产值363.9亿元。完成增加值83.74亿元。年末资产总额209.88亿元，固定资产原值132.97亿元，从业人员8590人，实现利税总额20.71亿元。

截止到2015年底，全垦区共有“三资”企业25家。企业投资总额约4.65亿元人民币，其中外方投资总额3.09亿元，我方投资总额1.56亿元。

（河北省农垦局　王　伟）

农业综合开发

2015年，我省农业综合开发总投资共34.9亿元，其中财政资金26.1亿元，自筹资金6.9亿元，银行贷款1亿元。安排实施高标准农田130.1万亩，实施产业化经营项目295个。我省荣获国家办综合考评全国第三名，连续多年居全国前列。

【突出拓展资金渠道，扩大农业综合开发投入规模】通过抢抓京津冀协同发展、环首都都市现代农业发展、环京津蔬菜基地建设和京张冬奥会生态环境改善等战略机遇，不断加大全省农业综合开发投资规模，促进农业基础建设和产业化水平不断提高。一是加大财政资金投入力度。共投入财政资金34.9亿元，比去年增加949万元，继续保持全国前列。二是积极扩大扶持范围。成功申报御道口农场列入国家农业综合开发县序列，使我省连续第4年有新进县进入国家农业综合开发县序列，全省开发县（市区场）数量达到147个，实现了农业县全覆盖，进一步扩大了中央分配我省资金的基数。三是广泛撬动社会资金。通过贷款贴息、财政补贴以及整合各类涉农补贴等多种方式，吸引社会资金6.9亿元，撬动银行资金1亿元。

【突出规模开发，着力打造粮食生产核心区】坚持统筹规划、集中投入、规模开发，集中75%以上的资金实施土地治理项目。今年共安排建设高标准农田130.1万亩，项目建设正稳步推进，全部建成后新增和改善灌溉面积151.5万亩，超额完成《农业综合开发“十二五”规划》的高标准农田建设目标。一是突出扶持重点区域。围绕省委、省政府4000万亩粮食生产核心区，将高标准农田进一步向连片规模开发基础好、工作质量高的市县倾斜，确保稳粮增收。二是突出扶持产粮大县。高标准农田项目以全省86个粮食生产大县为重点，优先向粮食生产核心区倾斜，全年投向粮食生产核心区的资金达到土地治理项目财政资金总规模的70%以上。三是加大农业科技推广应用。加大高标准农田科技推广力度，确保每个项目区推广相近适用技术不少于2项；同时，每个项目区还安排了一定数量的培训资金，强化农民技能培训，切实提高项目区农业生产科技水平。

【突出扶持新型经营主体，加快推进农业产业化进程】围绕省委、省政府确定的畜牧、蔬菜、果品和农产品加工等主导产业，对各地农业优势特色产业进行了深入调查，在此基础上，认真编制了《2016-2018年产业化经营优势特色产业规划》，有针对性、目的性地投入财政资金14.1亿元，扶持农业产业化项目295个。一是积极培育区域优势主导产业。根据《全国优势农产品区域布局规划（2008—2015）》、《河北省现代农业发展规划（2012—2015）》，结合各地区实际，分别安排财政补助项目245个，蔬菜产业项目42个。二是扶持龙头企业。为发挥龙头企业的示范带动能力，投入财政资金5390万元，扶持了河北康达、邢台绿岭等一大批骨干龙头企业，进一步壮大我省农业产业化队伍的“排头兵”。三是争取“先建后补”试点。向国家办呈报了关于开展财政补助项目“先建后补”试点的请示，并获得国家批复。此外，我们还积极探索新型经营主体实施高标准农田项目试点，安排财政资金840万元，安排了3个新型经营主体实施高标准农田建设项目试点，为进一步完善农业开发机制做出了积极尝试。

【突出强化农业节水，提高农业可持续发展水平】围绕推进水资源利用率，促进全省地下水超采治理目标实现，在项目实施过程中，因地制宜发展现代灌溉农业和旱作农业，大力推广应用先进适用农业节水灌溉和旱作农业技术，切实提高水资源利用率。一是加大水利措施投资力度。2015年土地治理项目中，水利措施投入财政资金99952.8万元，占总投资的59.7%，主要用于衬砌渠道189.9公里，推广喷灌、微灌14.2万亩，铺设地下输水管道944.1公里。二是严控新打机电井。全省49个地下水超采综合治理试点县，全部没安排新打机井。二是探索高效节水模式。坚持工程节水、农艺节水、管理节水和科技支撑“3+1”综合节水模式。投入财政资金1.55亿元，安排了藁城、赵县、宽城、南皮、吴桥、巨鹿、南宫、魏县等8个高效节水示范点。通过节水示范建设，总结出几种可复制、可推广的高效节水模式，特别是不同类型区域模式，将在全省推广。三是推进生态综合治理。实施生态综合治理23.52万亩，重点搞好土地沙化治理、草原（场）建设，构筑绿色生态屏障。同时，加强高标准农田项目区的农田林网等生态工程建设。项目完工后，可增加农田林网防护面积87.6万亩，控制水土流失面积80.1平方公里。

【突出示范区建设，积极引领现代农业发展】着眼于打造现代农业的示范高地，强力推进现代农业综合开发示范区建设。一是形成规模生产。2015年我省安排国家级示范区试点项目3个，投入资金1.4亿元。安排省级现代农业综合开发示范区27个，示范面积达50余万亩。二是整合支农财政资金。全面推行“扎口制”整合办法，由当地党委政府统一协调，把相关涉农部门资金，从年初预算安排和项目申报开始，全部围绕示范区统一规划、各负其责、整合实施。三是打造现代化生产模式。在示范区大力扶持龙头企业和农业合作化组织，广泛推广“公司+合作社+基地+农户”四位一体的发展模式，促进了土地流转，为建立农民受益的长效机制，实现持续稳定增收奠定了坚实基础。目前，示范区内合作组织覆盖40%的农户，户均增收达到2500多元。

【突出管理机制建设，积极探索依法行政有效途径】一是狠抓内控机制建设。大力推行“三制五定一平台”工作机制，对资金和项目管理的关键节点进行了全面梳理，从立项、实施、竣工等环节，提出了11大项20多个分项措施，农发资金和项目管理的规范化、科学化水平又有了新提升。二是强力推进信息化平台建设。根据国家办在我省召开的农发信息化建设现场会做出的安排部署，启动了我省农发信息管理平台向全国推广工作，目前，已经制定了软件开发的需求方案，并与财政厅厅信息中心、国家农发办软件服务公司共同协商，研究形成相关解决方案，对农发管理信息系统现有功能进行完善，开发软件向全国推广。三是强化资金管理。积极开展资金管理示范推广活动，对近两年各市涌现的示范县有效经验做法进行市级全面推广，并督促各市制定了推广方案；强化《新预算法》的贯彻落实，及时拨付资金，共拨付省以上农发资金25.78亿元，支出进度达到96.6%；采取多种有偿资金回收措施，回收到期有偿资金1099万元，回收任务已全部完成。农发资金决算在全国评比中获二等奖。四是完善项目管理。加强国家农发参股项目监管工作，对资产运营机构上报的2014年资产运营、项目监管和财务审计等报告进行了认真审核，为参股项目考核工作夯实了基础；修改完善了《河北省农业综合开发产业化经营财政补助项目计划调整变更终止办法（试行）》和《河北省农业综合开发产业化经营项目档案管理补充规定》；在此基础上已完善修订工作制度5项。五是加强监督管理。在各市对农发资金项目专项自查的基础上，进行了专项抽查，并督导各市对相关问题逐一落实整改；组织省级会审，撰写了全省统计分析报告，通过对2013、2014年度项目数据进行横纵向对比，分析了农发项目实施和资金管理的现状、问题和趋势，并提出改进意见和建议，统计工作获得全国第三名的好成绩。

（河北省农业综合开发办公室　张　明）

水利建设

2015年，水利系统围绕建设经济强省、美丽河北，主动适应经济发展新常态，抓改革增活力，抓项目惠民生，抓重点求突破，圆满完成了各项目标任务，为保持全省经济社会又好又快发展提供了有力支撑和保障。

【项目建设取得重大突破】党中央国务院把加大水利投入、加快水利建设作为扩内需、稳增长的重要举措，省委省政府高度重视水利工作，省直有关部门大力支持，建设步伐大大加快，超额完成中央投资计划年度目标。全年中央安排我省水利投资计划110.52亿元，其中中央投资90.96亿元，占中央水利投资1683.3亿元的5.4%，列全国第3位。按照水利部确定的重大项目完成90%以上、面上项目完成80%以上的目标，广大干部职工凝心聚力，攻坚克难，改革创新，超额完成年度目标，在水利部年终考核中评为优秀。截止2015年12月底，累计完成投资108.9亿元，完成率98.5%，同比增长31%，创历史最好水平。农村饮水安全工程全部完成，解决饮水困难人口565万人；引黄入冀补淀工程2015年10月26日开工，实现全线开工建设，完成年度计划的137.3%，双峰寺水库完成年度计划的344.9%，地下水超采综合治理、水土保持等工程超额完成年度实施计划。全省全社会完成水利投资363.8亿元，超额完成省政府确定的350亿元的年度目标任务，比2014年的298.04亿元增加65.76亿元，同比增长22%，再创历史新高。

【防汛抗旱减灾效益显著】防汛工作超前周密部署，责任落实到位，科学调度。及时调整了省、市、县三级防汛抗旱指挥机构，认真落实了防汛抗旱各项责任制，共有16位省级领导、226人次市级领导、460多人次县级领导深入到所包市县乡和防洪工程检查防汛抗旱工作；扎实开展了防汛检查，全省共查出各类安全隐患1937处，主汛前全部进行了整改；及时修订完善各类防汛抗旱预案和抢险转移避险方案；开展了形式多样的培训演练，全省共组织各类培训演练170多期、约2.4万人次；落实了军民联防机制，组织召开了全省防汛抗旱军地联防会议；各市县积极协调落实资金，新增防汛物资1871万元；汛前各级都对防汛通信网络系统进行了维护保养和更新改造，保障了汛情汛令传递畅通；省市两级防办还与同级气象部门实现了雨水情信息资源共享，实现了视频会商。抗旱工作及时有力，最低程度减少旱情损失。面对出现的较重春旱和夏伏旱，我省及时开展预测预报、制定应急方案，及时下拨抗旱资金6500万元，有效解决了110个受旱县抗旱应急引水和灌溉困难；及时组织抗旱保浇，全省157个县级抗旱服务站，5300多人次技术人员深入一线指导抗旱，全省累计投入抗旱人数480万人，累计抗旱浇地14568万亩次，有效减轻了干旱造成的影响和损失。

【最严格水资源管理制度全面落实】完成了省对市2014年度实行最严格水资源管理制度考核，6月初国务院考核组对我省进行了重点抽查和现场检查，各项制度和政策均得到较好落实。对整个试点期工作进行全面总结，整理编印验收资料10余册，12月9日顺利通过水利部和省政府联合组织的试点验收。在全国率先建立了覆盖省市县三级的水资源管理“三条红线”控制指标体系，全社会用水总量控制在200亿立方米以内，与“十一五”末相比，农田灌溉水有效利用系数由0.65提高到0.67，万元工业增加值和单位生产总值用水量分别由25.2立方米、95立方米下降到16立方米和63立方米，全省重要水功能区水质达标率由32%提高到57%。

【水生态文明建设不断增强】不断强化综合治理措施，下大力推进水生态环境治理，全面提升水资源水环境承载能力。积极推动潘大水库网箱养鱼清理工作，改善京津水源地生态环境。支持北戴河近岸海域环境综合整治，治理入海河道50.37公里。组织开展了7个重要饮用水水源地安全保障达标建设，水质全部达标。划定了地下水超采区、禁采区和限采区范围，启动南水北调受水区自备井关停行动，关停城区自备井2107眼。邯郸、邢台、承德水生态文明城市试点、迁安海绵城市试点、张承地区生态文明先行示范区建设等进展顺利。石家庄滹沱河、衡水滏阳河、张家口清水河等一批城市水环境整治工程成效显著。国家级、省级风景区分别达到18个和8个。投入省级以上资金5.1亿元，完成水土流失治理面积2333平方公里，圆满完成年度建设任务目标。继续把京冀共建密云水库上游生态清洁小流域，作为落实京津冀协同发展战略部署的一项重点工作，实施方案审批、资金落实有序推进。

【节水型社会建设深入推进】省市两级编制实施了“十二五”节水型社会建设规划，以推进试点建设和树立节水标杆为抓手，农业重点抓灌区、工业重点抓园区、生活重点抓社区，大力推进节水型社会建设。制定印发了《河北省节水型单位建设标准》，加快节水型单位建设，发挥公共机构的示范带头作用，引导全社会提高节水意识。加强用水定额和计划用水管理，会同省质量技术监督局，重新修订了《河北省用水定额》，工业上完成了10个大类129个分类的230个工艺和产品的工业取水定额核订；生活上完成了9个行业的22个类别62个产品的定额指标修订。会同省发改委下达了年度用水计划，实行总量控制、定额管理制度，定期开展用水计划落实情况检查与考核。组织力量编制了《河北省节约用水规划》，为做好今后一个时期的节水工作奠定了坚实基础。

（河北省水利厅　苏运芳）

农业机械

2015年，全省农机系统按照农业部农机化司的总体工作部署和省农业厅党组确定的工作目标，紧紧围绕促进农业稳定发展，保障粮食等主要农产品有效供给，统一思想认识，扎扎实实地抓好工作落实，较好地完成了年初确定的各项工作目标。全省农机化装备水平进一步提高，农机装备结构继续优化，农业机械化事业实现又好又快发展。

【基层农机化管理机构保持稳定】随着政府进一步减轻农民负担、加强公益性服务政策的落实，农机化基层组织继续由经营型向公益服务型转化，经营组织减少、公益型服务机构增加。2015年底,全省共有农机化管理机构1790个，比上年减小9个，略有减少。从业人员4240人，比上年减少55人，科技人员1807人，比上年增加15人，基本保持平稳。教育、培训机构117个，比上年减少1个。农机化推广机构165个，比上年减少3个；农机安全监理机构173，比上年增加3个。在农机购置补贴政策引领下，农机化作业服务组织6007个，比上年增加190个；其中，拥有农机原值20—50万元的2520个，比上年增加96个；拥有农机原值50万元以上的1089个，比上年增加92个；农机专业合作社2259个，比上年增加294个。农机户达到3555799个，从业人员达到4802326人。可以看出在农机购置补贴等惠农强农富农政策的强烈拉动下，服务组织、农机大户均向集中化发展，专业合作社有了较大幅度提升。

【农机总动力持续增加，农机装备结构进一步改善】到2015年底，全省农机总动力达到11102.81万千瓦，比上年增加159.95万千瓦，同比增加1.46%；拖拉机保有量达到163.70 万台，比上年减少0.38万台，减少0.23%，台均功率达到16.2千瓦，呈增加态势。其中大中型拖拉机保有量达到 27.43万台，比上年增加1.97万台，同比增长7.74%；大中型拖拉机中，80马力以上机型所占比例达到29%；小型拖拉机保有量达到136.26万台，较上年减少2.36万台，数据显示，我们拖拉机逐步向大型化发展。全省联合收割机达到13.77万台，较上年增加1万台，其中玉米收获机械继续快速增长，达到 5.29万台，比上年增长0.73万台，增幅达16%；在拖拉机增长的基础上，配套农机具也相应增长，大中型配套农机具达到49.78万部，比上年增加3.96万台套，增幅达8.64%，大中型拖拉机配套比1：

1.81；小型配套农机具达到180.39万部，比上年减少3.35万台套，降幅达1.82%，配套比达到1：1.32，继续呈减少态势。全省农机原值达到639.37 亿元，比上年增加11.48亿元，同比增长1.83%；农机净值达到448.69亿元，比上年增加10.86亿元，同比增长2.48%。

【农机作业水平提高，范围不断拓展】2015年，全省机耕、机播和机收面积分别完成5475.26千公顷、6624.64千公顷和5192.38千公顷，作业水平分别达到86%、76%和59%，分别比上年提高3.4个、0.7个和2个百分点。全省主要农作物综合机械化水平达到74.9%，比上年提高2.2个百分点，超出全国平均水平11.9个百分点。值得肯定的是我省玉米机收取得了跨越式发展，机收水平达到75%，比上年提高5个百分点。特别是我省的小麦、玉米两茬平作区的大部分县，玉米机收这个薄弱环节得到了加强，机收率达到了85%以上。此外，全省完成机械化秸秆还田面积3738.87千公顷,比上年增加126.81千公顷，增幅达3.51%；完成保护性耕作面积290.2千公顷，比上年减少17.7千公顷；我省农机战线的同志们迎难而上，发扬攻坚克难的精神，1400万亩的农机深松任务圆满完成，为河北省提升粮食综合生产能力发挥了很大作用。

【经营效益持续提高，利润率下降】2015年全省农机行业实现总收入235.31亿元，比上年增加5.82亿元，增长2.54%。成本费用131.56亿元，比上年增加1.71亿元，增长1.32%。实现利润103.75亿元，比上年增加4.11亿元，增加4.12%。收入和成本均有不同程度增加，反映出目前，随着各种原材料价格的上涨，农机产品的价格已出现上涨的趋势，成本占收入的比重达到55.9%，比上年减少0.68%，农机户人均农机经营收入达到4900元较上年增加147元，基本持平。

（河北省农业机械化管理局　董佳丽）

气象防灾减灾服务

【概况】2015年全省气象部门紧紧围绕“四个全面”的战略布局和建设经济强省、美丽河北的目标任务，不断强化气象防灾减灾和公共服务，切实履行行政管理职能，大力推进基础业务现代化，努力构建新型气象事业结构，气象防灾减灾、促进经济转型发展、保障生态环境成效显著。环境气象业务体系建设被评为全国气象部门创新工作，人工影响天气能力建设等3项工作入选全国气象部门现代化建设亮点工作。

【气候基本状况】2015年，河北省气候年景总体偏好，气温偏高，降水接近常年。

气温 全省平均气温12.6℃，较常年偏高0.8℃，比上年偏低0.3℃，属偏高年份。冬季，全省平均气温-1.2℃，较常年偏高1.5℃，为2008年以来最高；春季，全省平均气温14.0℃，较常年偏高1.0℃，比上年偏低1.2℃，属偏高年份；夏季，全省平均气温25.1℃，较常年偏高0.2℃，比上年偏低0.1℃，属正常年份；秋季，全省平均气温12.0℃，较常年偏低0.1℃，比上年偏低0.9℃，属正常年份。11月26日出现全省性强降温，多地最低气温突破历史极值。

降水 全省平均降水量506.0毫米，接近常年，比上年偏多近30%。冬季，全省平均降水量11.0毫米，接近常年。春季，全省平均降水量104.2毫米，较常年偏多40%以上，属显著偏多年份，为1999年以来最多。夏季，全省平均降水量252.8毫米，较常年偏少24.4%，属偏少年份。沙河、丰润、玉田、威县降水量突破历史极小值。7月，全省平均降水108.9毫米，较常年偏少24.5%，致使全省3/4的区域出现中度及以上程度气象干旱。秋季，全省平均降水量138.3毫米，较常年偏多60%以上，为2003年以来最多，属显著偏多年份。

日照　2015年，全省年平均日照时数2319.1小时，较常年偏少168.1小时，属偏少年份，为1971年以来第六少年份。各地年日照时数在1576.1～2869.5小时之间。与常年相比，80%以上的地区日照偏少。

【年景评述与气象灾害】2015年河北省雾霾天气多于常年，重雾霾偏少。冬、秋季雾霾偏多，春、夏季偏少。阶段性气象干旱严重，夏旱影响较大。高温日数偏少，7月13日出现极端高温事件，21个县（市）达到或突破40℃。暴雨日数显著偏少，局地出现强降水，部分地区发生洪涝灾害。降雪日数接近常年，为近5年最多，11月降雪异常偏多。寒潮、风雹、沙尘过程偏少。连阴雨天气多于常年，秋季异常偏多，秋末阴雨寡照历史罕见。总体而言，全年气象灾害发生的频率和损失程度低于近10年平均水平，损失程度属于“中等偏轻”年份。

雾霾 全省平均雾霾日171.5天，较常年偏多15.9天；全省平均重雾霾日（能见度≤1000米）19.0天，较常年偏少2.6天。冬、秋季雾霾日较常年偏多，秋季偏多19.0%，其中，11月雾霾日偏多58.7%，为历史同期最多。春、夏季雾霾日偏少。重雾霾日各季均偏少，冬、春、夏季显著偏少。全年雾霾影响范围达120个县（市）以上的日数有36天，重雾霾影响范围达60个县（市）以上的日数有15天，比上年多3天。

干旱 全年气象干旱以阶段性为主，主要发生在春、夏季，夏旱影响最大，7～8月出现持续性、大范围气象干旱。全省因旱受灾人口899.05万人，农作物受灾面积925.64千公顷，绝收155.3千公顷，直接经济损失47.82亿元。

暴雨 全年出现暴雨109个站日，较常年偏少45.6%，为1971年以来第五少年份，略多于上一年。受暴雨洪涝影响，全省受灾人口144.81万人，作物受灾面积282.21千公顷，绝收31.08千公顷，倒塌房屋227间，直接经济损失6.95亿元。

极端降雪 全省降雪日数接近常年，平均降雪日数14.0天，为近5年最多。11月降雪异常偏多，平均降雪日数5.9天，为1968年以来同月最多，74个县（市）达到或突破历史同月极值，25个县（市）连续降雪日数突破历史同月极值，2个县（市）突破历史极值。受极端降雪影响，全省受灾人口1.84万人，作物受灾面积5.61千公顷，绝收0.22千公顷，直接经济损失0.085亿元。

寒潮降温 全年出现寒潮628个站日，较常年偏少19.8%；出现强寒潮101个站日，较常年偏少50%以上。影响范围超过30个县（市）的寒潮降温过程4次，分别为1月6日、3月9～11日、3月29～4月2日和11月6日。其中，3月29～4月2日寒潮降温过程致灾最重，邢台市果树被冻伤，受灾人口3.56万人，受害面积4.65千公顷，直接经济损失0.0479亿元。

阴雨寡照 全年出现连阴雨1085个站次，较常年偏多1.3倍，为历史最多。秋季出现连阴雨571个站次，较常年偏多3.5倍，其中9月偏多3倍，11月偏多近8倍。全省各地年连阴雨日数在12～58天之间。与常年相比，60多个县（市）连阴雨日数为历史最多。全省大部分地区最长连阴雨日数在5天以上，局部地区超过8天，18个县（市）最长连阴雨日数为历史前三位，5个县（市）为历史最长。

高温 全年平均高温日数7.8天，比常年偏少23.1%，比上年偏少40.6%，为近7年最少。7月13日，133个县（市）出现高温天气，单日发生范围为建站以来历史同期第二位，21个县（市）达到或超过40℃，永年日极端最高气温达42.5℃。

大风冰雹 全省平均大风日数4.4天，比常年偏少51.7%，为1981年以来第三少；平均冰雹日数0.5天，比常年偏少47.8%。全年共发生大风623个站日，冰雹73个站日，风雹总体偏少，但经济损失重。全年因风雹造成经济损失49.85亿元，占全年各类自然灾害经济损失的47%。

沙尘 全省平均沙尘日数1.2天，比常年偏少82.5%，为1971年以来第四少。沙尘影响范围超过10个县（市）的日数有4天，4月15～16日过程影响最大，超过20个县（市）。全年出现沙尘暴9个站日，比常年偏少84.2%，比上年多3.5倍，为近4年最多；扬沙140个站日，比常年少82.6%，比上年多70.7%；浮尘33个站日，比常年少89.6%，比上年多50.0%，为近5年最多。

【气候对有关行业的影响】农业 2015年气象条件对作物生产影响利大于弊。年内，主要农业气象灾害有持续性阴雨寡照、低温和雨雪冻害、干旱、暴雨、风雹，给农业生产造成不同程度的损失，农作物受灾面积1808.19千公顷，绝收259.51千公顷，受灾人口1698.46万人次，死亡16人，直接经济损失106.51亿元。其中，风雹和干旱损失较重，分别占全年经济损失的47%和45%。

林业 全年共发生森林火灾74起。其中，一般火灾66起，较大火灾8起。过火面积470.65公顷，受害面积86.15公顷。与上年同期相比，火灾数量减少20起，下降21.28%；过火面积减少703.31公顷，下降59.91%；受害面积减少78.66公顷，下降47.73%。没有发生重大及以上森林火灾。

畜牧业 2015年全省草原地区温度偏高，雨水条件较为充沛，草原植被总体长势属较好年份。天然草原草群平均高度25.3厘米，较去年同期高0.8厘米；平均盖度67%，较去年同期高1%；平均鲜草产量205公斤/亩，较去年同期增加8公斤/亩。草原生产力提高，饲草总储量有所增加，较上年提高约2.5%。

海洋 全省沿海共发生海洋灾害18起，其中风暴潮6起，海浪6起，赤潮6起。因冬季气候偏暖，水温偏高，全省沿海冰情较轻。秦皇岛沿海初冰日为2015年1月7日，终冰日2015年2月1日，冰期26天。唐山沿海初冰日2014年12月19日，终冰日2015年1月30日，冰期43天。沧州沿海初冰日2014年12月1日，终冰日2015年3月1日，冰期91天。

盐业 2015年盐区气象条件较平稳，异常和灾害性天气少，总体气象条件好于上年。全盐区年平均蒸发量1859毫米，降水量431.5毫米，与上年同比蒸发量增多105.5毫米，降水量增多38.9毫米，气象条件利于卤水浓度保持和提高，盐晶易于形成。全年盐区雾霾天气较上年减少38天左右。空气湿度小、风力大及人为调控等有利条件一定程度上促进了蒸发量的增长，促进了原盐生产。

交通 年内暴雨、雾霾、降雪等灾害性天气对全省交通行业造成诸多不利影响。7~8 月出现的暴雨过程，造成G109、省道平涉线、天走线、京原支线等数条段普通干线公路水毁，共计损毁路基 6 公里，路面 4000 余平米，挡墙 2000 余立方米，桥涵 6 座，估算资金损失约 800 万元。11~12 月出现多次雾霾天气，给人们出行带来不便。

空气质量 2015年全省平均大气环境承载力257.4 t•km-2•a-1，较常年偏低22.2%，比上年略低，为1972年以来最低。全年空气质量平均达标天数明显增加，为192天比2014年增加40天；石家庄、邯郸、沧州三市达标天数增加较多，分别增加74天、48天和46天。全省平均重污染天数明显减少，为36天比2014年减少30天；邢台、石家庄和邯郸三市减少较多，分别减少72天、70天和65天。全年共出现10次持续性重污染天气过程，比上年偏少6次。

【气象防灾减灾】气象灾害防御组织与责任体系进一步完善。新增33个县级气象灾害防御中心，落实编制117名，张家口、邢台等5市实现防御中心全覆盖。95个市、县将气象防灾减灾纳入城乡安全网格化管理，39个县（市、区）将气象灾害防御职责列入乡镇政府“三定”方案，10个设区市123个县级政府公布气象灾害防御重点单位名录。气象灾害风险管理业务不断强化。制定气象灾害普查技术规范及暴雨洪涝、大风灾害风险区划技术指南，建立123个县（市、区）气象灾害防御基础信息数据库，对135个县（市、区）的暴雨洪涝灾害风险进行普查。研发干旱、高温中暑、设施大棚风灾、雾闪等分灾种的风险等级预报系统。邯郸等市开展城区内涝灾害风险评估。气象灾害应急管理和重大活动保障有力有效。国家突发事件预警信息发布系统实现业务运行，省级与应急办、国土等8部门对接。气象灾害防御指挥系统和“河北决策气象”微信平台在全省推广。联合省委组织部对111名县级政府主管领导进行灾害防御专题培训。圆满完成冬奥会申办、“9•3”阅兵、北戴河暑期办公、衡水湖国际马拉松赛等重大活动保障任务。全省因气象灾害死亡人数降至新低，直接经济损失占 GDP 的比重降至0.35%。

【公众气象服务】服务产品更加丰富。推出蓝天指数、春季踏青赏花、健康气象等25项与百姓生活密切相关的公众气象指数类服务产品。服务手段更加智能。运用“两微一端”发布实时预报，开展“气象进校园”“气象宝贝星评选”等互动服务。气象短信接入移动教育云平台，秦皇岛市将公众气象服务融入“互联网+城市服务”平台。服务覆盖面不断拓展。打造《天气旅游》等5档电视直播新节目，日播出电台节目40档。省级微信粉丝总人数近7万，官方微博粉丝突破240万。河北天气网日均点击量80万人次，较上年同期提高70%。2015年公众气象服务满意度86.3分。

【气象保障经济转型升级】农业气象服务不断深化。成立马铃薯、核桃、节水农业等3个省级农业气象分中心。全省2万多个新型农业经营主体纳入重点服务对象信息库。试点开展设施农业气象灾害影响预报。33个县（市、区）实施三农专项，新增标准化气象灾害防御乡镇13个。交通气象服务加快向集约化、专业化方向推进。初步建立基于影响的交通气象预报预警服务业务。开展京津冀区域内逐小时3公里格点监测实况和要素预报服务。研发行车气象指数、能见度等级等专项服务产品。完成河北交通气象云服务平台一期开发。能源、海洋、商贸物流、保险等气象服务不断拓展。风电、光伏等新能源气象服务实现省内全覆盖。新增导线舞动、覆冰、风区、冰雪等灾害性天气风险等级预报预警服务，预报准确率稳定在80%以上。完善海洋气象业务平台，提供沿岸海区流场、温度场等预报产品。政策性农业保险气象服务进一步深化。

【生态环境气象保障】环境气象业务发展取得突破。在省级气象部门率先开展减排调控气象评估业务。空气质量模式分辨率达4公里、时效达84小时。建立京津冀区域0.1°×0.1°分辨率污染源清单，研发源清单处理系统和源同化技术。AQI 指数预报技巧评分全国第一。人工影响天气常态化作业能力显著提升。国家飞机增雨和科学试验石家庄基地开工建设。继续实施地下水超采综合治理人工增雨保障工程。省级人影综合业务指挥系统业务化运行。全年开展飞机作业65架次，地面作业1386点次，估算增水27.3亿吨，防雹面积600万亩。气候和气候变化适应服务不断深入。开展城市通风廊道影响、低温核供热堆选址、渤海海冰预测以及城市内涝、大气环境承载力和生态旅游景区气候资源评估等服务。

【气象基础业务】预报预测能力不断增强。组建数值预报释用团队，建立格点预报业务流程。实现分类强对流客观预报，冰雹预警信号发布时间较上年平均提前28分钟。石家庄、唐山开展主城区小时雨强预报和分乡镇预警业务。中短期预报、分县气候预测质量稳定提高，汛期降水预测平均得分77.3分，全国排名第四。城镇预报准确率相对中央台均为正技巧。气象观测领域和范围不断拓展。强化垂直观测能力，新建风廓线雷达11部，微波辐射计9部。与中科院合作共建13部三维闪电定位仪。新建18套自动土壤水分观测设备。启动区域站升级改造和骨干站网遴选。气象灾害地面观测站平均间距达5.6公里。气象资料分析应用共享能力加快发展。与水利、环保、交通等部门共享6018个观测站点数据。全省统一、集约、共享的数据资源池实现业务运行。建成京津冀气象实况资料格点化自动处理系统，实现气温、降水、风、能见度的1×1公里格点数据实时显示。

【气候与气候变化】积极开展气候灾害监测评估，完成气候灾害监测公报16期、极端气候事件监测公报1期、气候影响评价公报27期、重要天气信息14期。开展了湿地、区域大气环境、生态旅游景区以及贫困县、太行山区的气候资源或承载力评估，探索推进城市通风廊道影响、低温核供热堆选址、渤海海冰预测以及城市内涝、大气环境承载力评估等服务。初步开展了河北省生态旅游景区气候资源评估和旅游气候舒适度评价研究，对河北4A 级以上生态旅游景区进行了分区，建立了生态景区各月气候舒适度指数和等级。新建了2003年以来中国陆地水储量变化数据集、河北中部平原地区地下水位变化数据集、河北省142个站点2010-2050年预估数据集和预估数据等图集。

【科技创新与人才建设】新组建气象灾害风险评估与区划和环境气象等创新团队。“华北暴雨发生发展特点及预报技术研究”获省科技进步二等奖，“交通气象灾害预报预警技术及智能化保障服务系统”获省科技进步三等奖，“沧州市暴雨灾害预报防御关键技术及应用”获沧州市科技进步三等奖。年内发表核心期刊及以上级别论文88篇，其中 SCI、EI 收录6篇，发表非核心期刊论文126篇，出版专著1部，完成计算机软件著作权登记4项。实施领军人才等5类人才建设工程，20人入选省“三三三”人才工程。

【气象法制和标准体系建设】省人大启动《河北省气候资源开发利用和保护条例》立法工作，拟于2017年公布实施。对《河北省防雷减灾管理办法》等6部政府和部门规章、10个省政府规范性文件进行了修订或保留。制定了气象灾害防御标准体系（2015-2017年），启动87项标准制修订工作，面向社会开展了标准应用效益评估。

【社会管理】取消防雷产品备案等4项非行政许可事项，清理规范雷电灾害风险评估等4项中介技术服务事项。开通网上行政审批平台，重新制定全部行政许可事项的服务指南和审批细则，全省共办理许可事项4500余件。指导市县气象部门编制、公布权力清单和责任清单。

【党建、精神文明与廉政建设】扎实开展“三严三实”专题教育。以“严肃、严密、严格，实题、实招、实效”标准深入开展“三严三实”专题教育，针对4方面15类问题进行了整改。党建工作扎实推进。落实党建责任制，将党建目标考核结果作为干部使用和综合考评评优的重要依据。开展“严格党内政治生活年”活动。规范党支部活动，对“三会一课”执行情况实行专项督查和季度通报。完成省局机关党委换届，成立机关纪律检查委员会。5个市局成立机关党委，配备党务工作人员。党风廉政建设工作进一步深化。认真落实党风廉政建设主体责任和监督责任，建立各级各单位主体责任清单，明确各级纪检监察机构职责范围，对4个市局开展党风廉政建设巡察。精神文明和文化建设取得新进展。省气象台（局机关）及石家庄、承德、廊坊3个市气象局被评为“全国文明单位”。与省文明办共同开展了第二次“文明台站标兵”创建活动，10个单位被省文明办授予“文明台站标兵”称号。张迎新荣获“全国先进工作者”称号，郭迎春家庭被评为全国“最美家庭”和“全国孝老爱亲最美家庭”，连志鸾荣获河北省“三八”红旗手称号。

【气象改革】服务体制改革。继续培育协会（专家联盟）、合作社、涉农企业等组织，开展为农服务社会化试点。启动京津冀交通气象中心和省能源气象服务中心建设。继续推进科技服务定位调整和改制。启动宇翔集团公司组建。业务科技体制改革。调整省市县三级预警信号业务。明确县级综合气象业务功能定位及建设标准，启动省市县集约化综合气象业务平台建设。拟定“订单式”科研项目管理以及成果认定、分类评价、业务准入等管理办法。有序推进省气象与生态环境重点实验室协同创新基地、中试平台和仿真平台建设。管理体制改革。推进地方气象事业单位分类改革，省气象灾害防御中心和省人影办被列为公益一类事业单位。市、县事业单位全部完成法人登记。

【气象现代化建设】推动中国气象局与省政府召开联席会议，确定“十三五”双方共建河北气象现代化7大工程。《河北省气象事业发展“十三五”规划》首次列入省级专项规划，并通过专家论证。联合编制了《京津冀协同发展气象保障规划（2016-2020）》。

（河北省气象局　毛翠辉）

农业科研

2015年，省农林科学院牢固树立发展新理念，围绕省委省政府农业农村和科技工作总体部署，解放思想、抢抓机遇、奋发作为、协同发展，较好完成了各项任务，实现了“十二五”的圆满收官。

【科研项目】紧紧瞄准农业增效、农民增收、农产品竞争力增强的关键技术问题，加大项目申报落实力度，全院新落实项目39项，全年在研项目达到700 余项，较上年增长11%，经费总额超过1.4亿元，较上年增长12%。主持的“作物黄萎病综合治理技术方案”，是当年唯一省级农科院主持、国家队参与的公益性行业（农业）科研专项，标志着全院土传病害防治研究达到国内领先水平；列入国家重点项目的“渤海粮仓科技示范工程”、“京津冀种植业高效用水可持续发展研究”等进展顺利；全院主持的农林新品种选育省级计划项目超过全省同类项目总数的40%。

【科研平台】全院平台条件不断改善，在国家财政部、农业部和省财政的大力支持下，全年共取得条件建设类项目9项，其中有6项经费已经到位，分别是：旱作农业研究所“衡水市国家级农作物品种抗旱性鉴定试验站建设”（160万元）、粮油作物研究所“农业部作物基因资源与种质创制河北科学观测试验站建设”（330万元）和“农作物资源保存中心建设”（915万元）、旱作农业研究所“农业部河北南部耕地保育科学观测实验站建设”（328万元）、经济作物研究所“农业部华北地区蔬菜科学观测实验站建设”（336万元）、农业资源环境研究所的“农业环境研究实验室平台条件提升”（350万元），共计经费共计2419万元。有3项已经取得批复，分别为：粮油作物研究所的“农业部华北地区作物栽培科学观测实验站建设”（398万元）和“农业部黄淮海大豆生物学与遗传育种重点实验室”（812.83万元）、棉花研究所的“农业部黄淮海半干旱区棉花生物学与遗传育种重点实验室建设”（804.75万元）。这些平台为支撑科技创新工作，将会发挥更大作用。

【科研成果】全院获得省部级以上科技奖励成果16项，其中国家科技进步二等奖1项（合作）；获省级一等奖3项，实现了全省科技部门奖励类型全覆盖；获农业部中华农业科技一等奖2项，占全国省级农科院此类奖项数量的五分之一。参加的“生物靶标导向的农药高效减量使用关键技术与应用”项目，创造性地解决了重要病虫草害抗药性治理分子靶标不清楚的问题，构建了克抗性治理技术体系，获国家科技进步二等奖；主持的“高产高蛋白大豆冀豆12选育与应用”项目，创建了高蛋白大豆育种体系，获得中华农业科技一等奖；主持的“玉米重大新害虫二点委夜蛾暴发机制及治理技术研究与应用”项目，首次发现了严重为害玉米的新害虫，创建了预控治综合治理技术体系，获得中华农业科技一等奖；主持的“高产抗病广适国审棉花新品种冀棉169的选育及应用”项目，首次将棉花赘芽激素含量变化作为选择指标，提高了育种精准度，获省科技进步一等奖；主持的“山区经济作物设施安全高效生产技术研究与应用”项目，集成创建了山区设施经济作物高效生产技术体系，增产增收效果显著，获省山区创业一等奖，主持的“蔬菜病虫害绿色防控技术集成与推广”项目，全方位、多层次进行了新技术推广，效益显著。获得省农技推广合作一等奖。育成了我省第一个小麦杂交种—“衡杂102”。培育的国内含油量最高的花生新品种，为推动花生成为我省第三大作物做出了重要贡献。全年通过作物新品种审（鉴）定39 个，其中国审13个。通过审定省地方标准33项，全年通过国审（鉴）定品种数量和通过审定标准的数量是“十二五”期间最多的一年，为农业发展提供了新支撑。

【科技合作】积极实施“走出去、请进来”的开放办院战略。在国际合作中，我们新承担国家和省国际合作项目11项。与德国、加拿大、澳大利亚、荷兰、新西兰等国家的科研机构合作，开发出了新型生物农药、生物肥料、生防产品，并实现了产业化。与意大利、俄罗斯、加拿大、澳大利亚等国家签署了科技合作协议，开展多领域、深层次合作。院英文网站正式开通，成为全国农科院系统中仅有的三个开通英文网站的单位之一。在区域合作中，我们紧紧抓住京津冀区域协同发展重大机遇，建立了环京津无公害蔬菜、土壤面源污染治理、滨海盐碱地改良绿化等合作项目。与京津两市农科院通力合作，成立并正式启动“京津冀农业科技协同创新中心”。并在北京举办了“京津冀农业科技协同创新交流会”。100多名专家围绕生态与环境、农产品优质安全生产、种业科技、都市农业等领域进行了专题研讨，按照“共同出题、共同组织、共同研究、共享成果”的理念，共谋划重大项目31项，得到了参加会议的科技部、农业部、三省市科技和农业行政主管部门领导的高度重视。

【科技服务】围绕全省粮食、蔬菜、果树、棉花、滨海农业等主导和特色产业，在全省建成科技成果转化示范基地23个、示范点321个，中心示范区120万亩，辐射推广3000多万亩，新增社会经济效益5亿元以上。以增粮和节水为主攻目标，在我省粮食生产核心区实施了一批综合配套技术，创造出了节水50%、节肥30%、小麦玉米两作亩产超1500公斤的典型；在黑龙港示范区实施的地膜谷子栽培技术，一水不浇，平均亩产达到400公斤；在设施蔬菜生产方面，形成了从建棚、育苗、品种、水肥、防病、智能管理等全产业链的技术支撑，并实现节地30%、节水50%。在农业生产关键季节，我们组织百名专家下乡，推广百项实用技术，服务百家新型经营主体，解决生产难题，1人获得全国“三下乡”工作百名先进个人荣誉称号，6人获得省山区“双百”培训及“三下乡”活动先进个人称号，一批服务专家获得县市政府通报表彰和奖励。我们发挥科技参谋咨询作用，积极探索一二三产业融合发展的新理念、新模式、新业态，为崇礼、赤城、鸡泽、灵寿、献县等县市区编制农业产业、示范园区及农村发展规划14项，为引领当地现代农业发展、美丽乡村建设发挥了作用。组织专家积极向省委省政府建言献策，提交的一批有针对性建议，得到赵克志、张庆伟、赵勇、沈小平等省领导的多次肯定性批示。

按照“树立新理念、构建新布局、打造新模式、发展新业态、培育新主体、强化新支撑”的要求，我们把实施“渤海粮仓科技示范工程”作为全院重中之重的工作，着力打好成果转化“最后一公里”攻坚战，百亩试验田、千亩示范方、万亩辐射区“百千万”阵地战，43个县（市）技术推广主体战，集成研发的以资源可持续利用、大粮食、循环农业为主的“八大技术”，在项目区全面推开，涌现出了一批典型节水、增粮提效示范区，种养加一体化的龙头企业。实现增粮6.76亿公斤、节水2.85亿方，节本增效13.8亿元。相关工作连续3年被写入省政府工作报告及省委一号文件，“渤海粮仓”创新团队获得2015年 CCTV 年度创新团队提名奖，成为20个提名奖中唯一农业团队。

根据《河北省促进高等学校和科研院所科技成果转化暂行办法（冀政〔2014〕118号文）》文件精神，制定和出台了《河北省农林科学院关于促进成果转化的暂行规定（试行）》，填补了全院在产权处置、收益、分配制度上的空白。全院共签订了成果转让合同19个，交易额达到了800多万元，成果转化成绩达到了历史最高。仅植保所一项“微生物杀菌剂技术转让”，交易额就高达280万元。粮油所进行技术转让的交易额最高，达300万元。

【科技扶贫】持续推进“春雨行动”，全体院领导和30个在职党支部分别对海兴县2个村、84户贫困户精准对接，帮助谋划致富产业。立足于培育“造血”能力，在阜平县刘家沟村有特色地发展香菇产业，为当地百姓趟出了一条脱贫致富的路子。组织百名以上专家以蔚县、青龙、武强、献县、巨鹿等48个贫困县作为科教扶贫重点联系县，开展科技扶贫，得到省委宣传部、扶贫办的高度赞誉和帮扶对象的好评。院驻崇礼县六号村美丽乡村建设帮扶工作组，确立了“规划先行、科技支撑、企业跟进、机制创新”的美丽乡村建设工作思路，通过新品种示范、引进战略投资者、四新材料应用建设新民居、休闲度假旅游景区打造、生态修复、创新乡村治理模式等工程，使该村的村容村貌、农业产业结构发生了喜人变化，农民收入大幅度增加，探索出了科技扶贫与美丽乡村建设有效对接的新路子，创新的生产、生活、生态一体化打造建设美丽乡村的做法被写入了2016年省委一号文件，院驻六号村工作组被评为优秀工作组。

【人才队伍】省农林科学院坚持用科研事业凝聚人才、以生产实践锻炼人才、靠有效机制造就人才。着力打造了科研、管理、工勤三支队伍，完善了“培养、引进、使用、服务”四位一体的人才机制，全院高层次人才不断涌现。2015年与前五年相比，博士由43名发展到93名，硕士由143名发展到287名；人才结构进一步优化，博硕士占到科技人员总数的52.1%，45岁以下科技人员所占比重达到52.2%。引进了省“百人计划”专家，填补了全院省“百人计划”专家的空白。新增享受省政府特殊津贴专家7人，省“三三三人才工程”一层次人选1人，二层次人选2人，三层次人选14人。在管理和工勤人员队伍中，新提拔正所处级干部1名，副所处级干部2名，新增工人技师5名，体现了全院人才队伍上了一个新台阶。

（河北省农林科学院　阎立波）

农村科技

今年以来，围绕创新驱动、稳粮增收、提质增效的“三农”工作总要求和全省616科技创新行动计划的总体部署，以提高粮食生产能力、优化农业结构、转变农业发展方式为目标，以重大科技示范工程、专项为抓手，加强统筹谋划，积极推动京津冀协同发展，全力抓好渤海粮仓、环首都现代农业科技示范带、农业科技园区、科技特派员等重点工作任务的落实，有力促进了全省农业农村经济的持续健康发展。

【围绕落实粮食安全省长责任制，积极推进渤海粮仓和粮食丰产两大科技示范工程】坚持把提高粮食生产科技支撑能力作为农业科技工作的重点内容，以高产区丰产稳产和中低产田改造为技术创新重点，加强共性关键技术的突破和系统栽培技术体系的集成示范，强化高产示范基地建设，扎实做好粮食安全省长责任制落实工作。

渤海粮仓科技示范工程。按照《河北省渤海粮仓科技示范工程行动方案（2014-2017年）》总体部署，2015年，更加注重生态优先节水增粮，更加注重产学研协同创新，更加注重一二三产融合，更加注重农业高新成果转化，保持定力，精准发力，打好成果转化“最后一公里”攻坚战，打好百亩试验田、千亩示范方、万亩辐射区“百千万”阵地战，打好43个县（市）技术推广全面战，圆满完成了年度任务目标。一是全域推进示范工程实施。在抓好2014年沧州重点示范市和13个重点示范县的基础上，按照2015年“扩范围”的要求，将工程扩展到项目区全部43个县。每个县扶持1个新型经营主体，联系1个科研机构，主推1套成熟技术，重点示范县建立了标准化的百亩试验田、千亩示范方和万亩辐射区。建立了13个百亩试验田、43个千亩示范方、13个万亩辐射区，辐射面积超过770万亩，实现增粮6.76亿公斤、节水2.85亿方。二是加强农业科技成果引进转化。针对土、肥、水、种等领域的技术瓶颈，大力支持引进一批外省特别是京津科研单位、高校、企业的物化、实用农业高新技术成果，与中国科学院、北京市农科院、天津市农业技术推广站等单位进行科技合作，以专业合作社、家庭农场、企业等农业新型经营主体为依托，在示范区引进转化了27项物化科技成果，实现了科技成果从研发单位到田间地头的直接转化，规模效益逐级放大。三是强化技术支撑。组织中国科学院、省农科院、有关市农科院，组建技术研发创新团队新，组织开展适宜技术的研发、引进与技术集成，为项目实施提供科技支撑和培训服务。目前，已集成出“棉麦双丰一年两熟”等8套成熟技术模式，在43个县进行推广。四是创建渤海粮仓农业科技园区。推动南皮渤海粮仓省级农业科技园区晋升为国家级农业科技园区，立足沧州、面向河北、辐射环渤海，引领带动中低产田改造。新建了威县、景县、吴桥等一批特色鲜明、机制灵活、带动能力强的省级农业科技园区，形成了农业科技创新制高点，辐射带动全区域，发展“大粮食产业”。

粮食丰产科技工程。针对我省限制粮食产量水平提高的水资源匮乏、热量资源紧张以及夏秋粮生产不均衡等关键问题，以藁城、玉田、正定、深州等13个示范县和56个辐射县为重点，组织开展高产优质、节本增效、防灾减灾和水土资源可持续利用等粮食丰产技术模式的研究与示范。一是安排部署重点工作任务。为加强粮丰工程河北省项目区建设，总结工程实施进展成效，安排部署年度重点工作任务，2013年3月7-8日，组织召开了国家“粮食丰产科技工程”河北省项目区“十二五”总结暨2015年年度重点任务安排县工作会议。技术负责单位、示范县（市）组负责人近100人参加会议。会议在分析各示范县（市）的小麦苗情、墒情和病虫草害发生情况的基础上，提出了项目区春季小麦管理技术建议，并就各项目区2015年的重点任务进行了安排部署。二是抓好督导落实。加强对各示范县项目区建设的检查督导，组织生产、植保、土肥、栽培等领域的专家70余人次，对项目区示范县建设情况进行了两次联查，对示范县下一步工作提出了具体的技术建议和改进措施，有力推动了粮丰工作的全面推开。三是项目区建设成效显著。今年以来，邀请中国农业大学、中国农业科学院、河南师范大学、山西农业大学等单位专家，对示范县粮食生产情况进行了联查。经统计，项目区产量和面积全面完成任务指标。2015年，建设高产攻关田、核心试验区和技术示范区共计73.6万亩，辐射区1069万亩，增产151万吨，增加经济效益30.5亿元。

【围绕推动重点工作开展，努力协调部门地方打好联动组合拳】农业农村科技工作涉及部门多、覆盖面广。在工作中，注重与兄弟部门、市县的沟通配合，主动协调，密切合作，共同推动工作开展，形成了农业农村科技重点工作齐抓共管、合力推进的良好局面。

一是积极推进环首都现代农业科技示范带建设。为深入贯彻落实国家创新驱动和京津冀协同发展战略，构建农业协同创新共同体，启动了环首都现代农业科技示范带建设。以毗邻北京的14个县（市、区）为核心区，以农业科技园区联盟为载体，打造集生态农业、都市农业、智慧农业、高效农业于一体，具有明显示范意义的农业协同创新样板区、农业科技体制机制改革先行区、一二三产融合（第六产业）发展试验区、环首都扶贫攻坚与现代农业联动发展示范区、现代农业发展的制高点。目前已研究制定了《环首都现代农业科技示范带建设方案》，科技部已将科技示范带建设纳入了《京津冀科技协同创新发展专项规划》和《关于京津冀创新驱动发展的指导意见》，并批复为国家现代农业科技示范区。为进一步推动环首都现代农业科技示范带建设，按照赵勇副书记“做规划、建园区、落项目”的要求，正在组织省内外专家编制总体建设规划、各县分规划和年度实施方案，以确保建设目标和任务落到实处。

二是深入推进大学生村官科技特派员农村科技创业行动。为进一步扩大科技特派员选派范围，深入推进科技特派员农村科技创业，会同省委组织部，继续组织开展“科技青春•创业富民”科技特派员农村科技创业主题行动，支持大学生村官科技特派员带成果、带项目到农村创新创业。组织评选出16个技术含量高、示范作用强、带动范围广、增收效果显著、具有发展潜力的大学生村官科技特派员创业典型，有力深化了科技特派员工作开展。

三是持续加强现代农业科技奖励性后补助工作。贯彻落实财政部、科技部关于科技计划经费实施后补助有关精神，开展现代农业科技奖励性后补助工作。会同省财政厅，按照《河北省现代农业科技奖励性后补助资金管理办法》（冀财教〔2014〕67号）规定，规范了资金的使用和监管程序。2015年，对技术水平高、实用性强、应用前景好、已有效解决我省现代农业产业发展重大关键技术问题的“玉米新品种农单902”等33个重点科技成果进行了后补助支持。获奖励的成果已推广应用了2000多万亩，在一批县（市）和企业进行了示范推广，为我省农业生产和主导产业发展作出了贡献。

四是圆满完成第22届杨凌农高会参展组织工作。按照省领导批示要求，会同省商务厅、省农业厅等部门，以省政府名义组团参加第22届杨凌农高会。组织有关设区市、县科技局和企业代表近100人到会参观和洽谈。组织设立集中展区，展示了我省34家单位、48项农业高新科技成果。各参展单位共发放各种推介资料4万余份，接待洽谈人员1万余人次，达成合作意向41项，对宣传推介我省农业高新科技成果，推进农业科技型企业对外交流与合作发挥了积极作用。我省展团被展会组委会评为优秀组织奖和优秀展示奖。

【围绕提高农业科技园区建设水平，实施农业科技园区提档升级工程】把农业科技园区建设作为促进创业活动与创新能力建设有机结合、推动县域科技工作、加快农业科技成果转化的重要平台。围绕推进现代农业和区域优势特色产业发展，按照“对标陕西杨凌、安徽芜湖，支持国家级园区创品牌、增优势，老牌园区上规模、增特色，新建园区提档次、增效益”的思路，加强组织管理，创新发展模式，实施农业科技园区提档升级过程，园区建设水平不断提高。

一是省级园区覆盖面不断增加。按照《河北省农业科技园区管理办法》（冀科农函〔2011〕16号）要求，针对环首都现代农业科技示范带建设和现代农业发展需要，择优认定了一批省级农业科技园区，全省省级以上农业科技园区达到107个。

二是创建国家农业科技园区获得突破性进展。在抓好三河、唐山、邯郸等国家农业科技园区建设的基础上，结合农业农村科技重点工作，谋划推动沧州渤海粮仓、石家庄藁城、定州三个省级园区升级为国家农业科技园区。积极协调科技部农村科技司、中国农科院、中国农业大学等单位，汇报园区建设进展，制定园区发展规划。3家园区正式被科技部批准为国家农业科技园区，全省国家农业科技园区达到6家。结合环首都现代农业科技示范带建设等，择优推荐大厂、固安、涿州、滦平、丰宁、白洋淀、辛集、威县等8个省级园区申报国家农业科技园区，已通过科技部评审论证。

三是推进农业科技园区提质增效。组织开展省级农业科技园区考核评估工作，制定园区考核评估办法，促进园区提质增效。通过项目扶持、科技合作、引进人才等措施，目前，园区核心区建成102万亩，实现总产值256亿元。引进培养科技人员1545人，示范、推广新技术618项，引进、推广新品种（系）812个，引进、开发新产品510个，培育知名品牌146个，建立完善专业协会643个，培育壮大科技中介服务组织813个，发展科技进村服务站1868个，培训农民超25万人次，带动114万农民增收。

【围绕落实扶贫攻坚战略，抓好科技扶贫工作】为贯彻落实省委省政府扶贫攻坚部署，围绕推动燕山-太行山集中连片特困地区、黑龙港流域集中连片特困地区农业主导产业发展，加大科技扶贫力度，强化技术支撑，有力提高了贫困地区的产业发展技术支撑能力。

一是组织召开全国优秀科技特派员巡讲报告会。为研讨交流科技特派员创业扶贫经验，深入推进科技特派员农村科技扶贫和创新创业，2015年9月15日，会同科技部农村中心，在邯郸魏县举办了科技特派员巡讲报告会。会议邀请吉林、内蒙古等省区3名优秀科技特派员代表，到我省研讨交流开展科技创业服务、发展区域特色产业、带领农民依靠科技致富的先进事迹及成功经验。通过活动组织实施，开阔了我省科技特派员创新创业思路，也为科技扶贫工作提供了典型经验，对推动全省科技特派员创新创业和大学生就业具有积极的促进作用。

二是协助推进魏县科技部定点扶贫工作。按照科技部扶贫办公室的工作要求，积极协助魏县定点帮扶工作。指导魏县科技局，组织完成帮扶项目申报工作，2015年共申报项目2项，落实了帮扶专项资金。按照科技部扶贫办要求协助办理科技部扶贫团挂职人员的任职、备案、交接等手续，保障了挂职人员工作的顺利开展。

三是开展“三区”科技人员选派工作。按照科技部“三区”人才选派工作安排，针对燕山-太行山国家连片地区、黑龙港流域省级连片地区、环首都扶贫攻坚示范区农业主导产业的技术需求，选派科技人员到贫困县（市）开展公益性专业技术服务、创办领办专业合作社，提高贫困地区发展的人才支撑能力。今年以来，共选派高校、科研机构、龙头企业等92家单位的466名科技人员到我省62个贫困县开展科技服务和创新创业，为贫困地区提供科技人才支持和智力服务。

【围绕提高农业产业技术创新能力，推进重点领域科技创新】围绕粮食、畜牧、果品、蔬菜四大农业主导产业发展，加强农作物高效生产、畜禽健康养殖、果蔬提质增效生产、农产品质量安全、农业装备农用物资等领域科技创新，突破了一批共性关键技术，建设了一批示范基地，有效推动了我省农业主导产业技术升级。

一是动植物新品种选育工作持续加强。围绕保障粮食安全和促进我省农业主导产业发展，加强小麦、玉米、棉花、大豆、花生、果树、蔬菜、畜禽等领域的育种创新团队建设，强化首席专家的组织协调职责，充分发挥农业新品种选育协作攻关组作用，拓展良种创制领域，新建了食用菌育种协作组。杂交谷、杂交棉、节水高产小麦育种与应用达到国际领先水平，小麦、棉花、油料、杂粮育种继续保持国内领先水平。2015年，共有35个农作物新品种通过省级以上审定（鉴定），创新育种技术10项，取得新品种保护权8个，主要农作物良种覆盖率稳定在97%以上，新建林果基地全部实现了良种化。

二是重大关键技术创新成效显著。围绕农产品加工增值、农业信息化机械化、土壤生产能力等方面，加强了关键技术和产品的研究开发和示范应用。在农产品精深加工、农业节水技术、耕地质量提升及安全利用、林业生态技术等方面，共开发示范农业新产品、新工艺191项，建立试验示范区超过100个，申请专利75项、授权38项，制定标准68项。

三是国家重点科技项目进展顺利。按照科技部关于国家科技计划项目的管理要求，认真做好杂交谷子、粮食丰产、渤海粮仓等国家重大科技项目的执行情况调查、评估监理等项目管理工作。按照不同项目类别，邀请有关专家组织召开农业领域国家科技项目汇报会，就项目进展情况、取得的成效、产生的经济社会效益、下一步重点研究任务等内容进行了汇报，并围绕项目研究内容设置、目标完成情况和存在的问题等进行了研究讨论，确保项目实施取得良好成效。

【围绕推动县域农业特色产业发展，加强科技成果转化示范基地建设】围绕农业特色产业发展，以科技富民强县、农业科技园区等工作为抓手，以技术升级、产业优化、产品提档为目标，加强产学研合作，开展先进技术成果的中试、熟化以及关键技术的集成示范。2015年，支持建立各种类型科技成果转化、示范基地86个，转化应用了新技术、新品种162项，有力推动了县级农业主导产业的发展和壮大。

一是国家科技富民强县试点县建设不断深化。到目前，我省共有62个县（市）列入国家科技富民强县试点县，71个项目获国家专项资金支持。通过引进新品种、新技术，开展科技培训，建立农业科技服务体系，培育壮大了一批具有较强区域带动性的特色支柱产业，推动了县（市）科技进步。

二是农业科技成果转化专项持续推进。积极协调省财政厅，加强省级农业科技成果转化资金的组织实施力度，重点围绕粮食、畜牧、果品、蔬菜等产业发展，加强农业科技成果转化基地建设。2015年，建立中试线17条、生产线16条、中试基地165个，实现销售收入21.4亿元，缴税1876万元，培训农民和专业技术人员20.1万人次，有力促进农业产业的技术升级。

三是充分发挥星火计划对科技创业的引导作用。把星火计划作为推动科技特派员服务基层、创业链建设和培训基地建设的重要手段，重点支持科技特派员带资金、带项目、带技术服务于区域农业主导产业发展。2015年，共有10个科技特派员创业项目获得国家星火计划专项资金支持。

（河北省科学技术厅　徐　成）

财政支农

【综述】2015年，全省各级财政部门认真贯彻党的十八大、十八届三中、四中、五中全会精神，紧紧围绕“稳粮增收、提质增效、创新驱动”总要求，加大投入，完善机制，推进改革，不断加大财政支农投入，创新完善财政支农政策，农业综合生产能力得到明显提高；转变农业发展方式，促进农业结构调整，农业现代化水平不断提升；机制创新更加深入，着力创新资金分配机制、资金整合统筹使用机制、项目管理机制和资金监管机制，为巩固和发展全省农业农村好形势提供了有力支撑。

【持续加大支农投入力度】坚持把农业农村作为财政支出的优先保障领域，持续增加财政农业农村支出，加快完善支农投入稳定增长机制。一是加大本级投入。加快完善支农投入稳定增长机制，持续增加财政农业农村支出，2015年省级安排农口专项资金93.3亿元，比上年增长11.4亿元，增长14%。二是积极争取中央支持。抓住用好京津冀协同发展重大机遇，积极转变争取思路和方式，打好工作牌、特色牌，及时畅通信息、搭建平台、争当试点，全年争取中央农口专项资金293.7亿元，比上年增长13%。三是努力盘活存量资金。开展涉农财政结转结余资金清理工作，超过两年的该收回的收回、该统筹的统筹，共消化2013—2014年农口存量资金2.8亿元，用于保障全省“三农”重点支出。四是大力推进资金整合。出台厅内涉农资金整合协调机制；联合有关部门印发《关于整合涉农资金支持脱贫攻坚的实施意见》；围绕美丽乡村建设、地下水超采治理，加大协调力度，推动整合省以上相关财政资金69.1亿元、80.6亿元，同比分别增长5.7%、8.2%，财政投入的整体效应进一步增强。

【全面落实强农惠农政策】保持农业补贴政策连续性和稳定性，扩大支持政策实施规模和范围，不断提高补贴精准性、指向性，充分发挥政策惠农增收效应。一是围绕稳定粮食生产，投入省以上财政资金10.6亿元，支持推广“冬小麦节水稳产配套技术”，补贴实施深松作业1000万亩，支持开展“一喷三防”作业3548万亩次，促进粮食生产“十二连增”。二是围绕转变发展方式，调整完善农业三项补贴政策，拨付市县农业支持保护补贴资金72.3亿元；下达省级以上农机具购置补贴12.37亿元，促进开展农机深松面积1400万亩；投入资金1.9亿元，支持农民合作社、家庭农场等新型经营主体加快发展，推动开展农业生产全程社会化服务试点；争取中央资金1亿元，以39个省级现代农业园区和10个现代休闲农业园为依托，支持开展农村一二三产业融合试点。三是围绕优化农业产业结构，安排省级专项资金10.8亿元，重点支持全省蔬菜、畜禽、果品、中药材等特色产业发展，推进农产品质量安全检测条件建设，推动与京津现代农业协同发展；争取中央试点资金3000万元，支持行唐、围场、塞北管理区3个县开展粮改饲试点；争取中央资金2000万元，在张家口、石家庄、秦皇岛三市进行马铃薯主食产品及产业化开发试点。四是围绕改善农村民生，安排省级专项资金10.8亿元、争取中央扶贫资金16.24亿元，制定并落实提前出列县激励政策，推动开展“资本到户、权益到户、收益到户”精准扶贫投入试点，出台扶贫小额信贷风险补偿、扶贫贷款贴息资金等管理制度，大力推进扶贫开发；安排省级专项资金10.5亿元、整合省级以上项目资金58.6亿元，集中用于全省3006个重点村美丽乡村建设，促进15件实事落实到位；投入资金4.1亿元，解决了565万农村人口饮水安全问题。五是围绕促进生态保护，争取中央森林生态效益补偿资金32768万元，落实省级森林生态效益补偿资金750万元，支持2585万亩国家级公益林和省级50万亩公益林管护；争取国家湿地生态效益补偿资金1500万元，用于补偿衡水湖国家级自然保护区及周边湿地因鸟类等野生动物保护造成的损失；争取中央草原生态奖补资金3.89亿元，用于我省草原半牧区县开展禁牧补助、农牧民生产资料综合补贴和牧草良种补贴等。

【提高财政资金使用绩效】转变预算管理方式，深入推进绩效预算改革，进一步规范省直农口部门职责、工作活动，完善绩效目标、绩效指标和评价标准体系，构建起支农预算项目全周期管理机制。完善转移支付制度，推进省级农口资金分配机制改革，清理省级农口专项转移支付项目，从50项整合为30项，更多地采用因素法测算并切块下达资金，增加县级统筹安排资金的决策权和自主权。创新资金投入方式，研究提出我省调整完善农业补贴政策意见并报省政府批准，将20%的农资综合补贴资金，连同中央财政支持粮食适度规模经营资金，重点支持建立完善农业信贷担保体系。印发全省财政支持农业信贷担保体系建设实施方案，注册设立省级农业信贷担保机构，及时拨付首期资本金8亿元，着力解决农业“融资难”、“融资贵”问题。推动设立农业产业化引导股权基金，配合制定设立方案和管理办法，拨付资本金1亿元。落实资金5000万元，在全省8个市、县开展财政资金促进金融支持畜牧业发展创新试点。

【推进农村综合改革工作开展】完善村级公益事业一事一议财政奖补机制，下达一事一议财政奖补资金21.98亿元，着力解决“空白村”议事难、筹资难的问题。投入资金7.86亿元，鼓励和支持县级开展农村公共服务运行维护长效机制建设，扩大试点村9292个，运行维护方式向政府购买服务、垃圾清运 PPP 运作模式等方面拓展。争取中央资金1亿元，选择霸州市胜芳镇等5个镇开展建制镇示范试点工作，积极探索增强我省建制镇发展能力、整合承载能力和辐射带动能力的有效方式。落实省以上资金2.68亿元，支持国有农场办社会职能改革工作，切实减轻农场农工负担，促进农场经济发展。配合农村其他改革，落实资金3亿元，支持农村土地承包经营权确权登记颁证工作，促进全省4900万亩确权任务如期完成。争取中央资金9217万元，推进全省全面实施国有林场改革。

【地下水超采治理成效明显】全力推进地下水超采治理工作，全省投入82.6亿元，组织编制完成《河北省地下水超采综合治理规划》和《2015年度试点方案》，试点范围由上年的49个县（市、区）扩大到63个。推行农业综合水价和水利工程管护体制改革，加强水利工程建设，调整农业种植结构28.3万亩，推行农艺节水731万亩，积极探索可复制、可推广的综合治理模式，综合治理效果逐步显现。试点工作在国家四部考核中获得良好等次，得到国务院领导的充分肯定。

【确保资金安全规范运行】牵头组织开展全省涉农资金专项整治行动，协调省直12个部门，利用九个月时间，历经七个阶段，检查各级涉农资金2300亿元，处理处罚人员84人；督促有关地区和部门抓紧整改，推动健全涉农资金科学使用的长效机制。狠抓制度建设，健全支农资金管理制度，修订完善农口专项资金管理办法20项，进一步规范资金运行。推进预决算公开，认真落实《预算法》要求，组织农口部门按要求公开预决算和“三公经费”信息，主动接受社会监督。

（河北省财政厅　马　磊）

农业信贷

【概况】2015年，中国农业发展银行河北省分行在总行党委和省委省政府的正确领导下，在人民银行、银监局、财政专员办、新闻媒体等有关部门的大力支持下，深入贯彻习近平总书记系列重要讲话精神，认真落实总行新一届党委“一二三四五六”总体发展战略，围绕“强行梦”目标，主动适应新常态、抢抓新机遇、破解新挑战，按照“四位一体”工作格局，解放思想、完善举措，优化环境、扎实苦干，在追寻“强行梦”的征程中迈出了新步伐，为今后发展奠定了基础，积蓄了能量。

——信贷业务稳步增长。积极落实国家稳增长、调结构、惠民生的政策，信贷资产实现了多元化发展。在经济下行压力较大、全省受宏观调控影响较深的严峻形势下，全年累放贷款375亿元，同比多放12亿元。年末，贷款余额867.5亿元，比年初增加30亿元，较好地发挥了支持全省新农村建设的骨干和支柱作用。

——存款、中间业务和国际业务不断拓展。各项存款余额315.5亿元，比年初增加114.7亿元；各项存款日均余额256亿元，比上年增加51.7亿元。实现中间业务收入4133万元，比上年增加519万元，增幅14.4%；累计办理国际结算5.03亿美元，比上年增加8563万美元，增幅21%。

——队伍建设成效明显。扎实推进“三严三实”专题教育，加强党性修养，坚定理想信念。加强干部队伍建设，提高员工业务水平。严格落实中央八项规定精神。继续深入开展践行“五字”行为活动和“三个一”读书活动，引导员工用传统文化立德修身，靠读书学习增才提智，以文化聚合力、添动力。

【业务发展稳健运行】认真贯彻落实总行新一届党委“五个全力服务”战略部署，着力优化发展环境，积极促成总行与省政府签订《落实<京津冀协同发展规划纲要>战略合作协议》，为今后发展搭建了广阔的平台。先后与省水利、交通、扶贫、住建等部门以及唐山、邯郸等7个地市签订了合作协议，为进一步深化合作奠定了基础；赴6个地市巡回宣介信贷政策，地方党政合作愿望大为增强。探索实施“233”信贷模式，省委省政府办公厅以正式文件印发至市、县党委政府推广。

一是全面支持国家粮食调控政策落实。力促小麦最低收购价预案启动并全力做好贷款发放与管理工作。在督促中储粮北京分公司提前做好预案启动各项准备工作的基础上，协调中储粮北京分公司、省粮食局适时召开联席会议，促成国家自9月11日起在河北省中南六市启动预案。这是6年来首次在小麦主产区全面启动预案，切实维护了农民利益。积极促成地方储备粮增储计划实施。根据国家下达河北省储备规模，协调督促省有关部门分两批落实了增储计划，安排完成小麦招标采购，同时，及时向总行请示，研究落实资金供应方案，共发放贷款2.8亿元，支持企业圆满完成新增省级储备小麦2.2亿斤。截至2015年末，全年累计发放政策指导性粮食收购贷款151亿元，支持企业收购粮食133亿斤，同比分别多放4.7亿元，多收购7.7亿斤。其中，政策指导性小麦收购贷款64.6亿元，支持企业收购小麦52.6亿斤，同比分别少发放1.4亿元，少收购0.1亿斤。累计发放政策指导性玉米收购贷款86.4亿元，支持企业收购玉米80.4亿斤，同比分别多发放6.1亿元，多收购7.8亿斤，增幅分别为7.6%和10.7%。二是大力支持农业农村基础设施建设。充分发挥农业政策性信贷资金“雪中送炭”、铺路架桥的作用。在全国率先投放水利专项过桥贷款，受到国务院、总行和水利部领导的充分肯定，全年累放中长期贷款126亿元，同比多放38亿元，全力服务京津冀协同发展作为国家重大战略，大力支持美丽乡村、涉农棚户区、农村路网、水利、扶贫开发等重点领域建设，为经济发展补短板、托住底、促协调、添动能。

三是积极支持实体经济做强做大。累放农业产业化龙头企业、农业科技等流动资金贷款37亿元，有效促进了实体经济发展。四是大力拓展投资业务。积极争取发改委等部门支持，完成基金投资项目190个，金额76.9亿元。

【经营水平稳步提升】召开“解放思想、加快发展”专题研讨班，进一步打开解放思想的“总阀门”，增添加快发展的“源动力”。组织开展“首季开门红”、“进步创新奖”等业务竞赛活动，实施等级行管理，充分调动了各行积极性。大力组织存款，开展存款“春季行动”，推动代理拨付财政支农资金“主办行”向“主存行”转变。完善激励约束机制，制定印发了《中长期信贷业务发展与绩效工资挂钩考核办法》、《关于对在业务发展中分支行领导干部不作为行为实行问责的暂行办法》，建立了贷款从受理到发放的全流程倒逼提效机制，进一步鼓励先进、鞭策后进。

【基础管理全面加强】认真贯彻落实总行依法从严治行指导意见，严守风险底线。抽调业务骨干组建贷款调查、审查“三个中心”，切实提高办贷管贷质量和效率。狠抓信贷政策、制度、操作“三基本”落实，实施信贷检查辅导员管理，开展辅导检查上百次，信贷基础管理进一步加强。集中240名业务骨干成立省分行财会事后监督检查中心和市分行分中心，开展常态化监督检查，严控操作风险。对87个县级支行开展了突击对接综合检查，深度挖掘问题，堵塞管理漏洞。实施坐班主任委派制和定期交流制度，全辖152个营业机构坐班主任全部完成委派和交流。建立风险分析和合规工作例会制度，努力前移风险关口，形成风险防控合力，全年累计现金清收4952万元，为近三年清收数额最多的一年。深入排查员工参与非法集资、风险和案件潜在隐患，认真组织开展序时、专项审计以及“两加强、两遏制”专项检查，及时做好各类检查发现问题梳理整改工作，促进了依法合规经营。加大问责力度，对753人次处以违规积分2115分、对35人处以经济处罚，进一步规范了员工行为。加强应用系统和机房、网络、电子设备的运维管理，为各项工作开展提供了强有力的技术支持。加强安全保卫和安全生产，确保了安全运营。不断加强和改进办公后勤管理，办文办会办事效率和服务水平进一步提高。

【队伍活力持续增强】深入学习贯彻总行党委全面从严治党的指导意见。扎实推进“三严三实”专题教育，加强党性修养，坚定理想信念。梳理印发了“不严不实”的50种具体表现，逐条对照检查整改，进一步改进工作作风。严格落实“两个责任”，进一步明确措施和机制，着力构筑统一领导、分工负责、相互协调、齐抓共管的领导体制。梳理“两个责任”清单，推行清单式管理，进一步厘清了责任界限，明晰了责任追究情节。严格落实中央八项规定精神，把有限的财务资源主要用在业务发展和改善基层行办公条件上，会议费、业务招待费、公务车运行费、业务宣传费同比分别减少22%、23%、17%、26%。加强干部队伍建设，组织全方位、多层次的岗位培训和技术练兵活动，累计举办培训班26期，培训员工1000余人次，开展信贷、财会、法规等业务知识竞赛，进一步提高了员工业务水平。继续深入开展践行“五字”行为活动和“三个一”读书活动，评选模范人物和优秀读书体会文章，召开模范座谈会暨读书笔会，编印《道德的力量》和《知识的力量》两本小册子，举办“五字行为”演讲比赛和巡回宣讲活动，引导员工用传统文化立德修身，靠读书学习增才提智。深化企业文化建设，组织设计视觉文化体系并制作上墙，营造了浓厚的文化氛围。成功召开省分行一届一次职代会，员工主人翁意识进一步增强。被中国企业文化研究会评为“十二五”企业文化建设优秀单位。

（中国农业发展银行河北省分行　彭德斌）

农村扶贫开发

【概述】2015年，河北省扶贫开发工作以中央和省一系列有关扶贫开发工作会议精神为指导，以京津冀协同发展为重大机遇，以燕山—太行山集中连片特困地区、黑龙港流域、环首都扶贫攻坚示范区为主战场，把脱贫致富作为贫困地区党委政府的主要任期目标，把精准扶贫作为基本要求，把产业扶贫作为主攻方向，把股份合作制经济作为改革突破口，把增收致富、公共服务和改善生产生活条件统筹推进，把动员社会力量帮扶作为强力抓手，以更加明确的目标、更加有力的举措、更加有效的行动，做到目标到年度、规划到乡村、扶持到项目、受益到穷人、责任到人头，加快全面小康建设步伐。2015年，河北省共安排1000个贫困村实施了整村推进，投入资金30亿元，其中，财政扶贫资金5亿元，整合部门资金10亿元。1000个贫困村完成了整村推进各项任务，100万农村贫困人口稳定脱贫；完成劳动力转移培训1.5万人，实现转移就业1.2万人，完成易地搬迁1960户、5756人，建成安置小区17个；2015年贫困县农民人均可支配收入7971元，比上年增长9.9%；河北扶贫开发实施了一大批惠及民生的产业和基础设施项目，极大地提高了贫困地区公共服务水平，改善了群众的生产生活条件，为促进贫困地区经济社会事业更好更快更大发展发挥了重要作用。

【扶贫资金投入】2015年，中央和省级财政专项扶贫资金26亿元（中央财政资金15.2亿元，省级安排财政扶贫资金10.8亿元）；按照省委、省政府“有关市和重点县每年要拿出地方公共财政预算收入的1%以上、环首都攻坚示范区各县和阜平县每年要安排地方公共财政预算收入的

2%以上专项用于扶贫开发”的要求。9个设区市和65个重点县共安排资金7.3亿元。中央和省专项扶贫资金70%以上用于扶持发展产业项目，共扶持39万户贫困户发展种养产业项目；用于基础设施建设资金涉及3.6万贫困户；开展各类培训班487期，培训12.5万人；用于安排扶贫小额信贷贴息和农民专业合作社创新试点资金等。

【扶贫资金管理】2015年，河北省印发了《关于整合涉农资金支持脱贫攻坚的实施意见》，建立财政扶贫资金竞争性分配机制。为确保扶贫资金使用精准，强化扶贫资金使用精准度，在兼顾公平的基础上，增强财政专项扶贫资金正向激励作用，强化以结果为导向的资金分配机制，省级在财政扶贫资金分配上，改革资金分配方法，对资金分配因素进行了调整，由四个因素增加到六个因素，主要增加了年度工作考核、资金报账进度两个因素，突出工作绩效和工作成果，将财政扶贫资金测算分配到贫困县。全面推行扶贫资金“三专一封闭”报帐管理制度：即县乡两级在县财政局设立专账、专门管理，做到专款专用，封闭运行，严格项目资金使用和报账程序。

【基础设施建设】2015年，河北省共安排与产业增收项目配套的基础设施建设项目资金4.7万亿，占全部财政专项扶贫资金的14%。其中，中央资金用于到户基础设施建设资金16841万元，共涉及3.6万贫困户，修建了田间砖路16万平方米，建设水窖或蓄水池1400个，修水渠30千米等。

【连片特困地区扶贫攻坚】2015年，河北省各级用于燕山—太行山连片特困地区的财政专项扶贫资金为13.9亿元，其中中央财政扶贫资金投入6.6亿元，省本级及各市县配套财政扶贫资金投入7.3亿元。以燕山—太行山特困片区为主战场，加大水、电、路、讯、房等基础设施建设，提升科、教、文、卫等公共服务水平，京昆高速北京至涞水段、张石高速蔚县支线、京津风沙源工程等一批跨县区的交通、水利、生态等重大项目建成投用。大力推进“燕山—太行山片区阜平试点”建设，山区综合开发、金融扶贫、职教扶贫、电商扶贫等取得积极成效。

【整村推进】2015年，河北省把整村推进作为扶贫开发工作的重要抓手，明确了实施进程和资金使用范围，并对资源统筹、项目及资金管理、组织协调及检查验收等提出了明确要求。全年共安排1000个贫困村实施了整村推进，投入资金30亿元，其中，财政扶贫资金5亿元，整合部门资金10亿元。

【易地扶贫搬迁】2015年，是河北省易地扶贫搬迁工作政策制定年，河北省把易地扶贫搬迁作为打赢脱贫攻坚战的“当头炮”，全力以赴抓落实。全省在有搬迁任务的7个设区市38个县（区）确定了42万人搬迁对象，其中建档立卡贫困人口19万人，同步搬迁非贫困人口23万人。制定了河北省“十三五”易地扶贫搬迁实施方案、“十三五”规划和2016年实施计划。经省政府批准由省建投集团组建“河北省易地扶贫搬迁开发投资公司”，作为省级易地扶贫搬迁投融资主体。省扶贫办和省国开行、省农发行向其注入项目资本金，负责按照与省政府签订的购买服务协议向相关金融机构融资和还款。

【产业扶贫】2015年，河北省大力发展核桃、苹果等林果业和设施蔬菜、食用菌、特色种植、特色养殖业等增收产业，总结推广了赤城县股份合作开发、平山县葫芦峪农业园区、曲阳县山区综合开发、阳原县家庭手工业等模式。全省贫困县新增林果63万亩、设施瓜菜91.8万亩、食用菌大棚13800个，新增肉鸭存栏1500万只、肉鸡存栏1080万只、奶牛存栏4.9万头，直接扶持65.2万个贫困户发展了增收示范项目。全省形成了太行山区优质干鲜果品产业带、黑龙港地区“富民大菜篮”、燕山地区食用菌产业集群、坝上地区错季蔬菜基地等一批规模化的扶贫产业片区，为贫困群众稳定增收夯实了基础。大力发展旅游扶贫工程，在全省9个市的24个县确定了38个旅游扶贫试点村，每村安排财政扶贫资金50万元，支持贫困群众发展农家乐等旅游产业，帮助贫困群众参与旅游产业、增加收入。光伏扶贫工程，在平山、平泉、赤城、临城、曲阳、巨鹿等6个县开展光伏扶贫试点，建设规模达42.3万千瓦，覆盖1.26万贫困人口。探索了扶贫新模式，以大力发展股份合作制经济、山区综合开发、现代农业园区以及家庭手工业四项重点工作为抓手，吸引民营企业、工商资本等参与扶贫开发建设，进一步探索完善了资本到户、权益到户等扶贫新模式。

【雨露计划】2015年，河北省继续实施“雨露计划”，共投入扶贫专项资金3462.148万元。对符合条件的贫困家庭子女参加中、高等职业教育的，给予贫困家庭助学补助，全省贫困家庭职业教育补助9984人，补助资金1146.86万元；鼓励和引导贫困农村劳动力转移就业和创业，全省开展贫困劳动力转移就业培训304期，培训15603人次；加强致富带头人培训，完成创业致富带头人培训140期，培训9617人次；围绕富民增收产业，投入资金1046.695万元，开展先进农业技术讲座，全省共举办858期，培训117250人次，加快了贫困群众脱贫致富步伐。

【互助金试点】2015年，河北省互助资金试点工作积极探索建立互助资金与农民生产经营项目有效结合的长效机制，努力实现互助资金效益的最大化，促进试点工作健康有序发展。截止2015年底，全省共计有1030个贫困村开展互助资金试点工作，其中中央试点村189个，涉及20个重点县，省级试点村841个，涉及全省46个县（区）。全省互助资金总量达到1.88亿元（其中财政扶贫资金1.57亿元，农户交纳的入社资金0.24亿元，其他资金0.07亿元），试点村常住总户数为23.7万户（其中贫困户16.8万户），入社农户7.7万户（其中贫困户6.3万户，占81.8%），全省试点村农户入社率为32.5%，全省试点村累计发放借款5.05亿元（其中贫困户借款4.38亿元），累计借款10.76万户（其中贫困户9.41万户），当年累计发放借款0.84亿元（其中贫困户借款0.68亿元），当年累计借款1.5万人次（其中贫困户借款1.2万人次），资金用途主要用于种植、养殖业。

【彩票公益金试点】2015年，国务院扶贫办安排中央专项彩票公益金支持河北革命老区小型公益设施建设项目资金1亿元，涉及10个革命老区县。目前，各县正在组织项目招投标工作。

【革命老区建设】2015年，河北省加大对革命老区县的投入力度，省政府印发了《关于支持贫困革命老区加快发展的意见》，对个57个革命老区县投入省以上财政专项扶贫资金21亿元，比2014年增长75.2%，加快了革命老区脱贫致富的步伐。

【以工代赈】2015年，国家安排中央以工代赈资金2.61亿元，实施项目187个，覆盖全省“两片一区”的46个国定贫困县和燕太片区县，完成基本农田建设7万亩，小型农田水利项目新增和改善灌溉面积12.9万亩、新建改建县乡村道路515.8公里、片区综合治理1.67万亩，小流域治理13.7平方公里，累计使用当地农民工45万个，发放劳务报酬3595万元，有力改善了贫困地区的生产生活条件和生态环境，支持了农村面貌改造提升行动，促进了农民增收。

【完善社会保障制度】2015年，河北省为充分发挥教育在促进贫困地区经济社会发展的基础性、先导性作用，教育、财政、农业、人社、扶贫五部门联合印发了《关于推进教育脱贫行动的实施方案》。为推行低保线与扶贫线“两线合一”，民政、财政、扶贫三部门联合印发了《关于推进低保线与扶贫线“两线合一”的实施方案》。为提高农村贫困人口医疗保障和救助水平，卫计委、民政、财政、扶贫四部门联合印发了《关于印发提高农村贫困人口医疗保障和救助水平实施方案的通知》。三个实施方案的出台有力保障了贫困地区贫困人口在教育、生活、医疗保障的水平。

【建档立卡】2015年，河北省召开了全省关于加快推进对全省非贫困县和非贫困村贫困人口扶持会议，进一步做好全省贫困人口全覆盖工作，在全省扶贫工作重点县建档立卡的基础上，通过对非贫困县贫困人口精准识别，摸清帮扶需求，明确帮扶责任，落实帮扶措施，建立贫困户信息档案，达到对全省贫困人口的全覆盖。按照国务院扶贫办关于建档立卡工作的总体安排部署，河北省深入扎实地开展了建档立卡“回头看”工作，对贫困识别标准进行了细化完善，制定了“五看、五不录、六优先”的识别方法，即：看住房、看大件、看劳力、看产业、看负担；有机动车的不录、有新建住房的不录、有城镇商品房的不录、有公职人员的不录、有较大实体产业的不录；有重病人的优先、有重度残疾的优先、有在校学生的优先、无壮劳力的优先、住危房的优先、重灾户优先。以科学方法纳入真贫户、标识一般农户。在程序上，严格落实农户申请、民主评议、公示公告和逐级审核等流程，做到全程公开，务求精准甄别。

【定点扶贫】2015年，河北省积极协助中央定点扶贫单位做好帮扶工作，32个中央、国家机关和有关单位共向40个国定重点县（区）派出挂职扶贫干部69名，其中局级干部4人、处级干部35人、科级干部30人（担任村第一书记17人）；赴定点县考察276人次，其中部级干部26人次、局级干部66人次、处级以下干部184人次；共投入帮扶款物36592.4万元，其中直接投入资金8170万元，物资折款2331元；帮助各定点县引进各类资金26091.4万元，帮助上项目79个，全年资助贫困学生2203人，举办各类培训班113期，培训各类人员13874人次，劳务输出1813人。省、市、县三级共有6382个单位参与定点扶贫，23559名干部开展驻村帮扶，投入各类16.14亿元，其中直接投入8.76亿元，引进资金7.38亿元，帮上项目3224个，资助贫困学生21142人，举办培训班1949期，培训各类人员98265人（次），输出劳务11225人。积极动员社会力量参与脱贫攻坚。以“扶贫日”活动为契机，谋划开展“爱心包裹”、“村企共建扶贫工程”等扶贫济困活动，全省累计有10112家民营企业与46635户建档立卡贫困户进行了帮扶，实施帮扶项目7154个，共捐款、捐物折合人民币7537.749万元，助残、助学、助困91750人次。

【军队和武警部队扶贫】2015年，河北省军区组织驻冀部队及武警积极参与贫困地区脱贫攻坚，累计投入近1000万元，共帮扶348个贫困村，帮助修路500多公里，建桥37座，打井139眼，安装水泵229台，援建农家书屋、文化活动中心381个，结对帮扶贫困学生3200余人，援建中小学校59所，援建卫生室27所，义务巡诊1.7万余人次。

【扶贫机构和队伍建设】2015年，河北省从优秀年轻干部、后备干部中为7366个建档立卡贫困村每村选派驻村工作队和第一书记，为扶贫任务重的市和62个贫困县配强班子，配足编制，完善职能，充实力量。大力抓好乡镇党委书记、村党支部书记和农村致富带头人“三支队伍建设”，精准选好配强乡村两级党组织书记。深化“一定三有”机制，提高农村基层干部待遇，农村党组织书记基础职务补贴按照不低于2014年当地农村居民人均纯收入2倍标准发放。对表现优秀、成绩突出的乡村干部、第一书记和驻村工作队实行年度专项奖励。依托省市县三级党校，加大贫困地区县乡村三级干部和扶贫干部培训力度，全面提升扶贫干部队伍能力水平。同时，还在全系统开展了“学、改、转、提”活动，即：学讲话、抓整改、转作风、提能力，促进广大干部转变作风，提高打好扶贫攻坚战的能力素质。

（河北省扶贫开发办公室　康　明）

国土资源管理

【概况】截止到2015年12月31日，河北省土地调查总面积28288.4万亩，与上年度保持一致。

农用地由19656.0万亩减至19626.4万亩，净减少29.6万亩；建设用地由3233.3万亩增至3281.1万亩，净增加47.8万亩；未利用地由5399.1万亩减至5380.9万亩，净减少18.2万亩。以上各地类分别占我省土地总面积的69.4%、11.6%、19.0%。

按土地利用现状分类一级地类统计，耕地由9803.2万亩减至9788.2万亩，净减少15.0万亩；园地由1261.0万亩减至1255.8万亩，净减少5.2万亩；林地由6909.4万亩减至6903.2万亩，净减少6.2万亩；草地由4160.8万亩减至4152.5万亩，净减少8.3万亩；城镇村及独立工矿用地由2800.0万亩增至2837.2万亩，净增加37.2万亩；交通运输用地由634.1万亩增至641.4万亩，净增加7.2万亩；水域及水利设施用地由1283.0万亩减至1278.3万亩，净减少4.7万亩；其他土地由1436.8万亩减至1431.8万亩，净减少5.0万亩。

河北省矿产资源丰富，截至2015年底，河北省已发现矿产129种，按亚矿种计算为156种；具有查明资源储量的矿产101种，按亚矿种计算为128种；列入《河北省矿产资源储量表》的矿产70种，按亚矿种计算为88种。上表矿产地1452处。煤、铁、金、钼、水泥用灰岩等河北省优势(竞争力较强的)矿产保有资源储量情况如下：煤炭227.89亿吨，居全国第12位；铁矿93.06亿吨，居全国第3位；金矿（金属量）239.55吨，居全国第17位；钼矿（金属量）81.95万吨，居全国第10位；水泥用灰岩61.05亿吨，居全国第9位。2015年河北省生产铁矿石1.185亿吨，原煤产量完成6910.66万吨，金年产矿石量345.45万吨。全省已开发利用矿产地819处，现有各类矿山企业 3419家，从业人数23.5万人，年开采矿石总量3.099亿吨，工业总产值达429.47亿元，形成了以冶金、煤炭、建材、石化为主的矿业经济体系。地质灾害主要有崩塌、滑坡、泥石流、地面塌陷、地裂缝、海水入侵等。

河北省海岸线长487公里，管辖海域面积7000多平方公里。有海岛13个，海岛面积36. 30平方公里。河北省沿海地区处于环渤海经济圈的中心地带，海洋生物、港口、原盐、石油、旅游等海洋资源丰富，气候环境适宜，海洋灾害少，是发展海水养殖、盐和盐化工、港口运输、滨海旅游等产业的优良地带，适合进行各种形式的综合开发，具有发展海洋经济的巨大潜力。目前主要海洋产业有滨海旅游业、海洋交通运输业、海洋渔业、海洋化工业以及海洋盐业等。

【服务京津冀协同发展】立足解决突出问题，强化用地保障，支撑京津冀协同发展和转型升级。一是拓展发展空间，实现“两减一增”。国家核减了全省耕地保有量目标376万亩、基本农田保护目标244万亩，增加建设用地总规模213万亩，其中新增建设用地规模净增加145万亩，不仅保障了我省“十三五”期间发展用地空间需求，而且解决了大规模开展生态建设占用耕地问题。二是争取政策支持，解决重点问题。对我省南水北调工程、北京新机场建设等方面需国务院批准的单独选址建设项目占用耕地，允许在项目单位缴纳耕地开垦费、全省完成耕地保有量任务的前提下直接向国家报批用地。三是强化服务保障，力促项目建设。省留用地指标90%以上用于协同发展重大基础设施、承接产业转移、调结构转方式重大项目和省管重点项目以及扶贫攻坚，并为北京亦庄永清园区等一批与京津共建园区和产业转移项目增加用地规模。同时，积极做好用地用海预审、地质灾害危险性评估、压覆矿产资源审批等前期工作，提前介入，主动服务，促进项目建设。

【资源保障】把发挥土地资源的保障支撑作用作为重大任务，千方百计促进稳增长。在国家大幅压缩东部地区建设用地指标的情况下，争取到2015年用地指标27.27万亩，为历年最多。及时研究解决项目用地涉及的问题，解决了一大批建设项目占用耕地的占优补优问题；适度放开土地规划的调整修改工作，全年共批准调整市县规划87个；加强调度，督促各地加快组卷报批，提高审批效能，共批准建设用地30.8万亩，其中新增建设用地24.9万亩。批准增减挂钩建新地块征收0.7万亩，工矿废弃地复垦利用建新地块0.3万亩；加大存量挖潜力度，共盘活利用批而未供土地14.1万亩，处置闲置土地16.8万亩；在加强用地保障的同时，持续推进找矿突破战略行动，年内新增资源储量铁8.29亿吨，金11.23吨，银296.34吨，钼7.07万吨；安排使用围填海计划指标0.75万亩，批准曹妃甸区、渤海新区等地32个项目用海。

【耕地保护】全面开展永久基本农田划定工作。全省市、县、乡各级规划按照基本农田保护任务不低于上级规划下达指标、总体质量等别高于前一轮规划的平均质量等别等要求，落实全省基本农田保护任务。依据最新的年度土地利用变更调查成果形成的土地利用现状图为底本，按照《基本农田划定技术规程》，形成基本农田划定基础成果。省政府成立永久基本农田划定工作领导小组，要求各地严格执行政策、标准、规范，做到应划尽划且优先将城市周边、交通沿线优质耕地划入永久基本农田，确保基本农田数量、质量的真实性、准确性、合规性。对原划定基本农田保护区内耕地现状进行甄别，严格把关，剔除近年发生变化、不符合划定要求的地块，确保基本农田地类真实、面积准确。各地城市（镇）周边和交通沿线永久基本农田初步划定任务全部完成调查摸底和实地核实、举证材料搜集整理、县级自验和市级初验工作。

高标准基本农田建设。“十二五”期间，国家下达全省高标准基本农田建设任务2420万亩，实际安排落实建设任务2429万亩。2015年先后印发了《关于加快推进高标准基本农田建设的通知》、《关于太行山前示范建设项目实地核实发现问题开展整改的通知》、《河北省高标准基本农田建设专项资金管理办法》等文件，将高标准基本农田建设列入全省国土资源5项重点工作，组成督导组，按照分包到市、巡查到县、责任到人的要求，先实施6次集中督导，对工作进展缓慢的地区，组织了2次有针对性的督导。与年初相比，全省2012年度项目工程竣工率从35%提高到85%，验收率从零提高到28%。其中太行山前土地整治示范建设项目部署的60个项目，年初验收率为零，年底已完成验收51个，验收率达到90.5%。2013年度任务立项率从64%提升到100%，竣工率从零提高到45%，验收率从零增加到5.64%；2014年度立项率从1%提高到77.33%。整个高标准基本农田建设工作实现了重大突破。

耕地占补平衡、占优补优。集中研究制定《关于推进全省耕地占补平衡工作的若干措施》和《土地成片开垦管理办法》。按照省委省政府要求，多部门共同拟定了《关于加强土地整治工作促进耕地占补平衡的指导意见》，这是实行占补平衡制度以来，我省提出的最高规格、最系统的重要文件；以平山葫芦峪开发模式为蓝本，研究探索山区开展规模化土地整治的路径、方法。通过树立样板，推广经验，引导全省各地、特别是后备资源较为丰富的太行山区，走大规模、大投入山区开发之路；认真落实耕地保护行政首长负责制，省长与设区市市长签订《耕地保护目标责任书》，将责任目标纳入各级政府领导干部考核的重要内容，强化市县政府的主体责任。全年完成补充耕地10.5万亩，累计完成高标准基本农田建设402万亩。

【矿政管理】加强矿产资源管理，全面启动了第三轮矿产资源总体规划编制工作，深化矿业权市场建设，改革矿业权审批方式，加强矿产勘查开采监督管理，提高了矿业权人依法办矿和履行法定义务的自觉性。

源头控制露天矿设置。认真落实省政府新增限制和淘汰类产业目录（2015年版），在全省范围内禁止水泥用灰岩及辅料矿业权审批。对冀东水泥、武安水泥用灰岩探矿权申请做退卷处理。对铁路、高速公路、国道两侧1000米范围内、城市周边及自然保护区、风景名胜区、水源地保护区等环境敏感地带，禁止露天采矿，不再新设露天采矿权。对环境破坏和大气污染影响严重的矿种，如超贫磁铁矿、高硫煤，不再设立探矿权。

严控协议出让。转发国土资源部《关于严格控制和规范矿业权协议出让管理有关问题的通知》（国土资规〔2015〕3号），明确了矿业权扩界基本条件、审批权限、设区市审查意见格式，协议出让矿业权，必须严格按照国土资源部规定办理。

严格矿业权审批。共办理探矿权审批手续121宗，其中探矿权设立65宗，保留56宗；接受市局配号申请并完成勘查许可证配号157个；完成探矿权转让信息公示3宗，受理项目公开65宗，探矿权出让信息公告54宗。共办理采矿权审批手续401宗，其中划定矿区范围179宗，采矿权设立192宗，转让1宗，变更、延续12宗，注销5宗，抵押备案登记（解除）12宗；接受市局配号申请并完成采矿许可证配号197个；完成采矿权转让信息公示24宗，受理项目公开192宗，采矿权出让信息公告6宗。通过各地公共资源交易市场公开、公平、公正出让矿业权，全年委托矿业权交易市场公开出让矿业权64宗，其中探矿权62宗、采矿权2宗。按照《河北省公共资源交易中心机构编制方案》（冀机编〔2014〕16号）要求，完成与河北省公共资源交易监督办公室、河北省公共资源交易中心矿业权交易职责移交，今后省厅矿业权招标、拍卖、挂牌的具体组织实施工作由省公共资源交易中心承担。

矿产资源领域专项整治。按照国土资源部要求，安排部署了矿产资源领域专项整治行动，制定工作方案，确定工作重点，明确专人负责，认真开展审计整改“回头看”。9月10日至12日，国土资源部矿产资源领域专项整治行动和“六打六治”打非治违专项行动督导组进行了督导检查，对专项整治行动工作取得的成效给予充分肯定。

严格露天采矿权管理。起草《关于矿业权管理有关问题的建议》，经厅长办公会议审议通过，取消申请在先方式出让探矿权和暂停新设露天采矿权。同时下发了《河北省国土资源厅关于暂停新设露天采矿权审批的紧急通知》。通过矿业权管理做减量、控增量，减少露天矿山对大气环境污染，促进宏观调控和矿业权出让的公开、公正、透明。

【海域管理】加强海域海岛使用管理，海域使用权招标拍卖挂牌出让全面推开，动态监视监测实现了全省管辖海域全覆盖，县级海域动态监管能力建设全面展开。完成年度海岛监视监测和使用情况调查，利用无人机航飞生成了全省海岛真正射影像和部分海岛三维实景模型。启动第一次全国海洋经济调查河北试点工作。坚持常规监视监测与应急跟踪监测相结合，利用卫星、浮标、船载等高技术监测手段，实时分析北戴河区域环境状况，圆满完成暑期海洋环境保护任务。

依法依规管海用海。优化用海产业结构升级，服务疏解北京非首都功能产业转移，抓好《河北省海洋功能区划》、《河北省海岸线保护与利用规划》、《河北省海域海岛海岸带整治修复保护规划》和曹妃甸等四个区域建设用海总体规划的实施，开展省辖海域危化品设施项目用海情况调查，坚持从项目用海的可行性、用海面积的合理性、与区划规划和国家产业政策的符合性、相关利益者关系处理以及对周边海洋环境的影响等方面严格把关，力争海域使用科学、合理。

服务重点项目重点区域用海。积极盯办首钢二期、海兴核电等重大用海项目，协调国家海洋局开展首钢二期、海兴核电项目海域使用论证，完成首钢二期、三友化工氨碱废液与氯碱电石、京唐港区25万吨级航道等29宗项目的用海预审。对水曹铁路等列入京津冀协同发展战略的重大建设项目、交通基础设施项目、民生项目，积极做好用海服务。省本级共为32个项目办理了用海手续，批准用海面积817.8645公顷。完成项目填海造地海域使用竣工验收33个，面积272.6316公顷。全省共征缴海域使用金9602.5658（不含国家27776.8483）万元。

海域使用权市场化建设。规范有序地开展经营性用海招拍挂出让工作，完善海域使用权招拍挂出让程序，做好出让方案审查。省本级进行了25宗招拍挂方案审核，完成招拍挂出让海域使用权10宗，出让面积69.5公顷，出让总收入1.51多亿元，通过市场化出让的海域面积占总出让面积的80%以上，新上项目平均投资强度达到每公顷4000万元以上。

【节约集约利用】在土地管理方面，省政府出台了《关于推进开发区节约集约用地提高土地利用效率的意见》，省厅制定了《控制指标实施细则（试行）》，将节约集约用地贯穿到土地管理和项目规划建设的各个环节。特别是明确了开发区整体和新建工业项目用地的约束性指标，通过提高投资强度等控制指标、明确亩均税收指标，提升土地利用效益。对11个设区市、2个省直管县（市）2014年度土地节约利用情况进行了考核，11个国家级、123个省级开发区开展了土地集约利用评价，开展了31个城市建设用地节约集约利用评价，强化了考核评价的激励和导向作用。将土地集约利用评价结果纳入开发区综合考核体系，并作为扩区升级的条件，集约利用评价综合排名低于规定名次的，不得扩区升级。在矿产资源方面，完成考核指标体系研究，拟定了国土资源节约集约模范县创建活动矿产资源《指标标准体系》。鼓励和引导矿山企业利用先进适用技术，提高“三率”水平，3家矿山企业的先进适用技术被全国推广。在海洋方面，严格执行填海造地建设项目投资强度、容积率等控制标准，用海项目投资强度平均达到每公顷4000万元。积极引导用海项目向园区、向区域用海规划范围内聚集，年内90%以上的用海项目使用曹妃甸区和渤海新区已填成区域，促进了产业集聚、用海集约。

【生态环境建设】一是全面完成关停取缔实心粘土砖瓦窑艰巨任务。关停取缔实心粘土砖瓦窑是我省2015年“三大”控煤歼灭战之一，我们将这项工作作为一项重中之重的任务来抓，迅速组织开展专项行动，克服困难，强力推进，提前2个月完成了全省2780座实心粘土砖瓦窑关停取缔任务，对改善环境空气质量起到了重要作用。同时，腾出砖瓦窑占地约32万亩，为开展土地整治和增减挂钩打下了基础。二是持续开展矿山环境治理攻坚行动。筹集奖补资金1.5亿元，突出石家庄周边、京昆高速公路保定段、邯郸武安三大重点治理区域和白茬山治理难点，认真组织开展攻坚行动。年内完成矿山治理48个、面积7488亩，正在治理矿山298个、面积4.6万亩；停产整治环保不达标生产矿山251个， 20个已完成整治通过达标验收。三是继续开展北戴河及相邻地区近岸海域环境综合整治。建立了立体化动态监视监测系统和入海河口水质跟踪监测系统，开展了北戴河西海滩浴场等5个重点岸滩、河口生态修复整治工程，进一步改善了北戴河及相邻地区近岸海域环境。在抓好以上专项行动的同时，加强海域海岛海岸带整治修复，完成3个项目，正在实施7个项目。在全省暂停新设露天采矿权，减少露天矿山对大气环境的污染。积极支持地热资源开发利用，补办地热采矿权212宗，促进地热能源替代燃煤取暖。

【执法监察】严厉打击国土资源违法行为。认真开展卫片执法检查，全省共立案查处土地和矿产违法案件26199件，省政府对违法问题突出的20个市、县（市、区）进行了警示约谈，11个设区市约谈了47个县（市、区），省厅对12起、各设区市对26起典型案件进行了挂牌督办。为进一步推进违法用地查处整改工作，从9月下旬开始在全省集中开展专项行动，共拆除违法用地2.41万亩、补办用地手续2.14万亩、处理责任人565人，违法用地案件处罚完全落实率达到99.9%。先后开展了“碧海2015”、“海盾2015”、“护岛2015”、暑期秦皇岛海洋环境保护执法、无居民海岛专项行动等多项海洋执法行动，严厉打击了违法用海行为，全年查处海洋违法案件18起。

【保障权益】坚持重法治、保权益，依法行政和服务社会能力有了新提升。及时出台《关于深入推进依法行政加快法治国土建设的实施意见》，坚守法治原则，增强法治意识，全面推进法治国土建设。实际工作中，对7部地方性法规进行清理，确保与上位法修改相衔接，与改革发展的要求相适应。全面清理2014年底前制定的规范性文件，宣布失效或废止20件。规范行政处罚行为，在门户网站全面公开五方面32小项行政执法公开内容。编制《依法行政底线清单》，建立领导干部任职前法律知识考试制度，强化全系统法治底线思维。认真做好行政复议、行政应诉工作，全年审结复议案件85件，综合纠错率为74%。重视和抓好维护权益、服务社会的工作。修订实施了新的征地区片价，全省平均区片价比上一轮提高52.35%。落实房地产调控用地政策，全省共供应住宅用地6.27万亩，落实保障性安居工程建设用地1.04万亩，做到了应保尽保。单列5000亩扶贫用地指标，有力地支持了贫困地区发展。对全省地质灾害隐患点进行拉网式核查和排查，查出的3912处隐患点全部纳入群测群防体系、落实各项防灾措施，并全面完成了66个重点县地质灾害详查工作。年内全省共发生地质灾害10起，未造成人员伤亡和重大财产损失。全面做好群众工作，着力解决信访问题，完成上级交办案件12件、复核信访案件196件、消除群体性事件隐患3起，全系统排查化解矛盾纠纷376件，息诉率达到85%。

【国土资源领域改革】准确把握改革方向，突出改革重点，持续深化推进，国土资源领域改革迈出新步伐。一是定州市土地征收制度改革试点审慎稳妥推进，实现良好开局。牢牢把握“三条底线”，指导定州市及时编制上报试点《实施方案》并获国家批准。按照《实施方案》指导定州市积极探索，已初步形成《定州市土地征收办法（试行）》等8个文件，选定两个项目开始试验探索。二是不动产统一登记制度改革步伐加快。全面完成省市县三级职责机构整合任务，省级设立了不动产登记服务中心，13个市（含定州、辛集市）、135个县（市、区）登记职责全部整合到国土资源部门，全部设立了行政机构和事业经办机构，另有33个区纳入设区市主城区登记管理范围，提前1个月实现了国家确定的整合目标。石家庄市等地启用颁发了不动产权证书及登记证明。依托“河北国土云”初步构建全省不动产登记信息平台，基本实现部、省、市、县四级纵向网络互联互通。三是农村集体土地确权登记发证工作深入推进。将农房等集体建设用地上的建筑物、构筑物纳入确权登记发证工作范围，全省宅基地、集体建设用地使用权确权登记发证率分别达到78%、65%。四是行政审批制度改革不断深化。及时衔接国土资源部、国家海洋局取消的13项行政审批事项和不再作为审批受理条件的12项中介服务事项。厅16项非行政许可审批事项取消3项，调整为政府内部审批7项，调整为省政府部门行政权力6项。建立权力清单、责任清单和监管清单制度，编制权力运行流程图，65项行政权力向社会公布。

【党风廉政建设】“严”字当头抓队伍、转作风，党风廉政建设取得新成效。把开展“三严三实”专题教育和解放思想大讨论作为重大政治任务，围绕“三严三实”、对照“八破八立”，边学边查边改，即知即改，着力解决思想、工作、作风等方面的问题，进一步调状态、转作风、抓落实，营造解放思想、创新突破的浓厚氛围，激发党员干部干事创业的工作激情。严格落实党风廉政建设“两个责任”，在全系统层层签订落实承诺；坚持把纪律挺在前面，特别是严守党的政治纪律和政治规矩；坚持从具体问题抓起，严格要求、严格管理，坚决反贪腐、反渎职、反懒政。在实际工作中，加强制度建设，健全完善了土地整治工程、矿产资源储量评审备案等制度，制发了《巡查工作暂行办法》、《廉政谈话、约谈、函询和诫勉谈话的实施办法（试行）》、《关于严格规范操办婚丧喜庆事宜的通知》、《不正确履行职责行为问责暂行规定》等文件。开展专项清理，在全系统全面清查清理参与与国土资源管理相关经营活动的情况，经商办企业的32个单位、亲属办企业的23人整改到位。强化系统内巡查，对4个设区市局和19个县局进行巡查，抽查了24个土地整治、地勘和地质环境恢复治理项目。加大监督执纪力度，全系统对119人进行了函询或诫勉谈话，做到了早预防、早提醒；系统内自查立案20件，给予34人纪律处分，党风廉政建设得到进一步加强。

（河北省国土资源厅　杨淑梅）

粮食工作

2015年，我省各级粮食部门在省委、省政府的领导下，认真贯彻落实党中央、国务院关于粮食工作的战略部署，不断强化工作举措，创新体制机制，全省粮食流通事业稳步发展，重点工作取得了明显成效。

【落实粮食收储政策，稳市场保供应】

1.全部落实地方储备规模。会同省发改、财政、农发行等部门，组织开展了市、县级储备粮核查工作，国家核定我省地方储备粮规模于2015年10月底全部落实到位。

2.及时启动最低收购价预案。2015年9月中旬，我省小麦市场价格一度降到最低收购价水平以下。经报国家粮食局批准，适时启动了《2015年小麦和稻谷最低收购价执行预案》。期间，会同中储粮北京分公司、省农发行在中南部六个小麦主产市确定委托收储库点70个，共收购最低收购价小麦59.11万吨，对稳定我省小麦市场、保护种粮农民利益发挥了积极作用。

3.着力做好粮食收购、交易和轮换工作。在市场粮价整体下行的形势下，认真落实国家粮食政策，采取有效措施应对，粮食收购量再创新高。2015年全省粮食企业累计收购粮食513.8亿斤，比上年增加25.2亿斤；其中小麦247.9亿斤，比上年增加8.2亿斤，玉米249.8亿斤，比上年增加16.8亿斤。完成国家政策性粮食交易32万吨，为搞活粮食流通、满足消费需求、调控粮食市场发挥了应有作用。

4.狠抓粮食供应保障体系建设。认真执行军供政策，超额完成了国家下达我省的军粮供应任务，部队主副食集约化保障品种扩展到300多个，集约化保障能力不断提高；强化粮食应急储备，截至2015年底，全省成品粮储备达到6.95万吨，其中省级2万吨，市县两级4.95万吨，为粮食应急供应奠定了物质基础；积极开展应急网点建设，目前全省粮食应急网点达到3004家，其中供应网点2345家，加工企业246家，储运企业256家，配送中心157家，实现了城乡全覆盖。

【大力推进“粮安工程”】

1.“危仓老库”维修改造进展顺利。全省规划维修库点335个、维修仓容659万吨，到2015年底已开工建设248个，竣工84个，涉及仓容162万吨。争取国家危仓老库维修改造军粮专项补助9007万元，省级财政配套资金7500万元。目前，项目的组织遴选等前期准备工作基本完毕。

2.国家新建仓储设施计划全面落实。对国家下达我省的18亿斤建仓规模，我们积极配合省发改委开展项目申报、评审，共安排建设企业31家，项目总投资7.92亿元，其中，中央预算内投资1.62亿元，截至2015年底，已开工建设企业27家，其中已完成6家，总体进展列全国前茅。

3.粮食现代物流项目基本完工。经过积极努力，争取国家发改委切块安排粮食现代物流中央预算内投资专项补助资金2500万元，用于我省6个符合条件的粮食现代物流项目建设，截至2015年底已基本完工。

4.粮食质量安全监管工作得到加强。组织开展了全省收获粮食质量安全监测、库存粮食检查，切实履行了粮食部门在食品安全方面的工作职责。2个市新建粮食质检机构，经国家验收，挂牌为国家粮油质检站。

5.农户科学储粮专项全部完成。2015年新增农户储粮小粮仓4万套，项目投资总额1640万元，夏粮上市前全部完成。积极组织开展了爱粮节粮宣传活动。

6.粮食企业运转安全规范。研究制定了“河北省粮食企业安全生产诚信评价标准”，严格落实安全生产责任制和承诺制，根据行业特点经常组织开展安全生产隐患排查，加强关键环节和特殊时段的检查，强化防汛、防火、安全储粮等重点工作，全年全系统没有发生安全生产责任事故，被省政府评为“目标管理优秀单位”。

【粮食信息化建设步伐加快】着眼于我省“智慧粮食”的建立，筹资5200万元，开展了粮食应急监测信息系统、省级储备粮管理信息系统、省级储备粮调控信息系统三大系统平台的开发和建设。目前，粮食应急监测体系信息系统、省级储备粮调控信息系统即将开始试运行，省级储备粮管理信息系统已完成前期准备工作，计划2016年初招标，所需资金已在2016年预算中作出安排。

（河北省粮食局　姚辰彦）

农村供销

【综述】2015年，是全省深化供销社综合改革关键的一年。一年来，在省委、省政府的坚强领导和全国总社有力指导下，省供销社认真贯彻落实中共中央、国务院《关于深化供销合作社综合改革的决定》（中发〔2015〕11号）精神，全力推进组织体系、服务体系、经营体系、金融体系和管理体制创新，深化供销社综合改革呈现出全面发力、多点突破、蹄疾步稳、纵深推进的良好态势，取得了阶段性成效。2015年，全系统购销总额、利税和总资产分别为3068.4亿元、13.3亿元和796亿元，同比增长26.4%、40.2%和18.8%。其中，省社本级购销总额、利税和总资产分别为476.5亿元、5.4亿元和173.6亿元，同比增长37.4%、79.3%和41.3%，净资产从改革前的17.1亿元增加到53.9亿元，增长了3.15倍。4月，汪洋副总理专程到我省调研指导深化供销社综合改革工作，对我省工作给予高度评价，指出：河北省供销社改革成绩巨大，亮点很多，值得充分肯定。王侠主任在9月份全国总社改革推进会议上点评试点省份工作时，对河北“五个创新”工作逐一给予充分肯定，指出：河北的改革突破点多，创新力度大，成效显著。

通过扎实推进综合改革，全省供销社系统经济实力和服务“三农”能力得到进一步提升，初步实现了由单一流通服务向全方位综合服务、由传统服务网络向现代服务手段、由僵化的旧体制向市场经济新体制的转变。培育了浅山区大规模整体性荒山荒坡开发的“葫芦峪模式”、平原地区农业规模化服务的“南高模式”、设施农业技术服务的“涿鹿物联网模式”、农村社区综合服务中心建设的“塔元庄模式”、基层社与农民合作社融合发展的“灵寿模式”等深化供销社综合改革的示范典型，创建了全国供销系统唯一一家大宗农产品电子商务交易平台、唯一一家农村产权交易平台、唯一一家金融租赁平台，组建了最大交易规模的涉农互联网金融平台、效益最好的特色农业互助保险平台，创办了省内规模最大的融资担保平台，率先在全国供销系统组建了农民合作社联合社体系，率先与组织部门联合实施了以党建促社建的“旗帜供销”工程，充分发挥党员和基层党组织在改革中的先锋模范作用。

【创新组织体系，搭建合作经济发展的新平台】按照强化合作、农民参与、为农服务的要求，通过劳动、资本、土地等合作途径，吸纳更多的农民和各类新型农业经营主体入社，搭建村级为基础、乡镇为纽带、县级为龙头的农民合作社联合社服务体系，密切与农民利益联系，夯实供销社的组织基础。一是加快基层社改造。坚持分类施策、整体推进，对经济实力较强的基层社，积极发展生产合作、供销合作、消费合作、信用合作，办成具有一定影响力的综合性合作社。对经济实力较弱的基层社，采取政策引导、联合社帮扶、社有企业带动等方式，逐步恢复发展经营服务业务。对基层社空白地区，采取适当形式组建新的基层社。全省改造基层社1700多个，占乡镇总数的88%。衡水市冀州市于今年8月成立了全省第一家全部由农民自己选举成立的新型基层供销社。二是加快农民合作社发展。借鉴灵寿县做法，在全省推广 “村党支部+村委会+农民合作社（供销社）”“三位一体”模式，发展农民合作社600多家，新增农民社员2.49 万人。全省供销社领办、创办农民合作社1.66万家。三是加快组建农民合作社联合社。围绕发展主导产业和特色产业，以供销社为依托，加快组建产业型和综合型农民合作社联合社，新发展乡镇农民合作社联合社408家、县级联合社77家，总数达到1267家。经过一年的努力，组织体系建设取得明显进展，初步形成了覆盖全省、特色鲜明、带动力强的县乡村一体化合作社组织体系，为供销社服务能力的提升奠定了坚实基础。

【创新服务体系，因地制宜探索多种模式】以服务规模化为重点，面向现代农业生产、新农村建设和农民生活，拓展服务领域，丰富服务内容，着力构建覆盖全程、综合配套、便捷高效的社会化服务体系。一是面向现代农业，提供全程规模化服务。在太行山浅山区，培育推广了“平山葫芦峪”模式，通过“大园区、小业主”的运作方式，大规模、整体性开发荒山荒坡10多万亩；在平原地区，培育推广了农业规模化服务“南高模式”，全省近1/3的基层社开展了“合作式、订单式、托管式”社会化服务，托管土地200多万亩；在设施农业方面，培育推广了“涿鹿物联网”技术服务模式，实现了农业精准化投入和标准化生产，促进了农业结构调整和发展方式转变，全系统建设现代农业示范园区151个。省社组建了省农飞农业科技有限公司，购置智能无人机，面向全省开展农业植保、统防统治作业。二是面向农民生活需求，构建城乡社区综合服务中心。建设集服务体系、网络体系和合作金融体系终端于一体，承载公益性项目的综合服务中心1150个，为农民提供系列化、一站式服务。邯郸市综合服务中心已覆盖98%的乡（镇）和行政村，这些服务组织在开展流通服务基础上，还为农民群众提供文化娱乐、幼儿教育、老年休闲、医疗保健等新型服务，受到普遍欢迎。三是面向新型职业农民，开展职业技能培训。充分发挥系统职业鉴定培训体系优势，利用视频等多种形式开展职业农民教育培训，全系统累计培训农民120.2万人次。经过一年的努力，供销社系统规模化服务体系初步形成，有力促进了农村各项事业发展。

【创新经营体系，打造互联网支撑的“网上供销”】强化互联网思维，以“互联网+流通”为抓手，大力推动传统网络的改造与提升，推动传统产业和新兴产业的融合发展，延长产业链条，形成生产、加工、销售、服务一体化的完整产业链和价值链，打造以“网上供销社”为载体的新型供销社。一是抓好省级平台建设。在全省开展“互联网+供销社”行动，加快实体业务与电子商务融合发展，组建了农产品电商、云供销、“八方联采”综合性服务等省级电商平台。农产品电商平台上线以来，在全国设立客户服务中心2671家，吸引31个省区市的1.3万家客商参与交易，10大类200多种农产品上网展示，即期交易特色农产品19个，实现交易额836亿元。12月3日，“农交汇”电商平台现货交易模式（020 模式）上线运营，“八方联采”综合性电商平台于12月16日上线运营。云供销网络平台已完成邢台、保定、沧州等地传统网络的改造。二是推进上下对接贯通。省级各电商平台采取市场化办法，加快与市县供销社对接，组建分支机构，加快推进电商平台向县乡村延伸。目前，全省已组建县级电商平台60多家，乡镇电商服务站1600多家，覆盖乡村4300个。石家庄的 02M 生鲜网络购物、围场木兰缘全产业链式、阜平的97大集等电商平台，在带动当地农产品销售，解决农村电子交易最后“一公里”上发挥着重要作用。三是加快一二三产业融合发展。引导带动农民发展特色农业、品牌农业、生态农业和现代加工服务业，促进农业“接二连三”。省社投资上亿元的复合肥厂、宁晋制盐项目顺利投产，进一步延伸服务产业链，探索服务农业规模化经营新领域。曲周县供销社围绕当地主导产业，推进农产品果蔬速冻加工及冷链物流建设，开展有机标准化种植，发展高端有机农产品产业，带动了全县甜糯玉米、蔬菜、水果种植面积12万余亩，增加农民收入1.5亿元，直间接提供就业岗位1.6万人。积极推进公益性农产品市场、日用消费品流通体系和再生资源回收利用体系建设，全省新建改造农产品市场96个，其中，省社直接投资建设8个，已初步形成以京津冀为核心，北连东北、西通晋蒙、南接中原、东联胶东半岛的农产品市场网络集群。平山、安平、博野等县“百城购物•供销社超市”项目正式启动，河北承德农产品冷链物流产业园等一批重点项目加快实施。衡水鑫鑫废旧机动车回收拆解有限公司，年回收拆解报废汽车7000多台，占全市机动车报废量的70%以上；经过一年的努力，初步形成了以网上供销为引领、以传统网络为基础、线上线下相结合，连锁化、规模化、品牌化的农村现代流通新格局。

【创新金融体系，构建农村合作金融新格局】坚持“合作金融，普惠三农”理念，按照融资有渠道、抵押有产权、担保有平台、生产有保障、价格有指数的思路，加快推动合作金融服务体系建设，破解农民生产经营中的融资难、融资贵问题。一是构建合作金融体系。省级组建金融类龙头企业，市县设立分支机构，乡村组建资金互助社、“合作金融超市”。目前，组建省级合作金融龙头企业8个，融资担保、合作保险等金融业态分支机构实现市、县全覆盖，成立社员资金互助社63个、村镇银行1个、小贷公司16个、基层合作金融超市8个。二是拓展合作金融业态。积极发展互联网金融、融资担保、合作保险、农产品期货、农村产权交易、金融租赁等金融服务等新业态，为农民群众融资解困，为575家中小微涉农企业提供贷款担保近40亿元；为农民提供标的风险保障700多亿元、赔付1.72亿元、保费收入3.4亿元；省级和市县的67家农村产权交易机构已经注册成立，年完成土地产权交易8万多亩，林权交易1万多亩，交易额6亿元；新合作金融公司7月初上线运营以来，已为各类企业融资1亿多元。同时，按照资源资产化、资产证券化、效益最大化思路，搭建省级投融资平台，整合系统资源，将所属企业资产通过发债基本转化为资本，发债融资40多亿元，为综合改革提供有力的资金支撑。三是有效防范金融风险。省社成立农村金融处，负责业务指导、运营监测、风险提示。县级社负责监督管理、调剂余缺、风险处置。基层社组织资格审查、信用评定、民主决策、资金管理。目前，合作金融体系运行安全，没有发生一起金融风险事故。经过一年的努力，初步形成了龙头带动、上下贯通、融合支撑、合作共赢的合作金融服务体系，为农业发展、农民致富、城乡繁荣注入了新鲜活力。

【创新管理体制，着力破解深层次障碍】一是积极探索新型组织体制。按照“顶层一体、功能兼容、两线协同、上下贯通”的改革思路，在县及县以上联合社探索构建供销社+农民合作社联合社+供销集团“三位一体”的新型组织架构，加快实体性合作经济组织建设。目前，省社已率先将理事会与集团董事会合二为一，对内设机构、职能及人员配置重新进行调整，50多名机关干部自愿报名到企业创建为农服务新平台，人力资源进一步向社有企业倾斜。二是积极探索新型资产运营机制。省社在做大做强流通、金融、农业、地产板块基础上，加快组建商贸流通、农业投资、合作金融控股等子集团。目前，省本级已经拥有香港上市公司1家、主板上市1家。正积极推进与唐山蓝猫集团合作，以股权投资方式建设国内农业领域龙头，争取年内上市。三是积极探索新型对外合作方式。抓住京津冀协同发展机遇，与北京金泰集团合作，大力推进冀菜净菜进京入津工程，共同建设河北省名优农产品展示展销中心和零售终端，推动河北高端农产品进京，目前，该工程已被北京市发改委列入“菜篮子”工程和“十三五”规划的重要内容，河北的100多个名优产品已成功打入北京市场。与北京新发地农产品市场合作，组建河北省农民合作社联合社新发地服务中心，组织省内600多家新型农业主体入驻新发地高碑店农副产品物流园交易，辐射带动农户20多万户。省社本级启动涉农项目30个，与各级供销社联合投资180多亿元，年可增创效益10亿元。

（河北省供销合作总社　夏铭玉）

物价管理

2015年，在省委、省政府领导下，省物价局紧紧围绕稳增长、调结构、促改革、惠民生各项部署，充分发挥价格监管、价格调控和价格服务的职能作用，价格改革工作取得较大进展，居民生活阶梯价格制度全面推行，节能环保价格政策不断完善，起草了《中共河北省委、河北省人民政府关于推进价格机制改革的实施意见》，并经省政府常务会议审议通过。围绕清费降价减负开展了“五清理、两降低”工作，成本调查监审和价格认定工作成效明显，价格监管调控水平有效提升，2015年全省CPI上涨0.9%。各项价格工作任务圆满完成。

【积极开展农产品成本调查工作】坚持服务“三农”的方针，农本调查工作取得明显成效，按照国家发改委价格司的要求，完成了2014年度全省农产品成本调查数据汇总、审核、分析与上报工作。组织开展了“农户种植意向”专项调查。完成了农户存粮、售粮情况调查工作。对全省47个调查县（市、区），481个农户对截止3月底的农民粮食出售进度和渠道、农民粮食存量及结构进行了调查。完成了我省小麦、玉米、棉花等主要农产品成本收益情况预测工作。坚持做好“主产区主要粮食出售价格和主要化肥购入价的电话询价”和应急农产品价格周报工作，为国家提供了大量来自我省最基层（农本户）的涉农价格情况。继续做好监测生猪生产和成本收益情况，为稳定生猪价格、制定扶持政策提供数据服务。开展了我省小麦、玉米、棉花等主要农产品成本收益情况预测工作。全年共完成240项成本监审任务，核减不应计入定价成本费用45亿元。

【价格改革取得较大进展】全省价格部门按照国家发改委的统一部署，齐心协力、精心组织，各项价格改革任务如期全部完成。一是完成了定价、听证、成本监审三个目录的修订工作。政府定价项目缩减60%，下放市县管理的比例达52%。二是全面推行居民生活阶梯价格制度。居民阶梯水价，全省31个设市城市已全部实施。居民阶梯气价，10个通气的设区市已全部出台方案或召开了听证会。进一步完善居民阶梯电价制度，全面实施了居民用电峰谷分时电价政策。三是加快推进能源价格市场化改革。跨省区购电价格由政府定价改为双方协商确定。理顺非居民用天然气价格，实现了存量气与增量气价格并轨。将非居民用天然气由最高门站价格管理改为基准门站价格管理。四是水价改革不断深入。圆满完成尚义、涿鹿县农业水价综合改革试点。制定了我省南水北调配套工程水价，对工程运行初期实行过渡水价和超额累减水价政策。五是医药价格改革取得重大突破。除麻醉药品、一类精神药品仍暂由国家发改委管理外，其他药品全部取消政府定价。在唐山、邯郸市开展了市级公立医院医药价格改革试点。六是研究起草了《中共河北省委、河北省人民政府关于推进价格机制改革的实施意见》。1月18日省政府常务会议审议通过，并经省委全面深化改革领导小组审议通过。这项工作走在了全国前列，受到国家发改委和省政府领导肯定。

【节能环保价格政策不断完善】进一步加大差别价格和惩罚性价格实施力度，将差别水价、差别电价实施范围由8个高耗能行业扩大到所有行业的淘汰类和限制类生产设备。研究制定了电动汽车用电价格及充换电服务费标准。在全国率先出台了提高排污费收费标准政策，实行差别化排污收费，建立减排激励机制。完善污染物排放权交易价格政策，制定了2015年污染物排放权交易基准价价格。提高了污水处理费标准。

【清费降价减负成效显著】重点开展了“五清理、两降低”。“五清理”：一是清理涉及小微企业行政事业性收费。对小微企业免征2项、减半征收6项省级设立的行政事业性收费。会同省财政厅编制了涉企行政事业性收费标准清单。二是清理规范行政许可中介服务收费。会同省编办对省政府部门行政许可中介服务收费进行了全面清理规范。编制了《河北省政府部门行政许可中介服务收费目录清单》，并以省政府办公厅文件公布。三是清理规范涉企政府定价经营服务性收费。编制了涉企政府定价经营服务性收费目录清单。四是清理规范进出口环节收费。除国家制定的收费项目以外，我省进出口环节未出台政府定价项目。五是清理规范涉及养老机构价格和收费。对非营利性养老机构建设免征有关行政事业性收费，对营利性养老机构建设减半征收有关行政事业性收费。对所有养老机构用电、用水、用气、用热按居民生活类价格执行。“两降低”：一是实施煤电价格联动机制，大幅度下调了燃煤发电机组上网电价和工商业用电价格，年减轻用户电费负担近70亿元。二是大幅度下调了非居民用天然气价格，年减轻用气行业企业负担近30亿元。

【价格监管调控水平有效提升】一是价格执法检查成绩显著。组织开展了涉企、进出口环节、旅游景点、医药、教育等价格收费专项检查。强化价格举报受理，加强12358价格举报管理信息系统建设，进一步畅通了价格举报受理渠道，提升了处理价格举报案件的效率。1-12月份，全省共查处各类价格违法案件3064件，实施经济制裁5968.4万元，退还用户金额1421.03万元。二是改进收费管理。取消了收费许可证和收费年审制度，建立了收费情况报告、收费单位目录清单等多项制度。在召开听证会的基础上，研究制定了我省高中学费最高限价收费标准。三是完善价格调控。坚持月度、季度价格形势分析制度，及时研判价格走势，适时提出调控建议。2015年，我省价格总水平呈温和上涨态势。全省 CPI 上涨0.9%，1-12月份，工业生产者出厂价格指数同比下降10.9%，工业生产者购进价格指数同比下降9.7%，农业生产资料价格同比下降0.2%。认真执行生猪市场调控预案，认真落实小麦最低收购价格政策，认真做好低收入群体价格救助工作。

【价格公共服务成效明显】一是价格认定工作再上新台阶。坚持高标准、严要求，认真做好涉案、涉纪、涉税财物价格认定。特别是涉纪财物价格认定工作，多次得到省纪委表扬，展现了价格部门良好的社会形象。1-12月份，全省共受理各类价格认定业务4.1万件，标的金额119.76亿元。二是价格监测信息工作取得新进展。积极推进价格监测预警系统开发建设，完成了河北物价网的改版设计。

（河北省物价局　于　哲）

卫生与计划生育

【综述】2015年，在省委、省政府的正确领导和国家卫生计生委的指导下，全省卫生计生系统深入贯彻落实中央和省委、省政府“稳增长、调结构、促改革、惠民生、防风险”的决策部署，攻坚克难，积极进取，推动全省卫生计生工作取得新进展、新成效。

2015年全省卫生计生工作成效明显，“十二五”目标任务圆满实现，京津冀卫生计生协同发展成效明显，医改重点领域不断向纵深推进，生育政策调整和计划生育服务管理改革扎实开展，公共卫生和疾控防控能力不断增强，医疗服务质量和安全管理更加规范，卫生和计划生育事业保持平稳健康发展。

全省医疗卫生计生机构78600所（乡村71079所），其中医院1547所（乡村951所），卫生院1960所；全省医疗卫生计生机构床位34.2万张（乡村20.1万张）；其中医院25.5万张（乡村13.5万张），卫生院6.1万张；全省在岗卫生人员53.3万人，其中卫生计生技术人员37.3万人（乡村20.9万人），执业（助理）医师16.7万人（乡村10.1万人），注册护士13.3万人（乡村6.1万人）。

根据2015年度人口计生目标管理责任制考核结果，省委、省政府授予石家庄市、邢台市、邯郸市、秦皇岛市、廊坊市 “2015年度完成人口和计划生育责任目标优秀奖”。

根据各设区市推荐，省委、省政府授予石家庄市裕华区、晋州市、宽城满族自治县、平泉县、张家口市崇礼区、张家口市万全区、昌黎县、唐山市丰南区、迁安市、固安县、香河县、安国市、保定市徐水区、东光县、沧县、衡水市桃城区、冀州市、沙河市、内丘县、涉县、邯郸县等21个县（市、区）“2015年度人口和计划生育工作先进县（市、区）奖”。

【主要工作】

（一）农村三级医疗卫生服务网络得到加强

2015年，全省县（市）共有951所医院、199所妇幼计生机构、1960个乡镇卫生院；县级医院床位13.5万张、卫生人员14.3万人(其中，卫生技术人员11.8万人)。4.9万个行政村共设村卫生室6万个。村卫生室人员9.9万人，其中：执业(助理)医师1.6万人,乡村医生8.3万人。

农村医疗机构医疗服务量较上年显著增加。县级医院门诊量6222.2万人次，比上年增长3.9%，出院人数467.3万人，比上年增加0.7%；乡镇卫生院门诊量4387.1万人次，出院人次153.3万人，农村医疗机构医疗服务能力较上年明显提高。

（二）医改重点领域不断向纵深推进

坚持需求、问题、政策三个导向,狠抓巩固提升和长效机制建设,初步形成人民群众得实惠、医务人员受鼓舞、投入保障可持续的良好局面。县级公立医院综合改革提前实现全覆盖,医保、政府、医院三方共担的“631”补偿机制和法人治理结构试点深入推进,门急诊人次增加,药占比下降,次均费用增势趋缓。新农合参合率达到97.9%,政府补助标准提高到人均380元,农村居民大病保险实现全覆盖,疾病应急救助制度顺利实施,91个县(市、区)实现省级新农合定点出院即报。着手建立分级诊疗制度,明确双向转诊流程、常见病转诊标准等规范,邯郸、唐山、廊坊市出台实施方案,积极展开试点。

（三）全省生育水平持续稳定

省统计局数据显示，截至2015年底，全省常住人口7424.92万人，全省人口出生率为11.35‰，出生人口84.04万人，人口死亡率为5.79‰，死亡人口42.87万人，比上年减少2.97万人。人口自然增长率为5.56‰，同比下降1.39个千分点。从人口自然变动情况看，人口出生率、死亡率均略有下降，自然增长水平低于上年。全年出生人口数量比上年有所下降的主要原因一是育龄妇女总量下降；二是一些家庭受传统观念影响选择避开“羊年”生育。

（四）计划生育服务管理改革扎实开展

启动生育服务证制度改革,完善服务管理政策体系。推进流动人口基本公共卫生计生服务均等化和婚育证明电子化改革,免费孕前优生健康检查目标人群覆盖率84%,增补叶酸预防神经管缺陷、农村妇女“两癌”筛查等项目成效明显。推进全省产前筛查、产前诊断网络建设,出生缺陷防治能力不断增强。大力实施计生惠民七项工程,全面落实奖扶、特扶制度,“医养扶一体化”服务保障机制进一步完善。注重发挥和加强计生协群团作用,计生基层基础建设不断加强。

（五）公共卫生和疾病防控能力不断增强

全省免疫规划疫苗接种率保持90%以上,继续保持无脊灰状态。新创4个省级慢性病综合防控示范区,全民健康生活方式行动覆盖96%的县(市、区)。推行职业病鉴定部门联合调查机制,做到“职业体检不出县、职业病诊断不出市”。加强食品安全风险监测,食源性疾病监测实现县域全覆盖。启动新一轮城乡环境卫生整洁行动,农村饮用水监测乡镇覆盖率达88%,完成农村改厕68万座,卫生厕所普及率达到46%。

（河北省卫生和计划生育委员会　李术君）

村镇建设

【进一步完善村镇规划体系】一是会同相关部门制定了2015年度农村面貌改造提升规划设计实施方案，组织全省农村面貌改造提升规划设计人员培训班，加强了业务指导。完成了3010个农村面貌改造提升行动重点村规划设计。二是会同省美丽乡村办，印发了美丽乡村连片总体规划设计指引，组织编制了白洋淀、正定古城等9个片区总体规划设计，组织完成申奥沿线景观风貌规划设计和白洋淀空间发展战略规划的编制，以及3010个农村面貌改造提升行动重点村村庄规划，有效指导村庄建设和发展。三是按照省领导要求，组织15家设计单位和高校，对全省山区、坝上、平原、沿海地区不同民居进行了方案设计。四是组织省城乡规划设计院编制完成阜平县天生桥片区总体规划，组织中国城镇规划研究院编制完成骆驼湾村、顾家台村美丽乡村建设规划。

【认真做好历史文化名镇名村和传统村落保护工作】一是推进历史文化名镇名村保护工程年度实施项目建设。组织编制名镇名村农村面貌改造提升项目方案设计，指导项目建设；成立了省历史文化名镇名村与传统村落保护专家委员会；会同省文化厅、省文物局、省旅游局、省财政厅、省美丽乡村办对历史文化名镇名村保护工程项目实施和传统村落保护进展情况进行了联合督导并印发了通报。二是开展省级传统村落认定工作。会同省文化厅等单位印发了关于开展河北省传统村落推荐上报工作的通知，组织各地上报村庄286个。三是印发了历史文化名镇名村面貌改造提升项目方案设计要点，组织完成48个历史文化名镇名村方案设计。提请省政府对第三批省级历史文化名镇名村保护规划进行了批复。

【积极推动村镇污水垃圾处理工作】确定了试点镇建设污水处理厂，组织专门规划设计单位对试点镇污水处理设施建设进行评估，加强工作的指导，目前已建成污水处理厂57座。截止到2015年底，生活垃圾得到有效治理的村庄占比达到54.6%。在50个试点县（市）和部分条件较好的县（市），推动“村收集、乡转运、县处理”的城乡一体化垃圾处理模式的建立，探索农村垃圾治理的有效途径。部分县（市、区）采用PPP模式进行农村生活垃圾治理，通过引入专业队伍，破解农村生活垃圾治理难题。集中开展村庄生活垃圾治理工作。提请省提升办印发了农村垃圾治理方案，协调省提升办落实农村垃圾治理推进机构，并于5月底在邢台市组织召开全省农村生活垃圾治理现场培训会，培训各市、县农村生活垃圾主管部门相关负责人约280人。组织了专项治理工作，清理了约37800个村庄中大量垃圾、杂物等，有效地改善了农村环境卫生状况。

【做好农村危房改造工作】一是认真落实国家有关政策，细化落实措施，按时完成2015年国家下达我省农村危房改造任务12.3万户（其中建筑节能示范户3万户）。2016年6月底前完成国家发改委下达第二批新增农房抗震改造任务4.9万户。二是加强资金筹集和使用管理。2015年中央下达农村危房改造补助资金和农房抗震改造补助资金分别为104450万元和36950万元，我省落实省级配套补助资金分别为55802.04万元和25114.85万元。为保证资金规范使用，省住建厅、发改委、财政厅制定了不同地区、不同补助对象、不同改造方式的分类补助标准和办法，严格补助资金使用管理。对新建户每户平均补助16000元，维修户每户平均补助5500元。在此基础上，建筑节能示范户每户增加补助3000元。三是进一步规范危房改造运作，报经省政府同意，省住建厅会同省发改委、省财政厅印发了《关于做好2015年全省农村危房改造工作的通知》，对改造对象确认、建设标准、资金使用管理等，进一步规范。四是全面应用信息系统。认真执行农村危房改造农户纸质档案制度，大力推进农户档案信息化，坚持专人管理和实时动态录入，做到“建档一户、录入一户”。依据信息系统建立了周分析、月通报和年度考核制度，有效促进政策落实和工作进度。五是结合全国涉农资金检查和我省农村危房改造专项巡视，对农村危房改造工作进行全面“回头看”和整改，对有关政策进一步完善，对存在问题逐项整改解决，提升了工作水平。

【小城镇培育建设情况】2015年，加大小城镇建设培育力度，小城镇的特色产业得到发展，人居环境和城镇功能得到提升，综合承载能力不断增强。

（一）以规划为龙头，强化对小城镇建设的指导。一是深化编制内容。按照国家和省有关规划的规范标准，建立以镇域总体规划、镇区建设规划、镇区控制性详细规划为主线的编制体系，有条件的还可在这个体系的首尾两端继续延伸，即增加更为宏观的空间战略规划和更加具体的修建性详细规划或城镇设计。二是积极抓住“京津冀一体化”发展的机遇，做好重点镇总体规划与土地利用总体规划的有效衔接，，为重点镇建设提供技术支持。三是进一步完善规划监督管理制度。充分发挥乡镇人民代表大会对规划的监督作用，逐步健全规划公示和公众参与制度，在规划编制和实施过程中广泛听取公众意见，接受群众监督，将规划成果图在城镇显著位置予以展示，扩大公众对规划的知情权和参与权。

（二）加强基础设施建设，提高村镇建设水平。指导村镇完善基础设施系统，提高城镇服务功能。建设便捷的道路交通系统，建立以县城和重点镇为枢纽、一般乡镇为节点的区域交通网络，实现与周围大中城市和乡村交通联系的畅通便捷；以满足实际需要为原则，加快镇区内道路网改造。建设完善的水、电、气、热等供应系统，在城镇体系规划指导下，搞好各供应系统的规模核定、管线布局，实现区域基础设施共建共享，减少低水平重复建设。结合小城镇的实际情况，进行市政维护、污染治理、环卫清扫、垃圾收集运输、绿化养护等工作，改善小城镇的镇容镇貌。

（三）积极推进小城镇管理体制改革，激发小城镇发展活力。一是积极探索小城镇行政管理体制改革。省编办与住建厅联合下发了《关于开展经济发达镇行政管理体制改革试点工作的指导意见》，明确了我省直机关23个经济发达镇为行政管理体制改革试点镇，方案在扩大经济社会管理权限、完善财政管理、体制推进相关配套改革、创新机构编制管理等方面明确了改革措施，指导试点镇建立符合本地实际和特点的行政管理体制，坚持权责一致、事财匹配，赋予镇政府履行职能必要的事权和财力。目前，各试点地区正在抓紧组织实施。二是积极争取国家相关政策扶持，打造建制镇综合改革试点。2015年，国家财政部、发改委、住建部联合印发了《关于开展建制镇示范试点工作的通知》，每个省份选取三个建制镇进行示范试点工作，我省积极争取，有五个建制镇列入了国家试点范围，分别是：廊坊市霸州市胜芳镇、定州市李亲顾镇、唐山市迁西县三屯营镇、石家庄市无极县张段固镇、张家口市张北县小二台镇。国家给予了示范镇资金支持和优惠的扶持政策。下一步，我们要积极总结推广试点经验，形成可复制、可推广的体制机制，促进我省小城镇建设的发展。

虽然我们作了大量工作，村镇建设成效也非常明显，但仍存在很多问题和不足。一是村镇规划质量仍需进一步提高。部分重点村村庄规划与上位衔接不紧密，未按照乡镇规划、重点片区总体规划的定位和要求编制；个别规划调研和分析不深入，针对性和实用性较差。二是农村危房改造个别地方改造政策执行不严，资金管理、档案管理不规范，工程质量管理设计施工的技术指导有待加强。三是由于小城镇投入不足、管理力量薄弱、专业人才缺乏，总体上存在经济实力不强、产业层次偏低、承载能力较弱、特色不突出等问题，吸纳人口和服务农村的能力仍然较差，在经济社会发展中的作用尚未充分发挥出来。行政管理上存在“小马拉大车”问题，责任大于权力，缺乏可实际支配资金，制约建设发展和公共服务能力。四是历史文化名镇名村保护意识不强。部分开展工作缓慢，没有建立保护档案，没有开展历史建筑修缮，没有进行核心保护范围环境整治和基础设施建设。五是村镇两厂（场）建设个别地方进展缓慢，手续不全，筹措资金办法不多；农村垃圾治理还不够深入，受资金、项目建设等因素的制约，普遍存在垃圾处理设施、转运设施等设施设备不完善等问题，影响垃圾处理的综合效果。这些问题，需要我们在今后的工作中认真解决。

（河北省住房和城乡建设厅　李真超）

农村经济宏观调控

【2015年农村经济发展情况】2015年是“十二五”规划的收官之年，我国经济进入“新常态”。按照省委、省政府决策部署，全省农业战线坚持稳中求进，围绕现代农业和京津冀协同发展新要求，稳增长、调结构、促改革、推创新，实现了农业和农村经济运行总体平稳，转型升级取得初步成效。全年农林牧渔业增加值3578.7万元，增长2.7%，农村居民人均可支配收入达11051元，增长8.5%，完成年度计划目标并超额完成“十二五”规划目标。

（一）农业生产稳定发展。粮食丰产丰收，全年播种面积9588.72万亩，同比增长1%；总产3363.8万吨，同比增长0.1%，完成年度计划目标。油料生产平稳，播种面积稳定在700万亩，产量151.5万吨，同比增长0.9%。棉花大幅减产，受价格等因素影响，种植面积大幅下降，播种面积500万亩，产量37.34万吨，同比下降13.4%。蔬菜生产不断提质增效，预计全年蔬菜产量8852万吨，同比增长9.5%。年供应京津市场1000万吨以上，占其市场总量的50%以上，其中在京津高端蔬菜市场占有率达30%以上，成为京津的主要“菜篮子”。肉类生产增速下滑，受前期生产规模扩大和经济下行导致消费不足的影响，肉类产品价格下滑，生产规模开始调整。全年总产462.5万吨，同比降低1.2%，低于年度计划目标。禽蛋生产稳定增长，总产量预计达380万吨，增长4.7%。牛奶总产量473.1万吨，同比减3%。渔业生产稳定，全年水产品总产量达129.3万吨，同比增2.3%。林果生产基本稳定。全年果品产量1580万吨，接近完成年度计划目标。主要果品在京津市场占有率达到45%以上，成为京津地区的“果盘子”。农业产业化加快，全年农业产业化经营率提高1.5个百分点。

（二）农业基础设施和生态建设进一步加强。水利基础设施建设进展顺利。今年中央累计下达我省水利项目投资计划111.52亿元，其中中央投资91.96亿元，涉及农村饮水安全、引黄入冀补淀、灌区续建配套与节水改造、中小河流治理、节水灌溉工程、病险水库加固、水土保持、山洪灾害、地下水超采综合治理、水电建设等15类项目。南水北调配套工程水厂以上工程、双峰寺水库工程进展顺利，引黄入冀补淀工程开工建设。生态建设与保护率先突破取得新进展。张家口坝上地区退化林分改造、京津风沙源治理、三北防护林、沿海防护林、太行山绿化等各项重点生态工程建设进展顺利。全年完成造林绿化面积513.9万亩，新增农村饮水安全人口565万人，均完成年度计划目标。

（三）扶贫攻坚成效明显。2015年以来，争取中央以工代赈资金2.61亿元，实施农村小型基础设施建设项目187个，覆盖全省46个燕太片区县和国定贫困县，有力改善了贫困地区的生产生活条件和生态环境。实施易地扶贫搬迁项目，搬迁贫困人口866户3500人。实施精准扶贫，直接扶持65.2万个贫困户发展增收示范项目，初步形成了县有龙头企业、乡有特色产业、村有合作组织、户有增收项目的扶贫产业新格局。全省贫困村已全部通水泥（沥青）路，通班车率达到99%。全省46个国定县和燕太片区县农村居民人均可支配收入达到4069元，同比增长9.3%，增幅连续3年高于全省平均水平。全年减贫100万人，10个贫困县摘帽，完成年度目标。

（四）美丽乡村建设取得新进展。2015年全省9个省重点片区、3010个重点村按照抓好15件实事的要求，投入资金60多亿元，实施了农村饮水安全、垃圾处理、厕所改造、道路硬化、村庄亮化、电网升级改造、民居改造等十五项惠民工程，使重点村庄面貌得到极大改造提升。面上所有村庄实施了“四清”，推进村庄绿化、旱厕改造、消灭“连茅圈”等15项工程，有效改善了农村环境面貌。

（五）农村改革不断深化。农村土地规模化经营面积不断扩大，全省农村土地经营权流转面积达2144万亩，占家庭承包耕地面积的25.7%。农村家庭农场等新型农业经营主体得到较快发展，截止2015年9月底，在工商部门注册的家庭农场达10119家，农民专业合作社达8.8万家，实有入社成员546.1万户，已覆盖到全省94%的行政村，农民专业合作社流转土地面积达800多万亩。

【2016年农村经济发展形势展望】

（一）有利条件。一是国家不断推进农村改革。鼓励农村发展家庭农场、农民合作组织、农村土地流转、产业化经营等政策，特别是随着农业农村各项产权制度改革的深入，农业社会化服务体系不断完善，农业科技创新扎实推进，先进生产要素不断进入农业领域。二是京津冀协同发展国家战略全面实施。党中央、国务院陆续出台了《京津冀协同发展规划纲要》及相关政策，京、津、冀三方联动，加快了京津冀经济一体化进程，打破了生产要素自由流动的壁垒，京津两地的资金、技术、人才优势开始与我省农业农村经济发展融合。三是国家不断加大农业基础设施和生态建设投入。今年以来，除了原有的中央基建投资，国家持续利用专项建设基金支持我省农林水重点项目建设，一大批重点农林水工程效益逐步显现，将进一步改善我省农业生产条件，增强发展后劲，农村经济发展的基础更加坚实。

（二）不利因素。一是主要农产品价格下行。今年以来，主要农产品价格走势下行，小麦、玉米、棉花、大豆、禽蛋、肉类、牛奶、果品、蔬菜等农产品价格多呈下跌态势，对农民种植养殖收入影响很大。全省经济下行，经济指标增速放缓，农民工资性收入上涨受到制约，农业“转方式、调结构”压力进一步加大。二是资源环境约束更加明显。我省水土流失、草原退化、面源污染、近海海域污染等问题突出，生态环境保护和治理任务艰巨，资源环境约束进一步加剧，对农业可持续发展提出了更高的要求。三是农业抵御自然灾害能力弱。我省农田尤其是山区农田水利等基础设施依然薄弱，风灾、雹灾、霜冻、虫害等农业自然灾害发生频繁。农业气象基础设施不完善，农业防灾抗灾能力依旧不足。

【2016年农村经济发展的总体要求】

（一）指导思想。深入贯彻落实党的十八大和十八届三中、四中、五中全会精神，牢牢抓住京津冀协同发展的重大机遇，以深化农村改革为动力，以农业科技创新为支撑，加快转变农业发展方式，大力发展高效、优质、生态、品牌农业，走“产出高效、产品安全、资源节约、环境友好”的现代农业发展道路，推动农村一二三产业融合发展，加快推进农业现代化，加快农业大省向农业强省跨越，为“十三五”开好局、起好步奠定基础。

（二）主要预期发展目标。

——农林牧渔业增加值增长3%；

——粮食总产量达到3325万吨；

——肉类、禽蛋、奶类、水产品产量分别达到500万吨、420万吨、600万吨、130万吨；

——畜牧、蔬菜、果品三大优势产业产值占农林牧渔业总产值的比重提高0.5个百分点；

——农业产业化经营率提高0.6个百分点；

——完成造林绿化面积420万亩；

——新增节水灌溉面积400万亩；

——治理水土流失面积2400平方公里；

——农村居民人均可支配收入增长8%以上。

【2016年重点任务和主要举措】2016年是“十三五”规划的开局之年，要按照“十三五”规划确定的总体目标和建设任务，坚持稳粮增收、提质增效、创新驱动，实施藏粮于地、藏粮于技战略，提高粮食产能和综合效益；要加快转变农业发展方式，努力开发农业多种功能，探索山区综合开发、沟域经济、都市农业、休闲农业等新路径，形成区域农业协同发展新模式；努力争取中央投资和专项建设基金支持，大力推进项目建设，狠抓项目管理，加快建设进度，不断增强农业发展后劲。

（一）着力促进粮食稳产增效。一是加快优化农业生产结构和区域布局，贯彻落实《河北省高标准农田建设规划》，大力实施新增千亿斤粮食产能规划田间工程，加强督导检查，确保工程顺利实施。继续推进高标准农田建设项目、农业综合开发工程，完善粮食主产区利益补偿机制，提高粮食综合生产能力。毫不松懈地抓好粮棉油生产，以86个粮食生产大县为载体，集中打造吨粮市和一批吨粮县，深入开展棉花高产创建活动，落实油料生产扶持政策。二是推动粮食稳产增产。稳定粮食面积，实施科技增产、节水增产、护地增产，努力提高单位面积产量，加快良种繁育和生产基地建设，加强农业新技术应用，加快粮食生产全程机械化进程。在淡水资源匮乏、土壤瘠薄盐碱的43个县（市、区），大力实施渤海粮仓科技示范工程，提高粮食综合生产能力。加快推广测土配方施肥、保护性耕作。严格保护耕地，在部分地区探索实行耕地轮作休耕试点。2016年，力争粮食播种面积稳定在9300万亩以上，总产达到3325万吨。

（二）大力发展高效生态农业。大力发展高效农业、优质农业、生态农业、品牌农业，继续壮大畜牧、蔬菜、果品三大优势主导产业。一是调优畜牧业结构，优先发展生态型和资源综合利用型畜禽规模养殖场，推广循环利用，实现清洁生产。建设畜牧业优势产业聚集区、草牧业发展区、奶业优势区、清洁养殖加工区。2016年力争肉、蛋、奶产量分别达到500万吨、420万吨和600万吨。二是加快蔬菜产业提档升级，瞄准京津市场需求，保障京津地区“菜篮子”供应，整合省级现代蔬菜产业园和部级标准化创建，打造100个以上“河北省供京津蔬菜示范园”，发展设施蔬菜，创建绿色品牌，打造名优产品，提高生产效益。以京津中高端市场为重点，扎实推进农超、农餐、农企、农社直接对接。全省蔬菜种植面积稳定在2000万亩以上，总产达到9000万吨以上。三是加快发展林果特色产业，建设果品强省，推进区域化布局、良种化栽培、标准化生产、专业化营销，培育壮大龙头企业，打造知名品牌。加快发展花卉业、森林旅游业、野生动物繁育利用等林业新兴产业。2016年全省林业总产值达到1550亿元，果品产量达到1600万吨以上。四是加快现代渔业发展步伐。实施“四百工程”，开展渔业资源养护，调优渔业产品结构，加快实施渔船更新改造工程，增强远洋捕捞能力，完善渔业基础服务体系，加快打造“生态渔业”和“平安渔业”。2016年水产品产量达到130万吨。五是加快培育药材、食用菌、园艺苗木等特色产业。建成一批药材、园艺苗木、食用菌种植示范基地。加快50万亩以上中药材生产大市和10万亩以上中药材生产大县建设，加快建设山坝区错季菇产业带、环京津珍稀菇产业带和冀中南草腐菌产业区。

（三）加快建设现代农业园区。借助中国银泰集团与我省战略合作，开发农业多种功能，推进农业综合开发，促进一二三产融合发展，在阜平、平山等9县率先建设现代农业园区。发挥现代农业示范区、现代农业园区的引领和示范带动作用，进一步完善农产品品牌支持政策，健全农产品质量标准体系，实行统一技术规程、统一产品标准、统一品牌标识、统一收购销售，打造一批知名区域品牌。以基地、园区、项目建设为载体，大力发展农产品精深加工，延长产业链条，提高农产品附加值，推动我省由农业大省向农产品加工业强省转变。强化农业龙头企业与合作社、农户利益联结机制，抓住环渤海加速发展、京津冀协同发展、都市经济加速辐射外溢的机遇，主动承接产业转移，提升省级农业产业化示范区（县）发展水平。2016年力争农业产业化经营总量突破8000亿元，农业产业化经营率增长0.6个百分点。

（四）健全完善农业服务保障体系。提高科技服务农业水平，探索构建农业大数据应用平台，加快推进节水增效农业、物联网技术研发与应用。畅通县乡村科技示范网络，加快农业信息化进程。开展“互联网＋”现代农业行动，推进信息进村入户试点示范应用和12316三农热线综合信息服务平台建设。加快培养新型职业农民。实施农村务工人员职业技能提升计划，落实就业创业政策措施，维护农村务工人员劳动权益保障。提高农机化服务水平，大力发展农机专业合作社，力争各类农机作业服务组织、农机户达到360万个。优化农机装备结构，提升重点作物、关键环节机械化水平。积极开拓培育玉米机收跨区作业市场，玉米机收率达到80%，同比提高10个百分点。提高农机社会化服务水平，全省机耕、机播、机收综合机械化作业水平达到75.5%，同比提高3个百分点。完善农业生产环境监测、投入品监管、生产过程控制、产地准出、市场准入等全程监管体制机制，组织开展涉农领域专项整治行动，打击制售假劣农资、违法添加、使用禁用物质等违法犯罪行为。进一步加大对菜篮子产品的质量检测力度，积极开展“检打联动”，确保不发生重大农产品质量安全事件。完善由政府主导的县、乡、村三级基层气象防灾减灾组织体系，强化省级生态和农业气象中心建设，加强农业气象观测网建设，完善人工增雨防雹作业体系，加大人工增雨和人工防雹作业力度。 2016年力争完成3个省级农业气象分中心和12个农业气象观测站建设，争取全省范围内增加降雨25亿立方米。

（五）大力推进扶贫攻坚。以燕山-太行山、黑龙港流域两大连片特困地区和环首都扶贫攻坚示范区为主战场，转变扶贫方式，开展精准扶贫、精准脱贫，提升基本公共服务水平。一是大力推进“九大增收工程”。实施首都“后花园”工程，在燕山地区发展林果业、乡村旅游、养老服务等项目；实施山区综合开发工程，在太行山地区发展沟域经济和生态农业；实施生态涵养工程，在坝上地区建设节水有机菜基地，发展风力发电、光伏发电、现代畜牧业；实施“大菜篮”工程，在黑龙港地区通过规模经营和园区建设，发展节水设施蔬菜；实施“新业态”工程，重点推进旅游扶贫；实施龙头企业带动工程，龙头企业对贫困户带动率达到70%以上；实施教育扶贫工程，对贫困家庭子女提供扶贫助学补助、助学贷款等扶持政策，促进“两后生”就业创业；实施劳务协作对接工程，推进京津冀扶贫协作，促进贫困地区劳动力向京津转移；实施“互联网+扶贫”工程，将贫困地区资源变“资本”，将农特产品变“商品”。二是启动实施“五个一批”扶贫攻坚行动。通过特色产业项目全覆盖和转移就业，解决一批有劳动能力的贫困户脱贫；通过实施易地扶贫搬迁，解决一批地处燕、太深山区“一方水土养不起一方人”的贫困人口；通过实行生态保护扶贫，带动一批张、承坝上地区贫困人口脱贫；通过实施兜底性保障政策，对丧失劳动能力的贫困人口列入低保和五保对象，实现“两线合一”；通过新型农村合作医疗，对因病致贫、因病返贫的贫困人口，大幅提高大病救助额度，对农村60岁以上老龄贫困人口，提高医疗费自费部分报销比例。2016年，确保10个贫困县摘帽，100万扶贫对象实现稳定脱贫。

（六）强力推进水利建设。加快构建现代水网管理体系，大力推进南水北调、引黄入冀补淀、水库工程、河道治理等重大水利工程，推广节水技术，发展节水农业，改善水生态环境。继续大力争取中央投资支持，努力拓宽省内融资渠道，加快推进南水北调配套工程、引黄入冀补淀、双峰寺水库、病险水库除险加固等工程建设进度。继续开展中小河流治理工程建设，全面推进滹沱河、滏阳河、大清河、蓟运河、滦河等河道治理工程。加快我省列入国家172项重大水利工程的8处重点蓄滞洪区工程前期工作进度，力争尽快批复并开工建设。加快推进石津、漳滏河等大型灌区续建配套和节水改造工程建设；抓好农田水利工程建设，大力发展规模化喷灌、微灌、高标准管灌等高效节水灌溉，推广水肥一体化、咸淡混浇、井渠双灌技术。2016年，新增节水灌溉面积400万亩。

（七）大力加强生态环境建设。以绿色河北攻坚工程、地下水超采综合治理工程等重大生态工程为抓手，全面推进我省山水林田湖生态修复，加快京津保生态过渡带建设，进一步扩大和优化生态空间，增强生态环境支撑能力，加快打造京津冀生态环境支撑区，力促生态建设在协同发展中率先突破。开展农业面源污染综合治理，加强重要生态功能区空间管制，实施最严格的水资源管理，严格控制地下水超采。完成张家口坝上地区退化林分改造试点工程。继续实施国家水土保持重点治理工程。推进北戴河、白洋淀、衡水湖、官厅水库等重要湿地保护和修复。大力实施京津风沙源治理二期工程、太行山绿化工程、三北防护林五期工程和退耕还林还草工程等国家重点生态工程，加快改善生态环境。深化京津冀生态项目合作，拓宽合作领域，努力提升区域生态承载能力，实现生态资源共谋共建共保共享。加快张承地区生态保护和修复，加大对张承地区环京6县生态建设投入，加快建设第一道生态屏障。整合设立一批环首都国家森林、湿地公园，努力推进京冀水源保护林、津冀水源保护林等区域合作项目，推进京津冀区域生态保护的合作共赢。2016年，完成造林绿化面积420万亩，完成水土流失治理面积2400平方公里。

（八）扎实推进农村改革。推进农村各项改革，释放农村发展活力。推进农村经营体制机制创新，建立农村土地流转激励机制，构建培育新型农业经营主体的政策体系，鼓励土地经营权向专业大户、家庭农场、农民合作社、农业企业等新型农业经营主体流转。深化农村土地制度改革，稳妥推进土地征收制度改革试点，推进农村土地承包经营制度改革，健全农村产权流转交易市场和土地承包纠纷仲裁制度，稳定农村土地承包关系，完善土地所有权、承包权、经营权分置办法，加快县级农村产权交易平台建设，依法推进土地经营权有序流转。积极发展农村股份合作制。深化集体林权制度和国有林场改革。推进以水权、水价为重点的水利改革，全面深化供销社改革，推进农产品流通方式创新。

（九）大力推进美丽乡村建设。按照“四化四美”的要求，大力推进“六改六建”，即改房、改水、改路、改厕、改绿、改厨和建环卫体系、建污水设施、建富民产业、建电商平台、建文明乡风、建基层组织，实施十二个专项行动，重点打造100个片区、200个中心村、300个旅游专业村、4000个重点村，不断提高美丽乡村建设水平。

（河北省发展和改革委员会　武纪成）

农业和农村法制建设

2015年，我委在省人大及其常委会的领导下，认真贯彻落实党的十八届三中、四中、五中全会和习近平总书记系列重要讲话、中央和省委农村工作会议、省委中心组学习会、省十二届人大三次会议精神，全面贯彻落实中央和省委关于“三农”工作重大决策部署，坚持“四个全面”战略布局，紧紧围绕全面深化农村改革、加快转变农业发展方式、推进农业现代化的总体部署，解放思想，振奋精神，真抓实干，认真依法履行职责，促使农业和农村立法、监督工作取得新进展、新成效，为全面推进依法治农、加快我省农业现代化建设提供了有力法治保障。

【农业和农村立法工作取得了新进展】一年来，注重发挥人大在立法中的主导作用，以提高立法质量为核心，坚持科学立法、民主立法，统筹开展农业和农村法规立、改、废、释工作，农业和农村立法取得新进展。

（一）加强生态环境立法，制定出台了《河北省人大常委会关于促进农作物秸秆综合利用和禁止露天焚烧的决定》。在组织开展秸秆综合利用与禁烧专题视察和学习借鉴江苏、湖北省人大常委会立法经验基础上，研究起草了《省人大常委会关于促进农作物秸秆综合利用和禁止露天焚烧的决定（草案）》，并组织开展了立法调研、征求意见、修改完善、协调论证等工作。省十二届人大常委会第十五次会议审议通过了该决定。这部法规的出台，对集约利用秸秆资源，发展循环经济，建设资源节约型社会，促进农业增效、农民增收；对依法制止露天焚烧秸秆行为，改善生态环境，保障公众身体健康，建设经济强省、美丽河北，促进京津冀协同发展和经济社会可持续发展，将发挥重要作用。

（二）加强草原生态建设立法，提请省人大常委会审议《河北省草原条例（草案）》。为加强草原保护、建设和合理利用，大力推进草原生态建设，改善生态环境，维护生态平衡，在2014年组织起草条例（草案）、开展立法调研、征求意见、座谈论证的基础上，于2015年5月下旬提请省十二届人大常委会第十五次会议对条例（草案）进行了初审；9月下旬省十二届人大常委会第十七次会议对条例（草案）进行了二审。根据部分省人大常委会委员的建议和主任会议的意见，拟组织有关部门和专家学者对草原立法有关问题进行调研和论证，提出处理意见后，提请主任会议和省人大常委会审议。

（三）加强气候资源保护利用立法，组织起草了《河北省气候资源保护利用条例（草案）》。为加强气候资源保护和开发利用，积极应对气候变化，保护气候生态环境，规范气候资源开发利用行为，助力我省经济转型升级，建设经济强省、美丽河北，认真办理石立新等16名省人大代表在省十二届人大三次会议上提出的关于制定《河北省气候资源保护利用条例》的议案，成立了条例（草案）起草小组，制定了实施方案。在研究起草条例（草案）的基础上，先后深入秦皇岛、唐山、承德、张家口等市（县）和外省区进行立法调研，多次采取下发条例（草案），召开立法座谈会、论证会等方式广泛征求意见。目前，条例（草案）已基本成熟，具备了提请省人大常委会审议的条件。

（四）加强立法决策与改革决策相衔接，积极开展农业和农村地方性法规清理工作。围绕贯彻落实党的十八届四中全会精神，根据省人大常委会清理法规工作部署，坚持立法决策与改革决策相衔接，与农业和农村经济发展相适应，与京津冀协同发展相协调，与法律法规相一致的精神，组织省直农口部门对我省现行有效的涉农地方性法规进行认真清理，提出了废止和修改部分涉农法规的建议。

经省十二届人大常委会第十六次会议审议，决定废止涉农法规3件，即《河北省农业投资条例》、《河北省农业环境保护条例》、《河北省奶业条例》；修改涉农法规3件，即《河北省农村集体资产管理条例》、《河北省水文管理条例》、《河北省陆生野生动物保护条例》。针对我省实施《种子法》办法与新《种子法》存在不一致的问题，经省人大常委会第十八次会议决定，废止了我省实施《种子法》办法。

（五）配合全国人大常委会做好对野生动物保护法（修订草案）和种子法（修订草案）征求意见工作。按照全国人大环资委通知要求，2月份将野生动物保护法（修订草案）下发省林业厅、省水产局征求意见，并召开由部分省人大常委会委员、省直有关部门负责同志、有关专家学者参加的座谈会，进一步征求意见。随后将修改意见认真梳理后，上报了全国人大环资委。按照全国人大常委会法工委通知要求，10月份组织召开省农业厅、林业厅及有关单位参加的座谈会，征求对种子法（修订草案）修改意见，经认真梳理后，将修改意见上报了全国人大常委会法工委。

（六）组织开展对《省人大常委会关于促进农作物秸秆综合利用和禁止露天焚烧的决定》宣传贯彻。为推动《决定》的宣传贯彻，提高全社会对秸秆综合利用和禁止露天焚烧重要性的认识，以省人大常委会办公厅名义印发了《关于认真学习宣传贯彻落实〈决定〉的通知》。省人大常委会农工委主任李广恩应邀在邯郸电视台“民生圆桌会”栏目就《省人大常委会关于促进农作物秸秆综合利用和禁止露天焚烧的决定》进行了解读，邯郸日报全文刊发了李广恩主任对《决定》的访谈解读。

【农业和农村监督工作取得新成效】一年来，坚持围绕中心、服务大局，突出重点、注重实效的工作思路，围绕推动中央和省委重大决策部署的贯彻落实，运用多种监督手段，加大监督力度，农业和农村监督取得新成效。

（一）助力“三农”发展，组织开展了农村金融服务“三农”情况专题视察。为推动中央和省委关于深化农村金融改革创新、强化金融机构服务“三农”职责重大决策部署的贯彻落实，着力解决“三农”贷款难、担保难等问题，省人大常委会组成农村金融服务“三农”专题视察组，在听取省金融办等部门工作汇报后，于2015年8月上中旬深入石家庄、唐山、邢台、邯郸市及部分县（市），对农村金融服务“三农”情况进行了视察。省十二届人大常委会第十七次会议听取和审议了《省政府关于全省农村金融改革创新和服务“三农”工作报告》和《省人大常委会视察组关于视察我省农村金融服务“三农”情况的报告》。针对视察中发现的问题和常委会审议意见，提出了加快农村金融改革创新，着力强化农村金融服务“三农”职责；加快农村产权制度改革，着力解决“三农”贷款难、担保难问题；加大对“三农”信贷投放力度，着力创新财政与金融协同支农机制；加强农村金融立法，把农村金融服务“三农”纳入法治化轨道等意见和建议，促进了农村金融服务“三农”工作开展。

（二）助推美丽乡村建设，组织开展了美丽乡村建设情况专题视察。为推动中央和省委关于大力建设美丽乡村、全面推进农村人居环境整治、坚持不懈推进新农村建设重大决策部署的贯彻落实，省人大常委会组成美丽乡村建设专题视察组，在听取省美丽乡村办等部门汇报之后，采取省、设区市人大常委会联动方式，于2015年9月中旬分三个组分赴11个设区市及部分县（市），对美丽乡村建设情况进行了视察。省十二届人大常委会第十八次会议听取和审议了《省人大常委会视察组关于视察美丽乡村建设情况的报告》。针对视察中发现的问题和常委会审议意见，提出了加强顶层设计，强化推进措施，健全美丽乡村建设协调推进机制；加大投入力度，强化扶持措施，健全美丽乡村建设多元化投入机制；深化农村改革，发展富民产业，健全美丽乡村建设产业支撑机制；推进农村精神文明建设，提高农民综合素质，提升农村文明程度；加强农村基层组织建设，充分发挥其在美丽乡村建设中的主体作用；宣传动员群众，创新管理模式，健全美丽乡村建设管护长效机制等意见和建议，推动了美丽乡村建设工作稳步健康发展。这次视察美丽乡村建设情况的报告，得到了省美丽乡村建设领导小组的充分肯定，认为视察报告中提出的意见和建议，对进一步推动美丽乡村建设工作具有很重要的指导意义，并以省美丽乡村建设领导小组名义，印发了《省人大常委会视察组关于视察美丽乡村建设情况的报告》，要求各市、县结合当地实际，认真学习借鉴，抓好贯彻落实。

（三）着力增强扶贫监督实效，组织开展对省政府落实省人大常委会扶贫开发专题询问审议意见整改情况跟踪监督。为加强对省政府落实省人大常委会扶贫开发专题询问审议意见整改情况跟踪监督，5月份组织召开省人大常委会扶贫开发专题询问审议意见整改情况督办座谈会，听取了省扶贫办等部门贯彻落实省人大常委会扶贫开发审议意见整改情况的汇报。省十二届人大常委会第十六次会议听取和审议了《省政府关于贯彻落实省人大常委会扶贫开发专题询问审议意见整改情况的报告》。针对我省贫困人口多、扶贫任务重、脱贫难度大等问题，提出了切实增强扶贫开发的责任感和紧迫感，加强顶层设计，科学谋划“十三五”时期扶贫开发工作；认真抓好精准扶贫、精准脱贫，切实做到扶贫对象精准、扶贫项目安排精准、扶贫资金使用精准、扶贫措施到户精准，确保到2020年贫困人口实现脱贫，贫困县全部摘帽；切实解决扶贫开发中存在的贫困群众和新型农业经营主体贷款难、担保难等问题，增强贫困群众“造血”功能等建议，促进了扶贫开发工作深入开展。

（四）着力强化农产品质量监管，组织开展《农产品质量安全法》贯彻实施情况专题调研。为贯彻落实习近平总书记关于抓食品安全首先把农产品质量抓好的重要讲话精神，推动《农产品质量安全法》的贯彻实施，省人大常委会组成专题调研组，赴省农业厅对贯彻实施《农产品质量安全法》进行专题调研，听取了省农业厅负责同志关于农产品质量安全工作汇报，实地考察了农药检定所、兽药监察所、农产品质量检测中心。在调研过程中，就抓好法治建设，增强农产品质量安全意识和法治观念；抓好源头治理，规范农产品生产经营行为；抓好标准化生产，健全完善农产品质量安全标准体系；抓好质量安全监管，切实把好市场准入关，为农产品质量安全提供保障等提出了意见和建议。

（五）协助全国人大常委会开展《农业法》执法检查以及稳定和完善农村土地承包关系情况的专题调研。由全国人大常委会副委员长张宝文率领的执法检查组，于2015年4月27日至30日对我省贯彻实施《农业法》情况进行执法检查，并对稳定和完善农村土地承包关系情况进行调研。执法检查组听取了省政府贯彻实施《农业法》情况汇报和省农业厅稳定完善农村土地承包关系情况汇报，深入石家庄、邯郸市及部分家庭农场、农民合作社、农业企业等进行实地检查。执法检查组对我省贯彻实施《农业法》取得的成绩给予了充分肯定，对河北今后一个时期农业发展战略定位提出了建议，强调河北应该是粮食主产省、菜篮子产品供应保障基地、农业科技成果转化示范区、节水农业发展先行区、环京津生态涵养区，为京津冀协同发展作出新贡献。

【加强为代表服务工作，充分发挥代表主体作用】

（一）积极为常委会委员、省人大代表依法履职搞好服务。认真贯彻落实省人大常委会关于密切联系常委会委员和省人大代表有关规定，积极为他们依法履职创造条件、搞好服务。在开展农业农村立法、监督工作中，主动邀请省人大常委会委员、省人大农委组成人员、省人大代表参加，充分发挥人大代表主体作用。一年来，共邀请省人大常委会委员、省人大农委组成人员、省人大代表 120余人次参加立法调研、执法检查、专题视察等活动，较好地发挥了人大代表的主体作用。

（二）加强省人大代表议案和建议办理工作，努力提高办理质量。我委对办理省十二届人大三次会议代表议案和建议工作高度重视，实行任务到处室、到人办理责任制，重点承办了吴智艳等13名代表提出的关于制定《河北省农作物秸秆禁烧和综合利用管理条例》的议案（第1号），石立新等16名代表提出的关于制定《河北省气候资源保护和开发利用条例》的议案（第1010号）。结合开展秸秆综合利用和禁烧立法，督办了王栋代表“加大对秸秆生产饲料企业补贴力度，减少秸秆焚烧，发展畜牧产业，推广秸秆过腹还田的建议”；李建社代表“农村燃煤和秸秆焚烧污染治理的建议”；杨建蕊代表“秸秆焚烧造成环境污染应该引起高度重视的建议”；贡文英代表“加强秸秆综合利用与禁烧，坚持不懈改善我省生态环境的建议”；郭成志代表“对农作物秸秆综合利用的建议”；朱海鹰代表“解决秸秆焚烧问题的建议”；吕满良代表“严禁农田收割后焚烧秸秆的建议”。由省人大农委起草的《省人大常委会关于促进农作物秸秆综合利用和禁止露天焚烧的决定（草案）》，已经常委会审议通过，于今年6月1日起颁布实施；《河北省气候资源保护和开发利用条例（草案）》，具备了提请常委会审议的条件。代表对办理结果表示满意。

【加强自身建设，干部素质和履职能力明显提升】

（一）开展“三严三实”专题教育和解放思想大讨论活动。深化对习近平总书记系列重要讲话精神学习教育，深入开展“三严三实”专题教育和解放思想大讨论，认真践行“三严三实”，扎实开展“守纪律、讲规矩”教育，积极推进解放思想大讨论，党员干部撰写学习体会、调研文章40余篇，加强了党性修养，凝聚了发展共识，增强了政治意识、法治意识、自律意识、责任意识、担当意识。加强作风纪律建设，组织党员干部集中学习《廉洁自律准则》、《纪律处分条例》，通过反面典型教育、专题党课、参加廉政知识竞赛等方式，加强经常性党风廉政教育，强化党员干部监督管理，风清气正的良好政治生态基本形成。

（二）举办了农业法制建设和提升人大农委履职能力专题培训班。一是为主动适应经济发展新常态，全景透视“三农”改革发展新视野，增强做好人大农业农村工作责任感使命感，7月上旬在秦皇岛举办了全省人大农业法制建设培训班。省人大农委主任委员李广恩、副主任委员王慧军、省委农工部副部长赵金平、河北农大校长王志刚、省水科院教授郭永晨分别就《省人大秸秆综合利用和禁烧的决定》，发展精致休闲和现代农业，农村改革发展的形势任务，水资源可持续利用等作了专题讲座。二是为学习贯彻省委中心组学习会和赵克志书记在省人大常委会第十七次会议上重要讲话精神，加强人大农委干部队伍建设，提高干部素质，提升人大农委履职能力，10月中旬在北京举办了人大农委系统干部提升履职能力培训班，请全国人大常委会委员、全国人大农委副主任委员刘振伟，十一届全国人大常委会委员、全国人大农委副主任委员尹成杰，全国人大常委会法工委国家法室主任武增，农业部农村经济研究中心主任宋洪远，中国农科院农业信息研究所所长许世卫等领导和专家学者，分别就努力提升我国农业法制建设水平；走中国特色现代农业发展道路；立法法修改的几个问题；当前农业农村发展的政策问题；大数据与农业监测预警等作了专题讲座，有效提升了人大农委干部履职能力。

（三）举办了人大农委“三农讲堂”。为推进省人大常委会农工委机关建设，提高干部整体素质、履职能力和工作水平，举办了人大农委“三农讲堂”，邀请农业方面专家学者、涉农部门经验丰富的厅处级干部讲授“三农”形势任务、法律法规、政策理论和专业知识。已邀请省农业厅、林业厅有关负责人和德国食品与农业部食物链安全局局长迈克尔·温特博士分别就现代农业发展、林业法治建设、食品和农产品质量安全作了专题讲座。派出7名处以下干部参加了省人大机关提升履职能力培训。

（四）组织开展干部蹲点调研和下基层锻炼。围绕提高综合素质和履职能力，结合今年立法和监督工作，由省人大常委会农工委领导带队，分别到阜平、正定、定兴、深州等县（市）农村，深入农民群众、家庭农场、农民合作社、农业龙头企业等新型农业经营主体开展蹲点调研，分别撰写了调研报告。选派2名年轻干部参加机关驻正定县和青龙县工作队，开展美丽乡村建设和扶贫开发工作，有效提高了干部素质、履职能力和工作水平。

（河北省人大常委会农业和农村工作委员会　谢增平）

各 市 篇

石家庄市

今年以来，我市认真落实中央、省关于农业农村工作的一系列部署和要求，抢抓机遇，改革创新，奋发作为，农业农村保持了稳中有进的良好发展态势。我市成功入选第三批国家现代农业示范区。

一、农产品产量保持稳定

粮食生产再获丰收。高标准建设了53个小麦和48个玉米万亩高产创建示范片，全市粮食播种面积完成1015.5万亩，亩产443公斤，总产450万吨。蔬菜、畜牧、果品等特色优势农产品保持稳定，蔬菜播种面积228.7万亩，总产1228万吨。其中，设施蔬菜播种面积127.2万亩，占总面积的53%。肉、蛋、奶和果品产量分别为69.68万吨、93.3万吨、116.1万吨和48亿斤，产量稳中有增，继续保持全省领先。建成了35个市级以上蔬菜标准园、100个标准化养殖示范场，发展现代果品示范园区16个，农产品标准化程度和质量安全水平得到进一步提高。

二、综合生产能力不断提升

农田水利建设扎实推进，除险加固小型病险水库25座，治理中小河流8条，发展节水灌溉面积50万亩，治理水土流失200平方公里。农业科技装备水平进一步提升，小麦良种覆盖率达到98%以上，“水肥一体化”技术推广面积达到5.14万多亩。在藁城、新乐等16个县（市）区建立了3G农技推广服务云平台，全市建成农业物联网应用示范园区7个，覆盖181个温室，超额完成了年初任务。主要农作物耕种收综合机械化水平提高1.15个百分点，达到了85.5%。小麦和玉米秸秆综合利用率达到96%以上。农业面源污染治理取得显著成效，推广测土配方施肥面积1050万亩，节省化肥投入2.1万吨，节肥3.2%；绿色植保防控完成推广面积420万亩次，节药5.3%，完成了202家规模养殖场粪污治理工程建设。

三、农业经营方式不断转变

全市完成农村土地承包经营权确权登记颁证430.6万亩，占承包耕地总面积的66.5%，超年初任务6.5个百分点。家庭农场发展到1080家，在农业部门备案的农民合作社达到5216家，全市土地经营权流转总面积195.1万亩，占家庭承包耕地总面积的30.16%。以供销社为依托的社会化服务体系日趋完善，新培育社会化服务型合作社48家、产业型合作社44家，供销社系统领办农民合作社3000家。栾城南高土地托管、平山葫芦峪浅山区农业开发经验在全省推广。规范建设农村社区综合服务中心275个，各类配送中心43个，乡村供销社超市200家。先后组建了河北中山日化、红满楼、晋州兴合电子商务等10个专业性、区域性的电商平台，发展乡村电商服务站200多个。市县两级农村产权交易中心完成建设。汪洋副总理对我市供销社改革工作予了充分肯定。

四、“第六产业”加快发展

继续实施农业产业化“115行动计划”，年初谋划建设的180个重点项目全部开工建设，完成投资达到50亿元以上。投资22.3亿元的团山红农业园、16亿元的河北三元工业园、14亿元的神树湾生态农业园等项目进展顺利，全市农业产业化龙头企业达到277家，农业产业化经营总额达到819.1亿元，增长5%，产业化经营率62.6%，增长1个百分点，农产品加工转化率达到77%。农业园区发展势头良好，全市各类农业园区达到249个，其中，万亩以上12个，栾城弘顺农业科技园区、藁城高科技园区、灵寿现代农业园区被认定为省级现代农业园区。平山葫芦峪、赞皇连片开发、灵寿慈峪万亩核桃基地等一批山区开发项目不断发展壮大，葫芦峪经验在全省得到推广。

五、造林绿化成效显著

在全省率先启动实施太行山生态绿化工程，三年计划完成造林 300 万亩（人工造林、封山育林各 150 万亩），实现太行山绿化全覆盖。今年秋冬季完成太行山绿化 50 万亩（人工造林 20 万亩、封山育林 30 万亩），实现了顺利开局。谋划实施了“一山、两库、三河”绿化工程，完成造林 10.1 万亩。在主城区周边建成了一圈完全闭合的 8 万亩环省会经济林带。今年以来，全市完成人工造林 76 万亩，超出年初任务 26 万亩，森林覆盖率达到 37.2%，比去年增加了 1.2 个百分点。我市先后被国家林业局、国家绿委办授予国家森林城市和全国绿化模范城市称号。

六、民生水利建设加快推进

南水北调配套工程建设取得新进展。水厂以上输水管线基本实现贯通。17 座县级配套水厂 15 座已全部开工建设。西北水厂已开始向市区引送长江水，东北水厂、良村水厂已开工建设，东南水厂裕华区正在加紧推进。地下水超采治理试点扎实推进，发展节水灌溉面积 6.19 万亩。实现压采能力 7991 万立方米。农村饮水安全工程投资 2.47 亿元，新建联村集中供水工程 6 处，单村集中供水工程 424 处，解决了 471 个村，52.43 万人的农村饮水安全问题。实施小区老旧供水管网改造，解决了 100 个老旧小区吃水难问题。

七、农村生活条件明显改观

美丽乡村建设完成了411个省级重点村的改造任务，重点打造平山西柏坡、正定古城两个省级片区和鹿泉、栾城、藁城、矿区四个全域提升区。栾城全域推进建设经验在全省得到推广。革命老区重点村帮扶工作共建设项目285个，完成投资2.2亿元，革命老区重点村90%以上实现了主街主路硬化，60%以上的村庄彻底解决了饮水安全问题，半数以上村庄建成了村民中心或活动广场，受到了老区群众欢迎。脱贫攻坚行动全面启动，按照“六个精准”的扶贫要求，完成6.2万人脱贫任务，超计划1.2万人。

（石家庄市人民政府）

唐 山 市

2015年，全市农业农村工作以中央和省、市关于“三农”工作的决策部署为指针，各级各有关部门齐心协力、攻坚克难，开拓创新、真抓实干，“十二五”胜利收官，农业农村发展保持了强劲势头。全市实现第一产业增加值581亿元，农民人均可支配收入达到13960元，分别比上年增长2.9%和8.5%。

一、优化产业结构，努力实现农业提质增效

围绕京津冀协同发展大局，在保证粮油安全的基础上，优化结构、扬长避短，向产量与效益并重、效益优先方向发展。一是优势特色粮油得到发展。全年粮食总产308.4万吨，建设“吨粮田”130万亩。其中优质水稻、特色杂粮、专用玉米播种面积和产量均有增长。落实花生良种补贴政策，花生播种面积114.9万亩，总产30.3万吨。二是蔬菜产业亮点纷呈。全市设施蔬菜面积达到121.3万亩，产量达到611万吨。5个蔬菜精品园在引进新品种、示范新技术、创新新模式等方面亮点突出、带动性强；工厂化育苗基地建设蓬勃发展，总育苗量达到2.87亿株。三是林果业健康快速发展。全年新增高标准果品基地11.6万亩，果树总面积达到247万亩，干鲜果品总产量完成170万吨。大力推动林木种苗产业发展，全市共完成育苗7.8万亩，完成容器育苗2500万株，保障了绿色攻坚工程建设需要。抢抓2016唐山世园会契机，大力发展花卉产业，全市新发展花卉7000亩，花卉总面积达到5.6万亩。油用牡丹、薰衣草等特殊用途花卉发展明显加速。四是畜牧水产发展稳定。大力推进规模化、标准化生产进程。全市共建设2个部级畜禽标准化规模养殖示范场、14个省级畜禽标准化规模养殖示范场和70个市级示范场。着力组织实施“七吨奶”工程，全市奶牛平均单产由6.5吨提升到6.8吨以上。建成高标准工厂化水产养殖车间201万立方水体，占全省的68.3%；建成农业部水产健康养殖示范场33家，辐射带动全市生态健康养殖面积达到41万亩；创建省级水产良种场6家，国家级休闲渔业示范基地2个，曹妃甸被评为国家级健康养殖示范县。

二、强化项目带动，产业化经营实现新发展

全面落实“创新驱动、突出重点、培育亮点”的工作要求，全市农业产业化工作再上新水平，农业产业化经营总量达761亿元，产业化经营率达67.5%。一是大力推进重点项目建设。年内继续实施县乡领导分包项目责任制，强化重点项目督导调度，有效保证了项目进展。共谋划投资1000万元以上农业产业化重点项目290个，亿元以上项目109个。其中开工项目271个，完成年度投资127.66亿元。竣工项目155个。二是发展壮大农业产业化龙头企业。积极组织申报上级和认定市级农业产业化龙头企业，全市拥有国家级农业产业化重点龙头企业5家；省级农业产业化重点龙头企业57家，年新增17家；市级农业产业化重点龙头企业384家，年新增34家。9个项目获得省级农业产业化项目资金支持，共争取资金共计1250万元，其中芦台经济开发区北粮农业股份有限公司农业循环经济四百万蛋鸡产业示范基地项目获得补助金额400万元。三是充分发挥园区和“一村一品”辐射带动作用。全市拥有50多个千亩以上各具特色的农业园区基地，其中建设2个国家级现代农业示范区（玉田、曹妃甸），2个国家级农业产业化示范基地（玉田、曹妃甸），4个省级现代农业园区，7个省级农业科技园区，25个市级现代农业园区。全市“一村一品”专业村达1427个，一村一品专业乡镇37个，其中被农业部命名的全国“一村一品”示范村镇5个。

三、注重科教兴农，农业科技支撑能力得到提升

农业科技在现代农业发展中发挥着重要作用，年内着力提升为农服务整体水平，加快先进农业科技成果向生产力转化。市、县、乡、村四级农技推广服务网络逐渐完善，建设基层农技推广技物配套服务模式试点15个；为农技人员和新型经营主体注册了2800多个农技推广云平台用户，开通了5400多个农业科技网络书屋；建设了24个科技示范基地，培育了1.3万个科技示范户，种养两业名优新品种普及率达到了98%。与中国水产科学研究院合作，在曹妃甸打造北方育种基地；在丰南、迁安建设2个河北省农业科技集成创新与示范基地。选聘15名全国产业体系首席科学家、岗位专家，建设了8个现代农业产业技术体系综合试验站。构建了教育培训、认定管理和政策扶持“三位一体”的新型职业农民培育制度，已培育新型职业农民5910人，认定1816人。邀请国家、省现代农业产业技术体系首席和岗位专家，为新型农业经营主体举办专题讲座19期，培训新型职业农民3000人。开展农村实用技术培训30万人次。

四、巩固改善条件，农业生产实现持续、安全、生态

一是夯实农田水利基础设施。全市累计投入农田水利基本建设资金5.8亿元，完成土石方1208.35万立方米。全年恢复改善灌溉面积28.3万亩，建设节水灌溉面积21.7万亩，改善除涝面积28.6万亩；改善村镇供水工程614处，新增供水受益人口58.04万人；配置水资源1680.03万立方米，科学调引滦河水5.67亿立方米，有力保障了生产、生活、生态用水。重点开展了中小河流治理、骨干河道治理、病险水库除险加固工程、大中型水闸除险加固、海堤加固等工程，确保了顺利生产和安全度汛。二是推进生态农业发展。坚持现代畜牧业建设与畜禽规模养殖污染治理同步推进，对“老、旧、小”规模化养殖场（区）进行标准化改造，综合治理畜禽规模养殖场污染。年内还制定实施了《唐山市畜禽粪污转化生物有机肥项目肥料补贴实施方案》，积极推进畜禽粪便转化有机肥工作，有效控制了畜禽粪污对环境的污染。引导农民群众使用高效低排放炉具，推广清洁燃烧炉具84498台，全市年可节煤4.2万吨，减排二氧化碳11万吨、二氧化硫420吨、粉尘（烟尘）50.4吨。三是继续开展造林绿化攻坚工程。重点实施了山区绿化工程、封山育林工程、沿海绿化工程、通道绿化提升工程、村庄绿化工程和沙地治理绿化工程，全市共造林37万亩，森林覆盖率达到了35.6%。同时，对气象灾害防御、防汛抗旱、森林防火、病虫害防治、动物防疫等工作高度重视，监管有力，措施有效，亦保证了农业生产安全稳定。

五、加强安全监管，农产品质量得到有效保障

一是组织开展农产品质量安全市、县创建活动。曹妃甸区、玉田县2个县区纳入国家农产品质量安全县创建行列；迁安市、丰南区、丰润区、乐亭县、滦县等5个县区纳入了省级农产品质量安全示范县创建行列。二是加强农产品安全监管体系建设。市级形成了行政管理、监督执法、检验监测“三位一体”的监管体制，农产品检测机构认证的检测参数已达574项，畜产品质量检测能力和水平位居全国地市级前列。全市统一规划建设了114个乡镇动物防疫站，形成了市、县、乡（镇）三级上下贯通、全面覆盖、全程监管的监管网络。三是常态化开展了大检测、大整治活动。开展了违禁物质、农兽药残留、重金属、投入品安全等检测活动，组织开展了“农药及农药使用”、“瘦肉精”、“生鲜乳违禁物质”、“兽用抗菌药”、“水产品违法添加物质”、“农资打假”、“畜禽屠宰”等专项整治行动，有力打击了各种违法行为。四是建立了诚信体系建设机制。制定实施了《唐山市农产品质量安全“红名单、黑名单”管理制度（试行）》，确定了诚信示范企业创建标准，市政府命名的“农产品质量安全诚信示范企业”已达到32家。五是强力推进农业标准化建设。全市种植作物标准化面积700万亩，获得地理标志农产品认证8个，无公害基地认证面积180万亩；通过绿色食品认证企业46家，认证产品161个。通过有机农产品认证企业15家，认证产品86个。2015年培育和创建农产品品牌20个，累计创建农产品品牌260个，其中中国驰名商标9个。

六、完善创新机制，增添农业农村发展新活力

一是积极推进农村土地承包经营权确权登记颁证工作。全市农村土地承包经营权确权登记颁证工作，完成外业权属调查和二次公示无异议的面积分别达到512.17万亩和504.85万亩，超额完成省达目标任务。二是有序推进农村产权流转交易平台建设。本着试点先行、逐步推开的原则，率先推进玉田县、遵化市、迁西县、丰南区4个省级试点和丰润区市级试点农村产权流转交易中心建设，第二批建成省级试点县遵化市、迁西县、丰南区和市级试点丰润区农村产权流转交易中心。同时，还启动了市级农村产权流转交易中心的筹建工作。三是积极推进农业规模化经营。以规范合同为重点，以强化服务为载体，以严格监管为手段，以培育典型为亮点，以宣传培训为抓手，在注重发展进度的同时更加注重规范运作，有序推进土地流转工作的开展。全市共流转土地177.7万亩，土地流转率达到23.5%。通过流转实现规模经营面积127.8万亩，土地规模流转率达到71.9%。四是创新探索“政银保”合作新模式。积极探索地方政府与金融机构合作服务现代农业发展新模式，有效破解新型农业经营主体“贷款难”的问题，年内出台了《唐山市“政银保”合作农业贷款工作实施方案（试行）》，对“政银保”合作农业贷款对象、资金用途、贷款最高额度、期限及利率、贷款办理流程、还款方式和保费要求进行了详细规定，在全市试行了“政银保”合作农业贷款工作。年内已为9家符合条件的农业公司、农民专业合作社、家庭农场，累计发放贷款950万元。五是试点开展农业政策性保险。坚持“政府引导、市场运作、自主自愿、协同推进”的原则，积极推进我市政策性设施农业保险工作，今年争取财政资金54万元，在丰南、曹妃甸两地开展试点工作，引导农民积极投保，分散风险，减轻灾后负担，提高灾后恢复生产能力，促进设施蔬菜持续稳定健康发展。

七、搞好专项行动，群众生活幸福指数明显提高

年内按照“环境美、产业美、精神美、生态美”的要求，狠抓美丽乡村建设，着力改善生活条件和环境，提高群众生活幸福指数。全市369个省级重点村围绕“十二个专项行动”共投入资金6.5亿元，实际投资6.69亿元。饮水安全：新打机井133眼，铺设供水管道37.1万米，安装饮水设备47台，任务完成率为102%；村庄绿化：完成209.2万平米，栽植绿化苗木81万株，任务完成率为107%；垃圾处理：开展了四清整治工作，累计清理垃圾76.1万吨，创建美丽庭院2.6万户，增设垃圾处理设施2205处，垃圾分类收集做法得到有效推广；道路硬化：完成硬化面积273万平米，其中村内主干道130万平米、巷道111万平米，连村道路32万平米，任务完成率为106.8%；民居改造：完成民居节能改造1149户、危房改造722户，任务完成率为103%；墙体美化：绘制文化墙21万平米，整治沿街广告标语3.9万平米，任务完成率为100.5%；教育设施建设：改造校舍7145平米，购置教学设备253套，任务完成率为100%；村民中心建设：建设村民服务中心6.9万平米，任务完成率为102%；厕所改造：旱厕改造完成35万座，任务完成率为100%。

（唐山市人民政府）

秦皇岛市

一、农业综合生产能力不断提高

2015年，秦皇岛市农业总产值318.83亿元，同比增长2.73%；农业增加值180.8亿元，同比增长2.9%；农业固定资产投资总额72.58亿元。粮食播种面积222.5万亩，总产量84.44万吨；夏粮收获面积17.58万亩，冬小麦亩产达到430.2公斤，创历史最好水平。秦皇岛市被评为“全省夏粮生产先进市”，昌黎县、卢龙县被评为“全国粮食生产先进县”。油料作物播种面积27.49万亩，产量5.98万吨。蔬菜播种面积72.85万亩，总产量340.25万吨。肉、蛋、奶产量分别达到35.42万吨、11.63万吨和10.57万吨，主要畜禽品种存、出栏量均呈现增长态势。水产品总产量达到36.07万吨，其中海水养殖产量32.72万吨；水产品出口创汇额3.9亿美元，占全省出口总量的87%。果树面积148万亩，年产各种果品87万吨。

二、农业产业结构进一步优化

按照稳面积、提单产的思路狠抓高效经济作物扩面、粮油高产创建和增产模式攻关。建优质玉米、水稻生产基地115万亩，油料标准化生产基地20万亩，加工型鲜食甘薯、优质杂粮生产基地30万亩，中药材示范基地10万亩。全市粮经作物种植面积比达到3.12：1（不含蔬菜水果）。完成国家级粮食高产创建示范片14个、市级领导干部示范田8个，面积达到15.56万亩，其中玉米、水稻示范片亩产达到575和679公斤，示范带动作用明显。创建省部级蔬菜标准园7个，建成设施蔬菜百亩方30个，集约化育苗中心5个，设施蔬菜面积达到58万亩。狠抓抚宁生猪、青龙肉鸡、卢龙肉羊等省级标准化示范区建设，深入开展规模场标准化创建和改造提升行动，新建部级标准化规模示范场2个、省级8个，全市部省级标准化规模示范场分别达到16和51个。建成省级生鲜乳收购示范站5个，高产奶牛示范场11个，生鲜乳质量安全监测合格率达到100%。全市备案养殖场达到1215个，畜禽规模化养殖率达到86%，规模场粪污处理设施改造率达到55%。按照以水养鱼、以渔护水理念，大力推广立体多元健康养殖模式，持续推进浅海扇贝养殖控规模、降密度，全市浅海扇贝养殖稳定在60万亩，同比减少9.6%，挂笼密度降低50%；新建国家级水产健康养殖示范场3个；全市海洋牧场面积达到9万亩，底播增殖面积13.9万亩；滩涂池塘养殖面积稳定在8.5万亩，其中海参养殖5.98万亩；工厂化海水养殖达到210万平方米。新建5个海洋牧场示范区，增殖各类苗种1.2亿单位，新建人工鱼礁群3000亩，增殖面积达到7.3万亩。2015年全市水产品加工量28.6万吨、出口创汇额达3.9亿美元，占全省出口总量的87%，加工量、出口量连续多年位列全省第一。昌黎海勇水产公司年出口创汇亿元以上，位居全省第一。

三、生态循环农业取得新进展

普及推广生态循环农业生产模式，“养殖-有机肥-种植-养殖”等5种生态循环农业模式得到广泛应用。开展化肥农药使用量零增长行动，示范推广生物有机肥等新型肥料19万亩，应用测土配方施肥面积285万亩，大田作物化肥投入量平均降低10.2%（折纯），平均每亩节本增效40元以上；落实绿色防控面积78万亩次，开展专业化统防统治面积150多万亩次，建设病虫害绿色防控示范区3000亩，示范区内农药使用量减少30%以上。开展浅海养殖区整治和岸滩修复攻坚行动，完成规模化畜禽养殖场改造183个，建成筏式扇贝标准化养殖示范基地3万亩，建设岩礁放养、贝藻轮养生态示范区1300亩，投放生态型和增殖型鱼礁3万立方米，移植大型藻类2000万株，修复戴河口损毁防砂堤和岸线858米，清理河道及航道淤积物3.2万方。海洋牧场建设和北戴河近海生态修复示范区成为我国海域治理典范。继续推进农村能源清洁开发利用，推广清洁燃烧炉具5.59万台，完成乡镇锅炉改造88处、煤改太阳能35处、煤改电20户、秸秆压块站建设51处，修复户用沼气池3000户，建成大中型沼气工程1个，建设太阳能多能互补采暖房35户。

四、生态环境建设加快发展

以三北防护林、沿海防护林等国家重点林业工程为依托，采取以奖代补造林、大户造林、合作社造林、政府补贴造林、企业造林等多种造林绿化模式，全面开展造林绿化工作。全市完成人工造林面积14.77 万亩，封山育林面积5.9万亩，森林覆盖率达到45%；其中义务植树662.1万株总面积6415亩，新增果品栽培面积3万亩，新增标准化实施面积5万亩。加强湿地建设和保护工作，进一步完善全市湿地保护规划，完成青龙湖湿地公园现场勘察和初评，研究启动戴河生态园、引青灌区湿地、东沙河湿地等重点湿地筹建湿地公园工作。河北北戴河国家湿地公园顺利通过国家验收并挂牌，《湿地公园及周边湿地生态修复专项规划（2014—2020）》、林分改造施工设计和水体生态修复工程方案通过了专家论证，正加快推进。

五、现代农业园区建设得到加强

以工业化理念推进现代农业产业园区建设，打造优势特色产业集群。全市先后建成省级以上各类农业园区81个，市级生态循环、休闲农业、山区综合开发等园区62个，昌黎县被认定为国家农业产业化示范基地县，入选第三批国家级现代农业示范区。昌黎干红葡萄酒产业聚集区和卢龙印庄乡现代农业产业园区通过省级现代农业园区认定。北戴河区集发农业观光园及北戴河村片区被认定为2015年北方地区唯一“中国农业公园”，北戴河集发被评为全省十佳休闲农业园区。柳河山庄、仁轩酒庄被评为国家级休闲农业与乡村旅游示范点，秦皇岛巨丰种植有限公司、连峪景区、柳河山庄被评为省级示范点。全市建成国家级休闲农业与乡村旅游示范点7家，省级示范点9家，三星级以上休闲农业园区6家，休闲园区总数达到68家，年接待游客323万人，社会总收入达到18.5亿元。

六、农业产业化经营水平不断提升

全市农业产业化经营总量突破409亿元，农业产业化经营率达到68.04%，继续保持全省第一。全年实施标志性项目82个，完成投资32亿元，中薯食品、佳朋皮毛交易市场、茅台酒庄、朴生源食品等9个亿元以上项目已经竣工或部分投产。鼓励现有大企业扩能扩产、提质增效，骊骅、金海、正大等大企业都实施了提档升级综合技术改造项目；支持企业拓展经营范围，发展电子商务和市场体系建设，围绕全产业链发展上下游的企业和项目。强化了重点龙头企业监测管理，形成可进可出的淘汰机制，新认定了25家，监测淘汰了28家，市级以上农业产业化重点龙头企业297家，其中省级以上48家，国家级4家。开展农业产业及产业化发展现状调研，实地走访乡镇、企业、合作社、农户，摸清全市农村产业现状，客观评价农业产业化发展水平，为下步推进农业产业化提供参考和依据。

七、农业支撑体系不断增强

加强农田水利工程建设，完成青龙县小型农田水利重点县、专项资金和工程维修养护等项目工程，新增节水灌溉面积4.05万亩。加强农业实用技术推广，建设绿色增产、关键技术展示田750亩，推广农业主推技术15项、面积221万亩次。围绕八大主导产业，建立农业科技示范基地10个，培育新型职业农民1729人、科技示范户7338户。持续提升农业机械化水平，全市农机总动力达到300万千瓦，完成机械耕、播、灌、植、收面积939万亩次，耕种收综合机械化水平提高到57.5%。实施优种工程，引进各类农作物新品种80多个，安排新品种试验示范项目11个，亩均增产20%以上，农作物优种覆盖率稳定在97%以上。新建种羊场19个，种畜禽场总数达到45个，猪、牛、羊、鸡良种覆盖率分别达到98.9%、90.8%、90.5%和99%。绒山羊良种繁育技术研究与示范项目，被省科技厅确定为2015年省级重点研发计划项目。加强农产品质量安全监管，加大农业投入品、农产品检验监测力度，蔬菜、畜禽产品和水产品抽检合格率均达到98%以上。开展果品质量抽样检测266批次，检测合格率达到100%。推进“三品一标”认证，认证无公害产地307个、产品206个，绿色食品84个，有机农产品10个，建成全国绿色食品原料标准化生产基地3个，面积16万亩。加强农产品品牌建设，省级以上名牌产品、著名商标分别达到17和38个，“参皇岛”牌干制海参荣获第13届中国国际农产品交易会参展产品金奖。加强重大动物疫病防控和有害生物防治，春秋两季应免畜禽免疫密度达到100%，检疫畜禽5398万头只次、定点屠宰畜禽5356万头只、无害化处理病死畜禽18.65万头只。强化美国白蛾、杨树病虫害、北戴河油松枯梢病防治和松材线虫病预防工作，完成防治作业面积88.01万亩次，林业有害生物无公害防治率和测报准确率分别达到97.23%、99.19%以上，美国白蛾有虫株率控制在0.21%以下，叶片保存率达到95%以上。提高农业信息化服务水平，创建农业物联网远程专家诊断及指导系统示范点5个，参加农业专业人才信息化远程教育在校生达到346人。加强农产品电子商务平台建设，市新供销公司手机APP农产品配送平台和青龙县供销社农产品电商平台正式上线运营。加强农业气象防灾减灾服务，开展关键农时及重大农业气象灾害监测预警，更新“直通式”气象服务对象和服务需求数据库，与河北省农林科学院昌黎果研所合作建设集气象防灾减灾、为农服务、科普宣传于一体的为农服务示范基地。

八、农村经营体制改革成效显著

推进农村土地承包经营权确权登记颁证工作，全市共完成177.3万亩，占总承包土地的62%。全市农村建设用地使用权确权颁证完成50%。推动农用地承包经营权抵押贷款工作，指导抚宁区、青龙县、昌黎县成立“农用地预期收益保证贷款风险抵押金”和评估委员会，向金融机构推荐新型经营主体32个；青龙县被列为全省土地预期收益抵押贷款试点县，全面开展土地经营权抵押贷款担保业务。开展农村产权制度改革，四个农业县区的农村产权交易中心建设全部完成，全省唯一实现任务县区全覆盖；推进农村集体经济股份制改造，海港区西港镇倪庄村省级试点建设顺利完成，7个市级试点村建设全面启动；农村集体“三资”管理工作被确立为全省唯一整市推进试点，1881个村完成集体“三资”信息平台录入，完成率达83%，被省农业厅列为农村集体“三资”信息化管理先进市，综合排名全省第一；鼓励农业适度规模经营，出台《秦皇岛市农村土地承包经营权流转奖补暂行办法》，全市土地流转面积65.9万亩，占承包经营土地面积的26%。新型经营主体规模逐步壮大，新增农民合作社223个，总数达1632个，其中国家级示范社9个、省级48个、市级198个，入社农户达到21.54万户，占全市农户总数的33.14%，带动农户42.72万户，占全市农户总数的64.72%；新注册家庭农场131个，总数达到306个，其中省级示范场7个，市级32个，家庭农场规模经营土地面积达到3.75万亩，年销售总额达9000万元以上。加快小型水利工程管理体制改革，明确所有权和使用权，我市该项工作在全省率先完成并通过验收。

九、农民生活条件明显改善

农村居民人均可支配收入10782元，同比增长8.2%。继续推进美丽乡村建设，以84个省定重点村为重点，从农民群众最迫切需要解决的饮水安全、道路硬化、厕所改造、村庄净化绿化等项目入手，全面改善农民生产生活条件。集中打造的16个精品示范村全部获评2015年度河北省美丽乡村，包含27个重点村的北戴河片区被评为2015年度河北省美丽乡村建设先进片区，北戴河区北戴河村、费石庄村入选“2015中国特色村”。同时，将青龙县和开发区列入省重点建设中心村示范县区，将逃军山、义卜寨等8个中心村列入省重点建设中心村示范点。强力推进农村垃圾治理，建立长效机制，城市区实现了村庄城乡环卫一体化，四个农业县区90%的村庄垃圾得到有效治理。加快山区综合开发建设。按照向山区要空间、要产业、要生态、要增收的发展思路，全市确定20个资源禀赋条件较好的山区综合开发示范区，谋划项目172个，统筹推进产业发展、综合整治、生态保护、基础设施、社会事业和公共服务建设同步发展，并选定抚宁县仁轩酒庄、昌黎县葡萄沟、卢龙县柳河山庄、海港区连峪山庄、山海关大樱桃沟等作为中心片区，实施重点突破，有36个项目基本建成，41个项目取得明显形象进度。

（秦皇岛市人民政府）

邯 郸 市

2015年，邯郸市以建设现代农业为首要任务，以农业增效、农民增收为基本目标，全面贯彻落实中央、省关于农业农村发展的各项方针政策，大力发展高产、优质、高效、生态、循环农业，全市农业持续保持良好的发展态势。

全市粮食播种1160.1万亩，总产114.7亿斤（位居全省第一）；蔬菜播种291.5万亩（设施蔬菜全省第一）、总产242亿斤；棉花、油料总产分别达到2亿斤、2.3亿斤；肉、蛋、奶、水产品产量分别达到15.2亿斤、24.2亿斤、5.6亿斤和0.7亿斤，家禽、肉羊养殖量全省第一。

一、现代农业园区建设开局良好

按照现代化、标准化、规模化、集约化发展要求，引进一二三产融合发展理念，鼓励产学研、种养加游、贸工农等农业龙头企业入园发展。截至2015年，我市园区建设累计投入达98.9亿元，入园企业达到166家，实现销售收入353.1亿元，利润34.6亿元。建成国家级现代农业示范区1个、省级农业园区3个、市级农业园区7个。河北省现代农业园区建设暨农业产业化工作会议在我市成功召开，沈小平副省长对我市现代农业园区建设给予了充分肯定。

二、粮食生产实现“十二连丰”

以全国整建制推进高产创建试点市建设为契机，大力推广种粮大户、家庭农场、龙头企业和专业合作社参与高产创建成功模式，全面推行“六统一”服务，开展绿色增产模式攻关，高标准打造高产示范方200万亩，全市粮食实现大面积均衡增产。全市粮食播种面积1160.5万亩，平均亩产481公斤，总产达到573.3万吨。其中，558.5万亩小麦平均亩产466.7公斤、总产260.7万吨，单产、总产位居全省第一；553.4万亩玉米平均亩产566公斤，总产296.3万吨。

三、蔬菜产业、奶业提质增效

调整品种结构。压减叶菜面积20万亩、产量50万吨，增加茄果类面积18万亩、产量180余万吨。加强品牌宣传，树立两块 “永年蔬菜”宣传牌，印制15万个“永年”蔬菜精致包装箱，在北京名特优绿色农产品展示中心建立展厅110平米，组织蔬菜合作社参加2015年中国蔬菜产业大会和廊坊5.18经贸洽谈会，邀请国家级媒体采访、报道我市蔬菜产业发展情况。促进产销衔接，发挥南大堡蔬菜物流中心优势，开拓京津中高端蔬菜市场，扩大园区合作社与美食林、阳光等超市配送销售规模，发展“鲜城送”等网络配送到户新模式。

全市奶牛存栏达增加0.12万头。存栏千头以上的奶牛场达到5个，在建和新建的奶牛养殖场有4个。积极招商引资，先后赴石家庄、呼和浩特，与君乐宝、蒙牛、伊利等进行深度洽谈，蒙牛有意向在我市投资低温奶加工项目，辽宁辉山乳业集团与邯郸市康诺食品有限公司签订协议，投资6亿元合作建设“日处理300吨生鲜乳”项目。

四、推进现代畜牧业健康发展

围绕生猪、蛋鸡、肉鸡等优势产业，继续加大招商引资力度，培育壮大龙头企业。全市谋划和在建畜牧项目总投资额超过120亿元，其中河北华裕蛋鸡产业综合体项目投资21亿元。全市新建万头猪场6家，存栏5万只以上的蛋鸡场5家，年出栏5万只以上的肉禽场8家，年出栏500头以上的肉牛场4家，年出栏1000只以上的肉羊场10家。

强化病死畜禽无害化处理，对经营、运输、屠宰等环节进行了专项监督检查。开展春季动物疫病防疫，免疫禽流感、猪蓝耳病等重大疫病，免疫率达100%。开展动物检疫监管专项整治，严格证章标志管理，杜绝不依法履职、不作为甚至乱作为现象。开展秋季动物疫病防疫，搞好技术指导和强免疫苗及监测试剂的调配供应。全年没发生重大动物疫病。

五、农业节水项目进展顺利、新能源利用实现新突破

2015年我市承担农业节水项目208.24万亩，总补助资金3.18亿元，实现地下水压采1.24亿方。其中，调整种植模式、小麦春灌节水、保护性耕作项目全部完成实施任务，各项目已完成自验；水肥一体化项目全部落实到地块，正在加快实施进度，今年元月中旬即可完成。

大力推进农村清洁能源利用，推广高效清洁燃烧炉具4.46万台，煤改电512户、煤改地热400户、煤改气580户。加快推进临漳县世行贷款大型秸秆沼气等8处大中型沼气工程，新建户沼气池3316个。全市“三沼”综合利用达到100万亩以上。

六、农业产业化发展水平稳步提升

全市建成市级以上农业产业化重点龙头企业468家，其中国家级6家、省级62家。谋划实施农业产业化重点项目280个，投资总额达803亿元，年度计划投资130亿元，实际完成投资136.1亿元，项目个数及投资总量均居全省前列，争取省农业产业化项目资金1250万。新增中国驰名商标3件，累计达到10件；新增国家地理标志保护产品2件，累计达到7件；新增全国一村一品示范村镇1个，累计达到5个。全市农业产业化经营率达到66.2%，较去年增加0.9个百分点，高于全省平均水平。

农机化水平进一步提升。全市农机总动力达到1530万千瓦，大中拖保有量3.1万台，联合收割机2万台，秸秆还田机2.5万台。机耕920万亩，机播1270万亩，机收1050万亩，综合机械化水平达到75%。农机专业合作社达到218家，服务农户21万户，作业面积349万亩。创建40个农机化示范园区，示范带动40万亩粮食生产全程机械化。

七、农业污染、农村环境治理成效显著

全年测土配方施肥推广面积1200万亩（次），配方肥推广面积588万亩，有效的避免了过量施肥。全市专业化统防统治覆盖面积达到406.7万亩，覆盖率达到34.9%，有效的避免了过量用药。完成536个畜禽规模养殖场和养殖小区污染源治理项目，实现畜禽粪污资源化利用。全市秸秆利用总量764万吨，综合利用率达到了95%，秸秆基本实现全量化利用。新增地膜回收面积34万亩，全市地膜回收总面积达到80万亩，同时在成安县开展可降解地膜对比试验。

着眼破解队伍管理、垃圾出路两个关键问题，在全市农村推广“城乡一体化模式”和“公司化运作模式”，完善联查考评办法，坚持每周安排抽查暗访、每季度督促各县（市、区）报告责任书履行情况，并设立“邯郸市农村环境整治”微信平台，构建快速反应机制，倒逼治理常态化。2015年，我市被列为省农村环境整治整体推进试点市，在政府购买保洁服务等方面取得新突破，初步实现了农村环卫保洁公司化全覆盖、监管责任网格化全覆盖，并在垃圾处理无害化全覆盖方面进行了积极探索。

2015年秋季，围绕“不着一把火、不冒一股烟、不伤一个人”的目标，及早谋划，精心部署，从教育引导、巡查联查、责任分解、依法追究等方面，进行了系统设计，打出了组合拳、打好了主动仗。层层签订禁烧责任状，建立了市县乡村户五级全覆盖推进体系；组成15个督导组、7个巡查组、2个机动组，驻县督导与区域联查分头实施、双线推进；组织新闻媒体“立体式”报道、手机短信“全覆盖”发送，特别是邀请省人大常委会农工委主任、省《关于促进农作物秸秆综合利用和禁止露天焚烧的决定》起草人李广恩，在邯郸电视台《民生圆桌会》栏目，就新法规进行深入解读，这在全省尚属首例。据省大气办通报，全省秋季禁烧期间卫星遥感监测火点总数54个，我市火点仅1个，为历年来最好排位。据省地理信息局无人机监测，全省发现火点205个，我市零火点。

按照“全面启动、示范带动、两年达标”的思路，在冬季造林期间，从主干道路沿线选择1138个村庄列为绿化示范村，实行领导分包责任制，组织各县（市、区）四套班子和乡镇党政主要领导，每人分包一个示范村。建立排队评比、检查验收、考核奖惩机制，从市直有关单位选派21个督导组分包县（市、区）进行督导检查，坚持每周调度排队，并在媒体通报。年内，顺利完成1138个示范村冬季绿化任务。

八、农产品质量安全监管水平持续提升

全市共抽检样品21568个，检测合格率99.97%。全市共出动农业执法人员10164人次，检查农资生产经营门市4230个次，整顿农资市场35个，立案79起，结案79起，查获农资数量23867公斤。全市共有32家绿色食品企业116个产品进行了年检或续展，新认证绿色食品企业5家13个产品。组织14家绿色食品企业的内检员参加省绿办的培训。全年没有发生大的农产品质量安全事故。认真做好每月2至3次的常规监测和临时监测，按时向国家、省上传监测结果，在全省率先建立和实施农业自然资源状况报告制度。编修了《全市农业自然资源状况综合报告》、《邯郸市农业区划志》。

（邯郸市人民政府）

邢台市

2015年，邢台市深入贯彻落实党中央、国务院和省委、省政府的重大决策部署，始终坚守农民增收和生态发展这条底线，狠抓现代农业、农村改革、山区综合开发、扶贫开发、美丽乡村建设、生态建设等重点工作，农业农村工作取得了可喜成绩。全省地下水超采综合治理现场会、全省山区综合开发现场观摩会议、全省农村生活垃圾治理现场会在我市召开。2015 年，全市实现农林牧渔业总产值491.4亿元，比上年增长2.9%。畜牧、蔬菜、果品三大支柱产业产值占农林牧渔业总产值的比重达 57.0%，比上年提高 2.9 个百分点。农村居民人均可支配收入达到 9152元，同比增长9.7%。

一、农业生产稳步开展

按照“稳粮、压棉、扩菜、增果、强畜牧”的思路，大力调整农业结构，推动结构优化升级。一是粮食生产再获丰收。总产量451.1万吨，增长1.4%。其中，夏粮产量223.8万吨，增长0.8%；秋粮产量227.3万吨，增长2.0%。全市主要农作物耕、播、收综合机械化作业水平达到84.5%。二是畜禽产品供应充足。全市肉、蛋、奶分别完成33.6万吨、54.4万吨、28.8万吨，分别比2010年增10.5%、16.2%、5.1%。在进一步规范提高现有151家市级以上标准化示范场的基础上，持续推进畜禽标准化养殖“四级联创”。2个部级和11个省级畜禽养殖标准化示范场通过验收。三是林果蔬菜品质提升。以设施化、标准化、规模化生产为重点，提升产业整体档次。全市经济林业面积 259.7 万亩，果品产量达到 142 万吨，实现产值 54.5亿元，分别比 2010 年增加 64.3 万亩、57.7 万吨、29.4亿元。完成蔬菜播种面积 107.7 万亩，比上年增长 4.2%；总产量396.0万吨，增长5.0%。其中，设施蔬菜播种面积19.9万亩，增长4.7%。

二、扶贫开发工作扎实推进

认真贯彻落实中央和省委、省政府关于扶贫开发的一系列战略部署，大力实施精准扶贫、精准脱贫，立足黑龙港流域和太行山区两大扶贫主战场，着力实施了太行山区优质林果、黑龙港区域扶贫“大菜篮”和特色养殖三大扶贫工程，为5万户农村贫困家庭建设了一项持续增收项目，实现 17.8 万人稳定脱贫。一是产业扶贫成效显著。在 10个扶贫重点县着力推进了临城-内丘山区生态经济沟、广宗-威县 10 万亩经济林等 10 个扶贫开发重点项目，新增优质林果 15500 亩，新增设施蔬菜 3500 亩，出栏家禽 500万羽，存栏牲畜 1.2 万余头，发展新型家庭手工业专业村38 个，电商扶贫专业村 14 个。二是培育扶贫龙头企业取得较大进展。全面推广内丘县“县有龙头、村有组织、户有项目”产业扶贫经验，并作为落实精准扶贫工作的有力抓手，取得了明显成效。全市 10 个扶贫重点已扶持和培育国家和省级扶贫龙头企业 32 家，辐射带动 4.6 万个贫困户脱贫致富。三是科教扶贫扎实推进。10个扶贫重点县均建立了不同形式的“教授工作站”。全年共投入培训资金308万元，开展致富带头人、农村实用技术明白人培训班150期，受训人员共计 1.4 万人次。四是圆满完成了易地扶贫搬迁试点任务。内丘县石盆村易地扶贫搬迁小区建设按要求时限高质量完成，为下一步易地扶贫搬迁工作提供了经验。

三、农业产业化快速发展

全市农业产业化经营总量达到682.9亿元，产业化经营率达到 67.2%，比上年增 1.3 个百分点，比 2010 年增7.2 个百分点。一是农业招商成效显著。制定了《邢台市农业招商引资工作制度》、《邢台市农业招商引资考核办法》，形成了月统计、季通报、半年一总结、一年一观摩、年终总排队的工作制度。全市新增农业招商项目204个，项目合同投资额491.4亿元、实际到位资金158.32亿元，同比增长14%、18%。上海光明食品（集团）有限公司投资16亿元食用菌项目、投资3亿元的南和农业嘉年华项目、河北食全十美投资5亿元的速冻食品项目、总投资6亿元的威县乐源牧业有限公司、北京德青源公司投资 2.04 亿元“金鸡产业扶贫计划”等一批现代化农业高端先后落地生根，为我市现代农业发展注入了勃勃生机。二是龙头企业日益壮大。新增市级龙头企业51家，市级以上龙头企业完成固定资产投资36.33亿元，实现销售收入297.2亿元，实现利润 16.7 亿元，同比增长 9%。产业化龙头企业挂牌上市4家，总数达到9家。三是现代农业园区建设扎实推进。制定了《邢台市现代农业园区建设标准（试行）》，重点推进了 19 个现代农业示范园区，全市园区总规划面积达到107.43万亩，规划总投资额643.3亿元，其中，2015年投入资金达 38.1 亿元。沙河、宁晋、临城、威县被认定为省级现代农业园区。9 个县（市、区）园区被认定为市级现代农业园区。四是农产品品牌创建成效明显。积极为龙头企业做好中国驰名商标、省著名商标申报等品牌创建服务工作，新增中国驰名商标 3 件，总数达 11 件，位列全省第一。

四、生态产业建设成效显著

一是造林绿化进度加快。以增加森林资源、发展绿色产业、改善生态环境为目标，坚持造林绿化与工程治理相结合、增绿与增收相结合、常规造林与技术创新相结合、市场化运作与政府引导相结合，动员全社会力量，大力开展植树造林、绿化邢台活动，取得了明显成效。完成人工造林 23.26 万亩，完成率 117.4%，超额完成省定森林覆盖率净增 0.86 个百分点目标。二是山区综合开发开局良好。出台了《关于加快生态经济区建设推进山区综合开发的实施意见》，成立了山区生态经济区建设领导小组，从目标任务、资金保障、体制创新、考核奖惩等方面，制定了一系列针对性强的措施和政策。投资 15 亿元，高标准启动建设了 10 个示范区，总区域面积 12.63 万亩。整合支农项目资金 1.59 亿元用于山区开发。加大招商引资力度，吸收社会工商资本 37.9 亿元。在全省山区综合开发现场观摩会议上，省委赵勇副书记总结了邢台山区综合开发的七条经验，即领导高度重视、坚持规划先行、发展和生态并重、多渠道筹集资金、创新开发模式、重视科技支撑、统筹协调推进。三是地下水压采工程顺利实施。因地制宜、突出重点，大力实施结构节水、农艺节水、工程节水、管理节水和增加替代水源等综合措施，地下水超采综合治理工作取得阶段性成效。完成投资 11.74 亿元，完成农业项目 229.9 万亩。全省地下水超采综合治理现场会在我市威县召开，省政府张庆伟省长、沈小平副省长对我市压采工作给予充分肯定。四是河道整治工作加快推进。按照“科学规划、依法整治、属地管理、分步实施”的原则，坚持因地制宜、疏堵结合、有序推进，重点采取“资源化、市场化、法制化、生态化”等措施，大力实施“河道平整、垃圾清运、拆违整治、景观绿化、水系连通、河水还清”六大工程，对全市域内 20 条河道及主要支流河道开展了分三阶段实施、为期五年的河道综合整治，逐步恢复河道的基本功能和生态功能，保障河道行洪安全，提升河道生态环境，促进经济社会与河道生态环境协调发展。河道整治第一阶段全面完成，共平整河道 25 公里，平整土方 4100 万立方米，实现了全市过境河道主要桥梁上下游各 2 公里“河床平、垃圾无、秩序好”，得到了省委、省政府的肯定。

五、农村改革深入开展

一是农村土地确权登记持续开展。大力实施平乡县、威县、柏乡县整县推进工作，2015 年完成确权登记面积 661.4 万亩，占总任务的 64%。全省农村土地确权登记档案管理及验收工作培训现场会在我市召开。二是土地流转工作顺利推进。加强引导和规范，促进土地承包经营权向专业大户、家庭农场等新型经营主体流转。完善规范土地流转平台建设，健全县、乡、村三级服务和管理网络。2015 年全市土地流转面积达 271.01 万亩，占耕地面积的 29.4%。三是农村集体产权股份制改革试点稳步推进。坚持稳步推进的原则，以“城中村、城郊村、园中村”为重点村开展改革。全市共 36 个村参与股份合作制改革，28 个村经工商注册登记为“村股份经济合作社”，8 个村由县政府发放“村股份经济合作社证明书”。四是农村产权交易平台建设加快推进。鼓励各县（市、区）成立物权公司或收储机构，完善农村产权融资平台；建立农村土地保证金制度；规范农村产权抵押贷款手续，逐步规范农村产权抵押登记申请书、抵押合同等相关手续，最大限度降低农村产权抵押贷款业务风险。威县、南宫、邢台县、临城、巨鹿等 5 县（市）新建了农村产权交易中心，并挂牌运行。五是家庭农场发展迅速。制定了《促进家庭农场发展的指导意见》，注册登记家庭农场达到 916 家，新增 447 家，开展了示范性家庭农场创建活动，评定市级示范性家庭农场 81 家。

六、民生保障持续改善

一是农村饮水安全进一步保障。通过新建、改造联村集中供水工程，提升供水能力和水质，确保群众喝上干净水、放心水。解决了 387 个村、42.37 万人饮水不安全问题。二是美丽乡村建设扎实开展。突出打造了 4 个精品片区，保护修缮 5 个历史文化名村，继续提升三条精品示范线路。全市 129 个美丽乡村建设重点村的 15 件实事建设全部完成，“十二五”期间建成省级美丽乡村 19 个。争取省级中心村建设示范点 17 个，省级中心村建设示范县(市) 2 个。三是城乡低保标准进一步提高。城镇低保平均标准由 383 元/月提高到了 429 元/月，农村低保平均标准由 2150 元/年调整为 2808 元/年。四是养老服务水平得到提升。建成 553 所农村互助幸福院、13 所社区居家养老服务中心。

（邢台市人民政府）

保 定 市

2015年，全市认真贯彻落实中央、省一系列重大决策部署，主动适应经济发展新常态，抢抓京津冀协同发展重大机遇，聚焦实现环京津增长极新突破，强化领导、精心组织、攻坚克难，全力推动农业农村各项工作稳健发展。全市完成林牧渔业总产值627.9亿元，同比增长3.2%，农村居民人均可支配收入达10558元，同比增长10.3%，为全市经济稳增长做出了积极贡献。

一、调优结构，提质增效，农业生产能力显著提升

坚持以促进农业增效、农民增收为核心，围绕打造京津优质绿色农产品供应保障基地，加快转变农业发展方式，优化农业结构调整，加强基础设施建设，全面提高全市农业生产综合能力。一是粮食再获丰产。建设国家级万亩示范片76个，粮食播种面积1231.4万亩，总产501.8万吨，连续八年跨上100亿斤台阶，实现“十二连丰”，全省第二。二是农副产品保障供应能力不断提高。瞄准京津市场需求，充分发挥北京新发地高碑店农副产品物流园辐射带动作用，提高全市特色农副产品供应能力。全市蔬菜总产750.8万吨，肉、禽蛋、奶总产分别达到56.4万吨、37.6万吨、61.0万吨，水产品产量达到5.72万吨，园林水果产量达159.9万吨。三是现代农业示范园区建设提质增效。把现代农业园区作为发展现代农业的主要平台和重要载体来抓，积极破解土地、资金、建设、管理一系列难题，新建成现代农业园区39个。按照一二三产业融合发展要求，对原有农业示范园区进行升级改造，完善基础设施，延伸产业链条，补齐短板，提高产业附加值。探索建立了山区果品综合开发、环首都现代都市农业、高效设施农业、传统农业改造提升和龙头企业带动等五种发展模式，4个示范园区被评为省级示范园区。在全省重点工作29项指标排名中，我市现代农业园区建设排位第一名。全年土地外调和确权面积分别占省定任务的114.5%、104.9%，全市流转土地流转率达29.8%，为促进农业规模经营奠定了基础。

二、精心谋划，精准发力，脱贫步伐不断加快

始终牢记习总书记嘱托，认真贯彻落实习总书记新时期脱贫攻坚战略思想，把扶贫攻坚作为最大的民生工程，全面打好脱贫攻坚战。2015年累计争取上级财政扶贫资金4.9亿元，15万贫困人口实现了脱贫，全市贫困发生率由2014年建档立卡时的12.4%下降到7.5%。阜平扶贫试点得到中办和省委主要领导的充分肯定。一是完善路线图。学习借鉴贵州做法，围绕“扶谁的贫、怎么扶、谁来扶、如何退”关键环节，研究制定了全市《关于打好精准扶贫攻坚战的实施方案》，相关市直部门和9个贫困县制定配套措施和实施方案，一县一目标、一县一要求，构建起“1+9+23”的全市精准扶贫目标责任体系。二是找准发力点。围绕2017年全市贫困人口基本脱贫、2018年稳定脱贫、2020年贫困县全部摘帽全面建成小康社会目标，在对贫困人口建档立卡，精准识别的基础上，强力推进“五个一批”工程。在发展产业中，坚持远近结合、长短互补，推广实施以专业合作社为核心的政府+龙头企业+金融机构+科研机构+合作社+农户的“六位一体”模式，促进贫困群众广泛参与到现代生产经营活动中，大力支持推广设施蔬菜、食用菌、中药材、优质果品及长毛兔养殖等特色种植养殖产业，大力发展新型家庭手工业，有效带动贫困群众脱贫致富。三是创新扶贫新模式。因地制宜，积极推广土地整理扶贫、光伏扶贫、旅游扶贫、金融扶贫、电商扶贫等扶贫模式，得到了国家部委和省领导的充分肯定。创新贷款新模式，全年为贫困群众解决贷款资金9.5亿元，我市成功争取到国家政策性金融扶贫实验示范区的政策。涞水县野三坡景区带动33个贫困村整体脱贫模式得到国务院扶贫办的肯定，被确定为全国旅游扶贫示范县。积极推广阜平县“淘宝中国•阜平馆”电商模式，9个贫困县中已有8个建立了电商平台，推进9个贫困县与北京新发地高碑店农产品物流园区对接，解决了贫困地区特色农副产品销售最后一公里问题。四是构建社会帮扶机制。市县共安排1377个工作队，实现了所有贫困村、贫困户帮扶全覆盖。全年累计筹集各类帮扶资金7775万元，实施各类帮扶项目2300多个。

三、增林扩绿，兴水治水，生态环境持续改善

按照全市《山水林田湖生态修复规划》，深入挖掘生态建设潜力，加快京津保生态过渡带建设，做强绿色发展生态支撑。坚持规划引领，编制完成全市《林业生态建设总体规划》。积极推进与全国园林建设领军企业美国正道、广东棕榈和江苏东珠公司的战略合作，提高科学绿化水平。加强市场运作，全年市县财政投入5.2亿元，撬动社会资金12.2亿元。加大推进力度，实行日通报、周调度、约谈督导并用等加强督导推动。全年共完成造林 73.5万亩，占省下达任务的113%。 森林覆盖率净增1.45个百分点，是近年来成效最大的一年。提升水资源支撑，累计完成水利投资25亿元，加快实施农田水利基本建设，发展节水灌溉面积25万亩。解决了89万农村人口的饮水不安全问题。治理水土流失面积483平方公里。完成21座小（二）型水库除险加固工程。编制完成《保定市现代水网规划》，启动了漕河综合整治项目，引黄入冀补淀工程开工建设。南水北调配套工程建设向市区正式供水，9座地表水厂已建成，其余13座正在加快实施。

四、关注民生，促进和谐，民政托底更加有力

坚持发挥民政的托底作用，全力办好民生实事，给人民群众更多的获得感。一是行政区划调整顺利完成。我市部分行政区划调整获得国务院批准，调整后市区人口由119.4万增加到280.6万，面积由原312平方公里扩大到2531平方公里，拉开“大保定”框架，为我市打造京津冀区域性中心城市拓展了发展空间和承载平台。二是社会救助大幅提升。25个县（市、区）已经全部成立低保核查中心。医疗救助“一站式”服务实现了所辖县（市、区）100%全覆盖。创建了五个全国综合减灾示范社区。三是养老服务加快发展。全市养老机构达到97家，2015年新建互助幸福院578所，养老服务总床位达5.3万张。保定市社区公共服务综合信息平台和保定泰和康复医院成为全国信息惠民工程试点。四是双拥共建创新发展。圆满完成全国双拥模范城“八连冠”的迎检工作。创建了国内首家利用“互联网＋”实现退役士兵培训就业的服务平台，成功推荐400余名退役士兵到京津等地上岗就业。五是社区工作扎实有效。我市被确定为“全国和谐社区建设示范城市”。

五、持续发力，提质增效，产业化水平明显提高

2015年全市农业产业化经营总量达到721亿元，农业产业化经营率达到66.6%，同比增长1.1个百分点。 一是龙头企业实力不断增强。全市拥有市级农业产业化重点龙头企业360家，2015年实现销售收入339.5亿元，同比增长15.2%。市级以上重点龙头企业拥有中国驰名商标8个、河北省著名商标56个。二是辐射带动能力不断提升。360家市级以上龙头企业中，通过合同、股份、合作等方式，与100多万农户建立了利益联结机制。三是项目建设力度不断加大。2015年全市共确定农业产业化重点项目203个（其中亿元项目81个），总投资额508亿元，当年实际完成投资75.3亿元。四是招商引资力度不断加强。2015年全市新签约12个项目，协议引进资金137.91亿元，到位资金15亿元，完成投资11.3亿元。

（保定市人民政府）

张家口市

2015年，市委、市政府牢牢把握“稳中求进”总基调，主动适应经济发展新常态，坚定信心，迎难而上，扎实推进农业各项工作，为“十三五”经济社会发展奠定了坚实基础。全市实现农林牧渔业总产值430.93亿元，比上年增长3.4%；第一产业增加值243.88亿元，同比增长3.3%；农村居民人均可支配收入达到8341元，同比增长11.8%。全市共播种各类农作物1069.61万亩，其中粮食作物720.94万亩、经济作物272.27万亩、饲草作物76.4万亩；粮食产量再创历史新高，达到177.56万吨。

一、农业特色主导产业进一步培强

畜牧生产提质扩模，全市规模养殖场达到234个，奶牛发展到53万头；主要畜禽牛、羊、猪、禽分别发展到110万头、650万只、600万头、6500万只，主要畜产品肉、蛋、奶产量分别达到43万吨、21万吨、190万吨。蔬菜产业提质增效，种植蔬菜144.89万亩、产量541.4万吨，销售蔬菜502.1万吨、销售收入86.36亿元、平均单价1.72元/公斤，年产值93.12亿元，蔬菜销售、年产值和平均单价均为近几年最好水平。马铃薯产业提档升级，协办了第九届世界马铃薯大会，全市共种植马铃薯174.1万亩（其中优质种薯繁育基地30.8万亩），产量230万吨，种植面积和产量创历史新高。“张杂谷”产业稳定发展，全市共种植“张杂谷”41.3万亩，产量12.6万吨，重点打造了20个高产创建示范片，亩产均在600公斤以上。

二、产业化水平持续提高

扶持发展农业产业化龙头企业，产业化经营水平有效提升，国家级龙头企业发展到3家、省级47家、市级375家，张家口长城乳业公司成为我市首家在“新三板”挂牌上市企业。积极推进项目建设，组织实施重点项目254个，完成投资97.52亿元；全年引进项目47个，引资204.03亿元、到位33.9亿元、完成投资18.6亿元，分别增长11.1%、6.5%、7.5%。积极推进国家、省、市、县“四级”合作社示范社联创，评选国家级示范社13家、省级56家、市级310家、县级550家，全市农民合作社总数突破4500家，产业化经营率达到63.5%。

三、现代农业园区建设实现突破

整合涉农资金、撬动银行贷款、吸引社会投资，合力推进现代农业园区建设。年内，打造综合性现代农业园区15个，规划面积107.5万亩、累计建设18.9万亩、流转土地24.7万亩、完成投资107.4亿元；特色农业园区54个，规划面积131万亩、累计建设57.8万亩、流转土地62.5万亩、完成投资100.3亿元。其中塞北现代农业示范区被认定为国家级现代农业示范区，涿鹿现代农业园区、蔚县现代农业综合示范区、张北现代农业园区、塞北乳业现代农业园区被认定为省级现代农业示范园，察北旗帜食品科技园等12个园区被评定为市级现代农业园区。特别是为引领全市现代农业发展方向，整合市级财政资金1300万元、涉农项目资金7665万元，重点扶持涿鹿农业园区建设，取得明显成效。

四、生态建设成效显著

创新造林模式，制定荒山绿化办法、启动光伏林业试点、谋划实施森林碳汇交易项目，生态建设步伐不断加快。2015年重点实施了实施5大生态建设工程，完成造林绿化104.4万亩，全市森林面积达到2046万亩，森林覆盖率达到37.05%。申奥绿化工程，迎宾廊道绿化二期工程栽植乔灌木323.25万株、建设园林小品14处，编制完成三期工程可行性报告；退化林分改造工程，完成2014年度25万亩任务，编制了2015—2016年度作业设计；京冀生态水源保护林工程，打造精品工程5万亩；路网改造提升工程，完成绿化1117.1公里、占任务102.7%，绿化面积79185亩、占任务111.7%；千村绿化工程，实施村庄绿化1150个，占任务110.1%，植树504万株。积极推进林果基地建设，逐步向规模化、标准化、特色化发展。全年新增果品基地10万亩、省级观光采摘园6个，累计达到17个。新建完善林下经济示范园20个，其中千亩以上10个，林果企业发展到200家。

五、农业基础建设得到加强

以水利工程为重点，积极推进农业基础设施建设。一是组织实施小农水重点县、水价改革、小农水专项、现代农业、大型灌区节水改造、首水项目、牧区水利等项目，发展节水灌溉47.23万亩、占年任务152%，完成投资4.24亿元、占计划134%。二是顺利完成2014年结转到今年“人饮工程”和2015年规划内人饮工程、农村面貌改造提升饮水工程和规划外饮水项目，基本解决72.69万人饮水不安全问题，总投资达到3.64亿元，创历史新高。三是通过实施国家水土保持重点建设工程、京津风沙源治理二期水利项目、中央预算内投资水土保持工程，完成水土流失治理480.5平方公里，占计划200%，完成投资2.73亿元。

六、扶贫攻坚取得实效

19.2万贫困人口实现稳定脱贫。基础工作继续完善，识别非贫困县贫困人口10873人、贫困县非贫困村贫困人口15259人。各类资金有效整合，全年各重点县区整合各级各类资金103.7亿元，争取省级以上财政专项扶贫资金3.6亿元，中央、省、市、县四级帮扶单位投入资金4713万元。基础设施建设得到加强，各重点县区投入农村基础设施建设34.36亿元，投入设施蔬菜棚室、露地蔬菜、林果业、养殖小区建设分别达到8.37亿元、13.98亿元、2.65亿元、14.76亿元，有效改善了贫困人口生产生活条件。

七、美丽乡村建设稳步推进

启动实施省级重点村212个，累计投资3.9亿元，实施项目3103个，基本完成改造提升15件实事建设任务。特别是围绕崇礼县省级精品片区等重点区域，大力度推进美丽乡村建设，取得明显成效。张沽公路沿线38个行政村基础设施工程全部完工，6个市级重点片区建设工程全部完工，奥运廊道沿线可视范围村庄环境、村容村貌有效改观。

八、农村改革持续深化

推进农村集体产权制度改革，在张北县建成了全省第一批农村产权交易平台省级试点，康保、尚义两县申请并获批了第二批省级农村产权交易平台试点县。推进农村土地经营权改革，全市土地流转面积达到280.95万亩、流转率达27.3%，适度规模经营面积达到230.92万亩，培育家庭农场达到250家。推进农村水利改革，在实施康保县、张北县、涿鹿县水价改革项目的基础上，实施了尚义县农业水价综合改革试点项目。推进供销社综合改革，在组织创新、经营创新、服务创新和金融创新四方面均取得了阶段性成效，形成了在全省推广的涿鹿物联网模式和康保联合社建设模式。

（张家口市人民政府）

承德市

2015年，承德农业紧紧围绕中央和省委、省政府的决策部署，立足京津冀水源涵养功能区发展定位，牢牢把握京津冀协同发展和“十三五”规划编制两大战略机遇，主动适应经济发展“新常态”和“四化同步”总要求，加强现代农业产业园区建设，农业结构调整、农业产业化经营、脱贫攻坚、美丽乡村建设、农业基础设施建设和农村改革等重点工作都取得了较好成绩，全市农业农村呈现持续健康发展的良好态势。全市实现农林牧渔业增加值239.3亿元，增长2.9%；农村居民人均可支配收入7923元，增长10.6%。

一、农业结构不断优化，产业布局更加合理

全市以市场需求为导向，以供给侧改革为重点，通过强菌优菜、减粮增药、扩果调畜，调整优化重要结构，增加特色主导产业生产规模，提升休闲农业发展水平，全力打造“一环六带”产业布局。2015年，全市主导产业实现规模质量双提升。蔬菜产业：全市蔬菜播种面积113.9万亩，增长2.1%；蔬菜总产量433.7万吨，增长5.5%。其中，食用菌产量达到59.8万吨，增长10.7%。畜牧业：一是牛羊生产稳定。作为主要畜牧业生产品种，牛羊生产在市场拉动下，养殖效益提高。全市牛出栏53.64万头，增长2.5%；羊出栏143.17万只，增长3%。二是猪、家禽生产呈下降态势。全市猪存栏161.9万头，下降0.4%；猪出栏243.7万头，下降2.4%。家禽存栏2861.95万只，下降2.5%；家禽出栏9664.2万只，下降3.3%。三是肉蛋奶产量基本稳定。全年肉类总产量45.1万吨，下降0.6%；禽蛋11.57万吨，增长2.8%；牛奶14.85万吨，下降3%。林果业：一是林业较快发展。2015年，全市造林面积达81.0万亩，增长8.9%。其中，人工造林面积66万亩，增长4.2%；无林地和疏林地新封15万亩，增长36.4%。完成更新造林面积3.3万亩，增长5.7%；育苗面积8.4万亩，增长27.9%；商品材产量39.5万立方米，增长4.7%；森林抚育面积84.9万亩，增长24.4%；年末实有封山（沙）育林面积486.1万亩，下降2.7%。二是果品产量持续增长。全市园林水果产量124万吨，增长10.3%；食用坚果产量19.4万吨，增长25.4%。从主要品种看，园林水果中苹果产量最高，达到70.5万吨，增长14.5%；其次是红果，达到28.1万吨，增长7.5%；红枣、桃、梨产量分别增长42.3%、4.2%、4.9%；板栗、核桃共18.2万吨，分别增长27.3%、11.9%。药材产业：2015年，全市药材种植面积18.5万亩，增长39.7%；总产量达到10.2万吨，比上年增加4.5万吨，增长77.9%。药材种植主要集中在隆化县、围场县、滦平县，占全市的81%，分别增长105.5%、49.5%、245.5%。

二、项目支撑作用明显，产业化水平明显提升

深入实施“扶龙”工程，农业产业化工作取得突破性进展，农业产业化经营总额达389.4亿元，增长7.4%；农业产业化经营率达到67.3%，增长1.3个百分点。一是重点项目建设保持良好态势。全市共实施投资千万元以上农业产业化项目150个，其中投资亿元以上项目77个；投资5亿元以上的项目17个，占项目总数的11%。全年完成固定资产投资84亿元，承德栗源食品有限公司10万吨京东板栗储藏与生产深加工综合项目累计投资近10亿元，子项目承德栗源京东板栗交易中心正式投产营业。二是龙头企业综合实力进一步增强。承德市入统农业产业化龙头企业151家，销售总额168.5亿元，增长10.5%。争取省级农业产业化项目支持资金1150万元，用于9家龙头企业项目建设，争取国家农产品产地初加工补助项目资金760万元，用于合作社和农户建马铃薯储藏设施及果蔬保鲜设施。推进农业龙头企业挂牌上市，年内省级龙头企业天原药业成功在“新三板”上市，隆化恒欣、宽城天宇、丰宁思汗等农业企业在上海股权交易所挂牌。三是农业品牌效应凸显。加大品牌打造力度，露露、怡达、神栗、颈复康、缘天然等知名企业品牌及中国“食用菌之乡”、“山楂之乡”、“板栗之乡”“马铃薯之乡”、“国光苹果之乡”等特色优势品牌效应得到进一步放大。承德市农产品获得河北省著名商标94件，河北省名牌产品46项；有45家企业或合作社的75种农产品通过绿色食品认证。四是现代农业园区和新兴业态发展迅速。以“第六产业”为现代农业发展的真谛，加快推动园区农业、电商农业、品牌农业、生态农业、智慧农业和体验农业等新兴业态发展，促进了一、二、三次产业深度融合发展。围场县成功跻身国家级现代农业示范区行列，围场木兰皇家现代农业示范区、隆化县现代农业综合示范区等5个现代农业园区成为省级现代农业园区，数量位居全省首位。开展“互联网+”行动，北戎、神栗、尚亚等20多家公司建立了互联网直销平台，怡达集团牵头金利、绿丰、润隆等30多家本地企业，组建了“淘宝特色中国•承德馆”，2015年我市农产品互联网销售总额突破10亿元。

三、扶贫模式实现创新，脱贫攻坚成果显著

紧紧抓住承德市被列入燕山-太行山扶贫片区的机遇，大力实施产业扶贫、开放扶贫、金融扶贫、科技扶贫及社会扶贫，探索新形势下扶贫开发的新路子，年内15.08万贫困人口实现稳定脱贫。一是建档立卡进行“回头看”。识别贫困人口50.1万人，其中扶贫对象25.3万人、五保和低保24.8万人，五保和低保新增3.7万人。二是产业扶贫呈现新特色。扶持20个扶贫产业园区典型项目和34 家农民合作社，投入资金2152万元，带动7548户贫困户稳定脱贫。安排新业态扶贫试点项目资金1050万元，培育旅游扶贫、电商扶贫和光伏扶贫等新业态，有效带动了贫困户脱贫。三是金融扶贫探索新路径。推行承德银行“微信贷”业务、县财政建立风险补偿金、环首都扶贫贷款担保、互助资金试点、农户自立服务社小额信贷业务等五种模式，为32家企业提供担保贷款1.85亿元，为2675户贫困户借款1439.34万元，向贫困户贷款7171万元。四是开放扶贫取得新进展。组织30家农业产业化扶贫龙头企业，赴京参加农民日报社主办的产销对接洽谈会，与客商签署合同和意向协议8份，签约金额近2500万元。五是社会帮扶实现全覆盖。全市开展社会帮扶的国家、省、市、县各级部门达到932个，市县级领导268人，帮扶责任人2.85万人，实现贫困县有驻县工作队、贫困村有驻村工作组、贫困户有帮扶责任人。投入帮扶资金5.03亿元，落实项目1113个。

四、农村面貌进一步改善，美丽乡村建设取得成效

2015年，承德市249个省级美丽乡村建设工作重点村总体任务已经完成95%，其中饮水安全完成121%，道路硬化完成123%，垃圾处理完成118%，村庄绿化完成109%，环境美化完成107%，全市实际完成投资14.5亿元。所有村庄“四清”“四化”全部完成。重点村基础设施、公共服务设施和农民居住环境得到了改善，全市美丽乡村建设工作取得扎实成效。一是规划引领作用增强。围绕突出承德民族特色、文化特色、旅游特色，编制了重点村建设规划。滦平县金山岭片区规划受到了赵勇副书记的充分肯定。二是驻村帮扶扎实有效。全市249个重点村实现驻村工作组全覆盖。两次召开工作动员及专题培训会议安排部署，定期检查驻村工作开展情况。工作组全年共为群众办实事2300多件，基层组织建设得到加强。三是“四新”运用步伐加快。加大了在厕所改造、民居改造、新能源开发利用、污水处理、垃圾处理等方面使用“四新”扶持力度，全市推广生物质炊事采暖炉具3万台。四是金山岭片区建设取得阶段性成效。完成投入2.5亿元，谋划实施以“15件实事”为主要内容的建设项目600个，重点开展了饮水安全、道路硬化、垃圾处理、厕所改造、村庄绿化、危房改造、土地整理、组织建设等工作，成效显著。五是典型示范力度不断加大。制定出台承德市美丽乡村评选办法，列专项资金进行奖补，评选出市级精品村51个，申报省级美丽乡村12个。

五、水源涵养能力显著提升，农业基础设施建设完善

一是生态建设扎实推进。依托京津风沙源、巩固退耕还林成果、京冀水源林、再造塞罕坝林场等工程建设，突出沙化土地和水土流失严重等生态脆弱区，以滦河、潮河、辽河、大凌河四大水系水源地及其上游、库区周围河流等生态脆弱区和高速、国省干道交通沿线两侧为重点，实施造林绿化攻坚工程，全市完成造林绿化79.29万亩，打造千亩以上工程58处，面积17.95万亩。以村庄周边闲散荒地、房前屋后、沟坎渠边、街道两侧为重点，实施村庄绿化建新村工程，全市249个重点村完成村外绿化544.6万平方米，村外植树124.1万株。滦平县金山岭片区新栽树木25万株，新增绿化面积3774亩，建设环村林带3.45万延长米。二是水利建设进一步加强。坚持“大水利兴市、小水利富民”治水思路，积极抢抓京津冀协同发展机遇，紧紧围绕“京津冀水源涵养功能区建设”，全力推进水利工程建设，水务管理和综合保障能力得到明显提升。双峰寺水库完成主体工程的60%，27.6亿元项目建设资金通过国开行审批；水源涵养等68项工程，实施项目855项，完成投资52.1亿元，建设塘坝规模以上蓄水工程46座，“四小”水利工程完成809项，新增蓄水量636.8万立方米。全市农田水利基本建设投资5.10亿元，其中农村水利重点项目建设投资3.09亿元，新增和改善灌溉面积24.2万亩，新增节水灌溉面积17.4万亩，解决30.81万人饮水不安全问题，治理水土流失面积147.4平方公里，新打灌溉机井1558眼，规模以上农业园区全部实现水利配套，为全市农业产业结构调整，农业提质增效和农民脱贫致富，提供了坚强保障。三是农业生产安全得到全面保障。农牧部门全力加强农产品质量安全监管，组织开展了农资打假、农产品质量安全专项整治行动。积极开展植物防疫、检疫工作，重点抓好农机、渔业、农药、沼气池、食用菌安全生产等工作，及时消除安全隐患，为农业生产提供有力保障。气象部门充分发挥作用，做好森林草原防火、春播、防汛等气象服务，全年组织人工增雨（雪）作业295点次，在冬春季防火、抗旱保春播等关键环节发挥了重要作用。全市未发生重大农产品质量安全事故，蔬菜、畜产品抽检合格率达到100%和99.87%，未发生重大动物疫情，未发生森林草原火警和等级以上森林草原火灾。

六、试点示范作用增强，农村综合改革有序推进

2015年，承德市重点改革取得突破性进展。一是农村改革重点任务完成较好。全市农村产权交易平台建设现场会在滦平县成功召开，滦平农村产权交易中心正式挂牌运营，成为全市第一家县级农村产权交易机构和省内第一家与北京农交所合作的农村产权交易机构，平泉县、隆化县、双滦区被列入省级农村产权交易平台建设试点县区；以市深化改革领导小组名义下发了《承德市农村金融改革实施方案》，对全市农村金融改革提供了方向性指导，平泉县农村金融社会信用体系建设和隆化县“政银保”制度建设实现了突破性进展；农村土地承包经营权和确权登记颁证工作进展顺利，土地流转面积达到90万亩，占家庭耕地承包总面积的21.7%，规模经营流转土地面积达到58.1万亩，占流转总面积的65.4%；国有农、林、牧场改革扎实推进，第一批丰宁、隆化21个全国首批试点林场机构设置、编制方案已报省待批，市级重点推动的御道口牧场改革已出台实施方案，各项工作正在稳步推进；农村小型水利工程产权制度改革、农村“三资管理”和城乡二元管理体制等各项改革进展顺利，成效显著。二是改革试点工作顺利推进。围场县供销社木兰缘电子商务有限公司全国总社电子商务示范社，基本构建起了“木兰缘电商公司+木兰缘农产品加工+县乡村三级网络”的一体化农村电子商务平台；双滦区农村集体资产股份权能改革国家级试点已有8个村组建并注册登记股份经济合作社；实体性合作经济组织建设取得新突破，全市共组建各级农民合作社联合社42个；作为全省唯一的合作金融改革试点市，市农村合作银行申报方案已获省政府批准，进入银监会申报审批程序；总投资20亿元的冷链物流产业园先行起步开工建设，市级农产品展示配送中心建设项目正在加快施工，全市供销系统建起的8个电子商务平台全部上线运营。

七、内引外联力度加大，农业对外开放步伐加快

把握国家实施京津冀协同发展战略契机，农口部门积极争取项目支持，加大农业对外开放力度。一是成功举办京承农业合作论坛。利用京承农业合作平台，开展靶向式招商，推介承德资源和农产品。组织缘天然、神栗、怡达等24家企业参加推介会，分别同北京市首农集团、顺鑫集团、中粮集团等40多家农业产业化龙头企业、农业流通企业进行了对接，京承企业双方签订了12个承德农产品购销或代加工协议，合同总金额达3.93亿元。二是对接京津寻求合作取得阶段性成果。主动与京津多家企事业单位对接，寻求承接转移产业和开展项目合作，目前已在中高端蔬菜供应基地、畜牧养殖加工、农产品市场建设及电子商务、中药材精深加工等方面确定多项合作，首农集团在承德御道口牧场全域建设的“国际生态旅游度假区”项目已完成整体规划。滦平、丰宁、兴隆、承德4县已列入京津冀现代农业协同发展规划“环京津都市现代农业核心圈”。平泉县被列为食用菌国家级出口食品农产品质量安全示范区。三是进一步与三市一盟加强农牧业区域合作。平泉、隆化、围场、丰宁等县与周边市盟的交流合作均有实质性进展。四是组织龙头企业参加廊坊农交会、中国福州农交会等一系列招商引资活动。裕民白荞面、神栗板栗仁两个产品在第十三届国际农产品交易会上获参展产品金奖称号。

八、科技成果应用加快，农业科技建设取得成效

一是新技术、新成果应用加快。2015年，重点围绕林果、蔬菜（食用菌）、畜牧、中药等农业优势及特色产业的发展，优化农业科技资源配置，强化农业产业技术创新和成果转化，共组织申报国家、省级农业科技项目40项，培育引进食用菌、水稻、蔬菜、中药材等新品种180余个，开发、完善、制订主导产业农产品生产关键技术、技术规程及产品质量标准10项；引进开发农产品深加工新产品、新工艺12项。新技术、高科技成果的推广和应用，为提高我市农业优势产业市场竞争能力提供有力的科技支撑。二是深化农科教结合、政产学研协作。持续加强与中国农大、中科院、中国农科院、北京农林科学院、河北农大等高等院校和科研院所的合作，强化我市农业科技支撑。共引进农业新技术20项，建设示范、成果转化及试验基地24个。以“农技宝”云平台建设为重点，加快推进物联网、电子商务、农村基础信息等平台建设，扩大农业科技3G网络农技宝服务范围，用户达到3737人。三是农产品科技含量增加。随着科技水平不断提高，科技成果转化应用加快，我市高科技农产品逐渐增多。如奥科新能源生物质项目、承德伯瑞绿色食品加工项目、围场玫瑰花提炼精油项目等农业科技项目都是通过与国内知名科研院所合作实现了农产品科技含量增加。

（承德市人民政府）

沧州市

2015年，全市上下认真贯彻落实党中央、国务院和省委、省政府关于“三农”工作的各项部署，推动全市农村经济工作再上新水平。农林牧渔业总产值完成638.8亿元，比上年增长2.6%。农民人均可支配收入完成10389元，同比增长10.0%。

一、在粮食生产能力上增了新潜力

继续执行最严格的耕地保护制度，切实保证耕地面积、基本农田、粮食播种面积“三不减”，新增改善节水灌溉面积317万亩，形成了一批“旱能灌、涝能排”的农田水系水网。建设高标准农田58万亩。全年粮食播种面积1350.28万亩，增加1.05%。突出抓了盐山、南皮、肃宁等“三区三园”精品现代农业综合开发示范项目，加快120万亩高标准农田建设。积极推广普及农业先进生产技术和良种良法的运用，加大农作物新品种、新技术试验示范力度，深入推进56个粮食生产万亩高产创建方建设，深挖粮食单产潜力，带动区域均衡增产。继续实施“渤海粮仓科技示范工程”，2015年全市示范推广面积（复种）达到138万亩，增产2.21亿斤。全年粮食播种面积1350.28万亩，增加1.05%，总产量444.61万吨。

二、突出地方特色，发展特色产业

全市水产苗种生产企业140余家，其中国家级水产良种场4家，省级良种场3家，育苗水体达到35万立方米，水产苗种产值约6亿元，成为我国北方较大的水产苗种供应基地。水产品产量13.97万吨，增长11.8%；全市完成果树体改造20.3万亩，嫁接优良品种3.6万亩，建成标准化果品基地95万亩，全市果品总产达到30.7亿斤，以鸭梨为主的果品出口7万余吨，创汇6700余万美元，林果业总产值达到65.9亿元。建设农业部蔬菜标准园9个，省级现代蔬菜产业园4个，市级蔬菜标准园100个。四个县入选全国蔬菜产业发展规划（2011-2020年）580个蔬菜产业发展重点县。

三、现代农业园区建设取得新进展

青县现代农业观光园、中捷产业园区现代农业园区、孟村县现代农业园区被认定为省级现代农业园区，创建总面积达到11.1万亩，总产值达到13.22亿元，带动61300人增收12360万元；创建市级现代农业园区14个，创建总面积达59.6万亩。渤海粮仓科技园区被科技部认定为“河北沧州国家农业科技园区”。农业开发建设盐山、青县、肃宁三个省级现代农业示范区面积6万亩。市供销社以金水田农业发展公司为依托，在献县段村乡建设面积9646亩，预算总投资2.3亿元现代农业示范园。休闲观光农业异军突起，青县清州镇司马庄村、献县河城街镇小屯村和黄骅市齐家务镇东聚馆村3个村被评为河北最美休闲乡村；肃宁县万里镇尹家庄梨花景观、泊头亚丰果品有限公司梨花景观2个农事景观被评为河北美丽田园。沧州神然生态观光园有限公司，被评为河北省休闲农业与乡村旅游示范点。青县司马庄蔬菜产业园被认定为2015年河北省十佳现代休闲农业园。促进一二三产业融合发展。

四、农业产业化经营成效明显

依托畜牧龙头企业，推动全市生猪、肉鸡、蛋鸡、奶牛4个畜牧特色产业链条经济发展。2015年两个5000头存栏规模种猪场实现满负荷生产，年出栏商品猪35.5万头；5个年出栏100万只肉鸡标准化规模场全部投入运行，实现年增加肉鸡产能500万只；投资1.2亿元启动百万只蛋鸡基地扩建项目，年保洁蛋加工能力达到1万吨，五香咸鸡蛋加工能力2千万枚；增加存栏奶牛1.2万头、日产奶24吨。生猪产业链每头猪为养殖户创收170-190元，沈小平副省长来沧调研扶贫开发工作时对此给予充分肯定。市本级1000万元农业产业化专项资金全部用于支持龙头企业的创新。对企业生产管理、技术研发、市场营销等各环节创新活动并对取得成效的予以重点奖补。有86家评为河北省中小科技型企业。一批与国内外大型知名企业的合作，如沧县惠农与山东六和、辽宁禾丰的合作，中捷犇放与内蒙古犇腾的合作，泊头万雉园与中粮集团的合作等，2015年项目全市续建新建投资千万元以上项目达到162个，全年完成投资98.5亿元，超额完成年度投资计划。2015年产业化经营率达到63.5%。

五、深化农村改革上寻求新突破

全市在工商部门注册的农民合作社10354家，实际入社农户达到37万户，占全市总农户数的27%，培育国家级示范社17家，省级示范社64家，市级示范社240家。发展家庭农场2913家，评定市级示范家庭农场38家，省级示范家庭农场11家。全市50亩以上种粮大户2039家。全市已完成外业调查面积为856.19万亩，占二调耕地总面积的71.64%，已完成二次公示无异议面积为820.17万亩，占二调耕地总面积的68.62%。超额完成了省定任务。全市土地经营权流转总面积达到206.5万亩，占家庭承包面积的19.5%，实行适度规模经营面积156.3万亩，占土地流转总面积的75.69%。省级农村改革试点县（市）的青县、泊头市、肃宁县工作进展顺利。青县土地流转面积达到19万亩，比上年全年增加1.8万亩；泊头全市农民合作社达到680家（其中：国家级示范社3家、省级示范社3家、沧州市级示范社15家），其中龙头企业引领型农民合作社达到60家，拥有会员1.6万个，辐射带动全市6.5万个农户实现增收；肃宁县在全县筛选出12个土地入股的农民合作社，进行跟踪扶持，省级农村产权交易中心建设试点县河间市和肃宁县工作稳步推进。肃宁县被省确立为统筹城乡发展试点县，承担统筹城乡发展试点县工作。2015年对全市三分之一的基层社进行了改造升级。任丘、南皮县供销社牵头农村产权交易服务有限公司。按照“确水权、定水价、装计量、创新运行管护机制、培育水权市场”的改革思路，组织完成水权确权登记，深化小型农田水利工程产权制度改革、健全“三位一体”的基层水利服务体系，水利可持续发展的体制机制正在逐步建立。

六、扶贫攻坚取得新成效

编制完成了《沧州市蔬菜扶贫产业发展规划》、《沧州市食用菌扶贫产业发展规划》和《沧州市沧西香菇产业带发展规划》三个专项扶贫规划，对全市674个建档立卡村逐村派驻工作队，明确帮扶任务，制定帮扶计划。以引导培育新型业态农业为支撑，以整村推进为平台，以贫困村经济协调发展为重点，以贫困户兴业增收为目标，创新扶贫到户机制，强化整合撬动资金、不断加大投入力度。全市各类扶贫开发投入36亿元，其中专项财政扶贫资金4.2亿元，引进工商资本13亿元，整合行业部门资金8亿元，拉动信贷资金10.8亿元。全市新增带动贫困户增收脱贫的合作社62家，引进工商资本进入扶贫产业45家，创建扶贫产业园区或基地40个。举办蔬菜种植、蘑菇种植和畜禽养殖、特色养殖等实用技术培训班71期；受益群众达1.9万人次；组织劳务技能培训1573人次。全市年度扶持的8.6万贫困人口，人均增收1014元。

七、水利建设取得新突破

按照“节水优先、空间均衡、系统治理、两手发力”的新时期水利工作方针，坚持依法治水、改革兴水，着力做好引、蓄、节、治、管五篇“水文章”。全年水利建设投资达到32亿元，创历史新高，各项工作均取得新的突破和进展。南水北调成功通水。继去年保沧干渠全线贯通后，石津干渠于10月19日完工，标志着我市两大南水北调输水干渠全部建成。沧州饮水进入了“长江时代”。李家岸引黄工程纳入2015年度地下水超采综合治理试点项目，已经开工建设，引黄入冀补淀工程列入全国172项重大水利工程之一，在沧州率先开工。全年从黄河、王快水库、漳卫新河上游引水总量达到5亿方。全部解决了93.05万人的饮水安全问题。标志着自2005年启动的农村饮水安全工程圆满完成，农村居民都喝上了干净水，告别了祖祖辈辈喝苦咸水、高氟水的历史。地下水超采综合治理深入推进。2015年我市16个县（市、区）成为国家地下超采综合治理试点，投资7.59亿元，形成地下水压采能力6156万方。全市铺设地下节水管道736万米，清淤沟渠2312公里，新挖改造坑塘651个，发展节水灌溉面积95万亩，均创历史新高，且形成了一批“旱能灌、涝能排”的农田水网。同步推进了15个中小河流治理、3个病险水闸除险加固和3个江河支流治理等一大批水利基建项目建设。

八、生态建设成绩斐然

2015年以来，围绕创建国家园林城市、“生态之城”建设等工作部署，全市以林地面积和森林蓄积“双增”为目标，大力开展绿色沧州攻坚行动，重点推行了“政府主导土地流转企业营造林、企业主导土地流转政府给予补助、土地权属者自主造林财政给予补助”等主要造林模式。2015年市、县两级财政投入造林绿化资金7.2亿元，撬动社会资金19.7亿元。全年完成造林48.5万亩，完成全年任务目标的121.25%，比上年增加13.33万亩，实现历史性新突破。其中，“6+1+1”廊道绿化完成绿化长度388.6公里、造林8.8万亩；森林围城营造城郊森林14处、造林3.1万亩；大方大片造林完成100亩以上造林大方485个、造林14.7万亩，绿化河渠4.1万亩，绿化村庄1250个。全市森林覆盖率提高2个百分点，达到27.5%。推广测土配方施肥面积860万亩，绿色防控123.5万亩，新增废旧地膜回收面积20万亩，秸秆综合利用率达到95%，促进农业可持续发展。

（沧州市人民政府）

廊坊市

2015年，廊坊市全面贯彻落实中央、省关于农业农村工作的决策部署，抢抓京津冀协同发展重大机遇，紧紧围绕都市型现代农业发展定位，把高标准设施农业作为突破口，以工业化模式发展农业，全力抓园区、壮龙头、引项目、育主体，农村生产生活条件日益改善。全市第一产业增加值206.2亿元，增长0.7%；农村居民人均可支配收入13159元，同比增长8.6%，绝对值居全省第二。

一、成效与特点

1.农业结构调整稳步推进。结合区位优势和资源禀赋，不断优化农业区域结构，围绕蔬菜、粮食、畜牧、观光等特色产业，着力打造环首都都市农业圈，大力发展高端设施农业。全年粮食播面463.0万亩，总产160.7万吨，创建1个国家级小麦高产示范片、15个国家级玉米高产示范片。蔬菜播面161.0万亩，总产679.6万吨，建成市级以上标准蔬菜园300个，其中，部级12个，省级67个，省级现代蔬菜产业园8个。全市肉、蛋、奶、水产品产量分别达到31.3万吨、15.5万吨、22.7万吨、3.5万吨，备案标准化规模畜禽养殖场达737个，标准化规模养殖比重占规模饲养场的48%。全市建成112家休闲农业经营单位，累计建成省级以上休闲农业企业15家，其中，五星级3家、四星级9家、三星级3家。

2.农业产业化水平进一步提升。以加快京津冀农业产业对接为切入点，全力推进项目、龙头、品牌建设，加快转变现代农业发展方式。全市重点项目完成投资110亿元，同比增长41.2%；产业化经营销售收入达到350亿元，同比提高9.7%；农业产业化经营率达到67.5%。全市累计139家农产品加工企业及其产品通过了危害分析与关键点控制体系（HACCP）认证、国际质量体系（ISO9000）认证、QS 产品质量安全认证体系和 SA8000社会责任体系认证。建成省级以上农业产业化知名品牌65个，其中河北省著名商标39个，河北省名牌产品16个，中国驰名商标10个，中国名牌产品1个（华日），中华老字号1个（争荣）。引进酶转化等高科技农产品加工技术26项，建成国家重点龙头企业5家、省级48家、市级261家。2家企业在主板上市，7家企业在天津、石家庄股权交易所挂牌。固安天绿食蔬菜种植合作社荣获“全国农产品加工合作社”示范单位称号；汇福粮油第十年入选“中国企业500强”和“中国制造企业500强”。

3.“两年攻坚战、造林一百万”工程圆满收官。结合实际，于2014年确定了“两年攻坚战、造林一百万”、“两年大提升、创建森林城”的整体思路，按照适地适树原则，统筹实施生态廊道、规模化造林、村庄绿化、环京津边界绿化、高标准农田林网等一系列重点工程，通过创新机制、明晰产权、公司造林、大户造林等措施，切实加快了政府造林向市场造林的转变，发动全社会投资造林117万亩，廊道、村庄绿化基本实现全覆盖；产权明晰率达到100%，公司、大户造林占到51.2%；建成全市域闭合的精品绿化线456.7公里。全市森林覆盖率达到26.68%，夯实了打造全国森林城市的基础。

二、做法和措施

1.整合提升现代农业园区平台。把现代农业园区建设作为推动农业发展方式转变的主要抓手，紧抓规划、资本、设施、科技、机制五要素，引导工商资本、政策、信息向各级现代农业园区集中，建设了一批万亩以上、种养加一体、一二三产融合的现代农业园区，产业聚合度明显提升。大厂、安次、固安和永清远村等4个园区被认定为省级现代农业园区，数量位居全省第二。印发了《廊坊市现代农业园区认定管理办法（试行）》，认定香河荷花产业园、三河国家农业科技园等9个市级现代农业园区。

2.扶持发展新型农业经营主体。推进龙头向优势产业聚集，形成以华夏、伊利为龙头的乳品加工；以康达、京南为龙头的肉类加工；以参花、占祥为龙头的粮油加工；以六必居、兴芦为龙头的蔬菜加工四大特色食品加工业，实现销售收入249.3亿元。实施109个现代农业重点项目，其中，亿元以上项目43个，10亿元的加州原野干果加工等项目加快推进。新增农民合作社1010家，总数达到3486家，争列大城惠农枣业等国家级示范社9家，发展省级示范社40家，市级示范社64家。全市家庭农场数量923家，评定市级示范家庭农场50家，申报省级示范家庭农场18家。

3.稳妥推进农村土地承包经营权确权登记颁证。全市已开展确权登记工作2229个村街，完成外业调查2069个村街、350.6万亩，占年度任务的128.5%；已完成二次公示无异议1992个村街、336万亩，占年度任务的123.1%。在加快确权进度的同时，有序流转农村土地承包经营权，全市流转面积85.7万亩，占家庭承包经营耕地面积的18.2%。20亩以上规模经营面积56.2万亩，占土地流转总面积的65.5%，涉及规模经营主体5159个。

4.不断完善基础设施建设。一是南水北调配套工程全域具备通水条件。廊涿干渠建成通水，天津干渠正常运行，保沧干渠（廊坊段）于12月16日压水试验，具备通水条件。8座配套地表水厂全部具备通水条件。二是农业高效节水稳步实施。市级投资4000万元，着力发展农业高效节水示范园区，新苑阳光云灌溉系统、万亩葡萄滴灌等重点项目加快实施，新发展农业高效节水15万亩。三是气象现代化建设扎实推进。以在全省率先基本实现气象现代化为目标，市政府印发了《廊坊市气象现代化建设实施方案》，气象服务正式融入环保监管网格体系，组织了两次大规模人工增雨作业，三河段甲岭镇被中国气象局评为“气象灾害防御示范镇”。四是农村饮水安全得到保障。年度投资9031万元，解决143个村街、16.1万农村居民，61所农村学校、3.3万师生的饮水不安全问题。五是农村清洁炉具改造位居全省首位。通过现场试烧、厂家观摩、资金奖励等方式，全年更换清洁燃烧炉具12.93万台，占全省整体任务的23%，占全市农村户数的18%，绝对数量和相对数量均为全省第一。六是水务智能管理七网一平台高效运转。以地下水、地表水、取用水户水量、水功能区水质、雨情、墒情、汛情监测网，以及智能管理平台等“七网一平台”为主要内容，扎实推进“智慧水务”管理体系建设，初步形成具有廊坊特色的“智慧水务”信息化管理品牌。全市建成地下水位动态监测井199眼、地表水位监测站点77个、非农取用水户水量在线监测点648个，整合全市29个水质断面监测点、43个雨量自动监测站、10个墒情监测站、61处3G 防汛视频监测点，形成多网络互融、智能化管理模式，为水资源动态管理、防汛抗旱决策提供了科学有效的技术支撑和保障。

5.切实强化农产品质量安全。加强投入品源头专项整治，加大质量监测力度，完善产地准出、市场准入、质量追溯制度，构建从产地到餐桌的全程监管机制，农产品及投入品抽检合格率在97%以上，其中生鲜乳和产地水产品抽检合格率达到100%。推进市、县、乡、村四级动物防疫体系建设，组织开展春、秋动物免疫，加强动物及动物产品检疫，共检疫动物7650.02万头（只），检疫各类动物肉品15.81万吨。三河市作为农业部首批病死生猪无害化处理长效机制建设试点县之一，已正式运转，建立了以政府公益性投资为主体的无害化处理运作模式。

6.加快推进9•26农交会市场化进程。把遵循市场规律、满足市场需求作为办会的基本原则。总展览面积达到5.4万平方米，比上届增加了1.5万平方米。特色农产品展销区、廊坊小吃节等市场化运作面积达到4万平方米，占总展览面积的74%。9个专项活动全部面向龙头企业、农民合作社和种养大户，直接为供需双方搭建起农产品购销、融资、洽谈平台。中国现代农业发展峰会及部分会务，通过招投标方式推向了市场。客商数量、项目成果、产销交易均实现新提升，国内外参展企业达到950家，到会客商2800多人，签约项目32个，较上届增加16个；合同引资125.5亿元，同比增加90.5亿元。其中，廊坊上会签约项目9个，数量居全省第一。

（廊坊市人民政府）

衡水市

2015年，衡水市认真贯彻落实中央和省一系列强农惠农富农的重大决策部署，团结带领全市广大干部群众，积极适应引领经济新常态，着力推进现代农业强市建设，全市农业农村发展保持稳中提质、稳中增效、稳中有进良好态势。第一产业增加值达到168.9亿元，同比增长2.3%，规模农业、法人农业、科技农业快速发展，共建成国家级现代农业示范区1个，省级现代农业示范园区3个。农业产业化经营率达到66.8%，比2010年提升13个百分点，农村居民人均可支配收入9030元，增长11.4%，比2010年翻了一番，为“十二五”农业农村工作画上了圆满句号。土地流转率、工商注册家庭农场和农民合作社数量、森林覆盖率净增量等指标位居全省前列。

一是主要农产品生产保持稳定。粮食总产70.4亿斤，连续六年稳定在70亿斤以上。全市夏粮收获面积392.77万亩，总产34.4亿公斤，秋粮播种面积471万亩，比上年增20万亩，为保障粮食安全作出了贡献。把培育壮大蔬菜产业作为调整农业结构、增加农民收入的重点来抓，瓜菜播种面积153万亩，其中设施瓜菜92.1万亩，较上年新增2万亩。大力发展奶牛、瘦肉型猪、蛋鸡三大主导产业和肉牛、肉羊等特色产业，全市肉、蛋、奶产量分别达到38.4万吨、30万吨、11.5万吨，畜牧业产值占农业总产值的比重达到32%。以林业园区建设、道路河渠绿化、环湖环城绿化等造林工程为重点，深化拓展“一人一亩林”成果，全年造林绿化25.1万亩，果品总产达到159万吨，同比增3.2%。

二是农业产业化经营实现新提升。把发展农业产业化作为推动三产融合发展、加快传统农业向现代农业转变的重要抓手，全市农业产业化项目投资总额165.2亿元，农业产业化龙头企业得到了快速发展，国家级、省级和市级农业产业化重点龙头企业分别达到了3家、55家和374家，规上农产品加工企业达到450家，其中市级以上重点龙头企业432家。总投资100多亿元的正大高标准现代农牧全产业链项目成功落户衡水，安平、景县瘦肉猪养殖，武强、桃城奶牛养殖，深州、阜城果品，饶阳、武强种植等优质农产品生产基地进一步发展壮大。武强北大洼、故城东大洼、饶阳蔬菜等现代农业园区对产业支撑带动能力进一步增强。

三是农业农村改革开创新局面。坚持把农村土地承包经营权确权登记作为农业农村改革的基础性工作，自我加压，依规推进，努力做到确实权、颁铁证，实施面积800万亩，占耕地总面积的94.3%。省委副书记赵勇批示：“衡水做法体现了‘三严三实’作风和改革精神，要在全省推广，请农业厅推广他们的经验，加快全省土地确权步伐”。积极开展农村土地承包经营权证抵押贷款试点工作，饶阳县金融机构对29个农户发放贷款480万元。冀州市、景县、故城县也取得了实质性进展。11个县市区的84个乡镇建立土地流转服务中心，流转面积323.2万亩，占家庭承包面积的41.2%，高出全省15个百分点。工商注册的家庭农场达到4600多家，其中省级30家，位居全省前列。实行示范家庭农场省、市、县“三级联创、梯次推进”，全市已评审命名市级示范家庭农场68家，促进了法人农业的快速健康发展。

四是基础设施建设迈上新台阶。以地下水超采综合治理为龙头，加强农业基础设施建设，加强水环境治理，投入压采资金64亿元，引蓄水能力由3亿立方米增加到7亿立方米，发展高效节水灌溉69万亩，全市形成压采能力5.82亿立方米。总投资46.4亿元的南水北调工程配套工程主体基本完工，12个地表水厂建成，水厂以下配水管网建设加快推进，制定完成自备井关停方案，结合通水同步推进。2015年全市完成农村人饮安全工程投资2.02亿元，实施了12处水质检测中心项目建设，解决了42万人的饮水安全问题。大力实施田间节水灌溉工程，因地制宜推广咸淡混浇灌溉技术，加快农桥建设，改善了农村基础设施面貌，方便了农民生产出行。

五是农村民生改善迈出新步伐。以打造升级版的现代美丽新农村为目标，以提高农村群众的幸福指数为出发点，累计投资10.8亿元开展农村面貌改造提升行动。美丽乡村建设稳步推进，实施了164个省级重点村和衡水湖省级重点片区36个村，枣强县列为省中心村建设示范县，涌现出毛笔之乡滨湖新区侯店村、乐器之乡武强县周窝村、湖光秀色桃城区绳头村等一批环境整洁、设施配套、特色明显的升级版现代新农村，全市农村面貌有了巨大改观。建成乡镇综合服务中心17个、村级服务站481个；居家养老服务中心90处，农村互助幸福院3108处，覆盖率66%。农村居民大病保险实现全覆盖，新农合医疗保险年人均财政补助标准提高到380元。全市840名孤儿全部纳入政府基本生活保障范围。80周岁以上高龄补贴实现全覆盖。出台了《衡水市临时救助办法》，自9月1日起实施，覆盖城乡居民基本生活的社会救助体系基本建成。

六是扶贫攻坚取得明显成效。围绕脱贫目标精准施策，整合资金解决突出问题，加强就业帮扶拓宽增收渠道，抓好教育帮扶阻断代际传递，提高医保水平减少因病致贫。完成84个贫困村的特色产业增收项目，为贫困户发展设施瓜菜3.35万亩，林果业0.8万亩，肉鸭（鸡）存栏22.5万只，奶（肉）牛2915头，种猪3468头，羊1.86万只。完成劳动力转移培训637人，“两后生”职业教育625人，实用技术和科技培训14979人次，10万贫困人口实现稳定脱贫。

（衡水市人民政府）

Ⅳ 经验选载

牢记嘱托 创新机制
扎实推进“阜平试点”建设

阜平是国家扶贫开发工作重点县，全县209个行政村，现有贫困村164个，贫困人口10.81万。近年来，我们深入贯彻总书记视察阜平重要指示精神，紧紧围绕“三年大见成效，五年稳定脱贫，八年建成小康”目标，积极探索扶贫攻坚推进机制，扎实推进“燕山—太行山片区区域发展与扶贫攻坚试点”建设，3年共减贫4.59万，脱贫攻坚取得明显成效。

一、深化精准扶贫机制。在精准识别上坚持“一主四辅、三类五步”工作法，在识别标准上，采用以农民人均可支配收入为主，住房、教育、医疗、社保为辅的识别办法；将所有识别对象分为贫困户、基本脱贫户、非贫困户三类；在识别程序上，采取信息采集、综合评估、逐级审核、民主评议、公开公示五个步骤，确保了识别精准。在帮扶内容上突出“五抓”，抓产业增收，将产业规划到村、落实到户，覆盖贫困人口10.81万；抓住房条件改善，通过村庄迁并提升、城乡一体化推进，覆盖贫困人口6.5万；抓教育保障，推进农村寄宿制学校建设，开展贫困学生救助，惠及贫困人口0.9万；抓医疗保障，通过完善城乡医疗服务体系，实行大病、慢性病再次补偿，惠及贫困人口0.6万；抓低保提标扩面，实现应保尽保，惠及贫困人口3.4万。在帮扶机制上实行“三级联动”，落实县级领导包乡镇、包村、包户制度，在乡镇设立扶贫攻坚办公室，在村建立扶贫工作室。从县直和乡镇选派676名优秀干部驻村帮扶，实现了209个行政村全覆盖。

二、探索推进山区综合开发经营机制。阜平县25度以下未利用地52万亩，涉及8个乡镇98个村7万人。2013年以来，我们立足资源优势，利用占补平衡政策，有序推进山区综合开发，利用3年时间整治新增耕地20万亩，项目区人均增加耕地3亩。一是政府统筹主导。主要做好编制整治规划、制定推进方案、实施立项审批、引进龙头企业、监管企业运作经营等工作。二是企业开发经营。主要是做好市场化运作、高标准整治土地、发展高效农业、保障农民权益等工作。三是村级组织推动。主要做好荒山土地流转、协调群众工作、监督企业经营、落实收益分红等工作。四是农户入股参与。通过转让荒山经营权，实现资源变资本、农民变股民。项目区贫困群众享受底金、股份分红、林下经济和务工等多种收入，人均增收1.5万元。通过占补平衡指标流转，增强了县级财力，为基础设施和重大项目建设及民生事业发展提供了保障。

三、探索建立金融扶贫机制。在省金融办大力支持下，与金融机构合作，着力破解金融瓶颈。一是创新金融服务体系。建立了“县金融服务中心+乡镇金融工作部+村金融工作室”三级机构，形成了覆盖全县的金融服务网络。二是探索农业保险体系。与人保财险公司共建“联办共保”机制，对全县主要种植养殖产品实行农业保险全覆盖，并设置了灾害险、产品质量安全险和成本价格损失险。其中成本价格损失险为全国首创，获2015年全国农业保险创新奖。三是完善融资担保体系。建立“风险共担”扶贫信贷机制，成立担保资金1.5亿元的惠农担保公司，按1：5的比例投放惠农担保贷款。建立“三户联保”无需抵押扶贫信贷机制，贫困户可获得5—10万元贷款支持。与石家庄股权交易所签订战略合作协议，支持春利牧业、亿林枣业等中小企业挂牌上市。积极争取政策性银行支持，与省农发行达成128亿元信贷支持意向。四是建立农村信用体系。通过边办理、边采集，逐步建立农户电子信用信息档案。严厉打击恶意骗保、骗贷等行为，打造良好金融生态环境。今年以来，共为1484户贫困户发放贷款1.1亿元，推动了食用菌、林果、养殖等产业发展。

四、探索美丽乡村建设推进机制。按照“四美”要求，全面推进美丽乡村建设。一是规划引领。聘请清华同衡规划院等规划设计单位，编制完成全县城乡总体规划、村庄布点规划、村庄建设规划，确立了“1（县城）+6（中心镇）+43（农村中心社区）+37（基层村）+32（特色保留村）”城乡规划体系。二是全域提升。在今年启动8个改造提升村和4个搬迁整合村基础上，计划明年再实施86个村，到2018年完成全县村庄的80%，到2020年全部完成。三是治理创新。建立以村党支部为核心，以村代会、村委会、村监会为决策执行监督机构，以精准扶贫工作室、金融扶贫工作室、两个代办工作室等为服务机构，以合作社、红白理事会、“五老一小”等为辅助的新型农村治理体系，全面提升农村管理服务水平。

三年来，围绕推进“阜平试点”，虽然取得了一定成效，但与试点示范的要求和群众的期盼还有不小差距，一些工作还有待实践检验，需要进一步完善提升。下一步，我们将牢记总书记嘱托，认真贯彻落实此次会议精神，继续在政策上先行先试，在体制机制上突破创新，努力为燕山—太行山片区区域发展与扶贫攻坚探索可复制可推广的经验，向党中央和总书记交上一份合格的答卷。

（保定市人民政府）

实施易地搬迁新模式　建设美丽移民新家园

省委、省政府提出举全省之力打好新一轮扶贫开发攻坚战以来，我们把扶贫攻坚作为严肃的政治任务和加快发展的重大机遇，坚持精准施策、精准扶贫，“十二五”期间，全市预计减少贫困人口72.98万人。特别是针对高寒边远山区生存环境恶劣、贫困程度深、常规措施脱贫难的实际，对赤城、沽源等地20个村1525户4108人实施了易地移民搬迁，总投资1.04亿元，新建住房2559套、11.7万平方米，使贫困群众彻底摆脱贫困成为现实。主要实施了“三大工程”。

一是立足“搬得出”，把顶层设计作为先导工程。致力解决“人往哪里去、钱从哪里来、规划怎么搞”的问题，坚持尊重群众意愿，深入细致做好群众工作，在调查摸底、实地勘查、专家论证的基础上，把决策权、参与权、监督权交给群众，对5个安置点的选址、房屋户型选择、价格预算、入住方式，每个环节都充分征求群众意见，形成了结合新民居建设入住楼房、根据农村生活习惯新建平房、领取补助自主购房或租房等3种不同的安置方式；坚持多方整合资源，把补助资金、以工代赈、财政专项、饮水安全、农田水利、设施农业、退耕还林等工程项目资金，捆绑起来集中倾斜投向移民区，累计投入中央专项资金2464.8万元，省、市、县配套及群众自筹7928.5万元；坚持科学合理布局，把异地搬迁与美丽乡村建设结合起来，综合考虑城乡布局、产业发展、公共设施、土地利用等各种要素的优化配置，确保了各项工作有序有效、分期分批推进。

二是立足“住得下”，把妥善安置作为基础工程。深刻认识住房对农民群众的特殊意义，把打造美丽幸福家园作为重中之重，民居建设打造百年工程，坚持“统一标准、统一施工、统一验收”，高水平设计、高标准建设。赤城县康庄新村聘请清华大学城乡规划设计院进行规划设计，建成了365套住宅楼，总面积3.7万平方米，让贫困群众过上了现代人的生活。综合配套坚持一步到位，在实现水、电、路“三通”的基础上，统筹安排居民区、养殖区、种植园区、文化广场等工程。康庄村采取撤并旧村置换土地的方式，新建了占地170亩的移民新村，打造成为环境幽雅、交通便利、功能完善的中心村。公共服务突出功能齐备，妥善解决好搬迁群众的上学、就医等问题，确保他们生活有改善、未来有前景。特别是我们对搬迁家庭初、高中毕业的37名学生，免费将其送入职中、技校就读，避免因教育因素造成“代际继承”。

三是立足“能致富”，把产业发展作为核心工程。大力推进特色种养、农家旅游等产业发展，切实拓宽搬迁移民的稳定增收渠道，真正实现“挪穷窝、改穷貌、拔穷根”。让土地升值增值，对搬迁腾出的土地积极进行流转，通过“土地入股”、“公司+农户”等形式，让农民靠土地收租金、挣薪金、分股金，坐地生财、就地脱贫。康庄村通过引进中道农牧、北京富京等龙头企业，2014年村民人均收入达到6000元，仅靠在自己的土地上打工，年均增收1200元。让生态创造效益，依托生态、农牧等资源，大力发展农业观光、特色民俗旅游，让“生态”变成生产力。沽源县平定堡镇口道营村和小南营村，依托近邻五花草甸风景区的优势，通过发展“农家乐”，实现了稳定增收。让搬迁移民掌握致富技能，对搬迁家庭外出务工人员，通过“阳光工程”、“雨露计划”和“人人技能培训”，进行短、中、长不等的技能培训，先后对1863人进行了技能培训，使大部分搬迁群众有了一技之长，依靠发展劳务经济增收致富。

下一步，我们将按照克志书记“张家口的美丽乡村、扶贫开发、植树造林等工作，要瞄准冬奥会，高点起步，向实处做，尽快见到成效”的要求和这次会议的安排部署，主动加压，决战决胜，进一步把精准脱贫的工作做深、做细，特别是全力完成好10.5万贫困人口的易地移民搬迁工作，确保到2018年，贫困县全部摘帽，贫困村全部出列，贫困人口全部脱贫，在全省率先打赢脱贫攻坚战，为举办一届精彩、非凡、卓越的冬奥会奠定坚实的基础。

（张家口市人民政府）

深化集体产权股份合作制改革
实现农村集体经济和群众双赢

近年来，在市委、市政府的正确领导和省厅帮助指导下，我局在探索中前进，在实践中创新，持续推进农村集体产权股份合作制改革试点，取得了阶段性成效，现将有关情况做一汇报。

一、改革总体进展情况

农村集体产权股份合作制改革是农村产权制度改革的重要组成部分，其核心是：在明晰产权的基础上，将农村集体统一经营管理的资产进行股份量化和重组，把传统集体经济组织改造成集体经济组织成员按份持股的新型集体经济组织。我市2013年在平乡县赵河东村开展了省级试点，市委、市政府给予充分认可。2014年，股份合作制改革列入全市农村改革九项重点工作之一，我局以“城中村、城郊村、园中村”为切入点，选择了28个城镇化进程较快、具有一定数量经营性资产和经营性收入、班子凝聚力强、群众意愿高的村开展了股份合作制改革试点，并总结经验，稳步拓展范围。截止目前，累计完成试点村64家，占全省58%。其中，注册股份经济合作社55家，占全省83%，注册股份制公司1家，发放证明书8家。《人民日报》、《中国青年报》等媒体对我市做法进行了专题报道。

二、主要做法及成效

总结近两年的改革试点工作，简单概括为“一二三四五”，即：制定十道工序，做到两个固化，实现三个转变，建立四个机制，取得五个成效。

（一）制定“十道工序”。借鉴浙江、重庆等先进地区经验，按照公司化管理的理念，结合我市实际，将试点工作划分为十道工序，即：建立班子、制定方案、清产核资、量化资产、资格界定、股权配置、制定章程、设置机构、注册登记、完善制度。同时，每年邀请外地专家开展至少两次培训，定期带领村支部书记外出学习经验，增长见识，开拓眼界，调动了改革积极性。

（二）做到“两个固化”。清产核资、资产量化、资格界定、股权配置等关键环节都做到程序规范，确保公开、公平、公正，通过清产核资，对各类集体资产进行产权界定、资产评估，并区分经营性资产、非经营性资产、资源型资产分别登记造册。在开展股民资格界定、配置股权中，原则上对股民坚持生不增、死不减、进不增、出不减。实现了资产、人员双固化，增强了群众参与积极性。

（三）实现“三个转变”。即资产转变为股权、资金转变为股金、村民转变为股民。我市主要是对经营性资产及存量资金折股量化到本集体经济组织成员，赋予农民对集体资产股份权能，发展多种形式的股份合作，真正做到了还权于民，保障了股民对股份的占有及收益权。

（四）建立四个机制。即村股份经济合作社的治理机制、财务管理机制、积累及发展机制、收益分配机制。一是建立三会，即成员（代表）大会，理事会、监事会。选举产生股东代表4387人，理事322人，监事185人。二是通过反复研究、专家论证，建立了村股份经济合作社12个方面的财务管理机制，市局统一制作财务制度牌并免费发放。三是村股份经济合作社原则上不设置集体股，为保证合作社发展，在合作社章程明确规定先提取合作社发展的公积公益金再分配，建立了村股份经济合作社的健康发展机制。四是市局对《股权证》统一制作、统一编号、以人为单位免费发放，合作社的年终分红成为农民增收的一项重要来源。

（五）取得五个成效。一是理顺了农村集体经济的治理机制。建立了在村党支部领导下村委会管理村（社区）公共事务、公益事业，村股份经济合作社管理集体经济的管理机制，形成了村股份经济合作社按照现代企业制度运行的管理模式。二是促进了农村社会的和谐稳定发展。农村资产财务管理的制度化、公开化、透明化，有效避免了农村集体资产被侵占、挪用、浪费，“给群众一个明白，还干部一个清白”，缓解了干群矛盾，促进了基层党风廉政建设和农村社会的和谐稳定发展。三是增强了村民参与民主管理的意识。把集体经济的利益和成员个人的利益更加紧密地捆在一起，村民对集体资产的运营管理更加关注，增强了村民参与民主决策、民主管理、民主监督的意识，提高了民主管理和科学决策的水平。四是增加了股民的财产性收入。产权制度改革盘活了农村集体资产，集体经济实力日益壮大。通过建立完善的收益分配机制，股民的收益分配权得到了保证，股民的财产性收入逐年增加，股份合作社的年终红利，将成为农民增收的一个重要渠道。五是促进了城乡一体化发展步伐。通过改革，农民取得了股权证，可以放心的进城打工，农民向城镇流动和转移更加顺畅，推动了“农村城镇化、农民市（居）民化”，加快了城乡一体化发展。

我市的改革试点工作虽然取得了一些成效，但与全面铺开的目标相比，仍然有很长的路要走，下一步，我们将按照省厅及市委、市政府的工作要求，一方面，在认真总结经验的基础上，指导已完成改革的村建立健全资产所有股份化、收益分配股红化、股权流动规范化、监督约束法制化的“四化机制”，推动村股份经济合作社按现代企业制度运行，壮大集体经济实力，增加农民财产性收入，让农民和村集体共享改革红利。同时，稳步扩大试点范围，积极探索农民对集体资产股份占有、收益、有偿退出及抵押、担保、继承权，为改革的全面稳妥铺开打下坚实基础。

（邢台市农业局）

稳基础　重规范
强力推进抓确权 有序引导促流转

近年来，我市把土地承包经营权确权登记颁证和土地经营权流转作为深化农村综合改革的切入点和突破口，以及调结构、转方式、稳增长、促发展的重要抓手，认真谋划，完善措施，有序推进，取得显著成效。在全省率先整市推进并基本完成土地承包经营权确权登记任务，实施面积807.03万亩，占国土“二调”耕地总面积的95.11%；土地流转面积323.19万亩，占家庭承包耕地面积的41.22%；工商注册家庭农场4978家，新增1432家；创建省级示范家庭农场30家，市级示范家庭农场100家。

一、着力推进确权登记颁证，筑牢土地经营权流转基础

（一）自我加压，强力推进。农村土地承包经营权确权登记颁证，是农业农村改革的基础性工作。我们深刻认识到，作为全省综合配套改革试点市，应当先行一步，把这项工作抓早、抓好。市委、市政府确定了“先行试点，全面铺开，整市推进，率先完成”的思路和目标，列入对各县市区委、政府的考核范围。市委常委会专题研究部署，并纳入全市“下基层、解难题、保稳定、促发展”活动的重要内容，落实到分包县市区的市领导。市委书记、市长多次调研、批示，并向各县市区党政一把手发函督导推进，市政府分管领导多次专题调度，有力地促进了全市工作开展。各级各有关部门统一了思想，形成合力，强化人力、物力、财力保障，强力推动确权登记颁证工作开展。

（二）夯实基础，稳步推进。一是广泛宣传发动。利用新闻媒体和印发明白纸、宣传册、入村宣讲等形式，进行广泛深入的宣传动员，让基层干部群众了解确权登记颁证工作的意义、内容和程序，做到家喻户晓，形成基层干部群众积极参与的浓厚氛围。二是加强业务培训。积极组织相关人员参加农业部、省农业厅业务培训，学习借鉴外地经验做法，同时抓好本市各级业务培训，培养了一支懂政策、熟业务、精流程的过硬业务队伍。市、县分别成立了确权登记颁证工作咨询组，答疑释惑，强化政策业务保障。三是深入调研指导。局领导经常带领相关人员深入乡村调研指导，及时研究和解决工作中的新情况、新问题，提出处理方法和措施，编辑印发基层，有效指导工作开展。

（三）依法依规，规范推进。一是规范确定技术合作单位。市农牧局提前整理技术合作单位遴选条件和招标文件模板，为各县市区提供参考。各县市区综合考虑任务面积、涉及乡村数量等因素划小作业标段，增加技术合作单位参与数量，做到多路并进，整体提速。二是严格政策界限。以政策法规为依据，尊重历史，面对现实，坚持一把尺子量到底。对没有政策法规依据的问题，履行民主程序，召开村民会议讨论决定，不强推硬推，不做“夹生饭”。三是严格程序步骤。指导乡村制定好实施方案，严格按照操作，不得随意打乱，更不能省略。特别是权属调查、指界、公示等基础性工作和关键环节，一丝不苟做到位。四是严格标准要求。坚持结果倒推，以确权登记最终形成的成果档案资料为依据，按要求逐项落实，使村级实施方案、村民会议记录、调查表、承包合同和公示图表等，都达到立卷归档的成果要求。

（四）督查通报，持续推进。在关键时段和节点，市农牧局确定督查内容和方案，市委督查室、市政府督查室牵头组织专项督查。市农牧局实行班子成员全程包县督导，剖析问题具体到乡、村，将督查情况和工作建议报市委、市政府，适时制发工作指导文件。确权登记颁证工作实行周通报，上报市委、市政府主要领导和分管领导，发各县市区党政一把手、分管领导和农牧部门，落实省、市工作要求，持续推进工作开展。

二、加强土地流转服务平台建设，引导土地经营权有序流转

在征求各县市区和相关部门意见的基础上，市农牧局制定了《关于加强农村土地经营权流转服务平台建设引导土地经营权有序流转的意见》，以市政府办公室文件印发。通过我们积极争取，市财政为每个乡镇补助1万元建设资金。市农牧局切实做好业务培训指导，并配合市委督查室、市政府督查室开展专项督查，督查情况以市政府办公室通报印发各县市区。为确保土地流转服务机构建设和运行质量，市农牧局制定验收方案，对县、乡土地流转服务中心进行了检查验收。目前，各县市区、乡镇均建立了农村土地流转服务中心，健全完善了资格审查、登记备案、合同鉴证、档案管理等各项制度和工作规程，并正常运行。市委办公室、市政府办公室下发了《关于加强农村土地流转风险防范防止“毁约弃耕”等问题发生的意见》、《关于合理确定农村土地流转指导价格的意见》，有效规避土地流转“毁约弃耕”隐患，保护土地流转双方利益。

三、突出新型经营主体典型培育，开展示范家庭农场创建

把家庭农场作为引领农业适度规模经营、发展现代农业的有生力量重点培育，确立了“先发展后规范、边发展边规范、以发展促规范”的思路，在抓数量的同时提升质量。一是抓典型培育。把示范创建作为引导家庭农场提升发展能力的有效途径，市农牧局于2015年初就开展示范家庭农场创建作出部署，实行省、市、县示范家庭农场三级联创，梯次推进，每年评定100家市级示范家庭农场。二是抓项目扶持。在强农惠农政策、专项资金、支农项目、农机具购置补贴等方面向家庭农场倾斜，使家庭农场逐步成为农业适度规模经营的主体力量。三是抓培训服务。把家庭农场经营者作为新型职业农民培育的重点，进行技能技术培训，安排专业技术人员对口指导服务；支持和指导农机、植保等农业社会化服务组织为家庭农场提供高效生产和技术服务。

四、改革创新，探索确权登记成果应用

针对农村土地经营权流转和新型农业经营主体呈持续增长的态势，我市适应、引领改革发展新常态，积极开展农村土地承包经营权证抵押贷款试点，市综合配套改革领导小组办公室印发了试点工作意见。饶阳县率先开展试点，目前该县金融机构已对11个农户发放贷款250万元，另有18个农户、3个农业企业2030万元贷款申请正在办理。冀州市、景县、故城县试点工作也取得了实质性进展，“三农”融资难题正在逐步破解。

我们将以这次会议为契机，认真学习借鉴先进经验和做法，推动2016年各项工作再上台阶、再创佳绩。

（衡水市农牧局）

做优特色　打造品牌
推动我县农产品加工业迈上新台阶

近年来，在省委、省政府和市委、市政府的正确领导下，大名县坚持以科技创新为先导，以龙头企业为引擎，大力发展农产品精深加工，不断延伸产业链条，推动龙头企业集中集约集群发展。全县建成农产品加工企业62家，年产值达136亿元（其中规上企业产值约124亿元），农产品加工业产值与农业总产值之比达到1.89：1，初步形成了面粉、花生、香油、养殖四大特色主导产业，带动就业4万余人，实现农民人均增收1000余元，预计2015年全县农业产业化经营率达到67.8%。现将我县主要做法汇报如下：

一、建强农业园区，夯实产业发展基础。坚持以园区建设为载体，以产业化经营为主线，以发展农产品加工业为重点，高起点谋划、高标准建设大名县农产品加工园区等一批农业园区。一是规划先行，引领科学发展。聘请河北农业大学高标准编制《大名县现代农业示范园区总体发展规划》，出台了《大名县现代农业示范园区建设工作考核奖励办法》等配套文件，以“规划、资金、道路、扩规”为四个着力点，大力推进农业园区建设，建成农产品加工、果蔬种植、休闲观光等35个特色农业园区。二是注重投入，提升承载能力。累计投入10.8亿元，完善大名县农产品加工园区基础设施建设，构建“三纵七横”的路网框架，实现了“八通一平”。大名县农产品加工园区被农业部评为“国家农业产业化示范基地”。在农产品加工园区不断发展的基础上，我县计划利用邯济铁路过境优势，以抓工业的理念抓农业园区建设，实行政府主导、搭建平台、企业入驻、三产融合的模式，在县域西北部着手启动了大名县漳北现代农业示范园区，该园区规划占地2万亩，规划建设高效种植示范区、特色养殖示范区、农产品加工区、休闲旅游观光区等功能性区域。目前，规划编制已完成，准备启动租地工作，今年计划启动5000亩。三是创优环境，破解发展难题。县政府出台了《关于重点扶持农业产业化发展的意见》，对龙头企业从用地、资金、人才、技术、服务等方面给予扶持，重点支持园区内企业，引导企业入园发展。如，通过“金财通”、“助保贷”、“金桥帮扶”，帮助凯发、宝泰等20家企业融资2亿元。

二、延伸产业链条，提高农业附加值。引导企业依托项目建设引进新技术、新产品，延伸产业链条，对农产品“吃干榨净”，提高农业附加值。在小麦产业链条延伸上，新茂谷朊粉项目以小麦面粉为原料进一步延伸出谷朊粉和小麦淀粉，广泛应用医药食品行业；子丰多肽产业园项目与中科院合作，利用面粉加工企业副产品，提取胚芽油、蛋白粉、多肽，最终提取功能性多糖、多肽表面活性剂和抗菌肽，实现了对小麦的全利用。在玉米产业链条延伸上，顺轩玉米淀粉项目以玉米为原料，提取玉米淀粉和玉米蛋白粉，玉米秸秆转化为生物质燃料，实现了对煤的替代利用。在花生产业链条延伸上，佳客来等13家企业开发烤花生系列产品，实现了花生初加工；名福植物油同江南大学合作，引进榨油新工艺，对花生进行精深加工；合盛猪业等110家规模化养殖企业，以花生秧为原料，通过“过腹”转化，降低企业生产成本同时，也为农业种植提供了优质的有机肥。

三、实施品牌战略，提升市场竞争力。坚持把品牌建设作为提高企业产品市场竞争力的重要支撑，引导企业树立品牌意识，实现由“卖产品”向“卖品牌”转变。对获得国家、省、市驰（著）名商标称号的企业，给予表彰奖励，优先列入技术改造、技术创新项目和新产品开发计划，享受优惠政策。目前我县拥有“五得利”、“名福”两个“中国驰名商标”，“五得利”、“邯雪”两个“中国名牌”、“凯发”荣获“中国名牌农产品”，“京府黑芝麻”荣获中华老字号，12个产品通过“绿色食品认证”、1个产品通过“有机产品认证”、11个产品通过“无公害农产品认证”、“大名小磨香油”地理标志产品保护认证获得国家质检总局批准。通过大力推进产地认定和产品认证工作，品牌不断升级，产品市场不断拓宽。

四、强化科技支撑，提高企业创新能力。坚持把创新驱动作为推动龙头企业发展的根本之策，鼓励企业更换新设备、采用新技术、研发新产品，提高科技含量和产品附加值，提高核心竞争力。一是鼓励龙头企业与高等院校、农业科研单位进行联姻，优先研究开发一批关键技术，加快科技成果转化利用率。比如家丰公司与江南大学食品学院进行合作，以股权换技术，实现了校企双赢。二是支持传统农产品加工企业进行技术改造，引进新设备、新工艺、新技术，降低生产成本，提高企业效益。比如，五得利项目引进瑞士布勒公司全套生产设备，采用世界上最先进的制粉工艺，生产线加工能力世界第一。三是鼓励有条件的企业组建自己的研发机构，加速科技成果转化，逐步发展成为具有自主知识产权、创新能力强的现代农业企业或企业集团。2015年，全县“农字头”企业新增市级工程技术研究中心1家。四是鼓励企业利用“互联网+”技术，适应经济发展新常态，五得利、京府黑芝麻、滴流酒业等企业，紧紧抓住阿里巴巴农村淘宝落户大名这一机遇，谋划开展“私人订制”产品业务，实行线上线下销售，市场销售实现多样化。

五、创新联结模式，带动农民增收。强化龙头企业的社会责任感，将龙头企业带动农户数量与落实扶持政策挂钩，引导企业与农户建立紧密的利益联结机制，形成“利益共享、风险共担”的利益共同体。一是合同联结。通过签订产销合同，以订单契约的形式，逐步扩大订单式生产规模，实现企业和农户利益分享。二是合作联结。鼓励龙头企业创办、领办专业合作社，实现农户与龙头企业、市场的有效对接。三是股份联结。通过农民出土地、劳力，龙头企业出资金、技术，实现农民与企业联股联心，形成产权联合的利益共同体。让广大农民充分享受农业产业化经营的成果。全县农业产业化龙头企业在县域及周边地区发展订单基地100余万亩，带动农户50余万户，户均增收1000余元。

虽然我县在推进农业产业化方面进行了一些探索，取得了一些成效，但离上级要求还有较大差距，与各兄弟县区相比也还有很多不足。下一步，我们将以此次会议为契机，以发展农产品精深加工为重点，不断探索“以工业化的理念抓农业产业化”的实践途径，努力将大名打造成为农产品加工强县。

（大名县人民政府）

破难题　创模式　快发展
涿鹿现代农业园区建设强势推进

2015年，按照省市关于加快现代农业园区发展的意见，我县依托资源优势，全力推进现代农业园区建设，实施了三祖帝都现代高端苗圃等18个重点项目，完成投资1.25亿元，打造了一个集农业示范、绿色加工、休闲养老、旅游观光、研发教育为一体的综合性园区，被省政府命名为首批省级现代农业园区。主要做法是：

一是基础设施完善。我们坚持以政府为主导、以企业为主体、全面推进园区基础设施建设。建成35千伏变电站1座，建成温室大棚260个，硬化道路30公里，购置观光小火车2辆；实施了灵泉河综合治理，修整河道水面4万平方米，植树13万株，绿化里程10公里，新建特色酒庄三处。目前，园区内水、电、路、通讯、绿化等基础设施日趋完善，承载力和吸引力不断增强。

二是布局规划科学。聘请北京达华公司编制完善《现代农业园区规划》，规划总面积18.5平方公里，覆盖矾山镇六堡、燕王沟等6个行政村。园区规划三个功能区，包括：农业观光区，主要发展农业体验采摘园、高效节水示范园和日光温室高产实验园等观光农业；休闲养老居住区，主要建设休闲养老度假基地；农产品深加工区，主要发展葡萄、杏扁等农产品的加工产业。

三是一二三产融合。我们通过采取“公司+基地+农户”运作方式，形成企业和农户利益共同体，带动葡萄、杏扁等产业实现“连二接三”。在三祖庄园、三祖帝都庄园和亚珑3家葡萄酒加工龙头企业的引领带动下，葡萄、杏扁各发展到1万多亩，年生产能力达2.5万吨。培育和发展种植大户34户、农村经纪人26名、农民专业合作社10个、农业开发公司2家，杏扁加工企业、个体加工户超过500多家，解决了近80%的农村劳动力、留守妇女就业。农民人均纯收入从去年的5300元，增加到今年的1.4万元。同时也间接促进了旅游、餐饮、零售等行业的发展。

在园区建设中，我们克服时间紧、任务重的困难，通过加强领导、创新模式、市场运作等措施，有效破解了园区谁来管、谁来建、怎么建三大难题，为我市现代农业园区建设趟出一条新路。

一是加强领导、健全机构，解决现代农业园区谁来管的问题。为落实好省市文件精神，我县高度重视现代农业园区建设工作，迅速组建了由县委书记任政委，县长任指挥长，主管县长任副指挥长的涿鹿现代农业园区指挥部，成立了现代农业园区管委会，由主管县长兼任管委会主任，管委会设综合、招商、基建、服务4个办公室，并制定相关规章制度，抽调了专业精干人员。管委会成立以来，县委、县政府主要领导多次到现代农业园区调研，召开现场办公会，对规划设计、经营模式、项目进展等情况进行现场调度和安排，推进了各项工作的迅速落实，有效解决了园区建设谁来管的问题，使我县园区建设走在了全省前列。

二是政府搭台、企业唱戏，解决现代农业园区谁来建的问题。面对现代农业园区“起点谋划高、科技含量高、建设标准高”的要求，我们认为单单依靠政府或个人是无法完成的，因此我县按照“政府搭台、企业唱戏”的原则，依托两个公司和一个合作社推进园区建设。其中：达华致远公司投资1.08亿元，实施了灵泉河治理、五座光能农业一体化沟壑智能阶梯大棚、现代农业展示厅等12个项目。鸿鑫农业公司投资总投资850万元，完成了沟壑智能阶梯大棚16个和50亩现代高端苗圃建设。东阁葡萄专业合作社投资900万元，铺设输水管道2000米，完成15个设施大棚建设，建成垂钓池和冷库各1个。

三是抓好结合、创新模式，解决了现代农业园区怎么建的问题。在园区建设过程中，我们立足实际、因地制宜，坚持“四个结合”的发展思路，积极探索了四种发展模式。龙头企业带动模式。即突出林果特色主导产业，通过“公司+基地+农户”运作方式，形成企业和农户的利益共同体，带动葡萄、杏扁等产业的产业化发展。目前已有三祖庄园、三祖帝都庄园、亚珑3家企业生产葡萄酒，年生产能力达2.5万吨，辐射带动了矾山镇及周边3万亩酒用葡萄的种植。派派食品公司作为杏扁产业龙头企业，积极引进新疆小白杏品种，无偿供给园区农户嫁接，并负责全部回收，形成双向订单，现已嫁接新疆小白杏1000多亩，每亩可增收1000元。合作社拉动模式。即以农业合作社为主体，将有发展积极性的贫困户吸纳进来，采取“合作社＋农户＋园区”的模式，实现抱团发展。燕王沟村依托东阁葡萄专业合作社，让入社贫困户以每户8000元扶贫资金作为股金入股，与合作社其他股金集中捆绑，统一用于采摘园建设。该采摘园以农业休闲、观光采摘、花卉培育、盆景栽植为主，占地300亩。目前转移农业种植人员200人，扶持贫困户120户，全村近500人受益。整村改造联动模式。即由企业出资，对条件成熟的行政村实行整体改造提升，置换出的土地用于发展高效农业，实现企业与改造村的“共赢”。达华集团公司以资金、技术入股，矾山镇六堡村以土地入股，联合组建了涿鹿达华致远农业开发有限公司，通过公司化运作，整体开发六堡村。已完成土地流转近5000亩，公司每年每亩补贴农民400元，农民还可以到公司打工，月均工资2400元，可以获得“保底租金+盈余分红+工资”三份收入，既不离土也不离乡，实现了在家门口挣钱的梦想。科技推动模式。即以科技为支撑和纽带，通过多种模式与高校及人才紧密联合，把园区、高校、企业、农民整合成利益共同体，为园区及园区产业发展提供动力。积极与中国农大进行对接洽谈，实行政府、高校和企业三方合作，共建葡萄产业研究院；与河北林科院合作，在园区内试种全省最新林果品种；借鉴邯郸市曲周县经验，在矾山镇燕王沟村建成科技小院1处，通过中国农大研究生与科技人员驻村研究以葡萄为主的果品产业，既为研究生提供了实践基地，又有利于新技术的推广应用，促进农民增收。

下一步，我们将认真贯彻落实此次会议精神，继续坚持“政府主导、企业带动、农民参与、市场运作”的原则，继续实施三产融合发展战略，以高效设施农业规模化、生态休闲农业集聚化、科技创新农业载体化为重点，突出抓好达华致远农业公司的15个重点项目，高起点、高标准、快速度地推进现代农业园区建设。

（涿鹿县人民政府）

大力发展农业特色产业　推动精准扶贫

2012年底，习近平总书记到阜平考察扶贫开发工作时指出："没有农村的小康，特别是没有贫困地区的小康，就没有全面建成小康社会。"中央扶贫工作会议指出，产业扶贫是实现精准扶贫的重要举措。阜平县始终抓好产业扶贫这条主线，大力发展农业特色产业，推动精准扶贫、脱贫。去年以来，在省农业厅的大力指导下，阜平县谋划实施了以食用菌为主的"四种两养"农业产业布局，对全县4万余户贫困户实现全覆盖，农业特色产业成为阜平实现"五年稳定脱贫，八年全面建成小康"的重要支撑。

一、围绕供需跃升，确定主导产业

过去，阜平县农业生产能力弱、农民收入水平低、农业竞争力不足，主要原因是农产品供给不能适应需求变化。实现农产品由低水平供需平衡向高水平供给平衡跃升，是阜平农业产业精准扶贫的必然选择。阜平聘请中国农科院，对全县域实施了农产品产地环境质量调查评估，经检测，符合绿色生产标准的土地达89%以上，阜平的生态资源禀赋具备了发展高端农业的自然条件。结合评估结果，阜平县不断优化农业产业结构，大力发展绿色、高效、有机的现代农业。根据规划，到2017年底，全县食用菌基地面积达到3.2万亩，总棚数5.4万个，年产鲜菇45万吨，总产值25亿元以上，覆盖带动4万贫困户。2015年，在省农业厅大力支持下，阜平以食用菌为主导的农业特色产业发展迅速，产业精准扶贫成效显著。2016年元旦前夕，省委赵克志书记到阜平蹲点调研，对阜平农业产业精准扶贫工作取得的成绩给予充分肯定。

二、推动资源整合，优化产业发展

一是科学规划，推动多种形式适度规模经营。在确定"四种两养"产业重点的基础上，聘请国内顶尖规划单位，先后编制了食用菌、林果、中药材、畜牧水产等产业规划，进一步理清了思路，明确了目标。大力推行"政府+企业+金融+科技+基地+农户"六位一体的发展模式，引进了10家实力强、技术优的龙头企业，鼓励引导广大食用菌种植户入股龙头企业或与企业合作，形成区域品种集中化，技术支持统一化，产品产量规模化，生产经营集约化的产业发展格局。目前，全县已流转土地6300亩，吸引2365户贫困农民参与到食用菌产业，规模效应初显。二是创新金融服务，提升金融助农普惠效能。县政府成立担保资金1.5亿元的惠农担保公司，按1：5的比例撬动银行贷款投放给农户，并建立"三户联保"扶贫信贷机制。2015年发放扶贫贷款1.84亿元，覆盖农户4894户，助推了食用菌产业、养殖业等特色农业产业的快速发展。为兜住农户经营风险，县政府与人保财险公司共建"联办共保"机制，设置灾害险、产品质量安全险和成本价格损失险（成本价格损失险为全国首创并获得2015年全国农业保险创新奖，主要是对由于市场价格波动造成的种植养殖成本损失进行保险）三个险种，对全县主要种植养殖产品实现农业保险全覆盖。2015年，共办理农业保险451单，理赔金额1268.83万元，惠及17587户。三是出台优惠政策，培育品牌产业。为加快推进农业产业发展，打造阜平特色品牌，先后研究制定了食用菌产业、中药材产业等扶持政策。由政府出资组织专家团队，为企业和种植户提供技术服务。政府设立产业发展专项基金，完善水、电、路基础设施配套；对龙头企业菌棒加工厂、冷库、棚室等生产设施统一标准，统一奖补；对种植户菌棒、棚室等统一补贴，降低风险，提高积极性。

三、放大产业效应，搞好精准扶贫

一是转方式，探索资产受益精准扶贫模式。通过鼓励农户贷款入股、土地入股参与农业特色主导产业，将农户土地和扶贫资金量化为资本，使贫困群众可以拿到保底租金、分红、打工工资三份收入。到2017年底，参与贫困户每年将增收2.75万元，确保实现稳定脱贫。二是保双赢，创新利益联接机制。为解决农业产业发展过程中农民群众尤其是贫困群众缺资金、技术，怕灾害、价格下滑的问题，阜平采取了农户土地出租，农民土地、资金入股；企业建设产业园区，农户参与管理，企业带贫困农户，企业与农民协议订单，企业带专合作组织，农户到企业基地领工资等模式，实现了企业（合作社）、贫困户的互利双赢。三是促融合，统筹推进特色产业精准扶贫。积极探索"互联网+农业+精准扶贫"模式，将大山里生态有机的优质农产品，通过网店、微店等形式，进行网上销售，拓宽了销路、提升了价值、促进了增收。目前，阜平正全力打造电商产业园区，将通过淘宝"特色中国阜平馆"销售更多的大枣、核桃、杂粮等特色农产品。

在省农业厅的大力支持，阜平在农业特色产业发展方面取得了一定的成绩，但脱贫攻坚工作任重道远，我们有信心在上级的关心支持下，将阜平打造成农业产业精准扶贫、精准脱贫示范县。

（阜平县农业局）

V 农业法规 文件选载

河北省人民政府
关于进一步做好为农民工服务工作的实施意见

（2015年5月18日）

为深入贯彻落实党的十八大、十八届三中、四中全会和省委八届六次、九次全会精神，进一步稳定和扩大农民工就业创业，维护农民工劳动保障权益，推动农民工平等享受城镇基本公共服务，有序推进农民工市民化，根据《国务院关于进一步做好为农民工服务工作的意见》（国发〔2014〕40号）和《中共河北省委河北省人民政府关于推进新型城镇化的意见》（冀发〔2014〕6号）精神，现就做好新时期农民工服务工作提出如下意见：

一、总体目标

到2020年，我省农村劳动力转移就业总量继续增加，每年开展农民工职业技能培训40万人次以上，农民工社会保险和城镇基本公共服务基本实现全覆盖，工资基本无拖欠，平均收入比2010年翻一番以上，努力实现800万左右的农村人口向城镇转移，近千万符合条件的农民工等群体落户城镇，基本实现有条件、有意愿的农民工市民化。

二、进一步稳定和扩大农民工就业创业

（一）落实相关政策，促进农民工就业创业。逐步建立城乡统一的就业失业登记制度，全面清理针对农民工就业的歧视性规定和限制性措施，使农民工享受免费公共就业服务。落实培训补贴、劳务输出补贴等扶持政策，引导农民工有序外出就业和就地就近转移就业。进一步加强对农民工的创业扶持，在创业培训、创业指导、小额担保贷款、场地租用、工商登记、税费减免、入驻创业孵化基地等方面提供政策支持。大力发展服务业特别是家庭服务业、家庭手工业和中小微型企业，按规定落实新增就业补贴、社保补贴和贷款贴息政策。（省人力资源社会保障厅会同省发展改革委、省教育厅、省民政厅、省财政厅、省住房城乡建设厅、省农业厅、省商务厅、人民银行石家庄中心支行、省国税局、省地税局、省工商局、省扶贫办、省总工会、团省委、省妇联等部门负责）

（二）强化技能培训，提高农民工素质。加强农民工职业培训工作的统筹管理，制定农民工培训综合计划。实施农民工职业技能提升计划，对农村转移就业劳动者开展就业技能培训，对农村未升学初高中毕业生开展劳动预备制培训，对在岗农民工开展岗位技能提升培训，对具备中级以上职业技能的农民工开展高技能人才培训，将农民工纳入终身职业培训体系。发挥行业主管部门作用，结合行业特色，组织开展多形式的培训。加大培训资金投入，保障培训补贴和职业技能鉴定补贴政策落实，让有培训愿望的农村劳动力都能按规定享受免费的职业培训，减轻企业和农民工培训负担。大力推进农民工业余学校创建工作，鼓励大中型企业联合技工院校、职业院校，建设一批农民工实训基地。落实中等职业教育国家助学金和免学费政策，努力实现农村未升学应届初高中毕业生都能接受职业教育。鼓励职业院校、技工院校招收在乡青年农民、农村拟转移劳动力、进城农民工接受职业技能教育。加强职业教育教师队伍建设，创新办学模式，提高教育质量。积极推进学历证书、职业资格证书双证书制度。（省人力资源社会保障厅、省教育厅会同省发展改革委、省科技厅、省财政厅、省住房城乡建设厅、省农业厅、省安全监管局、省扶贫办、省总工会、团省委、省妇联等

部门负责）

（三）加强就业服务，稳定扩大农民工就业。加强公共就业服务体系建设，将服务范围辐射到所有乡镇（街道）、村（社区），有针对性地为有就业需求的农民工提供政策咨询、职业指导、职业介绍等公共就业服务。全面推行农村劳动力就业实名制，对农民工开展有针对性的服务。加强就业服务信息化建设，为农民工提供便捷的服务。大力开展“春风行动”，进一步加强农村劳动力转移就业工作。广泛开展跨地区劳务合作，促进农村劳动力有序外出就业。大力发展县域经济和小城镇经济，加强农村基础设施和公共服务体系建设，促进农村劳动力就地就近转移就业。（省人力资源社会保障厅会同省发展改革委、省教育厅、省民政厅、省财政厅、省住房城乡建设厅、省农业厅、省总工会、团省委、省妇联等部门负责）

三、进一步维护农民工的劳动保障权益

（一）规范用工管理，维护农民工劳动保障权益。全面实行劳动合同制度。在流动性大、季节性强、用工时间短的农民工中推行简易劳动合同。着力提高小微企业、非公企业农民工劳动合同签订率。加强执法监察，提高农民工劳动合同履约质量。整合劳动用工备案及就业失业登记、社会保险登记，实现对企业使用农民工的动态管理。依法规范劳务派遣用工行为，清理建设领域违法发包分包行为。在建设领域和其他容易发生欠薪的行业落实工资保证金制度、工资预储金制度和政府应急周转金制度。完善并落实工程总承包企业对所承包工程的农民工工资支付全面负责制度、行政执法与刑事司法联动治理恶意欠薪制度、解决欠薪问题地方政府负总责制度，推广实名制工资支付银行卡。稳步提高最低工资标准，推动实现农民工与城镇职工同工同酬。（省人力资源社会保障厅会同省公安厅、省住房城乡建设厅、人民银行石家庄中心支行、省工商局、省法院、省总工会等部门负责）

（二）扩大城镇社会保险覆盖面，促进农民工依法参加城镇社会保险。实施“全民参保登记计划”，推进农民工等群体依法全面持续参加社会保险。依法将与用人单位建立稳定劳动关系的农民工纳入城镇职工基本养老保险和基本医疗保险，按规定办理社会保险关系转移接续。对劳务派遣单位或用工单位侵害被派遣农民工社会保险权益的，依法及时纠正。整合各项社会保险经办管理资源，优化经办业务流程，提高对农民工的社会保险服务水平。（省人力资源社会保障厅会同省发展改革委、省财政厅、省卫生计生委、省工商局、省总工会等部门负责）

（三）落实安全责任，加强农民工安全生产和职业健康保护。督促和指导各地加大监督检查力度，将安全教育培训、职业健康培训工作纳入职业技能教育培训内容、年度专项督查和执法检查计划，促进企业安全生产和职业病防治主体责任的落实。严格执行特殊工种持证上岗制度、安全生产培训与企业安全生产许可证审核相结合制度，严厉打击雇佣无特种作业操作证人员从事特种作业行为。进一步做好职业病危害防治工作，建立重点职业病监测哨点，加大职业病防治宣传力度，落实职业病诊断、鉴定、治疗的相关规定，督促和指导各地做好重点行业领域的职业病危害专项治理。加强农民工职业病防治和帮扶工作，确保用人单位已经不存在或者无法确认劳动关系且符合相关政策规定的农民工职业病病人获得医疗和生活等方面的救助。（省安全监管局、省卫生计生委会同省发展改革委、省教育厅、省公安厅、省民政厅、省财政厅、省人力资源社会保障厅、省住房城乡建设厅、省交通运输厅、省国资委、省法制办、省总工会等部门负责）

（四）畅通维权渠道，维护农民工合法权益。完善劳动保障监察管理信息系统，加快推进网格化、网络化管理工作，加强用人单位用工守法诚信管理，健全劳动保障违法行为排查预警、快速处置机制，畅通举报投诉渠道，及时受理和依法查处用人单位侵害农民工权益的违法行为。公正处理涉及农民工的劳动争议案件，畅通仲裁“绿色通道”，优化受理立案程序，提高仲裁效率。建立健全涉及农民工的集体劳动争议调处机制和预警预报制度。加大法律援助和法律服务工作力度，将符合条件的农民工纳入法律援助服务范围，完善异地协作机制。畅通“12348”、“12333”、“12351”法律服务热线，深入开展法律宣传教育活动，提高农民工及用人单位的法治意识和法律素质，引导农民工合法理性维权。（省人力资源社会保障厅、省司法厅会同省发展改革委、省公安厅、省国资委、省法院、省总工会等部门负责）

四、进一步推动农民工平等享受城镇基本公共服务和在城镇落户

（一）整合各项资源，推动农民工平等享受城镇基本公共服务。加快公共服务项目建设，整合公共服务资源，提高综合承载能力，实现农民工及其随迁家属均等享受基本公共服务。继续依托社区综合服务设施、劳动就业社会保障服务平台等现有资源，建立农民工综合服务平台，为农民工提供便捷、高效、优质的“一站式”综合服务。（省人力资源社会保障厅会同省发展改革委、省教育厅、省公安厅、省民政厅、省财政厅、省住房城乡建设厅、省文化厅、省卫生计生委、省法制办等部门负责）

（二）落实教育政策，确保农民工随迁子女平等接受教育。合理规划中小学布局，增加城镇教育储备，抓好新

建居民小区配套学校、幼儿园建设。坚持以流入地政府为主、以普惠性幼儿园为主，妥善解决农民工随迁子女学前教育问题。将符合规定条件的农民工随迁子女全部纳入流入地教育发展规划，将农民工随迁子女义务教育经费全部纳入流入地财政保障范围，实现农民工随迁子女基本在流入地全日制公办中小学校平等接受义务教育。做好农民工随迁子女接受义务教育后在流入地参加升学考试工作。加强留守流动儿童家庭教育指导服务工作，创新留守流动儿童帮扶救助项目。（省教育厅会同省发展改革委、省公安厅、省财政厅、省人力资源社会保障厅、省住房城乡建设厅、团省委、省妇联等部门负责）

（三）强化卫生服务，保障农民工共享医疗卫生和计划生育服务资源。完善社区卫生计生服务网络，将农民工纳入服务范围。继续落实城市日接种、农村周接种制度，保障农民工适龄随迁子女及时获得预防接种服务。加强疾病监测，做好农民工聚居地传染病防控工作，及时有效处置突发公共卫生事件。落实“四免一关怀”等相关政策，加强艾滋病、结核病等重大疾病防治，做好妇幼卫生和精神卫生工作。有条件的地方将符合条件的农民工及其随迁家属纳入当地医疗救助范围。加强农民工健康教育工作，提高农民工的健康意识。完善流动人口计划生育全国“一盘棋”机制，实行动态监测和“关怀关爱”活动，稳步推进流动人口基本公共卫生计生服务均等化。（省卫生计生委会同省发展改革委、省民政厅、省财政厅等部门负责）

（四）强化住房保障，逐步改善农民工居住条件。进一步完善住房保障制度，将农民工住房问题纳入住房发展规划，把符合条件的农民工纳入保障范围。积极支持符合条件的农民工购买或租赁商品住房，并按规定享受购房契税和印花税等优惠政策。加强城中村、棚户区环境整治和综合管理服务，有效改善居住其中的农民工住宿条件。鼓励开发区、产业园区按照集约用地的原则，集中建设宿舍型或单元型小户型公共租赁住房，允许农民工数量较多的企业在符合规划和规定标准的用地规模范围内，利用企业办公及生活服务设施用地建设农民工集体宿舍，多渠道改善农民工住宿条件。逐步将在城镇稳定就业的农民工纳入住房公积金制度实施范围，合理解决农民工住房问题。（省住房城乡建设厅会同省发展改革委、省财政厅、省国土资源厅、省国税局、省地税局等部门负责）

（五）深化户籍制度改革，有序推进农民工在城镇落户。扎实推进户籍制度改革，按照自愿、分类、有序的原则，实行差别化的户口迁移政策，全面放开小城市和建制镇（不含三河市、大厂回族自治县、香河县、永清县、固安县）落户限制；全面放开城区人口100万人以下的设区市市区落户限制；合理确定城区人口100万人以上的设区市市区落户条件；合理确定首都周边城镇的落户条件，促进农民工及其随迁家属在城镇有序落户。进一步完善居住证制度，加强流动人口服务管理，保障农民工的各项公共权益。（省公安厅、省人力资源社会保障厅会同省发展改革委、省教育厅、省民政厅、省财政厅、省国土资源厅、省住房城乡建设厅、省农业厅、省卫生计生委、国家统计局河北调查总队、省法制办、省委农工部等部门负责）

（六）加强权益维护，保障农民工土地承包经营、宅基地使用和集体经济收益分配权。积极稳妥地推进农村土地承包经营权确权登记颁证工作，建立健全土地经营权流转市场，完善土地承包经营纠纷调解仲裁体系和调处机制。依法维护农民工及其随迁家属进城落户后的土地承包经营权、宅基地使用权、集体收益分配权等权益，不得以退出土地承包经营权、宅基地使用权、集体经济收益分配权作为农民进城落户的条件。（省农业厅、省国土资源厅会同省法制办、省委农工部、省法院等部门负责）

五、进一步促进农民工社会融合

（一）完善制度建设，保障农民工依法享有民主政治权利。积极推荐优秀农民工作为各级党代会、人大、政协的代表和委员，在评选劳动模范、先进工作者和报考公务员等方面与城镇职工同等对待。依法保障农民工行使民主选举、民主决策、民主管理、民主监督等权利。（省人力资源社会保障厅会同省民政厅、省国资委、省总工会等部门负责）

（二）丰富精神文化生活，加强对农民工的人文关怀。将农民工纳入城市公共文化服务体系，围绕农民工精神文化需求，推动图书馆、文化馆、博物馆等公共文化服务设施向农民工免费开放。开展“两看一上”（看报纸、看电视、有条件的能上网）活动，引导农民工积极参与全民阅读活动。在农民工集中居住地开展流动文化服务活动，利用社区文化活动室、公园、城市广场等场地，广泛开展群众文体活动。充分调动文化单位、文艺工作者和其他社会力量的积极性，努力为农民工提供免费或优惠的文化产品和服务。引导农民工树立社会主义核心价值观，培育农民工自尊自信、自立自强、理性平和、积极向上的心态。（省文化厅、省人力资源社会保障厅会同省发展改革委、省教育厅、省民政厅、省财政厅、省卫生计生委、省委宣传部、省总工会、团省委、省妇联等部门负责）

（三）健全关爱服务体系，做好农村留守儿童、留守妇女和留守老人关爱工作。实施“共享蓝天”关爱农村留守儿童行动。加快农村学校和幼儿园建设，着力解决留守儿童入学需求。落实农村义务教育阶段家庭经济困难寄宿生生活补助政策，实施农村义务教育学生营养改善计划，开展农村中小学青春期教育等针对农村留守儿童特点的系列活动。推进留守妇女关爱行动，依托基层“妇女之家”帮助留守妇女解决生产生活困难，扩大留守妇女互助组覆盖面。加大对农村养老服务设施建设的投入，继续推进农村互助幸福院建设。健全农村治安防控体系，保障留守儿童、妇女和老人的安全。（省民政厅、省妇联会同省发展改革委、省教育厅、省公安厅、省财政厅、省人力资源社会保障厅、团省委等部门负责）

六、进一步加强对农民工工作的领导

（一）加强组织领导，完善农民工工作协调机制。各级政府要把农民工工作列入经济社会发展总体规划和政府目标考核内容，建立健全考核评估机制，落实相关责任。完善农民工工作协调机制，市、县政府要成立农民工工作领导小组，提高统筹协调能力和为农民工服务工作效率。（省农民工工作领导小组各成员单位负责）

（二）加大经费投入，提升农民工公共服务质量。依据国家指导意见，按照省政府要求，深化公共财政制度改革，建立政府、企业、个人共同参与的农民工市民化成本分担机制和财政转移支付与农民工市民化挂钩机制。财政部门要按照推进基本公共服务均等化的要求，统筹考虑农民工培训就业、社会保障、公共卫生、随迁子女教育、住房保障、公共文化等基本公共服务的资金需求，加大投入力度，为农民工平等享受基本公共服务提供经费保障，将农民工工作经费纳入公共财政预算支出范围，保证正常工作需要。（省财政厅、省人力资源社会保障厅会同省发展改革委、省教育厅、省民政厅、省住房城乡建设厅、省文化厅、省卫生计生委等部门负责）

（三）创新服务方式，加强各类组织对农民工的服务。各级工会、共青团、妇联组织要发挥维护农民工权益的积极作用，通过开展志愿者活动等方式关心关爱农民工及其子女。创新社会组织服务农民工机制，引导和培育社会组织的发展，鼓励多方力量为农民工提供多元化的服务。（省民政厅、省总工会、团省委、省妇联等部门负责）

（四）夯实基础工作，建立农民工统计调查监测体系。认真做好农民工相关数据统计工作，准确掌握农民工规模、结构及其分布。加大投入力度，建立农民工统计调查监测体系，做好农民工市民化进程动态监测工作。（国家统计局河北调查总队会同省农民工工作领导小组其他成员单位负责）

（五）营造良好氛围，引导全社会关心关爱农民工。组织引导新闻媒体采取多种形式，加强政策阐释解读，宣传农民工工作的好做法、好经验，对优秀农民工和农民工工作先进集体及个人进行表扬奖励，营造关爱农民工的良好社会氛围。（省委宣传部会同省农民工工作领导小组其他成员单位负责）

（冀政发〔2015〕13号）

河北省人民政府
关于落实粮食安全省长责任制的实施意见

（2015年5月21日）

为深入贯彻《国务院关于建立健全粮食安全省长责任制的若干意见》（国发〔2014〕69号）精神，全面落实粮食安全省长责任制，进一步做好全省粮食工作，结合我省实际，提出如下实施意见：

一、强化粮食安全责任

明确政府的粮食安全责任。各设区市和省直管县（市）政府须切实承担起保障本地粮食安全的主体责任，全面加强粮食生产、储备和流通能力建设。各设区市和省直管县（市）政府主要负责同志在维护全省粮食安全方面承担的主要责任是：稳定发展粮食生产，巩固和提高粮食生产能力；落实和完善国家粮食扶持政策，抓好粮食收购，保护农民种粮积极性；落实市、县粮食储备，确保储备粮数量真实、质量良好、结构合理、储存安全；积极推进粮食收储供应安全保障工程建设，提高粮食流通能力；继续深化国有粮食企业改革，促进粮食产业健康发展；落实国家粮食调控政策，维护粮食市场稳定；健全粮食质量安全保障体系，落实监管责任；大力推进节粮减损，引导城乡居民健康消费。

二、稳定发展粮食生产

（一）严格落实耕地保护制度。落实土地用途管制制度，切实加强土地利用规划和计划管理，严格划定城市开发边界、永久基本农田和生态保护红线，严格控制新区建设及新增各类开发区和建设用地规模。落实基本农田保护制度，基本农田一经划定，实行永久保护，任何单位和个人不得擅自占用或者改变用途。落实耕地占补平衡制度，严格实行耕地“占一补一、占优补优、先补后占、以补定占”。落实耕地保护责任制度，实行政府领导干部耕地保护离任审计制度。加强耕地质量建设，实行耕作层剥离再利用制度。成立耕地质量建设管理工作领导小组和技术专家组，协调组织抓好耕地质量建设工作。

（二）按期完成高标准农田建设任务。继续抓好粮食生产核心区建设，大力推进新增千亿斤粮食产能规划田间工程等项目建设。综合考虑区域自然资源条件、经济社会发展水平和粮食生产基础，优化高标准农田建设布局。用好中央财政补贴资金，落实地方财政配套资金，保证高标准农田项目建设。在资金投入和项目安排上要向粮食生产核心区、产粮大县以及其他粮食增产潜力较大的县倾斜。加强农田水利基础设施建设和农田防护林体系建设，加快实施华北地区地下水超采综合治理、高效节水灌溉、大中型灌区续建配套与节水改造等重点项目，2015至2017年，每年新增节水灌溉面积400万亩，不断提高农业用水效率和农业综合生产能力。到2020年，建成集中连片、旱涝保收的高标准农田4678万亩，亩均粮食综合生产能力提高100公斤以上。项目所在地县级政府要成立田间工程建设项目领导小组，确保项目协调稳步推进。

（三）提高粮食生产科技水平。深入推进渤海粮仓和粮食丰产科技示范工程，集成一批粮食稳产增产技术体系，建立一批千亩、万亩示范基地。大力实施生产育种创新专项，培育一批“高产、优质、多抗”粮油品种。加大财政投入，引导更多社会资本进入农业科技领域，努力提高科技对粮食生产的贡献率。省级财政安排专项资金，支持现代农业产业技术体系创新团队建设和省内农业科研单位优势资源整合。继续组织实施现代农业科技奖励性后补助专项，鼓励和支持研发、应用农业新品种、新技术，加快农业科技成果转化和推广。加快审定一批生产急需的高产、优质、节水、专用、适应机械化的优良粮食品种。加强基层农技推广体系队伍建设，保障编制和专业对口以及人员经费运转，同时加大扶持社会化服务组织力度。建立基层农技推广责任制和专家定点联系县，完善以服务实效和农民满意度为主的绩效考评机制，调动基层农技人员工作积极性。大力开展粮食绿色增产模式攻关，切实抓好高产创建整建制推进和620个粮食万亩示范片建设，增强示范带动能力。大力实施“现代农业机械化水平提升行动”，集成示范机械化灌溉、机械化植保、化肥深施、中耕管理、秸秆处理、耕整地、精量播种、高效收获、作物烘干等生产全过程的机械化技术，力争到2020年实现粮食作物主产区全覆盖。

（四）建立新型粮食生产经营主体。积极培育种粮大户、家庭农场、农民合作社、农业产业化龙头企业等新型粮食生产经营主体，对其直接用于或者服务于规模化粮食生产的晾晒场、粮食烘干设施、粮食和农资临时存放场所、大型农机具临时存放场所等配套设施用地，按农用地管理，不需办理农用地转用审批手续，生产结束后，经营者按相关规定进行土地复垦，占用耕地的复垦为耕地。规模化粮食生产种植面积1000亩以内的，配套设施用地控制在3亩以内；种植面积超过1000亩的，配套设施用地可适当扩大，但最多不得超过10亩。鼓励集中兴建公用设施，促进土地节约集约利用。加快建立健全承包土地经营权流转市场，鼓励有条件的农户在自愿的前提下，将承包土地经营权流转给新型粮食生产经营主体。在流转过程中，要避免“非粮化”，坚决禁止“非农化”。省级新型农业经营主体扶持资金要向新型粮食生产经营主体倾斜，符合农机购置补贴申报条件的，优先安排农机购置补贴。鼓励有条件的市、县（市、区）结合自身财力，优先支持流转期限在5年以上、流转面积在100亩以上的新型粮食生产经营主体。加大对新型粮食生产经营主体技术指导和培训力度，并在新型职业农民培育、农业技术推广、病虫害统防统治、全程社会化服务等项目上给予倾斜支持。抓好农业生产全程社会化服务机制创新试点，重点支持为农户提供代耕代收、统防统治、烘干储藏等服务。

（五）增强粮食可持续生产能力。积极支持开展旱作农业和节水农业。通过开展测土配方施肥、秸秆还田、增施有机肥、科学使用化肥农药等措施，不断提升土地质量。加强农田水利工程建设，严格地下水管理，提高水资源利用效率。抓好地下水超采综合治理试点工作，大力推广小麦节水品种等农业节水项目，探索可推广可复制的节水增粮机制，确保农业节水取得实效。以粮食主产区为主，兼顾棉油菜等重要经济作物种植区，支持开展农机深松作业，进一步提高资源利用率和土地产出率。鼓励发展木本油料，拓宽粮油供给来源。加强农业气象灾害防御，对重大病虫加强监测，结合实施重大农作物病虫害统防统治、小麦“一喷三防”、玉米“一喷多效”集成减灾项目，在粮食主产区、重大病虫重发区，组织开展统防统治、应急防治，有效控制重大病虫危害。

三、保护农民种粮积极性

（一）落实和完善粮食扶持政策。各级农业、财政部门要严格执行粮食补贴公示制度，做到补贴方案、结果、发放过程和举报电话“四公开”，完善补贴发放“一卡通”结算方式，进一步规范粮食补贴面积增减变化手续，建立粮食补贴基础信息资料系统，利用信息系统发放补贴。调整完善农业补贴政策，农业支持保护补贴向粮食生产核心区和生产大县倾斜，向新型粮食生产规模经营主体倾斜。农业发展银行要认真履行财政支农资金代理拨付职能，按照国家政策规定，做好补贴资金的全程监督拨付工作。完善农业保险制度，对粮食作物保险给予支持。落实国家粮食价格政策，确保粮食价格保持合理水平。管好用好省级化肥等农资储备，有条件的设区市要建立必要的市级农资储备。

（二）做好粮食收购工作。认真落实国家粮食收购政策，保护种粮农民积极性。根据粮食种植布局和交通条件，统筹设立粮食收购网点，方便农民售粮；在继续发挥国有粮食企业主导作用的基础上，鼓励和引导符合条件的多元市场主体参与政策性粮食收购。农业发展银行等金融机构要按照国家政策做好收购资金的供应管理工作，加大对符合贷款条件企业自主收购粮食的支持力度。鼓励和引导农业产业化龙头企业、规模以上粮食加工企业与粮食生产者建立紧密的利益联结关系，采取保底收购、利润返还等方式，让粮食生产者分享加工销售的收益。加强粮食收购市场监管，严格核查粮食收购资格，查处无证收购行为。坚持开展粮食收购政策执行情况的监督检查，严厉打击“转圈粮”和“打白条”、压级压价等坑农害农行为。

四、建立和完善粮食储备制度

（一）加强粮食储备管理。建立省、市、县三级粮食储备制度，2015年底前全面落实国家核定我省的地方粮食储备规模。省下达各设区市的粮油储备计划，要确保落实到位；市、县（市、区）政府确定建立的市、县粮食储备要保持稳定，省有关部门核定确认后纳入全省地方粮食储备规模范围。进一步优化粮食储备布局和品种结构，完善轮换管理和库存监管机制。各设区市和省直管县（市）要定期将粮食储备品种、数量、布局、财务等信息报送省有关部门。财政部门要落实储备费用和利息补贴资金，农业发展银行要落实储备所需贷款资金。

（二）积极创新粮食储备机制。探索建立政府储备和社会储备相结合的分梯次地方粮食储备新机制。地方政府通过运用财政、金融、投资等政策手段，建立政府掌控的社会粮食周转储备，作为地方粮食储备的有效补充。鼓励符合条件的多元化市场主体参与粮食储备相关工作。严格执行粮食经营、加工企业最低最高库存制度，鼓励企业保持合理商品库存。

五、增强粮食流通能力

（一）加强粮食仓储物流设施建设和管理。认真组织实施粮食收储供应安全保障工程，将粮食仓储物流设施作为重要农业基础设施建设好、维护好，尽快形成与本地粮食收储规模和保障供应要求相匹配，布局合理、功能齐全的仓储物流体系。加快粮食“危仓老库”维修改造，严格按照省财政厅、省粮食局与各设区市、省直管县（市）政府签订的目标责任书，落实地方各项配套政策，确保目标任务全面完成。积极支持国家新增粮食仓储设施项目建设，做好项目谋划和储备工作，建立项目“绿色通道”，加快项目单位办理规划选址、土地预审、环评审批、备案（核准）等前期手续，认真落实地方承诺，保证高质量按时完成建设任务。支持种粮大户和农民合作社建设带有烘干设备的储粮设施。建立国有粮食仓储物流设施保护制度，任何单位和组织均不得随意处置国有粮食仓储设施。对使用国家、省财政资金投资建设的国有粮食仓储物流设施进行处置，要报经省粮食局批准，并按照减多少补多少的原则，确保区域内国有粮食仓储能力不下降。

（二）积极推进全省粮食物流网络体系建设。大力推广散粮、成品粮集装化物流方式，引导购销运企业联合运营，打造黄淮海流出、京津流入国家粮食物流通道，积极推进渤海湾水陆等省级粮食物流通道建设。将城乡粮油供应网络建设列为市、县（市、区）政府民生工程项目，纳入城乡规划和商业网点规划，建立完善政府投入与社会资本投资相结合的长效保障机制。进一步提升省级和区域性粮油批发交易中心功能，加快联网竞价交易平台建设，推动各类政策性粮食购销、轮换网上交易，鼓励社会商品粮油入场联网交易。积极争取国家政策支持，培育一批公益性成品粮批发市场和从事粮食物流的第三方物流企业。

（三）加强粮食产销合作。充分发挥我省毗邻京津两大销区和小麦、玉米的生产优势，积极利用各种协作平台，按照互惠互利的原则，切实加强与京津等粮食主销区的产销合作关系。对在我省建立粮源基地和异地储备的，要提供各种支持。鼓励省内企业到稻谷主产区建立粮源基地，到小麦、玉米主销区建设仓储物流设施和营销网络，省内北部缺麦区要加强与中南部小麦主产区合作。

六、促进粮食产业健康发展

（一）培育发展新型粮食流通主体。继续深化国有粮食企业改革，围绕“一县一企”目标推进国有粮食企业兼并重组，扶持壮大骨干企业。妥善解决国有粮食企业欠缴职工社会保障金、历史性亏损挂账等遗留问题。依照国家有关规定，支持和督导国有粮食企业通过关闭、注销和破产等法律程序加快处置呆坏账。国有粮食企业改制中土地使用权转让应缴纳的土地出让金、国有资产处置收益，要优先用于职工安置、补缴职工社会保障金以及确保区域内粮食仓储物流能力建设。积极发展混合所有制粮食经济，支持民营粮食企业、粮食经纪人规范发展，积极为其创造公平竞争的市场环境。鼓励粮食企业创新经营模式，利用期货市场规避经营风险，实现期现贸易有机结合。积极推动粮食类产业化龙头企业开展对外合作，打造1至2家具有国际竞争力的大型粮食企业集团。

（二）推动粮食产业升级。加大资金扶持力度，大力培育壮大粮食仓储和加工类农业产业化龙头企业，促进生产要素向优势企业集聚。大力推广储粮"四合一"升级新技术及利用仓顶光伏发电技术，提升信息化水平，实现跨越发展。各市、县（市、区）政府要将主食产业化作为保障食品安全的重要民生工程给予政策和资金支持，鼓励企业提升装备技术水平和产品质量，扩大精细加工，开发地方传统风味和新型优质健康主食产品，鼓励企业实施品牌带动战略，创新经营模式，发展仓储物流冷链设施，向乡（镇）和农村延伸生产营销触角，提高市场占有率，服务百姓生活。

七、维护粮食市场基本稳定

（一）完善粮食调控机制。有效发挥地方粮食储备吞吐、加工转化的调节作用和财政补贴的导向作用，认真落实国家粮食政策，确保全省粮食市场稳定。加强对全省进出口粮食的监管，检验检疫等部门要严把进口粮食质量安全关，海关等部门要严厉打击粮食走私行为。

（二）健全粮食应急供应保障体系。2017年底前，全省要建成布局合理、设施完备、运转高效、保障有力的粮食应急供应保障体系，确保严重自然灾害或紧急状态时的粮食供应。每个乡（镇）、街道至少有1个应急供应网点；各设区市城区人口相对集中的社区，每3万人至少有1个应急供应网点，并配套相应的应急加工企业、储备设施和配送中心。省会石家庄和价格易波动地区的成品粮油储备要达到常住人口10至15天的市场供应量。采取企业自愿、政府认定、签订合同的方式，选择符合条件的粮食加工和经营企业承担应急供应任务并给予必要支持。

（三）加强粮食监测预警。健全粮食生产、流通、加工和消费调查统计体系，完善产粮大县粮食产量抽样调查制度，确保调查数据及时准确。落实粮食经营信息统计报告制度，督促各类涉粮企业按照国家粮食流通统计制度的规定，建立经营台账，定期向粮食部门报送统计数据。发挥物联网、大数据信息技术在粮食监测预警中的作用，加强粮食市场监测、分析和信息发布。

（四）维护粮食市场秩序。加快建立全省粮食经营企业信用体系。完善粮食经营者档案，建立粮食经营企业信用信息库；研究制定粮食经营企业信用标准和诚信评价体系。坚持分类监管，建立粮食经营企业守信激励、失信惩戒机制。坚持依法管粮，粮食、工商、质监、物价等部门要加快建立粮食市场监管协调机制，依法查处违法粮食经营活动。接受国家有关部门委托，做好全省区域内中央储备粮等中央事权粮食的库存检查、国家政策性粮食竞价销售出库及涉粮案件查办工作。做好粮食行政执法监督，确保执法主体明确、行为规范。

八、落实粮食质量安全监管责任

（一）加强源头治理。选择重点区域开展耕地重金属污染修复试点，从源头上防治粮食污染。建立农产品产地监测预警制度，严防发生区域性、系统性粮食质量安全风险。健全化肥、农药、农膜等农业投入品的生产、销售、使用等监督管理制度，大力推广缓控释肥等高效肥料和生物农药等低毒低残留农药，深入推进测土配方施肥工程。建立和完善全省耕地土壤环境监测网络，县级以上农业部门负责组织本行政区域的农用地土壤环境质量检测工作，定期向上一级农业部门报送监测数据。加快建成农村垃圾、农药包装废弃物、污水等收集处理系统，有效解决耕地面源污染问题。

（二）健全粮食质量安全保障体系。2018年底前，建立覆盖全省城乡的"放心粮油"供应网络，为消费者提供安全、健康、营养的粮油产品。建立覆盖粮食主产县的收获粮食质量安全监测体系，按照国家有关要求，加强对农药残留、重金属、真菌毒素超标粮食的监测和管控，对超标粮食实行定点收购、分类储存、定向销售等，禁止不符合食品安全标准的粮食流入口粮市场。加强对库存粮食质量安全监管，积极探索利用库存粮食识别代码技术，建立粮食识别制度和质量安全追溯机制，实现散粮可标识、来源可追溯、去向可追踪、原因可查明、信息可查询、责任可追究。根据粮食生产情况，制定全省粮食生产和质量安全方面的地方标准，建立和完善我省标准体系。

（三）落实粮食质量安全监管责任。严格实行粮食质量安全监管责任制和责任追究制，落实各市、县（市、区）政府属地管理和生产经营者主体责任。强化县、乡两级监管责任，加强对进入食品生产企业粮食和进入商场、超市、市场口粮监管。深入开展粮食质量安全治理整顿，完善不合格粮食处理和有关责任追究机制。

九、大力推进节粮减损和健康消费

（一）加强爱粮节粮宣传教育。广泛开展爱粮节粮宣传教育活动，大力普及营养健康知识，引导城乡居民养成讲健康、讲节约的粮食消费习惯，营造厉行节粮的浓厚社会氛围。深入开展“爱粮节粮”进社区、进家庭、进学校等行动。开展文明餐桌活动，推行科学文明餐饮消费方式，加强对餐饮业和单位食堂等的引导和监督，大力倡导“光盘行动”，制止餐桌上的粮食浪费行为。餐饮等行业协会要制定反对浪费粮食的行规行约，引导餐饮企业自觉开展节约行动。

（二）全面实施节粮减损。大力推进农户科学储粮专项，加强农户科学储粮技术服务体系建设，加大技术指导和信息服务力度，减少粮食产后损失，支持粮食企业为农户开展代储业务，有关部门要加强引导和监管。将种粮大户和农民合作社等新型粮食生产经营主体的储粮设施建设纳入全省粮食仓储设施支持范围。粮食、质监、食品药品监管、工业和信息化等部门要引导督促粮油加工企业按国家标准和标样适度加工，合理控制加工精度，避免过度加工造成粮食浪费和营养流失，提高成品粮出品率和副产品综合利用率。

十、落实保障措施和监督考核

（一）落实粮食安全各项保障措施。省农业厅负责做好全省粮食生产工作，省国土资源厅负责做好高标准基本农田建设等工作，省粮食局统筹抓好全社会粮食流通工作，省有关部门根据各自职能，做好粮食生产、流通、市场监管等相关工作。各级财政部门要继续支持保障粮食安全的相关工作。各市、县（市、区）政府要按照保障粮食安全的要求，落实农业、粮食等相关部门的职责任务。

（二）建立监督考核机制。省发展改革委、省粮食局、省农业厅要会同有关部门，根据本实施意见要求抓紧制定监督考核办法，定期组织对各设区市和省直管县（市）政府落实粮食安全责任制情况进行考核，对成绩突出的给予表扬，对不合格的予以批评、责令改并追究责任。重大情况及时向省政府报告。

（冀政发〔2015〕14号）

河北省人民政府
关于开展第三次全国农业普查的通知

（2015年9月2日）

根据《国务院关于开展第三次全国农业普查的通知》（国发〔2015〕34号）要求，为做好我省第三次全国农业普查工作，现将有关事项通知如下：

一、普查对象和范围

我省第三次全国农业普查的对象是在河北省行政区域内的下列个人和单位：农村住户，包括农村农业生产经营户和其他住户；城镇农业生产经营户；农业生产经营单位；村民委员会；乡（镇）政府。

普查的行业范围包括：农作物种植业、林业、畜牧业、渔业和农林牧渔服务业。

二、普查内容和时间

按照全国统一部署，我省第三次全国农业普查内容包括：农业从业者基本情况；农业土地利用与流转情况；农业生产与结构情况；新型农业经营主体与农业规模化、产业化发展情况；新农村建设情况；农村人居环境与农民生活方式变化情况。

普查的标准时点是2016年12月31日，时期资料为2016年度资料。

三、普查组织和实施

各级各部门要按照“全省统一领导、部门分工协作、地方分级负责、各方共同参与”的原则，突出重点，创新手段，认真做好我省第三次全国农业普查的宣传动员和组织实施工作。

（一）成立普查机构。成立河北省第三次全国农业普查领导小组，负责组织和领导我省第三次全国农业普查工作，协调解决普查中的重大问题。领导小组办公室设在省统计局。各级政府要成立相应的普查领导小组及其办公室，认真做好当地农业普查的组织和实施工作，及时采取措施，切实解决普查中遇到的困难和问题。

（二）明确部门职责。领导小组各成员单位要各司其职，各负其责。统计部门负责普查日常工作的组织和协调；发展改革部门负责做好调查方案与国民经济和社会发展总体规划及有关专项规划编制实施的衔接；宣传部门负责做好新闻宣传及新闻媒体的组织协调工作；财政部门负责落实普查经费方面的事项；农村工作、农业、林业部门负责提供规模经营户和农业生产经营单位资料并协助做好现场登记等工作；国家统计局河北调查总队负责承担完成农业普查的农作物种植面积遥感测量工作；司法部门负责协调做好其所属农业生产经营单位和农业生产经营户的普查安排；民政部门负责提供乡镇（街道）及村民委员会（居民委员会）名录；新闻出版广电部门要充分发挥广播、电视资源优势，组织所属媒体机构做好调查的宣传工作；其他各有关部门要按照各自职能，通力协作、密切配合，认真做好相关工作。

（三）组建普查队伍。各级普查机构要充分发挥县、乡（镇）政府（街道办事处）和村民委员会（居民委员会）的作用，从乡、村干部中选调现场组织和调查人员。有关部门要积极参与并认真配合做好普查工作。各级普查机构要根据工作需要，从社会上临时招聘或从有关单位商调符合条件的普查指导员和普查员，及时支付聘用人员的劳动报酬，保证商调人员在原单位的工资、福利和其他待遇不变，保证普查队伍稳定。普查机构工作人员、普查指导员和普查员的选聘工作，由各级普查机构负责组织实施。普查员要具备一定文化程度，能够熟练进行计算机、智能手持电子数据采集设备的基本操作，能够准确理解调查内容、正确填报调查表；普查指导员要熟悉当地情况，能够协助普查员顺利开展入户调查工作。

四、普查经费保障

我省第三次全国农业普查所需经费，由中央和地方各级财政分级负担，并列入相应年度财政预算，按时拨付，确保到位。各级统计部门要本着精打细算、节约办事的原则，实事求是编制农业普查经费预算，准确测算所需智能手持电子数据采集、遥感测量等设备的数量和经费总额。各级财政部门要高度重视，本着实事求是、强化保障的原则，充分考虑农业普查方式改革、物价上涨、农户增加、普查难度增大和普查人员报酬提高等因素，合理安排好本级负担的调查经费预算，确保及时、足额拨付到位。各级财政和统计部门要密切配合，加强沟通，加强对农业普查经费预算执行和资金使用情况的监督管理，厉行节约，努力提高农业普查经费的使用效益。

五、普查工作要求

（一）依法普查。普查对象要严格按照《全国农业普查条例》的有关规定，如实填报普查数据，确保数据的真实可靠。普查取得的资料，严格限定用于普查目的，不能作为部门和单位对普查对象实施考核、奖惩的依据。各级普查机构及其工作人员，对普查所获取的普查对象个人和商业秘密，严格履行保密义务。做好普查资料的管理、开发和共享，发布普查数据须经上一级普查机构核准。各级监察机关和统计执法机构要按照《中华人民共和国统计法》、《全国农业普查条例》和《河北省统计条例》有关规定和普查的具体要求，严肃查处普查工作中的违法违纪行为，确保普查工作顺利进行，确保普查数据质量。

（二）科学普查。充分利用自主卫星资源，准确测量我省主要农作物的时空分布，查清现代农业生产设施状况；在普查中广泛使用智能手持电子数据采集设备，建立普查数据联网直报系统，提高普查工作信息化水平和效率，减轻基层普查人员工作负担。

（三）广泛宣传发动。各级普查机构要会同宣传部门认真做好普查宣传的策划和组织工作，主动向新闻单位提供情况。充分利用报刊、广播、电视和互联网等方式，广泛深入地宣传普查的重要意义和要求，宣传普查工作中涌现的典型事迹，报道违法违纪案件查处情况，引导广大普查对象依法配合普查，教育广大普查人员依法开展普查，为普查工作顺利实施创造良好的舆论环境。

附件：河北省第三次全国农业普查领导小组组成人员名单

附件

河北省第三次全国农业普查领导小组
组成人员名单

组　长：沈小平　副省长
副组长：赵国彦　省政府副秘书长
　　　　郭洪波　省统计局局长
　　　　于　明　省发展改革委巡视员
　　　　牛金禄　省财政厅副厅长
　　　　李永山　省农业厅副厅长
成　员：丁　伟　省委宣传部副巡视员
　　　　李建军　省委农工部副巡视员

王　云　省民政厅巡视员
刘剑民　省司法厅副厅长、省监狱管理局局长
邢承国　省国土资源厅副厅长
崔志清　省水利厅副厅长
刘凤庭　省林业厅副厅长
和大水　省统计局总统计师
范红潮　省新闻出版广电局副局长
张春生　省政府研究室副主任
魏建平　国家统计局河北调查总队副总队长

河北省第三次全国农业普查领导小组办公室主任由和大水同志兼任。

（冀政字〔2015〕49号）

中共河北省委办公厅　河北省人民政府办公厅印发《关于加快现代农业园区发展的意见》的通知

（2015年7月8日）

《关于加快现代农业园区发展的意见》已经省委、省政府同意，现印发给你们，请结合实际认真贯彻落实。

（冀办发〔2015〕25号）

关于加快现代农业园区发展的意见

为深入贯彻落实中共中央、国务院《关于加大改革创新力度加快农业现代化建设的若干意见》（中发〔2015〕1号）精神，创新农业发展模式，加快推进现代农业园区建设，提出如下意见。

一、明确总体要求、任务目标和基本原则

（一）总体要求。按照“生产要素集聚、科技装备先进、管理体制科学、经营机制完善、带动效应明显”的总要求，坚持产出高效、产品安全、资源节约、环境友好的现代农业发展方向，以环京津地区为重点，高起点谋划、高科技引领、高标准建设，打造一批万亩以上的一二三产融合、产加销游一体、产业链条完整的现代农业园区，使之成为全省现代农业发展要素的聚集区、先进技术的示范区、深化改革的先行区、产业融合的试验区，在全省农业现代化进程中发挥示范引领作用。

（二）任务目标。到2017年，全省建成命名100个左右省级现代农业园区，带动各地建成一批市县级现代农业园区。省级现代农业园区建成产业特色化、生产标准化、技术集成化、作业机械化、经营规模化、服务社会化的现代农业产业体系，农业基础设施、科技进步、质量安全、生态环保水平显著提升，新型主体、规模经营、龙头带动、休闲观光实现园区全覆盖，土地产出率、资源利用率、劳动生产率明显提高，单位面积产值、农民收入高于当地平均水平30%以上，在全省率先基本实现农业现代化。

（三）基本原则。

1.统筹规划，市场运作。发挥政府主导作用，科学制定园区建设规划，与当地经济社会各项规划相衔接。尊重农民意愿，尊重市场规律，坚持发挥市场在资源配置中的决定性作用。

2.突出特色，规模发展。立足资源禀赋和市场需求，培育特色产业，形成竞争优势。省级园区不低于1万亩，成方连片，整体规划，分步开发，规模发展，提升产业集中度和辐射带动能力。

3.提升科技，扩大开放。加强科技创新、技术推广和职业农民培育，提高园区农业科技含量。立足国际国内两种资源、两个市场，突出京津冀协同发展，用开放思维、市场理念推进园区建设。

4.创新机制，产业融合。发挥企业、合作社、家庭农场新型主体作用，推进“三权分离”、有序流转、规模经营。引入现代产业组织方式，打造全产业链条，实现一产为基、接二连三、融合发展。

5.整合资源，协同推进。加大对园区建设的支持力度，整合各类资金、项目和优惠政策集中向园区投放，协调有关部门广泛参与，共同推进园区建设。

二、突出重点工作

（一）制定建设规划。各省直管县（市）、县（市、区）要立足当地经济水平、资源条件、区位特点和产业优

势，结合谋划“十三五”规划，科学制定现代农业园区建设规划，明确总体思路、任务目标、功能定位、重点内容、建设期限、实施步骤和组织领导、扶持政策、保障措施。园区规划坚持因地制宜、注重功能、灵活多样，合理设置规划区、核心区、示范区和辐射区，采取政府主导型、企业带动型、合作社带动型等模式，也可从实际出发创新发展模式。搞好现有园区的整合提升，鼓励有条件的地方实施农民新社区、工业园区、现代农业园区三区联动，加大统筹力度。

（二）培育特色产业。瞄准市场需求，发挥区域优势，大力发展畜牧、蔬菜、果品、水产、食用菌、中药材、花卉、苗木、林下经济、生态旅游等特色产业，可以一业为主、重点发展，也可多业融合、复合发展，夯实园区发展基础。优化布局、突出重点，环京津和省会城市周边要立足多层次市场需求，注重发展高端精品农产品生产，加强加工、包装、储运、冷链物流、质检等配套建设，推进农超对接、产销直挂、电子商务，提高产加销一体化水平，围绕京津形成1小时速生蔬菜供应圈、2小时鲜活农产品保障圈、3小时应急农产品供应圈，带动建成环京津都市现代农业产业带。主产区要大力发展规模化、标准化生产，完善加工储运和信息服务功能，加强品牌建设，提高产品附加值，带动形成特色农产品优势产业带。山区、坝上地区要加强科技示范，突出生态环保和休闲观光功能，推进农业与休闲、健康、养老等产业融合，提高农业科技水平，带动形成高效农业、休闲农业产业带。

（三）提高科技水平。坚持良种良法配套、农机农艺结合、增产增效并重、生产生态协调，加大现代种业、畜禽良种、绿色增产、园艺标准园、畜禽健康养殖、疫病防控、质量安全、信息化、机械化、农村沼气、农村能源清洁利用等重大工程实施力度，推广水肥药“三节”技术，开展秸秆、畜禽粪污综合利用和残膜回收，构建园区现代生态循环农业技术体系。省级现代农业园区农业科技进步贡献率达到70%以上，良种覆盖率达到98%以上，产业化经营率达到95%以上，实现“三品一标”认证全覆盖、节水技术全应用、废弃物利用全循环、化肥农药用量零增长。各级农林技术推广重点工程和项目，优先安排现代农业园区承担。搞好农民培训，省级园区纳入新型职业农民培训范围。加强指导和服务，省农业厅会同省有关部门成立现代农业园区专家顾问组，为宏观决策提供咨询，解决园区建设中重大农业科技问题。建立专家把关制度，对现代农业园区的旅游、文化、林业、水利等功能性设施的设计建设进行科学指导。建立科技特派员、省级现代农业、林果产业技术体系创新团队专家联系现代农业园区制度，为园区发展提供科技支撑。每个现代农业园区要组建一支由科研院所、高等学校和农业技术人员组成的技术服务队伍，开展新品种、新技术、新模式、新机制“四新”示范，搞好农民培训。完善园区农业社会化服务体系，搞好技术推广、疫病防控、质量检测、农田水利等公益性服务，鼓励支持企业和经营性服务组织参与产前、产中、产后服务。

（四）加快机制创新。全面推行新型经营主体和现代经营形式，增强现代农业园区发展活力。各省直管县（市）、县（市、区）建设的现代农业园区，2015年全面完成土地确权登记颁证工作。加强农民合作社建设，每个现代农业园区都要依托产业发展，成立运作规范、带动力强的农民合作社，引导园区农户入社，实行统一管理和服务。各级在安排农民合作社扶持资金时，向现代农业园区符合条件的合作社倾斜，促其尽快达到省级示范社水平。园区的合作社同等条件下优先评为省级合作社示范社，优先推荐参评国家级示范社。按照依法自愿有偿的原则，采取出租、托管、股份合作等形式，加快园区土地向龙头企业、合作社、家庭农场等新型经营主体流转，重点支持土地股份合作社发展，推动园区规模经营。有条件的地方可以探索以园区、企业或合作社为主体，对园区内土地整体流转，统一组织生产经营。推进园区股份合作，支持农户以土地经营权、资金、大型农机具、收益权等入股组成股份合作制企业，形成“公司+合作社+农户”的利益联合体，共同参与园区建设。搞好土地流转信息平台和纠纷调处机制建设，盘活农村各类资产。遵守国家农村土地管理政策，执行最严格的耕地保护制度，依法规范农村土地流转行为，土地流转不得搞强迫命令，确保不损害农民权益、不改变土地用途、不破坏农业综合生产能力，加强工商资本租赁农地的准入和监管，切实维护农民利益。

（五）推动产业融合。园区规划建设中，要按照龙头带动、农民参与、股份合作、促进增收的原则，推进特色种养业、农产品加工业、农村服务业统筹衔接、紧密联结、复合发展，推进贸工农、产加销一体化，加快一二三产融合。要以贮藏加工、大型养殖、良种繁育、现代果业、农业科技、物流配送、现代服务业、电子商务、旅游休闲观光等企业为重点，培育园区龙头。省级现代农业园区要把龙头企业带动能力和产业融合度作为入选的主要条件。组织各级农业产业化龙头企业参与或领办、创办现代农业园区，通过土地流转、股份合作、订单农业等形式，建立紧密型利益联结机制。加强与央企、世界500强、国家级龙头企业的战略合作，引进大项目，培育大龙头。各省直管县（市）、县（市、区）政府要建立现代农业园区招商引资机制，制定招商办法和优惠政策，通过展会招商、产业招商、网上招商、代理招商等多种形式，吸引有实力的企业入驻园区。扩大农业对外开放，积极引进外来投资，加强对外经济技术合作，鼓励发展出口型农产品。加大品种、技术、设施、装备、人才引进和企业、产品“走出去”力度，重点加强农产品加工、储运、贸易等环节合作。抓住京津冀协同发展机遇，积极承接京津农业企业转移入园。优化园区发展环境，为龙头企业立足园区、带动园区、服务园区提供空间。

（六）提升园区功能。参照经济技术开发区的标准，加强现代农业园区公共基础设施建设，有条件的地方要达到“九通一平”（水、电、路、讯、网、暖、气、排污、雨水收集和平整土地），为企业入园发展创造良好环境。搞好灌排、道路、林网、库房、晒场等农业基础设施建设，建设高标准农田，提高园区农业综合生产能力。加强农机、设施、质检、信息化、储藏、保鲜、冷链、废弃物处理等农业装备建设，满足园区现代农业发展需求。支持园区企业搭建或参与电子商务平台建设，提高产品流通效率。注重挖掘观光、休闲、旅游、采摘等农业多种延伸功能，结合美丽乡村建设，实行同步规划、同步建设。园区规划内村庄符合乡（镇）体系总体规划的，优先纳入省级中心村示范点。支持有条件的地方建设具有历史、地域、民族特色的生态观光、休闲农业、乡村旅游园区。有关部门要研究制定促进休闲农业、乡村旅游发展的用地、财政、金融等扶持政策，落实税收优惠政策。发挥园区和企业的辐射功能，搞好延伸区、辐射区的设计和建设，推动产业衔接和设施配套，带动县域现代农业提档升级。

三、加大支持力度

（一）多渠道增加投入。省级统筹农业产业发展资金，采取先建后补、以奖代补、贷款贴息等方式，支持园区基础设施建设和农业生产重大技术措施在园区推广示范，具体办法由省财政厅、省农业厅制定。市县要落实扶持资金。整合各级农业基本建设投资、重点项目投资、政策性奖励补贴补助资金，向现代农业园区倾斜。发展改革、农业、水利、科技、交通运输、农业综合开发、扶贫、旅游、电力等涉农系统的重点项目和扶持资金要优先向现代农业园区投放。国家和省安排的有关改革试点示范项目，适合现代农业园区承担的优先予以安排。搞好对现代农业园区及入园企业的税收服务，确保国家规定的农业及相关领域税收优惠政策落实到位。创新财政支农方式，完善财政促进金融支农奖补政策，扩大“银行+担保”“政银保”“银行+风险保障金”等多种财政金融支农模式推广范围。

（二）扶持龙头企业。入园企业符合条件的，优先入选省市级农业产业化龙头企业，优先推荐参评国家级龙头企业，享受国家和省相关扶持政策。试行依法注册运营的现代农业园区入选省级农业产业化龙头企业。符合申报条件的现代农业园区，优先入选农业产业化示范区（基地）、省级农产品加工示范基地。加大农产品产地初加工补助资金、各级支持农业产业化专项资金和省级农业产业化股权引导投资基金对现代农业园区龙头企业的支持力度。

（三）加强用地支持。现代农业园区建设用地纳入当地土地利用总体规划，年度新增建设用地、城乡建设用地增减挂钩节余指标、支持扶贫开发工作重点县新增建设用地指标向现代农业园区倾斜。现代农业园区优先安排实施土地整理项目。积极支持现代农业园区设施农业发展用地，符合国家规定标准的生产设施、附属设施和配套设施用地按农用地管理，不需办理农用地转用审批手续。

（四）强化科技支撑。鼓励高等学校、科研机构和科技人员进园区、搞服务、创新创业，按照《河北省促进高等学校和科研院所科技成果转化暂行办法》给予政策支持。由省科技厅牵头，在科技人才密集、创新要素聚集、科技成果富集的园区中认定一批省级农业科技园区，引领带动现代农业发展。制定科技型农业企业认定标准及办法，落实税收优惠、企业研究开发费用加计扣除、高新技术扶持等政策，组建产业技术创新战略联盟，加快园区龙头企业技术改造和产品升级，增强自主创新能力。区域性或乡（镇）农业技术推广、动植物疫病防控、农产品质量安全监管等公共服务机构要加强对现代农业园区的技术指导和服务。

（五）加大金融支持力度。落实金融机构涉农贷款增量奖励和定向费用补贴、农户贷款税收优惠、小额担保贷款贴息等政策，鼓励商业性金融机构加大对现代农业园区及新型经营主体的贷款投放力度，增加政策性金融机构对现代农业园区基础设施建设的长期贷款。支持金融机构开展金融支持农业规模化、集约化经营试点，实行新型农业经营主体“主办行”制度，在现代农业园区增设服务网点或业务专营机构，对涵盖现代农业全产业链的生产、仓储、销售、研发、创新等项目提供一揽子综合金融服务，开发适合园区和新型主体的信贷产品，开展特色化、差异化服务。各级涉农部门和金融管理部门及金融机构要建立定期联系和合作协调机制，公布现代农业园区和龙头企业、农民合作社示范社、示范家庭农场等名录，组织推荐优质农业项目，银行对符合贷款条件的优先予以支持。推动涉农抵质押担保方式创新，大力发展大型农机具、林权抵押、仓单和应收账款质押等信贷业务，积极稳妥开展农村土地经营权和农民住房财产权抵押贷款，探索建立土地经营权等抵押物评估机制。鼓励保险机构加大产品创新力度，开发符合园区特点和新型农业经营主体需求的保险产品。积极稳妥开展农产品目标价格保险、农产品质量保险、农村小额信贷保险等新型险种试点，因地制宜开展特色优势农产品保险试点。完善保险与病死畜禽无害化处理联动机制。创新农业保险与信贷结合机制，加快发展小额贷款保证保险。扩大现代农业园区保险覆盖面，降低生产经营风险，有条件的地方财政要对园区及新型经营主体入保给予补贴。

（六）创新技融资机制。每个省直管县（市）、县（市、区）组建1个以政府出资为主、专门从事农业信贷担保业务的融资性担保机构和再担保机构，完善银担合作机制，提高面向现代农业园区、龙头企业、合作社等新型经营主体的贷款效率，降低贷款风险。支持县级组建担保公司、村镇银行、小额贷款公司、金融租赁公司，鼓励财政出资建立涉农信贷风险补偿基金，吸引信贷资金，多渠道增加对现代农业园区的投入。支持现代农业园区企业上市、挂牌“新三板”融资，有条件的地方可以探索建立现代农业园区投融资平台，撬动社会资金、民间资本和外资投资现代农业园区建设。支持园区企业通过发行企业债、公司债和中小企业私募债进行融资，扩大发行中小企业集合票据、短期融资券等非金融企业债务融资工具的规模。总结邯郸市县两级财政筹资设立“金财通”为农业项目增信融资等做法，改进支持方式，拓展龙头企业融资渠道。对政府主导、财政支持的公益性工程和项目，鼓励采取购买服务、政府与社会资本合作等方式，引导企业和社会组织参与建设、管护和运营。

四、强化保障措施

（一）加强组织领导。省农村工作领导小组统筹领导全省现代农业园区建设工作，协调解决工作推进中的重大问题。省农业厅会同省农村工作领导小组成员单位，负责全省推进现代农业园区建设工作的组织和实施，加强对各地工作的督促、指导和服务。各设区市、省直管县（市）、县（市、区）要建立相应工作机制，加强对本地现代农业园区建设工作的统筹领导和综合协调，推动各项措施的落实。各省直管县（市）、县（市、区）要明确1名县级领导干部负责现代农业园区建设工作，鼓励成立园区管委会，对园区进行统一规划、统一指导流转土地、统一基础设施建设、统一项目把关布局、统一为入园企业提供服务，推动园区提档升级。

（二）完善工作机制。加大组织推动力度，把现代农业园区建设纳入各设区市、省直管县（市）农业部门专项工作考核和园区项目综合考核。由省农业厅会同省有关部门，制定省级现代农业园区申报、命名和管理办法，组织开展申报评审工作。支持农业科技园区、现代林果业示范区等各类园区突出特色、加快发展，符合条件的，享受省级现代农业园区支持政策；获得相关国家级园区称号的，在评审中予以倾斜。各设区市、省直管县（市）要建立市级现代农业园区建设管理机制。由省农业厅会同国家统计局河北调查总队、省统计局等部门制定全省县级农业现代化进程和现代农业园区建设水平的指标和评价体系，分年度组织监测和评价。组织开展现代农业园区观摩交流活动，建立沟通联系和情况通报制度，及时反映各地各部门工作进展情况及好的经验和做法。

（三）搞好宣传发动。新闻媒体要大力宣传加快现代农业园区建设的重要意义和好经验、好典型、好做法，充分调动各级各部门和全社会的积极性，营造关心支持现代农业园区建设的浓厚氛围。各级各部门要发现、培育一批加快现代农业园区建设、推动现代农业发展的好典型，认真总结提升，加强观摩交流，广泛宣传推广，充分发挥示范引领作用。

中共河北省委办公厅　河北省人民政府办公厅 印发《关于引导农村土地经营权有序流转发展农业适度规模经营的实施意见》的通知

（2015年8月13日）

《关于引导农村土地经营权有序流转发展农业适度规模经营的实施意见》已经省委、省政府同意，现印发给你们，请结合实际认真贯彻执行。

（冀办发〔2015〕31号）

关于引导农村土地经营权有序流转发展农业适度规模经营的实施意见

为贯彻落实中共中央办公厅、国务院办公厅印发的《关于引导农村土地经营权有序流转发展农业适度规模经营的意见》(中办发〔2014〕61号)精神，引导我省农村土地(承包耕地)经营权有序流转，发展农业适度规模经营，加快农业现代化进程，提出如下实施意见。

一、保质保量完成农村土地承包经营权确权登记颁证工作任务

(一)明确目标。到2017年，基本完成全省农村土地承包经营权确权登记颁证，妥善解决农户承包地块面积不准、四至不清、空间位置不明、登记簿不健全等问题。2015年完成全部耕地面积的50%，2016年完成全部耕地面积的40%，2017年基本完成任务，为开展土地流转、调处土地纠纷、完善补贴政策、进行征地补偿和抵押担保提供重要依据。

(二)确保质量。以现有承包台账、合同、证书为依据确认承包地归属，保持土地承包关系稳定。坚持确权到户到地为主，从严掌握确权确股不确地。把握关键环节，实行全程质量控制，严格按规范开展权属调查，完善承包合同，建立登记簿，颁发权属证书，推进信息应用平台建设，把工作做细做实，确保登记成果完整、真实、准确。充分调动农民群众的积极性，依靠村民民主协商，自主解决矛盾纠纷。

(三)落实责任。建立健全党委和政府统一领导、部门密切协作、群众广泛参与的工作机制。坚持分级负责，县乡两级党委、政府要落实主体责任，加强对土地承包经营权确权登记颁证工作的领导，制定工作方案，明确时间表和路线图，精心组织实施。省市相关部门要建立专项督查和情况通报制度，加强督促检查，确保工作有序推进。

(四)强化保障。各级党委、政府要从政策、组织、队伍、技术、经费等方面对土地承包经营权确权登记颁证工作给予支持，保证工作正常开展。确权登记颁证工作经费纳入市县财政预算予以保证，中央和省级财政给予补助。市县不得减少应由本级承担的工作经费。县级财政对确权登记颁证工作经费进行专账核算，工作完成后，上级补助资金如有节余，要继续用于农村土地承包管理工作，不得挪作他用。

二、引导农村土地经营权有序流转

(一)加强管理和服务。坚持依法自愿有偿，以支持粮食适度规模经营为重点，引导农村土地向家庭农场、专业大户、农民合作社、农业产业化龙头企业和现代农业园区等规模经营主体流转。现阶段，重点扶持土地经营规模相当于当地户均承包地面积10至15倍、务农收入相当于当地二三产业务工收入的规模经营，防止脱离实际，违背农民意愿，片面追求超大规模经营倾向。创新规模经营方式，在引导土地资源适度集聚的同时，积极开展土地托管服务、土地股份合作，提升农业规模化经营水平。依托农村经营管理机构，完善县乡农村土地流转服务中心，开展信息发布、政策咨询和流转服务。发展多种形式的土地经营权流转市场，强化监管，规范市场运行。土地流转服务主体可以开展信息沟通、委托流转等服务，但严禁层层转包从中牟利。土地流转给非本村(组)集体成员或村(组)集体受农户委托统一组织流转并利用集体资金改良土壤、提高地力的，可向本集体经济组织以外的流入方收取基础设施使用费和土地流转管理服务费，用于农田基本建设或其他公益性支出。加强土地承包纠纷调解仲裁体系建设，健全调处机制，妥善化解流转纠纷，稳定承包关系。

(二)规范流转行为。土地承包经营权属于农民家庭，土地是否流转、价格确定、形式选择，应由承包农户自主决定，流转收益归承包农户所有。流转双方须使用省农业厅制发的流转合同示范文本，签订规范的书面流转合同并报发包方和乡镇人民政府备案。依法保护流入方权益，流转合同到期后流入方在同等条件下可优先续约。没有农户的书面委托，农村基层组织无权以任何方式决定流转农户的承包地，更不能以少数服从多数的名义，将整村整组农户承包地集中对外招商经营。严禁通过定任务、下指标或将流转面积、流转比例纳入绩效考核等方式推动土地流转。

(三)履行法定义务。在落实农村土地集体所有权的基础上，稳定农户承包权、放活土地经营权，进一步明晰土地流转中相关方的权利义务关系。土地发包方应当监督承包方依照承包合同约定用途合理利用和保护土地，制止承包方损害承包地和农业资源的行为。土地经营者不得擅自改变土地的农业用途，不得撂荒土地。对于撂荒土地的，

可停发粮食直接补贴、良种补贴、农资综合补贴，并督促其恢复耕种。以转让方式流转承包地的，原则上应在本集体经济组织成员之间进行，且需经发包方同意；以其他形式流转的，应依法报发包方备案。以转包、出租方式取得土地经营权的流入方进行再流转，应取得原承包方同意。土地流入方抵押土地经营权，应当经发包方、原承包方书面同意，抵押期间未经发包方、原承包方、承贷机构同意，不得将抵押物再次抵押或流转。

（四）加强用途管制。实施最严格的耕地保护制度，切实保护基本农田。严格执行国土资源部、农业部有关规定，加强设施农用地管理，合理界定适用范围。依据农业发展规划和土地利用总体规划指导设施建设合理选址，不占或少占耕地，确需占用的应尽量占用劣质耕地，尽量减少对耕作层的破坏。严禁借土地流转之名违规搞非农建设，严禁在流转农地上建设或变相建设旅游度假村、高尔夫球场、别墅、私人会所等，严禁占用基本农田挖塘栽树及其他毁坏种植条件的行为，严禁破坏、污染、圈占闲置耕地和损毁农田基础设施。县级国土资源部门要加强日常执法巡查，坚决制止和查处通过“以租代征”违法违规进行非农建设的行为，依法查处擅自或者变相将设施农用地用于其他经营的行为，依法制止和查处农业生产建设中的土地违法违规行为，禁止擅自将耕地“非农化”。

（五）扶持粮食规模化生产。原有粮食直接补贴、良种补贴、农资综合补贴归属由承包农户与流入方协商确定，新增部分向粮食生产规模经营主体倾斜。建立由财政支持的农业信贷担保体系，引导推动金融资本技投农业，重点支持粮食适度规模经营。对从事粮食规模化生产的农民合作社、家庭农场、种植大户等经营主体，符合申报农机购置补贴条件的，要优先安排。新增千亿斤粮食生产能力建设、现代农业发展资金、渤海粮仓科技示范工程、高标准农田建设、地下水超采综合治理试点、节水灌溉等支持农业和粮食生产的项目资金，要向粮食主产区、粮食生产规模经营主体和集中连片、规模种植的区域倾斜。粮食品种保险要逐步实现粮食生产规模经营主体愿保尽保，财政要加大对玉米、小麦、水稻等主要粮食作物保险的保费补贴力度，提高保险保障程度。

三、加大对新型农业经营主体的扶持力度

（一）发展家庭经营和合作经营。发挥家庭经营的基础作用，扶持农户扩大规模，开展适度规模经营。重点培育以家庭成员为主要劳动力，以农业为主要收入来源，从事专业化、集约化生产的家庭农场，使之成为引领适度规模经营、发展现代农业的有生力量。开展示范家庭农场创建活动，分级建立示范家庭农场名录，健全管理服务制度，加强示范引导。鼓励各地整合涉农资金建设连片高标准农田，优先向家庭农场、专业大户等规模经营农户流转。鼓励承包农户通过共同使用农业机械、开展联合营销等方式发展联户经营。鼓励发展多种形式的农民合作组织，深入推进示范社创建活动，促进农民合作社规范发展。在管理民主、运行规范、带动力强的农民合作社和供销合作社基础上，培育发展农村合作金融。引导发展农民专业合作社联合社，支持农民合作社开展农社对接。允许农民以承包经营权入股发展农业产业化经营。探索建立农户入股土地生产性能评价制度，按照耕地数量质量、参照当地土地经营权流转价格计价折股。鼓励农业产业化龙头企业等涉农企业重点从事农产品加工流通和农业社会化服务，带动农户和农民合作社发展规模经营。

（二）加大扶持力度。各级政府要增加投入，完善农业基础设施，推进小农水重点县建设，改善农业生产条件。省级财政安排新型农业经营主体示范带动项目补助资金，鼓励市县对新型农业经营主体给予支持。支持符合条件的新型农业经营主体优先承担涉农项目，新增农业补贴向新型农业经营主体倾斜。有关部门在安排涉农项目时，要明确支持家庭农场、专业大户、农民合作社承担项目建设的具体要求和条件。各级农业发展、农业补贴等涉农资金要将符合条件的农民合作社作为重点扶持对象，对财政补助形成的资产要按规定及时移交农民合作社持有和管护。农机购置补贴向从事规模化生产的农民合作社、家庭农场等经营主体倾斜。支持新型农业经营主体加快技术进步，在新型职业农民培育、农业技术推广、病虫害统防统治、肥料农药科学施用、社会化服务等项目实施上给予重点倾斜。依据国家农业开发相关政策，支持新型农业经营主体承担农业综合开发项目。农产品初加工和农业灌溉用电执行农业生产用电价格。

（三）落实配套辅助设施用地。支持设施农业和规模化粮食生产发展，设施农用地中生产设施、附属设施和配套设施用地按农用地管理。需按照建设用地管理的，各地在安排建设用地计划时，对新型农业经营主体建设配套辅助设施用地予以倾斜。各级根据实际，在年度建设用地指标中单列一定比例专门用于新型农业经营主体建设配套辅助设施，并按规定减免相关税费。

（四）强化金融服务。各级农业、金融管理部门和金融机构要建立常态化的协调沟通机制，通报新型农业经营主体名录，推荐优质农业项目，落实金融支持新型农业经营主体发展的政策措施。鼓励金融机构针对新型农业经营主体特点，开发专门金融信贷产品，创新特色化、差异化服务模式，提高服务水平，确保其合理信贷保险需求得到有效满足。鼓励符合条件的农业产业化龙头企业通过发行短期融资券、中期票据、中小企业集合票据等多种方式，

拓宽融资渠道。鼓励商业性金融机构创新抵押、担保方式，增加对新型农业经营主体的贷款投放。鼓励融资担保机构为新型农业经营主体提供融资担保服务，通过设立融资担保专项资金、担保风险补偿基金等加大扶持力度。鼓励保险机构积极创新保险产品，开展特色优势农产品保险。落实和完善相关税收优惠政策，支持农民合作社发展农产品加工流通。

四、加强对工商资本租赁农户承包地的监管和风险防范

（一）引导工商资本发展现代种养业。工商资本投资开发农业，应主要从事良种种苗繁育、高标准设施农业、规模化养殖等适合企业化经营的现代种养业，以及产前、产后服务和“四荒”资源开发，采取“公司+农户”和订单农业的方式，带动农户发展产业化经营。支持农业企业与农户、农民合作社建立紧密的利益联结机制，实现合理分工、互利共赢。

（二）建立工商资本租赁农地风险防范机制。对工商资本长时间、大面积租赁农户承包地要制定控制标准，并在土地经营权流转管理部门备案。工商资本租赁农地应先付租金、后用地。各省直管县（市）、县（市、区）可按照流入方缴纳为主、政府适当补助的原则，实行风险保障金制度。企业（组织或个人）租赁农户承包地，以租赁面积的年租金总额为标准，根据当地县级政府确定的比例，向县财政缴纳风险保障金，实行专户储存。工商资本租赁农地的监管和风险防范具体意见由省农业厅会同省有关部门制定。

（三）探索建立工商资本租赁农地资格审查、项目审核制度。各省直管县（市）、县（市、区）可建立由职能部门、农村集体经济组织代表、农民代表、农业专家等多方参与的农地流转审查监督机制，采取书面报告和现场查看等方式，对租赁农地企业（组织或个人）的主体资质、农业经营能力、经营项目、土地用途、风险防范，以及是否符合当地产业布局和现代农业发展规划等事项进行审查审核，在规定时限内提出审查审核意见。不符合相应条件的，不得享受相关产业扶持政策。

五、建立健全新型农业社会化服务体系

（一）强化公益性服务。加强基础条件建设，明确公益性定位，分离经营性职能，建立服务考评机制，提升区域性或乡镇农业（水利、林业）技术推广、动植物疫病防控、农产品质量安全监管公共服务机构的建设水平和服务能力，围绕发展农业适度规模经营拓展服务范围，为新型农业经营主体提供优质服务。加快构建农产品市场流通网络建设，加强农业信息基础设施建设，为新型农业经营主体提供市场信息服务。

（二）培育多元化服务组织。培育经营性服务主体，支持合作社、专业服务公司、专业技术协会、涉农企业为农业生产和新型农业经营主体提供服务，积极发展良种种苗繁育、统防统治、测土配方施肥、农业废弃物处理等农业生产性服务业，大力发展农产品信息、电子商务、物流等现代服务业，支持建设粮食烘干、产地初加工、农机场库棚和储藏、保鲜、冷链等配套基础设施。

（三）鼓励集体经济组织开展服务。支持集体经济组织为承包农户开展物资、技术、植保、机械化耕种收等多种形式的生产服务，降低生产成本，提高生产效率。二三产业比较发达、农村劳动力转移较快的地方可根据农民意愿，组织连片整理耕地，将土地折股量化、确权到户、统一经营，经营所得收益按股分配，也可引导农民以承包地入股组建土地股份合作社，通过自营或委托经营等方式发展农业规模经营。

（四）创新农业社会化服务方式。鼓励以县为单位开展农业社会化服务示范创建活动。支持科研教育机构承担农技推广项目，鼓励科研单位和高校与市县开展合作共建，加快农业科技创新和成果转化。制定政府购买农业公益性服务的指导性目录，健全购买服务的标准合同、规范程序和监督机制。开展农业生产全程社会化服务机制创新试点，重点支持为农户提供代耕代收、统防统治、烘干储藏等服务。推广土地托管服务模式，支持种粮大户、农机大户和农机合作社开展全程托管或主要生产环节托管，推进规模化生产。

（五）发挥供销合作社的优势和作用。扎实推进供销合作社综合改革试点，按照改造自我、服务农民的要求，把供销合作社打造成服务农民生产生活的生力军和综合平台。坚持优质、安全、服务、便利的原则，构建新型农资商品供应服务网络体系。以省供销社农资公司和区域农资公司为龙头，大力建设区域配送中心，拓展网络终端，搭建名优化肥、农药、种子生产企业与新型农业经营主体及农民之间的直采直供渠道。发挥供销合作社组织体制优势，深化行业合作，开展产前、产中、产后系列化、全程化服务，为农业规模化生产经营提供便捷、高效、优质的服务。推动供销合作社农产品流通企业、农产品电子商务企业、农产品批发、加工、销售企业与新型农业经营主体对接，开展农产品生产、加工、流通服务。支持基层供销合作社针对农业生产及销售主要环节，与农民签订服务协议，开展合作式、订单式服务，提高服务规模化水平。

（六）加强农民培训教育。加大各类农村人才培养计划实施力度，扩大培训规模，提高培训能力。改善农业职

业学校和其他学校涉农专业办学条件，积极开展以“送教下乡”和“双带工程”为载体的新型职业农民中等职业教育，大力发展现代农业远程教育。扩大农村实用人才带头人示范培养培训规模。以推广先进适用技术和解决生产实际问题为重点，开展农业培训。围绕提升产业技能和经营能力，以新型农业经营主体为重点，广泛开展新型职业农民培育。加强新型职业农民认定工作，省直管县（市）、县（市、区）政府制定认定管理办法，对经过培训符合条件者颁发新型职业农民证书，落实相应扶持政策，逐步壮大新型职业农民队伍。

六、加强组织领导

（一）加强农村经营管理体系建设。各级党委、政府要根据当前深化农村改革的形势需要，完善和强化农村经营管理的职责、机构、人员设置，明确农村土地承包经营权确权登记颁证、农村土地经营权流转管理服务、农村土地承包纠纷仲裁管理、家庭农场和农民合作社指导、农业社会化服务体系建设指导、工商资本进入农业监管、农业经营体制创新等工作职能和承担机构，确保事有人干、责有人负。县级以上政府要按照精简效能的原则，科学调整设置农村经营管理机构和职能，明确责任，减少交叉。结合正在进行的县级政府机构改革，指导县级政府做好涉农机构建设，适当整合农村经营管理资源，建立健全基层农村经营管理工作体制机制。强化乡镇农村经营管理职责，乡镇应明确承担机构，配备与工作任务相适应的人员，确保农村经营管理工作正常开展。

（二）健全工作机制。各级党委、政府要切实加强对引导农村土地经营权有序流转、发展农业适度规模经营的组织领导。全面开展土地流转情况大检查，梳理已有的政策文件，确保符合中央精神。对强迫农民流转承包地的行为要及时纠正，对工商资本长时间、大面积租赁农户承包地要加强事中、事后监管，定期开展监督检查，及时查处纠正违法违规行为。加强调查研究，搞好分类指导，充分利用农村改革试验区、现代农业示范区、现代农业园区等开展试点试验，认真总结基层和农民群众创造的好经验、好做法。加大政策宣传力度，准确把握中央政策要求，营造良好的改革发展环境。各有关部门要按照职责分工，加强工作指导和监督检查，健全协调配合、齐抓共管的工作机制，推进农村土地经营权有序流转和农业适度规模经营健康发展。

本实施意见自发布之日起施行。我省以前有关规定与本实施意见不一致的，以本实施意见为准。

中共河北省委办公厅　河北省人民政府办公厅
关于印发《河北省深化农村改革实施方案》的通知

（2015年11月10日）

《河北省深化农村改革实施方案》已经省委、省政府领导同意，现印发给你们，请结合实际认真贯彻执行。

（冀办发〔2015〕44号）

河北省深化农村改革实施方案

农村改革综合性强，必须树立系统思维，做好整体谋划和顶层设计；突出问题导向，找准主要矛盾和工作重点，将农村各领域改革梳理成事、聚集要事、落实到事，进一步提高改革的针对性和实效性；强化协同意识，加强各项改革之间的衔接配套，最大限度地释放改革的综合效应。根据中共中央办公厅、国务院办公厅印发的《深化农村改革综合性实施方案》）（中办发〔 2015〕49号），结合河北农业农村实际，从增强农村改革的系统性、整体性、协同性出发，制定本实施方案。

1. 深化农村土地制度改革。坚守土地公有性质不改变、耕地红线不突破、农民利益不受损“三条底线”。基本方向是：落实集体所有权、稳定农户承包权、放活土地经营权。（1）稳妥推进定州土地征收制度改革试点，缩小土地征收范围，规范土地征收程序，完善对被征地农民合理、规范、多元保障机制。（2）加快宅基地和集体建设用地使用权确权登记发证工作，2015年底完成工作量的50%，2016年底全部完成。（3）用好城乡建设用地增减挂钩，燕山——太行山连片特困地区22个县，在优先保障本县域范围内农民安置和生产发展用地的前提下，可将部分节余指标在省域范围内挂钩使用。将美丽乡村建设的重点村和县城建设涉及的农村废弃建设用地纳入增减挂钩试点管理。（4）积极争取国家“地票”交易制度试点。

2.推进农村土地承包经营制度改革。（1）积极推进农村土地承包经营权确权登记颁证工作，2015年完成全部耕地面积的50%，2016年完成全部耕地面积的30%，2017年基本完成任务。（2）推动土地经营权规范有序流转，鼓励和支持承包土地向现代农业园区和专业大户、家庭农场、农民合作社、龙头企业等新型经营主体流转，发展多种形式的适度规模经营。（3）健全工商资本租赁农地的监督和风险防范机制，加快制定出台关于加强对工商资本租赁农地监管和风险防范的实施意见。

3.积极发展农村股份合作制经济。重点是探索按劳分配和按股分配相结合的多种有效实现形式，推动股份合作制经济多元化、规模化、规范化发展：（1）推广农民土地股份合作模式，以土地经营权折价入股，组成土地股份合作社，农户以入股土地分红。（2）推广龙头企业与合作社相互参股合作模式，合作社以土地、农产品等在龙头企业参股，龙头企业以资金、技术等在合作社参股。（3）推广“五位一体”混合股份合作模式，打造政府+龙头企业+合作社+农户+金融机构的股份合作新型经济体。（4）探索农村股份合作制经济组织的运营机制。研究制定关于加快农村股份合作制经济发展的指导意见。

4.稳步推进社区性农村集体经济组织股份合作制改革试点。（1）抓好承德市双滦区发展农民股份合作赋予农民集体资产股份权能改革的国家级试点，探索赋予农民对集体资产股份占有、收益、有偿退出及抵押、担保、继承权，确保在2017年底前完成各项改革任务。（2）在继续抓好省级11个集体经济股份制改造试点的同时，逐步扩大改革试点，探索农村集体经济组织成员界定、清产核资、股权设置等有效办法。

5.加快县级农村产权流转交易平台建设。以第一批6个农村产权流转交易平台建设试点县（市）为基础，认真总结试点经验，扩大试点范围，推动要素资源在城乡和各类经营主体之间合理流动、优化配置，充分激活农村各类资产资源，提高农民的财产性收入。鼓励各地采取多方参与的形式组建，力争到2015年底前，第二批42个试点县（市）完成平台建设。到2017年底前，原则上每个县（市）都建成1个农村产权流转交易平台。

6.研究探索山区综合开发机制。支持村集体及有开发能力的企事业单位、社会团体及其他组织或个人，采取不同方式合作开发利用现有荒山、荒沟、荒丘、荒滩等“四荒”资源，发展特色林果业、养殖业、旅游观光和休闲农业。从2016年开始，全省每年重点培育20个左右省级示范沟或示范区，到2020年底前，全省建成一批具有规模效应的省级示范沟或示范区。制定出台关于加快沟域经济发展促进山区综合开发的指导意见。

7.积极发展壮大集体经济。（1）支持村级建立土地流转服务站开展土地流转服务，承包土地经营权流转给非本村（组）集体成员或村（组）集体受农户委托统一组织流转，并利用集体资金改良土壤、提高地力的，可向本集体经济组织以外的流入方收取基础设施使用费和土地流转管理服务费。（2）鼓励村集体围绕特色产业，领办创办合作社及其他各类服务实体，为农业经营主体提供农机作业、统防统治、物资、流通、仓储等有偿服务。（3）引导和鼓励村集体利用留用机动地和存量房产、集体建设用地兴办商业店铺、集贸市场、仓储设施、车间厂房等，通过租赁经营增加集体收入。争取到2020年底前，初步建立村级集体经济收入稳定增长机制，基本消灭集体经济收入空白村，年集体经济经营性收入超过5万的村达到50%以上。加快出台关于发展壮大农村集体经济的若干意见。

8.深化以林权和国有林场为重点的林业改革。（1）全面推进集体林权制度配套改革，巩固和扩大主体改革成果。适时研究制定关于完善集体林权制度改革的意见和天然林资源保护实施意见。（2）稳步推进国有林场改革，到2017年底前，完成全省国有林场主体改革任务。加快出台全省国有林场改革实施方案。

9.推进以水权、水价为重点的水利改革。按照《河北省深化小型水利工程管理体制改革实施方案》有关要求，对纳入改革范围的小型水利工程明确所有权和使用权，落实管护主体，积极探索社会化和专业化的水利工程管理模式，到2017年底前，基本建立适应我省水情和农村经济社会发展的小型水利工程管理体制和运行机制。研究制定河北省水权交易办法。适时研究出台农业水价改革及奖补办法。

10.加快培育新型农业经营主体。（1）推进现代农业园区建设，鼓励各地依托特色产业和优势企业建立各种类型的农业园区。到2015年底前，认定命名40个左右省级现代农业园区。到2017年底前，全省认定命名100个左右万亩以上，一二三产融合、产加销游一体、产业链条完整的省级现代农业园区，带动各地建成一批市县级现代农业园区。（2）深入开展好农民合作社示范社建设行动，研究制定《关于开展农民合作社规范化建设的实施意见》，对农民合作社采取差别化的政策措施，进行分级分类管理。到2017年底前，省市县三级示范社数量达到4000家。（3）开展示范家庭农场创建活动，培育一大批规模适度、生产规范、管理科学、效益明显的示范家庭农场。到2017年底前，省级示范家庭农场达到600家，带动市县级培育示范家庭农场3000家。（4）推动农业产业化龙头企业转型升级。到2020年底前，打造10个年销售额100亿元以上的龙头企业，100个10亿元以上的龙头企业。

11.全面深化供销合作社综合改革。（1）实施农业社会化服务惠农工程，构建现代农业生产服务体系。（2）实施农产品网络再造工程，发展流通服务新业态，构建农村现代流通服务体系。（3）开展各类涉农职业教育与技能培训，构建新型农民培训服务体系。（4）发展为农服务综合平台，构建农村社会化服务体系。（5）加快农村综合服务社和城乡社区服务中心（站）建设，构建农村社区综合服务体系。到2016年底前，30个试点县供销社达到县级示范供销社标准，100个乡镇供销社达到基层示范供销社标准，培育打造100个供销社改革发展典型。加快出台贯彻中发〔2015〕11号文件的实施意见。抓紧研究制定河北省供销合作社条例。

12.加快财政支持农业制度创新。（1）以省市县三级融资平台、涉农担保体系建设为抓手，探索开展转换财政资金投入方式试点，以财政资金为导入资金，通过政府与社会资本合作、政府购买服务、担保贴息、以奖代补等措施，带动金融和社会资本投向农业农村。（2）以现代农业、美丽乡村、扶贫开发等为重点，探索推进涉农资金整合统筹，对目标接近、投入方向类同的涉农专项资金予以整合。研究制定《调整完善农业三项补贴政策支持粮食适度规模经营实施方案》。

13.加快农村金融制度创新。（1）推行金融部门向新型农业经营主体集中授信机制，由行业主管部门联合向农发行、邮政储蓄银行、农业银行、农村信用社等金融机构推介新型农业经营主体，加强银企对接，提升增信效果。（2）全面推广落实“政银保”融资模式，保险公司对自愿入保的经营主体提供贷款保证信用保险，银行提供贷款，财政提供保险补贴或风险补偿。省级财政对市县支出进行奖补。（3）支持开展农业产业化融资新模式，推广邯郸“金财通”经验，由政府安排专项资金引导银行资金给予农业产业化企业无抵押、无担保的低息流动资金贷款。（4）试点开展农村承包土地的经营权抵押贷款工作，力争8个试点县列入国家级试点。（5）积极开展政策性设施农业保险试点，在抓好易县、涞源、蔚县和沽源等29个试点的基础上，适时扩大我省政策性设施农业保险保费补贴试点范围。（6）支持供销合作社发展农村合作金融，到2016年底前，市县两级全部组建河北省新合作金融服务组织，构建农村合作金融服务体系，发挥好引导农民开展资金合作的作用。研究制定河北省财政支持农业信贷担保体系建设实施意见。适时出台河北省农村信用社综合改革方案。

14.推进农产品流通方式创新。加快17个国家级电子商务进农村示范县（市）建设，开展省级电子商务进农村示范县（市）创建活动，构建省县两级农村电商服务、农产品研发和质量保障、县乡村三级物流配送、农村电子商务培训等四大体系，鼓励供销社、社会资本等各类主体建设涉农电商平台。到2016年底前，力争全省农村电子商务全覆盖，全省供销社系统新增5个全国供销合作总社农村电子商务示范县（市）。

15.探索开展农房建设和使用方式创新。（1）在不改变农村集体土地所有权和农民宅基地使用权的前提下，允许农民通过各种方式与城市居民合作建房，共享收益，具体方式由城镇居民和农村村民自主协商议定。（2）在城市周边、景区附近等有条件的村开展农宅合作社试点，采取租赁、入股分红、合作经营等方式，将农民闲置房屋资产整合利用。全省农宅合作社试点2015年启动26个，2016年达到100个。

16.探索建立美丽乡村建设投入和建管机制。（1）创新投融资机制，省市县三级分别建立投融资平台，用好农发行信贷支持。（2）创新新材料、新技术、新装备推广机制，完善奖补政策，推动大宗新型物料生产的本地化，鼓励开发生产更多适应本地需求、物美价廉的新产品。（3）扩大农村公共服务运行维护机制建设试点，通过购买服务、多元化筹资等方式建立政府支持与市场运营相结合的农村环境管护长效机制。（4）推广衡水市新型农村社区和农业园区、工业园区互相促进的“三区”同建经验，选择不同类型的地方进行试点，探索农村新型社区与产业园区共建互促的路径和办法。

17.加快农村扶贫开发体制机制创新。（1）加快编制《“十三五”扶贫开发规划》），分别制定《关于扶贫攻坚生产和就业扶贫实施方案》《关于加强扶贫移民搬迁工作实施方案》《关于低保政策兜底扶持实施方案》《关于医疗救助扶持实施方案》。（2）完善“互联网+扶贫”机制，加快出台《关于“互联网+扶贫”行动实施方案》。（3）完善政府投入机制和金融支撑机制，出台《关于整合涉农资金支持扶贫攻坚实施意见》和《关于创新金融扶贫机制实施方案》。

各级党委和政府要按照党中央、国务院和省委、省政府的总体部署，切实增强领导、组织、监督农村改革工作的主动性和自觉性。主要负责同志要亲自抓农村改革工作，把握好方向和路径，加强对农村改革工作的指导，真正做到谋在新处、落在实处。省直有关部门要切实加强组织领导，根据要求抓紧制定具体工作举措，加强政策配套，确保各项任务协调推进。省农业农村体制改革专项小组要加强对农村改革工作的协调指导和监督检查，落实考核机制，及时总结经验、解决问题，推动各项改革举措顺利推进。

中共河北省委办公厅　河北省人民政府办公厅
印发《关于深入推进农村社区建设试点工作的实施意见》的通知

（2015年12月1日）

《关于深入推进农村社区建设试点工作的实施意见》已经省委、省领导同意，现印发给你们，请结合实际认真贯彻落实。

（冀办发〔2015〕51号）

关于深入推进农村社区建设试点工作的实施意见

近年来，农村社区建设实验工作在我省各地有序开展，对完善农村治理机制、改善基础服务设施、丰富群众文化生活发挥了一定作用。但从总体上看，还处在探索阶段。为深入贯彻落实中共中央办公厅、国务院办公厅印发的《关于深入推进农村社区建设试点工作的指导意见》（中办发〔2015〕30号）精神，加强和创新农村基层社会治理，推进城乡一体化发展，夯实党的执政基础，结合我省实际，现就深入推进农村社区建设试点工作提出如下实施意见。

一、总体目标

按照我省社会主义新农村建设总体要求，逐步完善与新型工业化、信息化、城镇化、农业现代化相适应的农村基层治理体制、运行机制和服务体系，形成乡土文化和现代文明融合发展的文化纽带，构建生态功能与生产生活功能协调发展的人居环境，逐步实现城乡居民基本权益平等化、城乡公共服务均等化、城乡居民收入均衡化、城乡要素配置合理化和城乡产业发展融合化，着力打造一批管理有序、服务完善、文明祥和、各具特色的农村社区建设示范点，为全面推进我省城乡一体化发展和深化农村改革探索路径、积累经验，为建设经济强省、美丽河北作出贡献。

2015年各地要开展农村社区建设试点筛选工作，每个市选择2个有基础、条件好、积极性高的县（市、区）作为试点县（市、区），每个试点县（市、区）和定州、辛集市以中心村建设为重点，选择5至10个农村社区建设试点村，点片结合，统筹推进。全省选取一批确定为省级试点社区，各地要根据本地实际，确定本级试点社区，用1年左右的时间，着力打造符合全面建成小康社会要求的农村社区建设示范点。自2017年起，按照农村社区建设试点工作经验和基本模式，在全省逐步推开农村社区试点建设工作；到2020年，基本实现全省农村社区建设试点工作县级全覆盖。

二、主要任务

（一）创建村党组织领导下的村级治理新机制。农村社区建设坚持村党组织领导、村民委员会具体组织实施，引导发动居民积极参与。推进农村基层服务型党组织建设，切实增强乡（镇）、村党组织政治引领功能和服务功能。坚持以党的基层组织为核心、村民自治和村务监督组织为基础、集体经济组织和农民合作组织为纽带、各种经济社会服务组织为补充，不断健全完善农村基层党组织引领农村社区建设的领导体制和工作机制。普遍建立“村党组织领导、村民代表会议决议、村民委员会执行、村务监督委员会监督、村合作经济组织参与”的村级治理新机制。认真落实“四议两公开”工作法，不断完善农村社区建设重大问题的民主决策、民主管理和民主监督。积极完善基层劳动关系职能，推进村（社区）企业依法建立工会组织，探索村民议事会、村民理事会等协商形式，探索村民小组协商，吸纳非户籍居民、社会工作者等专业人才参与农村社区公共事务和公益事业协商，推进社区协商制度化、规范化和程序化。

（二）维护农村社区流动人口的合法权益。依法维护外出务工人员在户籍所在地农村社区的民主选举权、土地承包经营权、宅基地使用权、集体收益分配权等权益。依法保障符合条件的非本村户籍居民参加村民委员会选举和享有农村社区基本公共服务的权利。在保障农村集体经济组织成员合法权益的前提下，探索通过分担筹资筹劳、投资集体经济等方式，引导非户籍居民更广泛地参与民主决策。健全农村留守儿童和妇女、老人关爱服务体系，强化家庭监护责任，重点发展学前教育和养老服务，培育青年、巾帼志愿服务组织、妇女互助组织和老年协会组织，建立农村社区留守儿童和妇女、老人动态信息库，运用呼叫终端、远程监控等信息技术，提高对留守儿童和妇女、老人的服务能力和水平。

（三）促进多元主体参与农村社区建设。建立县级以上机关党员、干部到农村社区挂职任职、驻点包户制度。建立和完善党代表、人大代表、政协委员联系农村居民、支持农村社区发展机制。鼓励驻村机关、团体、部队、企事业单位支持、参与农村社区建设。实施大学生村官计划，保障每个试点社区配备1名大学生村官。拓宽在外工作和退休回乡人员参与农村社区建设渠道。依法确定村民委员会和农村集体经济组织及各类经营主体的关系，保障农村集体经济组织独立开展经济活动的自主权。培育壮大村级集体经济，增强村级经济组织支持农村社区建设的能力。支持专业化社会服务组织到农村社区开展服务。推动发展新型农村合作金融组织、新型农民合作经济组织和社会组织，通过购买服务、直接资助、以奖代补、公益创投等方式参与农村社区建设。积极开展城乡社区结对帮扶活动，推动城乡社区组织共建、资源共享、人才互动和信息互通，不断扩大农村社区建设受益面。

（四）加强农村社区法治建设、平安建设。统筹城乡法律服务资源，建立覆盖农村居民的公共法律服务体系，完善对农村居民的法律援助制度和司法救助体系，运用法治思维和法治方式化解农村社会矛盾纠纷。加强农村社区司法行政工作室等法治机构建设，每个农村试点社区配备1名专职法律顾问，完善人民调解、行政调解、司法调解联动工作体系，建立依法维权和调处化解农村矛盾纠纷综合机制，抓好源头治理，及时协调解决农村居民利益诉求。加强农村社会治安综合治理，积极开展严打整治专项行动，认真排查整治群众反映强烈的社会治安重点地区和突出治安问题。构建农村立体化社会治安防控体系，推进科技防范达标工程建设，推进平安乡（镇）、平安农村创建。加强网格化管理，提升农村社会治理信息化水平。建强农村综治维稳组织，加强农村社区警务、警务辅助力量和群防群治队伍建设，切实做好农村社区治安维稳、安全防范和治安隐患排查工作，对符合任职年限条件的农村警务室民警落实职级待遇，有条件的农村社区可以配备1名专职警察或辅警。深入开展农村法治宣传教育，提高基层党员、干部依法办事能力，大力整治违法施政行为，坚决查处发生在农民身边的不正之风和腐败行为。增强农民法治观念，引导农民依法维权。指导完善村民自治章程和村规民约，倡导农村居民自我约束、自我管理，提高农村社区自治水平。

（五）提升农村社区公共服务水平。推动城镇公共服务向农村延伸，创新农村基础设施和公共服务设施决策、投入、建设、运行管护机制，积极引导社会资本参与农村公益性基础设施建设，健全农村社区服务设施和服务体系，提升公共服务共建能力和共享水平。整合村级组织活动场所、文化室、卫生室、计划生育服务室、体育健身场地等现有设施和资源，完善村民中心功能。进一步完善基层综合服务管理平台建设，提升农村基层公共服务信息化水平，建立县乡村三级便民服务网络，着力打造“互联网+社区”的智慧农村。探索建立公共服务事项全程委托代理机制，做到农村居民办事一般事项不出村，出村有代办，代办不收费，便民高效廉洁。加强农村社区教育，发展农村职业培训和面向现代农业的职业教育。改善农村社区医疗卫生和康复条件，加大对乡（镇）、村卫生和计划生育服务机构设施改造、设备更新、人员培训等方面的支持力度。做好农村社区脱贫攻坚、社会救助、社会福利和优抚安置服务，推进农村社区互助养老、助残服务，完善新时期拥军优属工作新机制和新型农村合作医疗可持续筹资机制，组织引导农村居民积极参加城乡居民养老保险，全面实施城乡居民大病保险制度，健全疾病应急救助机制，开展“救急难”试点工作。

（六）推动农村社区公益性服务、市场化服务发展。广泛动员党政机关、企事业单位、各类社会组织和居民群众参加农村社区志愿服务，切实发挥党员先锋模范作用。完善农村社区志愿服务站点布局，搭建社区志愿服务对接平台，开展社区志愿活动。根据农村社区发展特点和居民需求，分类推进社会工作服务，发挥社会工作专业人才引领社区志愿者服务作用。注重发挥农村守望相助的传统和优势，开展社区互助服务。采取购买服务等多种方式支持社会力量在农村兴办养老助残、扶贫济困等各类社会事业。鼓励供销合作社和企业完善农村社区商业网点和物流布局，发展与城镇大超市对接的农村超市，探索构建以信息化和现代物流技术为支撑的购物、农资购买、农产品销售、文化娱乐、远程医疗、再生能源回收利用等农村现代流通网络。

（七）发展农村社区特色文化。围绕培育和践行社会主义核心价值观，发展各具特色的农村社区文化，丰富农村居民文化生活，增强农村居民的归属感和认同感。深入开展“善行河北”主题实践活动，开展文明村镇、和谐社区创建活动，发挥村规民约的积极作用，创新和发展乡贤文化，形成健康向上、开放包容、创新进取的社会风尚。健全农村社区现代公共文化服务体系，统筹建立集宣传文化、党员教育、科学普及、普法宣传、体育健身等多功能于一体的综合文化服务中心。推动实施文化下乡和文化惠民项目，提升农村文明程度。发现和培养乡土文化能人、民族民间文化传承人等各类文化人才，广泛开展具有浓厚乡土气息的文化体育活动，弘扬传统美德，凝聚农村社区发展的内在动力和创新活力。

（八）改善农村社区人居环境。积极推进美丽乡村和生态文明村镇建设，保留农村社区乡土特色和田园风光。健全社会帮扶帮建机制，搞好农村人居环境整治。发动农村居民和社会力量开展农村社区公共空间、公共设施、公共绿化管护行动。完善农村社区基础设施，建立健全农村供电、供排水、道路交通安全、消防安全、地名标志、通信网络等公用设施的建设、运行、管护和综合利用机制，提高对自然灾害、事故灾难、公共卫生事件、社会安全事件的预防和处置能力。推广应用新材料、新技术、新装备、新样式，搞好饮水安全、垃圾处理、厕所改造、道路硬化、村庄绿化、农村能源清洁开发利用、民居改造和危房改造、污水处理、土地整理和公墓建设，扎实推进生态环境保护，形成人与自然和谐发展的现代化建设新格局。

（九）统筹推进现代农业园区和农村社区建设。加快转变农业发展方式、推动农业现代化与新型城镇化同步发展，结合美丽乡村建设，实行农业园区和农村社区同步规划、同步建设。按照“依靠产业建园区、围绕园区建社区”的原则，大力发展一批一二三产融合、产加销游一体、产业链条完整、科技示范性强的现代农业园区，加快建成一批农村人口相对集中居住、土地集约利用、公共设施统建共享的农村社区，逐步实现社区居民居住在社区、就业在园区。通过农业园区和农村社区的协调推进、良性互动，实现农村治理方式、农业发展方式和农民生活方式的变革，形成城乡一体、协调发展的良好局面。

三、工作要求

（一）加强组织领导，健全工作机制。农村社区建设是社会主义新农村建设的重要内容，是推进新型城镇化的配套工程，各级党委、政府要高度重视，切实加强对农村社区建设的组织领导，把农村社区建设试点工作列入重要议事日程，建立农村社区建设统筹协调和绩效评估机制，推动建立党委领导、政府实施、各有关部门密切配合、社会力量支持、群众广泛参与的工作体制和运行机制。村党组织要在试点工作中充分发挥领导核心作用。各级党委农村工作、组织部门要加强统筹协调，各级民政部门要充分发挥职能作用，认真抓好试点工作的指导和监督检查。试点县（市、区）财政部门要落实相关工作经费，保障试点工作顺利进行，各级宣传、综合治理、信访、发展改革、农业、文化、教育、公安、司法、人力资源社会保障、国土资源、环保、住房城乡建设、卫生计生、金融办、供销社、工会等部门和单位要各司其职，密切协作，协调推进。农村社区须按照编制的村庄规划进行建设，村庄规划要与当地国民经济和社会发展总体规划、土地利用规划等相衔接，与统筹城乡基层党的建设同步考虑，做到统一规划、统一部署，整体推进。

（二）坚持创新引领，实施分类指导。要注重从实际出发，勇于探索实践，以增加公共服务供给、保障和改善基本民生、推进社会治理精细化为着力点，不断丰富和完善农村社区工作模式，推动农村社区建设有序发展。根据不同地区经济社会发展水平和农村社区实际情况，因地制宜，分类指导，区分城乡结合部农村地区、集镇型社区、中心村社区、传统农村社区和贫困地区社区等不同类型，培育各具特色、类型各异的农村社区建设模式，体现环境之美、风尚之美、人文之美。城中村、城郊村、中心村，要探索借鉴城市社区服务管理的有效经验，逐步实现与城镇基础设施、基本公共服务和社会事业发展相衔接。对条件成熟的农村社区，可依法实行“村改居”，并参照城镇社区模式进行管理。传统的平原村、丘陵村，可根据自身条件，探索推进建设特色农村社区。交通不便、居住分散的矿区村、渔区村以及经济欠发达的太行山、燕山山区村，要加大扶持力度，增强村庄的发展能力和自治功能。

（三）推动多元投入，突出保障重点。各级政府要将推进农村社区建设试点工作列入本地经济社会发展规划，在加大地方投入的基础上，建立多元化投入机制，各涉农部门要统筹使用相关涉农资金，支持农村社区建设，提高资金使用效率，避免重复建设。推进政府部门向社会组织转移职能和加大政府向社会组织购买服务力度，做到权随责走、费随事转。制定相关的优惠政策，吸引和鼓励社会团体、企事业单位和个人等以捐赠、投资、融资等多种方式兴办农村社区服务项目。充分发挥农业政策性金融支农作用，完善农村社区建设投融资政策，鼓励金融机构加快相关金融产品开发和服务创新，积极利用小额贷款等方式，安排信贷资金支持农村社区建设。重点保障农村社区基本公共服务设施和网络、农村居民活动场所建设需要，按规定合理安排农村社区工作经费和人员报酬。按照《河北省城乡社区建设补助资金使用管理办法》有关规定，对农村社区建设试点县（市、区）实行以奖代补。

（四）加强队伍建设，提供人才支撑。选优配强村“两委”领导班子，特别是选好用好管好村党组织带头人。注重培养吸纳农村优秀分子入党，加大发展农村青年党员工作力度。积极建立以村“两委”成员为主要组织者和参与者，以农民党团员、社区志愿者为骨干，以村民群众广泛参与为基础的农村社区建设人力资源支撑体制。鼓励和支持农民企业家、退伍军人、高校毕业生及各类优秀人才到农村社区工作，支持农村社区通过面向社会公开招聘、挂职锻炼等方式配备和使用社会工作专业人才。加大对农村基层干部、村“两委”成员和农村社区工作者的培训力度，提升推动农村社区发展和服务农村居民的能力。

中共河北省委办公厅
印发《关于统筹抓好农村“三支队伍”建设的若干意见》的通知

（2015年12月25日）

《关于深入推进农村社区建设试点工作的实施意见》已经省委、省领导同意，现印发给你们，请结合实际认真贯彻落实。

（冀办发〔2015〕59号）

关于统筹抓好农村“三支队伍”建设的若干意见

夯实党在农村的执政基础，推进农村同步实现全面建成小康目标，关键在于建设素质优良、结构合理、作用突出的乡镇党委书记、村党组织书记和农村致富带头人队伍（以下简称“三支队伍”）。为贯彻落实省委关于加强农村基层党建工作部署要求，现就统筹抓好农村“三支队伍”建设提出如下意见。

一、精准选拔配备，改善队伍结构

1.选优配强乡镇党委书记。坚持新时期好干部标准，把政治素质放在首位，重基层经历、重领导能力、重工作作风、重乡语口碑，优先选拔熟悉农村、了解农村、与农民群众有深厚感情的干部，优先选拔熟悉现代农业、村镇规划、产业发展、群众工作等方面的高素质人才，优先选拔综合素质好、发展潜力大的优秀年轻干部。乡镇党委书记人选，应重点从有2年以上乡镇领导经历或3年以上乡镇工作经历的优秀干部中产生。加快选拔一批30岁左右的乡镇党委书记，逐步形成以35岁至45岁为主体的队伍结构。注意选拔优秀女干部、少数民族干部担任乡镇党政正职。乡镇党委书记一般应任满一届，任期未满3年调动或调整的，须报市级党委组织部门同意。

2.多渠道选拔村党组织书记。把党性强、作风好、会经营、善管理、守法纪作为选拔标准，注重从本村致富带头人、复员退伍军人、外出务工经商人员、大学生村官、乡村医生和教师等优秀党员中选拔村党组织书记。鼓励优秀民营企业家、县乡机关和企事业单位退居二线或退休干部职工中的党员担任村党组织书记。本村暂无合适人选的，可从县直部门和乡镇机关党员干部中选派。新选任村党组织书记，年龄超过65岁、初中以下学历的原则上不再提名。对资历长、影响大的村党组织书记先进典型，可不受年龄和学历限制，鼓励他们继续留任、培养新人或以老带新。探索以强带弱、以大带小、以富带贫建立联合党组织，优秀党组织书记跨村任职、村企兼职等新途径。

3.选好用好农村致富带头人。按照致富能力强、带富能力强的标准，注重从种养殖大户、农民专业合作组织领办人、农业产业化龙头企业经理人、农业科技服务能手、外出务工经商人员等当中选用农村致富带头人，重点选树一批收入高于当地农民人均纯收入10倍以上、能够辐射带动10个以上农户致富的优秀带头人。以县为单位建立农村致富带头人信息库，乡镇建立信息档案，村级建立联户台账，坚持因村定业、因业选人、联户定责、联责到人，最大限度发挥精准帮带和示范辐射效应。

4.充实加强乡村干部后备力量。通过换届选举，选拔一批优秀村党组织书记、选调生和大学生村官进入乡镇领导班子。运用调配手段，集中选拔一批市县党政机关优秀年轻干部担任乡镇副职。采取调任办法，有计划选拔国有企事业单位优秀干部人才担任乡镇领导职务。加大招录力度，省市县乡公务员四级联考招录人员要有80%到乡镇或基层派驻机构，加大从村党组织书记、大学生村官、乡镇事业编制及其他服务基层项目人员中招录乡镇公务员比例，放宽对艰苦边远地区招录乡镇公务员的学历、专业、年龄等条件限制。以县为单位建立村级后备干部人才库，每村储备2至3名40岁以下、高中以上学历的村级后备干部人选，其中要有1名村党组织书记后备人选。做好在农村致富带头人中发展党员和培养储备村级干部工作。

二、重视培养教育，提高素质能力

5.突出思想政治教育。以乡村两级班子为重点，在全省农村基层干部中开展增强责任担当、严守纪律规矩专题教育，深入学习习近平总书记系列重要讲话精神，强化宗旨意识、群众观点、法纪观念和道德修养，结合典型案例查摆整改不作为、乱作为等突出问题，健全改进作风、服务群众长效机制。注重加强对农村致富带头人的政治引导，吸纳他们参加村级议事决策和村务监督，安排乡村班子成员结对帮助解决创业发展和联户帮带中遇到的困难和问题。

6.强化素质能力培训。把农村“三支队伍”培训纳入省市县干部党员培训规划和年度计划，统筹抓好安排落实。乡镇党委书记每年参加各类学习培训累计不少于12天，新任乡镇党委书记任职1年内必须接受省级统一组织的任职培训。大力实施村党组织书记“万人示范培训计划”，省级用3年时间对全省村党组织书记直接培训一遍，每年累计参加县以上集中培训不少于7天。对农村致富带头人采取市级示范、县级兜底的办法，每年集中培训不少于5天。坚持院校系统培训、网络媒体教学、现场互动交流等多措并举，重点建设一批乡村示范培训基地。农村“三支队伍”教育培训经费列入各级年度财政预算。

7.搭建实践锻炼平台。乡镇党委书记要把工作重心放到农村一线，建立对辖区村经常性走访制度，每月连续住村不少于3天。注重在贯彻落实党委中心工作、承担急难险重任务中发现培养锻炼干部，把那些激情担当、忠诚干净的优秀乡村书记大胆提拔到县乡领导岗位上来。有计划选派乡村两级书记到上级机关、发达地区挂职锻炼。依托农业龙头企业、产业园区、新农村建设示范片区等建立农村致富带头人实践锻炼基地，定期组织观摩交流。鼓励引导农村致富带头人参加农业职业技能鉴定，积极推行职业资格证书制度。

三、加强常态管理，促进履职尽责

8.完善岗位目标责任制。明确乡镇党委书记任期目标和年度工作重点，以县为单位建立乡镇党委书记绩效档案，对重点工作推进落实情况分类建账立卡，定期调度督查。突出抓好对乡镇党委书记抓基层党建工作的述职评议考核，县级党委常委会要专门听取乡镇党委书记的年度述职并进行点评。建立村党组织书记任期承诺清单和年度任务清单，以乡镇为单位组织落实村党组织书记每年年底分别向乡镇党委和村党员群众代表会议述职、接受上级党委和党员群众评议“双述双评”制度。乡镇要指导村级抓好农村致富带头人联户帮带目标的制定和落实。

9.健全科学考核评价机制。以市为单位制定乡镇党政领导班子和领导干部综合考核评价办法，由县一级对乡镇经济发展、社会稳定、基层党建等重点工作进行可比性考核。把抓基层党建工作情况作为衡量乡镇党委书记称职不称职的重要内容，在年度考核中的权重应占到1/3以上。乡镇党委书记综合考核评价结果，作为对其任免奖惩的重要依据。试点推行村党组织书记星级考核管理制度，根据责任目标落实情况，以乡镇为单位每年进行一次评星定级，作为绩效工资发放和表彰奖励的重要依据。健全不合格村党组织书记退出机制，对连续两年完不成岗位目标任务的及时进行调整。对农村致富带头人联户帮带目标的考核评价由县一级提出指导意见，乡镇会同村级组织实施。

10.加大日常监督管理力度。落实领导干部谈心谈话制度，县级党委书记每年与乡镇党委书记至少进行1次谈心谈话。落实组织函询、诫勉谈话、述职述廉、个人有关事项报告、任期经济责任审计等制度，把乡镇党委书记日常管理纳入常态化规范化。以推进村务监督为重点加快完善乡村治理机制，建立村党组织书记“小微权力清单”，严肃查处挤占挪用惠农资金、侵占征地补偿款、侵吞集体资产等发生在农民群众身边的“小官贪腐”行为。把党员致富带头人联户帮带情况纳入民主评议党员内容，对不发挥作用的要给予批评教育或适当处置。

四、加大激励保障，激发队伍活力

11.发挥成长性激励作用。县级领导班子日常调整优先考虑具有乡镇党政正职任职经历的干部，换届时新提名党员干部人选具有乡镇党政正职任职经历的应达到1/2以上，县级党政正职至少有1人具有乡镇党政正职任职经历。中心镇或人口规模较大、发展和维稳任务较重的乡镇党委书记，条件成熟的可在规定职数内提任县级领导班子成员兼任乡镇党委书记。乡镇党委书记岗位出现空缺，应优先安排条件成熟的乡镇长转任。省直涉农涉访部门内设机构和市直部门领导班子成员中具有乡镇党政正职任职经历的干部要有一定数量，省市机关补充公务员80%以上要从有基层工作经历的公务员中进选。要加大从优秀村党组织书记中选拔乡镇领导干部、考录乡镇公务员、招聘乡镇事业编制人员力度，探索实行乡编村岗制度。积极推荐政治素质好、参政议政能力强的村党组织书记、农村致富带头人作为各级“两代表一委员”人选。

12.加大持续性待遇保障。落实乡镇干部“两个20%”激励政策，经济待遇一般高于县级机关同职级干部20%，纳入县级财政预算，调离乡镇岗位的不再享受；年度考核优秀等次比例可提高到20%。对经济社会发展和基层党建工作成效显著、受到省级以上表彰的优秀乡镇党委书记和村党组织书记，给予记功和物质奖励。逐步提高村党组织书记基础职务补贴，从2016年起按照不低于基础年度当地农民人均纯收入2倍的标准确定补贴，所需资金由省级财政承担。推行村党组织书记“基本补贴+绩效补贴”管理机制，根据村规模大小、目标责任考核、评星定级等次等因素合理确定绩效补贴标准。坚持“财政补贴、集体补助、个人缴费”相结合，落实村干部享受城乡居民基本养老保险制度。对如期实现既定联户帮带目标或发挥作用突出的农村致富带头人，市县要给予精神鼓励和物质奖励。

13.统筹做好关爱帮扶。理顺干部双重管理体制，上级部门垂直管理派驻乡镇机构负责人的任免和考核，必须征求所在乡镇党委意见。除中央明确规定外，各级各部门不得对乡镇行使“一票否决”。落实乡镇干部集中体检、带薪休假等制度，结合急难险重任务、职务调整、健康状况及家庭重大变故等情况做好干部心理疏导。建立乡村干部关爱帮扶机制，县级财政统筹安排关爱基层干部专项资金，对生活困难的乡村干部给予适当补助。加大对农村致富带头人发展壮大致富产业扶持力度，在土地流转、项目审批、资金信贷、技术支持等方面给予政策倾斜。

五、强化组织领导，抓好推进落实

14.落实管理责任。市县党委要把农村“三支队伍”建设作为重要职责，搞好顶层设计，细化推进措施，加强督促指导，解决突出问题。县级党委要担起第一责任，积极为农村“三支队伍”建设提供良好政治生态、精准选用机制和有效管理服务。乡镇党委要强化直接责任，切实抓好村党组织书记和农村致富带头人选拔教育管理工作。要把农村“三支队伍”建设情况纳入市县乡党委书记抓基层党建工作任务清单，加大述职评议考核力度，刚性问责、奖优罚劣。

15.统筹抓好推进。市县乡要共同用力，形成党委统一领导，组织部门牵头抓总，各有关部门协调联动的工作格局。要坚持重心下移，结合本地实际和本部门职能，在用足政策、创新机制、示范引领、分类指导上下功夫，不断提高农村“三支队伍”建设水平。要结合年终总结、年度考核、“七一”表彰等节点，不断推出农村“三支队伍”的先进典型，通过主要媒体宣传报道他们的先进事迹，大力营造比学赶超的浓厚氛围。

河北省人民政府办公厅
关于深化种业体制改革提高创新能力的实施意见

（2015年5月18日）

为认真贯彻《国务院办公厅关于深化种业体制改革提高创新能力的意见》（国办发〔2013〕109号）精神，深化我省种业体制改革，提高创新能力，提出如下实施意见：

一、总体要求

充分发挥市场在种业资源配置中的决定性作用，坚持企业创新主体地位，推动育种人才、技术、资源依法向企业流动，充分调动科研人员积极性，保护科研人员发明创造的合法权益。坚持产学研结合，提高企业自主创新能力，提高种业基础性、公益性研究和服务能力。坚持扶优扶强，加大种子产业投入，加快推进我省现代种业发展。到2020年，构建以企业为主体的商业化育种创新体系，建立以基础性、公益性研究为技术支撑、产学研紧密结合、资源集中、高效运行的育种创新机制，培育10个以上自主知识产权的突破性优良品种，建设300万亩优势作物种子标准化生产基地，力争打造5个年均销售收入10亿元以上、在全国具有领先水平的育繁推一体化现代农作物种业集团。

二、深化种业体制改革

（一）推进事企分开。按照事业单位分类改革的要求，推动非公益性研发机构改制，改制后到企业的育种科研人员，其社会保障执行我省改制有关政策，鼓励有实力的种业企业并购转制为企业的研发机构，或对研发机构进行股份制改造，建立混合所有制的研发机构；确定为公益性的科研院所和高等院校，通过产权转让、股份制改造等形式，在2015年底前实现与其所办种子企业脱钩，明确公益性研发机构功能定位，逐步退出商业化育种，不再从事种子生产经营活动。脱钩企业要健全运营机制，充分利用现有科技资源建立商业化育种体系。未按时脱钩的，企业种子生产、经营许可证到期后不再核发，省财政厅、省发展改革委、省农业厅等部门不再安排项目和提供资金支持。通过事企分开，逐步形成基础性、公益性研究与商业化育种有序分工、密切合作的种业科技创新体系。

（二）强化种子企业创新主体地位。鼓励种子企业加大研发投入，改善育种基础设施和技术装备条件，建立自主研发或成立股份制研发机构。支持我省育繁推一体化种子企业和特色种子企业与科研院所、高等院校合作，建立产业技术创新战略联盟。省级工程技术研究中心、企业技术中心、重点实验室等种业产业化技术创新平台，优先向我省育繁推一体化种子企业和特色种子企业倾斜，支持企业做大做强。

三、激发科研人员创新活力

（一）鼓励科研人才向企业流动。支持公益性科研院所和高等院校与企业开展合作，鼓励科研人员通过兼职、挂职、签订合同等方式，到企业从事商业化育种，3年内保留其原有身份和职称，档案工资正常晋升，符合专业技术职务晋升条件的可正常申报晋升相应专业技术职务。引导种子企业采取股权奖励、期权分配、技术入股等方式对种业科研人员予以激励。完善以实际业绩和能力为导向的评价机制，把商业化育种成果及推广面积、推广效益作为职称评定和人才评选的重要依据。鼓励引进国内外高水平种业人才，促进各类种业人才向我省种业企业流动，为我省农作物和林木种业发展提供智力支持。

（二）创新科研成果收益分配机制。公益性的科研院所和高等院校利用国家拨款发明的育种材料、新品种和技术成果，可以申请品种权、专利等知识产权，可以作价到企业投资入股，也可以上市公开交易。建立种业成果公开交易平台和托管中心，保障科技资源依法有序流动。科研院所和高等院校研发团队或成果完成人在河北实施科技成果转化、转让获得的收益，其所得不低于70%，其中转化职务科技成果以股份或出资比例等股权形式给予个人奖励，获奖人在取得股份、出资比例时，暂不缴纳个人所得税；取得按股份、出资比例分红或转让股权、出资比例所得时，依法缴纳个人所得税。

（三）加大科研人才培养引进力度。加强学科建设，提高高等院校农作物和林木种业相关学科、重点实验室、研究中心和实习基地培养种业人才的能力。支持高等院校开展育种研发人员培训，引导企业建立院士工作站、博士后科研工作站。完善种业人才出国培养机制，组织优秀种业人才接受现代种业管理和技术培训。面向京津开展人才合作，吸引种业科研人才向我省企业流动。组建种业产业技术创新团队，实施创新创业人才培养计划，培养一批推动我省种业发展的高层次人才，提升企业自主研发能力。

四、提高种业科技创新能力

（一）加强良种重大科研攻关。研究制定我省主要和特色农林作物良种科研攻关规划、计划，明确育种方向和目标，加强协作攻关，突破种质创新、新品种选育、高效繁育、加工贮藏、流通等关键环节的核心技术，提高种业科技创新能力。

（二）建立育种科研攻关平台。根据良种科研攻关规划、计划，建设我省玉米、小麦、棉花、马铃薯、大豆、花生等主要农作物和主要林木及谷子、瓜菜、中药材、食用菌等特色农作物科研攻关平台，联合省内外研发力量，整合资源，建立科企利益连接、优势互补、合作共赢的产学研联合攻关模式，实现育种成果新突破。

五、提高基础性公益性服务能力

（一）加强种业基础性、公益性研究。支持公益性研发机构建立种质资源库，开展种质资源搜集、保护、鉴定、育种材料的改良和创制，开展育种理论方法、新材料和新技术及常规作物育种等基础性、公益性研究。各级财政要加大用于基础性、公益性研究的经费投入，将种质资源的保护、挖掘与创新利用纳入重大应用基础研究专项。搭建种质资源共享和转化平台，科研院所和高等院校的重大科研基础设施和收集保存的种质资源，要按规定向社会开放。改进现有农作物和林木种业科研成果评价方式，形成有利于加强基础性、公益性研究和解决生产实际问题的评价体系。

（二）提高新品种审定和推广能力。加快省级农作物和林木品种试验与展示示范体系建设，建成覆盖全省不同生态区的品种综合试验站，实现田间作业机械化、试验数据采集自动化、试验结果分析智能化，保证试验的规范性、准确性、科学性。建立新品种引进与展示示范基地，实现新品种安全性评价、生产技术配套、新品种展示与推介、支撑种子市场监管等四大功能，加快新品种推广应用，确保主要农作物良种覆盖率稳定在97%以上，林木良种使用率达到80%以上。

六、加快种子生产基地建设

（一）加强种子生产基地建设。按照我省现代农作物种业发展规划（2013－2020年）和林木种苗发展规划（2013－2020年），支持企业科学规划繁（制）种基地，完善种子生产标准及操作规程，推行标准化生产。鼓励育繁推一体化种子企业通过土地流转或与家庭农场、种植大户、农民专业合作社联合等方式，在种子生产优势区域建立基地，配套建设一批大型现代化种子加工中心，形成相对集中稳定的标准化、规模化、集约化、机械化种子生产基地。加强制种基地建设，重点建设玉米制种基地30万亩、小麦120万亩（其中节水品种60万亩）、谷子3万亩、甘蓝1万亩、中药材4万亩、马铃薯100万亩，建设樟子松、核桃、仁用杏等28个主要树种良种基地1.8万亩。

（二）推进海南南繁基地建设。加强南繁基地管理，明确职能，增加投入，完善设施。重点支持品种选育、质量鉴定、加代扩繁等，为科研单位、企业和种子管理部门提供服务，加快新品种选育速度。

（三）实行良种生产扶持和保护政策。支持良种生产，对良种生产、加工、包装、储运各环节纳入农机购置补贴范围的机械，给予重点支持。支持企业建设规模化生产基地，对于3000亩以上规模的制种田，以及小麦、马铃薯等作物节水品种的良种生产，符合国家扶持政策的，给予倾斜支持。支持育繁推一体化种子企业自建新品种选育、试验科研基地，对科研育种基地实行严格的耕地保护制度。鼓励保险企业开展种子生产保险业务，有条件的地方要探索实施种子生产保险制度，设立种子生产保险专项补贴资金，建立政府支持、企业参与、商业化运作的风险分散机制。

七、加强种子市场监管

（一）健全种子监管体系。加强种子管理队伍建设，完善执法手段，充实执法装备，增强服务意识，拓宽服务领域，提高种子管理水平。强化种子管理职能，将属于公共服务范围的种子管理工作经费列入同级财政预算，提高服务能力，切实履行好管理职责。

（二）加大市场监管力度。鼓励企业创新经营模式，扶持诚信企业发展连锁经营模式，规范经销网络。督促企业建立种子可追溯信息系统，完善全程可追溯管理。强化部门联动，依法严厉打击未审先推、套牌侵权、生产经营假冒伪劣种子等违法行为，保障品种权人和守法企业的合法利益。

八、加强政策支持

（一）加强种子项目建设。加强种子技术支撑体系建设，建设一批农作物品种综合试验基地、农作物和林木新品种展示示范场、种子质量监管平台，提高农作物和林木新品种审定、展示、推广和质量监管能力。加强信息化建设，提升信息技术服务现代种业水平。将种业项目纳入我省农业产业化项目建设，以育繁推一体化种子企业和我省优势特色种子企业为主，建设一批种子基建项目，着力培育种业龙头，提高全省种业产业化水平。

（二）加大资金支持力度。省逐步加大资金投入，支持科研院所、高等院校开展农作物和林木种业基础性、公益性研究，支持育繁推一体化种子企业和特色种子企业开展商业化育种。鼓励社会资本进入种子产业，优化资源配置，实现优势互补。支持种子企业通过兼并、重组、联合、入股等方式集聚资本，积极争取国家基建投资。支持种子生产基地建设项目、品种试验站与展示示范场等建设项目进入现代农业园区，提升种子生产与示范服务能力。

（三）完善配套措施。对符合条件的育繁推一体化种子企业的种子生产经营所得，依法减免企业所得税；企业对农作物进行品种、育种材料选育形成的成果及由这些成果形成的种子（苗）等繁殖材料的生产、初加工和销售一体化所得，免征企业所得税。经认定为高新技术企业的种子企业，依法享受相关税收优惠政策；对符合条件的种子企业兼并重组涉及的资产评估增值、债务重组收益、土地房屋权属转移等，按照国家有关规定给予税收优惠。金融机构特别是政策性银行要加大信贷支持力度，保障种子收储需求。

（冀政办发〔2015〕9号）

河北省人民政府办公厅
关于建立病死畜禽无害化处理机制的实施意见

（2015年5月28日）

为贯彻落实《国务院办公厅关于建立病死畜禽无害化处理机制的意见》（国办发〔2014〕47号）精神，全面推进我省病死畜禽无害化处理工作，加快建立病死畜禽无害化处理机制，经省政府同意，提出如下实施意见：

一、总体思路

按照推进生态文明建设的总体要求，以及时处理、清洁环保、合理利用为目标，利用3年时间，建成覆盖全省的饲养、屠宰、经营、运输等环节的病死畜禽无害化处理体系，构建科学完备、运转高效的病死畜禽无害化处理机制，基本实现病死畜禽无害化处理，确保行政区域内不发生由病死畜禽引起的环境污染、疫病传播等公共卫生事件，保障食品和生态环境安全。

二、落实相关责任

（一）强化主体责任。所有权明确的病死畜禽，坚持“谁产生、谁处理”原则。从事畜禽饲养、屠宰、经营、运输及教学、科研、诊疗等活动的单位和个人，是病死畜禽无害化处理的第一责任人，对其产生的病死或死因不明畜禽，按规定向当地畜牧兽医主管部门报告并进行无害化处理；不具备无害化处理条件的，要配备冷藏暂存设备并委托专业无害化处理场所集中处理。任何单位和个人不得抛弃、收购、贩卖、屠宰、加工病死畜禽。病死畜禽的产生、送交、收集、暂存、装卸、运输、无害化处理及处理后产品销售等环节要建立台账等相关记录。

（二）落实属地管理责任。各级政府对本行政区域内病死畜禽无害化处理负总责。在河流、湖泊、水库、沿海等水域发现的病死畜禽，由所在地县级政府组织相关部门收集处理。在乡村及城市公共场所发现的病死畜禽，由所在地乡（镇）政府或街道办事处组织收集处理。在收集处理的同时，要及时组织力量调查病死畜禽来源，做好疫情排查，并向上级政府及有关部门报告。跨设区市、省直管县（市）流入的病死畜禽，由省级畜牧兽医主管部门会同有关地方政府和部门组织调查；设区市行政区域内跨县（市、区）流入的，由设区市政府组织相关部门调查。在完成调查并按法定程序作出处理决定后，及时将调查结果和对生产经营者、监管部门及有关地方政府的处理意见向社会公布。重要情况及时向省政府报告。

三、建设无害化处理体系

病死畜禽无害化处理体系包括集中无害化处理及收集体系和自行无害化处理体系，按照“政府主导、统筹规划、分类建设、市场运作、财政补助”的原则，整体规划，同步建设。

（一）选择科学的无害化处理方式。各地要按照农业部《病死动物无害化处理技术规范》规定的焚烧、化制、发酵和掩埋法等方式进行病死畜禽无害化处理，逐步推行化制、发酵、碳化等既能实现无害化处理又能资源化利用的环保处理方式。2016年全省采用化制、发酵、碳化法无害化处理病死畜禽的比例达到20%，2017年达到60%，2018年底达到100%。

（二）病死畜禽集中无害化处理体系建设。病死畜禽无害化处理体系建设属于社会公益性事业，县级以上政府要根据本地畜禽养殖、疫病发生和畜禽死亡等情况，统筹规划、合理布局病死畜禽集中无害化收集处理体系，组织建设覆盖饲养、屠宰、经营、运输等各环节的病死畜禽无害化处理场所，处理场所的设计处理能力应高于日常病死畜禽处理量。生猪调出大县、年饲养量在5000万只以上的家禽养殖大县、特养大县原则上要建设病死畜禽集中无害化处理场，其他县（市、区）可独自建设也可跨行政区域与毗邻县（市、区）合作建设区域性无害化处理场。有条件的地方可在完善防疫设施的基础上，优先考虑与当地的垃圾处理体系及其他市政、环卫、生态处理体系合并规划、修建，利用现有厂房等设施对病死畜禽进行无害化处理。根据病死畜禽无害化处理能力和覆盖区域内畜禽养殖场（户）分布情况，科学测算辐射范围，依托养殖场（区）、屠宰场、养殖专业合作组织、垃圾中转站、乡（镇）动物防疫站（动物卫生监督分所）等建设与之相适应的病死畜禽收集网点、暂存设施，并配备专用运输车、运输袋、冷库、冰柜等设施设备，建成“布局合理、配置到位、管理规范”的收集体系。

（三）病死畜禽自行无害化处理体系建设。坚持“民办自用、就近处理、清洁环保”的原则，畜禽定点屠宰场、年存栏能繁母猪600头以上或年饲养家禽200万只以上的规模养殖场（小区）、边远山区不具备集中无害化处理条件的养殖场，原则上应购置与生产规模相适应的冷藏暂存设施和化制、发酵等无害化处理设施设备，自行无害化处理病死畜禽。鼓励规模养殖场、养殖小区、养殖专业合作社通过自建或联建等方式，建设与其生产规模相适应的无害化处理场所。对病死畜禽采用委托无害化处理的养殖场应配备相应的冷藏设施和运输工具。

（四）探索新型无害化处理建设与运营模式。推进病死畜禽无害化处理市场化（PPP）运作模式，充分运用市场机制，鼓励市场主体参与病死畜禽无害化处理工作，引导对病死畜禽资源科学开发利用，逐步实现病死畜禽无害化处理市场化运营，减轻公共财政负担，确保畜禽无害化处理工作正常运行。鼓励建设病死畜禽无害化处理设施的企业接受委托，有偿对当地政府组织收集的及其他生产经营者的病死畜禽进行无害化处理。暂不具备自建无害化处理设施能力的养殖场（区）、户，要与专业的病死畜禽无害化处理厂签订处理协议。各县（市、区）政府要按照“场（户）申报上交、站（所）受理确认、乡（镇）集中贮存、场（厂）运输处理、主管部门监督、保险确认理赔、财政兑现补助”的流程，探索建立病死畜禽无害化处理长效运行机制。

四、强化政策保障

（一）落实财政补助政策。省财政、发展改革、农业（畜牧兽医）等相关部门要统筹整合生猪调出大县奖励、标准化规模养殖场（区）改造、畜禽标准化健康养殖等项目资金，向病死畜禽无害化处理设施建设倾斜；对自购化制、发酵等无害化处理设备的养殖场，优先给予适当补助；无害化处理设施设备按有关规定纳入农机购置补贴范围。严格落实屠宰和养殖环节病死猪无害化处理补助政策地方配套资金，将病死猪无害化处理补助范围由规模养殖场（区）扩大到生猪散养户。按照“谁处理、补给谁”的原则，依据国家有关规定，对病死猪养殖者和集中无害化处理者给予每头共80元的补贴。在送交、收集、暂存、装卸、运输、无害化处理、确认等环节的补助比例和支付方式，由各设区市、县（市、区）政府确定。实施病死畜禽无害化处理的单位或个人可单独或合并享受各处理环节补助。省及各地要综合考虑病死畜禽收集成本、设施建设成本和实际处理成本等因素，根据需要适时制定财政补助、收费等政策，确保病死畜禽无害化收集处理体系正常运营。

（二）推行畜禽养殖保险与无害化处理联动机制。按照“政府引导、市场运作、自主自愿、协同推进”的原则，全面推进畜禽保险工作。财政部门要加大财政支持力度，落实保费补贴地方配套资金，做到应保尽保。保险机构要加大改革创新力度，根据当地实际和风险特点，开发满足实际需求的保险产品，增加畜禽养殖业保险种类，扩大保险覆盖面，提高参保率，到2018年全省实现育肥猪、能繁母猪、奶牛保险全覆盖。将病死畜禽无害化处理作为保险理赔的前提条件，不能确认无害化处理的，保险机构不予赔偿。将保险查勘与病死畜禽清收相结合，保险机构现场取证、定损，政府相关职能部门负责死因鉴定，简化理赔流程，提高理赔效率，用市场化机制引导和鼓励养殖户主动报告、主动上交和主动进行无害化处理。

（三）完善配套政策。科技部门要支持新型、高效、环保的无害化处理技术和新型装备研究与成果转化；县（市、区）政府要协调选定无害化处理收集与处理建设地址，国土资源部门要将无害化处理设施建设用地纳入地方年度建设用地供应计划，按照土地管理法律、法规的规定，优先予以保障；环保部门要对无害化集中处理场建设优先组织环评，加强对企业环保工作的指导，核定随意处置病死畜禽对环境造成的损害程度；税务部门要依法对从事病死畜禽无害化处理的企业按规定给予有关税收优惠；金融机构要加大对病死畜禽无害化处理的信贷支持力度，鼓励社会资本和保险机构参与无害化处理设施建设。

五、加强无害化处理监管

（一）强化监管队伍建设。各地要结合政府职能转变，进一步调整充实病死畜禽无害化处理监管人员，切实加强基层监管部门及派驻乡（镇）机构的执法力量，优化监管执法人员结构，加强监管队伍法律法规、业务技能等方面的培训和作风建设，建立一支精干高效的专业化、职业化监管队伍。要明确监管责任，对病死畜禽无害化处理确认、汇总、上报和补助经费发放等项工作进行全程监管，确保工作有序规范。

（二）健全协调联动机制。进一步健全跨部门、跨区域的病死畜禽流动信息互通、隐患互排、联合执法、综合执法的协调联动机制；农业（畜牧兽医）、食品药品监管等部门在调查抛弃、收购、贩卖、屠宰、加工病死畜禽案件时，要加强行政执法与刑事司法衔接，对涉嫌构成犯罪、依法需要追究刑事责任的，要及时移送公安部门，公安部门应依法立案侦查。有关部门要互相通报病死畜禽无害化处理有关问题，发现重大案件线索的，公安部门要提前介入。对查扣的病死畜禽及其产品，在固定证据后，查扣部门要通知有关部门及时组织做好无害化处理工作，无害化处理费用由被查扣人承担，被查扣人在逃的，无害化处理费用从省级财政补贴资金中列支。

（三）完善监管措施。加强监管信息化建设，依托省级动物卫生信息化平台，开发病死畜禽无害化处理监管信息系统，提升各环节监管能力。支持引导畜禽规模养殖场（区）、屠宰场、收集存贮点、无害化处理场等安装视频监控设备，对无害化处理过程进行录像、存档。建立健全病死畜禽申报送交、核实登记、定点收集、装卸运输、集中处理、无害化处理补助发放各环节管理制度，确保病死畜禽全部无害化处理和财政资金安全。

（四）做好宣传引导。各地要大力宣传病死畜禽无害化处理的重要性和病死畜禽产品的危害性，增强消费者的识别能力。加强养殖、屠宰、经营等环节从业人员的教育，提高从业人员依法生产、经营意识。发挥乡村、街道社区等基层组织作用，调动群众参与监督的积极性，进一步畅通监督举报渠道，及时发现、广泛收集抛弃、收购、贩卖、屠宰、加工病死畜禽等违法行为的线索。及时曝光典型案件，有力震慑收购、贩运、加工病死畜禽的不法分子，努力营造良好的社会氛围。

六、加强组织领导

各设区市、县（市、区）政府要加强对病死畜禽无害化处理工作的组织领导，统筹病死畜禽无害处理体系建设和运行，加大扶持力度，明确目标、任务和措施，及时制定加强病死畜禽无害化处理机制和体系建设的具体方案。要建立目标管理责任制和责任追究制，加强对责任部门监管的考核和督查督办。省农业厅要会同省政府督查室等相关部门加强指导协调和督促检查。各地各部门要及时研究解决工作中出现的新问题，确保病死畜禽无害化处理的各项要求落到实处。

（冀政办发〔2015〕12号）

河北省人民政府办公厅
关于引导农村产权流转交易市场健康发展的实施意见

（2015年5月29日）

为贯彻落实《国务院办公厅关于引导农村产权流转交易市场健康发展的意见》（国办发〔2014〕71号）精神，引导我省农村产权流转交易市场健康发展，提高农村要素资源配置和利用效率.加快推进农业现代化，经省政府同意，提出如下实施意见：

一、总体要求

（一）指导思想。全面落实党的十八大、十八届三中、四中全会精神，按照国务院和省委、省政府的决策部署，以坚持和完善农村基本经营制度为前提，以保障农民、农村集体经济组织以及农村各类生产经营主体的财产权益为根本，以规范流转交易行为和完善服务功能为重点.以构建权责明确、管理规范、流转顺畅的交易管理服务体系为主要内容，积极培育和发展农村产权流转交易市场，引导农村产权流转交易市场和平台健康发展。

（二）基本原则。

坚持公益性为主，注重服务。践行为农服务宗旨，突出公益性，不以盈利为目的，引导、规范和扶持农村产权流转交易市场发展，充分发挥其服务农村改革发展的重要作用。

坚持公开透明，公正规范。建立健全农村产权流转交易机构行业组织和自律机制，确保公开透明、自主交易、公平竞争、规范有序，逐步探索形成符合农村实际和农村产权流转交易特点的市场形式、交易规则、服务方式和监督办法。

坚持重点布局，协调发展。根据各地区域经济发展水平和市场发育条件，统筹谋划、合理布局.重点发展带动力强、辐射面广的产权流转交易市场，避免重复建设。

坚持县域为主，因地制宜。现阶段，以县域为主探索建立产权流转交易市场，搞好市场运行和监督。在产权流转交易市场建设过程中.从实际出发，注重产权流转交易的统一规范、合理布局，不搞强迫命令。

坚持试点先行，稳步推进。充分利用和完善现有农村产权流转交易市场，围绕流转交易市场发展过程中的关键问题和核心环节，鼓励有需求、有条件的地方进行试点探索组建综合流转交易平台和新的市场形式，稳妥慎重、循序渐进，不急于求成.不片面追求速度和规模。

（三）目标任务。通过搭建流转交易品种齐全、组织架构清晰、管理制度规范、技术信息联动、交易风险可控的农村产权流转交易平台，为农村资产资本化、农村资源市场化、农民增收多元化提供优质服务和制度保障。我省农村产权流转交易市场建设试点示范工作分两步走：第一步，在已建立农村产权流转交易机构的县开展试点，组建县级农村产权综合流转交易服务中心，为全省平台建设、运行和监管积累经验；第二步，扩大试点示范规模，不断总结试点的成功经验，形成较为成熟的组建方式、运行机制和管理办法。2016年逐步向全省推广。

二、功能定位和组建方式

（一）性质。农村产权流转交易市场是为各类农村产权依法流转交易提供服务的平台，包括各种类型的农村土地经营权流转服务中心、农村集体资产管理交易中心、林权管理服务中心、林业产权交易所，以及各地探索建立的其他形式农村产权流转交易市场。现阶段通过市场流转交易的农村产权包括承包到户的和农村集体统一经营管理的资源性资产、经营性资产等，以农户承包土地经营权、集体林地经营权为主，不涉及农村集体土地所有权和依法以家庭承包方式承包的集体土地承包权，具有明显的资产使用权租赁市场的特征。流转交易以服务农户、家庭农场、农民合作社、农村集体经济组织为主，流转交易目的以从事农业生产经营为主.具有显著的农业农村特色。流转交易行为主要发生在县、乡范围内，区域差异较大，具有鲜明的地域特点。

（二）功能。农村产权流转交易市场既要发挥信息传递、价格发现、交易中介的基本功能，也要发挥为农户、家庭农场、农民合作社、农村集体经济组织等农村各类经营主体流转交易产权提供快捷、便利和制度保障的特殊功能。适应交易主体、目的和方式多样化的需求.不断拓展服务功能，逐步发展成集信息发布、产权交易、法律咨询、资产评估、抵押融资等为一体的为农服务综合平台。

（三）设立。农村产权流转交易市场是政府主导、服务“三农”的非盈利性机构，可以是事业法人，也可以是企业法人。设立农村产权流转交易市场，应采取多方参与的形式组建，经过科学论证并经同级政府审批后，由供销、农业、林业、水利、国土资源等部门共同做好农村产权流转交易服务工作。

（四）构成。县、乡农村土地经营权和林权等流转服务平台，是现阶段农村产权流转交易市场的主要形式和重要组成部分。农村产权流转交易市场建设应以县城为主，充分利用现有各类流转服务平台整合组建农村产权流转交易综合平台，做好县域内各类农村产权流转交易及相关服务。确有需要的，可以设立覆盖设区市地域范围的市场，承担更大范围的信息整合发布和大额流转交易。支持省供销社牵头建设省级农村产权交易中心。县级平台与更高层级的农村产权流转服务平台之间，可以采取多种形式合作共建，也可实行一体化运营，推动实现资源共享、优势互补、协同发展。

（五）形式。县级综合平台是涵盖现阶段农村各类产权流转交易服务的综合市场，可以是独立的交易场所，也可以在政务服务大厅设立专门交易场所，形成“一个屋顶之下、多个服务窗口、多品种产权交易”的综合平台，统一规范交易环节、交易规则、平台建设标准、信息发布、交易鉴证、软件系统、档案管理。产权流转交易市场组建和运行形式，可以灵活多样，既要搞好交易所式的市场建设，也要有效利用电子交易网络平台。

三、运行机制和监管办法

（一）交易主体。现阶段市场流转交易主体主要有农户、家庭农场、农民合作社、农村集体经济组织、涉农企业和其他投资者。农户拥有的产权是否入市流转交易由农户自主决定。任何组织和个人不得强迫或妨碍自主交易。农村产权流转交易市场要依法对各类市场主体的资格进行审查核实、登记备案。产权流转交易的出让方须是产权权利人，或者受产权权利人委托的受托人。除农户宅基地使用权、农民住房财产权、农户持有的集体资产股权外，流转交易的受让方原则上没有资格限制（外资企业和境外投资者按照有关法律、法规执行）。对工商企业进入市场流转交易，要依据相关法律、法规和政策，加强准入监管和风险防范。

（二）交易品种。农村产权类别较多，权属关系复杂，承载功能多样，适用规则不同，应实行分类指导。法律没有限制的品种均可以入市流转交易，流转交易的产权应无争议。现阶段的流转交易品种主要包括：农户承包土地经营权、林权、“四荒”使用权、农村集体经营性资产（不含土地）、农业生产设施设备、小型水利设施使用权、农业类知识产权、农村生物资产、农村建设项目招标、产业项目招商和转让等。

（三）交易标准。一定标的额以上的农村集体资产流转及大宗土地经营权、林权流转须进入产权流转交易平台公开交易，具体标准由各地结合实际制定。县域内未建产权流转交易平台的产权流转交易行为可就近或到上一级流转交易中心进行。

（四）服务内容。农村产权流转交易市场都应为农村集体经济组织、家庭农场、农户等流转交易对象提供发布交易信息、受理交易咨询和申请、协助产权查询、组织交易、出具产权流转交易鉴证书、协助办理产权变更登记和资金结算手续等基本服务。积极探索构建农村产权流转交易中介服务体系，引导法律、评估、担保、保险、公证等专业中介机构为我省各类农村产权流转交易市场提供法律咨询、产权经纪、资产评估、融资担保、项目推介、交易公证等配套服务。结合金融支农工作，进一步完善农村土地经营权、林权等农村产权抵押贷款服务，拓宽农村产权抵押融资渠道。建立农业融资担保平台，降低运行风险。探索设立农村流转土地政策性保险，解决农户对企业经营的后顾之忧。

（五）管理制度。建立健全规范的管理制度和交易规则，对市场运行、服务规范、中介行为、纠纷调处、收费标准等作出具体规定。严格规范农村产权流转交易行为，规范交易价格机制。农村产权流转交易监督管理委员会和市场主管部门要加强监督管理，强化定期检查和动态监测，促进交易公平，防范交易风险，确保市场规范运行。及时查处各类违法违规流转交易行为，严禁隐瞒信息、暗箱操作、操纵交易。耕地、林地、草地、水利设施等产权流转交易后的开发利用，不能改变用途，不能破坏农业综合生产能力，不能破坏生态功能，有关部门要加强监管。积极探索建立农村产权流转交易市场行业协会，充分发挥其推动行业发展和行业自律的积极作用。

四、保障措施

（一）组织领导。全省农村产权流转交易机构建设，由省委农工部牵头，协调省国土资源厅、省供销社、省农业厅、省林业厅、省水利厅等部门，由省供销社、省农业厅、省林业厅等涉及农村产权流转交易的部门组织实施。各地要加强组织领导，加大指导与协调力度，严格执行相关法律、法规和政策；从实际出发，制定适合本地需要的农村产权流转交易市场管理办法和实施方案，并按照农村产权流转交易市场的运行要求和业务发展需要制定流转交易规则、工作流程等；成立由农村工作综合部门牵头，科技、财政、国土资源、住房城乡建设、农业、水利、林业、金融、供销等部门组成的农村产权流转交易监督管理委员会，承担组织协调、政策制定等方面职责，负责对市场运行进行指导和监管，及时研究解决工作中的困难和问题。

（二）扶持政策。各地要稳步推进农村集体产权制度改革，扎实做好土地承包经营权、集体建设用地使用权、农户宅基地使用权、林权等确权登记颁证工作。县级流转交易平台组建的非盈利性事业机构，县级财政保证其必要的运转经费。实行市场建设和运营财政补贴等优惠政策，通过采取购买社会化服务或公益性岗位等措施，支持充分利用现代信息技术建立农村产权流转交易和管理信息网络平台，完善服务功能和手段。

（三）宣传引导。各地要充分发挥广播、电视、网络等媒体作用，广泛宣传农村产权流转交易工作的重要意义和业务流程，提高广大农户、企业、家庭农场、农民合作社等市场主体参与农村产权流转交易的积极性，为引导农村产权流转交易市场健康发展营造良好的社会舆论氛围。

（冀政办发〔2015〕14号）

河北省人民政府办公厅
关于加快转变农业发展方式的实施意见

（2015年12月29日）

为贯彻落实《国务院办公厅关于加快转变农业发展方式的意见》（国办发〔2015〕59号）精神，加快转变农业发展方式.推进农业现代化，经省政府同意，提出如下实施意见：

一、总体要求

（一）指导思想。按照中央和省委、省政府的部署，把转变农业发展方式作为加快推进农业现代化的根本途径，以发展多种形式农业适度规模经营为核心，加快农业组织形式和经营方式创新，坚持市场需求导向，加快调整农业区域结构、种养结构和产品结构，大力发展农产品加工物流业和休闲观光农业，着力构建一二三产业融合的现代农业产业经营体系，走产出高效、产品安全、资源节约、环境友好的现代农业发展道路，实现由农业大省向农业强省的跨越。

（二）主要目标。到2020年，转变农业发展方式取得积极进展，农业结构和农业生产经营组织方式明显优化，粮食综合生产能力稳步提升，“菜篮子”产品供给能力和农产品质量安全水平显著提高，农业物质技术装备条件显著改善，农产品加工业快速发展，农业可持续发展能力不断提高，农业效益和农民收入持续增长。

二、增强粮食生产能力，提高粮食生产水平和综合效益

（一）抓好粮食生产核心区建设。以4000万亩粮食生产核心区为重点，统筹使用新增建设用地土地有偿使用费、农业综合开发资金、现代农业生产发展资金、农田水利设施建设补助资金、大型灌区续建配套与节水改造投资、新增千亿斤粮食生产能力规划投资等，集中力量开展土地平整、土地深松、农田水利、土壤改良、机耕道路、配套电网林网等建设，提高粮食综合生产能力。继续实施渤海粮仓和粮食丰产工程，提高粮食生产科技支撑能力。按照“谁受益、谁管护”的原则，探索建立有效机制，鼓励金融机构支持高标准农田建设和中低产田改造，引导各类新型农业经营主体积极参与。到2020年确保粮食生产能力保持在670亿斤以上，小麦生产能力稳定在270亿斤以上.保证省内供需基本平衡。

（二）切实加强耕地保护。按照“藏粮于地.藏粮于技”的总体要求，落实最严格耕地保护制度，加快划定永久基本农田，确保基本农田落地到户、上图入库、信息共享。完善耕地保护补偿机制。实施耕地质量保护与提升行动，分区域开展退化耕地综合治理、污染耕地阻控修复、土壤肥力保护提升、耕地质量监测，加强农产品产地重金属污染监测修复与治理，确保农产品产地安全。不断加强农业科技创新，加快抗旱节水品种繁育和推广，开展高产创建和绿色增产模式攻关，普及应用一批集成配套技术，提高粮食生产科技含量。

（三）优化粮食作物内部结构。以市场为导向，以提质增效为目的，稳定小麦生产，调优玉米种植结构，因地制宜发展薯类和杂粮杂豆。优化区域布局，京广铁路沿线建设高产稳产的优质专用小麦产业带；京山、京广铁路沿线和张承坝下地区建设粮饲兼用玉米产业带；山地、丘陵、黑龙港等严重缺水地区适当压缩小麦、玉米种植面积，扩

大抗旱、耐盐碱的“张杂谷”等优质谷子和甘薯、高粱等杂粮作物及中药材、林果种植面积，建设优质杂粮和经济作物产业带；坝上地区建设优质马铃薯和特色杂粮产业带。优化品种结构，大力推广高产稳产、节水抗旱、抗病抗倒的小麦新品种，积极发展优质专用品种；适当调减籽粒玉米种植面积，按照“以养定种”积极扩大青贮玉米种植面积，以销定产发展鲜食玉米。

三、加快推进农业产业结构调整，促进种养业协调发展

（一）加快种养结构调整步伐。面向市场需求，开展粮改饲和种养结合模式试点，促进粮食、经济作物、饲草料三元种植结构协调发展，形成粮饲兼顾、农牧结合的新型农业结构。在粮食主产区，试行“以养定种”，发展饲用玉米、青贮玉米、苜蓿等饲草料种植，挖掘秸秆饲料化潜力，推动草食畜牧业健康发展。打造以唐山、石家庄、张家口、保定市和黑龙港流域为重点的五大奶牛养殖核心区。坝上半牧区建立草畜平衡制度，实现“以草定牧”，加强肉牛、肉羊繁育基地建设。农区要统筹考虑种养规模和环境消纳能力，加强育肥和自繁自育为主的标准化规模养殖场建设，实现增草增畜。到2020年，肉牛数量达到220万头，肉羊数量达到1860万只，奶产量提高到770万吨，畜牧业产值占农林牧渔业总产值的比重达到40%以上。平原地区规模化奶牛、肉牛养殖场全部配套青贮玉米基地，玉米青贮转化率达到30%以上。

（二）促进蔬菜产业提档升级。实施稳量增效，瞄准京津市场，优先在环京津地区、太行山前平原区和冀东地区发展蔬菜产业，加快建设25个种植面积20万亩以上的蔬菜大县和集中产区。以县为单位明确主导产品，推动网棚、拱棚、温室多设施合理搭配，实现周年供应，形成区域性标志和品牌，提高市场竞争力。积极推行合作经营，支持建设“供京津蔬菜示范园”，推动规模化经营、设施化生产、标准化栽培、品牌化销售、质量可追溯和产销一体化发展。以膜下滴灌水肥一体化为核心，大力推广节水、节肥、节药、省工技术。加强产品质量管理，严格控制农药残留，确保质量安全。到2020年，种植面积稳定在2000万亩，年产量达到9000万吨。

（三）大力发展果品产业。以苹果、梨、核桃、红枣等为重点，加快建设太行山、燕山、冀东、冀中南优势果品产业带，大力推进万亩现代果业示范区建设，突出发展“名特优新”品种，推进高接换优和更新改造，加快建设布局合理、特色突出、优势明显的苹果、梨、核桃、红枣、板栗、葡萄等优势果品基地和仁用杏、榛子等木本油料基地，扶优扶强，提高产品竞争力和市场占有率，把果品业发展成带动农民增收的主导产业。到2020年，种植面积达到3500万亩以上，年产量达到2200万吨。

（四）积极发展特色水产、中药材和食用菌产业。重点打造环渤海高效渔业产业带、山坝区冷水鱼养殖带和环京津及大中城市周围生态、休闲渔业三大水产品集中产区。积极推进标准化健康养殖，加快推进渔业组织化、产业化进程。到2020年，水产品养殖面积达到310万亩，年产量达到98万吨。着力打造“两带三区”中药材优势产区，在燕山、太行山产业带和坝上高原产区重点发展大宗道地等特色中草药品种，在冀中平原和冀南平原产区重点发展药食两用品种，加快50万亩以上中药材生产大市和10万亩以上中药材生产大县建设。到2020年，中药材种植面积达到300万亩。大力发展食用菌产业，加快建设山坝错季菇产业带、环京津珍稀菇产业带和冀中南草腐菌产业区，重点打造集科研开发、菌种扩繁、菌袋（基料）制作、栽培出菇、储藏加工、休闲采摘于一体的千亩以上示范园区和重点县，加快产业聚集。到2020年，食用菌栽培面积达到40万亩，年产量达到350万吨。

四、创新农业经营方式，促进一二三产业融合发展

（一）发展多种形式农业适度规模经营。全面开展农村土地承包经营权确权登记颁证工作。采取财政奖补等措施，扶持发展多种形式的农业适度规模经营，引导农户依法采取转包、出租、互换、转让等方式流转承包地，提高土地集约化利用。采取财政、信贷支持等措施，加快培育农业社会化服务组织，开展政府购买农业公益性服务试点，积极推广股份合作式、托管式、订单式服务形式。大力培育多种形式农业适度规模经营的典型，总结推广先进经验，发挥示范带动作用。

（二）积极培育新型经营主体。加大对家庭农场、专业大户、农民合作社、龙头企业等新型农业经营主体的扶持力度。支持新型农业经营主体申报和实施财政项目，逐步扩大新型农业经营主体承担农业综合开发、基建投资等涉农项目规模。支持农民合作社建设农产品加工仓储冷链物流设施，允许财政补助形成的资产转交农民合作社持有和管护。鼓励引导粮食等大宗农产品收储加工企业为新型农业经营主体提供订单收购、代烘代储等服务。落实好新型农业经营主体用地政策。研究制定有利于新型农业经营主体发展的农业补贴和金融服务政策。探索实行土地经营权、大型农机具融资试点.拓宽抵质押物范围，促进新型农业经营主体规模、有序、健康发展。

（三）大力发展农产品加工业。加强农产品加工园区基础设施建设，率先扶持30个大型农产品加工园区。加强

京津冀农产品加工业科技合作，支持龙头企业组建产业联盟，创建一批原料保障、精深加工、科研研发、产品营销等相互配套、功能互补的示范园区。完善龙头企业联农带农的财政激励机制，鼓励龙头企业为农户提供技术培训、贷款担保、农业保险资助等服务。深入实施主食加工提升行动，支持精深加工装备改造升级，提升农产品精深加工水平。加大畜禽、水产品标准化体系建设力度，支持屠宰加工企业一体化经营。开展副产品综合利用试点，实现副产物的循环、高值利用及废弃物的梯次利用。到2020年，农产品产地初加工率达到50%；规模以上农产品加工企业新增1000家，总数达到4000家，农产品加工业规模以上企业主营业务收入提高到15000亿元以上，农产品加工业产值与农林牧渔业总产值比提高到2.3∶1。

（四）推进一二三产业融合发展。依托现代农业园区，聚集资金、项目、科技和人才等资源要素，把发展多种形式农业适度规模经营与延伸农业产业链有机结合，立足资源优势，鼓励农民通过合作与联合的方式发展规模种养业、农产品加工业和农村服务业.创建农业产业化示范基地，加快发展订单直销、连锁配送等新型业态，推动电子商务在农村全覆盖。积极开发农业多种功能，挖掘农业的生态、休闲和文化价值，强化体验活动创意、农事景观设计、乡土文化开发，提升服务能力，大力发展休闲农业，推进美丽乡村建设，促进农民增收。到2020年，认定200个左右省级现代农业园区，带动市、县建设一批特色现代农业、林业园区.认定200个休闲农业示范点和星级园区，建设一批集生态文化、旅游观光、生活体验于一体的观光采摘基地，培育20条特色休闲农业观光带，推出30条特色高品质休闲农业观光线路，全省休闲农业接待达到1亿人次。

五、提高资源利用效率，确保农业面源污染治理取得实效

（一）大力发展节水农业。落实最严格的水资源管理制度，逐步建立农业灌溉用水总量控制和定额管理制度。推进农田水利工程建设，扩大农田有效灌溉面积。大力发展节水灌溉，严格控制农业用水。调整农业种植结构，在平原漏斗区适当调减小麦种植面积，积极发展低耗水食用菌、苜蓿、谷子等作物。加快繁育和推广抗旱节水品种，开展高产创建和绿色增产模式攻关，积极推广喷灌滴灌、水肥一体化、深耕深松、循环水养殖等技术。加大增殖放流力度，加强海洋牧场建设。推进农业水价改革，推行“定额管理、超额加价”和“一提一补、全额返还”的水价管理模式，建立精准补贴机制，引导节约用水。

（二）实施化肥和农药零增长行动。坚持化肥减量提效、农药减量控害，建立健全激励机制。到2018年，化肥、农药使用量力争实现零增长，肥料、农药利用率均达到40%以上。全面推进测土配方施肥，支持新型农业经营主体使用配方肥。鼓励企业科技创新，引导肥料产品优化升级，大力推广缓控释肥料、生物肥料、土壤调理剂等高效新型肥料。实施“精、调、改、替”工程，提高肥料利用效率和有机肥施用比例。加强农药使用和农药包装废弃物管理，抓好绿色防控示范区建设。大力推进专业化统防统治，优先支持粮食主产区、经济作物优势区实施专业化纯防统治，针对新型农业经营主体需求，建立多元化、社会化病虫害防治专业服务组织。完善病虫害防控补贴机制，积极探索政府购买病虫防治服务的方式，推广技物结合、全程承包防治等服务模式。

（三）推进农业废弃物资源化利用。严格落实养殖场环境影响评价制度。加快应用畜禽清洁生产技术和装备，大力推广“三改两分离”技术。严格执行相关法律、法规和国家强制性标准，规范兽药、饲料添加剂生产和使用.降低重金属等排放。以环京津、环渤海、省会周边地区为重点，加快推进现有规模养殖场污染防治设施建设或改造，加大畜禽粪污处理力度.建设干湿分离、污水收集、贮存发酵等处理设施，推广应用种养结合、沼气发酵+沼渣沼液循环利用等成熟模式。加大沼液回用、沼液有机肥新技术集成研发与示范推广力度。开展秸秆肥料化、饲料化、基料化、燃料化和原料化等新技术示范，加快秸秆收储运体系建设。积极推进地膜科学合理使用，支持使用加厚地膜和可降解地膜，扶持一批农用废弃地膜回收加工企业.建立完善废弃地膜回收再利用体系。

六、强化科技创新，提升农业科技水平

（一）加强农业科技自主创新。鼓励校企联合.搭建农科教结合、产学研协作平台；继续支持11个省级产业技术体系创新团队建设，增加苹果、梨、桃、葡萄、枣、板栗、核桃、仁用杏、鲜食杏、樱桃等10个省级林果产业技术创新团队建设，并逐步扩大覆盖范围。依托京津冀农业科技协同创新中心等农业科技协同创新平台，提升农业科技自主创新能力。深入推进科技特派员农村科技创业行动，建设一批科技特派员创业基地。加快推进环首都现代农业科技示范带建设，建设一批国家级、省级农业科技园区。加强农业科技国际交流与合作，着力突破农业资源高效利用、生态环境修复等关键技术。

（二）深化种业体制改革。支持公益性研发机构建立种质资源库，开展种质资源搜集、保护、鉴定和育种材料的改良、创制，开展育种新材料和新技术等基础性、公益性研究。支持公益性科研院所和高等学校与企业开展合作，鼓励科研人员通过兼职、挂职、签订合同等方式，到企业

从事商业化育种。鼓励育繁推一体化种子企业建立基地，配套建设一批大型现代化种子加工中心，建立产业技术创新战略联盟，实现育种成果新突破。加强种子管理体系和队伍建设，提升种业监管能力。到2020年，育成10个以上具有自主知识产权的突破性优良品种.形成5个年销售收入10亿元以上的现代种业集团.建设标准化种子生产基地300万亩。

（三）加快发展农业信息化。实施“互联网+现代农业”行动计划，鼓励互联网企业建立农业服务平台。大力推进农业物联网技术在农业生产中的应用，推广可复制的农业物联网应用模式，建设农业物联网应用服务云平台，为各类农业企业物联网应用提供标准接入。支持互联网企业与农业生产经营主体合作，综合利用大数据、云计算等技术，为灾害预警、重大动植物疫情防控、生产经营科学决策等提供服务。

七、强化源头监管，提升农产品质量安全水平

（一）全面推行农业标准化生产。加强农业标准化工作，加快制定推广一批简明易懂的生产技术操作规程，健全农业标准体系，继续推进园艺作物标准园、畜禽标准化示范场和水产健康养殖标准化示范场及农业综合标准化示范区建设，扶持新型农业经营主体率先开展标准化生产。积极推行减量化生产和清洁生产技术，控制农兽药残留。加强农产品产地环境和农业面源污染监测，强化产地安全管理。

（二）加强农产品质量安全监管。开展农产品质量安全县创建活动，加强农业执法监管能力建设，依法加强对农业投入品的监管。加强农产品质量安全检测体系建设，增强检验检测能力。开展农产品质量安全追溯试点，构建农产品质量安全监管追溯信息体系，促进各类追溯平台互联互通和监管信息共享。支持病死畜禽无害化处理设施建设。推进农产品品牌化建设，鼓励企业在国际市场注册商标，开展农业品牌塑造培育、推介营销和社会宣传。加大“三品一标”认证支持力度，加强品牌保护和培育。

八、加强国际合作，提升农业国际竞争力

（一）实施农业“走出去”战略。以国家级、省级农业产业化龙头企业为重点，积极培育壮大农业“走出去”主体队伍，加强农产品出口标准化基地建设，支持农产品出口。积极搭建咨询对接平台，帮助企业寻找农业投资机会，鼓励和支持省内农业企业抱团“走出去”，积极、稳妥支持农业企业到境外办企业、建基地、促贸易。培育壮大外向型产业化龙头企业，到2017年底，建成100个标准较高、管理规范、结构合理、示范带动作用明显的外向型农产品示范区。农产品出口示范基地要扩大蔬菜、食用菌、水产品等优势产品出口。

（二）深化国际农业科技交流与合作。根据我省农产品区域布局，结合国际农业科技资源分布状况，谋划与有关国家、组织合作领域和方向，积极引进国外优良动植物种质资源、现代农业装备和农产品储运加工、农产品质量安全监管、重大动物疫病防控等先进技术、人才和经营管理理念，提高引进、消化吸收和创新能力，为现代农业发展提供支撑。

九、保障措施

（一）加强组织领导和统筹协调。各级各有关部门要强化对转变农业发展方式工作的协调推动，加强对重大工程和项目的扶持。要按照职责分工，落实工作责任，健全工作机制，切实把各项任务措施落实到位。

（二）多渠道增加投入。建立农业投入稳定增长机制，支持转变农业发展方式，发展现代农业。多层次推进强农惠农资金整合，整合使用性质相同、用途相近的资金，集中用于农业转方式、调结构。创新财政支农方式，完善财政促进金融支农奖补政策，扩大“银行+担保”“政银保”“银行+风险保障金”等多种财政金融支农模式推广范围，促进农业发展方式转变。

（冀政办发〔2015〕47号）

河北省人民政府办公厅
关于印发《河北省粮食安全责任制考核办法》的通知

（2015年12月24日）

《河北省粮食安全责任制考核办法》已经省政府同意，现印发给你们，请认真贯彻贯彻执行。

（冀政办字〔2015〕167号）

河北省粮食安全责任制考核办法

第一条 为深入贯彻落实新形势下的国家粮食安全战略，根据《国务院办公厅关于印发粮食安全省长责任制考核办法的通知》（国办发〔2015〕80号）和《河北省人民政府关于落实粮食安全省长责任制的实施意见》（冀政发〔2015〕14号）等有关规定，制定本办法。

第二条 省政府对各市（含定州、辛集市，下同）政府粮食安全责任制落实情况进行年度考核，由省发展改革委、省农业厅、省粮食局会同省编委办、省财政厅、省国土资源厅、省环境保护厅、省水利厅、省科技厅、省工商局、省质监局、省食品药品监管局、省统计局、中国农业发展银行河北省分行、国家统计局河北调查总队、河北出入境检验检疫局、中国储备粮管理总公司北京分公司等部门和单位组成考核工作组负责具体实施。考核工作组办公室设在省粮食局，承担考核日常工作。

第三条 考核工作坚持统一协调与分工负责相结合、全面监督与重点考核相结合、定量评价与定性评估相结合的原则。

第四条 省政府有关部门根据职责分工，结合日常工作对各市政府粮食安全责任制落实情况进行监督检查。检查结果作为年度考核的重要内容，纳入考核评分体系。

第五条 考核内容包括增强粮食可持续生产能力、保护种粮积极性、增强地方粮食储备能力、保障粮食市场供应、确保粮食质量安全、落实保障措施等六方面。

第六条 考核采用评分制，满分为100分。考核结果分为优秀、良好、合格、不合格四个等级。考核得分90分以上为优秀，75分以上90分以下为良好，60分以上75分以下为合格，60分以下为不合格。（以上包括本数，以下不包括本数）

第七条 重点考核事项牵头部门要会同配合部门和单位，结合年度重点工作任务，制定考核细化方案，经考核工作组审核汇总后，于每年4月15日前印发。

第八条 考核采取以下步骤：

（一）自查评分。各市政府按照本办法和考核细化方案，对上一年度粮食安全责任制落实情况进行全面总结和自评打分，形成书面报告，于每年1月31日前分别报送省发展改革委、省农业厅、省粮食局，抄送考核工作组其他成员单位。

（二）部门评审。重点考核事项牵头部门会同配合部门和单位，按照考核细化方案，结合日常监督检查情况，对各市政府上一年度粮食安全责任制落实情况及自评报告有关内容进行考核评审，形成书面意见送考核工作组办公室。

（三）组织抽查。考核工作组根据各市政府的自评报告和各部门评审的书面意见，确定抽查的市，组成联合抽查小组，对被抽查的市进行实地考核，形成抽查考核报告。

（四）综合评价。考核工作组办公室对部门评审和抽查情况进行汇总，报考核工作组作出综合评价，确定考核等级，于每年3月31日前报省政府审定。

第九条 考核结果经省政府审定后，由考核工作组向各市政府通报，并交由省委干部主管部门作为对各市政府主要负责人和领导班子综合考核评价的重要参考。

对考核结果为优秀的市给予表扬，有关部门在相关项目资金安排和粮食专项扶持政策上优先予以考虑。考核结果为不合格的市，应在考核结果通报后一个月内，向省政府作出书面报告，提出整改措施与时限，同时抄送考核工作组各成员单位；逾期整改不到位的，由省发展改革委、省农业厅、省粮食局约谈该市政府有关负责人，必要时由省政府领导同志约谈该市政府主要负责人。对因不履行职责、存在重大工作失误等对粮食市场及社会稳定造成严重影响的，年度考核为不合格，并依法依纪追究有关责任人的责任。对在考核工作中存在弄虚作假、瞒报虚报情况的，予以通报批评，并依法依纪追究有关责任人的责任。

各市政府要根据本办法，结合各自实际，制定本地落实粮食安全责任制考核办法，并于2016年1月31日前报省发展改革委、省农业厅、省粮食局备案。

第十条 本办法由省发展改革委、省农业厅、省粮食局负责解释，自印发之日起施行。

河北省人民代表大会常务委员会
关于促进农作物秸秆综合利用和禁止露天焚烧的决定

（2015年5月29日河北省第十二届人民代表大会常务委员会第十五次会议通过）

第一条 为大力推进生态文明建设，防治大气污染，保护和改善生态环境，促进农作物秸秆（以下简称“秸秆”）综合利用和农业增效、农民增收，根据《中华人民共和国农业法》、《中华人民共和国大气污染防治法》等法律法规，结合本省实际，作如下决定。

第二条 本省行政区域内全面禁止露天焚烧秸秆及树叶、荒草等，逐步建立秸秆收集储运利用体系。

第三条 促进秸秆综合利用和禁止露天焚烧工作，应当坚持政府推动、市场主导，因地制宜、分类指导，规划引领、政策扶持，综合施策、疏堵结合，源头防控、以用促禁，试点示范、全面推进的原则。

第四条 各级人民政府是促进秸秆综合利用和禁止露天焚烧工作的责任主体，农业、环境保护等相关部门按照规定的职责分别负责本行政区域内秸秆综合利用和禁止露天焚烧工作，并建立健全行政首长负责制、目标管理责任制和工作协调机制，综合运用行政、法治、经济、科技等手段，着力推进秸秆综合利用和禁止露天焚烧工作。

第五条 县级以上人民政府应当建立由发展和改革、农业、财政、环境保护、科技、公安、交通等部门参加的秸秆综合利用和禁止露天焚烧工作协调机制，按照各自职责分工，统筹协调，密切配合，互相支持，共同做好秸秆综合利用和禁止露天焚烧工作。

第六条 省人民政府应当根据本决定，组织编制全省秸秆综合利用中长期规划并组织实施。

第七条 设区的市、县（市、区）人民政府应当组织发展和改革、农业、财政、科技等部门，编制本行政区域秸秆综合利用规划，根据当地秸秆资源情况和综合利用现状，科学确定秸秆利用肥料化、饲料化、能源化、基料化、原料化等用途的发展目标，统筹安排秸秆综合利用项目和产业化发展布局。

第八条 省、市、县（区）财政部门应当根据当地秸秆综合利用产业化发展需要，将秸秆综合利用资金纳入本级财政预算，加大财政投入力度，重点支持秸秆机械化粉碎还田、秸秆青贮饲用、秸秆收集储运服务体系建设、生物质炉具推广以及秸秆气化、固化成型等资源化利用，并将秸秆收割、青贮、捡拾打捆、秸秆粉碎、机械化深松等农机具纳入农机补贴范围，结合耕地作业加强对秸秆机械化还田作业支持力度。

第九条 县级以上人民政府应当制定有利于促进秸秆综合利用产业发展的财政、投资、用地、用电、信贷、保险等扶持政策；对利用秸秆发电、加工板材等综合利用秸秆的企业，税务等有关部门应当根据秸秆实际利用量，按照国家有关规定落实税收减免、电价补贴等优惠政策。

第十条 各级人民政府应当积极推进秸秆全量化利用示范项目建设，以促进秸秆肥料化、饲料化、能源化、基料化、原料化利用为抓手，建立以市场为导向、秸秆利用企业为龙头、新型农业经营主体和广大农民参与的秸秆综合利用机制；充分发挥市场主体作用，鼓励引导各类企业和社会资本进入秸秆综合利用领域，扶持和发展一批秸秆综合利用重点企业，形成秸秆综合利用产业链，加快秸秆综合利用产业发展步伐。

第十一条 各级人民政府应当采取扶持政策措施，大力推广秸秆粉碎还田、免耕播种和保护性耕作技术；充分利用国家农机补贴政策，鼓励农民群众购买农业机械，采取秸秆机械化粉碎还田、快速腐熟还田、养畜过腹还田和制作有机肥等方式，不断提高秸秆肥料化利用率。

第十二条 各级人民政府应当采取扶持政策措施，积极推进秸秆养畜示范项目建设，大力发展饲料加工业，加快秸秆饲料化利用。鼓励规模养殖场、专业养殖户和饲料加工企业利用青贮、氨化、微贮和发酵等技术制作秸秆饲料，提高饲料品质。鼓励发展粮饲玉米种植，推广秸秆青贮、全株玉米青贮等技术，促进养殖业发展。

第十三条 各级人民政府应当采取扶持政策措施，大力推进秸秆压块利用，推广生物质采暖炉具；鼓励秸秆利用企业投资建设生物质成型燃料压块基地，利用秸秆生物气化（沼气）、热解气化、固化成型及炭化等技术发展生物质能。积极推进秸秆联户沼气工程，拓宽农村沼气发展空间。合理安排利用秸秆发电及工业锅炉燃煤替代项目。

第十四条 各级人民政府应当采取扶持政策措施，积极推进食用菌产业园建设，鼓励支持发展以秸秆为基料的食用菌生产，大力扶持发展秸秆基质产业，引导和带动秸秆基料化产业发展。

第十五条 各级人民政府应当采取扶持政策措施，积极发展以秸秆为原料的加工业，采用清洁工艺生产以秸秆为原料的农业育苗钵、绿化草毯、土壤改良有机炭肥等；鼓励发展以秸秆为原料的人造板材、包装材料、工业用纤维、人造革填充剂等产品；扶持发展秸秆编织业。

第十六条　县（市、区）和乡（镇）人民政府应当扶持发展规模化秸秆收储利用主体，建立适应市场需求，以秸秆综合利用企业为龙头、新型农业经营主体和农村经纪人为纽带、广大农户参与、市场化运作的秸秆收集储运服务体系；支持秸秆综合利用企业、新型农业经营主体、农村经纪人和农民开展秸秆收集储运服务。

积极推进秸秆收集储运利用项目建设，将秸秆收集储存用地纳入农业用地管理；通过政府推动、财政补贴、市场运作等方式，逐步建立起行政村有秸秆堆放点、乡镇有秸秆收储站和秸秆利用企业、县有规模化秸秆利用龙头企业的较完善的秸秆收集储运利用体系。

第十七条　加快推进秸秆综合利用科技创新，支持科研单位、高等院校和秸秆利用企业等机构开展秸秆综合利用技术与设备研究开发，着力在农作物收割和秸秆还田、秸秆收集储运、秸秆饲料加工、秸秆转化为生物质能等方面取得重要进展，形成经济、实用的集成技术体系。加快先进技术引进和适用科技成果转化应用，建立秸秆综合利用科技示范基地，推广一批秸秆综合利用科技成果；加大秸秆综合利用技术培训和推广力度，增强农民秸秆综合利用技能，提高秸秆综合利用科技水平。

第十八条　各级人民政府应当组织广播、电视、报刊、网站等新闻媒体，大力宣传露天焚烧秸秆的危害性和秸秆综合利用的经济、生态、社会效益。

第十九条　村民自治组织、农民合作组织、农村社区等基层组织应当积极配合当地政府做好秸秆综合利用和禁止露天焚烧工作，实行重点管控、专人监管、定点巡查，及时制止违法焚烧行为。

第二十条　各级人民政府应当制定和落实禁止露天焚烧秸秆的实施方案和监督检查措施，加强基层执法能力建设，加大实时监测和现场执法、综合执法力度；完善区域联动、部门协调、县乡为主、村组落实的防控机制，确保禁止露天焚烧秸秆任务细化到田、责任到人。

建立禁止露天焚烧秸秆举报受理和案件查处制度。鼓励公民、法人和其他组织对露天焚烧秸秆的违法行为进行举报。受理举报的地方人民政府或者有关部门，应当依法调查处理。

第二十一条　从事种植业的农民、农业种植大户、家庭农场、农民合作社、农业龙头企业等农业经营主体，应当推进秸秆综合利用并加强对农产品采收后的秸秆及树叶、荒草等的管理，按照综合利用的要求，妥善处理，不得露天焚烧。

第二十二条　违反本决定有关规定，农业经营主体露天焚烧秸秆及树叶、荒草等的，由所在地县级人民政府环境保护行政主管部门责令停止违法行为，并处五百元以上一千五百元以下罚款；情节严重，尚不构成犯罪的，由当地公安机关依据《中华人民共和国治安管理处罚法》进行处罚；构成犯罪的，依法追究刑事责任。

第二十三条　违反本决定有关规定，由于农业经营主体对农产品采收后的秸秆及树叶、荒草等的处理不及时致使他人露天焚烧的，由所在地县级人民政府环境保护行政主管部门责令停止违法行为；有焚烧当事人的，可以对焚烧当事人处五百元以上一千五百元以下罚款；没有焚烧当事人的，由农业经营主体承担责任，可以对农业经营主体主要负责人处五百元以上一千元以下罚款；情节严重，尚不构成犯罪的，由当地公安机关依据《中华人民共和国治安管理处罚法》进行处罚；构成犯罪的，依法追究刑事责任。

第二十四条　各级人民政府应当建立健全秸秆综合利用和禁止露天焚烧工作考核评价机制和工作奖惩制度，对于在秸秆综合利用和禁止露天焚烧工作中成绩显著的，可以给予表彰或者奖励；对于工作不力，造成露天焚烧秸秆且后果严重的，应当追究主要责任人的责任。

第二十五条　本决定自2015年6月1日起施行。

Ⅵ 统计图

现价农林牧渔总产值

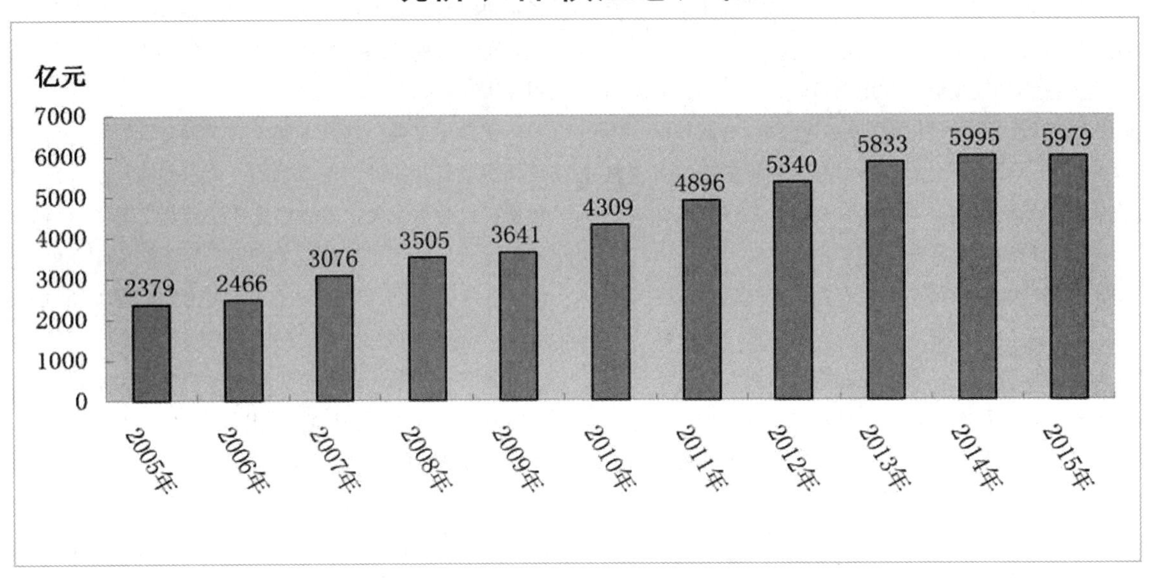

现价农林牧渔业总产值构成

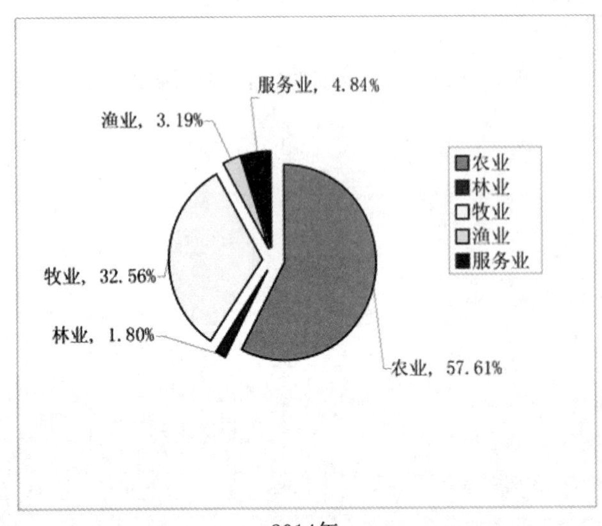

2014年

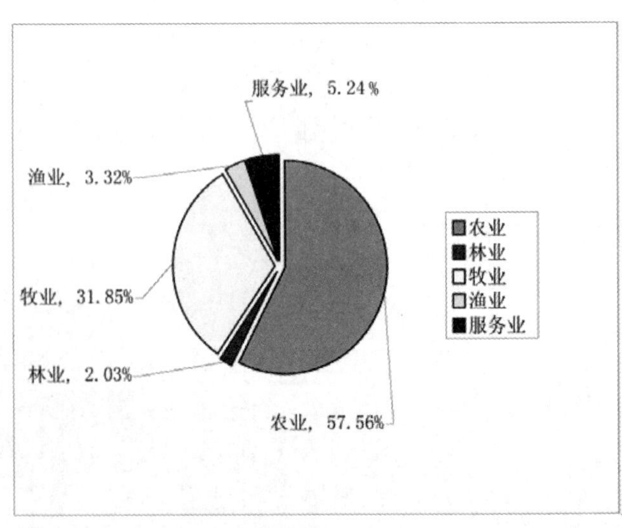

2015年

农林牧渔业增加值及占地区生产总值比重

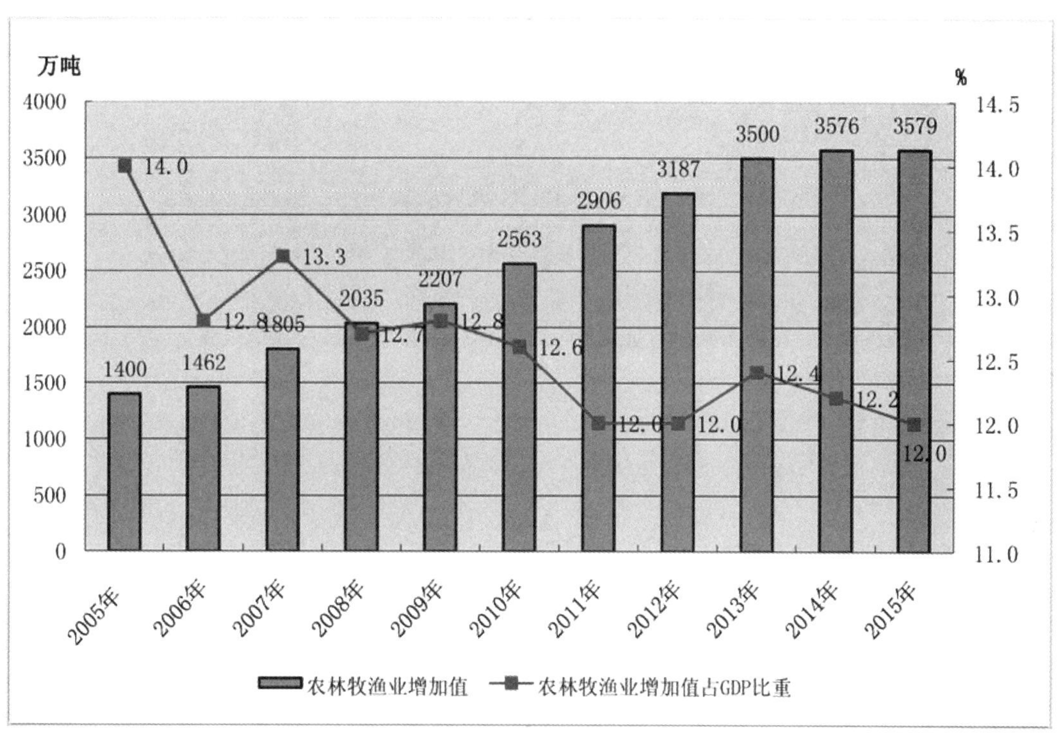

粮食、蔬菜和水果产量

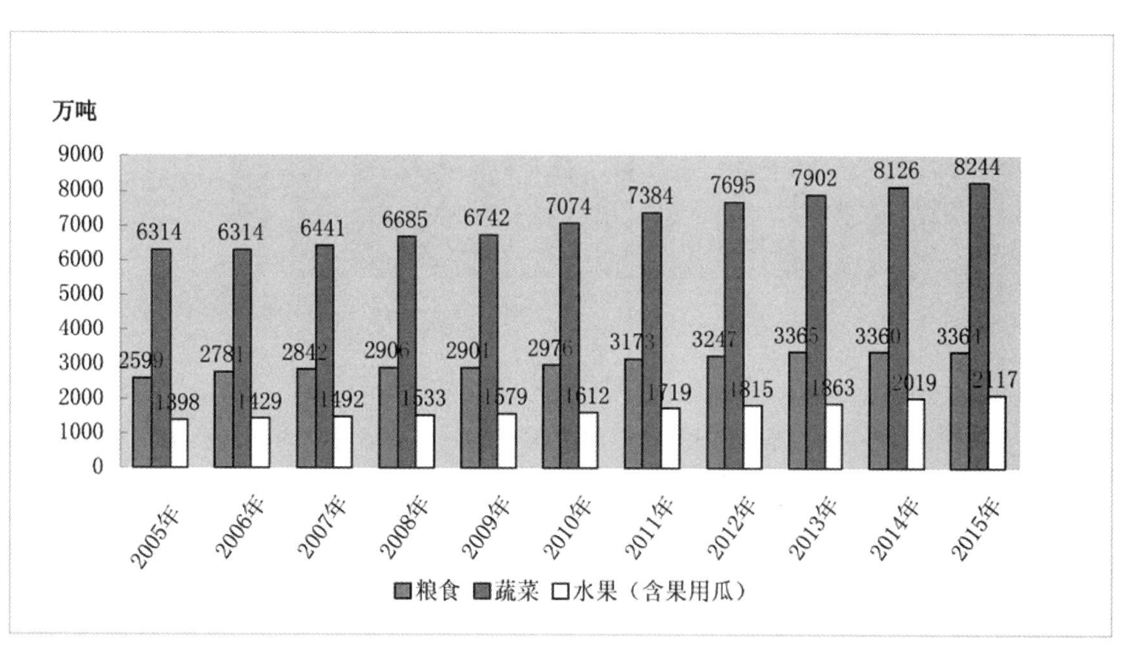

农业产业化经营总量及产业化率

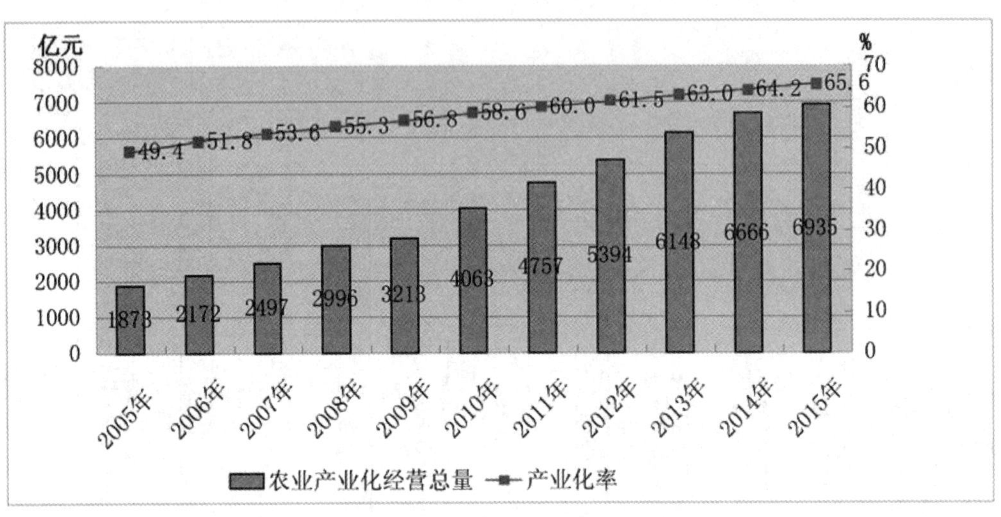

农村居民人均可支配收入及人均消费支出

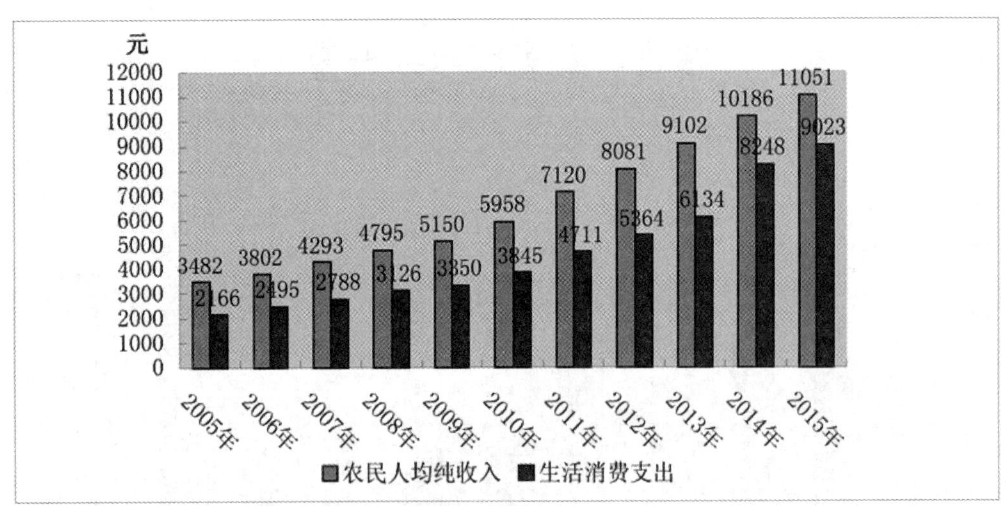

注：从2013年起，农村居民人均纯收入改为新口径：农村居民人均可支配收入；农村人均生活消费支出改为农村人均消费支出。

Ⅶ 统计资料

1-1-1 全省行政区划

(2015年底)

单位：个

名　称	地级单位数	县级单位数	市辖区	县级市	县	乡镇级单位数	街道办事处	乡数	镇数	居民委员会	村民委员会
全　省	**11**	**170**	**42**	**20**	**108**	**2251**	**293**	**890**	**1067**	**4026**	**48974**
石家庄市（包含辛集市）	1	22	8	3	11	276	56	94	126	620	4358
石家庄市（不含辛集市）	1	21	8	2	11	261	56	87	118	603	4014
辛集市		1		1		15		7	8	17	344
唐山市	1	14	7	2	5	229	52	45	132	655	5405
秦皇岛市	1	7	4		3	97	22	27	48	174	2265
邯郸市	1	19	4	1	14	243	30	108	105	518	5208
邢台市	1	19	2	2	15	199	26	76	97	458	4942
保定市（包含定州市）	1	24	5	4	15	340	29	160	151	473	6201
保定市（不含定州市）	1	23	5	3	15	315	25	155	135	428	5715
定州市		1		1		25	4	5	16	45	486
张家口市	1	17	4		13	233	23	112	97	320	4175
承德市	1	11	3		8	218	13	115	90	169	2480
沧州市	1	16	2	4	10	191	21	86	84	278	5737
廊坊市	1	10	2	2	6	107	17	22	68	257	3210
衡水市	1	11	1	2	8	118	4	45	69	104	4993

1-1-2 全省地表形态分布

(2015年底)

单位：平方公里

地表形态	总面积	占总面积(%)
全省地表总面积	**187693**	**100.00**
山地	70194	37.40
坝上高原	24343	12.97
丘陵	9068	4.83
平原	57223	30.49
盆地	22709	12.10
湖泊洼淀	4156	2.21

1-1-3 总人口、人口自然变动及从业人员

年 份	总 人 口（万人）	#男	出 生 率（‰）	死 亡 率（‰）	自然增长率（‰）	就业人员（万人）	#一产业就业人员	失业人员（万人）
1949	3086.06	1564.23	27.30	12.73	14.57			
1952	3271.95	1652.81	29.17	12.10	17.07			
1957	3670.10	1865.23	29.62	11.30	18.32			
1962	3883.58	1961.29	28.68	9.06	19.62			
1965	4086.96	2084.19	32.93	8.74	24.18			
1970	4549.55	2320.15	26.73	6.49	20.24			
1975	4913.39	2514.52	17.78	7.22	10.56			
1978	5057.47	2595.40	20.88	6.49	14.39	2109.39	1621.61	
1980	5167.62	2650.65	20.47	6.46	14.01	2182.80	1637.42	
1985	5547.52	2851.51	17.10	5.30	11.80	2555.43	1603.36	3.56
1990	6158.88	3147.00	20.46	6.82	13.64	2955.47	1820.51	7.70
1995	6436.51	3265.89	13.93	6.32	7.61	3252.01	1729.29	17.50
1996	6483.67	3309.37	13.85	6.55	7.30	3300.16	1635.17	15.64
1997	6524.58	3327.63	13.11	6.82	6.29	3324.23	1634.03	15.53
1998	6569.30	3343.24	13.01	6.18	6.83	3367.18	1650.22	15.86
1999	6613.66	3356.43	12.99	6.26	6.73	3322.30	1653.25	16.20
2000	6674.27	3397.20	11.30	6.21	5.09	3385.71	1678.12	17.40
2001	6699.13	3383.67	11.16	6.18	4.98	3409.16	1676.34	19.50
2002	6734.60	3419.96	11.53	6.25	5.28	3435.00	1662.59	22.20
2003	6769.44	3453.92	11.43	6.27	5.16	3470.23	1672.26	25.80
2004	6808.75	3479.62	11.98	6.19	5.79	3516.71	1612.85	28.01
2005	6850.83	3441.17	12.84	6.75	6.10	3568.97	1564.72	27.82
2006	6897.86	3485.69	12.86	6.59	6.23	3609.99	1524.89	28.69
2007	6943.19	3528.97	13.33	6.78	6.55	3664.97	1481.52	29.29
2008	6988.82	3562.35	13.04	6.49	6.55	3725.66	1481.37	32.24
2009	7034.40	3582.08	12.93	6.43	6.50	3792.49	1479.22	34.50
2010	7193.60	3647.18	13.22	6.41	6.81	3865.14	1464.21	35.14
2011	7240.51	3742.62	13.02	6.52	6.50	3962.42	1439.63	35.99
2012	7287.51	3693.75	12.88	6.41	6.47	4085.74	1426.27	36.83
2013	7332.61	3723.50	13.04	6.87	6.17	4183.93	1404.49	37.17
2014	7383.75	3750.64	13.18	6.23	6.95	4202.66	1398.88	38.30
2015	7424.92	3757.23	11.35	5.79	5.56	4212.50	1387.83	39.40

注：1999年以后年份就业人员不包括离开本单位仍保留劳动关系的职工。

1-1-4 历年农业基本生产条件

年份	一、户数、人口、劳动力								
	乡村户数（万户）	乡村人口数（万人）	乡村从业人员（万人）	#农林牧渔业	工业	建筑业	批发和零售业	交通运输、仓储和邮政业	住宿和餐饮业
1957	767.53	3322.06	1382.83	1382.83					
1962	836.21	3555.11	1375.24	1375.24					
1965	846.79	3703.83	1456.74	1456.74					
1970	921.07	4156.23	1635.57	1635.57					
1975	985.81	4415.46	1716.84	1617.61	37.40				
1978	1040.77	4490.38	1726.00	1475.43	95.39	11.87			
1980	1075.10	4537.77	1766.59	1542.02	126.25	22.51			
1985	1159.84	4793.36	2059.76	1639.03	167.98	81.15	35.96	31.14	
1990	1325.48	5211.59	2360.50	1780.42	220.73	102.01	53.59	48.07	
1995	1387.10	5324.29	2573.51	1715.42	325.04	157.83	98.00	78.23	
1996	1390.10	5319.26	2583.16	1621.83	365.92	184.06	116.48	85.58	
1997	1394.43	5313.76	2613.43	1620.31	380.19	188.14	122.16	89.11	
1998	1398.67	5322.46	2635.91	1635.83	380.10	191.51	125.73	89.63	
1999	1401.18	5336.29	2654.31	1639.90	382.38	198.06	129.69	90.63	
2000	1422.61	5382.39	2707.10	1665.45	388.36	202.47	135.33	92.13	
2001	1434.07	5385.64	2717.88	1664.96	390.30	205.74	137.46	93.69	
2002	1434.69	5388.84	2731.76	1651.97	403.47	212.53	141.17	94.55	
2003	1436.10	5383.04	2748.04	1660.24	441.88	243.73	124.89	101.01	37.81
2004	1439.38	5389.87	2771.98	1600.43	481.54	259.35	140.60	107.92	43.05
2005	1448.55	5422.28	2805.94	1552.75	518.86	275.22	154.26	114.71	48.61
2006	1445.65	5412.04	2817.80	1513.04	545.32	285.43	161.03	117.63	50.38
2007	1461.93	5456.94	2846.53	1479.04	576.85	301.50	165.60	121.22	53.11
2008	1476.82	5495.58	2894.82	1478.23	597.96	309.50	172.04	126.96	55.69
2009	1497.39	5531.18	2944.36	1472.50	623.63	327.11	178.03	129.21	57.52
2010	1525.58	5570.20	2976.55	1458.33	640.13	342.13	182.49	132.36	59.60
2011	1536.91	5599.62	3003.83	1433.17	657.96	352.33	188.10	137.87	63.88
2012	1551.16	5628.36	3023.37	1419.85	670.96	359.83	190.89	140.15	65.69
2013	1564.25	5659.96	3039.17	1397.22	678.97	361.10	202.82	133.99	77.86
2014	1575.24	5695.41	3055.91	1389.29	689.86	364.60	207.42	134.99	79.33
2015	1579.05	5711.49	3055.31	1371.37	695.43	365.92	211.87	135.33	80.71

注：1.乡村从业人员：指乡村人口中16岁以上实际参加生产经营活动并取得实物或货币收入的人员。
2.2002年及以前年度的批发和零售业从业人员包括批发和零售业以及住宿和餐饮业从业人员。

1-1-4续1 历年农业基本生产条件

年份	二、耕地面积(千公顷)			有效灌溉面积占耕地面积比 重(%)	三、农业机械化情况		
	年末耕地面积	#年末常用耕地面积	#有 效 灌溉面积		1.农用机械总动力(万千瓦)	2.大中型拖拉机(台)	3.小 型拖拉机(万台)
1949		7265.79	769.21	10.6			
1952		7616.41	962.84	12.6		34	
1957		7545.97	1577.55	20.9		1953	
1962		6953.83	1357.31	19.5		4724	
1965		6983.71	1754.27	25.1		5614	
1970		6849.55	2678.31	39.1		6909	0.07
1975		6718.61	3553.22	52.9	769.04	17017	1.94
1978		6675.01	3660.17	54.8	1083.17	28092	9.10
1980		6648.01	3622.25	54.5	1253.84	42133	11.06
1985		6603.41	3572.70	54.1	1993.74	37341	29.04
1990		6556.03	3758.49	57.3	2822.25	30063	59.39
1995		6517.25	4040.01	62.0	4336.44	29040	91.53
1996	6897.11	6498.80	4248.15	61.6	5137.72	32961	101.20
1997	6888.52	6493.74	4322.57	62.8	5808.66	38414	108.64
1998	6874.94	6484.58	4388.04	63.8	6263.90	45767	116.34
1999	6868.77	6478.71	4444.45	64.7	6622.75	52953	123.12
2000	6857.08	6465.96	4482.32	65.4	7000.39	63624	129.85
2001	6854.04	6448.93	4485.39	65.4	7244.43	66771	132.14
2002	6691.13	6125.15	4415.17	66.0	7451.21	76753	134.94
2003	6486.51	5991.27	4403.99	67.9	7764.54	81165	133.79
2004	6441.51	6000.63	4459.77	69.2	8135.63	89745	139.60
2005	6396.25	5988.93	4547.75	71.1	8487.21	100894	144.68
2006	6315.34	5882.52	4569.77	72.4	8795.77	111080	145.47
2007	6314.53	5893.61	4579.02	72.5	9134.53	114345	148.15
2008	6331.89	5901.44	4560.51	72.0	9525.37	136169	150.05
2009	6561.35	6060.83	4509.60	68.7	9861.37	155153	149.15
2010	6551.42	6057.53	4520.87	69.0	10151.30	172676	150.50
2011	6563.78		4596.61	70.0	10349.19	197882	149.10
2012	6558.33		4165.03	63.5	10553.81	213733	146.27
2013	6551.20		4349.03	66.4	10786.45	234425	142.43
2014	6537.74		4404.22	67.4	10942.86	254604	138.62
2015	6525.47		4448.28	68.2	11102.81	274346	136.26

注:1.年末常用耕地面积不包括25°以上坡地。从2011年起，不在统计常用耕地面积。
2.2012年有效灌溉面积为全国第一次水利普查数据(下同)。

1-1-4续2　历年农业基本生产条件

年份	三、农业机械化情况（续）						四、农业现代化项目水平	
	4.大中型拖拉机配套农具（台）	5.小型拖拉机配套农具（万台）	6.农用排灌电动机（万台）	7.农用排灌柴油机（万台）	8.联合收割机（台）	9.农用水泵（万台）	1.机耕地面积（千公顷）	机耕地面积占耕地面积比重（%）
1952	156						2.05	0.03
1957	4563		0.05	0.16			480.45	6.37
1962	16239		3.03	1.11			1321.67	19.01
1965	15365		6.96	1.13			1764.31	25.26
1970	13537		14.50	4.76			1485.02	21.68
1975	33078		31.82	41.09	237		2740.69	40.79
1978	76803	16.84	40.17	48.60	269	63.87	3863.28	57.88
1980	88589	11.11	46.46	47.09	397	65.28	3819.53	57.45
1985	53091	18.33	62.29	71.12	558	87.01	2792.11	42.28
1990	40962	56.01	75.26	109.00	1624	111.15	4249.63	64.82
1995	45809	89.69	97.45	125.67	12265	134.87	4595.89	70.52
1996	51395	102.08	115.34	130.43	16277	148.88	4765.60	73.33
1997	59013	113.21	122.14	136.34	25006	165.65	4924.14	75.83
1998	76953	130.30	126.05	136.27	32041	163.04	5056.51	77.98
1999	94202	136.69	126.92	136.64	37756	161.42	5141.02	79.35
2000	108349	156.69	131.23	138.23	41945	163.71	5072.60	78.45
2001	123114	163.99	128.01	135.14	43946	156.75	4916.85	76.24
2002	132318	167.61	130.43	131.83	45808	163.72	4874.29	79.58
2003	143412	170.63	133.60	119.46	50578	162.73	4740.87	79.13
2004	163534	182.54	136.61	128.44	53619	159.65	4707.93	78.46
2005	183516	191.63	139.46	125.84	56015	165.85	4745.47	79.24
2006	205530	227.69	139.87	124.33	60412	164.99	4768.88	81.07
2007	223486	200.55	142.62	123.12	63618	170.51	4860.07	82.46
2008	260496	198.96	145.24	117.94	68595	174.44	4914.24	83.27
2009	320043	199.45	146.93	115.00	72937	171.28	5251.56	60.48
2010	345268	201.04	148.18	113.21	79264	172.09	5317.10	60.99
2011	379647	199.38	148.76	109.36	85926	172.22	5332.02	60.77
2012	409718	195.46	149.88	105.28	101418	172.15	5401.96	61.48
2013	435351	191.04	152.41	100.75	115167	172.03	5408.02	61.81
2014	458201	183.74	153.62	97.03	127713	170.61	5432.65	62.35
2015	497756	180.39	154.46	94.27	137703	169.73	5475.26	62.65

1-1-4续3　历年农业基本生产条件

年 份	四、农业现代化项目水平(续)							
	2.机械播种面积(千公顷)	机播面积占总播种面积比重(%)	3.机械收获面积(千公顷)	机收面积占总播种面积比重(%)	4.化肥施用量(折纯)(万吨)	5.农村用电量(亿千瓦小时)	6.旱涝保收面积(千公顷)	7.年末实有机电井(眼)
1952					0.48			5
1957					3.04	0.11		5786
1962					2.73	1.92		47382
1965					4.65	5.42	806.64	76557
1970					18.52	11.43	1566.41	217105
1975	365.95	3.87	86.14	0.91	36.94	20.12	1933.87	555211
1978	1699.25	18.13	141.74	1.51	65.32	23.84	2008.10	587389
1980	1725.62	19.14	237.32	2.63	74.74	30.77	2041.28	565650
1985	1161.85	13.42	313.37	3.62	110.36	40.93	2225.33	630762
1990	2201.65	25.06	1172.05	13.34	145.21	58.81	2681.20	735470
1995	2956.26	33.90	1881.15	21.57	220.68	118.51	3081.48	798012
1996	3351.66	37.78	2045.29	23.05	259.28	150.02	3176.99	814821
1997	3865.74	43.65	2323.93	26.24	262.44	161.32	3272.56	828334
1998	4306.06	47.33	2579.49	28.35	270.23	167.37	3389.74	889574
1999	4608.08	50.89	2693.47	29.75	272.41	172.91	3423.18	877442
2000	4550.57	50.43	2688.00	29.79	270.62	180.45	3428.17	880324
2001	4498.87	50.04	2570.34	28.59	273.38	184.07	3461.67	893224
2002	4712.83	52.74	2504.62	28.03	278.80	201.73	3372.52	909821
2003	4672.01	54.08	2312.39	26.77	283.31	216.77	3420.42	918432
2004	4778.86	54.96	2258.13	25.97	289.88	266.58	3455.84	918495
2005	5282.47	60.13	2480.45	28.23	303.39	337.05	3609.66	937207
2006	5354.98	61.45	2623.25	30.10	304.89	388.22	3638.66	943907
2007	5472.76	63.25	2682.37	31.00	311.87	430.14	3733.94	952795
2008	6018.41	69.07	2846.50	32.67	312.40	418.90	3751.87	961710
2009	6183.34	71.22	3147.03	36.25	316.17	486.05	3450.17	960346
2010	6274.51	71.97	3428.52	39.33	322.86	511.81	3568.32	964516
2011	6451.91	73.54	3715.28	42.35	326.28	559.22	3659.75	983695
2012	6592.46	75.03	4209.83	47.91	329.33	593.94	3678.54	906250
2013	6571.87	75.11	4680.15	53.49	331.04	616.37	3561.43	913808
2014	6623.45	76.02	4988.42	57.25	335.61	631.33	3548.63	922302
2015	6624.64	75.80	5192.38	59.41	335.49	611.82	3590.44	917192

注：1.从2009年开始，机耕面积按播种面积计算，机耕面积占耕地面积的比重为机耕面积占播种面积的比重。
2.2012年机电井数据为全国第一次水利普查数据。

1-1-5 历年受灾和成灾面积

单位：公顷

年 份	受灾面积	#旱 灾	#水 灾	成灾面积	#旱 灾	#水 灾	成灾率(%)
1949	1127333	91333	956667	715333	26000	531333	63.5
1952	1394000	768667	173333	955333	238000	107333	68.5
1957	1165333	510667	157333	726000	168000	98000	62.3
1962	3198000	1596000	916000	2044667	843333	674000	63.9
1965	2697333	2352667	27333	1624000	1192667	19333	60.2
1970	662000	113333	136000	347333	96667	192667	52.5
1975	1971933	1576933	94933	1048000	865933	45200	53.1
1978	1474413	760440	311873	970187	504920	199367	65.8
1980	2721460	2386353	4547	1976447	1764400	2440	72.6
1985	2570013	847813	619420	1844233	592140	461700	71.8
1990	3095293	217653	244067	1783887	70807	176240	57.6
1995	2762177	289226	787140	1875069	151565	575190	67.9
1996	2507050	368585	1387067	1708628	216716	1028734	68.2
1997	4044083	3439195	16610	3063959	2684902	12137	75.8
1998	2444726	1030099	139899	1358898	562018	102401	55.6
1999	3617217	3048057	13925	2602177	2269793	10761	71.9
2000	3560282	2974700	114161	2541304	2210543	62783	71.4
2001	2924925	2224193	40795	2063339	1656829	32128	70.5
2002	3696377	2660998	19101	2617448	1959847	14979	70.8
2003	2622015	1316182	105837	1664419	938896	69388	63.5
2004	1543220	391253	110778	797522	198684	61610	51.7
2005	1721821	934146	108803	976022	596169	65277	56.7
2006	1774124	1046985	118614	899864	530335	67098	50.7
2007	1847462	1243650	102746	1170210	876055	84220	63.3
2008	1397714	735875	72775	825872	479858	51673	59.1
2009	1944331	1218240	67906	1301122	928342	31833	66.9
2010	1668172	844652	127120	1058292	640473	58048	63.4
2011	811365	497273	95774	479815	319801	53479	59.1
2012	1107557	338989	456026	758574	236924	310506	68.5
2013	752708	195702	226454	485081	118760	160609	64.4
2014	1164465	976120	17463	721840	599239	10605	62.0
2015	1794902	1104150	320992	976931	543319	239997	54.4

注：2015年数据为民政部门数，其他年份为统计部门数。

1-1-6 农村基层组织和从业人员

指　　标	单　位	2010年	2014年	2015年	2015年比上年增减(%)
一、农村基层组织情况					
乡个数	个	953	907	890	-1.9
镇个数	个	1007	1050	1067	1.6
村民委员会个数	个	48953	48636	48974	0.7
二、乡村户数、人口、从业人员					
乡村户数	万户	1525.6	1575.2	1579.0	0.2
乡村人口数	万人	5570.2	5695.4	5711.5	0.3
乡村从业人员	万人	2976.5	3055.9	3055.3	
#男从业人员	万人	1602.5	1648.7	1650.1	0.1
三、乡村从业人员按行业分					
农林牧渔业	万人	1458.3	1389.3	1371.4	-1.3
工　业	万人	640.1	689.9	695.4	0.8
建筑业	万人	342.1	364.6	365.9	0.4
批发和零售业	万人	182.5	207.4	211.9	2.1
交通运输、仓储和邮政业	万人	132.4	135.0	135.3	0.3
住宿和餐饮业	万人	59.6	79.3	80.7	1.7
其他非农行业	万人	161.5	190.4	194.7	2.2

1-1-7 农业主要资源

指　　标	单　位	2010年	2014年	2015年	2015年比上年增减(%)
一、年末耕地面积	**千公顷**	**6551.4**	**6537.7**	**6525.5**	**-0.2**
#有效灌溉面积	千公顷	4520.9	4404.2	4448.0	1.0
二、森　林					
森林面积	千公顷	4875.3	5480.0	5800.0	5.8
森林覆盖率	%	26.00	29.20	31.00	1.8
林木储蓄量	万立方米	12145	13975	13975	
三、草原面积	**千公顷**	**3692.85**	**3692.85**	**2774.35**	
四、水文、水利					
水资源总量	亿立方米	138.92	106.14	135.09	23.7
水能资源可开发量	万千瓦	120.6	120.6	120.6	
淡水养殖面积	公　顷	74955	78584	76421	-2.8
海水养殖面积	公　顷	123810	122434	117533	-4.0
海岸线长度	公　里	487	487	487	

注：1.2015年草原面积数据为二调数据。
2.2015年森林面积、森林覆盖率数据为预计数。

1-1-8 主要农用机械年末拥有量及增减

指　　标	单　位	2010年	2014年	2015年	2015年比上年增减(%)
一、农用机械总动力合计	**万千瓦**	**10151.30**	**10942.86**	**11102.81**	**1.5**
柴油发动机动力	万千瓦	8011.62	8626.94	8760.15	1.5
汽油发动机动力	万千瓦	121.57	144.33	146.03	1.2
电动机动力	万千瓦	2018.11	2171.59	2196.63	1.2
其他机械动力	万千瓦				
二、主要农业机械与设备					
大中型拖拉机	万　台	17.27	25.46	27.43	7.8
小型拖拉机	万　台	150.50	138.62	136.26	-1.7
大中型拖拉机配套农具	万　台	34.53	45.82	49.78	8.6
小型拖拉机配套农具	万　台	201.04	183.74	180.39	-1.8
农用排灌电动机	万　台	148.18	153.62	154.46	0.5
农用排灌柴油机	万　台	113.21	97.03	94.27	-2.8
联合收割机	万　台	7.93	12.77	13.77	7.8
割晒机	台	39881	30539	30374	-0.5
机动脱粒机	万　台	21.78	20.25	19.81	-2.2
农用运输车	万　辆	268.19	275.41	269.41	-2.2
节水灌溉机械	万　套	4.39	5.55	5.69	2.5
农用水泵	万　台	172.09	170.61	169.73	-0.5

1-1-9 农业机械化、电气化及农田水利建设情况

指　　标	单　位	2010年	2014年	2015年	2015年比上年增减(%)
一、农业机械化情况					
机耕地面积	千公顷	5317.10	5432.65	5475.26	0.8
机械播种面积	千公顷	6274.51	6623.45	6624.64	
机械收获面积	千公顷	3428.52	4988.42	5192.38	4.1
二、农村电气化情况					
1.农村水电站处数	处	135	246	248	0.8
装机容量	千　瓦	63222	388728	395658	1.8
发电量	万千瓦小时	11588.46	46935.49	42076.00	-10.4
2.农村用电量	亿千瓦小时	511.81	631.33	611.82	-3.1
三、农田水利建设情况					
有效灌溉面积	千公顷	4520.87	4404.22	4447.98	1.0
旱涝保收面积	千公顷	3568.32	3548.63	3598.52	1.2
年末机电井数	万　眼	96.45	92.23	91.72	-0.6

1-1-10　农用化肥、农药、农膜和柴油使用量

指　　标	单　位	2010年	2014年	2015年	2015年比上年增减(%)
一、农用化肥施用量(折纯)	**万 吨**	**322.86**	**335.61**	**335.49**	
氮　肥	万 吨	153.07	150.66	147.95	-1.80
磷　肥	万 吨	47.31	46.94	46.36	-1.20
钾　肥	万 吨	26.84	28.04	28.05	
复合肥	万 吨	95.64	109.97	113.14	2.90
二、农药使用量	**万 吨**	**8.46**	**8.63**	**8.33**	**-3.50**
三、农用塑料薄膜使用量	**万 吨**	**11.86**	**13.79**	**13.80**	
#地膜使用量	万 吨	6.40	6.68	6.57	-1.80
地膜覆盖面积	千公顷	1066.13	1102.71	1068.55	-3.10
四、农用柴油使用量	**万 吨**	**298.47**	**291.02**	**293.19**	**0.70**

1-1-11　历年灌区、水库和节水灌溉情况

项　　目	单　位	1985年	1990年	1995年	2000年	2005年	2010年	2013年	2014年	2015年
年底万亩以上灌区	处	154	158	163	147	141	140	151	151	149
#五十万亩以上	处	4	4	4	5	5	5	6	6	6
三十至五十万亩	处	2	2	3	12	13	15	15	15	15
水库	座	1169	1173	1169	1107	1096	1063	1078	1078	1082
#大型水库	座	17	17	17	18	18	19	23	23	23
中型水库	座	35	35	38	39	39	42	47	47	47
小型水库	座	1117	1121	1114	1050	1039	1002	1008	1008	1012
水利工程向农业年供水量	亿立方米	150.28	148.14	163.98	170.67	150.69	151.70	130.31	132.03	130.24
易涝面积	千公顷	1865.05	1865.29	1865.07	1865.07	1870.46	1870.70	1870.70	1870.70	1870.70
除涝面积	千公顷	1541.19	1564.95	1616.47	1638.16	1642.67	1648.64	1645.13	1639.33	1641.14
占易涝面积比重	%	82.64	83.90	86.67	87.83	87.82	88.13	87.94	87.63	87.73
水土流失面积	千公顷	6913.60	6878.20	6978.65	6978.64	7071.62	7125.49	7125.49	7125.49	7125.49
水土流失治理面积	千公顷	3567.60	4020.70	4589.00	5407.14	5977.24	6290.31	4679.05	4719.28	5061.55
占流失面积比重	%	51.60	58.46	65.76	77.48	84.52	88.28	65.67	66.23	71.03
堤防长度	公　里	17572.00	17572.00	20106.00	20258.18	21115.67	21393.84	11558.88	11643.63	11728.36
堤防保护耕地面积	千公顷	3191.00	3191.00	2977.12	3106.46	3343.98	3283.87	5707.20	5910.92	3794.26
节水灌溉面积	千公顷			1225.94	1978.75	2405.21	2698.83	2901.94	3023.95	3139.98
#喷滴灌	千公顷			47.46	371.74	366.61	241.92	136.31	161.80	193.37

1-1-12 受灾情况

指标	单位	2010年	2014年	2015年
一、受灾面积	**千公顷**	**1668.17**	**1164.47**	**1794.90**
#旱灾	千公顷	844.65	976.12	1104.15
水灾	千公顷	127.12	17.46	320.99
风雹灾	千公顷	149.83	125.50	347.77
霜冻灾	千公顷	252.98	26.39	10.68
病虫灾	千公顷	118.80	12.38	11.31
二、成灾面积	**千公顷**	**1058.29**	**721.84**	**976.93**
#旱灾	千公顷	640.47	599.24	543.32
水灾	千公顷	58.05	10.61	240.00
风雹灾	千公顷	86.92	83.23	159.00
霜冻灾	千公顷	146.53	21.93	2.80
病虫灾	千公顷	35.32	3.64	6.25
三、绝收面积	**千公顷**		**102.99**	**170.85**
四、因灾损失情况				
成（受）灾人口	**万人**	**484.03**	**315.52**	**1701.80**
死亡人口	人	7	5	16
倒塌房屋	间	2046	800	621

注：2015年数据为民政部门数，其他年份为统计部门数。

1-2-1 历年主要农作物播种面积

单位：千公顷

年 份	总播种面 积	#粮食作物播种面积	#夏收粮食	谷 物	#小 麦	#稻 谷	#玉 米	豆 类	#大 豆	薯 类
1949	8471.0	7242.9	1621.5		1577.1	38.6	1246.3		632.1	350.2
1952	9071.4	7418.8	1634.1		1586.4	53.5	1129.0		548.9	456.9
1957	9707.9	7983.2	2474.9		2397.0	145.0	1473.7		813.6	481.2
1962	8470.3	7085.5	1795.8		1724.1	57.5	1216.6		535.5	768.1
1965	8615.1	7215.5	1978.7		1851.6	122.2	1457.6		480.0	673.6
1970	8998.8	7670.7	2278.4		2076.1	92.8	1735.6		410.7	694.6
1975	9448.1	8054.1	2954.9		2813.2	73.5	1895.9		241.1	630.3
1978	9370.9	7949.4	2979.2		2854.8	110.2	2236.2		260.0	608.5
1980	9013.9	7487.2	2703.8		2648.9	145.2	2340.9		261.2	473.6
1985	8656.5	6492.7	2367.5		2351.9	127.6	1749.5		300.7	473.9
1990	8786.7	6827.8	2515.0		2508.4	147.7	2040.8		403.5	433.7
1995	8720.1	6829.5	2515.3	5767.2	2500.6	128.7	2290.8	655.4	481.4	407.0
1996	8872.1	7137.3	2610.4	6068.6	2591.2	141.8	2524.9	637.6	473.4	431.1
1997	8856.9	7099.4	2745.3	6068.4	2720.7	155.3	2425.9	610.2	460.0	420.8
1998	9097.7	7305.7	2793.8	6243.8	2764.0	153.2	2581.0	647.8	496.2	414.1
1999	9055.2	7236.1	2765.8	6230.7	2729.9	154.7	2663.8	584.6	438.1	420.8
2000	9024.4	6918.7	2716.6	5879.1	2678.8	143.9	2478.6	592.2	423.7	447.4
2001	8990.8	6628.9	2629.6	5736.1	2579.8	94.1	2543.4	484.0	379.2	408.8
2002	8935.1	6484.4	2493.2	5625.8	2449.6	111.0	2577.4	452.1	331.3	406.5
2003	8638.5	5944.0	2232.9	5183.5	2192.9	75.6	2488.8	384.0	280.5	376.5
2004	8695.4	6003.4	2200.5	5322.9	2161.5	83.5	2630.6	359.7	274.3	320.8
2005	8785.5	6240.2	2415.4	5611.3	2377.1	87.7	2677.4	333.1	254.9	295.8
2006	8713.9	6271.7	2535.6	5752.2	2504.5	88.7	2799.9	270.0	210.9	249.5
2007	8652.7	6168.2	2443.1	5662.4	2412.4	84.5	2862.6	248.4	188.5	257.5
2008	8713.2	6158.1	2447.2	5648.9	2416.1	81.5	2841.1	249.6	187.6	259.6
2009	8682.5	6216.5	2424.2	5753.0	2394.5	85.1	2950.5	219.3	165.8	244.2
2010	8718.4	6282.2	2455.2	5831.8	2420.3	79.7	3008.6	194.4	147.9	256.0
2011	8773.7	6286.1	2431.6	5836.2	2396.1	83.0	3035.8	179.3	136.1	270.6
2012	8786.5	6302.4	2444.7	5863.4	2410.0	85.9	3049.1	171.7	127.6	267.3
2013	8749.2	6315.9	2407.1	5883.8	2377.7	86.8	3108.8	166.4	124.5	265.7
2014	8713.1	6332.0	2365.0	5912.2	2342.7	84.8	3170.9	162.3	122.3	257.5
2015	8739.8	6392.5	2350.7	5965.2	2318.9	84.8	3248.1	153.7	115.9	273.6

1-2-1续 历年主要农作物播种面积

单位：千公顷

年 份	#棉 花	#油 料	#花 生	#芝 麻	#麻 类	#甜 菜	#烟 叶	#烤 烟	#蔬菜播种面积	#瓜类播种面积
1949	625.4	322.7	232.5	52.5	21.9		4.1	0.3		
1952	978.1	348.8	229.9	45.4	40.0		8.1	1.6		
1957	935.8	358.6	220.5	36.9	40.2		5.0	0.8		
1962	667.8	208.7	80.6	46.7	25.0	1.2	5.2	0.5		
1965	716.5	287.3	142.5	39.4	41.1	0.2	3.7	0.7		
1970	580.8	273.3	123.5	46.2	26.3	2.2	4.0	0.8		
1975	582.3	300.3	137.9	40.4	37.9	11.3	8.5	3.3	210.0	25.3
1978	576.6	300.2	133.1	32.1	30.2	15.2	11.8	6.3	225.4	26.0
1980	548.7	461.0	237.1	52.3	27.8	10.0	5.6	1.0	213.7	36.5
1985	850.3	749.8	331.6	123.3	24.6	11.5	11.5	3.3	263.2	82.7
1990	910.9	543.5	296.2	59.7	9.0	7.7	12.2	7.2	288.5	45.2
1995	700.5	604.5	371.7	46.4	4.9	11.9	5.5	3.7	408.9	53.0
1996	427.5	601.1	374.1	39.2	4.4	7.2	6.6	5.0	529.4	60.1
1997	377.1	602.7	399.7	27.2	5.6	7.2	8.9	6.9	599.3	54.4
1998	315.7	632.4	425.2	29.8	5.0	8.0	5.7	4.3	667.7	79.8
1999	266.6	635.2	430.5	27.4	3.4	8.0	5.9	4.3	735.6	78.5
2000	307.4	686.4	463.3	25.9	3.0	9.9	5.5	3.7	866.1	87.7
2001	418.5	631.7	494.5	26.1	2.6	9.3	4.1	2.9	925.8	109.7
2002	407.4	642.0	479.8	21.3	3.6	11.6	4.9	3.2	1028.9	104.1
2003	581.4	634.0	489.5	19.2	2.1	11.5	4.7	3.1	1068.5	111.8
2004	669.1	583.6	448.9	16.2	2.1	8.6	4.4	2.9	1082.2	109.3
2005	573.5	559.0	438.8	15.2	2.2	10.5	3.7	2.6	1104.8	105.4
2006	664.1	485.9	377.6	13.0	2.0	13.9	1.9	1.1	1066.7	103.1
2007	680.0	498.3	391.5	11.2	1.5	15.7	1.9	1.1	1075.0	104.8
2008	690.0	516.9	409.9	9.7	0.4	15.7	3.0	2.5	1101.3	102.5
2009	620.0	496.6	389.7	8.6	0.4	12.5	3.0	2.4	1100.9	100.0
2010	581.6	464.4	367.4	7.9	0.3	14.1	2.9	1.9	1138.6	104.1
2011	632.5	453.1	360.2	7.4	0.3	12.5	2.9	2.3	1157.9	105.2
2012	578.3	454.0	354.5	6.8	0.3	14.2	3.2	2.6	1203.0	106.7
2013	483.0	470.4	355.6	6.4	0.3	16.3	3.2	2.7	1220.4	109.5
2014	410.9	466.3	352.5	6.1	0.3	15.3	3.0	2.4	1237.5	114.2
2015	359.3	461.6	342.9	6.2	0.2	17.1	2.9	2.4	1242.1	114.7

1-2-2 历年主要农作物产品产量

年 份	粮 食总产量(万吨)	#夏收粮食	谷 物	#小 麦	#稻 谷	#玉 米	豆 类	#大 豆	薯 类	棉 花总产量(万吨)
1949	469.5	90.2		86.4	3.1	86.1		30.7	47.5	10.82
1952	772.2	119.3		115.5	9.7	134.7		39.2	95.8	28.14
1957	819.1	167.0		161.7	22.5	207.8		70.7	106.5	30.05
1962	662.8	109.7		104.2	10.5	140.4		33.8	153.4	13.02
1965	964.5	206.0		192.0	27.1	250.7		34.5	159.1	26.07
1970	1272.5	256.5		228.0	36.4	368.1		53.1	210.7	25.28
1975	1543.4	487.4		460.0	36.7	421.1		27.5	199.2	18.30
1978	1687.9	655.2		631.4	54.3	516.6		32.3	163.8	11.71
1980	1522.5	387.9		378.8	83.1	663.2		29.7	125.2	24.72
1985	1966.6	748.2		744.3	78.0	678.9		38.5	144.5	62.86
1990	2276.9	929.8		927.7	91.6	829.2		53.5	138.6	57.08
1995	2739.0	1065.4	2507.0	1060.3	90.3	1183.4	94.3	78.6	137.7	37.05
1996	2789.5	1146.8	2557.1	1139.1	92.2	1168.4	89.9	73.6	142.5	25.84
1997	2746.7	1341.5	2554.1	1330.7	102.4	1009.5	68.0	58.2	124.6	24.87
1998	2917.5	1265.3	2680.3	1253.6	99.2	1187.2	95.0	76.0	142.2	27.02
1999	2746.3	1294.4	2552.1	1280.5	93.1	1088.0	68.6	56.7	125.6	22.26
2000	2551.1	1219.8	2355.6	1208.0	65.8	994.5	74.5	62.9	121.0	30.01
2001	2491.8	1140.6	2309.0	1122.7	47.2	1059.5	67.1	56.3	115.7	41.93
2002	2435.8	1114.2	2256.2	1099.5	55.7	1035.0	60.6	49.4	119.0	40.19
2003	2387.8	1035.4	2205.9	1018.8	41.1	1073.6	60.6	46.4	121.3	52.20
2004	2480.1	1069.0	2319.4	1053.2	47.3	1157.6	57.6	44.3	103.1	66.54
2005	2598.6	1166.0	2452.9	1150.3	51.6	1193.8	51.2	42.4	94.5	57.72
2006	2780.6	1203.4	2640.2	1189.7	51.2	1348.8	46.9	39.5	93.5	70.02
2007	2841.6	1207.8	2716.0	1193.7	57.6	1421.8	42.8	36.4	82.8	72.47
2008	2905.8	1236.5	2758.5	1221.9	55.6	1442.2	45.9	38.1	101.4	73.73
2009	2910.2	1243.2	2801.8	1229.8	57.5	1465.2	34.9	28.5	73.4	60.46
2010	2975.9	1243.7	2844.3	1230.6	54.2	1508.7	33.5	27.7	98.1	56.95
2011	3172.6	1290.1	3032.3	1276.1	60.2	1639.6	35.7	29.5	104.6	65.34
2012	3246.6	1353.1	3102.7	1337.7	49.8	1649.5	32.5	25.9	111.5	56.44
2013	3365.0	1402.4	3221.8	1387.2	58.8	1703.9	30.9	24.4	112.4	45.68
2014	3360.2	1444.0	3224.9	1429.9	54.2	1670.7	34.8	25.0	100.5	43.10
2015	3363.8	1450.2	3230.4	1435.0	54.5	1670.4	29.5	22.6	103.9	37.34

1-2-2续　历年主要农作物产品产量

年份	油料总产量(万吨)	#花生	#芝麻	麻类总产量(吨)	#黄红麻	甜菜总产量(万吨)	烟叶(吨)	#烤烟	蔬菜总产量(万吨)	瓜类总产量(万吨)
1949	26.36	23.25	1.37	9875		0.01	2455	125		
1952	30.99	25.87	2.00	31420		0.06	9040	1990		
1957	29.47	24.34	1.46	25870		0.05	3845	545		
1962	8.42	5.22	1.75	4825		0.32	2310	225		
1965	17.85	10.66	1.95	16785		0.11	2385	535		
1970	24.18	14.89	2.56	11610		2.15	3975	990		
1975	24.05	15.29	2.33	18630	10030	6.05	6715	2515	523.8	33.0
1978	24.50	17.37	1.26	16615	9130	8.31	10940	6385	550.7	29.7
1980	45.14	35.77	3.23	17785	9720	9.44	5900	1540	531.6	45.9
1985	86.92	58.01	5.14	59890	52305	19.89	20135	5440	921.2	173.1
1990	74.89	57.81	2.74	20148	18158	12.34	22090	11596	1157.0	110.6
1995	109.86	94.68	2.47	13996	13095	12.36	9427	6513	2148.4	186.6
1996	120.65	100.48	2.22	11575	10805	6.86	16334	9661	2581.8	221.9
1997	117.98	106.79	1.62	14294	12966	7.09	18872	13965	3033.8	215.1
1998	138.82	118.53	2.23	14257	13313	17.08	12488	8302	3587.8	313.6
1999	129.51	117.98	1.85	9042	8535	7.53	12082	7839	3815.4	310.0
2000	146.97	132.59	2.03	7951	7436	11.53	12429	7360	4454.0	341.9
2001	153.81	144.27	1.99	7231	6897	9.90	9356	4062	4892.6	405.0
2002	151.26	140.45	1.64	10271	10060	14.73	11083	5252	5477.2	420.8
2003	163.10	148.14	1.64	6214	5801	22.03	10693	4378	5903.4	473.8
2004	154.32	137.85	1.50	4329	778	20.99	10952	5135	6187.5	469.4
2005	152.73	140.33	1.46	7262	767	42.66	9759	4928	6467.6	479.4
2006	133.78	121.87	1.32	7328	810	56.82	4984	2286	6314.4	460.3
2007	138.09	130.68	1.12	3962	717	53.08	4226	2271	6440.7	475.7
2008	152.59	140.07	1.08	710	617	59.38	6114	3562	6684.6	478.8
2009	143.27	133.99	1.01	745	699	30.73	6650	4082	6742.1	474.6
2010	140.29	129.23	1.05	677	648	48.98	6505	3201	7073.6	500.7
2011	141.78	128.92	1.04	729	688	46.52	6812	4159	7384.3	514.1
2012	142.83	126.94	0.91	780	738	59.43	7019	4550	7695.1	528.9
2013	151.13	130.08	0.88	786	736	74.24	7154	4806	7902.1	560.2
2014	150.20	129.24	0.84	612	592	75.62	8871	6568	8125.7	598.4
2015	151.54	127.41	0.85	499	480	89.18	6400	4202	8243.7	608.6

1-2-3　历年主要农作物单位面积产量

单位：公斤/公顷

年　份	粮食播种面积单产	#小麦	#稻谷	#玉米	#大豆	#薯类	棉花播种面积单产
1949	648	548	798	691	487	1355	173
1952	1041	728	1820	1193	714	2096	288
1957	1026	675	1552	1410	869	2214	321
1962	935	605	1818	1154	632	1997	195
1965	1337	1037	2220	1721	719	2362	364
1970	1659	1098	3926	2121	1293	3033	435
1975	1916	1635	4994	2222	1141	3161	314
1978	2123	2212	4928	2310	1245	2693	203
1980	2034	1430	5722	2833	1140	2640	451
1985	3029	3165	6113	3881	1283	3045	739
1990	3335	3698	6201	4063	1326	3196	627
1995	4011	4240	7019	5166	1654	3384	529
1996	3908	4396	6501	4628	1555	3307	604
1997	3869	4891	6591	4161	1265	2960	660
1998	3993	4536	6477	4600	1532	3434	856
1999	3795	4691	6017	4085	1295	2985	835
2000	3687	4509	4573	4012	1485	2705	976
2001	3759	4352	5021	4166	1486	2830	1002
2002	3756	4489	5019	4015	1492	2926	986
2003	4017	4646	5433	4314	1655	3223	898
2004	4131	4873	5659	4400	1616	3214	994
2005	4164	4839	5882	4459	1664	3193	1007
2006	4434	4750	5770	4817	1873	3747	1054
2007	4607	4948	6810	4967	1929	3214	1066
2008	4719	5057	6815	5076	2032	3906	1069
2009	4681	5136	6751	4966	1718	3006	975
2010	4737	5085	6805	5015	1873	3831	979
2011	5047	5326	7249	5401	2169	3864	1033
2012	5151	5551	5798	5410	2032	4170	976
2013	5328	5834	6768	5481	1962	4229	946
2014	5307	6104	6383	5269	2045	3903	1049
2015	5262	6188	6431	5143	1949	3798	1039

1-2-3续　历年主要农作物单位面积产量

单位：公斤/公顷

年　份	油料播种面积单产	#花　生	麻类播种面积单产	甜菜播种面积单产	烟叶播种面积单产	#烤　烟	蔬菜播种面积单产	瓜类播种面积单产
1949	817	721	452		601	391		
1952	888	742	785	14000	1115	1254		
1957	822	679	644	12250	776	717		
1962	403	250	193	2674	448	462		
1965	621	371	408	4800	647	819		
1970	885	545	442	9636	983	1248		
1975	801	509	492	5370	786	756	24938	13052
1978	816	1305	548	5468	930	1013	24435	11400
1980	979	1509	638	9398	1058	1478	24870	12518
1985	1159	1750	2438	17250	1755	1665	34995	20940
1990	1378	1951	2229	16027	1818	1606	40110	24479
1995	1817	2548	2843	10408	1729	1761	52547	35241
1996	2007	2686	2654	9527	2458	1951	48769	36913
1997	1957	2672	2565	9816	2123	2012	50618	39546
1998	2195	2787	2864	21465	2187	1931	53733	39274
1999	2039	2740	2689	9389	2052	1821	52870	39467
2000	2141	2862	2642	11695	2267	1976	51424	38996
2001	2435	2918	2739	10636	2265	1396	53377	36914
2002	2356	2927	2885	12654	2248	1636	53236	40420
2003	2573	3026	2988	19105	2256	1431	55250	42370
2004	2644	3071	2061	24291	2478	1771	57175	42941
2005	2732	3198	3317	40704	2635	1918	58542	45486
2006	2753	3227	3684	40769	2612	2169	59194	44663
2007	2771	3338	2717	33851	2213	2028	59915	45395
2008	2952	3417	1994	37851	2030	1449	60694	46695
2009	2885	3438	354	24540	2224	4082	61240	47466
2010	3021	3517	2212	34813	2206	1659	62127	48105
2011	3129	3579	2202	37246	2339	1815	63775	48857
2012	3146	3581	2241	41911	2211	1725	63966	49547
2013	3213	3658	2382	45584	2253	1807	64753	51144
2014	3221	3667	2242	49574	3001	2692	65662	52420
2015	3283	3716	2160	52015	2183	1721	66371	53067

1-2-4 主要农作物播种面积增减

指　　标	播种面积(千公顷)			
	2010年	2014年	2015年	2015年比上年增减(%)
农作物总播种面积	**8718.4**	**8713.1**	**8739.8**	**0.3**
一、粮食作物	**6282.2**	**6332.0**	**6392.5**	**1.0**
#夏收粮食	2455.2	2365.0	2350.7	-0.6
1.谷　物	5831.8	5912.2	5965.2	0.9
#稻　谷	79.7	84.8	84.8	-0.1
小　麦	2420.3	2342.7	2318.9	-1.0
玉　米	3008.6	3170.9	3248.1	2.4
谷　子	154.8	147.2	148.3	0.8
高　粱	16.2	12.8	11.5	-10.7
2.豆　类	194.4	162.3	153.7	-5.3
#大　豆	147.9	122.3	115.9	-5.3
3.薯　类	256.0	257.5	273.6	6.3
#马铃薯	155.0	160.0	178.3	11.4
二、油　料	**464.4**	**466.3**	**461.6**	**-1.0**
#花　生	367.4	352.5	342.9	-2.7
油菜籽	22.0	19.9	17.6	-11.3
芝　麻	7.9	6.1	6.2	0.7
胡麻籽	41.0	35.4	34.5	-2.7
葵花籽	23.8	51.6	59.3	14.9
三、棉　花	**581.6**	**410.9**	**359.3**	**-12.6**
四、麻　类	**0.3**	**0.3**	**0.2**	**-15.4**
#黄红麻	0.3	0.3	0.2	-15.9
大麻(线)				
五、甜　菜	**14.1**	**15.3**	**17.1**	**12.4**
六、烟　叶	**2.9**	**3.0**	**2.9**	**-0.8**
#烤　烟	1.9	2.4	2.4	
七、药　材	**28.4**	**47.6**	**62.1**	**30.5**
八、蔬　菜	**1138.6**	**1237.5**	**1242.1**	**0.4**
九、瓜果类	**104.1**	**114.2**	**114.7**	**0.5**
十、其他农作物	**101.9**	**86.1**	**87.3**	**1.4**
#青饲料	64.3	58.6	55.8	-4.7

1-2-5 主要农作物播种面积构成

(以农作物总播种面积为100)　　单位：%

指　　标	2010年	2014年	2015年
农作物总播种面积	**100.00**	**100.00**	**100.00**
一、粮食作物	**72.06**	**72.67**	**73.14**
#夏收粮食	28.16	27.14	26.90
1.谷　物	66.89	67.85	68.25
#稻　谷	0.91	0.97	0.97
小　麦	27.76	26.89	26.53
玉　米	34.51	36.39	37.16
谷　子	1.78	1.69	1.70
高　粱	0.19	0.15	0.13
2.豆　类	2.23	1.86	1.76
#大　豆	1.70	1.40	1.33
3.薯　类	2.94	2.96	3.13
#马铃薯	1.78	1.84	2.04
二、油　料	**5.33**	**5.35**	**5.28**
#花　生	4.21	4.05	3.92
油菜籽	0.25	0.23	0.20
芝　麻	0.09	0.07	0.07
胡麻籽	0.47	0.41	0.39
葵花籽	0.27	0.59	0.68
三、棉　花	**6.67**	**4.72**	**4.11**
四、麻　类			
#黄红麻			
大麻(线)			
五、甜　菜	**0.16**	**0.18**	**0.20**
六、烟　叶	**0.03**	**0.03**	**0.03**
#烤　烟	0.02	0.03	0.03
七、药　材	**0.33**	**0.55**	**0.71**
八、蔬　菜	**13.06**	**14.20**	**14.21**
九、瓜果类	**1.19**	**1.31**	**1.31**
十、其他农作物	**1.17**	**0.99**	**1.00**
#青饲料	0.74	0.67	0.64

1-2-6　主要农作物产品产量增减

指　标	总　产　量（万吨）			
	2010年	2014年	2015年	2015年比上年增减(%)
一、粮食作物	**2975.90**	**3360.17**	**3363.81**	**0.1**
#夏收粮食	1243.70	1444.00	1450.21	0.4
1.谷　物	2844.29	3224.91	3230.42	0.2
#稻　谷	54.23	54.15	54.53	0.7
小　麦	1230.62	1429.90	1435.00	0.4
玉　米	1508.72	1670.70	1670.36	
谷　子	39.29	47.82	48.37	1.2
高　粱	4.55	4.32	3.70	-14.4
2.豆　类	33.52	34.75	29.47	-15.2
#大　豆	27.69	25.01	22.58	-9.7
3.薯　类	98.09	100.51	103.93	3.4
#马铃薯	44.96	54.43	58.32	7.2
二、油　料	**140.29**	**150.20**	**151.54**	**0.9**
#花　生	129.23	129.24	127.41	-1.4
油菜籽	2.89	3.21	2.97	-7.4
芝　麻	1.05	0.84	0.85	1.5
胡麻籽	2.71	2.80	3.26	16.3
葵花籽	3.76	13.86	16.72	20.6
三、棉　花	**56.95**	**43.10**	**37.34**	**-13.4**
四、麻　类	**0.07**	**0.06**	**0.05**	**-18.5**
#黄红麻	0.06	0.06	0.05	-18.9
大麻(线)				
五、甜　菜	**48.98**	**75.62**	**89.18**	**17.9**
六、烟　叶	**0.65**	**0.89**	**0.64**	**-27.9**
#烤　烟	0.32	0.66	0.42	-36.0
七、蔬　菜	**7073.57**	**8125.69**	**8243.69**	**1.5**
八、瓜果类	**500.70**	**598.39**	**608.58**	**1.7**

1-2-7 主要农作物播种面积单产增减

指 标	每公顷产量(公斤)			
	2010年	2014年	2015年	2015年比上年增减(%)
一、粮食作物	**4737**	**5307**	**5262**	**-0.9**
#夏收粮食	5066	6106	6169	1.0
1.谷 物	4877	5455	5415	-0.7
#稻 谷	6805	6383	6431	0.8
小 麦	5085	6104	6188	1.4
玉 米	5015	5269	5143	-2.4
谷 子	2538	3250	3262	0.4
高 粱	2803	3367	3227	-4.2
2.豆 类	1724	2141	1917	-10.5
#大 豆	1873	2045	1949	-4.7
3.薯 类	3831	3903	3798	-2.7
#马铃薯	2901	3402	3272	-3.8
二、油 料	**3021**	**3221**	**3283**	**1.9**
#花 生	3517	3667	3716	1.3
油菜籽	1312	1611	1683	4.5
芝 麻	1341	1370	1381	0.8
胡麻籽	662	790	945	19.6
葵花籽	1577	2687	2822	5.0
三、棉 花	**979**	**1049**	**1039**	**-1.0**
四、麻 类	**2212**	**2242**	**2160**	**-3.7**
#黄红麻	2258	2295	2212	-3.6
大麻(线)	1500	2000	1429	-28.5
五、甜 菜	**34813**	**49574**	**52015**	**4.9**
六、烟 叶	**2206**	**3001**	**2183**	**-27.3**
#烤 烟	1659	2692	1721	-36.1
七、蔬 菜	**62127**	**65662**	**66371**	**1.1**
八、瓜果类	**48105**	**52420**	**53067**	**1.2**

1-2-8 历年水果及食用坚果产量

单位：吨

年 份	食用坚果产量	#核 桃	#板 栗	园林水果产量	#苹 果	#梨
1949	12005	3947	4497	228090	1338	80849
1952	12989	3880	5692	351161	1897	61517
1957	22969	5962	12078	226090	3256	52619
1962	14030	4780	8701	319229	2503	79072
1965	37170	9519	19784	331610	6580	73089
1970	36635	7102	13667	523832	32743	188355
1975	31185	6257	15261	645190	75250	263840
1978	42932	10688	22234	795113	172303	370708
1980	43625	11895	23340	801200	178060	359985
1985	51335	12391	23801	1601587	467727	738079
1990	50042	12254	26565	1754709	467647	763038
1995	65532	19099	28812	4319652	1255794	1686062
1996	87502	21742	39976	5031989	1566759	1977097
1997	102402	27905	43021	5561208	1751374	2113339
1998	92742	29441	42490	6296892	1930339	2388517
1999	97254	30365	43023	6437654	1871157	2509805
2000	90259	30102	34620	6773066	1806155	2551647
2001	83036	28761	50725	6697927	1845447	2445536
2002	89177	30613	55049	7485270	1965571	2662857
2003	110723	32746	71595	7969744	2002769	2820702
2004	132974	38401	84661	8769525	2142882	3131868
2005	164307	47032	107079	9184789	2202273	3246220
2006	189815	46044	134895	9685262	2357620	3334972
2007	234029	52253	168874	10158050	2478845	3459772
2008	249197	61590	166115	10541293	2615982	3539679
2009	314814	70518	211619	11040692	2767973	3640682
2010	282387	74392	174640	11117252	2724614	3758287
2011	336181	96891	208241	12050753	2926425	4068629
2012	400706	126636	243925	12860377	3114632	4450544
2013	427566	104334	284555	13030993	3201405	4455981
2014	468958	160632	275201	14205932	3457299	4735278
2015	543683	173363	327482	15086122	3665784	5059899

1-2-8续　历年水果及食用坚果产量

单位：吨

年　份	园林水果产量（续）					
	#桃	#葡　萄	#红　枣	#柿　子	#杏	#红　果
1949			82555			
1952			164183			
1957			73243			
1962			134948			
1965			126425			
1970			121811			
1975		10270	153100	64880		
1978	36309	5647	92855	75207		
1980	34585	7585	124400	55955		
1985	48082	25807	139912	102230	24561	16724
1990	178001	80921	122889	57405	25022	31175
1995	499684	293034	212812	153893	39577	107888
1996	538423	304721	215382	151833	56363	127609
1997	576184	361689	284032	188173	67924	136759
1998	649389	404436	359256	221166	70685	166754
1999	713701	447002	353051	241482	80511	123897
2000	735804	523601	441657	246119	120141	96121
2001	868119	580139	419954	225584	109040	117828
2002	1009618	758280	488031	257519	126981	120480
2003	1133773	803418	551313	291535	140877	123716
2004	1223842	840916	666445	323962	156907	156359
2005	1248910	863938	807577	333382	173335	161367
2006	1316853	878417	909161	345685	185692	191765
2007	1370654	946886	910315	394325	185922	252014
2008	1430416	988071	929978	410365	190566	262525
2009	1444854	1050802	1077928	418102	196518	295594
2010	1462150	1075468	1031025	446393	213487	250340
2011	1526760	1125481	1253857	470458	233297	275343
2012	1573161	1241764	1258911	503927	247677	298783
2013	1661743	1369938	1167677	444477	261618	307508
2014	1818496	1549564	1312732	523230	273196	338378
2015	1931515	1659871	1385688	522629	289005	366434

1-2-9 园林水果及食用坚果生产

指　　标	单　位	2010年	2014年	2015年	2015年比上年增减(%)
一、园林水果产量	**吨**	**11117252**	**14205932**	**15086122**	**6.2**
#苹　果	吨	2724614	3457299	3665784	6.0
梨	吨	3758287	4735278	5059899	6.9
桃	吨	1462150	1818496	1931515	6.2
葡　萄	吨	1075468	1549564	1659871	7.1
红　枣	吨	1031025	1312732	1385688	5.6
柿　子	吨	446393	523230	522629	-0.1
杏	吨	213487	273196	289005	5.8
红　果	吨	250340	338378	366434	8.3
二、食用坚果产量	**吨**	**282387**	**468958**	**543683**	**15.9**
#核　桃	吨	74392	160632	173363	7.9
板　栗	吨	174640	275201	327482	19.0
三、果园面积	**千公顷**	**1064.40**	**1118.96**	**1094.23**	**-2.2**
#苹果园	千公顷	265.41	240.86	242.65	0.7
梨　园	千公顷	189.21	199.38	203.30	2.0
桃　园	千公顷	85.76	85.12	88.28	3.7
葡萄园	千公顷	70.37	83.79	86.49	3.2

1-2-10 林　业　生　产

指　　标	单　位	2010年	2014年	2015年	2015年比上年增减(%)
一、营林情况					
(一)当年造林面积	千公顷	283.88	340.04	342.59	0.7
#用材林	千公顷	18.95	50.74	44.99	-11.3
经济林	千公顷	14.78	56.18	80.31	42.9
防护林	千公顷	249.14	232.72	216.04	-7.2
薪炭林	千公顷				
(二)更新造林面积	千公顷	4.20	4.00	5.26	31.4
(三)当年零星四旁植树	万　株	10036.95	11430.64	10786.14	-5.6
(四)当年育苗面积	千公顷	16.12	31.24	28.86	-7.6
(五)森林抚育面积	千公顷	263.75	402.69	444.49	10.4
二、商品材采伐量	**万立方米**	**71.34**	**90.18**	**80.45**	**-10.8**
#村及村以下木材采伐量	万立方米	44.20	60.44	48.29	-20.1
三、花椒产量	**吨**	**12271**	**10944**	**10726**	**-2.0**

注：森林抚育面积是指中、幼龄林抚育面积。

1-2-11 历年牲畜存栏头数

单位：万头

年 份	大牲畜年末存栏	牛	马	驴	骡
1949	299.80	146.69	8.65	127.08	17.37
1952	369.92	189.15	12.19	148.91	19.64
1957	346.55	174.66	18.12	136.57	17.17
1962	258.13	142.40	19.48	83.10	13.13
1965	300.65	171.71	24.37	90.32	14.24
1970	366.55	198.52	41.01	102.12	24.66
1975	380.70	165.03	70.91	98.43	44.93
1978	354.70	134.60	79.81	83.07	56.95
1980	341.05	120.71	78.02	78.26	63.88
1985	446.50	155.10	71.95	142.57	76.88
1990	525.22	207.90	56.95	176.71	83.66
1995	870.88	579.34	48.68	167.69	75.17
1996	885.85	598.52	49.36	164.23	73.74
1997	860.33	582.96	49.54	158.17	69.66
1998	835.89	563.76	49.03	155.36	67.74
1999	811.94	543.33	48.21	153.61	66.79
2000	774.24	516.73	45.04	149.14	63.33
2001	730.17	487.72	43.31	138.92	60.22
2002	702.92	476.64	40.64	130.04	55.60
2003	685.06	477.87	36.83	121.05	49.31
2004	721.81	528.39	35.53	112.56	45.33
2005	762.63	584.92	33.13	104.11	40.47
2006	613.00	458.93	28.99	90.16	34.92
2007	610.49	474.99	24.92	80.72	29.86
2008	569.75	449.01	22.70	70.65	27.39
2009	536.66	429.11	20.30	62.89	24.36
2010	503.87	404.20	18.85	57.73	23.09
2011	495.72	400.31	18.20	55.80	21.41
2012	498.15	403.10	18.44	55.49	21.12
2013	482.55	390.66	18.07	53.64	20.16
2014	488.23	402.42	17.06	49.92	18.79
2015	493.20	412.48	15.97	47.34	17.37

1-2-11续 历年牲畜存栏头数

年 份	生猪存栏(万头)	羊存栏(万只)	山 羊	绵 羊	活家禽存栏(万只)
1949	346.5	170.3	81.7	88.6	
1952	502.9	306.1	155.6	150.5	
1957	704.4	463.4	263.3	200.1	
1962	524.4	799.7	529.2	270.5	
1965	772.9	573.6	331.1	242.5	
1970	923.8	665.4	391.6	273.8	
1975	1622.8	659.0	382.9	276.1	
1978	1245.7	600.7	346.1	254.6	
1980	1293.4	814.9	461.4	353.5	4210.8
1985	1421.4	721.1	372.8	348.3	10233.0
1990	1494.2	1074.5	562.6	511.9	12838.2
1995	2052.8	1565.7	803.4	762.3	35670.5
1996	2061.2	1654.2	840.1	814.1	44078.6
1997	2097.8	1728.8	872.8	856.0	44971.5
1998	2069.6	1738.8	866.8	872.1	45153.6
1999	2029.2	1719.3	844.9	874.4	45066.2
2000	1959.6	1676.6	801.8	874.8	45515.9
2001	1904.2	1639.5	751.3	888.2	44432.9
2002	1909.9	1572.5	672.9	899.6	47707.8
2003	1926.2	1594.3	664.5	929.8	42212.7
2004	1964.3	1664.5	673.7	990.9	51602.9
2005	1977.5	1679.1	678.3	1000.8	41070.5
2006	1812.8	1552.6	771.5	781.1	37495.5
2007	1907.1	1583.7	785.5	798.2	39106.9
2008	2015.2	1617.0	750.9	866.1	37996.3
2009	1968.0	1565.1	551.4	1013.7	34922.4
2010	1846.0	1408.6	462.2	946.4	33106.4
2011	1885.2	1457.2	467.5	989.7	35668.3
2012	1847.5	1413.5	450.5	963.0	38528.8
2013	1932.9	1455.1	450.9	1004.2	37206.4
2014	1915.5	1526.4	481.6	1044.8	38694.7
2015	1865.7	1450.1	475.8	974.3	37804.7

1-2-12 历年牲畜出栏及主要畜产品产量

年份	年内出栏肉猪（万头）	年内牛出栏（万头）	年内羊出栏（万只）	活家禽出栏（万只）	肉类总产量（万吨）	#猪牛羊肉产量（万吨）	奶类产量（万吨）	#生牛奶产量（万吨）	绵羊毛产量（吨）	禽蛋产量（万吨）
1975	584.3		150.5				2.16	1.40	2649	
1978	570.5	4.0	135.7			41.7	2.46	1.82	3652	
1980	716.9	5.4	174.9			52.5	4.51	2.65	5134	
1985	1018.5	15.2	325.9		85.9	81.9	10.05	7.32	7511	33.44
1990	1395.5	45.0	644.4	5246.6	130.1	121.2	14.26	11.18	12634	51.28
1995	2409.6	333.3	1200.7	31457.4	310.7	258.8	38.92	32.55	17427	205.29
1996	2454.1	325.8	1392.0	40690.8	315.9	253.1	47.94	40.06	19284	266.63
1997	2564.5	329.0	1470.0	42762.5	332.7	262.5	54.72	46.74	21547	294.02
1998	2620.4	329.3	1491.3	42920.7	339.8	268.1	65.89	55.81	23172	305.61
1999	2666.6	320.7	1493.2	43913.3	343.7	270.5	78.81	68.35	25715	317.76
2000	2675.2	326.3	1511.5	44471.3	342.4	270.0	96.21	84.20	27788	329.35
2001	2699.4	315.5	1502.7	45073.9	347.7	269.7	119.26	107.38	27475	335.53
2002	2757.1	321.2	1609.6	45671.3	356.6	277.1	148.89	136.89	28657	346.88
2003	2853.0	329.5	1591.6	46542.5	365.8	285.3	207.61	197.90	30004	358.56
2004	2991.0	403.2	1615.8	47033.9	378.8	298.7	276.95	266.46	31678	367.24
2005	3145.0	360.4	1695.5	48690.1	395.6	314.2	348.64	340.35	36466	385.18
2006	3246.7	348.8	1726.4	48743.0	406.2	323.5	417.00	407.62	33254	382.30
2007	2964.2	359.7	1789.1	52107.8	398.1	307.6	497.70	489.44	32051	396.45
2008	3230.8	354.1	1946.2	53900.3	421.1	329.1	515.33	504.51	34147	411.00
2009	3332.9	344.3	2059.1	52552.8	426.6	336.8	461.10	451.50	34588	353.20
2010	3222.9	361.2	2143.5	47980.7	416.7	332.6	449.08	439.76	29290	339.08
2011	3235.8	339.0	2050.7	50730.8	418.2	329.5	466.94	458.90	28748	339.84
2012	3396.7	340.3	2071.5	57935.9	442.9	343.0	478.97	470.37	30663	342.56
2013	3452.0	325.3	2105.1	58573.2	448.8	346.6	465.66	458.00	33105	346.06
2014	3638.4	320.6	2189.3	59627.5	468.1	364.1	496.12	487.77	36145	362.71
2015	3551.1	325.4	2255.0	58435.0	462.5	359.9	480.93	473.14	36308	373.59

1-2-13　历年猪、牛、羊、禽出栏率及胴体重

年　份	猪出栏率(%)	牛出栏率(%)	羊出栏率(%)	家禽出栏率(%)	平均每头猪产肉(公斤)	平均每头牛产肉(公斤)	平均每只羊产肉(公斤)	平均每只家禽产肉(公斤)
1978	41.9	2.8	22.5					
1980	53.0	4.2	24.0					
1985	84.3	11.3	44.9		74.9	122.8	11.4	
1990	94.4	22.2	55.7	45.1	77.2	123.7	12.3	1.11
1995	134.4	71.7	98.5	105.3	77.8	163.8	14.0	1.41
1996	119.5	56.2	88.9	114.1	75.8	150.2	13.1	1.39
1997	124.4	55.0	88.9	97.0	75.2	153.7	13.0	1.36
1998	124.9	56.5	86.3	95.4	75.4	155.3	13.1	1.38
1999	128.8	56.9	85.9	97.3	75.5	154.5	13.1	1.38
2000	131.8	60.1	87.9	98.7	75.3	150.1	13.0	1.38
2001	137.8	61.0	89.6	99.0	75.3	148.6	13.0	1.41
2002	144.8	65.9	98.2	102.8	75.4	151.0	12.9	1.42
2003	149.4	69.1	101.2	97.6	75.3	151.4	12.9	1.42
2004	155.3	84.4	101.3	111.4	75.5	128.3	13.2	1.44
2005	160.1	68.2	101.9	94.4	75.7	149.3	13.2	1.38
2006	164.2	59.6	102.8	118.7	76.0	155.0	13.1	1.41
2007	163.5	78.4	115.2	139.0	76.1	160.5	13.6	1.45
2008	169.4	74.5	122.9	137.8	76.1	160.5	13.6	1.45
2009	165.3	76.7	127.3	138.3	76.1	160.6	13.6	1.45
2010	163.8	84.2	137.0	137.4	76.1	160.9	13.7	1.46
2011	175.0	83.0	145.6	153.2	76.2	160.7	13.9	1.47
2012	180.1	85.0	142.2	162.4	76.3	162.5	13.9	1.47
2013	186.8	80.7	148.9	152.0	76.8	160.8	13.8	1.48
2014	188.2	82.1	150.5	160.3	77.3	163.4	13.9	1.48
2015	185.4	80.9	147.7	151.0	77.4	163.5	14.0	1.49

1-2-14 主要牲畜出栏和畜产品产量及增减情况

指　　标	单　位	2010年	2014年	2015年	2015年比上年增减(%)
一、牲畜出栏量					
1.大牲畜出栏	万头	412.7	373.1	373.8	0.2
#牛	万头	361.2	320.6	325.4	1.5
2.猪 出 栏	万头	3222.9	3638.4	3551.1	-2.4
3.羊 出 栏	万只	2143.5	2189.3	2255.0	3.0
4.活家禽出栏	万只	47980.7	59627.5	58435.0	-2.0
5.兔 出 栏	万只	2879.2	3309.9	3227.2	-2.5
二、肉类总产量	**万吨**	**416.7**	**468.1**	**462.5**	**-1.2**
#猪　肉	万吨	245.2	281.2	275.0	-2.2
牛　肉	万吨	58.1	52.4	53.2	1.5
羊　肉	万吨	29.3	30.4	31.7	4.1
禽　肉	万吨	69.9	88.2	87.0	-1.4
兔　肉	万吨	4.9	5.5	5.4	-1.5
三、其他畜产品产量					
1.奶类产量	万吨	449.1	496.1	480.9	-3.1
#生牛奶	万吨	439.8	487.8	473.1	-3.0
2.山羊粗毛产量	吨	2728	3153	3115	-1.2
3.绵羊毛产量	吨	29290	36145	36308	0.5
4.羊绒产量	吨	776	877	946	7.9
5.天然蜂蜜产量	吨	11152	13161	12882	-2.1
6.禽蛋产量	万吨	339.1	362.7	374	3.0
7.蚕茧产量	吨	1417	1323	1007	-23.9

1-2-15 牲畜年末存栏头数及增减情况

指　　标	单　位	2010年	2014年	2015年	2015年比上年增减(%)
一、大牲畜存栏头数	**万头**	**503.9**	**488.2**	**493.2**	**1.0**
1.牛	万头	404.2	402.4	412.5	2.5
2.马	万头	18.9	17.1	16.0	-6.4
3.驴	万头	57.7	49.9	47.3	-5.2
4.骡	万头	23.1	18.8	17.4	-7.5
二、猪	**万头**	**1846.0**	**1915.5**	**1865.7**	**-2.6**
#能繁母猪	万头	184.2	195.2	185.5	-5.0
三、羊	**万只**	**1408.6**	**1526.4**	**1450.1**	**-5.0**
1.山　羊	万只	462.2	481.6	475.8	-1.2
2.绵　羊	万只	946.4	1044.8	974.3	-6.8
四、家禽	**万只**	**33106.4**	**38694.7**	**37804.7**	**-2.3**
五、兔	**万只**	**1342.4**	**1370.7**	**1304.7**	**-4.8**

1-2-16 历年水产品产量

单位：吨

年 份	水产品总产量	海水产品			淡水产品			远洋渔业
			#鱼	#虾蟹类		#鱼	#虾蟹类	
1949	50184	30158	7081	12934	20026	19251	300	
1952	68915	53463	9988	30428	15452	14928	88	
1957	96142	68534	19763	37583	27608	26882	82	
1962	47030	32568	20632	11025	14462	14014	280	
1965	64290	45586	28688	13531	18704	18192	219	
1970	72091	64610	30816	29211	7481	6678	7	
1975	131128	121457	35029	52722	9671	9146	459	
1978	139017	128043	43988	63856	10974	10232	214	
1980	97610	86479	41902	38144	11131	9811	643	
1985	127495	104529	58578	39276	22966	21464	1489	
1990	218553	164880	61762	71295	53673	50912	2722	
1995	396070	210215	73868	62853	185855	178218	6330	
1996	506930	283038	81682	72035	223892	215806	5317	
1997	606110	338322	119981	69949	267788	255759	11192	
1998	693317	384917	156073	84556	308400	290273	14679	
1999	759566	423429	180402	84302	336137	316480	15356	
2000	809496	482032	187944	80707	327464	306535	15084	
2001	848887	514411	185570	92362	334476	312911	15942	
2002	870571	518440	181557	91831	352131	315759	19720	
2003	862715	489702	177773	90483	373013	340328	25936	
2004	928218	541332	190417	94519	386886	351315	26843	
2005	989461	571808	191613	95057	417653	386333	23696	
2006	871418	499047	155456	77803	372371	342458	22504	
2007	906437	524303	160388	75141	382134	353175	22909	
2008	966400	549250	164631	80317	417150	385537	25009	
2009	1004100	553884	151520	78503	450216	415983	26465	
2010	1063300	582600	151653	78882	480700	443331	27725	
2011	1067131	563281	145094	71757	503850	464896	28464	
2012	1163172	634631	141882	81978	528541	484141	33498	
2013	1230636	682809	134634	77538	547827	498931	39094	
2014	1263941	731594	143783	74982	532347	490131	32328	
2015	1297077	756931	153972	77740	536146	495247	30960	40000

1-2-17 水产品产量和养殖面积及增减情况

指　标	单　位	2010年	2014年	2015年	2015年比上年增减(%)
一、水产品总产量	**吨**	**1063300**	**1263941**	**1297077**	**2.6**
1.海水产品产量	吨	582600	731594	756931	3.5
海洋捕捞产量	吨	253292	239595	250447	4.5
海水养殖产量	吨	329308	491999	506484	2.9
按品种分：					
鱼　类	吨	151653	143783	153972	7.1
虾蟹类	吨	78882	74982	77740	3.7
贝　类	吨	308017	469296	482177	2.7
其　他	吨	44048	43533	43042	-1.1
2.淡水产品产量	吨	480700	532347	536146	0.7
淡水捕捞产量	吨	92247	101680	102721	1.0
淡水养殖产量	吨	388453	430667	433425	0.6
按品种分：					
鱼　类	吨	443331	490131	495247	1.0
虾蟹类	吨	27725	32328	30960	-4.2
贝　类	吨	3886	3779	3818	1.0
其　他	吨	5758	6109	6121	0.2
3.远洋渔业产量	吨			4000	
二、水产养殖面积	**公顷**	**198765**	**201018**	**193954**	**-3.5**
1.海水养殖面积	公顷	123810	122434	117533	-4.0
海上养殖	公顷	77046	77006	65773	-14.6
滩涂养殖	公顷	27838	28726	33584	16.9
陆基养殖	公顷	18926	16702	18176	8.8
2.淡水养殖面积	公顷	74955	78584	76421	-2.8
池塘养殖	公顷	26995	31306	29783	-4.9
湖泊养殖	公顷	4142	4054	2851	-29.7
河沟养殖	公顷	1719	1520	1470	-3.3
水库养殖	公顷	41449	41350	41407	0.1
其他养殖	公顷	650	354	910	157.1

1-2-18 历年平均每人主要农产品产量

(按年平均人口计算)

年 份	人均耕地面积(亩/人)	人均常用耕地面积(亩/人)	粮 食(公斤)	棉 花(公斤)	油 料(公斤)	蔬 菜(公斤)	园林水果(公斤)
1949		3.53	152.14	3.51	8.54		7.39
1952		3.49	238.44	8.69	9.57		10.84
1957		3.08	225.70	8.28	8.12		6.23
1962		2.69	172.64	3.39	2.19		8.31
1965		2.56	238.63	6.45	4.42		8.20
1970		2.26	282.97	5.62	5.38		11.65
1975		2.05	315.78	3.74	4.92	107.11	13.20
1978		1.98	335.72	2.32	4.87	108.38	15.81
1980		1.93	296.42	4.81	8.79	103.50	15.60
1985		1.79	356.43	11.39	15.75	166.96	29.03
1990		1.60	378.23	9.48	12.44	192.19	29.15
1995		1.52	427.17	5.78	17.13	335.05	67.37
1996	1.60	1.50	431.80	4.00	18.68	399.65	77.89
1997	1.58	1.49	422.30	3.82	18.14	466.44	85.50
1998	1.57	1.48	445.62	4.13	21.20	548.01	96.18
1999	1.56	1.47	416.64	3.38	19.65	578.84	97.67
2000	1.54	1.45	383.97	4.52	22.12	670.38	101.94
2001	1.53	1.44	372.65	6.27	23.00	738.99	100.17
2002	1.49	1.36	362.63	5.98	22.52	815.54	111.44
2003	1.44	1.33	353.64	7.73	24.16	874.32	118.03
2004	1.42	1.32	365.30	9.80	22.73	911.39	129.17
2005	1.40	1.31	380.48	8.45	22.36	946.97	134.48
2006	1.37	1.28	404.49	10.19	19.46	918.55	140.89
2007	1.36	1.27	410.60	10.47	19.95	930.66	146.78
2008	1.36	1.27	417.15	10.58	21.91	959.61	151.32
2009	1.40	1.29	415.05	8.62	20.43	961.56	157.46
2010	1.37	1.26	418.32	8.01	19.72	994.32	156.27
2011	1.36		439.85	9.06	19.66	1023.75	167.07
2012	1.35		446.94	7.77	19.66	1059.35	177.04
2013	1.34		460.32	6.25	20.67	1080.99	178.26
2014	1.33		456.66	5.86	20.41	1104.31	193.06
2015	1.32		454.30	5.04	20.47	1113.36	203.75

注：人均耕地面积、人均常用耕地面积、人均生猪存栏按年末人口计算。

1-2-18续　历年平均每人主要农产品产量

(按年平均人口计算)

年　份	生猪存栏(头)	肉　类总产量(公斤)	#猪牛羊肉(公斤)	禽　蛋(公斤)	奶类产量(公斤)	#生牛奶(公斤)	水产品(公斤)
1949	0.11						1.63
1952	0.16						2.13
1957	0.19						2.65
1962	0.14						1.22
1965	0.19						1.59
1970	0.21						1.60
1975	0.33				0.44	0.29	2.68
1978	0.25		8.29		0.48	0.36	2.76
1980	0.25		13.45		0.88	0.52	1.90
1985	0.26	15.57	14.84	6.06	1.82	1.33	2.31
1990	0.25	21.61	20.13	8.52	2.37	1.86	3.64
1995	0.32	48.46	40.36	32.02	6.07	5.08	6.18
1996	0.32	48.90	39.18	41.27	7.42	6.20	7.85
1997	0.32	51.16	40.36	45.21	8.41	7.19	9.32
1998	0.32	51.90	40.96	46.68	10.06	8.53	10.59
1999	0.31	52.14	41.04	48.21	11.96	10.37	11.52
2000	0.29	51.53	40.64	49.57	14.48	12.67	12.18
2001	0.28	52.00	40.33	50.18	17.84	16.06	12.70
2002	0.28	53.10	41.26	51.64	22.17	20.38	12.96
2003	0.29	54.17	42.25	53.10	30.75	29.31	12.78
2004	0.29	55.79	44.00	54.09	40.79	39.25	13.67
2005	0.29	57.92	46.00	56.40	51.05	49.83	14.49
2006	0.26	59.09	47.06	55.61	60.66	59.30	12.68
2007	0.27	57.53	44.45	57.29	71.92	70.72	13.10
2008	0.29	60.45	47.24	59.00	73.98	72.43	13.87
2009	0.28	60.84	48.04	50.38	65.76	64.40	14.32
2010	0.26	58.58	46.75	47.66	63.13	61.82	14.95
2011	0.26	57.94	45.65	47.09	64.70	63.58	14.79
2012	0.25	60.97	47.22	47.16	65.49	64.75	16.01
2013	0.26	61.39	47.42	47.34	63.70	62.65	16.83
2014	0.26	63.62	49.48	49.29	67.42	66.29	17.18
2015	0.25	62.46	48.61	50.46	64.95	63.90	17.52

1-3-1 全省饲料工业情况

指 标	单 位	2010年	2014年	2015年	2015年比上年增减 (%)
一、饲料工业企业个数	**个**	**1209**	**806**	**820**	**1.74**
#国 有	个	6	6	10	66.67
集 体	个	13	1	4	300.00
私 营	个	795	383	402	4.96
联 营	个	9	6	1	-83.33
股 份	个	309	399	226	-43.36
港澳台	个	4	2	3	50.00
外 商	个	12	8	6	-25.00
其 他	个	12	1	2	100.00
二、饲料工业企业职工人数	**人**	**30800**	**27111**	**29959**	**10.50**
三、饲料工业企业营业收入	**亿元**	**301.68**	**389.10**	**363.88**	**-6.48**
饲料工业企业总产值	亿元	315.75	410.58	407.07	-0.85
四、饲料企业加工产品产量	**万吨**	**1086.36**	**1258.74**	**1338.29**	**6.32**
1.配合饲料小计	万吨	913.30	1037.86	1133.38	9.20
(1)猪 料	万吨	164.51	221.73	283.08	27.67
(2)蛋禽料	万吨	551.84	402.62	466.44	15.85
(3)肉禽料	万吨	94.09	170.97	190.48	11.41
(4)水产料	万吨	41.23	61.22	60.85	-0.60
(5)精料补充料	万吨	53.83	104.02	89.04	-14.40
(6)其 他	万吨	7.80	77.30	43.49	-43.74
2.浓缩饲料小计	万吨	160.00	199.67	192.79	-3.45
(1)猪 料	万吨	49.58	107.19	105.93	-1.18
(2)蛋禽料	万吨	81.59	54.15	52.86	-2.39
(3)肉禽料	万吨	13.62	3.13	2.26	-27.80
(4)水产料	万吨		0.20		
(5)反刍料	万吨	13.00	27.76	28.12	1.30
(6)其 他	万吨	2.21	7.24	3.63	-49.86
3.添加剂预混合饲料小计	万吨	13.06	21.20	12.13	-42.79
(1)猪 料	万吨	4.50	7.47	3.76	-49.66
(2)蛋禽料	万吨	6.03	7.67	3.17	-58.65
(3)肉禽料	万吨	0.94	1.46	1.67	14.06
(4)水产料	万吨	0.15	0.20	0.22	8.24
(5)反刍料	万吨	0.90	1.26	1.42	12.44
(6)其 他	万吨	0.54	3.14	1.88	-40.10

1-3-2 历年农林牧渔业总产值

(按不变价格计算) 单位：万元

年 份	农林牧渔业总产值	农 业	#种植业	林 业	牧 业	渔 业	农林牧渔服务业
	(按1957年不变价格计算)						
1949	180184	160414	143067	2259	15590	1921	
1952	276429	248413	229976	4128	21228	2660	
1957	307677	273043	254034	7008	24331	3295	
1962	226665	202497	185116	4001	18456	1711	
1965	316859	277629	255519	7067	30218	1945	
1970	394415	344471	316986	10970	36911	2063	
	(按1970年不变价格计算)						
1970	538644	465517	433677	16966	53518	2643	
1975	644961	534377	503486	18876	87040	4668	
1978	685638	578756	537142	21615	80213	5054	
1980	687381	567304	532420	18063	98200	3814	
1981	713639	577428	548941	15454	117673	3084	
	(按1980年不变价格计算)						
1981	965451	783410	752099	24911	151142	5988	
1985	1499092	1188118	1136301	48833	252570	9571	
1990	1809563	1358777	1262566	51454	374372	24960	
	(按1990年不变价格计算)						
1990	3866785	2700871	2543021	116894	909030	139990	
1995	5710110	3585601	3275738	133792	1801282	189435	
1996	6244990	3728188	3361601	137844	2145537	233421	
1997	6713897	3915014	3480571	145024	2373523	280336	
1998	7238692	4204617	3705008	148058	2577014	309003	
1999	7589684	4296375	3721825	152417	2799615	341277	
2000	8020111	4526321	3892416	149942	2972928	370920	
2001	8445318	4763377	4089170	183017	3112180	386744	
2002	8868986	4953650	4246754	202936	3312898	399502	
	10368416	5210064	5210064	204132	3952010	426910	575300
2003	11018504	5499430	5499430	228033	4231138	424484	635419
2004	11752370	5873088	5873088	213894	4511036	457731	696621
2005	24341854	12032927	12032927	387778	9957063	750095	1213991
2006	25095512	13338640	13338640	388189	9228634	810000	1330049
2007	25617141	14387805	14387805	502403	8499134	764337	1463462
2008	32335656	16996031	16996031	568762	12220756	909995	1640112
2009	36172789	18183875	18183875	624720	14433198	1072496	1858500
2010	37666607	20337909	20337909	403715	13818542	1424679	2018294
2011	44755491	26052575	26052575	531106	14602615	1449986	2119209
2012	50940555	28743771	28743771	619850	17520618	1702086	2354230
2013	55174364	32190172	32190172	829466	17686167	1884038	2584521
2014	60669844	35824696	35824696	1048754	19100486	1844742	2851166
2015	61543617	35498735	35498735	1128260	19856406	1954555	3105661

注：1.1996-2006年数据按第二次全国农业普查数据进行了调整。
2.2002年下边一行数和2003-2014年数据按新分类。
3.从2005年起，农林牧渔业总产值使用可比价格计算。

1-3-3 历年农林牧渔业总产值指数

(上年=100)

年 份	农林牧渔业总产值	农 业	林 业	牧 业	渔 业	农林牧渔服务业
1950	123.0	123.7	127.4	116.2	112.1	
1951	104.2	103.7	114.9	107.6	109.7	
1952	119.7	120.8	124.8	108.8	112.6	
1953	91.1	89.8	113.5	98.9	111.4	
1954	103.1	103.0	105.9	100.3	121.5	
1955	113.0	115.6	104.6	88.9	103.7	
1956	88.5	85.6	133.6	115.1	96.2	
1957	118.6	120.0	101.0	113.0	91.7	
1958	104.6	104.7	124.5	98.3	100.7	
1959	94.8	94.3	101.0	99.0	95.8	
1960	84.4	84.6	84.2	79.0	108.4	
1961	86.7	87.9	66.1	85.3	57.4	
1962	101.5	101.0	81.5	115.7	86.5	
1963	84.9	82.1	81.5	110.8	137.5	
1964	132.5	132.9	186.2	123.5	108.9	
1965	124.3	125.6	116.4	119.6	75.9	
1966	107.1	105.5	147.0	114.7	72.9	
1967	99.6	99.0	84.4	108.8	125.1	
1968	97.1	97.9	100.8	90.5	84.3	
1969	107.9	109.8	123.1	89.1	93.5	
1970	111.3	110.5	100.8	121.4	147.6	
1971	105.7	99.5	90.8	164.7	88.4	
1972	87.3	88.0	94.4	81.2	135.3	
1973	115.2	119.5	116.6	91.1	102.8	
1974	109.3	109.1	93.5	114.7	112.4	
1975	103.1	100.6	118.9	116.3	127.7	
1976	94.4	93.8	105.5	96.2	92.2	
1977	93.5	92.4	95.9	98.6	115.7	
1978	122.1	125.0	113.1	97.2	101.5	
1979	106.9	106.4	86.8	117.7	74.8	
1980	93.8	92.1	96.2	104.0	100.9	

1-3-3续　历年农林牧渔业总产值指数

(上年=100)

年　份	农林牧渔业总产值	农　业	林　业	牧　业	渔　业	农林牧渔服务业
1981	103.8	101.8	85.6	119.8	80.9	
1982	117.6	117.2	154.5	113.1	116.6	
1983	117.2	121.7	100.9	97.8	93.1	
1984	109.1	107.7	120.2	115.3	116.6	
1985	103.3	98.6	104.6	131.1	126.2	
1986	98.5	97.0	91.7	106.0	123.2	
1987	104.5	104.3	103.3	105.3	116.9	
1988	107.8	105.6	104.8	117.6	115.4	
1989	103.1	102.5	98.8	105.5	109.4	
1990	105.4	104.4	107.3	107.1	143.7	
1991	103.6	102.1	104.3	106.6	111.4	
1992	100.9	95.1	103.8	110.3	140.7	
1993	108.7	109.3	95.2	119.5	57.8	
1994	116.2	113.1	105.4	123.6	120.3	
1995	111.9	110.5	105.4	114.0	124.3	
1996	109.4	104.0	103.0	119.1	123.2	
1997	107.5	105.0	105.2	110.6	120.1	
1998	107.8	107.4	102.1	108.6	110.2	
1999	104.8	102.2	102.9	108.6	110.4	
2000	105.7	105.4	98.4	106.2	108.7	
2001	105.3	105.2	122.1	104.7	104.3	
2002	105.0	104.0	110.9	106.4	103.3	
2003	106.3	105.6	111.7	107.1	99.4	110.5
2004	106.7	106.8	93.8	106.6	107.8	109.6
2005	106.5	106.0	96.9	107.7	104.1	107.5
2006	105.5	106.0	96.7	104.9	102.0	108.8
2007	103.9	104.2	109.6	102.1	105.1	108.4
2008	105.1	103.7	108.6	106.6	106.9	107.8
2009	103.2	103.3	111.8	102.3	104.4	106.2
2010	103.5	103.8	101.8	102.4	105.8	106.5
2011	103.9	105.5	103.6	101.1	101.8	105.0
2012	104.1	103.6	105.5	104.7	104.1	105.0
2013	103.3	104.0	106.5	101.2	106.0	107.0
2014	104.0	103.1	108.9	105.1	103.2	107.0
2015	102.7	102.8	104.3	101.7	102.4	107.0

注：本表按可比价计算，2003-2014年数据不包括农民家庭兼营商品性工业，包括农林牧渔服务业。

1-3-4 历年农林牧渔业总产值指数

(1952年=100)

年 份	农林牧渔业总产值	农 业	林 业	牧 业	渔 业	农林牧渔服务业
1949	65.2	64.6	54.7	73.4	72.2	
1952	100.0	100.0	100.0	100.0	100.0	
1957	111.3	109.9	169.8	114.6	123.9	
1962	82.0	81.5	96.9	86.9	64.3	
1965	114.6	111.8	171.2	142.3	73.1	
1970	142.7	138.7	265.7	173.9	77.6	
1975	170.8	159.2	295.7	282.8	137.0	
1978	181.6	172.4	338.6	260.6	148.3	
1980	182.1	169.0	282.9	319.0	111.9	
1985	293.5	260.9	474.5	638.9	144.6	
1990	354.3	298.3	500.0	947.0	377.2	
1995	523.2	396.1	572.3	1876.5	510.5	
1996	572.2	411.8	589.6	2235.1	629.0	
1997	615.2	432.4	620.3	2472.6	755.4	
1998	663.3	464.4	633.3	2684.6	832.7	
1999	695.4	474.6	651.9	2916.5	919.6	
2000	734.9	500.0	641.3	3097.0	999.5	
2001	773.9	526.2	782.8	3243.0	1042.1	
2002	812.8	547.2	868.0	3452.2	1076.5	
2003	864.3	577.5	969.7	3697.3	1070.4	110.5
2004	922.2	616.8	909.5	3941.3	1154.2	121.1
2005	982.1	653.8	881.3	4244.8	1201.5	130.2
2006	1036.1	693.0	852.3	4452.8	1225.5	141.6
2007	1076.5	722.1	934.1	4546.3	1288.0	153.5
2008	1131.4	748.8	1014.4	4846.4	1376.9	165.5
2009	1167.6	773.5	1134.1	4957.8	1437.5	175.8
2010	1208.5	802.9	1154.5	5076.8	1520.9	187.2
2011	1255.0	846.8	1196.3	5134.7	1548.0	196.6
2012	1305.8	877.0	1261.6	5374.0	1610.7	206.4
2013	1348.9	912.1	1343.6	5438.5	1707.3	220.9
2014	1402.9	940.4	1463.2	5715.8	1762.0	236.3
2015	1440.8	966.7	1526.1	5813.0	1804.3	252.9

注:农林牧渔服务业指数以2002年为100。

1-3-5 历年农林牧渔业总产值

(按当年价格计算)

单位：亿元

年 份	农林牧渔业总产值	农 业	林 业	牧 业	渔 业	农林牧渔服务业
1949	20.31	18.08	0.25	1.76	0.22	
1952	29.70	26.69	0.44	2.28	0.29	
1957	30.77	27.31	0.70	2.43	0.33	
1962	31.26	27.93	0.55	2.55	0.24	
1965	45.49	39.86	1.01	4.34	0.28	
1970	59.69	51.59	1.88	5.93	0.29	
1975	72.73	60.26	2.13	9.82	0.53	
1978	75.86	64.03	2.39	8.87	0.56	
1980	97.79	79.86	3.10	14.00	0.83	
1985	167.33	128.65	6.15	31.16	1.37	
1990	357.63	254.77	9.58	83.38	9.90	
1995	1147.83	753.52	23.50	344.18	26.63	
1996	1298.04	801.26	24.80	437.59	34.39	
1997	1437.29	845.18	26.38	523.14	42.59	
1998	1505.91	885.88	27.37	547.57	45.09	
1999	1539.77	879.64	28.14	582.96	49.03	
2000	1544.65	846.72	25.37	613.68	58.88	
2001	1680.33	899.38	34.02	685.77	61.16	
2002	1728.85	918.62	37.49	706.82	65.92	
2003	1877.37	958.30	41.27	721.31	57.72	98.78
2004	2285.56	1135.75	40.02	924.78	72.08	112.93
2005	2379.17	1258.00	40.13	879.38	79.44	122.21
2006	2466.37	1380.45	45.85	832.32	72.75	135.00
2007	3075.77	1639.07	52.37	1146.99	85.14	152.20
2008	3505.23	1760.75	55.89	1410.82	102.77	175.00
2009	3640.93	1958.79	39.69	1350.10	108.38	183.99
2010	4309.42	2470.11	51.26	1443.76	142.47	201.83
2011	4895.88	2775.27	58.78	1674.04	163.58	224.21
2012	5340.11	3095.29	77.88	1747.66	177.74	241.54
2013	5832.94	3473.27	96.30	1818.19	178.72	266.46
2014	5994.79	3453.42	108.14	1952.02	190.97	290.25
2015	5978.88	3441.37	121.48	1904.12	198.72	313.18

注：本表按当年价格计算，2003—2014年数据按新分类、生产者价格计算，不包括农民家庭兼营商品性工业，包括农林牧渔服务业(下同)。

1-3-6 历年农林牧渔业总产值构成

(按当年价格计算)　　单位：%

年　份	农林牧渔业总产值	农　业	林　业	牧　业	渔　业	农林牧渔服务业
1949	100.00	89.03	1.25	8.65	1.07	
1952	100.00	89.87	1.49	7.68	0.96	
1957	100.00	88.74	2.28	7.91	1.07	
1962	100.00	89.34	1.77	8.14	0.75	
1965	100.00	87.62	2.23	9.54	0.61	
1970	100.00	86.42	3.15	9.94	0.49	
1975	100.00	82.85	2.93	13.50	0.72	
1978	100.00	84.41	3.15	11.70	0.74	
1980	100.00	81.66	3.17	14.32	0.85	
1985	100.00	76.88	3.68	18.62	0.82	
1990	100.00	71.24	2.68	23.31	2.77	
1995	100.00	65.65	2.05	29.98	2.32	
1996	100.00	61.73	1.91	33.71	2.65	
1997	100.00	58.80	1.84	36.40	2.96	
1998	100.00	58.83	1.82	36.36	2.99	
1999	100.00	57.13	1.83	37.86	3.18	
2000	100.00	54.82	1.64	39.73	3.81	
2001	100.00	53.53	2.02	40.81	3.64	
2002	100.00	53.14	2.17	40.88	3.81	
2003	100.00	51.05	2.20	38.42	3.07	5.26
2004	100.00	49.69	1.75	40.46	3.16	4.94
2005	100.00	52.87	1.69	36.96	3.34	5.14
2006	100.00	55.97	1.86	33.75	2.95	5.47
2007	100.00	53.29	1.70	37.29	2.77	4.95
2008	100.00	50.23	1.60	40.25	2.93	4.99
2009	100.00	53.80	1.09	37.08	2.98	5.05
2010	100.00	57.32	1.19	33.50	3.31	4.68
2011	100.00	56.69	1.20	34.19	3.34	4.58
2012	100.00	57.96	1.46	32.73	3.33	4.52
2013	100.00	59.55	1.65	31.17	3.06	4.57
2014	100.00	57.61	1.80	32.56	3.19	4.84
2015	100.00	57.56	2.03	31.85	3.32	5.24

注：2003–2014年数据按新分类，不包括农民家庭兼营商品性工业，包括农林牧渔服务业(下同)。

1-3-7　分项农林牧渔业产值及构成

(按当年价格计算)

指　　标	绝　对　数(亿元)		构　　成(%)	
	2014年	2015年	2014年	2015年
农林牧渔业总产值	**5994.79**	**5978.88**	**100.00**	**100.00**
一、农业产值	**3453.42**	**3441.37**	**57.61**	**57.56**
(一)谷物及其他作物	1137.24	1000.92	18.97	16.74
1.谷　物	757.43	723.01	12.63	12.09
2.薯　类	88.52	83.16	1.48	1.39
3.油　料	87.80	80.80	1.46	1.35
4.豆　类	17.79	14.46	0.30	0.24
5.棉　花	101.50	78.41	1.69	1.31
6.生　麻	0.02	0.02	0.00	0.00
7.糖　类	3.02	3.57	0.05	0.06
8.烟　草	0.74	0.53	0.01	0.01
9.其他农作物	80.42	16.96	1.34	0.28
(二)蔬菜、食用菌及花卉盆景园艺	1597.17	1747.81	26.64	29.23
1.蔬　菜	1424.02	1608.20	23.75	26.90
2.食用菌	150.88	110.17	2.52	1.84
3.花　卉	9.84	9.95	0.16	0.17
4.盆景园艺	12.43	19.50	0.21	0.33
(三)水果、食用坚果、饮料和香料	665.46	624.31	11.10	10.44
1.水　果	580.94	539.93	9.69	9.03
(1)园林水果	448.41	404.15	7.48	6.76
(2)瓜果类	132.53	135.78	2.21	2.27
2.食用坚果	80.47	80.30	1.34	1.34
3.香料原料	4.05	4.08	0.07	0.07
(四)中草药材	53.55	68.33	0.89	1.14
二、林业产值	**108.14**	**121.48**	**1.80**	**2.03**
(一)林木的培育和种植	92.52	91.63	1.54	1.53
1.育种育苗	28.12	25.90	0.47	0.43
2.造　林	32.56	37.16	0.54	0.62
3.抚育和管理	31.85	28.57	0.53	0.48
(二)木材采运	6.13	5.13	0.10	0.09
(三)林产品	9.48	24.73	0.16	0.41
三、牧业产值	**1952.02**	**1904.12**	**32.56**	**31.85**
(一)牲畜饲养	691.61	641.08	11.54	10.72
1.牛的饲养	275.72	267.71	4.60	4.48
2.羊的饲养	219.35	191.99	3.66	3.21
3.其他牲畜饲养	8.50	13.08	0.14	0.22
4.奶产品	178.91	159.30	2.98	2.66
5.毛绒产品	7.03	6.90	0.12	0.12
(二)猪的饲养	563.95	608.43	9.41	10.18
(三)家禽饲养	557.45	465.31	9.30	7.78
1.肉　禽	152.17	136.72	2.54	2.29
2.禽　蛋	405.28	328.59	6.76	5.50
(四)猎狩和捕捉动物	0.03	0.03	0.00	0.00
(五)其他畜牧业	138.99	189.28	2.32	3.17
四、渔业产值	**190.97**	**198.72**	**3.19**	**3.32**
(一)海水产品	119.50	125.15	1.99	2.09
(二)淡水产品	71.47	73.57	1.19	1.23
五、农林牧渔服务业产值	**290.25**	**313.18**	**4.84**	**5.24**

注：本表按新分类、生产者价格计算，不包括农民家庭兼营商品性工业，包括农林牧渔服务业。

1-3-8 历年农林牧渔业增加值及指数

年份	农林牧渔业增加值(亿元)	指数(以上年为100)	年份	农林牧渔业增加值(亿元)	指数(以上年为100)	年份	农林牧渔业增加值(亿元)	指数(以上年为100)
1952	25.23		1974	45.62	105.6	1996	700.94	105.5
1953	24.10	88.3	1975	50.66	110.2	1997	761.76	105.4
1954	25.38	103.1	1976	45.86	91.9	1998	790.60	106.2
1955	28.18	111.6	1977	48.42	106.3	1999	805.97	104.3
1956	25.01	88.0	1978	52.20	110.4	2000	824.55	105.1
1957	26.11	111.3	1979	61.11	104.2	2001	913.82	105.3
1958	27.89	103.9	1980	68.09	97.4	2002	956.84	105.4
1959	27.00	94.7	1981	71.03	105.3	2003	1064.05	106.1
1960	23.43	82.1	1982	85.59	119.5	2004	1333.57	106.7
1961	23.99	79.8	1983	102.10	118.7	2005	1400.00	106.2
1962	24.07	102.3	1984	111.46	108.0	2006	1461.81	105.0
1963	19.84	83.6	1985	120.34	102.2	2007	1804.72	104.0
1964	27.15	138.1	1986	123.45	97.4	2008	2034.59	104.9
1965	37.20	128.4	1987	137.66	101.6	2009	2207.34	103.3
1966	40.12	107.2	1988	162.31	101.1	2010	2562.81	103.5
1967	40.06	100.0	1989	196.35	103.7	2011	2905.74	104.2
1968	40.35	97.3	1990	227.89	105.7	2012	3186.66	104.0
1969	44.11	108.5	1991	236.89	102.5	2013	3500.42	103.5
1970	46.41	103.0	1992	257.08	99.4	2014	3576.48	103.8
1971	44.06	95.4	1993	301.68	104.4	2015	3578.66	102.7
1972	38.35	87.9	1994	451.91	111.8			
1973	43.16	111.7	1995	631.34	108.6			

注：指数按可比价格计算。2003–2014年数据按新分类、生产者价格计算，不包括农民家庭兼营商品性工业，包括农林牧渔服务业(下同)。

1-3-9 农林牧渔业增加值、构成及占产值比重

指标	绝对数(万元)		构成(%)		中间消耗、增加值占产值比重(%)	
	2014年	2015年	2014年	2015年	2014年	2015年
一、农林牧渔业总产值	**59947929**	**59788754**	**100.00**	**100.00**	**100.00**	**100.00**
农业	34534194	34413677	57.61	57.56	100.00	100.00
林业	1081357	1214841	1.80	2.03	100.00	100.00
牧业	19520226	19041241	32.56	31.85	100.00	100.00
渔业	1909665	1987181	3.19	3.32	100.00	100.00
农林牧渔服务业	2902487	3131814	4.84	5.24	100.00	100.00
二、中间消耗	**24183150**	**24002165**	**100.00**	**100.00**	**40.34**	**40.14**
农业	11180029	11038272	46.23	45.99	32.37	32.08
林业	307430	353043	1.27	1.47	28.43	29.06
牧业	10302450	10059852	42.60	41.91	52.78	52.83
渔业	780909	811275	3.23	3.38	40.89	40.83
农林牧渔服务业	1612332	1739723	6.67	7.25	55.55	55.55
三、农林牧渔业增加值	**35764779**	**35786589**	**100.00**	**100.00**	**59.66**	**59.86**
农业	23354165	23375405	65.30	65.32	67.63	67.92
林业	773927	861798	2.16	2.41	71.57	70.94
牧业	9217776	8981389	25.77	25.10	47.22	47.17
渔业	1128756	1175906	3.16	3.29	59.11	59.17
农林牧渔服务业	1290155	1392091	3.61	3.89	44.45	44.45

1-3-10 历年农林牧渔业商品产值

单位:亿元

年 份	农林牧渔业商品产值	农 业	林 业	牧 业	渔 业
1987	110.57	73.75	1.98	31.04	3.80
1990	199.71	127.85	2.85	59.97	9.04
1991	212.78	130.15	4.19	68.23	10.21
1992	244.92	145.60	5.59	80.10	13.63
1993	301.39	179.77	7.24	102.89	11.49
1994	487.46	277.70	9.74	181.16	18.86
1995	714.11	417.00	10.26	262.08	24.77
1996	845.92	454.07	12.64	347.30	31.91
1997	950.42	483.49	13.46	414.27	39.20
1998	1013.48	521.77	13.85	436.96	40.90
1999	1060.90	535.14	13.76	468.12	43.88
2000	1084.35	531.08	11.66	489.55	52.06
2001	1203.96	583.44	17.55	547.45	55.52
2002	1262.29	615.29	18.46	568.43	60.11
2003	1399.47	644.27	18.81	684.34	52.05
2004	1728.80	759.15	20.75	885.06	63.84
2005	1934.80	862.26	23.86	976.03	72.65
2006	1817.08	993.23	29.89	726.78	67.18
2007	2312.00	1187.10	35.92	1010.60	78.38
2008	2605.73	1260.86	36.63	1215.56	92.67
2009	2764.35	1467.40	10.79	1184.59	101.57
2010	3304.70	1881.19	12.76	1275.55	135.20
2011	3788.25	2125.39	17.11	1494.41	151.35
2012	4161.17	2420.11	21.48	1565.91	153.67
2013	4541.13	2735.19	29.11	1633.86	142.97
2014	4666.32	2711.71	31.79	1758.77	164.04
2015	4657.20	2731.70	41.53	1708.06	175.91

1-3-11 历年农林牧渔业商品率

单位：%

年 份	农林牧渔业商品率	农 业	林 业	牧 业	渔 业
1987	55.10	50.56	28.99	71.09	88.58
1990	55.84	50.18	29.75	71.92	91.31
1991	56.34	50.20	33.84	71.92	91.98
1992	58.34	51.55	40.13	73.82	91.35
1993	58.95	52.18	47.32	73.97	92.89
1994	61.21	53.58	50.10	76.06	93.02
1995	62.21	55.34	43.66	76.15	93.02
1996	65.17	56.67	50.97	79.36	92.81
1997	66.13	57.21	51.01	79.19	92.06
1998	67.30	58.90	50.60	79.80	90.70
1999	68.90	60.84	48.90	80.30	89.50
2000	70.20	62.72	45.97	79.77	88.40
2001	71.64	64.87	51.59	79.81	90.76
2002	73.00	66.98	49.25	80.39	91.17
2003	74.52	67.23	45.59	83.40	90.19
2004	75.64	66.84	51.86	85.29	88.56
2005	77.33	68.54	59.46	86.80	91.45
2006	77.94	71.95	65.19	87.32	92.34
2007	79.08	72.42	68.59	88.11	92.06
2008	78.24	71.61	65.54	86.16	90.17
2009	79.97	74.91	27.20	87.74	93.72
2010	80.45	76.16	24.90	88.35	94.90
2011	81.09	76.58	29.11	89.27	92.52
2012	81.61	78.19	27.58	89.60	86.46
2013	81.58	78.75	30.23	89.86	80.00
2014	81.80	78.52	29.40	90.10	85.90
2015	82.20	79.38	34.19	89.70	88.52

1-3-12 历年农业劳动生产率、土地生产率、投入产出率

单位：元

年 份	每一农村农林牧渔业从业人员创造农林牧渔业总产值	每一农村农林牧渔业从业人员创造农林牧渔业增加值	每公顷耕地创造农林牧渔业总产值	每公顷耕地创造农林牧渔业增加值	农业投入产出率(%)
1978	510	351	1136	782	220.6
1980	629	438	1479	1024	229.3
1985	1031	741	2534	1822	256.1
1990	2041	1307	5455	3476	175.7
1995	6558	3627	17612	9687	122.2
1996	7738	4201	19974	10786	117.4
1997	8821	4699	22133	11731	112.8
1998	9202	4856	23223	12192	110.5
1999	9352	4921	23767	12440	109.8
2000	9298	4989	23889	12752	114.5
2001	10091	5488	26056	14170	119.2
2002	10424	5769	28225	15622	123.9
2003	11336	6425	31335	17760	130.8
2004	14019	8180	38089	22224	140.1
2005	15091	8880	39726	23376	143.0
2006	16090	9536	41927	24850	145.5
2007	20559	12063	52188	30622	142.0
2008	23706	13760	59396	34476	138.3
2009	24678	14961	55491	33642	154.0
2010	29408	17489	65778	39118	146.7
2011	33864	20098	74589	44269	146.0
2012	37435	22339	81425	48590	148.0
2013	41411	24851	91507	54593	150.1
2014	43027	25670	91695	54705	147.9
2015	43315	25926	91624	54841	149.1

注：按从业人员年平均人数计算。

1-3-13 历年农村经济在国民经济中的地位

年 份	农林牧渔业增加值占地区生产总值比重	乡村人口占总人口比重	农林牧渔业从业人员占全社会从业人员比重	农村消费品零售额占全社会消费品零售额比重
1952	62.31		87.44	63.71
1957	49.92	90.52	89.91	61.20
1962	49.39	91.54	79.21	63.85
1965	51.16	90.63	87.60	67.14
1970	44.52	91.35	89.92	64.65
1975	38.15	89.87	83.17	63.04
1978	28.52	88.79	69.95	64.20
1980	28.43	87.81	74.74	67.82
1985	30.33	86.41	64.14	61.45
1990	25.42	84.62	60.24	53.18
1995	22.16	83.89	52.75	48.87
1996	20.30	82.04	49.14	49.80
1997	19.27	81.44	48.74	51.16
1998	18.58	81.02	48.58	53.02
1999	17.86	80.69	49.76	53.72
2000	16.35	80.72	49.56	53.56
2001	16.56	80.39	49.17	52.92
2002	15.90	80.02	48.40	52.20
2003	15.37	79.52	48.19	51.13
2004	15.73	79.16	45.86	50.82
2005	13.98	79.15	43.84	53.18
2006	12.75	78.46	42.24	52.55
2007	13.26	78.59	40.42	52.10
2008	12.71	78.63	39.76	52.14
2009	12.81	78.63	39.00	52.28
2010	12.57	77.43	37.88	23.73
2011	11.85	77.34	36.33	23.35
2012	11.99	77.23	34.91	23.26
2013	12.37	77.19	33.57	23.16
2014	12.16	77.14	33.29	21.71
2015	12.01	76.92	32.95	22.06

注:1.本表为经普后对历史数据进行调整的数据。
2.从2010年起，社会消费品零售额按销售单位所在地分为城镇和农村。

1-3-14 历年平均每一乡村农林牧渔业从业人员生产的主要农产品

单位：公斤

年 份	粮 食	棉 花	油 料	猪牛羊肉	禽 蛋	水 产 品
1957	592.34	21.73	21.31			6.95
1962	431.95	9.47	6.12			3.42
1965	662.09	17.90	12.25			4.41
1970	778.02	15.46	14.78			4.41
1975	948.56	11.31	14.87			8.11
1978	1144.01	7.94	16.61	28.26		9.42
1980	933.24	15.15	27.67	34.05		5.98
1985	1199.86	38.35	53.03	49.97	20.44	7.78
1986	1200.19	31.23	37.71	56.06	21.83	9.47
1987	1181.89	38.55	42.40	58.66	22.68	11.04
1988	1229.81	35.07	39.73	65.98	26.77	12.57
1989	1212.90	31.43	32.83	65.67	26.24	12.25
1990	1278.86	32.06	42.06	68.07	28.80	12.28
1995	1596.69	21.60	64.04	150.86	119.67	23.09
1996	1719.96	15.93	74.39	156.08	164.40	31.26
1997	1695.17	15.35	72.81	162.00	181.46	37.41
1998	1783.49	16.52	84.86	163.92	186.82	42.38
1999	1674.67	13.57	78.98	164.95	193.77	46.32
2000	1531.76	18.02	88.25	162.13	197.75	48.61
2001	1496.61	25.18	92.38	161.96	201.52	50.99
2002	1474.45	24.33	91.56	167.76	209.98	52.70
2003	1438.22	31.44	98.24	171.84	215.97	51.96
2004	1549.63	41.57	96.42	186.66	229.46	58.00
2005	1673.53	37.17	98.36	202.33	248.06	63.72
2006	1837.75	46.27	89.41	213.79	252.67	57.59
2007	1921.21	49.00	94.38	207.97	268.04	61.29
2008	1965.74	49.88	103.23	222.62	278.03	65.38
2009	1976.35	41.06	97.30	228.75	239.87	68.19
2010	2040.62	39.05	96.20	228.06	233.62	72.91
2011	2213.70	45.59	98.93	229.89	237.12	74.46
2012	2286.58	39.75	100.59	241.57	241.29	81.92
2013	2408.34	32.69	108.16	248.09	247.68	88.08
2014	2418.62	31.02	108.12	262.05	261.08	90.98
2015	2452.88	27.23	110.50	262.43	272.42	94.29

注：按年末从业人数计算。

1-3-15 历年农业产业化经营情况

指　　标	单 位	1998年	2000年	2001年	2002年	2003年	2004年	2005年	2006年
农业产业化经营总量	亿元	618.5	795.1	874.3	1003.2	1201.9	1569.3	1873.1	2171.8
农业产业化经营率	%	28.4	36.1	37.6	40.8	44.1	46.7	49.4	51.8
龙头经营组织个数	个	582	604	639	738	882	1022	1118	1172
龙头经营组织销售额	亿元	209.1	306.7	345.8	406.7	523.1	725.3	907.3	1106.6
龙头企业(集团)个数	个	411	471	492	578	706	827	908	954
龙头企业销售额	亿元	171.4	267.8	301.6	359.2	469.4	663.7	832.6	1018.2
专业批发市场个数	个	115	103	109	113	116	123	123	127
专业批发市场销售额	亿元	32.6	35.3	40.2	42.3	46.4	55.1	66.3	76.0
中介服务组织个数	个	56	30	38	47	60	72	87	91
中介服务组织销售额	亿元	5.2	3.7	3.9	5.2	7.3	6.5	8.4	12.4
农产品生产(加工)基地个数	个	343	385	393	411	437	455	469	481
农产品生产(加工)基地销售产值	亿元	384.2	463.0	514.6	588.2	668.2	832.7	955.5	1056.3
农产品生产(加工)基地联系农户	万户	431.1	512.2	549.5	599.5	615.0	650.8	681.6	749.0
种植业生产基地个数	个	191	227	236	239	250	258	261	263
种植业生产基地种植面积	千公顷	849.5	1036.5	1201.1	1245.1	1372.8	1493.8	1581.8	1705.9
种植业生产基地销售产值	亿元	160.3	218.9	250.8	273.0	305.8	370.4	434.0	487.2
种植业生产基地联系农户数	万户	309.4	363.7	395.2	424.3	424.5	459.0	465.1	499.4
养殖业生产基地个数	个	132	137	136	149	163	173	183	191
养殖业生产基地销售产值	亿元	111.4	131.8	145.9	172.5	205.1	272.7	316.5	365.6
养殖业生产基地联系农户数	万户	111.3	133.2	138.4	158.2	172.5	175.2	195.1	227.2
生产加工基地个数	个	20	21	21	23	24	24	25	27
生产加工基地销售产值	亿元	112.5	112.3	117.9	142.7	157.3	189.6	205.0	203.6
生产加工基地联系农户数	万户	10.4	15.3	15.9	17.0	18.0	16.6	21.5	22.4
农户参与度	%	30.8	36.0	38.3	41.8	42.8	45.2	47.1	51.8
参与农户增收比率	%	28.7	28.7	32.3	33.5	33.9	35.0	35.6	35.6
农民受益率	%	10.1	11.9	12.8	14.5	15.1	16.6	16.5	17.5

1-3-15续　历年农业产业化经营情况

指　　标	单 位	2007年	2008年	2009年	2010年	2011年	2012年	2013年	2014年	2015年
农业产业化经营总量	亿元	2496.8	2996.4	3213.3	4062.9	4757.1	5394.3	6147.7	6666.1	6934.8
农业产业化经营率	%	53.6	55.3	56.8	58.6	60.0	61.5	63.0	64.2	65.6
龙头经营组织个数	个	1203	1230	1252	1465	1576	1662	1834	1974	2181
龙头经营组织销售额	亿元	1332.2	1562.8	1614.2	2122.5	2424.0	2719.1	3108.8	3448.0	3637.8
龙头企业(集团)个数	个	989	1016	1030	1218	1307	1338	1555	1703	1899
龙头企业销售额	亿元	1242.4	1460.7	1497.2	1963.6	2235.5	2496.5	2861.9	3158.4	3296.7
专业批发市场个数	个	125	127	120	129	129	127	126	111	113
专业批发市场销售额	亿元	77.6	91.1	105.4	140.9	167.0	199.5	222.7	265.6	314.3
中介服务组织个数	个	89	87	102	118	140	147	153	160	169
中介服务组织销售额	亿元	12.1	11.0	11.6	18.0	21.5	23.1	24.2	23.9	26.8
农产品生产(加工)基地个数	个	497	505	500	556	590	633	671	688	699
农产品生产(加工)基地销售产值	亿元	1160.0	1417.8	1582.1	1927.1	2313.1	2675.2	3038.9	3218.1	3297.0
农产品生产(加工)基地联系农户	万户	753.0	758.3	747.9	798.8	818.3	885.4	852.5	860.7	885.5
种植业生产基地个数	个	272	274	271	309	322	340	366	374	382
种植业生产基地种植面积	千公顷	1846.1	1883.6	1964.8	2152.5	2191.6	2097.0	2457.4	2433.7	2373.7
种植业生产基地销售产值	亿元	568.7	661.8	774.6	961.1	1118.3	1338.5	1552.7	1598.9	1646.4
种植业生产基地联系农户数	万户	497.0	499.4	493.8	535.4	544.4	591.0	583.3	582.4	605.3
养殖业生产基地个数	个	198	203	202	218	238	259	271	281	286
养殖业生产基地销售产值	亿元	388.5	512.1	540.5	643.3	840.5	903.2	980.5	1059.1	1090.1
养殖业生产基地联系农户数	万户	235.3	236.2	231.1	239.4	246.2	260.8	239.2	251.8	252.8
生产加工基地个数	个	27	28	27	29	30	34	34	33	31
生产加工基地销售产值	亿元	202.7	243.9	267.0	322.7	354.3	433.4	505.8	560.2	560.5
生产加工基地联系农户数	万户	20.8	22.7	22.9	24.0	27.7	33.6	30.0	26.5	27.3
农户参与度	%	51.5	51.3	49.9	52.4	53.2	57.1	54.5	54.6	56.1
参与农户增收比率	%	36.2	38.2	40.5	41.3	40.4	43.4	41.1	40.0	43.0
农民受益率	%	16.0	16.1	16.5	17.4	15.9	29.0	16.2	14.7	15.7

1-3-16 历年城乡居民人均消费水平对比

单位：元

年份	居民消费水平			
	居民消费水平	城镇居民	农村居民	城乡消费水平对比(农村居民=1)
1978	165	402	137	2.93
1980	199	460	164	2.80
1981	223	481	187	2.57
1982	236	507	198	2.56
1983	258	513	221	2.32
1984	301	569	261	2.18
1985	366	672	319	2.11
1986	413	773	356	2.17
1987	494	917	423	2.17
1988	664	1300	557	2.33
1989	722	1557	583	2.67
1990	783	1592	605	2.63
1991	847	1839	675	2.72
1992	950	2182	729	2.99
1993	1089	2496	831	3.00
1994	1320	3009	1001	3.01
1995	1686	3397	1306	2.60
1996	1925	3499	1554	2.25
1997	2151	3765	1711	2.20
1998	2207	3833	1731	2.21
1999	2312	3950	1803	2.19
2000	2533	4523	1848	2.45
2001	2749	4991	1912	2.61
2002	3081	5776	1987	2.91
2003	3271	6063	2042	2.97
2004	3758	7096	2167	3.27
2005	4270	7851	2426	3.24
2006	4924	8971	2714	3.31
2007	5667	10031	3067	3.27
2008	6498	10835	3515	3.08
2009	7193	12195	3606	3.38
2010	8057	13619	3867	3.52
2011	9551	15331	4893	3.13
2012	10749	16554	5766	2.87
2013	11610	17278	6490	2.66
2014	12171	17589	7023	2.50
2015	12829	17924	7666	2.34

注：1.居民消费水平2000年以后数据为按经济普查口径调整后数据。
2.本表数据来源于国民经济核算资料，与城乡住户抽样调查数据的指标口径不同。

1-4-1 农村居民家庭基本情况

指　　标	单位	2000年	2005年	2010年	2014年	2015年
一、调查户数	户	**4200**	**4200**	**4200**		
二、调查户人口						
户均常住人口	人	4.11	3.92	3.70	3.38	3.40
户均整半劳动力	人	2.74	2.81	2.76	2.39	2.42
整半劳动力占常住人口比重	%	66.62	71.67	74.47	70.75	71.34
平均每个劳动力负担人口	人	1.50	1.40	1.34	1.41	1.40
三、劳动力就业情况						
整半劳动力	人	11503	11801	11583		
各业劳动力比重	%	100.00	100.00	100.00	100.00	100.00
1.第一产业	%	71.86	63.90	58.22	53.39	52.61
2.第二产业	%		16.90	22.75	26.99	26.90
(1)采矿业	%		0.74	0.77	1.12	1.01
(2)制造业	%	8.50	10.48	14.37	15.76	16.64
(3)电力、热力、燃气及水生产和供应业	%		0.26	0.56	0.58	0.61
(4)建筑业	%	4.02	5.42	7.05	9.52	8.64
3.第三产业	%		19.20	19.03	19.63	20.49
(1)批发和零售业	%	4.51	4.97	5.01	4.94	5.48
(2)交通运输、仓储和邮政业	%	1.88	2.64	3.03	3.87	3.78
(3)住宿和餐饮业	%		1.30	1.51	1.28	1.38
(4)信息传输、软件和信息技术服务业	%				0.13	0.22
(5)金融业	%				0.35	0.25
(6)房地产业	%				0.06	0.08
(7)租赁和商务服务业	%				0.20	0.18
(8)科学研究和技术服务业	%				0.06	0.08
(9)水利、环境和公共设施管理业	%				0.15	0.15
(10)居民服务、修理和其他服务业	%	1.85	3.24	4.06	5.12	5.15
(11)教育	%		1.19	1.00	1.00	1.17
(12)卫生和社会工作	%		0.62	0.66	0.76	0.67
(13)文化、体育和娱乐业	%		0.23	0.39	0.14	0.27
(14)公共管理、社会保障和社会组织	%		4.99	3.37	1.58	1.64
(15)国际组织	%					

注：带阴影的数据为所框几个项目之和（下同）。

1-4-2 农村居民家庭劳动力文化程度

指　　标	单位	2000年	2005年	2010年	2014年	2015年
平均每百个劳动力中						
未上过学	人	2.68	2.80	1.55	2.60	2.54
小　　学	人	25.00	19.21	17.52	21.40	20.49
初　　中	人	57.99	59.73	59.74	57.83	58.69
高　　中	人	13.84	17.13	19.17	14.94	14.78
大专及以上	人	0.49	1.12	2.02	3.23	3.51

1-4-3 农村居民家庭平均每百户年末拥有生产性固定资产数量

指　　标	单 位	2000年	2005年	2010年	2014年	2015年
生产性用房及建筑物	平方米	1179.10	1965.17	2203.59	1011.48	1179.08
大中型农用拖拉机	台	2.03	2.48	2.92	2.38	2.46
小型农用拖拉机	台	34.49	36.43	32.13	41.34	36.68
农用排灌动力机械	台		32.04	26.59	7.75	8.25
收割机	台		2.07	1.76	0.58	0.64
脱粒机	台	6.30	2.17	2.73	2.57	2.68
役　畜	头	25.04	11.95	8.32	3.51	3.30
产品畜	头	19.88	60.95	40.26	82.50	60.96

1-4-4 农村居民家庭平均每户年末拥有生产性固定资产原值

单位：元

<table>
<tr><th>指　　标</th><th>2000年</th><th>2005年</th><th>2010年</th><th>2014年</th><th>2015年</th></tr>
<tr><td>平均每户生产性固定资产原值</td><td>6328.32</td><td>9335.54</td><td>11455.36</td><td>16428.84</td><td>15252.44</td></tr>
<tr><td>1.农　业</td><td rowspan="4">4132.77</td><td>4646.31</td><td>5683.50</td><td>6556.37</td><td>6287.34</td></tr>
<tr><td>2.林　业</td><td>9.05</td><td>11.27</td><td>71.31</td><td>59.15</td></tr>
<tr><td>3.牧　业</td><td>1449.07</td><td>1417.95</td><td>1483.04</td><td>1534.27</td></tr>
<tr><td>4.渔　业</td><td></td><td></td><td>89.43</td><td>6.93</td></tr>
<tr><td>5.农林牧渔服务业</td><td></td><td></td><td></td><td>57.71</td><td>53.04</td></tr>
<tr><td>6.采矿业</td><td rowspan="2">586.06</td><td>14.88</td><td>26.19</td><td>31.06</td><td></td></tr>
<tr><td>7.制造业</td><td>1070.92</td><td>1354.51</td><td>1423.32</td><td>1587.37</td></tr>
<tr><td>8.电力、热力、燃气及水生产和供应业</td><td></td><td></td><td>4.76</td><td></td><td></td></tr>
<tr><td>9.建筑业</td><td>31.57</td><td>38.33</td><td>158.33</td><td>451.56</td><td>238.89</td></tr>
<tr><td>10.批发和零售业</td><td rowspan="7">1577.92</td><td>457.83</td><td>727.00</td><td>2423.23</td><td>2362.73</td></tr>
<tr><td>11.交通运输、仓储和邮政业</td><td>1356.43</td><td>1585.74</td><td>2404.48</td><td>2232.68</td></tr>
<tr><td>12.住宿和餐饮业</td><td>70.19</td><td>101.55</td><td>61.30</td><td>217.22</td></tr>
<tr><td>13.房地产业</td><td></td><td></td><td>27.10</td><td></td></tr>
<tr><td>14.租赁和商务服务业</td><td></td><td></td><td>420.45</td><td>108.53</td></tr>
<tr><td>15.居民服务、修理和其他服务业</td><td>123.43</td><td>206.44</td><td>840.15</td><td>487.58</td></tr>
<tr><td>16.其他行业</td><td>99.10</td><td>178.12</td><td>88.34</td><td>76.71</td></tr>
</table>

1-4-5 农村居民住房情况

指　　标	单位	2000年	2005年	2010年	2014年	2015年
一、年末拥有房屋面积	**平方米／人**	**22.87**	**28.35**	**32.48**	**35.91**	**37.66**
现住房面积	平方米／人	22.87	28.35	32.23	34.95	36.52
#钢筋混凝土	平方米／人	2.98	6.11	7.53	2.96	2.88
砖混材料	平方米／人	18.35	21.10	23.57	18.36	18.25
砖瓦砖木	平方米／人				13.04	14.58
竹草土坯	平方米／人				0.51	0.68
其　　他	平方米／人				0.08	0.13
二、年末拥有房屋价值	**平方米／人**	**5292.80**	**8352.21**	**11047.80**	**29586.25**	**35216.01**
三、年内新建、购住房建筑面积	**平方米／人**	**0.94**	**0.74**	**0.42**	**0.60**	**0.41**
#钢筋混凝土结构面积	平方米／人	0.43	0.38	0.23		
砖混结构面积	平方米／人	0.50	0.36	0.17		
四、新建住房竣工建筑面积	**平方米／人**				**0.39**	**0.23**
新购住房建筑面积	平方米／人				0.20	0.18
五、年内新建、购住房价值	**元／人**	**325.17**	**308.70**	**312.03**	**1160.17**	**768.79**
新建住房竣工价值	元／人				397.79	219.96
新购住房总金额	元／人				762.38	548.83

1-4-6 农村居民按人均可支配收入分组的户数占调查户比重

指　　标	2000年	2005年	2010年	2014年	2015年
比　　重(%)	100.00	100.00	100.00	100.00	100.00
按人均可支配收入水平分组					
2000元以下	39.85	23.24	8.83	3.61	3.76
2000－3000元	30.40	26.21	12.00	3.12	2.51
3000－4000元	15.98	19.40	14.38	4.67	3.87
4000－5000元	7.79	12.55	13.07	5.69	4.62
5000－6000元		7.21	10.98	7.08	5.67
6000－7000元		4.10	8.95	7.96	5.99
7000－8000元		2.62	7.33	7.55	7.21
8000－9000元		1.33	5.52	7.45	7.08
9000－10000元		0.88	4.21	6.61	7.66
10000－11000元		0.55	3.57	7.01	7.01
11000－12000元		0.45	1.98	5.67	5.92
12000－13000元	5.98	0.38	2.00	4.70	6.25
13000－14000元	(5000元以上)	0.19	1.14	3.87	4.61
14000－15000元		0.21	1.38	4.35	4.16
15000－16000元		0.07	0.79	3.03	3.18
16000－17000元		0.07	0.79	2.90	3.16
17000－18000元		0.07	0.55	2.34	2.27
18000－19000元		0.05	0.50	1.92	2.57
19000－20000元		0.14	0.29	1.80	1.66
20000元以上		0.26	1.74	8.68	10.85

1-4-7 历年农村居民人均可支配收入及指数

单位：元/人

年 份	一、收入合计(元)	从集体得到的收入	从经济联合体得到的收入	家庭经营纯收入	其他非生产性收入	二、指数 以上年为100	以1978年为100
1954	62.66	2.91		48.54	11.21		
1957	64.43	48.69		1.61	14.13		
1962	90.11	54.72		24.68	10.71		
1965	87.80	54.80		19.90	13.10		
1966	87.75	56.49		19.69	11.57		
1977	83.14	59.61		16.99	6.54		
1978	114.06	84.12		19.56	10.38	137.2	100.0
1979	136.11	98.21		24.01	13.89	119.3	119.3
1980	175.77	104.96		45.16	25.65	129.1	154.1
1985	385.23	34.87	9.31	304.77	36.28	111.7	337.7
1986	407.61	40.33	10.75	319.31	37.22	105.8	357.4
1987	444.40	43.68	11.63	356.52	32.57	109.0	389.6
1988	546.62	49.97	13.20	444.71	38.74	123.0	479.2
1989	589.40	58.30	13.96	472.36	44.78	107.8	516.7
1990	621.67	55.49	11.65	506.86	47.67	105.5	545.0
1991	657.38	69.46	8.06	523.53	56.33	105.7	576.3
1992	682.48	77.86	8.81	530.32	65.49	103.8	598.4

1-4-7续 历年农村居民人均可支配收入及指数

单位：元/人

年 份	一、可支配收入(元)	1.工资性收入	2.经营净收入	3.财产净收入	4.转移净收入	二、指数 以上年为100	以1978年为100
1993	803.80	220.49	550.08	6.46	26.77	117.8	704.7
1994	1107.25	293.61	753.38	31.58	28.68	137.8	970.8
1995	1668.73	441.23	1149.75	40.92	36.83	150.7	1463.0
1996	2054.95	574.60	1391.21	48.90	40.24	123.1	1801.6
1997	2286.01	762.07	1449.19	36.22	38.53	111.2	2004.2
1998	2405.32	786.79	1520.12	42.09	56.32	105.2	2108.8
1999	2441.50	896.28	1432.37	52.55	60.30	101.5	2140.5
2000	2478.86	949.25	1417.99	51.98	59.64	101.5	2173.3
2001	2603.60	978.38	1501.22	76.01	47.99	105.0	2282.7
2002	2685.16	1043.67	1506.11	77.51	57.87	103.1	2354.2
2003	2853.29	1071.83	1645.17	75.71	60.57	106.3	2501.6
2004	3171.06	1110.92	1887.68	79.03	93.42	111.1	2780.2
2005	3481.64	1293.50	1988.58	93.74	105.81	109.8	3052.5
2006	3801.82	1514.68	2039.64	107.72	139.78	109.2	3333.2
2007	4293.43	1754.33	2249.67	115.8	173.64	112.9	3764.2
2008	4795.46	1979.52	2416.22	118.63	281.09	111.7	4204.3
2009	5149.67	2251.01	2440.44	123.9	334.31	107.4	4514.9
2010	5957.98	2653.42	2729.80	182.45	392.31	115.7	5223.5
2011	7119.69	3423.95	3006.20	206.36	483.18	119.5	6242.1
2012	8081.39	4005.28	3254.57	218.30	603.23	113.5	7085.2
2013	9187.71	4452.99	3165.52	166.37	1402.84	112.6	7979.9
2014	10186.14	5133.34	3435.48	203.96	1413.37	110.9	8847.1
2015	11050.51	5811.87	3684.86	233.78	1320.00	108.5	9597.8

注：2013年以前农村居民为人均纯收入，以后为新口径人均可支配收入，指数为可比。

1-4-8　农村居民总收入

单位：元/人

指　　标	2000年	2005年	2010年	2014年	2015年
总收入	**3307.55**	**4985.96**	**8293.86**	**13113.13**	**14110.02**
一、工资性收入	**949.25**	**1293.50**	**2653.42**	**5133.34**	**5811.87**
（一）工　　资				4576.74	5407.67
（二）实物福利				8.23	9.40
（三）其　　他				548.37	394.80
二、经营性收入	**2217.08**	**3415.40**	**5034.03**	**6124.21**	**6464.87**
(一)第一产业经营收入	1595.70	2608.96	3780.22	3931.78	4047.01
1.农　业	1214.79	1849.32	2696.13	2835.68	3064.89
2.林　业	8.15	14.67	42.45	108.90	105.86
3.牧　业	361.30	744.92	1041.64	984.97	875.10
4.渔　业	11.46	0.05		2.23	1.15
（二）第二产业经营收入	154.35	273.37	474.52	522.15	518.13
1.采矿业				18.49	
2.制造业	131.80	253.84	424.61	409.84	461.42
3.电力、热力、燃气及水生产和供应业					
4.建筑业	22.55	19.53	49.91	93.82	56.70
(三)第三产业经营收入	467.03	533.07	779.28	1670.28	1899.73
1.批发和零售业	197.38	234.26	393.07	722.90	730.40
2.交通运输、仓储和邮政业	148.60	194.71	252.70	560.27	676.67
3.住宿和餐饮业				30.51	80.73
4.房地产业					0.04
5.租赁和商务服务业	121.05	104.10	133.51	13.07	21.49
6.居民服务、修理和其他服务业				216.30	250.08
7.其他				47.58	45.94
8.农林牧渔服务业				79.65	94.38
三、财产性收入	**62.66**	**93.74**	**182.45**	**220.95**	**249.49**
四、转移性收入	**78.55**	**183.32**	**423.97**	**1634.63**	**1583.80**

注：2013年及以后工业包括采矿业、制造业、电力、热力、燃气及水生产和供应业。

1-4-9　农村居民总支出

单位：元/人

指　　标	2000年	2005年	2010年	2014年	2015年
全年总支出	**2264.78**	**3711.00**	**6402.90**	**13300.38**	**13804.02**
一、消费支出	**1365.23**	**2165.72**	**3844.92**	**8247.99**	**9022.84**
二、生产经营费用支出	**627.34**	**1242.76**	**2072.31**	**2373.18**	**2482.68**
(一)第一产业经营费用支出	536.64	1036.26	1597.30	1701.40	1747.96
1.农　业	359.71	578.16	817.31	923.39	1036.95
2.林　业	2.36	3.52	10.17	37.70	24.73
3.牧　业	169.70	454.56	769.82	739.79	684.70
4.渔　业	4.87	0.02		0.52	1.58
(二)第二产业经营费用支出	31.04	94.41	223.82	220.16	206.12
1.采矿业				7.15	0.07
2.制造业	29.71	90.98	212.77	184.87	195.85
3.电力、热力、燃气及水生产和供应业				0.01	1.49
4.建筑业	1.32	3.43	11.05	28.13	8.70
(三)第三产业经营费用支出	59.65	112.09	251.19	451.62	528.61
1.批发和零售	16.41	39.41	124.82	203.45	214.83
2.交通运输、仓储和邮电业	33.03	53.33	89.01	167.74	187.64
3.住宿和餐饮业				5.72	29.26
4.房地产业					
5.租赁和商务服务业				5.14	6.04
6.居民服务、修理和其他服务业				43.60	66.45
7.其　他				12.87	10.22
8.农林牧渔服务业				13.10	14.16
三、财产性支出	**16.22**	**13.29**	**22.10**	**8.70**	**13.57**
四、转移性支出	**84.40**	**167.99**	**317.11**	**221.26**	**263.79**
五、部分商业保险支出				**56.67**	**50.36**
六、购置资产及非经常性转移支出				**1782.31**	**1552.34**
七、借贷性支出				**610.26**	**418.43**

1-4-10 农村居民人均可支配收入

单位：元/人

指 标	2000年	2005年	2010年	2014年	2015年
可支配收入	**2478.86**	**3481.64**	**5957.98**	**10186.14**	**11050.51**
一、工资性收入	**949.25**	**1293.50**	**2653.42**	**5133.34**	**5811.87**
1.工 资				4576.74	5407.67
2.实物福利				8.23	9.40
3.其 他				548.37	394.80
二、经营净收入	**1417.99**	**1988.58**	**2729.80**	**3435.48**	**3684.86**
（一）按产业划分					
1.第一产业	914.45	1455.91	2052.76	2068.46	2144.19
2.第二产业	113.26	154.89	213.65	264.36	276.15
3.第三产业	390.28	377.77	463.38	1102.65	1264.51
（二）按行业划分					
1.农 业	758.15	1181.39	1775.23	1782.83	1904.51
2.林 业	5.16	10.96	32.08	69.79	79.97
3.牧 业	145.86	263.54	245.45	215.90	160.28
4.渔 业	5.28	0.02		-0.05	-0.56
5.农林牧渔服务业				65.41	79.17
6.采矿业				10.72	-0.07
7.制造业	92.45	139.53	178.06	196.87	234.41
8.电力、热力、燃气及水生产和供应业				-0.01	-1.49
9.建筑业	20.81	15.36	35.59	56.78	43.31
10.批发和零售业	176.27	183.59	244.36	471.61	469.18
11.交通运输、仓储和邮政业	106.11	113.76	132.00	345.05	445.19
12.住宿和餐饮业				23.57	47.21
13.房地产业					0.04
14.租赁和商务服务业				7.94	15.46
15.居民服务、修理和其他服务业				156.10	174.06
16.其 他				32.97	34.21
三、财产性净收入	**51.98**	**93.74**	**182.45**	**203.96**	**233.78**
四、转移净收入	**59.64**	**105.81**	**392.31**	**1413.37**	**1320.00**
#养老金或离退休金	10.25	33.95	119.68	414.20	495.31

注：2013年以前农村居民为人均纯收入，以后为新口径人均可支配收入，指数为可比。

1-4-11 历年农村居民人均消费支出及构成

单位：元

年 份	合 计	一、生 活 消 费 品 支 出						二、非商品支 出
		小 计	食 品	衣 着	燃 料	用品及支 出	住 房	
1954	56.86	55.44	39.09	6.46	4.39	2.82	2.68	1.42
1957	58.08	56.36	37.71	7.69	4.32	3.99	2.65	1.72
1962	80.50	76.26	43.55	7.18	10.20	10.18	5.15	4.24
1965	76.50	73.40	51.70	7.90	6.10	4.10	3.60	3.10
1978	95.02	92.95	62.97	13.95	7.30	5.96	2.77	2.07
1980	142.00	138.82	79.61	19.70	8.25	16.83	14.43	3.18
1985	297.72	290.17	148.95	32.25	16.49	42.86	49.62	7.55
1986	333.04	324.28	161.57	35.29	19.09	47.63	60.70	8.76
1987	365.35	355.60	180.34	38.31	17.79	54.13	65.03	9.75
1988	445.68	424.92	209.23	44.84	22.24	67.63	80.98	20.76
1989	495.20	469.75	238.30	47.79	27.53	69.87	86.26	25.45
1990	485.70	456.84	248.64	46.59	27.77	64.66	69.18	28.86
1991	558.23	515.93	267.64	58.39	28.61	82.30	78.99	42.30
1992	579.36	530.33	298.49	56.05	28.54	78.54	68.71	49.03
构成(%)								
1954	100.00	97.50	68.75	11.36	7.72	4.96	4.71	2.50
1957	100.00	97.04	64.93	13.24	7.44	6.87	4.56	2.96
1962	100.00	94.73	54.10	8.92	12.67	12.64	6.40	5.27
1965	100.00	95.95	67.58	10.33	7.97	5.36	4.71	4.05
1978	100.00	97.82	66.27	14.68	7.68	6.27	2.92	2.18
1980	100.00	97.76	56.06	13.88	5.81	11.85	10.16	2.24
1985	100.00	97.46	50.03	10.83	5.54	14.39	16.67	2.54
1986	100.00	97.37	48.51	10.60	5.73	14.30	18.23	2.63
1987	100.00	97.33	49.36	10.49	4.87	14.82	17.80	2.67
1988	100.00	95.34	46.95	10.06	4.99	15.17	18.17	4.66
1989	100.00	94.86	48.12	9.65	5.56	14.11	17.42	5.14
1990	100.00	94.06	51.19	9.59	5.72	13.31	14.24	5.94
1991	100.00	92.42	47.94	10.46	5.13	14.74	14.15	7.58
1992	100.00	91.54	51.52	9.67	4.93	13.56	11.86	8.46

1-4-11续　历年农村居民人均消费支出及构成

单位：元

年 份	合 计	食品烟酒	衣 着	居 住	生活用品及服务	交通通信	教育文化娱乐	医疗保健	其他用品和服务
1993	696.52	406.72	52.26	96.52	35.97	11.33	41.12	44.05	8.55
1994	779.04	441.66	65.22	109.06	42.85	18.70	57.12	33.19	11.24
1995	1104.30	627.43	89.62	165.41	58.15	33.47	73.04	40.93	16.25
1996	1398.94	729.92	133.58	210.49	77.98	57.91	106.74	60.08	22.24
1997	1394.81	701.37	123.88	221.43	78.63	56.53	125.91	61.35	25.71
1998	1298.54	616.90	111.72	212.10	76.95	60.43	130.45	64.46	25.53
1999	1338.37	584.65	106.22	261.70	81.18	72.37	136.10	68.72	27.43
2000	1365.23	539.33	104.84	322.04	65.41	84.55	130.71	78.28	40.07
2001	1429.81	567.95	106.24	329.39	66.59	98.89	139.22	81.33	40.20
2002	1476.42	574.59	109.18	318.99	68.58	110.42	156.91	99.14	38.60
2003	1600.10	639.10	114.97	311.46	71.65	149.52	186.48	101.63	25.28
2004	1834.92	780.09	127.06	340.88	80.42	182.56	115.97	176.60	31.33
2005	2165.72	888.37	155.52	398.90	101.49	221.96	225.79	134.77	38.92
2006	2495.33	915.50	167.87	531.66	115.84	285.70	265.38	166.34	47.03
2007	2786.77	1025.72	185.68	627.98	140.45	318.19	243.30	188.06	57.40
2008	3125.55	1192.93	203.74	696.14	151.94	346.73	250.07	219.32	64.68
2009	3349.74	1195.65	217.82	796.62	170.40	350.92	263.53	289.27	65.55
2010	3844.92	1351.41	250.92	839.66	218.90	464.80	296.11	344.25	78.87
2011	4711.16	1579.65	334.10	1090.29	316.90	520.18	315.41	434.67	119.95
2012	5364.14	1817.00	396.58	1137.31	349.90	604.33	358.49	543.75	156.77
2013	7377.13	2205.22	521.58	1628.26	470.50	931.95	648.71	795.27	175.64
2014	8247.99	2421.20	581.61	1858.48	508.00	1146.52	758.74	788.71	184.72
2015	9022.84	2578.07	625.26	2014.16	527.48	1298.46	870.43	920.54	188.43
构成(%)									
1993	100.00	58.39	7.50	13.86	5.16	1.63	5.90	6.32	1.24
1994	100.00	56.69	8.37	14.00	5.50	2.40	7.33	4.26	1.45
1995	100.00	56.82	8.12	14.98	5.27	3.03	6.61	3.71	1.46
1996	100.00	52.18	9.55	15.05	5.57	4.14	7.63	4.29	1.59
1997	100.00	50.28	8.88	15.88	5.64	4.05	9.03	4.40	1.84
1998	100.00	47.51	8.60	16.33	5.93	4.65	10.05	4.96	1.97
1999	100.00	43.68	7.94	19.55	6.07	5.41	10.17	5.13	2.05
2000	100.00	39.50	7.68	23.59	4.79	6.19	9.57	5.73	2.95
2001	100.00	39.72	7.43	23.04	4.66	6.91	9.74	5.69	2.81
2002	100.00	38.92	7.39	21.61	4.65	7.48	10.63	6.71	2.61
2003	100.00	39.94	7.19	19.47	4.48	9.34	11.65	6.35	1.58
2004	100.00	42.51	6.92	18.58	4.38	9.95	6.32	9.62	1.71
2005	100.00	41.02	7.18	18.42	4.69	10.25	10.43	6.22	1.79
2006	100.00	36.69	6.73	21.31	4.64	11.45	10.64	6.67	1.88
2007	100.00	36.81	6.66	22.53	5.04	11.42	8.73	6.75	2.06
2008	100.00	38.17	6.52	22.27	4.86	11.09	8.00	7.02	2.07
2009	100.00	35.69	6.50	23.78	5.09	10.48	7.87	8.64	1.96
2010	100.00	35.15	6.53	21.84	5.69	12.09	7.70	8.95	2.05
2011	100.00	33.53	7.09	23.14	6.73	11.04	6.69	9.23	2.55
2012	100.00	33.53	7.09	23.14	6.73	11.04	6.69	9.23	2.55
2013	100.00	29.89	7.07	22.07	6.38	12.63	8.79	10.78	2.38
2014	100.00	29.36	7.05	22.53	6.16	13.90	9.20	9.56	2.24
2015	100.00	28.57	6.93	22.32	5.85	14.39	9.65	10.20	2.09

注：2013年以前为生活消费支出，之后为消费支出。

1-4-12 农村居民家庭人均主要食品消费量

指　标	单　位	2000年	2005年	2010年	2014年	2015年
一、粮食(原粮)	公斤	215.88	200.84	181.69	144.74	145.41
(一) 谷物	公斤	211.00	196.52	178.60	137.28	137.58
1.小麦	公斤	153.10	139.80	122.09	92.84	93.32
2.稻谷	公斤	14.63	17.47	21.10	23.61	24.85
(二) 薯类	公斤	2.76	1.52	1.23	2.12	2.15
(三) 豆类	公斤	2.12	2.81	1.86	5.34	5.68
二、蔬菜及菜制品	公斤	61.45	57.70	55.38	81.40	82.41
#鲜菜	公斤	61.23		54.69	79.80	80.61
三、肉禽及其制品	公斤	8.06	10.54	10.95	17.89	18.58
#猪肉	公斤	6.63	7.15	7.12	11.49	11.26
牛肉	公斤	0.35	0.47	0.34	0.32	0.44
羊肉	公斤	0.19	0.37	0.38	0.55	0.83
家禽	公斤	0.37	0.75	1.02	2.76	2.93
四、蛋及蛋制品	公斤	5.09	6.27	7.26	9.20	11.49
五、奶和奶制品	公斤	0.22	2.40	3.48	7.60	7.55
六、水产品	公斤	1.79	2.48	2.52	3.36	3.41
七、油脂类	公斤	5.91	6.75	8.33	11.30	11.87
#植物油	公斤	5.32	6.28	8.12	11.11	11.73
八、食糖	公斤	0.59	0.77	0.66	1.03	1.10
九、鲜瓜果	公斤	16.74	16.57	21.11	39.98	41.51
十、坚果类	公斤	0.60	1.11	1.11	3.00	3.24
十一、茶叶	公斤		0.13	0.12	0.08	0.10
十二、酒	公斤	6.50	9.16	8.84	11.96	11.97

1-4-13 农村居民家庭平均每百户年末耐用消费品拥有量

指　标	单 位	2000年	2005年	2010年	2014年	2015年
家用汽车	辆				20.15	23.61
摩托车	辆	34.33	58.17	61.43	70.03	66.43
助力车	辆			40.50	86.03	91.11
洗衣机	台	58.86	74.17	86.33	95.07	96.72
电冰箱	台				86.95	90.12
微波炉	台				15.59	15.77
彩色电视机	台	64.76	102.14	116.55	120.12	120.81
#接入有线电视网	台		23.64	42.14	52.31	51.63
空　调	台				50.18	55.25
热水器	台				54.25	56.37
#太阳能热水器	台				46.54	49.79
消毒碗柜	台				0.51	0.29
洗碗机	台				0.19	0.57
抽油烟机	台	1.86	3.81	8.05	16.29	17.21
固定电话	部	31.17	76.74	61.45	40.65	33.21
移动电话	部				218.09	226.22
#接入互联网	部				60.87	68.85
计算机	台				35.32	37.82
#接入互联网	台				25.31	29.20
摄像机	台	0.24	0.43	0.69	1.03	0.72
照相机	台	4.17	3.50	4.24	4.85	4.54
中高档乐器	架	0.19	0.17	0.38	0.44	0.46
健身器材	部				0.82	0.64
组合音响	套	8.12	11.74		3.54	2.59

1-4-14 历年城乡居民可支配收入与消费支出及恩格尔系数

单位：元，%

年份	可支配收入				消费支出		恩格尔系数	
	全体居民	城镇居民	农村居民	城乡收入水平对比(农村居民=1)	城镇居民	农村居民	城镇居民	农村居民
1978		276.24	114.06	2.42	402.00	137.00		66.27
1980		400.56	175.77	2.28	460.00	164.00	60.08	56.06
1981		402.48	204.41	1.97	481.00	187.00	53.34	52.19
1982		432.84	238.70	1.81	507.00	198.00	56.28	54.29
1983		448.68	298.07	1.51	513.00	221.00	56.93	53.52
1984		519.24	345.00	1.51	569.00	261.00	55.36	52.24
1985		630.72	385.23	1.64	672.00	319.00	49.96	50.03
1986		766.44	407.61	1.88	773.00	356.00	50.24	48.51
1987		855.00	444.40	1.92	917.00	423.00	51.67	49.36
1988		1080.48	546.62	1.98	1300.00	557.00	46.50	46.95
1989		1256.88	589.40	2.13	1557.00	583.00	52.00	48.12
1990		1397.35	621.67	2.25	1592.00	605.00	51.16	51.19
1991		1489.32	657.38	2.27	1839.00	675.00	51.34	47.94
1992		1763.40	682.48	2.58	2182.00	729.00	49.51	51.52
1993		2201.04	803.80	2.74	2496.00	831.00	46.31	58.39
1994		3007.68	1107.25	2.72	3009.00	1001.00	47.29	56.69
1995		3991.72	1668.73	2.39	3397.00	1306.00	46.22	56.82
1996		4429.66	2054.95	2.16	3499.00	1554.00	44.78	52.18
1997		4958.67	2286.01	2.17	3765.00	1711.00	41.95	50.28
1998		5084.64	2405.32	2.11	3833.00	1731.00	40.02	47.51
1999		5365.03	2441.50	2.20	3950.00	1803.00	37.70	43.68
2000		5661.16	2478.86	2.28	4523.00	1848.00	34.39	39.50
2001		5984.82	2603.60	2.30	4991.00	1912.00	35.35	39.72
2002		6678.73	2685.16	2.49	5776.00	1987.00	35.42	38.92
2003		7239.12	2853.29	2.54	6063.00	2042.00	35.16	39.94
2004		7951.30	3171.06	2.51	7096.00	2167.00	36.82	42.51
2005		9107.10	3481.64	2.62	7851.00	2426.00	34.56	41.02
2006		10304.56	3801.82	2.71	8971.00	2714.00	33.94	36.69
2007		11690.47	4293.43	2.72	10031.00	3067.00	33.88	36.81
2008		13441.09	4795.46	2.80	10835.00	3515.00	34.73	38.17
2009		14718.25	5149.67	2.86	12195.00	3606.00	33.59	35.69
2010		16263.43	5957.98	2.73	13619.00	3867.00	32.32	35.15
2011		18292.23	7119.69	2.57	15331.00	4893.00	33.80	33.53
2012		20543.44	8081.39	2.54	16554.00	5766.00	33.60	33.53
2013	15189.6	22226.75	9187.71	2.42	14970.03	7377.13	26.88	29.89
2014	16647.4	24141.34	10186.14	2.37	16203.82	8247.99	26.17	29.36
2015	18118.1	26152.16	11050.51	2.37	17586.62	9022.84	26.05	28.57

注:1.1996年以前城镇居民为人均生活费收入，1996-2012年为可支配收入，2013年为新口径可支配收入，指数为可比。
2.2013年以前农村居民为人均纯收入，以后为新口径人均可支配收入，指数为可比。

1-5-1 种植业生产成本收益与劳动生产率

指标	单位	河北粮食		小麦		玉米	
		2014年	2015年	2014年	2015年	2014年	2015年
一、每亩							
主产品产量	公斤	406.40	418.35	459.05	450.07	480.65	482.04
产值合计	元	1353.49	1135.96	1158.72	1086.23	1133.34	928.13
主产品产值	元	1326.29	1107.63	1141.70	1066.29	1099.70	894.88
副产品产值	元	27.20	28.33	17.02	19.94	33.64	33.25
总成本	元	977.71	1084.37	924.71	1001.32	822.43	926.64
生产成本	元	722.96	823.78	753.46	820.62	646.83	737.78
物质与服务费用	元	362.13	382.86	472.90	484.97	335.99	350.60
人工成本	元	360.83	440.92	280.56	335.65	310.84	387.18
家庭用工折价	元	333.63	412.35	280.56	335.65	309.32	384.61
雇工费用	元	27.20	28.57			1.52	2.57
土地成本	元	254.75	260.59	171.25	180.70	175.60	188.86
流转地租金	元	40.63	42.26	2.43	3.00	3.32	2.87
自营地折租	元	214.12	218.33	168.82	177.70	172.28	185.99
净利润	元	375.78	51.59	234.01	84.91	310.91	1.49
现金成本	元	429.96	453.69	475.33	487.97	340.83	356.04
现金收益	元	923.53	682.27	683.39	598.26	792.51	572.09
成本利润率	%	38.43	4.76	25.31	8.48	37.80	0.16
二、每50公斤主产品							
平均出售价格	元	163.18	132.38	124.35	118.46	114.40	92.82
总成本	元	117.88	126.37	99.24	109.20	83.02	92.67
生产成本	元	87.16	96.00	80.86	89.49	65.29	73.78
净利润	元	45.30	6.01	25.11	9.26	31.38	0.15
现金成本	元	51.84	52.87	51.01	53.22	34.40	35.61
现金收益	元	111.34	79.51	73.34	65.24	80.00	57.21
三、附记							
每亩用工数量	日	6.23	6.24	5.10	4.94	5.65	5.68
每亩主产品已出售数量	公斤	262.98	281.65	285.05	305.72	301.41	313.79
每亩主产品已出售产值	元	870.75	731.01	705.40	723.05	698.19	584.39
商品率	%	88.75	89.32	76.47	79.59	96.57	96.97
商品已出售率	%	64.71	67.32	62.10	67.93	62.71	65.10
每亩补贴收入	元	71.10	64.85	56.66	51.35	61.08	53.67
每亩成本外支出	元						

注：1. “河北粮食”为小麦、玉米、稻谷、谷子、大豆简单平均。
2. “每亩主产品已出售数量”和“每亩主产品已出售产值”截止当年年底（下同）。

1-5-1续1　种植业生产成本收益与劳动生产率

指　　标	单位	粳　稻		谷　子		大　豆	
		2014年	2015年	2014年	2015年	2014年	2015年
一、每亩							
主产品产量	公斤	683.07	717.11	225.53	249.73	183.68	192.82
产值合计	元	2143.40	2004.59	1524.32	888.21	807.68	772.65
主产品产值	元	2091.11	1948.20	1491.28	856.13	807.68	772.65
副产品产值	元	52.29	56.39	33.04	32.08		
总成本	元	1721.10	1896.49	700.30	812.94	720.07	783.59
生产成本	元	1105.75	1267.59	577.53	684.20	531.27	607.85
物质与服务费用	元	589.23	639.91	191.82	193.96	220.74	244.87
人工成本	元	516.52	627.68	385.71	490.24	310.53	362.98
家庭用工折价	元	385.44	488.10	382.31	489.53	310.53	362.98
雇工费用	元	131.08	139.58	3.40	0.71		
土地成本	元	615.35	628.90	122.77	128.74	188.80	175.74
流转地租金	元	197.42	205.42				
自营地折租	元	417.93	423.48	122.77	128.74	188.80	175.74
净利润	元	422.30	108.10	824.02	75.27	87.61	-10.94
现金成本	元	917.73	984.91	195.22	194.67	220.74	244.87
现金收益	元	1225.67	1019.68	1329.10	693.54	586.94	527.78
成本利润率	%	24.54	5.70	117.67	9.26	12.17	-1.40
二、每50公斤主产品							
平均出售价格	元	153.07	135.84	330.62	171.41	219.86	200.36
总成本	元	122.91	128.51	151.89	156.88	196.01	203.20
生产成本	元	78.97	85.90	125.26	132.04	144.62	157.62
净利润	元	30.16	7.33	178.73	14.53	23.85	-2.84
现金成本	元	65.54	66.74	42.34	37.57	60.09	63.50
现金收益	元	87.53	69.10	288.28	133.84	159.77	136.86
三、附记							
每亩用工数量	日	7.74	8.01	6.99	7.21	5.65	5.34
每亩主产品已出售数量	公斤	493.18	553.95	164.21	157.75	71.03	77.03
每亩主产品已出售产值	元	1503.12	1494.85	1125.43	557.02	321.60	295.74
商品率	%	94.54	91.59	94.09	94.31	82.09	84.12
商品已出售率	%	72.20	77.25	72.81	63.17	38.67	39.95
每亩补贴收入	元	106.29	98.78	66.21	63.17	65.25	57.26
每亩成本外支出	元						

1-5-1续2　种植业生产成本收益与劳动生产率

指　　标	单位	花　　生		棉　　花	
		2014年	2015年	2014年	2015年
一、每亩					
主产品产量	公斤	259.51	259.07	96.07	90.21
产值合计	元	1516.41	1526.71	1670.56	1457.34
主产品产值	元	1502.06	1512.31	1348.94	1154.73
副产品产值	元	14.35	14.40	321.62	302.61
总成本	元	1300.28	1409.49	1910.78	2240.35
生产成本	元	1065.74	1162.75	1590.71	1908.85
物质与服务费用	元	490.37	478.27	396.27	399.85
人工成本	元	575.37	684.48	1194.44	1509.00
家庭用工折价	元	569.97	663.07	1187.95	1500.49
雇工费用	元	5.40	21.41	6.49	8.51
土地成本	元	234.54	246.74	320.07	331.50
流转地租金	元	10.39	7.89	4.24	39.22
自营地折租	元	224.15	238.85	315.83	292.28
净利润	元	216.13	117.22	-240.22	-783.01
现金成本	元	506.16	507.57	407.00	447.58
现金收益	元	1010.25	1019.14	1263.56	1009.76
成本利润率	%	16.62	8.32	-12.57	-34.95
二、每50公斤主产品					
平均出售价格	元	289.40	291.87	702.06	640.02
总成本	元	248.15	269.46	803.01	983.89
生产成本	元	203.39	222.29	668.50	838.31
净利润	元	41.25	22.41	-100.95	-343.87
现金成本	元	96.60	97.04	171.04	196.56
现金收益	元	192.80	194.83	531.02	443.46
三、附记					
每亩用工数量	日	10.46	10.08	21.67	22.15
每亩主产品已出售数量	公斤	132.11	149.74	76.03	76.50
每亩主产品已出售产值	元	764.73	878.71	1045.43	972.53
商品率	%	80.87	81.02	98.92	99.42
商品已出售率	%	50.91	57.80	79.14	84.80
每亩补贴收入	元	68.61	52.83	93.83	98.87
每亩成本外支出	元				

1-5-1续3　种植业生产成本收益与劳动生产率

指　　标	单位	苹　果		鸭　梨	
		2014年	2015年	2014年	2015年
一、每亩					
主产品产量	公斤	1870.13	1907.40	3245.56	3119.98
产值合计	元	6911.73	5885.45	8249.00	6225.26
主产品产值	元	6905.04	5879.24	8249.00	6225.26
副产品产值	元	6.69	6.21		
总成本	元	3263.50	3557.67	4189.16	4734.41
生产成本	元	2816.19	3165.13	3764.22	4334.89
物质与服务费用	元	1008.37	979.32	1507.27	1480.81
人工成本	元	1807.82	2185.81	2256.95	2854.08
家庭用工折价	元	1397.61	1704.62	1880.51	2270.04
雇工费用	元	410.21	481.19	376.44	584.04
土地成本	元	447.31	392.54	424.94	399.52
流转地租金	元	65.52	69.42	6.21	7.03
自营地折租	元	381.79	323.12	418.73	392.49
净利润	元	3648.23	2327.78	4059.84	1490.85
现金成本	元	1484.10	1529.93	1889.92	2071.88
现金收益	元	5427.63	4355.52	6359.08	4153.38
成本利润率	%	111.79	65.43	96.91	31.49
二、每50公斤主产品					
平均出售价格	元	184.61	154.12	127.08	99.76
总成本	元	87.17	93.16	64.54	75.87
生产成本	元	75.22	82.88	57.99	69.47
净利润	元	97.44	60.96	62.54	23.89
现金成本	元	39.64	40.06	29.12	33.20
现金收益	元	144.97	114.06	97.96	66.56
三、附记					
每亩用工数量	日	30.56	30.77	39.67	41.56
每亩主产品已出售数量	公斤	1702.72	1710.05	3123.42	3037.75
每亩主产品已出售产值	元	6184.79	5189.91	7947.39	6007.07
商品率	%	99.04	99.22	99.16	99.34
商品已出售率	%	91.05	89.65	96.24	97.36
每亩补贴收入	元	20.42	19.30	74.11	60.81
每亩成本外支出	元				

1-5-2 种植业生产费用和用工

指　　标	单位	河北粮食		小　麦		玉　米	
		2014年	2015年	2014年	2015年	2014年	2015年
一、每亩物质与服务费用	**元**	**362.13**	**382.86**	**472.90**	**484.97**	**335.99**	**350.60**
(一)直接费用	元	355.07	376.56	464.91	476.27	328.79	345.26
1.种子费	元	41.33	42.75	72.21	70.60	48.60	49.42
2.化肥费	元	114.58	120.65	149.92	151.22	108.58	113.05
3.农家肥费	元	18.00	17.47	23.55	31.09	8.08	11.43
4.农药费	元	22.89	23.19	15.68	15.25	15.09	16.29
5.农膜费	元	2.26	2.29			0.58	0.48
6.租赁作业费	元	149.95	164.34	199.43	203.86	143.66	150.16
机械作业费	元	94.35	105.24	133.16	134.75	104.91	107.63
排灌费	元	51.41	56.41	66.27	69.11	38.17	42.09
#水费	元	7.13	6.09	4.30	1.52		
畜力费	元	4.19	2.69			0.58	0.44
7.燃料动力费	元						
8.技术服务费	元		0.31				
9.工具材料费	元	3.32	2.94	2.16	2.27	2.34	2.52
10.修理维护费	元	2.74	2.62	1.96	1.98	1.86	1.91
11.其他直接费用	元						
(二)间接费用	元	7.06	6.30	7.99	8.70	7.20	5.34
1.固定资产折旧	元	6.33	5.70	5.85	5.70	5.68	5.34
2.保险费	元	0.73	0.60	2.14	3.00	1.52	
3.管理费	元						
4.财务费	元						
5.销售费	元						
二、每亩人工成本	**元**	**360.83**	**440.92**	**280.56**	**335.65**	**310.84**	**387.18**
1.家庭用工折价	元	333.63	412.35	280.56	335.65	309.32	384.61
家庭用工天数	日	6.07	6.06	5.10	4.94	5.62	5.66
劳动日工价	元	55.00	68.00	55.00	68.00	55.00	68.00
2.雇工费用	元	27.20	28.57			1.52	2.57
雇工天数	日	0.16	0.17			0.03	0.03
雇工工价	元	170.00	164.21	69.34	71.42	60.92	91.75
三、附记							
1.每亩种子用量	公斤	6.21	6.21	18.13	17.54	2.36	2.38
2.每亩化肥用量(折纯)	公斤	22.66	23.04	30.00	30.24	20.35	20.96
3.每亩农膜用量	公斤	0.15	0.15			0.04	0.04

注："河北粮食"为小麦、玉米、稻谷、谷子、大豆简单平均（下同）。

1-5-2续1　种植业生产费用和用工

指　　标	单位	粳　稻		谷　子		大　豆	
		2014年	2015年	2014年	2015年	2014年	2015年
一、每亩物质与服务费用	**元**	**589.23**	**639.91**	**191.82**	**193.96**	**220.74**	**244.87**
(一)直接费用	元	580.11	632.62	188.17	190.93	213.40	237.74
1.种子费	元	38.07	38.00	7.72	12.70	40.06	43.02
2.化肥费	元	162.83	194.93	84.34	58.16	67.24	85.94
3.农家肥费	元	30.04	8.07	11.30	31.21	17.03	5.56
4.农药费	元	62.78	64.25	10.35	10.38	10.55	9.79
5.农膜费	元	10.71	10.95				
6.租赁作业费	元	262.20	302.87	68.81	74.16	75.64	90.63
机械作业费	元	156.43	175.59	45.09	59.76	32.15	48.48
排灌费	元	105.77	127.28	3.33	1.41	43.49	42.15
#水费	元	31.35	28.91				
畜力费	元			20.39	12.99		
7.燃料动力费	元						
8.技术服务费	元		1.55				
9.工具材料费	元	6.81	5.78	3.88	2.71	1.43	1.40
10.修理维护费	元	6.67	6.22	1.77	1.61	1.45	1.40
11.其他直接费用	元						
(二)间接费用	元	9.12	7.29	3.65	3.03	7.34	7.13
1.固定资产折旧	元	9.12	7.29	3.65	3.03	7.34	7.13
2.保险费	元						
3.管理费	元						
4.财务费	元						
5.销售费	元						
二、每亩人工成本	**元**	**516.52**	**627.68**	**385.71**	**490.24**	**310.53**	**362.98**
1.家庭用工折价	元	385.44	488.10	382.31	489.53	310.53	362.98
家庭用工天数	日	7.01	7.18	6.95	7.20	5.65	5.34
劳动日工价	元	55.00	68.00	55.00	68.00	55.00	68.00
2.雇工费用	元	131.08	139.58	3.40	0.71		
雇工天数	日	0.73	0.83	0.04	0.01		
雇工工价	元	179.07	168.78	80.91	100.86	62.54	57.34
三、附记							
1.每亩种子用量	公斤	5.37	5.53	0.60	0.60	4.61	4.98
2.每亩化肥用量(折纯)	公斤	31.10	36.16	20.22	14.45	11.63	13.48
3.每亩农膜用量	公斤	0.72	0.73				

1-5-2续2　种植业生产费用和用工

指　　标	单位	花　生		棉　花	
		2014年	2015年	2014年	2015年
一、每亩物质与服务费用	**元**	**490.37**	**478.27**	**396.27**	**399.85**
(一)直接费用	元	484.70	472.66	389.52	392.80
1.种子费	元	216.87	208.61	49.95	51.36
2.化肥费	元	114.89	105.96	132.70	128.41
3.农家肥费	元	8.06	10.80		
4.农药费	元	19.62	19.20	57.99	67.08
5.农膜费	元	20.20	19.53	27.49	27.69
6.租赁作业费	元	101.37	104.50	117.42	114.31
机械作业费	元	79.69	77.89	66.98	64.82
排灌费	元	21.68	26.61	50.44	49.49
#水费	元				
畜力费	元				
7.燃料动力费	元				
8.技术服务费	元				
9.工具材料费	元	1.96	2.11	1.94	2.13
10.修理维护费	元	1.73	1.95	2.03	1.82
11.其他直接费用	元				
(二)间接费用	元	5.67	5.61	6.75	7.05
1.固定资产折旧	元	5.67	5.61	6.75	7.05
2.保险费	元				
3.管理费	元				
4.财务费	元				
5.销售费	元				
二、每亩人工成本	**元**	**575.37**	**684.48**	**1194.44**	**1509.00**
1.家庭用工折价	元	569.97	663.07	1187.95	1500.49
家庭用工天数	日	10.36	9.75	21.60	22.07
劳动日工价	元	55.00	68.00	55.00	68.00
2.雇工费用	元	5.40	21.41	6.49	8.51
雇工天数	日	0.09	0.33	0.07	0.09
雇工工价	元	57.49	65.08	90.14	100.06
三、附记					
1.每亩种子用量	公斤	17.89	17.31		
2.每亩化肥用量(折纯)	公斤	19.24	18.79	24.46	23.57
3.每亩农膜用量	公斤	1.49	1.43	2.23	2.38

1-5-2续3　种植业生产费用和用工

指　　标	单位	苹　果		鸭　梨	
		2014年	2015年	2014年	2015年
一、每亩物质与服务费用	**元**	**1008.37**	**979.32**	**1507.27**	**1480.81**
(一)直接费用	元	978.22	949.86	1466.04	1435.72
1.种子费	元				
2.化肥费	元	397.44	385.52	416.33	432.71
3.农家肥费	元	119.68	111.41	74.73	52.72
4.农药费	元	233.19	229.98	367.45	363.44
5.农膜费	元				
6.租赁作业费	元	113.72	105.23	155.67	176.21
机械作业费	元	41.88	35.18	61.15	94.54
排灌费	元	71.84	70.05	94.52	81.67
#水费	元				
畜力费	元				
7.燃料动力费	元			29.34	31.97
8.技术服务费	元	1.43			
9.工具材料费	元	100.12	103.68	409.11	367.27
10.修理维护费	元	12.64	12.89	13.41	11.40
11.其他直接费用	元		1.15		
(二)间接费用	元	30.15	29.46	41.23	45.09
1.固定资产折旧	元	23.63	22.42	31.38	33.93
2.保险费	元				
3.管理费	元			0.28	0.32
4.财务费	元				
5.销售费	元	6.52	7.04	9.57	10.84
二、每亩人工成本	**元**	**1807.82**	**2185.81**	**2256.95**	**2854.08**
1.家庭用工折价	元	1397.61	1704.62	1880.51	2270.04
家庭用工天数	日	25.41	25.07	34.19	33.38
劳动日工价	元	55.00	68.00	55.00	68.00
2.雇工费用	元	410.21	481.19	376.44	584.04
雇工天数	日	5.14	5.70	5.48	8.18
雇工工价	元	79.75	84.42	68.72	71.42
三、附记					
1.每亩种子用量	公斤				
2.每亩化肥用量(折纯)	公斤	71.06	69.86	77.58	74.57
3.每亩农膜用量	公斤				

1－5－3 种植业主要品种中间消耗(2015年)

指　　标	单位	小　麦	玉　米	棉　花	马铃薯	大　豆
一、调查县数	**个**	**32**	**36**	**6**	**5**	**12**
调查单位数	个	155	156	18	14	50
调查面积	亩	5328.73	7063.77	605.60	5567.30	51.61
二、每亩面积产量	**公斤**	**457.59**	**509.08**	**205.06**	**1682.32**	**135.97**
三、每亩中间消耗合计	**元**	**484.85**	**332.41**	**411.90**	**555.35**	**165.80**
(一)物质消耗	元	326.66	244.88	346.26	509.67	141.58
#种　子	元	72.29	47.43	50.25	206.40	43.26
肥　料	元	175.60	128.65	144.15	208.64	77.94
燃　料	元	3.31	3.54	10.24	25.45	4.74
农　膜	元		1.79	36.59	23.73	
农　药	元	15.62	16.07	76.87	16.66	12.20
水　费	元	5.78	4.63		1.50	
电　费	元	50.49	27.99	28.16	17.11	3.07
棚架材料费	元					
小农具	元	0.88	14.56		1.32	0.13
其　他	元	0.13	0.21		8.86	0.25
(二)生产服务支出	元	158.19	87.53	65.64	45.68	24.22
#修理费	元	1.20	0.64	0.61	8.08	0.06
外雇运输费	元	1.44	0.99	0.83	10.00	
外雇排灌费	元	6.21	4.22	1.11		0.68
外雇机械作业费	元	149.05	81.53	63.08	27.33	21.25
技术咨询费	元					
上交管理费	元					
其他费					0.27	2.23

1-5-4 养殖业主要品种中间消耗(2015年)

指　标	单 位	生 猪	活 牛	牛 奶	鸡 蛋	肉 鸡	活 羊
一、调查县数	**个**	**13**	**12**	**5**	**5**	**4**	**11**
调查单位数	个	50	35	15	18	12	35
调查数量	头(只)	51609	2783			761135	1457
二、平均每头(只)毛重	**公斤**	**113.17**	**501.25**			**2.57**	**40.63**
三、每头(只)、公斤中间消耗合计	**元**	**1201.83**	**5507.97**	**2.53**	**5.98**	**21.05**	**345.19**
(一)物质消耗	元	1176.62	5464.75	2.47	5.90	20.67	335.71
#种　子	元	166.80	2314.28			2.23	25.96
饲料、饲草	元	982.41	3047.27	2.38	5.70	17.42	294.28
燃　料	元	9.52	33.66	0.01	0.02	0.32	0.67
养殖用药	元	6.95	44.52	0.01	0.12	0.50	5.92
水　费	元	0.77	3.04		0.02	0.05	0.62
电　费	元	11.07	13.54	0.03	0.05	0.14	6.51
小农具	元	0.43	2.49			0.03	
其　它	元	1.38	5.97	0.04			1.76
(二)生产服务支出	元	25.21	43.23	0.07	0.08	0.39	9.48
#修理费	元	0.46	4.02				1.64
外雇运输费	元	0.74	5.90	0.02			0.12
配种费	元	1.63	8.14	0.01			
防疫费	元	19.08	24.98		0.08	0.38	7.66
技术咨询费	元					0.01	
上交管理费	元						
其他费	元	0.99	0.19	0.03			0.08

1-6-1 历年社会消费品零售总额和商品市场情况

年 份	社会消费品零售总额(亿元)	#农 村	商品市场个数(个)	商品市场成交额(万元)
1949	8.3			
1952	15.8			
1957	26.6			
1962	26.3			
1965	26.6			
1970	32.3			
1975	47.6			
1978	60.3	40.4		
1980	81.2	54.7	1755	92145
1985	169.7	105.3	2470	306217
1990	308.0	163.8	3042	1001656
1995	852.1	416.4	4408	9276794
1996	1022.1	509.0	4549	11415350
1997	1195.0	611.4	4677	13291800
1998	1332.6	706.6	4542	16145443
1999	1458.8	783.6	4705	18284174
2000	1613.9	864.4	4896	21273816
2001	1778.3	941.0	4814	22846478
2002	1968.3	1026.6	4931	25060931
2003	2177.9	1113.5	4899	27644773
2004	2576.4	1369.7	4902	31461722
2005	2969.5	1579.2	4107	33103227
2006	3435.7	1805.4	4195	36702516
2007	4053.8	2112.1	4230	41101031
2008	4991.1	2602.4	4105	46432843
2009	5764.9	3013.9	4014	52090130
2010	6821.8	1618.8	4011	59333439
2011	8035.5	1876.4		
2012	9254.0	2152.6		
2013	10516.7	2435.5		
2014	11820.5	2566.5		
2015	12990.7	2865.2		

注：自2010年起社会消费品零售总额按销售单位所在地分为城镇和乡村。2011年取消了商品市场统计。

1-6-2 历年各种物价总指数

(上年=100)

年份	全省居民消费价格总指数	城市居民消费价格总指数	农村居民消费价格总指数	全省零售物价总指数	城市零售物价总指数	农村零售物价总指数	农产品生产价格总指数	农业生产资料价格指数
1952		101.2		102.8	101.2	102.8	102.6	111.3
1957		101.2		101.3	101.6	100.6	102.1	99.5
1962		100.1		100.4	100.1	101.8	92.2	100.9
1965		96.5		97.1	96.6	97.6	98.2	96.2
1970		99.7		99.6	99.7	99.5	99.7	99.7
1975		100.0		100.0	100.0	100.0	100.6	99.8
1978		100.2		99.8	100.2	99.8	106.1	99.0
1980		107.2		105.3	107.5	103.7	114.2	101.2
1985	106.8	108.9	105.7	106.8	109.2	105.5	112.2	104.9
1990	100.6	101.2	99.9	99.9	99.9	100.0	102.8	103.5
1995	115.2	116.1	114.8	115.8	115.2	116.6	128.5	120.9
1996	107.1	107.6	106.8	106.2	106.0	106.3	99.1	108.0
1997	103.5	103.7	103.4	102.1	102.0	102.1	93.3	104.3
1998	98.4	98.7	98.1	97.7	97.9	97.3	90.1	98.7
1999	98.1	98.7	97.6	97.8	98.0	97.7	86.0	97.5
2000	99.7	100.5	99.1	99.1	99.2	98.9	93.0	101.5
2001	100.5	100.4	100.6	99.8	99.4	100.2	103.3	100.2
2002	99.0	98.6	99.5	99.2	98.8	99.6	98.0	100.4
2003	102.2	102.3	102.0	100.2	100.1	100.4	107.5	99.8
2004	104.3	103.7	104.8	103.2	102.3	104.0	110.1	106.7
2005	101.8	101.4	102.2	101.1	101.0	101.2	102.5	106.8
2006	101.7	101.7	101.7	101.5	101.6	101.5	100.2	101.6
2007	104.7	104.3	105.1	104.1	103.5	104.6	116.2	106.9
2008	106.2	105.2	108.1	106.7	105.4	107.9	109.0	118.6
2009	99.3	98.8	100.3	99.0	98.9	99.1	99.7	100.6
2010	103.1	102.8	103.6	103.1	102.7	103.5	115.1	104.4
2011	105.7	105.3	106.5	105.0	104.7	106.0	110.9	112.6
2012	102.6	102.7	102.5	102.2	102.1	102.3	100.7	108.2
2013	103.0	102.7	103.5	102.2	102.1	102.5	105.1	101.1
2014	101.7	101.7	101.8	101.0	101.0	101.1	100.2	99.1
2015	100.9	101.1	100.5	100.2	100.3	100.0	97.5	99.8

1-6-3 历年各种物价总指数

(1952年=100)

年 份	全省居民消费价格总 指 数	城市居民消费价格总 指 数	农村居民消费价格总 指 数	全省零售物价总指数	城市零售物价总指数	农村零售物价总指数
1957		105.5		106.3	106.3	106.0
1962		117.9		116.8	118.6	114.2
1965		95.1		101.0	93.8	106.7
1970		95.2		100.1	94.4	104.9
1975		95.8		98.3	95.0	101.6
1978		96.7		98.4	96.1	101.6
1980		105.4		105.1	105.0	106.5
1985	109.5	125.8	107.9	122.0	125.1	121.3
1990	175.6	200.1	175.5	194.2	197.1	195.2
1995	309.8	387.7	285.7	326.3	357.1	312.4
1996	331.8	417.2	305.1	346.5	378.5	332.1
1997	343.4	432.6	315.5	353.8	386.1	339.1
1998	337.9	427.0	309.5	345.7	378.0	329.9
1999	331.5	421.4	302.1	338.1	370.4	322.3
2000	330.5	423.5	299.4	335.1	367.4	318.8
2001	332.4	425.2	301.4	334.4	365.2	319.4
2002	329.1	419.2	299.9	331.7	360.8	318.1
2003	336.3	428.8	305.9	332.4	361.2	319.4
2004	350.8	444.7	320.6	343.0	369.5	332.2
2005	357.1	450.9	327.7	346.8	373.2	336.2
2006	373.8	470.5	344.3	360.9	386.2	351.8
2007	391.3	490.9	361.8	375.7	399.6	368.1
2008	415.6	516.4	391.3	401.0	421.3	397.3
2009	412.7	510.3	392.6	396.9	416.5	393.7
2010	425.4	524.7	406.8	409.2	427.7	407.4
2011	449.7	552.5	433.2	429.7	447.9	431.6
2012	461.3	567.3	443.8	439.0	457.4	441.5
2013	475.0	582.7	459.2	448.6	466.9	452.7
2014	483.2	592.6	467.3	453.1	471.4	457.8
2015	487.4	598.9	469.6	454.1	472.8	457.9

注：1.从1994年开始，“零售物价总指数”中不再包括“农业生产资料”。
2.表中全省和农村居民消费价格总指数是以1983年为100。

1-6-4 居民消费价格分类指数

(上年=100)

指标	全省		城市		农村	
	2014年	2015年	2014年	2015年	2014年	2015年
居民消费价格总指数	**101.7**	**100.9**	**101.7**	**101.1**	**101.8**	**100.5**
一、食品	**102.3**	**100.8**	**102.3**	**101.0**	**102.3**	**100.4**
粮食	102.4	101.2	101.9	101.5	103.1	100.6
淀粉及制品	100.4	100.5	99.6	100.3	101.6	100.8
干豆类及豆制品	103.7	102.3	104.0	102.6	103.2	101.7
油脂	95.7	97.9	96.1	98.3	95.0	97.1
肉禽及其制品	98.1	103.2	99.0	102.4	96.1	104.8
蛋	113.6	88.5	114.4	88.8	112.8	88.1
水产品	105.3	100.7	105.2	100.5	105.4	101.2
菜	95.5	108.5	95.6	108.8	95.2	107.5
调味品	101.9	108.8	101.4	110.9	102.7	104.9
糖	100.7	100.6	101.0	101.0	99.9	99.9
茶及饮料	101.6	100.6	100.9	100.6	102.9	100.7
干鲜瓜果	116.5	93.3	115.7	93.6	118.4	92.5
糕点饼干面包	100.3	100.5	99.1	100.1	102.8	101.1
液体乳及乳制品	111.8	96.5	111.9	96.2	111.4	97.5
在外用膳食品	102.0	101.8	101.3	101.9	103.4	101.3
其他食品	101.4	100.3	102.0	100.4	100.8	100.3
二、烟酒	**98.8**	**101.7**	**98.7**	**101.1**	**98.9**	**102.5**
烟草	99.5	104.2	99.2	103.2	99.9	105.7
酒	98.2	99.5	98.3	99.5	98.0	99.4
三、衣着	**104.1**	**103.1**	**104.2**	**103.8**	**103.7**	**101.2**
服装	104.8	102.9	105.0	103.5	104.5	101.5
衣着材料	101.8	101.2	102.0	101.6	101.3	100.5
鞋袜帽	102.3	103.5	102.5	104.7	101.8	100.3
衣着加工服务费	104.6	103.3	103.7	102.8	108.5	105.4
四、家庭设备用品及维修服务	**101.2**	**101.0**	**101.3**	**101.2**	**100.8**	**100.6**
耐用消费品	100.7	100.6	101.0	100.9	100.2	100.1
室内装饰品	100.4	100.2	100.3	100.2	100.7	100.2
床上用品	101.2	101.2	101.1	101.3	101.3	100.9
家庭日用杂品	100.9	100.8	100.8	101.0	101.2	100.3
家庭服务及加工维修服务	106.9	105.1	107.4	104.1	105.9	107.2
五、医疗保健和个人用品	**101.5**	**102.7**	**101.1**	**102.6**	**102.4**	**102.9**
医疗保健	101.7	103.0	101.4	103.0	102.5	103.1
个人用品及服务	100.9	101.9	100.2	101.6	102.1	102.3
六、交通和通信	**100.0**	**98.3**	**99.9**	**98.6**	**100.2**	**98.0**
交通	99.9	96.7	99.7	96.7	100.1	96.7
通信	100.2	100.4	100.1	100.6	100.2	100.0
七、娱乐教育文化用品及服务	**101.9**	**101.1**	**102.2**	**101.0**	**101.1**	**101.3**
文娱用耐用消费品及服务	99.6	99.9	99.9	100.1	98.8	99.3
教育	101.9	101.1	102.1	100.7	101.4	101.9
文化娱乐类	101.8	101.8	102.3	102.4	100.7	100.4
旅游	104.9	101.1	104.6	101.1	107.0	101.2
八、居住	**101.1**	**99.9**	**100.7**	**99.9**	**101.8**	**100.0**
建房及装修材料	100.5	100.7	100.9	100.3	100.2	101.2
住房租金	100.6	100.3	99.7	100.0	103.8	101.2
自有住房	102.3	100.6	101.0	100.0	105.2	101.8
水、电、燃料	99.2	98.2	100.0	99.6	98.2	96.4

1-6-5 商品零售价格分类指数

(上年=100)

指　　标	全　省		城　市		农　村	
	2014年	2015年	2014年	2015年	2014年	2015年
商品零售价格总指数	**101.0**	**100.2**	**101.0**	**100.3**	**101.1**	**100.0**
一、食品	**102.4**	**100.8**	**102.4**	**100.8**	**102.5**	**100.6**
1.粮食	102.3	101.1	102.0	101.4	103.0	100.2
2.淀粉	100.4	100.2	99.9	100.3	101.6	100.1
3.干豆类及豆制品	103.9	102.8	104.0	103.1	103.4	101.9
4.油脂	96.0	98.2	96.2	98.5	95.4	97.5
5.肉禽及其制品	98.4	103.0	99.0	102.5	96.6	104.6
6.蛋	114.3	87.9	114.8	88.3	113.2	87.1
7.水产品	105.1	100.6	104.9	100.3	105.8	101.5
8.菜	95.6	108.5	95.5	108.7	95.8	107.7
9.调味品	101.9	108.9	101.5	110.2	103.0	105.7
10.糖	100.6	100.6	100.8	101.2	100.1	99.2
11.干鲜瓜果	117.0	93.3	116.2	93.6	119.9	92.6
12.糕点饼干面包	99.9	100.5	98.9	100.2	103.2	101.2
13.液体乳及乳制品	112.4	96.3	112.4	96.0	112.7	97.5
14.在外用膳食品	101.7	101.2	101.2	101.1	103.5	101.4
15.其它食品	101.7	100.2	102.3	100.3	100.6	100.0
二、饮料、烟酒	**99.4**	**101.2**	**99.3**	**100.9**	**99.5**	**101.9**
1.茶及饮料	101.3	100.9	100.9	100.9	102.8	100.8
2.烟草	99.5	103.7	99.3	103.0	99.8	105.4
3.酒	98.2	99.3	98.3	99.4	97.9	99.0
三、服装、鞋帽	**98.2**	**103.1**	**104.0**	**103.7**	**103.7**	**101.1**
1.服装	98.2	103.1	104.7	103.6	104.8	101.8
2.鞋袜帽	98.2	103.3	102.3	104.5	101.3	99.4
3.其它	98.2	100.0	102.7	99.6	101.0	101.2
四、纺织品	**98.2**	**101.9**	**100.8**	**102.4**	**101.7**	**100.7**
1.衣着材料	98.2	101.2	102.7	101.5	101.1	100.3
2.床上用品	98.2	102.2	100.1	102.8	101.9	100.8
五、家用电器及音像器材	**98.2**	**99.9**	**100.4**	**100.0**	**99.0**	**99.8**
1.家庭设备	98.2	100.3	101.2	100.4	99.2	100.0
2.文娱用耐用消费品	98.2	99.2	99.1	99.1	98.7	99.5
3.音像器材	98.2	101.7	99.4	101.8	101.1	101.0

1-6-5续　商品零售价格分类指数

(上年=100)

指　　标	全　省		城　市		农　村	
	2014年	2015年	2014年	2015年	2014年	2015年
六、文化办公用品	**100.0**	**100.1**	**100.0**	**100.3**	**99.8**	**99.6**
七、日用品	**100.4**	**100.5**	**100.2**	**100.5**	**101.0**	**100.7**
1.日用百货	100.0	100.3	100.0	100.1	100.2	100.8
2.日用杂品	100.5	100.8	100.3	100.9	101.3	100.4
3.洗涤用品	101.2	100.6	101.1	100.7	101.7	100.5
4.其它日用品	100.0	100.7	99.6	100.6	101.2	100.9
八、体育娱乐用品	**100.9**	**100.5**	**100.9**	**100.4**	**100.9**	**101.0**
1.体育用品	101.2	100.2	101.1	99.9	101.4	101.1
2.娱乐用品	100.6	100.8	100.8	100.8	100.3	100.9
九、交通、通信用品	**98.8**	**98.7**	**98.5**	**98.5**	**100.0**	**99.7**
1.交通运输机械	98.2	97.7	97.9	97.2	99.4	99.6
2.通信器材	101.3	102.6	101.2	103.6	101.5	99.9
十、家具	**101.5**	**101.3**	**101.7**	**101.4**	**100.8**	**100.7**
十一、化妆品	**101.6**	**100.9**	**101.6**	**101.1**	**101.7**	**100.2**
十二、金银珠宝	**90.8**	**93.3**	**91.2**	**93.1**	**89.0**	**94.4**
十三、中西药品及医疗保健用品	**102.6**	**104.8**	**102.4**	**104.4**	**103.1**	**105.8**
1.医疗器具及用品	99.9	101.2	99.8	100.9	100.5	102.4
2.中药材及中成药	104.0	104.6	104.5	104.5	102.7	105.1
3.西药	102.1	105.0	101.5	104.4	103.7	106.4
4.保健品及器具	102.8	105.6	103.0	105.5	102.0	106.1
十四、书报杂志及电子出版物	**100.8**	**103.0**	**101.1**	**103.6**	**99.7**	**101.1**
1.教材及参考书	101.0	100.9	101.6	101.1	99.1	100.4
2.书报杂志	100.7	106.5	100.7	107.7	100.5	102.5
3.电子音像制品	100.2	100.5	100.3	100.6	99.8	99.9
十五、燃料	**97.1**	**89.4**	**96.9**	**89.9**	**97.6**	**87.8**
1.煤炭及制品	91.8	93.9	90.0	96.0	94.9	90.6
2.石油及制品	99.4	87.5	99.3	88.0	99.9	85.5
十六、建筑材料及五金电料	**100.1**	**99.2**	**100.1**	**99.1**	**100.1**	**99.4**
1.建筑装璜材料	100.1	98.8	100.1	98.6	99.9	99.3
2.五金电料	100.3	100.5	100.0	100.8	101.2	100.0

1-6-6 农业生产资料价格分类指数

(上年=100)

年 份	农业生产资料价格指数	一、农用手工工具	二、饲料	三、产品畜	四、半机械化农具	五、机械化农具
1995	120.9	115.1	144.8	123.6	108.9	115.8
1996	108.0	113.5	110.6	97.5	106.9	105.7
1997	104.3	115.8	92.2	143.8	102.5	100.0
1998	98.7	101.2	98.1	95.8	100.2	99.1
1999	97.5	99.3	101.7	82.6	99.9	96.6
2000	101.5	98.8	96.2	113.5	99.1	97.7
2001	100.2	101.2	104.7	104.2	99.0	98.6
2002	100.4	103.0	99.6	103.4	98.2	98.3
2003	99.8	99.8	101.6	101.3	94.8	97.8
2004	106.7	99.6	110.7	124.4	99.7	99.1
2005	106.8	100.5	99.2	106.2	99.9	101.3
2006	101.6	100.8	100.0	83.2	99.9	100.5
2007	106.9	100.1	107.6	140.6	100.4	101.0
2008	118.6	112.2	120.7	135.6	106.2	107.2
2009	100.6	104.9	100.5	89.1	100.8	102.2
2010	104.4	105.0	108.2	105.0	99.9	101.8
2011	112.6	105.1	108.4	153.6	108.2	111.1
2012	108.2	105.4	106.5	110.9	107.3	106.7
2013	101.1	100.2	104.0	102.1	101.0	101.0
2014	99.1	99.6	104.3	95.0	98.6	100.8
2015	99.8	100.0	99.3	104.4	100.0	100.4

1-6-6续 农业生产资料价格分类指数

(上年=100)

年 份	六、化学肥料	七、农药及农药械	八、农用机油	九、其他农业生产资料	十、农业生产服务
1995	129.5	119.1	103.8	119.0	
1996	109.9	112.0	107.0	109.2	
1997	92.3	97.5	119.0	99.4	
1998	94.4	96.0	99.7	102.2	
1999	96.6	98.1	101.8	98.5	
2000	95.0	97.7	120.3	97.8	
2001	100.3	96.9	99.7	99.4	
2002	101.6	97.8	98.4	108.0	
2003	100.8	98.5	109.7	85.9	
2004	106.4	102.9	110.8	106.6	
2005	112.0	101.2	116.6	108.6	
2006	101.0	100.4	115.1	107.7	110.4
2007	101.6	100.6	105.1	104.5	108.2
2008	121.2	104.3	116.9	110.9	115.7
2009	101.2	100.7	90.2	100.0	111.2
2010	100.2	97.6	115.2	108.0	103.1
2011	111.8	105.0	113.4	113.0	107.4
2012	108.5	107.3	106.2	111.1	110.0
2013	95.3	103.2	100.8	102.8	104.8
2014	91.6	101.7	98.6	102.8	101.2
2015	101.4	99.6	86.4	99.1	100.5

1-6-7　主要农产品生产价格及指数

指　　标	单　位	2015年生产价格	生产价格指数(以上年为100)	
			2014年	2015年
农产品生产价格指数			**100.23**	**97.50**
一、农业产品			**97.23**	**97.26**
(一)谷　物	元/公斤	2.16	102.85	97.28
稻　谷	元/公斤		101.34	
小　麦	元/公斤	2.38	102.10	100.00
玉　米	元/公斤	1.99	103.37	95.22
谷　子	元/公斤	5.00	117.41	106.38
高　粱	元/公斤		103.57	
(二)薯　类	元/公斤	0.99	91.79	79.84
马铃薯	元/公斤	0.99	91.45	79.84
(三)油　料	元/公斤	5.82	97.31	109.81
花　生	元/公斤	5.82	97.31	109.81
油菜籽	元/公斤			
葵花籽	元/公斤			
芝　麻	元/公斤			
(四)豆　类	元/公斤	5.12	105.92	99.65
大　豆	元/公斤	4.90	103.48	98.59
绿　豆	元/公斤	9.20	119.39	102.22
(五)棉　花	元/公斤	6.16	89.35	90.06
籽　棉	元/公斤	6.16	89.35	90.06
(六)蔬菜及食用菌	元/公斤	2.62	89.08	107.04
1.蔬　菜	元/公斤	1.64	88.78	107.53
叶菜类蔬菜	元/公斤	1.90	90.64	101.64
芹　菜	元/公斤	1.86	91.80	101.64
油　菜	元/公斤		99.62	
菠　菜	元/公斤		78.61	
白菜类蔬菜	元/公斤	1.06	87.32	109.28
大白菜	元/公斤	1.06	87.32	109.28
甘蓝类蔬菜	元/公斤	1.31	90.51	125.96
结球甘蓝	元/公斤	1.31	85.71	125.96
花椰菜	元/公斤		96.49	
根茎类蔬菜	元/公斤	1.05	95.09	109.42
白萝卜	元/公斤	1.04	71.91	111.83
胡萝卜	元/公斤	2.10	111.54	109.09
瓜菜类蔬菜	元/公斤	2.47	85.34	108.64
黄　瓜	元/公斤	2.78	84.48	108.59
冬　瓜	元/公斤	1.20	84.00	141.18
西葫芦	元/公斤	1.32	92.00	109.09
豆类蔬菜	元/公斤	3.50	94.30	106.06
四季豆	元/公斤	3.50	94.30	106.06

1-6-7续1　主要农产品生产价格及指数

指　　标	单　位	2015年生产价格	生产价格指数(以上年为100)	
			2014年	2015年
茄果类蔬菜	元/公斤	2.30	93.25	105.91
茄　子	元/公斤	1.82	84.34	98.38
青　椒	元/公斤	1.20	81.02	109.09
西红柿	元/公斤	3.00	105.86	109.49
葱蒜类蔬菜	元/公斤	3.06	85.56	102.35
大　葱	元/公斤	1.37	83.44	106.20
蒜　苔	元/公斤		104.52	
蒜　头	元/公斤	12.81	106.21	99.77
韭　菜	元/公斤	2.74	85.02	98.92
2.食用菌	元/公斤	7.50	108.97	96.45
平　菇	元/公斤	5.71	108.69	102.88
香　菇	元/公斤	8.57	110.20	81.39
(七)水果及坚果	元/公斤	8.18	103.59	100.74
1.水果（园林水果）	元/公斤	3.83	103.53	85.72
苹　果	元/公斤	3.61	115.53	85.91
红富士苹果	元/公斤	4.93	103.64	113.40
国光苹果	元/公斤	4.93	119.21	105.34
梨	元/公斤	2.72	145.62	77.46
雪花梨	元/公斤	2.37	160.18	91.15
鸭　梨	元/公斤	2.10	137.75	70.00
葡　萄	元/公斤		90.47	
巨峰葡萄	元/公斤		85.89	
玫瑰香葡萄	元/公斤		97.76	
瓜类水果	元/公斤	0.80	85.89	80.00
西　瓜	元/公斤	0.80	85.89	80.00
伊利沙白瓜	元/公斤			
其他水果	元/公斤	3.89	85.81	83.17
枣	元/公斤	3.89	76.11	82.77
柿　子	元/公斤	0.60		100.00
桃	元/公斤		85.50	
杏	元/公斤		92.20	
草　莓	元/公斤		116.10	
2.食用坚果	元/公斤	15.74	108.83	81.68
核　桃	元/公斤	17.31	102.12	83.66
栗　子	元/公斤	11.90	114.54	80.41
板　栗	元/公斤	11.90	114.54	80.41
(八)香料原料	元/公斤	61.22	134.87	130.92
调味香料	元/公斤	61.22	134.87	130.92
花　椒	元/公斤	61.22	134.87	130.92

1-6-7续2 主要农产品生产价格及指数

指　　标	单　位	2015年生产价格	生产价格指数(以上年为100)	
			2014年	2015年
二、林业产品		**229.66**		**94.53**
(一)育种和育苗	元/株	229.66		94.53
苗木类	元/株	229.66		94.53
针叶乔木苗类	元/株	437.05		93.47
松树树苗	元/株	80.63		101.10
(二)木材采伐产品	元/立方米			
1.原　木	元/立方米			
非针叶原木	元/立方米			
杨树原木	元/立方米			
2.薪　材	元/立方米			
三、饲养动物及其产品	**元/公斤**	**6.55**	**103.58**	**97.33**
(一)活牲畜	元/公斤	16.09	94.99	102.54
猪	元/公斤	15.02	92.70	111.73
牛	元/公斤	23.37	105.25	93.00
羊	元/公斤	16.47	99.96	79.06
(二)活家禽	元/公斤	9.49	106.97	94.24
活　鸡	元/公斤	9.49	106.97	94.24
(三)畜禽产品	元/公斤	3.51	113.43	91.17
1.生　奶	元/公斤	3.26	103.42	94.77
2.禽　蛋	元/公斤	8.46	115.35	90.19
鸡　蛋	元/公斤	8.46	115.35	90.19
鸭　蛋	元/公斤			
3.动物毛类	元/公斤	6.43	89.82	86.80
绵羊毛	元/公斤	6.43	84.37	86.80
四、渔业产品	**元/公斤**	**12.07**	**101.67**	**105.74**
(一)海水养殖产品	元/公斤			
1.海水养殖虾	元/公斤			
海水养殖中国对虾	元/公斤			
其他海水养殖海虾	元/公斤			
2.海水养殖蟹	元/公斤			
海水养殖梭子蟹	元/公斤			
3.海水养殖贝类	元/公斤			
海水养殖扇贝	元/公斤			
海水养殖蛤	元/公斤			
(二)淡水养殖产品	元/公斤	12.09	101.67	105.74
养殖淡水鱼	元/公斤	12.09	101.67	105.74
养殖淡水鲤鱼	元/公斤	11.46	105.07	110.09
养殖淡水草鱼	元/公斤	12.47	99.78	92.58
养殖淡水鲢鱼	元/公斤		76.21	
养殖淡水鲫鱼	元/公斤			

1-7-1 石家庄海关出口农副产品及加工品数量

指　　标	单 位	2010年	2014年	2015年
肉及杂碎	吨	6597	10992	12573
牛　肉	吨	138	102	50
冻　鸡	吨	347	2313	3914
水海产品	吨	22056	36634	46610
活　鱼	吨	237	236	394
冻鱼、冻鱼片	吨	792	1230	1267
鲜、冻对虾	吨	30		0
冻虾仁	吨	214		82
粮　食	吨	69037	60381	69730
谷物及谷物粉	吨	3104	4674	3668
玉　米	吨	2	15	25
淀粉块茎及薯类	吨		1125	620
豆　类	吨		54582	65442
蔬　菜	吨	93736	143769	115996
鲜或冷藏蔬菜	吨	43518	85630	55648
干的食用菌类	吨	126	38	128
鲜、干水果及坚果	吨	122492	94266	120179
橘、橙	吨	275		
苹　果	吨	3832	420	894
梨	吨	100362		105220
乳品				133
果蔬汁	吨	9309	16672	15232
食用油籽	吨	11522	3357	3975
大　豆	吨	936	1358	2779
花生、花生仁	吨	7306	1133	762
食用植物油(包括棕榈油)	吨	3038	91	1495
豆　油	吨	54	91	137
花生油	吨		1	
烘焙花生	吨	1445	1887	4081
天然蜂蜜	吨	792	102	102
茶　叶	吨			101
辣椒干	吨	1726		1675
猪肉罐头	吨		1	1
番茄酱	吨	56	57	28012
蘑菇罐头	吨	1669	1554	1420
啤　酒	万升		2	2
肠　衣	吨	3947	6639	6800
填充用羽毛；羽绒	吨	6	6	5
药　材	吨	5726	4763	3304
锯　材	立方米	660	42197	12（吨）
山羊绒	吨	1014	1350	1628

注：2015年，锯材计量单位“立方米”改为“吨”。

1-7-2　石家庄海关出口农副产品及加工品金额

单位：万美元

指　　标	2010年	2014年	2015年	2015年比上年增减(%)
农产品	122770.7	179178.5	165557.3	-7.6
肉及杂碎	10494.3	16906.3	13867.0	-18.1
牛　肉	73.4	79.4	55.0	-30.7
冻　鸡	69.7	681.1	1282.4	88.3
水海产品	12073.6	37575.0	45255.0	-0.4
活　鱼	255.1	312.4	611.8	95.8
冻鱼、冻鱼片	364.2	1151.8	899.4	-21.9
鲜、冻对虾	13.5			
冻虾仁	127.4	278.0	62.0	-77.7
粮　食	6733.6	7416.3	8406.0	13.3
谷物及谷物粉	161.1	369.2	315.3	-14.6
玉　米	0.2	1.2	2.3	92.2
淀粉块茎及薯类		100.6	84.8	-15.7
豆　类		6946.5	8006.0	15.2
蔬　菜	8312.9	13334.1	11050.7	-17.6
鲜或冷藏蔬菜	2645.1	5939.2	3340.9	-44.5
干的食用菌类	139.1	34.4	96.7	180.9
鲜、干水果及坚果	9301.6	12440.0	12935.1	4.0
橘、橙	12.5			
苹　果	307.9	54.0	89.7	66.1
梨	4934.2	7494.0	8296.3	10.7
乳品			15.5	-78.6
果蔬汁	892.6	2231.5	1854.7	-16.9
食用油籽	1323.3	441.1	560.8	27.1
大　豆	84.5	136.1	385.0	183.0
花生、花生仁	872.0	156.4	119.3	-23.7
食用植物油(包括棕榈油)	362.4	13.9	137.6	890.5
豆　油	7.0	13.7	16.5	20.6
花生油		0.1		
烘焙花生	225.0	369.3	897.8	143.1
天然蜂蜜	129.4	17.8	18.6	4.8
茶　叶			329.8	
辣椒干	560.7	796.0	609.5	-27.2
猪肉罐头		0.5	1.8	249.5
番茄酱	4.3	4.9	2925.7	-21.4
蘑菇罐头	238.2	284.0	315.6	11.1
啤　酒		1.3	1.5	17.8
肠　衣	9407.3	14887.0	11535.5	-22.6
填充用羽毛；羽绒	13.9	3.0	4.1	38.9
药　材	2182.0	2054.3	1774.4	-13.6
锯　材	53.5	13.2	4.9	-63.0
山羊绒	6734.6	10171.4	11264.4	10.7

1-7-3 石家庄海关进口农副产品及加工品数量

指　标	单位	2010年	2014年	2015年
冻　鱼	吨	571	134	64
鲜、干水果及坚果	吨	57441	3000	1914
香　蕉	吨	56136		
乳品				4565
粮　食	吨	3089461	2753845	3969551
谷物及谷物粉	吨	80383	186827	171152
小　麦	吨	8732	7926	12595
大　麦	吨	71651	137837	136665
稻谷和大米	吨		9410	513
大　豆	吨	3002514	2565893	3763921
食用植物油	吨	84432	24582	40269
豆油				2913
橄榄油	吨	11	60	54
棕榈油	吨	74722	3072	35502
食　糖	吨	2856	5984	4354
酒　类	千　升	46247	22759	33690
啤　酒	千　升	93	168	518
葡萄酒	千　升	46152	22566	33170
饲料用鱼粉	吨	2	486	185
豆饼、豆粕	吨		16885	50917
天然橡胶(包括胶乳)	吨	6695	54231	60086
合成橡胶(包括胶乳)	吨	19981	25388	24035
原　木	立方米	37863	8770385	29970（吨）
锯　材	立方米	125657	16747588	10543（吨）
纸　浆	吨	55648	318820	269964
羊　毛	吨	3778	2965	2368
棉　花	吨	68685	35522	4793
肥　料	吨		153331	139043
矿物肥料及化肥	吨		153331	139043
氮、磷、钾复合肥	吨			
氯化钾	吨		153330	139042
硫酸钾	吨			

注：2015年，原木、锯材计量单位“立方米”改为“吨”。

1-7-4 石家庄海关进口农副产品及加工品金额

单位：万美元

指标	2010年	2014年	2015年	2015年比上年增减(%)
农产品	216221.1	291994	257531	-11.8
冻鱼	60.6	14	7	-50.8
鲜、干水果及坚果	2826.0	1200.4	807	-32.8
香蕉	2440.4			
乳品			1789	-63.9
粮食	138385.0	158990	163380	2.8
谷物及谷物粉	1799.5	5650.8	5029	-10.9
小麦	217.8	2479	373	50.6
大麦	1581.8	4012.3	3924	-2.0
稻谷和大米		489.5	34	-93.0
大豆	136362.9	153212.6	157187	2.6
食用植物油	7101.0	803	2712	237.8
豆油			258	
橄榄油	9.2	31.8	29	-7.2
棕榈油	6242.3	229.8	2193	854.3
食糖	203.7	290.8	182	-37.5
酒类	3784.3	1931.7	2141	10.8
啤酒	6.6	13	26	99.4
葡萄酒	3775.4	1909.8	2113	10.7
饲料用鱼粉	1.9	37.7	16	-58.1
豆饼、豆粕		1164.7	3327	185.7
天然橡胶(包括胶乳)	1684.1	7718.2	6237	-19.2
合成橡胶(包括胶乳)	3250.8	3894.6	2998	-24.5
原木	436.3	570.7	638	13.0
锯材	2515.0	1636.1	791	-51.6
纸浆	7988.9	26243	20267	-22.8
羊毛	611.2	731.1	585	-19.9
棉花	14339.3	7567.4	1001	-86.8
肥料	0.5	4851.2	4411	-9.1
矿物肥料及化肥		4851.2	4411	-9.1
氮、磷、钾复合肥				
氯化钾		4850.9	4410	-9.1
硫酸钾				

1-8-1　河北省农业综合开发情况

指　　标	单　位	完成情况	
		2014年	2015年
一、总投资	**万元**	**417348.6**	**349735.9**
1.财政资金	万元	260258	261207
2.自筹资金	万元	101135.1	69474.8
3.银行贷款	万元	46300	10000
4.其他资金	万元	9655.5	9054.1
二、土地治理项目	**万亩**	**152.5**	**153.6**
1.投入资金	万元	205304.6	195013.2
2.高标准农田建设项目	万亩	125.7	130.1
主要工程:			
拦河坝	座	5	10
排灌站	座	224	293
机电井	眼	11137	10867
衬砌渠道	公里	276.4	189.9
渠系建筑物	座	11559	12153
喷灌	亩	67865.3	103399
微灌	亩	44424	38575
改良土壤	万亩	80.2	29.5
建设良种晒场	平方米	12011.1	600
田间干道	公里	1489.7	1594.7
田间支路	公里	749.9	634
造林	万亩	4.3	2.7
苗圃	亩	1010	1300
技术培训	人次	50725	1550
仪器设备	台（件）	128	29
示范推广	万亩	48.3	41.6
3.生态综合治理项目	万亩	26.8	23.5
（1）小流域治理项目	万亩	25.6	21.8
主要工程:			
拦河坝	座	38	21
排灌站	座	111	89
机电井	眼	469	589
输变电线路配套	公里	124.1	114.2
衬砌渠道	公里	69.1	22.4
埋设管道	公里	1005.9	944.1
渠系建筑物	座	741	119
喷灌	亩	3864	1700
微灌	亩	12670	19320
小型蓄排水工程	座	720	1246
谷坊	座		5
溪流护岸	公里	3	1.68
改良土壤	万亩	6	1.27
机耕路（牧区机耕道）	公里	330.4	293.9
梯田埂	公里	1116.5	414.7
造林	万亩	4.2	3.9
技术培训	人次	8860	4425
购置仪器设备	台	27	6
示范推广	万亩	1.3	0.8

1-8-1续　河北省农业综合开发情况

指　　标	单　位	完成情况	
		2014年	2015年
(2) 土地沙化治理项目	万亩	1.2	1.8
主要工程:			
新打机电井	眼	21	9
输变电线路配套	公里	4.5	4.2
埋设管道	公里	42.2	78.2
渠系建筑物	座	1	8
小型蓄排水工程	座	3	3
改良土壤	万亩	0.03	0.01
机耕路	公里	17.3	8.8
造林	万亩	0.02	0.6
技术培训	人次	300	100
购置仪器设备	台	2	4
(3) 其他	万亩		0
4.主要效益			
新增和改善灌溉面积	万亩	151.7	151.5
新增和改善除涝面积	万亩	18.9	20.5
新增节水灌溉面积	万亩	129.4	137.2
年节约水量	万立方米	7516.7	7582.1
增加农田林网防护面	万亩	101.8	87.6
增加机耕面积	万亩	2.2	0.7
扩大良种种植面积	万亩	43.6	39.8
治理沙化土地面积	万亩	1.3	1.8
控制水土流失面积	平方公里	78.5	80.1
项目区年直接受益农户数量	户	291439	256202
项目区年直接受益农业人口数	人	1075399	954562
项目区直接受益农民年纯收入增加总额	万元	60251.4	54251.3
三、产业化经营项目	**个**	**275**	**295**
1.投入资金	万元	194727.1	140786.1
2.财政补助项目	个	190	245
3.设施蔬菜项目	个	62	42
4.龙头企业带动产业发展和“一县一特”项目	个	9	6
5.贷款贴息项目	个	11	2
6.其他项目	个	3	0
7.主要效益			
加工转化农产品	万公斤	54228.9	64448.5
年新增总产值	万元	484351.7	523706.8
年新增增加值	万元	91168.9	84204.1
年新增利税	万元	54625.2	56013.3
年直接受益农业人口数	人	780121	591064
直接受益农民年收入增加总额	万元	86430.8	74380.9
年新增就业人数	人	7283	7747
四、现代农业园区试点项目	**个**	**2**	**3**
1.投入资金	万元	17416.9	13936.6
2.高标准农田建设项目	个	2	3
3.产业化龙头企业项目	个	4	5
4.农民合作社项目	个	5	7
5.其他项目	个		0

1-9-1 农垦系统国有农牧场基本情况

指 标	单 位	2000年	2005年	2010年	2014年	2015年	2015年比上年增减(%)
一、农场数	**个**	**30**	**30**	**32**	**33**	**33**	
二、农场人口及职工							
总人口	人	290157	397033	422544	454864	459210	0.96
职工人数	人	94660	85212	71138	70378	66068	-6.12
三、土地总面积	**公顷**	**350720**	**352607**	**354669**	**393290**	**393149**	**-0.04**
耕地面积	公顷	90380	80297	89095	98017	97763	-0.26
牧草地面积	公顷	99080	70062	77909	96152	94430	-1.79
#已利用	公顷	84730	52126	51891	58591	63911	9.08
林地面积	公顷	38330	89785	83774	77375	79527	2.78
水面面积	公顷	47680	48663	36939	26717	26702	-0.06
#养殖面积	公顷	10010	15156	13042	17922	18277	1.98
茶果桑园面积	公顷	2880	2913	1964	1793	1589	-11.38
四、农用机械总动力	**千瓦**	**470279**	**508748**	**898694**	**1104494**	**1194250**	**8.13**
大中型农用拖拉机	台	991	1046	2586	4188	4749	13.40
小型及手扶拖拉机	台	16109	17147	22672	22766	23186	1.84
联合收割机	台	207	202	348	500	806	61.20
农用化肥施用量	吨	19376	21559	24185	28866	33443	15.86
农场用电量	万千瓦小时	55845	69732	99125	189935	206115	8.52
五、生产总值	**万元**	**323032**	**681963**	**2287295**	**4280685**	**4556503.4**	**6.44**
#第一产业增加值	万元	90158	174177	322098	427801	478212	11.78
第二产业增加值	万元	131522	324760	1383855	2310360	2350858	1.75
第三产业增加值	万元	101352	183026	581342	1542525	1727433.4	11.99
人均生产总值	元/人	8225	17300	54034	94445	99225	5.06
农林牧渔业总产值(现价)	万元	174796	335053	621483	823377	889766	8.06

1-9-1续 农垦系统国有农牧场基本情况

指 标	单 位	2000年	2005年	2010年	2014年	2015年	2015年比上年增减(%)
六、农作物总播种面积	**公顷**	**94840**	**87903**	**99098**	**101119**	**100743**	**-0.37**
1.粮 食	公顷	68540	59393	64341	72511	78239	7.90
#谷 物	公顷	61350	54083	59771	66362	68009	2.48
#小 麦	公顷	19710	15975	17504	17254	16114	-6.61
稻 谷	公顷	27010	17962	18145	21882	24062	9.96
2.棉 花	公顷	3390	21454	19881	12231	7657	-37.40
3.油 料	公顷	12380	920	2015	1596	1262	-20.93
七、主要农产品产量							
1.粮 食	吨	240341	339161	415799	451667	532361	17.87
#谷 物	吨	232711	324412	389171	415375	401920	-3.24
#小 麦	吨	50070	54400	75643	75888	75169	-0.95
稻 谷	吨	141569	174670	179027	190871	211730	10.93
2.棉 花	吨	4121	25133	32481	18486	9410	-49.10
3.油 料	吨	3466	983	2626	1424	1324	-7.02
4.鲜 果	吨	17295	21762	16037	22596	24292	7.51
八、林业生产情况							
当年造林面积	公顷	5417	8011	3110	4507	4227	-6.21
林木采伐量	立方米	2420	2758	3636	10697	1621	-84.85
九、畜牧业渔业生产							
年末大牲畜存栏	头	36500	82832	137400	183600	202800	10.46
#牛	头	30400	80991	135800	181300	199400	9.98
年末猪存栏	头	90100	199849	273700	319300	328300	2.82
年末羊存栏	只	51700	102147	54000	128385	128000	-0.30
#山 羊	只	14600	8373	4300	2700	3600	33.33
年末家禽存栏	万只	137	167.15	219.06	264.88	285.81	7.90
畜产品产量							
肉类总产量	吨	21210	42800	56021	62982	61005	-3.14
牛奶产量	吨	68104	208148	473614	519655	538743	3.67
禽蛋产量	吨	6817	7801	10027	11265	12438	10.41
水产品产量	吨	48207	68933	78115	134960	136907	1.44
#养殖产量	吨	39057	61000	71562	115483	115135	-0.30

1-9-2 主要农牧场经济指标

指 标	单 位	柏各庄农 场	芦 台农 场	汉 沽农 场	中捷友谊农场	南大港农 场	大曹庄农 场	察 北农 场	沽 源农 场	御道口牧 场
一、2010年数量	**人**									
总人口	人	142617	40420	44766	40400	43944	43001	20951	7886	4012
耕地面积	公顷	26703	7716	5640	5551	6345	5502	6718	7959	2120
农作物总播种面积	公顷	22858	7668	5492	10417	9682	11005	6718	7786	2120
粮食总产量	吨	192113	15513	6537	26928	27878	73347	9308	12083	3218
#小麦	吨	1154			8925	8361	36986			
稻谷	吨	169356	8603	96						
水产品产量	吨	66870	630	5811	3005	1410				
#养殖	吨	60628	630	5530	3005	1380				
农业总产值	万元	263071	37898	58937	35355	30122	39666	82546	40938	6350
二、2014年数量										
总人口	人	163956	41318	45126	43521	46245	46012	20734	7025	4623
耕地面积	公顷	28457	7684	6092	6375	6345	5502	9775	8529	2120
农作物总播种面积	公顷	23449	8635	6958	7388	8352	10409	7389	7922	2120
粮食总产量	吨	185572	24944	12182	29659	25290	75359	10330	14051	8175
#小麦	吨	602	124		10174	2520	38295	223	128	
稻谷	吨	173560	15588	846						
水产品产量	吨	124307		5951	3016	1535				
#养殖	吨	105265		5670	2887	1510				
农业总产值	万元	343448	49432	80697	34021	31256	53000	132973	64409	8661
三、2015年数量										
总人口	人	165102	41487	44690	46891	46933	46364	20697	8092	4035
耕地面积	公顷	28457	7676	6092	6375	6345	5502	9713	8529	2120
农作物总播种面积	公顷	25165	8469	7089	6594	8750	10581	7655	7866	2120
粮食总产量	吨	200100	37065	14711	13622	13692	75862	10473	98137	8652
#小麦	吨	416	1468		5870	5206	39181	160		
稻谷	吨	187219	22436	1211						
水产品产量	吨	127186		4970	3040	1540				
#养殖	吨	108754		4690	3040	1520				
农业总产值	万元	405007	49329	81605	38372	38655	51695	133473	66281	9864

1-9-2续　主要农牧场经济指标

指　标	单 位	柏各庄农　场	芦　台农　场	汉　沽农　场	中捷友谊农场	南大港农　场	大曹庄农　场	察　北农　场	沽　源农　场	御道口牧　场
一、2010年数量										
生产总值(现价)	万元	746476	225453	188313	603278	195000	83016	115225	88933	8590
第一产业增加值	万元	142260	24010	32436	16909	15935	18353	36000	20807	3190
第二产业增加值	万元	309639	156188	92934	506221	122825	49480	64300	62710	1161
第三产业增加值	万元	294577	45255	62943	80148	56240	15183	14925	5416	4239
人均生产总值	元/人									
工业总产值(现价)	万元	542918	524400	303419	1586419	481300	60440	156443	186800	
职工人数	人	33519	4079	3283	7588	7002	2185	1214	2632	1040
利润总额	万元	93871	18323	5372	10280	29065	14121	23602	37487	
外贸出口总额	万元	8568	53837	7423	4500	1710				
二、2014年数量										
生产总值(现价)	万元	1030804	350000	284842	1190676	780000	146620	237000	172953	38381
第一产业增加值	万元	158294	32000	44410	17612	28000	29159	65000	34507	4103
第二产业增加值	万元	435759	254000	142357	587921	458000	90185	155000	130787	24980
第三产业增加值	万元	436751	64000	98075	585143	294000	27276	17000	7659	9298
人均生产总值	元/人	63431	85115	63074	273719	169931	32114	114162	215894	83220
工业总产值(现价)	万元	1713159	1027483	440127	2966550	1568854	200653	456332	464168	51458
职工人数	人	33920	3789	2819	6772	7515	845	1170	3001	774
利润总额	万元	62074	31165	7698	54460	48841	30955	46431	55200	4153
外贸出口总额	万元	14104	91976	20304	4326	1825	15695		60	
三、2015年数量										
生产总值(现价)	万元	1018727	386437	302586	1301002	850000	158194	252000	170179	57987
第一产业增加值	万元	200535	31162	50295	19092	29000	26056	65000	36531	5576
第二产业增加值	万元	377184	279474	144042	584910	495000	101273	170000	115339	43198
第三产业增加值	万元	441008	75801	108249	697000	326000	30865	17000	18309	9213
人均生产总值	元/人	61703	93147	67707	277452	181109	34120	121757	210305	143710
工业总产值(现价)	万元	1147712	1232828	462221	2372126	1421543	221868	482636	445886	62944
职工人数	人	33000	3218	2576	3620	7369	988	1150	2301	818
利润总额	万元	62035	32900	8187	18500	51977	61870	30517	58500	2187
外贸出口总额	万元	18420	94658	19866	5262	1781	2978		229	

1-10-1 历年财政收支情况

单位：亿元

年 份	全部财政收 入	比上年增长(%)	一般财政预算收入	比上年增长(%)	一般公共预算支出	比上年增长(%)
1952	4.44	21.4			1.88	68.7
1957	6.69	1.9			5.07	-19.2
1962	10.76	-29.0			5.88	-46.8
1965	12.38	14.3			9.65	-19.6
1970	20.55	37.6			12.13	24.4
1975	30.37	14.3			20.92	5.9
1978	45.10	38.0			32.44	2.9
1980	35.02	-18.3			28.36	-17.1
1985	45.15	15.5			41.66	16.2
1990	81.15	6.6			87.29	12.9
1995	214.12	17.5	119.95	26.0	191.18	18.9
1996	258.57	20.8	151.78	26.5	231.90	21.3
1997	297.43	15.0	183.31	20.8	270.46	16.6
1998	341.86	14.9	206.76	12.8	301.55	11.5
1999	367.20	7.4	223.28	8.0	350.80	16.3
2000	397.60	8.3	248.76	11.4	415.54	18.5
2001	448.44	12.8	283.50	14.0	514.18	23.7
2002	544.86	12.6	302.31	14.8	576.59	12.1
2003	634.94	16.5	335.83	15.3	646.74	12.2
2004	778.33	22.6	407.83	43.9	785.56	21.5
2005	1035.20	33.0	515.70	26.5	979.16	24.6
2006	1223.46	18.2	620.53	20.3	1180.36	20.5
2007	1528.90	25.0	789.12	27.2	1506.65	27.6
2008	1824.00	19.3	947.59	20.1	1881.67	24.9
2009	2020.77	10.8	1067.12	12.6	2347.59	24.8
2010	2409.01	19.2	1331.85	24.8	2820.24	20.1
2011	3017.59	25.3	1737.77	30.5	3537.39	25.4
2012	3479.26	15.3	2084.28	19.9	4079.45	15.3
2013	3652.38	5.0	2295.62	10.1	4409.58	8.1
2014	3764.56	3.1	2446.62	6.6	4677.3	6.1
2015	4065.11	8.0	2649.18	8.3	5632.19	20.4

1-10-2 农村集体和农村居民个人固定资产投资额

年　份	全社会固定资产投资总额(万元)	#农村集体单位固定资产投资	占全社会固定资产投资比重(%)	#农村居民个人固定资产投资	占全社会固定资产投资比重(%)
“七五”时期	**8643259**	**1131570**	**13.1**	**2228365**	**25.8**
1986	1312984	132659	10.1	359822	27.4
1987	1520053	192059	12.6	398281	26.2
1988	2108484	375802	17.8	499057	23.7
1989	1929602	277289	14.4	541861	28.1
1990	1772136	153761	8.7	429344	24.2
“八五”时期	**27649417**	**5766951**	**20.9**	**4210837**	**15.2**
1991	2404473	250938	10.4	766958	31.9
1992	3357908	632424	18.8	546134	16.3
1993	5401987	1168929	21.6	630000	11.7
1994	7091874	1533235	21.6	939969	13.3
1995	9393175	2181425	23.2	1327776	14.1
“九五”时期	**79546083**	**20242326**	**25.4**	**8938514**	**11.2**
1996	11876934	3264185	27.5	1435517	12.1
1997	14699903	3987635	27.1	1905761	13.0
1998	16511500	4172899	25.3	1924263	11.7
1999	17985435	4380020	24.4	1756132	9.8
2000	18472311	4437587	24.0	1916841	10.4
“十五”时期	**139663377**	**25790810**	**18.5**	**10671746**	**7.6**
2001	19418957	4507361	23.2	2086309	10.7
2002	20466852	4680000	22.9	2050000	10.0
2003	25158590	5057295	20.1	1994491	7.9
2004	32516504	5601372	17.2	2166461	6.7
2005	42102474	5944782	14.1	2374485	5.6
“十一五”时期	**486474443**	**57526969**	**11.8**	**18654705**	**3.8**
2006	55009984	7734309	14.1	2935796	5.3
2007	68846817	8723906	12.7	3219779	4.7
2008	88665605	10071465	11.4	3956398	4.5
2009	123118505	13998564	11.4	3934497	3.2
2010	150833532	16998725	11.3	4608235	3.1
“十二五”时期					
2011	163893254	16972913	10.4	6090686	3.7
2012	196612832	24055135	12.2	5566535	2.8
2013	231942296	33229695	14.3	5644603	2.4
2014	266719214	60775460	22.8	5247229	2.0
2015	294482706	62069003	21.1	5425323	1.8

注：2006-2010年,农村集体与农村个人分组为农村非农户与农村农户分组，2011年及以后为农村建设项目投资。

1-10-3 农业基本建设投资

年份	基本建设投资(亿元)	#农业(包括水利业)基本建设投资	#水利基本建设投资	农业基本建设投资占基本建设投资比重(%)	水利基本建设投资占农业基本建设投资比重(%)
“一五”时期	**19.21**	**2.32**		**12.1**	
“二五”时期	**53.01**	**11.70**		**22.1**	
1963-1965年	14.10	4.54		32.2	
“三五”时期	**29.19**	**9.20**		**31.5**	
“四五”时期	**68.05**	**11.69**		**17.2**	
“五五”时期	**124.40**	**16.33**		**13.1**	
“六五”时期	**133.84**	**9.13**		**6.8**	
“七五”时期	**275.14**	**6.33**		**2.3**	
“八五”时期	**871.96**	**25.37**		**2.9**	
“九五”时期	**2617.63**	**123.03**	**68.34**	**4.7**	**55.5**
“十五”时期					
2001	591.87	43.93	16.60	7.4	37.8
2002	597.24	36.64	14.76	6.1	40.3
2003	845.84	42.01	16.69	5.0	39.7
2004	1308.96	61.96	25.77	4.7	41.6
	城镇投资	农林牧渔业投资	水利管理业投资	农林牧渔业占城镇投资比重(%)	水利管理业占城镇投资比重(%)
2005	3378.32	61.21	33.00	1.8	1.0
“十一五”时期	**41029.28**	**943.19**	**393.01**	**2.3**	**1.0**
2006	4433.99	83.71	57.32	1.9	1.3
2007	5690.31	116.26	55.01	2.0	1.0
2008	7463.77	188.41	60.14	2.5	0.8
2009	10518.54	244.43	112.43	2.3	1.1
2010	12922.66	310.38	108.11	2.4	0.8
	固定资产投资	农林牧渔业投资	水利管理业投资	农林牧渔业占固定资产投资比重(%)	水利管理业占固定资产投资比重(%)
“十二五”时期					
2011	15780.26	590.36	84.87	3.7	0.5
2012	19104.63	651.84	171.68	3.4	0.9
2013	22629.77	794.72	205.38	3.5	0.9
2014	26147.20	1120.95	298.04	4.3	1.1
2015	28905.74	1510.11	324.83	5.2	1.1

1-11-1 普通中学和普通小学基本情况

指标	单位	合计			#农村		
		2010年	2014年	2015年	2010年	2014年	2015年
一、普通中学							
学校数	所	3264	2958	2956	1456	881	857
学生数	万人	348.76	339.23	351.92	74.89		45.09
专任教师数	万人	26.06	27.08	27.79	6.96		4.11
二、普通小学							
学校数	所	13563	12529	12126	11084	7741	7368
学生数	万人	511.59	564.29	596.24	309.80		238.91
专任教师数	万人	31.90	31.63	33.89	20.84		15.00

1-11-2 乡镇卫生院、床位和卫生人员

指标	单位	2010年	2014年	2015年
一、乡镇卫生院	**个**	**1962**	**1960**	**1960**
#中心卫生院	个	641	641	641
乡卫生院	个	1321	1319	1319
二、乡镇卫生院床位	**张**	**57097**	**62930**	**64853**
#中心卫生院	张	25349	27513	28387
乡卫生院	张	31748	35417	36466
三、乡镇卫生院卫生机构人员	**人**	**53966**	**55543**	**55793**
#中心卫生院	人	26112	25039	24759
乡卫生院	人	27854	30504	31034
乡镇卫生院卫生技术人员	人	44902	45501	45867
#中心卫生院	人	21623	20472	20380
乡卫生院	人	23279	25029	25487

1-11-3 农村文化机构和农村老年福利机构情况

指标	单位	2014年	2015年
一、乡镇文化站	**个**	**1981**	**1985**
二、农村养老服务机构	**-**		
机构数	个	623	431
床位数	张	311216	348134
年末收养人数	人	60303	33337
三、农村最低保障资金	**万元**	**319957**	**302394.2**

2-1-1 各市总户数、总人口

名　　称	年末总户数(万户)		年末常住人口(万人)		城镇人口(万人)		城镇化率(%)	
	2014年	2015年	2014年	2015年	2014年	2015年	2014年	2015年
全　　省	**2353.85**	**2356.04**	**7383.75**	**7424.92**	**3642.40**	**3811.21**	**49.33**	**51.33**
石家庄市（包含辛集市）	293.75	297.97	1061.62	1070.16	596.32	623.90	56.17	58.30
石家庄市（不含辛集市）	272.57	276.35	998.72	1007.11	568.57	587.14	56.93	59.03
辛集市	21.18	21.61	62.90	63.05	27.75	36.76	44.12	58.31
唐 山 市	232.64	229.14	776.82	780.12	436.65	421.81	56.21	54.07
秦皇岛市	108.79	110.15	306.45	307.32	159.42	157.90	52.02	51.38
邯 郸 市	268.40	268.26	937.39	943.30	460.54	450.24	49.13	47.73
邢 台 市	230.49	234.21	725.63	729.44	329.65	340.43	45.43	46.67
保 定 市（包含定州市）	379.90	366.26	1149.01	1155.24	506.91	538.92	44.12	46.67
保 定 市（不含定州市）	344.49	330.62	1029.50	1034.90	454.52	482.60	44.15	46.65
定州市	35.41	35.63	119.51	120.34	52.39	56.32	43.84	46.80
张家口市	187.59	190.08	442.09	442.17	221.49	214.72	50.10	48.56
承 德 市	135.45	137.18	352.72	353.01	156.96	194.16	44.50	55.00
沧 州 市	242.44	232.13	737.50	744.30	340.79	347.14	46.21	46.64
廊 坊 市	129.15	141.06	452.18	456.32	238.52	213.74	52.75	46.84
衡 水 市	145.25	149.61	442.34	443.54	195.25	206.78	44.14	46.62

注：年末总户数为公安年报数，年末常住人口数为人口变动抽样推算数。

2-1-2 各市人口出生、死亡、自然增长率

单位：‰

名　　称	出 生 率		死 亡 率		自然增长率	
	2014年	2015年	2014年	2015年	2014年	2015年
全　　省	**13.18**	**11.35**	**6.23**	**5.79**	**6.95**	**5.56**
石家庄市（包含辛集市）	13.35	11.72	6.21	5.84	7.14	5.88
石家庄市（不含辛集市）	13.44	11.86	6.20	5.78	7.24	6.08
辛集市	11.86	9.54	6.31	6.88	5.55	2.66
唐 山 市	11.21	9.48	7.30	6.04	3.91	3.44
秦皇岛市	11.26	8.81	6.28	5.88	4.98	2.93
邯 郸 市	14.10	13.14	6.32	5.95	7.78	7.19
邢 台 市	14.42	13.06	6.47	5.96	7.95	7.10
保 定 市（包含定州市）	13.89	10.91	5.85	5.45	8.04	5.46
保 定 市（不含定州市）	13.76	10.78	6.17	5.37	7.59	5.41
定州市	14.99	12.04	6.51	6.14	8.48	5.90
张家口市	12.01	9.02	6.12	5.66	5.89	3.36
承 德 市	13.25	10.26	5.98	5.79	7.27	4.47
沧 州 市	13.70	12.28	5.91	5.83	7.79	6.45
廊 坊 市	12.00	11.94	5.68	5.22	6.32	6.72
衡 水 市	13.16	11.08	6.52	6.07	6.64	5.01

2-1-3　各市农村基层组织情况

单位：个

名　称	乡镇个数		乡个数		镇个数		村委会个数	
	2014年	2015年	2014年	2015年	2014年	2015年	2014年	2015年
全　省	**1957**	**1957**	**907**	**890**	**1050**	**1067**	**48636**	**48974**
石家庄市（包含辛集市）	220	220	95	94	125	126	4358	4358
石家庄市（不含辛集市）	205	205	88	87	117	118	4014	4014
辛集市	15	15	7	7	8	8	344	344
唐山市	177	177	47	45	130	132	5049	5405
秦皇岛市	75	75	27	27	48	48	2265	2265
邯郸市	213	213	114	108	99	105	5208	5208
邢台市	173	173	78	76	95	97	4953	4942
保定市（包含定州市）	311	311	160	160	151	151	6203	6201
保定市（不含定州市）	290	290	155	155	135	135	5717	5715
定州市	21	21	5	5	16	16	486	486
张家口市	209	209	112	112	97	97	4175	4175
承德市	205	205	121	115	84	90	2485	2480
沧州市	170	170	86	86	84	84	5737	5737
廊坊市	90	90	22	22	68	68	3210	3210
衡水市	114	114	45	45	69	69	4993	4993

2-1-4　各市农村基础设施

单位：个

名　称	自来水受益村数		通有线电视村数		通宽带村数		通公共交通村数	
	2014年	2015年	2014年	2015年	2014年	2015年	2014年	2015年
全　省	**44333**	**45169**	**37364**	**39051**	**44692**	**46013**	**38128**	**38999**
石家庄市（包含辛集市）	4092	4097	3254	3290	4105	4286	4066	4106
石家庄市（不含辛集市）	3748	3753	2924	2946	3819	3942	3788	3796
辛集市	344	344	330	344	286	344	278	310
唐山市	4848	5222	4152	4520	5026	5398	3729	4048
秦皇岛市	1223	1340	1879	2019	2237	2260	1974	1962
邯郸市	4957	4982	4132	4401	4281	4621	4905	4968
邢台市	4895	4903	3580	3846	4748	4864	4127	4140
保定市（包含定州市）	5217	5426	2967	3457	5784	5889	4923	5076
保定市（不含定州市）	4750	4948	2542	3020	5313	5418	4576	4714
定州市	467	478	425	437	471	471	347	362
张家口市	3378	3441	2604	2586	2517	2600	2690	2646
承德市	1783	1818	2331	2340	2147	2216	737	770
沧州市	5737	5737	5737	5737	5737	5737	5223	5424
廊坊市	3210	3210	2092	2137	3210	3210	2468	2482
衡水市	4993	4993	4636	4718	4900	4932	3286	3377

2-1-5　各市乡村户数、人口和劳动力资源

单位：户、人

名　　称	乡 村 户 数		乡 村 人 口		1.男		2.女	
	2014年	2015年	2014年	2015年	2014年	2015年	2014年	2015年
全　　省	**15752390**	**15790472**	**56954123**	**57114923**	**29353010**	**29431500**	**27601113**	**27683423**
石家庄市（包含辛集市）	1816634	1829646	6884507	6915327	3512132	3521471	3372375	3393856
石家庄市（不含辛集市）	1662713	1668042	6331278	6357557	3226345	3233584	3104933	3123973
辛集市	153921	161604	553229	557770	285787	287887	267442	269883
唐 山 市	1627034	1616418	5474219	5479445	2778837	2783530	2695382	2695915
秦皇岛市	677471	686102	2049753	2055646	1055215	1058905	994538	996741
邯 郸 市	1868215	1880260	7485599	7567035	3902015	3940665	3583584	3626370
邢 台 市	1592932	1608988	6232949	6266358	3199813	3219114	3033136	3047244
保 定 市（包含定州市）	2489471	2507402	9563999	9620232	4929401	4965163	4634598	4655069
保 定 市（不含定州市）	2213428	2228323	8469965	8513848	4364835	4395079	4105130	4118769
定州市	276043	279079	1094034	1106384	564566	570084	529468	536300
张家口市	1236105	1198724	3372945	3267075	1761903	1704049	1611042	1563026
承 德 市	914270	922425	3019155	3027212	1583435	1584635	1435720	1442577
沧 州 市	1617888	1630359	5937158	5985460	3070786	3098623	2866372	2886837
廊 坊 市	849211	838396	3240915	3231385	1669562	1663502	1571353	1567883
衡 水 市	1063159	1071752	3692924	3699748	1889911	1891843	1803013	1807905

2-1-5续　各市乡村户数、人口和劳动力资源

单位：人

名　　称	乡村劳动力资源数		1.男		2.女	
	2014年	2015年	2014年	2015年	2014年	2015年
全　　省	**33588913**	**33667608**	**17932428**	**18011060**	**15656485**	**15656548**
石家庄市（包含辛集市）	4098386	4102169	2154349	2159335	1944037	1942834
石家庄市（不含辛集市）	3765323	3760454	1977035	1977161	1788288	1783293
辛集市	333063	341715	177314	182174	155749	159541
唐 山 市	3375719	3367773	1784940	1784505	1590779	1583268
秦皇岛市	1276744	1277996	694995	696689	581749	581307
邯 郸 市	4247186	4283306	2262173	2282849	1985013	2000457
邢 台 市	3320600	3365190	1749054	1777074	1571546	1588116
保 定 市（包含定州市）	5866714	5898274	3143260	3172202	2723454	2726072
保 定 市（不含定州市）	5162240	5183820	2771903	2797554	2390337	2386266
定州市	704474	714454	371357	374648	333117	339806
张家口市	2108026	2031196	1174300	1136930	933726	894266
承 德 市	1843311	1842914	1016865	1016218	826446	826696
沧 州 市	3567134	3598647	1904163	1925953	1662971	1672694
廊 坊 市	1843423	1844622	980701	984992	862722	859630
衡 水 市	2041670	2055521	1067628	1074313	974042	981208

2-1-6 各市乡村从业人员

名称	乡村从业人员数		按性别分			
			男		女	
	2014年	2015年	2014年	2015年	2014年	2015年
全省	**30559086**	**30553067**	**16487173**	**16501173**	**14071913**	**14051894**
石家庄市（包含辛集市）	3750453	3744675	1998288	1996897	1752165	1747778
石家庄市（不含辛集市）	3448393	3446729	1837471	1838039	1610922	1608690
辛集市	302060	297946	160817	158858	141243	139088
唐山市	3028406	3016752	1633852	1626222	1394554	1390530
秦皇岛市	1169353	1167778	647534	646069	521819	521709
邯郸市	3873873	3895288	2096467	2108812	1777406	1786476
邢台市	3067260	3085734	1622568	1631318	1444692	1454416
保定市（包含定州市）	5366528	5386305	2879267	2903188	2487261	2483117
保定市（不含定州市）	4711132	4722241	2532039	2552058	2179093	2170183
定州市	655396	664064	347228	351130	308168	312934
张家口市	1837643	1760795	1047723	1008714	789920	752081
承德市	1625599	1621531	911851	909928	713748	711603
沧州市	3246911	3269460	1744893	1757986	1502018	1511474
廊坊市	1670764	1671176	898416	900395	772348	770781
衡水市	1922296	1933573	1006314	1011644	915982	921929

2-1-7 各市分行业乡村从业人员

单位：人

名称	1.农林牧渔业		2.工业		3.建筑业	
	2014年	2015年	2014年	2015年	2014年	2015年
全省	**13892909**	**13713697**	**6898565**	**6954300**	**3645984**	**3659173**
石家庄市（包含辛集市）	1415231	1393242	1073937	1088992	391019	388755
石家庄市（不含辛集市）	1317803	1301548	958161	970074	354923	353063
辛集市	97428	91694	115776	118918	36096	35692
唐山市	1206207	1198799	831640	825361	332495	338500
秦皇岛市	710891	712456	130773	126299	158510	156716
邯郸市	1675661	1670895	641014	642111	463499	464814
邢台市	1374364	1346490	878406	893711	275349	281469
保定市（包含定州市）	2775314	2727916	929146	959684	848593	853178
保定市（不含定州市）	2581790	2539533	859717	884751	592622	596410
定州市	193524	188383	69429	74933	255971	256768
张家口市	1194767	1142388	142052	130638	197226	189840
承德市	944788	941527	172374	167272	278289	277131
沧州市	984441	977111	1120033	1135709	346445	350308
廊坊市	796830	790811	424909	426700	158646	159512
衡水市	814415	812062	554281	557823	195913	198950

2-1-7续1　各市分行业乡村从业人员

单位：人

名　　称	4.批发和零售业		5.交通运输、仓储和邮政业		6.住宿和餐饮业		7.信息传输、软件和信息技术服务业	
	2014年	2015年	2014年	2015年	2014年	2015年	2014年	2015年
全　省	**2074182**	**2118715**	**1349883**	**1353271**	**793319**	**807135**	**113979**	**116888**
石家庄市（包含辛集市）	259970	262971	199882	197489	117043	116069	22212	23094
石家庄市（不含辛集市）	247664	250751	190551	188221	112498	111555	20786	21659
辛集市	12306	12220	9331	9268	4545	4514	1426	1435
唐 山 市	217096	219090	185493	179473	61112	58307	5610	6277
秦皇岛市	43239	44834	43133	43633	27750	28787	3608	3079
邯 郸 市	353886	363144	213542	216001	146401	148443	27972	29095
邢 台 市	187821	197308	140551	147385	67320	70320	4612	5648
保 定 市（包含定州市）	289289	299645	151851	155658	119116	122050	16161	15919
保 定 市（不含定州市）	242185	248333	137937	139769	101060	103821	10264	11528
定州市	47104	51312	13914	15889	18056	18229	5897	4391
张家口市	76904	76715	63624	60876	47134	47678	10559	9846
承 德 市	57341	59834	56888	59160	42338	45525	5614	4999
沧 州 市	339596	343391	167509	166322	80688	83126	9645	10715
廊 坊 市	102735	103683	63706	64025	36942	37577	3786	3804
衡 水 市	146305	148100	63704	63249	47475	49253	4200	4412

2-1-7续2　各市分行业乡村从业人员

单位：人

名　　称	8.金　融　业		9.房地产业		10.租赁和商务服务业		11.科学研究和技术服务业	
	2014年	2015年	2014年	2015年	2014年	2015年	2014年	2015年
全　省	**64211**	**64911**	**36067**	**37577**	**170229**	**172596**	**18477**	**19050**
石家庄市（包含辛集市）	14248	13870	8498	8309	37307	37551	5647	5453
石家庄市（不含辛集市）	12708	12578	8165	7974	36031	36317	5484	5273
辛集市	1540	1292	333	335	1276	1234	163	180
唐 山 市	5023	5143	1465	1643	14257	14775	1381	1419
秦皇岛市	1193	1225	573	640	4539	4720	418	430
邯 郸 市	13714	14038	12424	12463	46197	47628	4961	5015
邢 台 市	3858	4006	1917	1982	8375	8471	927	922
保 定 市（包含定州市）	9908	10084	3271	3687	18959	19383	1657	1687
保 定 市（不含定州市）	9120	9259	3132	3217	16237	16863	1495	1524
定州市	788	825	139	470	2722	2520	162	163
张家口市	2146	2187	2178	2516	6707	6030	611	666
承 德 市	1331	1422	733	824	4553	3952	740	407
沧 州 市	5623	5615	3239	3219	15770	16014	1054	1899
廊 坊 市	3071	3097	937	1049	7606	7759	609	620
衡 水 市	4096	4224	832	1245	5959	6313	472	532

2-1-7续3 各市分行业乡村从业人员

单位：人

名　　称	12.水利、环境和公共设施管理业		13.居民服务、修理和其他服务业		14.教　　育	
	2014年	2015年	2014年	2015年	2014年	2015年
全　　省	**45405**	**46949**	**763615**	**778642**	**242743**	**249099**
石家庄市（包含辛集市）	9462	9405	88229	89729	33183	33815
石家庄市（不含辛集市）	8828	8772	73775	75314	30530	31342
辛集市	634	633	14454	14415	2653	2473
唐 山 市	2736	2825	91830	91528	21864	22007
秦皇岛市	909	940	27759	27988	4283	4329
邯 郸 市	12003	12478	134153	136644	45097	45992
邢 台 市	3090	3164	59295	62314	26925	27481
保 定 市（包含定州市）	4393	4754	104135	113167	31227	32870
保 定 市（不含定州市）	3888	4173	68293	74967	27318	28880
定州市	505	581	35842	38200	3909	3990
张家口市	2900	3073	57885	55178	11947	11953
承 德 市	1061	1004	31895	31617	8626	8780
沧 州 市	5560	5516	95065	95671	29036	30396
廊 坊 市	1731	2232	30861	31333	15845	16109
衡 水 市	1560	1558	42508	43473	14710	15367

2-1-7续4 各市分行业乡村从业人员

单位：人

名　　称	15.卫生和社会工作		16.文化、体育和娱乐业		17.公共管理、社会保障和社会组织	
	2014年	2015年	2014年	2015年	2014年	2015年
全　　省	**169217**	**172573**	**98865**	**101260**	**181436**	**187231**
石家庄市（包含辛集市）	25108	25323	21314	21772	28163	28836
石家庄市（不含辛集市）	23894	24335	20396	20894	26196	27059
辛集市	1214	988	918	878	1967	1777
唐 山 市	16370	16824	6690	6989	27137	27792
秦皇岛市	4725	4647	1864	1722	5186	5333
邯 郸 市	33089	34346	25065	25999	25195	26182
邢 台 市	14835	15079	7197	7362	12418	12622
保 定 市（包含定州市）	21904	22323	12520	13250	29084	31050
保 定 市（不含定州市）	20137	20501	9983	10714	25954	27998
定州市	1767	1822	2537	2536	3130	3052
张家口市	7201	6809	4008	3855	9794	10547
承 德 市	6256	6381	3570	2733	9202	8963
沧 州 市	18873	19670	8273	8656	16061	16122
廊 坊 市	10516	10575	4012	4216	8022	8074
衡 水 市	10340	10596	4352	4706	11174	11710

2-1-8　各市乡村从业人员的文化程度

单位：人

名　　称	未上过学		小学文化程度		初中文化程度	
	2014年	2015年	2014年	2015年	2014年	2015年
全　　省	**249926**	**237587**	**7427624**	**7285817**	**15104789**	**15043806**
石家庄市（包含辛集市）	42380	41353	757629	749854	1788761	1783423
石家庄市（不含辛集市）	41535	40564	691174	683820	1636821	1632920
辛集市	845	789	66455	66034	151940	150503
唐 山 市	13489	12331	756476	737316	1496831	1483293
秦皇岛市	7528	6454	293995	288375	577422	579436
邯 郸 市	59220	56952	919372	907451	1850674	1860314
邢 台 市	10898	10124	717251	722817	1582357	1571309
保 定 市（包含定州市）	42043	40053	1498809	1493200	2633653	2625827
保 定 市（不含定州市）	39087	37161	1343263	1338124	2285615	2273184
定州市	2956	2892	155546	155076	348038	352643
张家口市	14240	14186	496113	447744	816758	781482
承 德 市	16370	15301	444744	436574	783701	784681
沧 州 市	11062	10409	708416	693458	1674650	1675581
廊 坊 市	24858	23854	444138	436841	859243	857866
衡 水 市	7838	6570	390681	372187	1040739	1040594

2-1-8续　各市乡村从业人员的文化程度

单位：人

名　　称	高中文化程度（包括中专）		大专及以上文化程度	
	2014年	2015年	2014年	2015年
全　　省	**7005206**	**7126122**	**771541**	**859735**
石家庄市（包含辛集市）	1046137	1040222	115546	129823
石家庄市（不含辛集市）	969477	965701	109386	123724
辛集市	76660	74521	6160	6099
唐 山 市	664223	675315	97387	108497
秦皇岛市	261497	256092	28911	37421
邯 郸 市	950669	969175	93938	101396
邢 台 市	712348	722084	44406	59400
保 定 市（包含定州市）	1055809	1080417	136214	146808
保 定 市（不含定州市）	930324	950147	112843	123625
定州市	125485	130270	23371	23183
张家口市	434515	437402	76017	79981
承 德 市	337289	339593	43495	45382
沧 州 市	772584	801447	80199	88565
廊 坊 市	317169	325317	25356	27298
衡 水 市	452966	479058	30072	35164

2-1-9 各市农用机械年末拥有量

单位：千瓦

名称	一、农用机械总动力		#柴油发动机动力		#汽油发动机动力		#电动机动力	
	2014年	2015年	2014年	2015年	2014年	2015年	2014年	2015年
全　省	**109428632**	**111028112**	**86269443**	**87601534**	**1443259**	**1460302**	**21715930**	**21966261**
石家庄市（包含辛集市）	20221759	20404517	14680909	14818041	136253	137445	5404597	5449016
石家庄市（不含辛集市）	18222165	18402642	13190272	13324987	116057	117249	4915836	4960391
辛集市	1999594	2001875	1490637	1493054	20196	20196	488761	488625
唐 山 市	12066218	12289682	9069115	9247014	90293	90887	2906810	2951781
秦皇岛市	2983114	2922298	2259506	2191208	21996	23489	701612	707601
邯 郸 市	15051526	15301877	11951205	12119495	108801	112371	2991520	3070011
邢 台 市	10101304	10220062	7900834	7996769	217020	220993	1983450	2002300
保 定 市（包含定州市）	12607897	12697581	10661864	10770368	105344	95377	1840689	1831836
保 定 市（不含定州市）	10456326	10529220	8739627	8832132	101365	91307	1615334	1605781
定州市	2151571	2168361	1922237	1938236	3979	4070	225355	226055
张家口市	3281495	3406070	2738887	2831114	44892	62142	497716	512814
承 德 市	3900340	4077196	3237180	3402793	23603	23970	639557	650433
沧 州 市	12650374	12938460	10804347	11073645	150599	149555	1695428	1715260
廊 坊 市	6948767	6986265	5305924	5343001	42485	41687	1600358	1601577
衡 水 市	9615838	9784104	7659672	7808086	501973	502386	1454193	1473632

2-1-9续1 各市农用机械年末拥有量

单位：台

名称	二、主要农业机械与设备							
	大中型拖拉机		小型拖拉机		大中型拖拉机配套农具		小型拖拉机配套农具	
	2014年	2015年	2014年	2015年	2014年	2015年	2014年	2015年
全　省	**254604**	**274346**	**1386178**	**1362632**	**458201**	**497756**	**1837431**	**1803935**
石家庄市（包含辛集市）	33557	34212	162680	162659	66001	66866	144973	145850
石家庄市（不含辛集市）	31559	32195	146000	145979	62487	63452	134409	135186
辛集市	1998	2017	16680	16680	3514	3414	10564	10664
唐 山 市	26387	28264	150354	150271	45117	47524	98060	98056
秦皇岛市	5267	5767	43249	41746	6102	6520	21811	21690
邯 郸 市	28220	30919	86153	84551	57048	61268	145567	142634
邢 台 市	31436	34336	209920	203027	42362	55121	272321	251827
保 定 市（包含定州市）	33334	35146	124240	120886	56149	58803	135888	132925
保 定 市（不含定州市）	30374	31916	104014	101230	50754	52988	103991	102168
定州市	2960	3230	20226	19656	5395	5815	31897	30757
张家口市	12989	14984	74501	74520	17298	22912	100838	91812
承 德 市	14988	17840	43872	44654	15544	16405	48979	50351
沧 州 市	30017	32264	235825	233324	67614	75317	503401	494798
廊 坊 市	15133	15972	59743	56791	23182	24522	90817	89861
衡 水 市	23276	24642	195641	190203	61784	62498	274776	284131

2-1-9续2 各市农用机械年末拥有量

单位：台

名称	二、主要农业机械与设备(续1)							
	农用排灌电动机		农用排灌柴油机		联合收割机		割晒机	
	2014年	2015年	2014年	2015年	2014年	2015年	2014年	2015年
全省	**1536197**	**1544609**	**970263**	**942676**	**127713**	**137703**	**30539**	**30374**
石家庄市（包含辛集市）	233626	233316	146447	137917	25983	27651	538	483
石家庄市（不含辛集市）	212960	212660	121366	113836	23784	25395	538	483
辛集市	20666	20656	25081	24081	2199	2256		
唐山市	276557	277456	58104	58232	3055	3584	1581	1604
秦皇岛市	46674	47233	24976	24432	224	262	266	266
邯郸市	240554	244907	124453	120683	18201	20226	141	126
邢台市	177587	178299	63343	59490	17496	18534	773	677
保定市（包含定州市）	160063	159977	94999	93116	21284	22971	101	101
保定市（不含定州市）	138073	137937	94999	93116	18523	20060	101	101
定州市	21990	22040			2761	2911		
张家口市	20609	21484	3034	2853	906	1043	2300	2265
承德市	38077	38530	11924	12211	235	249	63	67
沧州市	146496	146330	278595	271734	16105	17610	22908	22574
廊坊市	90404	90418	40849	40523	6355	6711		
衡水市	105550	106659	123539	121485	17869	18862	1868	2211

2-1-9续3 各市农用机械年末拥有量

单位：台

名称	二、主要农业机械与设备(续2)							
	机动脱粒机		农用运输车		节水灌溉机械（套）		农用水泵	
	2014年	2015年	2014年	2015年	2014年	2015年	2014年	2015年
全省	**202514**	**198122**	**2754110**	**2694063**	**55452**	**56864**	**1706065**	**1697321**
石家庄市（包含辛集市）	24991	25503	479936	479973	10901	11296	216472	210470
石家庄市（不含辛集市）	21962	22473	438660	438697	10882	11277	193513	187517
辛集市	3029	3030	41276	41276	19	19	22959	22953
唐山市	20914	20880	327099	276110	12115	12226	293858	293761
秦皇岛市	5812	5667	102794	103169	4682	4698	69797	68921
邯郸市	32449	28686	436321	433268	732	1003	220253	222145
邢台市	21553	21004	189886	184937	1052	1120	156939	158352
保定市（包含定州市）	14838	14470	403477	402326	776	832	212026	212233
保定市（不含定州市）	14838	14470	319887	318736	776	832	190036	190193
定州市			83590	83590			21990	22040
张家口市	11617	11657	70382	70535	5879	6271	21020	21539
承德市	15099	14959	84503	85503	6044	6208	61061	58057
沧州市	35078	35210	282768	283693	1944	1949	293072	290585
廊坊市	7276	7330	256998	254992	9680	9615	97045	96740
衡水市	12887	12756	119946	119557	1647	1646	64522	64518

2-1-10 各市农业机械化情况

单位：公顷

名称	机耕面积		机播面积		机收面积	
	2014年	2015年	2014年	2015年	2014年	2015年
全省	**5432647**	**5475260**	**6623452**	**6624639**	**4988416**	**5192376**
石家庄市（包含辛集市）	539533	571858	696848	711032	635385	656016
石家庄市（不含辛集市）	484431	518325	616013	622663	564119	584150
辛集市	55102	53533	80835	88369	71266	71866
唐山市	494568	494211	542307	543944	290229	324932
秦皇岛市	189605	185003	95195	96466	40568	43852
邯郸市	581769	604320	826832	850974	682756	704625
邢台市	607571	594433	877572	880292	631519	652610
保定市（包含定州市）	639075	635589	885681	868644	754771	781691
保定市（不含定州市）	567969	564483	789801	772764	662411	689331
定州市	71106	71106	95880	95880	92360	92360
张家口市	551716	561270	400086	411857	239447	251593
承德市	203283	216687	179881	183601	75596	80320
沧州市	719758	724230	1024336	1008220	804035	852891
廊坊市	295981	296372	335478	327589	246432	252626
衡水市	609788	591287	759236	742020	587678	591220

2-1-11 各市农村电气化情况

名称	1.农村水电站数（处）		装机容量（千瓦）		发电量（千瓦时）		2.农村用电量（万千瓦时）	
	2014年	2015年	2014年	2015年	2014年	2015年	2014年	2015年
全省	**246**	**248**	**388728**	**395658**	**469354860**	**420780000**	**6313273**	**6118225**
石家庄市（包含辛集市）	57	58	108038	112438	115180000	95880000	770994	732116
石家庄市（不含辛集市）	57	58	108038	112438	115180000	95880000	735293	696308
辛集市							35701	35808
唐山市	14	14	29705	29705	53504860	35950000	1468785	1163660
秦皇岛市	6	6	25590	25590	42810000	25990000	250886	283264
邯郸市	65	65	64686	64816	126280000	96220000	637457	655026
邢台市	11	11	9359	9359	3830000	2830000	340728	355555
保定市（包含定州市）	49	50	89045	91445	66120000	95600000	510632	519497
保定市（不含定州市）	49	50	89045	91445	66120000	95600000	484203	492724
定州市							26429	26773
张家口市	14	14	13875	13875	14420000	17200000	103335	131691
承德市	30	30	48430	48430	47210000	51110000	202526	197739
沧州市							803112	830832
廊坊市							906575	925807
衡水市							318243	323038

2-1-12　各市农用化肥、农药使用量

单位：吨

名　　称	一、农用化肥施用量(按实物量计算)					
	合　　计		1.氮　　肥		2.磷　　肥	
	2014年	2015年	2014年	2015年	2014年	2015年
全　　省	**11028502**	**11010489**	**5289051**	**5192986**	**2488895**	**2449903**
石家庄市（包含辛集市）	1699306	1728819	912346	897762	461361	450227
石家庄市（不含辛集市）	1472684	1501545	802441	787418	375775	365497
辛集市	226622	227274	109905	110344	85586	84730
唐 山 市	1120781	1105028	612272	594347	68829	63394
秦皇岛市	405165	401743	164867	143474	35731	34545
邯 郸 市	1775665	1766626	721873	716371	583041	576606
邢 台 市	1228807	1229054	518876	513762	314099	309646
保 定 市（包含定州市）	1539266	1546003	805907	801850	270508	269044
保 定 市（不含定州市）	1292667	1297767	674195	670182	208704	207103
定州市	246599	248236	131712	131668	61804	61941
张家口市	386101	381537	177629	171930	95682	91592
承 德 市	338234	341565	177471	175444	54304	55131
沧 州 市	1023900	1004435	489634	476004	222340	218863
廊 坊 市	468858	464074	258237	255912	61807	61394
衡 水 市	1042419	1041605	449939	446130	321193	319461

2-1-12续1　各市农用化肥、农药使用量

单位：吨

名　　称	一、农用化肥施用量(按实物量计算)（续）			
	3.钾　　肥		4.复合肥	
	2014年	2015年	2014年	2015年
全　　省	**645571**	**642277**	**2604985**	**2725323**
石家庄市（包含辛集市）	57615	58137	267984	322693
石家庄市（不含辛集市）	49192	49781	245276	298849
辛集市	8423	8356	22708	23844
唐 山 市	96443	92158	343237	355129
秦皇岛市	34723	38940	169844	184784
邯 郸 市	94047	93117	376704	380532
邢 台 市	76651	74828	319181	330818
保 定 市（包含定州市）	73510	74416	389341	400693
保 定 市（不含定州市）	69086	69688	340682	350794
定州市	4424	4728	48659	49899
张家口市	30355	27912	82435	90103
承 德 市	19872	20575	86587	90415
沧 州 市	72424	71898	239502	237670
廊 坊 市	24145	24136	124669	122632
衡 水 市	65786	66160	205501	209854

2-1-12续2 各市农用化肥、农药使用量

单位：吨

名 称	二、农用化肥施用量(按折纯法计算)					
	合 计		1.氮 肥		2.磷 肥	
	2014年	2015年	2014年	2015年	2014年	2015年
全 省	**3356079**	**3354920**	**1506582**	**1479455**	**469399**	**463583**
石家庄市（包含辛集市）	488871	501190	263900	260277	80200	78369
石家庄市（不含辛集市）	424723	436914	224405	220585	66876	65178
辛集市	64148	64276	39495	39692	13324	13191
唐 山 市	386788	380589	167155	162054	15092	13771
秦皇岛市	151891	146497	50622	45146	6926	6738
邯 郸 市	492502	489149	193487	190791	98928	98740
邢 台 市	364447	366018	140235	139241	58556	57906
保 定 市（包含定州市）	473886	477107	222653	221760	57969	57722
保 定 市（不含定州市）	401386	403856	186987	186021	45541	45271
定州市	72500	73251	35666	35739	12428	12451
张家口市	111520	110342	48536	47204	18557	17199
承 德 市	113189	113706	54876	52931	13527	14006
沧 州 市	320305	315431	158667	155343	46538	45350
廊 坊 市	169265	167235	94238	93470	15855	15785
衡 水 市	283415	287656	112213	111238	57251	57997

2-1-12续3 各市农用化肥、农药使用量

单位：吨

名 称	二、农用化肥施用量(按折纯法计算)(续)				三、农药使用量	
	3.钾 肥		4.复合肥			
	2014年	2015年	2014年	2015年	2014年	2015年
全 省	**280442**	**280503**	**1099656**	**1131379**	**86329**	**83328**
石家庄市（包含辛集市）	26942	26999	117829	135545	13212	12799
石家庄市（不含辛集市）	23720	23794	109722	127357	9644	9341
辛集市	3222	3205	8107	8188	3568	3458
唐 山 市	46700	43432	157841	161332	5811	5614
秦皇岛市	16777	18076	77566	76537	5981	5640
邯 郸 市	35688	35323	164399	164295	8378	7995
邢 台 市	32930	32375	132726	136496	10615	10512
保 定 市（包含定州市）	33123	32776	160141	164849	14788	14199
保 定 市（不含定州市）	31768	31351	137090	141213	13439	12835
定州市	1355	1425	23051	23636	1349	1364
张家口市	11692	10662	32735	35277	4233	3265
承 德 市	8770	9185	36016	37584	1494	1441
沧 州 市	27337	27919	87763	86819	9735	10008
廊 坊 市	11132	11165	48040	46815	2872	3100
衡 水 市	29351	32591	84600	85830	9210	8755

2-1-13 各市农用薄膜及柴油使用量

名 称	农用塑料薄膜使用量（吨）		#地膜使用量（吨）		地膜覆盖面积（公顷）		农用柴油使用量（吨）	
	2014年	2015年	2014年	2015年	2014年	2015年	2014年	2015年
全 省	**137918**	**137983**	**66828**	**65655**	**1102706**	**1068550**	**2910226**	**2931878**
石家庄市（包含辛集市）	8106	8203	3233	3219	50705	50697	303134	303950
石家庄市（不含辛集市）	6951	7051	2695	2689	43521	43593	265604	266723
辛集市	1155	1152	538	530	7184	7104	37530	37227
唐 山 市	11002	11086	6255	6332	106336	104558	422039	416393
秦皇岛市	4972	5683	1930	1771	32032	28403	143545	140685
邯 郸 市	14640	14582	9416	9360	151906	151224	278318	275606
邢 台 市	14889	15153	10261	10495	177768	176257	340555	343741
保 定 市（包含定州市）	13484	13180	5534	5458	88250	91122	267358	287121
保 定 市（不含定州市）	11261	10959	5077	4794	79510	77754	240392	260155
定州市	2223	2221	457	664	8740	13368	26966	26966
张家口市	7049	8088	4790	4958	82461	78313	93411	94748
承 德 市	9468	9788	2917	2976	48312	49333	140984	141704
沧 州 市	18288	17008	7678	6975	125553	113765	453747	457434
廊 坊 市	15687	15641	4496	4418	74110	70580	219484	220375
衡 水 市	20333	19571	10318	9693	165273	154298	247651	250121

2-1-14 各市农田水利建设情况

名 称	有效灌溉面积（公顷）		旱涝保收面积（公顷）		机电井年末数（眼）	
	2014年	2015年	2014年	2015年	2014年	2015年
全 省	**4404220**	**4447980**	**3548625**	**3598523**	**922302**	**917192**
石家庄市（包含辛集市）	508830	512610	455877	464687	150226	150333
石家庄市（不含辛集市）	440230	448410	400153	408963	134131	134238
辛集市	68600	64200	55724	55724	16095	16095
唐 山 市	455570	456090	384537	393713	125458	122964
秦皇岛市	127510	126730	76997	76497	37426	37654
邯 郸 市	534440	537800	378874	380639	91586	91429
邢 台 市	567190	577390	489036	496834	112611	110843
保 定 市（包含定州市）	646520	653370	587656	590972	162596	162725
保 定 市（不含定州市）	560860	567710	501996	505312	134318	134447
定州市	85660	85660	85660	85660	28278	28278
张家口市	252240	252550	142369	141878	35560	36477
承 德 市	116130	122300	61043	76883	26462	24974
沧 州 市	485110	498180	382649	385097	56842	56554
廊 坊 市	229260	230490	192166	193868	47646	47481
衡 水 市	481420	480470	397421	397455	75889	75758

2-1-15 各市水库、供水和水保情况

名 称	水库座数（座）		水利工程向农业年供水量（亿立方米）		已治理水土流失面积（千公顷）	
	2014年	2015年	2014年	2015年	2014年	2015年
全 省	**1078**	**1082**	**132.04**	**130.24**	**4719.28**	**5061.55**
石家庄市（包含辛集市）	243	243	22.35	21.56	379.70	420.81
石家庄市（不含辛集市）	243	243	19.68	18.90	379.70	420.81
辛集市			2.68	2.65		
唐 山 市	127	131	14.23	13.68	213.06	225.55
秦皇岛市	284	284	5.55	5.34	291.25	306.28
邯 郸 市	82	82	13.93	14.05	231.15	256.54
邢 台 市	49	49	13.40	13.54	223.70	253.06
保 定 市（包含定州市）	94	94	21.36	20.62	557.33	591.96
保 定 市（不含定州市）	94	94	18.16	17.56	552.23	586.86
定州市			3.20	3.05	5.10	5.10
张家口市	93	93	6.94	6.79	1317.28	1414.79
承 德 市	101	101	5.23	5.24	1415.49	1502.21
沧 州 市	5	5	9.50	9.90	6.26	6.26
廊 坊 市			5.86	6.27	29.19	29.22
衡 水 市			13.69	13.25	54.87	54.87

2-1-16 各市节水灌溉情况

单位：千公顷

名 称	节水灌溉面积		#喷滴灌面积		#低压灌溉面积	
	2014年	2015年	2014年	2015年	2014年	2015年
全 省	**3023.95**	**3139.98**	**161.80**	**193.37**	**2361.09**	**2518.30**
石家庄市(包含辛集市)	439.62	466.57	4.64	7.41	338.23	356.46
石家庄市(不含辛集市)	394.52	421.37	4.04	6.79	294.41	312.64
辛 集 市	45.10	45.20	0.60	0.62	43.82	43.82
唐 山 市	252.77	260.46	12.33	13.30	236.18	240.50
秦皇岛市	80.47	82.80	6.54	6.48	40.70	42.44
邯 郸 市	334.76	364.21	24.73	36.39	240.05	261.11
邢 台 市	300.83	319.27	14.39	16.32	239.08	257.95
保 定 市(包含定州市)	421.77	411.83	12.51	11.74	311.30	351.36
保 定 市(不含定州市)	380.86	372.28	12.18	11.41	275.92	314.61
定 州 市	40.91	39.55	0.33	0.33	35.38	36.75
张家口市	184.31	188.84	27.42	30.43	71.60	65.01
承 德 市	93.31	102.41	30.72	33.90	44.55	49.44
沧 州 市	384.14	400.39	9.91	12.30	369.04	384.46
廊 坊 市	170.62	176.36	1.70	3.30	167.15	171.05
衡 水 市	361.35	366.84	16.91	21.80	303.21	338.52

2-1-17 各市自然灾害情况

单位：公顷

名 称	一、受灾面积		#旱 灾		#水 灾		#风雹灾	
	2014年	2015年	2014年	2015年	2014年	2015年	2014年	2015年
全 省	**1164465**	**1794902**	**976120**	**1104150**	**17463**	**320992**	**125496**	**347769**
石家庄市（包含辛集市）	124893	209952	114209	105926		52020	9249	52000
石家庄市（不含辛集市）	124397	201799	114209	105926		47367	8869	48500
辛集市	496	8153				4653	380	3500
唐 山 市	49247	51381	39186	34536	485	4383	8476	12462
秦皇岛市	60387	124900	50571	88400		10603	9810	22200
邯 郸 市	40277	66510	23885	55690	112	1317	8548	9503
邢 台 市	42277	82360	34495	45411		950	7723	30078
保 定 市（包含定州市）	93894	123345	75401	73300	86	3415	15931	46400
保 定 市（不含定州市）	93894	111745	75401	73300	86	3415	15931	34800
定州市		11600						11600
张家口市	362655	109180	281239	61791	6962	1346	47815	44044
承 德 市	129312	185700	105548	147907	6470	5371	13809	22300
沧 州 市	163899	326438	159169	223100	2957	27324	936	76000
廊 坊 市	62722	199700	62722	183204		10896		5600
衡 水 市	34902	315434	29695	84885	391	203366	3199	27183

注：2015年数据为民政部门数，其他年份为统计部门数。（下同）

2-1-17续1 各市自然灾害情况

单位：公顷

名 称	一、受灾情况（续）				二、成灾面积			
	#霜冻灾		#病虫灾				#旱 灾	
	2014年	2015年	2014年	2015年	2014年	2015年	2014年	2015年
全 省	**26387**	**10680**	**12383**	**11310**	**721840**	**976931**	**599239**	**543319**
石家庄市（包含辛集市）	300	6	565		69565	122403	60981	73087
石家庄市（不含辛集市）	300	6	565		69521	116400	60981	73087
辛集市					44	6003		
唐 山 市			1100		30665	26397	23169	18100
秦皇岛市			6	3697	43000	63312	36890	49600
邯 郸 市			5018		16207	9901	11228	6200
邢 台 市	8		51	5922	29106	35477	26574	21785
保 定 市（包含定州市）		230	2450		41668	47880	35038	29966
保 定 市（不含定州市）		230	2450		41668	47880	35038	29966
定州市								
张家口市	22731	308	737	1691	306317	74903	240951	39404
承 德 市	3348	10122	17		104292	115001	87272	79500
沧 州 市		14	822		75078	129419	72908	72700
廊 坊 市					1269	137000	1269	132967
衡 水 市			1617		4673	215238	2959	20009

2-1-17续2 各市自然灾害情况

单位：公顷

名称	二、成灾面积（续）							
	#水灾		#风雹灾		#霜冻灾		#病虫灾	
	2014年	2015年	2014年	2015年	2014年	2015年	2014年	2015年
全省	**10606**	**239997**	**83229**	**158998**	**21931**	**27960**	**3636**	**6254**
石家庄市（包含辛集市）		31415	7606	17900	120		467	
石家庄市（不含辛集市）		26762	7562	16550	120		467	
辛集市		4653	44	1350				
唐山市	197	2447	6877	5850			422	
秦皇岛市		1836	6109	9650			1	2226
邯郸市		64	3627	3408			1286	
邢台市		317	2475	9742	8		49	3460
保定市（包含定州市）	19	1282	6233	16450		182	371	
保定市（不含定州市）	19	1282	6233	16450		182	371	
定州市								
张家口市	4785	1133	36750	28330	20612	5468	598	568
承德市	4210	2977	11507	10213	1191	22310	13	
沧州市	1330	15569	546	41150			279	
廊坊市		2483		1550				
衡水市	65	180475	1499	14754			150	

2-1-17续3 各市自然灾害情况

名称	三、绝收面积（公顷）		四、因灾损失情况					
			受灾人口（人）		死亡人口（人）		倒塌房屋（间）	
	2014年	2015年	2014年	2015年	2014年	2015年	2014年	2015年
全省	**102988**	**170851**	**3155181**	**17017765**	**5**	**16**	**800**	**621**
石家庄市（包含辛集市）	4697	13037	392627	2295941		3		75
石家庄市（不含辛集市）	4697	10410	392627	2193322		3		75
辛集市		2627		102619				
唐山市	523	4800	44300	483720			2	2
秦皇岛市	3624	13200	208808	1274144				148
邯郸市	297	1000	242682	883632		4		
邢台市	5623	9043	137104	1273479			156	75
保定市（包含定州市）	12512	10040	261101	1889003				7
保定市（不含定州市）	12512	10040	261101	1653073				7
定州市				235930				
张家口市	41418	12204	897167	657784	3	6	595	277
承德市	25967	18597	915055	1935712	2	1	30	3
沧州市	8316	33406	54700	3269202		2	17	24
廊坊市		27000		1735796				10
衡水市	11	28523	1637	1319352				

2-2-1 各市粮食作物播种面积和产量

单位：公顷、公斤/公顷、吨

名称	农作物总播种面积		一、粮食作物					
			播种面积		播种单产		总产量	
	2014年	2015年	2014年	2015年	2014年	2015年	2014年	2015年
全省	**8713083**	**8739837**	**6332000**	**6392480**	**5307**	**5262**	**33601700**	**33638120**
石家庄市（包含辛集市）	1005134	1002839	756878	755349	6646	6683	5029977	5047938
石家庄市（不含辛集市）	903448	901663	680171	676985	6606	6647	4493027	4500189
辛集市	101686	101176	76707	78364	7000	6990	536950	547749
唐山市	804370	807109	487407	494371	6258	6238	3049997	3083737
秦皇岛市	220150	220179	147518	148331	5781	5693	852824	844406
邯郸市	1059151	1057442	769122	773410	7084	7014	5448521	5424620
邢台市	1018967	1024421	715353	730147	6218	6178	4447854	4511001
保定市（包含定州市）	1216303	1215824	916118	918287	6258	6207	5732662	5700214
保定市（不含定州市）	1055823	1055130	817995	820947	6159	6112	5038100	5017856
定州市	160480	160694	98123	97340	7078	7010	694562	682358
张家口市	705373	703159	467529	474193	3356	3361	1569196	1593883
承德市	388523	397276	295487	297637	4197	4072	1240099	1212077
沧州市	1131393	1100766	890792	900189	5042	4939	4491121	4446149
廊坊市	477828	468938	306173	308678	5547	5205	1698413	1606679
衡水市	844304	814073	591207	575776	6159	6115	3641105	3520883

注：粮、棉全省总数为抽样调查数，分市为上报数，各市之和不等于总数(下同)。

2-2-1续1 各市粮食作物播种面积和产量

单位：公顷、公斤/公顷、吨

名称	#夏收粮食					
	播种面积		播种单产		总产量	
	2014年	2015年	2014年	2015年	2014年	2015年
全省	**2365000**	**2350710**	**6106**	**6169**	**14440000**	**14502079**
石家庄市（包含辛集市）	374584	370581	6917	6933	2591143	2569280
石家庄市（不含辛集市）	333317	329383	6882	6894	2293899	2270603
辛集市	41267	41198	7203	7250	297244	298677
唐山市	122129	123428	5726	5802	699315	716132
秦皇岛市	12482	11723	5618	5688	70124	66676
邯郸市	376381	372494	6990	7000	2631087	2607607
邢台市	340665	342026	6517	6543	2219964	2237710
保定市（包含定州市）	402734	401080	6466	6494	2603941	2604614
保定市（不含定州市）	349310	348373	6407	6437	2238170	2242509
定州市	53424	52707	6847	6870	365771	362105
张家口市						
承德市						
沧州市	383001	382172	5316	5417	2036213	2070362
廊坊市	75508	73419	5752	5809	434329	426525
衡水市	284581	261844	6531	6564	1858530	1718641

2-2-1续2　各市粮食作物播种面积和产量

单位：公顷、公斤/公顷、吨

名　　称	#秋收粮食					
	播种面积		播种单产		总　产　量	
	2014年	2015年	2014年	2015年	2014年	2015年
全　　省	**3967000**	**4041770**	**4830**	**4735**	**19161700**	**19136041**
石家庄市（包含辛集市）	382294	384768	6379	6442	2438834	2478658
石家庄市（不含辛集市）	346854	347602	6340	6414	2199128	2229586
辛集市	35440	37166	6764	6702	239706	249072
唐 山 市	365278	370943	6435	6383	2350682	2367605
秦皇岛市	135036	136608	5796	5693	782700	777730
邯 郸 市	392741	400916	7174	7026	2817434	2817013
邢 台 市	374688	388121	5946	5857	2227890	2273291
保 定 市（包含定州市）	513384	517207	6094	5985	3128721	3095600
保 定 市（不含定州市）	468685	472574	5974	5873	2799930	2775347
定州市	44699	44633	7356	7175	328791	320253
张家口市	467529	474193	3356	3361	1569196	1593883
承 德 市	295487	297637	4197	4072	1240099	1212077
沧 州 市	507791	518017	4834	4586	2454908	2375787
廊 坊 市	230665	235259	5480	5016	1264084	1180154
衡 水 市	306626	313932	5814	5741	1782575	1802242

2-2-1续3　各市粮食作物播种面积和产量

单位:公顷、公斤/公顷、吨

名　　称	（一）谷 物 合 计					
	播种面积		播种单产		总　产　量	
	2014年	2015年	2014年	2015年	2014年	2015年
全　　省	**5912150**	**5965150**	**5455**	**5415**	**32249100**	**32304170**
石家庄市（包含辛集市）	720897	718834	6833	6861	4926097	4931572
石家庄市（不含辛集市）	646553	643341	6800	6830	4396308	4393882
辛集市	74344	75493	7126	7122	529789	537690
唐 山 市	455659	461962	6355	6327	2895731	2922798
秦皇岛市	115700	119524	6012	5901	695634	705352
邯 郸 市	750870	755427	7188	7103	5397621	5365943
邢 台 市	697445	711782	6271	6235	4373713	4437735
保 定 市（包含定州市）	868818	870936	6318	6270	5489232	5460498
保 定 市（不含定州市）	773769	776653	6224	6178	4815770	4798440
定州市	95049	94283	7085	7022	673462	662058
张家口市	343105	346224	3294	3318	1130262	1148618
承 德 市	242947	244808	4251	4300	1032808	1052565
沧 州 市	858098	870662	5125	5007	4397545	4359065
廊 坊 市	288521	289471	5686	5357	1640588	1550782
衡 水 市	580347	564917	6201	6158	3599018	3478482

2-2-1续4　各市粮食作物播种面积和产量

单位：公顷、公斤/公顷、吨

名　　称	1.稻　　谷					
	播种面积		播种单产		总　产　量	
	2014年	2015年	2014年	2015年	2014年	2015年
全　　省	**84840**	**84790**	**6383**	**6431**	**541500**	**545264**
石家庄市（包含辛集市）	335	349	2654	2851	889	995
石家庄市（不含辛集市）	335	349	2654	2851	889	995
辛集市						
唐 山 市	53961	54747	8808	8817	475298	482712
秦皇岛市	9093	8540	7333	7193	66677	61426
邯 郸 市	1814	1675	4851	5432	8800	9099
邢 台 市						
保 定 市（包含定州市）	1314	1271	5824	5543	7653	7045
保 定 市（不含定州市）	1314	1271	5824	5543	7653	7045
定州市						
张家口市	1730	1481	5411	5795	9361	8582
承 德 市	16697	14363	7583	7497	126620	107685
沧 州 市	633	760	4499	4158	2848	3160
廊 坊 市		15		7667		115
衡 水 市						

2-2-1续5　各市粮食作物播种面积和产量

单位:公顷、公斤/公顷、吨

名　　称	2.小　　麦					
	播种面积		播种单产		总　产　量	
	2014年	2015年	2014年	2015年	2014年	2015年
全　　省	**2342740**	**2318870**	**6104**	**6188**	**14299000**	**14350021**
石家庄市（包含辛集市）	374095	370101	6923	6938	2589722	2567907
石家庄市（不含辛集市）	332828	328903	6888	6899	2292478	2269230
辛集市	41267	41198	7203	7250	297244	298677
唐 山 市	112254	112881	5702	5787	640074	653245
秦皇岛市	3248	2652	6611	6454	21473	17115
邯 郸 市	376246	372352	6991	7001	2630237	2606684
邢 台 市	339891	341232	6520	6546	2216060	2233662
保 定 市（包含定州市）	392940	391484	6484	6509	2547942	2548085
保 定 市（不含定州市）	341607	340851	6431	6456	2196822	2200599
定州市	51333	50633	6840	6863	351120	347486
张家口市						
承 德 市						
沧 州 市	383001	382172	5316	5417	2036213	2070362
廊 坊 市	74351	72035	5784	5849	430069	421347
衡 水 市	284581	261844	6531	6564	1858530	1718641

2-2-1续6　各市粮食作物播种面积和产量

单位：公顷、公斤/公顷、吨

名　称	(1)　冬　小　麦					
	播种面积		播种单产		总　产　量	
	2014年	2015年	2014年	2015年	2014年	2015年
全　省	**2336700**	**2308670**	**6107**	**6194**	**14270000**	**14300721**
石家庄市（包含辛集市）	374095	370101	6923	6938	2589722	2567907
石家庄市（不含辛集市）	332828	328903	6888	6899	2292478	2269230
辛集市	41267	41198	7203	7250	297244	298677
唐 山 市	106251	105644	5752	5839	611164	616908
秦皇岛市	3224	2651	6613	6453	21320	17106
邯 郸 市	376246	372352	6991	7001	2630237	2606684
邢 台 市	339891	341232	6520	6546	2216060	2233662
保 定 市（包含定州市）	392940	391484	6484	6509	2547942	2548085
保 定 市（不含定州市）	341607	340851	6431	6456	2196822	2200599
定州市	51333	50633	6840	6863	351120	347486
张家口市						
承 德 市						
沧 州 市	383001	382172	5316	5417	2036213	2070362
廊 坊 市	74291	71994	5786	5850	429812	421170
衡 水 市	284581	261844	6531	6564	1858530	1718641

2-2-1续7　各市粮食作物播种面积和产量

单位：公顷、公斤/公顷、吨

名　称	(2)　春　小　麦					
	播种面积		播种单产		总　产　量	
	2014年	2015年	2014年	2015年	2014年	2015年
全　省	**6040**	**10200**	**4801**	**4833**	**29000**	**49300**
石家庄市（包含辛集市）						
石家庄市（不含辛集市）						
辛集市						
唐 山 市	6003	7237	4816	5021	28910	36337
秦皇岛市	24	1	6375	9000	153	9
邯 郸 市						
邢 台 市						
保 定 市（包含定州市）						
保 定 市（不含定州市）						
定州市						
张家口市						
承 德 市						
沧 州 市						
廊 坊 市	60	41	4283	4317	257	177
衡 水 市						

2-2-1续8 各市粮食作物播种面积和产量

单位：公顷、公斤/公顷、吨

名 称	3.玉 米					
	播种面积		播种单产		总 产 量	
	2014年	2015年	2014年	2015年	2014年	2015年
全 省	**3170880**	**3248080**	**5269**	**5143**	**16707000**	**16703576**
石家庄市（包含辛集市）	336891	338617	6873	6915	2315597	2341631
石家庄市（不含辛集市）	305004	305512	6842	6894	2086718	2106284
辛集市	31887	33105	7178	7109	228879	235347
唐 山 市	285993	291204	6175	6095	1766072	1774814
秦皇岛市	95846	101010	6052	5941	580107	600142
邯 郸 市	339760	348921	7785	7607	2645189	2654255
邢 台 市	327282	338693	6180	6112	2022583	2070008
保 定 市（包含定州市）	463283	467816	6257	6143	2898982	2873731
保 定 市（不含定州市）	419567	424166	6141	6033	2576640	2559159
定州市	43716	43650	7374	7207	322342	314572
张家口市	176911	176012	4802	4728	849482	832238
承 德 市	190866	192953	4385	4481	836920	864661
沧 州 市	466948	480447	4998	4710	2334024	2262912
廊 坊 市	212189	215490	5668	5210	1202771	1122665
衡 水 市	289966	297289	5920	5839	1716596	1735813

2-2-1续9 各市粮食作物播种面积和产量

单位：公顷、公斤/公顷、吨

名 称	4.谷 子					
	播种面积		播种单产		总 产 量	
	2014年	2015年	2014年	2015年	2014年	2015年
全 省	**147150**	**148290**	**3250**	**3262**	**478200**	**483738**
石家庄市（包含辛集市）	9038	9242	2018	2101	18241	19415
石家庄市（不含辛集市）	7848	8052	1857	1956	14575	15749
辛集市	1190	1190	3081	3081	3666	3666
唐 山 市	1824	1783	3529	3500	6437	6241
秦皇岛市	4634	4543	2946	2938	13652	13346
邯 郸 市	32427	31939	3463	2974	112291	94998
邢 台 市	29344	31099	4491	4216	131790	131105
保 定 市（包含定州市）	10053	9226	3098	3055	31143	28186
保 定 市（不含定州市）	10053	9226	3098	3055	31143	28186
定州市						
张家口市	37676	39118	3037	3460	114411	135330
承 德 市	10537	12967	2900	3255	30561	42212
沧 州 市	4481	4471	3370	3289	15103	14706
廊 坊 市	286	361	2119	1823	606	658
衡 水 市	4847	4841	4095	4142	19849	20052

2-2-1续10　各市粮食作物播种面积和产量

单位：公顷、公斤/公顷、吨

名　　称	5.高　　梁					
	播种面积		播种单产		总　产　量	
	2014年	2015年	2014年	2015年	2014年	2015年
全　　省	**12830**	**11460**	**3367**	**3227**	**43200**	**36985**
石家庄市（包含辛集市）	167	156	2844	2968	475	463
石家庄市（不含辛集市）	167	156	2844	2968	475	463
辛集市						
唐 山 市	1304	1015	4934	4280	6434	4344
秦皇岛市	1942	1848	4497	4508	8733	8330
邯 郸 市	465	397	1832	1841	852	731
邢 台 市	775	695	3923	3948	3040	2744
保 定 市（包含定州市）	910	864	3160	3339	2876	2885
保 定 市（不含定州市）	910	864	3160	3339	2876	2885
定州市						
张家口市	1001	968	3059	2557	3062	2475
承 德 市	1432	1364	2714	3634	3886	4957
沧 州 市	2950	2727	3097	2796	9137	7624
廊 坊 市	1393	1039	3986	3224	5553	3350
衡 水 市	492	479	4437	4445	2183	2129

2-2-1续11　各市粮食作物播种面积和产量

单位：公顷、公斤/公顷、吨

名　　称	6.其他谷物					
	播种面积		播种单产		总　产　量	
	2014年	2015年	2014年	2015年	2014年	2015年
全　　省	**153710**	**153660**	**1172**	**1201**	**180200**	**184586**
石家庄市（包含辛集市）	371	369	3162	3146	1173	1161
石家庄市（不含辛集市）	371	369	3162	3146	1173	1161
辛集市						
唐 山 市	323	332	4384	4343	1416	1442
秦皇岛市	937	931	5328	5363	4992	4993
邯 郸 市	158	143	1595	1231	252	176
邢 台 市	153	63	1569	3429	240	216
保 定 市（包含定州市）	318	275	2000	2058	636	566
保 定 市（不含定州市）	318	275	2000	2058	636	566
定州市						
张家口市	125787	128645	1224	1321	153946	169993
承 德 市	23415	23161	1487	1427	34821	33050
沧 州 市	85	85	2588	3541	220	301
廊 坊 市	302	531	5262	4985	1589	2647
衡 水 市	461	464	4035	3981	1860	1847

2-2-1续12　各市粮食作物播种面积和产量

单位：公顷、公斤/公顷、吨

名　称	#大　麦					
	播种面积		播种单产		总　产　量	
	2014年	2015年	2014年	2015年	2014年	2015年
全　省	**120**	**360**	**4167**	**4167**	**500**	**1500**
石家庄市（包含辛集市）						
石家庄市（不含辛集市）						
辛集市						
唐 山 市	19	18	4579	4611	87	83
秦皇岛市						
邯 郸 市						
邢 台 市						
保 定 市（包含定州市）	3		1000		3	
保 定 市（不含定州市）	3		1000		3	
定州市						
张家口市		100		1610		161
承 德 市						
沧 州 市						
廊 坊 市	104	340	4577	4574	476	1555
衡 水 市						

2-2-1续13　各市粮食作物播种面积和产量

单位：公顷、公斤/公顷、吨

名　称	#燕　麦（莜麦）					
	播种面积		播种单产		总　产　量	
	2014年	2015年	2014年	2015年	2014年	2015年
全　省	**63050**	**64130**	**1228**	**1237**	**77400**	**79319**
石家庄市（包含辛集市）						
石家庄市（不含辛集市）						
辛集市						
唐 山 市						
秦皇岛市						
邯 郸 市						
邢 台 市						
保 定 市（包含定州市）	163	80	1564	1875	255	150
保 定 市（不含定州市）	163	80	1564	1875	255	150
定州市						
张家口市	56677	58556	1094	1028	62007	60178
承 德 市	6209	6275	1628	1245	10111	7814
沧 州 市						
廊 坊 市						
衡 水 市						

2-2-1续14　各市粮食作物播种面积和产量

单位：公顷、公斤/公顷、吨

名　　称	#荞　　麦					
	播种面积		播种单产		总　产　量	
	2014年	2015年	2014年	2015年	2014年	2015年
全　　省	**1160**	**670**	**1379**	**1388**	**1600**	**930**
石家庄市（包含辛集市）	177	177	3260	3254	577	576
石家庄市（不含辛集市）	177	177	3260	3254	577	576
辛集市						
唐 山 市						
秦皇岛市	15		1733		26	
邯 郸 市						
邢 台 市						
保 定 市（包含定州市）	63	109	1587	2110	100	230
保 定 市（不含定州市）	63	109	1587	2110	100	230
定州市						
张家口市	630	316	743	1633	468	516
承 德 市	278	68	676	1191	188	81
沧 州 市						
廊 坊 市						
衡 水 市						

2-2-1续15　各市粮食作物播种面积和产量

单位：公顷、公斤/公顷、吨

名　　称	(二)豆　类　合　计					
	播种面积		播种单产		总　产　量	
	2014年	2015年	2014年	2015年	2014年	2015年
全　　省	**162330**	**153720**	**2141**	**1917**	**347500**	**294691**
石家庄市（包含辛集市）	16155	15600	1575	1534	25443	23935
石家庄市（不含辛集市）	14705	14232	1578	1534	23207	21826
辛集市	1450	1368	1542	1542	2236	2109
唐 山 市	17192	16953	2971	2949	51080	49992
秦皇岛市	9816	8908	2567	2582	25197	22998
邯 郸 市	10537	10163	1900	2044	20018	20778
邢 台 市	11124	11173	2805	2806	31201	31346
保 定 市（包含定州市）	13487	13126	2815	2823	37962	37061
保 定 市（不含定州市）	12786	12430	2763	2772	35327	34460
定州市	701	696	3759	3737	2635	2601
张家口市	29032	27000	1216	1259	35297	34002
承 德 市	9337	9051	2198	2495	20524	22578
沧 州 市	24921	21911	1921	1752	47875	38396
廊 坊 市	12119	13161	2180	2059	26425	27103
衡 水 市	7127	6994	2679	2705	19095	18921

2-2-1续16　各市粮食作物播种面积和产量

单位：公顷、公斤/公顷、吨

名　　称	#大　豆					
	播种面积		播种单产		总　产　量	
	2014年	2015年	2014年	2015年	2014年	2015年
全　　省	**122300**	**115850**	**2045**	**1949**	**250100**	**225845**
石家庄市（包含辛集市）	14857	13319	1573	1600	23368	21317
石家庄市（不含辛集市）	13407	11951	1576	1607	21132	19208
辛集市	1450	1368	1542	1542	2236	2109
唐 山 市	11551	10979	3021	2980	34892	32715
秦皇岛市	6234	5782	2360	2348	14712	13575
邯 郸 市	9290	8893	1964	2093	18242	18611
邢 台 市	9774	9535	2876	2876	28107	27426
保 定 市（包含定州市）	10237	10084	2892	2873	29604	28971
保 定 市（不含定州市）	9551	9403	2828	2809	27015	26416
定州市	686	681	3774	3752	2589	2555
张家口市	12106	11304	1115	1206	13497	13627
承 德 市	7647	7629	2322	2595	17753	19800
沧 州 市	22940	20251	1960	1779	44956	36032
廊 坊 市	10319	11470	2177	2049	22467	23503
衡 水 市	6050	5988	2755	2797	16665	16746

2-2-1续17　各市粮食作物播种面积和产量

单位：公顷、公斤/公顷、吨

名　　称	#绿　豆					
	播种面积		播种单产		总　产　量	
	2014年	2015年	2014年	2015年	2014年	2015年
全　　省	**13360**	**12460**	**1370**	**1344**	**18300**	**16750**
石家庄市（包含辛集市）	538	547	1526	1424	821	779
石家庄市（不含辛集市）	538	547	1526	1424	821	779
辛集市						
唐 山 市	391	387	2611	2607	1021	1009
秦皇岛市	311	320	1672	1650	520	528
邯 郸 市	1193	1209	1434	1726	1711	2087
邢 台 市	1333	1616	2296	2399	3061	3877
保 定 市（包含定州市）	1155	1142	2314	2270	2673	2592
保 定 市（不含定州市）	1140	1127	2304	2259	2627	2546
定州市	15	15	3067	3067	46	46
张家口市	5274	4722	689	729	3635	3444
承 德 市	593	581	1491	1859	884	1080
沧 州 市	1413	1186	1539	1551	2174	1840
廊 坊 市	343	277	1120	1022	384	283
衡 水 市	872	840	1967	2036	1715	1710

2-2-1续18　各市粮食作物播种面积和产量

单位：公顷、公斤/公顷、吨

名　称	#红　小　豆					
	播种面积		播种单产		总　产　量	
	2014年	2015年	2014年	2015年	2014年	2015年
全　省	**7300**	**6750**	**1397**	**1291**	**10200**	**8711**
石家庄市（包含辛集市）	672	670	1189	1206	799	808
石家庄市（不含辛集市）	672	670	1189	1206	799	808
辛集市						
唐山市	1668	1651	1889	1876	3151	3098
秦皇岛市	476	450	1836	1789	874	805
邯郸市	54	59	1204	1305	65	77
邢台市	17	22	1941	1909	33	42
保定市（包含定州市）	685	673	2146	2088	1470	1405
保定市（不含定州市）	685	673	2146	2088	1470	1405
定州市						
张家口市	1775	1474	1842	1515	3269	2233
承德市	663	635	1532	1951	1016	1239
沧州市	404	444	1277	1176	516	522
廊坊市	589	561	1480	1401	872	786
衡水市	205	166	2517	2801	516	465

2-2-1续19　各市粮食作物播种面积和产量

单位：公顷、公斤/公顷、吨

名　称	(三)薯　类　合　计					
	播种面积		播种单产		总　产　量	
	2014年	2015年	2014年	2015年	2014年	2015年
全　省	**257520**	**273610**	**3903**	**3798**	**1005100**	**1039259**
石家庄市（包含辛集市）	19826	20915	3956	4419	78437	92431
石家庄市（不含辛集市）	18913	19412	3887	4352	73512	84481
辛集市	913	1503	5394	5289	4925	7950
唐山市	14556	15456	7089	7178	103186	110947
秦皇岛市	22002	19899	5999	5832	131993	116056
邯郸市	7715	7820	4003	4846	30882	37899
邢台市	6784	7192	6330	5829	42940	41920
保定市（包含定州市）	33813	34225	6077	5921	205468	202655
保定市（不含定州市）	31440	31864	5948	5805	187003	184956
定州市	2373	2361	7781	7496	18465	17699
张家口市	95392	100969	4231	4073	403637	411263
承德市	43203	43778	4323	3128	186767	136934
沧州市	7773	7616	5879	6393	45701	48688
廊坊市	5533	6046	5675	4762	31400	28794
衡水市	3733	3865	6159	6075	22992	23480

2-2-1续20　各市粮食作物播种面积和产量

单位：公顷、公斤/公顷、吨

名　　称	1.马　铃　薯					
	播种面积		播种单产		总　产　量	
	2014年	2015年	2014年	2015年	2014年	2015年
全　　省	**160000**	**178270**	**3402**	**3272**	**544300**	**583231**
石家庄市（包含辛集市）	2062	2111	3672	3514	7571	7418
石家庄市（不含辛集市）	2062	2111	3672	3514	7571	7418
辛集市						
唐 山 市	6867	7254	7156	7193	49137	52180
秦皇岛市	5694	5944	6140	6170	34964	36672
邯 郸 市	609	676	5392	5619	3284	3798
邢 台 市	1096	1114	5241	5264	5744	5864
保 定 市（包含定州市）	10982	11777	5855	5762	64299	67855
保 定 市（不含定州市）	8891	9703	5584	5487	49648	53236
定州市	2091	2074	7007	7049	14651	14619
张家口市	95118	100704	4234	4075	402725	410343
承 德 市	42258	42838	4316	3077	182403	131833
沧 州 市	113	127	8496	6854	960	870
廊 坊 市	537	418	7009	5709	3764	2386
衡 水 市	193	251	6275	6247	1211	1568

2-2-1续21　各市粮食作物播种面积和产量

单位：公顷、公斤/公顷、吨

名　　称	2.甘　　薯					
	播种面积		播种单产		总　产　量	
	2014年	2015年	2014年	2015年	2014年	2015年
全　　省	**97520**	**95340**	**4725**	**4783**	**460800**	**456028**
石家庄市（包含辛集市）	17764	18804	3989	4521	70866	85012
石家庄市（不含辛集市）	16851	17301	3913	4454	65941	77063
辛集市	913	1503	5394	5289	4925	7950
唐 山 市	7689	8202	7029	7165	54049	58767
秦皇岛市	16308	13955	5950	5689	97029	79384
邯 郸 市	7106	7144	3884	4773	27598	34100
邢 台 市	5688	6078	6539	5932	37196	36056
保 定 市（包含定州市）	22831	22448	6183	6005	141169	134799
保 定 市（不含定州市）	22549	22161	6091	5944	137355	131720
定州市	282	287	13525	10730	3814	3080
张家口市	274	265	3328	3470	912	920
承 德 市	945	940	4618	5427	4364	5102
沧 州 市	7660	7489	5841	6385	44741	47817
廊 坊 市	4996	5628	5532	4692	27636	26408
衡 水 市	3540	3614	6153	6063	21781	21912

2-2-2 各市油料播种面积和产量

单位：公顷、公斤/公顷、吨

名　称	油料作物					
	播种面积		播种单产		总产量	
	2014年	2015年	2014年	2015年	2014年	2015年
全　省	**466321**	**461591**	**3221**	**3283**	**1502033**	**1515428**
石家庄市（包含辛集市）	60944	60660	3396	3395	206960	205955
石家庄市（不含辛集市）	53578	53320	3230	3245	173049	173012
辛集市	7366	7340	4604	4488	33911	32943
唐山市	78099	76586	3831	3940	299181	301734
秦皇岛市	19052	18324	3297	3266	62807	59846
邯郸市	42305	41520	3593	3679	151985	152742
邢台市	52753	53682	3198	3342	168702	179394
保定市（包含定州市）	71940	71170	3853	3886	277164	276554
保定市（不含定州市）	57541	56849	3734	3771	214843	214370
定州市	14399	14321	4328	4342	62321	62184
张家口市	52897	52132	1031	1182	54527	61615
承德市	7498	7997	1752	1806	13138	14444
沧州市	32432	28602	3167	3129	102720	89488
廊坊市	14839	15422	2597	2507	38537	38659
衡水市	33562	35496	3764	3803	126312	134997

2-2-2续1 各市油料播种面积和产量

单位：公顷、公斤/公顷、吨

名　称	#花生					
	播种面积		播种单产		总产量	
	2014年	2015年	2014年	2015年	2014年	2015年
全　省	**352457**	**342873**	**3667**	**3716**	**1292406**	**1274146**
石家庄市（包含辛集市）	53686	53474	3544	3558	190265	190284
石家庄市（不含辛集市）	47044	46812	3388	3402	159380	159273
辛集市	6642	6662	4650	4655	30885	31011
唐山市	77823	76375	3837	3945	298571	301320
秦皇岛市	18886	18178	3310	3278	62510	59595
邯郸市	33643	33037	3978	4051	133832	133831
邢台市	35247	34603	3313	3379	116762	116912
保定市（包含定州市）	67489	66511	3903	3931	263383	261465
保定市（不含定州市）	53259	52355	3787	3818	201681	199917
定州市	14230	14156	4336	4348	61702	61548
张家口市	650	625	2685	2086	1745	1304
承德市	273	247	3062	3089	836	763
沧州市	26937	22802	3378	3382	90991	77113
廊坊市	13112	11661	2792	2611	36605	30442
衡水市	24711	25360	3922	3987	96906	101117

2-2-2续2 各市油料播种面积和产量

单位：公顷、公斤/公顷、吨

名称	#油菜籽					
	播种面积		播种单产		总产量	
	2014年	2015年	2014年	2015年	2014年	2015年
全省	**19900**	**17642**	**1611**	**1683**	**32052**	**29693**
石家庄市（包含辛集市）	1827	1657	2098	2024	3833	3353
石家庄市（不含辛集市）	1642	1657	2008	2024	3297	3353
辛集市	185		2897		536	
唐山市						
秦皇岛市						
邯郸市	6239	5932	1651	1730	10300	10261
邢台市	4666	2985	1820	2145	8492	6402
保定市（包含定州市）	217	196	2521	2480	547	486
保定市（不含定州市）	217	196	2521	2480	547	486
定州市						
张家口市	4398	4209	996	1015	4381	4273
承德市	955	1045	1529	1505	1460	1573
沧州市	1563	1615	1896	2069	2963	3341
廊坊市		3		1333		4
衡水市	35		2171		76	

2-2-2续3 各市油料播种面积和产量

单位：公顷、公斤/公顷、吨

名称	#芝麻					
	播种面积		播种单产		总产量	
	2014年	2015年	2014年	2015年	2014年	2015年
全省	**6115**	**6156**	**1370**	**1381**	**8375**	**8503**
石家庄市（包含辛集市）	660	666	877	884	579	589
石家庄市（不含辛集市）	660	666	877	884	579	589
辛集市						
唐山市	167	167	1629	1593	272	266
秦皇岛市	76	70	1855	1814	141	127
邯郸市	602	553	1314	1259	791	696
邢台市	1071	967	1744	1615	1868	1562
保定市（包含定州市）	675	596	1548	1606	1045	957
保定市（不含定州市）	675	596	1548	1606	1045	957
定州市						
张家口市						
承德市	69	68	2203	2103	152	143
沧州市	1369	1543	1342	1440	1837	2222
廊坊市	644	581	894	866	576	503
衡水市	782	945	1425	1522	1114	1438

2-2-2续4 各市油料播种面积和产量

单位：公顷、公斤/公顷、吨

名称	#胡麻籽					
	播种面积		播种单产		总产量	
	2014年	2015年	2014年	2015年	2014年	2015年
全省	**35445**	**34473**	**790**	**945**	**28002**	**32576**
石家庄市（包含辛集市）						
石家庄市（不含辛集市）						
辛集市						
唐山市						
秦皇岛市						
邯郸市						
邢台市						
保定市（包含定州市）	62	62	742	710	46	44
保定市（不含定州市）	62	62	742	710	46	44
定州市						
张家口市	32801	31898	788	956	25856	30484
承德市	2582	2513	813	815	2100	2048
沧州市						
廊坊市						
衡水市						

2-2-2续5 各市油料播种面积和产量

单位：公顷、公斤/公顷、吨

名称	#葵花籽					
	播种面积		播种单产		总产量	
	2014年	2015年	2014年	2015年	2014年	2015年
全省	**51585**	**59253**	**2687**	**2822**	**138611**	**167198**
石家庄市（包含辛集市）	4633	4742	2573	2408	11923	11417
石家庄市（不含辛集市）	4094	4064	2304	2334	9433	9485
辛集市	539	678	4620	2850	2490	1932
唐山市	109	44	3101	3364	338	148
秦皇岛市	78	70	1654	1571	129	110
邯郸市	1740	1930	4007	4081	6972	7876
邢台市	11394	14418	3509	3624	39987	52248
保定市（包含定州市）	3439	3745	3515	3618	12087	13551
保定市（不含定州市）	3270	3580	3507	3608	11468	12915
定州市	169	165	3663	3855	619	636
张家口市	15012	15400	1497	1659	22477	25554
承德市	3503	3894	2341	2396	8200	9330
沧州市	2560	2642	2705	2578	6926	6812
廊坊市	1083	3177	1252	2427	1356	7710
衡水市	8034	9191	3512	3530	28216	32442

2-2-3 各市棉花播种面积和产量

单位：公顷、公斤/公顷、吨

名称	棉花					
	播种面积		播种单产		总产量	
	2014年	2015年	2014年	2015年	2014年	2015年
全省	**410900**	**359267**	**1049**	**1039**	**431000**	**373404**
石家庄市（包含辛集市）	10462	7688	1020	1002	10676	7700
石家庄市（不含辛集市）	4242	3762	867	873	3679	3283
辛集市	6220	3926	1125	1125	6997	4417
唐山市	23444	20875	1133	1161	26554	24232
秦皇岛市	1779	793	1157	1105	2059	876
邯郸市	97637	82025	1246	1284	121676	105343
邢台市	160671	146598	1212	1219	194735	178766
保定市（包含定州市）	20102	12271	1085	1144	21820	14041
保定市（不含定州市）	19412	11927	1085	1147	21068	13685
定州市	690	344	1090	1035	752	356
张家口市						
承德市						
沧州市	98661	58985	1110	1129	109558	66577
廊坊市	27556	19686	1094	1077	30156	21200
衡水市	117417	98647	1151	1209	135166	119242

2-2-4 各市生麻播种面积和产量

单位：公顷、公斤/公顷、吨

名称	麻类合计					
	播种面积		播种单产		总产量	
	2014年	2015年	2014年	2015年	2014年	2015年
全省	**273**	**231**	**2242**	**2160**	**612**	**499**
石家庄市（包含辛集市）						
石家庄市（不含辛集市）						
辛集市						
唐山市	261	220	2291	2209	598	486
秦皇岛市						
邯郸市	3	3	1000	1000	3	3
邢台市						
保定市（包含定州市）	7	6	571	500	4	3
保定市（不含定州市）	7	6	571	500	4	3
定州市						
张家口市	1	1	1000	1000	1	1
承德市	1	1	6000	6000	6	6
沧州市						
廊坊市						
衡水市						

2-2-4续1 各市生麻播种面积和产量

单位：公顷、公斤/公顷、吨

名 称	#生黄红麻					
	播种面积		播种单产		总 产 量	
	2014年	2015年	2014年	2015年	2014年	2015年
全 省	**258**	**217**	**2295**	**2212**	**592**	**480**
石家庄市（包含辛集市）						
石家庄市（不含辛集市）						
辛集市						
唐 山 市	258	217	2295	2212	592	480
秦皇岛市						
邯 郸 市						
邢 台 市						
保 定 市（包含定州市）						
保 定 市（不含定州市）						
定州市						
张家口市						
承 德 市						
沧 州 市						
廊 坊 市						
衡 水 市						

2-2-4续2 各市生麻播种面积和产量

单位：公顷、公斤/公顷、吨

名 称	#生大麻					
	播种面积		播种单产		总 产 量	
	2014年	2015年	2014年	2015年	2014年	2015年
全 省	**5**	**7**	**2000**	**1429**	**10**	**10**
石家庄市（包含辛集市）						
石家庄市（不含辛集市）						
辛集市						
唐 山 市		3		2000		6
秦皇岛市						
邯 郸 市	3	3	1000	1000	3	3
邢 台 市						
保 定 市（包含定州市）						
保 定 市（不含定州市）						
定州市						
张家口市	1	1	1000	1000	1	1
承 德 市	1		6000		6	
沧 州 市						
廊 坊 市						
衡 水 市						

2-2-5 各市甜菜播种面积和产量

单位：公顷、公斤/公顷、吨

名称	甜菜					
	播种面积		播种单产		总产量	
	2014年	2015年	2014年	2015年	2014年	2015年
全省	**15253**	**17144**	**49574**	**52015**	**756153**	**891753**
石家庄市（包含辛集市）						
石家庄市（不含辛集市）						
辛集市						
唐山市						
秦皇岛市						
邯郸市						
邢台市						
保定市（包含定州市）						
保定市（不含定州市）						
定州市						
张家口市	15187	17064	49505	51954	751833	886543
承德市	66	80	65455	65125	4320	5210
沧州市						
廊坊市						
衡水市						

2-2-6 各市烟叶播种面积和产量

单位：公顷、公斤/公顷、吨

名称	烟叶合计					
	播种面积		播种单产		总产量	
	2014年	2015年	2014年	2015年	2014年	2015年
全省	**2956**	**2932**	**3001**	**2183**	**8871**	**6400**
石家庄市（包含辛集市）	493	499	2002	2002	987	999
石家庄市（不含辛集市）	493	499	2002	2002	987	999
辛集市						
唐山市	301	302	5409	5414	1628	1635
秦皇岛市						
邯郸市						
邢台市						
保定市（包含定州市）	295	262	2580	2473	761	648
保定市（不含定州市）	295	262	2580	2473	761	648
定州市						
张家口市	1836	1836	2970	1673	5453	3072
承德市	27	29	1407	1448	38	42
沧州市						
廊坊市	4	4	1000	1000	4	4
衡水市						

2-2-6续 各市烟叶播种面积和产量

单位：公顷、公斤/公顷、吨

名称	#烤烟					
	播种面积		播种单产		总产量	
	2014年	2015年	2014年	2015年	2014年	2015年
全省	**2440**	**2441**	**2692**	**1721**	**6568**	**4202**
石家庄市（包含辛集市）	493	499	2002	2002	987	999
石家庄市（不含辛集市）	493	499	2002	2002	987	999
辛集市						
唐山市						
秦皇岛市						
邯郸市						
邢台市						
保定市（包含定州市）	111	104	1153	1240	128	129
保定市（不含定州市）	111	104	1153	1240	128	129
定州市						
张家口市	1836	1836	2970	1673	5453	3072
承德市		2		1000		2
沧州市						
廊坊市						
衡水市						

2-2-7 各市药材及其他农作物播种面积和产量

名称	药材				#甘草			
	播种面积（公顷）		药材产量（吨）		播种面积（公顷）		产量（吨）	
	2014年	2015年	2014年	2015年	2014年	2015年	2014年	2015年
全省	**47596**	**62131**	**284442**	**387669**	**45**	**36**	**214**	**231**
石家庄市（包含辛集市）	1592	1906	10768	10870	30	34	209	229
石家庄市（不含辛集市）	1492	1806	10251	10353	30	34	209	229
辛集市	100	100	517	517				
唐山市	715	746	4735	4792				
秦皇岛市	868	1037	30122	42132		2		2
邯郸市	2750	10530	9782	39394				
邢台市	14297	15265	50310	58470				
保定市（包含定州市）	13084	14453	102401	110501				
保定市（不含定州市）	10561	11689	60301	65930				
定州市	2523	2764	42100	44571				
张家口市	5174	5499	18119	18439	15		5	
承德市	8815	12313	57393	102114				
沧州市	200	248	793	800				
廊坊市	100	100	4	4				
衡水市	1	34	15	153				

2-2-7续　各市药材及其他农作物播种面积和产量

名　称	#枸　杞				其他农作物播种面积（包括花卉种植面积）（公顷）		#青　饲　料	
	播种面积（公顷）		产量（吨）					
	2014年	2015年	2014年	2015年	2014年	2015年	2014年	2015年
全　省	**5018**	**4496**	**39466**	**41144**	**86138**	**87325**	**58581**	**55800**
石家庄市（包含辛集市）	139	35	645	113	2165	2917	271	277
石家庄市（不含辛集市）	39	35	128	113	2165	2917	271	277
辛集市	100		517					
唐 山 市					8551	8514	405	375
秦皇岛市	557	557	24507	24527	1739	2057	27	27
邯 郸 市				2780	1103	2127		
邢 台 市	3812	3748	11897	13247	375	408		
保 定 市（包含定州市）					11228	12744	311	449
保 定 市（不含定州市）					8089	3870	311	116
定州市					3139	8874		333
张家口市	48	146	242	465	49629	45393	49437	45142
承 德 市	462	10	2175	12	1613	2556	972	1877
沧 州 市					4747	4684	4348	4060
廊 坊 市					4543	4646	2393	2393
衡 水 市					445	1279	417	1200

2-2-8　各市蔬菜播种面积和产量

单位：公顷、公斤/公顷、吨

名　称	蔬菜(含食用菌)					
	播种面积		播种单产		总　产　量	
	2014年	2015年	2014年	2015年	2014年	2015年
全　省	**1237493**	**1242056**	**65662**	**66371**	**81256860**	**82436877**
石家庄市（包含辛集市）	162650	163891	80916	81149	13161037	13299570
石家庄市（不含辛集市）	151398	152496	80242	80566	12148460	12285946
辛集市	11252	11395	89991	88953	1012577	1013624
唐 山 市	189430	189363	75624	76699	14325375	14524026
秦皇岛市	48195	48564	69326	70062	3341183	3402507
邯 郸 市	138715	140343	61698	61076	8558451	8571581
邢 台 市	68942	71809	54717	55151	3772267	3960338
保 定 市（包含定州市）	161228	163559	60891	61704	9817291	10092291
保 定 市（不含定州市）	124879	126797	58282	59214	7278242	7508210
定州市	36349	36762	69852	70292	2539049	2584081
张家口市	108291	103247	66838	71528	7237925	7385056
承 德 市	74399	75933	55272	57121	4112148	4337347
沧 州 市	90127	92765	62019	62105	5589550	5761129
廊 坊 市	111311	107353	63422	63301	7059615	6795596
衡 水 市	84205	85229	50852	50540	4282018	4307436

2-2-8续1 各市蔬菜播种面积和产量

单位：公顷、公斤/公顷、吨

名 称	1.叶 菜 类					
	播种面积		播种单产		总 产 量	
	2014年	2015年	2014年	2015年	2014年	2015年
全 省	**150952**	**150907**	**56307**	**57625**	**8499718**	**8695971**
石家庄市（包含辛集市）	29895	30062	70655	71910	2112220	2161764
石家庄市（不含辛集市）	28810	28968	70798	72095	2039702	2088451
辛集市	1085	1094	66837	67014	72518	73313
唐 山 市	21050	20686	61464	63826	1293820	1320314
秦皇岛市	3331	3582	47612	48473	158595	173632
邯 郸 市	18476	18529	54878	54192	1013935	1004121
邢 台 市	6299	6533	38796	39386	244377	257307
保 定 市（包含定州市）	17531	17302	50625	50904	887511	880738
保 定 市（不含定州市）	14164	13925	48634	49327	688848	686879
定州市	3367	3377	59003	57406	198663	193859
张家口市	10641	10716	76533	84435	814390	904810
承 德 市	6393	6622	32608	34030	208462	225348
沧 州 市	10528	10538	40968	42914	431308	452225
廊 坊 市	13123	12656	46346	46351	608198	586613
衡 水 市	13685	13681	53117	53293	726902	729099

2-2-8续2 各市蔬菜播种面积和产量

单位：公顷、公斤/公顷、吨

名 称	#芹 菜					
	播种面积		播种单产		总 产 量	
	2014年	2015年	2014年	2015年	2014年	2015年
全 省	**49273**	**47886**	**64480**	**66501**	**3177141**	**3184446**
石家庄市（包含辛集市）	5799	5792	72183	74112	418590	429259
石家庄市（不含辛集市）	5621	5605	71671	73637	402861	412735
辛集市	178	187	88365	88364	15729	16524
唐 山 市	9102	8229	67304	71167	612603	585631
秦皇岛市	909	966	66994	68579	60898	66247
邯 郸 市	5742	5631	70028	69424	402100	390928
邢 台 市	920	1069	43670	44673	40176	47755
保 定 市（包含定州市）	4991	4865	51461	52092	256840	253428
保 定 市（不含定州市）	4151	4052	49251	50050	204439	202802
定州市	840	813	62382	62271	52401	50626
张家口市	7846	7519	87756	95528	688536	718273
承 德 市	2399	2339	42231	45634	101312	106739
沧 州 市	3826	3863	51241	51961	196048	200724
廊 坊 市	5072	4943	53389	52629	270790	260146
衡 水 市	2667	2670	48462	46935	129248	125316

2-2-8续3 各市蔬菜播种面积和产量

单位：公顷、公斤/公顷、吨

名　称	#油　菜					
	播种面积		播种单产		总　产　量	
	2014年	2015年	2014年	2015年	2014年	2015年
全　省	**15845**	**16419**	**47782**	**50143**	**757104**	**823297**
石家庄市（包含辛集市）	4463	4469	68281	72791	304738	325301
石家庄市（不含辛集市）	4154	4160	69130	73973	287166	307729
辛集市	309	309	56867	56867	17572	17572
唐 山 市	1366	1419	48952	49894	66869	70799
秦皇岛市	488	487	37598	37031	18348	18034
邯 郸 市	1767	1780	35542	39088	62803	69577
邢 台 市	427	413	36494	37262	15583	15389
保 定 市（包含定州市）	2040	2143	43265	43422	88260	93053
保 定 市（不含定州市）	1701	1721	40150	40615	68296	69898
定州市	339	422	58891	54870	19964	23155
张家口市	625	876	49962	63971	31226	56039
承 德 市	857	930	32065	33322	27480	30989
沧 州 市	1123	1125	28550	28961	32062	32581
廊 坊 市	1620	1686	42509	40829	68865	68838
衡 水 市	1069	1091	38232	39136	40870	42697

2-2-8续4 各市蔬菜播种面积和产量

单位：公顷、公斤/公顷、吨

名　称	#菠　菜					
	播种面积		播种单产		总　产　量	
	2014年	2015年	2014年	2015年	2014年	2015年
全　省	**72285**	**72282**	**50221**	**50330**	**3630231**	**3637983**
石家庄市（包含辛集市）	17183	17348	67968	67824	1167886	1176619
石家庄市（不含辛集市）	16585	16750	68054	67905	1128669	1137402
辛集市	598	598	65580	65580	39217	39217
唐 山 市	9038	8566	54758	53424	494906	457632
秦皇岛市	1527	1668	43682	44577	66703	74354
邯 郸 市	10122	10056	39330	38272	398095	384867
邢 台 市	4952	5051	38089	38441	188618	194163
保 定 市（包含定州市）	9803	9770	49170	49835	482013	486884
保 定 市（不含定州市）	7735	7628	47328	48087	366085	366806
定州市	2068	2142	56058	56059	115928	120078
张家口市	2062	2264	43205	53170	89089	120376
承 德 市	2998	3152	24796	26186	74338	82539
沧 州 市	3591	3612	29887	30554	107323	110362
廊 坊 市	3374	3175	40015	39447	135011	125243
衡 水 市	7635	7620	55828	55767	426249	424944

2-2-8续5 各市蔬菜播种面积和产量

单位：公顷、公斤/公顷、吨

名称	2.白菜类					
	播种面积		播种单产		总产量	
	2014年	2015年	2014年	2015年	2014年	2015年
全省	**246217**	**240439**	**78648**	**79947**	**19364582**	**19222295**
石家庄市（包含辛集市）	31409	31002	92907	92683	2918119	2873344
石家庄市（不含辛集市）	30253	29846	91362	91108	2763979	2719204
辛集市	1156	1156	133339	133339	154140	154140
唐山市	35609	34500	88998	91681	3169120	3163001
秦皇岛市	15287	14839	86706	89315	1325474	1325339
邯郸市	18093	18679	72624	71627	1313979	1337919
邢台市	19000	19598	66417	66141	1261928	1296232
保定市（包含定州市）	35387	35893	78978	79832	2794788	2865420
保定市（不含定州市）	27424	27857	75610	77234	2073540	2151515
定州市	7963	8036	90575	88838	721248	713905
张家口市	21743	17760	80899	89190	1758983	1584009
承德市	19761	19592	60636	63555	1198230	1245174
沧州市	22572	21968	74974	76137	1692315	1672571
廊坊市	16703	15790	75123	74654	1254774	1178785
衡水市	10653	10818	63538	62905	676872	680501

2-2-8续6 各市蔬菜播种面积和产量

单位：公顷、公斤/公顷、吨

名称	#大白菜					
	播种面积		播种单产		总产量	
	2014年	2015年	2014年	2015年	2014年	2015年
全省	**243803**	**238754**	**78760**	**80000**	**19201848**	**19100377**
石家庄市（包含辛集市）	31292	30992	93000	92551	2910150	2868327
石家庄市（不含辛集市）	30136	29836	91452	90970	2756010	2714187
辛集市	1156	1156	133339	133339	154140	154140
唐山市	35580	34499	89007	91328	3166876	3150734
秦皇岛市	15287	14839	86706	89315	1325474	1325339
邯郸市	17344	18559	73446	71617	1273839	1329135
邢台市	18978	19598	66396	66141	1260060	1296232
保定市（包含定州市）	35203	35378	79003	79785	2781157	2822649
保定市（不含定州市）	27240	27342	75621	77125	2059909	2108744
定州市	7963	8036	90575	88838	721248	713905
张家口市	21644	17752	80749	89211	1747733	1583670
承德市	19589	19337	60884	64042	1192659	1238383
沧州市	21792	21410	75050	76726	1635496	1642702
廊坊市	16505	15640	74886	74567	1235998	1166235
衡水市	10589	10750	63500	62974	672406	676971

2-2-8续7 各市蔬菜播种面积和产量

单位：公顷、公斤/公顷、吨

名　称	3.甘　蓝　类					
	播种面积		播种单产		总　产　量	
	2014年	2015年	2014年	2015年	2014年	2015年
全　省	**85008**	**84954**	**69280**	**70324**	**5889358**	**5974268**
石家庄市（包含辛集市）	8847	8791	94094	92371	832448	812037
石家庄市（不含辛集市）	7629	7468	92037	91470	702153	683098
辛集市	1218	1323	106975	97460	130295	128939
唐 山 市	12784	13061	80767	81451	1032521	1063832
秦皇岛市	5031	4999	68571	68739	344980	343627
邯 郸 市	14572	14427	66191	65332	964538	942539
邢 台 市	1903	1885	56289	56590	107118	106673
保 定 市（包含定州市）	7899	8103	68564	68085	541589	551692
保 定 市（不含定州市）	4809	4818	57740	58045	277670	279661
定州市	3090	3285	85411	82810	263919	272031
张家口市	17256	16756	68476	74396	1181618	1246582
承 德 市	6469	6604	53240	56928	344410	375954
沧 州 市	2259	2322	39365	45146	88925	104829
廊 坊 市	5229	5223	59193	54289	309521	283552
衡 水 市	2759	2783	51356	51366	141690	142951

2-2-8续8 各市蔬菜播种面积和产量

单位：公顷、公斤/公顷、吨

名　称	#卷心（圆白）菜					
	播种面积		播种单产		总　产　量	
	2014年	2015年	2014年	2015年	2014年	2015年
全　省	**83677**	**83032**	**69528**	**70576**	**5817894**	**5860094**
石家庄市（包含辛集市）	8847	8791	94094	92371	832448	812037
石家庄市（不含辛集市）	7629	7468	92037	91470	702153	683098
辛集市	1218	1323	106975	97460	130295	128939
唐 山 市	12696	12986	80821	81518	1026102	1058594
秦皇岛市	4278	4291	71468	71872	305742	308404
邯 郸 市	14472	14017	66130	64017	957038	897320
邢 台 市	1903	1872	56289	56803	107118	106335
保 定 市（包含定州市）	7861	8082	68716	68159	540178	550861
保 定 市（不含定州市）	4771	4797	57904	58126	276259	278830
定州市	3090	3285	85411	82810	263919	272031
张家口市	17145	16629	68700	74864	1177864	1244912
承 德 市	6451	6587	53250	56959	343515	375191
沧 州 市	2040	2076	37646	44342	76798	92055
廊 坊 市	5226	4973	59204	54999	309401	273510
衡 水 市	2758	2728	51374	51640	141690	140875

2-2-8续9　各市蔬菜播种面积和产量

单位：公顷、公斤/公顷、吨

名　　称	4.根　　茎　　类					
	播种面积		播种单产		总　产　量	
	2014年	2015年	2014年	2015年	2014年	2015年
全　　省	**88512**	**91166**	**63433**	**62976**	**5614563**	**5741281**
石家庄市（包含辛集市）	10728	10802	83658	81608	897483	881532
石家庄市（不含辛集市）	10470	10544	83509	81410	874336	858385
辛集市	258	258	89717	89717	23147	23147
唐 山 市	9222	8918	68488	69790	631595	622387
秦皇岛市	3212	3048	63059	63903	202544	194775
邯 郸 市	6058	6012	79644	76695	482481	461092
邢 台 市	2928	3070	44765	45164	131071	138653
保 定 市（包含定州市）	20057	21767	49884	50496	1000520	1099147
保 定 市（不含定州市）	18452	20145	48384	49029	892789	987696
定州市	1605	1622	67122	68712	107731	111451
张家口市	9153	9459	68257	69827	624755	660490
承 德 市	10065	9926	54112	51601	544635	512192
沧 州 市	3180	4168	53790	52622	171051	219327
廊 坊 市	11356	11283	68602	70406	779046	794396
衡 水 市	2553	2713	58512	57976	149382	157290

2-2-8续10　各市蔬菜播种面积和产量

单位：公顷、公斤/公顷、吨

名　　称	#白　　萝　　卜					
	播种面积		播种单产		总　产　量	
	2014年	2015年	2014年	2015年	2014年	2015年
全　　省	**39320**	**40074**	**70788**	**70214**	**2783370**	**2813762**
石家庄市（包含辛集市）	7540	7307	86634	86684	653221	633399
石家庄市（不含辛集市）	7523	7290	86664	86715	651975	632153
辛集市	17	17	73294	73294	1246	1246
唐 山 市	4617	4454	74504	77270	343986	344162
秦皇岛市	1522	1463	58558	57297	89126	83825
邯 郸 市	4494	4364	82724	79149	371760	345405
邢 台 市	2183	2286	46372	46492	101231	106280
保 定 市（包含定州市）	4900	5243	59585	59921	291965	314168
保 定 市（不含定州市）	4103	4436	57657	57781	236567	256318
定州市	797	807	69508	71685	55398	57850
张家口市	5505	6064	76468	73228	420954	444056
承 德 市	2184	2418	58277	60208	127277	145584
沧 州 市	1698	1902	56316	57613	95625	109579
廊 坊 市	3384	3263	63152	64769	213705	211342
衡 水 市	1293	1310	57633	57986	74520	75962

2-2-8续11　各市蔬菜播种面积和产量

单位：公顷、公斤/公顷、吨

名　　称	#胡　萝　卜					
	播种面积		播种单产		总　产　量	
	2014年	2015年	2014年	2015年	2014年	2015年
全　　省	**30126**	**30606**	**61792**	**61633**	**1861543**	**1886342**
石家庄市（包含辛集市）	2988	2979	70930	70806	211938	210932
石家庄市（不含辛集市）	2747	2738	69180	69040	190037	189031
辛集市	241	241	90876	90876	21901	21901
唐 山 市	1688	1537	66209	66618	111761	102392
秦皇岛市	622	595	64514	65187	40128	38786
邯 郸 市	1277	1362	61388	61313	78392	83508
邢 台 市	744	784	40108	41292	29840	32373
保 定 市（包含定州市）	3590	3977	56810	59015	203948	234702
保 定 市（不含定州市）	2782	3162	54499	57274	151615	181101
定州市	808	815	64769	65768	52333	53601
张家口市	3483	3375	58236	63862	202836	215533
承 德 市	7384	7020	53894	49619	397956	348323
沧 州 市	744	1270	40453	39840	30097	50597
廊 坊 市	6742	6821	75265	76392	507434	521067
衡 水 市	864	886	54645	54322	47213	48129

2-2-8续12　各市蔬菜播种面积和产量

单位：公顷、公斤/公顷、吨

名　　称	#生　　姜					
	播种面积		播种单产		总　产　量	
	2014年	2015年	2014年	2015年	2014年	2015年
全　　省	**2226**	**2263**	**66188**	**66761**	**147334**	**151081**
石家庄市（包含辛集市）						
石家庄市（不含辛集市）						
辛集市						
唐 山 市	1061	1173	65505	63484	69501	74467
秦皇岛市	1041	963	67929	72278	70714	69604
邯 郸 市	24	23	25792	26783	619	616
邢 台 市						
保 定 市（包含定州市）						
保 定 市（不含定州市）						
定州市						
张家口市						
承 德 市	7	11	40857	37636	286	414
沧 州 市	43	49	63163	61857	2716	3031
廊 坊 市	50	44	69960	67023	3498	2949
衡 水 市						

2-2-8续13　各市蔬菜播种面积和产量

单位：公顷、公斤/公顷、吨

名　　称	5.瓜　　菜　　类					
	播种面积		播种单产		总　产　量	
	2014年	2015年	2014年	2015年	2014年	2015年
全　　省	**170158**	**169940**	**71461**	**71726**	**12159612**	**12189121**
石家庄市（包含辛集市）	21461	21498	82890	81895	1778913	1760578
石家庄市（不含辛集市）	19831	19868	82976	81899	1645501	1627166
辛集市	1630	1630	81848	81848	133412	133412
唐 山 市	25852	25343	85879	87496	2220152	2217422
秦皇岛市	5915	6104	80338	80157	475199	489278
邯 郸 市	18359	18611	61523	61034	1129507	1135899
邢 台 市	6902	7162	51948	52914	358544	378967
保 定 市（包含定州市）	17232	17101	61954	62978	1067589	1076989
保 定 市（不含定州市）	13075	12913	60378	61859	789446	798779
定州市	4157	4188	66910	66430	278143	278210
张家口市	4627	4348	52238	64576	241703	280776
承 德 市	10726	11009	55997	58230	600627	641054
沧 州 市	22031	22390	84614	83942	1864141	1879464
廊 坊 市	22334	21357	73164	71809	1634042	1533631
衡 水 市	14719	15017	53617	52944	789195	795063

2-2-8续14　各市蔬菜播种面积和产量

单位：公顷、公斤/公顷、吨

名　　称	#黄　　瓜					
	播种面积		播种单产		总　产　量	
	2014年	2015年	2014年	2015年	2014年	2015年
全　　省	**134126**	**135238**	**74027**	**74089**	**9928896**	**10019674**
石家庄市（包含辛集市）	13579	14487	85532	83850	1161440	1214737
石家庄市（不含辛集市）	12637	13545	84578	82843	1068815	1122112
辛集市	942	942	98328	98328	92625	92625
唐 山 市	22296	22047	87867	89639	1959092	1976277
秦皇岛市	5140	5349	83989	84069	431705	449687
邯 郸 市	12593	12942	62405	60401	785867	781706
邢 台 市	4358	4539	48429	49406	211052	224255
保 定 市（包含定州市）	13262	13192	62707	64320	831620	848511
保 定 市（不含定州市）	10253	10185	61004	63057	625470	642239
定州市	3009	3007	68511	68597	206150	206272
张家口市	2414	2621	60618	66374	146332	173967
承 德 市	8927	9121	59318	61685	529530	562628
沧 州 市	20493	20932	87182	86296	1786623	1806341
廊 坊 市	20119	19193	74227	72688	1493373	1395097
衡 水 市	10945	10815	54113	54227	592262	586468

2-2-8续15　各市蔬菜播种面积和产量

单位：公顷、公斤/公顷、吨

名　　称	#南　　瓜					
	播种面积		播种单产		总　产　量	
	2014年	2015年	2014年	2015年	2014年	2015年
全　　省	**1492**	**2193**	**42586**	**41778**	**63539**	**91619**
石家庄市（包含辛集市）	431	565	42981	50168	18525	28345
石家庄市（不含辛集市）	422	556	43085	50363	18182	28002
辛集市	9	9	38111	38111	343	343
唐 山 市	20	156	45850	38429	917	5995
秦皇岛市	26	26	32192	30962	837	805
邯 郸 市	172	174	36936	36523	6353	6355
邢 台 市	184	162	48625	52315	8947	8475
保 定 市（包含定州市）	266	344	46711	44134	12425	15182
保 定 市（不含定州市）	266	344	46711	44134	12425	15182
定州市						
张家口市	57	42	31035	57452	1769	2413
承 德 市	115	432	54383	29773	6254	12862
沧 州 市	112	122	37777	47393	4231	5782
廊 坊 市	70	67	34157	31463	2391	2108
衡 水 市	39	103	22821	32010	890	3297

2-2-8续16　各市蔬菜播种面积和产量

单位：公顷、公斤/公顷、吨

名　　称	6.豆　　类（菜用）					
	播种面积		播种单产		总　产　量	
	2014年	2015年	2014年	2015年	2014年	2015年
全　　省	**68689**	**69892**	**46146**	**47231**	**3169737**	**3301087**
石家庄市（包含辛集市）	7074	7151	57024	60980	403388	436070
石家庄市（不含辛集市）	6785	6842	57514	61698	390233	422136
辛集市	289	309	45519	45094	13155	13934
唐 山 市	12974	13775	60093	60584	779643	834538
秦皇岛市	4388	4538	39800	41145	174644	186718
邯 郸 市	4087	4190	38723	38091	158259	159603
邢 台 市	2463	2502	32924	33899	81091	84816
保 定 市（包含定州市）	12253	11408	39771	40707	487317	464382
保 定 市（不含定州市）	9364	9526	38736	39343	362720	374785
定州市	2889	1882	43128	47607	124597	89597
张家口市	11222	11783	46260	46998	519127	553773
承 德 市	2243	2584	25289	28564	56724	73810
沧 州 市	2357	2547	42720	42193	100691	107466
廊 坊 市	5841	5704	42498	42408	248228	241895
衡 水 市	3787	3710	42415	42592	160625	158016

2-2-8续17　各市蔬菜播种面积和产量

单位：公顷、公斤/公顷、吨

名　称	#豇　豆					
	播种面积		播种单产		总　产　量	
	2014年	2015年	2014年	2015年	2014年	2015年
全　省	**12552**	**12348**	**43948**	**46024**	**551636**	**568303**
石家庄市（包含辛集市）	2023	2051	47356	57419	95802	117767
石家庄市（不含辛集市）	1970	1998	46600	56940	91802	113767
辛集市	53	53	75472	75472	4000	4000
唐山市	767	864	70120	70098	53782	60565
秦皇岛市	311	309	40199	41427	12502	12801
邯郸市	1779	1764	40987	39922	72916	70422
邢台市	657	703	32935	33504	21638	23553
保定市（包含定州市）	2624	2026	40566	40487	106444	82027
保定市（不含定州市）	1659	1716	37104	38540	61556	66134
定州市	965	310	46516	51268	44888	15893
张家口市	647	796	39238	40770	25387	32453
承德市	54	65	30889	71062	1668	4619
沧州市	954	981	43914	43773	41894	42941
廊坊市	1596	1627	40326	40333	64360	65621
衡水市	1140	1162	48459	47792	55243	55534

2-2-8续18　各市蔬菜播种面积和产量

单位：公顷、公斤/公顷、吨

名　称	#四　季　豆					
	播种面积		播种单产		总　产　量	
	2014年	2015年	2014年	2015年	2014年	2015年
全　省	**55627**	**56622**	**46371**	**47288**	**2579453**	**2677524**
石家庄市（包含辛集市）	5050	5098	60905	62434	307570	318287
石家庄市（不含辛集市）	4815	4843	61976	63670	298415	308353
辛集市	235	255	38957	38957	9155	9934
唐山市	12153	12876	59491	60088	722999	773692
秦皇岛市	4077	4213	39770	41042	162142	172910
邯郸市	2234	2206	37190	33995	83082	74994
邢台市	1780	1799	33263	34054	59209	61263
保定市（包含定州市）	9566	9317	39412	40528	377013	377598
保定市（不含定州市）	7642	7746	38904	39232	297304	303894
定州市	1924	1571	41429	46915	79709	73704
张家口市	10440	10822	46037	47341	480628	512328
承德市	2032	2370	23864	26538	48492	62895
沧州市	1403	1526	41894	42021	58777	64124
廊坊市	4245	3853	41029	41041	174167	158130
衡水市	2647	2542	39809	39852	105374	101303

2-2-8续19 各市蔬菜播种面积和产量

单位：公顷、公斤/公顷、吨

名　称	7.茄　果　类					
	播种面积		播种单产		总　产　量	
	2014年	2015年	2014年	2015年	2014年	2015年
全　省	**210202**	**211177**	**61887**	**62306**	**13008813**	**13157579**
石家庄市（包含辛集市）	25390	25468	78525	80791	1993751	2057581
石家庄市（不含辛集市）	22582	22660	77260	79811	1744688	1808518
辛集市	2808	2808	88698	88698	249063	249063
唐 山 市	37192	38116	73879	73082	2747711	2785575
秦皇岛市	5011	5179	65694	66078	329192	342218
邯 郸 市	22033	22074	59067	59232	1301416	1307491
邢 台 市	15214	16053	52058	52490	792006	842614
保 定 市（包含定州市）	29681	29419	59945	60756	1779223	1787384
保 定 市（不含定州市）	20972	20838	57833	59018	1212873	1229817
定州市	8709	8581	65030	64977	566350	557567
张家口市	11016	10152	64829	65929	714155	669310
承 德 市	7201	7938	42514	43364	306145	344220
沧 州 市	14123	14597	56577	57397	799043	837818
廊 坊 市	20013	18828	66704	67610	1334953	1272962
衡 水 市	23328	23353	39061	38985	911218	910406

2-2-8续20 各市蔬菜播种面积和产量

单位：公顷、公斤/公顷、吨

名　称	#茄　子					
	播种面积		播种单产		总　产　量	
	2014年	2015年	2014年	2015年	2014年	2015年
全　省	**55535**	**55739**	**58561**	**59601**	**3252165**	**3322080**
石家庄市（包含辛集市）	7623	7547	76366	77849	582137	587530
石家庄市（不含辛集市）	6444	6368	74289	76023	478721	484114
辛集市	1179	1179	87715	87715	103416	103416
唐 山 市	6816	6885	69223	70115	471825	482745
秦皇岛市	920	981	43601	43444	40113	42619
邯 郸 市	6574	6677	59851	60368	393461	403077
邢 台 市	3527	3632	43440	44557	153213	161831
保 定 市（包含定州市）	9082	9052	58556	59608	531806	539576
保 定 市（不含定州市）	5841	5803	56051	56225	327392	326273
定州市	3241	3249	63071	65652	204414	213303
张家口市	2549	2609	61914	66399	157820	173234
承 德 市	2596	2567	35102	36067	91125	92585
沧 州 市	4873	5247	48808	50001	237840	262355
廊 坊 市	4682	4294	58647	60765	274583	260925
衡 水 市	6293	6248	50571	50513	318242	315603

2-2-8续21 各市蔬菜播种面积和产量

单位：公顷、公斤/公顷、吨

名 称	#辣 椒					
	播种面积		播种单产		总 产 量	
	2014年	2015年	2014年	2015年	2014年	2015年
全 省	**47531**	**47867**	**45930**	**45502**	**2183090**	**2178047**
石家庄市（包含辛集市）	4799	4813	70538	75031	338510	361124
石家庄市（不含辛集市）	4526	4540	70841	75603	320625	343239
辛集市	273	273	65513	65513	17885	17885
唐 山 市	8225	9166	61452	55892	505441	512308
秦皇岛市	634	602	38538	39706	24433	23903
邯 郸 市	7189	7213	44536	44442	320169	320563
邢 台 市	3990	4285	40611	41228	162039	176661
保 定 市（包含定州市）	5552	5301	44789	46286	248669	245362
保 定 市（不含定州市）	3903	3686	38252	40394	149299	148892
定州市	1649	1615	60261	59734	99370	96470
张家口市	3095	2310	60070	58352	185917	134794
承 德 市	1287	1491	29295	30438	37703	45383
沧 州 市	1467	1702	36510	35283	53560	60052
廊 坊 市	2716	2449	53488	55000	145273	134694
衡 水 市	8577	8535	18815	19122	161376	163203

2-2-8续22 各市蔬菜播种面积和产量

单位：公顷、公斤/公顷、吨

名 称	#西 红 柿					
	播种面积		播种单产		总 产 量	
	2014年	2015年	2014年	2015年	2014年	2015年
全 省	**106097**	**106315**	**70399**	**71146**	**7469163**	**7563937**
石家庄市（包含辛集市）	12968	13105	81208	83068	1053104	1088612
石家庄市（不含辛集市）	11612	11749	79688	81781	925342	960850
辛集市	1356	1356	94220	94220	127762	127762
唐 山 市	22141	22035	79935	81106	1769844	1787166
秦皇岛市	3456	3594	76553	76688	264566	275616
邯 郸 市	7689	7606	72446	72521	557035	551596
邢 台 市	7696	8070	61948	62246	476754	502326
保 定 市（包含定州市）	15045	15062	65585	66383	986729	999861
保 定 市（不含定州市）	11226	11347	65577	66412	736165	753579
定州市	3819	3715	65610	66294	250564	246282
张家口市	5342	5175	69156	69546	369433	359898
承 德 市	3127	3647	55059	54524	172168	198848
沧 州 市	7697	7641	65444	67358	503724	514682
廊 坊 市	12510	11949	72237	73094	903681	873400
衡 水 市	8426	8431	48911	48859	412125	411932

2-2-8续23　各市蔬菜播种面积和产量

单位：公顷、公斤/公顷、吨

名　　称	8.葱　蒜　类					
	播种面积		播种单产		总　产　量	
	2014年	2015年	2014年	2015年	2014年	2015年
全　　省	**137133**	**135892**	**55861**	**56504**	**7660333**	**7678440**
石家庄市（包含辛集市）	18113	17158	74299	75623	1345771	1297536
石家庄市（不含辛集市）	15742	14787	72991	74443	1149021	1100786
辛集市	2371	2371	82982	82982	196750	196750
唐 山 市	16575	16424	70028	70809	1160706	1162969
秦皇岛市	4246	4466	51859	50970	220193	227633
邯 郸 市	32300	32796	51392	51000	1659969	1672585
邢 台 市	8300	8328	51313	53163	425897	442745
保 定 市（包含定州市）	13643	13943	54202	54290	739473	756959
保 定 市（不含定州市）	10512	10607	50531	51001	531187	540970
定州市	3131	3336	66524	64745	208286	215989
张家口市	6637	5988	39633	40257	263045	241061
承 德 市	3697	3658	30137	31336	111417	114626
沧 州 市	9116	8987	41851	45832	381517	411889
廊 坊 市	14637	14203	53502	54852	783116	779063
衡 水 市	9869	9941	57678	57477	569229	571374

2-2-8续24　各市蔬菜播种面积和产量

单位：公顷、公斤/公顷、吨

名　　称	#大　　葱					
	播种面积		播种单产		总　产　量	
	2014年	2015年	2014年	2015年	2014年	2015年
全　　省	**53302**	**54205**	**59817**	**60841**	**3188378**	**3297879**
石家庄市（包含辛集市）	7382	7705	79228	78624	584859	605800
石家庄市（不含辛集市）	6633	6956	77698	77100	515369	536310
辛集市	749	749	92777	92777	69490	69490
唐 山 市	8106	8196	71349	71822	578352	588655
秦皇岛市	1682	1809	45246	45971	76104	83162
邯 郸 市	5833	6107	68118	68362	397332	417486
邢 台 市	4183	4301	61777	65128	258413	280114
保 定 市（包含定州市）	7127	7605	56767	56581	404575	430295
保 定 市（不含定州市）	6080	6409	55063	54380	334783	348520
定州市	1047	1196	66659	68374	69792	81775
张家口市	3838	3621	39572	45619	151877	165186
承 德 市	2489	2488	32656	33250	81280	82725
沧 州 市	4125	4228	40046	41318	165191	174692
廊 坊 市	4116	3784	58190	58852	239512	222697
衡 水 市	4421	4361	56748	56654	250883	247067

2-2-8续25　各市蔬菜播种面积和产量

单位：公顷、公斤/公顷、吨

名　称	#蒜头					
	播种面积		播种单产		总产量	
	2014年	2015年	2014年	2015年	2014年	2015年
全　省	**32228**	**32716**	**44795**	**44067**	**1443662**	**1441689**
石家庄市（包含辛集市）	3726	3667	80987	80709	301758	295960
石家庄市（不含辛集市）	3589	3530	80851	80560	290176	284378
辛集市	137	137	84540	84540	11582	11582
唐 山 市	812	985	25972	27690	21089	27275
秦皇岛市	367	370	41605	43416	15269	16064
邯 郸 市	17485	17677	39535	39267	691270	694116
邢 台 市	764	640	39097	38752	29870	24801
保 定 市（包含定州市）	3086	3022	47066	49418	145246	149342
保 定 市（不含定州市）	2068	1992	40357	43620	83459	86891
定州市	1018	1030	60694	60632	61787	62451
张家口市	1497	1333	31840	24406	47665	32533
承 德 市	447	473	20170	23975	9016	11340
沧 州 市	1048	1074	34062	32984	35697	35425
廊 坊 市	1239	1688	47558	38952	58924	65751
衡 水 市	1757	1787	50005	49850	87858	89082

2-2-8续26　各市蔬菜播种面积和产量

单位：公顷、公斤/公顷、吨

名　称	9.水生菜类					
	播种面积		播种单产		总产量	
	2014年	2015年	2014年	2015年	2014年	2015年
全　省	**1032**	**1416**	**48634**	**48891**	**50190**	**69229**
石家庄市（包含辛集市）	14	15	85714	85733	1200	1286
石家庄市（不含辛集市）	14	15	85714	85733	1200	1286
辛集市						
唐 山 市	7	69	28571	43406	200	2995
秦皇岛市	105	105	48895	49610	5134	5209
邯 郸 市	37	78	33865	57628	1253	4495
邢 台 市	148	169	30601	30071	4529	5082
保 定 市（包含定州市）	124	180	37363	43050	4633	7749
保 定 市（不含定州市）	124	180	37363	43050	4633	7749
定州市						
张家口市						
承 德 市	5	5	3000	3000	15	15
沧 州 市	59	128	20780	10922	1226	1398
廊 坊 市	533	667	60038	61469	32000	41000
衡 水 市						

2-2-8续27 各市蔬菜播种面积和产量

单位：公顷、公斤/公顷、吨

名称	#莲藕					
	播种面积		播种单产		总产量	
	2014年	2015年	2014年	2015年	2014年	2015年
全省	**847**	**1162**	**50996**	**51540**	**43194**	**59890**
石家庄市（包含辛集市）	14	15	85714	85733	1200	1286
石家庄市（不含辛集市）	14	15	85714	85733	1200	1286
辛集市						
唐山市		67		44299		2968
秦皇岛市						
邯郸市	33	75	32485	33267	1072	2495
邢台市	148	169	30601	30071	4529	5082
保定市（包含定州市）	114	164	38404	42951	4378	7044
保定市（不含定州市）	114	164	38404	42951	4378	7044
定州市						
张家口市						
承德市	5	5	3000	3000	15	15
沧州市						
廊坊市	533	667	60038	61469	32000	41000
衡水市						

2-2-8续28 各市蔬菜播种面积和产量

单位：公顷、公斤/公顷、吨

名称	10.其他蔬菜					
	播种面积		播种单产		总产量	
	2014年	2015年	2014年	2015年	2014年	2015年
全省	**79590**	**86273**	**54716**	**55617**	**4354839**	**4798225**
石家庄市（包含辛集市）	9719	11944	71346	69703	693414	832527
石家庄市（不含辛集市）	9282	11498	70386	68847	653320	791607
辛集市	437	446	91748	91749	40094	40920
唐山市	18165	18471	60775	61254	1103986	1131422
秦皇岛市	1669	1704	57666	57366	96245	97751
邯郸市	4700	4947	67884	65347	319054	323272
邢台市	5785	6509	42727	42537	247174	276876
保定市（包含定州市）	7421	8443	49225	53436	365300	451157
保定市（不含定州市）	5983	5988	49338	50048	295188	299685
定州市	1438	2455	48757	61699	70112	151472
张家口市	15996	16285	68746	75129	1099662	1223472
承德市	7839	7995	25750	25942	201855	207409
沧州市	3902	5120	8244	9488	32168	48581
廊坊市	1542	1642	46278	46691	71361	76667
衡水市	2852	3213	43696	40178	124620	129091

2-2-8续29　各市蔬菜播种面积和产量

单位：吨

名　　称	11.食　用　菌							
	合　　计		#香　菇(干品)		#黑木耳(干品)		#蘑　菇(鲜品)	
	2014年	2015年	2014年	2015年	2014年	2015年	2014年	2015年
全　　省	**1485115**	**1609381**	**64579**	**65489**	**11280**	**11107**	**1394923**	**1511285**
石家庄市（包含辛集市）	184330		571	871	321	331	183438	184111
石家庄市（不含辛集市）	184327		571	870	321	331	183435	184108
辛集市	3	6		1			3	3
唐 山 市	185921	219571	3500	2425	88	122	182303	217024
秦皇岛市	8983	16327	1413	1604	109	155	7461	14568
邯 郸 市	214060	222565	4645	4649	277	256	209138	217660
邢 台 市	118532	130373	40	580	6		118486	129793
保 定 市（包含定州市）	149348	150674	7034	7332	8347	8391	133967	131035
保 定 市（不含定州市）	149348	150674	7034	7332	8347	8391	133967	131035
定州市								
张家口市	20487	20773	1000	1000			17487	19623
承 德 市	539628	597545	46215	46945	2047	1785	479063	531463
沧 州 市	27165	25561		2		2	27165	25557
廊 坊 市	4376	7032	161	81	80	65	4135	6836
衡 水 市	32285	33645			5		32280	33615

2-2-9　各市瓜果类播种面积和产量

单位：公顷、公斤/公顷、吨

名　　称	瓜　果　类　合　计					
	播种面积		播种单产		总　产　量	
	2014年	2015年	2014年	2015年	2014年	2015年
全　　省	**114153**	**114680**	**52420**	**53067**	**5983887**	**6085775**
石家庄市（包含辛集市）	9950	9929	55065	54912	547901	545225
石家庄市（不含辛集市）	9909	9878	55094	54973	545931	543021
辛集市	41	51	48049	43216	1970	2204
唐 山 市	16162	16132	60743	61993	981731	1000067
秦皇岛市	999	1073	41391	40792	41350	43770
邯 郸 市	7516	7484	45855	46233	344647	346009
邢 台 市	6576	6512	37200	39258	244627	255646
保 定 市（包含定州市）	22301	23072	51392	49861	1146082	1150399
保 定 市（不含定州市）	21994	22783	51380	49867	1130062	1136129
定州市	307	289	52182	49377	16020	14270
张家口市	4829	3794	36409	33219	175817	126032
承 德 市	617	730	37269	38804	22995	28327
沧 州 市	14434	15293	48443	52366	699222	800832
廊 坊 市	13302	13049	54597	55535	726245	724670
衡 水 市	17467	17612	60301	60459	1053270	1064798

2-2-9续1 各市瓜果类播种面积和产量

单位：公顷、公斤/公顷、吨

名称	#西瓜					
	播种面积		播种单产		总产量	
	2014年	2015年	2014年	2015年	2014年	2015年
全省	**78467**	**77869**	**55486**	**55643**	**4353852**	**4332893**
石家庄市（包含辛集市）	7418	7373	56856	57175	421757	421548
石家庄市（不含辛集市）	7396	7351	56841	57161	420396	420187
辛集市	22	22	61864	61864	1361	1361
唐山市	6964	6674	61719	62945	429811	420093
秦皇岛市	37	37	92676	94486	3429	3496
邯郸市	4807	4816	51280	51772	246504	249336
邢台市	5973	5900	38629	40886	230730	241230
保定市（包含定州市）	14513	15028	61209	58584	888326	880401
保定市（不含定州市）	14268	14801	61280	58646	874347	868021
定州市	245	227	57057	54537	13979	12380
张家口市	2981	2496	36383	36379	108457	90801
承德市	138	176	62428	68182	8615	12000
沧州市	9927	10036	45435	45316	451036	454791
廊坊市	9278	8881	60377	61762	560182	548505
衡水市	16431	16452	61165	61433	1005005	1010692

2-2-9续2 各市瓜果类播种面积和产量

单位：公顷、公斤/公顷、吨

名称	#香瓜（甜瓜）					
	播种面积		播种单产		总产量	
	2014年	2015年	2014年	2015年	2014年	2015年
全省	**20655**	**22299**	**51260**	**54099**	**1058767**	**1206360**
石家庄市（包含辛集市）	1745	1770	42171	41769	73589	73931
石家庄市（不含辛集市）	1742	1761	42177	41833	73473	73668
辛集市	3	9	38667	29222	116	263
唐山市	7629	7802	64478	65325	491899	509663
秦皇岛市	133	203	51308	45330	6824	9202
邯郸市	594	630	39402	42084	23405	26513
邢台市	564	598	22261	23694	12555	14169
保定市（包含定州市）	858	1056	39921	36450	34252	38491
保定市（不含定州市）	836	1038	40025	36562	33461	37951
定州市	22	18	35955	30000	791	540
张家口市	1062	990	25796	27286	27395	27013
承德市	158	190	30114	28979	4758	5506
沧州市	4344	5174	55637	66632	241688	344754
廊坊市	2610	2778	39400	40684	102833	113020
衡水市	958	1108	41304	39800	39569	44098

2-2-9续3 各市瓜果类播种面积和产量

单位：公顷、公斤/公顷、吨

名称	#草莓					
	播种面积		播种单产		总产量	
	2014年	2015年	2014年	2015年	2014年	2015年
全省	**12502**	**12677**	**33099**	**34769**	**413803**	**440771**
石家庄市（包含辛集市）	698	705	36784	32522	25675	22928
石家庄市（不含辛集市）	682	685	36924	32625	25182	22348
辛集市	16	20	30813	29000	493	580
唐山市	1320	1641	36837	42269	48625	69364
秦皇岛市	828	832	37481	37345	31034	31071
邯郸市	2001	2005	34329	34384	68692	68940
邢台市	14	14	15500	17643	217	247
保定市（包含定州市）	6926	6988	32164	32933	222768	230139
保定市（不含定州市）	6886	6944	32169	32948	221518	228789
定州市	40	44	31250	30682	1250	1350
张家口市	390	127	19564	61118	7630	7762
承德市	226	260	29929	29938	6764	7784
沧州市	12	14	22333	20500	268	287
廊坊市	44	48	20818	21208	916	1018
衡水市	43	43	28233	28628	1214	1231

2-2-10 各市特种农作物生产

名称	1.花卉种植面积(公顷)		2.鲜切花(万枝)		3.盆栽观赏植物(盆)		4.香料（花椒）	
	2014年	2015年	2014年	2015年	2014年	2015年	2014年	2015年
全省	**15976**	**17013**	**24441**	**25072**	**64432640**	**64581538**	**10944**	**10726**
石家庄市（包含辛集市）	953	923	499	516	8162505	7803225	4165	4286
石家庄市（不含辛集市）	953	923	499	516	8162505	7803225	4165	4286
辛集市								
唐山市	866	950	15402	15150	5700463	5676535	54	54
秦皇岛市	388	416	734	217	7011030	6916072	58	35
邯郸市	1610	1991	237	232	23245681	23833524	5690	5420
邢台市	163	250	23	27	2383393	2434030	5	4
保定市（包含定州市）	9180	9720	2589	2875	2007306	1967718	320	310
保定市（不含定州市）	1050	1179	2589	2875	1607306	1567718	320	310
定州市	8130	8541			400000	400000		
张家口市	149	93	103	103	247451	251000	7	7
承德市	327	386	2100	2661	1999960	2022680	630	600
沧州市	211	209	437	895	3829006	3760840		
廊坊市	2082	2032	2271	2360	9727193	9815459	15	10
衡水市	47	43	46	36	118652	100455		

2-2-11　各市设施农业生产

名　称	一、设施蔬菜生产				#芹　菜			
	蔬菜种植面积(公顷)		蔬菜产量(吨)		种植面积(公顷)		产　量(吨)	
	2014年	2015年	2014年	2015年	2014年	2015年	2014年	2015年
全　省	**399768**	**403735**	**26774105**	**27332729**	**22027**	**22565**	**1411060**	**1455702**
石家庄市（包含辛集市）	73913	74909	5901493	6031669	3476	3638	262072	282984
石家庄市（不含辛集市）	66948	67937	5259849	5389404	3354	3509	251072	271363
辛集市	6965	6972	641644	642265	122	129	11000	11621
唐 山 市	68397	69982	5121269	5263538	5485	5506	369355	366245
秦皇岛市	12663	12338	898920	898843	630	624	42483	43019
邯 郸 市	55833	55065	3624749	3608885	3564	3781	275694	289680
邢 台 市	12702	13299	759843	829450	398	410	18051	18732
保 定 市（包含定州市）	35383	39331	2000680	2314394	1814	1913	89071	93491
保 定 市（不含定州市）	22359	22547	1258401	1291917	1516	1526	70239	68780
定州市	13024	16784	742279	1022477	298	387	18832	24711
张家口市	11646	11925	854031	841984	824	1099	64857	87628
承 德 市	9250	9774	555562	593685	539	512	22537	21064
沧 州 市	40287	41433	2815414	2907185	1822	1784	107788	104009
廊 坊 市	43134	38464	2546622	2323886	2145	1881	104798	90796
衡 水 市	36560	37215	1695522	1719210	1330	1417	54354	58054

注：设施包括温室、大棚和中小棚(下同）。

2-2-11续1　各市设施农业生产

名　称	#油　菜				#菠　菜			
	种植面积(公顷)		产　量(吨)		种植面积(公顷)		产　量(吨)	
	2014年	2015年	2014年	2015年	2014年	2015年	2014年	2015年
全　省	**7402**	**7697**	**363725**	**396988**	**25982**	**26980**	**1320705**	**1370101**
石家庄市（包含辛集市）	2529	2623	168734	176799	8843	8695	632605	629261
石家庄市（不含辛集市）	2280	2374	156835	164900	8453	8305	601317	597973
辛集市	249	249	11899	11899	390	390	31288	31288
唐 山 市	648	754	32502	38476	3019	3159	178558	174160
秦皇岛市	306	252	10775	9767	462	416	17997	17224
邯 郸 市	1224	1166	45849	50030	4368	4150	167356	173983
邢 台 市	62	63	4615	4413	532	584	18612	17482
保 定 市（包含定州市）	663	786	25896	30241	2152	3110	101286	149415
保 定 市（不含定州市）	542	640	19213	21246	1398	1645	57977	67440
定州市	121	146	6683	8995	754	1465	43309	81975
张家口市	331	511	17771	32453	300	436	19606	24458
承 德 市	173	188	6393	6710	586	603	17295	18010
沧 州 市	401	345	12486	11222	1042	1309	30913	38540
廊 坊 市	596	540	24052	22185	1224	1040	45527	36074
衡 水 市	469	469	14652	14692	3454	3478	90950	91494

2-2-11续2　各市设施农业生产

名　称	#黄　瓜				#西　红　柿			
	种植面积(公顷)		产　量(吨)		种植面积(公顷)		产　量(吨)	
	2014年	2015年	2014年	2015年	2014年	2015年	2014年	2015年
全　省	**79334**	**80849**	**6132204**	**6169196**	**69323**	**69764**	**4845525**	**4930522**
石家庄市（包含辛集市）	8426	9120	737656	795826	8748	8874	711737	748444
石家庄市（不含辛集市）	7860	8554	675431	733601	7828	7954	626102	662809
辛集市	566	566	62225	62225	920	920	85635	85635
唐 山 市	12234	12291	1124621	1101517	16878	16511	1365365	1325185
秦皇岛市	3244	3267	338410	343774	2259	2241	184661	184304
邯 郸 市	7812	7835	508324	509190	5074	5026	359986	380503
邢 台 市	1804	2104	104122	120304	5016	4666	301014	280419
保 定 市（包含定州市）	6015	6927	358905	418002	9164	10514	596704	690098
保 定 市（不含定州市）	4537	4661	265616	267430	7134	7477	477245	494770
定州市	1478	2266	93289	150572	2030	3037	119459	195328
张家口市	840	947	58435	70284	2230	2243	182401	170264
承 德 市	5012	5288	357599	388905	1300	1554	90138	101700
沧 州 市	17123	17009	1568831	1543212	5673	5490	361527	363871
廊 坊 市	9473	8708	648553	555895	6276	5896	416478	384341
衡 水 市	7351	7353	326748	322287	6705	6749	275514	301393

2-2-11续3　各市设施农业生产

名　称	#生　姜				#辣　椒			
	种植面积(公顷)		产　量(吨)		种植面积(公顷)		产　量(吨)	
	2014年	2015年	2014年	2015年	2014年	2015年	2014年	2015年
全　省	**181**	**209**	**13261**	**15460**	**15056**	**15224**	**886939**	**885880**
石家庄市（包含辛集市）					2717	2830	194330	202326
石家庄市（不含辛集市）					2717	2830	194330	202326
辛集市								
唐 山 市	171	193	12795	14697	3897	4126	267943	281816
秦皇岛市	1	1	27	8	222	198	8390	8077
邯 郸 市					1237	1153	69636	68804
邢 台 市					601	618	22589	24666
保 定 市（包含定州市）					1881	1853	88935	99133
保 定 市（不含定州市）					942	874	38137	43447
定州市					939	979	50798	55686
张家口市					1441	1282	111079	73781
承 德 市	4	4	180	181	395	440	11306	12703
沧 州 市	1	7	70	385	582	719	21913	26472
廊 坊 市	4	4	189	189	847	749	42148	38433
衡 水 市					1236	1256	48670	49669

2-2-11续4　各市设施农业生产

名　　称	二、设施瓜果类生产				#草　　莓			
	瓜果类种植面积（公顷）		瓜果类产量（吨）		种植面积　（公顷）		产　量（吨）	
	2014年	2015年	2014年	2015年	2014年	2015年	2014年	2015年
全　　省	**52873**	**54498**	**3139312**	**3259487**	**7053**	**8059**	**220793**	**247676**
石家庄市（包含辛集市）	7196	7220	437054	435184	603	613	22934	20520
石家庄市（不含辛集市）	7181	7195	436544	434304	591	593	22540	19940
辛集市	15	25	510	880	12	20	394	580
唐 山 市	8880	9934	572849	630911	842	1210	20802	37567
秦皇岛市	881	881	35647	36286	750	740	28602	28484
邯 郸 市	1648	1811	80644	87365	663	683	14768	15261
邢 台 市	682	706	45346	41473	2	4	10	76
保 定 市（包含定州市）	13313	13502	700834	700759	4010	4493	126337	137386
保 定 市（不含定州市）	13163	13390	694454	696469	3970	4449	125147	136036
定州市	150	112	6380	4290	40	44	1190	1350
张家口市	288	89	16033	4531	64	52	4347	2811
承 德 市	119	320	3066	7856	102	239	2502	4900
沧 州 市	4068	4608	286026	355105	10	11	213	217
廊 坊 市	5159	4654	274559	257940	7	11	278	409
衡 水 市	10639	10773	687254	702077		3		45

2-2-11续5　各市设施农业生产

名　　称	三、花卉苗木				四、食用菌			
	种植面积(公顷)		产　量(万只)		种植面积(公顷)		产　量(吨)	
	2014年	2015年	2014年	2015年	2014年	2015年	2014年	2015年
全　　省	**1830**	**1924**	**13763**	**15668**	**12347**	**12822**	**1404273**	**1521799**
石家庄市（包含辛集市）	109	106	236	245	767	714	168187	166049
石家庄市（不含辛集市）	109	106	236	245	762	704	168184	166043
辛集市					5	10	3	6
唐 山 市	220	297	9795	9929	883	929	185871	219111
秦皇岛市	45	106	79	180	115	228	8943	14317
邯 郸 市	150	30	67	30	1947	1908	207012	208255
邢 台 市	60	62	35	27	1311	1506	113538	127397
保 定 市（包含定州市）	79	84	523	868	2194	2054	124552	127421
保 定 市（不含定州市）	64	81	483	868	2194	2054	124552	127421
定州市	15	3	40					
张家口市					41	41	12941	13801
承 德 市	85	117	1740	2323	4612	4982	535540	596285
沧 州 市	24	24	157	131	192	188	25383	23879
廊 坊 市	1057	1098	1131	1935	28	65	2208	5095
衡 水 市	1				257	207	20098	20189

2-2-11续6　各市设施农业生产

名　　称	#蘑　菇（鲜品）种植面积(公顷)		#蘑　菇（鲜品）产　量(吨)		五、其他作物(公顷)	
	2014年	2015年	2014年	2015年	2014年	2015年
全　　省	**9308**	**9494**	**1244517**	**1350650**	**2849**	**4528**
石家庄市（包含辛集市）	761	702	167387	165193	638	638
石家庄市（不含辛集市）	756	697	167384	165190	638	638
辛集市	5	5	3	3		
唐 山 市	866	774	182283	171749	296	1998
秦皇岛市	70	161	7428	12558	972	1094
邯 郸 市	1918	1880	199799	200906	348	378
邢 台 市	708	1376	47232	124452	49	49
保 定 市（包含定州市）	1871	1414	103771	83943	127	242
保 定 市（不含定州市）	1871	1414	103771	83943	127	242
定州市						
张家口市	34	37	12788	13571	136	16
承 德 市	2603	2711	476145	531324	212	1
沧 州 市	192	182	25383	22229	4	7
廊 坊 市	28	50	2208	4536	2	57
衡 水 市	257	207	20093	20189	65	48

2-2-11续7　各市设施农业生产

名　　称	附　记：设施数量（个）		设施占地面积（公顷）		设施使用面积（公顷）	
	2014年	2015年	2014年	2015年	2014年	2015年
全　　省	**2637364**	**2689314**	**238452**	**266046**	**200032**	**221229**
石家庄市（包含辛集市）	258754	248223	31974	36272	28782	32892
石家庄市（不含辛集市）	231886	221355	29715	34013	26798	30908
辛集市	26868	26868	2259	2259	1984	1984
唐 山 市	454753	527978	39958	43457	32613	35021
秦皇岛市	102207	103235	8547	8622	7127	7745
邯 郸 市	689045	666236	30553	30523	24836	24972
邢 台 市	86879	83348	9389	10068	7210	7059
保 定 市（包含定州市）	198857	203883	25411	25843	21510	22206
保 定 市（不含定州市）	168129	180264	20120	20350	17097	17300
定州市	30728	23619	5291	5493	4413	4906
张家口市	66706	85482	8587	26863	7877	20732
承 德 市	90410	98723	10233	10930	7262	7932
沧 州 市	116141	115585	20745	21355	18100	18338
廊 坊 市	210226	195224	23923	23194	19667	18687
衡 水 市	363386	361397	29132	28919	25048	25645

2-2-12　各市水果及食用坚果生产

单位：吨

名　　称	一、园林水果产量		1.苹　果		#红富士苹果		#国光苹果	
	2014年	2015年	2014年	2015年	2014年	2015年	2014年	2015年
全　　省	**14205932**	**15086122**	**3457299**	**3665784**	**2055967**	**2116471**	**329338**	**389440**
石家庄市（包含辛集市）	2612204	2801287	362933	375896	284914	290479	7638	7450
石家庄市（不含辛集市）	2109077	2288287	235003	247176	176630	181392	7638	7450
辛集市	503127	513000	127930	128720	108284	109087		
唐 山 市	1576037	1593291	518635	519653	254174	245796	20684	42902
秦皇岛市	834470	883458	331963	398734	271475	326180	15480	16344
邯 郸 市	792503	885117	196175	203321	115632	86685	12844	16930
邢 台 市	1254382	1371687	281221	300839	214656	222917	14141	14552
保 定 市（包含定州市）	1592301	1748232	179140	190773	83522	85761	1599	1719
保 定 市（不含定州市）	1443548	1599382	153540	165103	83522	85761	1599	1719
定州市	148753	148850	25600	25670				
张家口市	674157	721124	93364	98262	20102	20103	25997	26728
承 德 市	1123852	1239947	616104	705176	151215	173082	208084	242678
沧 州 市	1508941	1534498	146378	153231	113665	121780	9958	8875
廊 坊 市	695940	715519	171188	156933	106350	107556	4961	4413
衡 水 市	1541145	1591962	560198	562966	440262	436132	7952	6849

2-2-12续1　各市水果及食用坚果生产

单位：吨

名　　称	一、园林水果产量(续1)							
	2.梨		#雪　花　梨		#鸭　　梨		3.桃	
	2014年	2015年	2014年	2015年	2014年	2015年	2014年	2015年
全　　省	**4735278**	**5059899**	**832545**	**918931**	**1751240**	**1793798**	**1818496**	**1931515**
石家庄市（包含辛集市）	1675011	1821255	360326	441381	539549	587755	104023	104432
石家庄市（不含辛集市）	1366061	1503315	360326	441381	461865	509075	59156	59409
辛集市	308950	317940			77684	78680	44867	45023
唐 山 市	215551	231079	39838	27843	11679	11566	496364	510702
秦皇岛市	105425	110284	11995	3386	3287	1798	161427	157251
邯 郸 市	276915	326858	34093	31995	161416	163815	146074	152260
邢 台 市	482617	527690	256128	269515	83798	89380	49827	51095
保 定 市（包含定州市）	270183	279389	13537	9745	78238	87000	417118	499801
保 定 市（不含定州市）	171016	180209	13537	9745	78238	87000	400318	483001
定州市	99167	99180					16800	16800
张家口市	33685	33709	2643	2646	14717	14721	16305	16292
承 德 市	166491	174630	8543	10212	3727	4521	15917	16585
沧 州 市	642761	644096	32374	30391	482078	417334	36521	37722
廊 坊 市	206830	220675	35886	56468	42790	53732	141971	143236
衡 水 市	659809	690234	37182	35349	329961	362176	232949	242139

2-2-12续2　各市水果及食用坚果生产

单位：吨

名　　称	一、园林水果产量(续2)					
	4.猕　猴　桃		5.葡　　萄		6.红　　枣	
	2014年	2015年	2014年	2015年	2014年	2015年
全　　省	**1636**	**1740**	**1549564**	**1659871**	**1312732**	**1385688**
石家庄市（包含辛集市）	1560	1670	135742	141339	262581	282462
石家庄市（不含辛集市）	1560	1670	127483	133042	260690	280595
辛集市			8259	8297	1891	1867
唐 山 市			216322	211847	10740	9665
秦皇岛市			193102	171591	1161	1012
邯 郸 市			121451	138336	7095	11603
邢 台 市			138583	167243	130854	139531
保 定 市（包含定州市）	76	70	94230	106805	158525	191370
保 定 市（不含定州市）	76	70	88024	100585	158470	191315
定州市			6206	6220	55	55
张家口市			459652	497674	14588	14746
承 德 市			3354	3114	4075	5798
沧 州 市			26732	28322	653434	667979
廊 坊 市			97878	124483	55434	48315
衡 水 市			62518	69117	14245	13207

2-2-12续3　各市水果及食用坚果生产

单位：吨

名　　称	一、园林水果产量(续3)					
	7.柿　　子		8.杏		9.红　　果	
	2014年	2015年	2014年	2015年	2014年	2015年
全　　省	**523230**	**522629**	**273196**	**289005**	**338378**	**366434**
石家庄市（包含辛集市）	30784	27515	16890	16858	2386	2244
石家庄市（不含辛集市）	28488	25239	9665	9684	2386	2244
辛集市	2296	2276	7225	7174		
唐 山 市	52683	48939	20789	19408	18054	18455
秦皇岛市	818	617	5815	6105	6591	8928
邯 郸 市	20050	27150	10065	10966	150	160
邢 台 市	32890	34962	92917	100493	44731	49103
保 定 市（包含定州市）	367832	364880	67998	71148	2399	3383
保 定 市（不含定州市）	367332	364380	67742	70892	2230	3383
定州市	500	500	256	256	169	
张家口市			16042	19353	1344	1344
承 德 市	13616	14014	19332	18819	261483	281034
沧 州 市	716	758	2072	2000	24	69
廊 坊 市	3631	3471	11081	11589	370	310
衡 水 市	210	323	10195	12266	846	1404

2-2-12续4　各市水果及食用坚果生产

单位:吨

名　　称	一、园林水果产量(续4)		二、食用坚果产量			
	10.其　　他		合　　计		#核　　桃	
	2014年	2015年	2014年	2015年	2014年	2015年
全　　省	**196123**	**203557**	**468958**	**543683**	**160632**	**173363**
石家庄市（包含辛集市）	20294	27616	48678	58982	42597	52302
石家庄市（不含辛集市）	18585	25913	48678	58982	42597	52302
辛集市	1709	1703				
唐山市	26899	23543	109915	107328	28244	19336
秦皇岛市	28168	28936	38459	43956	4865	5121
邯郸市	14528	14463	37871	41125	34671	37825
邢台市	742	731	42533	49033	23522	27859
保定市（包含定州市）	34800	40613	21720	25393	14954	17302
保定市（不含定州市）	34800	40444	19520	23183	12754	15092
定州市		169	2200	2210	2200	2210
张家口市	39177	39744	14678	22700	866	867
承德市	23480	20777	154979	194271	10793	12077
沧州市	303	321		2		2
廊坊市	7557	6507	125	127	120	122
衡水市	175	306		766		550

2-2-12续5　各市水果及食用坚果生产

单位:吨

名　　称	二、食用坚果产量(续1)					
	#板　　栗		#松　　子		#杏　　扁	
	2014年	2015年	2014年	2015年	2014年	2015年
全　　省	**275201**	**327482**	**3**	**3**	**19948**	**30263**
石家庄市（包含辛集市）	6056	6680				
石家庄市（不含辛集市）	6056	6680				
辛集市						
唐山市	81123	87489				
秦皇岛市	33185	38627	3	3	305	104
邯郸市	1800	2700				
邢台市	18182	20345			14	14
保定市（包含定州市）	1301	1571			3105	5115
保定市（不含定州市）	1301	1571			3105	5115
定州市						
张家口市	2	2			12845	21290
承德市	133547	170063			3679	3740
沧州市						
廊坊市	5	5				
衡水市						

2-2-12续6 各市水果及食用坚果生产

单位:公顷

名称	三、年末果园面积					
	合计		#苹果园		#梨园	
	2014年	2015年	2014年	2015年	2014年	2015年
全省	**1118958**	**1094234**	**240857**	**242646**	**199378**	**203302**
石家庄市（包含辛集市）	167171	167469	16386	17081	50033	50128
石家庄市（不含辛集市）	146327	146606	10643	11331	38066	38145
辛集市	20844	20863	5743	5750	11967	11983
唐山市	71057	71420	25367	24750	11306	11492
秦皇岛市	46542	46597	22592	22728	7329	7288
邯郸市	47336	47615	11254	11180	13060	13245
邢台市	81065	84672	20323	21839	20717	21954
保定市（包含定州市）	131392	135001	10115	10560	8426	8434
保定市（不含定州市）	127026	130601	9428	9867	5719	5714
定州市	4366	4400	687	693	2707	2720
张家口市	119949	119509	28987	28763	3102	2955
承德市	149574	118023	45215	49187	17881	19342
沧州市	165673	164398	14350	13094	30129	30206
廊坊市	65502	65165	13927	11225	15697	16573
衡水市	73697	74365	32341	32239	21698	21685

2-2-12续7 各市水果及食用坚果生产

单位:公顷

名称	三、年末果园面积(续1)					
	#桃园		#猕猴桃园		#葡萄园	
	2014年	2015年	2014年	2015年	2014年	2015年
全省	**85117**	**88279**	**102**	**102**	**83790**	**86491**
石家庄市（包含辛集市）	4310	4779	100	100	5108	5086
石家庄市（不含辛集市）	2316	2783	100	100	4741	4720
辛集市	1994	1996			367	366
唐山市	15780	16642			7260	7463
秦皇岛市	5896	6053			5652	5018
邯郸市	8536	8841			4400	4516
邢台市	2525	2614			8280	9092
保定市（包含定州市）	19288	19671	2	2	4403	5503
保定市（不含定州市）	18728	19111	2	2	4090	5170
定州市	560	560			313	333
张家口市	2238	2231			33956	34011
承德市	1202	1265			823	835
沧州市	3303	3406			2280	2199
廊坊市	10051	10877			7431	8374
衡水市	11988	11900			4197	4394

2-2-13 各市林业生产

单位：公顷

名称	一、造林面积		(一)按造林方式分					
			1.人工造林		2.飞机播种造林		3.无林地和疏林地新封	
	2014年	2015年	2014年	2015年	2014年	2015年	2014年	2015年
全　　省	**340042**	**342590**	**274554**	**284083**			**65488**	**58507**
石家庄市（包含辛集市）	32329	47783	25196	39449			7133	8334
石家庄市（不含辛集市）	32049	47596	24916	39262			7133	8334
辛集市	280	187	280	187				
唐 山 市	28910	25259	20556	19058			8354	6201
秦皇岛市	10245	12893	6977	8840			3268	4053
邯 郸 市	24160	26028	15760	20145			8400	5883
邢 台 市	27686	18644	20354	13944			7332	4700
保 定 市（包含定州市）	52028	51663	35361	36994			16667	14669
保 定 市（不含定州市）	50028	49530	33361	34861			16667	14669
定州市	2000	2133	2000	2133				
张家口市	57895	47431	50894	43098			7001	4333
承 德 市	49603	54030	42270	44029			7333	10001
沧 州 市	8436	15175	8436	15175				
廊 坊 市	35566	32278	35566	31945				333
衡 水 市	13184	11406	13184	11406				

2-2-13续1 各市林业生产

单位：公顷

名称	(二)按经济成份分							
	1.公有经济造林		(1)国有经济造林		(2)集体经济造林		2.非公有经济造林	
	2014年	2015年	2014年	2015年	2014年	2015年	2014年	2015年
全　　省	**131850**	**114875**	**36993**	**53982**	**94857**	**60893**	**208192**	**227715**
石家庄市（包含辛集市）	10747	8514	1851	1267	8896	7247	21582	39269
石家庄市（不含辛集市）	10747	8514	1851	1267	8896	7247	21302	39082
辛集市							280	187
唐 山 市	4538	11996	2537	8760	2001	3236	24372	13263
秦皇岛市	5709	6694	171	1200	5538	5494	4536	6199
邯 郸 市	12530	9329	9008	2880	3522	6449	11630	16699
邢 台 市	1197	347	40		1157	347	26489	18297
保 定 市（包含定州市）	3406	4510	1453	1447	1953	3063	48622	47153
保 定 市（不含定州市）	3406	4510	1453	1447	1953	3063	46622	45020
定州市							2000	2133
张家口市	55523	44269	10311	25721	45212	18548	2372	3162
承 德 市	32675	24591	10889	11840	21786	12751	16928	29439
沧 州 市	133	800	133	800			8303	14375
廊 坊 市	5392	3812	600	67	4792	3745	30174	28466
衡 水 市		13				13	13184	11393

2-2-13续2 各市林业生产

单位：公顷

名称	(三)按林种用途分									
	1.用材林		2.经济林		3.防护林		4.薪炭林		5.特种用途林	
	2014年	2015年	2014年	2015年	2014年	2015年	2014年	2015年	2014年	2015年
全　省	**50741**	**44988**	**56183**	**80305**	**232724**	**216036**		**33**	**394**	**1228**
石家庄市（包含辛集市）	1218	358	9184	26528	21927	20897				
石家庄市（不含辛集市）	1218	358	9149	26486	21682	20752				
辛集市			35	42	245	145				
唐山市	3818	4927	4849	5293	20243	15039				
秦皇岛市	640	245	1201	1614	8404	11034				
邯郸市	3613	5135	3425	7455	17122	13438				
邢台市	4497	2821	6713	5599	16476	10224				
保定市（包含定州市）	6753	7071	10876	9904	34399	34688				
保定市（不含定州市）	5953	6438	10876	9904	33199	33188				
定州市	800	633			1200	1500				
张家口市	1000	1687	667	1870	56167	43874			61	
承德市	3722	5120	13998	13587	31550	34957		33	333	333
沧州市		1433		434	8436	13308				
廊坊市	17241	10015	1980	4836	16345	17427				
衡水市	8239	6176	3290	3185	1655	1150				895

2-2-13续3 各市林业生产

单位：公顷

名称	二、更新造林		三、四旁（零星）植树（万株）		四、年末实有封山(沙)育林面积		五、低产低效林改造面积	
	2014年	2015年	2014年	2015年	2014年	2015年	2014年	2015年
全　省	**4004**	**5262**	**11431**	**10786**	**927548**	**892071**	**415**	**1169**
石家庄市（包含辛集市）	106	60	2583	1779	61985	66124		
石家庄市（不含辛集市）	106	60	2502	1699	61985	66124		
辛集市			81	80				
唐山市	501	2482	1129	1029	28341	25080		
秦皇岛市		10	629	751	40394	38328		
邯郸市			1327	1329	18074	10750		
邢台市			1288	1259	17797	22365		
保定市（包含定州市）	313	121	1632	1628	52067	53269	120	1080
保定市（不含定州市）	313	121	1542	1508	52067	53269	120	1080
定州市			90	120				
张家口市	32		1131	1071	373349	350030	53	
承德市	2106	2227	803	795	333208	324058	179	30
沧州市			371	555	266			
廊坊市	100		432	490	2067	2067		
衡水市	846	362	106	100			63	59

2-2-13续4 各市林业生产

名称	六、森林抚育面积		七、林木种子采集量（吨）		八、当年苗木产量（万株）	
	2014年	2015年	2014年	2015年	2014年	2015年
全省	**402687**	**444487**	**2608**	**3268**	**388499**	**383621**
石家庄市（包含辛集市）	92476	111287	970	1624	10070	12841
石家庄市（不含辛集市）	91939	110723	970	1624	9710	12461
辛集市	537	564			360	380
唐山市	12479	13731			16753	15792
秦皇岛市	3944	7981	16	35	21308	34528
邯郸市	67565	53252	53	53	13731	13877
邢台市	24703	26945	69	65	8531	10141
保定市（包含定州市）	37112	33924			156039	151162
保定市（不含定州市）	31112	27424			81039	68662
定州市	6000	6500			75000	82500
张家口市	46737	37936	54	65	64040	48376
承德市	45481	56596	1446	1426	77916	78513
沧州市	3776	7342			7925	5310
廊坊市	29746	49860			9446	9733
衡水市	38668	45633			2739	3349

注：森林抚育面积特指中、幼龄林抚育面积。

2-2-13续5 各市林业生产

名称	九、育苗面积（公顷）		#本年新增育苗面积		十、商品材（立方米）		#村及村以下各级组织和农民个人生产的木材	
	2014年	2015年	2014年	2015年	2014年	2015年	2014年	2015年
全省	**80068**	**92464**	**31240**	**28861**	**901836**	**804492**	**604408**	**482851**
石家庄市（包含辛集市）	4132	5929	1705	2152	38260	32484	35980	32484
石家庄市（不含辛集市）	3790	5500	1593	2064	36560	30764	34280	30764
辛集市	342	429	112	88	1700	1720	1700	1720
唐山市	6246	5161	2307	1499	101915	94388	94378	90708
秦皇岛市	2741	2512	1848	1334	26931	14177	23475	11913
邯郸市	4816	5121	2907	2501	18679	17005	18569	16760
邢台市	3880	4513	1860	1824	28297	25282	27501	24202
保定市（包含定州市）	30948	35721	10466	10019	54959	45459	50982	44081
保定市（不含定州市）	20948	24716	5656	4204	52959	42859	48982	41481
定州市	10000	11005	4810	5815	2000	2600	2000	2600
张家口市	5448	6231	1927	1170	161151	94751	129820	70243
承德市	4380	5600	2078	2073	377755	395396	131457	107106
沧州市	3573	5790	2004	1587	18609	13272	17846	13106
廊坊市	8450	9582	2810	3330	34992	33369	34992	33369
衡水市	5454	6304	1328	1372	40288	38909	39408	38879

2-2-14 各市林业重点工程完成情况

单位：公顷

名称	林业重点工程完成情况合计		1.退耕还林工程		2.京津风沙源治理工程		3.三北及长江流域防护林建设工程合计	
	2014年	2015年	2014年	2015年	2014年	2015年	2014年	2015年
全省	**116169**	**129733**	**22767**	**16394**	**38668**	**41133**	**54734**	**72206**
石家庄市（包含辛集市）	8465	6585	1966				6499	6585
石家庄市（不含辛集市）	8265	6518	1966				6299	6518
辛集市	200	67					200	67
唐山市	6433	11668					6433	11668
秦皇岛市	6761	9202					6761	9202
邯郸市	4892	3935	1256				3636	3935
邢台市	2065	4333					2065	4333
保定市（包含定州市）	19007	18028	67				18940	18028
保定市（不含定州市）	18900	17402	67				18833	17402
定州市	107	626					107	626
张家口市	31333	25598	11200	8266	20133	17332		
承德市	26680	31929	8145	8128	18535	23801		
沧州市	7967	11722	133				7834	11722
廊坊市	2300	6600					2300	6600
衡水市	266	133					266	133

2-2-14续 各市林业重点工程完成情况

单位：公顷

名称	3.三北及长江流域防护林建设工程(续)							
	(1)三北防护林五期工程		(2)太行山绿化工程		(3)沿海防护林三期工程		(4)平原绿化	
	2014年	2015年	2014年	2015年	2014年	2015年	2014年	2015年
全省	**25749**	**39083**	**16125**	**14866**	**12860**	**18257**		
石家庄市（包含辛集市）	1040	2654	5459	3931				
石家庄市（不含辛集市）	840	2587	5459	3931				
辛集市	200	67						
唐山市	3367	8001			3066	3667		
秦皇岛市	4135	4668			2626	4534		
邯郸市			3636	3935				
邢台市			2065	4333				
保定市（包含定州市）	13975	15361	4965	2667				
保定市（不含定州市）	13868	14735	4965	2667				
定州市	107	626						
张家口市								
承德市								
沧州市	666	1666			7168	10056		
廊坊市	2300	6600						
衡水市	266	133						

2-2-15 各市牲畜出栏

单位：百头

名称	一、大牲畜		1.牛		2.马		3.驴	
	2014年	2015年	2014年	2015年	2014年	2015年	2014年	2015年
全省	**37314**	**37383**	**32062**	**32542**	**1088**	**1002**	**3118**	**2896**
石家庄市（包含辛集市）	6447	6274	5862	5705	116	102	389	394
石家庄市（不含辛集市）	6224	6058	5727	5570	84	77	333	338
辛集市	223	216	135	135	32	25	56	56
唐山市	5360	5439	4846	4946	64	59	364	357
秦皇岛市	1942	1983	1838	1880	3	4	93	93
邯郸市	3603	3516	2906	2908	177	148	317	273
邢台市	2203	2260	2019	2074	24	25	141	141
保定市（包含定州市）	3166	3269	2904	2995	19	30	229	235
保定市（不含定州市）	2500	2554	2241	2297	19	20	226	228
定州市	666	715	663	698		10	3	6
张家口市	4140	4393	3133	3362	169	170	560	579
承德市	5780	5873	5233	5364	263	242	151	142
沧州市	4953	5023	4503	4609	127	116	207	200
廊坊市	4406	4300	3919	3867	66	60	362	322
衡水市	3194	3125	2931	2903	58	45	185	161

注：猪、牛、羊、禽全省总数为畜禽监测数，分市为上报数，各市之和不等于总数(下同)。

2-2-15续1 各市牲畜出栏

单位：百头、百只

名称	4.骡		二、猪		三、羊	
	2014年	2015年	2014年	2015年	2014年	2015年
全省	**1044**	**942**	**363841**	**355109**	**218931**	**225502**
石家庄市（包含辛集市）	80	73	62153	60863	15787	16388
石家庄市（不含辛集市）	80	73	54948	53629	14197	14797
辛集市			7205	7234	1590	1591
唐山市	85	76	67545	65924	11506	11851
秦皇岛市	7	6	26994	26993	20191	21402
邯郸市	203	187	55549	54216	39378	39704
邢台市	19	20	27141	26490	12144	12394
保定市（包含定州市）	13	9	66042	64884	28470	29721
保定市（不含定州市）	13	9	55106	53784	25530	26551
定州市			10936	11100	2940	3170
张家口市	278	282	28118	27274	33289	35453
承德市	134	125	24969	24370	13899	14317
沧州市	115	97	28042	27369	23753	24001
廊坊市	59	50	23832	22441	23154	22403
衡水市	21	16	33151	32545	16458	16684

2-2-15续2 各市牲畜出栏

单位：百只

名　　称	1.山　　羊		2.绵　　羊		四、活　家　禽		五、家　兔	
	2014年	2015年	2014年	2015年	2014年	2015年	2014年	2015年
全　　省	**71236**	**73081**	**147695**	**152421**	**5962751**	**5843496**	**330995**	**322720**
石家庄市（包含辛集市）	5264	5220	10523	11168	1640910	1615395	53483	47995
石家庄市（不含辛集市）	4894	4850	9303	9947	1446650	1421125	48590	43099
辛集市	370	370	1220	1221	194260	194270	4893	4896
唐 山 市	5175	5069	6331	6782	691396	675494	31212	28783
秦皇岛市	7026	7021	13165	14381	392289	388366	11987	10540
邯 郸 市	24239	24552	15138	15152	1063037	1038587	153355	137535
邢 台 市	6215	6216	5929	6177	546879	530473	16858	16909
保 定 市（包含定州市）	9111	9427	19359	20294	590215	577417	11424	10977
保 定 市（不含定州市）	8799	9107	16731	17444	496345	485424	9117	8980
定州市	312	320	2628	2850	93870	91993	2307	1997
张家口市	2625	3045	30665	32408	329866	323269	26896	26648
承 德 市	7685	7727	6214	6590	999398	966419	7219	6408
沧 州 市	10840	10664	12913	13337	1063288	1039896	3479	3393
廊 坊 市	5386	5287	17768	17116	331483	330508	777	694
衡 水 市	9485	9347	6973	7337	492943	480790	13955	13874

2-2-16 各市牲畜存栏

单位：百头

名　　称	一、大牲畜		（一）牛		1.肉牛(包括役用牛)		2.奶　　牛	
	2014年	2015年	2014年	2015年	2014年	2015年	2014年	2015年
全　　省	**48823**	**49320**	**40242**	**41248**	**20434**	**16686**	**19808**	**19630**
石家庄市（包含辛集市）	8466	8291	7906	7797	3805	3805	4101	3920
石家庄市（不含辛集市）	7985	7843	7523	7414	3624	3624	3899	3718
辛集市	481	448	383	383	181	181	202	202
唐 山 市	9330	8987	8222	8045	3415	2901	4807	4601
秦皇岛市	2520	2415	2210	2148	1675	1403	535	521
邯 郸 市	4944	4871	3964	3949	3097	2932	867	808
邢 台 市	3086	3077	2818	2841	1808	1790	1010	1043
保 定 市（包含定州市）	5124	5359	4596	4636	1847	1771	2749	2840
保 定 市（不含定州市）	4382	4535	3859	3833	1675	1669	2184	2139
定州市	742	824	737	803	172	102	565	701
张家口市	8298	8164	6295	6232	2068	1855	4227	4276
承 德 市	8593	9096	7319	7867	6608	6618	711	633
沧 州 市	5385	5028	4914	4683	4504	3964	410	422
廊 坊 市	4088	3689	3478	3115	2588	2238	890	817
衡 水 市	4476	4276	4006	3869	3222	3159	783	711

2-2-16续1　各市牲畜存栏

单位：百头

名　称	（二）马		（三）驴		（四）骡	
	2014年	2015年	2014年	2015年	2014年	2015年
全　　省	**1706**	**1597**	**4992**	**4734**	**1879**	**1737**
石家庄市（包含辛集市）	108	89	375	342	77	63
石家庄市（不含辛集市）	85	77	300	289	77	63
辛集市	23	12	75	53	0	0
唐 山 市	114	95	835	725	156	118
秦皇岛市	18	18	253	216	39	34
邯 郸 市	195	179	499	476	286	267
邢 台 市	34	30	203	179	31	26
保 定 市（包含定州市）	63	56	435	638	30	29
保 定 市（不含定州市）	63	49	430	624	30	29
定州市	0	8	5	14	0	0
张家口市	272	293	1011	925	719	715
承 德 市	599	588	359	330	316	311
沧 州 市	96	71	282	207	93	67
廊 坊 市	94	91	429	403	87	81
衡 水 市	114	89	311	293	45	25

2-2-16续2　各市牲畜存栏

单位：百头、百只

名　称	二、猪存栏		#能繁母猪		三、羊存栏		1.山羊存栏	
	2014年	2015年	2014年	2015年	2014年	2015年	2014年	2015年
全　　省	**191545**	**186565**	**19523**	**18547**	**152640**	**145009**	**48156**	**47578**
石家庄市（包含辛集市）	36510	35660	4162	3978	12945	12379	4406	4100
石家庄市（不含辛集市）	32497	31620	3707	3522	11365	10797	4029	3723
辛集市	4013	4040	455	456	1580	1582	377	377
唐 山 市	43155	41947	5030	4779	9535	9058	3870	3646
秦皇岛市	14764	14749	1842	1802	12095	11490	5095	4823
邯 郸 市	35134	34221	3866	3673	36055	34072	21876	20623
邢 台 市	18398	17920	2586	2418	10668	10135	5616	5306
保 定 市（包含定州市）	41143	40225	5104	4976	22708	21704	6746	6429
保 定 市（不含定州市）	35271	34319	4404	4273	20579	19550	6496	6230
定州市	5872	5906	700	703	2129	2154	250	199
张家口市	15305	14998	1870	1777	23424	22604	2015	1856
承 德 市	16255	16190	1839	1685	11047	10440	5793	5501
沧 州 市	18549	18067	2326	2141	18342	17425	8476	7813
廊 坊 市	13623	11991	1363	1150	16719	15328	3831	3552
衡 水 市	23132	22773	2782	2704	13487	12956	7805	7367

2-2-16续3　各市牲畜存栏

单位：百只

名　　称	2.绵羊存栏		四、活家禽存栏		五、家兔存栏	
	2014年	2015年	2014年	2015年	2014年	2015年
全　　省	**104484**	**97431**	**3869466**	**3780468**	**137071**	**130473**
石家庄市（包含辛集市）	8539	8279	1227395	1216928	27028	25332
石家庄市（不含辛集市）	7336	7075	1049493	1038998	25180	23482
辛集市	1203	1204	177902	177930	1848	1850
唐 山 市	5665	5412	399642	390051	9034	8019
秦皇岛市	7000	6667	174429	170433	3051	2915
邯 郸 市	14179	13449	1047705	1016274	57730	54700
邢 台 市	5052	4829	538061	522995	10262	10188
保 定 市（包含定州市）	15963	15275	466535	458787	7285	7339
保 定 市（不含定州市）	14083	13320	385931	377055	6881	6959
定州市	1880	1955	80604	81732	404	381
张家口市	21408	20748	219335	214290	9134	8959
承 德 市	5254	4939	293531	286194	1835	1829
沧 州 市	9866	9611	512104	499301	2192	2063
廊 坊 市	12889	11776	222637	213124	476	437
衡 水 市	5682	5589	386515	371891	9044	8692

2-2-17　各市肉类产量

单位：吨

名　　称	肉类总产量		1. 牛　肉		2.马　肉	
	2014年	2015年	2014年	2015年	2014年	2015年
全　　省	**4681280**	**4624516**	**524046**	**531907**	**12644**	**11767**
石家庄市（包含辛集市）	796195	784133	90942	90253	1401	1239
石家庄市（不含辛集市）	709342	696846	88782	88093	1000	914
辛集市	86853	87287	2160	2160	401	325
唐 山 市	756964	741125	79267	79606	733	672
秦皇岛市	361668	354241	29282	29739	39	40
邯 郸 市	719249	705230	45611	45808	2070	1745
邢 台 市	340651	336301	31997	32829	300	319
保 定 市（包含定州市）	681992	677337	46330	47451	205	361
保 定 市（不含定州市）	571840	564021	36003	36579	205	228
定州市	110152	113316	10327	10872		133
张家口市	383505	389656	49541	51820	1962	1994
承 德 市	453919	450982	83809	85988	3166	2895
沧 州 市	498714	490986	72678	71864	1415	1296
廊 坊 市	326003	313090	62432	61313	767	716
衡 水 市	392040	384339	45021	44721	605	490

2-2-17续1　各市肉类产量

单位：吨

名　　称	肉类总产量(续1)					
	3.驴　肉		4.骡　肉		5.猪　肉	
	2014年	2015年	2014年	2015年	2014年	2015年
全　　省	**27187**	**24844**	**11785**	**11145**	**2812180**	**2750312**
石家庄市（包含辛集市）	3288	3305	839	759	469044	460153
石家庄市（不含辛集市）	2791	2801	839	759	414289	405175
辛集市	497	504			54755	54978
唐 山 市	3251	3074	961	870	520111	507108
秦皇岛市	831	844	89	84	220478	209895
邯 郸 市	2806	2423	2435	2248	411741	402683
邢 台 市	1261	1220	246	248	203429	198954
保 定 市（包含定州市）	2059	2114	113	111	498638	491066
保 定 市（不含定州市）	2034	2062	113	111	417728	408538
定州市	25	52			80910	82528
张家口市	4842	4850	3197	3344	214810	214779
承 德 市	1334	1242	1635	1509	187962	186458
沧 州 市	1797	1755	1363	1192	212501	207826
廊 坊 市	3089	2778	657	590	178787	168678
衡 水 市	1525	1239	250	190	249694	244327

2-2-17续2　各市肉类产量

单位：吨

名　　称	肉类总产量(续2)					
	6.羊　肉		(1)山羊肉		(2)绵羊肉	
	2014年	2015年	2014年	2015年	2014年	2015年
全　　省	**304386**	**316726**	**115662**	**119132**	**188724**	**197594**
石家庄市（包含辛集市）	21751	22543	6569	6547	15182	15996
石家庄市（不含辛集市）	19516	20228	6088	6066	13428	14162
辛集市	2235	2315	481	481	1754	1834
唐 山 市	16188	16836	6721	6620	9467	10216
秦皇岛市	28179	30041	8391	8397	19788	21644
邯 郸 市	51860	52535	31135	31534	20725	21001
邢 台 市	16583	17026	8036	8157	8547	8869
保 定 市（包含定州市）	39138	41334	9141	9677	29997	31657
保 定 市（不含定州市）	35014	37045	8786	9314	26228	27731
定州市	4124	4289	355	363	3769	3926
张家口市	47373	50962	3411	3795	43962	47167
承 德 市	19056	19818	9562	9748	9494	10070
沧 州 市	33088	33688	14023	13919	19065	19769
廊 坊 市	31371	30600	6605	6515	24766	24085
衡 水 市	21589	22011	11390	11291	10199	10720

2-2-17续3　各市肉类产量

单位：吨

名　称	肉类总产量(续3)					
	7.禽　肉		8.兔　肉		9.其他肉	
	2014年	2015年	2014年	2015年	2014年	2015年
全　省	**882454**	**870100**	**55280**	**54451**	**51298**	**53247**
石家庄市（包含辛集市）	199800	197442	8327	7736	803	703
石家庄市（不含辛集市）	173970	171416	7352	6757	803	703
辛集市	25830	26026	975	979		
唐 山 市	130333	127205	5459	5035	660	702
秦皇岛市	56367	56818	1863	1287	24540	25493
邯 郸 市	160339	158094	25788	23316	16599	16378
邢 台 市	83582	82412	2954	2984	299	309
保 定 市（包含定州市）	92278	91918	1814	1712	1417	1270
保 定 市（不含定州市）	77935	76844	1418	1371	1390	1243
定州市	14343	15074	396	341	27	27
张家口市	51385	50666	4995	4842	5400	6399
承 德 市	155611	151876	1294	1145	52	51
沧 州 市	174442	172000	522	505	908	860
廊 坊 市	48736	48267	123	107	41	41
衡 水 市	70636	68641	2141	2150	579	570

2-2-18　各市畜产品产量

单位：吨

名　称	一、禽蛋产量		二、奶类产量		#生　牛　奶		三、山羊粗毛产量	
	2014年	2015年	2014年	2015年	2014年	2015年	2014年	2015年
全　省	**3627128**	**3735942**	**4961234**	**4809345**	**4877700**	**4731369**	**3153**	**3115**
石家庄市（包含辛集市）	1101362	1094495	1240624	1227900	1238222	1225495	344	342
石家庄市（不含辛集市）	940362	932805	1177366	1164010	1174964	1161605	344	342
辛集市	161000	161690	63258	63890	63258	63890		
唐 山 市	369463	372419	1903868	1823894	1844600	1768971	244	260
秦皇岛市	116032	116374	110737	105697	102094	99031	381	378
邯 郸 市	1111150	1116300	246620	233799	236312	222784	628	614
邢 台 市	533097	544292	296700	287799	296700	287799	117	120
保 定 市（包含定州市）	439967	461869	855882	834054	855829	834021	533	542
保 定 市（不含定州市）	358028	376376	628374	609504	628321	609471	533	542
定州市	81939	85493	227508	224550	227508	224550		
张家口市	225690	238080	1298665	1259791	1297809	1258875	143	151
承 德 市	112548	115653	153106	148515	153063	148471	460	423
沧 州 市	340193	327447	93607	77775	93607	77775	241	229
廊 坊 市	169931	155434	235679	228680	233718	226706	6	6
衡 水 市	297599	300454	112773	115028	112773	115028	56	50

2-2-18续1　各市畜产品产量

单位：吨

名　称	山羊绒产量		四、绵羊毛产量		#细羊毛		#半细羊毛	
	2014年	2015年	2014年	2015年	2014年	2015年	2014年	2015年
全　省	**877**	**946**	**36145**	**36308**	**6472**	**6655**	**22798**	**22956**
石家庄市（包含辛集市）	23	24	2976	2935	164	119	2463	2450
石家庄市（不含辛集市）	23	24	2624	2582	164	119	2111	2097
辛集市			352	353			352	353
唐 山 市	24	28	1511	1444	209	217	957	896
秦皇岛市	104	110	1867	1983	198	359	1560	1556
邯 郸 市	242	236	3965	3238	905	753	2088	1627
邢 台 市	43	46	1306	1289	55	57	1041	1050
保 定 市（包含定州市）	217	252	4682	4601	391	397	4083	3997
保 定 市（不含定州市）	217	252	4468	4520	375	397	3885	3916
定州市			214	81	16		198	81
张家口市	54	59	10720	11745	2312	2611	8024	8693
承 德 市	117	131	2450	2497	1058	989	992	1076
沧 州 市	25	37	1711	1695	676	687	504	498
廊 坊 市			2620	2625	40	35	68	62
衡 水 市	28	23	2337	2256	464	431	1018	1051

2-2-18续2　各市畜产品产量

单位：吨

名　称	五、天然蜂蜜产量		六、蚕茧产量		#桑蚕茧		#柞蚕茧	
	2014年	2015年	2014年	2015年	2014年	2015年	2014年	2015年
全　省	**13161**	**12882**	**1323**	**1007**	**573**	**252**	**750**	**755**
石家庄市（包含辛集市）	3051	3116						
石家庄市（不含辛集市）	3051	3116						
辛集市								
唐 山 市	288	302						
秦皇岛市	959	938	810	812	60	57	750	755
邯 郸 市	703	705						
邢 台 市	1217	1234	458	130	458	130		
保 定 市（包含定州市）	1664	1798						
保 定 市（不含定州市）	1639	1773						
定州市	25	25						
张家口市	282	262						
承 德 市	4746	4302	55	65	55	65		
沧 州 市	49	32						
廊 坊 市	20	20						
衡 水 市	182	173						

2-2-19 各市畜牧养殖小区情况

单位：个

名称	养殖小区个数		养猪小区		养鸡小区		#养蛋鸡小区	
	2014年	2015年	2014年	2015年	2014年	2015年	2014年	2015年
全　省	**2926**	**2504**	**348**	**254**	**732**	**662**	**268**	**207**
石家庄市（包含辛集市）	392	334	15	14	21	21	21	21
石家庄市（不含辛集市）	361	304	9	8	14	14	14	14
辛集市	31	30	6	6	7	7	7	7
唐山市	125	137	15	15	6	6	4	4
秦皇岛市	71	42	9	1	15	8	3	1
邯郸市	121	107	4	4	54	46	15	6
邢台市	65	51	3	3	33	25	4	6
保定市（包含定州市）	329	254	41	35	45	40	30	25
保定市（不含定州市）	242	176	12	7	21	18	6	3
定州市	87	78	29	28	24	22	24	22
张家口市	104	114	3		4	4	3	3
承德市	1407	1226	205	149	439	407	157	118
沧州市	111	101	11	6	77	78	6	4
廊坊市	20	18						
衡水市	181	120	42	27	38	27	25	19

2-2-19续1 各市畜牧养殖小区情况

单位：个

名称	养牛小区		#养奶牛小区		养羊小区		#养绵羊小区	
	2014年	2015年	2014年	2015年	2014年	2015年	2014年	2015年
全　省	**1313**	**1198**	**1045**	**900**	**483**	**341**	**413**	**292**
石家庄市（包含辛集市）	355	298	353	296	1	1	1	1
石家庄市（不含辛集市）	338	282	337	281				
辛集市	17	16	16	15	1	1	1	1
唐山市	104	116	104	116				
秦皇岛市	31	23	31	23	15	9	5	1
邯郸市	62	56	59	56	1	1	1	
邢台市	29	20	29	20		3		3
保定市（包含定州市）	242	179	241	178				
保定市（不含定州市）	208	151	207	150				
定州市	34	28	34	28				
张家口市	93	106	93	106	4	4	4	4
承德市	282	327	46	40	456	317	396	277
沧州市	15	10	15	10				
廊坊市	20	18	20	18				
衡水市	80	45	54	37	6	6	6	6

2-2-19续2 各市畜牧养殖小区情况

单位：万头、万只

名 称	猪存栏		活鸡存栏		肉牛存栏	
	2014年	2015年	2014年	2015年	2014年	2015年
全 省	**134.25**	**90.13**	**5189.20**	**4998.14**	**17.03**	**14.57**
石家庄市（包含辛集市）	27.12	24.94	1653.13	1642.75	1.19	1.18
石家庄市（不含辛集市）	13.85	11.65	651.70	641.30	0.20	0.18
辛集市	13.27	13.29	1001.43	1001.45	0.99	1.00
唐 山 市	7.11	7.10	56.94	46.94		
秦皇岛市	27.07	3.86	261.85	115.38		
邯 郸 市	3.15	3.18	392.11	338.51		
邢 台 市	2.80	2.45	444.00	626.00		
保 定 市（包含定州市）	13.45	11.98	345.14	298.02	0.79	0.80
保 定 市（不含定州市）	8.95	7.64	300.58	255.28	0.79	0.80
定州市	4.50	4.34	44.56	42.74		
张家口市	1.63		105.00	105.00		
承 德 市	33.80	25.72	1301.73	1221.60	13.01	11.85
沧 州 市	3.46	0.66	336.80	332.60		
廊 坊 市						
衡 水 市	14.66	10.24	292.50	271.34	2.05	0.74

2-2-19续3 各市畜牧养殖小区情况

单位：万头、万只

名 称	奶牛存栏		羊存栏		猪出栏	
	2014年	2015年	2014年	2015年	2014年	2015年
全 省	**106.15**	**90.62**	**69.38**	**58.36**	**219.76**	**148.91**
石家庄市（包含辛集市）	38.80	35.38	2.69	2.70	45.56	42.11
石家庄市（不含辛集市）	36.78	33.36			21.68	18.19
辛集市	2.02	2.02	2.69	2.70	23.88	23.92
唐 山 市	11.36	13.71			11.44	11.45
秦皇岛市	3.24	2.37	22.56	17.94	49.52	8.29
邯 郸 市	5.17	4.55	0.06	0.06	5.17	5.21
邢 台 市	5.28	3.63		2.80	3.92	4.04
保 定 市（包含定州市）	20.03	12.86	0.61	0.42	25.27	23.10
保 定 市（不含定州市）	15.70	10.78	0.61	0.42	14.76	12.86
定州市	4.33	2.08			10.51	10.24
张家口市	9.98	7.24	3.50	3.50	2.26	
承 德 市	5.44	5.70	30.40	24.24	46.10	36.18
沧 州 市	0.69	0.23			4.66	1.91
廊 坊 市	1.63	1.30				
衡 水 市	4.53	3.65	9.56	6.70	25.86	16.62

2-2-19续4　各市畜牧养殖小区情况

单位：万只、万头

名　称	活鸡出栏		肉牛出栏		羊出栏	
	2014年	2015年	2014年	2015年	2014年	2015年
全　省	**14897.48**	**13558.98**	**26.02**	**20.32**	**10.23**	**109.57**
石家庄市（包含辛集市）	1454.50	1463.82	1.37	1.38	3.27	3.29
石家庄市（不含辛集市）	703.40	712.70	0.32	0.32		
辛集市	751.10	751.12	1.05	1.06	3.27	3.29
唐山市	79.07	89.57				
秦皇岛市	1042.10	628.80			0.43	40.41
邯郸市	807.40	899.40			0.09	0.09
邢台市	1470.00	978.80				2.90
保定市（包含定州市）	604.78	569.49	3.40	3.50	0.42	0.03
保定市（不含定州市）	571.60	537.70	3.40	3.50	0.42	0.03
定州市	33.18	31.79				
张家口市	87.00	87.00	0.01		4.10	4.10
承德市	7528.60	7150.98	17.21	15.11	0.39	44.35
沧州市	1597.98	1488.90				
廊坊市						
衡水市	226.05	202.22	4.03	0.33	1.53	14.40

2-2-19续5　各市畜牧养殖小区情况

单位：吨

名　称	肉产量		蛋产量		奶产量	
	2014年	2015年	2014年	2015年	2014年	2015年
全　省	**395797**	**337157**	**290247**	**264825**	**3275766**	**2598809**
石家庄市（包含辛集市）	60384	62838	168663	166542	1179074	1137220
石家庄市（不含辛集市）	30370	32820	75530	75410	1115816	1073330
辛集市	30014	30018	93133	91132	63258	63890
唐山市	11482	10696	4412	4053	442043	190907
秦皇岛市	59647	11353	6962	925	65000	43600
邯郸市	4689	4589	15291	8111	93502	85032
邢台市	3719	659	8250	1	151400	128661
保定市（包含定州市）	28901	25013	26131	22019	682409	459550
保定市（不含定州市）	19629	16432	20704	16814	504046	373854
定州市	9272	8581	5427	5205	178363	85696
张家口市	3041	1252	2500	2500	408635	201994
承德市	179185	176644	35485	28378	70912	175800
沧州市	36208	32821	3343	1759	13770	8407
廊坊市	1245	302			51831	45133
衡水市	7296	10991	19210	30537	117190	122505

2-2-20　各市特种畜禽饲养存栏情况

单位：头、只

名　　称	貂		鹿		狐　　狸	
	2014年	2015年	2014年	2015年	2014年	2015年
全　　省	**3172451**	**2306200**	**12930**	**8233**	**5940635**	**1999533**
石家庄市（包含辛集市）	620477	304798	2621	475	582061	98753
石家庄市（不含辛集市）	617837	302068	2498	245	509641	52193
辛集市	2640	2730	123	230	72420	46560
唐 山 市	940667	578238	965	550	1243641	525842
秦皇岛市	385383	203687	2917	1875	2704009	906716
邯 郸 市	7200	8300	445	310	9300	12330
邢 台 市	6200	5700	145	70	7480	1910
保 定 市（包含定州市）	738792	424660	150	100	189115	51015
保 定 市（不含定州市）	738792	424660	150	100	189115	51015
定州市						
张家口市	2400	2180	971	183	28910	12096
承 德 市	6200	2252	4586	4540	1625	330
沧 州 市	255732	157335	30	30	1010344	343541
廊 坊 市						
衡 水 市	209400	619050	100	100	164150	47000

2-2-20续1　各市特种畜禽饲养存栏情况

单位：头、只

名　　称	貉		肉　　鸽		雉(山)鸡	
	2014年	2015年	2014年	2015年	2014年	2015年
全　　省	**5433245**	**5237205**	**1941794**	**1333100**	**96105**	**39126**
石家庄市（包含辛集市）	276147	116402	580440	395870	38	40
石家庄市（不含辛集市）	274347	114402	570550	385970	38	40
辛集市	1800	2000	9890	9900		
唐 山 市	1762235	2871399	58900	41568	21000	
秦皇岛市	2607573	1652101		2000	12417	9936
邯 郸 市	1750	2100	174600	191400	17000	3000
邢 台 市	700	720	163200	158500	6000	6000
保 定 市（包含定州市）	266970	146122	81454	80870	15000	15500
保 定 市（不含定州市）	266820	145980	77784	77180	15000	15500
定州市	150	142	3670	3690		
张家口市	45532	44000	1800	1800	6600	
承 德 市	12490	6290	8100	7200	15000	1500
沧 州 市	213048	261871	127100	121150	2050	2150
廊 坊 市			29000	33442		
衡 水 市	246800	136200	717200	299300	1000	1000

2-2-20续2　各市特种畜禽饲养存栏情况

单位：头、只

名　称	鹌　鹑		鸵　鸟		獭　兔	
	2014年	2015年	2014年	2015年	2014年	2015年
全　省	**7268335**	**6095979**	**21124**	**17539**	**3775978**	**3479443**
石家庄市（包含辛集市）	2199565	1388100	19753	14964	165180	33090
石家庄市（不含辛集市）	2199565	1388100	19753	14964	155760	23590
辛集市					9420	9500
唐 山 市	101500	90000	20		295616	253026
秦皇岛市	4136470	3262379			49935	38155
邯 郸 市	5000	5000	215	15	1933800	1838800
邢 台 市	108800	183500			217300	227000
保 定 市（包含定州市）	557000	955000	1040	2470	336723	326920
保 定 市（不含定州市）	557000	955000	1040	2470	297973	288250
定州市					38750	38670
张家口市	60000	60000	96	90	272610	262250
承 德 市					24389	54057
沧 州 市	40000	100000			204825	195745
廊 坊 市	15000	20000			7000	
衡 水 市	45000	32000			268600	250400

2-2-20续3　各市特种畜禽饲养存栏情况

单位：头、只

名　称	肉　犬		鹧　鸪		乌骨鸡	
	2014年	2015年	2014年	2015年	2014年	2015年
全　省	**250129**	**271014**			**165107**	**158798**
石家庄市（包含辛集市）	81418	32730			42	
石家庄市（不含辛集市）	81418	32730			42	
辛集市						
唐 山 市	500	1218			22100	20000
秦皇岛市	18286	16195			16162	3348
邯 郸 市	37280	37280			3000	3000
邢 台 市	265	266			3	6200
保 定 市（包含定州市）	43230	43340				
保 定 市（不含定州市）	43230	43340				
定州市						
张家口市	200	35				
承 德 市					61800	114250
沧 州 市	28270	28450			50000	
廊 坊 市	10000	36500				
衡 水 市	30680	75000			12000	12000

2-2-21　各市特种畜禽饲养出栏情况

单位：头、只

名　称	貂		鹿		狐　狸	
	2014年	2015年	2014年	2015年	2014年	2015年
全　省	**6550001**	**6660824**	**15741**	**4132**	**5940635**	**6595571**
石家庄市（包含辛集市）	2111085	776481	10664	200	582061	256876
石家庄市（不含辛集市）	2106525	771771	10614	150	509641	184146
辛集市	4560	4710	50	50	72420	72730
唐山市	1363496	1274783	550	300	1243641	2475511
秦皇岛市	1053380	1126588	624	125	2704009	2484363
邯郸市	2200	3200	130	130	9300	11080
邢台市	13755	14555	133	90	7480	7490
保定市（包含定州市）	814250	992370	42	35	189115	176267
保定市（不含定州市）	814250	992370	42	35	189115	176267
定州市						
张家口市	18440	18100	386	83	28910	29000
承德市	6880	2950	3033	3002	1625	590
沧州市	753615	498197	29	17	1010344	1018744
廊坊市						
衡水市	412900	1953600	150	150	164150	135650

2-2-21续1　各市特种畜禽饲养出栏情况

单位：头、只

名　称	貉		肉　鸽		雉(山)鸡	
	2014年	2015年	2014年	2015年	2014年	2015年
全　省	**15806876**	**17302825**	**3893410**	**3094958**	**164393**	**56080**
石家庄市（包含辛集市）	802624	370334	674380	432913	25	30
石家庄市（不含辛集市）	800624	368134	663640	422163	25	30
辛集市	2000	2200	10740	10750		
唐山市	4906540	5919639	354900	58965	30000	
秦皇岛市	8742784	9565885		20000	11918	5640
邯郸市	1400	1500	293600	353800	64700	13000
邢台市	4700	3900	870400	866500	11000	11000
保定市（包含定州市）	240295	418483	261030	259180	20000	19000
保定市（不含定州市）	240195	418390	255960	254100	20000	19000
定州市	100	93	5070	5080		
张家口市	77920	83800	2100	2100	7200	
承德市	38051	18998	5400	4100	16300	4000
沧州市	669592	718956	542400	498700	3250	3410
廊坊市			55000	55100		
衡水市	322970	201330	834200	543600		

2-2-21续2　各市特种畜禽饲养出栏情况

单位：头、只

名　称	鹌　鹑		鸵　鸟		獭　兔	
	2014年	2015年	2014年	2015年	2014年	2015年
全　省	**12931976**	**8248309**	**15735**	**15520**	**12467350**	**11991582**
石家庄市（包含辛集市）	4800007	1642960	13545	11940	328980	77030
石家庄市（不含辛集市）	4800007	1642960	13545	11940	316550	64500
辛集市					12430	12530
唐 山 市	82500	74000	20		1046131	978368
秦皇岛市	7000709	5810299			200439	109879
邯 郸 市	3000	3000	60	10	6386909	6249909
邢 台 市	162300	105000			342400	461120
保 定 市（包含定州市）	702460	505050	2110	3570	1271935	1243910
保 定 市（不含定州市）	702460	505050	2110	3570	1157735	1129650
定州市					114200	114260
张家口市	32000	32000			611340	566860
承 德 市					77800	128600
沧 州 市	41000	11000			1434216	1418206
廊 坊 市	10000	9000			19200	
衡 水 市	98000	56000			748000	757700

2-2-21续3　各市特种畜禽饲养出栏情况

单位：头、只

名　称	肉　犬		鹧　鸪		乌骨鸡	
	2014年	2015年	2014年	2015年	2014年	2015年
全　省	**293489**	**122872**			**221262**	**73863**
石家庄市（包含辛集市）	63095	16480			105	
石家庄市（不含辛集市）	63095	16480			105	
辛集市						
唐 山 市	750	621			43600	40000
秦皇岛市	124902	12707			3577	1863
邯 郸 市	28090	28090			3300	3000
邢 台 市	12292	278			30000	7000
保 定 市（包含定州市）	24710	24313				
保 定 市（不含定州市）	24710	24313				
定州市						
张家口市		13				
承 德 市					28680	10000
沧 州 市	15350	15870			100000	
廊 坊 市	2000	2000				
衡 水 市	22300	22500			12000	12000

2-2-22 各市水产品产量

单位：吨

名 称	水产品产量		(一)海水产品产量		鱼 类		虾 蟹 类	
	2014年	2015年	2014年	2015年	2014年	2015年	2014年	2015年
全 省	**1263941**	**1293077**	**731594**	**756931**	**143783**	**153972**	**74982**	**77740**
石家庄市（包含辛集市）	35003	33855						
石家庄市（不含辛集市）	34962	33812						
辛集市	41	43						
唐 山 市	551224	560005	284839	289515	50963	47462	51953	52117
秦皇岛市	354658	360706	348389	353662	15132	13737	6002	8046
邯 郸 市	34363	35023						
邢 台 市	10030	9549						
保 定 市（包含定州市）	57062	57296						
保 定 市（不含定州市）	56932	57166						
定州市	130	130						
张家口市	12591	13070						
承 德 市	40163	40205						
沧 州 市	124934	139684	93275	108708	72912	88041	16714	17265
廊 坊 市	35376	34961	5091	5046	4776	4732	313	312
衡 水 市	8537	8723						

2-2-22续1 各市水产品产量

单位：吨

名 称	贝 类		其他海水产品		按生产方式分：海洋捕捞产品产量		按生产方式分：海水养殖产品产量	
	2014年	2015年	2014年	2015年	2014年	2015年	2014年	2015年
全 省	**469296**	**482177**	**43533**	**43042**	**239595**	**250447**	**491999**	**506484**
石家庄市（包含辛集市）								
石家庄市（不含辛集市）								
辛集市								
唐 山 市	147590	156706	34333	33230	129826	123701	155013	165814
秦皇岛市	319874	323661	7381	8218	24739	26482	323650	327180
邯 郸 市								
邢 台 市								
保 定 市（包含定州市）								
保 定 市（不含定州市）								
定州市								
张家口市								
承 德 市								
沧 州 市	1832	1810	1817	1592	79939	95218	13336	13490
廊 坊 市			2	2	5091	5046		
衡 水 市								

2-2-22续2　各市水产品产量

单位：吨

名　称	(二)淡水产品产量		鱼　类		虾蟹类		贝　类	
	2014年	2015年	2014年	2015年	2014年	2015年	2014年	2015年
全　省	**532347**	**536146**	**490131**	**495247**	**32328**	**30960**	**3779**	**3818**
石家庄市（包含辛集市）	35003	33855	32704	31629	1209	1155		
石家庄市（不含辛集市）	34962	33812	32663	31586	1209	1155		
辛集市	41	43	41	43				
唐 山 市	266385	270490	241855	246684	24167	23421		
秦皇岛市	6269	7044	5912	6686	257	258		
邯 郸 市	34363	35023	33171	33856	1142	1127	43	40
邢 台 市	10030	9549	9927	9448	17	28		
保 定 市（包含定州市）	57062	57296	46449	47094	2497	2015	3736	3778
保 定 市（不含定州市）	56932	57166	46319	46964	2497	2015	3736	3778
定州市	130	130	130	130				
张家口市	12591	13070	11449	11841	1142	1229		
承 德 市	40163	40205	40113	40155	50	50		
沧 州 市	31659	30976	29977	29500	1670	1465		
廊 坊 市	30285	29915	30111	29740	103	103		
衡 水 市	8537	8723	8463	8614	74	109		

2-2-22续3　各市水产品产量

单位：吨

名　称	其他类		按生产方式分			
			淡水捕捞产品产量		淡水养殖产品产量	
	2014年	2015年	2014年	2015年	2014年	2015年
全　省	**6109**	**6121**	**101680**	**102721**	**430667**	**433425**
石家庄市（包含辛集市）	1090	1071	16775	16757	18228	17098
石家庄市（不含辛集市）	1090	1071	16775	16757	18187	17055
辛集市					41	43
唐 山 市	363	385	11116	8544	255269	261946
秦皇岛市	100	100	1387	1380	4882	5664
邯 郸 市	7		12283	12233	22080	22790
邢 台 市	86	73	2892	3124	7138	6425
保 定 市（包含定州市）	4380	4409	36447	40603	20615	16693
保 定 市（不含定州市）	4380	4409	36447	40603	20485	16563
定州市					130	130
张家口市			96	97	12495	12973
承 德 市			10593	10638	29570	29567
沧 州 市	12	11	4937	4842	26722	26134
廊 坊 市	71	72	3081	2390	27204	27525
衡 水 市			2073	2113	6464	6610

2-2-23 各市水产养殖面积

单位：公顷

名称	水产养殖面积		(一)海水养殖面积	
	2014年	2015年	2014年	2015年
全省	**201018**	**193954**	**122434**	**117533**
石家庄市（包含辛集市）	15393	15383		
石家庄市（不含辛集市）	15382	15372		
辛集市	11	11		
唐山市	79068	81225	59407	62254
秦皇岛市	59120	51304	52645	44785
邯郸市	2622	2443		
邢台市	2404	2430		
保定市（包含定州市）	6516	5576		
保定市（不含定州市）	6498	5558		
定州市	18	18		
张家口市	9845	9844		
承德市	5848	5881		
沧州市	15895	15660	10382	10494
廊坊市	3306	3207		
衡水市	1001	1001		

2-2-23续1 各市水产养殖面积

单位：公顷

名称	1.海上养殖		2.滩涂养殖		3.陆基养殖	
	2014年	2015年	2014年	2015年	2014年	2015年
全省	**77006**	**65773**	**28726**	**33584**	**16702**	**18176**
石家庄市（包含辛集市）						
石家庄市（不含辛集市）						
辛集市						
唐山市	28990	25785	24366	29058	6051	7411
秦皇岛市	48016	39988	4360	4526	269	271
邯郸市						
邢台市						
保定市（包含定州市）						
保定市（不含定州市）						
定州市						
张家口市						
承德市						
沧州市					10382	10494
廊坊市						
衡水市						

2-2-23续2 各市水产养殖面积

单位：公顷

名 称	(二)淡水养殖面积		1.池塘养殖		2.湖泊养殖	
	2014年	2015年	2014年	2015年	2014年	2015年
全 省	**78584**	**76421**	**31306**	**29783**	**4054**	**2851**
石家庄市（包含辛集市）	15393	15383	846	866		
石家庄市（不含辛集市）	15382	15372	835	855		
辛集市	11	11	11	11		
唐 山 市	19661	18971	17240	15849	313	354
秦皇岛市	6475	6519	421	465		
邯 郸 市	2622	2443	1492	1349	146	146
邢 台 市	2404	2430	585	611		
保 定 市（包含定州市）	6516	5576	748	732	1840	944
保 定 市（不含定州市）	6498	5558	730	714	1840	944
定州市	18	18	18	18		
张家口市	9845	9844	444	444	1361	1360
承 德 市	5848	5881	391	428	47	47
沧 州 市	5513	5166	4832	4832	347	
廊 坊 市	3306	3207	3306	3207		
衡 水 市	1001	1001	1001	1000		

2-2-23续3 各市水产养殖面积

单位：公顷

名 称	3.河沟养殖		4.水库养殖		5.其他养殖	
	2014年	2015年	2014年	2015年	2014年	2015年
全 省	**1520**	**1470**	**41350**	**41407**	**354**	**910**
石家庄市（包含辛集市）	100	70	14447	14447		
石家庄市（不含辛集市）	100	70	14447	14447		
辛集市						
唐 山 市	480	472	1628	1736		560
秦皇岛市	160	150	5894	5902		2
邯 郸 市	380	380	603	567	1	1
邢 台 市			1819	1819		
保 定 市（包含定州市）	343	340	3232	3213	353	347
保 定 市（不含定州市）	343	340	3232	3213	353	347
定州市						
张家口市			8040	8040		
承 德 市			5410	5406		
沧 州 市	57	57	277	277		
廊 坊 市						
衡 水 市		1				

2-2-24　各市水产品加工企业情况

名　　称	加工企业个数（个）		加工能力（吨/年）		水产冷库（座）	
	2014年	2015年	2014年	2015年	2014年	2015年
全　　省	**250**	**247**	**410878**	**413358**	**212**	**225**
石家庄市（包含辛集市）	1	1	1500	1500	3	3
石家庄市（不含辛集市）	1	1	1500	1500	3	3
辛集市						
唐 山 市	113	112	82168	83748	109	118
秦皇岛市	48	45	284970	285870	46	46
邯 郸 市	10	10	7500	7500		
邢 台 市						
保 定 市（包含定州市）						
保 定 市（不含定州市）						
定州市						
张家口市	1	1	1000	1000		
承 德 市	2	3	20000	20000	2	6
沧 州 市	75	75	13740	13740	52	52
廊 坊 市						
衡 水 市						

2-2-24续　各市水产品加工企业情况

名　　称	冻结能力（吨/日）		水产加工产量（吨）		#冷冻水产品	
	2014年	2015年	2014年	2015年	2014年	2015年
全　　省	**5707**	**6025**	**82149**	**79620**	**56599**	**58111**
石家庄市（包含辛集市）	18	18	770	770	570	570
石家庄市（不含辛集市）	18	18	770	770	570	570
辛集市						
唐 山 市	1647	1925	25251	29658	22591	25860
秦皇岛市	835	845	35733	27688	25688	23741
邯 郸 市			5600	6766		
邢 台 市						
保 定 市（包含定州市）						
保 定 市（不含定州市）						
定州市						
张家口市			1000	1000	1000	1000
承 德 市	100	130	100	100		100
沧 州 市	3107	3107	13695	13638	6750	6840
廊 坊 市						
衡 水 市						

2-2-25　各市主要人均指标(2015年)

单位：公斤

名　　称	粮食产量	棉花产量	油料产量	蔬菜产量	园林水果产　　量	肉类产量
全　　省	**454.30**	**5.04**	**20.47**	**1113.36**	**203.75**	**62.46**
石家庄市（包含辛集市）	473.59	0.72	19.32	1247.74	262.81	73.57
石家庄市（不含辛集市）	448.71	0.33	17.25	1225.02	228.16	69.48
辛集市	869.79	7.01	52.31	1609.57	814.61	138.61
唐 山 市	396.13	3.11	38.76	1865.71	204.67	95.20
秦皇岛市	275.15	0.29	19.50	1108.72	287.88	115.43
邯 郸 市	576.88	11.20	16.24	911.54	94.13	75.00
邢 台 市	620.04	24.57	24.66	544.35	188.54	46.22
保 定 市（包含定州市）	494.76	1.22	24.00	875.97	151.74	58.79
保 定 市（不含定州市）	486.13	1.33	20.77	727.40	154.95	54.64
定州市	568.99	0.30	51.85	2154.75	124.12	94.49
张家口市	360.50		13.94	1670.34	163.10	88.13
承 德 市	343.50		4.09	1229.18	351.39	127.81
沧 州 市	600.10	8.99	12.08	777.59	207.11	66.27
廊 坊 市	353.70	4.67	8.51	1496.00	157.52	68.92
衡 水 市	794.89	26.92	30.48	972.46	359.41	86.77

2-2-25续　各市主要人均指标(2015年)

名　　称	#猪牛羊肉产量(公斤)	奶类产量(公斤)	#生牛奶产量(公斤)	禽蛋产量(公斤)	水产品产　量(公斤)	农村居民人均可支配收入(元)
全　　省	**48.61**	**64.95**	**63.90**	**50.46**	**17.52**	**11051**
石家庄市（包含辛集市）	53.75	115.20	114.97	102.68	3.18	
石家庄市（不含辛集市）	51.20	116.06	115.82	93.01	3.37	11442
辛集市	94.41	101.45	101.45	256.75	0.07	
唐 山 市	77.53	234.29	227.24	47.84	71.94	13935
秦皇岛市	87.87	34.44	32.27	37.92	117.54	10782
邯 郸 市	53.28	24.86	23.69	118.71	3.72	11247
邢 台 市	34.20	39.56	39.56	74.81	1.31	9152
保 定 市（包含定州市）	50.33	72.39	72.39	40.09	4.97	
保 定 市（不含定州市）	46.71	59.05	59.05	36.46	5.54	10558
定州市	81.46	187.24	187.24	71.29	0.11	
张家口市	71.83	284.94	284.73	53.85	2.96	8341
承 德 市	82.83	42.09	42.08	32.78	11.39	7923
沧 州 市	42.30	10.50	10.50	44.20	18.85	10389
廊 坊 市	57.37	50.34	49.91	34.22	7.70	13159
衡 水 市	70.23	25.97	25.97	67.83	1.97	9030

注:各指标均按年平均人口计算。

2-3-1 2015年各市农林牧渔业总产值(可比价)

单位：万元

名称	农林牧渔业总产值	一、农业产值	(一)谷物及其他作物	(二)蔬菜、食用菌及花卉盆景园艺产品	(三)水果、食用坚果、饮料和香料
全省	**61543617**	**35498735**	**11433873**	**16258705**	**7094421**
石家庄市（包含辛集市）	9215670	5015375	1416491	2510591	1067713
石家庄市（不含辛集市）	8281576	4481275	1250764	2311149	899743
辛集市	934094	534100	165727	199442	167970
唐山市	9205764	4928784	1149358	2843732	926710
秦皇岛市	3246618	1410746	345697	588336	397733
邯郸市	7619969	4066351	1667305	1809797	513957
邢台市	5006171	3170805	1752977	743471	564944
保定市（包含定州市）	7806610	4812865	1707984	1918589	977947
保定市（不含定州市）	6451013	3972159	1500660	1428221	917759
定州市	1355597	840706	207324	490368	60188
张家口市	4394254	2153290	648188	1110359	359976
承德市	3863677	2050313	378872	891503	587347
沧州市	6559868	3321966	1511720	1164643	644092
廊坊市	3833320	2331652	483009	1482237	366398
衡水市	4117502	2406801	1050801	778651	577056

注：有关产值、商品产值、中间消耗、增加值，全省总数为省计算数，分市为上报数，各市之和不等于总数(下同)。

2-3-1续1 2015年各市农林牧渔业总产值(可比价)

单位：万元

名称	(四)中草药材	二、林业产值	(一)林木的培育和种植	(二)竹木采运	(三)林产品
全省	**711736**	**1128260**	**845875**	**52365**	**230020**
石家庄市（包含辛集市）	20580	150789	108811	2270	39708
石家庄市（不含辛集市）	19619	145626	103820	2098	39708
辛集市	961	5163	4991	172	
唐山市	8984	70037	56078	6029	7930
秦皇岛市	78980	43811	29654	966	13191
邯郸市	75292	61819	60649	1159	11
邢台市	109413	56722	54757	1725	240
保定市（包含定州市）	208345	162852	143383	3202	16267
保定市（不含定州市）	125519	116991	98113	2643	16235
定州市	82826	45861	45270	559	32
张家口市	34767	135265	99968	7863	27434
承德市	192591	263049	90586	27556	144907
沧州市	1511	64775	36826	894	27055
廊坊市	8	99409	95551	2269	1589
衡水市	293	41231	38499	2651	81

2-3-1续2　2015年各市农林牧渔业总产值(可比价)

单位：万元

名　　称	三、牧业产值	(一)牲畜饲养	(二)猪的饲养	(三)家禽饲养	(四)猎狩和捕捉动物
全　　省	**19856406**	**6943401**	**5531145**	**5474238**	**300**
石家庄市（包含辛集市）	3640976	1103560	918315	1532445	
石家庄市（不含辛集市）	3264349	1051589	810167	1318290	
辛集市	376627	51971	108148	214155	
唐 山 市	2998056	1200851	979330	549220	
秦皇岛市	1459341	420926	409618	216659	
邯 郸 市	3095001	736245	809655	1417910	
邢 台 市	1512291	408767	399771	688406	
保 定 市（包含定州市）	2536935	866215	974630	617698	
保 定 市（不含定州市）	2088144	692012	812748	505082	
定州市	448791	174203	161882	112616	
张家口市	1973992	1151355	405201	329470	
承 德 市	1416045	670178	366007	361560	
沧 州 市	1884153	586600	411110	597835	
廊 坊 市	1269807	667201	347611	232264	
衡 水 市	1325729	460154	442312	387426	

2-3-1续3　2015年各市农林牧渔业总产值(可比价)

单位：万元

名　　称	(五)其他畜牧业	四、渔业产值	(一)海水产品	(二)淡水产品	五、农林牧渔服务业
全　　省	**1907322**	**1954555**	**1230413**	**724142**	**3105661**
石家庄市（包含辛集市）	86656	52417		52417	356113
石家庄市（不含辛集市）	84303	52356		52356	337970
辛集市	2353	61		61	18143
唐 山 市	268655	944128	509720	434408	264759
秦皇岛市	412138	281393	270994	10399	51327
邯 郸 市	131191	51375		51375	345423
邢 台 市	15347	13797		13797	252556
保 定 市（包含定州市）	78392	86570		86570	207388
保 定 市（不含定州市）	78302	86384		86384	187335
定州市	90	186		186	20053
张家口市	87966	20245		20245	111462
承 德 市	18300	59327		59327	74943
沧 州 市	288608	320960	275123	45837	968014
廊 坊 市	22731	52920	8400	44520	79532
衡 水 市	35837	13186		13186	330555

2-3-2 各市农林牧渔业总产值(现价)

单位：万元

名　　称	农林牧渔业总产值		一、农业产值		(一)谷物及其他作物		1.谷　物	
	2014年	2015年	2014年	2015年	2014年	2015年	2014年	2015年
全　　省	**59947929**	**59788754**	**34534194**	**34413677**	**11372384**	**10009212**	**7574286**	**7230116**
石家庄市（包含辛集市）	8851619	8955030	4610001	4930922	1428432	1329829	1137145	1083463
石家庄市（不含辛集市）	7945523	8043381	4101946	4396985	1247543	1175779	1013840	964055
辛集市	906096	911649	508055	533937	180889	154050	123305	119408
唐 山 市	8982721	9112116	4651797	4919492	1134202	1014593	709682	676523
秦皇岛市	3153803	3188255	1363945	1376411	361442	315707	164501	152791
邯 郸 市	7455364	7423359	3991206	4061188	1737827	1581482	1268436	1194114
邢 台 市	4964074	4914338	3027200	3089012	1711718	1671611	1041369	1047466
保 定 市（包含定州市）	7578391	7632965	4557682	4690619	1747050	1587606	1261994	1189402
保 定 市（不含定州市）	6243212	6279447	3734189	3849160	1529957	1398851	1107368	1044664
定州市	1335179	1353518	823493	841459	217093	188755	154626	144738
张家口市	4377951	4309299	2189765	2175484	689897	622991	286076	268139
承 德 市	3902310	4020719	2140612	2242483	412843	356898	250677	238973
沧 州 市	6463566	6388019	3283355	3241231	1701286	1423725	1007963	948692
廊 坊 市	3812904	3811856	2296746	2309298	528619	447533	365354	321971
衡 水 市	4235499	4050442	2548060	2360354	1272370	997717	822362	682281

2-3-2续1 各市农林牧渔业总产值(现价)

单位：万元

名　　称	#小　麦		#稻　谷		#玉　米		2.薯　类	
	2014年	2015年	2014年	2015年	2014年	2015年	2014年	2015年
全　　省	**3484608**	**3458109**	**192233**	**190855**	**3592005**	**3268895**	**885169**	**831551**
石家庄市（包含辛集市）	629302	616297	316	348	497853	456618	83215	93691
石家庄市（不含辛集市）	557072	544615	316	348	448644	410725	77797	85344
辛集市	72230	71682			49209	45893	5418	8347
唐 山 市	155538	156779	168731	168949	379705	346089	93604	98011
秦皇岛市	5218	4108	23670	21499	124723	117028	131032	109023
邯 郸 市	639148	625604	3124	3185	568716	517580	32640	38105
邢 台 市	538503	536079			434855	445052	44908	41737
保 定 市（包含定州市）	619150	611540	2717	2466	623282	560378	199827	185633
保 定 市（不含定州市）	533828	528144	2717	2466	553978	499036	185596	173629
定州市	85322	83396			69304	61342	14231	12004
张家口市	14242		3322	3004	182590	162286	280896	236913
承 德 市	5307		44950	37690	179938	168609	131570	81161
沧 州 市	494800	496887	1011	1106	501815	441268	49882	50709
廊 坊 市	104507	101123		40	258596	218920	33016	29100
衡 水 市	444189	412474			367352	258636	24801	23910

2-3-2续2　各市农林牧渔业总产值(现价)

单位：万元

名　　称	薯类（续）		3.油　料					
	#马铃薯				#花　生		#油菜籽	
	2014年	2015年	2014年	2015年	2014年	2015年	2014年	2015年
全　　省	**378289**	**348257**	**877979**	**808016**	**775444**	**700778**	**18590**	**16653**
石家庄市（包含辛集市）	5262	4428	122348	87243	114159	79921	2223	29
石家庄市（不含辛集市）	5262	4428	102411	73453	95628	66896	1912	29
辛集市			19937	13790	18531	13025	311	
唐 山 市	34150	36306	179586	126879	179143	126554		
秦皇岛市	24300	25670	37722	25208	37506	25030		
邯 郸 市	2282	2299	90219	66259	80299	56209	5974	21
邢 台 市	3992	3878	95023	76424	70057	49103	4925	3866
保 定 市（包含定州市）	44541	45557	164829	116525	158030	109815	317	
保 定 市（不含定州市）	34505	35324	127536	90423	121009	83965	317	
定州市	10036	10233	37293	26102	37021	25850		
张家口市	279894	235947	25646	25650	1046	548	2540	2179
承 德 市	126770	75804	6209	6132	502	320	847	802
沧 州 市	667	500	61345	39324	54595	32387	1719	
廊 坊 市	2616	1372	23182	16344	21963	12786		2
衡 水 市	842	902	71806	56754	58144	42469	44	

2-3-2续3　各市农林牧渔业总产值(现价)

单位：万元

名　　称	4.豆　类				5.棉　花		6.生　麻	
			#大　豆					
	2014年	2015年	2014年	2015年	2014年	2015年	2014年	2015年
全　　省	**177889**	**144558**	**126301**	**108384**	**1015005**	**784148**	**232**	**189**
石家庄市（包含辛集市）	13268	11644	11801	10232	25142	16170		
石家庄市（不含辛集市）	12139	10632	10672	9220	8664	6894		
辛集市	1129	1012	1129	1012	16478	9276		
唐 山 市	27086	25171	17620	15703	62535	50887	227	166
秦皇岛市	13974	11912	7430	6446	4849	1840		
邯 郸 市	10730	10569	9212	8933	286547	221220	1	1
邢 台 市	16841	16165	14194	13164	458601	375409		
保 定 市（包含定州市）	19571	18694	14950	13831	51386	29487	1	1
保 定 市（不含定州市）	18225	17432	13643	12605	49615	28739	1	1
定州市	1346	1262	1307	1226	1771	748		
张家口市	17986	17346	6816	6541				
承 德 市	10903	11011	8965	9504			2	2
沧 州 市	24987	18901	22703	17295	258009	139812		
廊 坊 市	12993	13250	11346	11281	71017	44520		
衡 水 市	10367	9522	8416	8038	318316	209627		

2-3-2续4　各市农林牧渔业总产值(现价)

单位：万元

名　　称	7.糖　料		8.烟　草		9.其他农作物		#饲料作物	
	2014年	2015年	2014年	2015年	2014年	2015年	2014年	2015年
全　　省	**30246**	**35670**	**7393**	**5334**	**804185**	**169630**	**28646**	**26226**
石家庄市（包含辛集市）			799	809	46515	36809	20	127
石家庄市（不含辛集市）			799	809	31893	34592	20	127
辛集市					14622	2217		
唐 山 市			1465		60017	36956	13	173
秦皇岛市					9364	14933	3	12
邯 郸 市					49254	51214		
邢 台 市					54976	114410		
保 定 市（包含定州市）			673	574	48769	47290	67	213
保 定 市（不含定州市）			673	574	40943	43389	67	53
定州市					7826	3901		160
张家口市	30072	31916	4417	2150	44804	40877	7949	20765
承 德 市	173	188	34	36	13275	19395	73	863
沧 州 市					299100	226287	4348	1868
廊 坊 市			4		23053	22348	2513	1101
衡 水 市					24718	15623	2152	552

2-3-2续5　各市农林牧渔业总产值(现价)

单位：万元

名　　称	(二)蔬菜、食用菌及花卉盆景园艺产品		1.蔬　菜		2.食用菌		3.花　卉	
	2014年	2015年	2014年	2015年	2014年	2015年	2014年	2015年
全　　省	**15971720**	**17478108**	**14240220**	**16081981**	**1508840**	**1101676**	**98361**	**99460**
石家庄市（包含辛集市）	2198993	2607288	2067763	2459886	122720	139061	8510	8341
石家庄市（不含辛集市）	2018425	2399056	1887197	2251665	122718	139050	8510	8341
辛集市	180568	208232	180566	208221	2	11		
唐 山 市	2552789	2976043	2379704	2769651	144259	161194	28826	28594
秦皇岛市	535209	609942	508084	589218	17126	13686	7776	7038
邯 郸 市	1746280	1946857	1551853	1722476	171979	194037	22448	23467
邢 台 市	666355	786395	589039	686053	75020	97959	2296	2383
保 定 市（包含定州市）	1931295	1981196	1573554	1716372	206432	132326	5842	6285
保 定 市（不含定州市）	1412707	1468938	1140813	1277412	206432	132326	5462	5899
定州市	518588	512258	432741	438960			380	386
张家口市	1052295	1177409	1030883	1157891	21016	19112	396	406
承 德 市	1124349	1090737	506489	530518	612768	554180	5092	6039
沧 州 市	1021046	1200074	999629	1159279	17114	35784	4303	5011
廊 坊 市	1406528	1516983	1298384	1418357	4541	5988	12696	12968
衡 水 市	756254	782549	735695	757692	20375	24702	184	155

2–3–2续6　各市农林牧渔业总产值(现价)

单位：万元

名　　称	4.盆景园艺		(三)水果、食用坚果、饮料和香料		1.水　果		(1)园林水果	
	2014年	2015年	2014年	2015年	2014年	2015年	2014年	2015年
全　　省	**124299**	**194991**	**6654592**	**6243090**	**5809397**	**5399310**	**4484057**	**4041510**
石家庄市（包含辛集市）			979023	974652	851620	863539	743852	747533
石家庄市（不含辛集市）			833459	803966	706056	692853	599023	577914
辛集市			145564	170686	145564	170686	144829	169619
唐 山 市		16604	956319	920127	795672	787676	559909	519676
秦皇岛市	2223		411925	373995	361902	323089	326825	291545
邯 郸 市		6877	488807	465635	376642	363262	264252	258490
邢 台 市			510143	523846	429663	446620	393907	416171
保 定 市（包含定州市）	145467	126213	770962	924268	713951	867518	409825	496933
保 定 市（不含定州市）	60000	53301	719796	867336	668199	815669	367462	448371
定州市	85467	72912	51166	56932	45752	51849	42363	48562
张家口市			377700	342121	330159	258464	293389	238655
承 德 市			539228	612478	329654	384789	319994	374611
沧 州 市			560267	616005	560267	616001	440144	491718
廊 坊 市	90907	79670	361596	344775	361238	344366	236127	228309
衡 水 市			519425	579828	519425	577699	421163	413634

2–3–2续7　各市农林牧渔业总产值(现价)

单位：万元

名　　称	#苹　果		#梨		(2) 瓜 果 类		2.食用坚果	
	2014年	2015年	2014年	2015年	2014年	2015年	2014年	2015年
全　　省	**1365633**	**1319682**	**1131731**	**794404**	**1325340**	**1357800**	**804710**	**803021**
石家庄市（包含辛集市）	143358	150358	400328	384943	107768	116006	111576	93969
石家庄市（不含辛集市）	92826	98870	326489	286382	107033	114939	111576	93969
辛集市	50532	51488	73839	98561	735	1067		
唐 山 市	204861	207861	51517	41594	235763	268000	160442	132451
秦皇岛市	131125	59817	25197	6494	35077	31544	49803	50906
邯 郸 市	77489	81328	66183	51317	112390	104772	91645	80693
邢 台 市	111082	120336	115345	105538	35756	30449	80461	77210
保 定 市（包含定州市）	70760	76789	64574	62745	304126	370585	55795	55510
保 定 市（不含定州市）	60648	66041	40873	36041	300737	367298	50381	50427
定州市	10112	10748	23701	26704	3389	3287	5414	5083
张家口市	36879	16447	8052	2394	36770	19809	47514	83630
承 德 市	243361	292648	39791	41911	9660	10178	207180	225289
沧 州 市	57819	70486	153620	165533	120123	124283		4
廊 坊 市	67619	45322	49432	14199	125111	116057	301	409
衡 水 市	153326	143556	157694	153094	98262	164065		2129

2-3-2续8 各市农林牧渔业总产值(现价)

单位：万元

名　　称	#核　桃		#板　栗		3.香料原料（花椒）		(四)中草药材	
	2014年	2015年	2014年	2015年	2014年	2015年	2014年	2015年
全　　省	**395315**	**327656**	**302721**	**343856**	**40485**	**40759**	**535498**	**683267**
石家庄市（包含辛集市）	104831	87074	6662	6895	15827	17144	3553	19153
石家庄市（不含辛集市）	104831	87074	6662	6895	15827	17144	2519	18184
辛集市							1034	969
唐 山 市	69508	37372	89235	93067	205		8487	8729
秦皇岛市	11973	10755	36504	39321	220		55369	76767
邯 郸 市	85325	75728	1980	2565	20520	21680	18292	67214
邢 台 市	57888	54566	20000	19328	19	16	138984	107160
保 定 市（包含定州市）	36802	34927	1431	1492	1216	1240	108375	197549
保 定 市（不含定州市）	31388	29844	1431	1492	1216	1240	71729	114035
定州市	5414	5083					36646	83514
张家口市	2132	1801	2	2	27	27	69873	32963
承 德 市	26562	23291	146902	172084	2394	2400	64192	182370
沧 州 市		4					756	1427
廊 坊 市	295	244	6	5	57		3	7
衡 水 市		1265					11	260

2-3-2续9 各市农林牧渔业总产值(现价)

单位：万元

名　　称	二、林业产值		(一)林木的培育和种植		1.育种育苗		2.造　林	
	2014年	2015年	2014年	2015年	2014年	2015年	2014年	2015年
全　　省	**1081357**	**1214841**	**925233**	**916252**	**281160**	**258999**	**325573**	**371552**
石家庄市（包含辛集市）	143797	165715	124116	122678	15345	22795	30165	51585
石家庄市（不含辛集市）	140989	160355	121424	117486	14337	18783	29850	51375
辛集市	2808	5360	2692	5192	1008	4012	315	210
唐 山 市	75962	70069	69031	56472	20763	13581	25256	24941
秦皇岛市	59009	49230	33513	33686	16632	12085	8682	11739
邯 郸 市	87716	69088	86446	67957	26163	22799	25535	25251
邢 台 市	74166	62052	72242	60154	16740	16758	24768	17239
保 定 市（包含定州市）	191272	187545	171219	170104	94194	90094	44031	48279
保 定 市（不含定州市）	141843	129412	121926	112626	50904	38039	41781	45588
定州市	49429	58133	49293	57478	43290	52055	2250	2691
张家口市	125775	145187	101627	111880	17343	16776	58956	55564
承 德 市	262673	272588	92987	101623	18702	18765	49424	56473
沧 州 市	58465	71375	33135	43355	18036	14358	9491	20848
廊 坊 市	99772	114540	96193	110098	25290	33028	43012	49381
衡 水 市	56038	48509	53298	45864	11952	12424	14832	14529

2−3−2续10 各市农林牧渔业总产值(现价)

单位：万元

名 称	3.抚育和管理		(二)木材采运		#村及村以下木材采运		(三)林产品	
	2014年	2015年	2014年	2015年	2014年	2015年	2014年	2015年
全 省	**318500**	**285701**	**61325**	**51318**	**41100**	**30540**	**94799**	**247271**
石家庄市（包含辛集市）	78606	48298	2602	2182	2447	2182	17079	40855
石家庄市（不含辛集市）	77237	47328	2486	2014	2331	2014	17079	40855
辛集市	1369	970	116	168	116	168		
唐 山 市	23012	17950	6931	5757	6418	5514		7840
秦皇岛市	8199	9862	1831	938	1596	788	23665	14606
邯 郸 市	34748	19907	1270	1119	1263	386		12
邢 台 市	30734	26157	1924	1646	1870	1579		252
保 定 市（包含定州市）	32994	31731	3737	3147	3467	1660	16316	14294
保 定 市（不含定州市）	29241	28999	3601	2534	3331	1047	16316	14252
定州市	3753	2732	136	613	136	613		42
张家口市	25328	39540	10956	7420	8827	6250	13192	25887
承 德 市	24861	26385	25687	25889	8939	6641	143999	145076
沧 州 市	5608	8149	1266	866	1214	855	24064	27154
廊 坊 市	27891	27689	2379	2780	2379	2780	1200	1662
衡 水 市	26514	18911	2740	2549	2680	2549		96

2−3−2续11 各市农林牧渔业总产值(现价)

单位：万元

名 称	三、牧业产值		(一)牲畜饲养		1.牛的饲养		2.羊的饲养	
	2014年	2015年	2014年	2015年	2014年	2015年	2014年	2015年
全 省	**19520226**	**19041241**	**6916091**	**6410772**	**2757160**	**2677066**	**2193468**	**1919880**
石家庄市（包含辛集市）	3717632	3446706	1125968	1023289	504142	467278	157866	137362
石家庄市（不含辛集市）	3340140	3092720	1073299	975885	492532	456200	141582	123895
辛集市	377492	353986	52669	47404	11610	11078	16284	13467
唐 山 市	3074404	2929729	1222431	1115887	416765	406424	111840	98779
秦皇岛市	1431292	1362706	405831	376097	158101	153847	201200	178790
邯 郸 市	3018642	2893181	729662	662371	249890	237968	367104	326297
邢 台 市	1510913	1494843	403546	373146	173634	168814	116239	102060
保 定 市（包含定州市）	2541298	2458272	863128	782932	249812	244819	285611	243606
保 定 市（不含定州市）	2097934	2024730	692227	623998	192767	187288	254609	216804
定州市	443364	433542	170901	158934	57045	57531	31002	26802
张家口市	1939514	1854609	1128609	1038100	269443	273657	353227	300006
承 德 市	1384331	1375574	653426	621742	450045	440459	131663	116496
沧 州 市	1971491	1771337	662207	548473	387297	377967	230515	134449
廊 坊 市	1302017	1254679	670208	608430	337012	318223	237137	204450
衡 水 市	1365505	1297190	455753	421727	252066	239393	154986	137040

2-3-2续12 各市农林牧渔业总产值(现价)

单位：万元

名　　称	3.其他牲畜饲养		4.奶 产 品		#生牛奶		5.毛绒产品	
	2014年	2015年	2014年	2015年	2014年	2015年	2014年	2015年
全　　省	**85028**	**130833**	**1789091**	**1593003**	**1770714**	**1575461**	**70343**	**68990**
石家庄市（包含辛集市）	9723	9141	449979	405284	449475	404779	4258	4224
石家庄市（不含辛集市）	8273	7845	427016	384096	426512	383591	3896	3849
辛集市	1450	1296	22963	21188	22963	21188	362	375
唐 山 市	8539	7312	682629	599939	669590	589549	2658	3433
秦皇岛市	1711	1652	38961	34394	37060	32994	5858	7414
邯 郸 市	11697	9826	88049	76293	85781	73980	12922	11987
邢 台 市	3049	2988	107702	95371	107702	95371	2922	3913
保 定 市（包含定州市）	4318	4385	310678	276184	310666	276177	12709	13938
保 定 市（不含定州市）	4269	4120	228093	201929	228081	201922	12489	13857
定州市	49	265	82585	74255	82585	74255	220	81
张家口市	16878	31286	471295	418770	471106	418578	13016	14381
承 德 市	9157	8200	55571	49038	55562	49029	6990	7549
沧 州 市	7522	6674	33979	25906	33979	25906	2894	3477
廊 坊 市	8082	6947	85271	75429	84840	75014	2706	3381
衡 水 市	4355	3682	40937	38449	40937	38449	3409	3163

2-3-2续13 各市农林牧渔业总产值(现价)

单位：万元

名　　称	#羊　毛		#山羊绒		(二)猪的饲养		(三)家禽饲养	
	2014年	2015年	2014年	2015年	2014年	2015年	2014年	2015年
全　　省	**41139**	**37772**	**29204**	**31218**	**5639520**	**6084260**	**5574450**	**4653102**
石家庄市（包含辛集市）	3492	3408	766	816	938506	1004668	1513080	1330396
石家庄市（不含辛集市）	3130	3033	766	816	829710	886443	1301554	1145207
辛集市	362	375			108796	118225	211526	185189
唐 山 市	1859	2481	799	952	1019928	1070910	556018	480870
秦皇岛市	2395	3674	3463	3740	407609	447241	208467	191996
邯 郸 市	4863	3963	8059	8024	838789	913914	1411079	1220380
邢 台 市	1490	2349	1432	1564	409829	473548	690829	633378
保 定 市（包含定州市）	5483	5370	7226	8568	997242	1065041	597237	535886
保 定 市（不含定州市）	5263	5289	7226	8568	832105	887136	490388	439269
定州市	220	81			165137	177905	106849	96617
张家口市	11218	12375	1798	2006	424584	446628	308679	284748
承 德 市	3094	3095	3896	4454	377025	403496	341307	322954
沧 州 市	2061	2219	833	1258	423439	452482	621435	529783
廊 坊 市	2706	3381			359868	366700	259081	215005
衡 水 市	2476	2381	932	782	500579	502252	392209	356608

2–3–2续14　各市农林牧渔业总产值(现价)

单位：万元

名　称	#肉　禽		#禽　蛋		(四)狩猎和捕捉动物		(五)其他畜牧业	
	2014年	2015年	2014年	2015年	2014年	2015年	2014年	2015年
全　省	**1521652**	**1367249**	**4052798**	**3285853**	**300**	**300**	**1389865**	**1892807**
石家庄市（包含辛集市）	358352	370645	1154728	959751			140078	88353
石家庄市（不含辛集市）	316198	326565	985356	818642			135577	85185
辛集市	42154	44080	169372	141109			4501	3168
唐 山 市	157815	155564	398203	325306			276027	262062
秦皇岛市	86967	90333	121500	101663			409385	347372
邯 郸 市	249126	241808	1161953	978572			39112	96516
邢 台 市	130395	126334	560434	507044			6709	14771
保 定 市（包含定州市）	137891	133361	459346	402525			83691	74413
保 定 市（不含定州市）	117241	112172	373147	327097			83214	74327
定州市	20650	21189	86199	75428			477	86
张家口市	71585	74717	237094	210031	5000		72642	85133
承 德 市	225336	223111	115971	99843			12573	27382
沧 州 市	268182	243451	353253	286332			264410	240599
廊 坊 市	79813	77834	179268	137171			12860	64544
衡 水 市	119076	112884	273133	243724			16964	16603

2–3–2续15　各市农林牧渔业总产值(现价)

单位：万元

名　称	#蚕　茧		#家　兔		四、渔业产值		(一)海水产品	
	2014年	2015年	2014年	2015年	2014年	2015年	2014年	2015年
全　省	**1276**	**957**	**136235**	**124540**	**1909665**	**1987181**	**1195008**	**1251453**
石家庄市（包含辛集市）			8170	19198	42579	52837		
石家庄市（不含辛集市）			7289	17240	42526	52776		
辛集市			881	1958	53	61		
唐 山 市			10924	11513	975358	926049	567385	499861
秦皇岛市	278	1543	2397	4216	253106	324305	245736	310365
邯 郸 市			38339	55014	44800	51869		
邢 台 市	678	247	5057	6764	13627	13909		
保 定 市（包含定州市）			2284	3678	99379	87560		
保 定 市（不含定州市）			1823	3592	99213	87374		
定州市			461	86	166	186		
张家口市			7846	10659	15449	21605		
承 德 市	105	124	1372	2563	43626	54534		
沧 州 市			550	1357	268824	327955	222099	281795
廊 坊 市			117	278	46488	53144	10290	8273
衡 水 市			1814	1804	9904	12692		

2-3-2续16 各市农林牧渔业总产值(现价)

单位：万元

名称	(一)海水产品（续）							
	#养殖		1.鱼类		2.虾蟹类		3.贝类	
	2014年	2015年	2014年	2015年	2014年	2015年	2014年	2015年
全省	**803646**	**837378**	**311383**	**334119**	**529827**	**549622**	**280187**	**289306**
石家庄市（包含辛集市）								
石家庄市（不含辛集市）								
辛集市								
唐山市	308778	286285	112344	99670	259129	229315	129110	107739
秦皇岛市	228286	287125	34146	43126	29379	37105	113553	143418
邯郸市								
邢台市								
保定市（包含定州市）								
保定市（不含定州市）								
定州市								
张家口市								
承德市								
沧州市	31755	34969	108764	175445	107924	97035	3664	315
廊坊市			8819	5644	1467	2627		
衡水市								

2-3-2续17 各市农林牧渔业总产值(现价)

单位：万元

名称	4.其他类		(二)淡水产品		#养殖		1.鱼类	
	2014年	2015年	2014年	2015年	2014年	2015年	2014年	2015年
全省	**73611**	**78406**	**714657**	**735728**	**578155**	**594769**	**520602**	**530438**
石家庄市（包含辛集市）			42579	52837	22175	26682	29293	47644
石家庄市（不含辛集市）			42526	52776	22122	26621	29240	47583
辛集市			53	61	53	61	53	61
唐山市	66802	63137	407973	426188	390949	412726	295482	313289
秦皇岛市	68658	86716	7370	13940	5739	11209	6929	13106
邯郸市			44800	51869	28786	33752	39100	46734
邢台市			13627	13909	9698	9359	12668	13114
保定市（包含定州市）			99379	87560	35864	25501	47926	57204
保定市（不含定州市）			99213	87374	35698	25315	47760	57018
定州市			166	186	166	186	166	186
张家口市			15449	21605	15323	21445	12321	19607
承德市			43626	54534	32120	40105	43476	54314
沧州市	1747	9000	46725	46160	39439	38945	38513	44064
廊坊市	4	2	36198	44871	32515	41286	35390	42463
衡水市			9904	12692	7499	9618	9671	12103

2-3-2续18　各市农林牧渔业总产值(现价)

单位：万元

名　　称	(二) 淡水产品 (续)						五、农林牧渔服务业	
	2.虾蟹类		3.贝　类		4.其他类			
	2014年	2015年	2014年	2015年	2014年	2015年	2014年	2015年
全　　省	**138258**	**144893**	**831**	**1146**	**54966**	**59251**	**2902487**	**3131814**
石家庄市（包含辛集市）	2517	2341			10769	2852	337610	358850
石家庄市（不含辛集市）	2517	2341			10769	2852	319922	340545
辛集市							17688	18305
唐 山 市	108954	109357			3537	3542	205200	266777
秦皇岛市	321	607			120	227	46451	75603
邯 郸 市	5628	4919	9	216	63		313000	348033
邢 台 市	109	123			850	672	338168	254522
保 定 市（包含定州市）	10970	8866	822	1209	39661	20281	188760	208969
保 定 市（不含定州市）	10970	8866	822	1209	39661	20281	170033	188771
定州市							18727	20198
张家口市	3128	1998					107448	112414
承 德 市	150	220					71068	75540
沧 州 市	8116	2050			96	46	881431	976121
廊 坊 市	122	1672			686	736	67881	80195
衡 水 市	233	589					255992	331697

2-3-3　各市农林牧渔业总产值及构成(2015年)

单位：万元

名　　称	农林牧渔业总产值	农　业	林　业	牧　业	渔　业	农林牧渔服务业	农林牧渔业总产值构成(%)				
							农业	林业	牧业	渔业	农林牧渔服务业
全　　省	**59788754**	**34413677**	**1214841**	**19041241**	**1987181**	**3131814**	**57.56**	**2.03**	**31.85**	**3.32**	**5.24**
石家庄市（包含辛集市）	8955030	4930922	165715	3446706	52837	358850	55.06	1.85	38.49	0.59	4.01
石家庄市（不含辛集市）	8043381	4396985	160355	3092720	52776	340545	54.67	1.99	38.45	0.66	4.23
辛集市	911649	533937	5360	353986	61	18305	58.57	0.59	38.83	0.01	2.01
唐 山 市	9112116	4919492	70069	2929729	926049	266777	53.99	0.77	32.15	10.16	2.93
秦皇岛市	3188255	1376411	49230	1362706	324305	75603	43.17	1.54	42.74	10.17	2.37
邯 郸 市	7423359	4061188	69088	2893181	51869	348033	54.71	0.93	38.97	0.70	4.69
邢 台 市	4914338	3089012	62052	1494843	13909	254522	62.86	1.26	30.42	0.28	5.18
保 定 市（包含定州市）	7632965	4690619	187545	2458272	87560	208969	61.45	2.46	32.21	1.15	2.74
保 定 市（不含定州市）	6279447	3849160	129412	2024730	87374	188771	61.30	2.06	32.24	1.39	3.01
定州市	1353518	841459	58133	433542	186	20198	62.17	4.29	32.03	0.01	1.49
张家口市	4309299	2175484	145187	1854609	21605	112414	50.48	3.37	43.04	0.50	2.61
承 德 市	4020719	2242483	272588	1375574	54534	75540	55.77	6.78	34.21	1.36	1.88
沧 州 市	6388019	3241231	71375	1771337	327955	976121	50.74	1.12	27.73	5.13	15.28
廊 坊 市	3811856	2309298	114540	1254679	53144	80195	60.58	3.00	32.92	1.39	2.10
衡 水 市	4050442	2360354	48509	1297190	12692	331697	58.27	1.20	32.03	0.31	8.19

2−3−4 各市农林牧渔业总产值指数(2015年)

(上年=100)

名　　称	农林牧渔业总　产　值	农　业	林　业	牧　业	渔　业	农林牧渔服务业
全　　省	**102.7**	**102.8**	**104.3**	**101.7**	**102.4**	**107.0**
石家庄市（包含辛集市）	102.1	103.0	104.9	100.5	99.4	105.5
石家庄市（不含辛集市）	102.1	103.2	102.7	100.4	99.4	105.6
辛集市	101.6	101.0	259.2	101.5	77.2	102.6
唐 山 市	102.7	103.4	96.6	100.9	104.0	105.6
秦皇岛市	102.7	104.1	93.4	101.8	101.1	110.5
邯 郸 市	102.7	102.9	74.5	102.6	101.8	110.4
邢 台 市	102.9	104.2	80.3	101.1	94.4	105.0
保 定 市（包含定州市）	103.2	103.7	100.0	102.1	100.5	107.5
保 定 市（不含定州市）	103.2	103.9	94.4	102.0	100.5	107.6
定州市	103.4	102.9	118.1	102.8	100.0	107.1
张家口市	103.4	103.7	107.2	102.7	108.7	103.7
承 德 市	102.5	104.1	102.9	100.0	99.5	105.5
沧 州 市	102.6	100.6	171.6	100.4	116.6	107.4
廊 坊 市	100.6	101.1	106.2	99.0	100.5	104.7
衡 水 市	102.4	102.9	81.7	101.0	102.3	108.0

2−3−5 各市农林牧渔业商品产值

单位：万元

名　　称	农林牧渔业商品产值		一、农业商品产值		(一)谷物及其他作物		1.谷　物	
	2014年	2015年	2014年	2015年	2014年	2015年	2014年	2015年
全　　省	**46663170**	**46572005**	**27117125**	**27316999**	**6886784**	**6401421**	**4334258**	**4261450**
石家庄市（包含辛集市）	6386128	6436317	3197361	3465886	696181	852173	547657	685099
石家庄市（不含辛集市）	5750857	5787937	2876441	3124332	586697	753426	464794	604536
辛集市	635271	648380	320920	341554	109484	98747	82863	80563
唐 山 市	7604905	7671099	4006999	4260924	772650	688404	414702	398571
秦皇岛市	2637559	2599840	1087847	1086249	233594	199618	96763	90176
邯 郸 市	6096337	5983429	3173443	3254748	1174730	1149611	804923	867759
邢 台 市	3878324	3909094	2404268	2453361	1210468	1171204	658443	669111
保 定 市（包含定州市）	5762540	5834878	3437148	3593638	936118	869868	675660	641437
保 定 市（不含定州市）	4636380	4648450	2744687	2834806	794859	712742	554556	518410
定州市	1126160	1186428	692461	758832	141259	157126	121104	123027
张家口市	3706925	3686782	1885930	1919550	547536	510280	236868	214753
承 德 市	3302364	3369306	1794612	1872515	279571	226610	151535	142526
沧 州 市	4398220	4302009	2335695	2267779	948647	711625	517515	432682
廊 坊 市	3048986	3034417	1869558	1888345	312753	248504	206317	178420
衡 水 市	3059782	3077707	1807435	1879342	744372	666623	409497	409368

2-3-5续1　各市农林牧渔业商品产值

单位：万元

名　　称	2.薯　类		3.油　料		4.豆　类		5.棉　花	
	2014年	2015年	2014年	2015年	2014年	2015年	2014年	2015年
全　　省	**635011**	**590401**	**631267**	**634293**	**126546**	**104515**	**904369**	**712006**
石家庄市（包含辛集市）	51037	65589	70262	57193	5723	6026	20634	13515
石家庄市（不含辛集市）	48870	62250	61771	51387	5147	5520	5310	4982
辛集市	2167	3339	8491	5806	576	506	15324	8533
唐 山 市	57215	59882	161584	126098	24380	22655	57380	46692
秦皇岛市	102572	84108	21402	14315	7580	6444	3160	1199
邯 郸 市	17827	20877	71892	51926	7378	7249	261392	201800
邢 台 市	31176	28975	69590	56231	12708	12198	418370	347476
保 定 市（包含定州市）	120026	111352	90943	84223	13158	12678	34316	19604
保 定 市（不含定州市）	107599	101149	87203	62036	12082	11605	32746	18968
定州市	12427	10203	3740	22187	1076	1073	1570	636
张家口市	217599	183545	23134	23165	14284	14241		
承 德 市	114105	69287	5052	5077	4500	4520		
沧 州 市	42956	43714	53679	32434	23578	17879	257807	139703
廊 坊 市	20634	18301	12651	8635	6919	7417	60140	29828
衡 水 市	13881	15790	50935	45403	8010	7398	255290	188664

2-3-5续2　各市农林牧渔业商品产值

单位：万元

名　　称	6.生　麻		7.糖　类		8.烟　草		9.其他农作物	
	2014年	2015年	2014年	2015年	2014年	2015年	2014年	2015年
全　　省	**204**	**166**	**29913**	**35278**	**7282**	**4790**	**217934**	**58522**
石家庄市（包含辛集市）					786	469	82	24282
石家庄市（不含辛集市）					786	469	19	24282
辛集市							63	
唐 山 市	202	149			1391		55796	34357
秦皇岛市							2117	3376
邯 郸 市	1						11317	
邢 台 市							20181	57213
保 定 市（包含定州市）					673	574	1342	
保 定 市（不含定州市）					673	574		
定州市							1342	
张家口市			29728	31549	4417	2150	21506	40877
承 德 市			173	188	11	12	4195	5000
沧 州 市							53112	45213
廊 坊 市					3		6089	5903
衡 水 市							6759	

2-3-5续3 各市农林牧渔业商品产值

单位：万元

名称	(二)蔬菜、食用菌及花卉盆景园艺		1.蔬菜		2.食用菌		3.花卉	
	2014年	2015年	2014年	2015年	2014年	2015年	2014年	2015年
全省	**13794811**	**14675185**	**12246589**	**13404240**	**1362483**	**1037779**	**94131**	**91603**
石家庄市（包含辛集市）	1698269	1715311	1580456	1586842	109377	123689	8436	4780
石家庄市（不含辛集市）	1602438	1606957	1484627	1478497	109375	123680	8436	4780
辛集市	95831	108354	95829	108345	2	9		
唐山市	2301006	2673874	2135659	2475386	136715	153814	28632	28403
秦皇岛市	447291	504914	420768	484712	17124	13680	7260	6522
邯郸市	1598346	1662827	1409943	1451620	168609	190520	19794	20687
邢台市	589782	696728	515884	600849	71602	93496	2296	2383
保定市（包含定州市）	1675368	1753339	1439420	1545993	144704	128279	5777	6155
保定市（不含定州市）	1207593	1287913	1057492	1153807	144704	128279	5397	5827
定州市	467775	465426	381928	392186			380	328
张家口市	941825	1063443	925410	1046072	16057	17010	358	361
承德市	989141	952185	410106	426968	574378	519636	4657	5581
沧州市	830180	943078	812400	909716	13691	28603	4089	4759
廊坊市	1248308	1349066	1143225	1253233	4088	5491	12688	12951
衡水市	612107	683573	592519	659878	19404	23541	184	154

2-3-5续4 各市农林牧渔业商品产值

单位：万元

名称	4.盆景园艺		(三)水果、食用坚果、饮料和香料		1.水果		(1) 园林水果	
	2014年	2015年	2014年	2015年	2014年	2015年	2014年	2015年
全省	**91608**	**141563**	**5963221**	**5604271**	**5226226**	**4823852**	**4004263**	**3566529**
石家庄市（包含辛集市）			799462	882660	722352	774530	633454	678070
石家庄市（不含辛集市）			684787	749079	607677	640949	519379	545341
辛集市			114675	133581	114675	133581	114075	132729
唐山市		16271	924856	889917	766052	758782	539613	501812
秦皇岛市	2139		351595	304950	306012	258480	273354	229175
邯郸市			382075	375096	284016	281331	182631	186745
邢台市			469554	482015	393088	408653	360628	381011
保定市（包含定州市）	85467	72912	718026	774022	671144	726969	385595	378020
保定市（不含定州市）			671245	721256	629236	679263	346569	333211
定州市	85467	72912	46781	52766	41908	47706	39026	44809
张家口市			368379	328824	322409	252583	290689	236176
承德市			469861	534513	282121	329917	273418	320768
沧州市			556113	611651	556113	611651	438239	489620
廊坊市	88307	77391	308494	290768	308164	290538	196467	187201
衡水市			450945	529146	450945	529146	362683	378273

2-3-5续5 各市农林牧渔业商品产值

单位：万元

名称	(2) 瓜果类		2.食用坚果		3.香料原料		(四)中药材	
	2014年	2015年	2014年	2015年	2014年	2015年	2014年	2015年
全省	**1221963**	**1257323**	**704121**	**745203**	**32874**	**35216**	**472309**	**636122**
石家庄市（包含辛集市）	88898	96460	61283	92450	15827	15680	3449	15742
石家庄市（不含辛集市）	88298	95608	61283	92450	15827	15680	2519	14870
辛集市	600	852					930	872
唐山市	226439	256970	158728	131135	76		8487	8729
秦皇岛市	32658	29305	45393	46470	190		55367	76767
邯郸市	101385	94586	83866	74433	14193	19332	18292	67214
邢台市	32460	27642	76451	73346	15	16	134464	103414
保定市（包含定州市）	285549	348949	46042	47053	840		107636	196409
保定市（不含定州市）	282667	346052	41169	41993	840		70990	112895
定州市	2882	2897	4873	5060			36646	83514
张家口市	31720	16407	45943	76241	27		28190	17003
承德市	8703	9149	186076	202928	1664	1668	56039	159207
沧州市	117874	122031					755	1425
廊坊市	111697	103337	277	230	53		3	7
衡水市	88262	150873					11	

2-3-5续6 各市农林牧渔业商品产值

单位：万元

名称	二、林业商品产值		(一)林木的培育和种植		(二)木材采运		(三)林产品	
	2014年	2015年	2014年	2015年	2014年	2015年	2014年	2015年
全省	**317919**	**415316**	**198825**	**128778**	**49796**	**42183**	**69298**	**244355**
石家庄市（包含辛集市）	18782	23371	15696	14955	36	710	3050	7706
石家庄市（不含辛集市）	17387	19826	14337	11462		658	3050	7706
辛集市	1395	3545	1359	3493	36	52		
唐山市	43534	42888	37027	29815	6507	5433		7640
秦皇岛市	32375	21555	9826	7812	1663	852	20886	12891
邯郸市	720	220			720	220		
邢台市	19805	16532	18006	15000	1799	1282		250
保定市（包含定州市）	17322	13744	14631	11502	2691	2242		
保定市（不含定州市）	17193	13223	14631	11502	2562	1721		
定州市	129	521			129	521		
张家口市	27641	41238	10766	9905	8117	5533	8758	25800
承德市	181012	179953	15522	15744	24004	24209	141486	140000
沧州市	2591	3185	1962	2754	629	431		
廊坊市	13007	14093	10471	12252	1576	1841	960	
衡水市	6216	6203	4183	4310	2033	1893		

2-3-5续7　各市农林牧渔业商品产值

单位：万元

名　　称	三、牧业商品产值		(一)牲畜饲养		1.牛的饲养		2.羊的饲养	
	2014年	2015年	2014年	2015年	2014年	2015年	2014年	2015年
全　省	**17587724**	**17080636**	**6300559**	**5878678**	**2517287**	**2470224**	**1953640**	**1728293**
石家庄市（包含辛集市）	3135506	2910641	927037	886967	407702	390933	115163	121678
石家庄市（不含辛集市）	2822602	2607421	882506	845700	396672	380409	102136	110361
辛集市	312904	303220	44531	41267	11030	10524	13027	11317
唐 山 市	2710074	2571264	1099591	1001187	346087	337501	93818	83070
秦皇岛市	1342051	1269232	385519	350785	149390	145370	191794	170450
邯 郸 市	2882696	2676592	650918	591592	244326	232668	302048	268173
邢 台 市	1440891	1425566	393362	363681	168311	163639	112419	98706
保 定 市（包含定州市）	2224862	2150001	787523	712082	232093	227716	247354	207743
保 定 市（不含定州市）	1791458	1723112	617075	553578	175419	170432	216434	180941
定州市	433404	426889	170448	158504	56674	57284	30920	26802
张家口市	1780735	1709718	1038923	956166	239760	243510	321950	273452
承 德 市	1284967	1264620	632184	602306	443744	434291	120461	106663
沧 州 市	1798338	1716004	652992	539907	379474	370332	229528	133879
廊 坊 市	1123870	1083767	602321	547752	310892	293563	208215	179870
衡 水 市	1237699	1180734	411518	390800	226859	220242	141228	127661

2-3-5续8　各市农林牧渔业商品产值

单位：万元

名　　称	3.其他牲畜饲养		4.奶　类		5.毛 绒 类		(二)猪的饲养	
	2014年	2015年	2014年	2015年	2014年	2015年	2014年	2015年
全　省	**71594**	**115846**	**1674589**	**1501051**	**63449**	**63264**	**5032925**	**5451497**
石家庄市（包含辛集市）	4821	8068	395144	362343	4207	3945	764483	851476
石家庄市（不含辛集市）	3488	6875	376314	344334	3896	3721	664391	742709
辛集市	1333	1193	18830	18009	311	224	100092	108767
唐 山 市	7879	6726	649149	570457	2658	3433	826461	867792
秦皇岛市	1575	1522	36902	26029	5858	7414	378729	415561
邯 郸 市	10783	9057	83538	72265	10223	9429	831676	906170
邢 台 市	2999	2939	106732	94512	2901	3885	386074	446100
保 定 市（包含定州市）	4027	4118	292269	259707	11780	12798	883464	944823
保 定 市（不含定州市）	3978	3853	209684	185635	11560	12717	723877	771731
定州市	49	265	82585	74072	220	81	159587	173092
张家口市	13260	24449	452394	401977	11559	12778	385320	405334
承 德 市	9038	8093	52103	45978	6838	7281	336684	360321
沧 州 市	7153	6348	33972	25901	2865	3447	423312	452350
廊 坊 市	6578	5664	74257	65680	2379	2975	282715	288090
衡 水 市	3502	3232	37726	36587	2203	3078	460533	467079

2-3-5续9　各市农林牧渔业商品产值

单位：万元

名　　称	(三)家禽饲养		1.肉　禽		2.禽　蛋		(四)狩猎和捕捉动物	
	2014年	2015年	2014年	2015年	2014年	2015年	2014年	2015年
全　　省	**5111771**	**4234323**	**1386225**	**1264705**	**3725546**	**2969618**		
石家庄市（包含辛集市）	1334684	1141041	295297	329726	1039387	811315		
石家庄市（不含辛集市）	1168835	987855	264946	292174	903889	695681		
辛集市	165849	153186	30351	37552	135498	115634		
唐 山 市	508102	440325	149711	147544	358391	292781		
秦皇岛市	183767	168538	79419	81228	104348	87310		
邯 郸 市	1364002	1178830	238502	232106	1125500	946724		
邢 台 市	655156	601917	124065	120201	531091	481716		
保 定 市（包含定州市）	513726	453656	121721	122055	392005	331601		
保 定 市（不含定州市）	410830	358363	104039	101367	306791	256996		
定州市	102896	95293	17682	20688	85214	74605		
张家口市	287137	263822	66647	67844	220490	195978		
承 德 市	305063	289993	212345	210217	92718	79776		
沧 州 市	594822	507210	253932	230817	340890	276393		
廊 坊 市	226969	188375	69787	68106	157182	120269		
衡 水 市	350534	321230	104787	101948	245747	219282		

2-3-5续10　各市农林牧渔业商品产值

单位：万元

名　　称	(五)其他畜牧业		四、渔业商品产值		(一)海水产品		(二)淡水产品	
	2014年	2015年	2014年	2015年	2014年	2015年	2014年	2015年
全　　省	**1142469**	**1516138**	**1640402**	**1759054**	**1052954**	**1105021**	**587448**	**654033**
石家庄市（包含辛集市）	109302	31157	34479	36419			34479	36419
石家庄市（不含辛集市）	106870	31157	34427	36358			34427	36358
辛集市	2432		52	61			52	61
唐 山 市	275920	261960	844298	796023	528051	465689	316247	330334
秦皇岛市	394036	334348	175286	222804	173033	218541	2253	4263
邯 郸 市	36100		39478	51869			39478	51869
邢 台 市	6299	13868	13360	13635			13360	13635
保 定 市（包含定州市）	40149	39440	83208	77495			83208	77495
保 定 市（不含定州市）	39676	39440	83042	77309			83042	77309
定州市	473		166	186			166	186
张家口市	69355	84396	12619	16276			12619	16276
承 德 市	11036	12000	41773	52218			41773	52218
沧 州 市	127212	216537	261596	315041	215000	270500	46596	44541
廊 坊 市	11865	59550	42551	48212	10290	8273	32261	39939
衡 水 市	15114	1625	8432	11428			8432	11428

2-3-6 各市农林牧渔业中间消耗

单位：万元

名称	农林牧渔业中间消耗		(一)农业中间消耗		1.农业物质消耗		(1)用种量	
	2014年	2015年	2014年	2015年	2014年	2015年	2014年	2015年
全省	**24183150**	**24002165**	**11180029**	**11038272**	**9117001**	**8994001**	**1331120**	**1316120**
石家庄市（包含辛集市）	3813274	3849353	1648813	1576852	1330000	1265991	199680	192503
石家庄市（不含辛集市）	3392948	3450206	1430349	1402487	1121088	1099250	181654	178116
辛集市	420326	399147	218464	174365	208912	166741	18026	14387
唐山市	3283488	3301711	1306224	1265327	1055168	1022132	248915	241122
秦皇岛市	1392910	1380240	400643	401274	385660	341674	41879	37145
邯郸市	3280348	3246952	1459644	1396008	1205306	1152759	164533	157360
邢台市	2114552	2037321	1051250	1029677	793692	777404	116686	114291
保定市（包含定州市）	3228963	3205125	1575261	1650936	1176857	1232981	173364	181644
保定市（不含定州市）	2670977	2659712	1270569	1373512	946808	1023520	139547	150853
定州市	557986	545413	304692	277424	230049	209461	33817	30791
张家口市	1922565	1812652	924829	832342	778066	682539	253218	213465
承德市	1608511	1628120	782470	795432	661265	665240	70910	71050
沧州市	2915999	2739905	1185291	1104824	900730	839583	160430	149539
廊坊市	1723763	1713312	909732	887830	686850	670312	100982	98536
衡水市	2467152	2207344	1325032	1179767	1013326	902234	158281	140928

2-3-6续1 各市农林牧渔业中间消耗

单位：万元

名称	1.农业物质消耗(续1)							
	(2)役畜用饲料、饲草		(3)肥料		(4)燃料		(5)农药	
	2014年	2015年	2014年	2015年	2014年	2015年	2014年	2015年
全省	**40000**	**38000**	**4349567**	**4294567**	**559992**	**554992**	**986040**	**981040**
石家庄市（包含辛集市）	11163	9689	634523	602177	79140	73626	111863	105457
石家庄市（不含辛集市）	4271	4188	524938	514713	57357	56240	88682	86955
辛集市	6892	5501	109585	87464	21783	17386	23181	18502
唐山市	5699	5521	341557	330863	41574	40272	82936	80339
秦皇岛市	3639	4292	169799	152584	30355	29071	46645	39847
邯郸市	10252	9805	621217	594135	43339	41450	78466	75045
邢台市	3155	3090	354269	346999	42048	41185	64125	62809
保定市（包含定州市）	4516	4724	528644	553971	59858	62629	95318	99872
保定市（不含定州市）	3594	3885	425987	460501	47669	51531	76732	82949
定州市	922	839	102657	93470	12189	11098	18586	16923
张家口市	49352	53321	192424	163833	52419	54049	39963	37125
承德市	19422	20300	309973	311533	39079	39926	55069	56002
沧州市	4917	4583	341007	317857	55269	51517	83995	78293
廊坊市	2729	2681	306581	299227	36435	35527	55494	54161
衡水市	6447	5740	438350	390293	55811	49692	83207	74085

2−3−6续2 各市农林牧渔业中间消耗

单位：万元

名　　称	1.农业物质消耗(续2)							
	(6)农用塑料薄膜		(7)用电量		(8)小农具购置		(9)办公用品购置	
	2014年	2015年	2014年	2015年	2014年	2015年	2014年	2015年
全　省	**501118**	**496118**	**945175**	**920175**	**79513**	**74513**	**6049**	**5049**
石家庄市（包含辛集市）	52171	49909	180256	172825	6575	6293	2924	2855
石家庄市（不含辛集市）	45342	44459	158769	155676	5721	5610	2861	2805
辛集市	6829	5450	21487	17149	854	683	63	50
唐山市	169354	164052	108894	105485	5068	4909	2743	2657
秦皇岛市	15352	13039	34395	27598	2334	2119	1805	1606
邯郸市	58176	55640	105478	100879	11509	11007	435	416
邢台市	33638	32948	121947	119444	4206	4120	2100	2057
保定市（包含定州市）	49327	51452	179067	187551	5942	6216	3091	3240
保定市（不含定州市）	38353	41460	143736	155382	4724	5107	2494	2696
定州市	10974	9992	35331	32169	1218	1109	597	544
张家口市	27432	25950	52349	45832	13334	12406	1071	1011
承德市	41102	45045	39747	40007	8532	10015	222	242
沧州市	66023	61541	159856	149004	13923	12978	10125	9438
廊坊市	29111	28421	105529	102960	3639	3553	1819	1776
衡水市	50737	45175	156264	139133	6087	5420	2333	2077

2−3−6续3 各市农林牧渔业中间消耗

单位：万元

名　　称	(10)其他		2.生产服务支出		(二)林业中间消耗		1.物质消耗	
	2014年	2015年	2014年	2015年	2014年	2015年	2014年	2015年
全　省	**318427**	**313427**	**2063028**	**2044271**	**307430**	**353043**	**244421**	**270034**
石家庄市（包含辛集市）	51705	50657	318813	310861	29652	71199	20768	49589
石家庄市（不含辛集市）	51493	50488	309261	303237	28381	69089	19517	47511
辛集市	212	169	9552	7624	1271	2110	1251	2078
唐山市	48428	46912	251056	243195	18451	27045	13929	20415
秦皇岛市	39457	34373	14983	59600	16323	19714	16174	17467
邯郸市	111901	107022	254338	243249	41824	33487	24477	19598
邢台市	51518	50461	257558	252273	35600	30980	29014	25249
保定市（包含定州市）	77730	81682	398404	417955	74488	71120	62157	59434
保定市（不含定州市）	63972	69156	323761	349992	51751	52306	43661	44129
定州市	13758	12526	74643	67963	22737	18814	18496	15305
张家口市	96504	75547	146763	149803	56336	56699	45482	43533
承德市	77209	71120	121205	130192	61204	65501	40409	42311
沧州市	5185	4833	284561	265241	20463	25290	16621	20542
廊坊市	44531	43470	222882	217518	40917	55735	33348	45425
衡水市	55809	49691	311706	277533	28019	24187	22467	19394

2-3-6续4　各市农林牧渔业中间消耗

单位：万元

名称	1.林业物质消耗(续1)							
	(1)用种量		(2)肥料		(3)燃料		(4)农药	
	2014年	2015年	2014年	2015年	2014年	2015年	2014年	2015年
全省	**195559**	**218414**	**17507**	**18507**	**7502**	**7702**	**10335**	**10935**
石家庄市（包含辛集市）	5305	12530	8502	20400	1143	2633	3406	8189
石家庄市（不含辛集市）	4808	11704	8117	19760	950	2313	3275	7972
辛集市	497	826	385	640	193	320	131	217
唐山市	6758	9905	5320	7797	366	536	1034	1515
秦皇岛市	7193	10428	6891	4983	368	380	680	597
邯郸市	14930	11954	2243	1796	1216	973	3626	2903
邢台市	17368	15114	7549	6569	818	712	2384	2075
保定市（包含定州市）	36756	35119	15924	15261	1816	1738	5295	5077
保定市（不含定州市）	25673	25948	11373	11495	1283	1297	3792	3833
定州市	11083	9171	4551	3766	533	441	1503	1244
张家口市	32219	30709	4411	5351	1047	1297	1957	1390
承德市	7945	8249	4111	4495	5782	5864	21410	22406
沧州市	10681	13200	3247	4013	269	332	241	298
廊坊市	19971	27204	8674	11815	940	1280	2741	3734
衡水市	12843	11087	6110	5274	712	615	1659	1432

2-3-6续5　各市农林牧渔业中间消耗

单位：万元

名称	1.林业物质消耗(续2)							
	(5)用电量		(6)小农机具购置		(7)办公用品购置		(8)其他	
	2014年	2015年	2014年	2015年	2014年	2015年	2014年	2015年
全省	**9661**	**10061**	**605**	**655**	**252**	**260**	**3000**	**3500**
石家庄市（包含辛集市）	461	1102	1632	3972	67	161	252	602
石家庄市（不含辛集市）	434	1057	1631	3970	64	156	238	579
辛集市	27	45	1	2	3	5	14	23
唐山市	205	300	65	95	49	72	132	195
秦皇岛市	446	445	103	111	57	74	436	449
邯郸市	992	794	335	268	297	237	838	673
邢台市	501	436	101	88	21	18	272	237
保定市（包含定州市）	1260	1217	248	238			858	784
保定市（不含定州市）	955	965	178	180			407	411
定州市	305	252	70	58			451	373
张家口市	832	946	2549	1213	199	211	2268	2416
承德市	431	460	233	260	170	178	327	399
沧州市	1432	1770	562	695	106	131	83	103
廊坊市	572	779	122	166			328	447
衡水市	607	524	159	137	64	55	313	270

2-3-6续6　各市农林牧渔业中间消耗

单位：万元

名　称	2.生产服务支出		(三)牧业中间消耗		1.牧业物质消耗			
							(1)用种量	
	2014年	2015年	2014年	2015年	2014年	2015年	2014年	2015年
全　省	**63009**	**83009**	**10302450**	**10059852**	**9946849**	**9719252**	**1557109**	**1492109**
石家庄市（包含辛集市）	8884	21610	1941258	1978649	1846531	1881785	280082	284885
石家庄市（不含辛集市）	8864	21578	1750567	1766257	1668115	1683066	258209	260523
辛集市	20	32	190691	212392	178416	198719	21873	24362
唐 山 市	4522	6630	1475714	1468082	1163767	1157751	196565	195549
秦皇岛市	149	2247	830316	756531	793890	719137	154566	146938
邯 郸 市	17347	13889	1587304	1592746	1519766	1524976	197821	198499
邢 台 市	6586	5731	798888	836824	760539	796654	119837	125527
保 定 市（包含定州市）	12331	11686	1439736	1326215	1373380	1265015	208861	192575
保 定 市（不含定州市）	8090	8177	1218054	1088439	1162339	1038653	175682	156987
定州市	4241	3509	221682	237776	211041	226362	33179	35588
张家口市	10854	13166	884987	860796	813017	781237	65952	67750
承 德 市	20795	23190	712705	703528	676230	664599	220007	220101
沧 州 市	3842	4748	1064604	926547	1008566	877776	141477	123130
廊 坊 市	7569	10310	719419	701311	684887	667648	107913	105197
衡 水 市	5552	4793	956173	819138	918928	787231	152391	130551

2-3-6续7　各市农林牧渔业中间消耗

单位：万元

名　称	1.牧业物质消耗(续1)					
	(2)饲料、饲草		(3)燃　料		(4)用 电 量	
	2014年	2015年	2014年	2015年	2014年	2015年
全　省	**7937322**	**7792725**	**240536**	**235536**	**103883**	**98883**
石家庄市（包含辛集市）	1442421	1470173	19425	20168	43768	44711
石家庄市（不含辛集市）	1301021	1312682	14005	14131	38512	38857
辛集市	141400	157491	5420	6037	5256	5854
唐 山 市	889402	884804	9477	9428	28801	28652
秦皇岛市	512403	514681	6402	6940	12594	12712
邯 郸 市	1251160	1255449	23265	23345	22470	22547
邢 台 市	593568	621754	6391	6694	17574	18409
保 定 市（包含定州市）	1075192	990193	11189	10316	31623	29131
保 定 市（不含定州市）	910876	813948	9415	8413	26747	23901
定州市	164316	176245	1774	1903	4876	5230
张家口市	655819	608946	8864	9640	16469	20281
承 德 市	433554	423591	4564	3503	1964	1802
沧 州 市	825290	718268	5356	4661	16078	13993
廊 坊 市	534528	521074	5757	5612	15827	15429
衡 水 市	712369	610275	7343	6291	19279	16516

2-3-6续8 各市农林牧渔业中间消耗

单位：万元

名　称	1.牧业物质消耗(续2)				2.生产服务支出	
	(5)畜牧用药品		(6)其　他			
	2014年	2015年	2014年	2015年	2014年	2015年
全　省	**66196**	**61196**	**41803**	**38803**	**355601**	**340600**
石家庄市（包含辛集市）	48353	49230	12482	12618	94727	96864
石家庄市（不含辛集市）	44114	44509	12254	12364	82452	83191
辛集市	4239	4721	228	254	12275	13673
唐 山 市	27961	27816	11561	11502	311947	310331
秦皇岛市	24994	23100	82931	14766	36426	37394
邯 郸 市	17478	17538	7572	7598	67538	67770
邢 台 市	16776	17573	6393	6697	38349	40170
保 定 市（包含定州市）	34339	31515	12176	11285	66356	61200
保 定 市（不含定州市）	29699	26539	9920	8865	55715	49786
定州市	4640	4976	2256	2420	10641	11414
张家口市	47217	52923	18696	21697	71970	79559
承 德 市	11914	11690	4227	3912	36475	38929
沧 州 市	11787	10258	8578	7466	56038	48771
廊 坊 市	15107	14727	5755	5609	34532	33663
衡 水 市	19283	16519	8263	7079	37245	31907

2-3-6续9 各市农林牧渔业中间消耗

单位：万元

名　称	(四)渔业中间消耗		1.渔业物质消耗					
					(1)饲　料		(2)燃　料	
	2014年	2015年	2014年	2015年	2014年	2015年	2014年	2015年
全　省	**780909**	**811275**	**588341**	**611391**	**383009**	**398009**	**48532**	**51032**
石家庄市（包含辛集市）	19150	25102	15844	20768	9373	12286	1208	1582
石家庄市（不含辛集市）	19115	25074	15815	20745	9357	12274	1204	1579
辛集市	35	28	29	23	16	12	4	3
唐 山 市	390143	394187	325973	329350	195004	197024	21568	21791
秦皇岛市	113459	158799	80902	109432	28919	44145	16280	13738
邯 郸 市	22556	24829	20186	22220	11937	13140	2883	3173
邢 台 市	6334	6644	5220	5475	3100	3251	382	401
保 定 市（包含定州市）	46467	41130	38357	33951	22969	20331	2694	2385
保 定 市（不含定州市）	46394	41042	38297	33879	22932	20287	2688	2378
定州市	73	88	60	72	37	44	6	7
张家口市	7944	10366	6049	8377	4327	5241	76	129
承 德 市	17450	24302	17041	23785	15682	22474	585	520
沧 州 市	134411	142446	102256	108369	26486	28069	66925	70926
廊 坊 市	19528	25131	16091	20105	9549	11930	1172	1464
衡 水 市	4926	6727	3822	5219	2489	3399	242	330

2–3–6续10 各市农林牧渔业中间消耗

单位：万元

名称	1.渔业物质消耗(续1)						2.生产服务支出	
	(3)用电量		(4)办公用品购置		(5)其他			
	2014年	2015年	2014年	2015年	2014年	2015年	2014年	2015年
全省	**9752**	**10252**	**719**	**769**	**146329**	**151329**	**192568**	**199884**
石家庄市（包含辛集市）	748	980	10	13	4505	5907	3306	4334
石家庄市（不含辛集市）	745	977	9	12	4500	5903	3300	4329
辛集市	3	3	1	1	5	4	6	5
唐山市	18470	18661	174	176	90757	91698	64170	64837
秦皇岛市	1712	2693	258	334	33733	48522	32557	49367
邯郸市	174	192	20	22	5172	5693	2370	2609
邢台市	244	256	7	7	1487	1560	1114	1169
保定市（包含定州市）	1799	1593			10895	9642	8110	7179
保定市（不含定州市）	1796	1589			10881	9625	8097	7163
定州市	3	4			14	17	13	16
张家口市	492	931	114	131	1040	1945	1895	1989
承德市	254	205		36	520	550	409	517
沧州市	2042	2164	3072	3256	3731	3954	32155	34077
廊坊市	763	953			4607	5758	3437	5026
衡水市	172	235	1	1	918	1254	1104	1508

2–3–6续11 各市农林牧渔业中间消耗

单位：万元

名称	(五)农林牧渔服务业中间消耗		1.物质消耗		2.生产服务支出	
	2014年	2015年	2014年	2015年	2014年	2015年
全省	**1612332**	**1739723**	**851338**	**911338**	**760994**	**828385**
石家庄市（包含辛集市）	174401	197551	158688	179753	15713	17798
石家庄市（不含辛集市）	164536	187299	149728	170442	14808	16857
辛集市	9865	10252	8960	9311	905	941
唐山市	92956	147070	38620	61103	54336	85967
秦皇岛市	32169	43922	20650	33277	11519	10645
邯郸市	169020	199882	81891	96844	87129	103038
邢台市	222480	133196	155730	93234	66750	39962
保定市（包含定州市）	93011	115724	41879	52097	51132	63627
保定市（不含定州市）	84209	104413	38123	47270	46086	57143
定州市	8802	11311	3756	4827	5046	6484
张家口市	48469	52449	30205	32651	18264	19798
承德市	34682	39357	24723	28932	9959	10425
沧州市	511230	540798	442792	468402	68438	72396
廊坊市	34167	43305	16742	21220	17425	22085
衡水市	153002	177525	107101	124267	45901	53258

2-3-7　各市农林牧渔业增加值

单位：万元

名　　称	农林牧渔业增加值		1.农　业		2.林　业	
	2014年	2015年	2014年	2015年	2014年	2015年
全　　省	**35764779**	**35786589**	**23354165**	**23375405**	**773927**	**861798**
石家庄市（包含辛集市）	5038345	5105677	2961188	3354070	114145	94516
石家庄市（不含辛集市）	4552575	4593175	2671597	2994498	112608	91266
辛集市	485770	512502	289591	359572	1537	3250
唐 山 市	5699233	5810405	3345573	3654165	57511	43024
秦皇岛市	1760893	1808015	963302	975137	42686	29516
邯 郸 市	4175016	4176407	2531562	2665180	45892	35601
邢 台 市	2849522	2877017	1975950	2059335	38566	31072
保 定 市（包含定州市）	4349428	4427840	2982421	3039683	116784	116425
保 定 市（不含定州市）	3572235	3619735	2463620	2475648	90092	77106
定州市	777193	808105	518801	564035	26692	39319
张家口市	2455386	2496647	1264936	1343142	69439	88488
承 德 市	2293799	2392599	1358142	1447051	201469	207087
沧 州 市	3547567	3648114	2098064	2136407	38002	46085
廊 坊 市	2089141	2098544	1387014	1421468	58855	58805
衡 水 市	1768347	1843098	1223028	1180587	28019	24322

2-3-7续　各市农林牧渔业增加值

单位：万元

名　　称	3.牧　业		4.渔　业		5.农林牧渔服务业	
	2014年	2015年	2014年	2015年	2014年	2015年
全　　省	**9217776**	**8981389**	**1128756**	**1175906**	**1290155**	**1392091**
石家庄市（包含辛集市）	1776374	1468057	23429	27735	163209	161299
石家庄市（不含辛集市）	1589573	1326463	23411	27702	155386	153246
辛集市	186801	141594	18	33	7823	8053
唐 山 市	1598690	1461647	585215	531862	112244	119707
秦皇岛市	600976	606175	139647	165506	14282	31681
邯 郸 市	1431338	1300435	22244	27040	143980	148151
邢 台 市	712025	658019	7293	7265	115688	121326
保 定 市（包含定州市）	1101562	1132057	52912	46430	95749	93245
保 定 市（不含定州市）	879880	936291	52819	46332	85824	84358
定州市	221682	195766	93	98	9925	8887
张家口市	1054527	993813	7505	11239	58979	59965
承 德 市	671626	672046	26176	30232	36386	36183
沧 州 市	906887	844790	134413	185509	370201	435323
廊 坊 市	582598	553368	26960	28013	33714	36890
衡 水 市	409332	478052	4978	5965	102990	154172

2-3-8 各市农林牧渔业增加值构成(2015年)

名　称	农林牧渔业增加值构成（以增加值为100）					
	合计	农　业	林　业	牧　业	渔　业	农林牧渔服务业
全　省	**100.00**	**65.32**	**2.41**	**25.10**	**3.29**	**3.89**
石家庄市（包含辛集市）	100.00	65.69	1.85	28.75	0.54	3.16
石家庄市（不含辛集市）	100.00	65.19	1.99	28.88	0.60	3.34
辛集市	100.00	70.16	0.63	27.63	0.01	1.57
唐 山 市	100.00	62.89	0.74	25.16	9.15	2.06
秦皇岛市	100.00	53.93	1.63	33.53	9.15	1.75
邯 郸 市	100.00	63.82	0.85	31.14	0.65	3.55
邢 台 市	100.00	71.58	1.08	22.87	0.25	4.22
保 定 市（包含定州市）	100.00	68.65	2.63	25.57	1.05	2.11
保 定 市（不含定州市）	100.00	68.39	2.13	25.87	1.28	2.33
定州市	100.00	69.80	4.87	24.23	0.01	1.10
张家口市	100.00	53.80	3.54	39.81	0.45	2.40
承 德 市	100.00	60.48	8.66	28.09	1.26	1.51
沧 州 市	100.00	58.56	1.26	23.16	5.09	11.93
廊 坊 市	100.00	67.74	2.80	26.37	1.33	1.76
衡 水 市	100.00	64.05	1.32	25.94	0.32	8.36

2-3-9 各市农林牧渔业增加值指数(2015年)

(上年=100)

名　称	农林牧渔业增加值	农　业	林　业	牧　业	渔　业	农林牧渔服务业
全　省	**102.7**	**102.9**	**104.1**	**101.6**	**102.5**	**107.0**
石家庄市（包含辛集市）	102.4	103.1	105.1	100.5	99.4	105.5
石家庄市（不含辛集市）	102.5	103.4	102.7	100.4	99.4	105.6
辛集市	101.6	101.0	298.0	101.5	82.5	102.6
唐 山 市	102.9	103.5	97.3	101.1	104.0	105.6
秦皇岛市	102.9	104.0	92.4	101.9	101.1	110.5
邯 郸 市	102.7	102.8	74.0	102.6	101.9	111.6
邢 台 市	103.3	104.4	80.6	101.1	94.2	105.0
保 定 市（包含定州市）	103.3	103.8	100.1	102.1	100.6	107.5
保 定 市（不含定州市）	103.3	104.0	93.8	102.0	100.6	107.6
定州市	103.3	102.8	118.2	102.7	101.0	107.1
张家口市	103.3	103.7	102.4	102.9	109.2	104.1
承 德 市	102.9	104.5	103.1	100.1	99.5	105.5
沧 州 市	102.6	100.8	171.6	100.4	116.7	107.4
廊 坊 市	100.7	101.2	105.7	99.0	100.5	104.7
衡 水 市	102.7	103.2	81.1	101.1	102.3	108.1

2-3-10 各市农林牧渔业中间消耗、增加值占总产值的比重（2015年）

单位：%

名　　称	农林牧渔业		1.农　业		2.林　业	
	中间消耗	增加值	中间消耗	增加值	中间消耗	增加值
全　　省	**40.14**	**59.86**	**32.08**	**67.92**	**29.06**	**70.94**
石家庄市（包含辛集市）	42.99	57.01	31.98	68.02	42.96	57.04
石家庄市（不含辛集市）	42.89	57.11	31.90	68.10	43.09	56.91
辛集市	43.78	56.22	32.66	67.34	39.37	60.63
唐 山 市	36.23	63.77	25.72	74.28	38.60	61.40
秦皇岛市	43.29	56.71	29.15	70.85	40.04	59.96
邯 郸 市	43.74	56.26	34.37	65.63	48.47	51.53
邢 台 市	41.46	58.54	33.33	66.67	49.93	50.07
保 定 市（包含定州市）	41.99	58.01	35.20	64.80	37.92	62.08
保 定 市（不含定州市）	42.36	57.64	35.68	64.32	40.42	59.58
定州市	40.30	59.70	32.97	67.03	32.36	67.64
张家口市	42.06	57.94	38.26	61.74	39.05	60.95
承 德 市	40.49	59.51	35.47	64.53	24.03	75.97
沧 州 市	42.89	57.11	34.09	65.91	35.43	64.57
廊 坊 市	44.95	55.05	38.45	61.55	48.66	51.34
衡 水 市	54.50	45.50	49.98	50.02	49.86	50.14

2-3-10续 各市农林牧渔业中间消耗、增加值占总产值的比重（2015年）

单位：%

名　　称	3.牧　业		4.渔　业		5.农林牧渔服务业	
	中间消耗	增加值	中间消耗	增加值	中间消耗	增加值
全　　省	**52.83**	**47.17**	**40.83**	**59.17**	**55.55**	**44.45**
石家庄市（包含辛集市）	57.41	42.59	47.51	52.49	55.05	44.95
石家庄市（不含辛集市）	57.11	42.89	47.51	52.49	55.00	45.00
辛集市	60.00	40.00	45.90	54.10	56.01	43.99
唐 山 市	50.11	49.89	42.57	57.43	55.13	44.87
秦皇岛市	55.52	44.48	48.97	51.03	58.10	41.90
邯 郸 市	55.05	44.95	47.87	52.13	57.43	42.57
邢 台 市	55.98	44.02	47.77	52.23	52.33	47.67
保 定 市（包含定州市）	53.95	46.05	46.97	53.03	55.38	44.62
保 定 市（不含定州市）	53.76	46.24	46.97	53.03	55.31	44.69
定州市	54.84	45.16	47.31	52.69	56.00	44.00
张家口市	46.41	53.59	47.98	52.02	46.66	53.34
承 德 市	51.14	48.86	44.56	55.44	52.10	47.90
沧 州 市	52.31	47.69	43.43	56.57	55.40	44.60
廊 坊 市	55.90	44.10	47.29	52.71	54.00	46.00
衡 水 市	63.15	36.85	53.00	47.00	53.52	46.48

2-3-11 各市农业劳动生产率、投入产出率(2015年)

单位：元

名称	每一农村农林牧渔业从业人员创造农林牧渔业总产值	每一农村农林牧渔业从业人员创造农林牧渔业增加值	农业投入产出率(%)
全省	**43315**	**25926**	**149.1**
石家庄市（包含辛集市）	63772	36359	132.6
石家庄市（不含辛集市）	61415	35071	133.1
辛集市	96409	54198	128.4
唐山市	75776	48319	176.0
秦皇岛市	44799	25405	131.0
邯郸市	44364	24959	128.6
邢台市	36123	21148	141.2
保定市（包含定州市）	27740	16092	138.1
保定市（不含定州市）	24523	14136	136.1
定州市	70882	42319	148.2
张家口市	36876	21365	137.7
承德市	42630	25368	147.0
沧州市	65132	37196	133.1
廊坊市	48019	26436	122.5
衡水市	49806	22664	83.5

注：按从业人员年平均人数计算。

2-3-12 各市农村经济比重(2015年)

名称	地区生产总值(亿元)	农林牧渔业增加值(亿元)	农林牧渔业增加值比重(%)	年末常住人口(万人)	乡村人口(万人)	乡村人口比重(%)	社会消费品零售总额(亿元)	乡村零售额(亿元)	乡村零售额比重(%)
全省	**29806.11**	**3578.66**	**12.0**	**7424.92**	**5711.49**	**76.9**	**12990.7**	**2865.2**	**22.1**
石家庄市（包含辛集市）	5440.60	510.57	9.4	1070.16	691.53	64.6	2693.03	417.20	15.5
石家庄市（不含辛集市）	5054.46	459.32	9.1	1007.11	635.76	63.1	2437.36	331.91	13.6
辛集市	386.13	51.25	13.3	63.05	55.78	88.5	255.67	85.30	33.4
唐山市	6103.06	581.04	9.5	780.12	547.94	70.2	2147.88	384.23	17.9
秦皇岛市	1250.44	180.80	14.5	307.32	205.56	66.9	633.82	100.13	15.8
邯郸市	3145.43	417.64	13.3	943.30	756.70	80.2	1364.50	317.57	23.3
邢台市	1764.73	287.70	16.3	729.44	626.64	85.9	875.32	180.19	20.6
保定市（包含定州市）	3300.56	442.78	13.4	1155.24	962.02	83.3	1652.69	362.99	22.0
保定市（不含定州市）	3000.34	361.97	12.1	1034.90	851.38	82.3	1509.31	328.11	21.7
定州市	300.22	80.81	26.9	120.34	110.64	91.9	143.38	34.88	24.3
张家口市	1363.54	249.66	18.3	442.17	326.71	73.9	618.12	139.09	22.5
承德市	1358.73	239.26	17.6	353.01	302.72	85.8	490.79	125.76	25.6
沧州市	3320.63	364.81	11.0	744.30	598.55	80.4	1109.13	297.06	26.8
廊坊市	2473.86	209.85	8.5	456.32	323.14	70.8	796.38	370.27	46.5
衡水市	1220.01	184.31	15.1	443.54	369.97	83.4	609.03	170.35	28.0

2-3-13 各市非国有经济基本情况及效益

名称	单位个数(个)		从业人数(人)		增加值(万元)	
	2014年	2015年	2014年	2015年	2014年	2015年
全　　省	**2662878**	**2755934**	**20828774**	**21323740**	**198944645**	**201864398**
石家庄市（包含辛集市）	306521	315773	2870428	3101883	34418958	36657733
石家庄市（不含辛集市）	289394	298480	2641193	2860524	31407442	33613325
辛集市	17127	17293	229235	241359	3011516	3044408
唐 山 市	324179	334704	2324022	2377682	42063000	41867000
秦皇岛市	107602	111361	779709	785817	7938729	8130100
邯 郸 市	344864	357677	2851115	2808270	19947347	20513472
邢 台 市	239157	249074	1831793	1893099	11191908	11720442
保 定 市（包含定州市）	303249	321949	3055209	3144808	20515852	22427324
保 定 市（不含定州市）	278276	292390	2687247	2748784	18834700	20389500
定州市	24973	29559	367962	396024	1681152	2037824
张家口市	203761	220722	1149059	1188025	7995027	8054723
承 德 市	197903	204647	983027	985700	8293500	8676328
沧 州 市	229110	219393	2169887	2159868	20583600	21939082
廊 坊 市	196262	200532	1553722	1583073	14217272	17561431
衡 水 市	210270	220102	1230803	1295515	7972216	8542763

2-3-13续 各市非国有经济基本情况及效益

单位：万元

名称	营业收入		实交税金		固定资产投资	
	2014年	2015年	2014年	2015年	2014年	2015年
全　　省	**954328645**	**1005972034**	**27136473**	**24093515**	**158234647**	**174988689**
石家庄市（包含辛集市）	168385543	182421690	4866035	4443544	16912368	19030795
石家庄市（不含辛集市）	156111259	170154031	4701523	4283425	16037780	18065357
辛集市	12274284	12267659	164512	160119	874588	965438
唐 山 市	177155473	175013671	4249566	3676230	23905571	26505349
秦皇岛市	37515701	38624936	1541172	1339431	4466993	4815521
邯 郸 市	118947744	123587325	2069540	1686638	23864687	27005713
邢 台 市	58361299	60615018	1329146	1191782	12057674	12805131
保 定 市（包含定州市）	95588971	105414559	2806701	2714726	18403859	20689794
保 定 市（不含定州市）	87771691	95941444	2659668	2536501	16585859	18500149
定州市	7817280	9473115	147033	178225	1818000	2189645
张家口市	32048547	33332711	1203800	1009937	7696598	8465152
承 德 市	44966824	47183156	1632825	1063808	9032964	9652055
沧 州 市	102199334	109989557	2440033	2199893	20500616	21271681
廊 坊 市	79835799	85457224	3628580	3622181	13209497	15405377
衡 水 市	39323410	44332187	1242405	1087345	8183820	9342121

2-3-14 各市非国有出口企业情况

名 称	企业单位个数(个)		年末职工人数(人)		出口产品交货值(万元)	
	2014年	2015年	2014年	2015年	2014年	2015年
全 省	**8542**	**8706**	**1059514**	**1110405**	**18193541**	**16956375**
石家庄市（包含辛集市）	881	840	145837	145989	2854043	2962594
石家庄市（不含辛集市）	706	659	104297	103689	2482876	2590026
辛集市	175	181	41540	42300	371167	372568
唐 山 市	301	359	143120	126470	2319159	1974823
秦皇岛市	236	239	55606	123384	581207	505677
邯 郸 市	131	129	56237	49611	1926213	1657122
邢 台 市	750	757	70909	68684	1115430	1015048
保 定 市（包含定州市）	2368	1893	199801	192745	3498764	3242652
保 定 市（不含定州市）	2291	1814	189845	182789	3324764	3068652
定州市	77	79	9956	9956	174000	174000
张家口市	171	180	62601	57447	132397	135787
承 德 市	52	51	11351	14575	89663	99908
沧 州 市	846	988	113064	119631	2162407	2128714
廊 坊 市	487	500	125205	131981	1518317	1612271
衡 水 市	2319	2770	75783	79888	1995941	1621779

2-3-15 各市非国有经济园区情况

名 称	园区个数(个)		园区内年末实有企业个数(个)		园区内企业年末从业人员数(人)		园区内企业增加值(万元)	
	2014年	2015年	2014年	2015年	2014年	2015年	2014年	2015年
全 省	**320**	**327**	**69279**	**56963**	**2583713**	**2492264**	**62497482**	**52931790**
石家庄市（包含辛集市）	43	42	12698	6600	508309	388639	18577410	8552350
石家庄市（不含辛集市）	39	37	12245	6068	444171	320820	17190308	7204785
辛集市	4	5	453	532	64138	67819	1387102	1347565
唐 山 市	14	17	4128	1724	385361	212337	14709332	9699788
秦皇岛市	17	15	1522	1344	57659	69976	913695	1409867
邯 郸 市	60	62	11250	12280	278862	293819	5451957	5388737
邢 台 市	41	44	6119	7031	301748	344413	5934199	7180694
保 定 市（包含定州市）	36	36	8720	9553	330965	458966	4748927	4760896
保 定 市（不含定州市）	34	34	8556	9376	308136	434784	4259327	4077789
定州市	2	2	164	177	22829	24182	489600	683107
张家口市	21	23	6943	6917	120266	110804	1761438	2900322
承 德 市	12	12	685	1271	64154	84428	1496745	1723837
沧 州 市	42	42	5648	5566	208943	234991	3975045	5004568
廊 坊 市	15	14	2985	2640	178710	138080	1738011	1726209
衡 水 市	19	20	8581	2037	148736	155811	3190723	4584522

2-3-16 各市非国有农产品加工经济单位情况

名称	单位个数(个)		从业人员(人)		增加值(万元)	
	2014年	2015年	2014年	2015年	2014年	2015年
全省	**81016**	**77094**	**1286742**	**1176020**	**12632188**	**12224469**
石家庄市（包含辛集市）	9310	7810	264067	232294	3405490	3240744
石家庄市（不含辛集市）	8808	7287	216617	185325	2570557	2413198
辛集市	502	523	47450	46969	834933	827546
唐山市	7046	5961	77462	78044	1211222	1239779
秦皇岛市	2361	1622	60614	38234	552402	251774
邯郸市	13921	14047	160261	148182	1230686	1103554
邢台市	19513	19205	199629	193916	1816600	1582493
保定市（包含定州市）	6910	7235	210271	217252	1171970	1381972
保定市（不含定州市）	6542	6802	198811	203836	1150422	1357425
定州市	368	433	11460	13416	21548	24547
张家口市	6825	6595	71490	57855	366169	409560
承德市	2828	2607	41857	46018	344121	416257
沧州市	5845	5426	95932	85578	929443	973152
廊坊市	2799	1305	71225	45451	1174755	1119073
衡水市	3658	5281	33934	33196	429330	506111

2-3-16续 各市非国有农产品加工经济单位情况

单位：万元

名称	营业收入		上缴税金	
	2014年	2015年	2014年	2015年
全省	**57476464**	**58227475**	**921824**	**994048**
石家庄市（包含辛集市）	14298380	15215714	171804	163579
石家庄市（不含辛集市）	10852805	11774006	134291	127805
辛集市	3445575	3441708	37513	35774
唐山市	5869158	5783049	89058	111059
秦皇岛市	2687337	1177992	15680	75427
邯郸市	5984986	5898146	62504	64053
邢台市	7677613	8672505	140230	150960
保定市（包含定州市）	6094723	7288292	145339	135034
保定市（不含定州市）	5981317	7159042	143157	132555
定州市	113406	129250	2182	2479
张家口市	2000946	1600483	44151	36513
承德市	1473049	1565258	54988	48647
沧州市	3664957	4420222	71023	61107
廊坊市	6336084	4909563	93218	103355
衡水市	1389231	1696251	33829	44314

2-4-1 各市扶贫情况

名称	当年中央和省财政投入扶贫资金总额（万元）		脱贫人口数（万人）		解决饮水安全人口（万人）	
	2014年	2015年	2014年	2015年	2014年	2015年
全　省	**217819**	**234482**	**112.25**	**106.73**	**170.22**	**230.04**
石家庄市（包含辛集市）	9946	15751	5.50	5.49	7.76	10.87
石家庄市（不含辛集市）	9946	15751	5.50	5.49	7.76	10.87
辛集市						
唐 山 市						
秦皇岛市	3176	4461	2.50	2.51	4.95	3.76
邯 郸 市	14915	21105	15.00	9.96	17.20	16.63
邢 台 市	20887	29992	15.70	16.03	22.70	47.16
保 定 市（包含定州市）	55024	49000	22.00	20.29	34.60	34.32
保 定 市（不含定州市）	55024	49000	22.00	22.00	34.60	34.32
定州市						
张家口市	47746	41551	19.35	20.07	33.90	40.23
承 德 市	37901	29625	14.80	14.94	30.51	22.23
沧 州 市	13955	22972	8.40	9.39		0.00
廊 坊 市						
衡 水 市	14269	20026	9.00	8.05	18.60	54.84

2-4-1续 各市扶贫情况

名称	“雨露”计划培训人数（万人）		新增基本农田面积（公顷）		新增公路里程（公里）	
	2014年	2015年	2014年	2015年	2014年	2015年
全　省	**14.77**	**14.67**	**35.70**	**604.03**	**3324.47**	**2374.25**
石家庄市（包含辛集市）	0.20	1.28		464.00	482.03	281.00
石家庄市（不含辛集市）	0.20	1.28		464.00	482.03	281.00
辛集市						
唐 山 市						
秦皇岛市	1.20	0.65	2.70			
邯 郸 市	2.60	1.77			487.72	209.00
邢 台 市	1.50	2.26			328.10	379.46
保 定 市（包含定州市）	5.80	2.67			335.00	563.80
保 定 市（不含定州市）	5.80	5.80			335.00	563.80
定州市						
张家口市	0.27	3.23			174.00	109.28
承 德 市	1.50	0.38		140.03	1099.00	656.71
沧 州 市	1.40	1.57				
廊 坊 市						
衡 水 市	0.30	0.86	33.00		418.62	175.00

2-4-2 各市粮食购销情况

单位：吨

名 称	从生产者购进		#省外购进		销 售		#省外销售	
	2014年	2015年	2014年	2015年	2014年	2015年	2014年	2015年
全 省	**5924615**	**7008056**	**279188**	**66627**	**6684861**	**7855109**	**1558116**	**1906129**
石家庄市（包含辛集市）	1270269	1458057			1395443	1534934	20596	34922
石家庄市（不含辛集市）	1235603	1422253			1364306	1499166	20596	34922
辛集市	34666	35804			31137	35768		
唐 山 市	167503	155241		1252	221310	186502	8098	148
秦皇岛市	315775	491160	17774	9245	656821	929847	375711	471668
邯 郸 市	263466	225846			326746	238564	29517	19355
邢 台 市	958664	1144189			955651	1331823	112193	192527
保 定 市（包含定州市）	1001505	1128620	226178		970716	1076329	289256	358994
保 定 市（不含定州市）	1000870	1094937	226178		969425	1040868	289256	358994
定州市	635	33683			1291	35461		
张家口市	40651	54078			89147	90013		
承 德 市	161354	251891			181742	143341		8333
沧 州 市	235063	460008			254262	444864	31205	28702
廊 坊 市	307068	336853	23532	20936	320504	360620	88710	90924
衡 水 市	1203297	1302114	11704	35194	1312519	1518271	602830	700557

注:以上数据均为全省国有粮食经营企业数据。

2-4-3 各市日照、降水和气温情况

名 称	日照(小时)		降水(毫米)		平均气温(℃)	
	2014年	2015年	2014年	2015年	2014年	2015年
全 省	**2285.6**	**2319.1**	**393.3**	**506.0**	**13.0**	**12.6**
石家庄市（包含辛集市）	2067.1	2155.4	275.8	505.8	14.5	14.1
石家庄市（不含辛集市）	2054.3	2140.1	275.6	511.9	14.5	14.1
辛集市	22714.0	2400.2	280.4	408.6	15.1	14.6
唐 山 市	2385.0	2458.6	504.3	545.6	12.7	12.5
秦皇岛市	2782.2	2698.7	436.8	567.7	11.9	11.8
邯 郸 市	2089.7	2211.0	489.4	413.0	14.8	14.4
邢 台 市	1991.8	2037.5	402.2	447.5	14.5	14.1
保 定 市（包含定州市）	2170.1	2158.5	365.4	526.9	13.4	13.1
保 定 市（不含定州市）	2172.6	2156.9	368.7	527.1	13.4	13.1
定州市	2124.0	2185.9	306.1	523.6	13.7	13.4
张家口市	2756.4	2675.1	384.2	433.2	7.7	7.3
承 德 市	2433.4	2478.9	464.7	526.7	8.7	8.3
沧 州 市	2500.8	2443.7	358.3	630.1	14.2	13.7
廊 坊 市	2327.5	2409.7	402.2	533.3	13.4	13.1
衡 水 市	2208.6	2313.9	329.7	523.4	14.4	13.9

注：全省数据取自142个气象台站的平均值。

2-4-4 各市农村计划生育情况

名称	已婚育龄妇女人数(万人)		采取各种节育措施人数(万人)		综合节育率(%)		避孕节育方法构成(%) 男性、女性绝育	
	2014年	2015年	2014年	2015年	2014年	2015年	2014年	2015年
全省	**1246.8**	**1182.7**	**1133.4**	**1076.2**	**90.9**	**91.0**	**30.5**	**28.2**
石家庄市（包含辛集市）	148.7	117.7	133.1	105.0	89.5	89.2	26.3	22.6
石家庄市（不含辛集市）	136.4	105.6	122.1	94.3		89.3		23.3
辛集市	12.3	12.1	11.0	10.7	89.0	88.8	18.7	15.7
唐山市	104.8	107.9	95.4	98.2	91.0	91.0	13.3	10.2
秦皇岛市	37.8	31.4	34.0	28.0	89.9	89.4	14.6	10.9
邯郸市	168.4	170.7	152.3	154.9	90.4	90.8	42.2	39.4
邢台市	131.1	134.7	120.5	124.6	91.9	92.5	56.6	56.0
保定市（包含定州市）	214.3	178.9	196.3	163.9	91.6	91.6	24.5	20.8
保定市（不含定州市）	191.0	155.9	174.7	142.6		91.5		25.8
定州市	23.3	23.0	21.6	21.3	92.6	92.5	29.3	21.4
张家口市	68.6	70.7	61.7	63.2	89.9	89.3	23.1	19.6
承德市	60.8	60.5	55.2	54.7	90.7	90.5	18.5	14.8
沧州市	139.0	139.5	128.0	129.2	92.1	92.6	33.0	30.0
廊坊市	88.4	87.6	79.5	78.7	90.0	89.9	30.9	29.3
衡水市	84.8	83.1	77.3	75.9	91.1	91.2	27.3	24.2

2-4-4续 各市农村计划生育情况

名称	避孕节育方法构成(%)(续) 放置宫内节育器		药具		其他		女性初婚晚婚率(%)		全年节育手术数量(万例)	
	2014年	2015年	2014年	2015年	2014年	2015年	2014年	2015年	2014年	2015年
全省	**62.6**	**64.7**	**6.0**	**6.0**	**1.0**	**1.1**	**54.1**	**57.8**	**109.4**	**84.4**
石家庄市（包含辛集市）	67.6	71.6	5.4	5.2	0.7	0.7	61.4	65.6	10.6	7.2
石家庄市（不含辛集市）		70.9		5.1		0.7		65.7		6.7
辛集市	74.6	77.4	6.1	6.0	0.6	0.8	63.8	64.4	0.6	0.5
唐山市	75.0	76.9	10.8	11.7	1.0	1.2	55.5	61.0	6.0	6.2
秦皇岛市	74.2	74.1	10.2	14.0	1.0	1.0	53.8	56.5	2.0	1.6
邯郸市	54.9	57.4	2.1	2.2	0.8	1.0	54.8	57.9	30.2	17.8
邢台市	39.8	40.4	3.2	3.0	0.5	0.6	44.7	48.7	16.6	14.8
保定市（包含定州市）	67.1	70.6	7.9	7.4	0.5	0.5	55.4	59.8	13.8	10.3
保定市（不含定州市）		71.1		7.6		0.6		59.5		9.0
定州市	63.8	67.2	6.7	6.7	0.2	0.3	57.8	62.2	1.4	1.3
张家口市	69.8	72.9	6.2	6.3	1.0	1.2	61.4	63.4	2.9	2.7
承德市	71.7	74.8	8.7	9.2	1.2	1.3	61.2	62.8	3.3	3.1
沧州市	60.3	63.1	5.8	5.9	0.9	1.0	46.6	51.6	12.4	11.2
廊坊市	60.3	61.7	5.2	5.1	3.7	4.0	56.8	59.5	6.2	4.8
衡水市	66.6	69.9	5.4	5.1	0.8	0.8	50.7	53.1	5.2	4.8

注：本表“农村”指全省135个县、市及唐山市丰润区、丰南区、曹妃甸区，廊坊、衡水市除县外所有区(含城区)。

2-5-1　各市主要经济指标排序

名　称	农用机械总动力(千瓦)				农村用电量（万千瓦时）			
	2014年	位　次	2015年	位　次	2014年	位　次	2015年	位　次
全　省	**109428632**		**111028112**		**6313273**		**6118225**	
石家庄市（包含辛集市）	20221759	1	20404517	1	770994	4	732116	4
唐 山 市	12066218	5	12289682	5	1468785	1	1163660	1
秦皇岛市	2983114	11	2922298	11	250886	9	283264	9
邯 郸 市	15051526	2	15301877	2	637457	5	655026	5
邢 台 市	10101304	6	10220062	6	340728	7	355555	7
保 定 市（包含定州市）	12607897	4	12697581	4	510632	6	519497	6
张家口市	3281495	10	3406070	10	103335	11	131691	11
承 德 市	3900340	9	4077196	9	202526	10	197739	10
沧 州 市	12650374	3	12938460	3	803112	3	830832	3
廊 坊 市	6948767	8	6986265	8	906575	2	925807	2
衡 水 市	9615838	7	9784104	7	318243	8	323038	8

注：各市数据均包含省直管县(下同)。

2-5-1续1　各市主要经济指标排序

名　称	有效灌溉面积(公顷)				粮食总产量（吨）			
	2014年	位　次	2015年	位　次	2014年	位　次	2015年	位　次
全　省	**4404220**		**4448280**		**33601700**		**33638120**	
石家庄市（包含辛集市）	508830	4	512910	4	5029977	3	5047938	3
唐 山 市	455570	7	456090	7	3049997	7	3083737	7
秦皇岛市	127510	10	126730	10	852824	11	844406	11
邯 郸 市	534440	3	537800	3	5448521	2	5424620	2
邢 台 市	567190	2	577390	2	4447854	5	4511001	4
保 定 市（包含定州市）	646520	1	653370	1	5732662	1	5700214	1
张家口市	252240	8	252550	8	1569196	9	1593883	9
承 德 市	116130	11	122300	11	1240099	10	1212077	10
沧 州 市	485110	5	498180	5	4491121	4	4446149	5
廊 坊 市	229260	9	230490	9	1698413	8	1606679	8
衡 水 市	481420	6	480470	6	3641105	6	3520883	6

2-5-1续2　各市主要经济指标排序

单位：吨

名　　称	棉花总产量				油料总产量			
	2014年	位　次	2015年	位　次	2014年	位　次	2015年	位　次
全　　省	**431000**		**373404**		**1502033**		**1515428**	
石家庄市（包含辛集市）	10676	8	7700	8	206960	3	205955	3
唐 山 市	26554	6	24232	5	299181	1	301734	1
秦皇岛市	2059	9	876	9	62807	8	59846	9
邯 郸 市	121676	3	105343	3	151985	5	152742	5
邢 台 市	194735	1	178766	1	168702	4	179394	4
保 定 市（包含定州市）	21820	7	14041	7	277164	2	276554	2
张家口市					54527	9	61615	8
承 德 市					13138	11	14444	11
沧 州 市	109558	4	66577	4	102720	7	89488	7
廊 坊 市	30156	5	21200	6	38537	10	38659	10
衡 水 市	135166	2	119242	2	126312	6	134997	6

2-5-1续3　各市主要经济指标排序

单位：吨

名　　称	蔬菜产量				园林水果产量			
	2014年	位　次	2015年	位　次	2014年	位　次	2015年	位　次
全　　省	**81256860**		**82436877**		**14205932**		**15086122**	
石家庄市（包含辛集市）	13161037	2	13299570	2	2612204	1	2801287	1
唐 山 市	14325375	1	14524026	1	1576037	3	1593291	3
秦皇岛市	3341183	11	3402507	11	834470	8	883458	9
邯 郸 市	8558451	4	8571581	4	792503	9	885117	8
邢 台 市	3772267	10	3960338	10	1254382	6	1371687	6
保 定 市（包含定州市）	9817291	3	10092291	3	1592301	2	1748232	2
张家口市	7237925	5	7385056	5	674157	11	721124	10
承 德 市	4112148	9	4337347	8	1123852	7	1239947	7
沧 州 市	5589550	7	5761129	7	1508941	5	1534498	5
廊 坊 市	7059615	6	6795596	6	695940	10	715519	11
衡 水 市	4282018	8	4307436	9	1541145	4	1591962	4

2-5-1续4　各市主要经济指标排序

单位：吨

名　　称	肉类产量				禽蛋产量			
	2014年	位　次	2015年	位　次	2014年	位　次	2015年	位　次
全　　省	**4681280**		**4624516**		**3627128**		**3735942**	
石家庄市（包含辛集市）	796195	1	784133	1	1101362	2	1094495	2
唐 山 市	756964	2	741125	2	369463	5	372419	5
秦皇岛市	361668	9	354241	9	116032	10	116374	10
邯 郸 市	719249	3	705230	3	1111150	1	1116300	1
邢 台 市	340651	10	336301	10	533097	3	544292	3
保 定 市（包含定州市）	681992	4	677337	4	439967	4	461869	4
张家口市	383505	8	389656	7	225690	8	238080	8
承 德 市	453919	6	450982	6	112548	11	115653	11
沧 州 市	498714	5	490986	5	340193	6	327447	6
廊 坊 市	326003	11	313090	11	169931	9	155434	9
衡 水 市	392040	7	384339	8	297599	7	300454	7

2-5-1续5　各市主要经济指标排序

单位：吨

名　　称	奶类产量				水产品产量			
	2014年	位　次	2015年	位　次	2014年	位　次	2015年	位　次
全　　省	**4961234**		**4809345**		**1263941**		**1293077**	
石家庄市（包含辛集市）	1240624	3	1227900	3	35003	7	33855	8
唐 山 市	1903868	1	1823894	1	551224	1	560005	1
秦皇岛市	110737	10	105697	10	354658	2	360706	2
邯 郸 市	246620	6	233799	6	34363	8	35023	6
邢 台 市	296700	5	287799	5	10030	10	9549	10
保 定 市（包含定州市）	855882	4	834054	4	57062	4	57296	4
张家口市	1298665	2	1259791	2	12591	9	13070	9
承 德 市	153106	8	148515	8	40163	5	40205	5
沧 州 市	93607	11	77775	11	124934	3	139684	3
廊 坊 市	235679	7	228680	7	35376	6	34961	7
衡 水 市	112773	9	115028	9	8537	11	8723	11

2-5-1续6 各市主要经济指标排序

单位：万元

名 称	农林牧渔业总产值				农林牧渔业增加值			
	2014年	位 次	2015年	位 次	2014年	位 次	2015年	位 次
全 省	**59947929**		**59788754**		**35764779**		**35786589**	
石家庄市（包含辛集市）	8851619	2	8955030	2	5038345	2	5105677	2
唐 山 市	8982721	1	9112116	1	5699233	1	5810405	1
秦皇岛市	3153803	11	3188255	11	1760893	11	1808015	11
邯 郸 市	7455364	4	7423359	4	4175016	4	4176407	4
邢 台 市	4964074	6	4914338	6	2849522	6	2877017	6
保 定 市（包含定州市）	7578391	3	7632965	3	4349428	3	4427840	3
张家口市	4377951	7	4309299	7	2455386	7	2496647	7
承 德 市	3902310	9	4020719	9	2293799	8	2392599	8
沧 州 市	6463566	5	6388019	5	3547567	5	3648114	5
廊 坊 市	3812904	10	3811856	10	2089141	9	2098544	9
衡 水 市	4235499	8	4050442	8	1768347	10	1843098	10

2-5-1续7 各市主要经济指标排序

名 称	农业产业化总量(万元)				农村居民人均可支配收入(元)			
	2014年	位 次	2015年	位 次	2014年	位 次	2015年	位 次
全 省	**66661277**		**69347807**		**10186**		**11051**	
石家庄市（含辛集市）	10368870	1	10788963	1	10542	3	11442	3
唐 山 市	7558080	3	7789119	3	12867	1	13935	1
秦皇岛市	3931551	8	4090300	8	9964	5	10782	5
邯 郸 市	7500162	4	7762408	4	10343	4	11247	4
邢 台 市	6498813	6	6829176	6	8342	8	9152	8
保 定 市（含定州市）	8169436	2	8477817	2	9573	6	10558	6
张家口市	3912537	9	3681261	10	7462	10	8341	10
承 德 市	3626789	10	3888687	9	7163	11	7923	11
沧 州 市	7076323	5	7588068	5	9442	7	10389	7
廊 坊 市	3514534	11	3532605	11	12115	2	13159	2
衡 水 市	4504182	7	4919403	7	8104	9	9030	9

注：农村居民人均可支配收入指标石家庄市不含辛集市，保定市不含定州市。

2-6-1 各市农业产业化龙头经营组织发展情况

名称	一、龙头经营组织总数(个)		(一)按组织类型分(个)					
			1.龙头企业带动型		#销售额2千万元以上		#销售额1亿元以上	
	2014年	2015年	2014年	2015年	2014年	2015年	2014年	2015年
全省	**1974**	**2181**	**1703**	**1899**	**1365**	**1512**	**580**	**589**
石家庄市(包含辛集市)	249	277	214	242	184	199	94	91
石家庄市(不含辛集市)	228	251	193	216	166	178	80	80
辛集市	21	26	21	26	18	21	14	11
唐山市	142	163	128	149	83	96	27	31
秦皇岛市	127	149	93	110	72	84	28	27
邯郸市	231	242	211	223	192	205	91	94
邢台市	197	202	184	190	160	166	68	72
保定市(包含定州市)	236	266	213	242	190	213	82	85
保定市(不含定州市)	217	244	198	224	177	195	79	81
定州市	19	22	15	18	13	18	3	4
张家口市	199	203	153	154	111	113	43	36
承德市	152	165	137	151	81	100	23	28
沧州市	238	263	198	221	157	171	75	70
廊坊市	61	70	51	57	42	42	14	14
衡水市	142	181	121	160	93	123	35	41

注：龙头企业、专业市场的统计标准为年销售额500万元以上，中介服务组织年服务收入50万元以上(下同)。

2-6-1续1 各市农业产业化龙头经营组织发展情况

名称	(一)按组织类型分(个)(续1)					
	2.专业市场带动型		#成交额5千万元以上		#成交额1亿元以上	
	2014年	2015年	2014年	2015年	2014年	2015年
全省	**111**	**113**	**107**	**111**	**97**	**99**
石家庄市(包含辛集市)	17	17	16	16	13	13
石家庄市(不含辛集市)	17	17	16	16	13	13
辛集市						
唐山市	6	7	5	7	5	6
秦皇岛市	5	6	5	6	5	6
邯郸市	13	12	12	12	10	9
邢台市	6	6	6	6	6	6
保定市(包含定州市)	14	14	14	14	12	12
保定市(不含定州市)	12	12	12	12	10	10
定州市	2	2	2	2	2	2
张家口市	6	6	6	6	5	5
承德市	6	6	5	5	5	4
沧州市	19	20	19	20	17	19
廊坊市	6	6	6	6	6	6
衡水市	13	13	13	13	13	13

2-6-1续2　各市农业产业化龙头经营组织发展情况

名　　称	(一)按组织类型分(个)(续2)					
	2.中介服务组织带动型		#专业合作经济组织		#服务收入100万元以上的专业合作组织	
	2014年	2015年	2014年	2015年	2014年	2015年
全　　省	**160**	**169**	**134**	**141**	**119**	**126**
石家庄市（包含辛集市）	18	18	7	8	6	6
石家庄市（不含辛集市）	18	18	7	8	6	6
辛集市						
唐 山 市	8	7	5	4	4	4
秦皇岛市	29	33	28	32	28	32
邯 郸 市	7	7	7	7	7	7
邢 台 市	7	6	7	6	6	6
保 定 市（包含定州市）	9	10	9	10	9	10
保 定 市（不含定州市）	7	8	7	8	7	8
定州市	2	2	2	2	2	2
张家口市	40	43	39	41	34	34
承 德 市	9	8	2	1	1	
沧 州 市	21	22	20	19	14	14
廊 坊 市	4	7	4	7	4	7
衡 水 市	8	8	6	6	6	6

2-6-1续3　各市农业产业化龙头经营组织发展情况

名　　称	(二)按利益联结方式分(个)							
	1.合同关系		#订单关系		年订单额（万元）		年履约订单额（万元）	
	2014年	2015年	2014年	2015年	2014年	2015年	2014年	2015年
全　　省	**1346**	**1479**	**1052**	**1165**	**10546691**	**11426223**	**10082999**	**10784528**
石家庄市（包含辛集市）	169	185	133	149	1429560	1317870	1471086	1274344
石家庄市（不含辛集市）	148	160	113	124	895404	784108	963429	764265
辛集市	21	25	20	25	534156	533762	507657	510079
唐 山 市	113	127	100	109	1039495	1075899	1019066	1049530
秦皇岛市	104	121	90	103	817192	1030772	826677	950808
邯 郸 市	202	215	172	187	1820354	1786116	1723798	1670471
邢 台 市	86	99	57	65	1100775	1420986	1069959	1364572
保 定 市（包含定州市）	147	150	89	104	698232	793903	666237	758477
保 定 市（不含定州市）	135	135	80	92	523322	602282	491664	567103
定州市	12	15	9	12	174910	191621	174573	191374
张家口市	145	144	129	122	877873	664851	649955	559317
承 德 市	115	122	87	100	763175	874846	709299	809026
沧 州 市	137	146	108	109	1421546	1423419	1409535	1356228
廊 坊 市	42	49	33	40	191162	442368	187619	436705
衡 水 市	86	121	54	77	387327	595193	349768	555050

2-6-1续4　各市农业产业化龙头经营组织发展情况

名　　称	(二)按利益联结方式分(个)(续)					
	2.实行利润返还		3.股份分红		4.其他	
	2014年	2015年	2014年	2015年	2014年	2015年
全　　省	**22**	**29**	**23**	**30**	**583**	**643**
石家庄市（包含辛集市）	1		2	5	77	87
石家庄市（不含辛集市）	1		2	5	77	86
辛集市						1
唐 山 市	3	6	3	3	23	27
秦皇岛市	3	3	1		19	25
邯 郸 市	5	5			24	22
邢 台 市		1	3	2	108	100
保 定 市（包含定州市）			2	2	87	114
保 定 市（不含定州市）			2	2	80	107
定州市					7	7
张家口市	4	3	1	2	49	54
承 德 市			1		36	43
沧 州 市	5	7	6	11	90	99
廊 坊 市	1	1			18	20
衡 水 市		3	4	5	52	52

2-6-1续5　各市农业产业化龙头经营组织发展情况

名　　称	二、龙头经营组织按产业类型分(个)							
	合　　计		(一) 种植业		1.粮食		2.饲料	
	2014年	2015年	2014年	2015年	2014年	2015年	2014年	2015年
全　　省	**1974**	**2181**	**921**	**1025**	**195**	**221**	**106**	**109**
石家庄市（包含辛集市）	249	277	129	146	25	32	27	30
石家庄市（不含辛集市）	228	251	117	132	22	27	24	27
辛集市	21	26	12	14	3	5	3	3
唐 山 市	142	163	50	66	11	17	7	8
秦皇岛市	127	149	64	65	23	19	5	5
邯 郸 市	231	242	124	131	28	30	14	14
邢 台 市	197	202	93	99	17	20	17	18
保 定 市（包含定州市）	236	266	98	117	15	17	8	8
保 定 市（不含定州市）	217	244	86	104	12	14	6	6
定州市	19	22	12	13	3	3	2	2
张家口市	199	203	97	102	29	34	6	5
承 德 市	152	165	60	66	19	20	1	2
沧 州 市	238	263	105	117	6	10	10	8
廊 坊 市	61	70	34	33	12	11	4	1
衡 水 市	142	181	67	83	10	11	7	10

2-6-1续6　各市农业产业化龙头经营组织发展情况

名　　称	二、龙头经营组织按产业类型分(个)（续1）							
	3.油料		4.糖料		5.水果		6.蔬菜及食用菌	
	2014年	2015年	2014年	2015年	2014年	2015年	2014年	2015年
全　　省	**53**	**59**	**2**	**3**	**172**	**186**	**275**	**314**
石家庄市（包含辛集市）	7	7			32	32	27	31
石家庄市（不含辛集市）	5	5			28	29	27	30
辛集市	2	2			4	3		1
唐 山 市	2	2			11	14	15	19
秦皇岛市	1	3	1	1	13	16	16	16
邯 郸 市	17	18			7	8	41	43
邢 台 市	7	5		1	8	8	27	30
保 定 市（包含定州市）	6	6	1		26	32	30	39
保 定 市（不含定州市）	5	5	1		25	31	26	35
定州市	1	1			1	1	4	4
张家口市	4	7		1	11	9	37	36
承 德 市		1			15	16	20	21
沧 州 市	1	1			39	39	24	31
廊 坊 市	2	2					13	16
衡 水 市	6	7			10	12	25	32

2-6-1续7　各市农业产业化龙头经营组织发展情况

名　　称	二、龙头经营组织按产业类型分(个)（续2）							
	7.棉麻丝		8.中药材		9.花卉		10.其他种植业	
	2014年	2015年	2014年	2015年	2014年	2015年	2014年	2015年
全　　省	**40**	**39**	**29**	**34**	**11**	**15**	**38**	**45**
石家庄市（包含辛集市）			2	3	2	3	7	8
石家庄市（不含辛集市）			2	3	2	3	7	8
辛集市								
唐 山 市	1	1			1	2	2	3
秦皇岛市			3	3	1	1	1	1
邯 郸 市	5	5	4	4	4	4	4	5
邢 台 市	4	4	7	7			6	6
保 定 市（包含定州市）	1	1	6	9	1	1	4	4
保 定 市（不含定州市）	1	1	6	9	1	1	3	2
定州市							1	2
张家口市			2	2	1	1	7	7
承 德 市			3	4			2	2
沧 州 市	24	24				1	1	3
廊 坊 市					1	2	2	1
衡 水 市	5	4	2	2			2	5

2-6-1续8　各市农业产业化龙头经营组织发展情况

名　　称	二、龙头经营组织按产业类型分(个)（续3）							
	（二）畜牧业		1.猪		2.牛		3.羊	
	2014年	2015年	2014年	2015年	2014年	2015年	2014年	2015年
全　　省	**680**	**726**	**216**	**227**	**77**	**79**	**33**	**41**
石家庄市（包含辛集市）	91	93	31	35	5	5	1	2
石家庄市（不含辛集市）	83	84	29	31	5	5	1	1
辛集市	8	9	2	4				1
唐 山 市	53	57	16	16	6	5	1	2
秦皇岛市	24	29	7	7	2	3	3	5
邯 郸 市	72	74	28	28	7	7	4	5
邢 台 市	58	58	17	18	3	4	2	2
保 定 市（包含定州市）	90	93	42	38	4	4	7	11
保 定 市（不含定州市）	83	85	39	34	4	4	6	10
定州市	7	8	3	4			1	1
张家口市	62	59	17	19	12	12	2	1
承 德 市	57	58	17	17	12	13	3	2
沧 州 市	97	106	19	24	16	16	4	4
廊 坊 市	19	28	7	9	4	3		
衡 水 市	57	71	15	16	6	7	6	7

2-6-1续9　各市农业产业化龙头经营组织发展情况

名　　称	二、龙头经营组织按产业类型分(个)（续4）							
	4.禽肉		5.蛋类		6.奶类		7.皮毛类	
	2014年	2015年	2014年	2015年	2014年	2015年	2014年	2015年
全　　省	**101**	**101**	**67**	**77**	**107**	**128**	**48**	**44**
石家庄市（包含辛集市）	9	8	12	11	17	20	12	7
石家庄市（不含辛集市）	9	8	12	11	15	18	8	5
辛集市					2	2	4	2
唐 山 市	10	9	2	4	15	19		
秦皇岛市	5	5	4	5	1	1	1	2
邯 郸 市	11	13	12	12	4	4	1	1
邢 台 市	8	6	9	10	5	5	14	13
保 定 市（包含定州市）	9	9	10	10	14	15	1	1
保 定 市（不含定州市）	9	9	9	9	12	13	1	1
定州市			1	1	2	2		
张家口市	4	2	3	2	15	15	3	4
承 德 市	8	7	3	5	10	11	1	1
沧 州 市	28	32	6	8	6	7	13	12
廊 坊 市	1		2	5	4	10	1	
衡 水 市	8	10	4	5	16	21	1	3

2-6-1续10　各市农业产业化龙头经营组织发展情况

名　　称	二、龙头经营组织按产业类型分(个)（续5）							
	8.其他畜牧业		（三）水产业		（四）林业		（五）其他	
	2014年	2015年	2014年	2015年	2014年	2015年	2014年	2015年
全　　省	**31**	**29**	**40**	**53**	**98**	**110**	**235**	**267**
石家庄市（包含辛集市）	4	5	3	3	5	9	21	26
石家庄市（不含辛集市）	4	5	3	3	5	9	20	23
辛集市							1	3
唐 山 市	3	2	9	12	10	11	20	17
秦皇岛市	1	1	12	19	9	10	18	26
邯 郸 市	5	4	3	3	16	15	16	19
邢 台 市					16	18	30	27
保 定 市（包含定州市）	3	5	5	6	3	3	40	47
保 定 市（不含定州市）	3	5	5	6	3	3	40	46
定州市								1
张家口市	6	4			7	7	33	35
承 德 市	3	2	1	1	19	19	15	21
沧 州 市	5	3	7	9	4	5	25	26
廊 坊 市		1			5	5	3	4
衡 水 市	1	2			4	8	14	19

2-6-1续11　各市农业产业化龙头经营组织发展情况

名　　称	三、龙头经营组织规模									
	（一）从业人员合计（人）		1.龙头企业		2.专业市场		3.中介服务组织		#专业合作经济组织	
	2014年	2015年	2014年	2015年	2014年	2015年	2014年	2015年	2014年	2015年
全　　省	**476987**	**505170**	**362056**	**386707**	**109263**	**112198**	**5668**	**6265**	**4570**	**4964**
石家庄市（包含辛集市）	90322	93050	69387	72203	20458	20437	477	410	218	159
石家庄市（不含辛集市）	58727	61192	37792	40345	20458	20437	477	410	218	159
辛集市	31595	31858	31595	31858						
唐 山 市	28677	34370	26455	31136	2057	3083	165	151	130	121
秦皇岛市	27427	27129	22409	21611	4192	4229	826	1289	801	1264
邯 郸 市	49462	50690	39019	39889	10315	10665	128	136	128	136
邢 台 市	46347	50631	43781	48002	2262	2320	304	309	304	309
保 定 市（包含定州市）	67052	76333	45542	53301	21289	22689	221	343	221	343
保 定 市（不含定州市）	61860	70204	40452	47321	21289	22644	119	239	119	239
定州市	5192	6129	5090	5980		45	102	104	102	104
张家口市	34927	34311	22523	21884	10896	10840	1508	1587	1482	1514
承 德 市	26197	28811	25481	28025	266	269	450	517	20	5
沧 州 市	40955	40006	36648	35707	3476	3637	831	662	681	425
廊 坊 市	12563	12804	12162	12303	188	183	213	318	213	318
衡 水 市	53058	57035	18649	22646	33864	33846	545	543	372	370

2-6-1续12　各市农业产业化龙头经营组织发展情况

名　称	三、龙头经营组织规模(续1)							
	(二) 固定资产净值合计(万元)		1.龙头企业		2.专业市场		3.中介服务组织	
	2014年	2015年	2014年	2015年	2014年	2015年	2014年	2015年
全　省	**9469940**	**11342293**	**8972828**	**10443965**	**389761**	**777918**	**107351**	**120410**
石家庄市（包含辛集市）	2867662	3411116	2839952	3383701	24471	24242	3239	3173
石家庄市（不含辛集市）	693733	1218311	666023	1190896	24471	24242	3239	3173
辛集市	2173929	2192805	2173929	2192805				
唐 山 市	657183	742361	611583	692884	40182	46616	5418	2861
秦皇岛市	544443	555960	507678	521090	18009	14992	18756	19878
邯 郸 市	1043919	1137761	973439	1066394	68658	69476	1822	1891
邢 台 市	924586	1074565	888206	1038405	33383	33660	2997	2500
保 定 市（包含定州市）	816557	1397084	766284	963189	32350	414062	17923	19833
保 定 市（不含定州市）	722701	1226212	690626	810515	30752	412464	1323	3233
定州市	93856	170872	75658	152674	1598	1598	16600	16600
张家口市	717827	714647	658699	655368	39288	38609	19840	20670
承 德 市	633165	641332	614873	617285	6650	6736	11642	17311
沧 州 市	680873	827303	563681	701550	101612	104531	15580	21222
廊 坊 市	197528	290918	183610	276115	5680	5622	8238	9181
衡 水 市	386196	549246	364823	527984	19478	19372	1895	1890

2-6-1续13　各市农业产业化龙头经营组织发展情况

单位：户

名　称	三、龙头经营组织规模(续2)							
	(三) 带动农户合计(户)		#订单带动农户		1.龙头企业带动农户		#订单带动农户	
	2014年	2015年	2014年	2015年	2014年	2015年	2014年	2015年
全　省	**13523800**	**14514331**	**5752249**	**6588351**	**11018868**	**11822625**	**5268817**	**6024064**
石家庄市（包含辛集市）	1364056	1481899	683813	711562	1263526	1385857	675261	704215
石家庄市（不含辛集市）	905901	1091715	503258	592428	805371	995673	494706	585081
辛集市	458155	390184	180555	119134	458155	390184	180555	119134
唐 山 市	1228325	1140613	457417	568746	953056	864316	366607	463326
秦皇岛市	1218931	1455533	633240	716069	1056892	1209683	608509	654043
邯 郸 市	3196093	3239506	1448197	1447562	2306523	2344960	1276496	1324718
邢 台 市	1498920	1591822	545200	628315	1342037	1432619	545200	619235
保 定 市（包含定州市）	1177030	1431601	467521	604563	967527	1232332	411966	548060
保 定 市（不含定州市）	1057138	1296258	431109	551624	864620	1113160	375554	495121
定州市	119892	135343	36412	52939	102907	119172	36412	52939
张家口市	832758	709295	471538	419372	764718	637585	462282	403177
承 德 市	847291	823018	488956	507337	718291	724248	435506	457387
沧 州 市	1136164	1283118	294508	395438	913953	925123	277240	314607
廊 坊 市	385988	438906	136489	247944	289816	343407	128628	240274
衡 水 市	638244	919020	125370	341443	442529	722495	81122	295022

2-6-1续14　各市农业产业化龙头经营组织发展情况

单位：户

名称	三、龙头经营组织规模(续3)							
	2.专业市场带动农户		#订单带动农户		3.中介服务组织带动农户		#订单带动农户	
	2014年	2015年	2014年	2015年	2014年	2015年	2014年	2015年
全　　省	**2133909**	**2192991**	**357805**	**343952**	**371023**	**498715**	**125627**	**220335**
石家庄市（包含辛集市）	56945	52428	3995	2780	43585	43614	4557	4567
石家庄市（不含辛集市）	56945	52428	3995	2780	43585	43614	4557	4567
辛集市								
唐 山 市	260500	264490	88500	102500	14769	11807	2310	2920
秦皇岛市	122365	167492	196	6379	39674	78358	24535	55647
邯 郸 市	876366	880815	169611	120654	13204	13731	2090	2190
邢 台 市	141619	143236		6500	15264	15967		2580
保 定 市（包含定州市）	188346	176728	50035	50038	21157	22541	5520	6465
保 定 市（不含定州市）	179496	168752	50035	50038	13022	14346	5520	6465
定州市	8850	7976			8135	8195		
张家口市	42584	51190		8000	25456	20520	9256	8195
承 德 市	50600	20770	6100	3000	78400	78000	47350	46950
沧 州 市	139317	180352	5570	8580	82894	177643	11698	72251
廊 坊 市	87060	86620			9112	8879	7861	7670
衡 水 市	168207	168870	33798	35521	27508	27655	10450	10900

2-6-1续15　各市农业产业化龙头经营组织发展情况

名称	四、龙头经营组织效益							
	（一）销售总额（万元）		1.龙头企业		2.专业市场		3.中介服务组织	
	2014年	2015年	2014年	2015年	2014年	2015年	2014年	2015年
全　　省	**34480006**	**36377815**	**31584338**	**32966618**	**2656459**	**3142723**	**239209**	**268474**
石家庄市（包含辛集市）	6646254	7034072	6418520	6667538	220025	358456	7709	8078
石家庄市（不含辛集市）	4245311	4606071	4017577	4239537	220025	358456	7709	8078
辛集市	2400943	2428001	2400943	2428001				
唐 山 市	2088099	2139513	2007775	2030377	78055	106856	2269	2280
秦皇岛市	2658587	2815044	2601081	2753813	9144	10630	48362	50601
邯 郸 市	3658172	3927030	3463129	3724578	183126	189409	11917	13043
邢 台 市	3929403	4256944	3803138	4114060	96515	108417	29750	34467
保 定 市（包含定州市）	3476002	3688979	3106740	3282761	355218	391127	14044	15091
保 定 市（不含定州市）	3090267	3271966	2730508	2875248	348515	384627	11244	12091
定州市	385735	417013	376232	407513	6703	6500	2800	3000
张家口市	2218879	1876235	2048130	1713870	124821	124393	45928	37972
承 德 市	1594809	1757481	1524544	1685006	37748	37897	32517	34578
沧 州 市	4501986	4593562	3508913	3333982	963161	1211779	29912	47801
廊 坊 市	1663153	1782924	1542957	1633859	106503	128122	13693	20943
衡 水 市	2044662	2506031	1559411	2026774	482143	475637	3108	3620

2-6-1续16 各市农业产业化龙头经营组织发展情况

名 称	四、龙头经营组织效益（续1）							
	（二）净利润（万元）		1.龙头企业		2.专业市场		3.中介服务组织	
	2014年	2015年	2014年	2015年	2014年	2015年	2014年	2015年
全 省	**3721642**	**4063021**	**1998357**	**2127717**	**1689354**	**1898171**	**33930**	**37133**
石家庄市（包含辛集市）	673852	655444	578853	555507	93310	98124	1689	1813
石家庄市（不含辛集市）	413336	395932	318337	295995	93310	98124	1689	1813
辛集市	260517	259512	260517	259512				
唐 山 市	140187	188360	112398	148691	27069	39067	720	602
秦皇岛市	56766	76513	47597	67678	3227	3412	5942	5423
邯 郸 市	357836	393293	238137	269829	118910	122593	789	871
邢 台 市	232039	239695	171483	158536	58321	78741	2235	2418
保 定 市（包含定州市）	562530	637492	249814	299698	307438	330604	5278	7190
保 定 市（不含定州市）	528440	591918	222310	260539	301398	324741	4732	6638
定州市	34090	45574	27504	39159	6040	5863	546	552
张家口市	162885	161117	113924	113735	43676	44010	5285	3372
承 德 市	147031	149548	113112	115315	30726	30735	3193	3498
沧 州 市	858166	1014179	234908	232836	616329	772634	6929	8709
廊 坊 市	44948	37150	28098	19112	16151	16253	699	1785
衡 水 市	485401	510230	110033	146780	374197	361998	1171	1452

2-6-1续17 各市农业产业化龙头经营组织发展情况

名 称	四、龙头经营组织效益（续2）							
	（三）上交税金（万元）		1.龙头企业		2.专业市场		3.中介服务组织	
	2014年	2015年	2014年	2015年	2014年	2015年	2014年	2015年
全 省	**813683**	**829664**	**723625**	**726089**	**89347**	**102828**	**711**	**747**
石家庄市（包含辛集市）	144995	144495	134005	133337	10873	11020	118	138
石家庄市（不含辛集市）	103425	103843	92435	92685	10873	11020	118	138
辛集市	41570	40652	41570	40652				
唐 山 市	37628	59952	36678	57178	941	2755	9	19
秦皇岛市	68589	53927	68064	53229	502	672	23	26
邯 郸 市	56018	53910	48943	46511	7075	7399		
邢 台 市	52856	51882	51091	49724	1619	2003	146	155
保 定 市（包含定州市）	85468	92260	58708	65261	26600	26839	160	160
保 定 市（不含定州市）	75626	79957	48866	52958	26600	26839	160	160
定州市	9842	12303	9842	12303				
张家口市	40797	47509	35696	40271	5096	7238	5	
承 德 市	72563	86570	71336	85315	1011	1041	216	214
沧 州 市	42324	40983	33208	30866	9082	10082	34	35
廊 坊 市	130679	87460	129476	86312	1203	1148		
衡 水 市	81768	110716	56422	78085	25346	32631		

2-6-1续18　各市农业产业化龙头经营组织发展情况

名　称	四、龙头经营组织效益（续3）					
	（四）龙头企业出口创汇（万美元）		（五）龙头企业主要农产品原料采购值（万元）		（六）专业市场成交额（万元）	
	2014年	2015年	2014年	2015年	2014年	2015年
全　省	**197659**	**209585**	**19632404**	**19053443**	**18427802**	**20034764**
石家庄市（包含辛集市）	55663	55312	3115906	3014382	2333282	2286756
石家庄市（不含辛集市）	12299	13692	2269782	2185304	2333282	2286756
辛集市	43364	41620	846124	829078		
唐 山 市	17687	25084	1210544	1205130	794087	840596
秦皇岛市	48297	48868	1716195	1683754	1401615	1768957
邯 郸 市	25969	23376	2429142	2477753	2108872	1962105
邢 台 市	7302	9008	2678747	2741456	356920	379792
保 定 市（包含定州市）	9858	14165	1813838	1876112	2520848	2894955
保 定 市（不含定州市）	9858	14165	1600144	1619935	2183520	2559370
定州市			213694	256177	337328	335585
张家口市	8197	6074	1079724	1032789	587619	579736
承 德 市	7269	7728	768575	778165	465907	456092
沧 州 市	12203	13198	2527653	2037922	5226354	6263196
廊 坊 市	96	80	1320368	930019	471718	477318
衡 水 市	5119	6692	971712	1275961	2160580	2125261

2-6-1续19　各市农业产业化龙头经营组织发展发展情况

名　称	五、龙头经营组织按重点级别分(个)							
	1.国家重点龙头		2.省级重点龙头		3.市级重点龙头		4.县级重点龙头	
	2014年	2015年	2014年	2015年	2014年	2015年	2014年	2015年
全　省	**47**	**52**	**596**	**652**	**962**	**1119**	**369**	**358**
石家庄市（包含辛集市）	4	5	33	45	109	123	103	104
石家庄市（不含辛集市）	4	5	27	39	95	105	102	102
辛集市			6	6	14	18	1	2
唐 山 市	7	8	33	37	76	102	26	16
秦皇岛市	4	5	35	39	59	80	29	25
邯 郸 市	7	7	45	46	152	156	27	33
邢 台 市	4	3	72	68	80	92	41	39
保 定 市（包含定州市）	3	3	62	64	125	154	46	45
保 定 市（不含定州市）	2	2	59	60	112	139	44	43
定州市	1	1	3	4	13	15	2	2
张家口市	1	2	179	183	19	18		
承 德 市	5	5	37	44	106	111	4	5
沧 州 市	4	5	41	46	146	168	47	44
廊 坊 市	3	4	24	26	26	32	8	8
衡 水 市	5	5	35	54	64	83	38	39

2-6-1续20　各市农业产业化龙头经营组织发展发展情况

名　　称	六、龙头经营组织按上市情况分（个）					
	1.境内上市		2.境外上市		3.未上市	
	2014年	2015年	2014年	2015年	2014年	2015年
全　　省	**28**	**32**	**4**	**9**	**1942**	**2140**
石家庄市（包含辛集市）	2	3		1	247	273
石家庄市（不含辛集市）	1	2		1	227	248
辛集市	1	1			20	25
唐 山 市	3	3		1	139	159
秦皇岛市					127	149
邯 郸 市	6	4	2	2	223	236
邢 台 市		2			197	200
保 定 市（包含定州市）	4	5		2	232	259
保 定 市（不含定州市）	3	4		2	214	238
定州市	1	1			18	21
张家口市	1	1	1	2	197	200
承 德 市	3	3			149	162
沧 州 市	3	3	1	1	234	259
廊 坊 市	3	3			58	67
衡 水 市	3	5			139	176

2-6-1续21　各市农业产业化龙头经营组织发展发展情况

名　　称	七、龙头经营组织按产品辐射范围分（个）					
	1.本省内		2.跨省区		3.国　外	
	2014年	2015年	2014年	2015年	2014年	2015年
全　　省	**506**	**567**	**1287**	**1434**	**181**	**180**
石家庄市（包含辛集市）	85	102	138	155	26	20
石家庄市（不含辛集市）	79	90	131	145	18	16
辛集市	6	12	7	10	8	4
唐 山 市	45	52	76	90	21	21
秦皇岛市	30	37	76	85	21	27
邯 郸 市	39	40	180	190	12	12
邢 台 市	58	59	133	139	6	4
保 定 市（包含定州市）	60	73	150	166	26	27
保 定 市（不含定州市）	53	66	138	151	26	27
定州市	7	7	12	15		
张家口市	56	57	121	124	22	22
承 德 市	26	23	110	125	16	17
沧 州 市	66	69	149	174	23	20
廊 坊 市	9	13	48	55	4	2
衡 水 市	32	42	106	131	4	8

2-6-2 各市农产品生产(加工)基地发展情况

名称	一、农产品生产(加工)基地个数(个)		(一)按基地类型分(个)					
			1.种植业生产基地(包括林果)		2.养殖业生产基地(包括水产)		3.农产品加工基地	
	2014年	2015年	2014年	2015年	2014年	2015年	2014年	2015年
全　省	**688**	**699**	**374**	**382**	**281**	**286**	**33**	**31**
石家庄市(包含辛集市)	73	73	35	35	35	35	3	3
石家庄市(不含辛集市)	68	68	33	33	32	32	3	3
辛集市	5	5	2	2	3	3		
唐山市	63	64	27	27	33	34	3	3
秦皇岛市	43	43	23	23	17	18	3	2
邯郸市	89	92	40	42	45	46	4	4
邢台市	64	66	38	41	23	23	3	2
保定市(包含定州市)	135	135	82	83	43	44	10	8
保定市(不含定州市)	128	128	78	79	40	41	10	8
定州市	7	7	4	4	3	3		
张家口市	40	43	23	24	15	17	2	2
承德市	51	51	32	32	19	19		
沧州市	46	48	23	23	21	21	2	4
廊坊市	31	32	20	21	9	9	2	2
衡水市	53	52	31	31	21	20	1	1

注：农产品生产基地的统计标准为销售产值500万元以上，或种植面积5000亩以上，加工基地的统计标准为销售产值2000万元以上且基地内不够企业标准的个体加工户数达1000户以上，商品率在90%以上(下同)。

2-6-2续1 各市农产品生产(加工)基地发展情况

名称	(二)农产品生产(加工)基地按基地带动的龙头经营组织类型分(个)							
	1.龙头企业带动型		2.专业市场带动型		3.中介服务组织带动型		4.无龙头带动	
	2014年	2015年	2014年	2015年	2014年	2015年	2014年	2015年
全　省	**330**	**332**	**64**	**69**	**39**	**39**	**255**	**259**
石家庄市(包含辛集市)	27	24	8	8	7	8	31	33
石家庄市(不含辛集市)	24	21	7	7	7	8	30	32
辛集市	3	3	1	1			1	1
唐山市	38	39	6	6	4	3	15	16
秦皇岛市	27	25	4	3			12	15
邯郸市	59	60	10	11	2	2	18	19
邢台市	34	36	6	6	6	7	18	17
保定市(包含定州市)	33	32	8	8	10	10	84	85
保定市(不含定州市)	30	29	7	7	8	8	83	84
定州市	3	3	1	1	2	2	1	1
张家口市	22	23	1	4	4	3	13	13
承德市	29	31	4	4	4	4	14	12
沧州市	21	22	4	6		1	21	19
廊坊市	12	14	4	4	1		14	14
衡水市	28	26	9	9	1	1	15	16

2-6-2续2 各市农产品生产(加工)基地发展情况

名　称	(三) 农产品生产 (加工) 基地按产业类型分 (个)							
	1.粮　食		2.饲　料		3.油　料		4.糖　料	
	2014年	2015年	2014年	2015年	2014年	2015年	2014年	2015年
全　省	**38**	**36**	**3**	**2**	**18**	**18**	**2**	**1**
石家庄市（包含辛集市）	3	3			1	1		
石家庄市（不含辛集市）	3	3			1	1		
辛集市								
唐 山 市	4	4			2	2		
秦皇岛市	6	6					1	
邯 郸 市	3	3			1	1		
邢 台 市	2	2			2	2		
保 定 市（包含定州市）	5	4	1		6	7		
保 定 市（不含定州市）	5	4	1		5	6		
定州市					1	1		
张家口市	5	5					1	1
承 德 市	7	6			1			
沧 州 市					2	2		
廊 坊 市	1	1	1	1	1	1		
衡 水 市	2	2	1	1	2	2		

2-6-2续3 各市农产品生产(加工)基地发展情况

名　称	(三) 农产品生产 (加工) 基地按产业类型分 (个) (续1)							
	5.水　果		6.蔬菜及食用菌		7.棉麻丝		8.中药材	
	2014年	2015年	2014年	2015年	2014年	2015年	2014年	2015年
全　省	**96**	**99**	**138**	**138**	**18**	**19**	**12**	**13**
石家庄市（包含辛集市）	12	12	12	12				
石家庄市（不含辛集市）	11	11	11	11				
辛集市	1	1	1	1				
唐 山 市	4	4	10	10	1	1		
秦皇岛市	7	7	7	6			1	2
邯 郸 市	3	3	20	21	4	5	2	2
邢 台 市	10	11	10	10	6	6	5	5
保 定 市（包含定州市）	26	26	30	29			2	2
保 定 市（不含定州市）	25	25	29	28			2	2
定州市	1	1	1	1				
张家口市	4	4	10	11				
承 德 市	5	5	12	12			2	2
沧 州 市	9	10	7	7	4	4		
廊 坊 市	7	8	9	9				
衡 水 市	9	9	11	11	3	3		

2-6-2续4　各市农产品生产(加工)基地发展情况

名　　称	(三）农产品生产（加工）基地按产业类型分（个）（续2）							
	9.花　卉		10.其他种植业		11.猪		12.牛	
	2014年	2015年	2014年	2015年	2014年	2015年	2014年	2015年
全　　省	**3**	**4**	**24**	**22**	**73**	**75**	**32**	**29**
石家庄市（包含辛集市）			2	2	12	12	1	1
石家庄市（不含辛集市）			2	2	11	11	1	1
辛集市					1	1		
唐 山 市			2	2	8	8	4	3
秦皇岛市		1	2	2	3	3	1	1
邯 郸 市	1	2	2		13	13	3	3
邢 台 市			2	2	5	6	4	3
保 定 市（包含定州市）	2	1	7	6	12	13	3	3
保 定 市（不含定州市）	1		7	6	11	12	3	3
定州市	1	1			1	1		
张家口市			3	4	4	4	2	2
承 德 市					4	4	4	4
沧 州 市			3	3	2	2	2	2
廊 坊 市			1	1	3	3	4	4
衡 水 市					7	7	4	3

2-6-2续5　各市农产品生产(加工)基地发展情况

名　　称	(三）农产品生产（加工）基地按产业类型分（个）（续3）							
	13.羊		14.禽　肉		15.蛋　类		16.奶　类	
	2014年	2015年	2014年	2015年	2014年	2015年	2014年	2015年
全　　省	**21**	**24**	**36**	**39**	**55**	**56**	**27**	**29**
石家庄市（包含辛集市）	1	1			12	12	6	6
石家庄市（不含辛集市）					11	11	6	6
辛集市	1	1			1	1		
唐 山 市	1	1	3	3	3	3	4	5
秦皇岛市	3	3	4	5	1	1		
邯 郸 市	7	8	4	4	10	10	2	2
邢 台 市	1	1	4	4	8	8		1
保 定 市（包含定州市）	3	4	6	6	7	8	8	8
保 定 市（不含定州市）	3	4	6	6	6	7	7	7
定州市					1	1	1	1
张家口市	3	3			4	5	2	2
承 德 市	2	3	3	4	1	1	1	1
沧 州 市			6	7	5	4	1	1
廊 坊 市			1	1	2	2		
衡 水 市			5	5	2	2	3	3

2-6-2续6 各市农产品生产(加工)基地发展情况

名　　称	(三) 农产品生产（加工）基地按产业类型分（个）（续4）							
	17.皮毛类		18.其他畜牧业		19.水产业		20.林　业	
	2014年	2015年	2014年	2015年	2014年	2015年	2014年	2015年
全　　省	**8**	**9**	**4**	**3**	**23**	**26**	**37**	**39**
石家庄市（包含辛集市）	1	1			3	3	5	5
石家庄市（不含辛集市）	1	1			3	3	5	5
辛集市								
唐 山 市	1	1			8	9	5	5
秦皇岛市	2	2			2	3	1	1
邯 郸 市			3	3	3	3	6	7
邢 台 市	1	1					3	3
保 定 市（包含定州市）	1	1			3	3	5	6
保 定 市（不含定州市）	1	1			3	3	5	6
定州市								
张家口市							1	1
承 德 市					1	1	7	7
沧 州 市	1	2	1		3	4		
廊 坊 市							1	1
衡 水 市	1	1					3	3

2-6-2续7 各市农产品生产(加工)基地发展情况

名　　称	二、农产品生产(加工)基地规模效益							
	农产品生产(加工)基地产值(万元)		农产品生产(加工)基地销售产值(万元)		基地销售产值按产业类型分（万元）			
					粮　食		饲　料	
	2014年	2015年	2014年	2015年	2014年	2015年	2014年	2015年
全　　省	**33361720**	**34229125**	**32181271**	**32969992**	**988123**	**896927**	**25385**	**4125**
石家庄市（包含辛集市）	3866187	3877187	3722616	3754891	177085	176755		
石家庄市（不含辛集市）	3689942	3700446	3552881	3584643	177085	176755		
辛集市	176245	176741	169735	170248				
唐 山 市	5601840	5778419	5469981	5649606	151318	150592		
秦皇岛市	1337359	1326649	1272964	1275256	119532	86260		
邯 郸 市	4037385	4016276	3841990	3835378	90750	89897		
邢 台 市	2626140	2683137	2569410	2572232	35095	36417		
保 定 市（包含定州市）	4925636	5016874	4693434	4788838	69564	43755	21000	
保 定 市（不含定州市）	3990462	4099715	3856615	3940810	69564	43755	21000	
定州市	935174	917159	836819	848028				
张家口市	1731565	1912323	1693658	1805026	118962	136998		
承 德 市	2110536	2216620	2031980	2131206	221415	172750		
沧 州 市	2634541	3084549	2574337	2994506				
廊 坊 市	1940182	1810455	1851381	1749681	1337	668	2332	2335
衡 水 市	2550349	2506636	2459520	2413372	3065	2835	2053	1790

2-6-2续8　各市农产品生产(加工)基地发展情况

名　　称	二、农产品生产(加工)基地规模效益（续1）							
	基地销售产值按产业类型分（万元）（续1）							
	油　料		糖　料		水　果		蔬菜及食用菌	
	2014年	2015年	2014年	2015年	2014年	2015年	2014年	2015年
全　　省	**254407**	**196948**	**25083**	**19325**	**2837594**	**2924805**	**10205576**	**10810980**
石家庄市（包含辛集市）	16888	19566			404505	456382	1167457	1235056
石家庄市（不含辛集市）	16888	19566			377051	428380	1127007	1194566
辛集市					27454	28002	40450	40490
唐 山 市	53409	36107			369184	368847	2220764	2425065
秦皇岛市			10957		174836	176825	206274	230856
邯 郸 市	42090	31162			52532	37281	1512600	1540583
邢 台 市	13356	16189			214646	209598	259981	266098
保 定 市（包含定州市）	74135	64999			500335	538145	1178526	1201984
保 定 市（不含定州市）	39032	43026			458427	490445	796598	811798
定州市	35103	21973			41908	47700	381928	390186
张家口市			14126	19325	291253	182895	622851	703138
承 德 市	6238				89751	116483	820722	797437
沧 州 市	27270	14290			319846	411406	749520	897784
廊 坊 市	6530	6570			75248	85659	932612	934255
衡 水 市	14491	8065			345458	341284	534269	578724

2-6-2续9　各市农产品生产(加工)基地发展情况

名　　称	二、农产品生产(加工)基地规模效益（续2）							
	基地销售产值按产业类型分（万元）（续2）							
	棉麻丝		中药材		花　卉		其他种植业	
	2014年	2015年	2014年	2015年	2014年	2015年	2014年	2015年
全　　省	**1537435**	**1580463**	**308066**	**363111**	**136798**	**102748**	**305623**	**295665**
石家庄市（包含辛集市）							11027	11180
石家庄市（不含辛集市）							11027	11180
辛集市								
唐 山 市	2230	10296					99475	85306
秦皇岛市			40000	61500		2950	15966	8287
邯 郸 市	194996	193486	29929	43892	24078	30748	28948	
邢 台 市	339295	287596	137754	150793			6606	8350
保 定 市（包含定州市）			89163	80840	112720	69050	65512	45451
保 定 市（不含定州市）			89163	80840	35720		65512	45451
定州市					77000	69050		
张家口市							12669	62129
承 德 市			11220	26086				
沧 州 市	837349	974323					51353	51795
廊 坊 市							14067	23167
衡 水 市	163565	114762						

2-6-2续10　各市农产品生产(加工)基地发展情况

名　称	二、农产品生产(加工)基地规模效益（续3）							
	基地销售产值按产业类型分（万元）（续3）							
	猪		牛		羊		肉禽	
	2014年	2015年	2014年	2015年	2014年	2015年	2014年	2015年
全　省	**3651720**	**3852301**	**1262528**	**1143977**	**519902**	**572819**	**655160**	**744769**
石家庄市（包含辛集市）	470363	477205	23922	27932	3014	2996		
石家庄市（不含辛集市）	438700	445875	23922	27932				
辛集市	31663	31330			3014	2996		
唐山市	846035	854869	237796	150458	24861	21822	43119	45818
秦皇岛市	209343	207820	2520	2122	99516	89167	37322	45236
邯郸市	579605	596945	23583	22229	157498	175030	78441	82431
邢台市	137104	163061	97195	70827	13939	12950	29655	23880
保定市（包含定州市）	636986	794134	25687	56433	74960	92012	183429	178950
保定市（不含定州市）	496320	623042	25687	56433	74960	92012	183429	178950
定州市	140666	171092						
张家口市	182867	178148	64649	71751	136697	162578		
承德市	141656	137244	354111	372195	9417	16264	153410	227574
沧州市	92806	98000	69990	69090			75936	90332
廊坊市	43603	39566	237215	183277			5300	5800
衡水市	311352	305309	125860	117663			48548	44748

2-6-2续11　各市农产品生产(加工)基地发展情况

名　称	二、农产品生产(加工)基地规模效益（续4）							
	基地销售产值按产业类型分（万元）（续4）							
	蛋禽		奶类		皮毛类		其他畜牧业	
	2014年	2015年	2014年	2015年	2014年	2015年	2014年	2015年
全　省	**2488223**	**2250662**	**988088**	**1056985**	**2871775**	**2897245**	**84112**	**64627**
石家庄市（包含辛集市）	588940	557262	252876	254808	249511	214137		
石家庄市（不含辛集市）	521786	489832	252876	254808	249511	214137		
辛集市	67154	67430						
唐山市	163868	148490	383861	410087	85418	61064		
秦皇岛市	27582	18543			256953	264269		
邯郸市	669641	624062	15662	16305			73312	64627
邢台市	289574	275156		25565	946467	969467		
保定市（包含定州市）	274595	212175	187785	202610	486500	496300		
保定市（不含定州市）	189381	137570	112785	129188	486500	496300		
定州市	85214	74605	75000	73422				
张家口市	125398	153151	85936	93576				
承德市	18510	18500	34387	27479				
沧州市	191622	122821	12824	12355	43690	83703	10800	
廊坊市	61466	55421						
衡水市	77027	65081	14757	14200	803236	808305		

2-6-2续12　各市农产品生产(加工)基地发展情况

名　　称	二、农产品生产(加工)基地规模效益（续5）							
	基地销售产值按产业类型分（万元）（续5）				农产品生产(加工)基地上交税金(万元)		1.种植业生产基地种植面积(公顷)	
	水产业		林　业					
	2014年	2015年	2014年	2015年	2014年	2015年	2014年	2015年
全　　省	**692405**	**932128**	**1255284**	**1207222**	**163872**	**141924**	**2433717**	**2373681**
石家庄市（包含辛集市）	15534	15947	83320	85089	18940	19638	205176	205035
石家庄市（不含辛集市）	15534	15947	83320	85089	18940	19638	195636	195404
辛集市							9540	9631
唐 山 市	412516	561314	206746	148439	6527	3452	376389	344082
秦皇岛市	51313	67421	13000	14000	2752	1900	163059	153198
邯 郸 市	26535	29725	227180	238014	11960	12273	308887	319375
邢 台 市			44267	46777	20572	30592	213412	204618
保 定 市（包含定州市）	69820	59888	31993	42219	41374	12790	298586	294727
保 定 市（不含定州市）	69820	59888	31993	42219	41374	12790	234974	230868
定州市							63612	63859
张家口市			15982	19739	14999	9093	185350	204273
承 德 市	25356	29226	145286	189376	4491	4871	148601	147140
沧 州 市	91331	168607			10795	9150	249459	230588
廊 坊 市			471671	412963	9586	10485	95836	93435
衡 水 市			15839	10606	21876	27680	188962	177210

2-6-2续13　各市农产品生产(加工)基地发展情况

单位：万元

名　　称	二、农产品生产(加工)基地规模效益(续6)					
	种植业产值		种植业销售产值		种植业上交税金	
	2014年	2015年	2014年	2015年	2014年	2015年
全　　省	**16674955**	**17190571**	**15988894**	**16463741**	**37315**	**36261**
石家庄市（包含辛集市）	1935370	2039215	1860282	1984028	5551	6046
石家庄市（不含辛集市）	1864278	1967517	1792378	1915536	5551	6046
辛集市	71092	71698	67904	68492		
唐 山 市	3134339	3257546	3032326	3164552	1296	1317
秦皇岛市	592754	599892	561456	571833	877	605
邯 郸 市	1965567	1957782	1867092	1864701	7749	8120
邢 台 市	1067941	1091628	1034915	1039948	182	183
保 定 市（包含定州市）	2153627	2169968	2024054	2039084	2258	2224
保 定 市（不含定州市）	1552374	1580397	1488115	1510175	2258	2224
定州市	601253	589571	535939	528909		
张家口市	1023901	1046125	998911	974025	6948	5354
承 德 市	1282227	1361847	1227154	1302132	903	922
沧 州 市	1297385	1475034	1271838	1412718	8906	8605
廊 坊 市	1100692	1092737	1032126	1052654	282	282
衡 水 市	1121152	1098797	1078740	1058066	2363	2603

2-6-2续14 各市农产品生产(加工)基地发展情况

名　　称	二、农产品生产(加工)基地规模效益(续7)					
	2.养殖业生产基地牲畜饲养量(百头)		禽类饲养量(百只)		水产养殖面积(公顷)	
	2014年	2015年	2014年	2015年	2014年	2015年
全　　省	**569944**	**740489**	**7782107**	**10783015**	**25534**	**65010**
石家庄市（包含辛集市）	48898	47154	1046352	1026197	1803	1825
石家庄市（不含辛集市）	44662	42961	867274	846637	1803	1825
辛集市	4236	4193	179078	179560		
唐 山 市	104898	102055	531277	4488476		36868
秦皇岛市	56461	51720	259000	298070	20281	13685
邯 郸 市	96886	103735	1343252	1357163	940	941
邢 台 市	25800	21251	1252986	615023		
保 定 市（包含定州市）	94778	191311	654095	657290		130
保 定 市（不含定州市）	77406	173604	479622	483565		130
定州市	17372	17707	174473	173725		
张家口市	47581	70771	202608	216215		
承 德 市	29637	31034	911578	791263	2510	2510
沧 州 市	12255	73449	906806	700578		9051
廊 坊 市	23319	21645	173469	169801		
衡 水 市	29432	26364	500684	462939		

2-6-2续15 各市农产品生产(加工)基地发展情况

单位：万元

名　　称	二、农产品生产(加工)基地规模效益(续8)					
	2.养殖业生产基地养殖业产值		养殖业销售产值		养殖业上交税金	
	2014年	2015年	2014年	2015年	2014年	2015年
全　　省	**10951610**	**11254199**	**10590620**	**10900982**	**24569**	**22380**
石家庄市（包含辛集市）	1413393	1393385	1354649	1336150	1797	1919
石家庄市（不含辛集市）	1308240	1288342	1252818	1234394	1797	1919
辛集市	105153	105043	101831	101756		
唐 山 市	2233424	2296434	2203804	2261638	4277	1193
秦皇岛市	728471	718115	695791	695058	1664	1178
邯 郸 市	1686783	1664689	1603604	1595972	2754	2682
邢 台 市	586410	555275	571943	544142	393	422
保 定 市（包含定州市）	1454542	1527897	1389209	1477235	2468	2792
保 定 市（不含定州市）	1120621	1200309	1088329	1158116	2468	2792
定州市	333921	327588	300880	319119		
张家口市	607964	824028	595547	789601	2551	3004
承 德 市	828309	854773	804826	829074	3588	3949
沧 州 市	603268	643978	588999	620030	139	137
廊 坊 市	216012	213624	204704	205081	1440	1414
衡 水 市	593034	562001	577544	547001	3498	3690

2-6-2续16　各市农产品生产(加工)基地发展情况

单位：万元

名　　称	二、农产品生产(加工)基地规模效益(续9)					
	3.农产品加工基地加工业产值		加工业销售产值		加工业上交税金	
	2014年	2015年	2014年	2015年	2014年	2015年
全　　省	**5735155**	**5784355**	**5601757**	**5605269**	**101988**	**83283**
石家庄市（包含辛集市）	517424	444587	507685	434713	11592	11673
石家庄市（不含辛集市）	517424	444587	507685	434713	11592	11673
辛集市						
唐 山 市	234077	224439	233851	223416	954	942
秦皇岛市	16134	8642	15717	8365	211	117
邯 郸 市	385035	393805	371294	374705	1457	1471
邢 台 市	971789	1036234	962552	988142	19997	29987
保 定 市（包含定州市）	1317467	1319009	1280171	1272519	36648	7774
保 定 市（不含定州市）	1317467	1319009	1280171	1272519	36648	7774
定州市						
张家口市	99700	42170	99200	41400	5500	735
承 德 市						
沧 州 市	733888	965537	713500	961758	1750	408
廊 坊 市	623478	504094	614551	491946	7864	8789
衡 水 市	836163	845838	803236	808305	16015	21387

2-6-2续17　各市农产品生产(加工)基地发展情况

名　　称	三、农产品生产(加工)基地带动农户数(户)		#订单带动农户数		1.种植业生产基地带动农户数		#订单带动农户数	
	2014年	2015年	2014年	2015年	2014年	2015年	2014年	2015年
全　　省	**8606573**	**8854795**	**1641891**	**1680299**	**5823969**	**6053153**	**1232630**	**1276741**
石家庄市（包含辛集市）	744643	742881	70416	91086	470555	469710	40161	60882
石家庄市（不含辛集市）	671917	669727	70416	91086	418614	417326	40161	60882
辛集市	72726	73154			51941	52384		
唐 山 市	1093491	1116332	210273	222909	669963	706263	134453	149612
秦皇岛市	543814	582076	42434	47408	383313	428163	33601	38603
邯 郸 市	1143166	1144011	463215	467937	748097	755343	333341	344225
邢 台 市	872051	850794	271518	265130	684561	670267	252818	243193
保 定 市（包含定州市）	1326343	1352523	186675	189750	896692	936955	139728	141016
保 定 市（不含定州市）	930601	953853	120539	122525	651201	689480	79687	80046
定州市	395742	398670	66136	67225	245491	247475	60041	60970
张家口市	781649	922358	136628	123881	426172	510872	112705	103186
承 德 市	817069	829495	125003	123955	551971	564814	88855	88125
沧 州 市	531529	559621	37108	37774	395529	405456	19310	19976
廊 坊 市	228597	223667	1652	2008	200502	199843	1500	1900
衡 水 市	524221	531037	96969	108461	396614	405467	76158	86023

2-6-2续18 各市农产品生产(加工)基地发展情况

名称	三、农产品生产(加工)基地带动农户数(户)(续1)					
	2.养殖业生产基地带动农户数		#订单带动农户数		3.农产品加工基地带动农户数	
	2014年	2015年	2014年	2015年	2014年	2015年
全　省	**2517733**	**2528253**	**350104**	**355109**	**264871**	**273389**
石家庄市（包含辛集市）	256102	255832	29415	29404	17986	17339
石家庄市（不含辛集市）	235317	235062	29415	29404	17986	17339
辛集市	20785	20770				
唐山市	403820	390204	75820	73297	19708	19865
秦皇岛市	147692	142689	8673	8675	12809	11224
邯郸市	372137	365838	109885	103725	22932	22830
邢台市	159606	153038	18700	21937	27884	27489
保定市（包含定州市）	391074	383760	33627	33743	38577	31808
保定市（不含定州市）	240823	232565	27532	27488	38577	31808
定州市	150251	151195	6095	6255		
张家口市	309377	373536	7603	17775	46100	37950
承德市	265098	264681	36148	35830		
沧州市	89630	82795	17798	17798	46370	71370
廊坊市	17051	12806	152	108	11044	11018
衡水市	106146	103074	12283	12817	21461	22496

2-6-2续19 各市农产品生产(加工)基地发展情况

名称	三、农产品生产(加工)基地带动农户数(户)(续2)		四、基地带动农户的户均纯收入(元)		#从产业化中经营中得到的户均纯收入	
	#农产品加工基地订单带动农户数					
	2014年	2015年	2014年	2015年	2014年	2015年
全　省	**59157**	**48449**	**24722**	**25975**	**9895**	**11180**
石家庄市（包含辛集市）	840	800	27740	27770	12991	13843
石家庄市（不含辛集市）	840	800	28701	28728	13690	13843
辛集市			18858	19003	6530	6544
唐山市			31881	32592	13228	13867
秦皇岛市	160	130	17383	17164	5753	5491
邯郸市	19989	19987	24123	26060	8589	8747
邢台市			22807	31533	8522	17281
保定市（包含定州市）	13320	14991	25054	24791	9843	10160
保定市（不含定州市）	13320	14991	25267	24554	9759	9721
定州市			24555	25359	10040	10959
张家口市	16320	2920	18510	19260	6566	8421
承德市			21208	21397	8892	9130
沧州市			23578	24369	9455	10856
廊坊市			25737	26596	11987	12155
衡水市	8528	9621	32216	33385	14169	15227

2-6-3 各市农业产业化统计监测情况

名称	农业产业化总量(万元)		产业化经营率(%)		农副产品转化率(%)		农副产品加工增值率(%)	
	2014年	2015年	2014年	2015年	2014年	2015年	2014年	2015年
全　省	**66661277**	**69347807**	**64.2**	**65.6**	**41.7**	**42.9**	**60.9**	**73.0**
石家庄市（包含辛集市）	10368870	10788963	64.8	65.7	36.3	37.1	106.0	121.2
石家庄市（不含辛集市）	7798192	8190714	61.6	62.6	38.5	39.2	77.0	94.0
辛集市	2570678	2598249	77.7	77.8	18.7	18.7	183.8	192.9
唐山市	7558080	7789119	66.9	67.9	58.3	59.6	65.9	68.5
秦皇岛市	3931551	4090300	67.5	68.0	39.9	39.7	51.6	63.6
邯郸市	7500162	7762408	65.3	66.2	46.6	46.6	42.6	50.3
邢台市	6498813	6829176	65.9	67.2	32.4	32.2	42.0	50.1
保定市（包含定州市）	8169436	8477817	66.2	67.3	45.0	46.1	71.3	75.0
保定市（不含定州市）	6946882	7212776	65.5	66.6	41.3	42.5	70.6	77.5
定州市	1222554	1265041	71.0	71.5	62.7	62.7	76.1	59.1
张家口市	3912537	3681261	58.4	59.1	36.4	40.9	89.7	66.0
承德市	3626789	3888687	66.0	67.3	52.1	53.0	98.4	116.5
沧州市	7076323	7588068	60.6	63.5	28.8	31.8	38.8	63.6
廊坊市	3514534	3532605	57.7	58.0	32.4	33.0	16.9	75.7
衡水市	4504182	4919403	63.6	66.8	39.1	39.6	60.5	58.8

2-6-3续 各市农业产业化统计监测情况

名称	农副产品商品率(%)		农民人均纯收入增长率(%)		农户参与度(%)		参与农户增收比率(%)		农民受益率(%)	
	2014年	2015年	2014年	2015年	2014年	2015年	2014年	2015年	2014年	2015年
全　省	**81.9**	**82.3**	**10.9**	**8.5**	**54.6**	**56.1**	**40.0**	**43.0**	**14.7**	**15.7**
石家庄市（包含辛集市）	75.0	74.9			41.0	40.6	46.8	49.9		
石家庄市（不含辛集市）	75.8	75.7	10.4	8.5	40.4	40.2	47.7	48.2	13.8	12.7
辛集市	71.5	72.6	10.3	9.0	47.2	45.3	34.6	34.4	7.0	6.4
唐山市	86.6	86.7	10.2	8.3	67.2	69.1	41.5	42.6	20.5	20.3
秦皇岛市	84.9	83.5	10.6	8.2	80.3	84.8	33.1	32.0	15.3	14.4
邯郸市	85.4	84.6	11.1	8.7	61.1	60.8	35.6	33.6	12.7	11.8
邢台市	83.8	83.9	12.0	9.7	54.7	52.9	37.4	54.8	14.3	25.6
保定市（包含定州市）	78.0	78.6			53.3	53.9	39.3	41.0		
保定市（不含定州市）	76.3	76.3	12.2	10.3	42.0	42.8	38.6	39.6	11.2	10.3
定州市	85.5	89.0	12.4	11.7	143.4	142.9	40.9	43.2	33.9	33.0
张家口市	86.8	87.9	13.3	11.8	63.2	76.9	35.5	43.7	20.4	28.5
承德市	86.2	85.4	12.3	10.6	89.4	89.9	41.9	42.7	33.6	31.6
沧州市	78.8	79.5	11.5	10.0	32.9	34.3	40.1	44.6	9.0	9.8
廊坊市	81.4	81.3	10.3	8.6	26.9	26.7	46.6	45.7	7.0	6.4
衡水市	76.9	82.8	12.8	11.4	49.3	49.6	44.0	45.6	24.8	24.2

3-1 县(市、区)国民经济主要指标(2015)(1-1)

县(市、区)	一、基本情况						
	行政区域土地面积(平方公里)	乡个数(个)	镇个数(个)	村民委员会个数(个)	#自来水受益村数	#通有线电视村数	#通宽带村数
石家庄市							
长安区	138		4	8	8	8	8
桥西区	70			15	15	15	15
新华区	92	2	2	17	17	17	17
井陉矿区	70	1	2				
裕华区	61		1	6	6	6	6
藁城区	836	1	12	226	226	222	226
鹿泉区	603	3	9	208	204	208	208
栾城区	326	3	4	173	173	165	173
井陉县	1381	7	10	318	291	243	293
正定县	468	5	3	154	154	154	154
行唐县	1025	11	4	322	248	299	317
灵寿县	1066	9	6	279	249	136	239
高邑县	222	2	3	107	107	107	107
深泽县	296	3	3	125	125	122	125
赞皇县	1210	9	2	212	139	69	212
无极县	524	5	6	213	213	213	213
平山县	2648	11	12	717	692	280	715
元氏县	675	7	8	208	180	208	208
赵　县	674	4	7	281	281	212	281
辛集市	951	7	8	344	344	344	344
晋州市	619	1	9	224	224	98	224
新乐市	525	3	8	160	160	123	160
唐山市							
路南区	117	1	1	56	56	56	56
路北区	161	1	1	71	71	71	71
古冶区	248	3	2	122	122	122	122
开平区	257		6	134	134	122	134
丰南区	1312	3	12	444	444	262	444
丰润区	1154	3	17	480	480	362	480
曹妃甸区	1281		5	109	109	109	109
滦　县	1027		10	504	490	349	504
滦南县	1482		16	589	589	477	589
乐亭县	1417	3	10	473	473	416	466
迁西县	1439	8	9	417	275	417	417
玉田县	1165	4	16	750	750	518	750
遵化市	1513	12	13	648	648	648	648
迁安市	1227	7	10	458	431	458	458
秦皇岛市							
海港区	800		8	262	179	253	262
山海关区	194		3	96	96	96	96
北戴河区	112		3	43	37	43	43
抚宁区	968	2	5	363	180	363	360
青龙满族自治县	3510	14	11	396	211	390	396
昌黎县	1212	5	11	418	343	415	418
卢龙县	956	5	7	548	171	320	548

3-1 县(市、区)国民经济主要指标(2015)(1-2)

县(市、区)	一、基本情况						
	行政区域土地面积(平方公里)	乡个数(个)	镇个数(个)	村民委员会个数(个)	#自来水受益村数	#通有线电视村数	#通宽带村数
邯郸市							
邯山区	64	1	1	18	18	17	18
丛台区	142	2	1	22	22	22	22
复兴区	137	2	1	41	27	34	41
峰峰矿区	341	1	9	148	148	99	136
邯郸县	280	5	2	162	162	162	162
临漳县	742	9	5	425	425	295	212
成安县	482	5	4	234	234	211	234
大名县	1053	12	8	609	577	520	609
涉县	1509	8	8	280	272	280	280
磁县	995	9	9	358	293	317	346
肥乡县	503	5	4	263	263	263	263
永年县	847	12	7	429	429	356	278
邱县	449	3	4	217	217	217	217
鸡泽县	336	3	4	169	169	165	98
广平县	314	3	4	169	169	133	169
馆陶县	456	4	4	269	269	269	269
魏县	864	11	10	541	541	500	500
曲周县	677	4	6	338	338	279	338
武安市	1806	9	13	502	395	248	415
邢台市							
桥东区	68	1	1	25	25	25	25
桥西区	120		2	33	33	30	33
邢台县	1848	6	10	519	518	375	463
临城县	797	4	4	210	191	184	209
内丘县	788	4	5	309	309	90	309
柏乡县	268	3	3	121	121	121	121
隆尧县	749	6	6	276	276	253	276
任县	431	4	4	134	134	134	134
南和县	405	5	3	218	218	183	218
宁晋县	1032	4	10	333	333	306	333
巨鹿县	631	4	6	254	254	251	254
新河县	366	4	2	169	169	169	169
广宗县	504	5	3	196	196	196	196
平乡县	406	4	3	232	232	106	232
威县	1012	8	8	522	522	420	505
清河县	500		6	305	305	109	305
临西县	542	3	6	299	299	299	299
南宫市	861	5	6	440	440	306	440
沙河市	859	4	4	242	223	184	238
保定市							
竞秀区	127	5		63	63	51	63
莲池区	177	7		120	116	85	111
满城区	630	6	5	183	183	133	171
清苑区	867	10	8	266	262	210	266

3-1 县(市、区)国民经济主要指标(2015)(1-3)

县(市、区)	一、基本情况						
	行政区域土地面积(平方公里)	乡个数(个)	镇个数(个)	村民委员会个数(个)	#自来水受益村数	#通有线电视村数	#通宽带村数
徐水区	723	7	7	304	288	247	304
涞水县	1662	7	8	284	207	66	233
阜平县	2496	7	6	209	209	160	166
定兴县	714	10	6	274	130	38	264
唐　县	1414	12	8	345	231	222	322
高阳县	495	4	5	170	170	170	170
容城县	314	3	5	127	127	58	127
涞源县	2448	9	8	283	260	143	222
望都县	370	5	3	143	141	134	142
安新县	728	3	9	207	207	154	207
易　县	2534	18	9	469	338	143	421
曲阳县	1084	13	5	367	175	188	367
蠡　县	652	4	9	232	232	152	232
顺平县	711	5	5	237	235	172	237
博野县	331	3	4	133	133	58	120
雄　县	514	3	6	223	223	67	220
涿州市	751	4	7	402	360	120	379
定州市	1284	5	16	486	478	437	471
安国市	486	4	6	198	197	24	198
高碑店市	618	4	5	409	395	164	409
张家口市							
桥东区	94		1	9	9	9	9
桥西区	103		1	20	20	20	8
宣化区	276	3	1	57	57	57	56
下花园区	315	4		46	46	41	41
宣化县	2044	5	8	299	294	213	200
张北县	3863	13	5	366	249	159	119
康保县	3365	8	7	326	251	111	27
沽源县	3363	10	4	233	70	143	41
尚义县	2601	7	7	172	162	172	161
蔚　县	3198	11	11	547	390	392	410
阳原县	1849	9	5	301	218	119	232
怀安县	1698	7	4	273	246	170	234
万全县	1162	7	4	171	171	171	163
怀来县	1801	6	11	279	269	200	250
涿鹿县	2802	4	13	373	369	257	303
赤城县	5287	9	9	440	358	101	120
崇礼县	2324	8	2	211	210	199	174
承德市							
双桥区	332		5	91	66	84	89
双滦区	452	2	4	63	51	61	63
鹰手营子区	151		4	15	14	15	15
承德县	3648	15	8	378	285	374	324
兴隆县	3123	11	9	290	131	212	249
平泉县	3294	7	12	260	178	260	248

3-1 县(市、区)国民经济主要指标(2015)(1-4)

县(市、区)	一、基本情况						
	行政区域土地面积(平方公里)	乡个数(个)	镇个数(个)	村民委员会个数(个)	#自来水受益村数	#通有线电视村数	#通宽带村数
滦平县	2993	12	8	200	125	198	188
隆化县	5473	15	10	357	252	352	313
丰宁满族自治县	8765	16	10	309	290	274	238
宽城满族自治县	1936	10	8	205	172	199	190
围场满族蒙古族自治县	9220	27	10	312	254	311	299
沧州市							
新华区	89	1		20	20	20	20
运河区	118	1	1	62	62	62	62
沧　县	1520	15	4	510	510	510	510
青　县	968	4	6	345	345	345	345
东光县	711	1	8	447	447	447	447
海兴县	919	4	3	197	197	197	197
盐山县	795	6	6	450	450	450	450
肃宁县	516	3	6	253	253	253	253
南皮县	790	3	6	312	312	312	312
吴桥县	583	5	5	473	473	473	473
献　县	1173	11	7	500	500	500	500
孟村回族自治县	387	2	4	126	126	126	126
泊头市	1009	4	8	657	657	657	657
任丘市	1012	6	9	413	413	413	413
黄骅市	1545	6	4	327	327	327	327
河间市	1333	13	7	615	615	615	615
廊坊市							
安次区	578	4	4	284	284	240	284
广阳区	331	1	3	170	170	170	170
固安县	703	4	5	421	421	132	421
永清县	776	5	5	386	386	386	386
香河县	448		9	300	300	118	300
大城县	897	2	8	394	394	164	394
文安县	1037	1	12	383	383	358	383
大厂回族自治县	176		5	105	105	105	105
霸州市	802	5	7	372	372	296	372
三河市	634		10	395	395	168	395
衡水市							
桃城区	383	1	3	220	220	220	220
枣强县	905	3	8	553	553	553	553
武邑县	800	3	6	524	524	524	524
武强县	443	3	3	238	238	226	238
饶阳县	572	3	4	197	197	161	197
安平县	495	5	3	230	230	230	230
故城县	941	4	9	538	538	538	538
景　县	1188	6	10	848	848	644	787
阜城县	695	5	5	610	610	587	610
冀州市	878	4	6	382	382	382	382
深州市	1245	6	11	465	465	465	465

3-1 县(市、区)国民经济主要指标(2015)(2-1)

县(市、区)	二、人口与就业					
	年末总人口(万人)	乡村人口(人)	常住户数(户)	乡村总户数(户)	年末乡村从业人员(人)	#农林牧渔业从业人员
石家庄市						
长安区	63.4	28810	270148	8939	15795	3479
桥西区	69.0	32355	272429	10107	18621	1285
新华区	50.0	62251	237600	16011	36770	2551
井陉矿区	9.3		33074			
裕华区	44.2	26165	193589	5738	13134	4765
藁城区	78.6	730187	205173	188874	385170	67583
鹿泉区	42.0	365228	102709	95555	176975	69324
栾城区	34.6	319442	83976	78044	172759	43819
井陉县	33.3	288286	94230	83663	148663	62301
正定县	50.0	400950	123766	101920	226515	68655
行唐县	46.0	379404	121473	105315	186723	78072
灵寿县	34.6	271208	89293	71310	142714	76579
高邑县	20.0	166912	47986	43998	96240	45098
深泽县	26.2	230529	74014	62202	128512	47711
赞皇县	27.6	219942	74935	61123	127631	48014
无极县	53.3	458045	145352	119024	249206	116058
平山县	50.3	448150	127490	124300	243880	155760
元氏县	44.1	394935	108607	99429	242190	159695
赵　县	61.3	507569	165467	128504	290679	102143
辛集市	63.7	557770	203538	161604	297946	91694
晋州市	56.7	476895	126157	124570	260453	85845
新乐市	51.4	420439	126716	105035	223156	50888
唐山市						
路南区	26.3	61828	100304	20801	31556	9553
路北区	65.3	117533	273559	34432	66116	27574
古冶区	35.4	129275	161518	42174	64712	27280
开平区	25.4	178198	98387	58572	84658	24327
丰南区	53.0	456240	158595	125137	250887	95895
丰润区	82.7	625407	251098	181801	362283	192132
曹妃甸区	20.9	153980	85044	49430	87140	41354
滦　县	56.2	507807	170333	147954	286861	113648
滦南县	57.4	520546	178302	150528	295877	183768
乐亭县	45.2	383916	146575	128867	231995	103307
迁西县	39.8	347434	126919	99711	189735	81234
玉田县	70.2	583970	199330	164225	332976	86304
遵化市	75.8	684071	231651	196143	331380	111844
迁安市	76.2	538146	240835	156746	290686	57900
秦皇岛市						
海港区	69.3	188064	354257	64808	101318	47563
山海关区	12.8	53066	47552	18035	32118	18509
北戴河区	9.6	62227	44813	23959	35380	12690
抚宁区	34.2	286706	112098	91357	154069	105728
青龙满族自治县	56.6	505942	160430	142437	283928	164992
昌黎县	52.7	463813	208495	178427	272209	170609
卢龙县	42.3	377755	138281	122712	223746	151212

3-1 县(市、区)国民经济主要指标(2015)(2-2)

县(市、区)	二、人口与就业					
	年末总人口(万人)	乡村人口(人)	常住户数(户)	乡村总户数(户)	年末乡村从业人员(人)	#农林牧渔业从业人员
邯郸市						
邯山区	32.7	30072	102729	7558	16120	5700
丛台区	44.5	85282	130395	17405	31914	13316
复兴区	31.8	56361	82956	13843	29711	10975
峰峰矿区	52.1	219018	157418	56326	93295	32401
邯郸县	31.1	250455	81407	62460	127053	61879
临漳县	75.0	609840	172790	142612	387765	266514
成安县	45.8	345002	118126	84312	191376	67685
大名县	94.1	696942	172729	159576	357050	162103
涉　县	42.3	370269	145883	120674	196421	65219
磁　县	66.3	568099	159801	142200	285319	70268
肥乡县	41.3	348171	87766	81045	192589	61569
永年县	106.3	796621	213460	195674	427795	138965
邱　县	25.8	206292	68950	51126	108903	59748
鸡泽县	33.5	298710	67659	65245	131615	26032
广平县	31.0	250771	58906	55266	139368	68766
馆陶县	36.4	277970	75777	68121	140605	78234
魏　县	104.3	889768	240849	195341	366815	267984
曲周县	51.4	436912	109921	98485	235095	70130
武安市	83.7	713146	231011	233936	370943	125358
邢台市						
桥东区	26.6	34529	91149	11299	18370	7757
桥西区	40.8	68202	149169	18874	34489	11634
邢台县	35.5	335033	116402	111184	167052	53881
临城县	22.0	185565	63986	47256	87026	58966
内丘县	29.2	244248	65899	62922	124236	58758
柏乡县	20.4	183576	49973	45511	90153	37261
隆尧县	55.5	503299	121405	119699	225872	81280
任　县	37.9	313153	80625	75436	157376	59724
南和县	38.3	341093	104838	82792	168896	80807
宁晋县	79.8	687385	185593	171740	346287	171741
巨鹿县	42.2	385067	111142	116005	206591	115591
新河县	17.9	155676	56782	44626	71470	41934
广宗县	32.9	292733	82990	75417	149408	61609
平乡县	35.6	276909	79767	63479	138295	41287
威　县	63.8	556637	182690	144713	295842	155685
清河县	43.0	362223	112986	85735	163345	33232
临西县	39.2	294789	96410	75161	147383	61924
南宫市	50.2	442710	125551	109007	208382	96661
沙河市	44.5	374371	110954	90650	164685	70499
保定市						
竞秀区	43.6	116028	153459	30328	62471	22003
莲池区	61.4	158688	197718	41302	89712	38939
满城区	40.5	335725	116107	87995	184138	110853
清苑区	68.6	618249	183792	156225	352895	195372

3-1 县(市、区)国民经济主要指标(2015)(2-3)

县(市、区)	二、人口与就业					
	年末总人口(万人)	乡村人口(人)	常住户数(户)	乡村总户数(户)	年末乡村从业人员(人)	#农林牧渔业从业人员
徐水区	61.7	555812	184695	146541	307381	156473
涞水县	35.7	319586	108788	91704	182496	117744
阜平县	23.1	192080	66364	55849	88195	60705
定兴县	60.4	547965	161170	138678	322146	146761
唐　县	60.4	537107	171791	139268	267495	157287
高阳县	35.7	304813	104290	78483	178349	72662
容城县	27.3	223311	68309	53952	129395	45156
涞源县	29.0	248505	90111	78557	125167	87576
望都县	27.4	228010	86878	60247	127667	87773
安新县	46.6	437043	142583	120603	254416	123026
易　县	58.4	515321	150033	144662	258547	146359
曲阳县	64.5	558609	164514	141599	269668	165617
蠡　县	54.9	492480	145410	115889	268604	149986
顺平县	32.1	286707	86956	77557	159028	108276
博野县	27.5	190105	87547	50092	123568	52799
雄　县	39.2	335875	97306	88388	206168	96542
涿州市	68.1	449680	243162	116233	257777	145367
定州市	124.4	1106384	327993	279079	664064	188383
安国市	41.8	340157	113056	89662	208164	97082
高碑店市	57.9	426741	164596	99315	240907	132413
张家口市						
桥东区	22.1	19335	104680	7173	10125	4334
桥西区	21.2	22352	96327	9100	10850	2060
宣化区	32.1	57210	177789	22092	31399	19017
下花园区	6.7	26593	28953	11252	14163	7851
宣化县	27.8	256655	96605	90947	144434	87148
张北县	36.5	249732	104702	91412	155809	95425
康保县	27.4	245226	81284	81798	124447	75983
沽源县	22.4	188892	64671	72650	100930	75761
尚义县	19.2	159662	69298	56688	99352	70181
蔚　县	50.3	463533	164277	161059	197229	131041
阳原县	27.5	228920	88586	84006	118405	70488
怀安县	24.6	214649	97504	74122	121575	80081
万全县	22.5	192105	89290	71463	102614	68701
怀来县	36.0	196500	133971	73128	117671	72136
涿鹿县	35.2	277225	143927	109135	163066	120384
赤城县	29.9	255803	108130	102321	121905	85325
崇礼县	12.7	101714	40389	38582	58764	37718
承德市						
双桥区	31.4	130417	141367	42787	64118	28341
双滦区	15.0	82402	57787	26336	43093	14569
鹰手营子区	6.5	19415	23796	6011	9577	2823
承德县	42.6	388424	142659	116688	218454	128012
兴隆县	33.0	292212	109499	86835	155770	99932
平泉县	48.3	423196	133810	125136	218160	116431

3-1 县(市、区)国民经济主要指标(2015)(2-4)

县(市、区)	二、人口与就业					
	年末总人口（万人）	乡村人口（人）	常住户数（户）	乡村总户数（户）	年末乡村从业人员（人）	#农林牧渔业从业人员
滦平县	32.8	270666	95897	85324	150076	65740
隆化县	44.8	382244	127313	116311	225634	141171
丰宁满族自治县	41.0	350008	129268	116834	183289	119895
宽城满族自治县	26.0	227541	77651	67763	118672	51654
围场满族蒙古族自治县	54.3	460687	196148	132400	234688	172959
沧州市						
新华区	18.7	35271	73374	9391	15964	6634
运河区	32.2	78897	110210	20343	37750	21198
沧　县	73.6	681427	205534	177540	390378	79340
青　县	43.6	347074	120567	96483	206052	55260
东光县	38.2	331728	104385	93687	164757	70109
海兴县	23.8	195885	67523	58526	105542	58580
盐山县	49.3	425252	115174	109334	217287	80235
肃宁县	36.5	320983	99146	88798	201750	57768
南皮县	39.9	330540	108207	91450	187219	101078
吴桥县	28.5	229289	75851	69572	142994	49859
献　县	65.1	540919	196652	138904	275666	103906
孟村回族自治县	20.9	184840	58141	46029	92525	36720
泊头市	63.4	505282	199346	157218	271766	67348
任丘市	89.2	609105	215147	162223	298257	59432
黄骅市	47.7	407014	128252	105368	207844	30729
河间市	88.2	716551	231079	192684	427389	87061
廊坊市						
安次区	36.7	270683	129428	70373	151437	92169
广阳区	42.0	196469	162685	45602	104054	60157
固安县	50.1	367787	114706	90527	183735	141718
永清县	40.5	321183	93282	81890	176924	109157
香河县	36.2	282302	98071	79431	137991	49766
大城县	52.0	425997	131970	112245	211256	111528
文安县	53.8	433938	116886	104123	226394	81518
大厂回族自治县	12.9	67649	54060	28476	43972	14717
霸州市	64.5	511241	197743	124544	258663	66190
三河市	65.2	354136	243162	101185	176750	63891
衡水市						
桃城区	42.5	151479	151870	45812	76446	20110
枣强县	40.9	344607	122628	108177	174900	90562
武邑县	32.3	280799	103054	71834	139676	67529
武强县	22.0	189761	70007	50970	100939	55459
饶阳县	29.2	258925	82491	72849	150954	52914
安平县	33.6	282015	103701	83712	154083	46786
故城县	53.0	437934	143342	112746	219552	108253
景　县	55.4	463332	160441	120604	227571	99944
阜城县	35.6	341808	123415	103978	181848	69477
冀州市	34.7	302053	96774	94718	154583	71026
深州市	57.6	540219	176273	177211	292176	107614

3-1 县(市、区)国民经济主要指标(2015年)(3-1)

县(市、区)	三、综合经济						
	(一)地区生产总值(万元)	按产业分			按行业分		
		第一产业增加值	第二产业增加值	第三产业增加值	农林牧渔业增加值	#农业增加值	#林业增加值
石家庄市							
长安区	3908594	24555	640546	3243493	26481	20741	432
桥西区	4330840	15203	450020	3865617	15579	12073	
新华区	2235778	19424	482608	1733746	21450	18958	248
井陉矿区	604926	7926	412719	184281	8079	4440	599
裕华区	1950189	4951	429573	1515665	6203	4178	63
藁城区	5778086	727904	3852408	1197774	741704	536556	4417
鹿泉区	3559996	226822	1944170	1389004	240083	152043	3371
栾城区	2078493	278433	1176202	623858	295623	151247	2323
井陉县	1445280	137027	612629	695624	145573	50751	13633
正定县	2763915	333322	1139291	1291302	343036	169650	1770
行唐县	1300805	270287	662971	367547	281747	138786	7536
灵寿县	932429	179562	450274	302593	185657	105553	8996
高邑县	830105	124219	480022	225864	130485	95566	1018
深泽县	1015715	159641	603220	252854	166108	117138	1661
赞皇县	955885	173477	535542	246866	180464	98288	11156
无极县	1823977	272436	979876	571665	282418	155873	1374
平山县	1877815	188239	1069499	620077	196676	122030	16344
元氏县	1801611	253405	949520	598686	262542	145441	8355
赵　县	2029402	346922	1185962	496518	359658	255855	3508
辛集市	3861339	504448	2271491	1085400	512502	359571	3250
晋州市	2767978	341430	1538534	888014	352955	242633	6535
新乐市	1901622	290291	1038073	573258	303770	169748	2952
唐山市							
路南区	1139681	45723	196476	897482	45723	38074	249
路北区	1412323	71231	194537	1146555	71231	66244	42
古冶区	2017107	135403	1217837	663867	140342	91188	1012
开平区	1181561	51172	561513	568876	52816	23987	693
丰南区	6135317	471462	3714337	1949518	482175	316961	3152
丰润区	6068419	485447	4088767	1494205	495406	286184	3098
曹妃甸区	3495414	230786	2065465	1199163	261570	70077	3811
滦　县	4337261	432063	2588379	1316819	436504	232776	2993
滦南县	3133697	856425	944010	1333262	871729	516976	5983
乐亭县	3158516	863597	985083	1309836	866137	649887	3079
迁西县	3963903	239954	2363964	1359985	249901	148244	9188
玉田县	3521598	755842	1543869	1221887	762132	551837	3204
遵化市	4837673	422688	2275338	2139647	428774	299160	6273
迁安市	8910563	424677	5273144	3212742	438088	258070	4039
秦皇岛市							
海港区	3365374	51947	870221	2443206	53116	37921	1022
山海关区	399366	58389	186509	154468	58533	35714	408
北戴河区	493116	19941	76448	396727	20547	10553	405
抚宁区	1079904	333399	280367	466138	339581	214191	5404
青龙满族自治县	980577	300848	182450	497279	301965	181059	12464
昌黎县	1967191	556470	734255	676466	577342	288568	5255
卢龙县	1010586	296223	286423	427940	296947	176094	3012

3-1 县(市、区)国民经济主要指标(2015年)(3-2)

县(市、区)	三、综合经济						
	(一)地区生产总值(万元)	按产业分			按行业分		
		第一产业增加值	第二产业增加值	第三产业增加值	农林牧渔业增加值	#农业增加值	#林业增加值
邯郸市							
邯山区	1264154	8497	228559	1027098	8944	5975	346
丛台区	1809871	11435	449332	1349104	11727	8874	60
复兴区	2215571	6459	1605784	603328	6578	3666	434
峰峰矿区	1756012	48169	1028267	679576	49356	11058	1249
邯郸县	1497364	136072	584943	776349	136596	87442	1708
临漳县	1071487	313292	369627	388568	320674	199384	1945
成安县	1309658	251843	591710	466105	282842	180404	1742
大名县	1265631	327756	508894	428981	343606	181451	2743
涉　县	2203199	133886	1198889	870424	134854	85466	4093
磁　县	2304120	215000	1093290	995830	217735	121368	2397
肥乡县	869472	298698	321231	249543	311016	229174	1113
永年县	2509339	739298	1011150	758891	749993	572113	2026
邱　县	725289	159441	292124	273724	172877	102941	1550
鸡泽县	890935	181196	411299	298440	187150	127698	652
广平县	730071	127927	297198	304946	135666	90206	1039
馆陶县	920274	254023	404209	262042	266059	146050	3785
魏　县	1290501	301808	472466	516227	309933	219642	2483
曲周县	1102800	288054	513599	301147	304883	163799	2076
武安市	6000642	216718	3751906	2032018	217961	120438	4198
邢台市							
桥东区	788038	16026	171953	600059	16121	13228	8
桥西区	1316434	10422	517174	788838	10686	7104	120
邢台县	1202718	114242	784953	303523	114787	85753	4483
临城县	601438	110992	327169	163277	111480	67697	2184
内丘县	678329	112666	304029	261634	113500	72445	1595
柏乡县	339306	106314	119991	113001	106849	72784	418
隆尧县	905752	252681	354846	298225	255777	177184	1654
任　县	446365	119641	158364	168360	122745	95646	1302
南和县	528672	188331	151726	188615	190630	145226	4976
宁晋县	1957055	337067	1102354	517634	348969	254666	1427
巨鹿县	602320	194614	199007	208699	195016	169318	1371
新河县	284422	95370	98654	90398	95773	78905	680
广宗县	408599	121702	149053	137844	127242	92418	957
平乡县	543424	131132	201434	210858	134196	102976	1601
威　县	790584	302209	222358	266017	314941	205946	1972
清河县	1327881	85519	638461	603901	128025	71743	1959
临西县	619720	123711	215051	280958	138914	85449	1253
南宫市	1013292	190362	423100	399830	191546	148818	1954
沙河市	2269924	77654	1275465	916805	81714	35266	2008
保定市							
竞秀区	1607389	33214	967055	607120	34249	24911	132
莲池区	3795556	53167	2191223	1551166	53513	36475	130
满城区	1034218	223805	528646	281767	226669	174474	4432
清苑区	1346803	315585	694543	336675	319326	250353	2120

3-1 县(市、区)国民经济主要指标(2015年)(3-3)

县(市、区)	三、综合经济						
	(一)地区生产总值(万元)	按产业分			按行业分		
		第一产业增加值	第二产业增加值	第三产业增加值	农林牧渔业增加值	#农业增加值	#林业增加值
徐水区	1611865	276976	791392	543497	285559	175403	2445
涞水县	585077	115998	141832	327247	119582	66027	11796
阜平县	334666	73830	78264	182572	74488	48181	4921
定兴县	1103322	257621	523664	322037	268861	171150	890
唐　县	663264	182227	264294	216743	183764	119337	3790
高阳县	887784	88410	551352	248022	94489	74905	1270
容城县	570798	95352	324191	151255	96937	56286	1209
涞源县	713913	43964	437041	232908	45169	25211	4525
望都县	536739	166342	216385	154012	167063	130801	1023
安新县	575730	96635	286972	192123	99731	47758	857
易　县	1109316	264130	494377	350809	265266	146149	5878
曲阳县	703293	116587	270813	315893	118837	63999	3573
蠡　县	919987	142113	519281	258593	148409	108902	564
顺平县	525295	189430	205842	130023	190574	168668	2313
博野县	443507	134102	168713	140692	140167	102309	12441
雄　县	975378	105180	683915	186283	107368	81333	1763
涿州市	2615967	216248	994988	1404731	225230	156407	8224
定州市	3002185	799218	1449285	753682	808105	564035	39319
安国市	1091507	167654	561673	362180	171103	131143	1629
高碑店市	1236592	155352	651946	429294	161229	99441	1058
张家口市							
桥东区	1419987	2822	742417	674748	2873	1406	310
桥西区	794079	4183	162111	627785	4592	1441	474
宣化区	1280268	26814	716364	537090	30029	19563	818
下花园区	221871	21836	129123	70912	22897	9377	1157
宣化县	843792	237163	319436	287193	240946	104410	8215
张北县	913534	218248	463759	231527	220414	122575	5995
康保县	431622	197962	112683	120977	199914	112880	3105
沽源县	437859	190886	124314	122659	194024	135287	7910
尚义县	339766	110023	134913	94830	112772	71231	9027
蔚　县	796241	158398	197464	440379	163750	79131	3675
阳原县	419170	111883	121362	185925	119237	19334	4481
怀安县	631116	116820	202646	311650	119946	67073	2303
万全县	624215	112802	290103	221310	118065	44327	6351
怀来县	1280186	174757	328314	777115	178137	102526	6181
涿鹿县	923935	289336	287703	346896	294929	168852	6649
赤城县	752471	219472	358483	174516	226170	137112	15251
崇礼县	343421	88050	168036	87335	88404	66041	5688
承德市							
双桥区	1537689	20052	538595	979042	20340	13737	1653
双滦区	972895	21769	689957	261169	23661	15563	1840
鹰手营子区	320026	9269	226682	84075	9424	4750	1804
承德县	1165800	259659	546266	359875	263494	152678	16435
兴隆县	974886	245424	436942	292520	248932	196635	12036
平泉县	1556829	306695	667880	582254	307524	262072	7577

3-1 县(市、区)国民经济主要指标(2015年)(3-4)

县(市、区)	三、综合经济						
	(一)地区生产总值(万元)	按产业分			按行业分		
		第一产业增加值	第二产业增加值	第三产业增加值	农林牧渔业增加值	#农业增加值	#林业增加值
滦平县	1539764	255504	843436	440824	261139	124533	31336
隆化县	1105161	301429	492730	311002	305951	142069	24373
丰宁满族自治县	945883	238770	367908	339205	246734	93443	26334
宽城满族自治县	1971643	176373	1184927	610343	181281	110941	17891
围场满族蒙古族自治县	1022474	437635	242987	341852	440545	265575	56211
沧州市							
新华区	1423301	2776	566613	853912	2776	1396	293
运河区	2270927	17122	586858	1666947	17663	13362	810
沧　县	2319818	257841	1070496	991481	271456	172624	8410
青　县	1743312	454306	678844	610162	461590	400438	2574
东光县	1403200	147223	534733	721244	255997	99400	1377
海兴县	405106	70560	186512	148034	79024	32286	6158
盐山县	1349516	146771	826222	376523	150501	66242	2336
肃宁县	1406200	262429	557384	586387	267417	181030	475
南皮县	917300	183451	352609	381240	223974	141463	1452
吴桥县	716566	167041	182774	366751	299953	112071	1266
献　县	1915400	318349	909387	687664	347873	203664	1422
孟村回族自治县	846790	76403	514035	256352	78476	29099	1662
泊头市	1955000	241779	1011220	702001	247653	189468	2178
任丘市	5650287	204704	3323972	2121611	223753	134687	994
黄骅市	2462954	324994	1028216	1109744	345816	98185	2342
河间市	2650600	259649	1195534	1195417	301524	203709	1244
廊坊市							
安次区	1669812	110314	810038	749460	116021	77838	6201
广阳区	2372122	147361	575721	1649040	151961	118125	3012
固安县	1825192	301216	464629	1059347	301439	257379	6616
永清县	996124	378297	292076	325751	379729	275549	5364
香河县	1986076	167243	1005776	813057	169789	135524	2188
大城县	1115638	175919	463163	476556	181107	85798	5966
文安县	1311672	125278	767554	418840	130190	68261	8695
大厂回族自治县	866264	99901	317105	449258	100275	30214	1360
霸州市	3644642	188142	2266554	1189946	192397	131911	12238
三河市	5100515	349530	2456149	2294836	353641	188568	5765
衡水市							
桃城区	1300055	94225	434678	771152	100839	57960	2100
枣强县	856203	110532	470619	275052	135885	82650	1134
武邑县	616406	164630	231127	220649	173289	113562	1932
武强县	535439	79507	264185	191747	88640	50230	2029
饶阳县	555599	200147	175779	179673	212170	163744	2034
安平县	1039742	92705	515630	431407	106766	32960	1425
故城县	969188	224120	299001	446067	237516	157890	1509
景　县	1361000	152853	724660	483487	185790	98803	2850
阜城县	632469	150277	284539	197653	161101	126042	1895
冀州市	920173	96796	449890	373487	102891	73563	1510
深州市	1361070	285330	522286	553454	298564	200984	5022

3-1 县(市、区)国民经济主要指标(2015年)(4-1)

县(市、区)	三、综合经济(续1)						
	按行业分（续）			地区生产总值指数(上年=100)			
	#牧业增加值	#渔业增加值	工 业增加值		第一产业	第二产业	第三产业
石家庄市							
长安区	3382		272820	108.1	102.6	100.3	110.2
桥西区	3130		67852	108.0	102.5	92.4	110.2
新华区	180	38	91619	108.2	104.0	101.8	110.4
井陉矿区	2871	16	420100	107.1	93.2	106.4	109.3
裕华区	710		195928	108.2	99.1	101.1	110.2
藁城区	186911	20	3760226	107.1	103.5	106.5	110.3
鹿泉区	65198	6210	1846679	107.1	99.4	105.6	110.7
栾城区	124860	3	1094654	107.6	97.4	107.0	113.4
井陉县	70704	1939	544515	106.1	102.5	104.3	109.0
正定县	160139	1763	1025653	107.6	100.7	106.0	110.6
行唐县	122537	1428	635382	107.2	104.1	107.1	109.3
灵寿县	59047	5966	418323	106.7	103.2	105.5	110.6
高邑县	27635		428098	107.2	105.3	106.4	109.5
深泽县	40719	123	529625	107.4	101.1	107.9	109.8
赞皇县	63657	376	495881	105.3	105.8	104.3	107.3
无极县	115183	6	929904	107.5	102.8	106.8	110.9
平山县	40373	9492	1000943	106.0	103.2	104.7	110.5
元氏县	99511	98	889810	107.4	101.0	107.4	109.8
赵　县	87559		1135167	107.3	102.6	107.3	110.4
辛集市	141594	33	2156365	106.2	101.6	105.9	109.1
晋州市	92262		1478605	107.7	101.8	107.1	110.6
新乐市	117482	109	957636	107.6	103.0	107.1	110.8
唐山市							
路南区	7400		133976	107.1	99.7	107.7	107.3
路北区	4945		121037	107.2	101.1	107.9	107.4
古冶区	35824	7379	1156837	107.5	102.4	106.7	111.6
开平区	22365	4127	518013	105.0	102.3	105.6	104.1
丰南区	67008	84341	3594537	106.2	102.0	107.1	105.0
丰润区	190276	5889	3463767	105.2	102.1	106.3	102.5
曹妃甸区	37434	119464	1817647	104.2	104.1	104.1	104.3
滦　县	193296	2998	2462681	107.0	105.2	107.2	107.0
滦南县	247745	85721	710010	106.1	105.9	105.9	106.6
乐亭县	88416	122215	777083	107.1	104.7	107.2	108.0
迁西县	50668	31854	2215964	106.0	105.5	106.8	103.8
玉田县	196633	4168	1433869	105.1	101.7	105.5	106.3
遵化市	114518	2737	2073038	100.2	100.4	96.9	106.3
迁安市	162396	172	5017144	104.8	99.8	104.3	106.6
秦皇岛市							
海港区	12999	5	503916	103.5	255.3	102.5	102.8
山海关区	14996	7271	144557	106.2	104.5	107.7	104.8
北戴河区	4503	4480	36824	105.5	107.3	105.9	105.2
抚宁区	111198	2606	214594	106.1	105.1	102.7	110.0
青龙满族自治县	106089	1236	124149	99.5	113.8	82.1	109.1
昌黎县	221096	41551	661525	110.5	101.9	119.0	105.8
卢龙县	115634	1483	238252	104.9	101.5	103.1	109.0

3-1 县(市、区)国民经济主要指标(2015年)(4-2)

县(市、区)	三、综合经济(续1)						
	按行业分（续）			地区生产总值指数(上年=100)			
	#牧业增加值	#渔业增加值	工业增加值		第一产业	第二产业	第三产业
邯郸市							
邯山区	2176		74970	106.0	144.6	103.1	106.6
丛台区	2501		259766	106.0	90.1	93.1	110.9
复兴区	2359		1546743	105.6	85.7	103.9	111.8
峰峰矿区	34777	1085	1005100	105.5	89.8	104.1	109.7
邯郸县	46884	38	464107	107.2	98.5	107.4	108.6
临漳县	111944	19	275057	109.2	102.0	109.0	114.0
成安县	69691	6	515555	108.3	103.0	105.1	115.3
大名县	143125	437	440132	108.3	102.1	107.5	113.8
涉　县	42263	2064	1050581	107.2	112.2	104.9	112.9
磁　县	83244	7991	977941	107.2	101.6	104.7	111.5
肥乡县	68383	28	239956	108.3	102.3	107.1	115.0
永年县	155685	9474	918370	106.1	102.8	104.6	111.9
邱　县	54867	83	251225	108.6	103.9	105.3	114.9
鸡泽县	52791	55	369162	109.1	103.3	108.9	113.2
广平县	36651	31	229516	108.3	102.7	108.1	110.6
馆陶县	104172	16	342741	108.4	99.5	109.4	114.0
魏　县	79604	79	367495	109.0	104.3	109.3	110.9
曲周县	118462	3717	445350	108.4	100.9	108.7	114.5
武安市	90821	1261	3653524	106.3	104.8	105.3	109.0
邢台市							
桥东区	2790		133672	107.0	98.4	101.9	109.3
桥西区	2963	235	461515	98.9	102.0	88.9	108.0
邢台县	23336	670	739754	104.3	101.8	103.5	108.6
临城县	37633	3478	301866	103.6	104.4	102.5	106.4
内丘县	38613	13	254719	102.9	102.6	98.5	111.1
柏乡县	33112		105939	108.3	106.9	108.2	109.8
隆尧县	73843		316113	103.6	101.2	102.0	108.1
任　县	22668	25	134464	108.5	106.0	107.7	111.3
南和县	38122	7	123897	109.5	103.7	112.0	111.4
宁晋县	80764	210	1007711	107.8	101.3	108.9	109.9
巨鹿县	23890	35	168129	106.2	105.1	105.5	108.1
新河县	15432	353	87885	108.2	104.7	106.4	114.3
广宗县	28327		125012	108.1	104.5	107.9	111.9
平乡县	26365	190	171213	107.1	105.5	105.4	110.2
威　县	93857	434	192018	109.6	105.0	113.7	111.9
清河县	11430	387	577498	108.1	103.8	107.0	110.8
临西县	36910	99	183662	108.0	105.8	105.0	111.9
南宫市	39287	303	374925	108.0	103.0	107.6	111.1
沙河市	39972	408	1178493	104.4	97.8	103.4	106.8
保定市							
竞秀区	8171		519013	103.0	100.0	100.2	108.0
莲池区	16562		1933542	107.3	99.7	108.6	105.7
满城区	44656	243	472990	105.8	102.8	104.2	111.4
清苑区	63060	52	598033	107.5	104.8	106.0	113.5

3-1 县(市、区)国民经济主要指标(2015年)(4-3)

县(市、区)	三、综合经济(续1)						
	按行业分(续)			地区生产总值指数(上年=100)			
	#牧业增加值	#渔业增加值	工业增加值		第一产业	第二产业	第三产业
徐水区	98788	340	725956	109.6	102.3	108.1	116.4
涞水县	37869	306	74099	111.4	106.1	107.5	115.6
阜平县	15001	5727	45012	107.3	104.2	107.4	108.7
定兴县	85179	402	446807	107.6	101.0	108.3	112.1
唐　县	57724	1376	154360	102.7	104.1	98.4	108.5
高阳县	12085	150	506932	81.6	104.2	71.4	109.8
容城县	36776	1081	292759	105.7	102.1	105.5	108.6
涞源县	13818	410	407576	105.0	103.2	102.4	110.8
望都县	34488	30	140375	106.8	103.0	107.5	109.1
安新县	19619	28401	235837	102.6	103.1	99.3	108.7
易　县	107977	4126	387126	107.2	105.5	107.1	108.6
曲阳县	46817	2198	233854	107.2	103.5	106.9	108.9
蠡　县	32647		490026	106.8	103.5	107.0	108.6
顺平县	18366	83	160817	103.3	104.9	100.0	107.0
博野县	19352		143337	106.2	102.7	107.3	107.4
雄　县	21642	442	619694	105.9	103.2	105.8	108.1
涿州市	50825	792	637281	110.8	101.3	107.5	114.6
定州市	195766	98	1030585	108.5	103.2	110.5	109.4
安国市	34882		516747	106.5	102.4	106.4	108.6
高碑店市	54676	177	499346	105.2	101.7	104.1	109.3
张家口市							
桥东区	1106		659517	105.7	101.6	100.9	112.1
桥西区	2268		98111	107.6	96.3	108.7	107.4
宣化区	6356	77	653264	101.7	107.2	100.7	103.4
下花园区	11302		126193	105.9	104.2	106.0	106.0
宣化县	124173	365	277106	105.7	102.5	107	106.1
张北县	89395	283	346960	106.3	103.5	104.6	111.8
康保县	81931	46	74433	106.0	103.4	106.8	108.8
沽源县	45894	1795	86814	107.8	103.3	109.0	112.0
尚义县	29707	58	122473	106.2	103.3	106.5	108.5
蔚　县	75246	346	143064	105.6	103.3	104.1	107.2
阳原县	87744	324	85362	104.8	103.1	104.1	106.3
怀安县	47146	298	165746	106.8	103.4	107.9	106.9
万全县	62122	2	261573	106.1	103.6	107.0	106.0
怀来县	59759	6291	121714	107.1	103.3	106.7	108.1
涿鹿县	113394	441	211103	107.3	103.5	108.4	108.9
赤城县	66196	913	323983	107.8	103.7	109.1	108.5
崇礼县	16321		119986	105.4	103.2	104.2	110.7
承德市							
双桥区	4262	400	316679	104.9	89.3	102.6	106.8
双滦区	3956	410	606261	103.0	99.7	101.6	109.6
鹰手营子区	2475	240	195100	107.5	105.2	107.1	109.7
承德县	89638	908	492046	106.2	104.5	107.0	105.6
兴隆县	30190	6563	395044	105.8	104.2	105.6	107.4
平泉县	36110	936	607456	104.6	104.2	99.3	111.9

3-1 县(市、区)国民经济主要指标(2015年)(4-4)

县(市、区)	三、综合经济(续1)						
	按行业分（续）			地区生产总值指数(上年=100)			
	#牧业增加值	#渔业增加值	工　业增加值		第一产业	第二产业	第三产业
滦平县	98454	1181	754988	106.9	104.5	107.0	108.0
隆化县	134509	478	403751	105.7	104.0	105.3	108.0
丰宁满族自治县	115796	3197	292142	106.5	102.9	105.7	109.8
宽城满族自治县	31115	16426	1102898	106.0	104.6	105.8	106.9
围场满族蒙古族自治县	113873	1976	165000	107.2	104.0	105.9	112.0
沧州市							
新华区	1048	39	448113	107.6	102.4	105.0	109.6
运河区	2950		373858	108.6	101.6	106.0	110.0
沧　县	76424	383	959540	108.2	103.6	106.4	111.6
青　县	50033	1261	622820	108.1	100.4	109.6	110.6
东光县	44232	2214	486733	108.0	93.5	106.5	112.4
海兴县	17257	14859	135039	109.9	111.8	109.5	109.5
盐山县	77545	648	780632	106.5	99.3	106.2	112.9
肃宁县	80924		489801	107.5	101.4	108.8	108.2
南皮县	39530	1006	289609	109.1	104.6	107.8	112.3
吴桥县	53309	395	161695	109.2	104.8	108.0	112.8
献　县	101864	11399	833062	109.0	101.1	108.4	113.8
孟村回族自治县	45420	222	481557	107.5	107.5	107.3	108.0
泊头市	48892	1241	918455	106.8	109.6	106.6	106.2
任丘市	39973	29050	3202433	105.0	100.6	104.6	106.3
黄骅市	88466	136001	918302	108.0	99.6	106.8	111.3
河间市	53271	1425	1017004	108.1	101.2	109.1	108.1
廊坊市							
安次区	25490	785	718190	110.9	98.8	109.0	116.3
广阳区	25865	359	235515	110.4	104.8	103.1	115.5
固安县	37023	198	345752	111.1	93.6	109.5	119.6
永清县	97021	363	232918	107.9	102.6	103.5	121.3
香河县	27642	1889	886041	110.9	104.6	108.2	116.3
大城县	83532	623	346863	110.4	99.7	108.3	116.2
文安县	40496	7826	664423	107.6	95.7	106.9	113.0
大厂回族自治县	66814	1513	232207	110.1	97.9	105.0	119.1
霸州市	36311	7682	2047151	107.0	101.1	106.3	109.6
三河市	148165	7032	2028297	108.8	102.7	107.6	111.3
衡水市							
桃城区	33656	509	360000	107.3	102.2	103.8	110.8
枣强县	26626	122	430678	107.7	102.7	105.7	115.9
武邑县	49027	109	176843	107.6	102.5	108.0	111.1
武强县	27248		216698	108.0	101.7	107.8	112.3
饶阳县	34369		142155	107.4	102.4	106.2	114.1
安平县	58171	149	459240	107.8	97.6	105.5	114.6
故城县	63243	1478	240941	107.0	102.5	104.3	113.3
景　县	51127	73	633712	107.9	102.2	105.7	114.8
阜城县	22267	73	257684	108.1	102.4	107.7	114.6
冀州市	19821	1902	410063	108.1	102.4	106.3	114.0
深州市	79098	226	472127	107.2	102.5	104.7	114.4

3-1 县(市、区)国民经济主要指标(2015年)(5-1)

县(市、区)	三、综合经济(续2)				四、农　业		
	(二)全部财政收入(万元)	#地方公共财政预算收入	公共财政预算支出(万元)	(三)年末居民储蓄存款余额(万元)	(一)农用机械总动力(千瓦)	大中型拖拉机(台)	小型拖拉机(台)
石家庄市							
长安区	1000029	481355	204369		22321	59	
桥西区	1299352	599990	274850		3889	14	17
新华区	448614	262846	161759		28459	155	213
井陉矿区	48290	22230	67292	350553	28493	131	754
裕华区	463243	251292	130671		1699		
藁城区	1505028	249793	380857	2138723	2277994	5226	3000
鹿泉区	321445	186928	309688	1746792	640383	1463	6862
栾城区	176577	90728	194857	1050098	642031	1791	4101
井陉县	135821	60767	145928	1078459	476112	621	21429
正定县	212001	140839	282231	2572803	1484203	2100	6146
行唐县	53352	36582	208822	1090531	1396842	2386	4420
灵寿县	46779	30726	169333	879883	597637	1484	8581
高邑县	46227	38202	111462	502294	458950	870	8963
深泽县	51050	38937	118605	877627	673088	1128	1200
赞皇县	41590	27525	147356	563322	512129	2530	17555
无极县	84287	47475	176444	1196434	983931	1942	11216
平山县	200940	93630	267445	1345819	1033945	1976	9737
元氏县	109083	65519	170439	1080962	706533	1840	13073
赵　县	73682	46779	213995	1133397	2602688	1616	7031
辛集市	214092	121893	312641	2781329	2001875	2017	16680
晋州市	101624	77459	213113	1773840	1391350	1592	17329
新乐市	82592	61811	182006	1137324	2396162	3107	4200
唐山市							
路南区	372652	187804	143288		74029	588	495
路北区	767991	418766	237359		93755	294	1019
古冶区	160680	101920	164441	1763123	79602	412	995
开平区	190032	94775	121261	1343900	171736	803	2098
丰南区	508265	290948	410245	3205113	917000	3019	5750
丰润区	494361	219402	320220	4709171	1178800	3367	16818
曹妃甸区	944150	656330	770861	929026	577624	1434	10211
滦　县	222329	143005	296575	1938808	980000	2280	10980
滦南县	143989	95589	254088	1713247	1420107	3249	32051
乐亭县	162480	111160	288112	1988011	1004019	1092	21828
迁西县	171199	100548	296798	1876989	395979	510	2749
玉田县	156285	87297	239953	2847626	1195961	2700	14430
遵化市	151636	96500	278736	3299087	1538260	2956	16356
迁安市	618551	351694	589250	4828676	2167531	3831	8472
秦皇岛市							
海港区	860019	183841	237920	1568693	144784	383	1310
山海关区	103541	39372	86922	513080	72356	189	785
北戴河区	78526	40685	99268	729573	57137	196	700
抚宁区	131517	81506	203111	1744486	553911	719	6719
青龙满族自治县	60045	30960	208308	1027395	253600	490	1912
昌黎县	168430	91359	249471	2002523	804782	2722	21742
卢龙县	56716	37017	187616	1203994	1035728	1068	8578

3-1 县(市、区)国民经济主要指标(2015年)(5-2)

县(市、区)	三、综合经济(续2)				四、农业		
	(二)全部财政收入(万元)	#地方公共财政预算收入	公共财政预算支出(万元)	(三)年末居民储蓄存款余额(万元)	(一)农用机械总动力(千瓦)	大中型拖拉机(台)	小型拖拉机(台)
邯郸市							
邯山区	188469	45805	97819		72400	66	170
丛台区	418926	44802	99875		97105	163	97
复兴区	174353	33976	79796		114333	234	375
峰峰矿区	219319	100040	195913		137484	361	3215
邯郸县	138855	60659	191237	829886	432584	984	1364
临漳县	44840	28838	208422	822597	1130728	3389	4670
成安县	73426	35624	194346	592383	819375	1700	3291
大名县	46632	31274	293330	1088937	1070484	2768	6239
涉　县	164034	95338	211662	1208279	588500	822	22334
磁　县	186918	121368	301352	1103184	1882722	2674	7323
肥乡县	60029	45576	187996	535742	752998	2071	1459
永年县	176448	100899	355971	1873741	1647093	2932	4270
邱　县	31295	19768	129412	445085	470708	1094	5503
鸡泽县	52887	34850	146897	507284	360311	1212	802
广平县	38409	26296	129656	34221	441531	1580	1896
馆陶县	44074	31573	169558	529280	786841	2175	920
魏　县	70585	51579	290904	988997	1290040	2825	6257
曲周县	53512	35314	190694	747614	992241	2385	2980
武安市	577902	345401	624009	3716964	2190299	1264	11254
邢台市							
桥东区	165611	90082	90712		18633	58	286
桥西区	238760	137203	95136		86135	469	2852
邢台县	108339	63653	172113	1159399	346292	1683	11475
临城县	34979	25177	106816	660082	257244	1594	8610
内丘县	59021	39014	124341	814293	273800	1440	8413
柏乡县	21771	13473	80540	359442	356153	1229	6000
隆尧县	65376	34030	164733	984342	957154	4352	15300
任　县	43338	30159	162926	609428	609302	2242	12682
南和县	44826	30518	188189	597088	527342	1408	4700
宁晋县	126540	65666	231151	1724020	1102939	2900	37750
巨鹿县	44236	31509	176709	897804	688460	3045	16663
新河县	18586	13179	102363	490151	358450	1890	9500
广宗县	24693	14475	129567	439401	300271	1252	3601
平乡县	50880	34426	149498	724265	378910	1420	8000
威　县	55970	40163	238232	1004600	912630	1373	9860
清河县	109350	56638	172582	1351091	580210	1728	5221
临西县	45078	31607	178352	623287	623816	1460	4676
南宫市	53781	36929	194059	1233166	891831	2139	18425
沙河市	167888	80618	201280	1714609	585112	1605	10670
保定市							
竞秀区	286162	54729	121704		71919	388	382
莲池区	883297	93274	210094		101863	526	823
满城区	76468	40409	154706	1224706	537582	1141	2460
清苑区	91949	41405	220651	1398560	904677	4685	3170

3-1 县(市、区)国民经济主要指标(2015年)(5-3)

县(市、区)	三、综合经济(续2)				四、农 业		
	(二)全部财政收入(万元)	#地方公共财政预算收入	公共财政预算支出(万元)	(三)年末居民储蓄存款余额(万元)	(一)农用机械总动力(千瓦)	大中型拖拉机(台)	小型拖拉机(台)
徐水区	224621	92500	232106	1712299	900922	1838	5600
涞水县	103316	81250	203642	912508	293403	1099	4089
阜平县	28577	23495	232298	562101	311234	92	1175
定兴县	104467	50274	206222	1167662	636283	1948	7212
唐　县	43460	29307	207007	1389481.12	544054	3287	2530
高阳县	86248	52363	131428	1127587	201433	1278	356
容城县	48877	34969	110852	814436	538620	1426	4158
涞源县	78111	42420	160116	628751	194249	416	2274
望都县	30436	21077	95753	75144	397488	1525	11990
安新县	54527	33621	216265	1014405	540349	1341	9800
易　县	59566	43739	257754	1289547	316896	1298	3243
曲阳县	49510	36530	211619	976550	575417	846	6110
蠡　县	58056	35614	163200	1185214	640881	2484	3650
顺平县	50017	32415	126505	687656	390470	598	3565
博野县	28308	20081	103109	564129	388017	1070	2600
雄　县	73749	43896	138294	998568	354434	894	6035
涿州市	294348	187768	305163	2673883	509480	1162	8880
定州市	310504	160083	462290	3267497	2168361	3230	19656
安国市	89064	51511	167877	1377961	671689	1183	9402
高碑店市	155110	95423	209822	2589017	402352	1326	1700
张家口市							
桥东区	105001	33018	98840		3180	14	48
桥西区	87515	29543	88143		19244	1	40
宣化区	153427	58842	162979	3117548	37360	82	442
下花园区	22761	12894	62628	284994	21619	45	310
宣化县	67293	43499	159278	814316	186559	1011	2833
张北县	102782	71253	241796	672213	409947	2397	13129
康保县	24744	19047	160650	285301	333606	734	11986
沽源县	38275	30501	174795	337125	479135	2308	21600
尚义县	21970	14917	140166	287916	112957	700	3142
蔚　县	72444	51014	261428	1359863	387373	1484	2797
阳原县	37482	27767	157838	624149	158378	584	2277
怀安县	68851	37566	167270	758833	119142	365	852
万全县	76604	43728	145606	559964	142897	662	2261
怀来县	175075	135366	239129	1260828	293854	796	3502
涿鹿县	83753	54562	236996	862590	246424	1466	2712
赤城县	47273	32161	166141	686501	252633	875	3610
崇礼县	61386	44000	142721	287698	92717	733	1501
承德市							
双桥区	179178	52843	107882	4585448	57982	121	415
双滦区	102114	31582	77133	804382	114404	168	1006
鹰手营子区	31500	9003	60179	267891	62495	33	107
承德县	121442	71268	216487	1049443	334102	1282	1213
兴隆县	74900	52092	185804	928519	302132	135	1080
平泉县	100764	62189	261505	1352340	541700	1350	6884

3-1 县(市、区)国民经济主要指标(2015年)(5-4)

县(市、区)	三、综合经济(续2)				四、农 业		
	(二)全部财政收入(万元)	#地方公共财政预算收入	公共财政预算支出(万元)	(三)年末居民储蓄存款余额(万元)	(一)农用机械总动力(千瓦)	大中型拖拉机(台)	小型拖拉机(台)
滦平县	140904	65080	225782	857747	463569	1280	3829
隆化县	77934	41764	233877	927827	575160	1591	4084
丰宁满族自治县	117335	83415	278528	894251	643750	5021	10227
宽城满族自治县	142297	57202	176020	1210142	197873	267	1200
围场满族蒙古族自治县	80015	53703	299024	964855	784029	6592	14609
沧州市							
新华区	427348	57587	75478		53884	583	936
运河区	417061	142900	112042		112872	448	2579
沧 县	118083	71767	280347	1422188	1462274	3479	37931
青 县	123844	57004	195636	1413112	910367	1726	6950
东光县	113706	54554	186942	1268543	565636	1661	4315
海兴县	52453	30380	137513	474610	408853	1104	12469
盐山县	78986	46185	189971	879240	662909	1498	7072
肃宁县	206183	126935	228769	1184442	746336	1298	8520
南皮县	76593	41722	179422	903353	1008660	3730	16300
吴桥县	43975	30389	141245	856837	587462	2168	6089
献 县	100204	62841	257905	1475639	985077	3040	13310
孟村回族自治县	50411	23571	112020	522063	339026	1065	4034
泊头市	126947	73736	227276	2053549	1344263	2687	50500
任丘市	1122647	255314	451464	3861202	1015500	1450	14294
黄骅市	228592	130088	344852	1825714	1175943	1982	18162
河间市	164187	107355	298114	2952595	1388580	2887	25000
廊坊市							
安次区	300200	103696	191239		206634	862	1120
广阳区	492367	169462	185214		231205	799	1665
固安县	558996	356769	458307	1669287	1104122	2894	5103
永清县	132004	76577	230121	918984	1096996	1674	4002
香河县	506002	351247	503254	2302882	504955	1533	2700
大城县	105691	66728	246670	1794989	763126	1987	15900
文安县	123531	74194	222463	1930844	776687	1713	15840
大厂回族自治县	391986	248912	277005	806424	275624	725	1260
霸州市	338481	192785	356170	3075533	1101945	2385	5011
三河市	1042026	723101	1253986	3842367	924971	1400	4190
衡水市							
桃城区	349501	101018	179191	4513641	526213	1950	7300
枣强县	115520	56050	226637	1591806	423940	1756	7300
武邑县	57552	35258	145265	965373	550674	2395	8950
武强县	41454	27685	158068	651661	578138	970	12820
饶阳县	31872	21762	147559	809339	814292	1087	9939
安平县	106476	63046	188722	1357847	500465	1334	8670
故城县	100203	57645	230618	1308507	1407347	2762	37800
景 县	130742	71759	235836	1880164	1160553	3362	35000
阜城县	50136	31743	173208	1076262	751765	3285	10310
冀州市	110738	72710	224935	1530060	759996	2730	22000
深州市	100003	60321	247663	1478732	2069225	2080	30000

3-1 县(市、区)国民经济主要指标(2015年)(6-1)

县(市、区)	四、农　业(续1)						
	机耕面积(公顷)	机播面积(公顷)	机收面积(公顷)	化肥使用量(按折纯法计算)(吨)	农药使用量(吨)	地膜使用量(吨)	农村用电量(万千瓦小时)
石家庄市							
长安区	7513	7513	7513	3578	473	17	1023
桥西区	127	127	127	202	20	2	6020
新华区	3315	3315	1973	95	80	40	
井陉矿区	950	1750	1282	1190	36	2	16841
裕华区	464	736	592	547	4	3	730
藁城区	53300	64232	63666	59677	578	313	97267
鹿泉区	17387	31290	27500	15136	557	58	34614
栾城区	25200	32600	30300	16004	255	65	15742
井陉县	12300	12000	8900	11862	144	36	18878
正定县	29640	44320	38720	42856	504	256	18145
行唐县	42474	47034	37720	25344	569	243	
灵寿县	20850	18380	32054	10254	150	40	27420
高邑县	18780	20580	22726	11634	275	150	12230
深泽县	10999	26179	29843	16250	267	30	26850
赞皇县	21000	33000	22000	11855	395	147	57192
无极县	33090	45727	43289	28909	589	126	47285
平山县	19120	20440	13280	14534	209	146	17350
元氏县	34767	43134	40865	33958	545	375	18367
赵　县	80183	74260	73430	58132	2144	93	48493
辛集市	53533	88369	71866	64276	3458	530	35808
晋州市	39333	47333	42000	32802	1015	49	193985
新乐市	43433	43383	41040	20340	501	456	31768
唐山市							
路南区	2812	2759	1525	3503	61	47	8210
路北区	4200	5800	2641	4680	43	44	4769
古冶区	6279	6069	4438	4798	96	97	8925
开平区	8667	8556	6665	4709	36	38	24876
丰南区	40436	52147	35284	31267	775	853	355548
丰润区	63985	69146	41331	39163	598	232	48328
曹妃甸区	24367	24700	23163	11421	564	70	32206
滦　县	48029	56743	33041	44677	499	645	25486
滦南县	68199	78445	58081	42134	565	1279	27780
乐亭县	68671	37067	15083	70593	1005	629	11549
迁西县	12130	5940	30	17730	85	93	27772
玉田县	57960	84490	63350	49576	400	798	158999
遵化市	40514	50792	13866	31181	455	651	148881
迁安市	21830	39220	12388	15633	114	434	251476
秦皇岛市							
海港区	9590	2080	844	7270	101	19	8229
山海关区	3640	1579		450	31	15	496
北戴河区	3980	1242	940	1753	63	33	9498
抚宁区	37123	6374	2634	18922	1122	450	53465
青龙满族自治县	20116	4274		17237	1120	12	15189
昌黎县	70334	67667	26334	54545	2120	922	177967
卢龙县	40220	13250	13100	39818	985	258	14413

3-1 县(市、区)国民经济主要指标(2015年)(6-2)

县(市、区)	四、农　业（续1）						
	机耕面积（公顷）	机播面积（公顷）	机收面积（公顷）	化肥使用量(按折纯法计算)（吨）	农药使用量（吨）	地膜使用量（吨）	农村用电量（万千瓦小时）
邯郸市							
邯山区	1200	2100	2080	1770	20	4	3854
丛台区	300	5700	5700	2964	65	20	3000
复兴区	2603	4813	2957	2108	50	6	3417
峰峰矿区	6950	8067	6867	6553	79	1	10109
邯郸县	12266	24333	20620	18493	150	240	21313
临漳县	44083	76000	69700	47849	562	202	11688
成安县	26666	47332	33332	45505	211	1429	26897
大名县	87300	116300	114300	46967	1017	556	17259
涉　县	15530	12650	10260	8011	380	36	8815
磁　县	52300	66630	48457	24283	162	261	96964
肥乡县	54269	62320	43810	40560	496	1167	16230
永年县	58500	71350	64002	56369	1315	849	77122
邱　县	33067	44633	21733	24136	593	1661	3170
鸡泽县	22800	35782	29066	20811	576	720	26276
广平县	18700	31006	27926	15891	662	382	9406
馆陶县	26000	38213	35810	28180	271	416	13710
魏　县	46860	90550	78140	29100	457	100	14990
曲周县	65200	74965	59027	50055	600	1001	34589
武安市	26780	33260	27000	18127	287	301	253507
邢台市							
桥东区	1530	3176	3176	4040	124	16	4043
桥西区	3400	6610	6333	1202	27	8	3047
邢台县	24305	22120	20385	13043	650	57	18795
临城县	14800	24020	20300	8649	194	15	5391
内丘县	18527	26276	26696	8455	226	7	9781
柏乡县	15575	26020	24072	13625	110	46	6733
隆尧县	39660	75110	67660	43101	961	367	62296
任　县	26118	50250	43395	17012	509	210	17270
南和县	21800	40467	35240	16713	579	423	19700
宁晋县	61827	116255	97755	45088	1491	352	39506
巨鹿县	33600	49469	27980	15012	457	704	16045
新河县	25600	37940	28800	6741	528	303	8971
广宗县	39258	39258	14653	12084	669	1113	7962
平乡县	27400	50700	41000	19293	126	391	22296
威　县	73200	73200	26200	42188	1077	2708	9522
清河县	32681	48989	39855	21002	711	760	28143
临西县	34107	58263	48433	27701	429	671	13091
南宫市	65669	78000	31468	25659	1289	2324	20848
沙河市	18700	27600	23970	11115	277	5	23017
保定市							
竞秀区	2863	6708	6600	6106	199	68	12988
莲池区	4922	8643	8084	7224	264	30	9864
满城区	13900	25800	24600	12807	712	292	22486
清苑区	43000	69540	60560	49169	1330	1034	27414

3-1 县(市、区)国民经济主要指标(2015年)(6-3)

县(市、区)	四、农 业(续1)						
	机耕面积(公顷)	机播面积(公顷)	机收面积(公顷)	化肥使用量(按折纯法计算)(吨)	农药使用量(吨)	地膜使用量(吨)	农村用电量(万千瓦小时)
徐水区	41756	57610	52017	29097	728	102	34012
涞水县	19000	26000	20550	8512	192	115	14247
阜平县	2000	3000	200	5215	135		3810
定兴县	44700	68500	65050	38102	2928	473	25251
唐 县	22386	23383	22433	25380	301	40	12256
高阳县	33933	34783	24016	12317	406	437	25450
容城县	24090	31400	29130	9942	62	24	10083
涞源县	21863	11324	1893	4202	40	10	2686
望都县	19671	28840	27666	18811	302	73	8452
安新县	30459	47532	43099	12468	583	190	34593
易 县	21723	28981	30181	19431	985	95	14771
曲阳县	26939	23253	25000	12859	600	16	5840
蠡 县	20100	43100	35133	21705	262	570	24652
顺平县	16000	23000	18000	16405	642	222	24055
博野县	21980	30460	26217	19450	570	101	35702
雄 县	36999	38300	36999	10390	529	110	71343
涿州市	30360	51610	46840	22835	487	237	42761
定州市	71106	95880	92360	73251	1364	664	26773
安国市	30000	36667	31333	23136	288	43	7151
高碑店市	33066	47666	47066	16099	220	420	17917
张家口市							
桥东区	801			183	5	12	1431
桥西区	200			31		5	405
宣化区	3800	1830	100	1218	79	58	3242
下花园区	2000	13		373	18	13	1902
宣化县	33000	29000	4725	8692	51	362	11374
张北县	83800	77666	38000	7378	86	704	6725
康保县	88503	84092	77150	4759	112	141	3221
沽源县	78600	76500	70400	4300	130	400	2688
尚义县	39333	25558	17590	4216	117	160	1976
蔚 县	60000	49700	13500	11400	310	970	7930
阳原县	28700	4200	6900	9948	289	161	6196
怀安县	32150	5300	3500	10838	239	509	11563
万全县	22667	13333	1667	3979	63	578	30420
怀来县	15410	12360	1370	14335	791	82	12429
涿鹿县	19830	8300	2100	20995	818	287	13968
赤城县	21700	7920	600	4088	62	237	4229
崇礼县	11443	1139	280	1688	55	204	1899
承德市							
双桥区	2500	500		1684	28	4	4515
双滦区	1500	1400		1289	5	9	3874
鹰手营子区	446			295	8	2	1664
承德县	22670	17200	3000	13728	168	9	13743
兴隆县	9000	4010		8298	232	41	13060
平泉县	19268	31500	2967	21353	90	246	15958

3-1 县(市、区)国民经济主要指标(2015年)(6-4)

县(市、区)	四、农 业（续1）						
	机耕面积（公顷）	机播面积（公顷）	机收面积（公顷）	化肥使用量（按折纯法计算）（吨）	农药使用量（吨）	地膜使用量（吨）	农村用电量（万千瓦小时）
滦平县	19898	15510	1700	10234	184	47	38908
隆化县	32333	18000	4633	16329	73	69	11161
丰宁满族自治县	57972	56831	28772	11986	98	218	9321
宽城满族自治县	7100	2000		6101	58	7	72253
围场满族蒙古族自治县	44000	36650	39248	22409	497	2324	13282
沧州市							
新华区	1595	2280	2207	277	39	1	1491
运河区	2650	5300	4710	787	43	12	1977
沧　县	91070	116000	97650	40626	1310	199	85411
青　县	55692	55700	44830	20401	338	952	75890
东光县	47000	63000	48700	23470	1738	1260	30033
海兴县	21949	36092	33660	8207	821	88	12339
盐山县	50000	63340	54000	9765	530	160	14295
肃宁县	23020	44550	42170	23905	771	310	45327
南皮县	36500	68960	66000	14644	631	656	27377
吴桥县	42561	63421	48501	22519	268	810	12379
献　县	99300	92200	86000	27105	289	701	72446
孟村回族自治县	18866	34711	28839	10115	419	16	69374
泊头市	42433	75766	61333	32998	1051	123	69048
任丘市	46812	80498	68050	31600	261	204	117496
黄骅市	58900	83800	71547	13038	863	126	68208
河间市	68210	104930	78450	30736	607	1271	114193
廊坊市							
安次区	19850	23850	11600	5902	102	566	4667
广阳区	19508	18730	12990	7917	158	99	11101
固安县	46000	46000	34700	25619	1027	853	17867
永清县	33330	31543	25566	22112	272	1254	15863
香河县	14900	20713	21900	20275	191	105	21136
大城县	44850	53600	37005	12053	230	285	47800
文安县	47567	57567	45966	15058	215	605	135012
大厂回族自治县	8970	11459	9933	3071	68	112	8398
霸州市	36400	37500	27000	25361	283	419	619973
三河市	24997	26627	25966	29867	554	120	43990
衡水市							
桃城区	21330	25379	21100	8115	235	200	35085
枣强县	60500	78080	75200	22166	822	1387	24546
武邑县	63560	63560	47380	17597	552	665	15756
武强县	35200	46530	39500	7778	90	175	17429
饶阳县	41754	41754	31200	19540	98	946	18752
安平县	12334	35968	33799	14354	299	92	28038
故城县	70160	76170	62500	41606	899	1858	22899
景　县	68792	114265	83582	36513	906	1028	16031
阜城县	50500	65105	48467	21491	820	790	27400
冀州市	42391	65343	35383	27891	1249	1679	34353
深州市	110500	115600	99166	66093	2656	724	65306

3-1 县(市、区)国民经济主要指标(2015年)(7-1)

县(市、区)	四、农业(续2)					
	有效灌溉面积(公顷)	(二)农作物总播种面积(公顷)	粮食播种面积(公顷)	#稻谷播种面积	#小麦播种面积	#玉米播种面积
石家庄市						
长安区	4030	8712	7366		3762	3604
桥西区	230	1211	160		80	60
新华区	2370	4887	2949		1499	1450
井陉矿区	1910	2790	2356		950	1380
裕华区	569	1319	874		460	414
藁城区	55050	102849	65951		32752	30340
鹿泉区	21740	46784	33768		15933	16103
栾城区	22270.25	44448	32479		16400	14900
井陉县	17350	31594	24745	18	7805	12269
正定县	29890	55425	41364		20990	19062
行唐县	24240	59868	45251		20636	19818
灵寿县	17330	36490	29622	25	12113	13965
高邑县	14370	32506	22320		11182	10508
深泽县	20640	35889	27820		12535	13820
赞皇县	22110	35857	26008		11800	11750
无极县	33440	65838	48551		25325	20147
平山县	18330	48933	36662	306	15887	16401
元氏县	20630	63705	52383		26000	22400
赵 县	47780	83491	70488		38147	32111
辛集市	64200	101176	78364		41198	33105
晋州市	39980	61470	51458		25033	21500
新乐市	32830	64943	44288		24332	18670
唐山市						
路南区	2970	5810	2529	76	966	1464
路北区	6630	8365	3088		735	2353
古冶区	5000	10508	4753	295	776	3277
开平区	5560	10265	7481	13	1273	6161
丰南区	51490	78214	37740	7949	9452	20077
丰润区	39940	86109	60002		19529	39367
曹妃甸区	23090	25482	23320	21341	59	1577
滦 县	28510	72575	45128	634	9361	32005
滦南县	71370	128319	71069	14607	18177	32543
乐亭县	54200	84553	42607	3667	8332	24592
迁西县	5120	18748	13733			10298
玉田县	63880	123093	84453	121	27434	50822
遵化市	38190	65782	44053		9562	31673
迁安市	40110	58532	35974	128	4467	26012
秦皇岛市						
海港区	8990	11553	7929	67		6094
山海关区	2600	5082	1485	6		1218
北戴河区	980	4142	2376	635		1487
抚宁区	19283	39319	16042	1618		9739
青龙满族自治县	16500	33767	27286	96		17945
昌黎县	50620	73155	50277	3412	2599	36876
卢龙县	24830	44211	35175	652	18	22069

3-1 县(市、区)国民经济主要指标(2015年)(7-2)

县(市、区)	四、农 业（续2）					
	有效灌溉面积（公顷）	(二)农作物总播种面积（公顷）	粮食播种面积（公顷）	#稻谷播种面积	#小麦播种面积	#玉米播种面积
邯郸市						
邯山区	1170	2161	1692		446	985
从台区	2720	8588	8238		3571	3679
复兴区	2320	5632	5082		1529	2787
峰峰矿区	7690	10573	9945		3169	5541
邯郸县	17370	30717	24388		11029	13107
临漳县	48900	91138	76822		37356	36316
成安县	35000	62855	37646		20927	14997
大名县	57960	130993	99078		56840	41867
涉　县	5610	32026	20372	624	7190	7480
磁　县	32730	69363	58722	131	25095	26381
肥乡县	38300	69723	44974		23578	20162
永年县	55120	120957	69618	204	32278	35042
邱　县	26880	44693	14335		9425	4620
鸡泽县	24490	43969	29470		17097	11730
广平县	22870	39881	30617		15340	13916
馆陶县	28620	54930	41301		21450	18580
魏　县	57560	94878	84292		42360	40683
曲周县	41780	75807	56108		27966	27767
武安市	29150	62677	55186		12996	21231
邢台市						
桥东区	1620	4246	3227		1563	1664
桥西区	2550	6981	6323		3185	3131
邢台县	23480	34760	27595		9019	15900
临城县	10880	31287	25968		10545	12836
内丘县	24670	48253	34688		15983	15750
柏乡县	17970	31884	27863		13851	13115
隆尧县	49000	93801	76342		38867	33377
任　县	28160	54879	47380		24267	22060
南和县	28780	55083	44833		22752	21362
宁晋县	66500	122306	106859		53548	51446
巨鹿县	29760	62254	33150		16002	15325
新河县	21240	37987	29688		14782	13270
广宗县	26640	40588	15245		4526	5487
平乡县	26050	53764	36319		15325	18254
威　县	72800	93104	32300		14381	9560
清河县	34090	48989	37734		17904	19146
临西县	32700	60136	49350		24756	23694
南宫市	59530	85870	42621		18301	15149
沙河市	20970	31503	27523		9077	15626
保定市						
竞秀区	4444	8773	6924		3168	3756
莲池区	6320	11866	8790		4445	4345
满城区	21120	38579	28334		11911	14295
清苑区	53230	98426	69334		32013	35207

3-1 县(市、区)国民经济主要指标(2015年)(7-3)

县(市、区)	四、农 业(续2)					
	有效灌溉面积(公顷)	(二)农作物总播种面积(公顷)	粮食播种面积(公顷)	#稻谷播种面积	#小麦播种面积	#玉米播种面积
徐水区	36600	70772	58004		28053	28953
涞水县	13800	32365	25841		9081	14021
阜平县	9290	16379	13278		850	6964
定兴县	47460	81165	68321		32750	33027
唐　县	19210	44475	36168	260	13466	15964
高阳县	27450	38788	27142		10650	15521
容城县	19660	34918	30234		14053	15243
涞源县	5740	22336	19372	102	43	14497
望都县	22540	42326	33764		18050	15110
安新县	27970	47848	41466	520	20267	20610
易　县	24970	52420	42543		12787	23991
曲阳县	17320	37961	32627		8933	18003
蠡　县	36990	58448	43290		18600	22167
顺平县	19050	31506	23019	89	9750	11200
博野县	23200	39295	26826		12623	13267
雄　县	20020	44672	39187		13733	21455
涿州市	40200	71422	52738	300	21726	28825
定州市	85660	160694	97340		50633	43650
安国市	31490	57861	38097		19400	18684
高碑店市	37045	64530	49339		21934	25503
张家口市						
桥东区	735	1141	1003			881
桥西区	50	437	310			194
宣化区	3130	5361	3372			2493
下花园区	970	3256	2320			1226
宣化县	27421	43734	34435			23223
张北县	29280	101346	50251			
康保县	14570	96957	65618			
沽源县	22470	81856	48360			20
尚义县	9750	42800	22658			2075
蔚　县	24790	74035	60244	543		31512
阳原县	18590	49288	41963	3		23364
怀安县	18840	35333	27546	297		19813
万全县	19470	22925	19766	290		14323
怀来县	20660	31047	25417	215		21798
涿鹿县	18000	31129	26053	133		17654
赤城县	11130	42649	26443			12262
崇礼县	7690	16994	7757			1500
承德市						
双桥区	2280	3377	1613			1485
双滦区	1560	3605	2834	53		2425
鹰手营子区	360	929	322			242
承德县	14820	39897	32376	491		28386
兴隆县	6350	9087	7768			6778
平泉县	12540	51228	42363	63		36960

3-1 县(市、区)国民经济主要指标(2015年)(7-4)

县(市、区)	四、农 业（续2）					
	有效灌溉面积（公顷）	(二)农作物总播种面积（公顷）	粮食播种面 积（公顷）	#稻谷播种面 积	#小麦播种面 积	#玉米播种面 积
滦平县	14690	31985	17982	519		15173
隆化县	18370	63082	43300	12779		26422
丰宁满族自治县	28400	80177	60393	31		34088
宽城满族自治县	4480	17588	13925	177		10606
围场满族蒙古族自治县	18450	93237	71719	250		27794
沧州市						
新华区	690	2309	2267		1119	1148
运河区	2620	6769	5700		2516	3092
沧 县	36690	116415	109319		41620	60820
青 县	29120	86012	55120		13901	40391
东光县	48420	63475	44807		22286	22067
海兴县	15580	40027	36723	700	15760	18754
盐山县	33010	69356	64217	60	29400	31220
肃宁县	31800	55472	42536		19934	22264
南皮县	34820	71398	52265		25714	26027
吴桥县	33850	70104	51884		25661	25860
献 县	53200	109728	77254		33087	37533
孟村回族自治县	12150	34805	33761		15570	17586
泊头市	43120	75900	71688		31211	38951
任丘市	40680	91273	77207		31059	41620
黄骅市	15880	83970	72386		35148	31156
河间市	64480	105995	87001		33010	51080
廊坊市						
安次区	13790	32738	19375		890	15294
广阳区	11270	27317	12705		4328	7668
固安县	36210	74721	42006		18079	21551
永清县	30320	61190	27477		4411	20712
香河县	20410	37283	24528		9881	14551
大城县	29210	62855	49633		3672	40539
文安县	32740	59772	54054	15	8795	42846
大厂回族自治县	8540	12686	9775		3935	5737
霸州市	25650	50189	35323		6832	25294
三河市	22350	50187	33802		11212	21298
衡水市						
桃城区	19610	30926	20935		9394	11173
枣强县	53880	78081	52893		22760	22721
武邑县	40040	70464	45812		20734	23735
武强县	22960	46564	39730		16867	22757
饶阳县	34810	64390	36553		17179	18686
安平县	26900	43176	37262		15180	20945
故城县	47630	85925	49474		22396	25730
景 县	78630	115283	88451		40918	45684
阜城县	37100	69315	51309		23066	27853
冀州市	47620	72005	38011		17000	19507
深州市	64960	115657	95797		46802	48533

3-1 县(市、区)国民经济主要指标(2015年)(8-1)

县(市、区)	四、农业(续3)						
	#大豆播种面积	油料播种面积(公顷)	棉花播种面积(公顷)	糖料播种面积(公顷)	蔬菜播种面积(公顷)	粮食总产量(吨)	#稻谷产量
石家庄市							
长安区			54		1240	44928	
桥西区					970	971	
新华区		23	13		1762	18731	
井陉矿区	6	35			390	12657	
裕华区					444	5444	
藁城区	1577	1926	205		34372	515458	
鹿泉区	761	1153	162		11393	196098	
栾城区	1000	77	17		9837	241870	
井陉县	1153	2698	155		3933	91877	109
正定县	1052	4536	226		8678	310182	
行唐县	339	7086	621		5147	297511	
灵寿县	109	2516	228		3193	139218	103
高邑县	132	1257	95		8280	163904	
深泽县	856	1654	150		6080	200435	
赞皇县	550	6976	109		2556	108360	
无极县		4645	360		11731	339504	
平山县	578	4158	667		6324	197091	783
元氏县	877	2843	540		7107	324737	
赵　县		880			10960	557319	
辛集市	1368	7340	3926		11395	547749	
晋州市	2390	2855			7097	348379	
新乐市	571	8002	160		8472	317217	
唐山市							
路南区	14	387	2		2827	14866	580
路北区		420			4591	17253	
古冶区	204	1734	2		3875	26962	2786
开平区	15	1462	4		1291	42687	92
丰南区	232	6747	8907		24527	245977	69285
丰润区	325	8078	1024		16083	367502	
曹妃甸区	26	181	129		1500	200100	187219
滦　县	1092	14888	186		11138	286948	3889
滦南县	2414	15167	878		31092	466945	137080
乐亭县	1392	2299	689		32520	259304	33255
迁西县	867	2092	257		1121	77285	
玉田县	871	1154	1478		34187	501613	881
遵化市	1428	11149	73		10059	249965	
迁安市	1811	9910	36		11819	200303	925
秦皇岛市							
海港区	637	1196			2065	34788	359
山海关区	96	275	1		3248	7159	32
北戴河区	198	374			1010	17365	5524
抚宁区	671	3398	461		18057	88761	12761
青龙满族自治县	1985	639			4827	121665	620
昌黎县	1109	7620	51		14447	302215	23410
卢龙县	1006	4403	280		4302	227111	4769

3-1 县(市、区)国民经济主要指标(2015年)(8-2)

县(市、区)	四、农 业（续3）						
	#大豆播种面积	油料播种面积(公顷)	棉花播种面积(公顷)	糖料播种面积(公顷)	蔬菜播种面积(公顷)	粮食总产量(吨)	#稻谷产量
邯郸市							
邯山区	52	57	96		316	9415	
丛台区	182	77	163		110	48121	
复兴区	148	408	142			22819	
峰峰矿区	262	112	1		501	49119	
邯郸县	35	289	1096		4692	178644	
临漳县	1300	1880	2210		9557	595699	
成安县	320	1032	15713		6119	282602	
大名县	331	21552	2094		8236	734215	
涉　县	1390	344	25		1282	85530	3048
磁　县	930	2645	1982		5149	355134	919
肥乡县	544	988	9787		11979	335533	
永年县	668	1042	1535		48676	533823	796
邱　县	120	300	25483		3630	103812	
鸡泽县	19	575	3156		10766	214724	
广平县	368	2107	3504		2762	224125	
馆陶县	851	3239	1912		8068	306258	
魏　县	449	1822	1537		6553	616820	
曲周县	36	940	9267		9168	418883	
武安市	868	2096	2225		2534	274691	
邢台市							
桥东区		46	9		956	19042	
桥西区		226	225		184	31318	
邢台县	596	3966	689		2278	125330	
临城县	397	3245	490		1504	122887	
内丘县	585	6718	703		1851	182373	
柏乡县	568	770	332		2808	204380	
隆尧县	1886	3102	5109		9137	524242	
任　县	513	762	1122		5313	345788	
南和县	144	576	840		8834	281441	
宁晋县	1100	1952	5304		8144	739352	
巨鹿县	248	4287	10053		3851	188472	
新河县		1406	6320		473	162659	
广宗县	343	6734	11769		3283	80988	
平乡县	266	8954	1271		6123	244150	
威　县	520	1698	51379		7424	176509	
清河县	396	1725	8325		913	259551	
临西县	273	380	9351		740	319861	
南宫市	1200	3988	32774		6121	219677	
沙河市	500	2569	365		1011	125761	
保定市							
竞秀区					1765	42289	
莲池区		284			2639	54315	
满城区	216	794	430		5590	173489	
清苑区	569	4689	595		14772	466015	

3-1 县(市、区)国民经济主要指标(2015年)(8-3)

县(市、区)	四、农 业(续3)						
	#大豆播种面积	油料播种面积(公顷)	棉花播种面积(公顷)	糖料播种面积(公顷)	蔬菜播种面积(公顷)	粮食总产量(吨)	#稻谷产量
徐水区	359	1342	38		10534	378513	
涞水县	446	2973	47		2854	140355	
阜平县	425	1440			1568	67158	
定兴县	487	3505	247		8308	469795	
唐　县	431	1600	600		5705	203271	1035
高阳县	706	3310	1385		6507	162617	
容城县	404	1303	137		2775	203237	
涞源县	872	202			1972	60656	400
望都县	239	1371	370		5293	245118	
安新县	34	215	4630		1088	239244	3215
易　县	373	4370	367		5076	225119	
曲阳县	577	2503	186		2404	152822	
蠡　县	1013	4352	141		9186	253766	
顺平县	200	1460	90		5282	126959	467
博野县	433	2709	1518		7270	183378	
雄　县	867	1406	281		3445	233624	
涿州市	382	4288			12424	303946	1928
定州市	681	14321	344		36762	682358	
安国市	13	4667	333		3625	264261	
高碑店市	254	7230	532		6102	330097	
张家口市							
桥东区	30	14			110	5109	
桥西区		40			87	1385	
宣化区	101	187			1664	21066	
下花园区	102	107			722	8611	
宣化县	1202	1713			6678	203656	
张北县	238	10271		9358	10554	108875	
康保县	413	8107		3803	11838	143894	
沽源县		8626		1239	16452	122623	
尚义县	650	6625		2309	8939	47635	
蔚　县	1972	4145			4970	145602	2000
阳原县	2756	4448		50	1990	84481	6
怀安县	589	2226		32	4761	120550	2505
万全县	192	731			1730	127845	2188
怀来县	777	943			4521	107592	883
涿鹿县	715	688			4377	176760	1000
赤城县	1255	2117		70	10435	86814	
崇礼县	307	721			8275	24379	
承德市							
双桥区	19				1754	7885	
双滦区	144	26			736	15110	320
鹰手营子区	22				538	1776	
承德县	1265	119			7185	191549	3327
兴隆县	454	63			1142	31034	
平泉县	1274	185		80	6847	203319	299

3-1 县(市、区)国民经济主要指标(2015年)(8-4)

县(市、区)	四、农业(续3)						
	#大豆播种面积	油料播种面积(公顷)	棉花播种面积(公顷)	糖料播种面积(公顷)	蔬菜播种面积(公顷)	粮食总产量(吨)	#稻谷产量
滦平县	944	91			10646	77696	2766
隆化县	1381	1441			13142	283263	98404
丰宁满族自治县	674	3952			14362	143732	47
宽城满族自治县	758	179			2053	48442	1362
围场满族蒙古族自治县	608	1919			17528	199127	1160
沧州市							
新华区					42	7148	
运河区	33	12			1040	23130	
沧　县	5272	626	2762		3250	464143	
青　县	538	541	695		26060	208550	
东光县	201	794	15142		2206	280725	
海兴县	754	806	937		749	127904	2940
盐山县	1370	1382	650		2367	251006	220
肃宁县	194	1649	260		10846	251678	
南皮县	185	812	12236		4647	296742	
吴桥县	168	341	10331		5518	372915	
献　县	3400	9465	10000		11157	394260	
孟村回族自治县	183	606	220		203	159839	
泊头市	1030	254	1850		2037	397202	
任丘市	1947	2914	706		9507	443274	
黄骅市	3363	1472	2076		3221	241571	
河间市	1613	6928	373		9492	497493	
廊坊市							
安次区	1566	2573	5233		3650	87999	
广阳区	270	1361	556		11080	63483	
固安县	708	2556	100		25475	241684	
永清县	1273	4099	3703		23746	150003	
香河县	90	12	11		12599	147422	
大城县	3553	2834	3057		3659	190956	
文安县	1557	201	2169		2001	266830	115
大厂回族自治县	70		20		2724	56415	
霸州市	1791	1604	4648		8178	195096	
三河市	592	182	189		14241	206791	
衡水市							
桃城区	65	1728	1867		5914	146446	
枣强县	1609	2062	18343		4406	324424	
武邑县	481	3034	10167		8946	267257	
武强县	60	1345	168		3774	234590	
饶阳县	250	4444	799		21394	214846	
安平县	687	2998			2693	209485	
故城县	959	2847	19300		12481	296157	
景　县	1106	5105	15145		5609	565837	
阜城县	100	132	4800		4125	297041	
冀州市	324	3447	22975		7416	216924	
深州市	342	7963	4397		6990	624555	

3-1 县(市、区)国民经济主要指标(2015年)(9-1)

县(市、区)	四、农业(续4)						
	#小麦产量	#玉米产量	#大豆产量	油料产量(吨)	棉花产量(吨)	糖料产量(吨)	蔬菜产量(吨)
石家庄市							
长安区	23306	21622			54		81380
桥西区	480	382					67685
新华区	9376	9355		82	13		114209
井陉矿区	5016	7535	12	76			16462
裕华区	2836	2608					33888
藁城区	249472	253955	3327	8779	378		3047850
鹿泉区	100035	91791	856	3925	157		945280
栾城区	122334	117051	1700	283	9		933943
井陉县	35825	46561	1222	5523	125		231239
正定县	156421	148950	2737	19918	190		870422
行唐县	135668	139533	424	22966	403		381891
灵寿县	61050	68499	199	5245	137		227822
高邑县	79839	81647	264	4848	108		615719
深泽县	91575	103337	1477	6335	136		473102
赞皇县	56463	47411	410	10218	68		161506
无极县	184664	147667		17120	236		887580
平山县	102396	87210	766	9676	602		309050
元氏县	169914	141248	1363	7650	518		505706
赵　县	290620	265559		3990			859370
辛集市	298677	235347	2109	32943	4417		1013624
晋州市	180931	154813	3800	9137			545716
新乐市	174594	137667	651	37241	149		821064
唐山市							
路南区	5173	9027	34	1457	3		201468
路北区	3539	13714		1772			315240
古冶区	4260	18455	708	5760	3		380457
开平区	7065	35345	56	6140	4		79170
丰南区	53100	122891	544	23684	10466		1703148
丰润区	115784	244213	1270	34758	1007		1078885
曹妃甸区	416	10138	102	684	220		86880
滦　县	55126	211809	2784	61786	281		906522
滦南县	110287	197925	8175	61985	949		2298411
乐亭县	51981	148865	3702	10829	603		2630750
迁西县		61779	2515	7158	321		108912
玉田县	154859	307750	1725	4249	1711		2898028
遵化市	53841	184610	3901	46810	70		796312
迁安市	21811	148210	6445	31533	40		889624
秦皇岛市							
海港区		28561	1524	2509			111580
山海关区		5809	170	807	1		223006
北戴河区		10944	534	1512			59184
抚宁区		54132	1650	9569	430		1122772
青龙满族自治县		87617	3950	2132			298520
昌黎县	16783	227534	2271	28132	54		1197129
卢龙县	109	154593	3296	13534	391		364433

3-1 县(市、区)国民经济主要指标(2015年)(9-2)

县(市、区)	四、农 业（续4）						
	#小麦产量	#玉米产量	#大豆产量	油料产量(吨)	棉花产量(吨)	糖料产量(吨)	蔬菜产量(吨)
邯郸市							
邯山区	2629	5811	181	49	79		5850
丛台区	22818	23177	585	108	127		3390
复兴区	8257	12944	166	488	114		
峰峰矿区	14213	31373	538	110	1		17475
邯郸县	78838	98664	113	899	1457		237286
临漳县	276471	304391	4699	5569	2519		537396
成安县	153834	123638	670	4643	21684		392826
大名县	404771	328902	430	88902	1995		394993
涉　县	29335	36465	2470	642	23		82089
磁　县	159341	181487	1611	5643	2415		295550
肥乡县	169824	162268	816	3619	13359		790329
永年县	236997	291086	1375	3423	1718		3285734
邱　县	66870	35528	504	1221	34019		212529
鸡泽县	124187	89385	44	2232	3835		588781
广平县	109090	111395	521	8926	4199		165280
馆陶县	156060	147446	1633	14401	2251		477075
魏　县	303002	310541	639	4277	1475		382484
曲周县	200513	217416	119	3768	11398		565116
武安市	73235	128555	1421	3789	2561		123217
邢台市							
桥东区	9355	9687		163	11		59422
桥西区	16052	15245		652	304		6130
邢台县	48585	68411	1218	11567	482		120784
临城县	58208	59368	450	7000	338		75868
内丘县	90863	83396	1298	16228	815		104167
柏乡县	102178	98445	2077	2834	319		215137
隆尧县	275659	229492	6797	13919	5748		666955
任　县	181603	159894	1771	3008	1395		338505
南和县	151559	126756	466	2374	1039		564170
宁晋县	394968	337267	3241	6789	4551		417600
巨鹿县	96972	85489	650	13031	12420		163684
新河县	85144	72030		3768	7085		26760
广宗县	26070	32252	1235	25651	14476		139530
平乡县	96869	135021	583	32421	1374		241927
威　县	82552	50062	1502	8286	67461		387004
清河县	131855	125483	866	6295	10203		42808
临西县	154244	161728	820	1552	11326		56527
南宫市	101353	74010	3732	17535	39010		262536
沙河市	46020	72305	720	4709	274		47216
保定市							
竞秀区	19246	23043					86333
莲池区	27443	26872		1087			146863
满城区	77431	83596	519	2696	496		293352
清苑区	214407	238639	2178	19141	680		986010

3-1 县(市、区)国民经济主要指标(2015年)(9-3)

县(市、区)	四、农 业（续4）						
	#小麦产量	#玉米产量	#大豆产量	油料产量(吨)	棉花产量(吨)	糖料产量(吨)	蔬菜产量(吨)
徐水区	184828	188380	826	5503	40		811542
涞水县	54486	75148	1118	11015	49		156445
阜平县	4858	35917	688	4007			45010
定兴县	216686	236100	2022	15107	343		588286
唐　县	79382	96742	1422	4200	528		289787
高阳县	65498	93727	1509	12585	1625		279214
容城县	92609	106002	1820	5408	153		184529
涞源县	175	44180	2154	289			62422
望都县	126980	115263	590	6895	406		369681
安新县	126768	109003	86	735	5531		68585
易　县	79793	118330	628	14654	530		322668
曲阳县	53732	78869	1352	6286	210		129686
蠡　县	117264	125995	2468	14771	127		475347
顺平县	58793	57960	1230	5226	76		284083
博野县	84827	93732	1708	12114	1596		522350
雄　县	86342	124107	2118	4474	372		198351
涿州市	135336	158372	961	12455			646156
定州市	347486	314572	2555	62184	356		2584081
安国市	132584	131617	60	21700	390		203482
高碑店市	145164	176110	674	30391	533		328486
张家口市							
桥东区		4634	106	32			4222
桥西区		623		27			6702
宣化区		18333	325	221			103608
下花园区		5567	119	100			38383
宣化县		155578	1683	2969			438419
张北县			173	11357		481253	964892
康保县			465	9811		223601	1155268
沽源县		35		6340		61535	1220619
尚义县		6859	447	9731		104131	761499
蔚　县		92255	1530	4309			219692
阳原县		63865	1789	5921		1870	81914
怀安县		92169	1252	3797		2544	237559
万全县		97859	661	1371			77263
怀来县		99339	886	1357			177792
涿鹿县		131830	2198	1120			258406
赤城县		30868	1478	1531		1530	582282
崇礼县		6525	506	1309			614063
承德市							
双桥区		7264	82				87964
双滦区		13833	402	72			69422
鹰手营子区		1387	75				24225
承德县		174565	3816	339			367220
兴隆县		26788	1349	200			43277
平泉县		190310	2492	260		5210	676430

3-1 县(市、区)国民经济主要指标(2015年)(9-4)

县(市、区)	四、农　业（续4）						
				油料产量(吨)	棉花产量(吨)	糖料产量(吨)	蔬菜产量(吨)
	#小麦产量	#玉米产量	#大豆产量				
滦平县		66470	3070	202			671932
隆化县		166691	4807	4470			527032
丰宁满族自治县		95941	1194	4231			707759
宽城满族自治县		39589	1072	525			146310
围场满族蒙古族自治县		73710	1337	4086			1015776
沧州市							
新华区	3911	3237					1995
运河区	10413	12498	49	21			49916
沧　县	203124	250007	7476	1408	2696		190312
青　县	70589	135925	707	1184	644		2005110
东光县	153082	125353	693	2097	16313		125917
海兴县	53899	66544	1172	1456	815		30608
盐山县	137371	102712	1500	1405	520		159177
肃宁县	127533	123046	499	5859	289		743226
南皮县	155369	139146	418	2711	15234		392372
吴桥县	183287	187775	756	1347	11622		276993
献　县	192013	178302	8670	33145	12000		504408
孟村回族自治县	71700	86172	549	2144	242		13244
泊头市	182025	210679	1920	443	2224		94180
任丘市	193166	235923	3743	6732	737		491320
黄骅市	117467	107143	3525	2364	1988		174471
河间市	204177	281117	4355	27173	673		501306
廊坊市							
安次区	4112	77069	2361	4497	5931		209934
广阳区	24020	37688	805	2871	502		637198
固安县	112127	120533	2072	7147	89		1468933
永清县	24779	116813	2672	10565	3166		1809420
香河县	59684	87409	284	31	8		788285
大城县	19223	158267	7301	7952	4127		195482
文安县	46299	215336	2235	319	2294		124398
大厂回族自治县	23844	32221	200		18		156990
霸州市	39768	142748	3753	4821	4907		545231
三河市	67491	134581	1820	456	158		859725
衡水市							
桃城区	65435	79699	133	5841	1959		435290
枣强县	150148	141748	4964	8037	25313		204487
武邑县	130843	131151	1111	10547	11427		587643
武强县	107224	126933	139	4499	208		194642
饶阳县	108915	102973	614	15559	719		875064
安平县	96294	109405	1501	9932			128213
故城县	143984	147587	3170	11929	24897		844199
景　县	281640	277292	3078	18049	16701		254670
阜城县	143563	151757	331	440	5184		236731
冀州市	107639	103800	962	12232	26108		198042
深州市	323370	299892	732	36894	5963		264953

3-1 县(市、区)国民经济主要指标(2015年)(10-1)

县(市、区)	四、农 业(续5)						
	水果产量(含果用瓜)(吨)	#园林水果产量	食用坚果产量(吨)	肉类总产量(吨)	#猪牛羊肉产量	禽蛋产量(吨)	奶类产量(吨)
石家庄市							
长安区	8354	5770		2600	2475	1095	3020
桥西区	15	15		2058	1978	335	
新华区	3920	3200	2	31	15	408	
井陉矿区	4621	4621	60	2261	2121	1600	
裕华区				530	482	400	400
藁城区	259013	239565	700	83689	54921	147420	79441
鹿泉区	54710	44087	2153	27388	21011	36021	80358
栾城区	11782	850	50	48927	28205	100596	107388
井陉县	47236	47236	1870	27571	21660	34769	11440
正定县	46347	16420	57	81166	58046	129871	120843
行唐县	156311	135468	600	38946	32510	35237	335950
灵寿县	26774	23730	10720	32106	27635	20365	69659
高邑县	37122	3564	600	13882	8800	16360	5200
深泽县	122951	113656	710	24774	20899	19883	46816
赞皇县	150433	148138	19200	26039	21010	22513	
无极县	61072	20969		57490	40946	76920	61725
平山县	74443	61059	15240	22153	18997	15020	12925
元氏县	51795	15010	7000	46252	34752	57040	74048
赵　县	686056	620000		43875	34811	54500	37299
辛集市	515204	513000		87287	59453	161690	63890
晋州市	755043	753100		53009	37918	76562	21938
新乐市	271978	30529	20	59436	42313	83200	94170
唐山市							
路南区	886	26	2	4504	3992	943	9475
路北区	5306	4875		3029	2665	714	6000
古冶区	32163	29155	28	15775	10605	16773	60743
开平区	2030	994	11	10100	8280	5291	24887
丰南区	43026	29092		48691	39104	12483	73746
丰润区	104706	86071	911	86572	68147	56244	222053
曹妃甸区	25041	9612		25671	20207	6235	2986
滦　县	220554	156679	1368	58213	46700	48790	457200
滦南县	442248	155482		131486	109186	40062	522869
乐亭县	949781	548584		35378	24117	17487	63801
迁西县	50667	48393	64971	24305	19080	9765	22749
玉田县	168889	77604	629	115085	102978	79557	120043
遵化市	262483	237058	28055	71518	63217	26635	10743
迁安市	179867	151867	11353	87273	70670	40593	159536
秦皇岛市							
海港区	32196	29365	11708	11887	7305	3210	5040
山海关区	38184	34506	12	9454	6180	4795	3149
北戴河区	3100	2887		3299	2473	2842	3260
抚宁区	158963	155488	14523	100202	82668	26809	18073
青龙满族自治县	244069	243969	16040	69730	55345	12000	210
昌黎县	244317	213423	14	80787	50886	25937	43732
卢龙县	195601	193700	1131	73772	60112	35987	25519

3-1 县(市、区)国民经济主要指标(2015年)(10-2)

县(市、区)	四、农业（续5）						
	水果产量（含果用瓜）（吨）	#园林水果产量	食用坚果产量（吨）	肉类总产量（吨）	#猪牛羊肉产量	禽蛋产量（吨）	奶类产量（吨）
邯郸市							
邯山区	440	440	75	721	608	1228	4553
丛台区	3930	3930	500	1024	824	4430	
复兴区	139	139	46	1910	1869	569	536
峰峰矿区	3351	3351	30	25357	22305	13814	10388
邯郸县	48882	40371		23464	17886	30313	37389
临漳县	171233	135491	55	50784	34110	59110	11825
成安县	149905	67000		35400	26006	43965	20518
大名县	31270	30050		79094	65056	78296	5056
涉　县	21403	21403	19233	23386	15686	27739	
磁　县	47464	27301	1200	39521	29014	69404	23333
肥乡县	91909	51990	11	36896	28220	39255	22180
永年县	65494	61710	90	74097	44386	248876	64085
邱　县	72123	21000		23654	12844	53021	1076
鸡泽县	25000	25000		27710	18833	45990	7198
广平县	65391	26400		15909	11995	20171	2037
馆陶县	60409	49800		53329	30419	183791	6500
魏　县	280752	247978	85	62844	36480	58349	1370
曲周县	56356	42560		56014	35575	110215	11550
武安市	35675	29203	19800	72975	68264	27156	3840
邢台市							
桥东区	3013	2998	2	2344	2032	1072	275
桥西区	4610	4436	65	2082	1862	1633	
邢台县	149430	149110	19111	13581	10694	16439	
临城县	29859	28298	15702	17049	11982	39180	
内丘县	34198	32500	8500	27026	24241	19203	400
柏乡县	91215	84991	20	14717	10163	43606	2893
隆尧县	54935	54783	300	37022	24589	88521	14290
任　县	19493	15940	60	11098	7069	30648	
南和县	5970	5970	15	19937	13880	43434	11568
宁晋县	428700	427071		38449	35321	22922	161941
巨鹿县	192896	107000		14365	9902	12451	4772
新河县	164259	162000		6832	5327	12790	1000
广宗县	100261	14430		17911	12268	9690	
平乡县	38221	26800	200	14191	8732	19906	4120
威　县	138597	126485	15	27916	20468	57479	1723
清河县	66298	51530		7282	4140	9400	2280
临西县	25580	12987	67	18213	12510	28300	1837
南宫市	57826	43000	1	24036	20919	16396	
沙河市	16751	16137	4895	16343	8513	55600	1450
保定市							
竞秀区	7143	4413		6653	6575	1762	4924
莲池区	2224	631	1	3199	2947	6622	57000
满城区	314340	205213	10	23300	20359	36827	33572
清苑区	531944	36200		28153	19646	59565	88598

3-1 县(市、区)国民经济主要指标(2015年)(10-3)

县(市、区)	四、农 业(续5)						
	水果产量(含果用瓜)(吨)	#园林水果产量	食用坚果产量(吨)	肉类总产量(吨)	#猪牛羊肉产量	禽蛋产量(吨)	奶类产量(吨)
徐水区	76423	33994	50	62526	55205	21666	142708
涞水县	62115	42651	2900	23629	22121	3989	8257
阜平县	110795	110270	3340	7982	7152	4679	6790
定兴县	73254	29372	67	57739	45492	37660	30255
唐　县	83425	70950	7600	34264	32229	17516	15721
高阳县	35196	16990	20	6251	5653	6725	13275
容城县	26761	1464		29322	27621	6299	14748
涞源县	8642	8002	3600	7317	6764	3654	16
望都县	57207	23000		18326	15558	17301	45700
安新县	33742	6380		10135	6276	20002	7498
易　县	222928	220501	4300	67890	63336	22439	6449
曲阳县	152243	148985	515	25169	23174	12812	53096
蠡　县	84127	31000	250	9045	6681	12567	13405
顺平县	490782	429500	30	12287	11753	4290	8450
博野县	62826	34800	200	13738	12241	6972	3295
雄　县	53741	35090		16534	13989	5278	1965
涿州市	120905	32019	35	40142	27880	14875	23291
定州市	163120	148850	2210	113316	97689	85493	224550
安国市	36766	32950	50	22159	19705	19390	11005
高碑店市	65098	29181	215	35945	27876	29387	18360
张家口市							
桥东区	837	515	110	663	582	540	655
桥西区			6	1178	1024	1519	1906
宣化区	10240	3523	30	3563	3299	1775	3439
下花园区	1942	1350	1470	4766	2979	11890	3587
宣化县	47431	14666	3471	58200	50287	42770	101156
张北县				21137	20529	2100	200015
康保县	429			30138	28673	3668	98253
沽源县	2400	2400		10651	10094	1493	101950
尚义县	301	150		15346	14762	1177	4176
蔚　县	14148	3575	6500	35376	30720	29094	24126
阳原县	14183	4333	575	28304	18502	52836	9778
怀安县	29596	7382	1350	23142	21419	2592	36445
万全县	23536	4167	256	25931	19923	10187	58449
怀来县	277724	274144	2410	36763	15587	11452	89867
涿鹿县	394613	394368	6139	47393	40578	49189	120704
赤城县	20986	6381	314	34088	28189	3606	10862
崇礼县	6578	3750	36	4841	3334	3500	30928
承德市							
双桥区	3150	3097	26	2478	1871	3026	
双滦区	1016	890	12	2990	2696	407	48
鹰手营子区	1299	1299	454	1191	1095	660	
承德县	217566	217315	2840	96622	29961	25629	500
兴隆县	396054	396054	135178	21085	17137	7570	1668
平泉县	203430	198000	3380	23725	20371	17500	746

3-1 县(市、区)国民经济主要指标(2015年)(10-4)

县(市、区)	四、农业（续5）						
	水果产量(含果用瓜)(吨)	#园林水果产量	食用坚果产量(吨)	肉类总产量(吨)	#猪牛羊肉产量	禽蛋产量(吨)	奶类产量(吨)
滦平县	38714	31606	1404	104428	47402	10184	10969
隆化县	63146	51000	205	69496	63775	10463	6176
丰宁满族自治县	19777	19717	1289	49541	43792	18059	94956
宽城满族自治县	60342	60260	41500	20996	18242	7329	245
围场满族蒙古族自治县	263780	260709	7983	58430	45922	14826	33207
沧州市							
新华区	465	465		761	469	700	
运河区	1865	1865		1527	692	3710	111
沧　县	340331	328913		41459	30608	38362	9250
青　县	341939	43937		21014	14647	28395	28819
东光县	29212	7320		19722	16028	16595	1891
海兴县	76831	50633		10471	7401	5258	1650
盐山县	80209	47070		48856	45064	11700	
肃宁县	102598	91706	2	29661	10934	21850	3995
南皮县	127867	75053		17893	14119	10507	
吴桥县	100102	15112		30108	23389	21628	
献　县	279158	179523		59120	45852	62892	6100
孟村回族自治县	15908	15359		37814	9581	3921	
泊头市	519613	516925		29188	21083	45204	5000
任丘市	62377	24876		44496	12509	17500	6357
黄骅市	148439	108834		56811	40557	11602	3387
河间市	90074	25701		32604	16713	23826	350
廊坊市							
安次区	147505	53441		13268	9078	18319	13400
广阳区	155247	48005		13735	11158	11220	21124
固安县	304510	98750		24415	22901	6683	10038
永清县	370228	238000		73680	67567	15258	55665
香河县	30800	29460	40	16274	11204	21091	8973
大城县	126913	67607		38609	24343	28714	16130
文安县	103681	45751		20548	15087	16847	1100
大厂回族自治县	10402	3866		26856	25647	5530	
霸州市	71743	43289		22783	17793	10702	2776
三河市	119160	87350	87	62922	55813	21070	99474
衡水市							
桃城区	31795	18405		25933	21901	10973	4309
枣强县	96197	84435	12	21185	18764	5934	7485
武邑县	180484	52613	37	35115	26045	26231	12288
武强县	35854	7828		16894	10490	24291	36891
饶阳县	173300	108762		26797	21426	38462	16342
安平县	51359	41000		66542	63941	15987	5803
故城县	178464	50671	1	49728	31284	47845	9681
景　县	82754	40141	500	38100	32429	27437	7033
阜城县	809443	216600		16987	13037	20805	4169
冀州市	108694	103561	216	14217	11143	14887	4212
深州市	891553	860000		62261	51577	63159	6775

3-1 县(市、区)国民经济主要指标(2015年)(11-1)

县(市、区)	四、农　业（续6）						
	年内猪出栏(百头)	年内牛出栏(百头)	年内羊出栏(百只)	年末猪存栏(百头)	年末牛存栏(百头)	年末羊存栏(百只)	水产品产量(吨)
石家庄市							
长安区	288	12	96	162	21	95	
桥西区	253	3	6	127	3	4	
新华区			9			23	45
井陉矿区	275	1	35	200	1	50	20
裕华区	62		8	40	1	14	
藁城区	5898	494	1625	3039	607	983	40
鹿泉区	2528	74	424	1203	251	351	6335
栾城区	3050	281	477	1515	563	337	4
井陉县	1530	494	1581	1003	618	1238	710
正定县	6150	696	518	4131	879	348	1550
行唐县	2856	621	681	1745	946	577	1561
灵寿县	3040	235	665	1708	435	490	8350
高邑县	1081	23	263	610	26	179	
深泽县	2345	94	1093	1166	154	734	121
赞皇县	1350	633	589	840	598	600	1000
无极县	3719	678	1612	2254	860	1075	11
平山县	2060	128	901	1450	246	713	13820
元氏县	3098	553	1843	1921	524	1354	223
赵　县	4168	146	770	2156	153	486	
辛集市	7234	135	1591	4040	383	1582	43
晋州市	4400	163	1310	2685	131	859	
新乐市	5294	208	245	3516	325	200	22
唐山市							
路南区	485	17	61	309	30	23	
路北区	311	9	131	185	15	95	
古冶区	1157	81	293	756	161	185	9743
开平区	681	166	353	470	104	140	6595
丰南区	5003	162	315	2949	282	238	76859
丰润区	7835	353	1043	3208	666	858	10803
曹妃甸区	2682	8	53	1703	21	31	127186
滦　县	3895	994	1093	2728	1158	819	4020
滦南县	12185	519	621	7500	1587	710	84805
乐亭县	2508	146	1333	1578	208	1197	137270
迁西县	1742	133	2693	996	213	1415	44900
玉田县	11350	900	960	8749	1500	894	5802
遵化市	6764	642	1621	4735	835	1442	3850
迁安市	7444	786	1123	4650	1037	805	
秦皇岛市							
海港区	898	24	184	1053	70	215	1525
山海关区	740	32	145	551	35	140	6350
北戴河区	305	5	77	172	13	39	1195
抚宁区	9800	387	1637	4527	502	1680	5816
青龙满族自治县	4900	280	6300	1784	176	3098	1500
昌黎县	4209	666	5221	3077	752	3214	81985
卢龙县	5558	435	7731	2933	522	2994	2005

3-1 县(市、区)国民经济主要指标(2015年)(11-2)

县(市、区)	四、农　业（续6）						
	年内猪出栏(百头)	年内牛出栏(百头)	年内羊出栏(百只)	年末猪存栏(百头)	年末牛存栏(百头)	年末羊存栏(百只)	水产品产量(吨)
邯郸市							
邯山区	78	8	20	130	19	33	
丛台区	97	4	35	90	4	95	
复兴区	244	1	47	150	3	105	
峰峰矿区	2805	46	498	1466	55	463	1650
邯郸县	2020	85	1120	921	128	680	48
临漳县	3007	293	5250	1944	218	3115	28
成安县	2522	190	3121	1765	120	3176	9
大名县	6652	479	5435	4259	840	4118	620
涉　县	1534	166	1277	1093	318	1492	2870
磁　县	3375	155	1716	2474	240	1847	10305
肥乡县	2812	201	3288	1762	258	2523	35
永年县	4646	294	3656	3296	543	3463	11782
邱　县	975	99	2949	762	125	2656	120
鸡泽县	1940	120	1910	1032	101	1581	82
广平县	1328	30	1162	670	28	543	45
馆陶县	3395	188	1611	2187	148	1249	25
魏　县	4099	86	3290	3190	124	4048	108
曲周县	3938	295	2901	2077	294	2507	5350
武安市	8663	167	393	4906	379	365	1600
邢台市							
桥东区	260		26	135	1	17	
桥西区	236	2	45	118	3	50	310
邢台县	1179	68	638	558	54	520	826
临城县	1112	203	702	730	238	289	5225
内丘县	3034	80	175	1657	92	65	20
柏乡县	1330	17	120	642	21	118	
隆尧县	2723	122	864	1849	113	618	
任　县	835	9	444	582	5	387	43
南和县	1729	43	167	1321	59	80	10
宁晋县	4297	199	577	2525	486	526	43
巨鹿县	942	140	489	1157	293	578	52
新河县	338	143	322	234	189	318	400
广宗县	1180	162	982	735	176	830	
平乡县	787	116	613	648	104	551	300
威　县	1837	198	2199	1894	256	2119	348
清河县	421	30	347	407	41	365	492
临西县	923	218	1493	375	176	880	150
南宫市	2051	203	1540	1401	136	1267	386
沙河市	811	76	589	604	66	493	485
保定市							
竞秀区	875		34	515	19	81	
莲池区	305	38	56	285	222	110	
满城区	2573	34	557	2006	170	817	300
清苑区	2368	46	545	1095	329	610	90

3-1 县(市、区)国民经济主要指标(2015年)(11-3)

县(市、区)	四、农　业（续6）						
	年内猪出栏(百头)	年内牛出栏(百头)	年内羊出栏(百只)	年末猪存栏(百头)	年末牛存栏(百头)	年末羊存栏(百只)	水产品产量(吨)
徐水区	6355	292	575	4839	560	525	295
涞水县	2309	120	2372	1460	134	1770	453
阜平县	611	44	614	538	191	578	7415
定兴县	5299	141	2344	4343	224	2222	350
唐　县	3273	77	4209	2588	230	3010	1871
高阳县	730	5	282	564	35	293	190
容城县	3482	51	333	1758	68	222	1395
涞源县	583	52	1131	387	124	1509	550
望都县	1875	49	610	864	113	275	12
安新县	713	22	242	526	33	214	34080
易　县	5906	769	4738	1978	497	1275	5375
曲阳县	2316	181	1623	968	308	777	2860
蠡　县	806	17	344	559	60	365	
顺平县	1331	69	465	536	92	754	80
博野县	1515	22	613	1139	27	259	
雄　县	1491	12	1046	684	23	680	580
涿州市	3210	54	1839	2408	148	1340	1070
定州市	11100	698	3170	5906	803	2154	130
安国市	2459	50	576	1603	41	438	
高碑店市	3172	139	1303	2511	160	1356	200
张家口市							
桥东区	65		71	53	11	64	
桥西区	95		191	63	15	70	
宣化区	389	5	106	207	18	191	160
下花园区	326	10	154	226	13	115	
宣化县	4589	385	5140	2332	451	1848	450
张北县	1137	519	2265	557	870	3099	255
康保县	1764	370	5642	782	719	2811	85
沽源县	412	263	1994	297	477	2213	2500
尚义县	844	273	2333	559	178	2085	153
蔚　县	2586	285	3961	1184	220	1850	460
阳原县	1629	131	2384	1001	141	1944	540
怀安县	2427	57	1164	1350	150	839	321
万全县	2034	189	1190	1416	353	1128	4
怀来县	1597	114	1007	835	260	1098	6645
涿鹿县	4409	106	4173	2757	465	1409	520
赤城县	2059	477	2653	846	478	1257	962
崇礼县	344	83	304	196	201	79	15
承德市							
双桥区	233	2	74	261	2	138	355
双滦区	344	2	80	398	9	161	480
鹰手营子区	132	3	46	99	2	46	310
承德县	2875	386	1193	1938	463	987	1160
兴隆县	1853	89	1154	1146	90	724	5990
平泉县	1635	360	1520	831	483	1398	1245

3-1 县(市、区)国民经济主要指标(2015年)(11-4)

县(市、区)	四、农　业（续6）						
	年内猪出栏(百头)	年内牛出栏(百头)	年内羊出栏(百只)	年末猪存栏(百头)	年末牛存栏(百头)	年末羊存栏(百只)	水产品产量(吨)
滦平县	5682	150	1163	2964	229	774	1380
隆化县	4017	1748	3597	2828	3090	1220	600
丰宁满族自治县	2634	1271	2233	2416	1356	1600	4230
宽城满族自治县	2065	57	1243	1005	55	1300	21891
围场满族蒙古族自治县	2900	1296	2014	2304	2088	2091	2564
沧州市							
新华区	53	3	16	79	6	20	27
运河区	78	1	65	62	2	47	
沧　县	2213	620	2531	1258	480	1637	266
青　县	1106	238	1610	730	337	1148	490
东光县	1050	368	1474	514	426	987	780
海兴县	619	124	469	565	95	354	7794
盐山县	3928	816	2358	2341	756	1519	340
肃宁县	1252	40	626	840	42	555	
南皮县	882	369	941	552	303	768	559
吴桥县	1635	526	1564	1091	520	1182	297
献　县	4226	510	3595	3350	504	2539	5711
孟村回族自治县	371	310	1610	341	300	1310	137
泊头市	2152	139	1669	1511	128	1449	658
任丘市	1247	80	1044	853	90	956	14700
黄骅市	4585	282	2520	2485	351	1572	77674
河间市	1533	171	1790	1181	189	1263	651
廊坊市							
安次区	1044	41	610	701	59	502	1211
广阳区	1168	118	564	564	113	406	426
固安县	2157	249	2093	1174	51	734	285
永清县	6510	579	6559	3373	500	4896	518
香河县	1155	104	576	662	139	522	2730
大城县	1631	495	3107	802	325	2221	920
文安县	1072	166	3068	647	105	2106	9094
大厂回族自治县	894	1112	1017	576	576	622	2392
霸州市	2058	39	1540	978	21	956	6982
三河市	4752	965	3268	2514	1226	2362	10403
衡水市							
桃城区	1683	415	1834	1078	231	910	790
枣强县	1796	244	1376	722	235	850	211
武邑县	1915	572	2064	1864	844	1386	176
武强县	1056	101	636	798	249	475	
饶阳县	2667	38	584	1951	125	612	
安平县	8438	15	306	5290	45	340	195
故城县	2837	348	3721	828	994	2155	2401
景　县	3122	464	1085	2601	363	1058	102
阜城县	1352	87	1082	1854	204	1675	110
冀州市	1101	124	790	1016	134	457	2525
深州市	5834	328	2395	4401	313	2637	285

3-1 县(市、区)国民经济主要指标(2015年)(12-1)

县(市、区)	四、农 业（续7）						
	(三)农林牧渔业总产值(现价)(万元)	农业产值	林业产值	牧业产值	渔业产值	农林牧渔服务业产值	农林牧渔业总产值指数(上年=100)
石家庄市							
长安区	41963	28288	976	8811		3888	103.5
桥西区	24283	17247	24	6199		813	101.0
新华区	31183	26059	548	451	67	4058	103.4
井陉矿区	14915	6716	1116	6705	33	345	95.1
裕华区	11092	6725	166	1685		2516	100.3
藁城区	1261099	857066	9399	366480	54	28100	103.1
鹿泉区	397490	228965	6113	127756	11529	23127	101.6
栾城区	515929	235294	4339	240744	6	35546	96.4
井陉县	244892	76851	24590	125277	3179	14995	101.0
正定县	666057	273492	3424	367479	3421	18241	100.3
行唐县	510607	210127	13539	261517	2487	22937	103.2
灵寿县	327383	161202	14283	126778	12808	12312	103.3
高邑县	217632	155810	2032	49348		10442	105.4
深泽县	293597	179473	2744	97821	203	13356	103.3
赞皇县	288829	148837	14968	108322	1002	15700	105.8
无极县	527947	252151	2320	253293	33	20150	102.5
平山县	366673	198722	34899	90480	22105	20467	103.4
元氏县	445942	208428	12945	200968	245	23356	101.6
赵　县	608905	397567	7133	178936		25269	103.0
辛集市	911649	533937	5360	353986	61	18305	101.6
晋州市	606777	375607	8387	199930		22853	101.3
新乐市	545141	264502	4001	249316	206	27116	102.4
唐山市							
路南区	65546	50602	286	14658			100.2
路北区	96508	86481	88	9939			101.1
古冶区	217927	118686	1972	71572	14720	10977	103.0
开平区	91622	33705	1259	44414	8592	3652	102.8
丰南区	760678	421799	5280	150840	158948	23811	102.0
丰润区	805033	378110	5283	386732	12714	22194	101.9
曹妃甸区	473783	101133	4489	74680	224706	68775	103.0
滦　县	716192	324533	5655	370195	5932	9877	104.7
滦南县	1390124	714192	9410	490365	141913	34244	105.4
乐亭县	1259296	880299	5571	179992	187784	5650	104.5
迁西县	382117	191849	12646	91692	63740	22190	104.9
玉田县	1144899	714872	5986	401255	8775	14011	101.4
遵化市	663594	407562	9338	227652	5515	13527	100.1
迁安市	716795	350870	6412	329390	324	29799	100.1
秦皇岛市							
海港区	89156	49918	2161	30254	4323	2500	245.1
山海关区	112577	63982	679	33387	14179	350	108.6
北戴河区	36605	14985	665	10684	8899	1372	108.2
抚宁区	629877	317691	9308	280568	5894	16416	77.9
青龙满族自治县	499569	257967	20474	216043	2467	2618	112.9
昌黎县	1050447	396247	8911	514111	81434	49744	102.3
卢龙县	519683	252171	5063	257814	2908	1727	102.4

3-1 县(市、区)国民经济主要指标(2015年)(12-2)

县(市、区)	四、农　业（续7）						
	(三)农林牧渔业总产值(现价)(万元)	农业产值	林业产值	牧业产值	渔业产值	农林牧渔服务业产值	农林牧渔业总产值指数(上年=100)
邯郸市							
邯山区	15508	8840	638	4966		1064	132.2
丛台区	22357	15004	283	6387		683	86.1
复兴区	12303	6085	822	5119		277	82.8
峰峰矿区	97511	16393	2633	73605	2118	2762	91.3
邯郸县	230958	131191	3039	95443	75	1210	98.9
临漳县	552632	314018	3916	217667	38	16993	102.1
成安县	500705	280299	3282	144341	12	72771	103.3
大名县	637887	302917	5559	291440	822	37149	102.3
涉　县	246822	143146	8071	89318	4036	2251	110.4
磁　县	384027	179100	4932	178390	15239	6366	101.3
肥乡县	549237	370808	2736	147151	54	28488	102.5
永年县	1317104	848960	4164	421461	18067	24452	102.8
邱　县	304236	153580	2486	116938	162	31070	104.2
鸡泽县	323219	189597	1605	117819	129	14069	103.1
广平县	227903	138840	2030	69013	62	17958	102.9
馆陶县	543595	221249	6753	287789	34	27770	99.2
魏　县	522817	321369	4523	178306	152	18467	104.3
曲周县	535438	238733	3896	246964	7077	38768	101.2
武安市	385119	170756	8219	200854	2405	2885	104.2
邢台市							
桥东区	26695	20136	49	6296		214	99.1
桥西区	19181	11249	259	6572	505	596	102.1
邢台县	193147	130340	8717	51525	1339	1226	101.1
临城县	197546	100112	3431	85938	6895	1170	103.9
内丘县	201142	109340	3606	86342	28	1826	102.7
柏乡县	185934	108289	963	75477		1205	106.7
隆尧县	458145	273761	3675	173814		6895	101.2
任　县	211750	149627	2567	52517	57	6982	105.6
南和县	320824	218039	8867	88779	14	5125	103.4
宁晋县	605221	392663	2741	182899	396	26522	100.8
巨鹿县	317874	260852	3013	53031	75	903	105.6
新河县	159063	120801	1918	34713	609	1022	104.2
广宗县	213625	139056	2023	60083		12463	104.1
平乡县	221580	153938	3286	57804	406	6146	104.9
威　县	527363	328379	3964	137249	545	57226	104.7
清河县	223107	109802	3167	25982	744	83412	104.1
临西县	249456	131205	2586	84095	215	31355	105.2
南宫市	327912	234615	3960	86124	600	2613	102.5
沙河市	152686	53245	3920	88039	776	6706	97.6
保定市							
竞秀区	55901	35615	222	17757		2307	100.1
莲池区	88250	51550	220	35703		777	99.7
满城区	379218	265513	7558	99273	471	6403	102.8
清苑区	544762	391802	3691	140843	96	8330	104.5

3-1 县(市、区)国民经济主要指标(2015年)(12-3)

县(市、区)	四、农 业(续7)						
	(三)农林牧渔业总产值(现价)(万元)	农业产值	林业产值	牧业产值	渔业产值	农林牧渔服务业产值	农林牧渔业总产值指数(上年=100)
徐水区	512677	273906	3815	215132	644	19180	102.7
涞水县	210731	104822	18515	78817	578	7999	105.9
阜平县	124302	72591	7926	31497	10811	1477	104.1
定兴县	477743	264550	1508	185745	759	25181	101.2
唐　县	317901	184706	6323	120817	2616	3439	103.5
高阳县	165368	122617	2078	26724	277	13672	104.1
容城县	174587	88843	2129	78011	2057	3547	101.8
涞源县	80931	40275	7879	29307	781	2689	103.0
望都县	263730	183795	1698	76570	55	1612	102.4
安新县	186458	79947	1531	44698	53363	6919	103.9
易　县	482336	236119	10093	225696	7913	2515	105.1
曲阳县	220898	105334	6124	100311	4134	4995	104.3
蠡　县	268401	178647	1191	74546		14017	104.9
顺平县	302111	255750	4145	39487	155	2574	104.6
博野县	234779	158209	21573	41455		13542	103.7
雄　县	184198	129025	3047	46349	819	4958	103.8
涿州市	383726	238162	13144	110485	1520	20415	101.8
定州市	1353518	841459	58133	433542	186	20198	103.4
安国市	291139	205187	2914	75328		7710	102.3
高碑店市	292952	157638	1797	120151	327	13039	101.5
张家口市							
桥东区	5155	2029	870	2149		107	107.8
桥西区	7875	1921	1008	4179		767	102.7
宣化区	46358	24951	1605	12357	171	7274	109.2
下花园区	39265	14711	1864	20655		2035	103.1
宣化县	409944	152993	12638	236529	652	7132	101.9
张北县	381160	204839	11923	160277	477	3644	103.9
康保县	386920	217238	11245	154667	91	3679	103.4
沽源县	365336	260923	12141	83240	3288	5744	103.9
尚义县	205313	130421	11426	56903	164	6399	104.4
蔚　县	293291	133263	7264	142463	605	9696	102.3
阳原县	209536	43447	8456	143180	578	13875	103.2
怀安县	195987	101351	6258	82388	632	5358	103.4
万全县	195360	62132	9769	113683	4	9772	104.1
怀来县	301355	156278	10067	116023	11668	7319	103.8
涿鹿县	483489	243683	10227	218191	964	10424	103.7
赤城县	369270	215784	22982	117608	1630	11266	103.5
崇礼县	141098	98459	10252	31749		638	103.7
承德市							
双桥区	32125	19868	2482	8463	712	600	89.1
双滦区	36080	20643	2889	7866	738	3944	99.2
鹰手营子区	14733	6853	2475	4646	437	322	106.9
承德县	489045	248173	22071	209192	1621	7988	103.3
兴隆县	392390	293788	16327	63246	11722	7307	103.7
平泉县	615233	507798	11658	92220	1672	1885	103.8

3-1 县(市、区)国民经济主要指标(2015年)(12-4)

县(市、区)	四、农业（续7）						
	(三)农林牧渔业总产值(现价)(万元)	农业产值	林业产值	牧业产值	渔业产值	农林牧渔服务业产值	农林牧渔业总产值指数(上年=100)
滦平县	462354	188308	39873	220326	2108	11739	104.1
隆化县	546630	245088	30627	260647	847	9421	103.6
丰宁满族自治县	414254	131434	36867	223651	5710	16592	102.8
宽城满族自治县	306005	181705	20635	63604	29837	10224	103.5
围场满族蒙古族自治县	713218	413822	72990	216787	3559	6060	103.6
沧州市							
新华区	4974	2211	457	2225	81		102.2
运河区	28448	19737	1224	6284		1203	101.0
沧　县	474952	272033	12854	158780	775	30510	103.4
青　县	701541	572719	3984	105886	2534	16418	100.5
东光县	499900	157735	2208	91744	4455	243758	105.1
海兴县	138265	51991	9682	35728	22013	18851	111.8
盐山县	282424	108062	3550	160881	1296	8635	99.5
肃宁县	448292	267609	758	168615		11310	100.9
南皮县	395971	218265	2235	82819	2008	90644	105.8
吴桥县	584776	173786	1978	111525	808	296679	104.0
献　县	618242	311127	2195	215220	22600	67100	101.0
孟村回族自治县	150355	47420	2571	95236	448	4680	106.6
泊头市	385275	260707	3426	105295	2513	13334	107.2
任丘市	399409	207515	1602	92417	55947	41928	102.6
黄骅市	620616	151665	3590	179745	238851	46765	100.0
河间市	528738	318045	1933	111440	2845	94475	103.1
廊坊市							
安次区	189383	110516	9877	54565	1687	12738	99.2
广阳区	253061	176842	6309	58888	762	10260	104.9
固安县	562554	457005	13917	90709	425	498	88.4
永清县	855902	577606	8556	265763	776	3201	103.3
香河县	294295	216368	3826	64366	4046	5689	103.7
大城县	318638	140923	13714	151100	1327	11574	99.2
文安县	237760	105809	18679	86718	15573	10981	96.4
大厂回族自治县	179222	46203	3020	125648	3565	786	99.2
霸州市	312772	193336	24193	71245	14482	9516	102.2
三河市	616114	289669	10450	291762	15033	9200	103.4
衡水市							
桃城区	224207	112258	4071	92686	1083	14109	101.7
枣强县	314805	185422	2341	72229	259	54554	102.5
武邑县	379494	222574	3984	134188	229	18519	102.5
武强县	191708	94629	4068	73400		19611	103.0
饶阳县	420748	294330	4206	96371		25841	102.1
安平县	262389	72681	2933	156092	318	30365	98.3
故城县	512705	301897	3034	175724	3144	28906	102.3
景　县	415560	208090	5533	130231	153	71553	102.7
阜城县	342654	254607	3797	60891	154	23205	102.2
冀州市	239187	165661	2923	53590	4046	12967	102.3
深州市	656994	404067	9613	214655	481	28178	102.5

3-1 县(市、区)国民经济主要指标(2015年)(13-1)

县(市、区)	五、规模以上工业企业				六、交通、通讯与能源		
	工业企业单位数(个)	工业总产值(现价)(万元)	工业企业从业人员年平均人数(人)	工业企业主营业务收入(万元)	公路里程(公里)	固定电话用户(户)	移动电话用户(户)
石家庄市							
长安区	24	897253	15339	1711665			
桥西区	12	152083	6455	197862			
新华区	18	217599	5121	202762			
井陉矿区	46	1755619	9997	1467942	137	5800	78025
裕华区	15	487767	4289	467401			
藁城区	426	15398148	109035	15378856	1458	56398	654855
鹿泉区	201	7278579	46029	7276888	951	56020	342003
栾城区	164	3986996	35209	3881650	673	34921	386705
井陉县	68	1886612	13633	1811394	1312	16000	108650
正定县	146	4784822	27085	4605264	1123	63943	248300
行唐县	89	2435416	14604	2429175	1395	15400	266000
灵寿县	69	1500379	9088	1455526	1153	20392	203164
高邑县	72	1535907	20591	1453843	581	16530	141510
深泽县	86	2157080	14773	2068493	497	7424	189042
赞皇县	75	1954736	12063	1926524	863	8100	224938
无极县	123	3857798	26102	3748377	814	45123	399800
平山县	25	3816437	26392	4306377	2932	30000	107450
元氏县	78	3470033	12132	3350947	1011	23146	407178
赵　县	122	6067936	32741	6322437	789	20910	457274
辛集市	318	8916709	157345	8957317	1187	48739	567155
晋州市	262	6137125	55266	6073467	994	30826	362502
新乐市	172	4608908	39864	4586360	957	22215	441979
唐山市							
路南区	31	827356	5661	737729			
路北区	31	287933	5980	282799			
古冶区	53	3052560	24111	2580776	332	57537	384215
开平区	64	1881192	18517	1659798	369	36000	142196
丰南区	192	14306761	81327	15519789	2216	91777	558382
丰润区	155	13238177	55813	12926397	1875	151285	937086
曹妃甸区	91	6430601	54310	5575177	1030	74100	327043
滦　县	83	8127049	22731	7940204	1508	50892	573817
滦南县	80	1983655	18898	1977288	1819	59596	524326
乐亭县	71	2567243	12131	2367199	1731	51335	406670
迁西县	95	6659470	17048	6702681	1482	58478	307552
玉田县	147	4837033	32485	4415439	1550	108241	614158
遵化市	153	4878359	40693	4649741	1607	96785	638532
迁安市	179	12367345	112404	12251147	3249	85990	615629
秦皇岛市							
海港区	71	2177392	25208	2144172	699	269926	1670427
山海关区	33	918458	8972	998482	283	32540	167288
北戴河区	5	24709	406	26983	90	33361	94841
抚宁区	35	778646	8997	715514	1572	68013	403833
青龙满族自治县	20	235594	3066	235300	2608	43355	305023
昌黎县	46	2249713	24472	2325073	1978	67000	445213
卢龙县	29	845536	7001	841903	1644	35200	303314

3-1 县(市、区)国民经济主要指标(2015年)(13-2)

县(市、区)	五、规模以上工业企业				六、交通、通讯与能源		
	工业企业单位数(个)	工业总产值(现价)(万元)	工业企业从业人员年平均人数(人)	工业企业主营业务收入(万元)	公路里程(公里)	固定电话用户(户)	移动电话用户(户)
邯郸市							
邯山区	5	35716	1180	17518			
丛台区	10	56030	847	49429	218		
复兴区	16	1134147	6935	1191521	157		
峰峰矿区	85	2268711	20216	2222440	429	36399	452066
邯郸县	48	483303	4407	356587	517	40666	164921
临漳县	67	1349980	8005	1277985	2009	17634	307263
成安县	90	2357529	13191	2362920	1054	19614	279280
大名县	94	1959257	11790	1898213	1465	51997	441880
涉　县	72	2549708	11760	2478888	1527	27233	368885
磁　县	71	1865316	12301	1749938	1993	33228	456863
肥乡县	56	1045554	8344	996671	1070	9199	203271
永年县	131	2549937	20638	2066976	1136	28300	621045
邱　县	65	1483420	8202	1376300	737	7102	139734
鸡泽县	80	1428417	12295	1435879	1125	38215	280190
广平县	49	732897	7164	599833	527	8810	110843
馆陶县	76	1709290	9589	1683419	956	16203	236019
魏　县	67	2009201	12016	1843820	1355	18178	552108
曲周县	85	1989728	11187	1994932	1144	18599	136630
武安市	103	10783274	70269	10151862	1430	57821	710400
邢台市							
桥东区	5	831079	2102	829368			
桥西区	14	1573778	43561	1529858			
邢台县	48	2753970	13213	2705296	1920	34947	176376
临城县	55	1103742	6077	1041713	780	26533	125318
内丘县	38	548952	5994	509313	1081	41000	149100
柏乡县	42	426530	4813	411067	350	13300	117165
隆尧县	76	1912076	20179	1750027	1104	64486	354000
任　县	48	430689	5702	400834	723	21953	227345
南和县	32	756549	6858	667229	735	32126	325460
宁晋县	210	4735419	41462	4692983	1679	72134	454969
巨鹿县	65	592367	7826	509209	1274	33261	259038
新河县	41	388652	5952	375104	536	29740	24536
广宗县	54	405841	7409	400379	801	10230	99587
平乡县	62	569345	8096	539231	950	23760	191560
威　县	83	654586	9798	550896	1644	23296	277218
清河县	115	1582480	16103	1569646	924	48509	251338
临西县	53	532254	7044	522851	821	29635	176425
南宫市	83	1542007	16751	1495942	1086	39440	178467
沙河市	90	3272639	26822	3086581	1560	87613	414970
保定市							
竞秀区	71	2852443	23541	2748955			
莲池区	81	8759514	69840	9192248			
满城区	100	1611306	17111	1490772	755	37173	375937
清苑区	79	2422890	14126	2264672	1121	53954	457604

3-1 县(市、区)国民经济主要指标(2015年)(13-3)

县(市、区)	五、规模以上工业企业				六、交通、通讯与能源		
	工业企业单位数(个)	工业总产值(现价)(万元)	工业企业从业人员年平均人数(人)	工业企业主营业务收入(万元)	公路里程(公里)	固定电话用户(户)	移动电话用户(户)
徐水区	70	1751151	29469	1717497	1351	70955	448812
涞水县	38	183268	5301	164547	1331	35827	244240
阜平县	19	95063	1628	91564	1769	21640	160031
定兴县	75	1342458	23973	1303243	946	49846	366024
唐　县	54	599747	7571	525144	1110	51426	367700
高阳县	83	1448817	27726	1336897	589	48019	306146
容城县	71	729087	10841	468613	309	30173	218051
涞源县	33	556261	5514	504646	1645	25358	215895
望都县	24	399981	4220	325554	643	26425	194129
安新县	78	1028785	6390	1104382	561	52239	362669
易　县	57	1489342	10669	1494977	1713	51352	436987
曲阳县	62	389744	7431	372259	1325	57500	387000
蠡　县	96	2215165	18650	2194903	830	53565	390393
顺平县	53	547332	7023	528032	997	30165	210649
博野县	41	619311	4731	533522	441	24655	182539
雄　县	120	2250417	8792	2189146	661	39281	325924
涿州市	76	2621789	33846	2535361	1130	103180	531771
定州市	219	3595463	27227	3208845	1984	105972	1095931
安国市	82	2075828	10927	1880233	651	46633	318882
高碑店市	49	1249325	12706	1155404	915	52242	417561
张家口市							
桥东区	24	1343940	9278	1348069			
桥西区	12	293610	1293	58003			
宣化区	43	3779716	33619	2061769	203	78727	688385
下花园区	22	354115	4806	233033	253	6000	54535
宣化县	39	960047	2390	836361	1138	10542	170000
张北县	47	754720	3916	612839	2742	23719	109812
康保县	26	150667	2072	130262	3108	5533	93192
沽源县	18	132059	1273	127600	1315	9230	134900
尚义县	21	275622	2054	156488	1014	3999	86215
蔚　县	17	237464	10023	310707	1933	39980	81222
阳原县	19	132833	3186	110050	1144	28500	140000
怀安县	26	481530	2337	478977	1465	14462	176114
万全县	45	864054	10349	477738	1072	14554	195584
怀来县	32	318923	4919	230746	3066	53896	242061
涿鹿县	43	617535	11028	547297	1242	46000	234398
赤城县	37	723509	6243	403863	1656	12533	173742
崇礼县	13	193240	1893	98207	1050	7912	81628
承德市							
双桥区	41	1405192	13487	1514101	483		
双滦区	34	2501339	20517	2182507	577	12656	149700
鹰手营子区	27	701388	7360	903263	173	10970	73496
承德县	78	1432189	10169	1299639	2855	21682	300853
兴隆县	62	1382167	11786	1231146	2794	46700	204300
平泉县	77	1258206	14604	1143777	2316	21300	385097

3-1 县(市、区)国民经济主要指标(2015年)(13-4)

县(市、区)	五、规模以上工业企业				六、交通、通讯与能源		
	工业企业单位数(个)	工业总产值(现价)(万元)	工业企业从业人员年平均人数(人)	工业企业主营业务收入(万元)	公路里程(公里)	固定电话用户(户)	移动电话用户(户)
滦平县	51	2119668	11846	1614190	2172	19820	219000
隆化县	48	1060658	3889	985203	2727	23180	286140
丰宁满族自治县	42	697650	5617	639998	3126	22162	245938
宽城满族自治县	48	4005906	24536	4077456	1500	18500	197900
围场满族蒙古族自治县	41	393646	3369	351568	3002	28631	371600
沧州市							
新华区	28	1967301	6797	1885339		6700	
运河区	25	1779962	11405	1723032			
沧　县	201	3829839	25302	3813149	1945	183952	397720
青　县	146	2418952	17319	2326016	1032	66500	347000
东光县	123	1088812	13849	1102550	1300	37812	298465
海兴县	31	185135	3822	193653	731	22400	179700
盐山县	140	5956218	29854	5951343	935	57000	308000
肃宁县	97	1731043	13170	1708525	588	45470	289395
南皮县	107	990217	14164	929295	910	28817	329119
吴桥县	43	454052	4755	335012	872	27211	191439
献　县	215	7163226	46703	7131331	1561	79000	450398
孟村回族自治县	131	1730833	10865	1447900	556	42511	97917
泊头市	247	3882053	25609	3942987	1003	68435	454630
任丘市	318	8750178	52860	8635567	1786	186031	806486
黄骅市	116	1837434	19513	1577163	1500	99898	617976
河间市	263	4124101	19801	4085962	1390	72200	55800
廊坊市							
安次区	56	2301344	55279	2220325	810		
广阳区	30	1345070	7190	1340041	968	143720	176580
固安县	94	1292548	13107	1332252	1121	49942	360931
永清县	79	736576	8077	706606	1081	76125	289106
香河县	161	3357892	20657	2919677	1021	42800	367242
大城县	97	1373867	7850	1147557	1164	84010	409416
文安县	148	3272318	21192	2572183	1579	165742	509875
大厂回族自治县	65	903630	10465	749385	370	23163	163451
霸州市	204	10025097	44833	9564409	1240	159426	661561
三河市	181	9119029	41893	9102587	1304	196536	698324
衡水市							
桃城区	55	1247941	9591	1242720	709	113710	888600
枣强县	147	1393456	10473	1303785	1545	46932	342071
武邑县	54	541714	5803	473373	1208	25698	230179
武强县	84	854602	8291	824009	699	23963	174317
饶阳县	79	620092	8032	607713	683	25238	221954
安平县	161	1295835	13577	1236595	799	49278	327820
故城县	107	1090283	10098	896829	1166	61343	372066
景　县	132	2363296	16086	1813594	1604	53005	390900
阜城县	102	1075719	10878	1035740	1306	23840	245067
冀州市	100	1592158	16401	1400114	1211	54179	303900
深州市	91	1630880	13375	1581857	1625	40108	408867

3-1 县(市、区)国民经济主要指标(2015年)(14-1)

县(市、区)	六、交通、通讯与能源（续）		七、贸易、外经			八、全社会固定资产投资(万元)
	互联网宽带接入用户(户)	全社会用电量(万千瓦时)	社会消费品零售总额(万元)	出口总额(万美元)	当年实际使用外资额(万美元)	
石家庄市						
长安区			2766081		31880	5835542
桥西区			4262487		26569	6082994
新华区			2001747	195371	153	3959663
井陉矿区	15326	32427	131929	1287		783571
裕华区			1566976	26087	3953	4367252
藁城区	114441	301698	1714680	34547	12681	2716357
鹿泉区	89630	196669	1208176	12920	6300	3499805
栾城区	80047	146164	765746	24650	7000	2104642
井陉县	39800	70030	444452	829	2940	1472179
正定县	93122	226105	1170018	11271		2639158
行唐县	44200	60301	589387		3000	1688624
灵寿县	32749	141600	403702	1971		1158277
高邑县	20820	113029	323977			804247
深泽县	30362	71527	410255	12042	1	832499
赞皇县	29962	101189	411422	15762	200	1456005
无极县	41758	124671	1130529	1343	350	1351714
平山县	54700	293161	543182	9721	309	2167735
元氏县	60619	149909	512364	34462		2132480
赵　县	71495	158177	1105511	8019	550	1591817
辛集市	102411	254253	2556734	79908	29	2129620
晋州市	50092	235980	1123665	36582	3280	2729388
新乐市	80022	147962	1020433	10370	211	2357875
唐山市						
路南区			1380159	55002	4500	1796053
路北区			2170915		7459	2972755
古冶区	73259	61418	1152355	2687	4098	1803190
开平区	38936	268370	767032	44526	6675	1361393
丰南区	100366	742724	1740129	69972	18501	3531173
丰润区	153963	308521	1638931	181797	6301	2022965
曹妃甸区	68176	112015	629131	60837	4429	7707650
滦　县	72340	426546	1371752	3194	4871	3308613
滦南县	82936	211723	1624320	40255	4824	2422253
乐亭县	53206	286531	1200024	8869	7726	1787882
迁西县	52691	438589	975799	14463	15797	2388079
玉田县	102158	371182	1278171	25319	3143	2450609
遵化市	99150	361728	1904385	6536	3000	2732119
迁安市	140000	1154856	2232002	49511	6430	5944595
秦皇岛市						
海港区	440690	134973	2643734	48326	16301	2362278
山海关区	47551	18586	662503	2822	4102	623215
北戴河区	21354	35847	574106	983	2026	473005
抚宁区	59195	264536	296010	25439		655553
青龙满族自治县	32363	60557	350203	344	2900	743265
昌黎县	82920	246447	632662	34307	4219	1320809
卢龙县	27536	98269	381160	3627		891258

3-1 县(市、区)国民经济主要指标(2015年)(14-2)

县(市、区)	六、交通、通讯与能源（续）		七、贸易、外经			八、全社会固定资产投资(万元)
	互联网宽带接入用户(户)	全社会用电量(万千瓦时)	社会消费品零售总额(万元)	出口总额(万美元)	当年实际使用外资额(万美元)	
邯郸市						
邯山区			850806	2343	1995	1444862
丛台区			945040	1205	2924	1628021
复兴区			336356	1569	3420	1741830
峰峰矿区	56803	150996	894706	1450	1349	1760196
邯郸县	10084	183304	465035	1304	1390	2044906
临漳县	25925	68766	423714	696	1155	1589832
成安县	26219	93289	431205	6490	625	1727913
大名县	39627	73417	701854	2311	750	1717482
涉　县	54744	96614	759273	350	1170	2403520
磁　县	78171	109235	932859	2321	2765	2354495
肥乡县	21620	40814	299335	1420	981	1191161
永年县	43772	225947	1319103	6999	1328	2212584
邱　县	26680	49163	201937	2425	450	752685
鸡泽县	37125	47538	275950	3612	646	1349059
广平县	11505	30882	306830	2258	1050	942148
馆陶县	33550	49249	316532	789	615	1297894
魏　县	33256	64675	772550	1879	1660	1948579
曲周县	27163	62624	583586	8910	875	1523765
武安市	98700	992142	1517592	21792	52120	3291554
邢台市						
桥东区		63008	1011410	2638	5	915874
桥西区			845565	24153	1885	1331776
邢台县	29415	148764	103327	1053	2123	1080939
临城县	22337	53155	232573	1213	1	638507
内丘县	36300	95453	348572	351	1506	1130223
柏乡县	18111	48312	193203	616	105	314570
隆尧县	40000	132927	516876	6701	776	884569
任　县	43130	65283	337549	2124	228	541073
南和县	98867	60787	302326	394	15	647611
宁晋县	76816	219787	854504	17709	102	2111501
巨鹿县	30793	55555	403153	4376	1364	695834
新河县	11120	41982	188402	1477	15	227866
广宗县	12332	44830	181167	5613	867	542336
平乡县	32886	68884	287179	8395	172	709163
威　县	41906	68486	368228	4270	2105	715369
清河县	75211	101178	738870	19275	4351	1397088
临西县	36837	43739	348140	2884	1368	716927
南宫市	46151	62089	497869	9754	519	1096148
沙河市	77547	158875	704068	9095	3080	2216916
保定市						
竞秀区			1165134	14846	52	1845054
莲池区			1997201	46832	22946	2540702
满城区	55860	165355	534325	6771		815029
清苑区	86526	129797	635191	12604	2500	1264769

3-1 县(市、区)国民经济主要指标(2015年)(14-3)

县(市、区)	六、交通、通讯与能源（续）		七、贸易、外经			八、全社会固定资产投资(万元)
	互联网宽带接入用户(户)	全社会用电量(万千瓦时)	社会消费品零售总额(万元)	出口总额(万美元)	当年实际使用外资额(万美元)	
徐水区	91461	116003	788373	18683	5000	1486455
涞水县	43389	55938	292034	194		1033206
阜平县	24540	21200	177076			539469
定兴县	61250	67707	580426	1323	1600	1244857
唐　县	60173	77650	305764	1909		504042
高阳县	61915	121115	522149	24951		663714
容城县	43351	54130	404085	19524	6	624386
涞源县	33748	52637	180044	85	1406	719509
望都县	38804	39266	201382	1745	31	555381
安新县	67605	129163	455387	5713	875	848216
易　县	59372	78752	428262	2385		1275985
曲阳县	73695	69349	387884	979	3	406233
蠡　县	74647	117424	636482	17103	30	543215
顺平县	38217	64398	269342	6670	600	435338
博野县	30268	41802	222478	2541	400	458853
雄　县	64445	177998	481015	7518		813482
涿州市	116248	130237	1304333	29602	1774	1993462
定州市	181420	217960	1433797	30000	3000	2548245
安国市	97974	52913	719895	1223		1017335
高碑店市	82356	126520	582526	3629		1268072
张家口市						
桥东区		201567	686601	1357		553939
桥西区		33883	698304	2841	1150	785743
宣化区	108902	352922	732985	3051	15	952130
下花园区	10278	19755	91866	31		390297
宣化县	10368	66664	307565		1100	1296997
张北县	30321	47249	270977	1403	1323	1177419
康保县	10676	13421	180922	863		508834
沽源县	29500	30169	161222		350	656006
尚义县	8955	11784	111566	344		186857
蔚　县	29654	58536	402461	416	4515	853126
阳原县	18300	28063	254606	7422		468124
怀安县	19769	21992	218649	18696	5618	952098
万全县	21085	48665	241526	1221	3500	864373
怀来县	41963	54730	461458	1108	676	1283293
涿鹿县	41200	58800	340831	258		1240861
赤城县	22595	47320	209301	225		974118
崇礼县	9523	23324	100355	32	7310	736167
承德市						
双桥区		125438	1107543	724	3432	637634
双滦区	49000	313057	178520	23759	65	1206080
鹰手营子区	10588	35008	114571	16		279551
承德县	49135	99403	461713	865	26	1822000
兴隆县	37100	98145	444325	2140		1452725
平泉县	48700	124437	542560	4681		1716555

3-1 县(市、区)国民经济主要指标(2015年)(14-4)

县(市、区)	六、交通、通讯与能源（续）		七、贸易、外经			八、全社会固定资产投资(万元)
	互联网宽带接入用户(户)	全社会用电量(万千瓦时)	社会消费品零售总额(万元)	出口总额(万美元)	当年实际使用外资额(万美元)	
滦平县	33941	176990	407736	2251		1825467
隆化县	31685	74748	385863	365	382	1441255
丰宁满族自治县	30053	67997	391878	13		1676578
宽城满族自治县	37600	298266	392050	712	815	1776760
围场满族蒙古族自治县	45063	51875	426791	362	11239	1151403
沧州市						
新华区		44352	646412	12675	50	686725
运河区			828725	13083	1505	1447083
沧　县	34864	121158	958346	5876	900	2028132
青　县	51250	78891	610985	13700	1700	1911325
东光县	44476	159589	371951	9662	6305	1327360
海兴县	38900	24633	131778	1174	170	525103
盐山县	43787	56300	434728	10810		1216041
肃宁县	47507	60206	377686	19131		1378975
南皮县	33790	57064	291711	5599	2900	1166264
吴桥县	26659	36699	240200	2532	706	1051696
献　县	53546	98294	433482	16055	1715	1994160
孟村回族自治县	8438	74273	253173	15801	840	1086261
泊头市	61229	112576	906140	12930	900	1997196
任丘市	170186	447658	1773506	19300	3383	1782936
黄骅市	74224	122135	956881	22154	3121	2385638
河间市	80500	152464	1210893	11202	2	2062190
廊坊市						
安次区		222005	520083	485822	7718	1342639
广阳区	85890	177849	1615498		2908	1863635
固安县	73951	96785	465858	7702	3745	1838332
永清县	45156	80369	419054	7156	6818	1341988
香河县	59843	117994	698212	9858	1603	1924838
大城县	73852	162764	607675	2699		1550522
文安县	83126	373564	600715	8815		1991497
大厂回族自治县	33673	78500	186589	11820	1087	1274068
霸州市	110625	702753	1170707	62243	194	2963137
三河市	131250	252612	1459602	13581	17037	4969189
衡水市						
桃城区	167614	183868	1099075	17012	1016	1272087
枣强县	59899	67076	424031	64660	2324	986590
武邑县	29256	58643	306532	3766		409847
武强县	27209	48749	211408	3829	1391	353869
饶阳县	37490	49785	283031	801	500	543479
安平县	60243	138358	462715	34060	2561	1013242
故城县	59838	69693	525216	45146	340	1394553
景　县	57846	144790	646729	7388	2350	1270252
阜城县	30873	49129	335471	5987	1310	643757
冀州市	53160	81705	466774	7548	2556	1157360
深州市	59438	149495	621922	6375	2060	1007321

3-1 县(市、区)国民经济主要指标(2015年)(15-1)

县(市、区)	九、教育、科技、卫生						
	普通中学专任教师数(人)	小学专任教师数(人)	普通中学在校学生数(人)	小学在校学生数(人)	农业技术人员(人)	医疗卫生机构床位数(床)	医疗卫生机构技术人员数(人)
石家庄市							
长安区	2730	2324	23641	48193		7328	9743
桥西区	2159	1967	21207	49771		4503	4493
新华区	1863	1703	24319	45896		6470	7976
井陉矿区	270	437	2793	4321	11	688	515
裕华区	1557	2036	21383	21398	10	4536	5349
藁城区	2766	3253	30491	50788	159	1856	1715
鹿泉区	1589	1767	18167	29859	112	1329	1305
栾城区	1368	1632	13354	24172	122	1729	889
井陉县	1206	1437	14036	19383	93	1132	897
正定县	1924	2400	23960	36886	153	1790	1632
行唐县	1761	2359	23764	39652	238	1310	1183
灵寿县	1010	1899	15538	26971	77	1131	1062
高邑县	679	1158	8153	17405	43	580	351
深泽县	568	1031	7379	15708	52	750	772
赞皇县	777	1486	10559	27455	18	993	579
无极县	1622	2243	18799	38484	72	1428	922
平山县	1759	2332	22063	36255	365	1425	1466
元氏县	1138	2013	14829	32196	168	1710	1406
赵　县	1942	2289	24092	42406	235	1392	1099
辛集市	2558	2655	30925	40788	199	1889	1960
晋州市	1673	2036	19006	36542	167	1103	1009
新乐市	1549	1799	23506	45534	225	1672	1666
唐山市							
路南区	865	1032	9345	16467	14	3243	3205
路北区	1551	1782	18436	40020	10	8839	9051
古冶区	1161	1463	7177	15610	40	2009	1738
开平区	783	1236	6416	16341	25	1096	950
丰南区	2401	1617	25692	33191	216	1583	1906
丰润区	3046	3043	34329	54011	244	3765	3703
曹妃甸区	597	825	6752	9041	73	799	737
滦　县	2354	2621	25757	39854	246	2099	2056
滦南县	2475	2494	26940	33522	281	2212	2075
乐亭县	2127	1739	19433	21161	205	1563	1352
迁西县	1843	2440	19010	34212	236	1587	1191
玉田县	2080	2420	32003	47833	221	2405	2060
遵化市	3057	3217	39531	60039	284	2661	2944
迁安市	3124	3128	34910	58827	309	3770	3987
秦皇岛市							
海港区	2368	3257	22139	52115	48	6683	7510
山海关区	384	672	4701	7674	50	953	692
北戴河区	249	641	1758	5327	17	360	463
抚宁区	871	1544	6910	18766	276	1384	1305
青龙满族自治县	1182	2373	12692	40040	229	1662	1369
昌黎县	1873	2326	24095	32133	285	2891	2175
卢龙县	1842	2095	19097	24710	164	1077	941

3-1 县(市、区)国民经济主要指标(2015年)(15-2)

县(市、区)	九、教育、科技、卫生						
	普通中学专任教师数（人）	小学专任教师数（人）	普通中学在校学生数（人）	小学在校学生数（人）	农业技术人员（人）	医疗卫生机构床位数（床）	医疗卫生机构技术人员数（人）
邯郸市							
邯山区	111	1320	1703	26067	2	5820	6435
丛台区	389	2122	4302	38848	8	3747	3928
复兴区	333	1169	2569	20608	16	1038	932
峰峰矿区	1640	1961	20827	33147	57	3564	2720
邯郸县	877	1817	13286	38003	106	1278	859
临漳县	1789	3382	29970	73480	151	1529	946
成安县	1172	2186	19190	45344	116	1116	1072
大名县	2600	4123	44197	82104	102	3210	1683
涉　县	1436	1551	22953	31432	431	1831	1023
磁　县	2156	3476	29921	59451	375	2047	1420
肥乡县	1245	2195	21221	45296	172	1479	843
永年县	3307	4919	55578	98386	510	3865	2509
邱　县	809	1565	13499	32078	204	670	562
鸡泽县	839	1659	14828	36964	42	871	644
广平县	779	1562	11683	32122	119	921	763
馆陶县	988	1969	17070	41792	119	1266	1208
魏　县	2364	3921	45166	81433	63	2327	1911
曲周县	1547	2763	25035	58656	66	1515	1219
武安市	3615	4574	46776	77037	245	2946	2516
邢台市							
桥东区		1280		24129	21	4274	4497
桥西区	156	1281	824	29662	30	3978	3988
邢台县	1151	1373	13274	20067	216	1652	1418
临城县	960	827	14275	18127	87	716	699
内丘县	845	1255	12784	22797	61	1086	881
柏乡县	592	1035	7663	16195	29	714	424
隆尧县	1128	2724	14748	41194	91	1343	1189
任　县	882	1685	12018	28679	37	834	664
南和县	707	1275	16671	28803	128	925	784
宁晋县	1962	2768	26631	57857	348	2577	1735
巨鹿县	1011	1989	17714	30039	86	1310	865
新河县	590	625	5604	9688	20	645	395
广宗县	617	1467	8372	26919	68	808	784
平乡县	831	1689	16591	31698	38	1251	831
威　县	1799	2640	22077	49656	90	2030	1295
清河县	1164	2386	14635	42214	69	1632	1808
临西县	680	2198	13819	35840	64	1203	707
南宫市	1869	1957	23413	29894	82	1227	1083
沙河市	2808	2279	29511	40384	217	1307	1197
保定市							
竞秀区	726	1075	11391	29253	100	2218	2764
莲池区	1395	2173	15511	40260	12	9088	9429
满城区	1409	1699	17566	35392	82	1437	1601
清苑区	1951	2643	26599	52984	412	1977	1523

3-1 县(市、区)国民经济主要指标(2015年)(15-3)

县(市、区)	九、教育、科技、卫生						
	普通中学专任教师数(人)	小学专任教师数(人)	普通中学在校学生数(人)	小学在校学生数(人)	农业技术人员(人)	医疗卫生机构床位数(床)	医疗卫生机构技术人员数(人)
徐水区	1777	1999	31170	43004	312	1714	1547
涞水县	1083	1515	16075	20529	51	830	797
阜平县	587	1126	7979	20759	75	667	584
定兴县	1541	2139	28806	40916	1715	1296	971
唐　县	1807	2134	30822	49351	128	2196	1435
高阳县	1483	1940	16686	33238	64	987	1000
容城县	1140	1165	9289	21018	54	937	688
涞源县	901	1895	13562	24400	400	993	1047
望都县	1076	1220	11220	18540	80	868	787
安新县	1344	2262	18196	38677	71	1100	930
易　县	1744	2580	28381	42623	374	1753	1020
曲阳县	2688	2856	34672	71634	65	2014	1470
蠡　县	1462	2295	23829	47269	816	1498	1173
顺平县	968	1246	13350	23707	67	1324	869
博野县	517	813	8023	21341	75	670	597
雄　县	1098	1749	15309	38748	48	1160	817
涿州市	2256	2055	25615	38834	119	3575	3804
定州市	4207	4465	69601	97672	533	4408	3709
安国市	1673	1818	18171	28439	37	968	963
高碑店市	1719	1723	23834	37458	51	1622	1727
张家口市							
桥东区	691	890	8797	17010	14	1721	1189
桥西区	538	690	9214	13766	6	3649	3542
宣化区	1657	1402	21542	25160	279	1808	1625
下花园区	186	344	1272	2671	5	327	269
宣化县	997	1181	9791	16003	71	1101	601
张北县	1421	1678	10821	21552	20	1666	863
康保县	548	824	5573	7048	107	635	454
沽源县	645	930	6827	10858	121	616	324
尚义县	416	835	4314	6676	42	695	429
蔚　县	1474	2294	21536	46550	55	1329	743
阳原县	1010	1306	10354	19402	6	732	620
怀安县	915	981	5825	13927	52	699	417
万全县	631	1061	8602	15077	59	955	642
怀来县	1372	1742	17312	23791	63	1381	915
涿鹿县	1046	2387	15975	23464	3808	1223	749
赤城县	669	1395	10147	17640	30	861	428
崇礼县	331	543	3107	5511	18	392	362
承德市							
双桥区	1793	1077	18799	22052	4	3546	4313
双滦区	506	650	7304	11554	7	915	655
鹰手营子区	199	254	2659	3240	1	488	252
承德县	1203	1438	15635	27030	140	1827	1162
兴隆县	1080	1595	13003	21962	292	1284	1100
平泉县	1325	2252	21916	34571	201	1542	886

3-1 县(市、区)国民经济主要指标(2015年)(15-4)

县(市、区)	九、教育、科技、卫生						
	普通中学专任教师数(人)	小学专任教师数(人)	普通中学在校学生数(人)	小学在校学生数(人)	农业技术人员(人)	医疗卫生机构床位数(床)	医疗卫生机构技术人员数(人)
滦平县	1067	1511	14620	23141	177	1238	1247
隆化县	1127	2031	14496	33102	154	1479	1094
丰宁满族自治县	1436	1895	18055	29708	72	1802	1327
宽城满族自治县	928	1746	9765	21776	93	1198	642
围场满族蒙古族自治县	1617	1952	25646	39882	348	1896	1109
沧州市							
新华区	99	972	783	14699	21	2193	2436
运河区	324	1629	5362	29217	29	6231	6288
沧　县	2484	3150	28973	57472	398	2553	1748
青　县	1154	2178	14270	32663	184	1441	1510
东光县	1014	1809	10779	26997	155	866	1102
海兴县	593	1268	6802	17688	141	945	644
盐山县	1664	2529	18462	41867	233	1185	1360
肃宁县	1089	1486	14106	29845	143	1038	926
南皮县	1114	1899	14652	30608	165	1372	1155
吴桥县	287	1206	7363	17257	124	1180	781
献　县	1846	3076	27915	59947	186	1617	1418
孟村回族自治县	501	1278	5334	20014	174	441	350
泊头市	1743	2912	25675	58089	468	1713	1474
任丘市	3606	3723	36691	77018	524	4135	4209
黄骅市	1625	2283	20826	34957	437	3060	2877
河间市	2492	4513	24140	74339	227	2482	1911
廊坊市							
安次区	1002	1573	11534	23717	41	663	287
广阳区	685	1641	8125	30227	22	3923	4133
固安县	1608	2009	19447	35516	95	946	1026
永清县	1221	1555	4838	24043	23	983	792
香河县	1253	2081	16071	25937	102	1545	1440
大城县	1906	3284	17441	47047	46	1214	1332
文安县	1915	3245	22262	61940	126	1563	925
大厂回族自治县	585	484	6533	5233	156	437	504
霸州市	2286	3563	31822	70309	70	2400	2455
三河市	3139	3273	39050	50500	264	4399	3842
衡水市							
桃城区	4745	2264	63013	41506	120	5056	5794
枣强县	1451	1653	19672	35859	151	848	645
武邑县	1585	1150	24105	22875	131	889	750
武强县	862	934	7563	15233	347	510	380
饶阳县	843	1368	7899	16273	111	1186	1002
安平县	880	1789	11804	25588	131	1406	1102
故城县	1685	2062	24697	44365	507	1974	1714
景　县	1854	2200	23741	43223	55	1653	1245
阜城县	1169	1484	16104	27304	161	806	629
冀州市	2758	1166	33523	24554	89	979	669
深州市	1548	2000	19557	31850	181	1408	1205

3-1 县(市、区)国民经济主要指标（2015年）（16-1）

县(市、区)	十、居民收入		十一、社会保障				十二、城镇化率(%)
	城镇居民人均可支配收入(元)	农村居民人均可支配收入(元)	城镇基本养老保险参保人数（人）	城镇基本医疗保险参保人数（人）	新型农村合作医疗参保人数(人)	新型农村社会养老保险参保人数(人)	
石家庄市							
长安区	31599		113917			30	100.0
桥西区	32226		113782			57	100.0
新华区	31727		68106				98.6
井陉矿区	25158	14762	24015			303	78.1
裕华区	32487		65893			59	100.0
藁城区	28055	15095	52013		639126	445833	49.2
鹿泉区	26976	15106	36264		341388	216539	53.7
栾城区	25032	13792	34579		262104	149732	54.1
井陉县	23458	10449	33160	33739	270576	144410	38.2
正定县	25017	14508	49375	49641	353792	197505	54.2
行唐县	23583	6068	20160	45359	328329	218995	31.9
灵寿县	23193	5528	31403	35180	273390	164122	33.2
高邑县	21615	10978	18373	20061	160872	95021	37.6
深泽县	22398	10540	12825	20196	205223	125378	31.0
赞皇县	21557	5084	17089	23832	211393	120455	26.4
无极县	22978	11999	24163	33316	445839	252434	34.6
平山县	24223	6615	45134	50620	401395	252378	35.3
元氏县	22317	11604	21230	31835	369452	203584	32.9
赵　县	24156	12181	27102	62026	479060	300731	36.0
辛集市	26906	13364	79289	77159	497620	339150	46.6
晋州市	26633	15045	30012	58101	437812	316241	40.3
新乐市	22427	13337	36838	77029	384583	171876	46.9
唐山市							
路南区	33134	13995	69589		39105	31435	91.4
路北区	33528	16128	80349		96761	59449	95.2
古冶区	29761	13617	84447		75685	60545	84.7
开平区	28927	13350	57366		110409	79893	63.0
丰南区	31695	13582	153645	133268	386104	267236	54.5
丰润区	31663	13295	138090	139943	564312	402092	52.0
曹妃甸区	30400	14959	16037		137913	32580	67.0
滦　县	31580	13583	108271	75381	423936	323752	46.0
滦南县	29835	11778	76754	67107	464342	344994	45.9
乐亭县	28893	13580	65245	60102	345356	267458	46.5
迁西县	31201	13699	77232	67611	301516	209972	45.5
玉田县	28901	13252	74897	74709	572842	406616	45.5
遵化市	30510	13246	103794	90118	576474	363942	52.2
迁安市	32160	18478	144106	114262	583600	329365	54.8
秦皇岛市							
海港区	30153	15330	60253	31633	79677	44957	87.1
山海关区	26356	15252	26439	17250	46221	31816	91.6
北戴河区	32629	15348	24500	11378	33375	16822	83.0
抚宁区	27631	11910	42428	64560	247515	257130	30.3
青龙满族自治县	27103	7679	38275	44601	437994	311183	27.0
昌黎县	25150	12677	64377	69377	421034	296031	39.5
卢龙县	25688	10705	42674	40102	349808	252882	31.2

3-1 县(市、区)国民经济主要指标（2015年）（16-2）

县(市、区)	十、居民收入		十一、社会保障				十二、城镇化率(%)
	城镇居民人均可支配收入(元)	农村居民人均可支配收入(元)	城镇基本养老保险参保人数（人）	城镇基本医疗保险参保人数（人）	新型农村合作医疗参保人数(人)	新型农村社会养老保险参保人数(人)	
邯郸市							
邯山区	29992	13627	29362	128038	44958		96.4
从台区	31420		34505	139256	72025	40223	88.3
复兴区	30847		16525	85938	52129	32686	87.2
峰峰矿区	21110	10898	54623	145371	206727	120690	75.2
邯郸县	27003	12316	38445	34806	232356	136220	57.6
临漳县	22842	12219	24150	38809	545211	344219	39.1
成安县	26821	11816	27789	30434	371638	208476	46.0
大名县	22058	9795	31671	65017	688549	433937	39.1
涉　县	15649	10145	43907	57254	335850	206653	56.0
磁　县	26992	12698	46657	85247	553146	285066	48.2
肥乡县	19738	11135	19236	27426	312999	209291	36.8
永年县	25226	12577	52018	78858	768336	486895	40.6
邱　县	13865	10396	16123	19114	199516	136900	43.5
鸡泽县	20950	11017	14410	21517	234762	167849	38.5
广平县	17397	9684	19115	19503	238958	138467	39.1
馆陶县	19857	9744	18538	29472	244407	184745	43.2
魏　县	21801	10183	32122	101327	734797	481743	43.2
曲周县	22185	11793	18724	26013	422828	285677	38.5
武安市	29198	12351	119887	77665	656971	354531	48.4
邢台市							
桥东区	23797		65076	86409	52750	21602	99.0
桥西区	28009		58640	118733	96900	30383	96.7
邢台县	23167	10430	46349	61325	310700	219636	30.7
临城县	19380	6950	16475	18068	180457	93802	42.8
内丘县	20802	9019	21698	37086	249549	138890	40.6
柏乡县	18540	9691	10608	24247	170639	96044	40.1
隆尧县	20395	9510	34765	53418	479712	316545	40.7
任　县	19670	9134	14044	22387	313500	196281	41.2
南和县	22452	11030	10096	28525	305482	227644	42.2
宁晋县	21462	11323	39096	74128	696786	425917	40.7
巨鹿县	19464	6211	17393	42282	334812	200434	42.8
新河县	17984	5548	11874	21079	138602	93959	38.5
广宗县	19607	6411	10031	18147	252114	161637	29.5
平乡县	19507	7557	10341	25735	285579	187919	45.2
威　县	18347	6658	14655	542161		317400	35.4
清河县	23060	11571	20841	31697	361079	210675	53.2
临西县	20360	10331	11312	38650	310448	213507	42.9
南宫市	19420	9748	24867	46132	403518	299826	45.1
沙河市	24112	11715	39751	69406	329093	222673	52.9
保定市							
竞秀区	27841	16950	45386	5850	112057	55050	96.1
莲池区	28466	16231	127130		132521	77384	97.4
满城区	24228	12672	33405	51631	319671	190424	43.0
清苑区	24411	13286	34340	48143	534013	292544	36.7

3-1 县(市、区)国民经济主要指标（2015年）（16-3）

县(市、区)	十、居民收入		十一、社会保障				十二、城镇化率(%)
	城镇居民人均可支配收入(元)	农村居民人均可支配收入(元)	城镇基本养老保险参保人数（人）	城镇基本医疗保险参保人数（人）	新型农村合作医疗参保人数(人)	新型农村社会养老保险参保人数(人)	
徐水区	24187	13053	44940	66893	488051	357742	42.3
涞水县	19032	7468	27743	35310	260443	202707	40.2
阜平县	13044	5815	17609	37451	159076	121363	34.8
定兴县	24176	11663	44888	61040	441523	292268	36.7
唐　县	15648	5585	31518	40393	451425	301109	27.8
高阳县	21473	13790	27851	45877	236100	183865	37.2
容城县	21571	13478	15728	23209	200343	154639	43.8
涞源县	18910	5442	32141	55659	198685	153608	42.4
望都县	21490	10114	26824	27653	212497	111837	39.3
安新县	22660	11125	18546	39906	359709	231630	40.7
易　县	18544	6657	42286	75282	411420	340993	28.7
曲阳县	16864	5674	29749	58751	485480	261091	35.6
蠡　县	21398	11993	23344	29679	410962	290380	37.5
顺平县	20705	5421	18336	25864	237093	174664	30.9
博野县	18958	10147	14728	15598	215733	122471	41.2
雄　县	25670	13186	19109	38242	256365	204598	43.8
涿州市	27862	14246	60000	142439	415214	270734	55.2
定州市	23189	11959	86946	117344	965968	540449	46.8
安国市	20364	13979	28031	37007	321610	228158	43.1
高碑店市	24567	12385	61621	88078	380468	245388	47.5
张家口市							
桥东区	28110	12004	66175		15757	9109	95.5
桥西区	26425	10256	59898		17755	10537	93.5
宣化区	25927	10492	84647	59000	55057	29701	90.9
下花园区	25719	6676	17533		24490	16039	70.1
宣化县	20755	9572	29679	24953	212319	168214	31.4
张北县	21247	7662	26661	37616	276532	209068	43.0
康保县	20218	7317	16813	21627	215636	117316	34.7
沽源县	20589	7305	14004	14318	180694	100553	34.7
尚义县	19018	6656	17059	23205	125853	86625	33.0
蔚　县	23647	7445	34925	39422	387418	255536	37.8
阳原县	18221	6887	25933	31706	183440	128072	37.6
怀安县	20802	7945	23141	22997	159453	114439	39.2
万全县	22917	7220	30729	25161	167163	122794	49.7
怀来县	24230	12432	40909	49395	257168	156309	49.1
涿鹿县	24277	9142	37768	38768	259252	188241	41.3
赤城县	22792	7723	20688	24034	215548	157918	36.5
崇礼县	24098	7695	17875	17204	92848	64658	39.7
承德市							
双桥区	25819	9558	1094	146526	66360	23823	93.3
双滦区	26584	9464	2006	16132	62484	25550	70.9
鹰手营子区	20174	7739	771	50940	15332	11791	89.8
承德县	21315	8149	37145	57648	305636	210237	35.4
兴隆县	20254	8977	33682	42965	231845	175983	35.1
平泉县	21807	9057	51728	70864	301159	236808	45.1

3-1　县(市、区)国民经济主要指标（2015年）（16-4）

县(市、区)	十、居民收入		十一、社会保障				十二、城镇化率(%)
	城镇居民人均可支配收入(元)	农村居民人均可支配收入(元)	城镇基本养老保险参保人数（人）	城镇基本医疗保险参保人数（人）	新型农村合作医疗参保人数(人)	新型农村社会养老保险参保人数(人)	
滦平县	23022	7156	42047	43894	258142	161144	39.9
隆化县	20474	6560	29967	54563	334815	229717	38.9
丰宁满族自治县	18403	6152	29741	41204	328090	215090	35.0
宽城满族自治县	24473	9500	45350	41895	187503	121175	45.8
围场满族蒙古族自治县	19181	6385	30151	78256	405527	285346	35.3
沧州市							
新华区	27682	10808	28247	19841	30521	17409	94.8
运河区	29927	12259	43762	32359	72789	40730	93.5
沧　县	26512	11374	42748	35552	636270	438268	25.2
青　县	26564	12725	59262	45671	337754	233915	49.9
东光县	26376	9279	28112	37231	301411	219060	48.8
海兴县	20843	6028	16612	19408	175699	94267	39.8
盐山县	23068	7494	19575	31867	404737	267204	40.5
肃宁县	26491	10619	25014	25396	293197	213352	44.5
南皮县	24921	7434	29399	29377	325070	169474	41.5
吴桥县	24623	10004	23165	27121	228458	164822	43.5
献　县	23353	8416	28327	33427	522860	350698	39.0
孟村回族自治县	25048	8863	16045	22598	164280	111257	46.0
泊头市	25466	10992	70224	86444	452884	285073	50.8
任丘市	28292	12959	145108	187994	594064	305864	57.8
黄骅市	26788	12622	63120	79921	354467	217656	57.1
河间市	26441	11109	59639	49709	687633	497827	37.7
廊坊市							
安次区	29067	12939	160560	64974	253578	178862	55.5
广阳区	31986	12556	52274	28575	137685	98473	72.9
固安县	28724	12513	43562	45328	339958	210974	50.0
永清县	27647	12244	42819	31652	302765	217473	39.8
香河县	33842	13997	45781	79879	239671	201201	59.3
大城县	29876	12007	42118	52043	375486	300843	46.0
文安县	29884	13096	42592	45854	408659	276298	48.9
大厂回族自治县	32561	13121	23519	31460	88190	60733	57.1
霸州市	34113	13660	68151	88447	501392	317932	52.4
三河市	35184	14901	112675	182519	334324	218604	63.1
衡水市							
桃城区	26505	11875	72727	34196	220104	129969	79.8
枣强县	21782	8695	26722	40958	304926	230608	40.6
武邑县	15991	6481	26886	33918	245005	176289	37.8
武强县	16829	6271	17783	18946	166484	106002	35.2
饶阳县	18931	6133	25354	24948	239593	177238	37.5
安平县	21737	11917	28271	35808	266796	193067	45.0
故城县	19821	8447	43739	45137	412310	276504	41.6
景　县	20774	11197	37630	45175	426548	301823	43.6
阜城县	19664	6314	20555	26904	287127	187961	38.1
冀州市	24262	10971	37660	62088	293938	230863	53.9
深州市	19645	10889	36237	52794	482134	305488	45.0

3-2　各县(市、区)粮食总产量排序(2015年)

单位：吨

县(市、区)	粮食总产量	位次	县(市、区)	粮食总产量	位次	县(市、区)	粮食总产量	位次
宁晋县	739352	1	遵化市	249965	58	沙河市	125761	115
大名县	734215	2	丰南区	245977	59	邢台县	125330	116
定州市	682358	3	望都县	245118	60	临城县	122887	117
深州市	624555	4	平乡县	244150	61	沽源县	122623	118
魏　县	616820	5	栾城区	241870	62	青龙满族自治县	121665	119
临漳县	595699	6	固安县	241684	63	怀安县	120550	120
景　县	565837	7	黄骅市	241571	64	张北县	108875	121
赵　县	557319	8	安新县	239244	65	赞皇县	108360	122
辛集市	547749	9	武强县	234590	66	怀来县	107592	123
永年县	533823	10	雄　县	233624	67	邱　县	103812	124
隆尧县	524242	11	卢龙县	227111	68	井陉县	91877	125
藁城区	515458	12	易　县	225119	69	抚宁区	88761	126
玉田县	501613	13	广平县	224125	70	安次区	87999	127
河间市	497493	14	南宫市	219677	71	赤城县	86814	128
定兴县	469795	15	冀州市	216924	72	涉　县	85530	129
滦南县	466945	16	饶阳县	214846	73	阳原县	84481	130
清苑区	466015	17	鸡泽县	214724	74	广宗县	80988	131
沧　县	464143	18	安平县	209485	75	滦平县	77696	132
任丘市	443274	19	青　县	208550	76	迁西县	77285	133
曲周县	418883	20	三河市	206791	77	阜平县	67158	134
泊头市	397202	21	柏乡县	204380	78	广阳区	63483	135
献　县	394260	22	宣化县	203656	79	涞源县	60656	136
徐水区	378513	23	平泉县	203319	80	大厂回族自治县	56415	137
吴桥县	372915	24	唐　县	203271	81	莲池区	54315	138
丰润区	367502	25	容城县	203237	82	峰峰矿区	49119	139
磁　县	355134	26	深泽县	200435	83	宽城满族自治县	48442	140
晋州市	348379	27	迁安市	200303	84	丛台区	48121	141
任　县	345788	28	曹妃甸区	200100	85	尚义县	47635	142
无极县	339504	29	围场满族蒙古族自治县	199127	86	长安区	44928	143
肥乡县	335533	30	平山县	197091	87	开平区	42687	144
高碑店市	330097	31	鹿泉区	196098	88	竞秀区	42289	145
元氏县	324737	32	霸州市	195096	89	海港区	34788	146
枣强县	324424	33	承德县	191549	90	邢台市桥西区	31318	147
临西县	319861	34	大城县	190956	91	兴隆县	31034	148
新乐市	317217	35	巨鹿县	188472	92	古冶区	26962	149
正定县	310182	36	博野县	183378	93	崇礼县	24379	150
馆陶县	306258	37	内丘县	182373	94	运河区	23130	151
涿州市	303946	38	邯郸县	178644	95	复兴区	22819	152
昌黎县	302215	39	涿鹿县	176760	96	宣化区	21066	153
行唐县	297511	40	威　县	176509	97	邢台市桥东区	19042	154
阜城县	297041	41	满城区	173489	98	石家庄市新华区	18731	155
南皮县	296742	42	高邑县	163904	99	北戴河区	17365	156
故城县	296157	43	新河县	162659	100	路北区	17253	157
滦　县	286948	44	高阳县	162617	101	双滦区	15110	158
隆化县	283263	45	孟村回族自治县	159839	102	路南区	14866	159
成安县	282602	46	曲阳县	152822	103	井陉矿区	12657	160
南和县	281441	47	永清县	150003	104	邯山区	9415	161
东光县	280725	48	香河县	147422	105	下花园区	8611	162
武安市	274691	49	桃城区	146446	106	双桥区	7885	163
武邑县	267257	50	蔚　县	145602	107	山海关区	7159	164
文安县	266830	51	康保县	143894	108	沧州市新华区	7148	165
安国市	264261	52	丰宁满族自治县	143732	109	裕华区	5444	166
清河县	259551	53	涞水县	140355	110	张家口市桥东区	5109	167
乐亭县	259304	54	灵寿县	139218	111	鹰手营子区	1776	168
蠡　县	253766	55	海兴县	127904	112	张家口市桥西区	1385	169
肃宁县	251678	56	万全县	127845	113	石家庄市桥西区	971	170
盐山县	251006	57	顺平县	126959	114			

3−3 各县(市、区)棉花总产量排序(2015年)

单位：吨

县(市、区)	棉花总产量	位次	县(市、区)	棉花总产量	位次	县(市、区)	棉花总产量	位次
威　县	67461	1	桃城区	1959	43	肃宁县	289	85
南宫市	39010	2	永年县	1718	44	滦　县	281	86
邱　县	34019	3	玉田县	1711	45	沙河市	274	87
冀州市	26108	4	高阳县	1625	46	孟村回族自治县	242	88
枣强县	25313	5	博野县	1596	47	无极县	236	89
故城县	24897	6	魏　县	1475	48	曹妃甸区	220	90
成安县	21684	7	邯郸县	1457	49	曲阳县	210	91
景　县	16701	8	任　县	1395	50	武强县	208	92
东光县	16313	9	平乡县	1374	51	正定县	190	93
南皮县	15234	10	南和县	1039	52	三河市	158	94
广宗县	14476	11	丰润区	1007	53	鹿泉区	157	95
肥乡县	13359	12	滦南县	949	54	容城县	153	96
巨鹿县	12420	13	内丘县	815	55	新乐市	149	97
献　县	12000	14	海兴县	815	56	灵寿县	137	98
吴桥县	11622	15	任丘市	737	57	深泽县	136	99
武邑县	11427	16	饶阳县	719	58	丛台区	127	100
曲周县	11398	17	清苑区	680	59	蠡　县	127	101
临西县	11326	18	河间市	673	60	井陉县	125	102
丰南区	10466	19	青　县	644	61	复兴区	114	103
清河县	10203	20	乐亭县	603	62	高邑县	108	104
新河县	7085	21	平山县	602	63	固安县	89	105
深州市	5963	22	高碑店市	533	64	邯山区	79	106
安次区	5931	23	易　县	530	65	顺平县	76	107
隆尧县	5748	24	唐　县	528	66	遵化市	70	108
安新县	5531	25	盐山县	520	67	赞皇县	68	109
阜城县	5184	26	元氏县	518	68	长安区	54	110
霸州市	4907	27	广阳区	502	69	昌黎县	54	111
宁晋县	4551	28	满城区	496	70	涞水县	49	112
辛集市	4417	29	邢台县	482	71	迁安市	40	113
广平县	4199	30	抚宁区	430	72	徐水区	40	114
大城县	4127	31	望都县	406	73	涉　县	23	115
鸡泽县	3835	32	行唐县	403	74	大厂回族自治县	18	116
永清县	3166	33	卢龙县	391	75	石家庄市新华区	13	117
沧　县	2696	34	安国市	390	76	邢台市桥东区	11	118
武安市	2561	35	藁城区	378	77	栾城区	9	119
临漳县	2519	36	雄　县	372	78	香河县	8	120
磁　县	2415	37	定州市	356	79	开平区	4	121
文安县	2294	38	定兴县	343	80	路南区	3	122
馆陶县	2251	39	临城县	338	81	古冶区	3	123
泊头市	2224	40	迁西县	321	82	山海关区	1	124
大名县	1995	41	柏乡县	319	83	峰峰矿区	1	125
黄骅市	1988	42	邢台市桥西区	304	84			

3-4 各县(市、区)油料总产量排序(2015年)

单位：吨

县(市、区)	油料总产量	位次	县(市、区)	油料总产量	位次	县(市、区)	油料总产量	位次
大名县	88902	1	迁西县	7158	58	东光县	2097	115
定州市	62184	2	固安县	7147	59	路北区	1772	116
滦南县	61985	3	临城县	7000	60	临西县	1552	117
滦　县	61786	4	望都县	6895	61	赤城县	1531	118
遵化市	46810	5	宁晋县	6789	62	北戴河区	1512	119
新乐市	37241	6	任丘市	6732	63	路南区	1457	120
深州市	36894	7	沽源县	6340	64	海兴县	1456	121
丰润区	34758	8	深泽县	6335	65	沧　县	1408	122
献　县	33145	9	清河县	6295	66	盐山县	1405	123
辛集市	32943	10	曲阳县	6286	67	万全县	1371	124
平乡县	32421	11	开平区	6140	68	怀来县	1357	125
迁安市	31533	12	阳原县	5921	69	吴桥县	1347	126
高碑店市	30391	13	肃宁县	5858	70	崇礼县	1309	127
昌黎县	28132	14	桃城区	5841	71	邱　县	1221	128
河间市	27173	15	古冶区	5760	72	青　县	1184	129
广宗县	25651	16	磁　县	5643	73	涿鹿县	1120	130
丰南区	23684	17	临漳县	5569	74	莲池区	1087	131
行唐县	22966	18	井陉县	5523	75	邯郸县	899	132
安国市	21700	19	徐水区	5503	76	山海关区	807	133
正定县	19918	20	容城县	5408	77	安新县	735	134
清苑区	19141	21	灵寿县	5245	78	曹妃甸区	684	135
景　县	18049	22	顺平县	5226	79	邢台市桥西区	652	136
南宫市	17535	23	高邑县	4848	80	涉　县	642	137
无极县	17120	24	霸州市	4821	81	宽城满族自治县	525	138
内丘县	16228	25	沙河市	4709	82	复兴区	488	139
饶阳县	15559	26	成安县	4643	83	三河市	456	140
定兴县	15107	27	武强县	4499	84	泊头市	443	141
蠡　县	14771	28	安次区	4497	85	阜城县	440	142
易　县	14654	29	雄　县	4474	86	承德县	339	143
馆陶县	14401	30	隆化县	4470	87	文安县	319	144
隆尧县	13919	31	蔚　县	4309	88	涞源县	289	145
卢龙县	13534	32	魏　县	4277	89	栾城区	283	146
巨鹿县	13031	33	玉田县	4249	90	平泉县	260	147
高阳县	12585	34	丰宁满族自治县	4231	91	宣化区	221	148
涿州市	12455	35	唐　县	4200	92	滦平县	202	149
冀州市	12232	36	围场满族蒙古族自治县	4086	93	兴隆县	200	150
博野县	12114	37	阜平县	4007	94	邢台市桥东区	163	151
故城县	11929	38	赵　县	3990	95	峰峰矿区	110	152
邢台县	11567	39	鹿泉区	3925	96	丛台区	108	153
张北县	11357	40	怀安县	3797	97	下花园区	100	154
涞水县	11015	41	武安市	3789	98	石家庄市新华区	82	155
乐亭县	10829	42	曲周县	3768	99	井陉矿区	76	156
永清县	10565	43	新河县	3768	100	双滦区	72	157
武邑县	10547	44	肥乡县	3619	101	邯山区	49	158
赞皇县	10218	45	永年县	3423	102	张家口市桥东区	32	159
安平县	9932	46	任　县	3008	103	香河县	31	160
康保县	9811	47	宣化县	2969	104	张家口市桥西区	27	161
尚义县	9731	48	广阳区	2871	105	运河区	21	162
平山县	9676	49	柏乡县	2834	106			
抚宁区	9569	50	南皮县	2711	107			
晋州市	9137	51	满城区	2696	108			
广平县	8926	52	海港区	2509	109			
藁城区	8779	53	南和县	2374	110			
威　县	8286	54	黄骅市	2364	111			
枣强县	8037	55	鸡泽县	2232	112			
大城县	7952	56	孟村回族自治县	2144	113			
元氏县	7650	57	青龙满族自治县	2132	114			

3-5 各县(市、区)蔬菜总产量排序(2015年)

单位：吨

县(市、区)	蔬菜总产量	位次	县(市、区)	蔬菜总产量	位次	县(市、区)	蔬菜总产量	位次
永年县	3285734	1	河间市	501306	58	巨鹿县	163684	115
藁城区	3047850	2	任丘市	491320	59	赞皇县	161506	116
玉田县	2898028	3	馆陶县	477075	60	盐山县	159177	117
乐亭县	2630750	4	蠡　县	475347	61	大厂回族自治县	156990	118
定州市	2584081	5	深泽县	473102	62	涞水县	156445	119
滦南县	2298411	6	宣化县	438419	63	莲池区	146863	120
青　县	2005110	7	桃城区	435290	64	宽城满族自治县	146310	121
永清县	1809420	8	宁晋县	417600	65	广宗县	139530	122
丰南区	1703148	9	大名县	394993	66	曲阳县	129686	123
固安县	1468933	10	成安县	392826	67	安平县	128213	124
沽源县	1220619	11	南皮县	392372	68	东光县	125917	125
昌黎县	1197129	12	威　县	387004	69	文安县	124398	126
康保县	1155268	13	魏　县	382484	70	武安市	123217	127
抚宁区	1122772	14	行唐县	381891	71	邢台县	120784	128
丰润区	1078885	15	古冶区	380457	72	石家庄市新华区	114209	129
围场满族蒙古族自治县	1015776	16	望都县	369681	73	海港区	111580	130
辛集市	1013624	17	承德县	367220	74	迁西县	108912	131
清苑区	986010	18	卢龙县	364433	75	内丘县	104167	132
张北县	964892	19	任　县	338505	76	宣化区	103608	133
鹿泉区	945280	20	高碑店市	328486	77	泊头市	94180	134
栾城区	933943	21	易　县	322668	78	双桥区	87964	135
滦　县	906522	22	路北区	315240	79	曹妃甸区	86880	136
迁安市	889624	23	平山县	309050	80	竞秀区	86333	137
无极县	887580	24	青龙满族自治县	298520	81	涉　县	82089	138
饶阳县	875064	25	磁　县	295550	82	阳原县	81914	139
正定县	870422	26	满城区	293352	83	长安区	81380	140
三河市	859725	27	唐　县	289787	84	开平区	79170	141
赵　县	859370	28	顺平县	284083	85	万全县	77263	142
故城县	844199	29	高阳县	279214	86	临城县	75868	143
新乐市	821064	30	吴桥县	276993	87	双滦区	69422	144
徐水区	811542	31	深州市	264953	88	安新县	68585	145
遵化市	796312	32	南宫市	262536	89	石家庄市桥西区	67685	146
肥乡县	790329	33	涿鹿县	258406	90	涞源县	62422	147
香河县	788285	34	景　县	254670	91	邢台市桥东区	59422	148
尚义县	761499	35	平乡县	241927	92	北戴河区	59184	149
肃宁县	743226	36	怀安县	237559	93	临西县	56527	150
丰宁满族自治县	707759	37	邯郸县	237286	94	运河区	49916	151
平泉县	676430	38	阜城县	236731	95	沙河市	47216	152
滦平县	671932	39	井陉县	231239	96	阜平县	45010	153
隆尧县	666955	40	灵寿县	227822	97	兴隆县	43277	154
涿州市	646156	41	山海关区	223006	98	清河县	42808	155
广阳区	637198	42	蔚　县	219692	99	下花园区	38383	156
高邑县	615719	43	柏乡县	215137	100	裕华区	33888	157
崇礼县	614063	44	邱　县	212529	101	海兴县	30608	158
鸡泽县	588781	45	安次区	209934	102	新河县	26760	159
定兴县	588286	46	枣强县	204487	103	鹰手营子区	24225	160
武邑县	587643	47	安国市	203482	104	峰峰矿区	17475	161
赤城县	582282	48	路南区	201468	105	井陉矿区	16462	162
曲周县	565116	49	雄　县	198351	106	孟村回族自治县	13244	163
南和县	564170	50	冀州市	198042	107	张家口市桥西区	6702	164
晋州市	545716	51	大城县	195482	108	邢台市桥西区	6130	165
霸州市	545231	52	武强县	194642	109	邯山区	5850	166
临漳县	537396	53	沧　县	190312	110	张家口市桥东区	4222	167
隆化县	527032	54	容城县	184529	111	丛台区	3390	168
博野县	522350	55	怀来县	177792	112	沧州市新华区	1995	169
元氏县	505706	56	黄骅市	174471	113			
献　县	504408	57	广平县	165280	114			

3-6　各县(市、区)园林水果产量排序(2015年)

单位：吨

县(市、区)	园林水果产量	位次	县(市、区)	园林水果产量	位次	县(市、区)	园林水果产量	位次
深州市	860000	1	宽城满族自治县	60260	58	高阳县	16990	115
晋州市	753100	2	隆尧县	54783	59	正定县	16420	116
赵　县	620000	3	安次区	53441	60	沙河市	16137	117
乐亭县	548584	4	武邑县	52613	61	任　县	15940	118
泊头市	516925	5	肥乡县	51990	62	孟村回族自治县	15359	119
辛集市	513000	6	清河县	51530	63	吴桥县	15112	120
顺平县	429500	7	隆化县	51000	64	元氏县	15010	121
宁晋县	427071	8	故城县	50671	65	宣化县	14666	122
兴隆县	396054	9	海兴县	50633	66	广宗县	14430	123
涿鹿县	394368	10	馆陶县	49800	67	临西县	12987	124
沧　县	328913	11	迁西县	48393	68	曹妃甸区	9612	125
怀来县	274144	12	广阳区	48005	69	涞源县	8002	126
围场满族蒙古族自治县	260709	13	井陉县	47236	70	武强县	7828	127
魏　县	247978	14	盐山县	47070	71	怀安县	7382	128
青龙满族自治县	243969	15	文安县	45751	72	东光县	7320	129
藁城区	239565	16	鹿泉区	44087	73	赤城县	6381	130
永清县	238000	17	青　县	43937	74	安新县	6380	131
遵化市	237058	18	霸州市	43289	75	南和县	5970	132
易　县	220501	19	南宫市	43000	76	长安区	5770	133
承德县	217315	20	涞水县	42651	77	路北区	4875	134
阜城县	216600	21	曲周县	42560	78	井陉矿区	4621	135
昌黎县	213423	22	安平县	41000	79	邢台市桥西区	4436	136
满城区	205213	23	邯郸县	40371	80	竞秀区	4413	137
平泉县	198000	24	景　县	40141	81	阳原县	4333	138
卢龙县	193700	25	清苑区	36200	82	万全县	4167	139
献　县	179523	26	雄　县	35090	83	丛台区	3930	140
新河县	162000	27	博野县	34800	84	大厂回族自治县	3866	141
滦　县	156679	28	山海关区	34506	85	崇礼县	3750	142
抚宁区	155488	29	徐水区	33994	86	蔚　县	3575	143
滦南县	155482	30	安国市	32950	87	高邑县	3564	144
迁安市	151867	31	内丘县	32500	88	宣化区	3523	145
邢台县	149110	32	涿州市	32019	89	峰峰矿区	3351	146
曲阳县	148985	33	滦平县	31606	90	石家庄市新华区	3200	147
定州市	148850	34	蠡　县	31000	91	双桥区	3097	148
赞皇县	148138	35	新乐市	30529	92	邢台市桥东区	2998	149
临漳县	135491	36	大名县	30050	93	北戴河区	2887	150
行唐县	135468	37	香河县	29460	94	沽源县	2400	151
威　县	126485	38	定兴县	29372	95	运河区	1865	152
深泽县	113656	39	海港区	29365	96	容城县	1464	153
阜平县	110270	40	武安市	29203	97	下花园区	1350	154
黄骅市	108834	41	高碑店市	29181	98	鹰手营子区	1299	155
饶阳县	108762	42	古冶区	29155	99	开平区	994	156
巨鹿县	107000	43	丰南区	29092	100	双滦区	890	157
冀州市	103561	44	临城县	28298	101	栾城区	850	158
固安县	98750	45	磁　县	27301	102	莲池区	631	159
肃宁县	91706	46	平乡县	26800	103	张家口市桥东区	515	160
三河市	87350	47	广平县	26400	104	沧州市新华区	465	161
丰润区	86071	48	河间市	25701	105	邯山区	440	162
柏乡县	84991	49	鸡泽县	25000	106	尚义县	150	163
枣强县	84435	50	任丘市	24876	107	复兴区	139	164
玉田县	77604	51	灵寿县	23730	108	路南区	26	165
南皮县	75053	52	望都县	23000	109	石家庄市桥西区	15	166
唐　县	70950	53	涉　县	21403	110			
大城县	67607	54	邱　县	21000	111			
成安县	67000	55	无极县	20969	112			
永年县	61710	56	丰宁满族自治县	19717	113			
平山县	61059	57	桃城区	18405	114			

3-7 各县(市、区)肉类总产量排序(2015年)

单位：吨

县(市、区)	肉类总产量	位次	县(市、区)	肉类总产量	位次	县(市、区)	肉类总产量	位次
滦南县	131486	1	怀来县	36763	58	阜城县	16987	115
玉田县	115085	2	高碑店市	35945	59	武强县	16894	116
定州市	113316	3	成安县	35400	60	雄　县	16534	117
滦平县	104428	4	乐亭县	35378	61	沙河市	16343	118
抚宁区	100202	5	蔚　县	35376	62	香河县	16274	119
承德县	96622	6	武邑县	35115	63	广平县	15909	120
辛集市	87287	7	唐　县	34264	64	古冶区	15775	121
迁安市	87273	8	赤城县	34088	65	尚义县	15346	122
丰润区	86572	9	河间市	32604	66	柏乡县	14717	123
藁城区	83689	10	灵寿县	32106	67	巨鹿县	14365	124
正定县	81166	11	康保县	30138	68	冀州市	14217	125
昌黎县	80787	12	吴桥县	30108	69	平乡县	14191	126
大名县	79094	13	肃宁县	29661	70	高邑县	13882	127
永年县	74097	14	容城县	29322	71	博野县	13738	128
卢龙县	73772	15	泊头市	29188	72	广阳区	13735	129
永清县	73680	16	阳原县	28304	73	邢台县	13581	130
武安市	72975	17	清苑区	28153	74	安次区	13268	131
遵化市	71518	18	威　县	27916	75	顺平县	12287	132
青龙满族自治县	69730	19	鸡泽县	27710	76	海港区	11887	133
隆化县	69496	20	井陉县	27571	77	任　县	11098	134
易　县	67890	21	鹿泉区	27388	78	沽源县	10651	135
安平县	66542	22	内丘县	27026	79	海兴县	10471	136
三河市	62922	23	大厂回族自治县	26856	80	安新县	10135	137
魏　县	62844	24	饶阳县	26797	81	开平区	10100	138
徐水区	62526	25	赞皇县	26039	82	山海关区	9454	139
深州市	62261	26	桃城区	25933	83	蠡　县	9045	140
新乐市	59436	27	万全县	25931	84	阜平县	7982	141
献　县	59120	28	曹妃甸区	25671	85	涞源县	7317	142
围场满族蒙古族自治县	58430	29	峰峰矿区	25357	86	清河县	7282	143
滦　县	58213	30	曲阳县	25169	87	新河县	6832	144
宣化县	58200	31	深泽县	24774	88	竞秀区	6653	145
定兴县	57739	32	固安县	24415	89	高阳县	6251	146
无极县	57490	33	迁西县	24305	90	崇礼县	4841	147
黄骅市	56811	34	南宫市	24036	91	下花园区	4766	148
曲周县	56014	35	平泉县	23725	92	路南区	4504	149
馆陶县	53329	36	邱　县	23654	93	宣化区	3563	150
晋州市	53009	37	涞水县	23629	94	北戴河区	3299	151
临漳县	50784	38	邯郸县	23464	95	莲池区	3199	152
故城县	49728	39	涉　县	23386	96	路北区	3029	153
丰宁满族自治县	49541	40	满城区	23300	97	双滦区	2990	154
栾城区	48927	41	怀安县	23142	98	长安区	2600	155
盐山县	48856	42	霸州市	22783	99	双桥区	2478	156
丰南区	48691	43	安国市	22159	100	邢台市桥东区	2344	157
涿鹿县	47393	44	平山县	22153	101	井陉矿区	2261	158
元氏县	46252	45	枣强县	21185	102	邢台市桥西区	2082	159
任丘市	44496	46	张北县	21137	103	石家庄市桥西区	2058	160
赵　县	43875	47	兴隆县	21085	104	复兴区	1910	161
沧　县	41459	48	青　县	21014	105	运河区	1527	162
涿州市	40142	49	宽城满族自治县	20996	106	鹰手营子区	1191	163
磁　县	39521	50	文安县	20548	107	张家口市桥西区	1178	164
行唐县	38946	51	南和县	19937	108	丛台区	1024	165
大城县	38609	52	东光县	19722	109	沧州市新华区	761	166
宁晋县	38449	53	望都县	18326	110	邯山区	721	167
景　县	38100	54	临西县	18213	111	张家口市桥东区	663	168
孟村回族自治县	37814	55	广宗县	17911	112	裕华区	530	169
隆尧县	37022	56	南皮县	17893	113	石家庄市新华区	31	170
肥乡县	36896	57	临城县	17049	114			

3−8 各县(市、区)禽蛋产量排序(2015年)

单位：吨

县(市、区)	禽蛋产量	位次	县(市、区)	禽蛋产量	位次	县(市、区)	禽蛋产量	位次
永年县	248876	1	武安市	27156	58	南皮县	10507	115
馆陶县	183791	2	抚宁区	26809	59	隆化县	10463	116
辛集市	161690	3	遵化市	26635	60	万全县	10187	117
藁城区	147420	4	武邑县	26231	61	滦平县	10184	118
正定县	129871	5	昌黎县	25937	62	迁西县	9765	119
曲周县	110215	6	承德县	25629	63	广宗县	9690	120
栾城区	100596	7	武强县	24291	64	清河县	9400	121
隆尧县	88521	8	河间市	23826	65	兴隆县	7570	122
定州市	85493	9	宁晋县	22922	66	宽城满族自治县	7329	123
新乐市	83200	10	赞皇县	22513	67	博野县	6972	124
玉田县	79557	11	易　县	22439	68	高阳县	6725	125
大名县	78296	12	肃宁县	21850	69	固安县	6683	126
无极县	76920	13	徐水区	21666	70	莲池区	6622	127
晋州市	76562	14	吴桥县	21628	71	容城县	6299	128
磁　县	69404	15	香河县	21091	72	曹妃甸区	6235	129
深州市	63159	16	三河市	21070	73	枣强县	5934	130
献　县	62892	17	阜城县	20805	74	大厂回族自治县	5530	131
清苑区	59565	18	灵寿县	20365	75	开平区	5291	132
临漳县	59110	19	广平县	20171	76	雄　县	5278	133
魏　县	58349	20	安新县	20002	77	海兴县	5258	134
威　县	57479	21	平乡县	19906	78	山海关区	4795	135
元氏县	57040	22	深泽县	19883	79	阜平县	4679	136
丰润区	56244	23	安国市	19390	80	丛台区	4430	137
沙河市	55600	24	内丘县	19203	81	顺平县	4290	138
赵　县	54500	25	安次区	18319	82	涞水县	3989	139
邱　县	53021	26	丰宁满族自治县	18059	83	孟村回族自治县	3921	140
阳原县	52836	27	唐　县	17516	84	运河区	3710	141
涿鹿县	49189	28	平泉县	17500	85	康保县	3668	142
滦　县	48790	29	任丘市	17500	86	涞源县	3654	143
故城县	47845	30	乐亭县	17487	87	赤城县	3606	144
鸡泽县	45990	31	望都县	17301	88	崇礼县	3500	145
泊头市	45204	32	文安县	16847	89	海港区	3210	146
成安县	43965	33	古冶区	16773	90	双桥区	3026	147
柏乡县	43606	34	东光县	16595	91	北戴河区	2842	148
南和县	43434	35	邢台县	16439	92	怀安县	2592	149
宣化县	42770	36	南宫市	16396	93	张北县	2100	150
迁安市	40593	37	高邑县	16360	94	宣化区	1775	151
滦南县	40062	38	安平县	15987	95	竞秀区	1762	152
肥乡县	39255	39	永清县	15258	96	邢台市桥西区	1633	153
临城县	39180	40	平山县	15020	97	井陉矿区	1600	154
饶阳县	38462	41	冀州市	14887	98	张家口市桥西区	1519	155
沧　县	38362	42	涿州市	14875	99	沽源县	1493	156
定兴县	37660	43	围场满族蒙古族自治县	14826	100	邯山区	1228	157
满城区	36827	44	峰峰矿区	13814	101	尚义县	1177	158
鹿泉区	36021	45	曲阳县	12812	102	长安区	1095	159
卢龙县	35987	46	新河县	12790	103	邢台市桥东区	1072	160
行唐县	35237	47	蠡　县	12567	104	路南区	943	161
井陉县	34769	48	丰南区	12483	105	路北区	714	162
任　县	30648	49	巨鹿县	12451	106	沧州市新华区	700	163
邯郸县	30313	50	青龙满族自治县	12000	107	鹰手营子区	660	164
高碑店市	29387	51	下花园区	11890	108	复兴区	569	165
蔚　县	29094	52	盐山县	11700	109	张家口市桥东区	540	166
大城县	28714	53	黄骅市	11602	110	石家庄市新华区	408	167
青　县	28395	54	怀来县	11452	111	双滦区	407	168
临西县	28300	55	广阳区	11220	112	裕华区	400	169
涉　县	27739	56	桃城区	10973	113	石家庄市桥西区	335	170
景　县	27437	57	霸州市	10702	114			

3-9 各县(市、区)奶类产量排序(2015年)

单位：吨

县(市、区)	奶类产量	位次	县(市、区)	奶类产量	位次	县(市、区)	奶类产量	位次
滦南县	522869	1	磁　县	23333	51	大名县	5056	101
滦　县	457200	2	涿州市	23291	52	海港区	5040	102
行唐县	335950	3	迁西县	22749	53	泊头市	5000	103
定州市	224550	4	肥乡县	22180	54	竞秀区	4924	104
丰润区	222053	5	晋州市	21938	55	巨鹿县	4772	105
张北县	200015	6	广阳区	21124	56	邯山区	4553	106
宁晋县	161941	7	成安县	20518	57	桃城区	4309	107
迁安市	159536	8	高碑店市	18360	58	冀州市	4212	108
徐水区	142708	9	抚宁区	18073	59	尚义县	4176	109
正定县	120843	10	饶阳县	16342	60	阜城县	4169	110
涿鹿县	120704	11	大城县	16130	61	平乡县	4120	111
玉田县	120043	12	唐　县	15721	62	肃宁县	3995	112
栾城区	107388	13	容城县	14748	63	武安市	3840	113
沽源县	101950	14	隆尧县	14290	64	下花园区	3587	114
宣化县	101156	15	蠡　县	13405	65	宣化区	3439	115
三河市	99474	16	安次区	13400	66	黄骅市	3387	116
康保县	98253	17	高阳县	13275	67	博野县	3295	117
丰宁满族自治县	94956	18	平山县	12925	68	北戴河区	3260	118
新乐市	94170	19	武邑县	12288	69	山海关区	3149	119
怀来县	89867	20	临漳县	11825	70	长安区	3020	120
清苑区	88598	21	南和县	11568	71	曹妃甸区	2986	121
鹿泉区	80358	22	曲周县	11550	72	柏乡县	2893	122
藁城区	79441	23	井陉县	11440	73	霸州市	2776	123
元氏县	74048	24	安国市	11005	74	清河县	2280	124
丰南区	73746	25	滦平县	10969	75	广平县	2037	125
灵寿县	69659	26	赤城县	10862	76	雄　县	1965	126
永年县	64085	27	遵化市	10743	77	张家口市桥西区	1906	127
辛集市	63890	28	峰峰矿区	10388	78	东光县	1891	128
乐亭县	63801	29	固安县	10038	79	临西县	1837	129
无极县	61725	30	阳原县	9778	80	威　县	1723	130
古冶区	60743	31	故城县	9681	81	兴隆县	1668	131
万全县	58449	32	路南区	9475	82	海兴县	1650	132
莲池区	57000	33	沧　县	9250	83	沙河市	1450	133
永清县	55665	34	香河县	8973	84	魏　县	1370	134
曲阳县	53096	35	顺平县	8450	85	文安县	1100	135
深泽县	46816	36	涞水县	8257	86	邱　县	1076	136
望都县	45700	37	安新县	7498	87	新河县	1000	137
昌黎县	43732	38	枣强县	7485	88	平泉县	746	138
邯郸县	37389	39	鸡泽县	7198	89	张家口市桥东区	655	139
赵　县	37299	40	景　县	7033	90	复兴区	536	140
武强县	36891	41	阜平县	6790	91	承德县	500	141
怀安县	36445	42	深州市	6775	92	裕华区	400	142
满城区	33572	43	馆陶县	6500	93	内丘县	400	143
围场满族蒙古族自治县	33207	44	易　县	6449	94	河间市	350	144
崇礼县	30928	45	任丘市	6357	95	邢台市桥东区	275	145
定兴县	30255	46	隆化县	6176	96	宽城满族自治县	245	146
青　县	28819	47	献　县	6100	97	青龙满族自治县	210	147
卢龙县	25519	48	路北区	6000	98	运河区	111	148
开平区	24887	49	安平县	5803	99	双滦区	48	149
蔚　县	24126	50	高邑县	5200	100	涞源县	16	150

3-10 各县(市、区)水产品产量排序(2015年)

单位：吨

县(市、区)	水产品产量	位次	县(市、区)	水产品产量	位次	县(市、区)	水产品产量	位次
乐亭县	137270	1	正定县	1550	49	固安县	285	97
曹妃甸区	127186	2	海港区	1525	50	深州市	285	98
滦南县	84805	3	青龙满族自治县	1500	51	沧 县	266	99
昌黎县	81985	4	容城县	1395	52	张北县	255	100
黄骅市	77674	5	滦平县	1380	53	元氏县	223	101
丰南区	76859	6	平泉县	1245	54	枣强县	211	102
迁西县	44900	7	安次区	1211	55	高碑店市	200	103
安新县	34080	8	北戴河区	1195	56	安平县	195	104
宽城满族自治县	21891	9	承德县	1160	57	高阳县	190	105
任丘市	14700	10	涿州市	1070	58	武邑县	176	106
平山县	13820	11	赞皇县	1000	59	宣化区	160	107
永年县	11782	12	赤城县	962	60	尚义县	153	108
丰润区	10803	13	大城县	920	61	临西县	150	109
三河市	10403	14	邢台县	826	62	孟村回族自治县	137	110
磁 县	10305	15	桃城区	790	63	定州市	130	111
古冶区	9743	16	东光县	780	64	深泽县	121	112
文安县	9094	17	井陉县	710	65	邱 县	120	113
灵寿县	8350	18	泊头市	658	66	阜城县	110	114
海兴县	7794	19	河间市	651	67	魏 县	108	115
阜平县	7415	20	大名县	620	68	景 县	102	116
霸州市	6982	21	隆化县	600	69	清苑区	90	117
怀来县	6645	22	雄 县	580	70	康保县	85	118
开平区	6595	23	南皮县	559	71	鸡泽县	82	119
山海关区	6350	24	涞源县	550	72	顺平县	80	120
鹿泉区	6335	25	阳原县	540	73	巨鹿县	52	121
兴隆县	5990	26	涿鹿县	520	74	邯郸县	48	122
抚宁区	5816	27	永清县	518	75	石家庄市新华区	45	123
玉田县	5802	28	清河县	492	76	广平县	45	124
献 县	5711	29	青 县	490	77	任 县	43	125
易 县	5375	30	沙河市	485	78	宁晋县	43	126
曲周县	5350	31	双滦区	480	79	辛集市	43	127
临城县	5225	32	蔚 县	460	80	藁城区	40	128
丰宁满族自治县	4230	33	涞水县	453	81	肥乡县	35	129
滦 县	4020	34	宣化县	450	82	临漳县	28	130
遵化市	3850	35	广阳区	426	83	沧州市新华区	27	131
涉 县	2870	36	新河县	400	84	馆陶县	25	132
曲阳县	2860	37	南宫市	386	85	新乐市	22	133
香河县	2730	38	双桥区	355	86	井陉矿区	20	134
围场满族蒙古族自治县	2564	39	定兴县	350	87	内丘县	20	135
冀州市	2525	40	威 县	348	88	崇礼县	15	136
沽源县	2500	41	盐山县	340	89	望都县	12	137
故城县	2401	42	怀安县	321	90	无极县	11	138
大厂回族自治县	2392	43	邢台市桥西区	310	91	南和县	10	139
卢龙县	2005	44	鹰手营子区	310	92	成安县	9	140
唐 县	1871	45	平乡县	300	93	栾城区	4	141
峰峰矿区	1650	46	满城区	300	94	万全县	4	142
武安市	1600	47	吴桥县	297	95			
行唐县	1561	48	徐水区	295	96			

3-11 各县(市、区)农林牧渔业总产值排序(2015年)

单位：万元

县(市、区)	农林牧渔业总产值	位次	县(市、区)	农林牧渔业总产值	位次	县(市、区)	农林牧渔业总产值	位次
滦南县	1390124	1	元氏县	445942	58	曲阳县	220898	115
定州市	1353518	2	饶阳县	420748	59	古冶区	217927	116
永年县	1317104	3	景　县	415560	60	高邑县	217632	117
藁城区	1261099	4	丰宁满族自治县	414254	61	广宗县	213625	118
乐亭县	1259296	5	宣化县	409944	62	任　县	211750	119
玉田县	1144899	6	任丘市	399409	63	涞水县	210731	120
昌黎县	1050447	7	鹿泉区	397490	64	阳原县	209536	121
辛集市	911649	8	南皮县	395971	65	尚义县	205313	122
永清县	855902	9	兴隆县	392390	66	内丘县	201142	123
丰润区	805033	10	康保县	386920	67	临城县	197546	124
丰南区	760678	11	泊头市	385275	68	怀安县	195987	125
迁安市	716795	12	武安市	385119	69	万全县	195360	126
滦　县	716192	13	磁　县	384027	70	邢台县	193147	127
围场满族蒙古族自治县	713218	14	涿州市	383726	71	武强县	191708	128
青　县	701541	15	迁西县	382117	72	安次区	189383	129
正定县	666057	16	张北县	381160	73	安新县	186458	130
遵化市	663594	17	武邑县	379494	74	柏乡县	185934	131
深州市	656994	18	满城区	379218	75	雄　县	184198	132
大名县	637887	19	赤城县	369270	76	大厂回族自治县	179222	133
抚宁区	629877	20	平山县	366673	77	容城县	174587	134
黄骅市	620616	21	沽源县	365336	78	高阳县	165368	135
献　县	618242	22	阜城县	342654	79	新河县	159063	136
三河市	616114	23	南宫市	327912	80	沙河市	152686	137
平泉县	615233	24	灵寿县	327383	81	孟村回族自治县	150355	138
赵　县	608905	25	鸡泽县	323219	82	崇礼县	141098	139
晋州市	606777	26	南和县	320824	83	海兴县	138265	140
宁晋县	605221	27	大城县	318638	84	阜平县	124302	141
吴桥县	584776	28	唐　县	317901	85	山海关区	112577	142
固安县	562554	29	巨鹿县	317874	86	峰峰矿区	97511	143
临漳县	552632	30	枣强县	314805	87	路北区	96508	144
肥乡县	549237	31	霸州市	312772	88	开平区	91622	145
隆化县	546630	32	宽城满族自治县	306005	89	海港区	89156	146
新乐市	545141	33	邱　县	304236	90	莲池区	88250	147
清苑区	544762	34	顺平县	302111	91	涞源县	80931	148
馆陶县	543595	35	怀来县	301355	92	路南区	65546	149
曲周县	535438	36	香河县	294295	93	竞秀区	55901	150
河间市	528738	37	深泽县	293597	94	宣化区	46358	151
无极县	527947	38	蔚　县	293291	95	长安区	41963	152
威　县	527363	39	高碑店市	292952	96	下花园区	39265	153
魏　县	522817	40	安国市	291139	97	北戴河区	36605	154
卢龙县	519683	41	赞皇县	288829	98	双滦区	36080	155
栾城区	515929	42	盐山县	282424	99	双桥区	32125	156
故城县	512705	43	蠡　县	268401	100	石家庄市新华区	31183	157
徐水区	512677	44	望都县	263730	101	运河区	28448	158
行唐县	510607	45	安平县	262389	102	邢台市桥东区	26695	159
成安县	500705	46	广阳区	253061	103	石家庄市桥西区	24283	160
东光县	499900	47	临西县	249456	104	丛台区	22357	161
青龙满族自治县	499569	48	涉　县	246822	105	邢台市桥西区	19181	162
承德县	489045	49	井陉县	244892	106	邯山区	15508	163
涿鹿县	483489	50	冀州市	239187	107	井陉矿区	14915	164
易　县	482336	51	文安县	237760	108	鹰手营子区	14733	165
定兴县	477743	52	博野县	234779	109	复兴区	12303	166
沧　县	474952	53	邯郸县	230958	110	裕华区	11092	167
曹妃甸区	473783	54	广平县	227903	111	张家口市桥西区	7875	168
滦平县	462354	55	桃城区	224207	112	张家口市桥东区	5155	169
隆尧县	458145	56	清河县	223107	113	沧州市新华区	4974	170
肃宁县	448292	57	平乡县	221580	114			

3-12 各县(市、区)农林牧渔业增加值排序(2015年)

单位：万元

县(市、区)	农林牧渔业增加值	位次	县(市、区)	农林牧渔业增加值	位次	县(市、区)	农林牧渔业增加值	位次
滦南县	871729	1	迁西县	249901	58	任　县	122745	115
乐亭县	866137	2	兴隆县	248932	59	怀安县	119946	116
定州市	808105	3	泊头市	247653	60	涞水县	119582	117
玉田县	762132	4	丰宁满族自治县	246734	61	阳原县	119237	118
永年县	749993	5	宣化县	240946	62	曲阳县	118837	119
藁城区	741704	6	鹿泉区	240083	63	万全县	118065	120
昌黎县	577342	7	故城县	237516	64	安次区	116021	121
辛集市	512502	8	满城区	226669	65	邢台县	114787	122
丰润区	495406	9	赤城县	226170	66	内丘县	113500	123
丰南区	482175	10	涿州市	225230	67	尚义县	112772	124
青　县	461590	11	南皮县	223974	68	临城县	111480	125
围场满族蒙古族自治县	440545	12	任丘市	223753	69	雄　县	107368	126
迁安市	438088	13	张北县	220414	70	柏乡县	106849	127
滦　县	436504	14	武安市	217961	71	安平县	106766	128
遵化市	428774	15	磁　县	217735	72	冀州市	102891	129
平泉县	391368	16	饶阳县	212170	73	桃城区	100839	130
永清县	379729	17	康保县	199914	74	大厂回族自治县	100275	131
抚宁区	372513	18	平山县	196676	75	安新县	99731	132
赵　县	359658	19	巨鹿县	195016	76	容城县	96937	133
三河市	353641	20	沽源县	194024	77	新河县	95773	134
晋州市	352955	21	霸州市	192397	78	高阳县	94489	135
宁晋县	348969	22	南宫市	191546	79	武强县	88640	136
献　县	347873	23	南和县	190630	80	崇礼县	88404	137
黄骅市	345816	24	顺平县	190574	81	沙河市	81714	138
大名县	343606	25	鸡泽县	187150	82	海兴县	79024	139
正定县	343036	26	景　县	185790	83	孟村回族自治县	78476	140
临漳县	320674	27	灵寿县	185657	84	阜平县	74488	141
清苑区	319326	28	唐　县	183764	85	路北区	71231	142
威　县	314941	29	宽城满族自治县	181281	86	山海关区	58533	143
肥乡县	311016	30	大城县	181107	87	莲池区	53513	144
魏　县	309933	31	赞皇县	180464	88	海港区	53116	145
隆化县	305951	32	怀来县	178137	89	开平区	52816	146
曲周县	304883	33	武邑县	173289	90	峰峰矿区	49356	147
新乐市	303770	34	邱　县	172877	91	路南区	45723	148
青龙满族自治县	301965	35	安国市	171103	92	涞源县	45169	149
河间市	301524	36	香河县	169789	93	竞秀区	34249	150
固安县	301439	37	望都县	167063	94	宣化区	30029	151
吴桥县	299953	38	深泽县	166108	95	长安区	26481	152
深州市	298564	39	蔚　县	163730	96	双滦区	23661	153
卢龙县	296947	40	高碑店市	161229	97	下花园区	22897	154
栾城区	295623	41	阜城县	161101	98	石家庄市新华区	21450	155
涿鹿县	294929	42	广阳区	151961	99	北戴河区	20547	156
徐水区	285559	43	盐山县	150501	100	双桥区	20340	157
成安县	282842	44	蠡　县	148409	101	运河区	17663	158
无极县	282418	45	井陉县	145573	102	邢台市桥东区	16121	159
行唐县	281747	46	古冶区	140342	103	石家庄市桥西区	15579	160
沧　县	271456	47	博野县	140167	104	丛台区	11727	161
定兴县	268861	48	临西县	138914	105	邢台市桥西区	10686	162
肃宁县	267417	49	邯郸县	136596	106	鹰手营子区	9424	163
馆陶县	266059	50	枣强县	135885	107	邯山区	8944	164
易　县	265266	51	广平县	135666	108	井陉矿区	8079	165
承德县	263494	52	涉　县	134854	109	复兴区	6578	166
元氏县	262542	53	平乡县	134196	110	裕华区	6203	167
曹妃甸区	261570	54	高邑县	130485	111	张家口市桥西区	4592	168
滦平县	261139	55	文安县	130190	112	张家口市桥东区	2873	169
东光县	255997	56	清河县	128025	113	沧州市新华区	2776	170
隆尧县	255777	57	广宗县	127242	114			

3-13 各县(市、区)农村居民人均可支配收入排序(2015年)

单位：元

县(市、区)	农村居民人均可支配纯收入	位次	县(市、区)	农村居民人均可支配纯收入	位次	县(市、区)	农村居民人均可支配纯收入	位次
迁安市	18478	1	大城县	12007	58	内丘县	9019	115
竞秀区	16950	2	张家口市桥东区	12004	59	兴隆县	8977	116
莲池区	16231	3	无极县	11999	60	孟村回族自治县	8863	117
路北区	16128	4	蠡　县	11993	61	枣强县	8695	118
北戴河区	15348	5	定州市	11959	62	故城县	8447	119
海港区	15330	6	安平县	11917	63	献　县	8416	120
山海关区	15252	7	抚宁区	11910	64	承德县	8149	121
鹿泉区	15106	8	桃城区	11875	65	怀安县	7945	122
藁城区	15095	9	成安县	11816	66	鹰手营子区	7739	123
晋州市	15045	10	曲周县	11793	67	赤城县	7723	124
曹妃甸区	14959	11	滦南县	11778	68	崇礼县	7695	125
三河市	14901	12	沙河市	11715	69	青龙满族自治县	7679	126
井陉矿区	14762	13	定兴县	11663	70	张北县	7662	127
正定县	14508	14	元氏县	11604	71	平乡县	7557	128
涿州市	14246	15	清河县	11571	72	盐山县	7494	129
香河县	13997	16	沧　县	11374	73	涞水县	7468	130
路南区	13995	17	宁晋县	11323	74	蔚　县	7445	131
安国市	13979	18	景　县	11197	75	南皮县	7434	132
栾城区	13792	19	肥乡县	11135	76	康保县	7317	133
高阳县	13790	20	安新县	11125	77	沽源县	7305	134
迁西县	13699	21	河间市	11109	78	万全县	7220	135
霸州市	13660	22	南和县	11030	79	滦平县	7156	136
邯山区	13627	23	鸡泽县	11017	80	临城县	6950	137
古冶区	13617	24	泊头市	10992	81	阳原县	6887	138
滦　县	13583	25	高邑县	10978	82	下花园区	6676	139
丰南区	13582	26	冀州市	10971	83	威　县	6658	140
乐亭县	13580	27	峰峰矿区	10898	84	易　县	6657	141
容城县	13478	28	深州市	10889	85	尚义县	6656	142
辛集市	13364	29	沧州市新华区	10808	86	平山县	6615	143
开平区	13350	30	卢龙县	10705	87	隆化县	6560	144
新乐市	13337	31	肃宁县	10619	88	武邑县	6481	145
丰润区	13295	32	深泽县	10540	89	广宗县	6411	146
清苑区	13286	33	宣化区	10492	90	围场满蒙自治县	6385	147
玉田县	13252	34	井陉县	10449	91	阜城县	6314	148
遵化市	13246	35	邢台县	10430	92	武强县	6271	149
雄　县	13186	36	邱　县	10396	93	巨鹿县	6211	150
大厂回族自治县	13121	37	临西县	10331	94	丰宁满族自治县	6152	151
文安县	13096	38	张家口市桥西区	10256	95	饶阳县	6133	152
徐水区	13053	39	魏　县	10183	96	行唐县	6068	153
任丘市	12959	40	博野县	10147	97	海兴县	6028	154
安次区	12939	41	涉　县	10145	98	阜平县	5815	155
青　县	12725	42	望都县	10114	99	曲阳县	5674	156
磁　县	12698	43	吴桥县	10004	100	唐　县	5585	157
昌黎县	12677	44	大名县	9795	101	新河县	5548	158
满城区	12672	45	南宫市	9748	102	灵寿县	5528	159
黄骅市	12622	46	馆陶县	9744	103	涞源县	5442	160
永年县	12577	47	柏乡县	9691	104	顺平县	5421	161
广阳区	12556	48	广平县	9684	105	赞皇县	5084	162
固安县	12513	49	宣化县	9572	106			
怀来县	12432	50	双桥区	9558	107			
高碑店市	12385	51	隆尧县	9510	108			
武安市	12351	52	宽城满族自治县	9500	109			
邯郸县	12316	53	双滦区	9464	110			
运河区	12259	54	东光县	9279	111			
永清县	12244	55	涿鹿县	9142	112			
临漳县	12219	56	任　县	9134	113			
赵　县	12181	57	平泉县	9057	114			

3-14 各县(市、区)生产总值排序(2015年)

单位：万元

县(市、区)	生产总值	位次	县(市、区)	生产总值	位次	县(市、区)	生产总值	位次
迁安市	8910563	1	平泉县	1556829	58	南皮县	917300	115
丰南区	6135317	2	滦平县	1539764	59	张北县	913534	116
丰润区	6068419	3	双桥区	1537689	60	隆尧县	905752	117
武安市	6000642	4	邯郸县	1497364	61	鸡泽县	890935	118
藁城区	5778086	5	井陉县	1445280	62	高阳县	887784	119
任丘市	5650287	6	沧州市新华区	1423301	63	肥乡县	869472	120
三河市	5100515	7	张家口市桥东区	1419987	64	大厂回族自治县	866264	121
遵化市	4837673	8	路北区	1412323	65	枣强县	856203	122
滦　县	4337261	9	肃宁县	1406200	66	孟村回族自治县	846790	123
石家庄市桥西区	4330840	10	东光县	1403200	67	宣化县	843792	124
迁西县	3963903	11	深州市	1361070	68	高邑县	830105	125
长安区	3908594	12	景　县	1361000	69	蔚　县	796261	126
辛集市	3861339	13	盐山县	1349516	70	张家口市桥西区	794079	127
莲池区	3795556	14	清苑区	1346803	71	威　县	790584	128
霸州市	3644642	15	清河县	1327881	72	邢台市桥东区	788038	129
鹿泉区	3559996	16	邢台市桥西区	1316434	73	赤城县	752471	130
玉田县	3521598	17	文安县	1311672	74	广平县	730071	131
曹妃甸区	3495414	18	成安县	1309658	75	邱　县	725289	132
海港区	3365374	19	行唐县	1300805	76	吴桥县	716566	133
乐亭县	3158516	20	桃城区	1300055	77	涞源县	713913	134
滦南县	3133697	21	魏　县	1290501	78	曲阳县	703293	135
定州市	3002185	22	宣化区	1280268	79	内丘县	678329	136
晋州市	2767978	23	怀来县	1280186	80	唐　县	663264	137
正定县	2763915	24	大名县	1265631	81	阜城县	632469	138
河间市	2650600	25	邯山区	1264154	82	怀安县	631116	139
涿州市	2615967	26	高碑店市	1236592	83	万全县	624215	140
永年县	2509339	27	邢台县	1202718	84	临西县	619720	141
黄骅市	2462954	28	开平区	1181561	85	武邑县	616406	142
广阳区	2372122	29	承德县	1165800	86	井陉矿区	604926	143
沧　县	2319818	30	路南区	1139681	87	巨鹿县	602320	144
磁　县	2304120	31	大城县	1115638	88	临城县	601438	145
运河区	2270927	32	易　县	1109316	89	涞水县	585077	146
沙河市	2269924	33	隆化县	1105161	90	安新县	575730	147
石家庄市新华区	2235778	34	定兴县	1103322	91	容城县	570798	148
复兴区	2215571	35	曲周县	1102800	92	饶阳县	555599	149
涉　县	2203199	36	安国市	1091507	93	平乡县	543424	150
栾城区	2078493	37	抚宁区	1079904	94	望都县	536739	151
赵　县	2029402	38	临漳县	1071487	95	武强县	535439	152
古冶区	2017107	39	安平县	1039742	96	南和县	528672	153
香河县	1986076	40	满城区	1034218	97	顺平县	525295	154
宽城满族自治县	1971643	41	围场满族蒙古族自治县	1022474	98	北戴河区	493116	155
昌黎县	1967191	42	深泽县	1015715	99	任　县	446365	156
宁晋县	1957055	43	南宫市	1013292	100	博野县	443507	157
泊头市	1955000	44	卢龙县	1010586	101	沽源县	437859	158
裕华区	1950189	45	永清县	996124	102	康保县	431622	159
献　县	1915400	46	青龙满族自治县	980577	103	阳原县	419170	160
新乐市	1901622	47	雄　县	975378	104	广宗县	408599	161
平山县	1877815	48	兴隆县	974886	105	海兴县	405106	162
固安县	1825192	49	双滦区	972895	106	山海关区	399366	163
无极县	1823977	50	故城县	969188	107	崇礼县	343421	164
丛台区	1809871	51	赞皇县	955885	108	尚义县	339766	165
元氏县	1801611	52	丰宁满族自治县	945883	109	柏乡县	339306	166
峰峰矿区	1756012	53	灵寿县	932429	110	阜平县	334666	167
青　县	1743312	54	涿鹿县	923935	111	鹰手营子区	320026	168
安次区	1669812	55	馆陶县	920274	112	新河县	284422	169
徐水区	1611865	56	冀州市	920173	113	下花园区	221871	170
竞秀区	1607389	57	蠡　县	919987	114			

3-15 各县(市、区)地方公共财政预算收入排序(2015年)

单位：万元

县(市、区)	地方公共财政预算收入	位次	县(市、区)	地方公共财政预算收入	位次	县(市、区)	地方公共财政预算收入	位次
三河市	723101	1	永清县	76577	58	内丘县	39014	115
曹妃甸区	656330	2	文安县	74194	59	深泽县	38937	116
石家庄市桥西区	599990	3	泊头市	73736	60	高邑县	38202	117
长安区	481355	4	冀州市	72710	61	怀安县	37566	118
路北区	418766	5	沧　县	71767	62	卢龙县	37017	119
固安县	356769	6	景　县	71759	63	南宫市	36929	120
迁安市	351694	7	承德县	71268	64	行唐县	36582	121
香河县	351247	8	张北县	71253	65	曲阳县	36530	122
武安市	345401	9	大城县	66728	66	成安县	35624	123
丰南区	290948	10	宁晋县	65666	67	蠡　县	35614	124
石家庄市新华区	262846	11	元氏县	65519	68	曲周县	35314	125
任丘市	255314	12	滦平县	65080	69	武邑县	35258	126
裕华区	251292	13	邢台县	63653	70	容城县	34969	127
藁城区	249793	14	安平县	63046	71	鸡泽县	34850	128
大厂回族自治县	248912	15	献　县	62841	72	平乡县	34426	129
丰润区	219402	16	平泉县	62189	73	隆尧县	34030	130
霸州市	192785	17	新乐市	61811	74	复兴区	33976	131
路南区	187804	18	井陉县	60767	75	安新县	33621	132
涿州市	187768	19	邯郸县	60659	76	张家口市桥东区	33018	133
鹿泉区	186928	20	深州市	60321	77	顺平县	32415	134
海港区	183841	21	宣化区	58842	78	赤城县	32161	135
广阳区	169462	22	故城县	57645	79	阜城县	31743	136
定州市	160083	23	沧州市新华区	57587	80	临西县	31607	137
滦　县	143005	24	宽城满族自治县	57202	81	双滦区	31582	138
运河区	142900	25	青　县	57004	82	馆陶县	31573	139
正定县	140839	26	清河县	56638	83	巨鹿县	31509	140
邢台市桥西区	137203	27	枣强县	56050	84	大名县	31274	141
怀来县	135366	28	竞秀区	54729	85	青龙满族自治县	30960	142
黄骅市	130088	29	涿鹿县	54562	86	灵寿县	30726	143
肃宁县	126935	30	东光县	54554	87	南和县	30518	144
辛集市	121893	31	围场满族蒙古族自治县	53703	88	沽源县	30501	145
磁　县	121368	32	双桥区	52843	89	吴桥县	30389	146
乐亭县	111160	33	高阳县	52363	90	海兴县	30380	147
河间市	107355	34	兴隆县	52092	91	任　县	30159	148
安次区	103696	35	魏　县	51579	92	张家口市桥西区	29543	149
古冶区	101920	36	安国市	51511	93	唐　县	29307	150
桃城区	101018	37	蔚　县	51014	94	临漳县	28838	151
永年县	100899	38	定兴县	50274	95	阳原县	27767	152
迁西县	100548	39	无极县	47475	96	武强县	27685	153
峰峰矿区	100040	40	赵　县	46779	97	赞皇县	27525	154
遵化市	96500	41	盐山县	46185	98	广平县	26296	155
滦南县	95589	42	邯山区	45805	99	临城县	25177	156
高碑店市	95423	43	肥乡县	45576	100	孟村回族自治县	23571	157
涉　县	95338	44	丛台区	44802	101	阜平县	23495	158
开平区	94775	45	崇礼县	44000	102	井陉矿区	22230	159
平山县	93630	46	雄　县	43896	103	饶阳县	21762	160
莲池区	93274	47	易　县	43739	104	望都县	21077	161
徐水县	92500	48	万全县	43728	105	博野县	20081	162
昌黎县	91359	49	宣化县	43499	106	邱　县	19768	163
栾城区	90728	50	涞源县	42420	107	康保县	19047	164
邢台市桥东区	90082	51	隆化县	41764	108	尚义县	14917	165
玉田县	87297	52	南皮县	41722	109	广宗县	14475	166
丰宁满族自治县	83415	53	清苑县	41405	110	柏乡县	13473	167
抚宁县	81506	54	北戴河区	40685	111	新河县	13179	168
涞水县	81250	55	满城县	40409	112	下花园区	12894	169
沙河市	80618	56	威　县	40163	113	鹰手营子区	9003	170
晋州市	77459	57	山海关区	39372	114			

4-1 乡镇经济主要指标(2015年)

乡镇名称	行政区域面积(公顷)	乡镇总人口(人)	粮食产量(吨)	现价农林牧渔业总产值(万元)	企业营业收入(万元)	公共财政收入(万元)
长安区西兆通镇	3000	43558	17423	13322	50538	
长安区南村镇	3000	39000	23517	16428	56208	
长安区高营镇	1600	28668	2994	8116	298092	
长安区桃园镇	1836	34693	802	3555	146122	
新华区大郭镇	1847	29039	1541	4974	99730	8500
新华区赵陵铺镇	830	58535	246	6434	192584	6930
新华区西三庄乡	1450	20123	204	2155	243540	15100
新华区杜北乡	2499	25319	16740	17620	240080	2126
井陉矿区贾庄镇	3441	25022	7192	8426	578682	7237
井陉矿区凤山镇	1913	21064	2553	3380	219587	5324
井陉矿区横涧乡	1511	14460	2912	3111	243247	3685
裕华区方村镇	1600	35558	3907	9324	121094	13290
藁城区廉州镇	8636	79466	45847	132470	1253813	10591
藁城区兴安镇	6705	53856	33235	120079	1624265	2734
藁城区贾市庄镇	5486	52292	46242	89401	1136023	3132
藁城区南营镇	5256	47223	27357	118151	481001	3535
藁城区梅花镇	7445	65591	65052	159729	986829	4445
藁城区岗上镇	4647	35073	37257	77021	681033	4788
藁城区南董镇	4875	45507	29370	69976	425360	3356
藁城区张家庄镇	4740	64016	24393	75622	2011901	3929
藁城区南孟镇	3974	49562	33224	64431	626974	3119
藁城区增村镇	5637	65051	41714	79328	1278194	2345
藁城区常安镇	6638	58178	43942	112737	599317	3064
藁城区西关镇	4982	45241	43473	65738	776352	2457
藁城区九门回族乡	4660	46818	36273	66894	866490	3576
鹿泉区获鹿镇	4952	66620	9377	21377	1003364	16669
鹿泉区铜冶镇	7270	66470	35089	97108	1378101	19123
鹿泉区寺家庄镇	3984	42624	28251	31774	1152024	14205
鹿泉区上庄镇	4872	48500	17851	26519	495000	6138
鹿泉区李村镇	6500	37677	35691	57828	565839	2553
鹿泉区宜安镇	6997	29844	12418	31817	67960	8088
鹿泉区黄壁庄镇	3300	18666	10789	21946	31262	2451
鹿泉区大河镇	6397	44894	28572	75461	1084682	20036
鹿泉区山尹村镇	2355	21033	8949	11897	216492	1412
鹿泉区石井乡	4552	13312	2417	7333	75512	657
鹿泉区白鹿泉乡	4325	10426	1996	7443	5362	1280
鹿泉区上寨乡	3170	10278	2252	4638	56013	826
栾城区栾城镇	5172	78202	34607	63109	1751256	7113
栾城区冶河镇	4327	50094	38063	83559	871638	2565
栾城区窦妪镇	5783	53633	35013	85450	1032495	5366
栾城区楼底镇	3042	45434	19453	51175	1120012	3406
栾城区南高乡	3675	28214	37803	57701	693051	1665
栾城区柳林屯乡	4816	43136	30275	74659	688725	1843
栾城区西营乡	5746	47573	46656	99721	261021	1308
井陉县微水镇	9945	64544	8177	23786	550700	5065
井陉县上安镇	5766	23950	7254	13328	628266	2455
井陉县天长镇	9983	40106	11939	20912	654705	1052
井陉县秀林镇	5728	27224	9689	17553	367619	2814
井陉县南峪镇	8049	14846	3415	8236	396334	340

4-1续1　乡镇经济主要指标(2015年)

乡镇名称	行政区域面积(公顷)	乡镇总人口(人)	粮食产量(吨)	现价农林牧渔业总产值(万元)	企业营业收入(万元)	公共财政收入(万元)
井陉县威州镇	7781	27926	9535	26740	445901	1250
井陉县小作镇	7579	18947	6956	13678	569250	594
井陉县南障城镇	10302	11544	2468	10372	62270	9
井陉县苍岩山镇	11964	10002	2403	12129	56740	15
井陉县测鱼镇	16793	15521	2597	11097	88572	22
井陉县吴家窑乡	4760	14466	3836	14668	280165	144
井陉县北正乡	1840	10188	4871	9781	142106	694
井陉县于家乡	3433	7344	3033	6072	185400	141
井陉县孙庄乡	5303	16944	5221	18233	62076	189
井陉县南陉乡	4623	8011	3413	9842	73872	73
井陉县辛庄乡	16292	10241	3379	10138	128677	149
井陉县南王庄乡	7880	10743	3691	14601	51120	41
正定县正定镇	8447	127403	34176	89592	1613214	25267
正定县新城铺镇	3600	39221	27919	57921	159633	6302
正定县新安镇	4100	42789	34857	82714	448765	2782
正定县南牛乡	4000	48555	34538	60605	87624	5449
正定县南楼乡	8500	56800	51966	102348	32945	1044
正定县西平乐乡	2300	23785	19853	41193	192063	1590
正定县北早现乡	4100	43361	31897	64234	307161	4520
正定县曲阳桥乡	6400	54047	37322	63628	525623	751
行唐县龙州镇	4243	72373	25130	32882	398721	586
行唐县南桥镇	6126	34876	27410	35467	148661	1026
行唐县上碑镇	2542	18700	14705	25729	23485	1150
行唐县口头镇	14631	27033	12100	45707	136561	969
行唐县独羊岗乡	6111	44178	26570	58758	123887	1065
行唐县安香乡	4287	32802	23220	27687	235405	1340
行唐县只里乡	6251	44916	27490	33126	170526	816
行唐县市同乡	2814	25131	18200	20752	110483	1680
行唐县翟营乡	7154	39112	44540	45195	76520	691
行唐县城寨乡	5986	22773	18160	36631	82542	607
行唐县上方乡	4909	28435	21890	32905	105670	1380
行唐县玉亭乡	6217	23877	18625	30889	33287	891
行唐县北河乡	4217	7948	5823	22165	28987	965
行唐县上闫庄乡	5847	6642	2620	11877	41080	586
行唐县九口子乡	13122	17391	3438	29476	29296	736
灵寿县灵寿镇	4805	63744	17213	51843	577798	969
灵寿县青同镇	6235	28243	18192	26479	182470	597
灵寿县塔上镇	4398	11987	5755	13184	73614	343
灵寿县陈庄镇	16073	22503	3355	19580	3534	500
灵寿县慈峪镇	9275	36328	14373	20725	190081	564
灵寿县岔头镇	9382	18726	3072	11507	19385	532
灵寿县三圣院乡	3113	26175	14271	18842	424160	554
灵寿县北洼乡	3133	22997	14965	35891	189196	403
灵寿县牛城乡	4654	24408	10110	18131	43218	351
灵寿县狗台乡	4839	24408	13909	30896	142289	579
灵寿县南寨乡	2569	17225	10480	23266	147362	668
灵寿县南燕川乡	6919	13844	4469	11846	98836	1025
灵寿县北谭庄乡	3790	11751	4824	9990	38550	142
灵寿县寨头乡	10785	14012	2761	10125	7246	384

4-1续2 乡镇经济主要指标(2015年)

乡镇名称	行政区域面积(公顷)	乡镇总人口(人)	粮食产量(吨)	现价农林牧渔业总产值(万元)	企业营业收入(万元)	公共财政收入(万元)
灵寿县南营乡	16650	10056	1469	6758	53580	235
高邑县高邑镇	3780	54970	27158	44555	524185	7953
高邑县大营镇	4620	33520	41346	50411	297187	2997
高邑县富村镇	5450	40539	32631	29799	412930	8815
高邑县中韩乡	3380	20058	26204	37135	171800	969
高邑县万城乡	4970	46210	36565	50023	582094	6418
深泽县深泽镇	2814	50242	15095	22414	365558	5970
深泽县铁杆镇	7324	42619	47479	82362	346893	3662
深泽县赵八镇	3598	36368	29558	34642	323368	3121
深泽县白庄乡	5770	45749	38915	60417	255880	2351
深泽县留村乡	3831	35163	29641	31772	210618	2363
深泽县桥头乡	6263	51435	39747	61990	426087	4733
赞皇县赞皇镇	6324	66893	28601	41745	788976	11520
赞皇县院头镇	10402	24658	8968	19933	248848	456
赞皇县西龙门乡	4486	28289	18547	28392	493682	3151
赞皇县南邢郭乡	5085	25972	12207	25418	117983	5770
赞皇县南清河乡	4741	23414	7104	28070	517723	420
赞皇县西阳泽乡	7405	28661	12851	28354	49022	350
赞皇县土门乡	4891	15229	2836	16342	102044	1547
赞皇县黄北坪乡	9228	14439	3181	30128	8758	480
赞皇县嶂石岩乡	9256	7306	891	10598		391
赞皇县许亭乡	14610	23734	4400	29866	223711	1064
赞皇县张楞乡	5555	17590	8774	29984	12231	1281
无极县无极镇	5700	83565	30458	46641	402282	10044
无极县七汲镇	5400	44988	35168	68637	26480	535
无极县张段固镇	5100	45485	30408	38379	1854070	14373
无极县北苏镇	5400	60359	42125	60121	190910	1360
无极县郭庄镇	4300	45394	31349	42048	83585	838
无极县大陈镇	4200	34563	24892	48586	16228	270
无极县高头回族乡	3200	37004	24719	46584	21168	702
无极县郝庄乡	5500	56046	34553	45525	576974	8892
无极县东侯坊乡	5600	52770	39430	49595	296676	5997
无极县里城道乡	4400	45508	27659	48754	30184	1525
无极县南流乡	3000	27287	18743	33077	8153	320
平山县平山镇	19988	119852	39514	72645	253919	15942
平山县东回舍镇	7835	38721	19950	22240	384583	2506
平山县温塘镇	9820	24362	11546	24305	123667	3180
平山县南甸镇	6346	26539	15049	23096	3491089	6897
平山县岗南镇	9642	33783	13557	21964	36955	1506
平山县古月镇	13135	19822	5711	14717	37016	106
平山县下槐镇	13775	18027	5922	15516	21718	47
平山县孟家庄镇	10827	8473	1977	9725	17455	26
平山县小觉镇	17987	19066	3505	10395	22502	175
平山县蛟潭庄镇	14943	8131	999	6797	7465	29
平山县西柏坡镇	2523	7382	1620	9990	27265	478
平山县下口镇	12075	9238	1463	6058	36094	190
平山县西大吾乡	3919	23741	13171	22604		139
平山县上三汲乡	4258	24423	14265	19393	41092	166
平山县两河乡	4070	22662	13619	16032	37444	262

4-1续3 乡镇经济主要指标(2015年)

乡镇名称	行政区域面积（公顷）	乡镇总人口（人）	粮食产量（吨）	现价农林牧渔业总产值（万元）	企业营业收入（万元）	公共财政收入（万元）
平山县东王坡乡	12849	24076	16096	17888		400
平山县苏家庄乡	5874	9403	3504	7986	12443	19
平山县宅北乡	10122	13429	4598	8336	26657	35
平山县北冶乡	20857	18749	4802	10869	15321	243
平山县上观音堂乡	11119	5302	1371	5308	2723	20
平山县杨家桥乡	13497	9796	2021	6252	8986	79
平山县营里乡	23469	11430	2018	8541	10674	29
平山县合河口乡	15870	6278	814	6015	7101	207
元氏县槐阳镇	5286	63005	35021	57534	319317	3965
元氏县殷村镇	3928	32078	31116	41659	72656	456
元氏县南佐镇	4039	17221	11481	25220	136714	1055
元氏县宋曹镇	3674	34159	32009	36331	217433	494
元氏县南因镇	4063	36780	33631	42170	317590	863
元氏县姬村镇	4351	27577	25287	31476	160100	754
元氏县北褚镇	5124	23634	38217	46526	332061	393
元氏县马村镇	4254	35163	27657	38798	176369	951
元氏县东张乡	4536	40307	24999	28152	113966	643
元氏县赵同乡	3833	28215	23645	26263	166438	648
元氏县苏村乡	3656	15129	10897	16158	27150	239
元氏县苏阳乡	4803	24335	11372	19628	111500	652
元氏县北正乡	5766	13524	6649	15253	46673	185
元氏县前仙乡	4381	10065	5811	7959	60896	275
元氏县黑水河乡	5835	15151	6945	12815	45690	210
赵县赵州镇	7827	116942	68648	71067	2286513	2890
赵县范庄镇	8968	78882	4286	75105	717570	640
赵县北王里镇	6209	49736	70135	53057	410625	480
赵县新寨店镇	4721	33319	50516	43084	626700	2390
赵县韩村镇	6442	52735	71861	63989	301675	247
赵县南柏舍镇	5825	43323	62705	45612	945062	1700
赵县沙河店镇	4677	36793	46530	36126	171196	124
赵县前大章乡	5946	47478	67461	51619	279857	187
赵县谢庄乡	7671	78541	14814	76390	600349	222
赵县高村乡	5718	44818	66154	47351	337009	98
赵县王西章乡	3395	30637	34209	45070	500447	238
石家庄高新技术产业开发区宋营镇	2945	59012	13177	12807	237180	2003
石家庄高新技术产业开发区郄马镇	2503	31343	13231	17585	52130	2811
石家庄循环化工园区丘头镇	5421	51950	40075	54259	3237335	4180
晋州市晋州镇	8896	131645	46903	62202	1521083	4566
晋州市总十庄镇	6448	56032	36278	79699	436912	4531
晋州市营里镇	4625	36557	28800	56741	612671	1120
晋州市桃园镇	7691	58519	38556	98109	621148	2001
晋州市东卓宿镇	5404	46995	34551	53596	979414	3924
晋州市马于镇	5987	45907	29950	83280	492800	3170
晋州市小樵镇	6372	63356	39560	36251	538688	1489
晋州市槐树镇	6960	61047	43203	34086	1072318	3848
晋州市东里庄镇	5753	52516	34902	87334	610000	1536
晋州市周家庄乡	1609	13995	15676	8670	52900	331
新乐市化皮镇	2671	23489	18432	26176	9380	1140
新乐市承安镇	7932	80145	44753	51437	755837	2897

4-1续4　乡镇经济主要指标(2015年)

乡镇名称	行政区域面积(公顷)	乡镇总人口(人)	粮食产量(吨)	现价农林牧渔业总产值(万元)	企业营业收入(万元)	公共财政收入(万元)
新乐市正莫镇	3990	23926	12721	25400	386037	1399
新乐市南大岳镇	2069	22909	14338	24747	307201	1006
新乐市杜固镇	3152	33587	18606	29732	157851	1545
新乐市邯邰镇	8356	78145	56711	80310	596562	1852
新乐市东王镇	3829	32328	23165	38586	29711	1014
新乐市马头铺镇	4543	46243	35869	43456	639707	2504
新乐市协神乡	4719	41903	38838	45930	567576	3056
新乐市木村乡	2835	22390	13018	57888	477005	1568
新乐市彭家庄回族乡	2969	22347	18304	30878	139555	920
路南区稻地镇	5008	29350	13667	390000	840000	2317
路南区女织寨乡	3200	32689	3085	8097	156763	901
路北区韩城镇	5560	54391	14433	67140	178086	4997
路北区果园乡	4000	63142	2820	29374	591593	3734
古冶区范各庄镇	6380	56975	12696	62218	1607375	2016
古冶区卑家店镇	5767	28158	5772	37549	584780	1527
古冶区王辇庄乡	5914	30974	3233	43847	170745	674
古冶区习家套乡	1875	15543	3004	23100	55984	848
古冶区大庄坨乡	1745	14304	2257	51147	595256	2047
开平区开平镇	6110	18292	9725	13809	647996	14225
开平区栗园镇	3370	30272	7989	23565	286258	2185
开平区郑庄子镇	2264	19863	3827	6567	680216	13918
开平区双桥镇	3170	16377	1800	5510	60897	555
开平区洼里镇	3200	21000	6970	19152	151976	1629
开平区越河镇	5640	35661	12376	23019	680211	7685
丰南区小集镇	7733	36077	24757	49314	5715337	14688
丰南区黄各庄镇	6856	49804	19586	64859	1132349	13517
丰南区西葛镇	4810	24854	40999	28553	650286	3617
丰南区大新庄镇	13200	56681	43764	110676	227461	3776
丰南区钱营镇	11467	40557	25338	53388	1153866	6992
丰南区唐坊镇	4871	18346	4123	37802	388379	1638
丰南区王兰庄镇	8650	39541	5177	61208	260300	2333
丰南区柳树鄌镇	10906	30216	25696	47567	347454	1703
丰南区黑沿子镇	10729	23633	3497	100718	125500	1078
丰南区丰南镇	7417	77911	10513	27101	6310911	85298
丰南区大齐各庄镇	3986	13931	11026	29440	597427	4715
丰南区岔河镇	4229	27848	19819	31857	86563	945
丰南区南孙庄乡	9418	25237	1748	58772	71688	2060
丰南区东田庄乡	7288	17359	1564	41435	134526	1440
丰南区尖字沽乡	4565	17640	7820	17434	88900	847
丰润区丰润镇	9520	79276	31702	74663	1441429	15302
丰润区任各庄镇	4986	29964	18250	47274	301892	1302
丰润区左家坞镇	8370	41521	18149	34354	327267	800
丰润区泉河头镇	5380	28589	17173	49484	46105	776
丰润区王官营镇	9710	40516	18841	47145	78492	798
丰润区火石营镇	13080	30239	12171	24884	17385	1052
丰润区新军屯镇	4970	38910	29204	51719	909462	3344
丰润区小张各庄镇	2230	16066	13161	21139	741242	590
丰润区丰登坞镇	6817	42148	35001	52893	366320	668
丰润区李钊庄镇	6370	24122	17844	40642	944437	883

4-1续5 乡镇经济主要指标(2015年)

乡镇名称	行政区域面积(公顷)	乡镇总人口(人)	粮食产量(吨)	现价农林牧渔业总产值(万元)	企业营业收入(万元)	公共财政收入(万元)
丰润区白官屯镇	6600	45784	36290	85271	597954	501
丰润区石各庄镇	4510	23569	24160	24879	443926	1112
丰润区沙流河镇	5630	36927	27497	52621	353400	947
丰润区七树庄镇	2670	19467	17773	17074	327267	4836
丰润区杨官林镇	4899	28489	14388	41770	88163	761
丰润区银城铺镇	5100	35099	5614	11926	1702216	16851
丰润区常庄镇	2900	21316	6806	15751	397005	1299
丰润区姜家营乡	2977	16066	4836	10248	33441	2008
丰润区欢喜庄乡	3600	15851	14575	24131	784481	1097
丰润区刘家营乡	2700	14750	3451	8423	198500	1202
曹妃甸区唐海镇	5617	45057	17170	16575	125194	1193
曹妃甸区滨海镇	12400	25184	15001	55513	61000	2834
曹妃甸区柳赞镇	5490	13791	3384	66726	44023	716
滦县东安各庄镇	11673	63638	26919	66455	983302	1509
滦县雷庄镇	7743	36080	19248	45081	483293	1371
滦县茨榆坨镇	6125	26497	22254	80553	523712	7659
滦县榛子镇	9588	56737	24604	67639	1629643	2573
滦县杨柳庄镇	8299	23378	15059	40953	124147	1100
滦县油榨镇	8194	46997	23344	41659	79306	2326
滦县古马镇	6965	34019	21476	76451	15290	3814
滦县小马庄镇	8562	36969	39573	107237	36264	1253
滦县九百户镇	8036	33890	19469	36947	618028	584
滦县王店子镇	5912	27091	22546	39446	57591	315
滦南县倴城镇	9631	64371	30959	107159	583103	11009
滦南县宋道口镇	8744	50899	50092	152585	360010	1441
滦南县长凝镇	5368	34556	29995	52938	26200	1028
滦南县胡各庄镇	6752	35750	36155	60118	12220	1156
滦南县坨里镇	3756	18412	17581	43384	31065	319
滦南县姚王庄镇	2659	16911	5080	79450	28712	335
滦南县司各庄镇	11947	43255	46285	115995	57561	756
滦南县安各庄镇	6985	25668	25753	65342	37824	1151
滦南县扒齿港镇	11601	38911	44069	114389	83840	1264
滦南县程庄镇	9193	53391	38319	116643	8831	278
滦南县青坨营镇	8694	28706	24162	102382	24630	397
滦南县柏各庄镇	9670	48290	52232	101766	34896	1766
滦南县南堡镇	2614	15647	8006	86137	75070	799
滦南县方各庄镇	5342	30237	24368	74438	97590	212
滦南县东黄坨镇	5250	17136	21178	65565	2240	359
滦南县马城镇	3066	17366	12711	32523	22679	282
乐亭县乐亭镇	8129	37376	24182	12544	203312	2308
乐亭县汤家河镇	9548	25253	16844	93585	55410	929
乐亭县胡家坨镇	5100	21302	9844	64047	23494	474
乐亭县闫各庄镇	6820	34744	13167	136112	50880	844
乐亭县马头营镇	8605	22624	21084	48886	25900	1076
乐亭县新寨镇	3969	25071	12277	72980	60985	893
乐亭县汀流河镇	6714	26223	12656	90177	698756	835
乐亭县姜各庄镇	21132	49367	39658	205940	161915	942
乐亭县毛庄镇	8600	32327	34243	84925	57040	953
乐亭县中堡镇	8640	31649	19810	89147	131202	943

4-1续6　乡镇经济主要指标(2015年)

乡镇名称	行政区域面积(公顷)	乡镇总人口(人)	粮食产量(吨)	现价农林牧渔业总产值(万元)	企业营业收入(万元)	公共财政收入(万元)
乐亭县庞各庄乡	3700	21286	3833	113514	31205	951
乐亭县大相各庄乡	3897	21180	17918	73032	61653	743
乐亭县古河乡	6200	21582	30530	40730	537250	828
迁西县兴城镇	12700	56460	13326	46069	612945	22687
迁西县金厂峪镇	8600	18213	2229	16725	162711	1600
迁西县洒河桥镇	7900	19988	1304	29002	353922	3840
迁西县太平寨镇	11200	37331	6805	19960	251308	138
迁西县罗家屯镇	6900	25074	7459	20535	123987	382
迁西县东荒峪镇	7000	15038	3601	17487	128565	129
迁西县新集镇	9700	27764	11202	29079	189654	566
迁西县三屯营镇	11100	30128	5668	31692	3986355	25517
迁西县滦阳镇	10400	19965	2686	27649	113654	2298
迁西县白庙子乡	6500	18567	4628	16244	176543	5411
迁西县上营乡	8600	12547	1944	13198	244819	89
迁西县汉儿庄乡	11400	22380	2474	37581	327541	288
迁西县渔户寨乡	5800	11945	1489	11777	197700	317
迁西县旧城乡	4800	9925	1243	19030	209980	1261
迁西县尹庄乡	7500	20416	4089	18664	163733	328
迁西县东莲花院乡	6000	12152	3604	11482	10174	8
迁西县新庄子乡	6200	12631	3533	13193	38940	325
玉田县玉田镇	7913	68314	26634	106385	1219699	13661
玉田县亮甲店镇	7500	41008	42420	73629	412325	1252
玉田县鸦鸿桥镇	6300	57348	29514	77391	157812	3818
玉田县窝洛沽镇	7700	52600	39921	62075	436349	1261
玉田县石臼窝镇	11300	37826	59349	92925	73998	974
玉田县虹桥镇	5500	32196	24479	75245	300115	1707
玉田县散水头镇	5100	27614	22761	42891	83689	1004
玉田县林南仓镇	2900	23795	10092	23908	227689	1807
玉田县林西镇	6400	31137	29393	53708	172786	1134
玉田县杨家板桥镇	5600	28164	28007	61553	16286	543
玉田县彩亭桥镇	2800	20477	14664	32855	173745	1667
玉田县孤树镇	4400	27264	16301	36516	304671	1303
玉田县大安镇镇	5700	31110	24332	68922	38658	738
玉田县唐自头镇	5700	19501	12448	30026	11742	561
玉田县郭家屯镇	8300	35573	23818	58073	251837	679
玉田县杨家套镇	4800	29287	21539	64394	299942	1063
玉田县林头屯乡	3800	23052	12979	41630	21532	213
玉田县潮洛窝乡	6000	23640	23567	63287	29141	237
玉田县陈家铺乡	3700	16422	20484	38232	151215	1373
玉田县郭家桥乡	4000	18314	18911	41254	9089	532
唐山市芦台经济技术开发区海北镇	8613	29432	21307	33557	725150	914
唐山市汉沽管理区汉丰镇	8950	24593	7094	39440	30770	1200
唐山高新技术产业开发区老庄子镇	3817	28089	12561	36880	123087	2836
河北唐山海港经济开发区王滩镇	18415	50025	45130	148652	10025	2900
遵化市遵化镇	3132		1248	19951	1006727	28303
遵化市堡子店镇	6750	42587	18500	36304	139199	801
遵化市马兰峪镇	5205	25549	7149	14386	686959	488
遵化市平安城镇	9570	54803	26914	88842	246249	279
遵化市东新庄镇	6310	40816	20968	58619	302926	903

4-1续7 乡镇经济主要指标(2015年)

乡镇名称	行政区域面积(公顷)	乡镇总人口(人)	粮食产量(吨)	现价农林牧渔业总产值(万元)	企业营业收入(万元)	公共财政收入(万元)
遵化市新店子镇	9497	50293	20289	39000	160555	1364
遵化市党峪镇	8154	28292	8040	27711	115468	246
遵化市地北头镇	6358	22900	11353	18894	10819	82
遵化市东旧寨镇	7552	24290	9489	25616	89471	474
遵化市铁厂镇	7613	19372	5763	23785	1350	32
遵化市苏家洼镇	6126	33457	10436	18312	708931	1549
遵化市建明镇	7240	34808	9258	26751	1824411	421
遵化市石门镇	7267	33891	20600	32114	47579	555
遵化市西留村乡	2922	26310	7337	14385	131512	1122
遵化市崔家庄乡	2950	21409	8093	19318	272457	1007
遵化市兴旺寨乡	6450	22831	6559	18024	445866	578
遵化市西下营满族乡	3396	11819	2158	8281	61250	102
遵化市汤泉满族乡	2432	9598	3254	7802	20573	223
遵化市东陵满族乡	7021	24017	8185	27624	119877	526
遵化市刘备寨乡	6053	22613	17590	55208	5715	62
遵化市团瓢庄乡	4439	30215	16421	39999	96860	420
遵化市娘娘庄乡	7409	21314	4173	16208	105342	195
遵化市西三里乡	2303	18150	3256	7741	92584	1493
遵化市候家寨乡	5853	14324	1577	7303	25735	151
遵化市小厂乡	9286	16991	1355	11416	178362	59
迁安市迁安镇	12814	179042	20417	80946	1431260	98485
迁安市夏官营镇	7181	33947	14851	38870	392344	2601
迁安市杨各庄镇	7601	39843	21767	48623	46191	3115
迁安市建昌营镇	8992	46800	16892	63872	262120	2952
迁安市赵店子镇	3943	23055	9380	35934	1029849	19868
迁安市野鸡坨镇	7527	38482	13025	36209	191154	9574
迁安市大崔庄镇	6612	27100	6816	32459	88455	892
迁安市杨店子镇	9421	86222	10779	34753	721548	70837
迁安市蔡园镇	5571	26763	5178	20228	2161129	12057
迁安市马兰庄镇	4916	24600	1414	5975	1754388	40108
迁安市沙河驿镇	4077	30151	6952	33595	1703266	8829
迁安市木厂口镇	5879	25058	7361	27030	2034344	50486
迁安市扣庄乡	7126	43486	20161	46554	255772	6718
迁安市彭店子乡	4055	23298	12115	30735	297941	1406
迁安市上射雁庄乡	4434	25438	6365	52705	65856	8253
迁安市闫家店乡	4239	25682	9540	36591	47560	608
迁安市五重安乡	6771	27565	6371	23995	49524	3169
迁安市大五里乡	5050	18599	4050	27422	454814	6478
迁安市太平庄乡	6508	16802	6869	40284	260896	5258
海港区东港镇	1700	15161	1132	6478	122509	1357
海港区海港镇	1290	11783			227409	1286
海港区西港镇	1404	22368	1556	3864	186908	1125
海港区海阳镇	2560	19801	1353	9722	13240	1749
海港区北港镇	5400	18584	2633	7731	29000	2199
海港区杜庄镇	9257	24358	3324	6423	818218	827
海港区石门寨镇	17928	46382	17381	42312	211848	1344
海港区驻操营镇	22436	24813	5370	34688	20218	759
山海关区第一关镇	2200	16352	413	11640	76608	817
山海关区石河镇	6250	18088	5724	57313	132067	939

4-1续8 乡镇经济主要指标(2015年)

乡镇名称	行政区域面积(公顷)	乡镇总人口(人)	粮食产量(吨)	现价农林牧渔业总产值(万元)	企业营业收入(万元)	公共财政收入(万元)
山海关区孟姜镇	4100	16989	1022	19663	69854	949
北戴河区海滨镇	917	13611	64	6684	14351	1034
北戴河区戴河镇	3714	29425	4374	6857	15261	4277
北戴河区牛头崖镇	3714	23961	16465	73920	6500	1190
抚宁区抚宁镇	19655	82052	16871	181021	810456	3494
抚宁区留守营镇	8970	49246	24311	96683	340313	2309
抚宁区榆关镇	12750	36244	18036	58288	304860	908
抚宁区台营镇	15864	45697	6451	65968	8673	1284
抚宁区大新寨镇	21357	37356	7045	54839	11735	1136
抚宁区茶棚乡	11395	40413	9500	83395	86200	576
抚宁区深河乡	3583	8328	1461	5617	25940	733
青龙满族自治县青龙镇	36100	80582	7891	32213	503466	1367
青龙满族自治县祖山镇	31500	23630	6744	22428	246358	1005
青龙满族自治县木头凳镇	18600	33686	7492	60966	23698	775
青龙满族自治县双山子镇	10400	23693	5592	27200	34022	790
青龙满族自治县马圈子镇	18900	25942	5095	19381	52577	941
青龙满族自治县肖营子镇	13400	35535	8626	34334	91491	2129
青龙满族自治县大巫岚镇	16500	36104	7981	23017	408789	650
青龙满族自治县土门子镇	12000	27129	6566	38084	48760	687
青龙满族自治县八道河镇	17200	31409	5393	12550	41041	833
青龙满族自治县隔河头镇	16600	27490	5179	21217	5528	810
青龙满族自治县娄杖子镇	11000	24819	5495	29489	29567	605
青龙满族自治县凤凰山乡	7800	11385	2426	10998	100	380
青龙满族自治县龙王庙乡	12100	17400	6730	13654	665	449
青龙满族自治县三星口乡	10400	14905	3846	15626	10528	401
青龙满族自治县干沟乡	8800	9940	2834	10878	970	310
青龙满族自治县大石岭乡	11500	12646	3051	16743	2483	446
青龙满族自治县官场乡	18400	12816	2334	12300	259	402
青龙满族自治县茨榆山乡	11000	19374	6071	20588	26731	928
青龙满族自治县平方子乡	7915	12058	2721	12483	2349	472
青龙满族自治县安子岭乡	14000	15872	3925	9364	3188	470
青龙满族自治县朱杖子乡	6400	15559	3343	7791	57089	549
青龙满族自治县草碾乡	8500	11171	3713	10310	3616	461
青龙满族自治县七道河乡	6100	9721	2109	8392	6636	409
青龙满族自治县三拨子乡	8400	12611	2290	14574	1521	405
青龙满族自治县凉水河乡	11500	20847	4218	14989	35047	585
昌黎县昌黎镇	8713	120966	14203	43136	60663	2430
昌黎县靖安镇	9027	42705	17161	126244	1260000	1764
昌黎县安山镇	8290	47971	31282	55900	107482	1267
昌黎县龙家店镇	8361	43676	29820	27785	164249	1378
昌黎县泥井镇	7300	26845	30042	49662	31520	1122
昌黎县大蒲河镇	3500	11808	8387	20936	83097	864
昌黎县新集镇	8523	31842	26963	71040	13905	1207
昌黎县刘台庄镇	5880	23635	22305	49369	10100	900
昌黎县茹荷镇	10840	16220	15421	78494	800	341
昌黎县朱各庄镇	5830	31842	10537	15816	1200957	950
昌黎县荒佃庄镇	7122	29729	25171	98781	15902	1085
昌黎县团林乡	1306	7139	5619	21445	36790	682
昌黎县葛条港乡	4170	21747	16011	540	51230	1003

4-1续9 乡镇经济主要指标(2015年)

乡镇名称	行政区域面积(公顷)	乡镇总人口(人)	粮食产量(吨)	现价农林牧渔业总产值(万元)	企业营业收入(万元)	公共财政收入(万元)
昌黎县马坨店乡	9600	38243	44155	73080	16110	198
昌黎县两山乡	5046	19668	4010	41125	39560	1375
昌黎县十里铺乡	3367	13242	730	20519	24248	3852
卢龙县卢龙镇	10645	67638	23350	27992	455150	2419
卢龙县潘庄镇	8294	25882	14329	14008	61607	923
卢龙县燕河营镇	10756	35338	19061	35976	58229	912
卢龙县双望镇	7921	30883	23741	41149	64450	592
卢龙县刘田各庄镇	11095	44777	16300	74255	66770	786
卢龙县石门镇	8850	44774	26890	97954	86701	2757
卢龙县木井镇	6875	44214	19290	36172	844508	858
卢龙县下寨乡	4035	16970	14548	19133	42283	718
卢龙县刘家营乡	6194	17380	9008	14495	135300	1076
卢龙县陈官屯乡	7409	28329	16617	27014	66900	653
卢龙县印庄乡	7102	28523	24168	35441	51294	617
卢龙县蛤泊乡	5183	29013	16644	90492	71912	398
秦皇岛市经济技术开发区渤海乡	1976	9586	75	508	7000	
邯山区北张庄镇	3600	33108	9415	10781	798975	6420
邯山区马庄乡	790	21111		4726	932105	405
从台区黄粱梦镇	5819	57419	28730	10515	46453	1762
从台区苏曹乡	800	36581			65345	676
从台区三陵乡	5579	28848	19391	11842	32748	2641
复兴区户村镇	4012	30954	9161	4892	1132725	913
复兴区彭家寨乡	1054	45999	1905	1156	1041878	1165
复兴区康庄乡	6014	29424	11753	6255	232165	758
峰峰矿区临水镇	2243	130737	54	8143	162000	343
峰峰矿区峰峰镇	4308	74300	4007	5552	324000	739
峰峰矿区新坡镇	2415	30387	4837	9527	144000	285
峰峰矿区大社镇	4113	48518	10423	14285	479337	883
峰峰矿区和村镇	5249	63913	5256	15842	540000	289
峰峰矿区义井镇	5686	55857	5668	11282	840000	500
峰峰矿区彭城镇	3335	55558	4790	6657	760000	295
峰峰矿区界城镇	2716	28508	2723	11024	272800	302
峰峰矿区大峪镇	2013	19453	2853	5126	93737	312
峰峰矿区西固义乡	2043	13886	8508	8979	123250	245
邯郸县尚壁镇	2919	36033	13898	20065	22030	1521
邯郸县河沙镇镇	4814	44594	46777	39004	5708	502
邯郸县南堡乡	5315	56746	22477	38140	130198	1518
邯郸县南吕固乡	2617	37301	25509	21252	86606	763
邯郸县兼庄乡	2414	33893	8822	5722	27844	18306
邯郸县代召乡	4410	38989	29344	23326	88389	1720
邯郸县姚寨乡	5358	45464	28443	75070	276090	203
临漳县临漳镇	5201	102316	33124	35901	79125	9683
临漳县南东坊镇	2695	32269	25911	26673	7055	242
临漳县孙陶集镇	7300	68947	55305	38173	29000	871
临漳县柳园镇	7111	69669	65270	48567	186752	356
临漳县称勾集镇	5470	53458	50341	45566	15800	120
临漳县狄邱乡	3653	35401	33134	37150	86502	98
临漳县张村集乡	7595	65963	63476	55849	140560	144
临漳县西羊羔乡	3052	27544	23577	28515	45620	367

4-1续10 乡镇经济主要指标(2015年)

乡镇名称	行政区域面积(公顷)	乡镇总人口(人)	粮食产量(吨)	现价农林牧渔业总产值(万元)	企业营业收入(万元)	公共财政收入(万元)
临漳县香菜营乡	5027	39131	30674	46508	57525	165
临漳县杜村集乡	6360	60225	38529	37838	18366	235
临漳县章里集乡	4189	47865	39351	30786	84300	582
临漳县习文乡	5702	43513	36097	37918	131915	284
临漳县砖寨营乡	5725	53354	50311	45127	19300	240
临漳县柏鹤集乡	4935	47953	50599	38061	6310	181
成安县成安镇	4842	83042	25467	75595	1841258	18705
成安县商城镇	7213	67598	42659	86957	777010	6595
成安县漳河店镇	4888	42483	29406	52213	169114	1545
成安县李家疃镇	5102	49331	40939	49889	126761	1658
成安县辛义乡	5635	54010	35813	55253	131454	1148
成安县柏寺营乡	3363	27895	21505	34833	127424	1088
成安县道东堡乡	6475	52662	35269	69766	211977	1494
成安县北乡义乡	6423	50071	28808	46596	147771	1014
成安县长巷乡	4190	30630	22734	29602	299938	2377
大名县大名镇	4607	72311	33820	28526	612374	270
大名县杨桥镇	6297	53326	60201	35714	93362	137
大名县万堤镇	4906	38575	42639	31656	175160	166
大名县龙王庙镇	5043	60684	33332	26882	114329	361
大名县束馆镇	5364	45279	32605	38432	12611	271
大名县金滩镇	6065	58582	40228	28488	77560	129
大名县沙圪塔镇	5859	45622	48432	30248	47098	136
大名县王村乡	4832	49024	43915	26704	19997	372
大名县铺上乡	4597	36229	29890	25925	219172	141
大名县黄金堤乡	5406	41296	42534	41767	103562	182
大名县大街乡	6386	47275	51272	33436	362700	403
大名县旧治乡	5850	53049	50072	39432	750150	263
大名县西未庄乡	4344	35278	35092	30897	41404	240
大名县孙甘店乡	5736	44694	25418	28505	130636	181
大名县西付集乡	5440	52768	39017	38196	98089	260
大名县埝头乡	6348	55157	35572	32686	185686	562
大名县北峰乡	5002	39851	21828	30596	61334	168
大名县张铁集乡	6264	49438	26909	34935	100810	220
大名县红庙乡	4999	42272	29982	31552	98694	144
大名县营镇回族乡	1971	20124	8462	21674	34876	108
涉县河南店镇	7503	32566	10071	15723	254738	725
涉县索堡镇	9578	26656	8281	26413	105000	662
涉县西戌镇	4165	16049	2815	15064	70249	295
涉县井店镇	10836	41212	5798	13124	1692999	7884
涉县更乐镇	6613	23749	4981	15337	926321	600
涉县固新镇	15435	25591	5135	15878	53220	427
涉县西达镇	9440	17230	4360	10180	31015	262
涉县偏城镇	13611	14505	4384	8132	163170	189
涉县神头乡	6172	14754	4069	14535	18526	75
涉县辽城乡	11192	20630	5334	21318	11865	203
涉县偏店乡	4352	19721	3293	16716	10592	95
涉县龙虎乡	7633	23145	3246	8198	53550	237
涉县木井乡	6033	18730	4423	10324	109108	256
涉县关防乡	10504	17541	3926	10043	82530	194

4-1续11　乡镇经济主要指标(2015年)

乡镇名称	行政区域面积(公顷)	乡镇总人口(人)	粮食产量(吨)	现价农林牧渔业总产值(万元)	企业营业收入(万元)	公共财政收入(万元)
涉县合漳乡	11118	21707	3977	11379	9350	322
涉县鹿头乡	10917	18245	4787	17534	14136	109
磁县磁州镇	10430	154722	57868	95367	2009319	47686
磁县高臾镇	5270	42519	25521	30691	146409	573
磁县西光禄镇	5263	25395	20848	17629	236819	685
磁县讲武城镇	5606	55525	48147	46491	297926	1413
磁县岳城镇	9489	37175	18485	18753	1033672	5628
磁县观台镇	4041	32557	10758	19425	1041163	14228
磁县林坛镇	5756	33160	26561	20305	203975	1329
磁县白土镇	6383	23877	4895	5784	248459	3950
磁县黄沙镇	2026	15128	5549	7314	210696	14749
磁县路村营乡	4388	24205	7372	14445	239540	2374
磁县辛庄营乡	3368	24976	14607	17860	87539	217
磁县花官营乡	3449	36658	24904	14606	205590	676
磁县时村营乡	4594	27284	24366	16820	139090	714
磁县南城乡	5494	25409	24014	20121	155688	221
磁县台城乡	3352	26502	22479	12665	212377	1128
磁县陶泉乡	8903	18113	2325	10419	79393	484
磁县都党乡	4095	16630	4348	5634	299180	368
磁县北贾壁乡	7487	30485	5989	7824	86131	226
肥乡县肥乡镇	8062	90233	49094	76791	367168	3040
肥乡县天台山镇	5928	45797	44541	64429	219895	1074
肥乡县辛安镇镇	4505	36730	41017	75412	141804	1277
肥乡县大西韩乡	4539	37761	31622	54618	79853	4954
肥乡县毛演堡乡	5462	45946	33934	60823	184751	1510
肥乡县元固乡	5565	48056	25185	49648	183745	727
肥乡县屯庄营乡	5338	33176	31656	53124	159442	542
肥乡县东漳堡乡	5352	38522	34938	52127	171027	825
肥乡县旧店乡	5499	36668	43546	62263	236288	780
永年县临洺关镇	8055	159756	46444	56856	1440500	528
永年县大北汪镇	3958	42906	30475	50343	21246	273
永年县张西堡镇	5029	53516	25712	84401	13438	374
永年县广府镇	4041	57218	15839	101476	160252	398
永年县南沿村镇	4174	61318	12283	135015	103010	203
永年县永合会镇	7806	44789	11175	33233	99950	214
永年县西苏乡	4699	71936	44515	76177	282845	225
永年县界河店乡	3397	34981	15241	26628	1116262	347
永年县刘营乡	3215	60702	34565	39692	414844	435
永年县刘汉乡	4664	52699	37665	59498	92647	188
永年县正西乡	4271	43796	28029	61081	69512	198
永年县讲武乡	3778	56316	35862	43677	89725	214
永年县曲陌乡	3691	45303	29238	54332	38517	337
永年县辛庄堡乡	4342	51072	44875	60194	19380	256
永年县小龙马乡	4141	61613	43491	97986	99690	489
永年县东杨庄乡	3258	52655	30933	100995	17500	203
永年县小西堡乡	4518	44350	16739	123821	34274	171
永年县西河庄乡	4325	38089	14182	67114	45587	188
永年县西阳城乡	2776	29868	16560	44585	9297	178
邱县新马头镇	12045	51739	18155	79070	584241	580

4-1续12　乡镇经济主要指标(2015年)

乡镇名称	行政区域面积(公顷)	乡镇总人口(人)	粮食产量(吨)	现价农林牧渔业总产值(万元)	企业营业收入(万元)	公共财政收入(万元)
邱县邱城镇	6638	38178	14593	48980	81010	449
邱县梁二庄镇	6800	32880	27425	49263	235000	360
邱县香城固镇	5100	37533	15145	40599	70740	235
邱县南辛店乡	5145	28086	20392	34570	108360	223
邱县古城营乡	7130	35908	6385	36415	22000	246
邱县陈村回族乡	1200	7472	1717	15339	29361	153
鸡泽县鸡泽镇	7266	75770	36235	51637	53980	452
鸡泽县小寨镇	6258	44210	38271	55616	392824	1322
鸡泽县双塔镇	3564	39851	27660	47784	104337	421
鸡泽县浮图店乡	4691	60132	41571	49096	99816	367
鸡泽县吴官营乡	4280	33182	23590	38155	149012	294
鸡泽县风正乡	2768	27065	18879	36289	470176	240
鸡泽县曹庄乡	4770	44031	28518	44642	274271	214
广平县广平镇	4962	75335	33081	33137	650031	3972
广平县平固店镇	5306	40586	38329	40888	485569	880
广平县胜营镇	4691	50595	35503	34872	439678	1254
广平县南阳堡镇	3151	33175	23090	22349	386078	533
广平县十里铺乡	4510	44951	34413	31946	441254	905
广平县南韩村乡	4897	35774	34484	35830	441257	548
广平县东张孟乡	3837	29568	25225	28881	332583	980
馆陶县馆陶镇	4825	72257	24817	62983	429846	4200
馆陶县房寨镇	4378	30818	26966	49821	220	379
馆陶县柴堡镇	7447	51034	47813	67510	216143	570
馆陶县魏僧寨镇	5598	39352	49224	82642	746817	630
馆陶县寿山寺乡	6039	49806	40889	65851	568432	862
馆陶县王桥乡	5660	42545	40073	91257	69934	252
馆陶县南徐村乡	4269	34400	27177	43694	8754	282
馆陶县路桥乡	7226	41099	49299	68792	234892	260
魏县魏城镇	6491	136018	27974	44002	18278	3986
魏县德政镇	2365	27581	14103	23292	68680	1620
魏县北皋镇	6471	83161	50387	36072	76174	400
魏县双井镇	4879	52923	38912	31235	158232	1612
魏县牙里镇	4814	67734	40753	30862	14300	560
魏县车往镇	4372	49061	34100	29092	17765	820
魏县回隆镇	4301	62038	38061	34223	18800	2890
魏县张二庄镇	5862	70744	47797	37026	100800	305
魏县东代固镇	2629	38413	5815	26085	101086	700
魏县棘针寨乡	2792	29496	13643	28919	7993	376
魏县沙口集乡	6165	55040	39064	39179	11001	890
魏县野胡拐乡	2618	25503	17194	11370	95583	561
魏县仕望集乡	2391	25884	17483	20977	34510	321
魏县前大磨乡	3704	38210	27135	18557	31845	1266
魏县院堡乡	2083	26602	18294	15613	16876	965
魏县南双庙乡	4179	50261	35010	22207	96870	330
魏县大辛庄乡	4594	37095	31770	19482	74727	79
魏县大马村乡	2250	22351	19689	12207	94794	172
魏县边马乡	5098	60491	44632	22070	21656	266
魏县北台头乡	2699	30840	24580	10677	86460	583
魏县泊口乡	4261	53682	30423	9653	32300	460

4-1续13　乡镇经济主要指标(2015年)

乡镇名称	行政区域面积(公顷)	乡镇总人口(人)	粮食产量(吨)	现价农林牧渔业总产值(万元)	企业营业收入(万元)	公共财政收入(万元)
曲周县曲周镇	7099	88266	33651	98168	1046005	6283
曲周县安寨镇	9511	66216	67162	66450	611779	713
曲周县侯村镇	9532	69476	69570	60273	44644	1300
曲周县河南疃镇	7744	50225	45715	46171	781317	2850
曲周县第四疃镇	7325	45223	40950	35018	538800	1200
曲周县槐桥乡	5428	32993	31616	43509	289630	1159
曲周县南里岳乡	5602	38522	39544	36533	331768	315
曲周县白寨乡	6533	61123	50413	82910	563502	2510
曲周县大河道乡	3517	27436	19918	38403	266361	836
曲周县依庄乡	4412	34130	20344	28002	110109	358
河北邯郸马头经济开发区马头镇	1800	36892	7685	4208	217515	485
武安市武安镇	4150	107679	5345	11858	3250000	69452
武安市康二城镇	8000	34762	9536	13854	483625	7612
武安市午汲镇	7200	43985	23341	19698	2786514	69887
武安市磁山镇	6800	30218	14652	7435	2346985	117050
武安市伯延镇	4300	21367	16359	7123	71698	2651
武安市淑村镇	6300	26082	11658	16286	298651	480
武安市大同镇	7400	48454	16214	22106	621365	6670
武安市邑城镇	6700	40985	21126	18568	162356	312
武安市矿山镇	9900	45893	8869	11354	1210369	6675
武安市贺进镇	12000	28765	5534	6275	34621	521
武安市阳邑镇	10200	49845	13682	15788	1989065	893
武安市徘徊镇	10600	31643	12562	22695	55698	362
武安市冶陶镇	7409	26001	7598	5463	924513	8850
武安市上团城乡	7710	36201	11695	8513	2390000	29000
武安市北安庄乡	2000	18601	11583	9641	167560	251
武安市北安乐乡	5000	34296	13450	15630	85697	122
武安市西土山乡	7396	50210	20631	16359	1796050	238
武安市西寺庄乡	3000	44989	11798	22653	236980	6852
武安市活水乡	22122	26505	4856	10356	211000	265
武安市石洞乡	7200	25788	11876	11560	223506	320
武安市管陶乡	16565	19720	7189	8310	55123	130
武安市马家庄乡	8370	19516	7965	9784	59682	250
桥东区东郭村镇	1307	18635	3230	7026	60167	1434
桥东区大梁庄乡	898	16843	944	3308	44192	1806
桥西区南大郭镇	2500	30935	6862	4836	392	612
桥西区李村镇	6500	37535	14545	9036	40900	1782
邢台县晏家屯镇	4927	29898	18302	14685	1845000	2103
邢台县南石门镇	10238	46885	19200	24058	805565	19607
邢台县羊范镇	7817	30485	11680	11099	59067	1144
邢台县皇寺镇	15500	36199	19250	23861	83485	2444
邢台县会宁镇	10400	39386	28020	20080	187770	2804
邢台县西黄村镇	14000	21878	5900	9661	12355	1233
邢台县路罗镇	14600	17794	4392	8873	14274	948
邢台县将军墓镇	12500	14794	1959	5005	51480	1544
邢台县浆水镇	16300	24443	3612	25440	44969	1160
邢台县宋家庄镇	16200	19178	2103	15434	62017	1063
邢台县太子井乡	6500	13808	990	2722	67100	830
邢台县龙泉寺乡	15200	13770	2009	8185	14800	958

4-1续14　乡镇经济主要指标(2015年)

乡镇名称	行政区域面积(公顷)	乡镇总人口(人)	粮食产量(吨)	现价农林牧渔业总产值(万元)	企业营业收入(万元)	公共财政收入(万元)
邢台县北小庄乡	11400	10520	1892	4812	5281	728
邢台县城计头乡	8900	10524	2231	8228	10310	655
邢台县白岸乡	12100	10594	1852	4612	4492	684
邢台县冀家村乡	8200	10495	1973	5815	20100	661
临城县临城镇	12900	60746	31690	36899	52813	3343
临城县东镇镇	5296	27810	22094	20099	60003	566
临城县西竖镇	8867	19871	5928	38814	45806	228
临城县郝庄镇	9482	15797	4199	14307	20980	240
临城县黑城乡	10271	29557	21775	25170	42435	689
临城县鸭鸽营乡	9071	32445	25388	28622	56007	143
临城县石城乡	7333	13256	7562	14366	9996	136
临城县赵庄乡	16369	19227	4251	14368	70103	345
内丘县内丘镇	6520	63242	33428	29507	283683	13247
内丘县大孟村镇	7650	35467	24084	20516	536610	7742
内丘县金店镇	9920	69105	54149	41964	277155	3232
内丘县官庄镇	4830	32532	30802	21933	23957	1993
内丘县柳林镇	9160	23952	10500	18484	7069	872
内丘县五郭店乡	7980	31378	23217	30859	36222	541
内丘县南赛乡	9650	13385	3013	15569	10405	360
内丘县獐貘乡	5650	7397	1116	5986	19085	36
内丘县侯家庄乡	17390	15895	2064	16324	17453	130
柏乡县柏乡镇	5030	51319	42346	31200	272189	1011
柏乡县固城店镇	5240	41563	40800	37581	41556	658
柏乡县西汪镇	3660	33499	25069	44420	112685	611
柏乡县王家庄乡	3320	19531	22587	19794	100654	398
柏乡县龙华乡	5460	39476	49924	34417	59290	625
柏乡县内步乡	3290	19070	23654	22496	16929	735
隆尧县隆尧镇	8160	100566	52757	63419	260410	5430
隆尧县魏家庄镇	4110	35333	25696	34872	143026	263
隆尧县尹村镇	6690	53815	40272	31022	155125	465
隆尧县山口镇	5280	39152	34126	40565	279200	654
隆尧县莲子镇镇	7800	45423	44142	31625	2217814	1819
隆尧县固城镇	6470	48258	60937	31263	146156	355
隆尧县北楼乡	4090	34804	29529	31426	12000	30
隆尧县东良乡	6910	58175	49298	51759	48000	170
隆尧县双碑乡	3621	32334	26092	29960	99100	215
隆尧县牛家桥乡	4450	28060	36565	36229	61072	129
隆尧县千户营乡	7800	39703	54786	41269	12000	18
隆尧县大张庄乡	6600	39132	49933	28565	12010	39
任县任城镇	5600	66178	45911	31519	55710	3433
任县邢家湾镇	5300	46489	48769	24615	357920	4303
任县辛店镇	3500	42626	30095	23630	32719	985
任县天口镇	6800	50602	50959	25588	48700	805
任县西固城乡	6300	45825	41339	29696	69870	1077
任县永福庄乡	4900	37224	49649	25320	18300	275
任县大屯乡	6800	52190	52171	29809	13500	2638
任县骆庄乡	3900	37435	26895	21573	2640	649
南和县和阳镇	4514	50126	30484	42951	193316	1676
南和县贾宋镇	6768	55856	54906	55640	128713	552

4-1续15　乡镇经济主要指标(2015年)

乡镇名称	行政区域面积(公顷)	乡镇总人口(人)	粮食产量(吨)	现价农林牧渔业总产值(万元)	企业营业收入(万元)	公共财政收入(万元)
南和县郝桥镇	6110	67841	46200	46992	23500	362
南和县东三召乡	5800	53388	44695	44268	56445	238
南和县阎里乡	4515	42013	29100	42823	26247	318
南和县河郭乡	4461	35322	31324	36051	932200	1135
南和县史召乡	3800	41835	24786	30647	122737	357
南和县三思乡	4532	36441	19946	21452	121522	508
宁晋县凤凰镇	11170	144273	77459	69227	3227164	40099
宁晋县河渠镇	7960	71774	66712	42233	277027	1072
宁晋县北河庄镇	5996	56436	59272	43477	148550	115
宁晋县耿庄桥镇	13312	67511	75806	40022	225827	291
宁晋县东汪镇	5860	38868	39278	37851	613961	393
宁晋县贾家口镇	8616	57247	69072	44158	1185356	3544
宁晋县四芝兰镇	8586	62096	57314	58937	192491	495
宁晋县大陆村镇	6637	52487	47028	41613	432238	800
宁晋县苏家庄镇	8667	69844	48006	67423	999806	706
宁晋县换马店镇	6570	56356	53576	42256	155011	337
宁晋县侯口乡	5826	29150	50866	25316	211189	310
宁晋县纪昌庄乡	5931	30090	38138	34492	104816	77
宁晋县唐邱乡	6015	52056	36865	45442	155460	224
宁晋县北鱼乡	2061	9928	19698	12774	13960	42
巨鹿县巨鹿镇	8637	88535	26139	66336	544308	10785
巨鹿县王虎寨镇	4721	29893	16401	18130	262147	3579
巨鹿县西郭城镇	3718	15257	12110	11608	271524	3988
巨鹿县官亭镇	6535	39952	27379	21340	41515	1890
巨鹿县阎疃镇	6353	35613	14374	37998	17214	1955
巨鹿县小吕寨镇	3763	25650	8766	15575	26668	2024
巨鹿县堤村乡	7310	52608	11451	38462	7454	457
巨鹿县张王疃乡	7456	47838	22549	34666	4855	473
巨鹿县观寨乡	6641	40157	22830	44652	1989	773
巨鹿县苏家营乡	7989	46137	26473	29107	3660	623
新河县新河镇	5706	45522	32266	27427	150813	560
新河县寻寨镇	5456	28864	27755	24372	7784	537
新河县白神首乡	4135	22411	24274	20017	152092	561
新河县荆家庄乡	6659	26712	45503	24632	235700	491
新河县西流乡	6689	28382	15035	29000	137630	586
新河县仁让里乡	7665	26816	17826	33615	3019	428
广宗县广宗镇	6480	57569	5530	14525	54466	912
广宗县冯家寨镇	6813	45607	8759	22221	56617	870
广宗县北塘疃镇	9219	54664	5712	50854	28305	701
广宗县葫芦乡	4199	26658	3051	22625	760	272
广宗县大平台乡	7309	46974	12584	25596	4180	597
广宗县件只乡	4890	32376	8643	22252	890	356
广宗县核桃园乡	6793	39501	27726	34919	10525	526
广宗县东召乡	3669	25146	8983	20633	4800	388
平乡县丰州镇	4360	37074	22484	24292	215788	845
平乡县平乡镇	5270	44266	38362	32568	123425	2359
平乡县河古庙镇	6370	46260	29007	33147	391250	805
平乡县节固乡	5730	46319	39665	31322	109218	1332
平乡县油召乡	6550	57550	51838	35830	182468	1188

4-1续16 乡镇经济主要指标(2015年)

乡镇名称	行政区域面积(公顷)	乡镇总人口(人)	粮食产量(吨)	现价农林牧渔业总产值(万元)	企业营业收入(万元)	公共财政收入(万元)
平乡县田付村乡	4940	34075	29445	27707	89850	1853
平乡县寻召乡	5290	36107	27435	28638	94652	653
威县洺州镇	6836	77821	7848	35963	193925	898
威县梨园屯镇	5541	36909	7902	31595	10798	1526
威县章台镇	5905	42495	18569	36977	75028	695
威县侯贯镇	7082	39831	13816	25816	128957	860
威县七级镇	6800	35040	14306	32539	140134	1760
威县贺营镇	6562	36918	6421	27145	12857	400
威县方家营镇	5308	30715	10124	24936	116476	544
威县常庄镇	5800	32156	13806	38215	281452	2089
威县第什营乡	8243	45102	12952	38373	68291	658
威县枣园乡	5546	39346	10083	26840	25526	1928
威县固献乡	6550	38332	7915	24328	124553	1467
威县贺钊乡	6665	40861	11584	28180	132811	1000
威县张家营乡	5290	29091	11778	31306	21287	325
威县常屯乡	7450	36040	13178	34933	52348	839
威县高公庄乡	5550	33932	11849	48454	20421	224
威县赵村乡	5853	35872	13518	41763	119123	500
清河县葛仙庄镇	12698	134541	21715	57013	1375614	20160
清河县连庄镇	8200	64662	56713	41761	490016	3920
清河县油坊镇	7150	58093	53688	34968	165835	3044
清河县谢炉镇	7021	60172	40560	34989	456204	4168
清河县王官庄镇	7200	64020	44867	27221	666651	14236
清河县坝营镇	7771	50531	42008	27155	196806	1501
临西县临西镇	4100	57687	26178	18966	310850	2829
临西县河西镇	5300	41812	27208	22070	335000	2516
临西县下堡寺镇	6000	39310	20326	37221	143200	3100
临西县尖冢镇	6000	43572	40135	23804	136960	1225
临西县老官寨镇	7400	43099	52989	32658	135100	2600
临西县吕寨镇	6800	44809	22232	19873	115520	2675
临西县东枣园乡	4400	29246	40386	33946	46744	1866
临西县摇鞍镇乡	7700	45498	47510	35943	62300	1514
临西县大刘庄乡	6500	42806	42897	24975	182100	2138
河北邢台经济开发区东汪镇	2080	30293	9858	7160	465244	1438
河北邢台经济开发区王快镇	2860	41165	10728	7792	1636446	1885
河北邢台经济开发区祝村镇	3655	27271	11218	8153	152240	1658
河北邢台经济开发区沙河城镇	2985	20112	10362	7132	10810	1131
河北邢台经济开发区留村镇	6930	56078	39192	28518	718258	1144
邢台市大曹庄管理区徐家河乡	3900	27222	37126	33210	50260	1126
邢台市大曹庄管理区大曹庄乡	2100	19042	22108	22760	35910	1121
南宫市苏村镇	5060	24220	11488	14240	23256	582
南宫市大高村镇	4620	23336	12052	21915	60123	526
南宫市垂杨镇	7760	46003	20530	23892	66180	767
南宫市明化镇	6950	37209	20587	27321	49235	733
南宫市段芦头镇	9290	58635	22716	26790	369863	2404
南宫市紫冢镇	8550	47402	24678	32836	154621	1132
南宫市大村乡	5870	27595	16251	19016	9956	408
南宫市南便村乡	6080	33877	15690	22901	11230	621
南宫市大屯乡	5640	24245	11607	23950	25320	622

4-1续17　乡镇经济主要指标(2015年)

乡镇名称	行政区域面积(公顷)	乡镇总人口(人)	粮食产量(吨)	现价农林牧渔业总产值(万元)	企业营业收入(万元)	公共财政收入(万元)
南宫市王道寨乡	5800	26745	10156	22432	21256	510
南宫市薛吴村乡	6680	37051	17966	31869	30562	647
沙河市新城镇	5244	47058	20014	16259	265163	824
沙河市白塔镇	8400	47127	13491	16858	1200000	10500
沙河市十里亭镇	6330	31411	11388	9290	208760	7061
沙河市綦村镇	10842	33953	6087	14837	100300	7400
沙河市册井乡	4638	30154	4236	11720	41200	78
沙河市刘石岗乡	7550	26703	12094	12512	6820	637
沙河市柴关乡	8249	18499	2292	9697	9950	809
沙河市蝉房乡	15230	18778	2725	14683	460	604
竞秀区颉庄乡	1140	18763	5510	4500	568347	655
竞秀区富昌乡	1416	23215	5135	3900	702711	662
竞秀区韩村乡	550	11019	797	670	174065	618
竞秀区南奇乡	2389	22718	9825	17700	247313	655
竞秀区江城乡	4289	38216	21022	29133	844350	785
莲池区韩庄乡	2180	42983	12106	10122	11365	872
莲池区东金庄乡	1656	24507	2420	9889	130000	852
莲池区百楼乡	2512	23790	10952	14558	317834	1397
莲池区杨庄乡	1272	14799	1660	3800	3968	478
莲池区南大园乡	1722	27820	1703	5882	8082487	100
莲池区焦庄乡	3233	32195	13500	19732	85500	702
莲池区五尧乡	2779	29503	11974	17899	223645	1396
满城区满城镇	8542	113778	28658	97871	620581	3261
满城区大册营镇	4740	38856	16002	31275	386268	1168
满城区神星镇	7391	43881	11199	37242	383676	2732
满城区南韩村镇	5933	46251	34496	59551	690921	3985
满城区方顺桥镇	5199	45854	30438	39503	735600	2856
满城区于家庄乡	2947	22810	22311	25223	295000	465
满城区要庄乡	2816	24870	14567	30330	144980	1031
满城区白龙乡	4940	18728	5521	10584	31267	814
满城区石井乡	5924	24853	6178	21427	184070	840
满城区坨南乡	6667	18345	3067	19431	7296	712
满城区刘家台乡	7862	7187	1052	6781	14650	515
清苑区清苑镇	4690	78459	22612	18262	556000	4310
清苑区冉庄镇	6440	39451	35783	42786	46100	633
清苑区阳城镇	6563	41668	53279	31184	15300	572
清苑区魏村镇	4529	42357	33474	21192	98610	639
清苑区温仁镇	6709	53315	25771	50642	131425	392
清苑区张登镇	5538	40728	9842	42484	125830	648
清苑区大庄镇	2757	27049	10095	21350	129320	390
清苑区臧村镇	4069	34552	25627	22750	38750	575
清苑区白团乡	5051	37481	35392	17834	85320	661
清苑区北店乡	4502	28026	22092	27757	88458	573
清苑区石桥乡	6635	46014	34104	38748	289100	460
清苑区李庄乡	4860	29196	24758	26486	45670	436
清苑区北王力乡	4499	22613	18122	34546	3650	466
清苑区东吕乡	5886	47595	21347	54217	276969	480
清苑区何桥乡	3938	29253	32128	17992	16200	560
清苑区孙村乡	2200	19098	12457	19303	15700	331

4-1续18　乡镇经济主要指标(2015年)

乡镇名称	行政区域面积(公顷)	乡镇总人口(人)	粮食产量(吨)	现价农林牧渔业总产值(万元)	企业营业收入(万元)	公共财政收入(万元)
清苑区阎庄乡	2233	22474	14992	19228	45400	379
清苑区望亭乡	4212	41907	34140	38001	670000	502
徐水区安肃镇	8154	135860	45991	66280	1024450	3882
徐水区崔庄镇	7039	73100	48004	48843	279603	1175
徐水区大因镇	5744	60278	42239	47980	108330	1645
徐水区遂城镇	6791	52116	43707	42989	314223	2231
徐水区高林村镇	6577	47056	36714	74150	206201	1573
徐水区大王店镇	6917	48617	23108	56766	95593	2411
徐水区漕河镇	5287	38096	29401	53048	52233	1065
徐水区东史端乡	4236	37000	26351	24003	111057	2321
徐水区留村乡	3730	30517	22539	25220	138771	635
徐水区正村乡	3942	28658	18592	30009	17869	1250
徐水区户木乡	3647	25945	22963	20593	7200	796
徐水区瀑河乡	3306	16596	8309	15391	5120	507
徐水区东釜山乡	3813	14308	6232	3639	14172	419
徐水区义联庄乡	3122	9423	4363	3766	10570	447
涞水县涞水镇	4432	38428	15281	35579	41521	320
涞水县永阳镇	6486	31085	17297	18102	21121	720
涞水县义安镇	5336	31550	22895	21131	19093	559
涞水县石亭镇	7357	38029	18685	20825	22445	1203
涞水县赵各庄镇	25311	22849	1456	11353	1186	6504
涞水县九龙镇	22419	16429	1216	9078	3181	492
涞水县三坡镇	21837	13394	864	6418	4855	240
涞水县明义乡	3330	21671	16839	21028	4150	215
涞水县王村乡	3444	21443	13015	11699	14722	350
涞水县东文山乡	3200	17326	7884	8537	9187	328
涞水县娄村满族乡	16206	29029	10847	17679	8011	702
涞水县宋各庄乡	4798	10206	1342	5216	1717	660
涞水县其中口乡	17678	6825	1248	3498	333	100
涞水县龙门乡	21307	11151	855	6062	5656	422
涞水县胡家庄乡	2520	15477	10631	14525	4999	208
阜平县阜平镇	29440	59094	8150	17249	36120	458
阜平县龙泉关镇	14872	8311	4221	6891	2080	100
阜平县平阳镇	18726	27961	8330	15860	18540	130
阜平县城南庄镇	27580	22931	8950	16260	12456	540
阜平县天生桥镇	16483	11328	5460	7870	9720	147
阜平县王林口镇	10550	20201	5766	10130	1780	330
阜平县台峪乡	11367	8396	3605	4420	15460	186
阜平县大台乡	17714	13260	4310	7500	4040	20
阜平县史家寨乡	26381	9705	3370	7380	1510	520
阜平县砂窝乡	23169	12335	5360	8880	15480	850
阜平县吴王口乡	20423	7134	2110	3980	9850	190
阜平县夏庄乡	16941	5907	1986	3820	3490	80
阜平县北果元乡	15947	23837	5540	14060	13525	298
定兴县定兴镇	6585	98337	28113	27011	668889	1987
定兴县固城镇	6732	53593	51709	49045	75100	1106
定兴县贤寓镇	6722	48608	43406	58359	190300	160
定兴县北河镇	3329	24172	19037	13005	50047	437
定兴县天宫寺镇	4263	32689	30114	29668	59890	771

4-1续19 乡镇经济主要指标(2015年)

乡镇名称	行政区域面积(公顷)	乡镇总人口(人)	粮食产量(吨)	现价农林牧渔业总产值(万元)	企业营业收入(万元)	公共财政收入(万元)
定兴县小朱庄镇	4486	35660	27702	27594	46450	279
定兴县东落堡乡	3921	28290	24784	30080	29012	290
定兴县高里乡	8242	58472	53779	69339	98360	579
定兴县张家庄乡	2793	22726	23683	28920	27360	392
定兴县姚村乡	3083	23700	24260	13994	31360	172
定兴县肖村乡	3751	27214	26473	24665	5800	172
定兴县柳卓乡	3156	26800	24237	12700	10750	621
定兴县杨村乡	3856	33723	25261	23695	57780	380
定兴县北田乡	4877	41103	26942	42888	59800	694
定兴县北南蔡乡	2815	21359	18818	15269	36600	242
定兴县李郁庄乡	2777	20511	21477	11510	24323	862
唐县仁厚镇	5000	94729	20539	23970	33581	1044
唐县王京镇	4600	52307	26029	20799	165000	1514
唐县高昌镇	5500	36280	20833	23991	20121	442
唐县北罗镇	4100	56539	16482	17136	37380	130
唐县白合镇	10967	31282	12600	15970	31106	231
唐县军城镇	9700	23590	4585	7850	7200	427
唐县川里镇	10100	10089	1820	1600	21800	340
唐县长古城镇	4300	44894	26019	33880	78498	561
唐县都亭乡	3400	26044	11709	26382	57650	175
唐县南店头乡	1800	24654	10189	13325	27587	201
唐县北店头乡	7800	34730	12331	19458	12245	540
唐县罗庄乡	5400	40267	11154	8871	1408	235
唐县雹水乡	2900	18742	5172	2392	7951	205
唐县大洋乡	5100	25500	5054	8160	9220	90
唐县迷城乡	5200	12102	1040	2663	5500	334
唐县齐家佐乡	11600	27314	8300	14520	6578	381
唐县羊角乡	9200	12185	2914	4858	12526	165
唐县石门乡	9400	9141	2299	4090	5150	365
唐县黄石口乡	11800	17781	2377	3112	8982	399
唐县倒马关乡	10300	4445	1825	1275	4810	130
高阳县高阳镇	3884	65516	8315	7151	145660	335
高阳县庞口镇	8612	51454	25662	29366	187764	370
高阳县西演镇	7176	49500	18328	31360	194616	552
高阳县邢家南镇	5046	36940	26132	16768	310600	280
高阳县晋庄镇	5617	35980	16804	12416	497820	601
高阳县蒲口乡	5254	25619	18260	17295	178295	1112
高阳县小王果庄乡	4432	31592	19029	12750	182942	780
高阳县龙化乡	5143	32772	17013	20991	8926	369
高阳县庞家佐乡	4328	26720	13074	17267	13628	508
容城县容城镇	7590	67603	43387	42429	410350	1559
容城县小里镇	3500	28139	21505	17222	209986	489
容城县南张镇	5380	54678	38296	29260	201680	664
容城县大河镇	3200	23904	21466	13396	356550	422
容城县晾马台镇	3380	26140	18271	11813	181325	329
容城县八于乡	2920	21309	19294	13348	28840	537
容城县贾光乡	2380	25567	20298	29332	77695	374
容城县平王乡	3050	25430	20720	17773	310060	1562
涞源县涞源镇	20300	60658	10592	9637	360000	11378

4-1续20 乡镇经济主要指标(2015年)

乡镇名称	行政区域面积(公顷)	乡镇总人口(人)	粮食产量(吨)	现价农林牧渔业总产值(万元)	企业营业收入(万元)	公共财政收入(万元)
涞源县银坊镇	23220	15307	2936	5627	21150	240
涞源县走马驿镇	15700	20908	1912	6035	64450	1922
涞源县水堡镇	15260	7769	1794	3665	150000	2172
涞源县王安镇	14550	16614	2429	4097	5920	476
涞源县杨家庄镇	11700	18024	936	1434	112536	11428
涞源县白石山镇	15660	19787	6118	6996	810	664
涞源县南屯乡	7060	10632	3797	4306	33006	10491
涞源县南马庄乡	13500	10143	1020	5938	6350	510
涞源县北石佛乡	14890	20122	8347	9681	5400	292
涞源县金家井乡	17670	14915	7209	5002	2200	175
涞源县留家庄乡	13970	7580	2256	4182	2100	400
涞源县上庄乡	19330	15402	5514	4226	2200	330
涞源县东团堡乡	19420	15086	3467	3560	10480	400
涞源县塔崖驿乡	7540	6432	1062	2563	3554	220
涞源县乌龙沟乡	7540	6135	796	2159	40930	1000
涞源县烟煤洞乡	7440	4880	471	1825	9200	322
望都县望都镇	3980	56421	28083	27598	57094	439
望都县固店镇	4994	31713	35981	40426	80305	332
望都县贾村镇	4016	31565	21471	36494	39317	289
望都县寺庄乡	4883	36079	34137	30029	18450	365
望都县赵庄乡	3413	28086	26739	29960	80230	527
望都县黑堡乡	3822	30598	25664	29680	91724	402
望都县高岭乡	4031	28910	28459	40916	117910	507
望都县中韩庄乡	6535	30914	44584	41029	38740	351
安新县安新镇	7138	69203	14931	18110	320483	7150
安新县大王镇	7300	29038	38795	14258	14016	1955
安新县三台镇	5600	33456	23495	12321	351558	1320
安新县端村镇	7200	47972	19955	33668	77946	1000
安新县赵北口镇	2260	22963	5138	7363	39504	185
安新县同口镇	8700	35057	18068	15296	315820	838
安新县刘李庄镇	6200	52431	19665	18463	250172	889
安新县安州镇	7700	40039	28403	14367	296500	1116
安新县老河头镇	6400	44466	23782	13813	477286	1574
安新县圈头乡	4500	28712	273	14214	26290	406
安新县寨里乡	5700	36712	28110	12777	42020	959
安新县芦庄乡	4100	21530	18629	11843	377100	699
易县易州镇	8060	52423	13456	16222	76580	958
易县梁格庄镇	14500	33106	8330	18672	54050	290
易县西陵镇	8000	16453	3435	20608	29800	190
易县裴山镇	8100	36691	21458	23244	33200	350
易县塘湖镇	7333	45228	17781	37434	15960	467
易县狼牙山镇	14667	17852	3811	12189	3112	200
易县良岗镇	16700	12097	1988	6213	8555	180
易县紫荆关镇	26300	21538	1563	32654	21511	391
易县高村镇	9800	38270	17425	30881	74250	425
易县桥头乡	5440	28156	20098	18302	33000	200
易县白马乡	5940	16739	7114	13157	16720	317
易县流井乡	10800	17976	9056	20534	8150	271
易县高陌乡	6450	46960	41376	34346	21700	528

4−1续21　乡镇经济主要指标(2015年)

乡镇名称	行政区域面积(公顷)	乡镇总人口(人)	粮食产量(吨)	现价农林牧渔业总产值(万元)	企业营业收入(万元)	公共财政收入(万元)
易县大龙华乡	7500	13775	1697	6347	8000	192
易县安格庄乡	10300	11994	1280	6086	3380	145
易县凌云册乡	6620	32560	32713	37297	29512	256
易县西山北乡	9345	23802	5196	19024	13850	358
易县尉都乡	4050	16932	8424	8317	16850	181
易县独乐乡	3700	10010	1501	17274	1250	171
易县七峪乡	5100	2769	1232	3182	9900	190
易县富岗乡	10600	6024	874	2349	51300	108
易县坡仓乡	7200	6273	446	4784	4911	158
易县牛岗乡	8379	6368	1435	2737	1321	70
易县桥家河乡	7310	4280	520	2288	15500	235
易县甘河净乡	6200	1656	693	2599	7200	178
易县蔡家峪乡	7200	2692	178	1795		125
易县南城司乡	17800	14359	2039	5356	3312	80
曲阳县恒州镇	4820	83970	8508	15689	84790	953
曲阳县灵山镇	12210	74102	6119	9523	29830	437
曲阳县燕赵镇	4850	51517	22344	21670	35747	365
曲阳县羊平镇	5150	44210	6820	8405	120000	104
曲阳县文德镇	3800	48856	24920	17429	66400	326
曲阳县路庄子乡	3640	18626	5115	6397	49226	156
曲阳县下河乡	5930	35358	10735	13614	3171	518
曲阳县庄窠乡	2310	13488	2998	3386	7450	271
曲阳县孝墓乡	6660	29030	4507	4812	512	123
曲阳县东旺乡	5840	41933	12791	10515	28520	774
曲阳县晓林乡	6140	42135	14110	23566	31370	195
曲阳县邸村乡	3040	26645	13655	11358	36950	314
曲阳县产德乡	8760	36520	8092	14063	19880	180
曲阳县齐村乡	7620	17701	2035	3615	1031	392
曲阳县党城乡	6420	26019	3587	9398	31247	1288
曲阳县郎家庄乡	10050	25795	2957	3530	24330	622
曲阳县范家庄乡	4810	9726	1456	1339	1270	68
曲阳县北台乡	6300	13079	2073	4025	9580	286
蠡县蠡吾镇	9954	108687	32631	26747	748569	2104
蠡县留史镇	5962	59549	19000	13119	429600	1090
蠡县大百尺镇	7130	62611	32929	18762	435079	656
蠡县辛兴镇	6251	52200	31554	11913	573257	2130
蠡县北郭丹镇	2569	21845	13091	14605	58397	298
蠡县万安镇	2991	29642	10231	21224	44768	250
蠡县桑园镇	3686	29012	17782	21903	197533	430
蠡县南庄镇	6870	42405	30135	38250	38776	651
蠡县大曲堤镇	2815	26056	3748	20567	93631	593
蠡县小陈乡	2955	24512	12260	12141	71232	398
蠡县林堡乡	2719	21830	9854	12114	68362	394
蠡县北埝头乡	4675	26041	22644	16609	34300	447
蠡县鲍墟乡	5830	42561	17907	20211	33823	340
顺平县蒲阳镇	6431	72844	32404	50119	350776	827
顺平县高于铺镇	6729	54750	36907	45566	325826	173
顺平县腰山镇	5224	38200	19116	42825	97706	440
顺平县蒲上镇	5901	32749	14186	31288	290560	252

4-1续22　乡镇经济主要指标(2015年)

乡镇名称	行政区域面积（公顷）	乡镇总人口（人）	粮食产量（吨）	现价农林牧渔业总产值（万元）	企业营业收入（万元）	公共财政收入（万元）
顺平县神南镇	8987	12890	2052	7087	6937	152
顺平县白云乡	6362	30582	11210	40349	35538	474
顺平县河口乡	5837	18246	1346	27904	2789	442
顺平县安阳乡	8885	19779	4072	20237	16573	395
顺平县台鱼乡	5923	18976	2537	23637	41409	108
顺平县大悲乡	10821	21727	3129	13099	8362	550
博野县博野镇	7809	70159	35043	48169	43613	2952
博野县小店镇	3078	33150	22671	16601	50491	398
博野县程委镇	7143	45888	37115	52863	73867	570
博野县东墟镇	2895	26160	18316	19448	4421	361
博野县北杨村乡	2813	28433	15083	19880	3600	391
博野县城东乡	4074	32919	31225	24986	7763	325
博野县南小王乡	5278	38092	23925	29057	53057	762
雄县雄州镇	9018	106590	31307	32015	643820	4894
雄县昝岗镇	4503	35661	27447	17585	367238	639
雄县大营镇	6137	40542	31674	16208	66962	975
雄县龙湾镇	8074	53426	23530	15987	387256	4689
雄县朱各庄镇	5120	37176	24520	16300	353310	1212
雄县米家务镇	5769	38469	22514	23438	243131	2541
雄县北沙口乡	3741	23832	28531	13954	93653	379
雄县双堂乡	4109	23619	20772	20879	10665	529
雄县张岗乡	4879	32945	23329	13658	24965	503
保定高新技术产业开发区贤台乡	2857	22380	15415		41065	1500
保定高新技术产业开发区大马坊乡	2050	19622	5829		3100	1909
保定白沟新城白沟镇	5397	57117	16567	16128	3145400	46900
涿州市松林店镇	7200	63025	38271	35630	26128	6488
涿州市码头镇	5932	37400	19899	29976	261941	1076
涿州市东城坊镇	10000	40470	33216	23166	68100	1936
涿州市高官庄镇	4260	27965	24804	27064	30240	670
涿州市东仙坡镇	4420	34242	20930	20060	19200	2598
涿州市百尺竿镇	5400	46229	25713	21547	188549	960
涿州市义和庄镇	7910	40220	24636	66734	40987	220
涿州市林家屯乡	5000	37301	27152	34232	46200	184
涿州市孙庄乡	2969	17583	12017	10028	4360	620
涿州市豆庄乡	6700	39094	32437	36672	53263	116
涿州市刁窝乡	6980	35742	23608	50939	98076	291
安国市祁州镇	4302	62702	21048	20200	426080	1092
安国市伍仁桥镇	3480	35371	23180	28590	463900	480
安国市石佛镇	5495	37821	29702	34736	377940	1134
安国市郑章镇	5500	41216	25816	26996	158760	883
安国市大五女镇	3900	26354	19409	22410	17577	436
安国市西佛落镇	3200	26210	24342	26825	198181	5172
安国市明官店乡	4700	37440	17406	22496	114005	489
安国市南娄底乡	3952	39223	33303	29001	81092	324
安国市西安国城乡	3500	31000	26900	27091	10005	433
安国市北段村乡	4700	26545	26603	28790	60760	553
高碑店市方官镇	6400	52037	40095	29671	214056	1190
高碑店市新城镇	7000	55512	31169	46943	239828	1158
高碑店市泗庄镇	5600	39552	25466	16521	409980	206

4-1续23　乡镇经济主要指标(2015年)

乡镇名称	行政区域面积(公顷)	乡镇总人口(人)	粮食产量(吨)	现价农林牧渔业总产值(万元)	企业营业收入(万元)	公共财政收入(万元)
高碑店市辛立庄镇	6030	45955	42946	24530	319155	1207
高碑店市东马营镇	4000	32363	16567	20846	273998	779
高碑店市肖官营乡	4400	30348	24023	22459	214032	294
高碑店市梁家营乡	2900	29869	20284	28392	390530	660
高碑店市张六庄乡	6200	41819	38060	30767	248570	899
高碑店市辛桥乡	7200	42695	41611	24863	97630	860
桥东区姚家庄镇	4619	14089	4010	5055	54871	1221
桥西区东窑子镇	8857	19776	1385	7874	25850	1328
宣化区庞家堡镇	12718	24036	4132	5990	5597	7027
宣化区河子西乡	4900	16675	8579	12888	28516	11533
宣化区春光乡	3700	14462	1817	6935		12338
宣化区侯家庙乡	5879	13296	6538	15805	16346	1478
下花园区花园乡	5470	10249	1957	15380	63748	983
下花园区辛庄子乡	6937	5302	1794	5915	14010	677
下花园区定方水乡	10460	8870	2841	11267	10125	518
下花园区段家堡乡	6420	2172	2019	4317	216	520
宣化县洋河南镇	13060	33452	18799	39428	126536	972
宣化县深井镇	26644	35091	39347	45594	156050	560
宣化县崞村镇	25587	22971	14704	45063	52625	1153
宣化县沙岭子镇	3266	21552	6299	31644	457766	1279
宣化县大仓盖镇	9697	24381	16144	44690	170482	717
宣化县贾家营镇	19472	21185	20646	32984	254182	2982
宣化县顾家营镇	4533	13868	11836	21590	253000	565
宣化县赵川镇	17753	33224	18362	45583	441230	2929
宣化县王家湾乡	22680	7374	9259	16577	3043	334
宣化县塔儿村乡	18480	8786	7166	18413	7234	423
宣化县江家屯乡	10949	26877	20542	29062	75571	540
宣化县东望山乡	18680	17387	14339	23863	113246	1791
宣化县李家堡乡	10140	10755	6213	15401	128357	383
张北县张北镇	14177	72309	2071	40797	587591	1796
张北县公会镇	26033	16607	10708	19682	2763	566
张北县二台镇	32017	26359	7316	42239	84150	738
张北县大囫囵镇	27782	18642	7767	28679	812	468
张北县小二台镇	20147	16237	5797	16091	1322	617
张北县台路沟乡	17212	12249	4368	17675	749	460
张北县油篓沟乡	23307	24196	11016	27454	47775	736
张北县馒头营乡	19451	16188	5225	44825	8514	605
张北县二泉井乡	23282	20136	8046	11333	2001	543
张北县单晶河乡	16126	14588	2501	5402	28	446
张北县大河乡	22234	19654	6803	15852	3145	572
张北县海流图乡	28432	20158	9572	20703	3170	542
张北县两面井乡	20283	17520	7698	9402	2801	420
张北县大西湾乡	21626	14426	4151	14230	8321	418
张北县郝家营乡	16229	14824	2964	20391	3261	581
张北县白庙滩乡	21007	13845	6120	10716	442	380
张北县战海乡	17721	11629	3747	17339	1578	436
张北县三号乡	19271	15332	3005	18350	3912	513
康保县康保镇	32903	55063	16489	46828	140948	1293
康保县张纪镇	25918	20431	10021	29177	5080	345

4-1续24　乡镇经济主要指标(2015年)

乡镇名称	行政区域面积(公顷)	乡镇总人口(人)	粮食产量(吨)	现价农林牧渔业总产值(万元)	企业营业收入(万元)	公共财政收入(万元)
康保县土城子镇	19644	16126	9432	30459	5738	517
康保县邓油坊镇	15602	15925	8378	22134	720	450
康保县李家地镇	15261	13976	8618	13559	2768	369
康保县照阳河镇	25103	13150	4053	22746	15377	404
康保县屯垦镇	41057	23852	18293	20580	245	508
康保县闫油坊乡	24670	18184	10478	24641	4187	395
康保县丹清河乡	21368	15854	12837	34475	2320	586
康保县哈咇嘎乡	16770	12351	6201	21923	1538	276
康保县二号卜乡	19090	17206	9044	18240	780	589
康保县芦家营乡	16130	11685	9068	14066	9338	282
康保县忠义乡	11425	11125	5082	17752	1540	350
康保县处长地乡	14346	12988	7121	19334	2680	568
康保县满德堂乡	27666	15108	6534	19664	580	321
沽源县平定堡镇	38000	45692	19707	39261	55240	1026
沽源县小厂镇	22000	14728	9554	20971	16254	355
沽源县黄盖淖镇	17800	16698	6403	22555	14502	502
沽源县九连城镇	32200	21701	6699	17461	11247	1086
沽源县高山堡乡	17700	10537	10508	21539	8952	787
沽源县小河子乡	34400	19420	9013	26453	960	394
沽源县二道渠乡	21800	10338	12342	32596	980	593
沽源县大二号回族乡	5700	3176	2985	8517	4520	179
沽源县闪电河乡	22600	13190	7348	32615	1250	467
沽源县长梁乡	23000	14022	11887	16910	950	750
沽源县丰源店乡	28288	10626	9638	19059	810	866
沽源县西辛营乡	21300	16072	5256	29888	1250	1057
沽源县莲花滩乡	21900	7439	3503	10736	650	655
沽源县白土窑乡	28700	16085	4353	26627	790	903
尚义县南壕堑镇	24828	43775	3764	16611	97389	785
尚义县大青沟镇	18187	20722	1155	15415	3530	601
尚义县八道沟镇	20015	15662	3015	14000	720	640
尚义县红土梁镇	29333	12045	4951	7219	15348	296
尚义县小蒜沟镇	37284	10902	3829	5401	840	679
尚义县三工地镇	10729	9132	2122	5877	11210	301
尚义县满井镇	16490	13537	3878	5194	691	143
尚义县大营盘乡	25748	13503	2974	31212	3570	354
尚义县大苏计乡	13854	11294	5327	12108	86	383
尚义县石井乡	13100	13024	2611	5398	11030	410
尚义县七甲乡	7259	7212	1603	21800	450	270
尚义县套里庄乡	11461	8650	2964	13524	322	410
尚义县甲石河乡	14324	7546	8421	12258	2812	302
尚义县下马圈乡	14587	4476	1021	1500		190
蔚县蔚州镇	3689	84485	4534	20498	567177	31951
蔚县代王城镇	6910	32082	7858	20642	60000	924
蔚县西合营镇	14032	53277	18519	18614	30000	714
蔚县吉家庄镇	13500	25310	7158	17602	13000	33
蔚县白乐镇	6701	20735	6095	11881	6910	25
蔚县暖泉镇	4370	17707	4006	9471	48280	54
蔚县南留庄镇	7120	28793	5688	13018	105861	11368
蔚县北水泉镇	10425	13109	4289	13462	16800	14

4–1续25　乡镇经济主要指标(2015年)

乡镇名称	行政区域面积(公顷)	乡镇总人口(人)	粮食产量(吨)	现价农林牧渔业总产值(万元)	企业营业收入(万元)	公共财政收入(万元)
蔚县桃花镇	15470	21278	11620	24816	13500	17
蔚县阳眷镇	13670	18614	2824	10948	1180	8
蔚县宋家庄镇	30483	27733	9227	16489	84800	842
蔚县下宫村乡	30996	24952	10578	17521	16900	31
蔚县南杨庄乡	10326	15605	19819	12898	11130	80
蔚县柏树乡	23706	12247	2743	12136	5900	66
蔚县常宁乡	5881	10029	4841	11690	9500	69
蔚县涌泉庄乡	7900	24547	8038	7797	14000	627
蔚县杨庄窠乡	12478	17435	3159	11493	43375	347
蔚县南岭庄乡	7300	13898	5985	9127	11120	75
蔚县陈家洼乡	10369	8579	3118	8396	1960	8
蔚县黄梅乡	7712	10652	3180	12298	11680	11
蔚县白草村乡	12300	8603	1985	6944	33456	682
蔚县草沟堡乡	48722	13171	339	5539	2100	80
阳原县西城镇	11219	63602	5710	23841	9811	8995
阳原县东城镇	16742	18139	6741	13429	410	751
阳原县化稍营镇	9411	25713	5000	15208	12025	2469
阳原县揣骨疃镇	28809	25966	7700	19215	55600	1116
阳原县东井集镇	12747	33362	11504	19437	5910	1168
阳原县要家庄乡	10350	20793	6255	15400	4895	803
阳原县东坊城堡乡	10961	10104	4910	9157	3625	397
阳原县井儿沟乡	12632	11634	5187	8454	2580	638
阳原县三马坊乡	5700	10221	3839	14272	1054	485
阳原县高墙乡	17962	16370	5560	12254	13478	1081
阳原县大田洼乡	7827	5506	2088	2946		865
阳原县辛堡乡	11385	13270	8107	21573	8340	1006
阳原县马圈堡乡	11412	8775	3584	11884	125	353
阳原县浮图讲乡	15330	11528	8295	16837	1593	514
怀安县柴沟堡镇	16383	76051	11514	51928	100987	3938
怀安县左卫镇	27178	38743	24464	30388	193048	4230
怀安县头百户镇	8381	16534	12775	19539	68250	998
怀安县怀安城镇	20487	31411	8564	25779	111235	1344
怀安县渡口堡乡	20237	17150	10968	10483	9898	703
怀安县第六屯乡	8361	10533	7758	10953	648	669
怀安县西湾堡乡	11621	8642	6026	7131	7568	398
怀安县西沙城乡	8500	10494	5266	6156	10252	938
怀安县太平庄乡	16877	9972	5684	6381	9118	538
怀安县王虎屯乡	17384	12843	16369	14021	7800	621
怀安县第三堡乡	13771	13627	11162	13228	19867	1760
万全县孔家庄镇	6540	52800	24466	17525	290000	1458
万全县万全镇	7126	14868	5077	8525	18000	1509
万全县洗马林镇	13858	9851	4306	12355	44985	132
万全县郭磊庄镇	5852	24150	22002	36654	64325	1245
万全县膳房堡乡	17695	11888	5563	11841	53643	608
万全县北新屯乡	18176	9071	1725	5856	87	160
万全县宣平堡乡	7123	23577	11952	20566	41000	1131
万全县高庙堡乡	13400	13343	9856	8674	5346	367
万全县旧堡乡	6424	11511	14932	21556	3343	1187
万全县安家堡乡	10138	24948	13114	22826	65293	2587

4-1续26 乡镇经济主要指标(2015年)

乡镇名称	行政区域面积(公顷)	乡镇总人口(人)	粮食产量(吨)	现价农林牧渔业总产值(万元)	企业营业收入(万元)	公共财政收入(万元)
万全县北沙城乡	6484	19313	14852	22963	4382	681
怀来县沙城镇	5902	98305	8738	35029	1125256	444
怀来县北辛堡镇	7056	18094	3546	14109	190909	4613
怀来县新保安镇	6686	23251	3220	15177	154868	2166
怀来县东花园镇	13100	18270	7773	18537	83141	9082
怀来县官厅镇	17800	12135	3864	14575	288794	342
怀来县桑园镇	12133	27308	10112	47341	16068	559
怀来县存瑞镇	15125	28333	5649	25172	14250	1162
怀来县土木镇	9354	23268	15217	36009	186298	1884
怀来县大黄庄镇	4617	18391	6473	20430	3103	347
怀来县西八里镇	3658	22918	10928	15910	39466	940
怀来县小南辛堡镇	17236	18325	4366	21418	52590	410
怀来县狼山乡	5470	12256	4117	10719	9318	291
怀来县鸡鸣驿乡	4200	9021	6251	11617	35000	1580
怀来县东八里乡	2530	10620	10543	10856	11231	279
怀来县瑞云观乡	11830	6007	741	6500	21478	326
怀来县孙庄子乡	11130	4981	2312	4829		213
怀来县王家楼回族乡	13200	8399	3495	11917	1159	331
涿鹿县涿鹿镇	7122	73059	8690	50987	226806	1459
涿鹿县张家堡镇	6914	23863	18404	36628	148000	2808
涿鹿县武家沟镇	27000	15508	12325	19047	2840	480
涿鹿县五堡镇	6773	29557	10099	42241	280	708
涿鹿县保岱镇	9930	30540	27285	44676	5963	552
涿鹿县矾山镇	14704	22311	10890	45162	48750	2940
涿鹿县大堡镇	26676	18456	22202	47808	1473	655
涿鹿县河东镇	39661	11374	499	8143	8780	421
涿鹿县东小庄镇	5823	32609	31160	65725	3695	505
涿鹿县辉耀镇	22483	12398	9412	17956	80	1055
涿鹿县大河南镇	26643	10500	262	6064	17430	295
涿鹿县温泉屯镇	7660	14663	1817	51986	208	812
涿鹿县蟒石口镇	20439	9633	434	7123	500	136
涿鹿县栾庄乡	9254	20049	6674	45212	8	1259
涿鹿县黑山寺乡	7177	11379	7705	9143	8	574
涿鹿县卧佛寺乡	23873	11064	6218	15053	9666	646
涿鹿县谢家堡乡	18106	5945	90	4766	13690	125
赤城县赤城镇	24660	50370	5591	43753	254550	1707
赤城县田家窑镇	19620	20161	7588	23067	236900	758
赤城县龙关镇	28730	28519	9439	16039	252186	1730
赤城县雕鹗镇	35390	15714	4564	32609	32466	2047
赤城县独石口镇	21706	6472	3244	13802	443	996
赤城县白草镇	24380	12188	3094	15064	220	452
赤城县龙门所镇	23590	14066	4472	17473	4150	539
赤城县后城镇	37468	21127	6503	17141	290	1073
赤城县东卯镇	44560	23917	4914	18154	3350	1002
赤城县炮梁乡	15634	7276	2585	6110	470000	708
赤城县大海陀乡	27550	10013	5461	19167	300	576
赤城县镇宁堡乡	33300	13838	5449	19406	39000	1206
赤城县马营乡	31750	11488	3278	12368	567	468
赤城县云州乡	52034	18662	6659	16058	4800	644

4-1续27　乡镇经济主要指标(2015年)

乡镇名称	行政区域面积(公顷)	乡镇总人口(人)	粮食产量(吨)	现价农林牧渔业总产值(万元)	企业营业收入(万元)	公共财政收入(万元)
赤城县三道川乡	33708	9000	3187	12790		238
赤城县东万口乡	28220	16649	3426	21294	750	996
赤城县茨营子乡	27420	10825	2933	13074	99	669
赤城县样田乡	18980	9040	4427	27321	919	1071
崇礼县西湾子镇	22440	32574	450	18692	156820	2707
崇礼县高家营镇	34256	26108	4490	22495	29820	1543
崇礼县四台嘴乡	37488	11574	2661	17250	123087	1662
崇礼县红旗营乡	17676	8087	2052	18006	5800	420
崇礼县石窑子乡	14223	7987	2077	13382	10923	260
崇礼县驿马图乡	34191	10303	5505	14986	873	316
崇礼县石嘴子乡	30467	8876	2575	14526	14587	649
崇礼县狮子沟乡	12032	7568	2125	7046	4450	600
崇礼县清三营乡	14009	5664	1987	5692		221
崇礼县白旗乡	15628	7908	457	9023	527	330
张家口市高新技术产业开发区老鸦庄镇	2950	34904	4309	41799	858515	1526
张家口市高新技术产业开发区沈家屯镇	4500	29815	8812	39891	584512	1672
张家口市高新技术产业开发区姚家房镇	4712	29756	12827	27822	454538	1996
张家口市察北管理区沙沟镇	9627	7161	8831	7349		588
张家口市察北管理区宇宙营乡	9730	6208	755	10349		583
双桥区水泉沟镇	4128	18162	1156	1173	54412	672
双桥区狮子沟镇	3038	24613		234	39402	486
双桥区牛圈子沟镇	6200	38396	940	2371	187151	604
双桥区大石庙镇	8230	21622	1861	8678	185866	783
双桥区双峰寺镇	12513	30524	3928	5434	22000	920
双滦区双塔山镇	8856	19469	1267	3376	320000	1138
双滦区滦河镇	1525	8290	153	485	488078	661
双滦区大庙镇	9436	13117	1647	3511	19780	918
双滦区偏桥子镇	5253	9778	4048	11803		853
双滦区陈栅子乡	8795	14435	2226	10520		644
双滦区西地满族乡	11333	21278	5319	6386		1096
鹰手营子矿区鹰手营子镇	3420	8010	550	4982	514217	1099
鹰手营子矿区北马圈子镇	2392	12242	346	3350	574119	3518
鹰手营子矿区寿王坟镇	6020	12842	470	3268	331320	2731
鹰手营子矿区汪家庄镇	2500	9720	410	3133	86240	330
承德县下板城镇	25364	72781	8174	24285	673000	25710
承德县甲山镇	17116	22125	6122	12738	138220	7742
承德县六沟镇	18040	33048	18742	39704	28200	1274
承德县三沟镇	18033	22473	10751	25958	4200	1627
承德县头沟镇	18513	26582	17719	27365	224000	3949
承德县高寺台镇	13364	14660	5704	22584	701255	7729
承德县鞍匠镇	18693	16937	5202	10185	9150	310
承德县三家镇	30329	23691	7196	18415	3870	407
承德县东小白旗乡	11693	9787	4456	32386	9280	173
承德县刘杖子乡	17587	11696	5726	14433	7320	455
承德县新杖子乡	10030	13575	4173	20956	13880	555
承德县孟家院乡	10147	11719	3065	13599	1022	691
承德县大营子乡	17358	9824	4432	14190	13400	194
承德县八家乡	13741	9388	12474	19235	6800	2755
承德县上谷乡	12472	21195	4077	13227	410	422

4-1续28　乡镇经济主要指标(2015年)

乡镇名称	行政区域面积(公顷)	乡镇总人口(人)	粮食产量(吨)	现价农林牧渔业总产值(万元)	企业营业收入(万元)	公共财政收入(万元)
承德县满杖子乡	11028	9487	13859	22151	3680	139
承德县石灰窑乡	12868	23334	4309	9045	2350	694
承德县五道河乡	15857	9154	13668	21560	137200	164
承德县岔沟乡	18367	16531	4152	5373	13700	6731
承德县岗子满族乡	8120	8753	11845	34625	2900	291
承德县磴上乡	24997	17757	5097	28486	4880	398
承德县两家满族乡	10098	10885	15508	42429	31020	460
承德县仓子乡	10991	10732	5098	16116	1500	313
兴隆县兴隆镇	19200	72216	2550	38569	431158	28300
兴隆县半壁山镇	13100	22224	1554	28121	58116	1164
兴隆县挂兰峪镇	18800	13777	1218	27026	63280	720
兴隆县青松岭镇	18100	14747	1556	20057	40382	580
兴隆县六道河镇	17600	18630	1620	15529	62265	736
兴隆县平安堡镇	11200	15885	2167	9003	734300	748
兴隆县北营房镇	13200	14064	1441	14501	19655	1150
兴隆县孤山子镇	7500	11601	852	27025	125564	1032
兴隆县蓝旗营镇	9800	14935	1083	24570	34692	457
兴隆县南天门满族乡	11300	7354	1453	14501	38891	454
兴隆县八卦岭满族乡	10200	15199	957	28004	76334	470
兴隆县陡子峪乡	7600	6879	600	7529	23048	414
兴隆县上石洞乡	13000	3865	406	10006	237	459
兴隆县雾灵山乡	27700	13826	1977	10021	11635	830
兴隆县李家营乡	15200	11774	1803	7103	41559	638
兴隆县大杖子乡	23900	18029	3170	20181	2372	609
兴隆县蘑菇峪乡	33500	17580	3060	21127	31275	666
兴隆县三道河乡	11800	16858	1454	34023	39072	636
兴隆县安子岭乡	7800	5605	581	11028	10236	504
兴隆县大水泉乡	21800	14412	2133	14424	203	586
平泉县平泉镇	22386	101538	12044	34362	926826	27474
平泉县黄土梁子镇	15340	21452	13672	37865	9397	436
平泉县榆树林子镇	29872	32255	14677	95300	21730	548
平泉县杨树岭镇	20476	33415	26122	32967	91820	2770
平泉县七沟镇	28119	28491	13653	38939	54425	2028
平泉县小寺沟镇	15067	25396	13412	21805	83850	1742
平泉县党坝镇	22243	27428	13303	23107	50800	817
平泉县卧龙镇	23023	32710	10698	49091	433100	4872
平泉县南五十家子镇	9140	20734	7400	30166	72954	1191
平泉县北五十家子镇	11556	13561	8212	23008	27811	223
平泉县桲椤树镇	13833	21077	6318	36493	57600	1459
平泉县柳溪镇	22811	12770	2270	9374	17530	931
平泉县王土房乡	12803	6649	5416	25316	10950	298
平泉县七家岱满族乡	11424	9646	5801	15798	6285	636
平泉县平房满族蒙古族乡	12536	17762	10852	22095	3661	238
平泉县茅兰沟满族蒙古族乡	16997	20088	13766	25245	5970	404
平泉县台头山乡	19015	22156	10490	32294	9702	563
平泉县松树台乡	15460	18560	8521	31282	3200	618
平泉县道虎沟乡	7310	17450	6692	28684	6360	719
滦平县滦平镇	14600	17573	3649	31276	385120	1298
滦平县长山峪镇	20084	22657	3555	35380	19396	1130

4-1续29 乡镇经济主要指标(2015年)

乡镇名称	行政区域面积(公顷)	乡镇总人口(人)	粮食产量(吨)	现价农林牧渔业总产值(万元)	企业营业收入(万元)	公共财政收入(万元)
滦平县红旗镇	13531	16537	4957	27352	244683	10063
滦平县金沟屯镇	21025	20831	4849	25936	591032	1140
滦平县虎什哈镇	24224	23135	8497	41033	19620	863
滦平县巴克什营镇	18445	21304	2596	31168	13821	942
滦平县张百湾镇	21751	26358	8622	38136	296542	2791
滦平县付营子镇	21102	18847	4714	32754	15121	896
滦平县平坊满族乡	6753	7492	3475	17430	14965	597
滦平县安纯沟门满族乡	15703	13392	3947	17410	4183	924
滦平县小营满族乡	12869	15034	3335	9976	1288631	27168
滦平县西沟满族乡	15255	7800	3184	16245	10021	591
滦平县邓厂满族乡	7386	2665	974	7431	4632	150
滦平县五道营子满族乡	12370	4928	758	11201	2413	188
滦平县马营子满族乡	13872	9689	3095	18963	7932	82
滦平县付家店满族乡	7928	5606	1219	17002	16412	454
滦平县火斗山乡	15815	15914	3999	24864	18345	458
滦平县两间房乡	9680	9730	2768	17621	5520	41
滦平县涝洼乡	9225	7332	2482	9723		66
滦平县大屯满族乡	15843	21336	6718	29984	101123	1662
隆化县隆化镇	28958	81453	10584	21156	593400	16048
隆化县韩麻营镇	21671	24370	6455	14577	654737	2901
隆化县中关镇	8296	11270	7349	12252	187610	719
隆化县七家镇	14610	13056	8180	14937	1034	757
隆化县汤头沟镇	26401	30045	18918	30765	14120	935
隆化县张三营镇	14281	25133	18586	33762	43868	742
隆化县唐三营镇	27822	28589	25768	48335	5700	354
隆化县蓝旗镇	26526	20775	20967	22807	65500	561
隆化县步古沟镇	27254	17129	12902	22500	2210	322
隆化县郭家屯镇	70271	23012	23515	33662	36840	1145
隆化县荒地乡	28563	17976	11713	19557	6831	213
隆化县章吉营乡	15627	17731	9577	17496	23456	400
隆化县茅荆坝乡	30568	10593	4174	13630	1028	348
隆化县尹家营满族乡	8994	8719	8337	16102	780	419
隆化县庙子沟蒙古族满族乡	9825	7026	4171	9089	3800	213
隆化县偏坡营满族乡	17902	13292	11093	31751	6130	247
隆化县山湾乡	19097	10818	7670	24483	2544	383
隆化县八达营蒙古族乡	18879	14247	16205	22078	6028	331
隆化县太平庄满族乡	17131	11783	7961	10436	3050	670
隆化县旧屯满族乡	17405	8165	6850	11277	1940	332
隆化县西阿超满族蒙古族乡	18969	10880	6605	17046	3500	472
隆化县白虎沟满族蒙古族乡	9409	8360	5475	13089	306	275
隆化县碱房乡	20397	7136	5978	15045	16166	638
隆化县韩家店乡	28286	14888	14993	21677	5360	441
隆化县湾沟门乡	20203	10716	9237	15483	1944	265
丰宁满族自治县大阁镇	39616	83675	8654	36449	870988	24650
丰宁满族自治县大滩镇	62100	23797	13586	43842	2623	524
丰宁满族自治县鱼儿山镇	31342	15837	9213	31025	5469	294
丰宁满族自治县土城镇	36170	17387	11236	29970	11596	100
丰宁满族自治县黄旗镇	32032	15450	7526	14401	3181	100
丰宁满族自治县凤山镇	36258	40920	11963	31167	92234	1759

4-1续30 乡镇经济主要指标(2015年)

乡镇名称	行政区域面积(公顷)	乡镇总人口(人)	粮食产量(吨)	现价农林牧渔业总产值(万元)	企业营业收入(万元)	公共财政收入(万元)
丰宁满族自治县波罗诺镇	16100	12325	5426	12828	215834	773
丰宁满族自治县黑山咀镇	29585	21273	6398	15435	11586	190
丰宁满族自治县天桥镇	15891	10077	4569	5451	21330	320
丰宁满族自治县胡麻营镇	26810	17993	4423	9452	102256	16500
丰宁满族自治县万胜永乡	26023	4765	4325	9395	3501	475
丰宁满族自治县四岔口乡	56667	7426	3211	8500	63532	62
丰宁满族自治县苏家店乡	38663	5764	2956	7064	2335	412
丰宁满族自治县外沟门乡	53445	6409	1496	14190	2627	40
丰宁满族自治县草原乡	21271	6557	5463	9360	6606	38
丰宁满族自治县窟窿山乡	27125	4140	1236	3602	2784	9
丰宁满族自治县小坝子乡	31115	5159	1586	4578	3826	25
丰宁满族自治县五道营乡	26957	9341	3256	30750	4975	110
丰宁满族自治县南关蒙古族乡	33394	19580	6523	12951	42605	1140
丰宁满族自治县选将营乡	34229	14601	8012	8721	2882	247
丰宁满族自治县西官营乡	24950	13187	8256	6762	5257	15
丰宁满族自治县王营乡	10646	6632	1983	8043	7621	432
丰宁满族自治县北头营乡	16322	7607	1986	8386	8260	23
丰宁满族自治县石人沟乡	34650	17452	3687	13578	67034	1500
丰宁满族自治县汤河乡	37230	9531	2596	18233	994	33
丰宁满族自治县杨木栅子乡	18398	8509	1813	7930	289	45
宽城满族自治县宽城镇	17253	61410	5496	24346	2085478	7224
宽城满族自治县龙须门镇	18620	24537	8328	31784	143013	1751
宽城满族自治县峪耳崖镇	14149	27717	4205	16750	933993	6799
宽城满族自治县板城镇	16061	23890	5337	18324	1820542	3587
宽城满族自治县汤道河镇	23126	21796	4633	45094	11958	253
宽城满族自治县饽罗台镇	8091	8767	887	24955	282730	3160
宽城满族自治县碾子峪镇	7849	17193	2023	12976	344234	4464
宽城满族自治县亮甲台镇	6710	7693	3111	9212	271954	2735
宽城满族自治县化皮溜子乡	5854	9957	1895	8680	20828	99
宽城满族自治县塌山乡	8307	6183	1411	14633	5355	62
宽城满族自治县孟子岭乡	9682	7433	1416	10867	4084	123
宽城满族自治县独石沟乡	4968	1568	185	11807	6854	8
宽城满族自治县东大地乡	4844	6240	1255	6721	401506	5678
宽城满族自治县铧尖乡	6274	7708	1299	12264	74851	690
宽城满族自治县东黄花川乡	4422	6193	1762	5171	243998	2159
宽城满族自治县苇子沟乡	9592	7825	1921	19484	32227	165
宽城满族自治县大字沟门乡	7250	5968	1494	12158	21434	120
宽城满族自治县大石柱子乡	9732	8097	1784	20779	1228	5
围场满族蒙古族自治县围场镇	18575	72605	2719	20921	155890	1400
围场满族蒙古族自治县四合永镇	15320	27296	7013	22125	113041	1666
围场满族蒙古族自治县克勒沟镇	15793	21075	8460	20050	1790	450
围场满族蒙古族自治县棋盘山镇	28000	23690	17262	22685	3962	579
围场满族蒙古族自治县半截塔镇	20930	12779	4862	22541	10233	868
围场满族蒙古族自治县朝阳地镇	16220	19726	14311	21903	7050	719
围场满族蒙古族自治县朝阳湾镇	18272	22268	14123	25121	2788	589
围场满族蒙古族自治县腰站镇	20800	24904	7552	31098	24541	610
围场满族蒙古族自治县龙头山镇	13869	12553	4142	18900	19900	431
围场满族蒙古族自治县新拨镇	31001	17781	12305	35200	1205	580
围场满族蒙古族自治县道坝子乡	19333	11247	4287	9960	2113	345

4-1续31　乡镇经济主要指标(2015年)

乡镇名称	行政区域面积(公顷)	乡镇总人口(人)	粮食产量(吨)	现价农林牧渔业总产值(万元)	企业营业收入(万元)	公共财政收入(万元)
围场满族蒙古族自治县黄土坎乡	25133	15168	2872	14931	1890	339
围场满族蒙古族自治县四道沟乡	10163	9025	892	36028	450	480
围场满族蒙古族自治县兰旗卡伦乡	20140	12677	4694	14888	206	466
围场满族蒙古族自治县银窝沟乡	29073	18918	5370	16985	301	563
围场满族蒙古族自治县新地乡	22733	22201	10782	36150		324
围场满族蒙古族自治县广发永乡	17180	11512	7298	9720	2657	283
围场满族蒙古族自治县育太和乡	9412	8785	5895	9005	1300	256
围场满族蒙古族自治县郭家湾乡	35910	12250	7636	18999	5656	320
围场满族蒙古族自治县杨家湾乡	16815	12762	5180	16023	1126	417
围场满族蒙古族自治县大唤起乡	12667	9952	3151	14363	4414	339
围场满族蒙古族自治县哈里哈乡	21440	11057	2701	11778		404
围场满族蒙古族自治县张家湾乡	12668	5330	866	37526	4158	236
围场满族蒙古族自治县宝元栈乡	16392	10713	1252	12999		183
围场满族蒙古族自治县山湾子乡	21374	10735	1657	16548	4100	350
围场满族蒙古族自治县三义永乡	24400	10750	7869	19300	7011	173
围场满族蒙古族自治县姜家店乡	17100	8003	2361	13699	156900	222
围场满族蒙古族自治县下伙房乡	17691	9238	1141	9158	205	355
围场满族蒙古族自治县燕格柏乡	29800	6582	1542	6742	415	270
围场满族蒙古族自治县牌楼乡	22100	11095	4488	10585	1600	439
围场满族蒙古族自治县城子乡	29724	13271	6175	14497	1560	493
围场满族蒙古族自治县老窝铺乡	27360	3853	2718	7650		208
围场满族蒙古族自治县御道口乡	23642	5519	2935	14550	1919	440
围场满族蒙古族自治县石桌子乡	13151	6883	1834	7478	1520	261
围场满族蒙古族自治县大头山乡	17864	12277	3059	12145	1098	339
围场满族蒙古族自治县南山嘴乡	17346	5330	1527	6698	650	223
围场满族蒙古族自治县西龙头乡	13669	5308	1450	6075	1666	283
承德高新技术产业开发区冯营子镇	9022	31836	2093	5390	1721107	1182
承德高新技术产业开发区上板城镇	19627	37935	7051	8845	148449	1826
新华区小赵庄乡	2421	39735	7668	4974	372349	2687
运河区小王庄镇	4243	33238	12782	10831	162400	4868
运河区南陈屯乡	4940	45859	10348	14202	333713	2929
沧县旧州镇	8200	24964	25756	19001	768690	7910
沧县兴济镇	11400	50827	39509	21630	406500	5018
沧县杜生镇	5800	44270	16181	40116	605213	3678
沧县崔尔庄镇	11800	62152	23989	36135	366930	2923
沧县薛官屯乡	9300	24167	27152	12972	500231	3652
沧县捷地回族乡	4300	30624	18475	19701	160001	2296
沧县张官屯乡	7900	50750	20319	31823	552165	5201
沧县李天木回族乡	9000	41020	34923	22465	541061	4200
沧县风化店乡	13000	45003	39973	27102	342310	4095
沧县姚官屯乡	7000	36807	29084	19102	538060	1894
沧县杜林回族乡	8300	45848	25813	26002	265530	2461
沧县汪家铺乡	8700	37969	19657	24002	190012	2893
沧县刘家庙乡	6500	28775	26207	19104	155535	2405
沧县仵龙堂乡	6900	32664	30666	29000	208668	4149
沧县大官厅乡	8500	44129	21213	20564	275000	1773
沧县高川乡	6500	35979	18561	27601	213104	1189
沧县黄递铺乡	4600	26001	11257	23412	94650	672
沧县大褚村回族乡	5500	27853	15463	25005	118230	1572

4-1续32　乡镇经济主要指标(2015年)

乡镇名称	行政区域面积(公顷)	乡镇总人口(人)	粮食产量(吨)	现价农林牧渔业总产值(万元)	企业营业收入(万元)	公共财政收入(万元)
沧县纸房头乡	8800	44818	19945	30213	975000	4297
青县清州镇	11000	110086	23923	99988	1706206	19918
青县金牛镇	14300	46970	20231	15706	1653124	838
青县新兴镇	8800	40728	28183	57648	139002	507
青县流河镇	11000	38623	21666	73323	297835	2132
青县木门店镇	7800	32095	21058	50763	130938	1221
青县马厂镇	14100	44709	24500	16447	1266265	3001
青县上伍乡	6000	22157	16777	25071	205229	935
青县曹寺乡	12600	45890	25449	217650	109976	196
青县盘古乡	7200	31680	12128	100848	189693	1175
青县陈嘴乡	4000	18811	12922	20701	70948	429
东光县东光镇	7049	72825	32301	41222	1140000	48803
东光县连镇镇	8890	41809	22435	66902	966546	2028
东光县找王镇	4562	29812	19907	33388	378598	604
东光县秦村镇	6940	31308	31390	48815	250660	361
东光县灯明寺镇	8796	29873	32720	50850	178000	391
东光县南霞口镇	9500	41268	37817	58574	982735	715
东光县大单镇	8657	49350	39304	67677	642708	654
东光县龙王李镇	6138	40585	28647	80408	363575	440
东光县于桥乡	10431	34650	41862	52064	395247	558
海兴县苏基镇	10900	48115	18776	18159	87318	36858
海兴县辛集镇	4800	23104	9261	10346	71662	3027
海兴县高湾镇	7900	30019	19291	13895	42080	1934
海兴县赵毛陶乡	13500	38120	30337	16361	75790	3276
海兴县香坊乡	6300	20772	11158	22646	70138	2323
海兴县小山乡	13100	29192	21675	21402	50649	2214
海兴县张会亭乡	6300	37904	20716	15060	27473	1444
盐山县盐山镇	9640	49460	17270	25233	1058463	29685
盐山县望树镇	5380	31144	23092	21189	78050	233
盐山县庆云镇	5600	47078	22421	22820	138441	861
盐山县韩集镇	5270	43248	16596	21506	25491	1441
盐山县千童镇	3810	32398	13083	19640	13487	156
盐山县圣佛镇	7770	48975	24229	29013	503435	1400
盐山县边务乡	9070	33167	13345	19505	228011	999
盐山县小营乡	5900	31564	23489	20961	17668	1311
盐山县杨集乡	8810	30108	18001	20084	78474	508
盐山县孟店乡	8520	43435	27950	31438	46842	1349
盐山县常庄乡	3280	22330	13075	18474	15797	53
盐山县小庄乡	6470	35291	30645	32561	13899	1347
肃宁县肃宁镇	4972	69166	18282	22448	1080521	118504
肃宁县梁家村镇	8146	52575	31390	54660	505717	805
肃宁县窝北镇	6083	36983	33779	54034	511200	134
肃宁县尚村镇	5453	36270	28312	30665	1327657	5726
肃宁县万里镇	5595	37911	24503	70465	531462	659
肃宁县师素镇	6776	39915	39018	57428	551004	440
肃宁县河北留善寺乡	5127	36834	19382	41998	357735	189
肃宁县付家佐乡	5066	29795	36160	77916	281374	223
肃宁县邵庄乡	4403	25911	20852	38678	327796	255
南皮县南皮镇	6524	63772	26271	31677	2008846	8687

4-1续33　乡镇经济主要指标(2015年)

乡镇名称	行政区域面积(公顷)	乡镇总人口(人)	粮食产量(吨)	现价农林牧渔业总产值(万元)	企业营业收入(万元)	公共财政收入(万元)
南皮县冯家口镇	10095	46568	44380	45536	715241	1471
南皮县寨子镇	8571	60224	43572	56228	298713	246
南皮县鲍官屯镇	9104	36607	22160	34450	317944	200
南皮县王寺镇	9069	42380	35112	39597	601158	327
南皮县乌马营镇	9657	28672	38253	26925	918345	1732
南皮县大浪淀乡	9981	33715	24211	35239	217460	716
南皮县刘八里乡	5716	28728	31366	26925	253508	1023
南皮县潞灌乡	9854	58538	31417	99394	306280	415
吴桥县桑园镇	4542	50899	27616	27158	1902114	12289
吴桥县铁城镇	7357	38759	45676	99647	202726	787
吴桥县于集镇	6065	25970	37999	60807	726592	614
吴桥县梁集镇	5262	21199	25185	50100	316322	367
吴桥县安陵镇	6745	24475	46056	63479	396474	1068
吴桥县曹家洼乡	5142	22278	30833	52825	578733	819
吴桥县宋门乡	6420	26459	43687	65598	784019	2994
吴桥县杨家寺乡	5125	23059	31379	50837	540536	443
吴桥县沟店铺乡	6017	25677	47325	58414	471099	577
吴桥县何庄乡	5629	25780	37158	55884	323744	361
献县乐寿镇	9900	86011	30037	48919	495416	10600
献县淮镇镇	7200	45079	24530	41942	711002	3360
献县郭庄镇	5800	36509	20414	32399	1084745	3245
献县河城街镇	8300	49923	29415	39987	693225	4833
献县韩村镇	11100	57493	41332	43205	84306	3328
献县陌南镇	8400	42665	27004	51613	227810	2450
献县陈庄镇	8600	36918	27344	33961	720700	3526
献县徐留高乡	4900	31102	12915	19163	350567	2275
献县商林乡	5100	29356	16085	28452	370736	2441
献县段村乡	6900	29650	25330	35226	179405	2424
献县张村乡	6700	28423	19919	36200	128814	2402
献县临河乡	5400	32901	16981	38280	104565	2435
献县小平王乡	4900	20689	13902	26018	196298	1469
献县十五级乡	6500	29997	18977	25912	525000	2345
献县垒头乡	4800	24259	20800	28201	130021	1780
献县南河头乡	3700	26195	16609	21251	983310	10318
献县西城乡	5800	27377	18825	30831	299250	2145
献县本斋回族乡	3000	16538	11828	36682	449005	1465
孟村回族自治县孟村镇	7600	60917	32808	26112	376505	6686
孟村回族自治县新县镇	6400	31673	37556	35484	259991	1983
孟村回族自治县辛店镇	4100	27421	13652	7720	1751299	11703
孟村回族自治县高寨镇	6100	23406	22332	21385	277725	951
孟村回族自治县宋庄子乡	5500	31764	34111	32664	199242	1457
孟村回族自治县牛进庄乡	8300	34256	19380	28733	839707	791
沧州渤海新区新村回族乡	11800	9726		60819	936	452
泊头市泊镇	7199	54374	27438	23272	1668500	15737
泊头市交河镇	7904	45886	37013	27927	618090	9140
泊头市齐桥镇	10392	61913	25927	52452	414658	1460
泊头市寺门村镇	8158	36268	44382	23999	556000	3130
泊头市郝村镇	9278	39813	38342	30701	432860	2046
泊头市富镇镇	7818	38274	35353	31548	425000	2442

4-1续34　乡镇经济主要指标(2015年)

乡镇名称	行政区域面积(公顷)	乡镇总人口(人)	粮食产量(吨)	现价农林牧渔业总产值(万元)	企业营业收入(万元)	公共财政收入(万元)
泊头市文庙镇	8466	42667	17044	28005	394680	1625
泊头市洼里王镇	7044	44224	15318	42296	306000	1498
泊头市王武庄乡	6942	35810	27082	34014	286000	1749
泊头市营子乡	9412	48837	37836	27118	420000	1140
泊头市四营乡	7548	35728	38486	29584	402000	3509
泊头市西辛店乡	9629	45477	52981	34360	128310	227
任丘市出岸镇	5400	40878	27204	28472	567600	4038
任丘市石门桥镇	5990	48176	35044	21435	461500	2203
任丘市吕公堡镇	5170	42151	31218	23001	585627	1819
任丘市长丰镇	7860	45895	41403	27089	568548	1053
任丘市鄚州镇	5820	28586	18675	27949	290760	1532
任丘市苟各庄镇	6208	31307	17270	26683	248650	2910
任丘市梁召镇	7390	48233	32901	27862	534780	2388
任丘市辛中驿镇	5880	43415	31177	23000	408800	2193
任丘市麻家坞镇	7230	45255	32316	26797	686570	2211
任丘市议论堡乡	7178	39558	28937	21046	599250	3201
任丘市青塔乡	5260	33503	25745	18836	614015	1433
任丘市北辛庄乡	4140	35045	21657	22232	658042	2740
任丘市七间房乡	5220	28769	13557	25148	498300	1147
任丘市北汉乡	5120	33310	23585	25830	484200	1316
任丘市于村乡	7489	45487	43068	24240	480275	4232
黄骅市黄骅镇	12931	34567	22080	20360	2336360	71215
黄骅市南排河镇	7194	53455		260330	184464	5865
黄骅市吕桥镇	11368	43549	16485	36666	965665	7133
黄骅市旧城镇	14311	40975	45386	56716	1328224	8025
黄骅市羊二庄回族乡	22079	53810	42501	53498	1433934	5359
黄骅市常郭乡	16573	46509	43394	56123	913855	4271
黄骅市滕庄子乡	19351	44610	26606	37954	431180	6836
黄骅市官庄乡	9182	32836	5280	27795	182624	2229
黄骅市齐家务乡	16069	44567	32276	64668	510043	6628
黄骅市羊三木回族乡	5506	9563	7564	6506	185986	7453
河间市瀛州镇	5750	107093	16357	25878	805899	10735
河间市米各庄镇	8800	66126	40401	30396	630356	2821
河间市景和镇	6500	29633	25148	23552	243695	1024
河间市卧佛堂镇	8150	53041	43066	31149	267264	1239
河间市束城镇	9600	57276	43116	33063	386430	2187
河间市留古寺镇	5650	34860	24997	22046	455069	1411
河间市沙河桥镇	8000	46466	18838	27845	543002	1607
河间市故仙乡	8400	41212	22995	30783	550095	2055
河间市黎民居乡	10600	48879	31651	31913	414285	523
河间市兴村乡	8900	60841	41774	35698	488924	1272
河间市沙洼乡	5600	38317	24739	21721	125787	966
河间市西九吉乡	4950	34222	12114	33847	242936	516
河间市北石槽乡	4400	25504	20271	18834	479787	988
河间市诗经村乡	5650	33292	23891	24000	162720	1031
河间市郭家村乡	4750	29484	22316	21764	157029	640
河间市时村乡	6600	32683	18721	23643	235697	709
河间市行别营乡	5850	45468	22316	26803	383950	1240
河间市尊祖庄乡	7600	42302	22037	25783	494279	1549

4-1续35 乡镇经济主要指标(2015年)

乡镇名称	行政区域面积(公顷)	乡镇总人口(人)	粮食产量(吨)	现价农林牧渔业总产值(万元)	企业营业收入(万元)	公共财政收入(万元)
河间市龙华店乡	4950	31172	12719	17859	53603	935
河间市果子洼回族乡	2600	23722	10026	22161	109644	578
安次区落垡镇	5966	25935	14188	12304	69722	2165
安次区码头镇	10508	50671	15117	26439	245306	3426
安次区葛渔城镇	8045	45432	13697	39912	167517	3301
安次区东沽港镇	6443	40235	8095	22925	1260405	10401
安次区杨税务乡	9206	39140	14302	32243	82610	11337
安次区仇庄乡	7258	31793	8973	20195	264160	5141
安次区调河头乡	6198	27657	10873	13715	143952	2307
安次区北史家务乡	3139	32132	2754	21650	84785	6270
广阳区南尖塔镇	2626	30900	2819	29915	789868	1958
广阳区万庄镇	8842	75205	26283	76254	1088930	3059
广阳区九州镇	13301	57965	27087	123088	813772	320
广阳区北旺乡	4331	34115	7294	23515	875763	488
固安县固安镇	16614	170725	35950	105510	1436679	202998
固安县宫村镇	7360	39755	10683	42237	26588	685
固安县柳泉镇	8686	50051	34711	73319	124820	369
固安县牛驼镇	9199	59513	35439	92479	83059	14490
固安县马庄镇	7801	51302	35454	73532	100393	599
固安县东湾乡	7475	44441	30026	68677	28862	77
固安县彭村乡	4616	28458	19141	39584	16297	26
固安县渠沟乡	4980	33499	21484	37653	36935	130
固安县礼让店乡	3570	22718	18796	29564	63086	296
永清县永清镇	16620	112920	33151	263969	791696	28601
永清县韩村镇	9060	31167	12901	36177	28262	796
永清县后奕镇	5130	27579	12671	54081	22616	754
永清县别古庄镇	9950	30541	17029	45673	87370	4234
永清县里澜城镇	6793	30983	13012	40568	100526	3770
永清县管家务回族乡	2568	12516	5704	25748	18126	425
永清县曹家务乡	9057	30826	13250	75559	48003	4407
永清县龙虎庄乡	5251	30855	14293	133354	21243	351
永清县刘街乡	5890	35667	18712	131067	73620	1706
永清县三圣口乡	5975	34013	9280	40146	31933	377
香河县淑阳镇	5233	95505	9986	19226	1697352	87263
香河县蒋辛屯镇	5597	33678	18040	16605	454913	22305
香河县渠口镇	6475	49505	25933	24203	449846	1938
香河县安头屯镇	4583	27260	14853	31321	115203	676
香河县安平镇	3352	33048	3821	19205	660552	41992
香河县刘宋镇	6289	35814	28039	43324	174138	583
香河县五百户镇	6199	38112	23503	90087	993727	1582
香河县钱旺镇	3651	26425	11622	22467	261229	2190
香河县钳屯镇	3421	22567	11625	27857	174617	10557
大城县平舒镇	6796	78821	12449	24359	891660	900
大城县旺村镇	14564	46517	30500	11060	484380	4195
大城县大尚屯镇	13146	80105	31126	47655	245718	1508
大城县南赵扶镇	10705	49595	25070	32370	174540	794
大城县留各庄镇	7907	48844	13939	31904	677858	6500
大城县权村镇	6359	42242	11146	35887	146110	520
大城县里坦镇	5994	26935	11467	44120	56989	580

4-1续36 乡镇经济主要指标(2015年)

乡镇名称	行政区域面积(公顷)	乡镇总人口(人)	粮食产量(吨)	现价农林牧渔业总产值(万元)	企业营业收入(万元)	公共财政收入(万元)
大城县广安镇	6856	43968	15372	40380	175000	3745
大城县北位乡	7310	49830	17969	12340	29263	960
大城县臧屯乡	10069	52614	21918	38563	119060	872
文安县文安镇	13717	88657	42784	24657	126175	9357
文安县新镇镇	4815	34772	16648	12978	1127568	2830
文安县苏桥镇	8253	36488	24740	20948	377958	1055
文安县大柳河镇	10503	41146	19063	16553	545650	4357
文安县左各庄镇	4682	27105	8527	7933	537321	2145
文安县滩里镇	6522	33239	17578	18959	573518	2787
文安县史各庄镇	3628	25569	7424	12606	384607	639
文安县赵各庄镇	7949	49800	22992	18107	277127	851
文安县兴隆宫镇	5462	30762	15018	16067	245834	753
文安县大留镇镇	7083	45535	21733	14869	253979	1321
文安县孙氏镇	14392	65908	29384	29556	473399	844
文安县德归镇	10487	23350	18826	20506	158855	1225
文安县大围河回族满族乡	6198	34879	19149	21528	220930	695
大厂回族自治县大厂镇	4133	45834	18996	47269	282419	6280
大厂回族自治县夏垫镇	4118	33297	13238	67699	284328	6463
大厂回族自治县祁各庄镇	4752	24782	11774	29399	88890	3610
大厂回族自治县邵府镇	2218	10920	3051	16056	63206	637
大厂回族自治县陈府镇	2376	12596	9006	18799	22368	3329
霸州市霸州镇	7670	141585	25695	49224	309654	3314
霸州市南孟镇	5196	31585	15065	37102	470001	8515
霸州市信安镇	4158	30542	6035	14720	1712450	13301
霸州市堂二里镇	4637	34607	7714	12530	877205	12546
霸州市煎茶铺镇	7420	43574	18432	21000	610213	1859
霸州市胜芳镇	9701	97921	12192	18765	4246008	50212
霸州市杨芬港镇	8506	40155	10900	47023	681976	2410
霸州市岔河集乡	3990	25104	18156	24120	365000	1320
霸州市康仙庄乡	7854	50847	31305	27006	320004	1410
霸州市东杨庄乡	2921	24619	9481	9412	371125	847
霸州市王庄子乡	5146	37920	12720	12101	115864	915
霸州市东段乡	2410	21202	3914	11055	2031112	2500
三河市泃阳镇	6000	58933	20569	84405	1515305	218915
三河市李旗庄镇	4800	25493	14595	66860	237650	4200
三河市杨庄镇	4800	28515	23915	42440	131550	636
三河市皇庄镇	6500	46289	30523	70185	129260	542
三河市新集镇	6300	47480	34257	33204	117520	490
三河市段甲岭镇	6200	22617	8182	46910	102625	340
三河市黄土庄镇	6200	35877	14127	87910	305893	4515
三河市高楼镇	7800	40986	22718	73310	205019	2345
三河市齐心庄镇	4400	24649	18770	36100	114210	1371
三河市燕郊镇	10800	278234	19135	74790	3561330	489747
桃城区郑家河沿镇	10843	45298	48559	67901	71432	4700
桃城区赵家圈镇	11400	39012	66186	68374	905035	8427
桃城区邓庄镇	9995	31445	25810	74250	190596	4500
桃城区何家庄乡	1094	25620	590	2089	1081303	5351
枣强县枣强镇	19200	105587	53980	56794	863015	15684
枣强县恩察镇	3700	15917	15305	16198	23990	294

4-1续37 乡镇经济主要指标(2015年)

乡镇名称	行政区域面积(公顷)	乡镇总人口(人)	粮食产量(吨)	现价农林牧渔业总产值(万元)	企业营业收入(万元)	公共财政收入(万元)
枣强县大营镇	13600	77661	59272	41437	1071922	18328
枣强县嘉会镇	3200	12959	10231	21137	72325	267
枣强县马屯镇	11400	40731	43330	30114	104735	1227
枣强县肖张镇	3400	14500	14099	13789	47600	1130
枣强县张秀屯镇	9300	33446	24843	30041	23500	1632
枣强县新屯镇	7200	38098	34131	28259	115679	1975
枣强县王均乡	6400	23979	18927	21686	31946	540
枣强县唐林乡	6900	23877	30225	29917	310963	380
枣强县王常乡	6000	22366	20081	25433	115849	281
武邑县武邑镇	12997	71296	42622	61798	178383	2343
武邑县清凉店镇	8982	31823	29742	44710	89897	993
武邑县审坡镇	10531	37444	39020	57500	30050	219
武邑县赵桥镇	9767	38582	31249	39971	92746	534
武邑县韩庄镇	10522	41090	27936	45238	55248	191
武邑县肖桥头镇	7397	29676	29733	33026	70505	297
武邑县龙店乡	7477	28562	23858	34011	25584	111
武邑县圈头乡	5922	23124	22878	32454	20601	73
武邑县大紫塔乡	6410	21429	20219	30786	19085	99
武强县武强镇	9603	61850	48149	34032	528053	2417
武强县街关镇	7536	33682	43429	34822	165236	688
武强县周窝镇	5309	26353	29582	26434	372000	879
武强县豆村乡	6237	32235	34221	29775	331417	533
武强县北代乡	8086	31466	37189	30198	311207	442
武强县孙庄乡	7511	33932	42020	36447	377475	1455
饶阳县饶阳镇	8235	60693	33292	62000	324856	3565
饶阳县大尹村镇	4701	24338	14396	53776	257803	238
饶阳县五公镇	6611	37015	34205	58209	420785	2685
饶阳县大官亭镇	8740	43284	38121	71864	405214	517
饶阳县王同岳乡	6417	29513	27689	42737	133984	1298
饶阳县留楚乡	14333	58188	40102	87577	99141	1297
饶阳县东里满乡	7661	38869	27041	44585	48582	565
安平县安平镇	8195	84704	32220	30237	437175	897
安平县马店镇	8145	56222	34620	30256	346893	515
安平县南王庄镇	6159	35649	24966	39500	280554	434
安平县大何庄乡	5911	36238	25524	28700	131500	599
安平县程油子乡	5940	37960	23929	26310	141501	547
安平县西两洼乡	4431	22497	20484	60224	48039	482
安平县大子文乡	5623	32282	24416	25042	164440	519
安平县东黄城乡	5113	30578	23326	22120	205076	521
故城县郑口镇	12070	121281	45317	58701	610303	3874
故城县夏庄镇	8027	41053	31197	46332	499541	1523
故城县青罕镇	4960	28955	13798	34923	160828	1709
故城县故城镇	5226	28995	16336	38054	90184	1598
故城县武官寨镇	7500	37103	18862	31281	211067	3075
故城县饶阳店镇	8441	35256	22048	45909	100303	2566
故城县军屯镇	3010	20210	15542	25088	177702	659
故城县建国镇	6693	54895	33444	47065	403787	3570
故城县西半屯镇	8129	46090	22548	45275	12842	2448
故城县辛庄乡	7142	29328	14063	33505	98004	1499

4-1续38　乡镇经济主要指标(2015年)

乡镇名称	行政区域面积(公顷)	乡镇总人口(人)	粮食产量(吨)	现价农林牧渔业总产值(万元)	企业营业收入(万元)	公共财政收入(万元)
故城县里老乡	5357	20889	19071	30020	140771	2388
故城县房庄乡	10112	36811	28187	42030	201917	2768
故城县三朗乡	7448	28976	15744	34522	115643	2478
景县景州镇	8973	62833	41643	30298	2131675	8536
景县龙华镇	7851	45066	36794	38014	486573	4449
景县广川镇	8055	34965	34249	24159	375722	3178
景县王瞳镇	6355	29897	28903	23680	153774	577
景县洚河流镇	6275	28602	30591	21922	346538	1594
景县安陵镇	5692	24771	32415	22800	114665	796
景县杜桥镇	8982	40022	39042	23862	238805	3013
景县王谦寺镇	7560	31104	33617	22534	178156	1270
景县北留智镇	7706	34177	41528	27932	65668	1587
景县留智庙镇	8254	39705	41039	35881	241826	1389
景县刘集乡	7309	28215	34930	26104	68518	982
景县连镇乡	5959	25249	28197	24220	77889	850
景县梁集乡	8200	39940	42493	24119	84671	714
景县温城乡	6337	25354	30890	21856	217701	510
景县后留名府乡	7489	31143	32813	24345	145231	1224
景县青兰乡	7771	33122	36693	23831	59195	1489
阜城县阜城镇	8680	65305	28800	48495	221184	6706
阜城县古城镇	9032	46027	29785	44664	197323	1076
阜城县码头镇	10060	42528	41800	37931	123168	1068
阜城县霞口镇	6804	33738	25725	37145	216953	4069
阜城县崔家庙镇	9211	45743	51256	42148	234870	951
阜城县漫河乡	6780	29968	15529	43665	79858	780
阜城县建桥乡	4134	19095	19590	23648	69880	469
阜城县蒋坊乡	5287	27542	22920	25874	90348	923
阜城县大白乡	4432	21326	29365	22678	8436	1520
阜城县王集乡	5106	24644	32271	16408	18475	1170
河北衡水经济开发区大麻森乡	4715	31641	30093	24142	3267929	3270
衡水滨湖新区魏家屯镇	4174	21383	16853	19865	313000	1452
衡水滨湖新区彭杜村乡	9500	40095	39323	31156	215615	4481
冀州市冀州镇	13416	90086	29537	26096	2307600	46210
冀州市官道李镇	6408	21090	17408	22195	234249	1786
冀州市南午村镇	11646	39678	25205	27392	785323	5569
冀州市周村镇	7720	25861	13368	16266	338100	4701
冀州市码头李镇	9310	31968	25906	26728	202850	1528
冀州市西王镇	7377	31778	27212	30484	370080	2466
冀州市门家庄乡	6203	22320	27067	21944	192487	436
冀州市徐家庄乡	8123	27942	16557	20003	472034	2798
冀州市北漳淮乡	5878	22106	12323	20435	230854	1478
冀州市小寨乡	11703	33829	22341	27651	269273	4577
深州市唐奉镇	8373	41980	13392	65269	270037	3686
深州市深州镇	6237	64778	9743	43676	741185	9671
深州市辰时镇	9572	44173	29017	61902	45347	2000
深州市榆科镇	7510	28733	41380	42644	82308	1528
深州市魏家桥镇	7782	30804	49293	30086	129212	3692
深州市大堤镇	7214	24433	42121	24585	68690	1714
深州市前磨头镇	6909	24386	46681	36535	171530	6297

4-1续39　乡镇经济主要指标(2015年)

乡镇名称	行政区域面积(公顷)	乡镇总人口(人)	粮食产量(吨)	现价农林牧渔业总产值(万元)	企业营业收入(万元)	公共财政收入(万元)
深州市王家井镇	8581	36034	67896	35525	477307	4515
深州市护驾迟镇	6785	24397	47856	29609	76785	1037
深州市大屯镇	7745	26276	57830	31955	79413	2099
深州市高古庄镇	6642	22519	46004	30293	65204	1948
深州市兵曹乡	3256	18008	2304	29000	35221	1056
深州市穆村乡	4218	31323	1990	32523	70812	388
深州市东安庄乡	7200	41801	37135	35087	156193	2109
深州市北溪村乡	7004	33829	39929	34573	55607	886
深州市大冯营乡	8479	33250	41661	42103	62696	1462
深州市乔屯乡	6339	20414	42142	28116	29010	805
定州市留早镇	8687	50567	56729	77153	8530	665
定州市清风店镇	5523	50209	35797	42760	46548	858
定州市庞村镇	4978	51189	25779	60976	80196	608
定州市砖路镇	5596	58292	35123	49955	327201	687
定州市明月店镇	4137	53047	39195	29623	104938	637
定州市叮咛店镇	8316	63554	49268	29275	48812	750
定州市东亭镇	4918	38264	19841	65851	138069	325
定州市大辛庄镇	4173	34180	609	117600	38680	603
定州市东旺镇	4425	35192	13808	48748	9911	544
定州市高蓬镇	5615	47664	23654	60537	275328	294
定州市邢邑镇	4839	38910	32727	29861	11019	623
定州市李亲顾镇	4689	46276	35149	59624	465833	6030
定州市子位镇	6096	47960	40453	50540	100108	505
定州市开元镇	4500	54047	25035	49517	84162	882
定州市周村镇	5036	53543	33166	44134	49328	628
定州市息冢镇	5544	45164	21896	29275	310382	457
定州市东留春乡	4912	32124	29048	42069	9600	497
定州市号头庄回族乡	5406	40138	41345	74754	6730	774
定州市杨家庄乡	3600	35330	19838	36573	13200	716
定州市大鹿庄乡	5708	50150	18620	71545	29125	736
定州市西城乡	3488	28110	19740	25151	49541	585
辛集市辛集镇	7543	147093	42272	38746	6650506	25234
辛集市旧城镇	5516	43084	23603	110967	487284	2469
辛集市张古庄镇	4608	31155	23084	75759	286871	950
辛集市位伯镇	5150	40008	43456	45935	470364	886
辛集市新垒头镇	4006	29714	30319	48996	400538	4213
辛集市新城镇	5555	22459	36508	41691	348786	7008
辛集市南智邱镇	7896	39144	30459	46501	728520	1881
辛集市王口镇	10411	37965	54568	68681	441331	852
辛集市天宫营乡	5336	31549	29817	43063	249887	609
辛集市前营乡	5923	36391	27337	82886	214075	706
辛集市马庄乡	7472	26720	43736	62837	200525	592
辛集市和睦井乡	6729	33920	47992	71437	624649	2369
辛集市田家庄乡	8541	52456	49904	69097	987164	1043
辛集市中里厢乡	4230	22858	27701	58509	91455	501
辛集市小辛庄乡	4021	24935	29349	26755	432227	1359

5-1 各省(市、自治区)农用机械总动力及其位次

单位：万千瓦

地区	1990年		1995年		2000年		2005年		2010年		2014年		2015年	
	数量	位次	数量	位次	数量	位次	数量	位次	数量	位次	数量	位次	数量	位次
全　国	**28707.7**		**36118.1**		**52573.6**		**68397.8**		**92780.5**		**108030.5**		**111728.1**	
北　京	416.2	24	468.1	24	399.2	26	337.7	27	276.0	30	195.8	30	186.1	30
天　津	439.0	23	532.5	23	593.4	24	611.9	25	587.8	26	552.3	27	546.9	27
河　北	**2822.2**	**1**	**4336.4**	**1**	**7000.4**	**2**	**8487.2**	**2**	**10151.3**	**3**	**10942.9**	**3**	**11102.8**	**3**
山　西	1053.5	10	1359.0	10	1701.3	9	2288.7	7	2809.2	12	3286.2	12	3351.7	12
内蒙古	760.5	16	902.5	16	1350.3	14	1922.0	12	3033.6	11	3632.6	10	3805.1	10
辽　宁	1012.3	14	1016.9	14	1339.8	15	1918.1	13	2248.7	17	2730.2	15	2813.9	15
吉　林	629.0	21	661.4	21	1015.4	19	1471.3	18	2145.0	18	2919.1	14	3152.5	14
黑龙江	1173.4	11	1226.1	11	1613.8	11	2234.0	8	3736.3	8	5155.5	6	5442.3	6
上　海	276.5	29	173.4	29	142.5	30	96.5	31	104.1	31	117.8	31	119.0	31
江　苏	2004.8	4	2227.0	4	2925.3	5	3135.3	6	3937.3	6	4650.0	7	4825.5	7
浙　江	1217.9	7	1641.8	7	1990.1	7	2111.3	10	2427.5	14	2420.1	20	2360.7	21
安　徽	1307.3	5	1836.0	5	2975.9	4	3983.8	4	5409.8	4	6365.8	4	6581.0	4
福　建	587.1	18	757.3	18	873.3	21	1000.0	23	1206.2	23	1368.4	23	1384.1	23
江　西	667.7	20	663.1	20	902.3	20	1781.3	16	3805.0	7	2118.4	22	2260.8	22
山　东	3215.8	2	4016.5	2	7025.2	1	9199.3	1	11629.0	1	13075.3	1	13353.0	1
河　南	2264.0	3	3115.4	3	5780.6	3	7934.2	3	10195.9	2	11476.8	2	11710.1	2
湖　北	1099.6	12	1174.3	12	1414.0	13	2057.4	11	3371.0	9	4292.9	8	4468.1	8
湖　南	1209.1	9	1532.5	9	2209.7	6	3189.9	5	4651.5	5	5672.1	5	5894.1	5
广　东	1278.8	6	1669.6	6	1763.9	8	1782.1	15	2345.3	16	2632.4	16	2696.8	16
广　西	784.2	13	1075.4	13	1467.9	12	1909.7	14	2767.7	13	3567.5	11	3803.2	11
海　南	127.3	28	176.0	28	200.9	29	268.2	29	425.2	27	517.3	28	511.6	28
重　庆					586.5	25	776.0	24	1071.1	24	1243.3	24	1299.7	24
四　川	1259.9	8	1595.8	8	1679.7	10	2181.7	9	3155.1	10	4160.1	9	4404.5	9
贵　州	286.2	25	379.1	25	618.6	23	1011.5	22	1730.3	21	2458.4	19	2575.2	19
云　南	648.8	15	910.7	15	1301.3	16	1666.1	17	2411.1	15	3215.0	13	3333.0	13
西　藏	45.4	30	58.5	30	114.5	31	230.9	30	378.1	29	570.8	26	619.7	26
陕　西	712.0	17	780.5	17	1042.9	18	1406.3	20	2000.0	19	2552.1	17	2667.3	18
甘　肃	568.1	19	748.0	19	1056.9	17	1406.9	19	1977.6	20	2545.7	18	2685.0	17
青　海	126.9	27	188.5	27	256.2	28	327.3	28	421.3	28	440.9	29	453.9	29
宁　夏	191.1	26	241.5	26	380.6	27	555.1	26	729.1	25	813.0	25	831.3	25
新　疆	523.1	22	653.8	22	851.2	22	1116.3	21	1273.6	22	2341.8	21	2489.3	20

注：全国及各省(市、自治区)资料来源于国家统计局(下同)。

5–2 各省(市、自治区)农用化肥施用量(折纯)及其位次

单位：万吨

地区	1990年		1995年		2000年		2005年		2010年		2014年		2015年	
	数量	位次	数量	位次	数量	位次	数量	位次	数量	位次	数量	位次	数量	位次
全国	**2590.3**		**3593.7**		**4146.4**		**4766.2**		**5561.7**		**5996.4**		**6022.6**	
北京	14.4	25	18.7	25	17.9	28	14.8	28	13.7	28	11.6	28	10.5	28
天津	6.9	28	12.2	28	16.6	29	23.3	27	25.5	27	23.3	27	21.8	27
河北	**145.2**	**7**	**220.7**	**6**	**270.6**	**4**	**303.4**	**4**	**322.9**	**5**	**335.6**	**5**	**335.5**	**4**
山西	56.6	18	77.1	19	87.0	19	95.7	20	110.4	20	119.6	20	118.5	20
内蒙古	34.5	23	53.7	22	74.8	21	116.7	18	177.2	15	222.7	16	229.4	16
辽宁	81.4	14	103.1	15	109.8	16	119.9	17	140.1	17	151.6	17	152.1	17
吉林	84.7	12	101.2	16	112.1	14	138.1	14	182.8	14	226.7	15	231.2	15
黑龙江	76.5	15	108.9	13	121.6	13	150.9	11	214.9	11	251.9	8	255.3	9
上海	24.8	24	22.8	24	19.3	27	14.4	29	11.8	29	10.2	29	9.9	30
江苏	221.8	2	292.8	3	335.5	3	340.8	3	341.1	4	323.6	6	320.0	6
浙江	94.7	10	97.5	17	89.7	18	94.3	21	92.2	21	89.6	24	87.5	24
安徽	144.5	8	203.3	7	253.2	5	285.7	6	319.8	6	341.4	4	338.7	3
福建	76.4	16	104.3	14	123.3	12	122.0	16	121.0	19	122.6	19	123.8	19
江西	83.6	13	112.1	11	106.9	17	129.4	15	137.6	18	142.9	18	143.6	18
山东	245.5	1	362.3	1	423.2	1	467.6	2	475.3	2	468.1	2	463.5	2
河南	213.2	3	322.2	2	419.5	2	518.1	1	655.2	1	705.8	1	716.1	1
湖北	148.6	6	228.4	5	247.1	6	285.8	5	350.8	3	348.3	3	333.9	5
湖南	126.1	9	167.9	9	182.2	8	209.9	8	236.6	10	247.8	11	246.5	12
广东	162.4	5	195.7	8	176.2	9	204.6	9	237.3	8	249.6	10	256.5	8
广西	86.2	11	122.9	10	157.8	10	201.3	10	237.2	9	258.7	7	259.9	7
海南	12.2	26	17.3	26	26.3	25	37.3	25	46.4	25	49.5	25	51.1	25
重庆					72.0	22	79.1	22	91.8	22	97.3	23	97.7	23
四川	192.5	4	244.9	4	212.6	7	220.9	7	248.0	7	250.2	9	249.8	10
贵州	38.7	21	60.8	21	71.3	23	77.4	23	86.5	23	101.3	21	103.7	21
云南	55.5	19	88.0	18	112.1	15	142.7	13	184.6	13	226.9	14	231.9	14
西藏	1.6	30	1.5	30	2.5	31	4.2	31	4.7	31	5.8	31	6.0	31
陕西	67.9	17	112.0	12	131.2	11	147.3	12	196.8	12	230.2	13	231.9	13
甘肃	37.5	22	50.9	23	64.5	24	75.9	24	85.3	24	97.6	22	97.9	22
青海	5.3	29	6.5	29	7.2	30	7.0	30	8.8	30	9.7	30	10.1	29
宁夏	11.6	27	16.4	27	23.6	26	29.9	26	37.9	26	39.7	26	40.1	26
新疆	39.5	20	67.8	20	79.2	20	107.8	19	167.6	16	237.0	12	248.1	11

5-3 各省(市、自治区)农村用电量及其位次

单位：亿千瓦时

地区	1990年		1995年		2000年		2005年		2010年		2014年		2015年	
	数量	位次	数量	位次	数量	位次	数量	位次	数量	位次	数量	位次	数量	位次
全国	**844.5**		**1655.8**		**2421.3**		**4375.70**		**6632.3**		**8884.4**		**9026.9**	
北京	18.0	16	20.2	23	31.0	19	42.17	19	44.4	24	50.6	26	51.7	26
天津	16.5	19	32.5	16	35.5	16	55.25	16	51.0	21	109.0	14	102.4	16
河北	**58.8**	**4**	**118.5**	**5**	**180.4**	**5**	**337.05**	**5**	**511.8**	**4**	**631.3**	**5**	**611.8**	**5**
山西	25.9	12	46.1	11	53.1	13	66.94	13	81.2	15	97.1	17	96.8	18
内蒙古	11.4	24	16.7	24	21.3	26	29.31	26	48.4	23	63.1	24	72.3	24
辽宁	47.0	6	81.6	7	103.5	7	183.00	6	359.5	6	433.1	7	457.8	7
吉林	16.8	18	21.5	20	23.8	25	28.02	27	39.5	27	48.8	27	49.6	27
黑龙江	17.6	17	23.5	19	27.5	23	36.35	22	55.7	20	69.6	23	72.6	23
上海	32.5	9	52.3	9	73.2	9	124.53	9	195.5	9	885.6	4	919.2	3
江苏	105.3	1	238.2	1	314.6	2	825.10	1	1472.9	1	1834.9	1	1836.2	1
浙江	69.4	3	169.2	3	255.3	3	520.57	3	765.1	3	905.3	3	905.6	4
安徽	23.6	13	37.4	15	45.8	14	63.96	15	107.4	13	147.5	11	156.7	11
福建	20.4	15	45.7	12	72.4	10	160.58	8	257.5	8	367.7	8	381.1	8
江西	16.0	20	26.6	17	35.3	17	45.13	17	71.6	16	97.6	16	99.9	17
山东	75.7	2	147.3	4	200.3	4	346.54	4	439.0	5	480.0	6	482.3	6
河南	46.9	7	85.1	6	125.8	6	172.15	7	269.4	7	313.2	9	321.0	9
湖北	27.2	11	47.4	10	60.9	11	70.09	12	109.8	12	142.2	12	149.1	12
湖南	23.4	14	37.6	14	44.5	15	65.24	14	98.6	14	123.8	13	123.9	13
广东	56.9	5	186.3	2	405.4	1	766.43	2	1044.3	2	1314.0	2	1326.2	2
广西	12.6	22	23.6	18	29.6	20	34.31	23	50.2	22	76.2	21	83.9	20
海南	0.9	29	1.2	29	1.5	30	3.85	29	5.9	29	10.9	29	13.0	29
重庆					27.9	22	42.89	18	64.8	17	78.3	20	78.1	22
四川	44.0	8	78.7	8	82.8	8	112.92	10	141.7	10	169.6	10	174.8	10
贵州	6.1	26	7.9	26	14.2	27	30.23	25	41.7	26	71.3	22	80.1	21
云南	12.2	23	20.7	22	31.7	18	41.69	20	61.7	19	87.1	19	91.4	19
西藏	0.1	30	0.2	30	0.3	31	0.64	31	0.8	31	1.2	31	1.3	31
陕西	29.2	10	44.6	13	59.5	12	88.23	11	121.0	11	109.0	15	110.2	14
甘肃	14.2	21	21.4	21	29.4	21	33.85	24	42.9	25	51.3	25	54.0	25
青海	1.5	28	2.0	28	2.3	29	2.99	30	3.8	30	5.0	30	5.9	30
宁夏	3.9	27	5.6	27	7.9	28	9.25	28	11.0	28	13.6	28	13.8	28
新疆	10.5	25	16.2	25	24.5	24	36.47	21	64.3	18	96.5	18	104.1	15

5-4 各省(市、自治区)有效灌溉面积及其位次

单位：千公顷

地区	1990年		1995年		2000年		2005年		2010年		2014年		2015年	
	数量	位次	数量	位次	数量	位次	数量	位次	数量	位次	数量	位次	数量	位次
全国	**47403.1**		**49281.2**		**53820.3**		**55029.3**		**60377.9**		**64539.5**		**65872.6**	
北京	335.1	25	323.0	25	328.2	27	181.5	28	211.4	30	143.1	31	137.4	31
天津	345.9	24	354.7	24	353.2	26	355.2	26	344.6	26	308.9	26	308.9	26
河北	**3758.5**	**3**	**4040.0**	**3**	**4482.3**	**3**	**4547.8**	**3**	**4520.9**	**3**	**4404.2**	**5**	**4448.0**	**5**
山西	1134.5	18	1202.0	18	1105.0	20	1088.6	20	1274.2	21	1408.2	19	1460.3	18
内蒙古	1251.5	11	1776.4	11	2371.7	9	2702.2	7	3027.5	8	3011.9	9	3086.9	9
辽宁	1059.3	17	1203.8	17	1440.7	15	1527.1	14	1537.5	16	1474.0	17	1520.3	17
吉林	881.9	21	904.4	21	1315.1	18	1613.7	13	1726.8	14	1628.4	15	1790.9	13
黑龙江	1078.7	19	1094.7	19	2032.0	11	2394.1	10	3875.2	4	5305.2	1	5530.8	1
上海	319.7	26	287.7	26	285.9	28	237.3	27	201.0	31	184.1	29	188.2	30
江苏	3970.9	4	3832.8	4	3900.9	4	3817.7	4	3819.7	5	3890.5	7	3952.5	7
浙江	1477.1	14	1419.0	14	1403.2	17	1417.7	17	1451.0	18	1425.4	18	1432.2	19
安徽	2633.3	5	2933.7	5	3197.2	5	3330.9	5	3519.8	7	4331.7	6	4400.3	6
福建	933.6	20	936.5	20	940.2	22	949.7	22	967.5	23	1116.1	22	1061.7	23
江西	1836.7	10	1879.7	10	1903.4	12	1831.4	12	1852.4	13	2001.6	12	2027.7	12
山东	4463.7	1	4662.5	1	4824.9	1	4790.0	2	4955.3	2	4901.9	3	4964.4	3
河南	3550.1	2	4044.2	2	4725.3	2	4864.1	1	5081.0	1	5101.1	2	5210.6	2
湖北	2324.3	9	2174.4	9	2072.5	10	2064.6	11	2379.8	11	2855.3	10	2899.1	10
湖南	2676.2	8	2680.0	8	2677.5	7	2690.4	8	2769.2	9	3101.7	8	3113.3	8
广东	1795.1	12	1488.3	12	1478.5	14	1317.8	18	1872.5	12	1771.0	13	1771.3	14
广西	1490.5	13	1472.1	13	1501.6	13	1519.8	15	1523.0	17	1600.0	16	1618.8	16
海南	142.6	28	180.6	28	179.8	30	168.3	30	243.8	28	259.9	27	264.0	27
重庆					624.6	24	618.1	24	685.3	24	677.3	24	687.2	24
四川	2805.9	6	2898.6	6	2469.0	8	2508.3	9	2553.1	10	2666.3	11	2735.1	11
贵州	550.3	23	612.1	23	653.4	23	711.6	23	1131.7	22	981.8	23	1065.4	22
云南	1054.2	16	1250.0	16	1403.4	16	1485.4	16	1588.4	15	1709.0	14	1757.7	15
西藏	126.4	30	162.1	30	157.0	31	162.6	31	237.0	29	244.0	28	247.8	28
陕西	1263.1	15	1340.0	15	1308.0	19	1298.8	19	1284.9	19	1226.5	21	1236.8	21
甘肃	854.5	22	892.5	22	981.5	21	1030.4	21	1278.4	20	1297.1	20	1306.7	20
青海	171.5	29	177.3	29	211.4	29	176.5	29	251.7	27	182.5	30	197.0	29
宁夏	260.3	27	278.2	27	398.8	25	423.5	25	464.6	25	498.9	25	506.5	25
新疆	2857.7	7	2780.0	7	3094.3	6	3204.3	6	3721.6	6	4831.9	4	4944.9	4

5-5 各省(市、自治区)粮食总产量及其位次

单位：万吨

地区	1990年		1995年		2000年		2005年		2010年		2014年		2015年	
	数量	位次	数量	位次	数量	位次	数量	位次	数量	位次	数量	位次	数量	位次
全国	**44624**		**46661.8**		**46217.5**		**48402.2**		**54647.7**		**60702.6**		**62143.9**	
北京	265	24	259.8	24	144.2	28	94.9	29	115.7	29	63.9	31	62.6	31
天津	189	27	207.5	26	124.1	29	137.5	27	159.7	27	176.0	27	181.7	27
河北	**2277**	**9**	**2739.0**	**5**	**2551.1**	**6**	**2598.6**	**8**	**2975.9**	**7**	**3360.2**	**8**	**3363.8**	**8**
山西	969	19	917.1	20	853.4	22	978.0	20	1085.1	21	1330.8	18	1259.6	18
内蒙古	973	18	1055.4	17	1241.9	15	1662.2	13	2158.2	11	2753.0	10	2827.0	10
辽宁	1495	14	1423.5	15	1140.0	18	1745.8	12	1765.4	13	1753.9	14	2002.5	13
吉林	2046	10	1992.4	10	1638.0	11	2581.2	9	2842.5	9	3532.8	4	3647.0	4
黑龙江	2312	8	2552.1	8	2545.5	7	3092.0	4	5012.8	2	6242.2	1	6324.0	1
上海	239	25	210.4	25	174.0	27	105.4	28	118.4	28	112.5	28	112.1	28
江苏	3231	4	3286.3	4	3106.6	4	2834.6	5	3235.1	4	3490.6	5	3561.3	5
浙江	1586	13	1430.9	14	1217.7	16	814.7	23	770.7	23	757.4	23	752.2	23
安徽	2457	7	2580.7	7	2472.1	8	2605.3	7	3080.5	6	3415.8	6	3538.1	6
福建	880	20	919.9	19	854.7	21	715.2	24	661.9	24	667.0	24	661.1	24
江西	1658	12	1607.4	12	1614.6	12	1757.0	11	1954.7	12	2143.5	12	2148.7	12
山东	3355	2	4246.4	2	3837.7	2	3917.4	2	4335.7	3	4596.6	3	4712.7	3
河南	3304	3	3466.5	3	4101.5	1	4582.0	1	5437.1	1	5772.3	2	6067.1	2
湖北	2475	6	2463.8	9	2218.5	9	2177.4	10	2315.8	10	2584.2	11	2703.3	11
湖南	2651	5	2691.6	6	2767.9	5	2678.6	6	2847.5	8	3001.3	9	3002.9	9
广东	1897	11	1734.8	11	1760.1	10	1395.0	16	1316.5	16	1357.3	17	1358.1	17
广西	1363	15	1508.2	13	1528.5	13	1487.3	15	1412.3	15	1534.4	15	1524.8	15
海南	170	28	201.8	28	199.6	26	153.0	26	180.4	26	186.6	26	184.0	26
重庆					1106.9	20	1168.2	17	1156.1	19	1144.5	21	1154.9	22
四川	4267	1	4365.0	1	3372.0	3	3211.1	3	3222.9	5	3374.9	7	3442.8	7
贵州	721	21	948.9	18	1161.3	17	1152.1	18	1112.3	20	1138.5	22	1180.0	20
云南	1057	17	1188.9	16	1467.8	14	1514.9	14	1531.0	14	1860.7	13	1876.4	14
西藏	55	30	70.0	30	96.2	30	93.4	30	91.2	31	98.0	30	100.6	30
陕西	1071	16	913.4	21	1089.1	19	1043.0	19	1164.9	18	1197.8	19	1226.8	19
甘肃	691	22	644.2	23	713.5	24	836.9	22	958.3	22	1158.7	20	1171.1	21
青海	114	29	114.2	29	82.7	31	93.3	31	102.0	30	104.8	29	102.7	29
宁夏	190	26	203.2	27	252.7	25	299.8	25	356.5	25	377.9	25	372.6	25
新疆	666	23	718.5	22	783.7	23	876.6	21	1170.7	17	1414.5	16	1521.3	16

5-6 各省(市、自治区)人均粮食产量及其位次

单位：公斤/人

地区	1990年		1995年		2000年		2005年		2010年		2014年		2015年	
	数量	位次	数量	位次	数量	位次	数量	位次	数量	位次	数量	位次	数量	位次
全国	**393.1**		**387.3**		**366.1**		**371.26**		**408.7**		**444.9**		**453.2**	
北京	249.3	27	218.7	29	109.3	31	61.91	30	62.3	30	30.0	31	29.0	31
天津	217.1	29	221.1	28	126.6	29	132.23	29	126.7	29	117.7	29	118.6	29
河北	**378.2**	**16**	**427.1**	**9**	**383.9**	**14**	**380.48**	**15**	**418.3**	**11**	**456.7**	**10**	**454.3**	**12**
山西	340.5	17	299.3	19	262.5	24	292.38	22	310.1	20	365.7	19	344.5	19
内蒙古	454.1	4	464.5	5	524.2	3	698.60	3	882.2	3	1100.7	3	1127.2	3
辽宁	381.2	14	348.9	15	271.1	22	414.84	11	406.1	13	399.5	16	456.5	11
吉林	837.7	1	771.4	1	608.2	1	953.22	1	1036.3	2	1283.8	2	1324.8	2
黑龙江	655.7	2	692.3	2	608.2	2	811.85	2	1309.3	1	1628.1	1	1654.5	1
上海	183.3	30	151.9	30	110.6	30	59.44	31	56.1	31	46.5	30	46.3	30
江苏	485.7	3	466.6	4	424.1	9	380.35	16	415.0	12	439.1	14	446.9	14
浙江	378.7	15	332.3	17	266.1	23	166.83	27	145.1	27	137.6	27	136.2	27
安徽	441.0	8	431.3	7	404.5	11	426.98	7	510.0	7	564.0	7	578.8	6
福建	296.5	22	286.6	21	251.9	26	202.92	24	180.9	26	176.0	26	172.9	26
江西	441.9	7	398.0	12	385.8	13	408.76	12	439.8	9	473.0	8	471.8	9
山东	402.9	11	488.8	3	427.3	7	424.86	8	455.2	8	470.9	9	480.0	8
河南	391.4	13	382.5	14	440.0	6	489.95	5	575.7	4	612.5	5	641.5	5
湖北	462.7	5	428.8	8	370.8	16	382.47	14	404.7	14	445.0	13	463.4	10
湖南	436.9	9	422.3	10	426.8	8	424.70	9	438.9	10	447.0	12	444.2	15
广东	306.7	21	255.9	26	221.2	27	152.18	28	131.2	28	127.0	28	125.9	28
广西	324.1	19	333.8	16	332.2	19	320.12	20	298.6	23	324.0	21	319.3	22
海南	260.5	24	281.3	22	257.8	25	185.34	25	208.4	24	207.5	24	202.8	24
重庆					359.1	17	418.77	10	402.6	15	384.0	18	384.5	18
四川	396.7	12	387.3	13	399.6	12	392.20	13	397.2	16	415.4	15	421.3	16
贵州	224.0	28	272.4	23	321.0	20	309.80	21	305.9	22	324.8	20	335.3	20
云南	286.5	23	299.9	18	346.2	18	341.46	17	334.0	18	395.9	17	396.9	17
西藏	251.1	26	294.1	20	371.5	15	338.20	18	309.0	21	311.2	23	313.7	23
陕西	329.1	18	261.2	25	301.6	21	281.22	23	310.4	19	317.8	22	324.2	21
甘肃	312.0	20	267.5	24	508.7	4	323.59	19	369.1	17	448.0	11	451.3	13
青海	256.8	25	239.2	27	160.9	28	172.20	26	182.1	25	180.5	25	175.3	25
宁夏	411.0	10	399.6	11	457.4	5	504.55	4	568.0	5	574.4	6	560.5	7
新疆	446.7	6	436.4	6	423.7	10	437.83	6	539.5	6	620.0	4	653.2	4

5-7 各省(市、自治区)棉花产量及其位次

单位：万吨

地 区	1990年		1995年		2000年		2005年		2010年		2014年		2015年	
	数量	位次	数量	位次	数量	位次	数量	位次	数量	位次	数量	位次	数量	位次
全 国	**450.8**		**476.8**		**441.73**		**571.42**		**596.11**		**617.83**		**560.34**	
北 京	0.3	18	0.3	18	0.16	18	0.21	17	0.05	22	0.01	22	0.01	22
天 津	1.5	14	1.1	16	1.75	15	8.35	12	6.27	13	3.82	12	2.56	12
河 北	**57.1**	**3**	**37.0**	**6**	**30.01**	**6**	**57.72**	**4**	**56.95**	**3**	**43.10**	**3**	**37.34**	**3**
山 西	11.2	10	9.1	11	4.48	12	10.29	10	6.93	11	2.36	14	1.45	14
内蒙古					0.19	17	0.18	19	0.11	19	0.15	17	0.02	19
辽 宁	1.4	15	2.4	14	0.53	16	0.27	16	0.07	21	0.01	23	0.02	20
吉 林							0.17	20	0.52	16	0.08	20		
黑龙江														
上 海	1.2	16	0.4	17	0.12	19	0.18	18	0.35	17	0.12	18	0.04	18
江 苏	46.4	6	56.2	4	31.44	4	32.27	7	26.08	7	15.95	6	11.69	8
浙 江	6.4	12	6.2	12	2.92	13	2.16	15	2.94	14	2.48	13	1.99	13
安 徽	23.6	7	30.1	7	27.40	7	32.46	6	31.60	6	26.33	5	23.37	5
福 建					0.01	24	0.00	25	0.01	25	0.01	24	0.01	23
江 西	5.7	13	11.9	9	6.80	9	8.72	11	13.08	9	13.37	8	11.52	9
山 东	97.5	1	47.1	5	58.99	3	84.63	2	72.41	2	66.50	2	53.69	2
河 南	67.6	2	77.0	2	70.38	2	67.70	3	44.72	5	14.69	7	12.64	7
湖 北	51.7	4	58.6	3	30.43	5	37.50	5	47.18	4	35.95	4	29.76	4
湖 南	12.0	8	22.4	8	15.80	8	19.75	8	22.70	8	12.90	9	14.46	6
广 东														
广 西			0.1	20	0.09	21	0.09	21	0.21	18	0.25	16	0.25	16
海 南														
重 庆					0.05	23	0.02	24	0.01	24				
四 川	11.5	9	11.2	10	5.89	10	2.47	14	1.42	15	1.24	15	0.98	15
贵 州	0.1	19	0.1	19	0.11	20	0.06	22	0.10	20	0.11	19	0.12	17
云 南	0.1	20	0.1	21	0.05	22	0.02	23	0.04	23	0.03	21	0.01	21
西 藏														
陕 西	7.8	11	4.0	13	2.74	14	7.78	13	6.92	12	4.22	11	3.86	11
甘 肃	0.8	17	2.3	15	5.75	11	11.05	9	7.56	10	6.44	10	4.25	10
青 海														
宁 夏														
新 疆	46.9	5	99.4	1	145.60	1	187.40	1	247.90	1	367.72	1	350.30	1

5-8 各省(市、自治区)人均棉花产量及其位次

单位：公斤/人

地 区	1990年		1995年		2000年		2005年		2010年		2014年		2015年	
	数量	位次	数量	位次	数量	位次	数量	位次	数量	位次	数量	位次	数量	位次
全 国	**4.0**		**4.0**		**3.50**		**4.38**		**4.46**		**4.53**		**4.09**	
北 京	0.3	17	0.2	18	0.12	17	0.13	16	0.02	21	0.01	22	0.00	20
天 津	1.8	11	1.2	12	1.79	10	8.03	4	4.97	6	2.55	7	1.67	8
河 北	**9.5**	**4**	**5.8**	**5**	**4.52**	**5**	**8.45**	**3**	**8.01**	**3**	**5.86**	**4**	**5.04**	**4**
山 西	3.9	8	3.0	9	1.38	12	3.08	11	1.98	12	0.65	13	0.40	13
内蒙古					0.08	18	0.07	18	0.05	18	0.06	16	0.01	19
辽 宁	0.3	18	0.6	16	0.13	16	0.06	19	0.02	22	0.00	23	0.00	21
吉 林							0.06	20	0.19	15	0.03	20		
黑龙江												25		
上 海	0.9	15	0.3	17	0.07	19	0.10	17	0.17	17	0.05	18	0.02	18
江 苏	7.0	6	8.0	4	4.29	7	4.33	8	3.35	9	2.01	9	1.47	10
浙 江	1.5	12	1.5	11	0.64	15	0.44	14	0.55	14	0.45	14	0.36	14
安 徽	4.2	7	5.0	7	4.48	6	5.32	7	5.23	5	4.35	5	3.82	5
福 建												24		23
江 西	1.5	13	2.9	10	1.63	11	2.03	13	2.94	10	2.95	6	2.53	6
山 东	11.7	2	5.4	6	6.57	3	9.18	2	7.60	4	6.81	2	5.47	2
河 南	8.0	5	8.5	3	7.55	2	7.24	5	4.74	7	1.56	11	1.34	11
湖 北	9.7	3	10.2	2	5.09	4	6.59	6	8.25	2	6.19	3	5.10	3
湖 南	2.0	10	3.5	8	2.44	9	3.13	10	3.50	8	1.92	10	2.14	7
广 东												25		
广 西					0.02	20	0.02	21	0.04	19	0.05	17	0.05	16
海 南												25		
重 庆							0.01	23	0.00	24		25		
四 川	1.1	14	1.0	14	0.70	14	0.30	15	0.17	16	0.15	15	0.12	15
贵 州							0.02	22	0.03	20	0.03	19	0.03	17
云 南									0.01	23	0.01	21		22
西 藏												25		
陕 西	2.4	9	1.1	13	0.76	13	2.10	12	1.85	13	1.12	12	1.02	12
甘 肃	0.4	16	1.0	15	4.10	8	4.27	9	2.91	11	2.49	8	1.64	9
青 海												25		
宁 夏												25		
新 疆	31.4	1	60.4	1	78.72	1	93.60	1	114.24	1	161.18	1	150.40	1

5-9 各省(市、自治区)油料产量及其位次

单位：万吨

地区	1990年		1995年		2000年		2005年		2010年		2014年		2015年	
	数量	位次	数量	位次	数量	位次	数量	位次	数量	位次	数量	位次	数量	位次
全　国	**1613**		**2250.3**		**2954.8**		**3077.14**		**3230.1**		**3507.4**		**3537.0**	
北　京	3	29	3.3	30	3.8	30	2.49	30	1.6	30	0.7	30	0.6	30
天　津	5	28	4.0	28	3.3	31	1.29	31	0.6	31	0.5	31	0.4	31
河　北	**75**	**7**	**109.9**	**8**	**147.0**	**7**	**152.73**	**7**	**140.3**	**8**	**150.2**	**8**	**151.5**	**8**
山　西	39	16	22.3	20	44.8	16	21.26	25	17.6	26	17.3	24	15.3	25
内蒙古	69	9	70.2	11	116.4	9	122.17	9	128.1	9	170.3	7	193.6	7
辽　宁	17	23	19.8	22	29.6	22	36.84	21	99.6	11	63.7	16	46.1	20
吉　林	47	13	25.6	18	39.0	19	54.45	15	70.4	13	85.7	13	76.4	13
黑龙江	17	22	20.1	21	43.8	17	60.59	14	27.5	23	17.1	25	18.3	24
上　海	18	21	15.8	25	16.4	26	6.94	28	2.3	29	1.3	29	1.2	29
江　苏	112	5	159.5	6	225.6	5	215.99	6	152.0	7	146.6	9	143.1	9
浙　江	48	12	50.0	13	57.9	15	50.14	17	39.5	20	30.7	22	31.3	21
安　徽	129	4	191.8	3	285.0	4	270.67	4	227.6	5	228.8	6	227.9	6
福　建	18	20	23.3	19	25.8	24	27.42	24	26.6	24	29.8	23	30.7	22
江　西	55	11	103.6	9	96.7	10	76.12	12	107.6	10	121.7	10	124.0	10
山　东	212	1	315.0	1	356.9	2	363.86	2	342.2	2	335.9	3	324.1	3
河　南	152	3	298.0	2	392.6	1	449.60	1	540.7	1	584.3	1	599.7	1
湖　北	96	6	189.4	4	287.2	3	293.90	3	311.8	3	341.7	2	339.6	2
湖　南	72	8	112.0	7	139.3	8	140.98	8	195.3	6	233.8	5	242.9	5
广　东	59	10	71.0	10	78.8	11	77.01	11	88.2	12	105.5	11	110.3	11
广　西	25	19	45.3	15	58.6	14	63.18	13	45.8	18	61.3	18	64.7	16
海　南	5	27	7.3	26	10.1	27	8.53	27	9.5	27	11.6	27	11.3	27
重　庆					31.1	21	42.71	19	44.4	19	56.9	20	59.9	19
四　川	156	2	170.2	5	193.0	6	232.34	5	268.5	4	300.8	4	307.6	4
贵　州	44	14	58.8	12	74.3	12	84.89	10	60.3	16	98.0	12	101.3	12
云　南	13	24	19.6	23	27.0	23	36.22	22	34.2	22	64.7	15	65.9	15
西　藏	2	30	3.4	29	4.0	29	6.13	29	5.9	28	6.4	28	6.4	28
陕　西	34	18	38.2	16	38.8	20	45.35	18	56.1	17	62.3	17	62.7	18
甘　肃	34	17	31.7	17	41.7	18	50.31	16	64.1	15	72.4	14	71.6	14
青　海	12	25	16.2	24	19.4	25	31.85	23	34.4	21	31.5	21	30.5	23
宁　夏	6	26	5.6	27	7.0	28	12.21	26	20.8	25	16.5	26	15.3	26
新　疆	39	15	49.4	14	60.1	13	38.94	20	66.6	14	59.3	19	62.9	17

5–10 各省(市、自治区)人均油料产量及其位次

单位：公斤/人

地区	1990年		1995年		2000年		2005年		2010年		2014年		2015年	
	数量	位次	数量	位次	数量	位次	数量	位次	数量	位次	数量	位次	数量	位次
全 国	**14.2**		**18.7**		**23.4**		**23.60**		**24.16**		**25.71**		**25.79**	
北 京	2.9	30	2.8	30	2.9	31	1.63	30	0.84	30	0.32	31	0.26	31
天 津	5.4	26	4.3	29	3.4	30	1.24	31	0.51	31	0.35	30	0.28	30
河 北	**12.4**	**17**	**17.1**	**11**	**22.1**	**12**	**22.36**	**10**	**19.72**	**16**	**20.41**	**15**	**20.47**	**15**
山 西	13.8	14	7.3	24	13.8	17	6.36	28	5.03	28	4.76	27	4.19	28
内蒙古	32.6	1	30.9	6	49.1	1	51.35	3	52.38	4	68.09	1	77.19	1
辽 宁	4.5	27	4.8	28	7.0	28	8.75	24	22.91	14	14.51	20	10.51	23
吉 林	19.1	6	9.9	23	14.5	16	20.11	14	25.68	11	31.14	9	27.76	10
黑龙江	4.9	28	5.4	26	11.7	22	15.91	18	7.19	27	4.47	28	4.80	27
上 海	13.9	13	11.4	17	10.4	24	3.91	29	1.09	29	0.53	29	0.49	29
江 苏	16.9	9	22.6	9	30.8	8	28.98	7	19.49	17	18.44	18	17.96	18
浙 江	11.5	19	11.6	16	12.7	21	10.27	23	7.43	25	5.57	26	5.68	26
安 徽	23.2	5	32.0	5	46.6	3	44.36	5	37.68	5	37.78	5	37.27	6
福 建	6.0	25	7.3	25	7.6	27	7.78	27	7.28	26	7.87	25	8.02	25
江 西	14.6	11	25.6	8	23.1	10	17.71	17	24.20	13	26.85	12	27.22	12
山 东	25.5	4	36.3	1	39.7	5	39.46	6	35.92	6	34.41	8	33.01	8
河 南	18.0	7	32.9	4	42.1	4	48.08	4	57.25	2	62.00	2	63.41	2
湖 北	17.9	8	33.0	3	48.0	2	51.63	2	54.49	3	58.84	3	58.21	3
湖 南	11.9	18	17.6	10	21.5	13	22.35	11	30.10	10	34.82	7	35.93	7
广 东	9.5	21	10.5	21	9.9	26	8.40	25	8.79	23	9.87	24	10.23	24
广 西	6.0	24	10.0	22	12.7	19	13.60	20	9.69	22	12.94	22	13.55	21
海 南	7.0	23	10.6	20	13.0	18	10.33	22	10.96	21	12.87	23	12.41	22
重 庆					10.1	25	15.31	19	15.48	19	19.10	17	19.93	17
四 川	14.5	12	15.1	13	22.9	11	28.38	8	33.10	8	37.03	6	37.63	5
贵 州	13.6	15	16.9	12	20.6	14	22.83	9	16.59	18	27.97	11	28.80	9
云 南	3.6	29	4.9	27	6.4	29	8.16	26	7.47	24	13.76	21	13.94	20
西 藏	7.6	22	14.1	14	15.3	15	22.20	12	19.87	15	20.26	16	19.97	16
陕 西	10.3	20	10.9	19	10.7	23	12.23	21	14.94	20	16.53	19	16.56	19
甘 肃	15.2	10	13.2	15	29.7	9	19.45	15	24.67	12	28.00	10	27.58	11
青 海	27.1	2	34.0	2	37.4	6	58.81	1	61.40	1	54.27	4	52.02	4
宁 夏	13.5	16	11.0	18	12.7	20	20.55	13	33.21	7	25.11	14	22.95	14
新 疆	26.1	3	30.0	7	32.5	7	19.45	16	30.70	9	26.00	13	27.00	13

5-11 各省(市、自治区)蔬菜产量及其位次

单位：万吨

地 区	1995年		1999年		2005年		2010年		2014年		2015年	
	数量	位次	数量	位次	数量	位次	数量	位次	数量	位次	数量	位次
全 国	**25726.7**		**40513.5**		**56451.49**		**65099.4**		**76005.5**		**78526.1**	
北 京	397.3	20	426.8	25	423.89	26	303.0	29	236.2	29	205.1	29
天 津	434.2	17	486.1	23	542.74	25	419.3	26	460.2	27	441.5	27
河 北	**2148.4**	**2**	**3815.4**	**2**	**6467.61**	**2**	**7073.6**	**2**	**8125.7**	**2**	**8243.7**	**2**
山 西	542.9	15	719.6	18	901.54	18	909.1	23	1271.4	22	1302.2	22
内蒙古	308.3	25	594.9	19	1009.14	16	1350.9	16	1472.7	20	1445.3	20
辽 宁	1268.1	8	1650.8	8	1954.78	10	2668.2	9	3090.1	9	2932.8	9
吉 林	530.6	16	822.6	16	832.56	24	1078.7	22	876.0	24	860.0	24
黑龙江	338.1	23	1187.3	12	1153.55	14	723.8	24	985.6	23	957.4	23
上 海	244.3	27	337.0	27	409.03	27	398.1	28	393.2	28	364.5	28
江 苏	1600.0	6	2727.0	4	3604.69	4	4234.0	4	5417.0	4	5595.7	4
浙 江	822.9	12	1127.5	13	1764.60	11	1788.8	12	1762.8	14	1806.9	17
安 徽	1006.9	10	1509.2	10	1671.23	12	2137.4	10	2551.0	11	2714.2	11
福 建	735.1	14	991.3	15	1402.66	13	1563.3	14	1801.4	13	1903.6	13
江 西	809.4	13	1045.1	14	1145.93	15	1115.3	21	1312.4	21	1359.1	21
山 东	3694.8	1	6407.3	1	8606.98	1	9030.7	1	9973.7	1	10272.9	1
河 南	1660.8	5	3392.4	3	5880.25	3	6624.3	3	7272.5	3	7456.5	3
湖 北	1663.4	4	2631.0	5	2916.91	5	3131.5	6	3671.5	7	3852.0	7
湖 南	1134.6	9	1564.0	9	2399.05	8	3122.9	7	3763.5	6	3996.9	6
广 东	1703.9	3	2109.7	6	2596.02	7	2718.6	8	3274.7	8	3438.8	8
广 西	1302.0	7	1367.6	11	2130.59	9	2129.4	11	2610.1	10	2786.4	10
海 南	129.7	28	255.2	28	312.16	28	442.4	25	551.5	25	572.2	26
重 庆	397.6	19	770.7	17	890.47	19	1309.5	17	1689.1	18	1780.5	18
四 川	992.0	11	1942.2	7	2714.29	6	3408.3	5	4069.3	5	4240.8	5
贵 州	360.8	22	553.0	20	839.87	23	1202.0	20	1625.6	19	1731.9	19
云 南	405.6	18	526.4	21	970.89	17	1255.0	18	1735.5	15	1873.9	14
西 藏	9.3	31	17.1	31	42.92	31	58.1	31	68.2	31	69.6	31
陕 西	362.9	21	500.1	22	869.93	20	1384.0	15	1724.7	16	1822.5	16
甘 肃	327.6	24	460.0	24	866.91	21	1235.5	19	1705.2	17	1823.1	15
青 海	38.3	30	56.6	30	84.46	30	141.6	30	158.6	30	166.4	30
宁 夏	87.6	29	113.8	29	183.61	29	407.4	27	540.8	26	575.8	25
新 疆	269.6	26	406.2	26	862.23	22	1734.4	13	1815.4	12	1933.9	12

5–12 各省(市、自治区)园林水果产量及其位次

单位：万吨

地区	1990年		1995年		2000年		2005年		2010年		2014年		2015年	
	数量	位次	数量	位次	数量	位次	数量	位次	数量	位次	数量	位次	数量	位次
全 国	**1874.42**		**4214.63**		**6225.15**		**8835.50**		**12865.23**		**16588.17**		**17479.57**	
北 京	26.38	19	45.24	19	58.59	21	76.12	22	80.99	22	71.29	24	67.43	24
天 津	10.10	24	19.92	25	28.28	25	27.79	28	31.27	29	31.32	29	32.71	29
河 北	**175.47**	**3**	**431.97**	**2**	**677.31**	**2**	**918.48**	**2**	**1111.73**	**4**	**1420.59**	**4**	**1508.61**	**4**
山 西	40.57	14	102.58	14	204.49	11	245.50	13	408.46	13	682.52	10	755.65	9
内蒙古	6.92	26	18.15	26	21.45	27	22.03	29	37.25	28	64.64	25	66.03	25
辽 宁	111.29	5	219.99	7	249.97	9	329.27	9	521.56	10	592.07	13	601.45	13
吉 林	13.33	23	27.97	22	48.56	22	66.20	23	65.08	24	58.90	26	53.40	26
黑龙江	4.95	28	12.70	27	19.21	29	46.20	25	46.64	26	57.64	27	51.86	27
上 海	9.42	25	21.71	23	22.54	26	33.63	26	44.16	27	45.85	28	32.76	28
江 苏	49.33	13	101.35	15	176.44	12	202.34	15	237.03	19	306.17	19	300.03	19
浙 江	107.01	6	214.62	9	170.37	13	283.69	11	382.49	14	443.66	15	460.02	16
安 徽	26.99	17	52.66	18	110.61	17	151.72	18	235.67	20	284.56	21	299.44	20
福 建	75.78	9	239.33	6	356.44	7	479.36	7	564.48	9	701.72	9	744.79	10
江 西	23.30	20	42.76	20	42.34	23	130.28	20	297.13	17	420.78	17	450.32	17
山 东	246.30	2	717.69	1	966.63	1	1201.48	1	1438.91	1	1665.48	1	1703.00	1
河 南	63.92	10	211.66	10	364.73	5	555.69	6	795.99	6	895.96	6	915.76	7
湖 北	26.89	18	114.70	12	215.68	10	260.79	12	437.13	12	614.25	11	615.84	12
湖 南	56.61	12	116.94	11	150.50	15	243.27	14	460.92	11	522.04	14	545.58	14
广 东	328.58	1	414.51	3	643.52	3	831.69	3	1128.73	3	1438.49	3	1519.89	3
广 西	91.61	7	266.60	5	360.14	6	571.58	5	841.77	5	1233.30	5	1369.76	5
海 南	15.28	22	36.05	21	105.52	18	162.53	17	285.36	18	311.35	18	296.68	21
重 庆					81.68	19	128.81	21	202.55	21	303.12	20	327.48	18
四 川	127.06	4	215.32	8	252.57	8	415.76	8	599.57	7	759.66	8	806.52	8
贵 州	16.68	21	20.97	24	31.10	24	51.42	24	69.61	23	125.98	22	147.65	22
云 南	31.97	16	55.71	17	76.95	20	136.63	19	341.64	15	605.28	12	656.32	11
西 藏	0.54	30	0.56	30	0.74	31	0.87	31	0.95	31	1.26	31	1.35	31
陕 西	62.03	11	283.96	4	493.79	4	765.74	4	1238.50	2	1553.98	2	1630.62	2
甘 肃	38.49	15	80.36	16	121.59	16	172.45	16	299.46	16	425.23	16	461.80	15
青 海	2.20	29	2.68	29	2.24	30	1.48	30	1.44	30	1.32	30	1.50	30
宁 夏	5.52	27	11.64	28	19.32	28	31.48	27	64.92	25	91.17	23	93.87	23
新 疆	79.88	8	114.34	13	151.87	14	291.26	10	593.85	8	858.61	7	961.45	6

5-13 各省(市、自治区)肉类总产量及其位次

单位：万吨

地区	1990年		1995年		2000年		2005年		2010年		2014年		2015年	
	数量	位次	数量	位次	数量	位次	数量	位次	数量	位次	数量	位次	数量	位次
全国	**2857.0**		**4076.4**		**6013.9**		**6938.9**		**7925.8**		**8706.7**		**8625.0**	
北京	26.8	25	37.6	25	55.9	25	66.69	25	46.3	26	39.3	27	36.4	27
天津	11.8	28	21.2	27	28.9	28	57.78	27	42.6	27	46.4	26	45.8	26
河北	**130.1**	**8**	**310.7**	**5**	**342.4**	**5**	**395.56**	**5**	**416.7**	**6**	**468.1**	**5**	**462.5**	**5**
山西	31.9	23	61.0	22	63.7	23	68.24	24	72.4	24	87.5	24	85.6	24
内蒙古	53.6	18	81.9	19	143.4	17	229.46	15	238.7	15	252.3	15	245.7	15
辽宁	90.4	13	222.4	10	225.7	11	347.92	8	406.7	7	429.2	8	429.4	7
吉林	51.8	19	134.5	14	216.3	12	260.15	12	238.9	14	262.0	14	261.1	14
黑龙江	55.9	17	135.8	13	151.6	16	173.51	17	197.9	16	230.2	16	228.7	16
上海	37.5	22	57.8	23	55.0	26	31.34	28	26.2	29	23.4	31	20.3	31
江苏	194.0	5	305.9	6	328.0	6	352.34	7	365.8	11	379.5	11	369.4	12
浙江	96.1	12	121.2	17	117.6	20	165.35	20	175.1	20	157.1	20	131.1	21
安徽	118.9	9	197.3	12	297.8	8	340.13	9	376.9	10	414.0	10	419.4	9
福建	74.2	16	126.6	16	137.6	18	165.86	19	180.2	18	213.7	18	216.6	17
江西	111.7	10	219.4	11	184.4	14	237.10	14	289.9	13	339.8	13	336.5	13
山东	221.6	2	585.9	2	560.2	1	753.95	1	704.4	1	770.2	1	774.0	1
河南	134.9	7	333.0	4	502.0	3	685.95	2	638.4	3	719.0	2	711.1	2
湖北	146.9	6	279.4	8	248.8	10	327.31	10	379.4	9	440.4	6	433.3	6
湖南	203.5	3	345.5	3	434.7	4	523.45	4	494.8	4	546.5	4	540.1	4
广东	202.5	4	305.1	7	322.2	7	384.31	6	441.1	5	429.4	7	424.2	8
广西	104.2	11	250.2	9	276.2	9	242.92	13	387.8	8	420.0	9	417.3	10
海南	15.1	27	31.9	26	38.0	27	58.21	26	68.5	25	79.5	25	78.0	25
重庆					153.6	15	177.96	16	192.5	17	214.2	17	213.8	18
四川	442.8	1	625.7	1	555.5	2	653.55	3	656.6	2	714.7	3	706.8	3
贵州	74.4	15	105.5	18	123.8	19	167.51	18	179.1	19	201.8	19	201.9	19
云南	78.6	14	128.2	15	204.9	13	298.60	11	321.4	12	378.5	12	378.3	11
西藏	8.8	29	11.6	30	14.1	31	21.46	31	25.0	31	26.4	30	28.0	30
陕西	46.8	20	79.1	20	83.2	22	102.82	22	102.6	22	116.7	22	116.2	22
甘肃	39.5	21	62.7	21	58.9	24	82.10	23	84.4	23	95.5	23	96.3	23
青海	15.3	26	18.4	28	20.8	29	25.75	30	28.3	28	33.4	28	34.7	28
宁夏	6.9	30	12.1	29	18.5	30	26.18	29	25.7	30	28.5	29	29.2	29
新疆	30.5	24	52.4	24	83.6	21	143.27	21	121.7	21	149.3	21	153.2	20

5-14 各省(市、自治区)猪牛羊肉产量及其位次

单位：万吨

地区	1990年		1995年		2000年		2005年		2010年		2014年		2015年	
	数量	位次	数量	位次	数量	位次	数量	位次	数量	位次	数量	位次	数量	位次
全国	**2513**		**3304.0**		**4743.2**		**5473.5**		**6123.1**		**6788.8**		**6627.5**	
北京	20	25	27.0	24	34.0	25	39.7	27	27.5	27	26.9	28	25.2	30
天津	10	28	16.5	28	22.1	28	44.9	25	32.6	26	34.8	26	34.2	26
河北	**121**	**8**	**258.8**	**5**	**270.0**	**5**	**314.2**	**5**	**332.6**	**5**	**364.1**	**6**	**359.9**	**6**
山西	29	22	56.1	22	57.8	23	62.2	24	63.6	24	76.7	24	73.0	24
内蒙古	50	17	74.0	19	130.2	16	193.6	13	210.8	14	221.2	14	216.3	14
辽宁	79	13	173.9	11	146.2	13	240.6	11	277.9	9	292.0	9	275.8	11
吉林	43	20	96.7	18	132.2	15	163.3	15	166.9	15	190.8	16	187.4	16
黑龙江	46	18	106.5	14	117.7	17	142.3	18	165.7	16	195.0	15	192.3	15
上海	24	24	24.3	25	26.6	26	18.7	31	18.4	31	19.4	31	16.7	31
江苏	158	3	217.8	7	226.6	7	242.1	10	223.9	13	243.6	13	237.2	13
浙江	86	12	102.8	16	93.3	20	130.4	20	134.9	20	129.9	20	106.3	21
安徽	98	10	165.8	12	227.9	6	265.0	8	271.3	10	298.2	8	291.9	8
福建	64	16	106.0	15	109.9	19	138.5	19	150.7	19	156.2	19	140.0	19
江西	103	9	193.4	10	149.6	12	187.7	14	233.4	12	274.0	12	268.3	12
山东	187	2	371.7	2	379.9	4	484.1	3	454.5	3	509.4	3	502.4	3
河南	124	7	295.9	4	437.9	2	588.3	1	516.5	2	585.5	2	576.5	1
湖北	137	6	250.7	6	210.3	10	278.7	6	312.7	6	370.1	5	363.3	5
湖南	190	5	317.4	3	391.4	3	466.8	4	439.3	4	488.1	4	479.5	4
广东	148	4	194.9	9	212.4	9	264.2	9	282.6	8	290.5	10	282.0	9
广西	91	11	204.9	8	219.1	8	206.6	12	258.5	11	283.9	11	276.4	10
海南	12	27	20.9	26	25.8	27	41.3	26	44.6	25	52.3	25	49.4	25
重庆					138.4	14	153.3	17	156.3	18	170.3	18	168.8	18
四川	407	1	553.2	1	459.1	1	562.2	2	546.4	1	585.9	1	574.1	2
贵州	71	15	100.5	17	116.0	18	154.7	16	163.5	17	184.0	17	181.7	17
云南	75	14	120.4	13	191.2	11	276.0	7	285.3	7	340.5	7	337.8	7
西藏	9	29	11.6	29	15.0	31	21.5	30	24.7	29	25.5	30	26.3	29
陕西	45	19	71.6	20	74.2	21	89.6	22	93.7	22	107.0	22	106.1	22
甘肃	38	21	57.7	21	54.3	24	75.7	23	78.0	23	88.7	23	89.2	23
青海	15	26	18.0	27	20.4	29	25.1	28	27.4	28	32.1	27	33.4	27
宁夏	6	30	10.3	30	15.4	30	22.3	29	23.3	30	26.0	29	26.9	28
新疆	28	23	46.0	23	70.5	22	120.3	21	105.5	21	126.6	21	129.0	20

5-15 各省(市、自治区)牛奶产量及其位次

单位：万吨

地 区	1990年		1995年		2000年		2005年		2010年		2014年		2015年	
	数量	位次	数量	位次	数量	位次	数量	位次	数量	位次	数量	位次	数量	位次
全 国	**415.7**		**576.4**		**827.4**		**2753.4**		**3575.6**		**3724.6**		**3754.7**	
北 京	21.7	6	20.6	8	30.3	8	64.2	10	64.1	13	59.5	14	57.2	14
天 津	7.6	17	10.7	15	16.5	15	63.4	11	69.0	12	68.9	12	68.0	11
河 北	**11.2**	**13**	**32.5**	**4**	**84.2**	**2**	**340.3**	**3**	**439.8**	**3**	**487.8**	**3**	**473.1**	**3**
山 西	16.0	8	26.0	6	33.5	7	71.3	9	73.2	10	96.2	10	91.9	10
内蒙古	37.0	2	48.6	2	79.8	3	691.0	1	905.2	1	788.0	1	803.2	1
辽 宁	14.4	9	17.1	12	18.9	14	74.9	8	121.2	8	131.2	9	140.3	8
吉 林	11.7	11	10.2	16	14.3	18	29.4	17	43.5	16	49.3	16	52.3	16
黑龙江	101.7	1	164.6	1	154.3	1	440.2	2	552.5	2	556.6	2	570.5	2
上 海	22.7	5	21.8	7	25.9	10	23.8	19	24.7	19	27.1	21	27.7	21
江 苏	8.7	15	10.0	17	25.5	11	56.6	14	57.3	14	60.7	13	59.6	13
浙 江	11.3	12	9.2	20	11.2	21	26.7	18	20.3	22	15.9	23	16.5	23
安 徽	2.5	25	2.5	26	4.1	27	11.0	26	20.5	21	27.9	20	30.6	19
福 建	4.8	22	6.1	21	9.6	22	19.4	22	15.4	23	15.0	24	15.0	24
江 西	2.2	26	3.2	25	5.6	24	12.5	23	11.4	26	12.9	26	13.0	25
山 东	7.0	19	17.9	10	45.7	5	187.1	4	253.1	5	279.6	5	275.4	5
河 南	2.7	24	5.5	22	16.1	17	104.0	7	290.9	4	332.0	4	342.2	4
湖 北	5.2	21	3.8	24	5.6	26	12.2	24	14.0	25	16.1	22	16.9	22
湖 南	1.1	27	0.8	29	1.1	30	6.9	28	7.8	29	9.3	28	9.7	28
广 东	5.5	20	5.5	23	9.2	23	11.6	25	14.2	24	13.5	25	12.9	26
广 西	0.9	29	0.9	28	1.7	29	5.4	29	8.2	27	9.7	27	10.1	27
海 南	0.1	30	0.1	30			0.1	31	0.2	31	0.2	31	0.2	31
重 庆					5.6	25	8.6	27	8.0	28	5.7	30	5.4	30
四 川	26.4	4	27.7	5	28.5	9	58.6	12	69.8	11	70.8	11	67.5	12
贵 州	1.0	28	1.4	27	1.7	28	3.8	30	4.6	30	5.7	29	6.2	29
云 南	7.3	18	9.5	19	13.0	20	30.9	16	50.4	15	58.2	15	55.0	15
西 藏	12.6	10	14.1	13	16.2	16	21.2	21	23.3	20	29.0	19	30.0	20
陕 西	9.5	14	17.4	11	39.2	6	113.3	6	137.5	6	144.7	7	141.2	7
甘 肃	7.9	16	9.6	18	13.3	19	31.2	15	36.3	17	39.6	17	39.3	17
青 海	20.1	7	20.0	9	20.6	13	23.6	20	26.2	18	30.5	18	31.5	18
宁 夏	4.1	23	14.0	14	23.6	12	57.9	13	84.5	9	135.7	8	136.5	9
新 疆	30.8	3	45.2	3	72.5	4	152.2	5	128.6	7	147.5	6	155.8	6

5-16　各省(市、自治区)禽蛋产量及其位次

单位：万吨

地　区	1990年		1995年		2000年		2005年		2010年		2014年		2015年	
	数量	位次	数量	位次	数量	位次	数量	位次	数量	位次	数量	位次	数量	位次
全　国	**794.6**		**1676.7**		**2243.3**		**2879.5**		**2762.7**		**2893.9**		**2999.2**	
北　京	25.8	11	28.5	17	16.0	23	16.0	24	15.1	24	19.7	23	19.6	24
天　津	18.6	15	24.1	19	25.6	19	23.5	21	18.7	23	19.4	24	20.2	23
河　北	**51.3**	**5**	**205.3**	**2**	**329.4**	**2**	**385.2**	**2**	**339.1**	**3**	**362.7**	**3**	**373.6**	**3**
山　西	15.9	18	36.1	13	40.3	14	56.9	12	70.5	12	83.7	12	87.2	12
内蒙古	12.4	21	18.8	20	24.4	20	46.2	14	50.0	13	53.5	14	56.4	14
辽　宁	45.2	7	102.8	5	140.3	5	224.0	4	275.7	4	279.3	4	276.5	4
吉　林	25.0	12	48.9	10	80.0	9	100.0	10	95.6	10	98.5	9	107.3	9
黑龙江	30.9	9	79.0	8	75.3	10	102.7	9	105.3	9	98.2	10	99.9	11
上　海	15.1	19	14.8	21	16.6	22	8.4	27	6.3	28	5.2	28	4.9	28
江　苏	89.7	2	175.3	3	181.4	4	182.0	5	190.6	5	194.6	5	196.2	5
浙　江	19.0	13	31.7	15	37.2	15	44.5	15	44.3	15	39.0	17	33.3	18
安　徽	32.6	8	51.2	9	107.4	6	122.1	7	119.0	8	122.5	8	134.7	8
福　建	12.9	20	27.0	18	40.7	13	43.9	16	26.3	19	25.4	20	25.5	21
江　西	16.8	17	33.4	14	33.5	16	42.1	17	42.0	16	47.8	15	49.3	15
山　东	124.3	1	317.4	1	366.2	1	441.8	1	384.3	2	388.0	2	423.9	1
河　南	59.6	3	140.0	4	270.0	3	375.3	3	388.6	1	404.0	1	410.0	2
湖　北	51.9	4	87.9	6	102.6	7	121.3	8	132.6	7	155.1	6	165.3	6
湖　南	27.9	10	46.6	11	52.3	11	92.1	11	91.7	11	97.9	11	101.5	10
广　东	18.8	14	31.1	16	33.1	17	33.2	19	34.4	18	33.0	18	33.8	17
广　西	6.6	24	14.7	22	14.5	24	17.7	23	20.0	22	22.2	22	22.9	22
海　南	1.2	28	2.2	28	2.9	29	2.7	29	3.5	29	3.8	29	4.4	29
重　庆					27.9	18	39.1	18	37.2	17	43.2	16	45.4	16
四　川	47.1	6	79.2	7	99.7	8	157.2	6	144.4	6	145.3	7	146.7	7
贵　州	4.5	26	5.8	26	6.5	28	11.1	26	12.5	26	16.2	25	17.3	25
云　南	4.9	25	6.9	25	10.6	26	19.0	22	20.8	21	24.3	21	26.0	20
西　藏	0.1	30	0.7	30	0.2	31	0.4	31	0.3	31	0.5	31	0.5	31
陕　西	18.4	16	40.1	12	42.5	12	48.7	13	47.1	14	54.5	13	58.1	13
甘　肃	8.5	22	12.4	23	11.2	25	14.5	25	13.8	25	15.5	26	15.3	26
青　海	1.1	29	1.2	29	1.3	30	1.4	30	1.6	30	2.2	30	2.3	30
宁　夏	2.2	27	3.9	27	7.6	27	7.8	28	7.2	27	8.3	27	8.8	27
新　疆	6.3	23	9.5	24	18.5	21	25.0	20	24.4	20	30.5	19	32.6	19

5−17 各省(市、自治区)水产品产量及其位次

单位：万吨

地区	1990年		1995年		2000年		2005年		2010年		2014年		2015年	
	数量	位次	数量	位次	数量	位次	数量	位次	数量	位次	数量	位次	数量	位次
全国	**1237.02**		**2517.18**		**3706.20**		**4419.90**		**5373.00**		**6461.52**		**6699.65**	
北京	5.16	20	8.05	21	7.50	22	6.43	26	6.34	26	6.82	27	6.61	27
天津	10.83	17	15.35	18	24.22	18	33.81	18	34.49	17	40.82	19	40.10	19
河北	**21.86**	**14**	**39.61**	**14**	**80.95**	**13**	**98.95**	**13**	**106.33**	**13**	**126.39**	**14**	**129.71**	**14**
山西	1.02	26	1.75	27	2.60	28	3.75	28	3.17	28	5.12	28	5.24	28
内蒙古	3.04	22	4.76	22	7.21	23	8.26	23	11.38	22	14.79	24	15.35	25
辽宁	107.36	6	197.86	6	338.46	5	425.34	5	430.38	6	525.67	5	531.28	5
吉林	7.09	19	11.06	19	14.01	21	11.89	21	16.60	21	19.01	22	19.52	22
黑龙江	14.79	16	25.29	16	38.22	15	44.60	16	39.97	16	51.35	17	54.24	17
上海	27.36	12	29.07	15	28.87	17	35.35	17	28.97	19	33.05	20	32.44	20
江苏	118.25	5	219.47	5	308.79	6	388.66	6	460.44	5	518.75	6	521.05	6
浙江	138.98	3	318.07	3	469.51	4	483.77	4	477.95	4	574.17	4	597.83	4
安徽	29.10	11	75.20	11	159.80	9	177.57	10	193.31	11	223.69	11	230.43	11
福建	118.64	4	257.27	4	527.89	3	602.22	3	586.96	3	695.84	3	733.90	3
江西	30.68	10	84.04	10	127.12	11	168.66	11	215.34	9	253.66	9	264.25	9
山东	167.80	2	380.94	1	698.23	1	736.14	1	783.83	1	903.74	1	931.27	1
河南	10.48	18	18.09	17	32.17	16	51.68	15	57.86	15	91.76	15	102.37	15
湖北	70.98	7	150.91	7	234.34	7	318.21	7	353.09	7	433.30	7	455.89	7
湖南	53.01	8	86.28	9	133.21	10	179.22	9	198.00	10	248.16	10	259.38	10
广东	207.66	1	354.34	2	593.19	2	695.23	2	729.03	2	836.34	2	858.22	2
广西	32.35	9	103.37	8	239.86	8	284.19	8	275.51	8	332.40	8	345.92	8
海南	16.75	15	43.25	12	83.06	12	150.01	12	149.48	12	197.44	12	204.89	12
重庆					20.03	19	25.06	19	22.43	20	44.34	18	48.09	18
四川	23.26	13	42.00	13	51.31	14	98.25	14	105.06	14	132.63	13	138.69	13
贵州	2.24	24	3.27	25	6.24	24	9.46	22	8.79	25	20.99	21	24.98	21
云南	4.60	21	8.42	20	16.62	20	23.85	20	29.78	18	58.20	16	69.71	16
西藏	0.02	30	0.13	30	0.18	30	0.01	31	0.05	31	0.03	31	0.03	31
陕西	2.06	25	3.77	24	6.08	25	7.36	25	6.04	27	13.93	26	15.52	24
甘肃	0.36	28	0.76	28	1.41	29	1.57	29	1.23	29	1.45	29	1.49	29
青海	0.34	29	0.24	29	0.12	31	0.09	30	0.16	30	0.90	30	1.06	30
宁夏	1.02	27	1.84	26	3.70	27	5.83	27	9.00	24	16.26	23	16.97	23
新疆	2.32	23	4.44	23	6.01	26	7.93	24	10.11	23	14.40	25	15.14	26

5-18 各省(市、自治区)农林牧渔业总产值及其位次

(按当年现行价格计算)

单位：亿元

地区	1990年		1995年		2000年		2005年		2010年		2014年		2015年	
	数量	位次	数量	位次	数量	位次	数量	位次	数量	位次	数量	位次	数量	位次
全国	**7662**		**20340.86**		**24915.8**		**39450.9**		**69319.8**		**102226.1**		**107056.4**	
北京	70	24	164.47	26	195.2	27	268.8	26	328.0	26	420.1	28	368.2	28
天津	55	27	133.25	27	156.3	28	258.4	27	317.3	27	441.7	27	467.4	27
河北	**358**	**9**	**1147.83**	**6**	**1544.7**	**5**	**2379.2**	**6**	**4309.4**	**3**	**5994.8**	**4**	**5978.9**	**5**
山西	125	22	299.68	22	322.4	24	483.8	24	1047.8	22	1530.5	24	1522.6	24
内蒙古	157	19	373.59	20	543.2	18	980.2	18	1843.6	18	2779.8	16	2751.6	20
辽宁	274	11	761.80	12	967.4	12	1671.6	9	3106.5	9	4498.4	10	4686.7	10
吉林	189	17	490.28	16	609.4	17	1050.5	17	1850.3	16	2763.0	17	2880.6	16
黑龙江	245	14	670.03	14	625.1	16	1294.4	14	2536.3	12	4894.8	9	5044.9	9
上海	68	26	182.47	25	219.5	26	233.4	28	287.0	29	322.2	30	302.6	30
江苏	581	4	1686.78	2	1869.7	3	2577.0	3	4297.1	4	6443.4	3	7030.8	3
浙江	337	10	891.71	10	1062.9	10	1428.3	12	2172.9	14	2844.6	15	2933.4	15
安徽	371	8	980.26	9	1220.0	7	1666.2	10	2955.4	10	4223.7	11	4390.8	11
福建	229	15	765.38	11	1037.3	11	1396.1	13	2307.1	13	3522.3	13	3717.9	13
江西	255	12	631.71	15	760.3	14	1143.0	15	1900.6	15	2726.5	20	2859.1	17
山东	647	1	1857.48	1	2294.3	1	3741.8	1	6650.9	1	9198.3	1	9549.6	1
河南	502	5	1304.25	5	1981.5	2	3309.7	2	5734.2	2	7549.1	2	7641.3	2
湖北	402	6	988.53	8	1125.6	9	1775.6	8	3502.0	8	5452.8	6	5728.6	6
湖南	397	7	1046.97	7	1221.7	8	2056.2	7	3787.5	6	5304.8	7	5630.7	7
广东	601	3	1445.48	4	1640.7	4	2447.6	5	3754.9	7	5234.2	8	5520.0	8
广西	252	13	743.50	13	829.0	13	1448.4	11	2721.0	11	3947.7	12	4197.1	12
海南	69	25	202.10	24	311.9	25	475.9	25	821.3	25	1252.2	25	1323.9	25
重庆					412.6	22	662.2	21	1021.1	23	1595.0	23	1738.1	22
四川	637	2	1520.26	3	1413.3	6	2457.5	4	4081.8	5	5888.1	5	6377.8	4
贵州	145	21	344.85	21	413.0	21	571.8	22	997.8	24	2118.5	21	2738.7	21
云南	212	16	474.46	17	680.9	15	1068.6	16	1810.5	19	3263.3	14	3383.1	14
西藏	17	30	35.90	30	51.2	31	67.7	31	100.8	31	138.7	31	149.5	31
陕西	170	18	381.65	19	464.9	20	730.7	20	1666.1	20	2741.8	19	2813.5	18
甘肃	103	23	289.37	23	323.0	23	521.5	23	1057.0	21	1618.8	22	1722.1	23
青海	25	29	55.10	29	57.0	30	94.0	30	201.3	30	327.5	29	319.3	29
宁夏	25	28	56.55	28	77.8	29	138.0	29	305.9	28	445.5	26	483.0	26
新疆	145	20	415.19	18	487.2	19	831.1	19	1846.2	17	2744.0	18	2804.4	19

5-19　各省(市、自治区)农林牧渔业增加值及其位次

单位：亿元

地区	1990年		1995年		2000年		2005年		2010年		2014年		2015年	
	数量	位次	数量	位次	数量	位次	数量	位次	数量	位次	数量	位次	数量	位次
全　国	**5062.00**		**12135.80**		**14944.70**		**22420.0**		**40533.6**		**60158.0**		**62904.1**	
北　京	43.88	26	73.50	26	78.59	26	98.0	27	124.5	29	**161.3**	**29**	**142.6**	**29**
天　津	27.32	28	60.80	27	73.69	28	112.4	26	145.6	27	201.5	28	210.5	28
河　北	**227.89**	**9**	**631.34**	**7**	**824.55**	**6**	**1400.0**	**6**	**2562.8**	**3**	**3576.5**	**5**	**3578.7**	**5**
山　西	80.81	23	168.69	23	179.86	25	262.4	25	554.5	24	828.2	25	824.1	25
内蒙古	112.57	18	260.18	19	350.80	18	589.6	18	1095.3	17	1651.7	17	1642.5	20
辽　宁	168.57	13	392.17	13	503.44	13	882.4	12	1631.1	11	2403.2	12	2505.1	12
吉　林	124.99	17	303.99	16	398.73	16	625.6	17	1050.2	19	1570.2	20	1644.6	19
黑龙江	160.34	15	371.20	15	383.20	17	684.6	15	1302.9	14	2659.6	9	2687.8	9
上　海	34.24	27	59.82	28	76.68	27	90.3	28	114.7	30	128.6	30	114.0	30
江　苏	355.17	3	866.24	2	1048.34	3	1461.5	4	2540.1	4	3835.2	3	4209.5	3
浙　江	225.04	10	549.96	10	630.98	11	892.8	11	1360.6	13	1806.6	15	1865.3	15
安　徽	246.10	8	584.10	9	741.80	8	966.5	9	1729.0	9	2481.9	10	2550.3	11
福　建	147.01	16	464.82	11	640.57	10	841.2	13	1363.7	12	2085.0	13	2194.1	13
江　西	175.96	12	374.64	14	485.14	14	727.4	14	1207.0	15	1735.3	16	1827.8	16
山　东	425.29	1	1010.13	1	1268.57	1	1963.5	1	3588.3	1	4992.9	1	5182.9	1
河　南	325.77	4	762.99	4	1161.58	2	1892.0	2	3258.1	2	4261.7	2	4348.4	2
湖　北	289.45	6	619.77	8	662.30	9	1082.1	8	2147.0	8	3256.0	7	3417.3	8
湖　南	279.09	7	685.30	5	784.92	7	1255.1	7	2325.5	6	3266.9	6	3462.0	6
广　东	384.59	2	864.49	3	986.32	4	1428.3	5	2287.0	7	3242.6	8	3426.1	7
广　西	176.77	11	453.15	12	557.38	12	912.5	10	1675.1	10	2473.9	11	2633.0	10
海　南	45.71	25	128.90	24	192.00	24	300.8	24	539.8	25	832.6	24	880.5	24
重　庆	100.40	21	264.19	18	284.87	20	463.4	20	685.4	21	1076.7	22	1168.7	22
四　川	321.41	5	662.46	6	945.58	5	1481.1	3	2482.9	5	3594.2	4	3745.3	4
贵　州	100.10	22	227.13	21	271.20	21	362.5	22	625.0	22	1316.1	21	1712.7	17
云　南	168.13	14	302.69	17	431.80	15	669.8	16	1108.4	16	2027.3	14	2098.3	14
西　藏	14.10	31	23.48	31	36.39	31	48.0	31	68.7	31	93.9	31	100.8	31
陕　西	105.56	19	217.27	22	258.22	22	435.8	21	988.5	20	1635.8	18	1673.2	18
甘　肃	64.06	24	110.65	25	194.10	23	308.1	23	599.3	23	939.2	23	995.5	23
青　海	17.67	29	38.79	29	38.53	30	65.3	30	134.9	28	219.0	27	212.2	27
宁　夏	16.84	30	35.41	30	46.03	29	72.1	29	159.3	26	229.6	26	251.7	26
新　疆	104.09	20	240.71	20	288.18	19	510.0	19	1078.6	18	1574.6	19	1598.7	21

5-20 各省(市、自治区)农村居民人均可支配收入及其位次

单位：元

地区	1990年		1995年		2000年		2005年		2010年		2014年		2015年	
	数量	位次	数量	位次	数量	位次	数量	位次	数量	位次	数量	位次	数量	位次
全国	**686**		**1577.74**		**2253.4**		**3255**		**5919**		**10489**		**11422**	
北京	1297	2	3223.65	2	4604.6	2	7346	2	13262	2	18867	3	20569	3
天津	1069	4	2406.38	6	3622.4	5	5580	4	10075	4	17014	4	18482	4
河北	**622**	**19**	**1668.73**	**11**	**2478.9**	**9**	**3482**	**10**	**5958**	**12**	**10186**	**13**	**11051**	**14**
山西	603	21	1208.30	21	1905.6	20	2891	18	4736	22	8809	22	9454	23
内蒙古	607	20	1300.00	19	2038.2	16	2989	17	5530	16	9976	16	10776	19
辽宁	836	7	1756.50	9	2355.6	10	3690	9	6908	9	11191	9	12057	9
吉林	804	8	1609.60	12	2022.5	17	3264	11	6237	10	10780	11	11326	11
黑龙江	759	10	1766.27	8	2148.2	14	3221	12	6211	11	10453	12	11095	13
上海	1907	1	4245.61	1	5590.4	1	8248	1	13978	1	21192	1	23205	1
江苏	959	6	2456.86	5	3595.1	6	5276	5	9118	5	14958	5	16257	5
浙江	1099	3	2966.19	3	4253.7	3	6660	3	11303	3	19373	2	21125	2
安徽	539	26	1302.82	18	1934.6	19	2641	22	5285	18	9916	18	10821	18
福建	764	9	2048.59	7	3230.5	7	4450	7	7427	7	12650	6	13793	6
江西	670	15	1537.36	13	2135.3	15	3129	13	5789	14	10117	14	11139	12
山东	680	13	1715.09	10	2654.4	8	3931	8	6990	8	11882	8	12930	8
河南	527	28	1231.97	20	1985.5	18	2871	19	5524	17	9966	17	10853	17
湖北	671	14	1511.22	15	2268.5	11	3099	15	5832	13	10849	10	11844	10
湖南	664	16	1425.16	17	2197.2	12	3118	14	5622	15	10060	15	10993	15
广东	1043	5	2699.24	4	3654.5	4	4690	6	7890	6	12246	7	13360	7
广西	639	18	1446.14	16	1864.5	23	2495	24	4543	25	8683	24	9467	22
海南	696	11	1519.71	14	2182.3	13	3004	16	5275	20	9913	19	10858	16
重庆					1892.4	22	2809	20	5277	19	9490	20	10505	20
四川	558	24	1158.29	23	1903.6	21	2803	21	5087	21	9348	21	10247	21
贵州	435	29	1086.62	25	1374.2	30	1877	31	3472	30	6671	30	7387	30
云南	540	25	1010.97	27	1478.6	27	2042	29	3952	28	7456	27	8242	28
西藏	650	17	1200.31	22	1330.8	31	2078	27	4139	26	7359	28	8244	27
陕西	530	27	962.89	29	1442.3	28	2052	28	4105	27	7932	26	8689	26
甘肃	431	30	880.34	30	1428.7	29	1980	30	3425	31	6277	31	6936	31
青海	560	23	1029.77	26	1490.5	26	2151	26	3863	29	7283	29	7933	29
宁夏	578	22	998.75	28	1724.3	24	2509	23	4675	23	8410	25	9119	25
新疆	683	12	1136.45	24	1618.1	25	2482	25	4643	24	8724	23	9425	24

注：2013年以前农村居民为人均纯收入，2013年为新口径人均可支配收入。

Ⅷ 2015年河北农村工作大事记

一 月

1月14日 下午，全省农村饮水安全工程建设推进电视电话会议在省会河北会堂召开。副省长沈小平出席会议并讲话。

1月17日 1月15日至今日，水利部副部长刘宁一行就农村饮水安全工程建设情况到我省督导检查。副省长沈小平陪同督导检查。

1月22日 下午，省长张庆伟主持召开省政府第43次常务会议。会议研究了《河北省人民政府2015年重点工作目标任务暨人大代表建议、政协提案重点事项办理任务分解方案》，就有关工作进行研究部署。会议研究了《关于促进全省经济开发区转型升级创新发展的实施意见》、《关于大力推进开发区节约集约用地提高土地利用效率的意见》，就促进经济开发区转型升级创新、土地节约集约利用进行安排部署。会议还审议了《河北省湿地保护规划（2015-2030年）》，听取了关于认定河北省省级重要湿地有关情况的汇报。

二 月

2月5日 今天，全省农村面貌改造提升行动（基层建设年活动）领导小组召开会议。省委副书记、省农村面貌改造提升行动领导小组组长赵勇出席会议并讲话。艾文礼、梁田庚、王刚、张杰辉、吴显国、江波出席会议并讲了具体意见。

今天，国务院扶贫办副主任郑文凯率国务院扶贫办和中央国家机关工委机关干部深入临城县赵庄乡贫困家庭、专业扑火队、学校建设工地，看望慰问贫困群众、扑火队队员和基层干部。副省长沈小平陪同慰问。

2月10日 2月9日至今日，全省农村工作会议在省会召开。省长张庆伟出席会议并讲话。省委副书记赵勇主持会议并讲话。省领导王刚、沈小平、葛会波、吴显国出席会议。

今天，省长张庆伟，省人大常委会党组副书记宋长瑞，省政协副主席刘永瑞深入唐县农村，走访慰问老党员、贫困户和优抚对象。

今天，副省长沈小平带领省直有关部门负责同志，就南水北调石家庄市区通水工作进行调研。

2月12日 上午，全省农村面貌改造提升行动动员大会在省会河北会堂举行。省委副书记赵勇出席会议并讲话。省委常委、组织部部长梁田庚，省政协副主席艾文礼，省人大常委会副主任王刚，省政协副主席郭华，省委省政府农村工作领导小组副组长吴显国出席会议。副省长沈小平主持会议。

三 月

3月11日 今天，副省长沈小平带领省直有关部门负责同志，就渤海粮仓科技示范工程和现代农业园区建设到邢台威县调研。

3月14日 今天，京津冀现代农业协同发展座谈会在北京举行。我省与京津两地分别签署了框架协议。农业部副部长余欣荣，北京市委常委、统战部部长牛有成，北京市副市长林克庆，天津市副市长王宏江，副省长沈小平参加座谈会。

今天，第三届北京农业嘉年华在北京市昌平区兴寿镇草莓博览园开幕。副省长沈小平出席开幕式。

3月18日 上午，金融服务“三农”工作座谈会在省会召开。省委副书记、省委省政府农村工作领导小组组长赵勇出席会议并讲话。副省长沈小平、省委省政府农村工作领导小组副组长吴显国出席会议并讲了具体意见。

3月26日 上午，我省南水北调受水区自备井关停行动启动仪式在省会举行。副省长沈小平参加启动仪式。

3月27日 上午，全省春季农业生产暨森林草原防火工作电视电话会议在省会河北会堂召开。副省长沈小平出席会议并讲话。

四 月

4月1日 今天，副省长沈小平带领省直有关部门负责同志到秦皇岛就森林草原防火工作进行调研。

4月8日 下午，省长张庆伟在石家庄会见了就春季农业生产、农田节水和农业信息服务等情况来我省调研的农业部部长韩长赋一行。省委副书记赵勇参加会见。省领导孙瑞彬、梁田庚、沈小平和省政府秘书长朱浩文等分别陪同考察或参加会见。

今天，国务院南水北调办副主任张野就接纳长江水相关工作来我省调研。副省长沈小平陪同调研。

4月28日 今天，全省扶贫驻村帮扶工作专题培训班开班。省委副书记赵勇出席开班式并讲话。省委常委、组织部部长梁田庚出席开班式，副省长沈小平主持开班式。

4月30日 4月27日至今日，全国人大常委会副委员长张宝文率领全国人大常委会农业法执法检查组，来我省进行执法检查，就完善农村土地承包关系情况进行调研。省长张庆伟在石家庄向张宝文副委员长汇报了我省有关工作。全国人大常委会委员、农委副主任委员陈光国、龙庄伟，全国人大常委会委员、农委委员许为钢；省委常委、组织部部长梁田庚，省人大常委会常务副主任宋恩华，省人大常委会副主任王刚，副省长沈小平等分别参加上述活动。

五　月

5月6日 下午，省长张庆伟在秦皇岛市会见了国家林业局局长赵树丛一行。省委副书记赵勇，省委常委、秦皇岛市委书记田向利，副省长沈小平，省政府秘书长朱浩文；国家林业局总工程师封加平等参加会见。

5月11日 下午，省政府与中国农业大学在石家庄签署共建涿州国家农业高新技术产业示范区协议。省长张庆伟，省委副书记赵勇参加签约并会见了中国农业大学党委书记姜沛民、中国农业大学校长柯炳生一行。

5月14日 5月12日到今日，国家防总副秘书长、中国气象局副局长矫梅燕率国家防总检查组到我省检查防汛抗旱工作，并听取了我省防汛抗旱工作汇报。副省长沈小平陪同。

5月18日 今天，河北省现代农业产业洽谈会在廊坊举行。省委副书记赵勇出席会议并致辞。副省长沈小平出席会议。

5月26日 下午，省长张庆伟主持召开省政府第51次常务会议。会议学习了《中华人民共和国义务教育法》，研究了《关于促进外贸稳增长调结构培育外贸竞争新优势的若干措施》、《关于支持贫困革命老区加快发展的意见》、《关于进一步加强新时期爱国卫生工作的实施意见》、《关于加快现代农业园区发展的意见》等事项。

5月29日 上午，全省防汛抗旱暨"三夏"生产工作电视电话会议在省会河北会堂召开。副省长沈小平出席会议并讲话。

六　月

6月10日 上午，省长张庆伟就麦收、供销社改革、南水北调配套工程建设等工作到隆尧县进行调研。副省长沈小平参加调研。

下午，我省召开全省村"两委"换届工作总结表彰会议。省委副书记、省村"两委"换届工作领导小组组长赵勇在会议出席会议并讲话。省委常委、组织部部长梁田庚主持会议。副省长姜德果宣读表彰决定。

6月12日 上午，海河防汛抗旱总指挥部在石家庄召开工作会议。省长、海河防总总指挥张庆伟出席会议并讲话。国家防总秘书长、水利部副部长刘宁到会指导工作并讲话。北京市副市长林克庆、天津市副市长王宏江、河北省副省长沈小平、山西省副省长郭迎光、山东省副省长赵润田以及河南省、北京军区有关负责同志参加会议。海河防总常务副总指挥、海委主任任宪韶主持会议。

6月18日 6月17日至今日，水利部副部长矫勇一行就农村饮水安全和重大水利工程建设等到我省督导检查。副省长沈小平陪同检查。

6月19日 上午，省长张庆伟主持召开省政府第54次常务会议。会议学习了《中华人民共和国水法》，听取了关于贯彻国务院第九督查组意见建议加快整改有关情况的汇报，对省政府办公厅关于落实国务院第九督查组意见建议以及国务院督查组建议责任分解等工作进行研究部署。会议研究了《关于进一步做好新形势下就业创业工作的实施意见》、《河北省行政许可委托实施办法（草案）》等事项。

今天，中国奶业协会会长高鸿宾一行就奶业发展等有关工作到我省调研考察。副省长沈小平陪同考察。

6月25日 今天，环首都现代农业科技示范带建设座谈会在固安县召开。省委副书记赵勇、科技部副部长张来武出席会议并讲话，副省长许宁主持会议。

七　月

7月2日 今天，副省长、省防汛抗旱指挥部指挥长沈小平带领省直有关部门负责同志，到保定市检查大清河流域防汛抗旱工作。

7月8日 今天，副省长张杰辉带领省直有关部门负责同志到衡水市检查漳卫南运河防汛工作。

7月9日 今天，副省长沈小平带领省直有关部门负责同志，到石家庄检查防汛抗旱工作。

7月16日 今天，副省长姜德果到献县检查子牙河系防汛工作。

7月17日 今天，副省长沈小平带领省直有关部门负责同志就2016唐山世界园艺博览会筹备进展情况及防汛抗旱工作到唐山市调研。

7月23日 上午，副省长张杰辉到平山县葫芦峪现代农业产业园调研。

7月29日 上午，省长张庆伟到省防汛抗旱指挥部进行调研，看望慰问值守在防汛抗旱一线的工作人员，对全省防汛抗旱工作进行检查调度。副省长沈小平，省政府秘书长朱浩文参加调研。

7月30日 上午，省长张庆伟主持召开省政府第57次常务会议。会议专题学习了《中华人民共和国安全生产法》，传达了中央京津冀协同发展领导小组第五次会议精神，对我省下一步工作进行研究部署。会议还研究了《关于推进国际产能和装备制造合作的实施意见》、《河北省高标准农田建设总体规划》、《关于引导农村土地经营权有序流转发展农业适度规模经营的实施意见》等事项。

7月31日 今天，副省长秦博勇深入到怀来县水口山水库进行实地检查，并听取张家口市防汛工作情况汇报。

八　月

8月1日 今天，国务院扶贫办主任刘永富一行就扶贫开发工作到承德市调研。副省长沈小平陪同调研。

8月5日 下午，我省召开加快推进农村电网改造升级工作会议。省委常委、常务副省长杨崇勇主持会议并讲话。

8月6日 今天，国家粮食局局长任正晓一行到邢台柏乡国家粮食储备库调研。副省长沈小平陪同调研。

8月11日 今天，省水利厅、省扶贫办分别与省农发行签署《全面支持水利建设战略合作协议》、《支持扶贫开发战略合作协议》。副省长沈小平出席签约仪式并讲话。

8月13日 上午，省长张庆伟主持召开省政府第58次常务会议。会议传达了习近平总书记、李克强总理对近期发生的安全事故的重要指示精神，就我省抓好贯彻落实进行研究部署。会议专题学习了《中华人民共和国特种设备安全法》，听取了关于当前全省经济工作的汇报，对下一步工作进行研究部署。会议研究了《河北省国民经济和社会发展“十三五”规划基本思路》、《省委、省政府关于深化科技体制改革加快推进创新发展的实施意见》，听取了省级非行政许可审批事项清理情况的汇报，传达了全国加快转变农业发展方式现场会主要精神，研究了我省贯彻落实意见。

8月26日 下午，省委书记赵克志，省长张庆伟在石家庄会见了国务院南水北调办公室主任鄂竟平一行。省委常委、秘书长、统战部部长范照兵，副省长沈小平一同会见。会见结束后，省政府与国务院南水北调办举行工作座谈。张庆伟主持座谈会。省政府秘书长朱浩文参加上述活动。

8月28日 今天，省引黄入冀补淀工作领导小组会议在石家庄召开。副省长沈小平出席会议并讲话。

九　月

9月16日 9月15日至今日，副省长沈小平带领省直有关部门负责同志，就扶贫开发工作到沧州市调研。

9月23日 上午，新型城镇化与城乡统筹示范区建设专题研讨班在省委党校开班。省委书记赵克志，省长张庆伟出席开班式并作专题报告。省委副书记赵勇主持开班式。省委常委杨崇勇、范照兵、孙瑞彬、田向利、梁田庚、焦彦龙，省人大常委会、省政府、省政协领导成员，省法院院长、省检察院检察长参加开班式。

9月24日 今天，省委副书记赵勇在新型城镇化与城乡统筹示范区建设专题研讨班上作专题报告。省委常委、唐山市委书记焦彦龙，副省长姜德果出席报告会。副省长沈小平主持报告会。

9月25日 上午，以“现代农业、绿色品牌、交易合作”为主题的第十九届中国（廊坊）农产品交易会开幕。副省长沈小平、省政协副主席葛会波，中华全国供销合作总社理事会副主任杨建平、中国农科院副院长雷茂良、中国林科院副院长黄坚出席开幕式，沈小平宣布交易会开幕。

9月26日 上午，第十九届中国（廊坊）农产品交易会举行项目签约仪式。副省长沈小平出席签约仪式。

9月28日 今天，全省2015年度地下水超采综合治理试点暨引黄入冀补淀工程建设推进会议在邢台威县召开。省长张庆伟出席会议并讲话。副省长沈小平主持会议并就抓好会议精神落实讲了具体意见。会前，张庆伟、沈小平及参会代表在威县观摩了地下水超采综合治理有关项目。

今天，定州土地征收制度改革试点工作会议召开。省委副书记赵勇出席会议并讲话。副省长张杰辉主持会议。

十　月

10月16日 10月15日至今日，省委、省政府召开全省连片美丽乡村建设现场观摩会。省委副书记赵勇出席观摩会并讲话，省人大常委会副主任王刚出席观摩会，副省长沈小平主持观摩会。

10月17日 上午，我省举行2015年扶贫日“情暖燕赵•扶贫济困”活动电视电话会议。省委书记赵克志出席会议并讲话。省委副书记赵勇主持会议。省委常委、秘书长、统战部部长范照兵，省委常委、唐山市委书记焦彦龙，省人大常委会副主任王刚，副省长沈小平，省政协副主席葛会波出席会议。

10月20日 今天，全省扶贫开发建档立卡“回头看”工作电视电话会议在石家庄召开。省委副书记赵勇出席会议并讲话。副省长沈小平主持会议，省政协副主席郭华出席会议。

十一月

11月3日 下午，省政府与中国银泰投资有限公司在石家庄签署战略合作协议。同时，省扶贫办与阿里巴巴集团签署《互联网+扶贫合作备忘录》。省委书记赵克志，省长张庆伟会见了阿里巴巴集团董事局主席马云、中国银泰投资有限公司董事长沈国军并共同见证签约。省委副书记赵勇参加会见并主持签约仪式，省委常委、常务副省长杨崇勇，省委常委、秘书长、统战部部长范照兵，省政府秘书长朱浩文，阿里巴巴集团总裁金建杭等参加活动。

下午，全省推进农村公路发展电视电话会议在石家庄召开。副省长姜德果出席会议并讲话。

11月4日 下午，省长张庆伟主持召开省政府第65次常务会议。会议学习《中华人民共和国治安管理处罚法》，研究了《省政府办公厅关于推进城市地下综合管廊建设的实施意见》，听取关于省政府部门行政许可中介服务事项清理规范情况的汇报，对下一步工作进行部署。会议还研究了《关于深化供销合作社综合改革的实施意见》、《河北省农村环境保护和治理条例（草案）》等事项。

11月16日 今天，全省山区综合开发现场会议在邢台沙河市举行。省委副书记赵勇出席会议并讲话。省人大常委会副主任王刚、省政协副主席葛会波出席会议，副省长沈小平主持会议。

11月18日 下午，省长张庆伟主持召开省政府67次常务会议。会议研究了《河北省整合建立统一的公共资源交易平台实施方案》、《省政府关于加快发展民族教育的实施意见》、《河北省生态文明体制改革实施方案》和我省贯彻第二次全国改善农村人居环境工作会议的意见等事项。

11月17日至今日，全省现代农业园区建设暨农业产业化工作会议在邯郸召开。副省长沈小平出席会议并讲话。

11月20日 下午，工业和信息化部部长苗圩一行到阜平县调研扶贫开发工作。副省长张杰辉陪同调研。

11月23日 今天，全省农村基层党建工作会议在石家庄市召开。省委副书记赵勇出席会议并讲话，省委常委、组织部部长梁田庚主持会议，副省长沈小平出席会议。

十二月

12月7日 今天，省扶贫开发工作领导小组会议在石家庄召开。省委副书记、省扶贫开发工作领导小组组长赵勇出席会议并讲话。省领导梁田庚、沈小平、葛会波出席会议并讲了具体意见。

12月9日 下午，省长张庆伟主持召开省政府第70次常务会议。会议听取关于落实粮食安全省长责任制工作情况的汇报，研究了《省政府关于推进国内贸易流通现代化建设法治化营商环境的实施意见》等事项。

12月11日 今天，副省长沈小平带领省直有关部门负责同志，就扶贫开发工作到保定唐县调研。

12月15日 今天，国务院国资委党委书记、主任张毅率队到我省魏县、平乡县调研定点扶贫工作。省委副书记赵勇、副省长沈小平陪同调研。国务院国资委副主任徐福顺、刘强，国务院国资委党委委员、秘书长阎晓峰一同调研。

12月18日 12月17日至今日，副省长、省公安厅厅长董仚生到尚义县，就脱贫攻坚、美丽乡村建设、县域经济发展等工作进行调研。

12月28日 12月27日下午至今日，全省扶贫开发工作会议在石家庄召开。省委书记赵克志出席会议并讲话。省长张庆伟、省委副书记赵勇在会上讲话。省政协主席付志方，省委常委杨崇勇、陈超英、范照兵、张越、孙瑞彬、田向利、梁田庚、焦彦龙、邵亨，省人大常委会常务副主任宋恩华等出席会议。省人大常委会、省政府、省政协领导成员，省军区、武警河北省总队、省法院、省检察院主要负责人，省长助理等参加会议。

上午，第二十届省直“三下乡”集中服务活动走进平乡县，省直30个部门和邢台市直27个部门1000多名机关干部、专业技术人员在该县平安公园开展帮扶服务活动。副省长姜德果出席活动并讲话。

IX 附　录

一、农村统计主要指标解释

乡村户数：是指长期（一年以上）居住在乡镇（不包括城关镇）行政管理区域内的住户，还包括居住在城关镇所辖行政村范围内的农村住户。

户口不在本地而在本地居住一年及以上的住户也包括在本地农村住户内；有本地户口，但举家外出谋生一年以上的住户，无论是否保留承包耕地都不包括在本地农村住户范围内。不包括乡村地区内的国有经济的机关、团体、学校、企业、事业单位的集体户。

乡村人口：指乡村地区常住居民户数中的常住人口数，即经常在家或在家居住6个月以上，而且经济和生活与本户连成一体的人口。外出从业人员在外居住时间虽然在6个月以上，但收入主要带回家中，经济与本户连为一体，仍视为家庭常住人口；在家居住，生活和本户连成一体的国家职工、退休人员也为家庭常住人口。但是现役军人、中专及以上（走读生除外）的在校学生、以及常年在外（不包括探亲、看病等）且已有稳定的职业与居住场所的外出从业人员，不应当作家庭常住人口。

乡村从业人员：指乡村人口中16岁以上实际参加生产经营活动并取得实物或货币收入的人员，既包括劳动年龄内经常参加劳动的人口，也包括超过劳动年龄但经常参加劳动的人员。但不包括户口在家的在外学生、现役军人和丧失劳动能力的人，也不包括待业人员和家务劳动者。

年末耕地：指种植农作物的土地，包括熟地，新开发、复垦、整理地，休闲地（含轮歇地、轮作地）；以种植农作物（含蔬菜）为主，间有零星果树、桑树或其他树木的土地；平均每年能保证收获一季的已恳滩地和海涂。耕地中包括南方宽度小于1.0米、北方宽度小于2.0米固定的沟、渠、路和地坎（埂）；临时种植药材、草皮、花卉、苗木等的耕地，以及其他临时改变用途的耕地。

有效灌溉面积：是指具有一定的水源，地块比较平整，灌溉工程或设备已经配套，在一般年景下，当年能够进行正常灌溉的耕地面积。在一般情况下，有效灌溉面积应等于灌溉工程或设备已经配套，能够进行正常灌溉的水田和水浇地面积之和。

旱涝保收面积：在有效灌溉面积中，灌溉设施齐全，抗灾能力较强，土地肥力较高，遇到较大的旱涝灾害，能保证遇旱能灌，遇涝能排的耕地面积。灌溉设施的抗旱能力和排涝能力，全国各地根据当地的气候执行不同的标准。一般抗旱能力南方在50～100天，北方在30～50天；排涝能力达到5年至10年一遇的标准，防洪一般达到20年一遇的标准。

旱涝保收面积应小于或等于有效灌溉面积。

农用机械总动力合计：是指主要用于农、林、牧、渔业的各种机械动力的总和，包括耕作机械、农用排灌机械、收获机械、植保机械、林业机械、畜牧机械、渔业机械、农产品加工机械、农用运输机械、其他农业机械。按能源又分为柴油、汽油、电力和其他动力。总动力按法定计算单位千瓦计算。（注：1马力=735.5瓦特=0.735千瓦）

农作物总播种面积：是指全年各种农作物播种面积的总和，其计算公式为：

本年农作物总播种面积=上年秋冬播作物面积+本年春播作物面积+本年夏播作物面积

或：本年农作物总播种面积=本年夏收作物播种面积+本年秋收作物播种面积

复种指数：反映耕地利用程度的指标。指年内农作物的总播种面积对耕地面积之比，用百分数表示。复种指数表示耕地在一年内被用来种植农作物的平均次数。计算公式如下：

$$复种指数=\frac{\text{农作物总播种面积}-\text{绿肥作物播种面积}}{\text{耕地面积}}\times 100\%$$

农作物产量：指本年全社会范围内生产的农产品的产量，不论计划内外，数量多少，耕地上与非耕地上的农作物产量，都应统计在内。各种主要作物产量按国家的统一规定计算。作为粮食的薯类产量按五斤折一斤计算。

园林水果：指在专业性果园、林地及零星种植果树上生产的水果（老口径水果）。不包括瓜果类。

年末果园面积：指年末专业性果园面积，不包括果用瓜种植面积。

造林面积：是指报告期内宜林荒山荒地、宜林沙荒地、无立木林地、疏林地和退耕地等其他宜林地上通过人工措施开成或恢复森林、林木、灌木林的过程。经过检查验收符合“造林技术规程”要求株树，成活率达85%以上的面积。四旁植树如一侧在四行以上，连续面积0.066公倾（一亩）以上，应统计在造林面积内。

在造林面积中，不包括补植面积、治沙种草面积、经济林垦复面积、迹地更新面积和低产林改造面积。

当年（期内）出栏的畜禽数：是指当年（报告期内）农村各种合作经济组织、农民家庭和国有农场、机关、团体、学校、工矿企业、部队等单位以及城镇居民饲养的，已屠宰或出售的全部畜禽。

期初（末）畜禽存栏数：是指本期（报告期）期初（末）农村与城市的全部畜禽存栏数。除科学研究单位专门用于试验研究的牲畜和军马以外，农村各种合作经济组织和国有农场、农民个人、机关团体、学校、工矿企业、部队等单位以及城镇居民饲养的各种畜禽，不分大小、公母、品种、用途，一律包括在内。专业运输组织的运输用牲畜也应包括在内。但商业部门库存的和运输途中的活牲畜不进行统计。

出栏率：是分析饲养牲畜、特别是饲养肉用牲畜向社会提供畜产品数量多少的指标，它反映畜禽周转的快慢，反映饲养产品的经济效果和生产水平。其计算公式为：

$$出栏率=\frac{出栏头数(包括出售和自宰的)}{期初头数(可用上期末头数代替)}\times100\%$$

肉产量：是指当年出栏并已屠宰的畜禽肉产量。猪、牛、羊、马、驴、骡、骆驼肉产量按屠宰后除去头蹄下水后带骨肉的胴体重计算，兔禽肉产量按屠宰后去毛和内脏后的重量计算。

水产品产量：是指本年度内捕捞的水产品（包括人工养殖并捕获的水产品和捕捞天然生长的水产品）产量。

（1）海水产品产量：是指从海洋和海水养殖水域中捕捞的海水产品产量，包括鱼类、虾蟹类、贝类、藻类。

（2）淡水产品产量：是指淡水湖泊、水库、河沟和池塘以及其他淡水水域内捕捞的淡水产品产量。包括鱼类、虾蟹类、贝类，不包括淡水水生植物。

（3）养殖产量：是指从海水养殖面积和淡水养殖面积中捕捞的产量。

（4）捕捞产量：是指捕捞天然生长的水产品产量。

养殖面积：养殖面积是反映养殖生产规模的基本指标。水产品养殖面积是指人工投放鱼、虾、蟹、贝、藻等苗种并经常进行饲养管理的水面面积。

海水养殖面积：是指利用海上、滩涂、陆基放养海带苗、蛏、各种贝类、鱼苗等水产苗种以养殖鱼、虾、贝、藻类等水产品的人工养殖水面面积。在报告期无论是否全部收获或尚未收获其产品，均应统计在海水养殖面积中。但有些滩涂水面不投放鱼种或投放少量鱼苗，只进行一般管理，不统计为养殖面积。

淡水养殖面积：是指已放养鱼苗、鱼种等水产品苗种并经常进行人工饲养管理的池塘、湖泊、水库、沟渠的养殖水面面积。淡水养殖面积中不应包括稻田养鱼面积。

农林牧渔业总产值：是以货币表现的农林牧渔业的全部产品总量和对农林牧渔业生产活动进行的各种支持性服务活动的价值。它反映一定时期内农林牧渔业生产总规模和总成果，是观察农林牧渔业生产水平和发展速度，研究农林牧渔业内部比例关系、农林牧渔业和工业、农林牧渔业和国家建设、人民生活比例关系的重要指标，同时也是计算农林牧渔业劳动生产率和农林牧渔业增加值的基础资料。

农林牧渔业总产值的统计范围是辖区内各种经济类型、各个系统的全部农林牧渔业生产单位或非农行业单位附属的农林牧渔业生产活动单位。军委系统的农林牧渔业生产（除军马外）也应包括在内，但不包括农业科学试验机构进行的农业生产。

农林牧渔业总产值的核算范围是一定时期内生产的农业、林业、牧业、渔业产品的价值量和对农林牧渔业生产活动进行的各种支持性服务活动的价值的总和。既包括生产部门的产值，也包括农林牧渔服务业产值。

农林牧渔业商品产值：是指农林牧渔业生产单位或生产部门（包括国有、集体、农户）在一定时期内生产的农产品总产量中实际出售的商品量的价值。

农林牧渔业增加值：指农、林、牧、渔及农林牧渔服务业生产货物或提供服务活动而增加的价值，为农林牧渔业现价总产值减去农林牧渔业现价中间投入后的余额。

增加值也叫附加价值或追加价值，是指各单位生产经营的最终成果，即本单位或本行业对社会所作的贡献。从宏观上来说，增加值是计算生产总值的基础，即各部门增加值之和就是生产总值；从微观上来说，增加值能客观反映单位或行业的投入、产出、速度和收入等情况。因此，计算增加值不仅是国民经济宏观管理的需求，也是微观的企业和行业管理的需要。

计算农林牧渔业增加值主要采用二种方法，即生产法（或称正算法）、分配法（或称倒算法或收入法）。

生产法：就是从生产的角度，把农林牧渔业总产出中外购的原料、燃料、动力、其他物耗和劳务中间消耗扣除，余额就是增加值，其公式为：

农林牧渔业增加值=农林牧渔业总产出-农林牧渔业中间消耗（中间物质消耗+生产服务支出）。

它包括新增加的价值和固定资产的转移价值。

分配法：就是从收入的角度，对农业生产单位（或农户）在生产经营和劳务（服务）活动过程中形成的不含中间消耗的各种收入分配之和计算增加值的方法。其公式为：

农林牧渔业增加值=固定资产折旧+劳动者报酬+生产税净额（生产税-生产补贴）+营业盈余。

农业产业化生产经营总量：是指区域内的农业产业化各类生产经营单位在统计报告期内生产经营的总成果。

农业产业化经营率：是指报告期内某区域的龙头经营组织和农产品生产（加工）销售产值之和占其自身与本区域内未经加工转化的农林牧渔业总产值之和的比率。

二、农村统计常用计算公式

（一）人口统计常用指标计算公式

1.人口出生率、死亡率和自然增长率

$$出生率=\frac{年内出生人数}{年内平均人数}\times 1000‰$$

$$死亡率=\frac{年内死亡人数}{年内平均人数}\times 1000‰$$

$$自然增长率=\frac{年内出生人数-年内死亡人数}{年内平均人数}\times 1000‰=出生率-死亡率$$

$$注：年内平均人数=\frac{年初人口+年末人口}{2}$$

2.人口密度

$$人口密度=\frac{某地区总人口数}{某地区土地总面积}$$

（二）土地面积统计常用指标计算公式

1.按农业人口或农业劳动力平均的耕地面积

$$按农业人口平均的耕地面积=\frac{耕地面积}{农业人口}$$

$$按农林牧渔业劳动力平均的耕地面积=\frac{耕地面积}{农林牧渔业劳动力}$$

2. 单位耕地产出指标

$$\begin{matrix}单位耕地面积的产量\\(或产值、增加值)\end{matrix}=\frac{各种农产品产量(或产值、增加值)}{耕地面积}$$

（三）农作物产量统计常用指标计算公式

1. 农作物单位面积产量

$$单产=\frac{总产量}{播种面积}$$

2. 粮食耕地单位面积产量

$$粮食耕地单位面积产量=\frac{粮食总产量}{粮食实际占用耕地面积}$$

3. 平均每人拥有粮食（油料）

$$平均每人拥有粮食（或油料）=\frac{某地区粮食(或油料)总产量}{该地区年内平均总人口}$$

4. 平均每一农林牧渔业从业人员生产粮食

$$平均每一农林牧渔业从业人员生产粮食=\frac{粮食总产量}{农林牧渔业从业人员}$$

（四）林业生产统计常用指标计算公式

1. 森林覆盖率

$$森林覆盖率=\frac{年末实有林地面积}{土地总面积}\times 100\%$$

2. 补植面积的计算

（1）用实际补植的株数折算补植面积

例：一块地上补植2000株，这块地每公顷造林密度为200株。

补植面积=2000÷200=10（公顷）

（2）根据造林成活率推算补植面积

例：新造幼林100公顷，成活率60%，在该地补植。

补植面积=100×（1-60%）=40公顷

（3）平均每人拥有林地面积

$$平均每人拥有林地面积=\frac{年末实有林地面积}{年末总人口数}$$

（五）牧业生产统计常用指标计算公式

1. 牲畜全年饲养头数

牲畜全年饲养头数=年末存栏头数+年内出售头数+年内自宰自食头数

2. 牲畜全年出栏头数和出栏率

牲畜全年出栏头数=年内出售头数+年内自宰自食头数

$$牲畜全年出栏率=\frac{年内出栏头数}{年初存栏头数}\times 100\%$$

3. 牲畜全年净增头数和净增率

牲畜全年净增头数=年内增加头数－年内减少头数=年末存栏头数－年初存栏头数

$$牲畜全年净增率=\frac{全年净增头数}{年初存栏头数}\times 100\%=\frac{年末存栏头数-年初存栏头数}{年初存栏头数}\times 100\%$$

4. 能繁母畜在牲畜中的比重

$$能繁母畜在牲畜中的比重=\frac{年末能繁母畜头数}{年末实有牲畜头数}\times 100\%$$

5. 每头出栏肥猪平均胴体重

$$每头出栏肥猪平均胴体重=\frac{出栏肥猪肉产量}{出栏肥猪头数}$$

（六）农林牧渔业总量统计常用计算公式

1. 农林牧渔业总产值

农林牧渔业总产值=∑（某种农产品当年总产量×该种农产品生产价格）

2. 农业总产值发展速度

报告期可比价产值=报告期现价产值÷报告期农产品生产价格指数（农产品生产价格缩减指数）

或报告期可比价农业总产值=报告期农产品产量×上年同期的农产品生产者价格

农业发展速度=报告期可比价农林牧渔业总产值÷基期现价农林牧渔业总产值×100%

可比价指上年同期的价格，基期为上年同期。

3. 农林牧渔业增加值

农林牧渔业增加值=农林牧渔业总产值-农林牧渔业中间消耗

4. 农业增加值发展速度

报告期可比价增加值=报告期现价产值×增加值率÷报告期农产品生产价格缩减指数

农业发展速度=报告期可比价农林牧渔业增加值÷基期现价农林牧渔业增加值×100%

（七）农业现代化统计常用指标计算公式

1. 机械化

（1）平均每公顷耕地拥有农业机械总动力数

$$平均每公顷耕地拥有农业机械动力=\frac{农业机械总动力（千瓦）}{耕地面积（公顷）}$$

（2）平均每一村拥有拖拉机台数

$$平均每一村拥有拖拉机台数=\frac{拖拉机台数}{村委会个数}$$

（3）耕地机械化程度

$$耕地机械化程度=\frac{实际机耕面积}{总播种面积}\times100\%$$

（4）播种机械化程度

$$播种机械化程度=\frac{实际机械播中面积}{总播种面积}\times100\%$$

（5）收获机械化程度

$$收获机械化程度=\frac{实际机械收获面积}{总播种面积}\times100\%$$

（6）粮食脱粒机械化程度

$$粮食脱粒机械化程度=\frac{机械脱粒粮食数量}{粮食总产量}\times100\%$$

2. 电气化

（1）说明农村用电的普遍程度

$$有电乡（或村）所占比重=\frac{已通电的乡（或村）数}{全部乡（或村）数}\times100\%$$

（2）说明每公顷耕地耗用的电量

$$每公顷耕地电力装备程度=\frac{农村用电量}{耕地面积}$$

3. 化学化

（1）反映化肥施用水平

$$平均每公顷耕地化肥施用量=\frac{化肥施用量(公斤)}{耕地面积(公顷)}$$

（2）化学肥料有效成分含量

名　称	含氮（N）（%）	名　称	含氮（N）（%）
硫酸铵	20	碳酸氢铵	15～17
氨　水	15～17	硝 酸 铵	33～34
氯化铵	24～25	尿　素	46

磷　肥

名　称	含五氧化二磷（P_2O_5）（%）	名　称	含五氧化二磷（P_2O_5）（%）
过磷酸钙	12～13	钙美磷肥	12
磷矿粉肥	10～30		

钾　肥

名　称	含氧化钾（K_2O）（%）	名　称	含氧化钾（K_2O）（%）
硫酸钾	48～50	氯化钾	50～60

复 合 肥

名　称	含氮（N）（%）	含磷（P_2O_5）（%）	含钾（K_2O）（%）
磷 酸 铵	11～13	60	～
硝 酸 钾	13～15	—	45～46
磷 酸 钾	—	24	27
硝酸钾肥	5	50	22

4. 水利化

反映农田水利化程度

$$农田机械化灌溉程度=\frac{机电灌溉面积}{耕地面积}\times100\%$$

$$农田水利化程度=\frac{有效灌溉面积}{耕地面积}\times100\%$$

$$旱涝保收程度=\frac{旱涝保收面积}{耕地面积}\times100\%$$

$$每一农业人口拥有有效灌溉面积=\frac{有效灌溉面积}{农业人口}$$

$$每一农业人口拥有旱涝保收田面积=\frac{旱涝保收面积}{农业人口}$$

（八）度量衡公制、市制常用单位比较表

名　称	公　制	市　制
长　度	1公里=1000米 =2市里 =0.621英里 =0.540海里 1米=100厘米 =3市尺 =3.281英尺 1厘米=10毫米 =0.3市寸 1海里=1.852公里 1英里=1.609公里	1里=150丈 =0.5公里 =0.311英里 =0.270海里 1丈=10尺 1尺=10寸 ≈0.33米 =1.094英尺 1寸=10分 ≈3.33厘米
面　积	1平方公里=100公顷 =4平方市里 =1500市亩 1公顷=1000平方米 =15市亩 =2.471英亩 1平方米=10000平方厘米 =9平方市尺 1英亩=0.405公顷 =6.07亩	1平方里=375亩 =0.25平方公里 1亩=60平方丈 =6000平方尺 =0.164英亩 1平方丈=100平方尺
体积容积	1立方米=1000000立方厘米 =27立方市尺 1立方厘米=1000立方毫米 1公升=1000立方厘米 =1000毫升 =1市升 =0.220英加仑	1立方丈=1000立方尺 1立方尺=1000立方寸 1石=10斗 1斗=10升
重　量	1吨=1000公斤 =2000市斤 1公斤=1000克 =2市斤 =2.205英磅 1英磅（常衡）=0.454公斤 =0.907市斤 1普特（俄制）=16.38公斤 =32.78市斤 1盎司（英制，金药制）=31.1035克 =0.62221市两 1克拉=0.2克	1担=100斤 1斤=10两 =0.5公斤 =1.102（英磅） 1两=10钱
其　他	1千瓦=1.36马力	1马力=0.735千瓦

三、符号使用说明

1. “空格”，表示该项统计指标数据为0、缺或无该项统计资料；
2. “#”表示其中项；
3. “*”或“①”，表示本表下有注解。

四、2015年度河北省科技进步奖农业获奖项目

序号	项目名称	主要完成人	完成单位	总评等级
1	贝类加工关键技术研究与示范	王　颉、张志胜、刘红英、张　伟、桑亚新、齐凤生、锁　然、沈　宽、牟建楼	河北农业大学,秦皇岛市海东青食品有限公司,唐山丰瑞水产食品有限公司	一等奖
2	高产抗病广适国审棉花新品种冀棉169的选育及应用	张寒霜、赵俊丽、王永强、李伟明、赵贵元、祁　虹、刘建光、葛朝红、师树新、郭　娴	河北省农林科学院棉花研究所	一等奖
3	滨海平原盐碱区适生种植技术集成研究与示范	刘小京、张秀梅、巨兆强、郭　凯、刘贞贞、谢志霞、杨莉琳、张忠波、封晓辉、张茂玉	中国科学院遗传与发育生物学研究所农业资源研究中心,河北省沧州市农林科学院	一等奖
4	苹果树腐烂病发生规律及其安全高效防控关键技术	曹克强、王树桐、胡同乐、刘　镇、王亚南、赵绪生、宋　萍、赵增锋、王灵敏、肖富生	河北农业大学,北京百德翠丰农业科技发展有限公司,张家口宣化佳园现代农业科技开发有限公司	一等奖
5	抗逆稳产高产优质谷子新品种-冀谷32的选育与应用	刘正理、李素英、张永信、王增梅、李承宗、张淑英、代小冬	河北省农林科学院谷子研究所	二等奖
6	肉牛标准化、高效及健康饲养关键技术研究与应用	曹玉凤、李秋凤、高玉红、芦春莲、高艳霞、于海川、李运起	河北农业大学	二等奖
7	猪繁殖与呼吸综合征活疫苗关键技术研发与产业化	杨保收、李建丽、郁宏伟、刘　涛、郑朝朝、邱贞娜、柳　珊	瑞普（保定）生物药业有限公司	二等奖
8	新型木竹重组材制造技术及关键装备	于文吉、余养伦、祝荣先、张亚慧、苏志英、穆国君、任丁华	廊坊市双安结构胶合板研究所,中国林业科学研究院木材工业研究所,青岛国森机械有限公司,河北省文安县安里屯冷拉钢材厂	二等奖
9	基于寄主选择及行为调控策略的中红侧沟茧蜂扩繁与应用	李建成、张永军、刘小侠、郭予元、路子云、张青文、陆宴辉	河北省农林科学院植物保护研究所,中国农业科学院植物保护研究所,中国农业大学	二等奖
10	基于云计算的温室大棚物联网研究及应用	崔文顺、刘　刚、王喜斌、刘　丰、商建成、崔　硕、李贺强	廊坊市大华夏神农信息技术有限公司,中国农业大学,北华航天工业学院,燕山大学	二等奖
11	新型农排表及其应用系统	屈国旺、陈洪雨、陈　贺、李　峥、赵宏杰	石家庄科林电气股份有限公司	三等奖
12	高产优质抗逆大豆品种石豆3号和石豆6号的选育及应用	王玉岭、李占军、金素娟、赵　璇、牛　宁	石家庄市农林科学研究院	三等奖
13	畜禽生态营养饲料开发与示范	贾久满、李成会、朱莲英、刘　刚、杜立武	唐山师范学院,唐山华闻饲料有限公司	三等奖
14	滨海泥质重盐碱地综合改良与植被构建技术	孙昌禹、王文成、李可晔、郭艳超、吴新海	河北省农林科学院滨海农业研究所	三等奖

序号	项目名称	主要完成人	完成单位	总评等级
15	花生高效生产机械化技术与应用	杜凤永、陈立东、杜凤宝、李国昉	河北永发鸿田农机制造有限公司,河北科技师范学院	三等奖
16	微生物降解有机磷农药废水及示范	赵仁邦、刘卫华、敖常伟、何　义、迟　建	河北农业大学	三等奖
17	高产优质玉米杂交种选育及应用	陈景堂、祝丽英、李文阁、赵永锋、宋占权	河北农业大学,承德裕丰种业有限公司	三等奖
18	仔猪大肠杆菌病诊断与防控技术	袁万哲、何孔旺、孙继国、刘　娜、陈立功	河北农业大学,江苏省农业科学院,河北呈盛堂动物药业有限公司	三等奖
19	玉米简化高产高效施肥种植技术体系研究与应用	孙志梅、王艳群、彭正萍、薛世川、高振宏	河北农业大学	三等奖
20	低酚高效、新型棉花品种邯无198的选育与应用	米换房、翟雷霞、吴立强、蔺桂芬、李继军	邯郸市农业科学院,河北农业大学	三等奖
21	面粉加工副产品小麦胚芽精深加工关键技术与产业化示范	李慧静、刘凤茹、李　宁、裴家伟、路雪蕊	河北农业大学,石家庄加麦佳生物制品有限公司	三等奖
22	设施蔬菜根际环境优化与基质栽培技术	高洪波、张　芹、吴晓蕾、章铁军、李敬蕊	河北农业大学,淮安柴米河农业科技发展有限公司,灵寿县绿锦育苗基质加工厂	三等奖
23	鲆鲽鱼类健康高效配合饲料的研究与开发	刘海燕、杨振才、李玉娟、张红娟、张瑞玲	河北师范大学,河北海泰科技有限公司,秦皇岛天合水产良种有限公司	三等奖
24	优质四倍体葡萄新品种‘巨玫’的选育与应用	常金华、崔江慧、任　清、薛　薇、宋智慧	河北农业大学	三等奖
25	猪源链球菌耐药与致病机制及其综合防控技术研究	马增军、芮　萍、杨彩然、吴建华、刘谢荣	河北科技师范学院	三等奖
26	农田低压管道玻璃钢给水栓研发与示范	郭永晨、魏　飒、贾新台、程永存、王福田	河北省水利科学研究院,华北中电（北京）电力科技有限公司	三等奖
27	枣优质抗裂抗缩果病新品种选育及应用	毛永民、申连英、王晓玲、刘宏权、贺振礼	河北农业大学	三等奖
28	药林兼用型连翘种质创新及关键栽培技术	任士福、史宝胜、任子蓓、闫华元、唐秀光	河北农业大学	三等奖
29	屋顶绿化木本植物筛选及评价体系研究	徐振华、黄印冉、马香利、党　磊、王惠芝	河北省林业科学研究院,河北新星林业科技开发有限责任公司	三等奖
30	萱草品种引进、筛选及栽培技术研究	储博彦、尹新彦、赵玉芬、张全锋、李金霞	河北新星林业科技开发有限责任公司,河北省林业科学研究院	三等奖
31	高效土壤微生物制剂研制与应用	张丽萍、张根伟、尹淑丽、程辉彩、张　铎	河北省科学院生物研究所,河北根力多生物科技股份有限公司,河北百奥生物制品有限公司	三等奖
32	抗早衰、抗烂铃棉花新品种冀丰1271选育与应用	王国印、李　妙、朱继杰、赵红霞、王士杰	河北省农林科学院粮油作物研究所,河北冀丰棉花科技有限公司	三等奖
33	桃新品种‘艳保’‘脆保’选育及应用	刘国俭、常瑞丰、王召元、张立莎、李永红	河北省农林科学院昌黎果树研究所	三等奖
34	新烟碱类药剂隐蔽施用全生育期超长持效控制麦蚜技术及其应用	高占林、刘爱芝、李耀发、韩　松、梁九进	河北省农林科学院植物保护研究所,河南省农业科学院植物保护研究所	三等奖
35	零式果枝短季棉新品种培育及麦后免耕机播种植技术研究与应用	李悦有、翟学军、王彦立、赵会薇、翟黎芳	国家半干旱农业工程技术研究中心	三等奖

五、2015年度河北省自然科学奖农业领域获奖项目、

序号	项目名称	主要完成人及所在单位	奖种
1	植物热激信号转导途径中钙原初反应机理及耐热功能基因研究	李　冰（河北师范大学），孙大业（河北师范大学），刘宏涛（中国科学院上海生命科学研究院），周人纲（河北省农林科学院遗传生理研究所），赵立群（河北师范大学）	二等奖
2	白菜类作物开花时间的分子遗传分析	赵建军（河北农业大学），武　剑（中国农业科学院蔬菜花卉研究所），顾爱侠（河北农业大学），程　锋（中国农业科学院蔬菜花卉研究所），申书兴（河北农业大学）	二等奖
3	农业用水演变及对水资源影响机制研究	杨永辉（中国科学院遗传与发育生物学研究所农业资源研究中心），杨艳敏（中国科学院遗传与发育生物学研究所农业资源研究中心），韩淑敏（中国科学院遗传与发育生物学研究所农业资源研究中心），胡玉昆（中国科学院遗传与发育生物学研究所农业资源研究中心），郝小华（中国科学院遗传与发育生物学研究所农业资源研究中心）	二等奖

六、2015 年度河北省技术发明奖农业获奖项目

序号	项目名称	主要完成人及所在单位	奖种
1	设施蔬菜系列天敌昆虫工厂化生产技术	郑　礼（河北省农林科学院旱作农业研究所），王玉波（河北省农林科学院旱作农业研究所），宋　凯（河北省农林科学院旱作农业研究所），郑书宏（河北省农林科学院旱作农业研究所），何晓庆（河北省农林科学院旱作农业研究所），刘　冬（河北省农林科学院旱作农业研究所）	三等奖

七、2015年度农业领域国际科学技术合作奖获奖人员

序号	获奖人	所在单位及职务	母语名	国籍
1	朱　宏	石家庄君乐宝乳业有限公司总经理	朱　宏	加拿大

中国统计出版社最新图书简目

（仅供参考，以实际出版为准）

统计资料

中国统计年鉴 中国统计摘要 中国发展报告
中国经济普查年鉴2013 国际统计年鉴 金砖国家联合统计手册
中国-东盟国家统计手册 中国农村统计年鉴 中国县域统计年鉴
中国城市统计年鉴 中国对外直接投资统计公报 中国地区经济监测报告
中国贸易外经统计年鉴 中国零售和餐饮连锁企业统计年鉴 中国商品交易市场统计年鉴
大中型批发零售和住宿餐饮企业统计年鉴 中国农产品价格调查年鉴 中国住户调查年鉴
中国价格统计年鉴 中国能源统计年鉴 全国农产品成本收益资料汇编
中国环境统计年鉴 中国建筑业统计年鉴 国外资源、能源和环境统计资料汇编
中国工业统计年鉴 中国城乡建设统计年鉴 中国房地产统计年鉴
中国城市建设统计年鉴 中国科技统计年鉴 中国第三产业统计年鉴
中国证券期货统计年鉴 中国劳动统计年鉴 中国高技术产业统计年鉴
工业企业科技活动资料 中国社会统计年鉴 中国人口和就业统计年鉴
中国人才资源统计报告 中国教育经费统计年鉴 中国文化及相关产业统计年鉴
文化及相关产业统计概览 中国民政统计年鉴 中国民族统计年鉴
中国残疾人事业统计年鉴 中国妇女儿童状况统计资料（英） 中国乡镇街道行政区域简册
中国基本单位统计年鉴

省级综合统计年鉴系列

北京 天津 河北 山西 内蒙古 辽宁 吉林 黑龙江 上海 江苏 浙江 安徽 福建 江西 山东 河南 湖北 湖南
广东 广西 海南 重庆 四川 贵州 云南 西藏 陕西 甘肃 青海 宁夏 新疆 新疆生产建设兵团

市(县)级综合统计年鉴系列

天津滨海新区 石家庄 唐山 邯郸 保定 沧州 邢台 廊坊 承德 衡水 秦皇岛 张家口 太原 大同 阳泉 长治 晋城
朔州 晋中 运城 忻州 临汾 呼和浩特 呼和浩特新城区 鄂尔多斯 包头 沈阳 大连 长春 延吉 四平 通化 哈尔滨
齐齐哈尔 黑龙江垦区 上海浦东新区 南京 无锡 徐州 常州 苏州 南通 连云港 淮安 盐城 扬州 镇江 泰州
宿迁 江阴 丹阳 杭州 宁波 温州 嘉兴 湖州 绍兴 金华 衢州 舟山 台州 丽水 合肥 安庆 马鞍山 福州 厦门
宁德 漳州 南昌 九江 上饶 新余 抚州 萍乡 赣州 吉安 景德镇 济南 青岛 潍坊 枣庄 日照 滕州 郑州 洛阳
平顶山 三门峡 商丘 信阳 济源 武汉 十堰 荆州 宜昌 荆门 咸宁 长沙 广州 深圳 惠州 东莞 南宁 柳州 桂林
来宾 海口 三亚 成都 贵阳 昆明 西安 安康 兰州 庆阳 银川 乌鲁木齐 兵团一师 兵团十师

调查年鉴系列

天津 山西 内蒙古 辽宁 吉林 上海 福建 江西 河南 湖北 湖南 广西 重庆 四川 云南 甘肃 宁夏 新疆

统计方法应用/实用手册

实用SAS统计分析教程 马克威统计分析与数据挖掘应用案例
乡镇统计人员岗位知识培训系列教材：辅助调查员岗位基础知识 乡镇统计人员岗位基础知识
县级统计人员岗位知识培训系列教材：Excel在统计工作中的应用 简明统计分析
EXCEL在基层统计工作中的应用 统计公文知识问答

统计通俗读物/统计科普图书

漫话诺贝尔经济学大师与数学情缘 魅力统计 漫话信息时代的统计学 统计使人更聪明
漫游数据王国 探访随机世界 新中国统计工作历史流变1949-1999 无处不在的统计

重点图书

新编英汉汉英统计大词典 中华医学统计百科全书
挑大学选专业2016—考研择校指南 挑大学选专业2016—高考志愿填报指南